1917年，4岁的理查德·尼克松

1927年，尼克松手拿小提琴留影

1922年，加利福尼亚，约巴林达，尼克松兄弟在一起玩闹。9岁的尼克松站在左边，旁边是12岁的哈罗德和4岁的阿瑟，唐纳德在轮胎里面。另一个兄弟爱德华，几年后出生

20世纪30年代,身着制服的尼克松

1946年9月,尼克松在他的律师事务所门前

1947年,加利福尼亚,尼克松与妻子帕特、他们的孩子特里西娅以及爱犬在家中

1950年11月,在赢得参议员的竞选后,尼克松和妻子接受祝贺

1951年2月,华盛顿,在亚伯拉罕·林肯的生日当天,当时还是参议员的尼克松在共和党慈善餐会上演讲

1953年,尼克松在当选副总统第一年时,与妻子以及两个女儿在海边散步

1953年11月18日,首尔,韩国总统李承晚会见美国副总统尼克松

1954年6月,温斯顿·丘吉尔和尼克松前往白宫参加会议

1956年7月,菲律宾独立10周年庆典期间,尼克松偕夫人帕特乘专机抵达菲律宾

1957年,埃塞俄比亚,尼克松与海尔·塞拉西皇帝(右)会晤

1957年,尼克松在家看书

1957年,总统德怀特·艾森豪威尔与副总统理查德·尼克松在就职典礼日

1957年,华盛顿,尼克松在就职庆典上向人群示意

1959年4月21日，华盛顿，尼克松接见古巴领导人菲德尔·卡斯特罗

1959年6月12日，在庆祝纽约哈得孙河被命名350周年的庆祝仪式上，纽约州州长纳尔逊·洛克菲勒（右）、副总统理查德·尼克松（中）和新泽西州长罗伯特·迈纳（左）出席庆祝活动

1959年7月24日，莫斯科，美国和苏联政要参观美国国家博览会。在数百名记者和官员面前，尼克松和赫鲁晓夫就从洗衣机到火箭等话题展开了持续不断的辩论（左起：理查德·尼克松、弗洛尔·科兹洛夫、尼基塔·赫鲁晓夫、米尔顿·艾森豪威尔）

1959年8月,波兰华沙,尼克松怀抱一名波兰女孩

1960年,尼克松和约翰·肯尼迪(左)进行美国总统竞选第二次电视辩论

1960年8月,尼克松被一名女支持者亲吻

1960年10月,竞选期间的尼克松

1963年8月7日,尼克松在伦敦多切斯特酒店的屋顶花园

1963年8月7日,尼克松在伦敦多切斯特酒店

1964年，纽约，尼克松坐在爱犬切克尔斯身旁

1968年8月8日，在美国共和党全国代表大会上，尼克松庆祝正式成为总统候选人

▎ 1968年10月31日,纽约麦迪逊广场花园,共和党总统候选人尼克松在一次政治集会上被气球环绕,这距离他当选第37任美国总统还有6天

1968年11月15日，美国《生活》杂志封面上的尼克松肖像。画面上盖有"美国总统"的印章，杂志上的标题是：尼克松时代即将开启

时代的破冰者

尼克松回忆录

The Memoirs of Richard Nixon

[美] 理查德·尼克松 / 著

伍任 裘克安 马兖生 等 / 译

| 上 |

天地出版社 | TIANDI PRESS

图书在版编目（CIP）数据

尼克松回忆录 /（美）理查德·尼克松著；伍任等译. —成都：天地出版社，2019.5（2025年2月重印）
　ISBN 978-7-5455-4324-7

Ⅰ. ①尼⋯ Ⅱ. ①理⋯ ②伍⋯ Ⅲ. ①尼克松（Nixon, Richard Milhous 1913—1994）—回忆录 Ⅳ. ①K837.127=5

中国版本图书馆CIP数据核字（2018）第247469号

Copyright © 1978 by Richard Nixon
This edition published by arrangement with Grand Central Publishing, NewYork, NewYork, USA.
Through Andrew Nurnberg Associates International Limited.
All rights reserved.

Some of the factual events in this book were treated in greater detail in *Six Crises* (Doubleday & Company, Inc. copy © 1962 by Richard M. Nixon).

本书译者稿酬已委托中国文字著作权协会转付，敬请相关著作权人联系。
电话：010-65978917，传真：010-65978926，E-mail: wenzhuxie@126.com。

著作权登记号　图字：21-2016-156

尼克松回忆录
NIKESONG HUIYILU

出 品 人	杨　政
著　　者	［美］理查德·尼克松
译　　者	伍　任　裘克安　马充生　等
责任编辑	杨永龙　聂俊珍
图片来源	CFP
封面设计	思想工社
内文排版	九章文化
责任印制	王学锋

出版发行	天地出版社 （成都市锦江区三色路238号　邮政编码：610023） （北京市方庄芳群园3区3号　邮政编码：100078）
网　　址	http://www.tiandiph.com
电子邮箱	tianditg@163.com
经　　销	新华文轩出版传媒股份有限公司

印　　刷	北京文昌阁彩色印刷有限责任公司
版　　次	2019年5月第1版
印　　次	2025年2月第5次印刷
成品尺寸	170mm×240mm　1/16
印　　张	74
插　　页	32页
字　　数	1208千
定　　价	128.00元（全二册）
书　　号	ISBN 978-7-5455-4324-7

版权所有◆违者必究

咨询电话：（028）86361282（总编室）
购书热线：（010）67693207（市场部）

如有印装错误，请与本社联系调换。

出版说明

理查德·尼克松，1953年到1961年担任美国第34任副总统，1969年到1974年担任美国第37任总统，1974年时成为美国历史上第一位在任期内辞职的总统。

尼克松是冷战时期一位有特色的美国政治家。他深受丘吉尔铁幕反共演说的影响，以坚持反共的意识形态闻名。尼克松是以一个顽固反共的政客身份起家的，踏入政坛后，通过加入众议院非美活动委员会，提出蒙特—尼克松法案，加入赫脱委员会以及对希斯案件穷追不舍的调查，在美国公众面前树立了一个"坚定反共分子"形象。可以说，反共是他几十年来根深蒂固的一贯本色。

在这部美国前总统的回忆录中，尼克松重点描述了他从政的岁月，尤其是他1969—1974年担任美国总统期间的政治生涯。他在任职期间实施了一系列与苏联缓和的政策，减缓了苏美之间的各种竞争压力。1972年2月尼克松访华，打开了两国关系的大门，成为访问中华人民共和国的第一位美国总统，这被公认为他执政六年期间的最大成就。他在美国国内还提出许多有利于民众的改革，推行废除种族隔离，为有色人种在美国的生存提供了一定程度的保障，也为之后种族歧视观念的废除奠定了基础。

尼克松必然受到他的执拗偏见的局限，但本书提供的大量第一手材料仍是值得一读的，尤其是尼克松的笔记，口授日记记录，对会议、谈话或事件的口授录音，同外国首脑的谈话备忘录等。因此，有分析地研读尼克松的著作，对于了解美国的对外政策思想脉络、总结冷战时代的国际政治历史、认识今后的世界发展趋势，都是有裨益的。

毋庸置疑，尼克松的政治主张反映的是美国的利益，代表的是美国政府的意志。在书中，他对东欧国家的社会主义运动、越南的统一运动、中国和苏联的外交政策等，有不同程度的偏见和贬损。相信读者能以批判的眼光对待尼克松对于这些历史事件的解读。

本书第一章至第五章由伍任翻译，郑文华、黄雨石、梁人校订。第六章由裘克安、胡思旅、李淼、陈辉、陶洁、马德林翻译，马清槐、余叔通、曾越麟、范道丰校订。第七章由马充生、翟一我、杨德翻译，董乐山、郑文华、黄雨石校订。

资料来源和致谢

这是一部回忆录——一部记忆的著作。由于记忆难免有错和不可避免地有所取舍，所以每有可能，我总尽量用可以得到的档案资料来核对我的记忆，并用当时的原始材料加以补充。其中有些资料——备忘录、信件、公共文件——是一看就明白的，有些资料则需要作进一步的阐述。

在我的整个政治生涯中，我习惯于把自己的思想、谈话、各种活动和演说，详尽地记录下来。这些笔记，大部分写在律师们常用的黄色拍纸簿上，总共在两万页以上，时间从1946年竞选运动中我的辩论大纲，直到1974年我的辞职演说大纲为止。这些笔记既包括一些即席谈话，也包括一些极为详尽的对话细节。

在1954年到1957年我任副总统时，我对112次不同的会议、谈话或事件作过日记式的口授录音。我不记得我当时为什么要这样做，后来为什么又停止了，而且这些录音包括了许多不同的内容和人物，因而其中似乎不可能有什么特定的目的。这些日记录在爱迪生录音唱片上，1961年我写《六次危机》时，已转成文字，但在那本书中，我没有直接使用这些日记，这里还是第一次引用。

由于历史的需要，在《六次危机》中已经谈过的我任总统前的某些事件在本书中还会谈及。但是，读者将会发现，尽管这些事件的事实没有改变，但是时间的变迁使我能够从更广泛的角度来分析这些事件，而这些新的内容又使我有必要用一种同前一本书截然不同并且更为精练的方式来论述这些事件。

在总统任期内，从1971年11月到1973年4月，后来又在1974年6月和7月，我几乎天天都作口授日记记录。在本书中引用这些段落时都将标明"日记"字样。录下这些日记的磁带，除少数被水门事件特别检察官调走外，全部直到1976年夏天才在圣克利门蒂将它们转成文字。现在我从中摘录一些段落用在本书时，没有一处改动不曾在方括号中加以说明。这些口授日记不像书面日记那样有条理——我往往会在某一天专谈某一个问题，但过了一两天又对同一问题作进一步阐述。正因如此，在某些情况下，我常把虽在不同的日子口授但内容相同的条目合并在一起。但是，有关水门事件的条目却总是保留原来口授的时间和日期。

在有关水门事件问题上，我使用了一些已经公开的或是特别检察官在不同的调查和审讯中已使用过的录音抄本。为了尽可能完整地弄清紧接着在水门闯入事件之后那一段关键时期中，我究竟了解多少情况和干了些什么，我请自我担任副总统以来一直为我工作的马乔里·阿克夫人，把1972年6月20日至7月20日，水门闯入事件爆发后我回到华盛顿的那一个月中，我同H. R. 霍尔德曼、约翰·埃利希曼和查尔斯·科尔森的每次谈话的录音都用打字机打成了文本。我请她把1973年5月我同霍尔德曼的谈话也打出来，那时我们曾在一起讨论了关于1972年6月23日事件我们所能记忆的情况，我还授权召开了那次要求中央情报局制止联邦调查局调查水门事件的会议。

在这些新的录音带中，有许多无法理解的段落。尽管这样，我认为，关于那一段时间，我根据这些录音带提出的报道比过去的一切报道都更为完整。

在本书中，我重述了我的许多谈话，其中有些是直接引用的。有关水门事件的谈话，基本上都是根据白宫录音带记录下来的。其他一些谈话是根据我的手抄笔记或我的口授日记。还有大量的谈话备忘录，包括同外国首脑的很多次谈话，而且我还能利用这些谈话来核实和补充我的笔记和记忆。凡我没有参加的那些谈话记录显然是依靠参与者的报道或第二手资料写成的。在极少数情况下，我不得不完全依靠自己的记忆来重写一次谈话的内容，但除了一些措辞非常生动使我难以忘却的谈话，我尽量避免使用这种办法。

资料来源和致谢

本书如果没有几十个人的帮助,是无法写成或出版的,我谨向这些人表示深切的谢意。

一些了不起的志愿帮忙的妇女,每天帮助处理寄到和平之家的许多信件,并花了许多时间,对原稿的三次草稿进行了繁重而重要的校对工作。

为了打出手稿和用原稿核对长条校样,卡西·普赖斯、马尼·帕夫立克、诺拉·凯利、辛迪·塞拉诺-米沙和梅雷迪思·约翰逊每天都工作到深夜,并花费了许多周末的休息时间。朱迪·约翰逊帮助进行了种类繁多的打字和研究工作,梅雷迪思·卡希金帮助校对了从我的日记上摘入原稿的段落。当我执政期间的所有文件被封存时,霍华德·史密斯,一位普通公民,把他的一整套新闻室每日发布的新闻稿和特别情况简报副本寄给了我们,令我非常感激。

加利福尼亚大学欧文分校的罗伯特·休伯蒂和马克·雅可布森帮助做了许多跑图书馆和核对报纸的工作。

在一部这样规模的著作中,版面编辑需要进行大量而重要的工作。我愿向格罗塞脱-邓拉普出版社的戴维·弗罗斯特和南希·布鲁克斯所表现的耐心、勤勉和熟练的业务能力表示感谢。帮助进行各项其他工作的还有:杰克·布伦南、伯纳德·夏尔-克利夫、拉里·加德、黛安娜·普赖斯、罗伯特和卡拉·阿克曼。我还要向我的出版商对我的关心和鼓励表示感谢,他们是:格罗塞脱-邓拉普出版社的哈罗德·罗思、鲍勃·马克尔以及沃纳出版社的比尔·萨尔诺夫、霍华德·卡明斯基。

我要感谢曾参与本书所记事件的数十名我从前的工作人员和朋友,在我们力求公开而准确地重述那些事件时,他们常不惜花费好几个小时的时间来帮助我和我的工作人员。我还要感谢那些阅读了原稿的某些部分并提出宝贵意见和给予帮助的人们,其中有:集中力量阅读有关国际事务和外交政策部分的布伦特·斯考克罗夫特将军,专就我总统任期的国内政策部分给予编辑上的帮助和提出意见的雷·普赖斯,以及对有关经济部分提供编辑上的帮助的赫布·斯坦。

罗斯·玛丽·伍兹在圣克利门蒂花了几个月的时间,同我们一起共同回忆她在担任我私人秘书的23年中所经历的事件,她还不辞辛劳地详细阅读和订正了原稿。马季·阿克也来帮助做这些工作。洛伊·冈特最初为我工作是我在还在参议院的时候，他不知疲倦地为我们提供了无数有用的资料、信息，并在过去三年中一直协助我们工作。

　　最后，还有三个人是从一开始就和我一起进行这项工作的。我在这里要深切地感谢肯·卡希金和黛安·索耶对大部分资料进行了研究和整理工作；我还要特别感谢我的主要编辑助手弗兰克·甘农组织了这些研究并指导了这项工作。

理查德·尼克松

1978年3月于和平之家

目录 Contents

第一章 **早年**（1913-1946）/ 1

第二章 **众议员和参议员**（1947-1952）/ 33

    1946 年：竞选众议员 / 34

    赫脱委员会 / 50

    希斯案件 / 55

    1950 年：竞选参议员 / 76

    1952 年：总统竞选活动 / 84

    基金危机 / 99

    1952 年的大选 / 119

第三章 **副总统**（1953-1960）/ 125

    1953 年的国际外交 / 128

    乔·麦卡锡 / 147

    1954 年：印度支那危机 / 161

    会见丘吉尔 / 167

    1954 年的选举 / 170

    心脏病发作 / 176

    1956 年：再度竞选 / 179

慈悲行动 / 195

总统中风 / 198

1958 年：南美洲 / 199

谢尔曼·亚当斯的辞职 / 207

1958 年的选举 / 213

1959 年的卡斯特罗 / 215

赫鲁晓夫和"厨房辩论" / 217

1960 年的竞选 / 228

第四章 普通公民（1961-1967） / 245

猪湾 / 247

1962 年：竞选州长 / 252

1963 年在纽约当律师 / 264

1964 年：戈德华特的竞选活动 / 275

1965 年：重新估计局势 / 281

1966 年的选举 / 289

"不过问政治的休假" / 296

第五章 1968 年的竞选和大选 / 315

当选总统 / 359

第六章 总统职位（1969-1972） / 387

欧洲和戴高乐 / 393

艾森豪威尔 / 397

"早餐行动" / 402

EC-121 飞机事件 / 405

泄密和窃听 / 409

越南：公开建议和秘密表态 / 413

反对越南战争大示威 / 423

沉默的多数 / 427

1969 年：总统和国会 / 438

阿波罗 11 号 / 453

林登·约翰逊：1969 年 12 月 / 455

第一年 / 458

1970 年 / 460

柬埔寨事件和肯特州立大学事件 / 472

休斯顿计划 / 498

约旦战争 / 506

古巴危机 / 515

1970 年选举 / 520

1971 年 / 527

蓝山 / 528

白宫录音带 / 531

肯尼迪画像 / 532

特里西娅的婚礼 / 534

五角大楼文件 / 537

1971 年：经济管制措施 / 545

限制战略武器谈判的突破和柏林问题的解决 / 552

印巴战争 / 555

六大目标 / 563

帕特 / 563

第一章 早年（1913-1946）

The Memoirs of Richard Nixon

在他看来，我的成功意味着，他一直为之工作和信仰的一切都是正确的，也就是说，在美国，一个人只要勤奋工作并具有决心，什么目标都能达成。

我出生在我父亲建造的一所房子里。1913年1月9日我出生的那天晚上，正碰上我们加利福尼亚州的约巴林达镇历史上空前的寒潮。约巴林达是一个离洛杉矶大约30英里、住着200个居民的农村，周围是鳄梨和柑橘园林，以及大麦、苜蓿和蚕豆田。

对一个小孩来说，这环境颇有田园诗意。春天，空气中充满着浓郁的橘花香味。这里有许多可以激发孩子想象力的景象：西方朦胧的太平洋海面，北面的圣贝纳迪诺山脉，近处小山脚下那间令人望而生畏、不敢轻易走近的"凶宅"，还有一条离我家大约1英里的铁路线。

白天，我可以看到火车头蒸汽机里冒出来的浓烟。晚上，有时我会被火车的汽笛声惊醒，于是我就梦见许多我希望有一天能见到的遥远的地方。我的弟弟和我扮演着火车司机和列车员，玩着火车游戏。我还记得同住在我们镇上的圣菲铁路公司的一个火车司机埃弗雷特·巴纳姆讲话时的兴奋情景。在整个小学期间，我的志愿是当个火车司机。

我最早的一段明确的记忆是我在奔跑。那时我刚3岁，母亲带着我们驾着一辆轻便马车，她把我还在吃奶的弟弟唐抱在膝上，邻居家的一个女孩子抱着我。马飞速地转个弯朝我家奔去，我却被摔在了地上。我肯定大为惊恐，但在我母亲竭力要勒住马时，我终于爬起来，跟在马车后面跑过去了。这个意外事件产生的唯一后果是，数年后，当头发在左边分梳的发式大为流行时，我却仍不得不一直往后梳，以掩盖那次摔下时留下的伤疤。

我们在约巴林达的生活是艰苦的，但也很愉快。我的父亲能找到什么工作就干什么。多亏我们自己有一块菜园和一些果树，所以尽管收入很少，我们也还有足够的食物。我们还有一头牛，供给我们牛奶，母亲用它来为我们做奶油和奶酪。

第一章 早年（1913-1946）

我6岁开始在约巴林达的小学校里读一年级。母亲早已在家里教我读过一些书，这种领先使我后来跳过了二年级。

在做完家庭作业和家务劳动后，我常常坐在壁炉边或厨房的桌子边，沉浸于一本书或一本杂志之中。我们订了《洛杉矶时报》《星期六晚邮报》和《妇女家庭杂志》。我母亲最小的妹妹奥利夫姨妈和她丈夫奥斯卡·马什本就住在附近的惠蒂尔城，他们订有《全国地理杂志》。每次到他们家做客，我差不多总要借一本回来。这是我最喜爱的一种杂志。

1922年，我父亲卖掉了我们在约巴林达的房子和柑橘园，我们迁到了惠蒂尔。他在油田里做打杂工，尽管工资不低，但对于像他那样胸怀大志、才智聪明、具有丰富想象力的人来说，这种体力劳动不能激起他的兴趣。即便那时汽车还很少，而且在那个地区只铺了一条公路，我父亲早就看到这种不用马拉的车是发展的方向，它的时代很快就会来到。他借了5000美元，买下了连接着两个日益发展的市镇惠蒂尔和拉哈布拉的公路旁边的一些土地。他把这块地清理出来，装上一只油槽和一台抽油机，在这两镇之间八英里的地段上开设了第一个加油站。

这个买卖几乎很快就大为赚钱，于是他马上又开设了一家杂货店。他还设立了一个小柜台，专门出售母亲自制的馅饼和蛋糕。母亲的拿手糕点之一是蛋白蛋糕。她坚持认为，必须在露天的新鲜空气中把料调制好然后送进烤箱，这样才能做出最好的蛋糕来。我还记得，在黎明前的寒气中，她站在厨房门外，用一只木制的大匙子使劲地打着蛋糊。

杂货店的生意发展得很快，要不是由于疾病袭击我们的家庭，按当时的水平来说，我们很可能会生活得相当富裕。

尼克松食品店是一家"夫妻店"，一家人都在店铺里干活。除了招待顾客和记账外，还得盘货、订货，往货架上上货。店铺每晚都得整理和打扫，而且每天要喷洒杀蝇剂。

当我大一点的时候，我接管了采购新鲜水果和蔬菜的工作。我每天早晨4点钟就起床，以便至迟在5点钟到达洛杉矶第7街菜市场。我挑选最好的水果和蔬菜，尽力同农民和批发商讨价还价，希望买得便宜些，然后赶着马车回到东惠蒂尔，把这些货物洗净、分级，送进店铺陈列好，到8点钟再去上学。这种以一个慈爱的家庭和一个小型而紧密的教友会为中心的生活，过得并不轻松，但很愉快。20世纪20年代的加利福尼亚对愿意艰苦奋斗的人来说，似乎是一个有着无穷机会的地方。

相反更相亲这个原理可以极恰切地用在父亲和母亲的关系上。在最重要的方面，他俩非常相像。两人都是十分虔诚的教徒。两人彼此十分相爱，为孩子不惜作出任何重大的牺牲。但很难想象世上还会有两个人在气质上比他们差别更大。

我父亲弗朗西斯·安东尼·尼克松，在他的一生中，人们都叫他弗兰克。他于1878年12月3日出生在俄亥俄的一个农庄里。8岁时，他母亲患肺病死去，因她长期患病，家里几乎已变得一贫如洗了。她死后，全家迁到了俄亥俄东部一小块不毛之地居住，我父亲每天不得不步行几英里，到最近的学校里去读书。一个外来户，加上身材矮小、衣衫褴褛，他常常受到同学们的欺负。这时候他总以敏捷的口才和一双随时准备好的拳头进行回击，因而不久他就成了出名的天生好斗者。

家庭情况始终没有好转，他读完了六年级后，就离开学校去工作。这是一个出于不得已的决定，但他却为此抱憾终生。在其后的几年中，他做过许多工作，每种工作都使他学会了新的技术。他曾驾牛车替一家锯木厂拉木料，他干过木匠，经营过土豆农场，在科罗拉多剪过羊毛，安装过早期的手摇电话机。

我父亲一生都想通过工作来改善自己的生活。他搬到俄亥俄州的首府哥伦布，当了有轨电车的司机。早期有轨电车车厢里是用大炉膛火炉取暖的，但司机站立的驾驶间却是敞开着的。1906年冬天，他的脚生了冻疮。由于公司不理睬他们的申诉，他于是组织电车司机和售票员进行抗议。他们终于使州立法机关通过了一项法案，规定把司机台封闭起来，装上炉子。

尽管如此，那次斗争还是使他感到心灰意懒，于是他决定迁居到加利福尼亚南部去，在那里至少不会再有冻疮问题了。1907年，他在行驶于洛杉矶和惠蒂尔之间的太平洋有轨电车公司谋到一个电车司机的工作。1908年，他在情人节的一次社交集会上遇见了汉娜·米尔豪斯，尽管她的家庭因她还没有念完大学而且追求她的这个人又不是教友会教徒，对这桩婚事持保留态度，但在四个月之后，他们仍然结婚了。

我父亲具有爱尔兰人的容易发怒也容易欢笑的脾气。他给我印象最深的正是他的这种脾气。他常同我的兄弟哈罗德和唐进行激烈争辩，他们的叫喊声附近的邻居都能听到。他是一个一丝不苟、严守纪律的人，在他情绪低落的时候，我力图以母亲为榜样不去触犯他。也许我对个人之间的争吵的厌恶情绪在我这些早年的记忆中便开始了。

他经常在店铺里同他接待的顾客，几乎可以因任何问题而进行激烈的争论。他这种感情爆发并非跟什么人过不去，这只是因为他愿意把辩论作为一种生活方式罢了。遗憾的是，有些顾客并不欣赏这一点，当时我们家常说的一个笑话是遇上一个比较敏感的顾客，我母亲或者我们一个孩子一定要赶紧抢先去接待，可别让父亲跟他交上火了。

我如果在进行辩论方面有任何才能，想必也是从我父亲那里，从他对辩论和争论的爱好中学来的。我在大学里参加辩论赛的时候，他经常用车子把我送到辩论会场，然后坐在会场后面专心致志地听着。在回家的路上，他会对每一节辩论进行详尽的分析。

我父亲非常相信美国的"小人物"。他对自20世纪初便如此严格控制美国人生活的既得利益集团和政治机器极为反感。由于他认为美孚石油公司托拉斯是美国风景线上的一个污点，所以当他在惠蒂尔开设加油站时，他就选择了由不太著名的里奇菲尔德石油公司来供应汽油。随着尼克松杂货店的发展，他于是成了一个大声疾呼反对连锁商店的人。他担心这些连锁商店通过大量购买，会挤垮独立经营者和家庭经营的杂货店。

在电视机发明之前，无线电还处于初期阶段的那些日子里，在家庭里和朋友之间的谈话，是人们的一个主要的娱乐项目。生机勃勃的政治问题的讨论一向是我们家庭集会的一个特色。我父亲开始是一个强硬路线派的俄亥俄州共和党人，但1924年时，他开始对哈定和柯立芝的固执保守的共和党纲领不感兴趣了。他的思想开始具有民粹主义的色彩。那一年，他脱离了共和党，投票选举了伟大的威斯康星的进步党参议员——"好斗的鲍勃"罗伯特·拉福莱特。他甚至成了汤森计划的热烈拥护者,这个计划建议,对每一个年满60岁的人,每月付给200美元,只要他花掉这笔钱并同意退休。这个计划甚至比新政还更进了一步。1932年,他支持胡佛,因为在禁酒问题上,胡佛是"强硬派",而罗斯福是"缓和派"。他从未对我讲过1936年他投了谁的票,但我总是怀疑,在大萧条年代,他准投了罗斯福的票,而不会选阿尔夫·兰登,他曾把后者说成"保守分子"。

劳动的尊严是我父亲的人生哲学的基础。他说,真的去相信《圣经》上劝导人们依靠上帝过活,就只会是鼓励懒惰。他最喜欢引用的《圣经》上的话是:"你必须汗流满面,才得糊口。"我哥哥哈罗德患肺病的长时间中——那也正是大危机时期——父亲不让他去国内最好的医院之一、县里的肺病医院去,理由是如果去那里就是接受施舍。

我父亲的脾气可能由于耳朵有些聋而变得越来越坏,后来他年纪更大,几乎是全聋了。有时候,我简直觉得他是有意引起一场争吵,然后他可以关上助听器,像观看无声电影一样,观看眼前的戏剧性场面。但正是他那粗鲁、暴躁的外貌下所隐藏着的爱,长久地留在我的记忆中。1947年,当我随赫脱委员会出访欧洲时,他和母亲来纽约为我送行,帕特和我给他们安排了一次特殊的招待。他喜欢观看音乐喜剧,我弄到了在百老汇轰动一时的歌剧《俄克拉何马》最好座位的戏票。我们必须从旅馆赶到戏院,途中,他却发觉他把助听器忘在旅馆的房间里了。他决定不使我们大家扫兴;我记得他当时是多么专心地观看演出,和其余的观众一起大笑、喝彩,让我们觉得他看得非常高兴,尽管他连一个词或一句曲调也听不见。

我父亲对政治的兴趣使他在一开始就成为我事业的最热烈的拥护者。在他看来,我的成功意味着,他一直为之工作和信仰的一切都是正确的,也就是说,在美国,一个人只要勤奋工作并具有决心,什么目标都能达成。在我当众议员的时间里,我总把每日出版的《国会记录》寄回家去。他总是从头看到尾,而

第一章 早年（1913—1946）

这是我所认识的众议员或参议员谁都没有花时间这样做过的。当我竞选副总统时，他写了一封典型的直截了当的信，给他过去几年中曾经阅读过的一家报纸，建议该报支持我。他在信中说："这个孩子是我抚养长大的五个孩子之一，我认为他们都是美国最好的孩子。如果你们愿意帮他一把，那我一定说《俄亥俄州报》仍在做有用的工作。"

凡认识我母亲的人，都深深感到她是一个非常卓越的妇女。她于1885年3月7日生于印第安纳州南部的一个有九个孩子的爱尔兰教友会教徒的家庭。在她12岁时，她父亲决定迁居到加利福尼亚教友会的新的居住点去。他们把他们的财产，包括马、马鞍、门和窗框在内，装了一节货车车皮，于1897年到达惠蒂尔。在那里我外祖父办了一家苗圃，栽培了一个橘园。我母亲从惠蒂尔专科学校毕业后，进了惠蒂尔学院。她喜欢历史和文学，上语言学系，主要学拉丁语、希腊语和德语。当她和父亲相识和结婚时，她刚读完大学二年级。他们生了五个儿子，除了一个以父名命名外，她都是以早期英国国王的名字来为我们取名的：哈罗德生于1909年，理查德生于1913年，弗朗西斯·唐纳德生于1914年，阿瑟生于1918年，爱德华生于1930年。

我母亲一向关心和积极参与社会生活，但她最显著的特性是强烈喜爱独处。尽管她对她的家庭——实际上是对所有的人——充满了温暖和爱，可她是从不让人了解她内心的感情和情绪的。我们进餐时，从来没有不做祷告的，但是除遇上特殊情况，我们每个孩子都被叫出来背诵一段《圣经》外，我们一般总是默祷的。她甚至完全听从《马太福音》的训谕，一定要关起门来做祷告，因此她晚上就寝前，总要到一间密室去做祷告。

当我要作出困难的决定或准备演说时，或当我遭到报纸攻击时，我母亲经常会说："我会想到你的。"这是她那从容的教友会教徒的说话方式，意思就是"我将为你祷告"。由于这是一种克制的说法，我听来更觉得意味深长。

在惠蒂尔，许多认识我母亲的人，甚至在她还活着的时候都称她为教友会的圣徒。我的表亲杰萨敏·韦斯特最近写信给我，谈起我的母亲。她说："我不认为汉娜是'圣徒'。我认为圣徒都有一条通往上帝的特别途径，因而使他们具有一种平凡人所不可能有的刚毅精神；汉娜是不平凡的，但她完全依靠一种出自她的好心肠的力量和慈爱，并由于她自己的不屈不挠的性格，做了她所做的一切，并形成了她那样一个人。"使我母亲如此独特和使人们都愿意同她接近的一个品质是，尽管宗教所赋予她的内心宁静无时不充分流露，她却从来不满嘴挂着她的宗教信仰。

我童年时，常在我家客厅的钢琴前边一坐几个钟头，试图弹个曲调。我上学后不久，便跟我舅父格里菲思·米尔豪斯学钢琴。他还教了我拉小提琴的基本知识。

也许是在格里菲思舅父的敦促下，我的父母才决定真正考验一下我的音乐才能。我的简姨妈曾在印第安纳波利斯的大都会音乐学校学过钢琴，而且是一位颇有造诣的演奏家和教师。他们一家住在加利福尼亚中部林赛——另一个教友会聚居地。我家决定让我和他们一起住上半年，跟她学钢琴。1924年12月，我们一大家子在外祖母的住处团聚过一次后，我便和简姨妈、哈罗德·比森姨父，以及我的表兄弟奥尔登和谢尔登一起到他们家去。

在六个月中，我每天跟简姨妈学钢琴，跟附近埃克塞特的一位老师学小提琴，并每天同奥尔登和谢尔登步行一英里半去上学。我爱学音乐，而且我能很容易地记住。即使50多年后的今天，我还记得我在林赛学到的一些乐谱。

弹钢琴也许是比写文章和讲演更有效的一种表达自己感情的方式。事实上，我始终有两个尚未实现的宏愿：指挥一个交响乐队和在大教堂里演奏风琴。我认为创作伟大的乐曲，是一个人能为自己提出的最大愿望之一。

1925年6月，父母亲前来把我领回家去。像任何一个12岁的孩子一样，别离了似乎很长一段时间后，见到他们我觉得很高兴。我最小的弟弟阿瑟一看到我独自一人在的时候，就过来一本正经地在我面颊上吻一下以示欢迎。后来我才知道，他曾问母亲，因我离开过家，他吻我一下是否恰当。就在这样小的年纪，他已经学会了我们家对公开表示感情必须克制的态度。

我们回到惠蒂尔不久，阿瑟说他头痛。我们家庭的医生认为是流行性感冒，

第一章 早年（1913-1946）

要他卧床休息。阿瑟的病情急剧恶化，而医生却无法找出病因。他要求进行一系列的化验，包括抽脊髓。我记得在这一最痛苦的化验做完后，我父亲走下楼来。这是我第一次见到他哭了。他说："医生们担心恐怕小宝贝要死了。"

由于阿瑟经常需要照料和关心，唐和我被送到富勒顿的卡里·怀尔德默思姨妈家去暂住。临出门，我们上楼去看弟弟。他提出要给他做他平时最爱吃的番茄肉汁烤面包；我们给他带上去一些，我记得他当时吃得多么高兴啊。两天后他就死了。

医生说这是结核性脑炎，但这个太大、太冷酷、太缺乏人情味的词儿，我们根本无法捉摸和理解。为了适应惠蒂尔大道日益发展的周末繁忙的交通，我们的加油站在星期天一向是营业的，现在我父亲真有点相信阿瑟的死也许是因为触怒了神灵，此后，加油站和杂货店就再也不在星期天开门营业了。

阿瑟丧葬后好几个星期，我没有一天不为想他而哭泣的。我第一次懂得了死是怎么回事和它意味着什么。

大学一年级时，我为英语作文课写了一篇关于阿瑟的短文。我详细描述了一张我母亲一直保留在起居室里的阿瑟的照片。我写道："让我简单地向你们讲一讲我记忆中的弟弟的形象。"

我小弟弟的最初两三年的情况，在我记忆中已相当模糊了，因为我当时正埋头于中学一年级的学业。但是，在我小弟弟早期的发展中确有某些细节给我留下了深刻印象。比如，我记得他的眼睛怎样从淡蓝色变成了几乎是黑色的；他开始是淡黄色的头发，后来又怎样变成了深褐色；他嘴里五个月前还没有牙齿，后来却长满着小而洁白的牙齿，而且这牙齿，当柔软的手指或脚趾凑巧被它咬住时就会显得非常锐利；我也记得他最初的不相连贯的呀呀声如何慢慢变成了字和句子；他怎样学着打滚、爬行，然后学走路。

我虽然无法记起我弟弟孩提时代的许多小事情，但有一些却清晰地铭刻在我的心头。有一次，我们要他在一次婚礼中捧着结婚戒指。我记得为了让他同意去做这件事，我母亲不得不花了几个小时跟他一起练习，因为他不喜欢同撒花的小女孩走在一起。另一次，大约在他5岁的时候，他为了表示他已是大人了，便从我家店里拿了几支香烟，跑到屋后偷偷地去抽。不幸被一个爱讲闲话的邻居碰巧看见了，她立即告诉了我母亲。从此以后，我就不喜欢那位邻居了……

还有，我永远也不会忘记他是多么不喜爱穿"扎人的"羊毛衫。他刚认识一些字，便总是在邮购订单中寻找有什么不"扎人的"衣服……

大学生中间有一种日益增长的倾向，那就是把他们童年的信仰忘掉。当我们谈到神圣造物主以及他为我们作出的安排时，就更觉得有此必要。我以为我也很可能会那样，但我发觉，我几乎无法做到这一点。我弟弟在死去前两天，他把母亲叫到房里去。他搂住母亲说，他要在入睡前做祷告。于是，他闭上双眼，背诵着那个以简单而优美的字句结束的古老的孩子祈祷文：

"要是我在醒来前死去，我祈求上帝拯救我的灵魂。"

现在小山上还有一座他的坟墓，但是，像照片一样，其中所有只不过是我弟弟的肉体形象而已。

因此，当我感到疲乏、烦恼，甚至准备放弃我眼前的生活的时候，我抬头仰望，便看到这张有一双发光的眼睛和一头鬈发的孩子的照片；我想起那孩子气的祷告；愿上帝使那祷告对我如同对我弟弟阿瑟一样适用。

我大哥哈罗德在阿瑟去世前几年就开始患结核病，但这病拖了十多年。这对我们来说，是特别难以忍受的，因为他过去一直是那样精力旺盛地热爱着生活。他个子很高，面貌清秀，碧绿的眼睛，淡黄色的头发。他一度留过小胡子，这使他看上去十分潇洒。在中学时，他有一辆拆去了一切附属物的T型福特汽车，他还常用它同他的朋友们进行比赛。

正是在哈罗德长期患病期间，我母亲表现出了她深沉的性格和信念。在那时，肺结核病几乎是无法治愈的，长期的无效的抗争还给我们全家留下了可悲的遗迹。最初，哈罗德住进了一所昂贵的私人疗养院，后来又到加利福尼亚的安特洛普山谷的村舍住了几个月，那个地方比惠蒂尔地区要干燥得多。

最后，我母亲决定把他带到亚利桑那的普雷斯科特去住，那里因为气候干燥，地势较高，一般认为是最宜于治疗结核病的地方。她跟哈罗德在普雷斯科特几乎住了三年。为了弥补开销，她代人照料着三个长期卧床的病人。她煮饭、洗衣，替他们在床上擦澡和擦酒精，凡护士能为病人做的任何事她都做。后来，当她听到他们一个接一个都死去的时候，我敢说，她的悲伤一定如同她自己的儿子死去一样。

除了护理工作带来的身体的劳累和精神上的苦恼外，和我们家其余的人分离这件事也使我母亲难以忍受。在圣诞节和春假期间，我父亲总是带着唐和我驱车14小时到普雷斯科特去，我们就在那里度过假期的一部分时间。在普雷斯科特的那两个夏季，我能找到什么零星活儿就干什么。我当过游泳池的看门人，也曾在鸡鸭店里帮忙拔鸡毛和做油炸鸡。每年7月，直至今天，普雷斯科特也还在庆祝拓荒节，在那个节日里，我还在流动游艺团干过叫喊着招徕观众的工作。

哈罗德的病继续拖延着。他变得无比瘦弱，简直让人不忍心看他。他在普雷斯科特很不愉快，非常想家，因此最后决定让他回家，希望那熟悉的环境能弥补潮湿气候的不利。他极度渴望生存，不愿遵守医生叫他卧床休息的规定。由于哈罗德仍然是那样充满着希望和具有旺盛的生命力，这使我们大家更感到无比痛苦。我们在绝望中继续抱着一线希望，期望有某种精神上的鼓舞也许能使他开始走上恢复健康的道路。当他说他很想穿过圣贝纳迪诺山脉去看看沙漠时，我父亲丢下一切事情来拟订旅行计划。他在市场上租了一辆当时才刚问世的房车———种安装在里奥牌卡车底盘上的木结构房屋——并且花了好几个钟头同哈罗德一起，计划他们的路线和他们的旅程。

一天早晨，我们为他们送行，以为他们这次旅行总得近一个月才能回来。三天后，他们回来了。哈罗德再一次吐血了，尽管他坚持要继续往前行，但我父亲知道哈罗德无法忍受房车中的艰苦生活。哈罗德告诉我，即使这旅行时间很短，他还是感到很愉快。他为我们描述了山麓小丘上美丽的野花和山上引人注目的雪景,我现在还记得他当时的声调。我意识到,他知道他将永远也不能再看到那些景色了。

1933年3月6日,哈罗德要我驱车送他到商业区去。他在广告上看到一种新式的做蛋糕的电动搅拌器,他想买一个在第二天母亲生日时送给她。他几乎没有力气和我一起走进五金店。我们让店员把搅拌器包装得像一份生日礼物,把它藏在家里壁橱的顶上。

第二天早晨,他说等到晚上再把我们的礼品送给母亲,因为他感到不舒服,想休息一下。大约三个小时后,当我在学校图书馆里学习时,家里托人带信来要我回去。我一到家,便看到一辆灵车停在门口。当殡仪馆的人员把哈罗德的遗体抬出来时,我父母不由得号啕大哭。我母亲说,在我去学校后,哈罗德要母亲搂他并紧紧地抱住他。他从来并不是那么相信宗教的,但这次他却望着她说:"在我们在天堂相见之前,这将是我最后一次见到你了。"一小时后,他去世了。那天晚上我把那只蛋糕搅拌器取出来交给母亲,告诉她那就是哈罗德给她的礼物。

我对父母都同样地热爱,但方式却完全不同,正如他们两人在性格上也完全不同一样。我父亲是个爱吵架的好斗的人,他具有敏捷且范围广泛的朴素才智。他那刻苦学习、勤勉工作、不问成败的战斗精神,使我对他怀着无限崇敬。我母亲对我的爱是无微不至的,无私的,她留给我的珍贵遗产是安详的内心安静和永不感到失望的决心。

三个词就可以概括我在惠蒂尔的生活:家庭、教堂和学校。

米尔豪斯家族是镇上古老的家族之一,把姐妹、表亲和姨妈们都算在一起,这一家包括好几十个人。这个家族最初是以我的外曾祖母伊丽莎白·普赖斯·米尔豪斯为女族长。这个卓越的妇女,和她的先辈们一样,完全是杰萨敏·韦斯特的动人小说——《友好教派》——中的伊莱托·科普·伯德韦尔一类的人物。她死于1923年,享年96岁,那时我只有10岁,但我完全记得她。

我的外祖母阿尔米拉·伯奇·米尔豪斯一直活到94岁。圣诞节我们在她家举行传统的团聚时,她总穿着她最好的红色天鹅绒礼服庄严地坐着,接受孙子外孙子们送给她的极平常的礼物。她对这些礼物一视同仁地赞扬一番，对每一件都说是她特别需要的。她似乎对我特别感兴趣，在我的生日和其他一些特殊节日，她总写一些诗送我。1926年，我13岁生日时，她送给我一幅嵌在镜框里的林肯像，下面是她亲笔写下的朗费罗的《生活诗篇》中的几行诗：

> 伟人的一生常提醒我们，
> 要使自己一生崇高庄严，
> 在去世时，
> 在时间的沙滩上，
> 留下我们的足迹。

我把这幅画像挂在家里我的床头上，至今，这仍是我最喜爱的东西之一。在我读大学的时候，我外祖母送给我一本《甘地传》，我从头到尾看完了那本书。甘地的和平改革和消极抵抗很符合她的心意，她是个反对一切种族或宗教偏见的虔诚的教友会教徒。

外祖母米尔豪斯属于说话古板的一代教友会教徒。她会说："您今日要走？"或者"这是您的？"或者"您的愿望如何？"当我母亲和姨妈们同外祖母谈话或她们之间相互谈话，不知不觉使用这种语言时，我很喜欢听，而她们在她们自己家里可谁也不这样说话的。

我生长在一个既非常严格同时又非常宽容的宗教环境里。我母亲和她的家族信奉教友会的一个支派，它也有自己的牧师和唱诗班，实际上具有其他新教派所具有的一切象征。仅有的差别是，教友会没有洗礼和圣餐，并特别强调默祷。我父亲是在结婚时，从一个相当坚定的卫理公会教徒皈依教友会的，他因而也具有皈依者对他的新宗教的特殊的热忱。星期日，我们一家一共去教堂四次——一次是去主日学校，一次是做例行的早礼拜，下午晚些时候去一次勉励会，晚上还要做另一次礼拜——我们星期三也做夜礼拜。在我读中学和大学的几年里,我每星期还为教堂里的各种礼拜弹钢琴。当我八年级毕业时,我母亲送我一本《圣经》,晚上就寝前我没有不读几节《圣经》的。

约巴林达和惠蒂尔教友会那么广泛的宗教活动,也还不能使我父母感到满足。他们两人对当时的一些福音派教徒和信仰复兴派教徒十分着迷,因而我们常驱车到洛杉矶的安吉勒斯教堂去听艾梅·森普尔·麦克弗森讲道,并到卫理公会三一教堂去听麦克弗森的最大竞争者鲍勃·舒勒的讲道。

虽说宗教信仰和祈祷是我们家庭生活中很重要的一部分,但这些基本上是属于个人和私人的事情。也许是由于这个原因,在我求学时代以及后来在我从政时期,我演说时从来没有引用《圣经》的习惯。在我任副总统时,艾森豪威尔总统劝我在演说中应不时提到上帝,但我觉得那样做很不舒服。

我在惠蒂尔中学读初中时,第一次遭到了政治上的失败,我在竞选学生会主席时未能当选。后来学校任命我为学生会的管事,我的职责是销售足球赛的入场券,拉当地商人在学校的年鉴上登广告。

1930年,我读高中时,正是诗人维吉尔诞辰2000周年纪念日[1],学校的拉丁语老师决定上演特别改编为剧本的《埃涅阿斯纪》以志庆祝。我被选定扮演埃涅阿斯一角,我的女朋友奥拉·弗洛伦斯·韦尔奇扮演他的爱人狄多。这是我第一次尝到演剧活动的滋味,而且令人惊异的是,这还不是最后一次。

这次演出纯粹是活受罪。第一,观众感到厌烦至极——显然维吉尔并不是为加利福尼亚惠蒂尔中学的集会写出《埃涅阿斯纪》的。第二,我拥抱狄多的那一段富于戏剧性情趣的情节,却引起了一阵嘘声、口哨声和哄堂大笑,弄得我们不得不停下来,等他们平息下来,再继续演下去。第三,不管是谁租来的服装,他反正没考虑到我的脚得穿11号T型的鞋!我猜想,根据我的化装,我必须穿的那双银色长筒靴的尺码不会大于9号。拉丁语教师和我花了好几分钟才把它穿上,后来要把它脱下来也几乎花了同样多的时间。穿上这双长筒靴在舞台上的那段时间,其痛苦真是无法形容,也几乎无法忍受。

---

[1] 古罗马诗人维吉尔生于公元前30年。——编者注

第一章 早年（1913-1946）

我曾梦想去东部的大学读书。我中学毕业时，成绩名列第三，初中和高中时，我都在宪法演讲比赛中获胜，并且得到了加利福尼亚哈佛俱乐部发给全面发展的优秀学生的奖金。当时还有可能获得去耶鲁大学读书的奖学金，但路费和生活费加起来甚至比学费还多，而且1930年的大危机和哈罗德患病所花去的大量费用，使我家经济困难。我别无选择，只得待在家乡，这就意味着我只能上惠蒂尔学院。我并没有感到失望，因为一想到上大学我便会无比兴奋，不管上什么大学我都会同样高兴的。

在大学时，如同在中学一样，我继续埋头学习。我第一次遇到了一些无须十分用功便能得到好分数的学生。但我却必须严格按规定进行晚自习才能跟上各种课程，读完阅读材料。

我的每位老师对我都很有影响，其中有几位老师特别触动了我的思想，改变了我的生活。

保罗·史密斯博士也许是早年在思想方面给我最大鼓舞的人。我选读了他的英美文明、美国宪法、国际关系和法律等课程。他是一位才华横溢的讲师，讲课时从不用演讲稿。他的博士学位是在威斯康星大学获得的，在那里他在伟大的进步党历史学家格伦·弗兰克的指导下进行研究。史密斯博士对历史和政治的观点颇受进步党影响，他第一次让我理解到，历史不仅是过去事件的编年记录，它还可以成为分析和批判的工具。

教英语的艾伯特·厄普顿是戏剧俱乐部的主任，他是极力反对偶像崇拜的。他不承认有什么神圣的东西。他这种直率的反传统思想给予我们很大的启发。

在我快读完三年级时，他对我说，如果我不攻读托尔斯泰和其他一些伟大的俄国小说家的著作，我便不能算受到完全的教育。那年夏季，我几乎没有读别的什么。我特别喜爱的是托尔斯泰的最后一部巨著《复活》。我甚至深受他晚年的一些哲学著作的影响。他为被蹂躏的俄国群众所拟订的和平革命的计划，他反对战争的激昂情绪，以及他对生活各个方面的精神因素的强调，所有这些比他的小说给我留下了更加不可磨灭的印象。在我一生中的那一时期，我成了托尔斯泰的信徒。

J. 赫谢尔·科芬博士对我的影响又有所不同。我在四年级时，选修了他的"基督教复兴的哲学"课程，这门课的第二名称是"我能信仰什么？"，而知道这个名字的人反而更多。上这门课的学生每周得写一份以课堂上提出的问题为基础的自我分析。此外，我们研究了进化的理论、《圣经》文字的可靠性和民主性的本质，在课程的开始、中间和结束时，我们都得写一篇文章来回答"我能信仰什么？"这一问题。

1933 年 10 月 9 日，我在课程开始时的那篇文章中叙述了我的某些看法和问题。让我今天来重述那段经历，也不可能比这篇作文更清楚地说明我大学时期的信仰、疑问和惶惑了。

> 多年的家庭和教会的培养，已在我的思想上留下它的影响……我的身为"原教旨主义的教友会教徒"的父母，在教会的帮助下，在我脑子里灌入了严格按他们体会的一切原教旨主义思想。四年前我进大学时，《圣经》内容和文字正确无误，甚至包括大鲸鱼故事在内的那些奇迹等，我全都认为是事实，信以为真。那时我甚至也还未忘记不要被具有自由主义观点的大学教授引入歧途的告诫！童年时代的想法有许多已经被消灭了，但是还有一些想法我仍然无法舍弃。我感到宇宙的伟大绝非人所能予以解释的。我仍然相信上帝是造物主，是一切事物的第一动力。我仍然相信上帝现在仍以某种形式存在着，并指导着宇宙的命运。怎么能使这种思想同我的科学方法调和起来呢？这当然是一个无法回答的问题。但是，目前我将接受康德提出来的解决办法：人类所知只限于他的研究和解释所及；再往前，我们就必须承认上帝的存在。人类不知道的事情，上帝知道。

我认为耶稣是上帝的儿子，但不一定要去死抠字面的意思："他对上帝和价值的理解超过了世界上的一切人。他的一生无时不闪耀着那些价值的光芒。他教给人们一种能揭示那些价值的哲学。我甚至说，耶稣和上帝是一体的，因为耶稣为人类树立了永远追求理想生活的伟大的榜样。他的一生是那样的完美无瑕,所以他的灵魂已和上帝的灵魂'交织在'一起了。"

我写道,耶稣复活的字面含义和它深刻的象征意义相比并不重要:"重要的是,耶稣自己过着并教导人过一种无比完美的生活,所以他死后仍然在人们的心中继续存在和发展。复活的故事可能只是一种神话,但它象征性地教给人们一个重要的课题:在一生中实现了最高价值的人就能获得永生……正统观念的教师总是坚持认为,耶稣的肉体复活是基督教宗教信仰中最重要的基石。我相信现代人将在耶稣的一生和教导中找到真正的复活。"

我父亲政治思想上的民粹主义因素、保罗·史密斯给予我的进步党的影响、艾伯特·厄普顿的反偶像崇拜思想以及科芬博士的基督教人道主义,这一切使我的早期思想具有一种十分开明的几乎是民粹主义的色彩。

由于教师的帮助,我勤奋学习,在惠蒂尔学院受到了一流的教育。但是学校学习,绝不是我那四年唯一的或者是最重要的部分。从学校的第一个星期开始,我就一直参加许多课外活动。

惠蒂尔学院没有什么联谊会组织,只有一个叫作富兰克林社的社交俱乐部,其成员在校园里有着很高的社会地位。我在学院中最早认识的学生之一是迪安·特里格斯,他在科罗拉多学院读了两年后刚转到惠蒂尔来,原来在那边他是参加联谊会的。他认为在惠蒂尔只有这样一个俱乐部是不符合民主精神的,因而他建议我们另外创办一个学生团体。艾伯特·厄普顿同意做发起人,我们决定把这个团体叫作"方正社"或"正直人社"。

富兰克林社以发展社交活动为目的,方正社吸收的会员则大都是运动员和半工半读的学生。在学校年鉴的照片上,富兰克林社的会员都身穿晚礼服,而我们则穿着敞着领口的衬衫。我们公开宣称,按大学生具有的丰富的表现法,我们将为"四好"——好精力、好体格、好头脑、好心肠——奋斗终生。我们的箴言是 Écrasons l'infame——"根绝丑恶",我们的标记是一只公猪头。虽说我还是个一年级新生,却被选为方正社的第一任主席。我制定了社章,谱写了社歌。

那时,学院的辩论是一种严肃的学习活动和已高度发展的艺术,对我来说,它不仅使我通过实际经验获得辩论技巧，而且使我对日后我将实际处理的某些问题获得了广泛的知识。

由于我们学院辩论的方式是有组织的，辩论队必须对问题的两方面都进行准备。这种练习最后证明是一种非常有益的方法，有助于防止把问题看得太死，并生动地教育人要尽量理解对方的观点。这种辩论训练，使我逐步习惯于不用底稿发言，这种实践对我今后的政治生涯有着非常重大的意义。在四年级时，我获得了加利福尼亚各大学间举办的即席演讲竞赛的优胜奖。

我们辩论的题目之一是自由贸易和贸易保护主义的优劣。等我对两方的观点进行了彻底的研究，并参加了辩论，我就成了一个确信自由贸易的人，到如今仍是这样。另一个辩论题目是，协约国的战争债务是否应予以免除。尽管我又一次参加两方的辩论，最后我却确信，欧洲的经济恢复要比我们坚持偿还战争债务重要得多。我们还就自由经济是否比管制经济更有效率这一问题进行过辩论。尽管当时正处于新政实验早期的狂热阶段的顶峰，通过深入辩论那个题目的两个方面，最后我完全相信自由经济具有莫大的优点。

我在惠蒂尔学院第二年的冬天，辩论队进行了一次穿越太平洋西北岸的3500英里的旅行。我父亲同意我们使用我家买了八年、有七个座位的帕卡德汽车进行这次旅行。辩论队领队是乔·斯威尼，他是一个十分自信、红头发的爱尔兰人。

我们中途停留的地点之一是旧金山。那时还在禁酒令废除之前，旧金山可是一座完全开放的城市。我们随着斯威尼沿着弯弯曲曲、五光十色的街道走到一家药房。他将旅馆的一位服务员给他的一张名片递给柜台后面的一个人看了看，这个人就带领我们走到一道用药品陈列架遮住的墙边。他推动墙壁，这墙马上像一扇门似的打开，让我们进入了一家黑酒店。这不是一个特别吵吵嚷嚷的地方，尽管烟雾弥漫的空气和顾客轻佻的态度，使我们感到进入了一个真正的邪恶的巢窟。我全不知道该喝什么酒，因此斯威尼替我要了一瓶冰镇果子酒。除他以外，我们中过去谁也没有进过黑酒店，而我还从未尝过含有酒精的饮料，所以坐在那里看着那些人，听着他们的谈话，欣赏欣赏给我们送酒的女招待倒也很有趣。

在学院里我演过好几出戏,通常扮演较重要的角色。我在布思·塔金顿的《幽会处》中扮演心神不定的英戈尔德比先生;在约翰·德林克沃特的《囊中物》中扮演旅店老板;在一出描写残酷斗争的独幕剧《煤价》中,扮演一个年老的苏格兰矿工;以及在乔治·科汉的《小旅店》中扮演一个极为古怪的滑稽角色。我还在学院演出的《日本天皇》和《彭赞斯海盗》中担任过舞台监督。

在一个彼此熟悉、人很少的学校里,学生的政治活动必定是低调的。我唯一的一次重大"竞选活动"是在我三年级快结束时竞选学生会主席。我是方正社的候选人,而我的对手是富兰克林社的迪克·汤姆森。我们俩是好朋友,彼此并不感到有很大的热情要击败对方。

我以一个当时有争议的问题——赞成在校园内举行舞会——作为我竞选的基础。在这个问题上,我没有个人的利害关系,因为在奥拉·弗洛伦斯在一次聚会上强迫我学了几步之前,我还根本不会跳舞。我的论点纯粹是实用主义的:不论一个人是否赞成跳舞——惠蒂尔学院的评议会的大部分委员是不赞成的,这是一个宗教原则问题——反正大部分同学都常常跳舞。那么,我争辩说,毫无疑问,与其让学生到校园外面一些二流舞厅去,不如在校园里举行舞会,这还可以对他们进行监督。

我在这次竞选中获胜,接着便得以履行诺言。学院的代理院长赫伯脱·哈里斯协助我同评议会达成一个妥协方案,由评议会租下附近的惠蒂尔妇女俱乐部,那里面就有一间漂亮舞厅。在那一年中,我们在那里成功地举行了八次舞会。当时唯一的问题是,我每次都必须出席。奥拉·弗洛伦斯和其他一些女学生对我很有耐心,但我担心,当我试着和我的舞伴绕舞池旋转的时候,会把许多人的新鞋踩坏。

学院生活留给我的最愉快的回忆还包括体育活动。一年级时,我是波特林斯篮球队的队员,那一年我们创造了"出色"的纪录:每场必败。事实上,我能用来表明我曾经参加过篮球赛的唯一战利品是一只瓷制的假牙桥。在一次比赛中,我跳起来接一个弹跳的球,拉维恩学院的一个前锋的肘部撞到了我的嘴,把我上牙最中间的一颗门牙给打断了。

有两个因素一直激发着我在运动方面的兴趣。第一，运动必然会减轻我生活的每一阶段所承担的工作和学习的重负。第二，我天生有强烈的竞争本能，而且我发觉，探索着一项运动的重大发展，观察着一个队或一个人同另一个队和另一个人的技能、纪律和智力在一种最令人激动的搏斗中进行较量，能够给人莫大的鼓舞。

自从我在中学开始玩球以来，橄榄球一直是我最喜爱的运动。作为一个体重150磅的17岁的大学一年级学生，我几乎从没有在球场上真正露一手儿，但是我喜爱这种运动，喜爱那种精神以及队员间的配合和友谊。一年级球队中只有11个人，因此，不管我的身材和体重怎样，每次比赛我都要上场，并穿上一件印有球队号码的运动衫。但是在其后几年中，只有在一场球赛已经准赢或者已全然输定的最后几分钟才有我上场的机会。

惠蒂尔学院的橄榄球比赛使我有机会认识教练华莱士·"队长"·纽曼。我认为，除我父亲之外，他是我所熟悉的人中我最钦佩的，同时也跟他学到最多东西的一个人。

纽曼是一个美洲印第安人，他对自己的出身非常自豪。他身材高大挺直，面部轮廓分明，古铜色的皮肤，从很小的时候，人家就叫他"队长"。他永远鼓舞我们并让我相信，只要我们艰苦训练，长时间练习，我们就能击败任何人。他不能容忍那种认为只要球打得好，输赢并不重要的观点。他认为，球要打得干净利索，但输和赢可是有很大的差别。他常说："你要能找出一个输了不生气的人来给我看看，那我也可以找出一个准输无疑的人给你瞧瞧。"他还说："输了，应该生气，不过要对自己生气，而不要对敌手发火。"

我无法恰当地叙述"队长"纽曼对我的影响，他灌输给我一种竞争的精神和一种如果被击倒或被打败就一定要卷土重来的决心。他还使我深刻地体悟到，对一个人来说，真正重要的不是他的背景、他的肤色、他的种族或者他的宗教信仰，而是他的性格。

在惠蒂尔学院最后一年期间，有一天我在布告栏里看到一张通告，宣布有25个人可以获得250美元的奖学金到北卡罗来纳州达勒姆新成立的杜克大学法学院学习。我提出了申请，只是在我已赢得并接受这一奖学金后，我才知道学生们把它称作"绞肉机"，因为在第一年获得奖学金的25名学生中，到第二年便只有12名能继续享用了。

当我于1934年9月抵达达勒姆时，尽管我之前见过杜克大学的照片，但杜克校园的规模和美丽仍大出我的意料。对某些习惯于加利福尼亚的建筑和像惠蒂尔那样小规模的学院的人来说，杜克大学像一座中世纪的教堂城，到处都是塔尖、城楼和彩色玻璃。许多建筑物都是成群地安置在几英亩的树林和花园之中。

从第一天起，我就知道，我走上了一条快速竞争的轨道。我们班上一半以上的学生是美国大学优等生联谊会的会员。杜克大学已采用哈佛大学的判例教学法，按这种方法必须熟记数百个不同判例中的事实和法律论点，并且要能够做到在教室里随时站起来背诵它们，以及回答突然提出的问题。在这一点上，我的记忆力是个很优越的条件，但我从未面对过分量这么多的资料。有时我简直束手无策，不知如何才能把那些熟记的事实联系起来，使之成为一种有意义的法律知识。

有一天晚上，我在图书馆自修时，向一个高年级学生比尔·阿德尔森倾诉了我的担忧和怀疑，他早注意到我常常花很长时间在法学院图书馆学习。他听我把话讲完，身子往后一靠，看着我的眼睛，对我讲了一些我永远也忘不了的话："你不必担心，你具备学习法律的条件——铁屁股。"

在杜克大学最初两年中，我住的是一间每月租金5美元的屋子；第三年我和三个朋友一起搬到离校园大约两英里的杜克森林中的一个小住宅去。"小住宅"实际上是夸大其词的说法：它只是用隔板做的一间简陋的小木屋，没有暖气设备和室内的水管装置，在这间房里，我们四个人合睡两张大铜架床。回想起来，我们在那样原始的条件下，竟能住得那么长久，过得那么心满意足，真是令人惊奇。但在当时，那似乎别有一种令人兴奋的冒险的情趣。我们把这个地方叫作夜莺庄园，在那里一直过得很愉快。

房间中间有一只金属炉子，晚上塞进乱纸，早晨第一个起床的人点燃它。当乱纸燃烧时，我们便利用这点热穿上衣服。为了省钱，早餐我经常就吃一块银河牌棒糖。我将我的剃须刀藏在法学院图书馆书架上的书本后面,每天早晨,我在男厕所中刮胡子,以享受豪华的暖气设备和冷热自来水。每天下午,我打一会儿手球,接着在体育馆洗个淋浴。

我终能保持住为获得奖学金所必需的优良成绩,我还成了杜克大学法律刊物《法律和当代问题》季刊的编辑部成员。我的奖学金只够学费,但通过为法学院图书馆工作和帮助克劳德·霍勒克院长做些研究工作,我还可另外获得一些收入。我甚至还能抽点时间进行一些政治活动,并被选为学生律师公会的主席。

在杜克大学的三年使我获得了极有用的法律上的经历。尽管我们曾对种族问题进行过一些激烈的讨论,尽管我不同意许多南方同学在这个问题上的观点,但在这几年中,我终于体会到应该理解和尊重他们的爱国主义、他们的自尊心,以及他们对全国性问题的巨大兴趣。在杜克大学读了几年以后,我强烈地感到,现在是使南方回到美利坚合众国的时候了。

杜克法学院最后一年开始时,我不得不考虑毕业后的出路。我预计我毕业时的成绩大约会在班上属前几名,但当时找工作却极不易。1937年的经济衰退差不多把大危机开始以来获得的一点进展一扫而光,待遇好的工作是极少的。1936年圣诞节假期时,我决定同我的同学哈伦·莱瑟斯和威廉·珀杜一起到纽约的一些较大的律师事务所去碰碰运气。对我们略表兴趣的只有多诺万—莱热—牛顿—隆巴德律师事务所。会见后一个月,他们写信给我,但那时,我已不再那么想到那个寒冷而花钱的城市去了。不过,我们至少利用在纽约的时间看了几出戏——《烟草路》便是其中之一——并弄到几张我们买得起的大都会歌剧院楼厅最后几排座位的票子。

联邦调查局在杜克大学招募人员。我提出申请,并被请去谈了一次话。自那以后,我便再未从他们那里得到任何消息。多年之后,当我任副总统时,我在艾丽斯·罗斯福·朗沃思家的一次宴会上见到了埃德加·胡佛,向他提起我一度申请当特工的事。几天后,他来到我家,说他已查阅过档案,发现我的申请已被批准。但正在他们准备寄出通知时,他们所要求的下一年的经费被削减了；如果我当时真去了，我也许一直就是联邦调查局的调查员了。

我决定回惠蒂尔老家，在那里开业当律师。1937年6月，为了祝贺我毕业，我们一家，包括88岁的外祖母在内，乘车来到东部地区。那是他们感到值得骄傲的一天，而更使他们感到骄傲的是，就在他们到达的那一天，校方宣布，我的毕业成绩是全班第三，而且我已被提名为声望极高的全国法科优等生联谊会——初级律师会——会员。

我满怀着美好的希望返回惠蒂尔，但对前途却毫无把握。首先，我得在加利福尼亚通过取得律师资格的考试。我只有六个星期的时间准备考试，而大部分的考生却可以有两个月以上的复习时间；更糟的是，这三天的考试还包括考加利福尼亚州的全部州法，而这个我在杜克法学院根本没有学过。

对我以及我的一家来说，等候考试结果是使人极感苦恼的。据谣传，录取的人将收到装在普通信封里的一张简单通知，未被录取的人则将收到装在一只大信封里的为申请下次考试所必需的全部文件。在等候考试结果的几个星期里，我们每天热切地检查信箱。终于有一天早晨，母亲流着眼泪从信箱那边回来了，她手中拿着我们等待已久的信。那是一只大信封，显然装满了文件。我不愿意她看到我苦恼，因此我走进浴室，把门关上后才打开信封。不管传说如何，我却是通过了考试：信里附有许多有关准备宣誓的安排和其他技术问题的指示。我走回厨房，宣布了这个好消息。

我在惠蒂尔最老的温格特-比尤利律师事务所谋到了一个职位。我最初参与处理的不过是许多年轻律师一般都会遇到的有关财产和离婚的案件。我发现离婚案件是使人极不舒服和不安的。一开始，我对人们争论一些房帏里的事感到很惊奇，而且同样使我惊奇的是，他们竟会毫无顾忌地坐下来对一个陌生人，尽管是他们的律师，讲述那些事。我一般总设法说服他们和解，但很少获得成功。

我喜欢当一名律师，一年后，这个事务所成为温格特—比尤利—尼克松律师事务所。那时，我第一次不再是弗兰克和汉娜·尼克松的儿子了——我是尼克松先生，是温格特和比尤利的新合伙人。

想方设法为自己的律师事务所拉生意的年轻律师，都希望加入当地的一些俱乐部，因此我开始广泛地参加社团活动。我加入了拉哈布拉的基温尼斯俱乐部和20-30俱乐部，后者是由属于这年龄层的青年商人和自由职业者组成的。到1941年时，我在那地区是站稳脚跟了。我曾被选为20-30俱乐部的主席、惠蒂尔学院校友会主席、杜克大学加利福尼亚校友会主席、奥兰治县城市联合会主席，并经选举成为惠蒂尔学院评议会最年轻的成员。镇上有几个共和党领袖建议我竞选州议员。我为这建议感到荣幸并且也颇有兴趣，但是在这期间爆发了战争。

1938年的一天，当地业余剧团的导演莉莉·鲍德温太太打电话给我，问我是否愿意在他们即将上演的艾恩·兰德编写的法庭剧《一月十六日之夜》中，扮演检察官的角色。我参加了这次演出，并对有机会参加这次业余演剧活动感到十分高兴。

几个月以后，我去剧团参加为乔治·考夫曼和亚历山大·伍尔科特的剧本《黑暗的城堡》挑选角色的工作。我认为惠蒂尔地方的每一个人我都认识，但是那天晚上，一个我从未见到过的美丽而活泼的红头发年轻女子出现在我的面前。我发现我一直拿眼睛盯着她。镇上的这位新人姑娘是帕特·瑞安，她刚开始在惠蒂尔中学教书。对我来说，这可就是一见钟情了。

我请一个朋友来给我们介绍一下，后来我提出用车送她和我那位朋友回家。途中，我问帕特是否肯同我出去玩一次。她说："我很忙。"我说："你不要那么说，因为有一天，我会和你结婚的！"我们大家都笑了，因为在那个时候这似乎太不可能了。但是我不知道这是不是有一种第六感觉，促使我说了那样鲁莽的话。

帕特的一生值得写一部书，也许有朝一日，她自己会写这部书的。那将是一部极不寻常的书，因为她就是一个具有强烈的独立自主性、敏锐的理解力和丰富的幽默感的不同寻常的妇女。她1912年3月16日生于内华达州伊利市的一个矿山小镇上，受洗时被命名为西尔马·凯瑟琳·瑞安。在她1岁的时候，她父亲决定离开矿山，把他的一家搬到加利福尼亚州阿蒂西亚附近离洛杉矶西南大约20英里的一个小牧场去。在那里，一家七口——她的双亲、一个妹妹和三个兄弟——住在同约巴林达附近和我们尼克松的家非常相似的一所房子里。

第一章 早年（1913-1946）

她决定采用她的爱尔兰父亲喜欢叫的那个名字，于是人人都叫她帕特了。一个人取了一个自己不喜欢的名字，真是一件苦恼事。因此，当我们的女儿出生时，帕特便建议我们只给她们每人取一个名字，一个叫帕特里夏，一个叫朱莉，这样等她们长大能自行决定时，她们就可以更改这名字或者再另加一个字。

在帕特年仅13岁时，她母亲死于癌症，于是帕特不得不代替母亲，为她父亲和兄弟们做饭和料理家务。大约在她中学毕业时，长年累月待在矿山使他们付出了巨大的代价，她父亲得了矽肺癌。帕特放弃了进大学的计划，在家护理父亲直到两年后他去世为止。由于她父亲已去世，兄弟们又都离家去上大学，她那时便完全独立生活了。

她父亲去世后，帕特仍然住在老家旧房子里。她在一家银行做半天出纳员工作，开始到富勒顿初等学院去听课。夏天，她得知熟悉的一对老年夫妇打算搬到纽约去，想找个人替他们开车完成这一长途旅行。完全出乎他们的意料，竟有这么一个漂亮的年轻姑娘提出要干这个工作，同时也出乎她的意料，他们居然同意要她了。

帕特完全被纽约迷住了，仅仅几天后，她就决定在那里留下来了。她先给人当秘书，后来又在塞顿医院学会了X光操作技术，这所医院是由慈善团体的修女开办的。她住在医院旁边的房子里，修女们外出采购东西，她就为她们开车。

帕特始终打算要继续她的学业。两年后，她回到洛杉矶，在南加利福尼亚大学注册入学。她每星期花40个小时协助一位教授做点研究工作以维持生计。她还在布洛克-威尔希尔百货店里当了一年售货员，有时还受雇在电影的群众场面中当临时演员。如果注意细看，你可以在《贝基·夏普》和《小镇上的姑娘》等影片中找到她。电影公司曾请她扮演较主要的角色，甚至请她当职业演员，但她不肯放弃学业。1937年，她在南加利福尼亚大学以优异的成绩获得理学学士学位，和我在杜克大学毕业是同一年。

帕特的兴趣是市场研究，她希望到一家百货商店工作。但当时很难找到工作，因此当惠蒂尔中学愿意以每月190美元的工资聘请一位教商业课的教师时，她立即设法谋到了这一工作。她一到学校就大受欢迎，学生和教职员工无不对她十分爱慕。她是学生"鼓动俱乐部"的教师顾问,经常为学校的各种集会和大会准备节目。由于她对演剧很有兴趣,她决定为当地的剧团试演。就在那里她遇见了这位一头黑色鬈发的、大鼻子的热情年轻人,他在观看《黑暗的城堡》试演时老是盯着她。

帕特和我开始经常见面。我们一起到阿蒂西亚附近新建的室内溜冰场溜冰,在附近的海滨游泳,还到洛杉矶附近的山上滑雪。我俩都是电影迷,因此我们经常驾车到好莱坞的大电影院去看电影。很幸运,帕特也喜欢橄榄球,因此我们一有机会就去惠蒂尔学院和南加利福尼亚大学观看橄榄球赛。她会见了我的双亲,他们俩都很喜欢她。她明显的坚强性格和不屈不挠的精神,给他们留下了深刻的印象。

1940年,我送给帕特一只五月花花篮,花丛中放着一只订婚戒指。我俩于6月21日在加里福尼亚州里弗赛德的使团旅馆举行婚礼,参加仪式的仅是自己家的一些人。我们驱车去墨西哥度蜜月两周。我们没有什么钱,因而带了一些罐头食品,以节省上餐馆的费用。上路以后,我们才发觉朋友们已经把罐头上的商标全都撕去,这样每餐饭就成猜谜游戏了。有几次我们早餐得吃猪肉和黄豆,晚餐却反而吃葡萄柚片。

返回惠蒂尔后,我回到我的律师事务所工作,帕特仍回去教书。我们的生活愉快而充满希望。在1940年的大选临近时,我坚决支持温德尔·威尔基,因为我虽然赞成罗斯福的某些国内施政纲领,特别是社会保险法,我却反对他试图破坏两任为限的传统。我甚至在惠蒂尔当地的小型集会上,为威尔基作过一两次竞选演说。

1941年,帕特和我积攒了一笔钱,使我们能够乘上联合水果公司的客货轮"乌卢阿号",完成了一次加勒比海的航海旅游。除了我在整个旅程中几乎都晕船外,我们尽情享受了这次假日旅行,后来接连好几年我们都再没机会度假了。在这次旅行中,我最难以忘怀的是1941年6月22日晚上发生的事,当时年老的黑人管事告诉我们,船上的收音机刚传来的消息说,希特勒入侵苏联了。我们俩都希望最后苏联将获得胜利,让希特勒垮台。我非常厌恶希特勒,

第一章 早年（1913-1946）

尽管我在希特勒－斯大林条约问题上，对斯大林有些不满，但我并没有特别反苏或反共的情绪。

1941年12月，通过杜克大学我的一位教授戴维·卡弗斯的推荐，华盛顿物价管理局聘请了我。全年薪金只有3200美元，不如帕特教书和我做律师所挣的钱多。但这似乎是能够到华盛顿并可以直接了解政府工作情况的一个好机会。我还想，我母亲对这个决定一定心里很高兴。尽管这又将使我远离惠蒂尔，她可能会想到，如果战争发生了，我将可以留在政府工作，而不致违背教友会的教规去参军作战。

在我们准备赴华盛顿前不久的一个星期日，帕特和我决定去好莱坞看电影。途中我们到她妹妹尼娃家去看看。我们进门后，尼娃的丈夫马克说，他刚从收音机中听到一个未经证实的消息：日本人轰炸了珍珠港。我说，我肯定这仍然是我们经常听到的一些故意吓唬人的报道，因此我们仍旧去看那一场电影。电影结束前不久，戏院的经理中断了影片，通知说，现有命令让所有的军人立即回部队去。在我们离开戏院时，我看到报上的大字标题：日本人轰炸珍珠港。我走过去看，报童举起了报纸，他说："先生，我们打仗了。"

1942年1月初，帕特和我驱车穿越整个国家到达华盛顿，现在它已是处于战争状态的一国首都了。我们在离华盛顿不远的弗吉尼亚找到一套很小的公寓，我便去设在独立大街上物价管理局的一个临时办公处去报到，该处离国会大厦只有几个街区。

在物价管理局八个月的工作说不上特别愉快，但对我来说至少是有教益的。我是定量协调组的助理律师，这个组主要处理橡胶和汽车轮胎的定量分配问题。我在这里上的第一课是知道了政府官僚们是怎样在进行工作。我进政府工作的薪金级别是P-3级，每年薪金3200美元。我发现其他一些比我学历低还没有我那么久的律师经验的人，却比我高一级，是P-4级，有些人甚至是P-5级，每年薪金4600美元。我没有提出这个问题，但我确曾同人事处我所熟悉的一些人谈论过这件事。我的一个上司戴维·劳埃德——他后来是杜鲁门总统的高级顾问之一——说："搭个小班子，申请要两三个人给你做助手，那我们便能提升你到 P-5 级。"我说："但我不需要什么助手。"他回答说："那你就提升不了。"

作为轮胎定量分配组的一个小律师，我不能说我对物价管理局产生了多大的影响，但这段经历对我后来的政治生涯中我所制定的政策却有巨大的影响。

我始终有一个印象，感到虽然有一些职业的政府工作人员勤勤恳恳，一心为公，很有才能，但也有一些人却一心只想到自己的权力，而且喜欢仗势随便摆布别人，特别是那些私营部门的人员。定量分配工作很难做，尽管有战争这个刺激因素并以爱国主义为号召来加以支持。我知道，一旦战争结束，定量分配和物价管理几乎是无法实行的，如果还要继续实行政府控制的办法，那唯一得到好处的将只是黑市商人，一如禁酒时期的私酒商一样。

物价管理局的许多人可以缓役，在办公室里度过战争时期。尽管我有教友会教徒的背景和信仰，我从来也不想这样做。当我听到征募年轻律师任海军军官时，我便和帕特谈论了这件事，并申请取得军官任命。1942 年 8 月，我被送往罗得岛昆斯特的海军军官学校受训。

我在昆斯特两个月，学会了站得笔挺和总把皮鞋擦得雪亮，然后我选定"舰艇和基地"作为我参加现役的第一志愿。我盼望把我分派到南太平洋或北大西洋的一个作战舰队里去。当我打开分配职务的命令，发觉自己被派往艾奥瓦州奥坦瓦海军航空站时，简直不能相信自己的眼睛。我当即前往报到，发现这个基地还在建设中，未竣工的跑道修到玉米田中又忽然停下了。我对这个职务颇为失望，但我新邻居的热情和友谊却很快改变了我的想法。帕特在市里找到了银行出纳员的工作，于是我们便安心地在这里过着别有风趣的中西部生活。

正当我感到我就得在内陆的艾奥瓦州度过那次战争的时候，我看到一项通知说，29 岁或年龄更轻的官员可以申请到海上服役。我正好 29 岁，因此我立即提出了申请。帕特虽为我的安全担心，但她仍支持我这种力求真正参加战争的决心。

我接到命令去旧金山报到，以便接受去海外的任务，于是我们便回惠蒂尔去向家人告别。这是一次十分痛苦的聚会。尽管大家什么话没说,我知道母亲和外祖母为我这个决定感到非常忧虑不安。在第一次世界大战时,我的舅父奥斯卡随美国公谊会服务委员会去法国,作为一个护理人员去红十字会工作,治疗战场上双方的受伤战士。我确信她们一定希望我也选择这类职务。但我实在难于作出这样的决定,我感到当我的祖国正受到攻击时,我不能躲在一边。至于教友会的和平主义问题,我似乎觉得那只有在和一个文明的、有感情的敌人作战时才起作用。在希特勒和东条英机面前,和平主义不仅不能制止暴力——它实际上只能为野蛮的敌人提供帮忙,削弱自己的士气。

我的一家和朋友们都到车站送帕特和我去旧金山。比尤利一家也来了,同来的还有我从前的秘书伊夫林·多恩和她的丈夫,以及帕特和我的一些朋友。我父母也都来了,带着唐和他的妻子克拉拉·简,还有我最小的弟弟埃迪。埃迪那时已12岁,长得和我在那个年岁时一模一样。我们一块儿在联合车站的哈维饭店吃早餐。这是一顿令人痛苦的早餐,在那表面的愉快谈话中充满了悲痛的沉默,后来听到火车即将进站的广播声,我简直如释重负。当帕特和我站在踏脚板上准备上火车时,我回过头来最后看了他们一眼。我想我们大家都想到,也许我们从此永远不会再相见了。母亲强忍着悲痛,但父亲却哭了起来。火车缓缓开出车站,帕特和我眼望着他们向我们挥手告别,一直到我们看不见他们。

刚离开旧金山,我发现我身边没有带着帕特最近的照片。我写信给她,于是她去照相馆拍了一张。当照片寄到时,我非常高兴,但这更使我感受到分离的痛苦。

我被派到靠近新喀里多尼亚岛的努美亚的南太平洋战斗空运指挥部工作。这个单位简称"南战运部",这几乎已成为我们的正式名称。我们那部分负责为C-47型运输机在岛与岛之间飞行时准备货运清单和制订飞行计划。这些运输机运进补给,运走伤员。我们把装补给的箱子和一些重大物件卸下来,然后小心地将担架上的重伤员抬上飞机。

像许多被分派"到前线去"的人一样,我希望能到真正进行战斗的地点去,因而我花了许多时间争取被分派到有战斗的地点去。最后，1944年1月，我被分配到布干维尔，这个地方偶然会受到日本轰炸机的攻击。我到那里不久，日本人发动了一次进攻。进攻结束后，我们数了一下，在我们六个人共同使用的钢筋水泥掩体100英尺内，共有35个弹坑。我们的帐篷完全被摧毁。

许多战斗机和轰炸机的飞行员在执行任务途中总要经过布干维尔，我感到我们完全应该尽可能好好招待他们。我尽南战运部能力所及给他们搞到少量肉酱和啤酒。我们单位的每一个人都有一个诨名，别人都叫我尼克·尼克松。每当我收到一批新运到的供应品时，我就摆开了"尼克汉堡包小吃摊"，向飞行人员免费供应汉堡包和一瓶澳大利亚啤酒，他们也许有许多个星期没有尝过有家乡味道的食物了。

在布干维尔工作一阵后，我请求并获准到南战运部支援攻占格林岛的一个分遣队去，任指挥官。我们坐着PBY型水上飞机在海湾降落。但是，日军早已撤退，唯一的危险是会遭遇几个掉队的敌人的狙击和经常会遇到的大蜈蚣。

海军修建队人员立即开始修建一个简易机场。竣工前几天，有一架在飞越拉包尔时受重创的陆军B-29轰炸机，必须使用简易机场强行着陆，尽管当时海军修建队的一些设备还放在机场上。那已经是黄昏时刻，天差不多已经黑了，当这架轰炸机机腹着陆时，我们都高兴得欢呼起来。但紧接着，飞机的头部径直撞在一辆推土机上，立即爆炸，我们不禁全惊呆了。成堆的尸体真是可怕。当我们把一个机务人员的尸体从已不成形的飞机残骸中抬出来时，我还能看到他烧焦的手上戴着结婚戒指。

关于这一时期我玩扑克的技巧和赢钱的情况，过去的传说多少有些夸大。在惠蒂尔，我作为一个教友会教徒，无论搞什么赌博都会被教规所不容。但是，战时环境和甚至更令人难以忍受的单调生活的压力，使赌钱成了无法抗拒的消遣。我发现赌扑克不仅能让人娱乐、赢钱，而且颇有教益。我慢慢知道，拿着好牌的一般说话最少，声音也很轻；而那些投机的人往往话讲得很响，实际是给自己泄底。有一天晚上，我们赌扑克，我拿到方块同花大顺，下扣一张A。拿到这手牌的机会大约是六十五万分之一，我当然兴奋极了。但我仍能完全不动声色，因此这一把真赢了不少。

对南太平洋大多数的士兵来说，这是一次寂寞的战争，老是一次一次似乎无止境地等待着，而战斗通常是在数千英里以外的地方进行。我们贪婪地阅读着我们能弄到手的《生活》杂志，我由于厌烦，也出于虔诚，还老是翻来覆去读着那本我带在身边的带插图的旧《圣经》。我们唯一真正盼望的东西是家信，在我离家的14个月中，我每天写信给帕特。这些信她一直保存到今天。

当我在格林岛的时候，我遇到了查尔斯·林白，当时他正在执行战斗任务，为空军试飞新型飞机。指挥官曾邀我参加为招待林白举行的一次小型宴会，但由于在一个月之前，我已同意做东，组织一场扑克赛，不得不谢绝了。今天回想起来，我自己也觉得难以置信，为了赌钱竟然放过了一次同查尔斯·林白一起进餐的机会。但是在南太平洋那种极其寂寞和令人厌烦的环境中，赌扑克牌已不单纯是无聊消遣了，围绕它的一套清规戒律我们是非常认真对待的。1/4个世纪以后，我才有机会纠正这一错误，查尔斯和安妮·莫罗·林白接受我们的邀请，参加了一次在白宫举行的国宴。

1944年7月，我的海外勤务结束了，奉命回到美国。我赶上了一架从瓜达尔卡纳尔飞往夏威夷的运输机，当我们于半夜停在威克岛加油时，我下机来溜达一会儿，第一次看到了我们的一个战地公墓。我永远不会忘记那白色的十字架，一排一排又一排，从跑道的边缘开始一直伸展到远离家乡的那个小岛的黑暗深处。我想起了所有那些还在为这些不友好的和常常是荒无人烟的小块土地而战斗的人们。我不明白，过去也常常不明白，为什么美国人或日本人会觉得值得为这些小块土地打一仗，甚至为之牺牲性命。当然，我知道这些地方是把战争带到日本本土必须使用的跳板，所以，我们必须攻占它，而敌人也必须保住它。但是，站在威克岛等待着飞机加油，我却为战争的终归无益和它造成的可怕牺牲的现实而感慨万千。

第二章 众议员和参议员（1947-1952）

The Memoirs of Richard Nixon

毫无疑问，我通过希斯案件获得的声誉使我开始走上得以担任副总统职位的道路，但同时，它也使我从一个小有名望、在报上常受到有限好评的年轻众议员，成为在华盛顿被人纷纷议论的人物之一，并遭到当时最受人尊敬和最有影响的开明派报界人士和舆论界领袖的激烈反对。

我一到圣迭戈就打电话给帕特，于是她立即从旧金山乘飞机赶来了。我在海外服役期间，她一直在那里的物价管理局任物价分析员。我在机场门口等着她。她穿了一套鲜红色的衣服，一看到我站在那里立即满脸含笑，奔到栏杆边来和我拥抱。

尽管那时我已回国，但仍在海军服役。1945年1月，我奉命到东部去办理海军包工合同的结束工作。在战争的最后几个月和恢复和平的最初几个月中，我们先后在华盛顿、费城、纽约和巴尔的摩等地住过一段时间。

对美国人来说，那段日子是重要的时期。4月，当帕特和我在费城布克班德饭店吃饭时，侍者过来对我们说，他刚听到无线电广播罗斯福去世了。同别人一样，听到这个消息，我们感到非常震惊和悲痛。一个月以后，欧战结束了，我们看到了苏军和美军在易北河握手的新闻片。8月，帕特和我在挤满人群的纽约时报广场上参加了庆祝战胜日本的胜利日。

1946年：竞选众议员

帕特快要生第一个孩子时，战争已经结束，我们开始认真考虑退役后我应干什么的问题。答案却由9月我在巴尔的摩收到赫尔曼·佩里的一封信代为作出了。佩里是美洲银行惠蒂尔分行的经理，他是这个地区的共和党领导人之一。他曾经是我母亲在惠蒂尔学院读书时的同学，是我家多年的老朋友。他的信写得非常简单：

亲爱的迪克：

我写给你这个便条，只是想问问你，是否愿意参加1946年共和党众议员的竞选。

第二章 众议员和参议员（1947-1952）

杰里·沃勒斯大概将参加竞选——按登记的选民看，双方旗鼓相当。共和党的力量正在增强。

如果你感兴趣的话，请以航空信赐复。

您的忠实的，

赫·佩里

又及：你是在加利福尼亚进行选民登记的？

战前佩里和我讨论过关于我竞选州议员的事，所以他完全了解我在政治方面的兴趣。但是 1941 年，我还只是一个初出茅庐的新婚的年轻律师；而在 1946 年，我可是一个有老婆孩子的复员海军少校了。显然，如果我准备认真去谋求众议员候选人的提名，那我就得花费全部时间，全力以赴。至少在 6 月初选以前，帕特和我得有办法维持生计，并弄到进行竞选活动必需的经费。如果我赢得了提名，我们可以依靠党的组织提供竞选费用，但我们还得设法支付我们的全部家用。我的军饷、帕特的薪金加上我打扑克赢来的钱，使我们在战争期间积蓄下了一万美元。我们曾经计划用这笔钱买一幢房子。现在要把我们的积蓄花在充其量也不过是一项政治冒险的竞选活动上，帕特是不那么感兴趣的。可是当我们想到也有可能我们将作为一个众议员家庭返回华盛顿，我们的劲头就越来越大了。

两天后，我打电话给佩里，说我接到他的信感到很荣幸，而且为有可能竞选众议员感到十分兴奋。当我告诉他，到明年年初我就可以到加利福尼亚开始进行竞选活动时，他对我的积极性泼冷水说，对这个提名问题他并不能说了算。他是代表一个称为"百人委员会"的候选人研究委员会写信给我的，这个由第 12 选区的共和党领袖组成的委员会希望物色到一个有可能击败沃勒斯的候选人。他认为如果我有兴趣，我将大有希望，但是委员会恐怕要多跟几个候选人谈谈以后才能决定究竟支持哪一个。

第二天早上，我给佩里写了一封信，明确表示我有兴趣竞选。我还说："我强烈地感到，杰里·沃勒斯是可以击败的，而且我欢迎有这个机会来试一试。拿出一个切实可行的自由主义的纲领来，进行一场战斗性的、有朝气的竞选活动，必能符合人们长期以来寻求改革的愿望，从而取代沃勒斯的特殊牌号的新政理想主义。我在华盛顿同那些官僚主义者短暂的接触和我在海军三年半的经历，使我相当深刻地认识到华盛顿的情况是多么混乱一团。"

1945年11月2日，我乘飞机返回惠蒂尔，出席了"百人委员会"在威廉佩恩饭店举行的午餐会。这个团体经过研究，选定了六个可加以考虑的候选人，于是让我们每一个人作一次演说，说明自己竞选的理由。那时，我穿着海军制服。我当时没有便服。

由于在那个时间很长的发言节目中抽签轮到我最后一个发言，我立即感到简短肯定将和言辞动听一样受人们的赞赏。在我政治生涯的第一次发言中，我阐述了我对有关美国制度性质的两种相互抵触的观点的看法。

> 新政所提倡的一种观点是，由政府来控制和调节我们的生活。另一种观点是提倡个人自由和人的积极性所能产生的一切东西。
>
> 我赞同后一种观点。我相信回国的复员军人，是不会对领取失业救济或政府的施舍感到满意的，因为我曾在散兵坑内，同他们中的许多人谈过话。他们希望在一个私人企业中找到一份受人尊重的工作，在那里他们可以依靠自己所生产的东西受到人们的重视，或者他们希望有机会来开创自己的事业。
>
> 如果委员会选定了我，我决心提出一个切实可行的自由主义的纲领，准备进行一场战斗性的、有朝气的竞选活动，那样在你们的帮助下，我强烈地感到，现任众议员是可以击败的。

我回到巴尔的摩，等候委员会作出决定。11月29日清晨两点多钟，我寓所里的电话铃响了，委员会的一个成员罗伊·戴在电话里叫喊："迪克，你已经被提名了！"我得到63票。票数和我最接近的竞争者是萨姆·吉斯特，只有12票之差，他是波莫纳的一家家具店的老板。

在等待海军退伍通知的时候，我开始突击学习政治和公众事务课程。每天

第二章 众议员和参议员（1947-1952）

晚上一回到家里，我就极认真地阅读有关国会和竞选活动的各种书报杂志。我写信给众议院少数党领袖乔·马丁，自我介绍，说我可能成为第12选区被提名的共和党候选人，我还到国会大厦他的办公室去拜访他。我还同一些共和党众议员谈过话，听听他们对沃勒斯的评价。通过共和党竞选委员会，我获得了他的全部投票记录，我花了几天时间熟悉这些记录。等到我于1946年1月退役，回到加利福尼亚时，我确信我对沃勒斯的经历已了解得和他自己一样清楚了。后来事实证明，我甚至比他还更清楚。

在同我的竞选顾问们举行的最初几次会议上，我们一致同意，我必须做的第一件事是让整个选区都能认识我。尽管在惠蒂尔大家对我很熟悉，在所有其他城镇里，我却完全是个陌生人。

我们开始举行一系列"家庭集会"，一些共和党的支持者利用自己的家，热烈欢迎那些愿意见见我的他们的朋友和邻居，人数不论多少，就是人很少也行。于是，在大家喝茶或喝咖啡时，我简短地讲几句话，然后回答一些问题。这些家庭集会使我能同几百个投票人见面，并且帮助我找到了一些志愿给我帮助的妇女，她们的忘我工作对任何一个竞选者来说，都是非常重要的。她们还让我知道了投票人真正关心的是些什么问题。

帕特是我最好的助手。2月21日特里西娅诞生后不久，她就自愿花时间用打字机把通讯稿打出来，邮寄小册子，以及随时查核我的日程表的进行情况。她和我一起参加了许多家庭集会，后来对我的表现提出了许多有创见的、有时是十分固执的批评。

初选日是6月4日。当时加利福尼亚法律允许候选人在初选中跨党竞选，这就是说一个候选人可以参加两党的初选。这样，初选就起到为后来的大选作准备的作用。沃勒斯和我都利用了这个机会，因此共和党和民主党两党提名的候选人名单上都印有我们两人的名字。后来计算票数，正如预期的那样，我们每个人都只是在自己的党内获得提名。但在总票数中，他大约比我多7500票。我知道，如果我想在11月击败他，将面临一场艰巨的斗争。

我对没有取得更好的成绩不免感到失望，但是我认为有一点是值得注意也颇能使我宽慰的，那就是沃勒斯的这次初选是自1936年以来得票最少的一次。

第 12 选区基本上是保守派和共和党的地盘，我确信，只要我们能真正把初选时的劲头一直保持到 11 月大选的时候，我们准能够把它夺过来。我写信给当时担任竞选运动的一个主要顾问罗伊·戴说："我们所需要的只是必胜的信念。这样我们就能在 11 月击败他。"

1946 年，我最有利的条件是，那年全国选民普遍倾向于共和党。四年战争所造成的生活必需品的匮乏和短缺使人民已感到厌倦，在那战后突然出现的繁荣时期中，他们开始对写在新政立法中的那么多由政府施加的控制和干预，表示越来越难以忍受了。第 12 选区也和全国其他许多选区一样，从前线回来的复员军人无法找到他们能买得起或租得起的住房，许多复员军人根本找不到住的地方。1946 年发生的多次长期罢工，加剧了消费品的短缺，结果物价飞涨。这个区的一些肉店在橱窗上挂上一块牌子："今天为什么没有肉？去问你的众议员吧。"我的竞选宣传广告这样写道："你对目前情况感到满意吗？你能买到你所需要的肉、新车子、电冰箱和衣服吗？投尼克松一票，就是为改革投一票。""答应给你们的那些新住房在哪里？投尼克松一票，就是为改革投一票。"1946 年共和党的全国竞选口号是："受够了吗？"选民显然将给予一个响亮的回答："够了！"

由于预料到共和党会取得压倒性优势，许多民主党人尽量同自己的党脱离了关系，有些人甚至在竞选活动中批评杜鲁门和他的政策。但是杰里·沃勒斯可比杜鲁门还要"左"，因此这是我无须担心的一个问题。

在竞选运动正式于 9 月开始前不久，我受到一个叫作"南帕萨迪纳独立投票者"团体的邀请，要我去同沃勒斯辩论。我的大多数顾问不大赞成我去，特别是后来他们发现这个独立投票者团体主要是由主张新政的自由主义者组成的。但是我认为，我既然向对方进行挑战，就根本不能拒绝同他进行辩论。

结果发现这次辩论会根本不是什么真正的辩论会。那倒更像是一次联合举办的群众大会，在会上我们各自发表了一篇开场白，然后回答大家提出的问题。沃勒斯首先发言，他东拉西扯、杂乱无章地谈论行政与立法之间的关系的性质

第二章 众议员和参议员（1947-1952）

和制定进步立法的必要。他为杜鲁门的政绩辩护。我在我的开场白中，狠狠地抨击了在肉类和住房短缺问题上所表现出的官僚主义、文牍主义和不负责的拖拉作风。我号召采取强有力的行动来防止发生更多的已经严重损害我们的经济的罢工和劳资纠纷。

在提问期间，规定每一个问题我们可以用三分钟来回答。我尽量作出简明扼要的回答，沃勒斯却感到总难以在规定时间内说清问题。但是也有一个问题，他毫无困难地作出了简短的回答。有人问他是否一度曾是社会党在册党员。他回答说，是的，但那只是在 20 年代，大危机的初期，当时他感到两大党都无所作为。

接着，我的一个支持者要求沃勒斯解释解释他的"关于货币的独特见解"——这里指的是他老爱讲的关于货币改革的一些想法，这些想法自从他在他的《不负债，无危险》一书中提出后，便被人称作"滑稽货币"计划。他的众议院同僚不能理解他的计划，那天晚上帕萨迪纳的选民也弄不懂。

在轮到我回答问题时，沃勒斯的一个支持者指责我对沃勒斯进行诬蔑，说他曾经得到产联的政治行动委员会的支持。这个问题后来发展成为——至少在事后——1946 年竞选运动中最著名的和争论最激烈的一个问题。

政治行动委员会是 1944 年大选时，由支持富兰克林·罗斯福的有组织的劳工为了更好地进行党派斗争建立起来的。它的姊妹组织——全国公民政治行动委员会则是为了让非工会会员参加而建立起来的。劳工领袖西德尼·希尔曼在去世之前，一直担任这两个组织的主席。产联政治行动委员会的其他许多领导人也在全国公民政治行动委员会担任职务。这两个组织都物色候选人，然后向他们所支持的人提供经费和竞选工作人员。据估计，这两个政治行动委员会于 1944 年共为竞选运动提供了 65 万美元以上的捐款。尽管这两个组织的领导人员都不是共产党员，但谁都知道已有共产党员及其同路人渗透到这些组织中去了，而这些人由于纪律性强，因而在其中产生了不能以其人数来计算的影响。由于当时许多人已开始关心苏联的战后意图，并相应地为美国的共产主义运动感到忧虑，所以这种影响被看成一个问题。

沃勒斯于1944年得到产联政治行动委员会的支持。但是在1946年，产联政治行动委员会决定撤销它们的支持——看来是由于他不赞成众议院中工会领导人经过反复思考的某些重要措施。1946年春，全国公民政治行动委员会的洛杉矶县分会发行的通报指出，不管产联政治行动委员会采取什么行动，该组织准备支持沃勒斯。西海岸的共产党报纸《人民世界报》1946年5月31日一期，刊登了一篇题为《"五大组织"支持的候选人》的文章。这五大劳工和进步联盟是由产联政治行动委员会、全国公民政治行动委员会、铁路兄弟会、进步党劳联，以及好莱坞艺术、科学与专业人员独立公民委员会组成。《人民世界报》的文章报道了五大组织会见候选人的情况，并且登载了一张在6月4日初选中它们所支持的人的名单。名单中的第一个名字是H.杰里·沃勒斯。在他名字下面有一注释说："产联不支持。"因此，在回答我指责他曾得到政治行动委员会支持的时候，沃勒斯争辩说，那一年他没有得到产联政治行动委员会的支持。我认为，这是回避问题。全国公民政治行动委员会洛杉矶县分会有大量的共产党人及其同路人存在，考虑到这两个政治行动委员会之间的密切联系，我认为，不管是其中哪一个政治行动委员会曾经支持过他，实质上完全是一码事。

当这个问题在南帕萨迪纳辩论会上被提出来时，我从口袋里拿出一份全国公民政治行动委员会宣布其支持沃勒斯的建议的通报，并走过讲台递给沃勒斯看。我大声宣读每个组织的委员会成员的名字——其中许多名字是相同的——指出产联政治行动委员会的支持同全国公民政治行动委员会的支持两者之间几乎没有实质性的区别。

沃勒斯重复了他的产联政治行动委员会和全国公民政治行动委员会是不同的两个组织的说法，但是从听众的反应来看，我可以断定，我已让他们完全明白了我的意思。几天后，沃勒斯本人也几乎承认了这一点，他向纽约的全国公民政治行动委员会总部发了一个电报，要求"立即撤销全国公民政治行动委员会可能曾给予我的任何支持"。要是他在退而采取守势和被迫行动之前，就拒绝了此种支持，这个问题也许就不可能有进一步发展了。但是，既然他没有那样做，我当时认为，现在也仍然认为，我提出这个受谁支持的问题是完全合法的。在战后初期那几年，共产党对劳工与政治组织的渗透已形成一个严重威胁，一个候选人对待被大量渗透的组织给予他支持的态度,也就是他对这种威胁本身的态度。拒绝接受支持,也是反对共产党渗透的一种有效的武器。

这次辩论之后,政治行动委员会就成了竞选运动中的一个虽不十分重要但争论十分激烈的问题。当沃勒斯还想回避这个问题时,我的竞选指导人哈里森·麦考尔忽然想到分给大家一些塑料顶针说:"来,给政治行动委员会扎一针——支持尼克松进入国会。"

第一次"辩论会"开得非常成功,因而我的许多支持者极力主张我拉沃勒斯去出席另一些双方参加的群众大会。对此我有一些保留的看法,因为每参加一次都要花两三天时间集中精力准备,而我不想从竞选运动中挤掉更多的时间。讲究实际的出色的公共关系工作人员默里·乔蒂纳那时正在帮比尔·诺兰竞选参议员,并兼任我的顾问,他开门见山地对我说:"迪克,你在竞选中已落后了,当你落后时,你不能求稳。你必须不惜冒最大的危险进行竞选。"他停了一下,等我点头表示同意后,又接着说:"好。我已经准备好一个向沃勒斯挑战的声明,要求同他进行更多的辩论。"

沃勒斯接受了我的挑战,在竞选运动过程中,我们在这个选区的不同的城镇里举行了四次辩论会。这些辩论会越来越受人欢迎,吸引来大量的听众。在大选前一星期于圣加夫列尔举行的最后一次辩论会时,1000多人挤满了会场,还不得不为站在场外的几百人装了几只大喇叭。

我对沃勒斯过去的记录的研究表明,在过去四年中,他在国会提出的100多条议案中,实际上只有一条获得通过,成为法律。这一法案所起的作用是把对兔子饲养员的管辖权从内政部转到农业部去。我开始利用一份报纸的广告栏,指出这个实在无足轻重的立法成就。沃勒斯用一则题为"在美国的选举中不容对投票人进行欺骗"的广告作为回答。他列举了一些他在国会中的政绩,但那些东西不过是些决议案或发言,都不是制定为法律的法案。

第四次辩论会是在蒙罗维亚中学举行的。在这次会上,沃勒斯提出了这个问题,并说我关于他过去的记录的一些说法纯属谎言。我指出他所举的例子没有一个是已成为法律的法案。我还说一个人必须是一只兔子，才能在这个选区里找到有效的代表，这话把挤满会场的 1200 个听众中支持我的人全逗乐了。

沃勒斯不肯罢休，继续指责我在他过去的记录问题上散播谎言。在我们最后一次辩论会中，我一开头就冲着他说："众议员，我敢毫不含糊地说，你就讲不出一条由你提出、在过去四年中在国会两院获得通过的议案。"在答辩时，他提到一项由他起草而订立的全国身体残疾者就业周的措施。我对他过去的记录的研究又一次产生作用了。在反驳时，我拿出一份这项措施的抄件，递给沃勒斯，并指出这也只是一项议案，并不是一条正式的法案。

由于没有进行过测验，对于选举日双方票数会接近到什么程度，我心里也没有数。那时还没有投票计算机，因而计算选票的工作一直持续到第二天早晨。但是，大约在清晨四时我们就寝时，我显然已经获胜了。到第二天下午，全部票数已计算完毕。我获得 65586 票，沃勒斯获得 49994 票。

那时我 33 岁，已是第 12 选区的新众议员了。

在 1950、1952、1956、1961 和 1972 这几年，我每年都再度感受到竞选获胜的愉快，而这几次竞选运动大部分都是很激烈的。但是它们都比不上第一次竞选获胜时我所感到的兴奋和欢欣。1946 年 11 月 6 日那天帕特和我所感到的那种高兴，在我以后的政治生涯中再也没有出现过。

由于击败了像沃勒斯那样的著名人物，我在很短时间内变成了一个小小的全国知名人士。《时代周刊》报道说，我"把加利福尼亚（被那些应声虫似的共和党人称为"毫无希望的"）本届竞选运动变成对实力强大、见解高超的民主党在职议员杰里·沃勒斯的一次胜利"，并说我"有礼貌地避免了对我的对手进行人身攻击"。《新闻周刊》说："在五次林肯－道格拉斯式的辩论会上，〔尼克松〕击败了他的对手、新政派的杰里·沃勒斯，后者承认：'这家伙真可谓口若悬河。'"

尽管后来——而且普遍——有一种错误看法，共产主义问题实际上并不是 1946 年竞选运动的中心问题。政治行动委员会的论战引起了人们情绪上和言论上的激动，但是鼓励和激起大部分选民投票的不是这个问题。1946年竞选运动的中心问题是战后美国生活状况的问题。在任何一次辩论会上，我所讲的任何一句话都没有我在第一次会上讲的那段话博得人们那么响亮和那么长时间的鼓掌。那段话是："在这个国家里，任何一个劳工领袖或任何一个资方领导人都无权剥夺美国人民任何生活必需品的时候已经到了。"沃勒斯后来在他的自传《一个众议员的自白》中写道："1946年竞选运动中唯一最重要的因素是'在野党'和'执政党'的基本态度上的差异。谁要想夺去一个在职者的席位，只需指出一切搞得很糟的事情，以及战争期间出现的一切麻烦及其后果就行了。这些东西有许多是人们在日常生活中切身体会到的。"我利用了这个全国普遍存在的现象，这就是《时代周刊》所谓的"一种冷静但充满愤怒的呼声，表现出对许多事情的不满，其中包括物价混乱、物资短缺、黑市、罢工、政府工作的无能和混乱、政府干预过多等"。

尽管沃勒斯是一位努力工作和普遍受人尊敬的众议员，但他同这个选区的选民却有点格格不入，这一点也是事实。毫无疑问，我认为"百人委员会"的看法是正确的，它认为，尽管沃勒斯深孚众望并且在职，可是任何一个出色的共和党候选人都有机会在1946年夺去他的席位。

沃勒斯，这位前社会主义者，赞成大规模的政府干预，而我却不然。他看到"反动分子"和"垄断集团"在进行邪恶的阴谋活动，而我却不这么看。他对工会基本上是个不提出批评的支持者，而我却把自己看作它们的敢于提出批评的朋友。他宣扬的是一些我认为将束缚和限制美国企业的政策。他的政治见解和我的正好完全相反。最重要的是，他在国会中许多问题上的投票，并不代表他的选区的选民的愿望。

由于沃勒斯在竞选中领先，而我又是一个新手，我在竞选运动中必然特别卖力。我对他的观点和他过去的记录提出种种意见，看起来我对他过去的记录比他本人更为了解。即使我当时讲的某些话现在看来有点过头，但这和那年一些老练的共和党政治家所使用的方法是一致的。比如，当亨利·华莱士为民主党人在加利福尼亚竞选时，厄尔·沃伦州长就称他为替"同共产主义运动唱一个调子的左派组织"冲锋陷阵的急先锋。那年早些时候，俄亥俄州的参议员罗伯特·塔夫脱还指责民主党在国会提出的建议"近乎于共产主义",而乔·马丁为了要把共产党及其同路人从联邦政府中清洗出去,竟为争取共和党的胜利大声疾呼。

后来,对1946年竞选运动最不符合实际情况的指责之一涉及我的一些支持者。在我顺着政治阶梯上升的时候,反对我的人企图把我说成石油大王、大银行家、房地产巨头和保守派的百万富翁所精选出来的傀儡。但是看一眼我早期支持者的名单就可证明,他们都是加利福尼亚南部典型的中产阶级代表:汽车商人、银行经理、印刷业推销员、保险公司推销员和家具商人。使这些人结合在一起的不是什么特殊的既得利益,而是普通人民要求重新支配自己生活的强烈愿望。同第12选区的大多数选民一样,他们感到"受够了",因而他们决定要自己采取行动了。

关于参加委员会的问题,我的第一志愿是那个颇有威望的司法委员会。但我没有如愿以偿,这一点也没有使我感到意外,根据我的第二志愿把我分配到教育与劳工委员会去,我也是感到满意的。由于历史的巧合,分配到这个委员会的另一个新手叫约翰·菲茨杰拉德·肯尼迪,一个漂亮、脾气温和的年轻的马萨诸塞州民主党人。新当选的委员会成员是以抽签的办法来决定他们的位次的,这一点尤为重要。在民主党人中肯尼迪抽的是最短的签,在共和党人中我抽到的是最短的。结果他和我占着令人怀疑的显要席次,对坐在委员会桌子的两端,好像一对不配对儿的书挡。

教育与劳工委员会的工作占去了1946年我在众议院第一年的大部分时间。我们举行了长达数月之久的立法听证会,这个法案我是赞同的,后来于1947年6月通过,成为塔夫脱-哈特利法案。

宾夕法尼亚州麦基斯波特的一个公共事务团体要求该选区的民主党众议员弗兰克·布坎南从两党各挑选一个看来最有政治前途的新手,邀请他们在一次公开的会议上就塔夫脱-哈特利法案进行辩论。布坎南选中了肯尼迪和我。1947年4月21日我们进行了第一次肯尼迪-尼克松辩论。麦基斯波特靠近匹兹堡，参加这次辩论会的，除了正常的共和党人和保守派听众外，还来了许多反塔夫脱－哈特利法案的工会人士，这些人使在大家提问的那段时间几次出现十分激烈的场面。

辩论后，我们搭乘"首都特快"号列车返回华盛顿。我们再次抽签来决定谁睡下铺。这一次我赢了。我们坐着谈得很晚，讨论更多的是外交政策，而不是国内问题。肯尼迪和我在经历、观点和性格方面太不相同，不可能成为很亲密的朋友，但是我们早期的经历却把我们俩结合在一起，此后也始终保持着友好的关系。我们属于同一代人——他只比我小4岁；我们都是海军复员军人；我们在同一年进入众议院；我们两人都决心投入大量精力来进行我们的工作。我们在委员会会议上交换意见，在议员休息室进行讨论，从不将政见上的分歧变成令人难堪的、尖酸的人身攻击。在起初几年，我们彼此把对方看作政治上的对手而不是政敌。我们具有一种使我们不同于大多数众议员同事的共同特性：我们都不爱对人勾肩搭背以示亲热，而且对那种装模作样的亲昵表现感到很不自在。他很腼腆，这使他有时显得有点孤僻。但这种腼腆却是由一种不愿公开自己的一切和不愿暴露自己的感情的本能造成的。我理解这些品质，因为我也如此。

1947年2月18日，帕特和我第一次看到了白宫的内部景象，那天我们出席了杜鲁门为第80届国会新成员举行的招待会。7月2日，威斯康星州众议员查尔斯·克斯顿为4个共和党新当选的众议员安排了一次同总统的私人会见，我也是其中之一。在那天晚上我所作的笔记中，我把椭圆形办公室称为一间"大而舒适的房间"，除了杜鲁门指给我们看的一个驿马快信（Pony express）密件邮包外，室内"没有任何小玩意儿"。他的全家福照片放在他书桌后的桌子上，上面还有一架飞机模型，我想那大概是总统的专机——是杜鲁门命名为"圣牛"的一架空军飞机。

在我们同杜鲁门握手时，他使我们大家感到自己很受欢迎，也不觉得拘束。我们围着桌子坐下，他十分认真地谈到复兴欧洲的必要性，并强调了他对鼓励德国和平生产的关注。他说尽管我们是共和党人，他看到我们很高兴，因为他一直认为两党有必要在外交问题方面进行合作。他说:"我的某些最好的朋友在政治见解上就从来同我意见不一致。"

他把我们带到一只大地球仪旁边,指着中国东北,议论那里的石油和矿藏如何丰富。他说苏联人把那整个地区都给破坏了,但是他说中国东北会恢复的,并将成为世界上物产最丰富的地区。接着他用手掌转动地球仪,然后指着苏联的大片土地说:"苏联人和我们一样,他们的模样和行事都和我们一样。他们是优秀的人民。他们和我们在柏林的驻军相处得很好。从我这方面来讲,只要他们不试图把他们的制度强加于人,他们完全可以得到他们希望得到的一切。"他提到罗斯福夫人出席一次国际会议时的情况,在这次会议上苏联代表老是说什么这问题他必须先请示克里姆林宫,以此来阻挠议程的进行。杜鲁门说:"在波茨坦会议上他们也正是采取这种办法的,我可是鉴于他们对战争所做的贡献而怀着一片好心前往波茨坦的。"他说,从他们对德国和对欧洲所采取的政策来看,他无法理解苏联人想要干什么。

他对我们说,扔原子弹这件事是他不得不作出的一个可怕的决定。在谈到他的工作时,他说:"这是世界上最伟大的一出戏,而每周到白宫来采访的新闻记者却是一分钱不花便都看到了。"我后来在笔记中说,杜鲁门的力量在于"他待人亲切、他的民主态度和他的真诚"。

22年后,我任总统时,帕特和我乘飞机到独立城把杜鲁门在白宫时弹过的那架钢琴送给他,作为他的总统收藏品。他那时正因感冒而十分痛苦,但他在交谈中那种简练而直言不讳的风度,依旧不减当年。我知道他早已改变了对苏联人的看法。1969年他对我说:"苏联人都是骗子——你不能信任他们。在波茨坦会议上,他们什么都同意,最后什么都赖掉。真不幸,世界第二强国竟会是这样的,但情况就是这样,因此,我们务必保持我们的力量。"

大多数新手只参加一个委员会,但是共和党的新议长乔·马丁问我是否愿意同时参加众议院非美活动委员会。当时共和党已控制了国会,所以我们要对非美活动委员会常有的一些不负责任的行为负责。他说:"我们需要一位年轻律师到那个委员会去给它打打气。"他还说,他把我接受这个任务看作

第二章　众议员和参议员（1947-1952）

对他个人的帮忙。既然这个建议是以这种方式提出来的，我就难以拒绝了。但是，由于这个委员会在前任主席、一个浮夸和有时不惜蛊惑人心的民主党人马丁·戴斯的领导下，已经弄得名声不佳，所以我是相当勉强地接受这个任务的。

我自己对待共产党的态度最近已经从漠不关心变得极端关注了。我回想起罗斯福在1934年承认苏联的时候，我并没有感到十分不安。在西班牙内战期间，报界一致反对佛朗哥——他始终被称作法西斯叛乱分子——这使我站在忠于共和政府的人士一边，而这些人的共产主义倾向报纸上却很少被提及。在希特勒和斯大林签订条约时，我强烈地反对斯大林，这倒不是因为他是个共产党，而是因为他同我所鄙视的希特勒结盟；在战争期间，我是亲苏的，这并非因为苏联人是共产党，而是因为他们帮助我们同希特勒作战。当美国和苏联都支持成立联合国时，我感到欢欣鼓舞。作为伍德罗·威尔逊的一个崇拜者，我认为我们当时没有参加国联是犯了一个严重的错误，我相信联合国将为世界提供一个建立持久和平的最大可能性。

1946年3月，丘吉尔在密苏里州的富尔顿发表关于铁幕的演说，正是这篇演说深刻地影响了我对共产主义的总的看法，特别是对苏联的共产主义的看法。他说：

> 从波罗的海的什切青到亚得里亚海边的的里雅斯特，一幅横贯欧洲大陆的铁幕已经落了下来。中欧和东欧的古国的都城全都在这条界线的那一边。华沙、柏林、布拉格、维也纳、布达佩斯、贝尔格莱德、布加勒斯特和索菲亚——所有这些名城及其居民无一不处在我只能称之为苏联势力范围的地区之内，而且它们全都在这种或那种形式下，不仅受到苏联的影响，而且还受到莫斯科的高压，以及在许多情况下正不断增强的控制。

我对这些言辞感到震惊，最初，我怀疑他是否说得太过火了。但是由于共产党对东欧的统治变得越来越明显——1947年接管匈牙利，1948年接管捷克斯洛伐克——我认识到，打垮了希特勒和日本，并没有取得持久和平，现在，自由受到了一个新的而且更危险的敌人的威胁。

1947年2月18日，我在众议院初次发表演说，内容是有关格哈特·艾斯勒蔑视国会传讯的问题。他已被认定是共产党派在美国的最高级的间谍。当他拒绝在委员会作证时，便被判为蔑视国会罪。我只讲了10分钟，叙述了案件的经过，最后我说："作为众议院的成员，我们必须十分警惕地保卫言论自由和出版自由等基本权利。但是我们务必记住，言论自由和出版自由的权利本身并不给人以宣扬推翻政府的权利，因为这个政府是保护个人表达自己观点的自由的。"

众议院中唯一投票反对这次传讯的成员，是纽约州的维托·马克安东尼奥。

艾斯勒最后由于护照欺诈行为被起诉。但是在他受审前，他趁保释的机会逃往东德，在那里最后当了共产党政权宣传机构的负责人。

1947年年底，我被派往非美活动委员会的特别立法小组工作。我们就共产党哲学和实践的性质问题进行了一些范围广泛的听证会，在这些听证会的基础上，我拟订了一个报告，扼要地提出了一个处理复杂的国内共产党颠覆问题的新办法。大多数忠诚的反共人士认为，制止国内颠覆活动的最好办法是宣布共产党为非法。我认为这种办法不会有什么效果，而且会引起反作用。宣布共产党为非法的实际效果，只能是迫使真正信仰共产主义的核心分子转入地下。我认为迫使共产党进行公开活动应该更有意义，这样我们就能知道哪些人是共产党。

这方面的另一个问题是想出一个客观的方法来确定和识别共产党的外围组织。保守派和其他一些反共人士中使用过火的、不精确尺度的人实在太多，结果是，不公正地把许多极端开明的和左翼的组织统统看成了共产党。我认为，不管一个个人或团体的信仰怎样令人讨厌，只要不接受外国政府的经济资助或命令，或者不从事非法活动，他们信仰的权利就应该得到保护。

南达科他州的卡尔·蒙特和我密切合作，拟订了一项法案，于1948年春提出，这就是后来大家所知道的蒙特－尼克松法案。这是众院非美活动委员会十年来提出的第一项立法。它规定所有的共产党员必须履行登记手续，经查明为共产党外围组织所散发的一切印刷品和广播文稿，必须说明材料来源。根据我们这项法案的规定，只有控制颠覆活动委员会才能应司法部部长的要求对某一组织进行调查，以鉴定它是否属于共产党外围组织。

我被任命为这一法案的辩论会主持人，维托·马克安东尼奥是民主党的主要发言人。在第一天辩论结束时，我简短地说："在共产党问题上存在着过多的不负责任的谈论和混乱的思想。由于这个法案的成立，美国国会今后将明确规定什么才是美国的共产主义颠覆活动……它将一劳永逸地防止把那些碰巧也宣扬了共产党所支持的某些政策的组织，统统被不负责任地指责为共产党的外围组织。"

1948年5月19日，众议院以319票对58票通过了蒙特－尼克松法案。参议院却把这个法案搁置在委员会里，直到1950年，其中的某些条款才被吸收到麦卡伦法案中。当然，到了那时，国内共产主义问题由于希斯案件的发生而改变了性质，麦卡伦法案中的一些苛刻条款反映了这一变化。

我们决不能忘记，共产主义概念在美国政治生活中发生了彻底的变化。战争期间，苏联人是我们反对希特勒的同盟者。美苏两国士兵在易北河握手言欢的照片给许多美国人留下了深刻的印象，他们盼望从此将出现一个国际和平与合作的新时代。

总的说来，战后美国反共产主义的思想只是反对存在于苏联的那种国家社会主义，因为在许多美国人看来，它否定了美国所代表的一切。例如，在1946年的竞选运动中，我谈到"共产党控制的政治行动委员会"，这句话一般人都会从独裁的社会主义和自由企业的对立角度来加以理解。

在1946年到1948年期间，国内共产主义问题尚未成为引起争论的问题。希斯案件之前，一般说来，这个问题并没有被看作对我们的生活方式的一种迫在眉睫的明显威胁。例如，在1948年1月的一次民意调查中，40%的被调查者认为美国共产党并没有构成威胁，45%也只认为构成潜在的威胁。

但是，由于1948年的总统竞选即将来临，杜鲁门一定是开始为国内安全问题担忧了。既然非美活动委员会当时掌握在共和党手中，他可能已经决定，对付这个问题的最好办法是把一切可疑的迹象全掩盖起来。1948年3月15日，他命令联邦政府各部、局机构，今后拒绝国会希望了解或调阅有关忠诚与安全问题的材料的要求。这个决定结果只是害了自己，因为它并未能制止这个问题的爆发，另外却使人怀疑杜鲁门自己是否有什么问题怕被人发现。杜鲁门不承认自己判断错误，却决定强硬到底。他这种做法进而使他不得不采用了许多转移目标的手法，因而不仅在希斯案件时期，而且在两年后，当麦卡锡明显地带着要迫使杜鲁门撤销这个行政命令的目的而开始他的反共生涯的时候，都给他造成了许许多多的麻烦。

希斯案件完全改变了公众对国内共产主义的看法。当时人们警觉到有一种对我们自由的严重威胁。同时，不幸的是，这种新的警觉却只引起了过分的感情用事和不确切的蛊惑人心的宣传，从而不是弄清了，反而是模糊了这个问题。

赫脱委员会

1947年7月30日星期一那天，华盛顿也许没有谁像我么感到吃惊。我打开早晨的报纸，竟发现我已被众院议长乔·马丁指派为前往欧洲的一个特别委员会的成员之一。这个委员会以马萨诸塞州众议员克里斯蒂安·赫脱为首，共19人，准备提出一份报告，谈一谈国务卿乔治·C.马歇尔将军6月在哈佛大学毕业典礼发言中已经透露出去的一份外援计划。我甚至从未同马丁或任何其他人谈过关于这一委员会的事，因为我从不认为自己有任何可能被派去参加这个委员会。

对我来说，这个委任是个意想不到的荣誉和机会。我要勤勉工作的决心出奇迅速地得到了报偿。我倒也有一定的自知之明，我看得出我的年龄和籍贯都起了一定作用。马丁希望特别委员会能代表众议院的各个方面，而我是被委任的成员中唯一的西部人，又是最年轻的人。我现在将有机会同众议院中一些资

第二章 众议员和参议员（1947-1952）

历最深和最有影响的人共事了，同时这也将是一个机会，看看我在外交事务方面能干些什么。

在加利福尼亚，我的大多数顾问对我的委任感到高兴，可是他们却希望委员会的报告不要认可杜鲁门-范登堡的两党外交政策，而当时华盛顿正在宣传这个政策，用以支持马歇尔计划。正好在我们赴欧前夕，我收到了一封由6个我的最坚决的支持者签名的长信。信的开头写道："在阁下即将启程之际，我们感到正宜乘此机会一述我们的观点；阁下此行将首先为国务院所提出的经过巧妙安排的计划所影响，继而为经过同样巧妙安排的欧洲舆论宣传所迷惑。我们希望并相信，即使处于此种强大影响之中，阁下将仍能保持你在国会中所奉行的头脑冷静的方针。"信的结尾以党派观念十足的口气直率地提醒我，离总统选举只有一年多一点的时间了："我们认为，对这个局势只有一种基本的解决办法，那就是华盛顿进行一次大清除，于1948年选出一个共和党政府，以此来摆脱新政哲学的一切残余。只要国会中共和党人具有远见卓识，不被拉去支持一个危险的、不切实际的和不自量力的外交政策，只要民主党不能利用使人再也弄不清谁是共和党人的两党世界主义来分裂我们的党，我们就一定能够做到这一点。"

8月底，特别委员会乘"玛丽皇后号"从纽约起航。尽管我们看过各种情况简报和研究资料，但我恐怕我们中谁也不敢说对我们在欧洲看到的一切是真正有所准备的。我们刚在南安普敦走下那艘豪华的轮船，便清楚地看到，我们来到了一个在饥饿和混乱的边缘挣扎着的欧洲大陆。我们所访问的每个国家情况都相同：如果没有美国援助，那在严冬结束之前，就将有数百万人挨饿或死于因营养不良而引起的各种疾病。政治情况同样也很清楚：没有我们的粮食和援助，欧洲将陷入无政府状态，陷入革命，最后，陷入共产主义。

英国首相克莱门特·艾德礼邀请我们到唐宁街十号参加茶会，在那里我们同福斯塔夫式的外交大臣欧内斯特·贝文谈了一个小时。他在最近的演说中主张〔美国〕把所有存放在诺克斯堡的黄金平分给世界所有的国家，这种说法很可能使我们的讨论一开始便走入歧途。

如果说伦敦令人沮丧，柏林就几乎是令人绝望了。一个曾经伟大的城市，而今成了一排又一排、一英里又一英里的烧焦了的废墟。简直不能想象，现有300万居民仍然生活在那一片瓦砾之中。当我们站在昔日为希特勒总理府、现已毁坏殆尽的大厅里时，面黄肌瘦的德国小孩想把他们的父亲在战时获得的勋章作为纪念品卖给我们。

尽管我们的使馆人员出于谨慎而极不愿意，我却坚持要同被访问的每个国家的共产党领导人会面。我们发现这些领导人往往比民主派的领导人更为精力充沛，给人以更深刻的印象。我极想弄清他们是怎样思考的，还想估量一下他们和苏联之间的关系。我特别记得我们同意大利劳联的总书记、共产党人朱塞佩·D.维多里奥的一次会见。他的办公室里挂着红窗帘，墙壁也是红色的，他的上装翻领上佩戴着一枚小小的红旗徽章。我在众议院劳工委员会上见过大部分美国劳工领袖的表现，维多里奥和他们中的佼佼者相比也绝不逊色。

我问他，他赞成政府对意大利工会采取何种政策。他回答说，他愿意看到工人不受政府的控制，而且有罢工的权利。

我说："听你的回答，我看你似乎赞成我们美国的那种政府，那里的工人此刻就正在罢工；而不赞成苏联的那种政府，那里的工人是受国家控制的，过去20年中，他们就没有举行过一次罢工。"

经翻译后，维多里奥朝我冷冷看了一眼说："这位先生和我讲的不是共同的语言。在一个像美国那样的国家里，工人必须进行罢工才能从资本主义反动派和雇主那里获得他们的权利。而在苏联，没有资本主义反动派和雇主，因此罢工的权利就没有存在的必要了。"

我问他愿不愿意对美国外交政策提些批评意见。在这次谈话的笔记中，我写道："他对我们的外交政策作了一番将使亨利·华莱士显得像个胆小鬼的全面的分析。"当他说完后，我说："我们永远欢迎别人对我们的政策进行批评，但我可否问一下，你曾否如此详尽地批评过苏联的政策？"

维多里奥和刚才一样又冷冷看了我一眼说："这位先生和我又一次讲的不是共同的语言。美国外交政策必然是帝国主义性质的，其理由是，它是受资本家、反动派和雇主所支配的。在苏联,没有资本家、反动派和雇主,因此苏联的外交政策就不可能是帝国主义性质的。因此,它不会受到批评。"

他说的对:我们讲的不是共同的语言。我的印象是,维多里奥所讲的党的路线同我们在英国和法国遇到的共产党领导人讲的几乎完全相同,甚至连用语也相同。在我的笔记中我最后写道:"因而,这就肯定地表明,全世界的共产党全都不忠于他们自己的国家,而是忠于苏联。"

的里雅斯特是意大利和南斯拉夫边界上的大港口,不久将成为一个由联合国托管的自由市了,在那里我亲眼看到有时同共产党威胁相伴而生的暴力行为。

我们是在联合国托管即将生效的前一天到达的。我在旅馆打开行李时,听见了响亮的歌声。我探头窗外看到一支大约有500名男女组成的游行队伍,他们都是一些精力充沛、斗志旺盛的年轻人。许多人手中拿着红旗,他们扯着嗓门唱着令人激动的《国际歌》。共产党总部就在旅馆的对面,当游行队伍经过时,每个参加游行的人举起手臂,紧握拳头,以示敬礼。我走下去想看看他们要干些什么。突然,街口响起了一声爆炸声。群众散开了,我看到一个年轻人的尸体……在片刻的死寂中,人们全站在那里呆望着鲜血从他脖颈里喷出来。接着,石块和瓶子就乱飞起来。警察赶来,开始追赶共产党的领头人。

有个逃窜的共产党,像大学球队里的后卫那样飞快地穿过人群,他在越过马路时碰上一个老妇人,把她撞倒在人行道边上,那个老妇人便一动也不动地躺在那儿了。骚乱持续了一整个下午直到傍晚。那天被炸弹和枪弹打死的有5人,伤75人。我当时想到,除非美国帮助西欧恢复稳定和繁荣,否则的里雅斯特发生的事不久肯定将在整个西欧重演。

在我们回到华盛顿几个星期后,赫脱委员会根据我们带回来的大量笔记和文件,发表了一系列的报告。所有报告的共同特点是力主对欧洲进行经济援助。这时候,我进行了一次民意调查,发现我的第12选区75%的选民坚决反对任何外援。这是我第一次亲自体会到埃德蒙·伯克描写得极出色的那个古老难题。他说这是在民主政治中几乎任何一个当选的官员在某一时期总会碰到的问题：在他投票时他应该在多大程度上表达他的选民的意见，多大程度上代表他自己的意见和信念？欧洲的所见所闻已使我如此坚定地认为有必要扩大经济援助，所以我觉得，我只能凭良心投票，然后尽最大努力去说服我的选民，别无他法。

我立即为当地报纸撰写了一系列专栏文章，并且只要有时间我便回家去，在整个选区积极发表巡回演说，叙述旅途见闻，向大家说明：要是我们准备把欧洲从饥饿和共产主义这两个幽灵中拯救出来，我们就必须给予经济援助。

幸运的是，我在选区的活动获得了成功，这样做的结果大大提高了我的声望。1947年12月15日，国会以313票对82票通过马歇尔计划。大家都知道，这个计划在各个方面都是成功的：它使欧洲免于饥馑，它保证了欧洲的经济复兴，并使欧洲没有落入共产党之手。

我从赫脱委员会之行中学到了许多东西。最重要的是我现在懂得了共产党在欧洲得逞的原因。

第一，共产党领导人信仰坚定，精力充沛：他们懂得他们要追求的目的是什么，然后愿意为之艰苦奋斗。在这次访问之后，我决不会由于共产党领导人关于党派路线的欺人之谈，或者由于他们往往态度粗鲁，便错误地认为他们全都是些没有什么才能的、不讲道理的家伙。

第二，我看到战后欧洲的共产主义领导人完全懂得民族主义的力量，而且现在正尽力使它为自己所用。例如，我们在罗马时，城里到处张贴着共产党为即将来临的市政选举所作的宣传画。这些画既没有锤子与镰刀和任何其他共产党的象征，也并不宣扬某种未来工人国家将带来的喜悦。相反，上面画的是19世纪爱国主义者加里波第的巨大英雄形象——要是他知道他为意大利的自由不懈奋斗一生，现在正被一个由莫斯科控制的国际集权主义的意识形态所利用，他恐怕一定会不安于九泉的。

第三，我看到欧洲共产主义怎样源源不断地接受苏联钱财。与他们主张民主的对手不同，欧洲的各个共产党得到莫斯科的大量津贴。

第四，我看到民主欧洲的大部分地区要么是没有领导，要么更坏，领导阶层中的许多人干脆向共产主义投降了。我第一次懂得,坚强的领导对于一个民族和一个国家是多么重要,而且我已看到在缺少这种领导或者这种领导遭到失败时,会产生多么可悲的后果。仅仅从我在很短时间内看到的这些,我已完全懂得,共产党唯一尊重的——和愿意认真对待的——东西是至少可以和他们相匹敌的,并有决心予以使用的力量。在的里雅斯特,我用铅笔作了如下笔记,这话在今天,也和在30年前一样,是完全正确的:"同苏联人打交道的一个基本准则是,如你没有决心干到底,便决不要虚声恫吓,因为他们任何时候都会要试试你的力量的。"

希斯案件

在1948年众议院夏季休会前夕,由新泽西州的J.帕纳尔·托马斯担任主席的非美活动委员会,听取了伊丽莎白·本特利的作证,本特利是战争时期华盛顿共产党间谍网的一个联络员。为此而进行调查的主要负责人是非美活动委员会那个非常聪明且生气勃勃、年轻的罗伯特·斯特里普林。为她的证词寻找证人,他建议我们传讯一个已被证实的(20世纪)30年代的共产党工作人员。此人现在脱离了共产党,他已是一位在职业上非常受人尊敬和报酬优厚的《时代》杂志的高级编辑。他就是惠特克·钱伯斯。

8月3日上午,在钱伯斯将公开作证的前一天,我第一次见到了他,我当时简直不敢相信这个人就是我们的证人。惠特克·钱伯斯是一个我前所未见的最邋遢的人。他浑身上下似乎无一处不皱皱巴巴的。

他作证时,一开始叙述他在1924年怎样由一个不满现状的知识分子变为一个共产党员。然后他讲到他怎样对斯大林主义的幻想逐渐破灭,终于在30年代末期同共产党断绝了关系。同许多一度参加过共产党的人一样,钱伯斯也经历了信仰上的转变。现在他几乎是带着一种不可理解的狂热,害怕和憎恨共产主义。他说他参加过一个共产党小组,该小组的主要目的是渗透到政府中。他说,在这个小组的成员中有阿尔杰·希斯。他叙述了1938年他们最后一次会面时的情景,当时希斯含着眼泪拒绝和钱伯斯一起退出共产党。

满屋子响起了一阵惊奇声，因为希斯是一位在纽约和华盛顿非常受人尊敬的知名人士，但在本特利小姐的证词中却没有提到他。他在哈佛法学院时获得优异成绩，后来担任过最高法院奥利弗·温德尔·霍姆斯法官的秘书。希斯在波士顿和纽约的私人律师事务所工作了几年后，于 1933 年回到华盛顿；同许多其他人一样，他也是受到了新政所带来的激动和机会的吸引。他在政府机构中担任过一些重要的职务，最后成为助理国务卿的助手，并作为罗斯福总统的一名顾问参加了同斯大林、丘吉尔举行的雅尔塔会议。希斯被公认为联合国的主要创建人之一；他担任过起草联合国宪章的旧金山会议的秘书长，后来在伦敦举行的第一次联合国大会中，他是美国代表团的顾问。1947 年，他离开国务院，担任了具有国际声誉的卡内基国际和平基金会的主席。基金会的董事长约翰·福斯特·杜勒斯是那些曾经推荐并批准他为主席的人之一。

而此刻在这里，惠特克·钱伯斯作证说，他知道阿尔杰·希斯是一个地下共产党员。

从后来的情况来看，那天上午钱伯斯的作证并没有引起多大骚动。之所以如此，部分原因是他的叙述完全出乎人们的意料。另外，钱伯斯是那样其貌不扬，以致大家没有十分拿他的话当真，要是他把话说得更生动、有力一些，情况可能就完全不同了。

第二天上午，我们接到了希斯的一份电报，他要求和我们见面，以便否定钱伯斯的指控。我们请他在第二天出席。

8 月 5 日上午，当阿尔杰·希斯站着发誓的时候，他同钱伯斯之间的对比实在是太显眼了。希斯身材高大、举止文雅、仪表动人，当他断然否定钱伯斯的指控时态度十分安详。他坚定地说："我是自己请求到这里来以便毫无保留地否认前天一个叫惠特克·钱伯斯的人在这个委员会上所作有关我的一切说法的。"为了取得更好的戏剧性的强调效果，他压低声音说："我现在不是，过去也从来不曾是一个共产党员。我现在不，过去也从来没有信奉过共产党的信条。我现在不是，过去也从来不是任何一个共产党外围组织的成员。我从来没有直接或间接地遵循过共产党的路线。"

他否定了钱伯斯所说的一切，并且说，他甚至不认识任何一个名叫钱伯斯

第二章 众议员和参议员（1947-1952）

的人，据他回忆，过去也从不认识一个叫这个名字的人。执行主席蒙特指出，钱伯斯说自己认识他时是发过誓的，希斯仍毫无惧色地答辩说："我完全知道他那样说过。我也知道，我是正在根据同样的法律来作反证的。"

当希斯结束他的证词时，人们拥向他，同他握手，祝贺他的出色表现，并对委员会使他受到的损害表示同情。

同一天上午，杜鲁门在椭圆形办公室里举行一次非正式的记者招待会。有一个记者问到有关我们的听证会的事。他说："总统先生，你是否认为在美国国会对间谍问题惶惶不安，是一种'转移目标'使大家不注意通货膨胀问题的手法？"杜鲁门对记者的这种"转移目标"的说法表示同意后，宣读了一份预先准备好的声明，说这次听证会"对某些人造成了不可挽救的损伤，严重削弱了联邦雇员的士气，并破坏了人民对政府的信任"。

杜鲁门如此轻蔑地把我们的听证会说成是一种"转移目标"的手法，实际上就是以他强大的力量反对这次调查，但还不止于此，他还使用了其他更有效的办法。他在声明中重申他以前的命令，所有的政府行政机构都不得向国会委员会提供有关政府雇员的忠诚材料。

杜鲁门这一套政治手法是在粗野而且丑闻充斥的堪萨斯市民主党机构里磨炼出来的。只要手边有任何武器可以使用，他从来不会手软。毫无疑问，在整个希斯案件中，他的目的是阻碍我们揭露真相。

到那天下午我们再次举行秘密会议时，总统的攻击、总统的行政命令的影响，加上希斯非常有力的证词，已使非美活动委员会陷入一片惊惶之中。听证会上的听众和新闻界似乎都已经完全相信了希斯的证词，而且我们知道，由于我们事先没有核实钱伯斯的证词的内容，便让钱伯斯出来作证，我们肯定会受到各方面的指责。委员会中谁也不希望，正好在大选之前遭到总统和新闻界这样的一次攻击。委员会的一个成员这样一句话概括了一般人的意见："我们完蛋了！"委员会中坚持我们的立场，主张进一步调查的就剩下我一个人了。斯特里普林坚决支持我的立场，而他的判断是全体委员一向高度重视的。

我的推理是实用主义的。我认为就委员会的名誉而言，钱伯斯的作证已经起了破坏作用。批评我们的人绝不会因为我们决定放弃这个案件就停止攻击，我认为，把此案进行到底，对我们可能有很大好处，而且即使失败了，损失也不过如此。我指出，钱伯斯的指控和希斯答辩的这个格局，需要我们从一个特殊的角度来追查这一案件。在多数案件中，我们老是要证明究竟某人是否真是共产党员，这几乎是一件无法做到的事。但是，这次由于希斯的断然否认，我们无须去证实任何更复杂的问题，只要弄清这两个人究竟是否相识就行了。我建议我们再次仔细地问一问钱伯斯，看看他能不能提出更充实的论据。如果他能提出，就能证明委员会是正确的；如果不能的话，那么我们也许能找出是什么奇怪、邪恶的动机促使钱伯斯在希斯问题上撒谎，这样我们至少可以更好地为我们的错误进行辩护。

我对希斯确已有所怀疑，因为尽管他拼命否认，他实际上却从未简简单单地说过，他不认识钱伯斯。他总要附加上一些修饰的言辞。当蒙特称钱伯斯为"你说你从来没有见到过的"那个人时，希斯打断他的话说："就我所知，我从来没有见到过他。"

英国人有时说，有些人是"聪明过头了"。这就是我对希斯的印象：他太温存、太圆滑和太自信了，让人不能相信他是一个完全可信的证人。

斯特里普林和我最后终于说服了委员会，使它相信了那个令人不愉快的真实情况：我们的确已经没有什么可以损失掉的东西了；因此决定，由宾夕法尼亚州的一个善于考虑问题的共和党人约翰·麦克道尔、路易斯安那州的一个在进入政界前曾做过报纸记者的民主党人埃迪·赫伯特和我三人，试着再对钱伯斯的证词核实一次。8月7日，一个宁静的星期六上午，在下曼哈顿弗利广场现已废弃不用的联邦法院的一间屋子里，我们问了他许多问题。我已经准备好了一张长长的单子，上面列的全是一个人对一个朋友一般都会知道，也大致会记得的一些事情。

我一开始就给他一个机会让他可以否认原来的证词。我有礼貌地问他，你说过希斯是一个共产党员，对吗？我们有没有听错？

"会不会那不过只是一个知识分子的学习会？"我问。

钱伯斯坚定地回答说："那绝对不是一个知识分子的学习会。它的主要任务是为了共产党的利益渗透到政府中。"

钱伯斯掌握了大量有关希斯的详尽和私人的情况；实际上所有这些情况后来都证明是正确的。他告诉我们，希斯私下称他的妻子为迪莉或普罗丝，她称希斯为希利；他对我们谈到，当他们夏天去马里兰州东部海滨度假时，把一条西班牙长耳狗寄养在华盛顿威斯康星大街的一家养狗场里；他提到希斯在饮食方面喜欢简朴。他描绘希斯太太，说她是一个身材矮小、高度神经质的女人，当她激动时，往往满脸涨得通红。他还告诉我们，在他认识希斯的那几年中，希斯住过的三处住宅和公寓的地点和布局，并且还叙述了有好几次他在他们家过夜的情况。

钱伯斯告诉我们希斯的一个爱好是研究鸟类，并且说他还记得，有一天上午希斯看到一只稀有品种的蓝翅黄森莺后回家时的兴奋情景。

经过两个多小时筋疲力尽的询问，我问钱伯斯是否愿意接受一次测谎器检验。他毫不犹豫地说他愿意。我问道："你有那么大的把握吗？"他镇静地回答说："我说的全是真话。"

如果钱伯斯的指控证明属实，那杜鲁门就会非常狼狈。一般说来，单是这一点可能性在一个大选年也会鼓舞共和党人干下去的。但是，希斯案件的某些特殊因素却使我们必须非常小心谨慎。纽约州州长托马斯·杜威被提名为共和党的总统候选人。约翰·福斯特·杜勒斯曾经推荐希斯担任卡内基国际和平基金会主席，而他现在是杜威的外交政策总顾问，并有希望在杜威执政期间担任国务卿。希斯案件，加上和它相牵连的"对共产党手软"的一连串令人不安的问题，可能成为一把在伤害杜鲁门的同时也会伤害杜威的双刃剑。我意识到，如果我决定和委员会其他人一样，让这件案子在选举前被人遗忘的话，杜威的竞选班子无疑会深为感激的。

根据证词，我坚信希斯是在撒谎。但是在让这案件进一步发展之前，我想有几个我认为甚至在我们的马拉松询问会上也没有涉及的问题一定要设法弄清楚。因此，我决定到马里兰州威斯敏斯特钱伯斯的农场去访问他，在那里我第一次见到了埃丝特·钱伯斯。她是一个皮肤特别黑的女人，很少讲话，但看上去颇有些忧心忡忡。

钱伯斯再次提供了许多令人对他的记忆力十分钦佩的细微和完整的情节。我直截了当地告诉他，有许多人在指责他，说他在希斯的问题上怀有某种隐藏的恶意或动机。他沉默了很长时间，然后说："当然，我不会怀着一种可能会毁掉我自己的事业的动机。"他说，独自安静的生活愿望对他几乎成了一种病，必须公开露面是他一生中从未遇到过的最痛苦的事情。

我偶然提起我是一个教友会教徒，他马上说，当他认识希斯太太时，她也是一个教友会教徒，而且他自己从那以后也变成了一个教友会教徒。说到这儿，他捻了一下手指说："这使我想起了一件事。普里西拉在家里时常用乡土话同阿尔杰讲话。"根据我自己家的经验，我知道，除了极亲密的朋友外，任何人也不可能了解这类私生活方面的细节。当然，他可能从某一个人那里获悉这些情况，但这些话是脱口而出的，我深信他是在说真话。

查尔斯·克斯顿是一个研究共产党活动的专家，他极力主张我应把我的调查结果同约翰·福斯特·杜勒斯一起讨论讨论。8月11日，我打电话到纽约罗斯福饭店的杜威竞选活动总部，我对杜勒斯说，我认为在他就这个案件发表任何公开声明之前，务必看一下钱伯斯的证词。那天下午，克斯顿和我乘火车到纽约去见他。

克斯顿和我坐在杜勒斯住房的沙发上，等着福斯特和他的弟弟艾伦把三次听证会的记录从头看上一遍。他们两人看完后，福斯特·杜勒斯站起来在房间里来回走着。"问题已无可怀疑。"他说，"这几乎令人难以置信，但是钱伯斯肯定是认识希斯的。"艾伦·杜勒斯表示同意，他俩都认为应该尽快让两人公开对质，使这个案件公开化。福斯特·杜勒斯并没有因为自己是推荐希斯担任卡内基国际和平基金会主席职位的人之一，唯恐将来自己难堪而畏首畏尾。我对他们说，一有新的进展情况，我将随时让他们知道。

访问了钱伯斯的农场之后，我曾经打电话给普利策奖获得者伯特·安德鲁斯，

第二章　众议员和参议员（1947-1952）

他是纽约《先驱论坛报》驻华盛顿办事处主任。我知道安德鲁斯是非美活动委员会的坦率的批评者；他最近写了一本题为《华盛顿的政治迫害》的书，强烈地批评了政府的忠诚考核计划。我对安德鲁斯说，我确信钱伯斯说的是真话，但是我要对他的话尽可能进行各种核查。他同意和我一起去华盛顿，对钱伯斯细加审问。

安德鲁斯向钱伯斯提了一些棘手的问题，并狠狠地追问那时已开始在华盛顿到处流传的一些谣言，说什么钱伯斯是一个酒鬼，有过精神病病史并进过教养院。钱伯斯并没有感到不安，他指出这种谣言是共产党诋毁别人名声的典型做法。

在我们返回华盛顿时，安德鲁斯比我还激动。他完全相信钱伯斯说的是真话，他现在只担心由于在过去委员会的听证会上他已深深感觉到的那种粗枝大叶的工作方法和不负责任的工作班子，希斯有可能会滑过去。我也担心这一点。

由于杜鲁门的行政命令，我们无法得到埃德加·胡佛或联邦调查局的任何直接帮助。尽管这样，我们还是同一个级别较低的工作人员保持某些非正式的联系，而后来证明他对我们的调查是有帮助的。

8月16日，当我们再把希斯叫来出席一次秘密会议时，他的态度同我们上次见面时可迥然不同了。

我对他说，他的证词同钱伯斯的证词之间存在着大量实质性的差异，我们现在愿意在安排一次公开的对质前，给他一个机会在秘密会议上解释这些差异。希斯直起身子说："你们今天采取的态度使我感到气愤而且伤害了我，你们发现了两个证人——其中一个证人是自首的前共产党员，另一个证人是我——所提供的证词有矛盾，你们仅仅是碰到两个证人讲了相互矛盾的话，而在这两人之间你们感到很难决定谁是可信的。我不希望为任何一个人提供方便，这个人出于我所不了解的一个什么动机，显然正在竭力要把我毁掉。你们不应该要求我提供细节，因为他可能听到，然后他就能够对其加以利用，好像他早就知道这些细节。"

接着他提出了后来成为他的证词的主调说法：案情的细节并不重要。他说："问题不在于这个人是否认识我，还是我记不起他了。问题在于是否如他所说的，他曾经跟我有一次个别谈话，这一点我已经否认了，以及是否我现在是或者过去曾经是一个共产党，这一点他说过，而我也已经加以否认了。"

这是一个关键的问题。我说服委员会将听证会继续进行下去，其理由是案件的细节是重要的，因为只有通过细节才能证明，当希斯说他并不认识钱伯斯时，他是否在撒谎。他甚至不承认认识钱伯斯，这是有损钱伯斯和委员会名誉的主要因素。如果这时希斯能使听证会转而去证明他是否是个共产党员，那我们便完蛋了。

我说，我们已经告诉钱伯斯，他对每个问题的回答都适用于伪证罪法律的。关于他所说他同希斯的关系问题可以由第三者来证实。我说，这就是我们现在提问的目的。

希斯问道，他现在有几句话要求记录下来，可以吗？我回答说："当然可以。"

他极慎重地思虑着，在放在他面前的便签本上写下了一些东西。他说，他已经写下了在20世纪30年代中期他认识的一个人的名字，这个人他现在记起来，确实做过钱伯斯宣称他曾经做的一些事情。这个人在希斯家里待过几天，转租过他的公寓，向他借过钱，还开走了他的汽车。希斯说，但是他不愿意直接透露这个人的名字，因为这可能会泄露给钱伯斯，他就会又把它编进他的作伪证的故事中。

询问继续下去，希斯又一次以模棱两可的说法回答斯特里普林和我提出的关于他过去住处的问题，理由仍是他的回答可能会传到钱伯斯那里，被用来对付他。对这种装腔作势、吞吞吐吐的态度，性情急躁的赫伯特实在受不了了。他直截了当地对希斯说："你和钱伯斯先生必有一个人在撒谎。"希斯沉着地回答说："这话肯定是正确的。"赫伯特回击说："不管你们中是谁在撒谎，都可算得上是美国空前的、最了不起的演员。"

委员会休会了5分钟，当会议继续进行时，希斯说，他要透露他刚才写在便签本上的那个名字。

他说："我提到的那个人——他也许同这件可怕的事毫无关系——名叫乔治·克罗斯利。"

第二章 众议员和参议员（1947-1952）

这样，这个用来转移目标的根本不存在的乔治·克罗斯利的名字第一次出现在希斯案件中。

希斯在一小时零一刻钟的时间里，以大部分时间回答了有关乔治·克罗斯利的问题。他说，克罗斯利是一个到处混饭吃的报纸自由撰稿人，他在希斯担任参议院弹药和军械委员会的法律顾问时去找过他，想了解一些情况准备为一家杂志写一篇有关该委员会活动的文章。希斯还说他经常会碰到一些作家向他提出的这方面要求。

他说他们在一起吃过几次饭，克罗斯利要求他帮忙找一个住的地方，因为他想在写文章的时候，把他的妻子和一个要喂奶的孩子从纽约接来，度过那个夏天。碰巧希斯那时正好准备搬往乔治城的一处新居，他原来住的公寓的租赁期还剩下三个月。因此，他把那间公寓转租给克罗斯利了。希斯说，当克罗斯利的家具迟迟未从纽约运到时，他甚至让他们在他的新居住了几天。他补充说，最后克罗斯利赖着不付房租，因此他们很不愉快地分了手。希斯说，自1935年以后，他就再没见到过或听到过克罗斯利的消息。

令人很难相信，希斯会把像"克罗斯利"这样一个人完全忘掉，接着又突然想起来了。但我们姑且相信他讲的那一套，进一步提出了一些有关这个神秘的报纸撰稿人的问题。

我问他，克罗斯利太太长相如何，他回答说，她的皮肤"特别黑"。我是委员会中唯一见过钱伯斯太太的人，因此我知道他对她的描述很正确。那时我确信希斯是认识钱伯斯的。现在唯一有待回答的问题是，他究竟是不是认为他叫乔治·克罗斯利。接着，我问了许多有关克罗斯利身体外貌的问题，从他的高度和体重开始。接着我还问道："他的牙齿怎样？"

"牙齿很坏。那是我特别想注意看看钱伯斯的特点之一。这个人的一副牙齿很坏，他不会保养他的牙齿。"

斯特里普林问道："他是只保存着大部分牙齿呢，还是仅仅没有很好的保养？"

希斯回答说："我想他的牙齿并不缺，但是保养得很坏。他的牙齿很脏，我要说他显然没有加以注意。"

于是，我们按照钱伯斯的证词提供的线索，引导希斯回忆起30年代的生活情况。我们用问过钱伯斯的问题来问他，几乎对每一个问题，我们都得到相同的回答。

对委员会的大部分成员来说，在那天很晚的时候，通过围绕一个看来最不重要的问题的对话，才使这个案子确定下来。我问希斯他有什么爱好。希斯回答说他喜欢打网球，还是一个业余鸟类研究者。麦克道尔漫不经心地问道："你见到过蓝翅黄森莺吗？"

这下希斯的劲头可真来了。他说："我看见过的，就在这里的波托马克河上。"

麦克道尔说："我在阿林顿见到过一只。"

希斯继续说："它们飞回来在那里的沼泽地做窠。一头黄毛，是一种极漂亮的鸟……"

当这种对话的重要性被委员们发现时，顿时出现了片刻心照不宣的沉默。

我们已经答应希斯在8月25日同钱伯斯公开对质，离当时还有一个星期的时间。但是，到那时就可能有一个第三者——乔治·克罗斯利——搅和进来，而随着他的出场，就会出现一种新的纠缠，从而增加查清事件的可能性。我认为，我们必须马上使希斯同钱伯斯见面。如果整个事情是我们弄错了，那就必须在它造成更多的损失之前把它纠正过来。另外，如果希斯有关克罗斯利的一套说法纯属虚构，想用它来对付钱伯斯的该死的证词的话，那我认为，在他有时间进一步充实他这套假话之前，就把他揭露出来，那也同样是极为重要的。

我在办公室里待到很晚，想决定怎么干最好。清晨两点，我打电话给斯特里普林说，我们不能再等一个星期，我想就在那天下午安排一次会议。他说，他也得出同样的结论，并同意进行必要的安排。

8月17日下午5时35分，在纽约提督饭店1400号房间里，举行了希斯和钱伯斯的第一次对质。

这个套间包括一间起居室和一间卧室。颇有讽刺意味的是，起居室的墙壁上布满了奥杜邦的鸟类图片。我们在靠窗的一张桌子后面放了把只供委员会成

第二章　众议员和参议员（1947-1952）

员坐的椅子，在面对桌子大约八英尺远的地方单独放了一把椅子。在椅子的右边靠墙的地方有一个沙发。

当希斯与卡内基国际和平基金会的一个朋友一同到达时，他显得很不安，十分激动。等到他最后在面对我们的那把椅子上坐下时，我对他说，我们已经决定，要是他和钱伯斯立刻见面，不要等到 8 月 25 日的话，就会更有助于弄清事情的真相。因此，我们已经把钱伯斯带到这里来了。

我让人把钱伯斯带进来。希斯背后的卧室门打开了，钱伯斯走了进来。

当钱伯斯在希斯背后走进来坐在沙发上时，希斯甚至连看也没看他一眼。他两眼直视着前方窗外。

我开始说："钱伯斯先生，请你站起来好吗？希斯先生，请你站起来好吗？"

这时两个人都站了起来，希斯转过身去面对钱伯斯；两人相距不超过四五英尺。

"希斯先生，"我说，"站在这里的人是惠特克·钱伯斯先生。现在我问你，你以前认识这个人吗？"

在希斯注视惠特克·钱伯斯时，我想我从来没有见过有谁会像希斯那样，以那么憎恨的目光看另一个人。我们打开了百叶窗，这样以后就不会有人说，由于光线差没有看清了。

那时希斯看起来已真的把握不定和心烦意乱了。他看了看我说："可否请你叫他讲几句话？"

我请钱伯斯说出他的名字和干什么工作。他说："我的名字叫惠特克·钱伯斯。"

等他说完，希斯朝着他前进了一步说："请把你的嘴张大一点，好吗？"

钱伯斯又把他的名字说了一遍，希斯变得很不耐烦了。"我说，请把你的嘴张开"——而且他做了一个手势，表示他要钱伯斯怎么做。他看了看我说："尼克松先生，你知道我是什么意思。"他的意思是，他想看一看钱伯斯的牙齿；那时希斯的手离钱伯斯的嘴不超过六英寸，我真不知道钱伯斯会不会想咬掉他的手指。

希斯问道:"我可不可以问一下,他以前作证时,声音和现在一样吗?"我朝周围看了一看,想找点可以让钱伯斯念诵的东西。在室内唯一可读的东西是一本《新闻周刊》。当钱伯斯朗读这本杂志时,希斯目不转睛地研究他的嘴,就好像一个马贩子想要确定一匹他可能要买的马的年龄一样。钱伯斯停住了,希斯说,这声音听起来同他所记得的克罗斯利的声音有点不同,钱伯斯的这副牙齿显然要好得多。他说,因此,如果不许进一步的核对,他就不能宣誓认为钱伯斯就是克罗斯利。

我问钱伯斯他的牙齿是否大加整修过,他说,牙科医生希契科克曾替他拔掉几颗牙齿并装了一副假牙托。希斯对这一情况似乎感到满意,并且说:"如果钱伯斯先生的这一证词可信的话,那将说明我的感觉可能是不错的,他就是在1934年或1935年或那前后不久,对我声称他名叫乔治·克罗斯利,是一个为杂志写文章的自由撰稿人。我很想从希契科克医生那里查明,他刚才讲的是否是真话,因为这是我的一部分依据——我对克罗斯利记得的主要特点之一是他的牙齿很差。"

我说:"希斯先生,你是否认为在你能讲一些有关这个人的任何情况以前,一定要牙科医生告诉你,他曾如何给钱伯斯治牙的情况?"

希斯改变了话题,于是我开始询问钱伯斯。

"主席先生——"希斯插嘴说。

"你先等一等。"我说,我又重新问钱伯斯。

当钱伯斯说,他在希斯的公寓里住过大约三个星期时,希斯打断他的话说:"主席先生,我无须再向惠特克·钱伯斯先生提任何问题了。我现在完全准备确认这个人就是乔治·克罗斯利。"

我已经非常仔细地研究过证词,但是我始终没弄清,为什么希斯突然在这时决定放弃那套伪装了。就在几分钟之前,他的"视觉记忆力"还非常不济,坚持要先查阅牙医的病历,才能确认钱伯斯到底是谁。而现在他忽然变得那么肯定,以致当我们问他是否绝对有把握时,他说:"即使挖去他的两只眼睛并割掉他的鼻子,我也能肯定是他。"尽管如此,他仍然说,他并不知道钱伯斯或克罗斯利是一个共产党员。

第二章 众议员和参议员（1947-1952）

我们问钱伯斯是否能肯定证明这个希斯就是他从前认识并在他家住过的那个共产党员。他回答说："我肯定能证明。"希斯突然猛地从椅子上跳了起来，走到他面前，向他挥动拳头。当希斯说话时，声音因发怒而颤抖，他说："现在请把我所说的话记录下来，我愿意请惠特克·钱伯斯先生在没有这个委员会在场的时候重述一遍他的这些话，那我就将告你无故诽谤罪。我向你提出挑战，要求你这样干，并且希望你他妈的马上就干。"

当希斯走到他面前时，钱伯斯一点也没有害怕的样子，但希斯却已完全泄气了。我懊悔我们同意让他能如约赴宴从而放他早走了。我认为，如果我们继续对他紧紧追问的话，即使不能取得真正的突破，至少也能从他话里发现更多的矛盾。但是就这样，我们的收获也不差了。

下一个星期，8月25日，在众议院旧办公大楼的秘密会议室举行了两人的公开对质。会议室挤满了想目睹这个场面的人，空气浑浊，由于拍摄电视的灯光，显得更热了。

希斯使用了三个基本手法。一开始，他企图打乱和搅混证据的细节。他再一次提出牙医治疗的重要性，借此解释他开头为什么迟迟不能确定钱伯斯就是克罗斯利。

我说："你已经充分利用了坏牙齿这个问题。你甚至问到为他治疗牙齿的牙科医生的名字，并想在你能肯定他的身份之前，同牙科医生研究一下。我现在想问你一个也许听起来有点滑稽的问题，我真纳闷儿：你难道没有见到过克罗斯利闭着嘴的时候吗？"

他回答说："在我的记忆中，有关克罗斯利的引人注目的事情，不是在他闭着嘴的时候，而是在他张开嘴的时候。"开始时站在希斯一边，但由于他经常躲躲闪闪、含糊其词而变得烦躁不安的听众，听到这一回答后，哄堂大笑了。主席托马斯要求大家安静，对希斯说："在回答问题时，如果你有什么特别幽默的话要说，以后可以把我叫出去讲给我听好了。我一向喜欢愉快的笑声，但是如果我们能够避免的话，让我们不要再在这里让大家笑了。"这时希斯已控制不了自己，他傲慢地回答说："主席先生，我认为笑声是由于提问引起的，而不是由于回答引起的。或许是你或尼克松先生想退出去讲你们的笑话吧。"

当我们给他看一份他签过字的文件印本，问他是否是他的签字时，希斯的表演同样是荒谬可笑的。他犹豫了一下，躲躲闪闪地说，不见到原始文件，他不能肯定回答。

蒙特对希斯的回答非常恼火，他表示怀疑地问道："如果你见到原始文件，你就能肯定了吗？"

希斯回答说："那我就比较有把握一些。"听众又一次大笑起来，甚至坐在前几排的他的朋友们也不安地摇摇头。

他的第二个手法是叫我们想起跟他一起工作过、很看重他的所有著名人士，那些人毫无疑问都是爱国的。他列举了34个名字，从约翰·福斯特·杜勒斯和哈罗德·史塔生起，一直到科德尔·赫尔和詹姆斯·贝尔纳斯，并建议我们到那些人那里去了解他的忠诚问题。这种"以社会关系来证明其清白"的做法，对委员会是不起任何作用的，听众中为他这话所动的似乎也不多。

他的第三个手法是，重新坚称，他和钱伯斯所供述的细节相互矛盾是没有关系的，因为唯一真正的问题是，究竟他是否曾经是一个共产党员。我再一次尽力揭露隐藏在这个前提背后的错误的逻辑，并且使听证会仍牢固地抓住，当他说他并不认识钱伯斯时，他是否犯下了伪证罪这一问题。

我说："希斯先生，有两点是你自己让我们不能不弄清的问题：(1)你究竟是否认识钱伯斯——这个问题现在已经解决了；(2)你熟悉钱伯斯到什么程度，你是否知道他是一个共产党员。这就是现在提问你的目的。"

对于许多人来说，希斯的证词最使他自己的名誉受到严重损害的是有关他的一辆汽车的那一段。钱伯斯证实希斯是非常热心于共产党事业的，当他在1936年买下一辆新的顺风牌汽车时，他便要把他的一辆1929年福特牌的旧车捐给共产党。因为一个地下党员，不论做任何事情都不能让人把自己与同党联系起来，这是严重违反党的纪律的。但是，钱伯斯说，希斯是那样坚决，后来终于破例作出安排，通过一个中间人给这辆车办了转让手续。

希斯的说法完全不同，他在有关乔治·克罗斯利的证词中，有一回曾说：

第二章　众议员和参议员（1947-1952）

"我把一辆汽车卖给他了"；又一回则说："我让他使用那辆车子"；还有一回他说的是："在租房子给他时，我把车也留给他用。"我向他指出这些前后不一致的说法，并且说，他不能记清像一辆汽车那样价值很大的东西到底卖没卖，这是很难令人相信的。

由于某些出色的调查工作和鸿运高照，我们完成了一件希斯显然绝对料想不到的工作：我们找到了10多年前他签过字的转让那辆汽车所有权的凭证。这笔交易的过程是很不平常的。希斯把那辆汽车以25美元的价格签字让与一个汽车商，这汽车商又立即以他自己的名义，以同样的价格签字让给一个被查明曾担任共产党组织工作的人，这人在转让证上使用的是假地址。在任何地方都没有出现过乔治·克罗斯利的名字；而且我们证实，汽车转让的时间并不在希斯作证时所说的1935年6月他最后见到克罗斯利的时候，而是发生在一年之后，1936年7月——正是钱伯斯所说的转让那辆车的时间。

汽车交易这件事无可辩驳地证明，希斯没有讲真话，证明希斯和钱伯斯的关系比他在证词中所说的要深得多，交往的时间要长得多，后来断交的时间要晚得多。希斯在委员会上第一次出面后，一直被表示良好祝愿的人所包围。但在这次作证结束时，他和他的律师是孤零零地走出听证室的。詹姆斯·赖斯顿本人认识希斯，并且是赞成他担任卡内基国际和平基金会工作的推荐人之一，他在《纽约时报》上报道说："在整个询问期间，希斯先生是沉着的，并尽量做到有礼貌，但他答问题时的过分小心不但激怒了委员会的成员，而且，甚至在他的朋友们看来，颇不利于他在此案中的地位。"

钱伯斯在希斯之后坐到证人席上去。我们要求他谈谈他对希斯作证的反应，他简单地回答说："希斯先生在撒谎。"他的直截了当的回答，使希斯的话更显得是躲躲闪闪和有意使人迷糊。

我问钱伯斯，他是否对希斯怀有某种仇恨，所以他才如此，显然决心要揭露他和把他毁掉。这几句对话，我认为，无论从历史的角度还是从戏剧的角度来说，都是这次听证会的高潮。

我说："钱伯斯先生，你能否仔细回想一下，究竟可能是什么动机使你在这个时候出来控告希斯先生是共产党员？"

他问："我可能具有什么动机？"

"是的，你有什么动机，我的意思是说，是不是可能由于希斯先生对你干过什么事情，使你对他怀恨在心？"

他说："据到处流传的说法，我作证指控希斯先生，是因为我和他有旧仇，或者说出于报复和憎恨的动机。我并不仇恨希斯先生。我们过去是亲密的朋友，但我们现在陷入一出历史的悲剧中了。希斯先生代表着我们共同与之进行战斗的、我现在正在与之战斗的隐蔽的敌人。我是怀着悔恨和怜悯的心情来控告他的，但是在这个国家现在所处的这个历史时刻，上帝保佑，我不能不这样做。"

我一有机会研究完全部证词，就给约翰·福斯特·杜勒斯写了一封长达四页的信，概述了我的意见和结论。我写道："〔希斯〕是否犯了法律上的伪证罪，以及现在是否已经最后证实他是一个共产党员，这也许都是仍然可以再讨论的问题，但是在我看来，根据只有他才能说明的理由，他是尽量要阻止我们了解他同钱伯斯之间的关系的真相，这一点已是毫无疑问了。"

非美活动委员会直接插手希斯案件就到此为止。第二步将取决于钱伯斯怎样对付希斯的挑战，他能否在得不到国会豁免权保护、希斯可以控告他诽谤罪的情况下重复他的供词。8月25日，在举行公开听证会之后两天，钱伯斯出现在"与报界会见"的电视节目中。第一个问题是关于希斯的挑战。

钱伯斯被问道："你是否愿意在这里再次控诉阿尔杰·希斯是个共产党员？"

钱伯斯回答说："阿尔杰·希斯过去是个共产党员，而且也许现在仍然是个共产党员。"

希斯的朋友们肯定他会立刻向钱伯斯提出控诉。使他们非常吃惊的是，在一个月之后他也没有采取行动。最后，希斯的最坚定的支持者之一《华盛顿邮报》在一篇不耐烦的社论中直截了当地要他摊牌，宣称希斯自己已经"造成一种他要么大干，要么认输的局面"。

三个星期后，希斯以诽谤罪名控告钱伯斯。从法律上说，希斯似乎是处于

第二章 众议员和参议员（1947-1952）

极有利的地位，因为钱伯斯如果拿不出旁证来证实他的控告，他就决不能使任何法庭相信他的指控。希斯也许认为，如果钱伯斯掌握任何证据，他在委员会的听证会期间就一定已经提出来了。

这个案件虽然已经提供了那么多离奇古怪、使人惊异的情节，但下面还有更妙的。

希斯的律师们要求钱伯斯在审判前作证，并在一般的询问过程中问他是否掌握什么可作证明的文件。他当时没有回答，但是他开始对必须采取什么行动来维护自己的立场的问题感到极度苦恼。

希斯的律师们还询问过钱伯斯太太。钱伯斯从来没有具体告诉我询问的经过，只是说他们对她非常粗暴，弄得她哭了。他说，从那时起，他已看出他们尽全力想毁掉他，所以他也必须准备还击。他对他的律师说，在第二天继续举行审判前的听证会时，他已经决定要提出他最近从他妻子在纽约的侄子那里取回来的一些文件。

11月17日，钱伯斯交出一纸袋文件，其中包括65页国务院的打印文件和4页阿尔杰·希斯的手写便笺。他对那些无比惊异的律师们解释，当他决定退出共产党时，他把这些文件作为一种类似人寿保险单的东西保存下来，以防止任何一个共产党人企图对他进行讹诈或杀害。

司法部刑事司司长被立即从华盛顿请来。他封存了文件并让法院发布命令，使每一个相关的人必须对此事严守秘密。钱伯斯回到自己的农场，以为要不了几天司法部就会把此案提交大陪审团，对希斯提出控诉了。但是，两个星期过去了，毫无动静。12月1日，华盛顿《每日新闻》发表了合众国际社的一则短讯，说司法部正在考虑放弃对希斯的诉讼。另一篇报道说，据谣传，正在考虑对钱伯斯提出伪证控告。这是很难令人相信的，但看来司法部似乎真不打算利用钱伯斯提出的文件来证明希斯是个间谍，而要用它来作为对钱伯斯提出伪证控诉的根据，因为钱伯斯作证时曾说他从未参与间谍活动是撒谎。

这些令人震惊的新发展出现的时机，对我个人来说，可以说再糟糕不过了。我们的第二个女儿朱莉是1948年7月5日出生的。我们曾经想离开夏季酷热的华盛顿，同朱莉和特里西娅一起到外地过几个星期，但是由于希斯案件占去了8月整整一个月，我们被迫取消了假期计划。我答应帕特一旦国会休会，我们一定外出去度这三年来的第一次假期。我们已定下12月初去加勒比海完成两周海上旅游的舱位，我们两人都盼望着赶快去旅行。

在我们准备动身的前一天，我在《每日新闻》上看到了一篇文章，使我大为震惊的是，司法部竟采取这样一种荒唐的做法。那天下午，斯特里普林和我乘车赶到钱伯斯的农场。

我把报纸上的报道给钱伯斯看。他说："这正是我一直担忧的事情。"

他向我解释，他已经交出了相当数量的文件证据，那些东西全部已被司法部封存，而且法院命令不准他透露文件内容。他对我说："我现在只能说，这些证据是一颗真正的炸弹。"

我们想设法知道一点这些文件的内容，但是没有成功。最后我问他，我们现在面临的形势，是否只能等待司法部去决定下一步该怎么办了。

"不，我没那么蠢。"钱伯斯回答说，"我的律师保存着一份影印本，而且还有一点，我并没有把我所有的东西都交出去。万一他们想扣压这颗炸弹的话，我还有另一颗呢。"

"你保存好第二颗炸弹。"我对他说，"除了委员会外，不要把它交给任何人。"

当斯特里普林和我回到华盛顿时，我拿不准该怎么办。我在那天晚上思索了很长时间，考虑是否出一张传票把钱伯斯其余的证据要过来。我无法理解，为什么钱伯斯在委员会听证会上要隐瞒这些重要情况，因而我不禁想到司法部采取这样的行动，也许是有某种正当理由的。

但是，在权衡了各种因素之后，我确信这个案件太重要了，现在决不能冒失败的危险，因此我要求斯特里普林向钱伯斯发出传票，立即向他调来他所保存的所有的材料。"我说的是所有的材料。"我说。

那天下午我们的船从纽约起航。帕特和我同一般人一样，懒洋洋地在船上休息，很高兴有机会同船上的其他国会成员和他们的夫人欢聚。我们从华盛顿极度紧张的气氛中解脱出来，颇有一种轻松之感。但是，在第二天傍晚，我就收到了斯特里普林的一份电报：

> 第二颗炸弹于星期五上午 1 时调来。案情大白。情况惊人。报界及其他地方都已为之震动。似需立即行动。能否返回？

次日早晨，我收到安德鲁斯的来电：

> 文件内容非同小可。与希斯有关似已肯定。与其他人的牵连已不可避免。此一结果如不能恢复某些成员的信心，亦将能恢复委员会所需之信心。纽约陪审团星期三开会……能否星期二抢在陪审团开会前一天到达？倘不能，则星期三上午举行听证会。自由派朋友不再喜欢我了，连你也一样。但事实总是事实，何况它是炸弹。经鉴定，三个文件上有希斯笔迹。尚未得到他将这些文件交给钱伯斯的证据，但非常重要。斯特里普林说他能证明是谁将这些文件交与钱伯斯的。向帕特问好。假日破坏者安德鲁斯

我给斯特里普林发无线电报，让他安排我返回华盛顿。第二天早晨，海岸警卫队的一架水上飞机把我从船上送到迈阿密，在那里我赶上了去华盛顿的班机。在迈阿密机场，记者问我对"南瓜文件"有没有什么意见要说。我完全摸不着头脑，不知他们说的是什么。我一抵达华盛顿，斯特里普林就向我提供了关于这一特别案件的最新变化的详细情况。

我获悉我们向钱伯斯发传票那天，他本来就在华盛顿。那天晚上，他安排好同我们的两个调查员见面，并同他们一起乘车返回他的农场。他们到那里时已很晚。钱伯斯把他们带到一块盖满霜的南瓜地去。他们看着他把其中一只南瓜的顶部揭开，伸手进去取出三个很小的金属微型胶卷筒，不禁目瞪口呆了。他解释说，他不想把什么东西都留在屋子里，以防万一他不在家时，还有什么别的传票和搜查令来到。因此，那天早晨，他挖空了一只南瓜用来隐藏文件。

"南瓜"微型胶卷被冲洗出来,上面是数百页的文件照片。这些照片是钱伯斯退出共产党前不久希斯交给他的秘密文件的一部分,从极不重要的官场琐事直到绝密的大使级电文,应有尽有。希斯在后来的答辩中声称,这些文件都是不重要的,对国家安全没有威胁。这种论点在委员会上和在两次审判会上都被确凿的证据所驳倒。有些文件相对来说是不重要的,但是国务院仍然认为在1948年——这些文件从政府档案中取出来10年之后——如果全部发表"南瓜文件",肯定将有损国家的安全,而且,即使那些内容毫不重要的文件,其中有许多过去被译成密码,任何人只要弄到了这些文件,就能很容易识破我们的密码,这一情况的重要性并不亚于文件本身的内容。

"南瓜文件"立即引起公众的极大注意。在一阵轩然大波中,甚至以前许多替希斯辩护的人都不得不承认他们错了,委员会是对的。

由于诉讼时效条例的规定,不可能以此作为间谍罪对希斯起诉,大陪审团便一致投票赞成对希斯的两条伪证罪提出控告。第一条是,他作证时撒谎说,他未曾非法拍摄国务院的秘密文件并将其交给钱伯斯;第二条是,他作证时撒谎说,从1937年1月1日以后,他一直没有见过钱伯斯。

对希斯进行了两次审判。第一次审判,陪审团以8票对4票未能作出定罪决定。1950年1月21日第二次审判时,陪审团一致认为希斯有罪。裁决宣布后不久,我收到了赫伯特·胡佛的一份电报。电文说:

阿尔杰·希斯的定罪全部应归功于你的耐心和锲而不舍的精神。
我国政府中存在的叛国逆流终于以人人信服的方式被揭露出来。

希斯被判处五年徒刑。服刑44个月后,他被假释出狱,此后即默默无闻,为纽约一家文具和印刷品供应商当推销员。

直到今天,阿尔杰·希斯一直认为他是清白的,不时企图为自己洗刷罪名。这种顽强性,加上时间的推移和记忆的淡薄模糊,使有人不时对他公开加以赞扬,大家对他的看法也日益改变。例如,在1975年,他已重新被马萨诸塞州

第二章 众议员和参议员（1947-1952）

的律师界所接纳。但是，不管何时，如果根据事实和证词来考虑希斯案件，对他的判决将不会有任何改变：不利于他的证据仍然是无可辩驳的。

对我来说，在我们调查希斯案件期间，杜鲁门总统的举动实在令人难以理解。我知道他曾不顾开明派顾问和支持者的反对，建议援助希腊和土耳其的反共政府，我因而认为他应当是了解共产主义威胁并认识到有必要反对共产主义颠覆活动的蔓延的。

但是，面对着大量的证据，说明希斯至少犯有伪证罪，而且可能就是个间谍，杜鲁门竟仍然坚持指责我们的调查是一种"转移目标"的手法，通过他的公开声明和行政命令，运用他的一切权力，来阻挠这个案件的进行。在1948年总统选举前，我还可以理解，他尽一切可能去制止调查是为了避免政治上难堪。但是，实在使我惊奇的是，在他已赢得选举之后，却还在继续他那种执拗的方针。

伯特·安德鲁斯是白宫的消息灵通人士，他对我说，当司法部的一个官员把看来显然使希斯难逃间谍罪名的打印文件给杜鲁门看时，他狂怒地在椭圆形办公室里踱来踱去，不断地喊着："这个狗杂种——他竟背叛了自己的国家！"在希斯被控告后的一次记者招待会上，记者们问杜鲁门，他是否仍然认为我们的调查是一种"转移目标"的手法。杜鲁门突然打断了一个记者的话，厉声说："我已经非常明确地对这个问题表明了我的立场，我再没有什么可说的。我的观点没有改变。完了。"嗣后，当他的一名助手向他问及这个问题时，他回答说："当然，希斯是有罪的。但那个该死的委员会醉翁之意不在酒。它所关心的是政治斗争，只要他们企图利用这个共产党问题搞政治斗争，我就只能把他们的活动按其实质如实地称为'转移目标的手法'。"

杜鲁门确确实实认为这个调查工作是有政治动机的，因而反过来，他的动机也是政治性的。他最后批准由司法部和联邦调查局进行全面调查，但他始终利用他的职权和威望，阻挠委员会的工作达数月之久。但那时我并不认为，现在也不认为，他的行动除了一个地道的政客所具有的政治本能外，还有什么别的动机。

希斯案件无可怀疑地证实，在美国政府的最高级组织中存在着由苏联指挥的颠覆活动。但许多为希斯辩护的人就是干脆拒不承认他的大量罪证。有些人向我发泄他们的恼怒和怨恨，好像他们被希斯欺骗这件事应由我负责。毫无疑问，我通过希斯案件获得的声誉使我开始走上得以担任副总统职位的道路，但同时，它也使我从一个小有名望、在报上常受到有限好评的年轻众议员，成为在华盛顿被人纷纷议论的人物之一，并遭到当时最受人尊敬和最有影响的开明派报界人士和舆论界领袖的激烈反对。

我认为福斯特·杜勒斯说出了希斯案件的真正教训，他说："阿尔杰·希斯的定罪是人类的悲剧。其所以是悲剧，是因为这样一个大有出息的人最后竟然落得这样一个不光彩的下场。但一个更大的悲剧是，我们的民族理想似乎不再能鼓舞人心，使人们为了保卫这些理想而献身了。"

在我看来，这几句话真正抓住了当时我们所面临的和今后还将面临的问题的实质：我们怎样才能像共产党那样把一种献身精神灌输给像希斯那样的人，而把献身于自由思想的精神灌输给有才华的美国青年。

1950年：竞选参议员

我以观察员的身份出席了1948年在费城召开的共和党全国代表大会。我十分尊敬两位领先的竞选者——俄亥俄州参议员罗伯特·塔夫脱和纽约州州长托马斯·杜威。但我认为共和党人在1948年的选举中，需要有一副新面孔和一番改革，于是我支持明尼苏达的———一度在共和党中被称为"神童"的——哈罗德·史塔生被提名为总统候选人。杜威在第三轮投票中获得提名，他选择厄尔·沃伦作为他的竞选伙伴。

自从获得民主党和共和党两党提名让我竞选连任众议员后，我在秋季的竞选运动中，曾在全国各地为党的总统候选人奔走宣传。虽然我提不出什么特别不对头的问题，但是对我们取胜的机会，我总不像大多数共和党人那样乐观。听我演讲的群众人数很多，也很友好，但他们并未表现出那种常使人觉得成败之局已定的强烈的感情。杜威生怕触伤杜鲁门，以及对杜鲁门所谓"毫无作为的第80届国会"的攻击不肯加以反驳的态度，使我颇为不安。由于他天生的

第二章 众议员和参议员（1947-1952）

气质、过分自信和错误的判断，杜威在竞选中采取了一种孤芳自赏、不计得失的态度。而杜鲁门可是全力以赴，不胜不休。杜鲁门赢得了最后的胜利，使许多作过预测的人目瞪口呆。在为杜威的落选深感失望的同时，我感到我们的自满情绪已使我们自食其果了。

杜威的失败和我们在国会两院的席位的损失，使我顿然变为少数党的一名普通成员，一个无用武之地的"英雄"。这时我开始第一次考虑要靠自己向上攀登，不能耐心地等待着熬资历或者靠党在众议院提拔我了。

加利福尼亚州民主党参议员谢里登·唐尼的任期在1950年就要结束了，因而在1948年的选举过后不久，我开始考虑要争夺唐尼的席位。乍看起来，希望不大。唐尼是一位得人心的、并未产生争议的现职参议员，当时完全看不出有谁能击败他。

几乎我所有的政界朋友和顾问都对我说，竞选参议员无疑是政治上的自杀。但我认识到希斯案件使我闻名全国一事的价值，这样的名声可是大多数议员梦寐以求的。在我政治资本高涨的时候，竞选唐尼的职位，是我得以在政治阶梯上更进一步的唯一机会。1949年8月11日，我写信给我的朋友和政治顾问弗兰克·乔根森，把我对情况的分析概述如下：

> 赞成和反对我竞选参议员的来信我已收到一大堆了。其中持反对意见的，似乎可以说大多数人都是担心我会失掉众议院席位。但是，如我前信所说，我的结论实际是，虽然我承认成功的希望甚小，但这是一个极难得的机会，虽冒险也完全值得一试。当然，条件是在初选中我们不会遇到无比坚强的反对力量。正如我和这里几位朋友说过的，如果共和党1950年在参众两院取得重大进展，那当然意味着共和党在全国普遍得势，我深深怀疑我们有可能重新掌权。确实，如果我们在众议院只不过是一个能说说话但不起作用的少数派，那么我认为，留任众议员不会有多大作为，即使从一个比较好的选区来的也一样。

> 另外，如果得势的转机已到，那我就颇有赢得加利福尼亚州参议

院席位的可能。如果转机未到,那重新获得众议院席位也不过是一个有名无实的胜利而已。

10月初,众议员海伦·加哈根·道格拉斯宣布她将在民主党的初选中和唐尼竞选。她这一插手大大增加了我获胜的前景。如果唐尼在初选中获胜,他会因她的攻击而声望大减;如果道格拉斯太太取胜,她将比唐尼更易于击败。

那年秋天我曾从《洛杉矶时报》机敏的政治编辑凯尔·帕尔默那里获悉,如果我成为参议院的一个候选人,我会得到该报的支持。我从《旧金山纪事报》和《奥克兰论坛报》也得到同样的保证。这些保证之所以重要,不仅因为它们得为我竞选作宣传,而且实际上还能保证我在共和党的初选中,不会受到任何反对。

1949年11月3日——正好是大选前整整一年——我在波莫纳大约500个支持者的人群面前宣布了我将竞选参议员的决定,我发表了一篇毫不留情的演说,预示了我打算参加竞选的势头。我说:"竞选的中心问题简单一句话就是要自由还是要国家社会主义。"我指责"今天的民主党,无论从全国还是从我们自己的加利福尼亚来说,已经被一群冷酷无情、玩世不恭、一味追求个人权力的人所掌握、所控制。这些人使这个党推行的政策和原则与它的创始人所制订的一套已完全格格不入了"。我结束我的演说时讲的几句话在后来的几年中常常被引用。我说:"我们只有一条取胜的途径,那就是,我们必须进行一场激烈、无情、拼命的竞选,并且把这个运动直接推进到加利福尼亚的每一个县、每一个城镇、每一个选区和每一个家庭去。"

我的政治生涯中最火热的一次竞选运动就这样开始了。要使一个传统上是共和党众议员选区的选民投票选举我,已经是够艰苦的了,何况现在我还得一个劲儿地在全国人口第二多的州进行竞选,以寻求千百万选民的支持——他们大多数人是登记为民主党人的。

我决定在全加利福尼亚展开竞选活动,为了行动方便,我弄了一辆四面都有木挡板的旧旅行车,两边钉上了"选尼克松为参议员"的大牌子。车上装有

第二章　众议员和参议员（1947-1952）

轻便扩音设备，每当我们到一个城市，就通过扩音器播放一张流行歌曲唱片。这样通常总能在一条热闹街道的角落至少吸引来五六个行人。只要有一小群人聚拢来，我就讲几分钟话，然后回答问题。

开始时听我讲话的只是几个感到莫名其妙的过路人。后来当竞选活动展开时，人群就逐渐增多了，过了不久，有一些诘难的人出现，这就保证每到一处总会有一大批活跃的听众。这些诘难者是由当地左翼劳工组织和政治组织派来的、组织得很严密的一些人。他们不断地提出尖刻、针锋相对的问题，夹杂着嘲讽的言论，企图打断我的演讲。有一次在旧金山，他们甚至开来了他们自己装有喇叭的卡车，于是我们通过扩音器进行了一场辩论。我们在长滩市政厅召开群众大会，他们有一队人跑到会场外面来捣乱，我的司机打开扩音器，放了一张当时流行的唱片："如果我知道你来，我早就给你烤好一张饼了。"我的支持者哄堂大笑，表示赞同。

当我开始在全州各处艰苦地进行竞选时，民主党初选中内部先打了起来。参议员唐尼以健康不佳为理由退出了竞选，而道格拉斯太太现在遭到了《洛杉矶日报》的发行人曼彻斯特·博迪的对抗。博迪财力雄厚，他鄙视道格拉斯太太的左翼倾向，以一个老民主党人所具有的真正狂热劲头进行竞选。他把她和她的追随者称为"一个狂热的搞颠覆活动的红色小集团"。他的支持者攻击她：她过去的投票记录和维托·马克安东尼奥的投票记录一样，后者是国会中公开的亲共分子。

谁都可以看出，道格拉斯太太和马克安东尼奥的投票记录是那么惊人的相似，而这种来自民主党内的对她的攻击所起的破坏作用比我所能讲的任何话都大。我的竞选委员会后来散发出去引起争论的《粉红色传单》一文，实际就是受到这两个投票记录极为相似的启发写出来的。不管后来人们对文中所列举的事实如何解释，它的正确性却是谁都无法怀疑的。我们不过只是就传单的颜色提出了一点尖刻的评论罢了。

使道格拉斯太太受到最大打击的是参议员唐尼。5月22日，他公开宣称："我认为，道格拉斯太太缺乏一个美国参议员所必须具备的起码的能力和资格……我看不出她会愿意，实际也没有能力，埋头去做艰苦而乏味的工作，以便准备制订立法方案和使方案在国会获得通过。"谈到她在国会的投票记录时，他说："道格拉斯太太为使苏联感到快慰，投票反对援助希腊和土耳其。她在总统最需要她的支持和正应充分得到她的信任的关键时刻，反对总统。"

结果，道格拉斯太太在民主党初选中获得不到50%的选票。博迪得到30%，因为当时还允许向外党投票，我得到20%的选票。在共和党那边，我没有竞选对手，获票74万张，打破了初选的投票记录。这样一来，选举的局面就明朗了。我有一个团结一致的共和党支持我，而民主党经过痛苦的初选后，已四分五裂、萎靡不振了。

海伦·加哈根在20世纪20年代是一个受欢迎的轻歌剧演员和百老汇的歌星。1931年，她和好莱坞最红的男主角之一梅尔文·道格拉斯结了婚。1944年当洛杉矶第14众议员选区的民主党众议员退休时，海伦·道格拉斯竞选该席位获胜。她在1945年1月进入众议院。

道格拉斯太太是一个具有戏剧性的漂亮女人。社会上为她着迷的人不少，报界和娱乐业中仰慕她的也不乏其人，但说得客气些，她不是众议院中最受群众欢迎的人。通常，当众议院某两位议员相互竞争谋取参议院席位时，众议院的同事们一般总对两方都持友好态度并且希望两人都成功。但这一次，甚至众议院中许多民主党人也告诉我他们希望我能够击败海伦·道格拉斯。

1950年的一个下午，我正在办公室工作，我的私人秘书多萝西·考克斯走进来说："肯尼迪众议员来了，他想和你谈谈。"

杰克·肯尼迪被请进来，我请他坐下。他从贴胸口袋里掏出一个信封。"迪克，我知道你在进行一场非常艰苦的竞选，"他说，"我父亲愿意帮助你。"

我们谈了一会儿有关竞选的事。起身告别时，他说："我显然不能出面支持你，不过假如你能把参议院有所损失改变为让好莱坞得到她的话，我是决不会感到伤心的。"

他走后我把信封打开，里面有1000美元的捐款。在我11月间获胜后第三天，肯尼迪在哈佛大学召开的一次有教授和学生参加的非正式集会上说，他个

第二章 众议员和参议员（1947-1952）

人对我击败道格拉斯太太感到非常高兴。

道格拉斯太太在初选中的胜利使我需要重新考虑我的战略了。我原来的计划是为了跟唐尼竞选的，他是一位颇得人心的稳健派和地位牢固的在职议员。

现在我却发现我得和国会中的极左分子之一来竞选了——而且是一个女人。我知道，在批评道格拉斯太太时一定不能显得粗野无礼。因而我感到，最好的战略是让她的投票记录为我效劳。她和加利福尼亚的选民是不合拍的，只要我能防止她用难以对付的戏剧性手法把问题搞混，我几乎肯定会取胜。

在整个竞选过程中，我一直死揪住她的过于激进的投票记录。我指出她曾投票反对杜鲁门给希腊和土耳其军事援助，而这一点原是杜鲁门主义的根本，我自己便曾加以支持。对于联邦政府的雇员需要进行忠诚考核的各种法案，她也投票反对，而且她还是反对安全法案的14个国会议员之一——根据这一法案，一切如原子能委员会一类的重要国防机构的领导人有权解雇不可靠的政府工作人员。她在美苏文化协会的一次会议上发表演说时公然声称，两国之间团结的障碍是"由我国始终忠于希特勒思想的一帮邪恶和危险的势力所蓄意造成的"。

道格拉斯太太经常出席各种会议，向各种组织发表演说。而这些会议和组织，杜鲁门时期的司法部部长办公室一直就称它们为"共产主义的和颠覆性的"。共产党的《工人日报》曾把道格拉斯太太评选为"第80届国会的英雄之一"。我虽然根据她的这些经历，对她的智慧和判断力颇有怀疑，但是我从未怀疑过她的爱国主义。

道格拉斯太太竞选时最愚笨的手法之一是企图指责我的投票记录实际上比她更亲共产党。她开始在演说中说她比我更反共，说和马克安东尼奥一起投票反对主要的反共议题的是我。很清楚，决定采取这种特殊攻击手法，已表明她不过是在进行绝望的挣扎，根本不考虑这说法是否合乎逻辑了，因为指责我是共产党的同情者是谁也不会相信的。她对我的投票记录只作了粗枝大叶的调查，谴责我曾五次在一些主要问题上和马克安东尼奥投同样的票，这是她的又一个错误。在她提到的五次投票中有两次我并没有那样做——而她倒是那样做了。还有一次根本没有投票记录。至于其余两次，她是抓住了一些程序上的技术问题来歪曲记录。她指责我反对援助南朝鲜[1]，而实际上我是支持的，说我投票主张把援助南朝鲜的计划削减一半，而实际上我是投票赞成一年援助而不是分两年援助的方案。

我在电台发表了全国性的演说，指责她的竞选班子散发的传单显然是一派胡言。我对她的指责逐一予以驳斥，并且再次质问她能不能举出一个例子来指出我歪曲了她的记录。她那一方在报纸的广告栏中登了一则回答，标题是《你不该当假证人嘛！》。

在广告中醒目地出现这样一篇无赖、极为可笑的攻击言论：

尼克松－马克安东尼奥的孤立主义

尼克松在外交政策上盲目愚蠢的记录使共产党得到帮助和慰藉。在每一次重要投票中，尼克松都和共产党路线的执行人马克安东尼奥站在一起，反对美国击败共产主义的斗争。

选举之前四个星期，10月12日，加利福尼亚发表的一次民意调查，表明我的票数比道格拉斯太太领先12%，尚有32%的票数未定。这一调查结果发表时，一定使道格拉斯太太阵营的人十分惊慌失措，因为在竞选进入最后一两周时，她对我的批评越来越变成恶毒的人身攻击了。她的一份用黄纸印的传单上印着："弥天大谎！希特勒所发明，斯大林使之完善，尼克松加以利用……你们可挑了一个克里姆林宫喜欢的众议员！"有一次她对听众说："1946年共和党暂时取得的成功，包括年轻人受到影响穿上黑衬衫，是短命的。"她还对一个记者说，她恨"共产党极权主义、纳粹极权主义和蒙特－尼克松极权主义"。她说我是一个"用吓唬别人的办法去让人投票的侏儒"，并且常常把我叫

---

[1] 1945年朝鲜解放。苏美两国以北纬38度线为界，分别进驻北半部和南半部。1948年8月15日在南半部成立大韩民国，简称"韩国"。此处的"南朝鲜"，即指韩国。下同。——编者注

作"无聊的小人物"。

《旧金山纪事报》在一则电讯中报道："道格拉斯太太称尼克松是'狡猾的迪克'。她警告她的听众，如果他们需要再来一次衰退，那就选尼克松吧……她指责尼克松在外交问题上同国会议员维托·马克安东尼奥投同样的票，而那个纽约人是常常跟着共产党的路线走的。她说尼克松想通过'翻来覆去'谈她的投票记录，来'偷得'民主党的选票。"10月22日，她说我对她进行诽谤，并且痛斥所谓我"在国内反动，对国外节节退让"。她骂我"施放造谣诽谤、含沙射影、半真半假的烟幕，企图把选民搞得晕头转向，从而把他们引入歧途"。我立即回答说："如果说那是诽谤，那是投票记录在诽谤，而这个记录是道格拉斯太太自己创造出来的。"

《纽约时报》在一篇发自加利福尼亚的电讯中这样描述了当时竞选的气氛："道格拉斯太太说她的对手是一个任意诬人为共产党分子的人，是工人和普通老百姓的反动敌人……而尼克松先生则攻击道格拉斯太太是个反复无常的左翼分子，是个已失败的政权的拥护者。"

除了外交政策和国内安全方面的问题之外，1950年竞选还牵涉到几个和加利福尼亚有关的问题：近海石油开采权、用水权以及联邦对农场的控制等。在每个问题上，道格拉斯太太所持的观点都是很不得人心的。例如，关于加利福尼亚海岸潮水区的石油和矿藏开采权问题，在加利福尼亚国会议员代表团的23名成员中，只有她一个人投票反对归州所有，赞成由联邦控制。

竞选临近结束时，我们计划在洛杉矶举行一次大规模的老式火炬游行和集会。电影明星迪克·鲍威尔把我介绍给大家。他的当时有孕在身的妻子琼·阿利森发表了一篇简短而动人的演说，内容是关于她未出生的孩子的未来。

我以比对手多68万票获胜，超过对手的票数是该年竞选获胜的参议员中最多的。对全国共和党人来说，那是一个美好的夜晚，因为我们在众议院多得了30个席位，在参议院多得了5个席位。

道格拉斯太太个人没有发电报给我，甚至没有按照惯例来一份贺电，不过她发表了一篇简短的声明："现在看来可以肯定理查德·尼克松已经当选了，加利福尼亚现在已有了两名共和党参议员。"不过，我倒是收到了参议员唐尼发来的贺电：

请接受我对你的辉煌胜利的祝贺以及我的最良好的祝愿和问候。

1950年的竞选后来成了一个争论激烈的话题，据说是由于我采用了"无情的、拼命的"手法，才获得了胜利。道格拉斯太太和她的许多朋友和支持者声称，由于我使人对她的忠诚发生怀疑，并对她的人格进行了诽谤，因而使选民失去了作出正当选择的机会。

但是，如果人们不怕麻烦去查查当时的报纸和其他资料，就会发现事情的经过完全像我在这里所讲的那样。

海伦·加哈根·道格拉斯竞选时所采取的那种刺耳叫喊、不识时务、自以为是的手法，只有22年后乔治·麦戈文的总统竞选活动堪与之相比。但从长远来看，甚至采用这些做法可能也起不了什么作用。海伦·道格拉斯竞选失败是因为1950年的加利福尼亚的选民不想选举一个有着"左"倾投票记录或他们认为对共产主义手软或无知的参议员。她是一名妇女，这也可能使她在政治上处于不利地位。但她的致命弱点还是她的投票记录和她的观点。

1952年：总统竞选活动

尽管当时离1952年总统选举还有两年，国会和全国各地的共和党人却已经开始展开活动了。1948年我们只差一点就可以打败杜威，因此这一次我们下决心无论如何不能再失败了。在野20年以后，共和党差不多已可以感到胜利肯定属于我们，只要我们全党团结一致参加选举，支持一个强有力的候选人。由于我是来自全国人口第二大州的参议员，我一进入参议院就卷入了这项活动。

杜鲁门到这时已是个极不得人心的总统了。1952年3月，在新罕布什尔初选中遭到丢脸的失败后，他决心不再竞选。尽管这样，民主党不论推选谁出

第二章 众议员和参议员（1947-1952）

来参加竞选，他仍得设法消除杜鲁门的不得人心所产生的恶劣影响以及公众对明目张胆的贪污腐败现象的厌恶情绪，这种现象甚至连阿德莱·史蒂文森在一次回答《俄勒冈日报》的提问中也称之为"华盛顿烂摊子"。

无数丑闻像12级飓风围绕着杜鲁门翻卷，而他站在风眼中却完全无动于衷。他的军事助理竟亲自主持一个贪污纳贿计划，其规模是如此庞大，致使一些靠政府订合同（由于那计划，这类合同也更多了）牟利的自由掮客，根据他们一贯抽取佣金的比例，全被公开叫为"五成先生"。他们以冰箱作为报酬，送给负责杜鲁门约见安排的秘书、他的海军副官、他的财政部部长及其他人等。

参议院对建设金融公司的调查揭露出，该公司的董事曾在民主党的高级官员和至少白宫班子的一个成员的压力下，为他们的私利营私舞弊。但最可怕的还是税收方面的罪行。国会经调查后，发现当时国内收入署的官员所犯罪行，从敲诈勒索、逃避所得税，到不让别人查核他们的报税单等，应有尽有。

在九名被撤职的区税务员中，有一个是杜鲁门的私人朋友，他因和建设金融公司案有牵连，被送进了监狱，后被约翰逊总统赦免。杜鲁门的负责约见安排的秘书因参与一件税收舞弊案被判罪入狱，后被肯尼迪总统赦免。司法部税务司负责人也因同案被判罪，后也被肯尼迪总统赦免了。

仅1951年，国内收入署革职或被迫辞职的官员便达166人之多。因此，我在波莫纳开始进行西部地区竞选时，指责杜鲁门正领导一个"丑行累累"的政府实在并非言过其实。

共和党两位主要候选人是艾森豪威尔将军和俄亥俄州参议员罗伯特·塔夫脱。塔夫脱是一位总统的儿子，自1939年起就当参议员了。人们称他为"共和党先生"，他显然是个党的组织者和工作人员中的佼佼者。一般人们都把他说成是保守派，但他的信念却远不是那么简单——而且他是一个极聪明、极难理解的人物——绝不是保守派几个字所能概括的。他无疑是一个坚强的反共分子，带有孤立主义色彩。但在国内问题上，他一直设法探索出一条新途径，如何能解决美国的社会问题，而又不靠一些需要政府支付巨大开支的项目。塔夫脱在国会普遍受到尊重，也许他最热心的支持者是我的老资格的同事比尔·诺

85

兰。诺兰也是一位加利福尼亚参议员。

艾森豪威尔在第二次世界大战中在欧洲担任过盟军最高司令，战争一结束他就任陆军参谋长。1948年他任哥伦比亚大学校长，但1950年他又重返军界，任北大西洋公约组织武装部队的最高司令。

在他的整个军事生涯中，艾森豪威尔决意不介入政治，但是在战后，他的英雄形象使他成为两党都追求的对象。据艾森豪威尔说，杜鲁门曾经提出愿意支持他由民主党提名作为1948年总统候选人。艾森豪威尔从来没有告诉过我他为什么拒绝了杜鲁门的建议。我感觉也许有几个理由：他可能觉得当时的时机不合适；他不愿在杜鲁门的庇护下去竞选，而且——尽管他极少从党派的观点来考虑问题——他多少认为自己是一个共和党人，而不是一个民主党人。和塔夫脱不同，艾森豪威尔在忠诚的党员中是没有群众基础的。但他吸引人的个性、迷人的微笑以及他在军事上的巨大成就已使"艾克"成为真正受人爱戴的英雄，如果他能得到提名的话，几乎肯定会在竞选中获胜。

到了1951年，一群群有影响力的共和党人都试图说服艾森豪威尔争取共和党的提名。党内许多更为开明的人士联合起来支持他。他在国会中的主要支持者是马萨诸塞州参议员亨利·卡伯特·洛奇。

此外还有两个候选人，他们俩都希望，如果党代表大会在艾森豪威尔和塔夫脱的争夺上僵持不下的话，可能会轮到自己，这两个人就是哈罗德·史塔生和厄尔·沃伦。史塔生被提名的可能性无论如何是极小的。而沃伦曾于1948年担任杜威的竞选伙伴，而且曾作为"本州宠儿"在加利福尼亚州党内初选获胜，他要来芝加哥参加党代表大会，将会有一个由70名代表组成的坚强集团作后盾，而且只要他自己不罢休，他们肯定会始终支持他。

我第一次见到德怀特·艾森豪威尔是1945年欧洲胜利日以后他凯旋归来的时候。当时我在下曼哈顿的教堂街处理结束海军合同的事，从我的20层楼办公室的窗口正好可以俯视到他的那支开向百老汇大街、彩带飘扬的队伍。在似雪片飞落的彩色纸屑中，我只能勉强认出他坐在敞篷汽车后座上，抬头向数以千计像我这样塞满高楼大厦每个窗口的欢乐人群招手致意。他双臂高举过

第二章 众议员和参议员（1947-1952）

头，这姿势不久后就成为他的标志了。

我从近处看到他是1948年，在国会图书馆召开的一次会议上，他向众议院议员们汇报有关欧洲的局势。1950年夏天，我在更近的地方看到了他，那是在波希米亚园林——旧金山的波希米亚俱乐部每年夏季的休养地。每年，这个久负盛名的私人俱乐部的会员和他们的客人都从全国各地集中到加利福尼亚这片美丽的红杉林中来。赫伯特·胡佛每天都从聚在那里的约1400名客人中邀请一些最显要的人物到他的"穴居人营地"共进午餐。艾森豪威尔当时是哥伦比亚大学校长，在这种场合自然是贵宾。胡佛和平时一样坐在上首，右首是艾森豪威尔。我当时只不过是在一场显然难于取胜的斗争中共和党提名的一名参议员候选人，因而坐在大约倒数第三的位子上。

艾森豪威尔很敬重胡佛，但毫无巴结的神态。他极其谦和地答谢胡佛的祝酒。我敢肯定，在这个大多数属于保守集团的圈子中，他已感觉到自己是处在敌对势力的地盘上。胡佛和他的朋友们大都支持塔夫脱，不希望艾森豪威尔当候选人。

那天晚些时候，艾森豪威尔在风景美丽的湖畔剧场发表谈话。这不是一篇文辞优美的演说，但他讲演时手上没有拿稿子，而且知道应该把话讲得很短。演说中唯一获得热烈掌声的一句话是：他不明白，为什么拒绝签署忠诚誓词的人可以到州立大学去执教。

在艾森豪威尔演说后，我们回到"穴居人营地"，围坐在营火旁评论他的演说。每个人都喜欢艾森豪威尔，但都感到对于一个总统所需具备的经验、深度和理解力，他还有所欠缺。但是我强烈地感到，艾森豪威尔的人品和个人魅力已经给持怀疑和批评态度的"穴居人"听众留下了深刻的印象。

1951年5月，我以一个参议院观察员的身份参加了在日内瓦召开的世界卫生组织大会。艾森豪威尔最早的支持者之一、堪萨斯参议员弗兰克·卡尔森为我作出安排，让我在巴黎的北大西洋公约组织总部会见艾森豪威尔。一位副官把我带到艾森豪威尔的办公室，他从办公桌旁站起来迎接我。他身材挺直，精力充沛，穿着十分讲究，上身是他那著名的长仅及腰的军装夹克，大家所说的"艾森豪威尔夹克"。他示意我在靠墙的一张大沙发坐下,他那不拘礼节的态度使我感到毫无拘束,所以我们很快就极随便地交谈起来。

他乐观地谈到欧洲复兴和发展的前景。他说:"我们在这里和在美国都需要更多的乐观主义,以便和失败主义情绪作斗争,而有这种情绪的人看来还不在少数。"

他谨慎地避而不谈美国选举,但显然他对此已有所准备。他说他已从拉尔夫·迪·托勒丹诺和维克托·拉斯基合著的《叛逆的种子》一书中知道了希斯案件。他说:"使我印象最深的是你不仅揪住了希斯,而且干得很漂亮。"他也同意我在一些演说中所强调的一些说法,如在制定美国对外政策时,必须既考虑军事因素,也考虑经济的和思想意识的因素。他说:"对目前我们进行的这种战斗来说,光有军事上的强大是不够的。"这句话给我的印象很深,因为在当时也和现在一样,听到一个军人强调非军事力量的重要性那可是不同寻常的。

那天下午,给我印象最深刻的倒不是艾森豪威尔谈话的实质,而是他的风度。尽管伟大的战时联盟的领导人之间意见存在分歧,但不难看出他是如何能够把他们团结在一起的。我认为,就掌握外交政策方面的经验和能力而言,在所有可能的总统候选人中,艾森豪威尔是最有资格的。我感到,在我面前的是一位真正的政治家,当我离开时我深信下一届总统应该是他。我还决定,如果他争取提名,我一定尽我所能帮助他获得提名。

我不大熟悉鲍勃·塔夫脱,虽然我在众议院时有好几次碰到过他,特别是在辩论塔夫脱－哈特利法案的时候。他在华盛顿很受尊重,但甚至他的最坚定的支持者也认为他缺乏总统候选人所必备的某些个人品质。他是一个聪明的、品格高尚的爱国者,但又非常高傲,非常羞怯。这种种特点结合在一起,非常不幸,使许多人认为他狂妄自大。塔夫脱显然讨厌竞选活动中的那种个人"小接触",如握手、拍拍肩膀以及和地方党的领导人拉扯个没完等,他自己也确实为人正直,但有时生硬得叫人觉得难受。我永远忘不了在新罕布什尔初选期间,有一次在电视上看到他的情景。他从一座大楼里一出来就开始和人们握手。

第二章 众议员和参议员（1947-1952）

一个小女孩拿了一支钢笔和一张纸片请他签名。就在摄像机前，他煞有介事、一本正经地向她解释，握手比签名更节省时间，而且由于他日程排得很紧，所以不能中断握手来为她签名。

我认为，除了帕特，玛莎·塔夫脱是我所见到过的最出色的政治伴侣。她落落大方，轻松愉快，和她丈夫腼腆而生硬的态度恰成对照。1950年她因中风而瘫痪，所以只能坐在轮椅里；塔夫脱仍对她恩爱有加，到什么地方都带着她，在宴会上看到他替她切菜和帮助她就餐的情景，真令人感动。华盛顿知道这些事情的人们都称颂塔夫脱，并为此而体谅他。但是当事情涉及挑选提名人时，就不得不考虑他那落落寡合的个性将会在总统竞选中成为一个严重的不利因素。

我认为，1952年当选的总统首先和最最重要的一条是，他在处理美国所面临的严重国际问题方面必须是一个专家，而在这方面我对塔夫脱是有严重保留的。

1950年选举之前，我曾应邀在俄亥俄州德顿举行的第36届麦金利聚餐年会上担任主要讲演人。我讲演的主题是国内外共产主义的威胁。塔夫脱在我之后发表了简短的谈话，他认为美国国内外面临的最大问题不是共产主义而是社会主义，因此他主张我们要集中力量对付和打败社会主义。我同他一样不喜欢社会主义。使我不安的是，他不了解许多社会主义者是决心献身于反共事业的。我们所面临的主要威胁不是社会主义，而是国际共产主义运动所支持的共产主义颠覆活动，塔夫脱连这一点都不能区分，不免使我怀疑他并不理解整个国际形势。

1952年年初有一天，塔夫脱来看我。他同我一样对闲谈没有多大兴趣，因此一开始就谈正题。他说在加利福尼亚我们有许多共同的朋友，其中有些人要他来看看我，主要为了请我支持他当候选人。接着他很坦率地说："我并不认为我该这样做，不过，如果你感到我担任候选人和你的观点一致的话，我是很愿意得到你的支持的，这一点我不希望引起任何误解。"

我对他说，我极其尊敬他在参议院的领导地位，而且毫无疑问，就国内事务而言，他是领导这个国家的最合适的人选。但是我不得不万分抱歉地告诉他，我个人感到，对下届总统来说，国际事务尤为重要，因而我已肯定地认为，艾森豪威尔在这方面是最合适的人选。因此我将支持他当候选人。我说我已经把我的决定告诉了诺兰和沃伦。我还说，如果塔夫脱获得提名，他一定会得到我的全力支持，我并且向他保证，在任何情况下，我都不会在党代表大会上参与"制止塔夫脱"的运动。

他说，他对我的决定自然感到失望，但是他赞赏我的坦率，他对艾森豪威尔的评论是公正且怀有敬意的。鲍勃是一个好人，他在艾森豪威尔就职仅仅几个月后死于癌症，这对党、对国会以及对全国都是一个重大的损失。

7月1日，我飞往芝加哥，参加在共和党全国代表大会召开前一周举行的党纲意见听取会。

我已经发现，几个月前就有人认为我可能被考虑提名为副总统候选人，因为那时的报纸上和政界的"谣言工厂"的谣言中，已透露出了种种迹象。但是我考虑我当选的机会实在微乎其微。回想起来，开始走上竞选道路是1952年5月8日，那一天我应杜威州长的邀请，到在华道夫－阿斯托里亚饭店举行的纽约州共和党年度筹款聚餐会上去做主要演讲人。因为那年是总统选举年，而且由于杜威既是党的前任旗手，又是支持艾森豪威尔的主要人物之一，因此这次宴会是不同一般的，我的演讲也将在无线电广播。我花了好几个小时准备讲话提纲，以便保证在规定的半小时广播时间内能够讲完我要讲的一切。我不用稿子正好在29分钟内讲完，演说完毕听众站起来热烈鼓掌。

我向听众致谢后在杜威旁边坐下，他慢吞吞地把香烟头掐灭——他总是用烟嘴抽烟——抓住我的手，热切地说："讲得实在太好了。答应我：不要自满，永远保持你的这种热情，总有一天你会当上总统的。"我对他的话没有很当真，更说不上真的相信那种说法，因为这种恭维在政界中是平常事。但在那天晚上，他在他的套间里接待了一些为数不多的密友，交谈中他却问我，他要是建议提名我做副总统候选人，我反对不反对。

几个星期后，我应邀到华盛顿五月花饭店的一间套房同艾森豪威尔的核心顾问班子会面。他们中有赫伯特·布劳内尔律师（此人后来被艾森豪威尔提名为司法部部长）、卢修斯·克莱将军和杜威的主要筹款人哈罗德·塔尔博特。在那天下午的大部分时间中，我们广泛地讨论了国内外政策。一字没有谈到副总统人选问题，他们显然想多对我有所了解，以便作出正确的评估。

关于这次会议的小道消息很快便在华盛顿传开了，报纸上立即出现了我可能作为艾森豪威尔的竞选伙伴参加竞选的传言。在代表大会召开前几个星期的一个晚上，帕特和我同特迪·罗斯福那位聪明而尖刻的女儿艾丽斯·朗沃思一起吃晚饭。我问她，如果艾森豪威尔提名我为副总统候选人，她是否认为我应该接受。我知道朗沃思夫人是塔夫脱的全力支持者，她不喜欢艾森豪威尔，而且就我所知，她从来也没有对他有什么好感。

她以她典型的坦率口气说："父亲常对我说，当副总统是世界上最乏味的差事。不过，"她又说，"要是艾森豪威尔得到提名，总得有人和他联袂竞选，而且这个人必须能够让党的积极分子，特别是党内的保守派放心，绝不致于让他把所有的人都推到地狱里去，而这件事由你来做是再合适不过了。"

当我们告别时，朗沃思夫人又提起这个话题，问我是否在认真考虑。我说看来可能性极小，当然也说不上认真考虑了。"我也曾这样想过。"她不同意地说，"你应该仔细考虑考虑，你也该和帕特商量商量这件事，免得事到临头完全措手不及！如果你征求我的意见，刚才你还真问过我的意见，那么我再一次告诉你，如果你为自己着想，为自己的事业着想，也许留在参议院，不去当副总统对你更好一些。何必在历史上留下一个无足轻重的人物的空名？自然，我父亲的经历和你不同，也许出于某种天意，你将来也有可能当上总统，但不能把希望寄托在这上面。可是，从党的利益出发，如果你真有此机会，我想你是应该接受的。"

这次谈话之前，我从未认真考虑提名的可能性，所以也从没有去想我可能会不愿担任这个职务。按照过去传统，副总统一职一向是政治上的死胡同，大多数副总统是为党工作的老人或为平衡竞选名单而提出的地方政客。西奥多·罗斯福把担任副总统比作"当修女"，而哈里·杜鲁门把这个职位的作用喻为母牛的第五个乳头。在艾森豪威尔把这个职务的概念全部加以改变之前，副总统无非是个礼仪性的人物，在总统忙不过来时，他去接待一下客人或者为水坝举行落成典礼等。他唯一重要的职能是，偶尔投一张打破平局的票，以及随时准备在总统死亡或丧失工作能力时接替他的职务。今天，我们觉得副总统职位是登上总统宝座的阶梯，而在1952年以前，副总统却更像是走上政治上的湮没的前奏。

我即使和艾森豪威尔并无较深私交，也可以想到他必然希望他的副总统放弃个人的政治野心，全力支持总统的纲领和政策。对我来说，相信艾森豪威尔是最适合的总统人选是一回事；而在我正通过参议院登上全国性政治舞台时，放弃自己的政治生涯却是另一回事了。倘使我真有当总统的野心——当时我还没有——我很可能不会考虑担任副总统的。

当共和党全国代表大会于7月7日在芝加哥召开时，比尔·诺兰、明尼苏达州众议员沃尔特·贾德、科罗拉多州州长丹·桑顿和我，都被广泛认为是艾森豪威尔最有希望的竞选伙伴。大会提名前两天，《芝加哥每日新闻》的发行人兼主编杰克·奈特，冒着政治上的风险预测艾森豪威尔和我将获得共和党的提名。头版通栏大标题是："奈特预测：共和党候选人名单：艾克和尼克松。"我仍然认为没有这种可能性，所以叫人去买了五六份报纸。我说："我们也许再不可能看到这样的标题了，我要把它保存下来，让我的孙子们看看。"

回到饭店时已近午夜，帕特在等着我。对她来说，搞竞选最伤脑筋的是到处去游说，在1946年和1950年在加利福尼亚的那两次紧张的竞选中，她一直紧跟在我身边，始终显得非常愉快。由于她天性喜欢清静，竞选活动实在使她感到厌烦，但她却做得非常出色。但是，现在我们真得考虑我们可能又得要去进行一次长时间的令人筋疲力尽的全国性竞选活动了，不能不再想一想，接受提名对我们自己和我们年幼的女儿们将意味着什么。

早上四时左右，那时我们已谈了几个小时，我建议和默里·乔蒂纳谈谈。他是一个专搞政治的人，对整个问题可能有不同的看法。

当他来到我们房间时，我把我们讨论的情况全告诉他，并征求他的意见。他以他一向的率直态度回答说："现在已到了一个你要么往上爬，要么退出去的时刻。"他指出，即使我竞选副总统失败，我还是可以保留我的参议员席位。另外，如果我当上副总统觉得没有意思，我还可以干完第一任就不干了。"想想吧，迪克。"他说，"任何一个像你这样年轻的人在当上副总统后退出政治舞台是肯定不会吃什么亏的。"

默里走后，帕特和我议论了一下他的看法，认为他说的对。"我想，再来一次竞选活动我也能应付下来的。"她说。

艾森豪威尔在第一轮投票中就被提名。拥护塔夫脱的那一派感到不愉快，不仅因为他们失败了，还因为他们感到，艾森豪威尔的支持者在他们的会场监督，并且在新罕布什尔州州长谢尔曼·亚当斯的领导下向许多代表使用了高压手段。

大会中午休会时，我决定回到我在斯托克广场酒家的住处去睡觉，等到晚上开会的时候再说。艾森豪威尔和他的竞选伙伴将在当晚大会上发表接受提名的演说。头天晚上，我同帕特和默里几乎谈了个通宵，而且由于在投票前局势瞬息万变且紧张活动了一上午也累得够呛，房间里没有空调设备，当我打开房门时，温度肯定已达华氏100度（相当于37.7摄氏度）。我脱掉衣服，只穿一条衬裤，躺在床上，想清醒地想一想。几分钟后，乔蒂纳进来了，他简直掩饰不住他激动的心情。他告诉我，艾森豪威尔接受了一张可供挑选的竞选伙伴的最后名单，最后交给一群心腹顾问，让他们去作最后决定。其中一位名叫赫布·布劳内尔的顾问告诉乔蒂纳我已在名单上，并且打听将来如有需要，他可以在哪里找到我。

"这仍然是一厢情愿的想法，默里。"我说。

我刚要睡去时，床边的电话响了。我听得出电话里是布劳内尔的声音，但听来好像很远，我把听筒紧贴在耳朵上，发现他是在和另一个人说话。

"是的，将军。"他说，"我们已经一致同意，就是迪克·尼克松。"

接着布劳内尔和我说话。他说得很简单："我们选中了你。"

我说不出话来了，像这样的情况，在我记忆中只有为数不多的几次。

"将军想知道你是否能马上到布莱克斯通饭店他的套间来见他。"布劳内尔继续说，"就是说，假定你愿意的话！"

我感到又热又困，还觉得一身脏，但连冲个淋浴刮刮胡子都来不及了。我胡乱地重新穿上衣服，赶到门厅。那个万事灵通的乔蒂纳不知从哪里已弄来一辆高级轿车和一辆警察局的护送摩托车。我们坐上车子穿过市区向艾森豪威尔设在布莱克斯通饭店的总部飞驰而去。

艾森豪威尔微笑着和我握手，带我走进他的一间大起居室去。他把我介绍给艾森豪威尔夫人。在她离开之前，我们三人闲聊了几分钟。

接着艾森豪威尔似乎换了一个话题。他忽然变得非常严肃和一本正经起来。他说他要使他的竞选成为实现他所信仰的以及他认为美国所代表的一切东西的一场十字军运动。他问我："你愿意和我一起参加这样一场竞选吗？"我对他这种郑重其事的模样有点儿吃惊，但是我回答说："我感到自豪和幸福。"

"我很高兴你来和我一起干，迪克。"他说，"我想我们能够取胜，而且我知道，我们能够为这个国家做点该做的事。"

突然他用手掌拍拍他的前额。"我刚刚想起来，"他说，"我还没有从陆军退役呢！"他把他的秘书叫进来，口授了一封给陆军部部长的信。几分钟后她把打好的信交给他。

我看着他把信看了一遍并在上面签了字。我极力猜想，他当时心里在想些什么。他在陆军中度过了他的整个成年时代，最后到达了荣誉和成功的顶峰。现在他要退出军界，全力搞政治了。我现在想，如果他预先知道其后八年他将经受的那些痛苦的话，他也许会认真重新考虑的。

在我们交谈时，艾森豪威尔既显得颇有远见卓识，又显得在政治上颇为天真的情况，使我感到非常有趣。他开始告诉我他不想竞选总统的各种原因，又谈到他是怎样最后感到参加竞选是他的职责。接着，他突然把话题转到了他上任后的计划，他说："迪克，我不想让副总统只是个摆摆样子的人物。我要他成为我们工作班子中的一员，并且，万一我发生什么意外，我要让他能够顺利地接替总统职务。"随后他又笑着加上一句，"当然，我们首先要赢得这场选举。"

艾森豪威尔要把他的竞选搞得像反对杜鲁门政府的一次十字军运动，反对它的贪污腐败和对外政策。杜鲁门的外交政策在艾森豪威尔看来，无论在欧洲

第二章 众议员和参议员（1947-1952）

还是在亚洲，都上了共产党的当。很显然，他希望自己采取一种超然于斗争之外的立场，竞选中必须进行的不管多么艰苦的党派之间的斗争，都将由我去应付。他说，我是一个正直的年轻人和出色的演说家，我一定不仅能够针对贪污腐败问题对民主党进行抨击，而且也将能够以自己的品德表明旧的弊端必将得到纠正。至于共产主义威胁，他说希斯案件是我可以到处宣讲的题目。

多年以后，到1964年，他告诉我，在他提交给他的顾问考虑的名单上我的名字列在第一位。而且他还有点不好意思地说："我得承认，当时我想你比实际的年龄大两三岁。"

我想，艾森豪威尔把我列在他的名单上以及他的顾问们最后挑中我，是有好些理由的。1952年，共和党的忠实信徒认为艾森豪威尔是东部开明派权势集团的候选人。为了使党团结一致，他需要一个出身中西部或西部的稳健的保守派作为桥梁，以便与因塔夫脱的失败而感到极为失望的一般共和党组织沟通关系。艾森豪威尔还知道，如果他要保持超然于斗争之外的地位，他就需要一个愿意全力进行战斗而且善于战斗的竞选伙伴。也就是说，英雄需要一名马前卒。

在他的选择中无疑还存在着地区性因素的考虑——承认战后美国西部，特别是加利福尼亚的力量和影响。同时，在所有可加以认真考虑的人选中，我比谁都更能直接吸引大量的年轻选民和复员军人。

我知道，艾森豪威尔的某些更开明的顾问宁愿挑厄尔·沃伦，而不挑我，而他的比较保守的顾问则更喜欢比尔·诺兰，甚至鲍勃·塔夫脱，如果他接受提名的话。也许我在希斯案件中所取得的反共证书对我的入选起了决定作用，因为事情已经很明显，关于共产主义的挑战在竞选中是一个重要的问题。

艾森豪威尔最后看了看表。"我们都去为今天晚上的大会作准备吧。"他说。

当我们又在门口握手时，我首先考虑到两件事。首先，几个钟头以后我就要向代表大会和通过无线电和电视向几百万美国人发表讲话了，而我连一个字或一点纲要都没有准备。其次，由于原来感到可能性是那样微乎其微，我来芝加哥时只带来一套现已穿在身上的浅灰色、皱得不堪的衣服。帕特也毫无准备。她是在附近一家餐馆吃午饭时，在新闻公报中听到我已被定为艾森豪威尔的竞选伙伴的。

乔蒂纳和我径赴代表大会会场。我们在代表开始投票决定副总统候选人之前到达，我找到比尔·诺兰，问他能否帮忙提名我为候选人。诺兰是我的私人朋友，他还是塔夫脱很可能会选作竞选伙伴的对象。诺兰说提名选我他感到很高兴，而且引以为荣。我顺着会场中的过道走去找俄亥俄州代表团，立刻认出了那一头鬃毛般白发的参议员约翰·布里克。当我问他是否能对我的提名附议时，他的眼睛里充满了泪水。"迪克，"他说，"世界上还有什么人比你更使我愿意发表演说给予支持呢！但看到过去几个月他们对鲍勃·塔夫脱的所作所为后，我实在不能那样做了。所以你如果请别人去，我将非常感谢。"他竟会这样敌视艾森豪威尔一派，这可使我非常吃惊，我现在第一次认识到，要想承担起党内各派之间的桥梁作用，我的任务将是何等艰苦和重要。我对布里克说，我感谢他的坦率。我转而请新泽西州州长艾尔弗雷德·德里斯科尔代替他作主要附议人发言。

由于对我的提名没有人表示异议，因而有人提议不需投票，改为鼓掌通过。于是，在下午6时33分，我就成了代表大会提名的副总统候选人。乔·马丁请我登上主席台。帕特穿过会场走过来，连着吻了我两次，第二次是应摄影记者一再要求，因为第一次他们错过机会，没有拍下。

在以后20年中这种事出现过许多次，但帕特和我始终记得那一次，记得好几千人同时喊哑了嗓子，为我们跺脚和鼓掌，给我们带来的惊讶和喜悦。我看着挤满会场座位和过道的来回活动的人群，真感到无限欢欣——甚至几乎已昏昏然了。帕特后来说，在这几分钟里，这种场面确实使她忘记我们将要经受的长时间的竞选活动了。

乔·马丁开朗地微笑着。帕特吻了他一下，他孩子般地脸红了。我问他要不要让人们安静下来，他在我耳旁大声叫嚷，以便在一片喧闹声中让我听到："你知道那句古话——趁着天晴晒干草。"

那天晚上，艾森豪威尔发表接受提名演说，宣告他的十字军运动开始。我接着发表我的接受提名的演说，这样就结束了那天晚上的活动，代表大会也

第二章 众议员和参议员（1947-1952）

同时宣告闭幕。站在代表们和电视摄像机面前，仍旧穿着那套发皱的灰色衣服，我保证要进行一场"战斗性的竞选活动，以使一个具有战斗意志的候选人当选"，并且将为争取共和党控制参众两院而努力。我表扬乔·马丁和斯泰尔斯·布里奇斯——他们俩都被认为是塔夫脱派或至少对艾森豪威尔是保持中立的——在大会中所进行的工作，并且说由他们在下届国会中担任众议院议长和多数派领袖将是多么重要。

闹哄哄的听众突然安静下来了，等待我接下来将要谈的事。"现在请容许我对一位我认为非常伟大的人物讲几句话。我在政治界是比较年轻的……但我确信，我对从事立法活动的人的能力是有所了解的。我似乎感觉到，在过去两年中，过去四年中，出现的最大的悲剧之一是：一个真正伟大的参议员，美国有史以来真正伟大的立法领袖之一，在今天竟没有担任多数党政策委员会主席，而当了少数党政策委员会主席。现在我要说，明年1月以后，参议员鲍勃·塔夫脱肯定将担任多数党政策委员会主席。"

塔夫脱的支持者因选举失败而感到沮丧，再加上一种对"共和党先生"的普遍激情，使整个代表大会为他全面沸腾起来。事实上，会场上的过分激动，很不合艾森豪威尔的某些开明派顾问的口味，他们感到，对塔夫脱的欢呼已超过对艾森豪威尔的欢呼了。他们之中有些人甚至表示，我这样做是有意的，目的是为了贬低艾森豪威尔而抬高我自己。这是我第一次，但绝不是最后一次和这一批人数虽少但决心很大的人闹别扭。

第二天晚上我到塔夫脱住的旅馆去看他。他显然感到极度失望，但并没有完全灰心丧气。他非常坦然地对待这次失败，并且向我保证，他愿意为艾森豪威尔当选出力。他对我说，他对我被提名由衷地感到高兴。

在我看来，我在竞选中的主要任务是帮助消除塔夫脱的支持者和艾森豪威尔的支持者之间的不和，这种不和在代表大会之前已有所发展了。问题不在上层，塔夫脱是顾全大局的，他全力支持我们的竞选名单。但许多塔夫脱的追随者对他们的失败感到痛心，而且似乎想对竞选采取袖手旁观的态度。他们的愤恨主要不是针对艾森豪威尔本人，而是针对他周围那一帮人，特别是为他的提名出谋策划的以卡伯特·洛奇、谢尔曼·亚当斯和汤姆·杜威为代表的东部开明派。

当他们知道我在艾森豪威尔那一边时，他们欣赏我在代表大会前没有卷入对塔夫脱的攻击。同时，塔夫脱那伙人较多地考虑党组织的作用，他们认为我是一个有组织能力的人，因为作为众议员和参议员，我曾经常为了筹措党的基金和其他事务在全国各地游说，和他们中许多人都很熟悉。他们知道我会狠狠抨击共产主义和贪污腐败，而且他们认为，要使我们的人能进入参众两院，从而保证我们在国会中的多数，那我们就必须在这些问题上大做文章。

正是由于这个原因，我才被邀请到俄亥俄州共和党代表大会上去发表主旨演说。这个会议是在全国代表大会召开三周之后，在哥伦布举行的。两个星期后，我还在共和党成立纪念日伊利诺伊州博览会上发表了类似的演说。伊利诺伊州是塔夫脱的地盘，大家觉得，通过我的演说，我也许能鼓舞那些从事组织工作的人，让他们支持我们的竞选名单。

代表大会刚结束，艾森豪威尔即去丹佛度假，我则昏头昏脑地回到了华盛顿。好几千封信件已涌向我的办公室，其中有一封是1947年和我同时进入众议院的一位同事的亲笔信。

亲爱的迪克：
　　我对代表大会挑选你为副总统感到无比快慰。我一直深信你会攀登顶峰——但我还没想到会这么快。你是一个理想的选择对象，肯定将给竞选名单增添很大的力量。
　　问候尊夫人并祝你万事如意。

您的真诚的，
杰克·肯尼迪

那时候，人们仍然利用在列车站台上的短暂停留进行竞选活动，我们也是这样开始的。艾森豪威尔的"友邻们向前看"号专列首先开往中西部竞选。我那辆名字比较平庸的"尼克松专列"于9月17日自波莫纳开出。波莫纳是一个靠近惠蒂尔的市镇,我竞选众议员和参议员就是从那儿开始的。

那天晚上,差不多尼克松家和米尔豪斯家所有的人都到车站来了。甚至厄尔·沃伦也激动得不能自已了。他隆重地把我介绍给大家,最后却说:"我现在向你们介绍了美国的下一届总统。"这句话他一脱口而出,人群中立刻迸发出一阵笑声和掌声,以致他窘迫地改正的话也听不见了。

在我那辆专车后部的平台上,我谈了杜鲁门政府的腐败,严厉批评了"华盛顿烂摊子"。我说:艾森豪威尔会把这一切都改变过来的。我还保证,在其后两个月中,我将把艾森豪威尔的改革运动的信息送到全国每个角落去。

基金危机

在去波莫纳的前几天,我曾出现在华盛顿的《会见新闻界》的电视节目中。节目播完之后,参加会见的一名记者,报业辛迪加专栏作家彼得·埃德森,把我拉到一旁问我:"参议员,我们听人说的那'基金'是怎么回事?有人传说你每年有两万美元的附加薪金,是由100个加利福尼亚企业家提供的。究竟是怎么回事?"

我对埃德森说,在我当上参议员后,我曾和好几位我在加利福尼亚的支持者会过面,讨论如何才能最有效地做好参议员工作。最大的问题是加利福尼亚离华盛顿太远。大家都同意,如果要使工作有效,我得尽可能多花些时间在全州各处走走,发表谈话,直接或通过书信和人民保持接触。但按规定每届会期只补贴来往于加利福尼亚和华盛顿的一次车费,而且由于私人的或纯属党务的材料不能由参议院免费邮寄,我还不得不自己出钱付党务邮件的印刷费和邮资。这笔开支可能很大,如我每年要花2000美元给2万人每人寄一张圣诞卡,那些人在我进行参议员竞选时,曾经自愿出过力或者捐过款。

默里·乔蒂纳曾建议,我们可以设想在我的整个六年任期中,进行一个"持久的竞选运动",而帕萨迪纳的一位律师达纳·史密斯(他曾经在我竞选参议员时担任过我的财务主任)却建议我们公开募捐一点基金。他说,如果把捐献最大额度定得低一些，并全部交托给别人代为掌管，那就不会产生什么有人花钱买好或者我个人从中捞一把的问题了。

1950年年底，史密斯向二三百个曾为竞选捐款的人发了一封信，简要地说明了这笔新基金的用途。数星期后，史密斯又发出一封信——这一次范围更广一些，我们的竞选邮寄名单上的好几千人都收到了这封公开信。结果，有76人捐献，平均每人240美元。没有一个人捐献超过史密斯规定的限额500美元。我们收到基金捐款总额为18235美元。在这笔基金存在的两年中，所有收支都由史密斯经手，并全用支票付款。全部用于邮资、旅行和其他政治活动方面，纯属私人用途的一分钱也没有花过。

我对埃德森说，如果他想知道这件事的更多情况，可以去找史密斯，并且告诉了他史密斯在帕萨迪纳的电话号码。

埃德森访问了史密斯，史密斯很高兴地对他说明了这笔基金的情况。就在同一天，另外三个记者也向史密斯问起这件事，他也都向他们一一解释了。这三个人中有一位是利奥·卡切尔，他是好莱坞电影编剧，也是《纽约邮报》洛杉矶地区的记者。

9月18日，就在我们在波莫纳竞选活动开始后的第二天，在《纽约邮报》出得较晚的晨报的头版上，出现了基金事件的大字标题："秘密的尼克松基金！"在另一版上的另一个标题是："大富翁的秘密托管基金使尼克松过着远远超出他薪金收入的豪华生活。"

文章内容是卡切尔写的，却和这耸人听闻的标题不相适应。实际上，《纽约邮报》对这件事做得实在太过分了，以致许多报纸的编辑都把这个报道看作党派斗争的一种手法，不予理睬，或者把它登到次要的版面上去。《纽约邮报》的极左自由派的政治态度以及卡切尔在好莱坞惯于散布流言蜚语的背景更加深了大家的反感。《新闻周刊》的编辑肯定认为这篇报道纯属耍弄政治手段，要么置之不理，要么应该进行反驳。彼得·埃德森写的一篇详尽而客观的报道和卡切尔的"独家新闻"也在同一天出现在许多报纸上，但他对事实的如实描述和《纽约邮报》的无限夸张的手法相比，显得太黯然失色了。

第二章　众议员和参议员（1947-1952）

民主党人，他们提名的总统候选人是伊利诺伊州州长阿德莱·史蒂文森，自然想让《纽约邮报》关于基金报道的内容能受到重视。他们终于立即使它变为一个全国性问题，民主党全国委员会主席斯蒂芬·米切尔更要求把我的名字从竞选名单中除去，或者要求我们至少别再谈什么公共道德问题了。其他民主党人立即附和说，这已充分暴露出所谓艾森豪威尔改革运动纯属骗局。

关于基金问题，大约只有艾森豪威尔专列没有任何反应，因为他的工作人员直到星期五上午一直没有让他知道这件事，好让他集中精力准备一篇星期四晚上要在奥马哈发表的概述农业政策的重要演说。当他们把基金事件告诉他时，他感到意外和不安。考虑到他计划要发表的第二篇演说是针对贪污腐化问题的，他对他的工作人员说："在我冒冒失失开口之前，让我们先把事情弄清楚。"

艾森豪威尔和他的主要顾问碰头后发表了一项声明：

> 我一直非常推崇和赞赏参议员尼克松具有美国人所有的信心和决心把共产党的同情者逐出了受公众信任的岗位。
>
> 最近出现了在道德问题上对他的指责。
>
> 我相信迪克是一个诚实的人。我肯定他会如实地、正大光明地把全部事实向美国人民明白交代的。
>
> 一旦在我们能有机会通电话时，我打算尽早和他谈谈。

其时，"尼克松专列"正通过加利福尼亚中部河谷向俄勒冈开去。群众中许多人对我进行诘问，把我的演说变成了激烈的争论。

在加利福尼亚北部的奇科，我们暂时停留下来，同在内布拉斯加的艾森豪威尔专列通话。充当艾森豪威尔和尼克松竞选专车之间联络人的参议员弗雷德·西顿告诉我，那天上午他接到艾森豪威尔用铅笔写的一张便条，建议我把手头所有的文件证明都公布出去以支持我讲话的立场。西顿又说，将军表示，在实际情况许可时，他准备和我商讨此事。西顿解释说，迄今为止，我们专车的行驶计划显然使我们无法通话。看来很清楚，艾森豪威尔现在不准备表态。

从那个周末开始，全国都传播着有关尼克松基金的流言蜚语——包括对尼克松本人前途的预测。星期五深夜，在专车驶入边道等待第二天早上开车时，我在过道上碰到一位记者，他问我对《华盛顿邮报》和纽约《先驱论坛报》的社论有何看法。

"什么社论？"我问。

"那两份报明天上午都有社论，主张你应向艾森豪威尔将军提出你退出竞选。"

我心头猛然一震，好像火车突然开动了一样。我说在我看过社论之前没有什么可谈的，然后就回到我自己的车厢去了。我把默里·乔蒂纳和比尔·罗杰斯叫来，他们说是有这回事。由于对此无能为力，竞选班子决定不告诉我，以免影响我的睡眠。他们把一份纽约《先驱论坛报》的社论拿给我看。这篇社论虽然避而不提我是否确实有罪这个问题，但结尾说："在这种情况下，参议员尼克松的正当做法应是正式提出退出竞选。至于对这问题如何处理，那就得看艾森豪威尔的无比公正的态度对所有这些事实如何评价了。"

这是我第一次对这个即将出现的危机的凶险性感到震动。在这以前，我还一直把此事看作民主党向我发动的典型的党派性攻击，以干扰我在大小站都停下车来对政府的贪污腐败进行抨击。根据此事的是非曲直，我一直感到我站得很稳，从长远来看，我根本无须为此事担心。

《华盛顿邮报》要求我退出既不使我感到意外，也并不使我十分关切。但《先驱论坛报》可完全是另一回事了。该报被公认为，即使不说在全国，也是美国东部影响最大的共和党报纸。在希斯案件中曾和我那么密切合作过的伯特·安德鲁斯，现在作为该报在华盛顿办事处的负责人，正随艾森豪威尔一起旅行，我还想到那里的发行人和主编都是我的朋友，而且我知道他们是接近艾森豪威尔的。如果《先驱论坛报》要我退出的话，事情就没办法了。

乔蒂纳怒不可遏。他说："如果艾森豪威尔身边的那些该死的业余政治家即使只保有从娘肚子里带来的那点头脑的话，他们也应该懂得这完全是一种党派间的攻击,哪能这样随便胡说八道?"他同我一样认为,除非艾森豪威尔竞选班子中的某些高级人士表明这是他们的观点,《先驱论坛报》是不会发表这样一篇社论的。

现在最重要的是,我必须通过第一手材料弄清艾森豪威尔身边的那些人——自然还有艾森豪威尔本人——的立场到底如何。我们一致认为,明天上午要做的第一件事是让罗杰斯去拜访杜威,让乔蒂纳去拜访弗雷德·西顿。

也许我的工作人员不想打扰我的睡眠是对的,因为我们商讨完毕后,已经是凌晨两点钟了。我回到我们的车厢时,帕特醒了,我告诉了她所发生的事情。

当时我已疲惫不堪,心灰意懒。"也许我过分从自己的角度来看问题了。"我说,"如果艾森豪威尔周围更为客观的那些人都认为我退出竞选更能使他获胜,我也许应该退出。"

"你可不要想到退出竞选。"她强调说。她用一种典型的单刀直入的分析,直截了当地说,如果艾森豪威尔迫使我退出竞选,那他就会在竞选中失败。她极力争辩说,我要是不在这样一种攻击面前为自己的荣誉而斗争,那我非但会毁掉我自己的政治生命,而且还会毁掉我们的家庭,特别是女儿们的未来生活。

《先驱论坛报》社论在星期六上午登出,而且完全达到了预期的效果。人们开始猜测我还能在候选人名单上待多久。但是在一片乌云中终于出现了一角晴空:我得知鲍勃·塔夫脱在前一天记者问到那笔基金时,曾直率地回答:"我不懂为什么一位参议员或众议员不应接受他的家庭成员、朋友或支持者的馈赠,以帮助支付不是由政府支出的费用,甚至是私人的花费。只有捐钱的人要求或得到了立法上的或其他方面的好处,那才应该加以批评。我知道在迪克·尼克松基金问题上,捐款的人并没有此类动机。那些捐献基金的人在立法问题上也许是百分之百地和他所采取的立场相一致罢了。"卡尔·蒙特称《华盛顿邮报》的报道是"左派的诽谤",是显然亲史蒂文森的报纸所要弄的"卑鄙"花招。

就在那一天里,佛蒙特参议员乔治·艾肯和前总统赫伯特·胡佛都曾为我进行辩护。

一个星期六下午，专车抵达俄勒冈的波特兰，聚集在旅馆外面的人群是我们从来没有遇到过的最不友好的一帮人。他们把小钱币扔进我们的汽车里，帕特在我旁边走着的时候，被人推来撞去。我们的去路被当地民主党组织的人员堵塞了，他们戴着墨镜，一手拿着棍棒，一手摇晃着一个铁皮盒子，上面写着"给穷鬼尼克松捐几分钱吧"。

旅馆总机说有个电话等着我去接：艾森豪威尔的竞选主管谢尔曼·亚当斯有急事要和我谈。我要乔蒂纳去接电话，说我除了艾森豪威尔本人，不和任何人谈话。不管结果怎样，我不能让他手下的一个助手把我给打发掉。

我的新闻秘书吉姆·巴西特告诉我，他听到艾森豪威尔私下有所表示。在他车厢里举行的一次不供发表的记者招待会上，同艾森豪威尔一起旅行的记者告诉他，他们自己进行过一次非正式投票，结果是以40票对2票赞成把我从名单中除掉。艾森豪威尔对他们说："我不管你们这些人是不是40：2。对这个问题我现在不急于作出决定。什么都还没有决定，和你们的意见相反，这是一个给尼克松洗刷的机会。"接着他又说，"如果我们自己不是和猎犬的牙齿一样清白，我们发动这场改革运动来反对华盛顿正在进行的勾当又有什么用处呢？"这类的话是必然会透漏出来的，他那个生动的比喻立即引起了公众的注意。尼克松必然是像猎犬的牙齿一样清白。

帕特总也忘不掉：整个这一切实在太不公平了。"基金不仅不是非法的，"她说，"而且你知道，你是怎样尽一切力量使它公开，并保证用掉的每一分钱都有个交代。"

危机发生时，我母亲在华盛顿照顾我的女儿们。星期六晚上，她看过报纸，听过收音机后，写下了两份电报：一份我好几天后才看到。她发给我的一份是这样的：

女儿们平安。特告你，我们想念你，并且知道一切都会很顺利。

永远爱你，母亲。

第二章 众议员和参议员（1947-1952）

在我们家，我曾经说过，"我们想念你"这句话的意思是"我们在为你祈祷"。这封电报使我深为感动，但它也使我想起所有那些关怀和依靠我的人们。

到星期日上午，仍然没有直接从艾森豪威尔那里得到任何信息。无比紧张的气氛似乎从空气中都能感觉出来。前一晚，乔蒂纳曾建议，既然共和党全国委员会已经把电视时间分配给副总统候选人，我应该要求占用一部分时间来发表一篇为基金辩护的演说。

我花了一个下午的时间，和我的工作人员讨论发表一次电视讲话可能产生的各种后果。当汤姆·杜威从纽约打来电话时，我们正在热烈讨论着。杜威说话从来不吞吞吐吐。他说，他一直同艾森豪威尔专车保持联系，他肯定我原来的疑虑确属事实：除了一两个人外，艾森豪威尔周围那一帮人对我来说，就是一个决定置我于死地的陪审团。他们要我向艾森豪威尔提出辞呈。不过杜威仍然支持我，他说艾森豪威尔本人尚未作出决定。"我想你应该在电视上讲话。"他说，"我不认为应该由艾森豪威尔来作出决定。让美国人民去作决定吧。在节目结束时，要求人们把他们的裁决用电报拍给你。你可能会收到100多万个回答，这样你就能有三四天时间去考虑考虑问题。到了那时，假如有60%赞成你，40%反对你，那你就可以说你要退出，因为这不足以构成多数。假如是90%对10%，那你就坚持留下。这样你留下来，不会有人责怪艾克，你退出去，也不会有人责怪艾克。在纽约，这里所有的人都同意我的看法。"

我告诉他，他来电话时，我们正在讨论这样去办。他敦促我马上开始拟订计划，因为局势太紧张了，拖得太久，就很难顺利解决了。

当天夜里，艾森豪威尔终于来电话了。我接电话时没有让房里其他的人离开。他们和此事是那么密切相关，所以我觉得，不管我这副总统候选人职位如何了结，他们有权利在场。

我从艾森豪威尔的声音里听得出来，虽然他想尽量给我打气，但是他的确很不安。

"最近两三天你很不好过吧？"他说，"我想象得出你的处境很困难。"

"是不大好过。"我回答。

他说，他很难决定怎么办最好。"我最后得出的结论是，"他说，"该怎么

尼克松回忆录
THE MEMOIRS OF RICHARD NIXON

办应由你自己去决定。你在这个国家毕竟有一大批追随者,如果你退出了却给人留下一个印象,是我逼迫你退出的,那会非常糟糕。另一方面,如果我现在发表声明支持你,其结果很可能是人们谴责我包庇别人做坏事。"

说到这里他停下来,似乎在等待我填补这个空白,但我却拿着电话一声不响。过了一会儿,他说他刚和几个朋友出去吃晚饭,他们之中谁都不知道该怎么办,但他们都同意,我应该找个机会,把我对这事的看法告知全国。"我不愿意去谴责一个无辜的人,"他说,"我认为你应该安排一个全国性的电视节目,把所有的情况都向全国人民讲清楚。把你所记得的自从你进入政界以来的每件事都说出来。告诉他们你曾经接受过的每一分钱。"

"将军,"我问道,"在这电视节目之后,你认为就可以发表一项肯定或否定的声明吗?"

他迟疑了一下。"我希望完全不必要发表什么声明,"他说,"但在节目之后,我们也许就知道应该怎么做了。"

"将军,"我对他说,"我只想让你知道,我希望你不要考虑我个人的情绪。我知道你在处理这个问题时有多么为难。"我告诉他,如果他认为我留在竞选名单上对他不利,我就马上退出,一切都由我自己承担。但我也告诉他,现在该结束这种拖延的办法了,我在电视节目上露面之后,他就应该立即作出决定。"关于这类事情有时必须当机立断,不能老是占着茅坑不拉屎。"我不觉间冲口而出这么说了,最后我还说,"现在最可怕的是拿不定主意。"

我的用语使房间里的人都感到吃惊,而且我料想艾森豪威尔也一定有类似的感觉,他一定不习惯听到别人这样对他讲话。但显然他仍未被说服。他说:"在电视节目以后,我们还可以再等三四天看看对节目的反应如何。"

再没有什么可谈的了。我只能把一切都寄托在一次成功的电视演说上面。谈话慢慢吞吞地结束了。他最后的一句话是:"别泄气。"

看来很明显,如果我向艾森豪威尔说,我准备提出引退,他是不会反对的,他可以根据具体情况决定接受与否。我已经向他表示,我心甘情愿这样做,但决定必须由他作出。我感到,他的犹豫不决,或者说他不愿出面要求我退出,

第二章 众议员和参议员（1947-1952）

使我在这方面不承担任何责任。自己提出愿意签署自己的死亡证书是一回事，要自己来写下这张证书可又是另一回事了。

我把艾森豪威尔打来电话的情况告诉帕特，问她认为我该怎么办才好。整件事已使她十分震惊。过度紧张的情绪已使她的脖子转动失灵，痛苦不堪，不得不卧床休息。她还担心两个女儿不知会受到怎样的影响，她常常打电话给我在华盛顿的母亲，以肯定那边不会出什么事。

"咱们都知道你必须怎么干，迪克。"她说，"不管发生什么事情，你得斗争到底。"

当晚我独自一人待在房间里，作出了我的决定：我要留下来，我要斗争下去。

共和党全国委员会以及参众两院的竞选委员会同意拨款7.5万美元，为我在9月23日的星期二晚上，买下半小时的电视时间。那时候，全国电视广播网只能从纽约、芝加哥和洛杉矶播出，因此我们在星期一从波特兰赶回洛杉矶。在飞机上，我从前面座位上的口袋里抽出了几张明信片，记下一些我打算要说的话。

我想起了杜鲁门政府任内的一桩丑闻，有人把一件价值9000美元的貂皮大衣送给白宫一个秘书，于是我记下了帕特没有貂皮大衣——只有一件呢大衣。我想起民主党全国委员会主席米切尔的一种卑鄙说法，说什么如果当不起官，就不该谋求这个职务，我便引了一句林肯的话，大意是上帝必定爱普通人，因为他创造的普通人是那么多。此外，我还想到富兰克林·德·罗斯福1944年竞选时一篇演说获得的惊人成功，他取笑批评他的人说，他们甚至在攻击他的小狗法拉。我知道如果我能利用这一点进行反击，就一定会使批评我的人气得发狂。我在明信片上写道："他们将会指责我接受了别人的礼物。我得说我确实在得到提名后接受了一件礼物——一只长毛垂耳狗切克尔斯，不管他们怎么说，我们仍准备养着它。"

在飞行途中，乔蒂纳走到我座位边来闲聊一会儿，他重新提到三天前他便已经看到的一些情况。他敏锐地指出，除史蒂文森外，所有的民主党人都在攻击我。乔蒂纳当时便对我说:"我觉得这里面有文章。我敢打赌他自己一定有什么不可告人的事。"

那天晚上,消息传来,证明乔蒂纳真是未卜先知。芝加哥一家工厂的总经理肯特·钱德勒拍了一份电报给史蒂文森,指责史蒂文森作为伊利诺伊州州长时,曾经发起设立一笔"由个人捐献的现金基金,你曾把这笔钱分给好几个你任命担任州政府职务的人,用来补贴州政府付给他们的薪金"。

几小时之内,史蒂文森发表了一项声明,承认有这么一笔基金,他说:"用于此项目的基金是 1948 年竞选州长存留下来的,其中还有一部分是后来收到的一般人的捐献。"他的发言人拒绝作进一步说明,史蒂文森本人也拒绝接见记者。

史蒂文森的声明没有提及当天揭发的另一件事。一个名叫威廉·麦金尼的伊利诺伊州的前采购人员,揭露他曾经每月开列一张各个商号和供应州政府物资的企业的名单,要他们代付史蒂文森感到不便由纳税人负担的费用。据称,捐献的数额为 100 美元至 5000 美元不等。麦金尼说:"他们估计这样出点钱便可以和政府多做点生意。"和此事有关的两个人已承认他们出过钱,但否认这有什么不正当的地方。

史蒂文森拒绝作进一步说明。恼火的记者们联名写了一份请愿书,要求他举行记者招待会,但他说他拿不准是否要举行。在那个星期的周末,史蒂文森终于透露了有关这笔基金的一些消息,说有 18744.96 美元是在 1948 年他竞选州长时遗留下来,后来移交给他的。这个数字加上芝加哥一些商人捐献的 2900 美元,总额达 21644.96 美元。实际上,在竞选期间,公众从来不知道这基金到底有多少和派过什么用场;只是在 24 年以后,才由史蒂文森的正式传记作者约翰·巴特洛·马丁在《伊利诺伊州的阿德莱·史蒂文森》一书中透露,史蒂文森的表白是完全不老实的。他没有提到,这笔基金后来在 1950 年、1951 年和 1952 年所增加的数字总共约 6.5 万美元。这样就使基金总额达 84026.56 美元之多。1952 年 9 月 29 日,支持史蒂文森任州长的委员会解散以后很久,也就是在这笔基金存在的事实被揭露四天以后,史蒂文森签了一张 1.05 万余元的私人支票作为他偿还委员会的款项。

第二章 众议员和参议员（1947-1952）

这笔基金的最后结算表明：有13429.37美元的用途只是非常笼统地称为作竞选之用，其中包括一年一度的圣诞节社交聚会费用、给新闻记者的礼物以及为史蒂文森的儿子开舞会的乐队费用等。有一次史蒂文森曾用这些竞选基金向莱克县防痨协会捐了一小笔款子，然后又在自己呈报个人所得税时把这笔捐款当作减免所得税的项目。

报界对待史蒂文森是极为客气的。他拒绝和记者谈话，只受到轻微的责难；这里所涉及的不正当行为，在社论中几乎只字不提。《芝加哥论坛报》的约翰逊·卡纳迪后来写道："没有一家报纸能够弄到有关1950年和1951年史蒂文森基金的具体材料，而且据我所知，除我之外也没有一个跟史蒂文森在一起的记者真想弄到这材料。"

对我来说，在整个基金问题上，最使我沮丧和恼火的一个方面，是大多数报纸在报道尼克松基金和史蒂文森基金时明目张胆采用两种尺度。但这种差别当时又没有完全暴露出来，我那时又正集中精力在草拟我的演说，并在播讲前24小时内作好必要的发言准备。

基金演说的第一部分最容易写。拥护艾森豪威尔公民会主席的保罗·霍夫曼曾委托普赖斯－沃特豪斯事务所全面审核基金，还聘请了洛杉矶著名的吉布森－邓恩－克拉彻律师事务所就其合法与否的问题提出意见。我打算把这些报告的提要作为我演说的一部分。但是，人们对我的指控已如此激烈和过分，我知道单靠这些是不够的。我想起艾森豪威尔在电话中的忠告："把你所记得的所有的情况都说出来。"他曾说过，"告诉他们你曾经接受过的每一分钱。"

我和帕特长时间努力工作而所得甚微，这一点我感到颇为自豪。希斯案件后，我知道左派及其在报界的同情者会如何密切监视我的一举一动，所以我对自己经济上的往来特别小心。我知道，我所说的一切都拿得出文件来加以证明。直至那时为止，我怀疑没有哪个候选人曾像我那样在一次竞选活动中把个人的经济情况如此详细地公开。虽说这样做侵犯了我的家庭私事，使我极为反感，但我也不禁想到这种史无前例的公开私人财务的做法可能产生极大的戏剧性效果。

我告诉帕特，我正在考虑怎么办。她感到受不了。"干吗你要告诉别人我们没有多少钱，我们欠了不少债？"她问。

"搞政治的人非得生活在金鱼缸中不可。"我说，但我知道，对我要她忍受的屈辱来说，这解释是没有说服力的。

现在我已经知道在演说中该说些什么，下笔时便顺利得多了。我在大使饭店的一个套间里工作了整整一个下午和一个晚上，旅馆供应的汉堡包放在一边，我几乎动也没动。

到了第二天中午，吉布森－邓恩－克拉彻律师事务所的报告送来了，证实基金没有任何不合法的地方。不过会计师的报告来得比预料的迟了一点。没有这个报告，我讲话的效果就要大打折扣。最重要的一点是，我个人是否从基金中捞到油水这个关键问题必须单独作出有充分根据的回答。

虽然在演讲之前的那天下午，我对潮水般涌到饭店来的数以百计的电报一封也没有看过，但在那天夜里，我读过一部分后，却深受感动和鼓舞。

众议员杰里·福特的电报说："听了广播看了报，我百分之一百站在你一边。斗争到底，一如你为证实阿尔杰·希斯有罪而受到共产党攻击时一样。密歇根州全体议员都和我具有同感。我一定亲自在格兰德－拉皮兹或密歇根的其他任何地方来迎接你。致以亲切的问候。"

明尼苏达的共和党该州领袖和律师沃伦·伯杰同他的妻子维拉表示："你的明尼苏达朋友完全信任你在私人生活和政治上的正直。我们渴望快点听到你今晚的演说。如有事需代劳，请电告。"

惠特克·钱伯斯拍来一份措辞极为生动的电报："对你的攻击表明，敌人对你是何等畏惧，因为他们一向对既正直无私又敢于战斗的人物无不万分恐惧，必欲置之死地而后快。你应该因受到攻击而自豪，因为攻击者是我们大家的敌人。在新近出现的政治人物中，在有功于国家方面实无一人能和你相比。愿上帝帮助我们不要忘却这一点。"

在我们前往电视台之前一小时，纽约的"查普曼先生"来了个电话。汤姆·杜威曾告诉过我们,这是他打机密电话时所用的代号。当我听杜威说话时,长途电话线路上有噼噼啪啪的响声。

"迪克吗?"

"是我。"

"艾森豪威尔的高级顾问刚刚开过会,他们要我告诉你,他们的意见是,在今天晚上广播结束时,你应该向艾森豪威尔提出引退。你知道,我不同意这种观点,但我有责任把这个意见转告你。"

我不免惊呆了:"艾森豪威尔要我这么办?"我尽量使话音显得很平稳。

杜威避开了这个问题,说他不想让我感到他曾直接和艾森豪威尔谈过话,或者艾森豪威尔本人同意这个决定。但是,想到艾森豪威尔和同杜威谈过话的那些人之间的密切关系,他感到,要是他刚才讲的意见不代表艾森豪威尔的观点,他们是不会要他打电话给我的。

"现在把这个意见转告给我已经太迟了一点。"我说,"我的发言稿已经准备好了,我现在很难把它改过来。"

杜威说,他认为我应该照原来他建议的那样说明基金的情况。不过,最后我应该这样说:虽然我感到我没有任何过错,我却不愿因竞选名单上我的名字成为艾森豪威尔改革运动的某种包袱。因此,我应该向艾森豪威尔提出引退,并坚持要他接受。

杜威接着说:"我倒另外有一个主意,可以使你坚持下去,最后终能成为英雄而不是一只替罪羊。你现在可以宣称你不仅要退出竞选,而且还要退出参议院。然后,在参议院必须举行的特别选举中,你可以重新竞选,并且通过争取史无前例的最大多数票来使自己得到昭雪。"

这谈话已经变得不切实际了。对这种莫名其妙的建议,我只能报以沉默。

杜威最后说:"喂,我该怎么对他们讲你的打算呢?"

我几乎按捺不住了。"你就告诉他们,"我说,"我也完全不知道我该怎么办,如果他们想知道的话,最好是听听今晚的广播。你还可以告诉他们,对政治我也还懂一点的!"我砰地放下了听筒。

当我把杜威的意见告诉乔蒂纳和罗杰斯的时候,他们都惊呆了。

"你肯定不打算照他们的意见办吧,你会吗?"默里问。

"我简直不知道该怎么办。"我回答,"你们俩最好先出去一会儿,让我好好想想。"

几分钟后,该到电视台去了。当帕特和我从房间出来时,一切活动都停止了。大家都跑到过道上来表示支持,但静默无声。

在路上,我最后一次翻了一下笔记。普赖斯-沃特豪斯的数字在最后一分钟送到,但是我担心记不住这些数字,也说不清楚。一个疏忽,或一个差错,就会破坏全篇演说的可信度。

特德·罗杰斯把我们带到空着的有750个座位的埃尔·卡皮坦剧院的舞台上,这舞台早已被改装成全国广播公司的一个电视演播室了。我曾关照,在我演说时,除经理和技工人员外,不要有任何人在场。我们把记者安排在另外一个房间看电视。

特德把布景指给我看。这是一间看来不很起眼的、没什么特点的房间,摆着一张写字台、一把椅子和一只嵌在墙里的书架。我叫特德把一个插着花的小花瓶拿走,因为我觉得摆在那里不伦不类。

灯亮了一下,铃声响后,我们被带到舞台另一边的一个小房间里。特德很快就回来了,他说离播讲只有三分钟了。忽然间我感到完全绝望了。"我自己也不相信我能闯过这一关。"我说,声音都发直了。"你当然能闯过去的。"帕特非常平静地说。她拉着我的手,我们一起走回到台上去。

"我的美国同胞们,"我开始说,"今晚,我既作为一个副总统候选人,也作为一个诚实和正直但受到怀疑的人,到这里来跟大家讲几句话。"

我继续说下去,慢慢地我开始感到由一篇准备充分的好演说所带来的信心迅速增长起来。我开始本能地感到词句的节奏和文章组织的逻辑性。我几乎完全不需要再看笔记了。在明亮的灯光下,我感到温暖,我滔滔不绝地谈下去,充满了热情。我仿佛只是对帕特谈话,没有别的人在听。

演说分为四部分。一开始我列举了有关基金的事实,并说明我个人的经济

第二章 众议员和参议员（1947-1952）

情况。然后，我对史蒂文森进行反击。第三部分是赞扬艾森豪威尔的，第四部分要求我的听众向在华盛顿的共和党全国委员会寄信或拍电报，表明他们认为我应该留在竞选名单上还是应该退出。

我看到罗杰斯从经理的小房间走出来，面对我蹲在摄像机旁边。他把两只手的手指都举起来，我知道这是在告诉我还有十分钟可讲。后来我又看见他举起了一只手，表示只有五分钟了，最后是三个指头。到那时我已完全沉浸在自己的演讲中，以致他向我表示"十秒钟""五秒钟"和"结束"的信号我完全看不见了。时间到了我仍在讲话，站在桌子前面，把我的双臂伸向摄像机。

突然我看见特德站起来，我这才发觉时间已经过了。我简直不能相信。我还没有把共和党全国委员会的地址告诉大家，让他们知道把电报发到哪儿去。我几乎完全呆了。我向前走了几步，肩膀擦着了摄像机的边缘。我听到罗杰斯说，他们刚才一直等我好像正好说完一句话时，才使影像慢慢消失，尽管我还在讲话。接着帕特、默里·乔蒂纳、帕特·希林斯以及比尔·罗杰斯都站在我面前。帕特拥抱我，而我却只是说："我不得不草草收场，太遗憾了；我还没有把全国委员会的地址说出来呢。我应该把时间安排得更好一点。"他们全都坚决地说，讲演是个了不得的成功。我笑了一下，感谢他们对我的支持；但我却感到筋疲力尽，心情极为沉重。

在我和摄影记者们握手时，特德·罗杰斯跑过来说："电话总机就像棵圣诞树一样，上面的灯全亮了。"

当我们回到饭店开始阅读一些正纷纷送来的电报时，我意识到，尽管结尾有点问题，但演说确实是个极大的成功。很显然前几天发生的事件已使我的情感的神经末梢受到重创，现在我倒能够让我的听众体会到我那最强烈的感情。

那天晚上艾森豪威尔在克利夫兰发表讲话。他同夫人玛米以及大约 30 个朋友和竞选工作人员在一起，在经理办公室的一台电视机前听我演说，那间办公室就在他准备发表讲话的一间大厅的上面。他坐在电视机正前面的一张椅子上，玛米坐在他旁边。

有人告诉我，电视节目结束后，在克利夫兰的那间小屋子里一时静默无声。玛米在啜泣，其他几个人眼中也噙满泪水。突然，在下面大厅听广播喇叭的听众开始叫喊："我们要尼克松！我们要尼克松！"在人们的喊声真正清清楚楚地在艾森豪威尔的耳边回响时，他转身向共和党全国委员会主席阿瑟·萨默菲尔德说："好哇，阿瑟，今晚你花了7.5万美元，这钱花得真值呀！"

艾森豪威尔在独自待了几分钟归纳了一下他的思想后，走到下面大厅去对情绪激动的群众说："我这个人，在投入战斗时，宁愿有一个勇敢而诚实的人在我身边，也不要有满满一卡车态度模棱两可的人。我见过不少处于逆境勇敢战斗的人，但我从来没有看见过任何人像今天晚上尼克松参议员这样如此出色地通过了这场考验。"群众高声喊叫一致表示同意。

但是，艾森豪威尔这时并没有宣告此事已经结束，我肯定可以留在竞选名单上，他只是说，一次演说是不能解决所有提出来的重要问题的，他必须和我会晤以后，才能作出最后决定。他告诉群众，他要发一封电报，要我第二天坐飞机到西弗吉尼亚州惠林去见他，他将在那里进行竞选活动。

后来发现艾森豪威尔的电报是在当晚送来的，但湮没在几千份电报之中了，电文如下：

> 你的讲话真是了不起。从技术上说，这决定不必由我来作，但你和我都知道，当前实际情况需要发表一项使公众认为具有决定意义的声明，我个人的决定将以个人得出的结论为根据。如你能立即飞来见我，我将极为感谢。明天我将在西弗吉尼亚州的惠林。我个人对你的极为深厚的全部爱慕之情丝毫没有减退。

那天晚上，我就只听到一家通信社的新闻简报引用的艾森豪威尔的一句话：一篇演说是不够的。我听到这句话时感到失望。我气愤地问乔蒂纳："他还想要求我干些什么呢？"我已经尽了我一切力量，如果这还不够，那我唯一能做的事就是退出竞选了。我不愿再到惠林去丢脸。我说，我们飞到我竞选计划中的第二个站蒙大拿州的米苏拉去，在那儿等待艾森豪威尔接受和宣布我退出竞选。

我把罗斯·玛丽·伍兹叫进来，口授了辞呈，并让她立即发出。她把电稿用打字机打出，但没有发出，却是拿去给默里·乔蒂纳看，他看后把它撕掉了。他对罗斯说："我不怪他气疯了。如果他现在退出，让艾克在选举中失败，那他们也是活该。但我认为，在最后一个回合，我们应该把事情先搁一搁，然后再决定怎么办。"

不一会儿，伯特·安德鲁斯从克利夫兰打来电话。他热烈赞扬我的演说，但当我把一切事情告诉他时，他的声音立刻低了下来，话也不再那么痛快了。他甚至改变了谈话的调子。

"理查德，"他说，"你不必担心见到艾森豪威尔时会发生什么事情。那篇广播演讲已经对事情作出了决定，艾森豪威尔和别人一样，也知道这一点。但是你必须记住他是谁。他是领导盟国军队在欧洲取得胜利的将军。他是具有极大威望的候选人，即将赢得这场竞选。他将是美国的总统，他是我们这个队伍的头头。他将作出决定，而且将会作出正确的决定。但是他有权按自己的方式作出决定，你一定得到惠林来见他，给他一个可以这样做的机会。"

我被安德鲁斯的推理打动了，他那语调使我渐渐平静下来。在一次令人感情冲动的大事件的余波中，我忘了考虑艾森豪威尔的立场。首先，他过去几乎不认识我是谁。其次，我也应该想到，作为一个刚踏入政界的人，在他本人作出任何承诺之前，先等一等，看看事态的发展，这对艾森豪威尔来说是完全合乎逻辑的。我改变了主意，关照我的工作人员安排我们从米苏拉直接飞往惠林的旅行。

我们在惠林刚着陆，在我帮帕特穿大衣时，乔蒂纳匆匆朝我们跑来。

默里·乔蒂纳的声音含着敬畏情绪，这是很少有的。"将军从舷梯上来了！"他说。他的话音刚落，艾森豪威尔已在他背后大踏步从过道走来，伸出一只手，脸上闪耀着他那著名的微笑。

"将军，你不必到机场来的。"我说。

"为什么不？"他微笑着，"你是我的人呀！"

那是一个很冷的夜晚，当我们驱车前往运动场参加大会时，惠林笼罩着一层浓重而潮湿的烟雾。在车上，艾森豪威尔绝口不提我们俩刚刚经历过的那场折磨人的危机。后来我更加了解他时，我发现这是他的一个特点，但我现在依然记得那20分钟如梦一般的行程，他一路只是愉快地谈到利用小站停留和群众大会对竞选有多少好处，仿佛根本没有发生过任何不寻常的事情。

当我们到达运动场时，我们的车篷放了下来，我们同坐在汽车的后座上，车子绕着跑道行驶，我们向欢呼的人群挥手致意。

艾森豪威尔首先讲话。他说我是"一个勇敢的可敬可畏的人"，曾经经历了"一场极不公平的纯属恶意的攻击"，并说，在我上台讲话之前，他要给听众读两份他收到的电报。我一点儿都不知道这是两份什么电报，所以当他读的时候，我也和人群中的每个人一样极注意地听着：

> 亲爱的将军：我深信，关于这次对理查德的攻击的全部真相，一定很快会水落石出的，到那时，我肯定你准会正确地作出决定，绝对信任他的正直和诚实。这里是一个比任何人都更长久地了解理查德的人向您致以最好的祝愿。他的母亲。

接着他读了一份阿瑟·萨默菲尔德的电报，这份电报通知他，在可以联系上的共和党全国委员会138名委员中，107名委员一致拥护我继续参加竞选：

> 除一致表示同意外，他们的评论是极其热烈的……作为共和党全国委员会的一个成员，能够和我的同事们一起，向一个伟大的美国人表示这激动人心的敬意，我感到极为快慰；这个美国人曾毫无畏惧地走进绝望之谷，最后完好无损、昂首挺胸走了出来。这一点又无可怀疑了——美国珍爱迪克·尼克松。

当我站起来讲话时，会场上长时间回荡着欢呼声。我用一句话表达了我要讲的千言万语："我希望你们知道，这大概是我一生中感到最伟大的时刻。"

第二章 众议员和参议员（1947-1952）

所有发言完毕后，我看到熟悉的比尔·诺兰的巨大身躯挤在表示良好祝愿的人群当中。我走到他身边时，他微笑着抓住我的手说："这篇演说真了不起，迪克。"这时我整整一个星期抑制住的全部感情迸发出来了，泪水充满了我的眼睛。诺兰用他的手臂搂着我，我把脸贴在他的肩膀上。

后来，艾森豪威尔请帕特和我到他的竞选列车上去看看他住的车厢。实际上他是想找一个机会单独和我谈谈，因为他听到另外几桩在经济问题上诽谤我的谣言。我用了一种他最熟悉的类比作答。"这正像打仗一样，将军。"我说，"我们的敌人要输了，他们对我发动了一次大规模进攻，但遭到了痛击。这使他们得花点时间重新集结力量，等到他们卷土重来时，他们就要拼死一战了，他们将会把不管什么乱七八糟的家伙全向我们砸过来，包括厨房里的洗涤槽。还会有其他的罪名，但绝没有一桩能站得住脚的。我们现在必须尽一切力量避免的一件事是决不能让他们的任何一次攻击得逞。他们传播出一个谣言，我们就得尽可能快地把它消除掉。"作为一个受人爱戴的英雄，报界对艾森豪威尔的态度是极为友好的。在他进入白宫，开始被当作一个政治家之前，我怀疑他是否完全理解我那天晚上所说的话的意思。

在我们回旅馆的路上，帕特在车中一直握着我的手，没有说一句话。我知道，现在我们已从这场痛苦万分的危机中脱身出来，她感到无比骄傲。但是我也知道，这场危机已是多么严重地损害了她，多么深刻地损害了她的自尊心和个人安宁。我知道，从那以后，虽然她会尽其所能地帮助我和我的事业，但她将痛恨政治，梦想有朝一日我们能够离开它，让我们以及家庭去过幸福而正常的生活。

竞选开始时我是精力充沛、兴致勃勃的，基金危机使我突然衰老和疲惫不堪了。有这样一句话：你可以在一天中度过一年。这正是我在那段时间中的感觉。在那一个星期里，我好像活过了好几年。

基金问题出现后的许多反应使我深为沮丧。这件事被忠于民主党的人利用，我不会感到奇怪。但是，竟然有那么多共和党人不等事实揭露，就事先对我作出判决，实在不能不令人深感失望和痛心。报界的表演也使我感到痛恨不已。我认为，对我进行的是名誉上的谋杀行为，这番经历长期强烈地影响着我对一般新闻媒体，特别是对报界的态度。

基金问题无疑是那次竞选运动中报界和反对党方面加于我的最恶毒的诽谤，但它还不是唯一的问题。

大选前不到一星期，《圣路易邮报》，一家坚定地亲史蒂文森的报纸，在头版上登了一篇报道，指责我大约在六个月前曾陪伴基金管理人达纳·史密斯到哈瓦那一家赌场去。此种指责完全是睁着眼说瞎话。报道所说的我在哈瓦那的那段时期，我正在几千里之外的夏威夷度假。

10月28日，就在大选前几天，民主党全国委员会指责我的家庭和我有"按比较保守的估计，有价值25万美元以上的不动产"。为了凑满这个数字，他们还硬说我的兄弟唐拥有一家"新的、时髦的路旁餐馆"，估计值17.5万美元。实际上，唐的那家餐馆是租来的。在这一连串的具体指责中，真正使我恼火的是，民主党全国委员会的估算中还包括了在宾夕法尼亚州的一个小农场和在佛罗里达州的一所普通房子，这是我父母为将来安度晚年而购置下来的。这些怎么说也算不上豪华的财产，是我父母一生辛勤所得。我认为攻击我的双亲，硬说他们通过不道德手段获得这些昂贵的不动产，这种做法是卑鄙的。

两天以后，德鲁·皮尔逊的专栏文章出现了，全篇文章的特点是含沙射影、信口雌黄，其中还谈到关于我的所得税申报的情况。显然这是国内收入署的某些党徒透露给皮尔逊的。在他所抛出的一连串的指责中，有一项是说帕特和我，曾经对我们共有的一份房产的价值虚报为低于1万美元，以便我们在加利福尼亚付税时可以按退伍军人条例减免50美元。这项指责完全不真实。最后证明，有一位帕特·尼克松夫人曾经代表她的丈夫理查德申请过这样一项豁免——但这只不过是这一对夫妻的名字刚巧同我们的名字相同。皮尔逊事先不曾和我核对一下，就在选举前五天把这个谎话发表了，而且他一直到三个星期以后，才收回这一说法。

还有一项意在中伤我的名望和诚实的指责，说我曾参与某一罪恶的阴谋，这也是在大选以后才予以澄清的。有人假冒一个石油公司经理的名字，写了一封信给另一个经理，暗示我曾被收买，在华盛顿为石油业效劳，报酬是每年超过5.2万美元。大选前夕，这封明明是伪造的信居然被送到民主党全国委员会去，委员会又把它寄给《纽约邮报》，要求发表。但甚至连《纽约邮报》也决定不冒险去登载这样一项明显的诽谤。

大选后，德鲁·皮尔逊继续想挑起人们对这件事的兴趣，因此我要求参议院的特权与选举小组委员会彻底调查此事。调查结果证明信是伪造的，并把此事提交给司法部了。

基金诽谤没有达到目的，谎言和伪造也没有击中目标。但这一切却使我和我的家庭在感情上遭到严重损失。很久以后我才发觉，我那自尊心极强、富有斗争精神的父亲，每当一个新的谎言得到澄清时，他总要哭好几回。

我对政治的兴趣减退了，但我唯一可以采取的办法——同时也是我的本能——是反击。我很快感到自己正像特迪·罗斯福曾描绘过的在竞技场上的一个人："他的脸沾满了尘土、汗水和血迹。"健忘的批评家将来可能会只记得我的回击，而忘了常常激起我回击他们的那些谎言和歪曲。

只是在过了好几个月之后，我才能够慢慢把基金危机所给予我的痛苦看作一件已经过去的事。我想艾森豪威尔一定对我所表现出的顽强和政治上的敏锐有深刻的印象。他感谢我一开头就明确地说，如果他要求我那样做，我可以提出引退，而且我从来没有有意做过一件使他尴尬的事。

我也得到了一些关于政治和友谊的重要教训。在政治上，只要你能为他们做点什么或给他们点好处，大多数人便是你的朋友。从这方面来说，我觉得政治和生活的其他方面没有什么不同——只是选举的公开竞争性质，也许使这种情况表现得更加露骨罢了。但是，在我似乎要退出竞选时竟有那么多人转眼之间翻脸不认人，他们带给我的惊愕和失望，却是我永远不会忘却的。

1952年的大选

基金危机之后，1952年，竞选运动以后的问题就显得比较容易对付了。对选民的研究和民意测验表明，要求变革和对联邦政府的腐败的厌恶，仍然是我们可以利用的最有说服力的话题。杜鲁门在1952年已极不得人心，这和约翰逊总统后期在越南[1]问题上或我在水门事件时期的处境相似。也和约翰逊与我一样，杜鲁门的不得人心也使他的党受到影响，甚至阿德莱·史蒂文森也开始和杜鲁门政府保持一定距离了。

我既然从基金危机中脱身出来，这就使民主党想制止揭发贪污腐败问题的企图无法得逞了。事实上，我现在反而成了更有力、更受人欢迎的竞选人了。我在基金演说之后的名声重新引起公众对希斯案件的兴趣，我在全国提醒听众，史蒂文森在希斯第一次作伪证的审判中，曾担保希斯的诚实、正直和忠诚。而且他这样做还是在我们委员会举行的听证会已证实希斯在他和钱伯斯关系上的说法纯属谎言以后。

我还批评了国务卿迪安·艾奇逊。我说，他对待国际共产主义的政策，使我们失去了中国和东欧的大部分，并促使了朝鲜[2]战争的爆发。我用了一句引起公众注意的话——同时也使那些评论员恼火万分——指责史蒂文森是艾奇逊的"怯懦的遏制共产主义大学"的毕业生。

多年之后我担任总统时，艾奇逊和我变成了朋友，他是我最重视和最信得过的非正式顾问之一。不过，在这次竞选中，他的山羊胡子、他的英国式的花呢服装以及他傲慢的风度，却使他成为我攻击外交人员势利眼的性格和精神状态的最理想的对象，而这种性格和精神状态全被共产党的路线、镰刀和锤头所征服了。今天，我对当时攻击过猛深感遗憾。虽说我仍然认为艾奇逊对亚洲的政策是错误的，但是他在欧洲的做法却是对的，他协助北大西洋公约组织，使它变成抵抗共产主义侵略的强大而持久的堡垒。

在大多数选举中，对立的候选人显然彼此不喜欢，但通常没有或很少有个人的仇恨情绪。我对史蒂文森却本能地有反感。我认为他过于虚伪，华而不实，他那油嘴滑舌和冷嘲热讽的机智，掩盖着他的浅薄、轻率和优柔寡断。他使我

---

[1] 1945年9月2日越南宣告独立，成立越南民主共和国。同年法国入侵，1945年北方获得解放，南方仍由法国统治。后美国取代法国势力，扶植南越政权。1975年5月南方全部解放。1976年7月南、北方统一，定国名为越南社会主义共和国。本书中尼克松提及"越南"处，多指"越南共和国"，即南越。——编者注

[2] "朝鲜"即朝鲜民主主义人民共和国的简称。——编者注

想起奥斯卡·王尔德对玩世不恭者所下的定义，说那种人懂得每样东西的价格，却不了解任何东西的价值。艾森豪威尔和我有同感。迟至1957年，在受到苏联人造地球卫星的震动之后，为保证北大西洋公约组织的最高级会谈能获得成功，杜勒斯想把史蒂文森请到国务院来，但艾森豪威尔却坚决反对他来白宫或让他参加巴黎的最高级会谈。实际上，在艾森豪威尔中风之后，医生曾关照我们不要提到史蒂文森，因为这样做常常会使总统的血压惊人地迅速上升。

杜鲁门总统本人虽然没有参加竞选，虽然那个处于困境的史蒂文森极力设法让他躲在幕后，但杜鲁门实际上仍是1952年竞选中的主要角色之一。哈里·杜鲁门是靠政治上的短兵相接起家的，所以史蒂文森不可能让他处身于竞选之外。杜鲁门在未能使艾森豪威尔同意作为民主党人接替他在白宫的职位之后，两人的关系便已很紧张了，到1952年选举时，杜鲁门更对他进行了猛烈的攻击。大多数民主党人是不向艾森豪威尔的英雄地位挑战的，杜鲁门却和他们不同，他专门对艾森豪威尔的专长甚至他的动机进行典型戏剧性的，也是典型不负责任的指责。艾森豪威尔对杜鲁门暗示他曾经在政治上参与、实际上把东欧送给共产党人的雅尔塔和波茨坦协定一事深为恼怒。这一指责显然是不真实的，但杜鲁门竟然会支持，更不要说传播这样一种蓄意的诽谤，这使艾森豪威尔始终耿耿于怀。

由于这种宿怨，艾森豪威尔到国会大厦举行就职典礼之前，拒绝按惯例前往白宫和杜鲁门一同喝一杯咖啡。这两个人只是在北门厅见面，略事寒暄几句，就一同坐车前往国会大厦，途中双方一句话也没说，除了在1953年因参加首席法官弗雷得·文森的葬礼而偶然碰到之外，一直到1961年艾森豪威尔离开白宫之前，两人一直没有再见过。

在1952年竞选中，帕特和我曾筋疲力尽地旅行了4.6万英里。我发表了92次演说，在列车站台上露面达143次，访问了214个城市，并举行了多次记者招待会。由于基金事件以及我在党派斗争中担任了艾森豪威尔所避免担任的角色，较一般的副总统候选人，我更受到人们的注意——自然肯定远远超过史蒂文森的竞选伙伴亚拉巴马参议员约翰·斯帕克曼。在有些地区，我甚至把史蒂文森也远远抛在后面。

每到一处，我猛烈抨击民主党，把史蒂文森同杜鲁门和艾奇逊联系在一起，我说，就是这些人把华盛顿搞得一团糟，我们怎么能期望他们来收拾这个烂摊子呢？我把艾奇逊称为"形式主义的混乱局面的缔造者"。我对一群波士顿的听众说，如果史蒂文森当选，我们将看到他们再执行四年这种老一套的政策，因为史蒂文森先生是从迪安·艾奇逊的无能的国务院教育出来的。我对另一群欢呼的听众说，我宁愿要一个穿卡其制服的总统，而不要一位穿国务院粉红色衣服的总统。

大选前一星期，10月27日，我在阿肯色州特克萨卡纳的一次演说中，说杜鲁门、史蒂文森和艾奇逊"是这个国家的许多民主党人所信奉的最高原则的叛徒"。在1954年以及以后的选举中，杜鲁门谴责我曾在这篇演说中称他为叛徒。甚至在这篇演说的录音被找出来，并把我的原话按录音带抄出给他看时，他仍不承认我当时所讲的并非如他似乎记得的那样。

在这次竞选中我用了一些非常粗野的词句。这也许是因为在基金危机中和以后，我不自觉地对外来的攻击反应过于强烈；或者也许因为我完全被艾森豪威尔指派给我的党派斗争的任务弄昏了头脑，只想到必须激发起党的忠实信徒的热情，让他们知道一场战斗正在进行中。

在选举前几天，当一次盖洛普民意测验的结果公布时，趋势已经相当明显了：

艾森豪威尔－尼克松 47%
史蒂文森－斯帕克曼 40%
尚未决定的 13%

但艾森豪威尔和我却照样把竞选一直进行到底，最后在波士顿花园开了一个选举前夕电视大会作为结束。那天深夜以后，帕特和我飞往加利福尼亚。

我从我在1946年和1950年的经验中知道，对政治家来说，最长的一天是选举日，那时千百万人在决定他的命运，而他自己却无能为力。帕特和我清晨在东惠蒂尔投票以后，我问比尔·罗杰斯是否愿意坐车去兜兜风。我们驱车去拉古纳海滩，把车停在那里，沿海边走了好几英里。

有一些驻扎在彭德尔顿军营的水兵在海边打橄榄球，我们临时参加进去玩了一会儿。其中有一个水兵仔细地打量我几分钟后，走到罗杰斯跟前说："喂，他是一个有名人物还是别的什么人？"罗杰斯回答说："不，他不过是参议员尼克松，正在竞选副总统。"后来当传来一个球我没有接住时，一个水兵开玩笑说："看来你只适合当副总统，打不好橄榄球。"突然他一愣，忸怩地加上："先生。"

我们在四点钟左右回到洛杉矶的大使饭店，我直接走到我的房间去，穿上睡衣，打算睡一会儿。我对手下工作人员说，至少在六点以前我不要听任何结果，因为到那时还只能有些零碎消息，只不过使人神经紧张而已。六点整有人敲门，马上有十来个人冲到房间里来，一起争着讲话。东部的投票刚结束只有一小时，但看来我们已占压倒性优势。

结果，我们以多得 650 万票获胜：55.1% 对 44.4%。我们在众议院又获得了 22 个席位；这样总席位便变成 221 对 213 了，有一个席位属无党派人士。在参议院我们多了一个席位，这使我们仅以一席之差占了多数。

第三章 副总统（1953-1960）

The Memoirs of Richard Nixon

我的苏联之行在美国产生了巨大的影响。我和赫鲁晓夫在展览会第一次交锋的电影镜头已在美国电视台播放，对我们几次会谈的报道又使我成了敢于顶撞赫鲁晓夫的人。

尼克松回忆录
THE MEMOIRS OF RICHARD NIXON

1953年1月20日,天气温和晴朗,我第一次就任副总统。我母亲带来了两本《圣经》以备宣誓仪式之用。这两本《圣经》在米尔豪斯家族中已经历过好几代人了。

那天晚上,在庆祝就职大典的舞会开始之前,我们设了一个小小的家宴。当别人在谈论那天的大事时,母亲把我悄悄地叫到一旁,递给我一张小纸条,上面写着她给我的祝词。没有人看见她把纸条给我,我也直到那天夜里没有别人在场的时候才打开来看。我把它放在皮夹子里,此后就一直带在身边:

给理查德

你已经获得很大成就,我们永远为你骄傲——我知道你必定会如应当的那样保持你和你的创造者上帝的关系的,因为毕竟你必须知道,即使像现在这样,这仍然还是你一生中最重要的事。

爱你的母亲

艾森豪威尔当选总统,结束了民主党对白宫20年的控制。我们控制了参众两院,这便使这次胜利加倍令人快慰。但我们面临的任务是艰巨的。

最最迫切的问题是在对外政策方面。我们在朝鲜进行着一场不得人心的战争,而艾森豪威尔则在竞选中曾保证要体面地结束这场战争。

苏联虽然在核武器方面仍落后于美国,但现在正疾速追赶上来。在东欧,苏联卫星国组成了一个由莫斯科控制的坚如磐石的国家集团。在意识形态方面一丝不苟的中国共产党人——仍与苏联人友好,并依靠苏联人援助取得经济上和技术上的突破——在外交政策上正处于向外发展的阶段。

第二次世界大战后,自由世界大联盟,由于北大西洋公约组织的建立而正式固定下来,欧洲依靠美国的援助得到重建。但目前情况越来越清楚,英法两国在战争中大伤元气，不要多久，它们在自己边界之外维护安全的能力便将大受限制。战争宣告欧洲殖民主义如果不是已经结束的话，至少已开始结束。作为这一现象的具体表现，则是那个不仅使艾森豪威尔政府，也使他的后任感到烦恼的危机：法国逐渐失去对印度支那的控制。在艾森豪威尔就职时，反殖民主义的浪潮尚未席卷非洲。但八年后，在他离职时，非洲大陆已经有20多个新独立的国家了。

其他方面的问题不久也明朗化了。1948年以色列国的建立，播下了仇恨的种子，这最终将会导致三次全面战争。在其附近具有巨大石油储藏的伊朗，正掌握在一个"左"倾政府手中，大多数观察家担心它不可避免地将沦于苏联的统治之下。拉丁美洲表面上看起来太平无事，但多年的独裁统治已为一个不稳定和革命的时期奠定了基础。

在国内，艾森豪威尔的当务之急是，通过恢复大家对政府工作人员的忠诚的信任，来实现他收拾"华盛顿烂摊子"的保证。同样重要的任务是彻底清除危及政府安全的人——清除那些由于不忠诚或出于头脑不清而可能破坏美国政策的人们。

新总统还面临另一个重要大难题：如何制定一项在没有战争的情况下实现繁荣的经济政策。在已长期存在的两派——一派要他削减支出和税收，另一派则要他把更多的钱花在住房、保健、教育和福利方面——争论中，他必须设法予以调解。

但是所有这些内政外交问题，在艾森豪威尔看来，还赶不上他作为一个分裂的政党的头头所遇上的新任务更让他感到头痛。这分裂在芝加哥的党代表大会上已完全暴露出来：一派以艾森豪威尔为首，另一派是鲍勃·塔夫脱领导的所谓"共和党元老派"。

艾森豪威尔对党派斗争中的那一套做法是不感兴趣的。他意识到他面临着一项几乎是超人的任务，使共和党人在做了20年的反对派之后，现在要从积极方面考虑问题了。另外，虽然共和党在国会参众两院都拥有多数，但这多数却很微弱，而且它在很大程度上是靠艾森豪威尔的个人威望得来的，而不是靠共和党的实力。他认识到他有责任扩大党的基础，使党如同它的领袖一样坚强,但是为了达到这个目标所必须做的那些工作,大多数都使他感到厌恶。

1953年的国际外交

1953年暮春,艾森豪威尔要我到亚洲和远东作一次重要的旅行。他建议帕特和我一起去,并且力主我们尽可能多地访问一些国家。

由于他战争时期的经历,艾森豪威尔几乎比任何一个非欧洲人都更了解欧洲及其领导人。但是他不了解亚洲和中东,而他又是从来不过高估计自己的经验和知识的。而且他感到杜鲁门严重忽略了这两个重要地区,因此他准备在他的任期内弥补这个缺陷。

20世纪50年代初期,我们行程中的大多数国家仍然很不了解美国或美国人。这些国家没有一个接待过一位总统或一位副总统的正式访问。他们对我们的印象大部分来自零碎的谣言和传闻,来自同个别美国人的接触以及从进口的好莱坞影片中看到的芝加哥强盗、西部的牛仔和印第安人等。那时候,亲善访问还没有成为外交上的例行公事。

我的访问有四个特定的目标:一是打算对我们的朋友和盟友表示敬意和消除他们的疑虑;二是为我提供一个机会向采取中立政策的国家解释美国的政策;三是让我能亲眼看看印度支那飞速发展的局势;四是让我有机会去估量一下亚洲人对共产党中国这个新崛起的巨人抱什么样的态度。

10月5日,帕特和我向特里西娅和朱莉告别,在国家机场乘上了空军四引擎的星座号飞机。这是一次痛苦的别离,特别是帕特,她从来没有离开她的女儿们两个星期以上,现在我们将要有两个多月看不到她们了。

我们这个官方代表团包括一名秘书长菲尔·沃特斯,我的行政助理小克里斯·赫脱,我的秘书罗斯·伍兹,一位海军医生以及一位处理礼宾事宜的陆军副官。路上陪伴我们的只有两名特工人员。和今天为正式访问所提供的人员相比,我们这个代表团不免被认为是一个小得可怜的班子,但它的巨大的献身精

第三章 副总统（1953-1960）

神，却完全弥补了人手不足的缺陷。报界对这次访问也不大重视，三个通讯社只各派了一名记者随同我们前往。

我们事前给各驻外使馆都发了电报，指示我要把社交活动严格地减少到最低限度。我说明只准备带一套晚礼服，并且不打算带一条白领带或一条条纹裤子。因为我们不会在任何一个国家参加四次以上的正式宴会，所以帕特只带了四件晚礼服，这样她可以每次宴会都穿不同的服装。

我还要国务院在安排我的日程时考虑尽可能让我能见各种类型的人——学生、工人、企业家、知识分子、在职和不在职的政界人士、军人和农民。他们对我说，可是不寻常、太违反正统及太不符合外交惯例了。我回答说，他们要是不为我安排这些会晤，我就自己动手安排。当帕特要求安排她自己的旅行计划时，也受到同样性质的拒绝。外出访问的华盛顿官员的妻子们一般是把她们的大部分时间花在买东西和社交活动上面。但是帕特希望在访问中能积极活动，去参观一些学校、医院、孤儿院、诊所、博物馆和市场，以便和人民会面，也让人民看到她。我们有意取消了组织人出去购物的活动，只有很少几次，因为我们的使馆官员说，如果帕特不去购买当地的手工艺品，我们的东道主会不高兴，帕特才带人出去了。

帕特还要求会见妇女组织的代表，这样她的访问就大大促进人们对妇女产生新的尊重，而这种尊重在我们访问的许多国家中只不过才开始慢慢发展起来。

按菲尔·沃特斯拟订的一项程序，每当我们到达一个国家，一定有一位我们要访问的下一个国家的使馆高级外交官来迎接我们。在飞行途中，那位官员就可以修正和补充我出国前未了解到的更新的情况。这样就使我在进行会谈时无须使用笔记了，这个办法我在随赫脱委员会外出访问时就已开始使用，当时我发现使用笔记或做笔记似乎会妨碍无拘束的谈话。在我对外国领导人的访问中，有几次最有效的谈话是在驱车来往机场的途中进行的，那时往往只有对方、我本人和一个译员在场。

我们的头两站是新西兰和澳大利亚，在那里我们受到了热烈的欢迎。在我这次访问所碰到的许多政治领导人中,令人印象最深刻的是澳大利亚总理罗伯特·孟席斯。他那非凡的智慧以及对不仅是有关太平洋的问题,而且是对世界性问题的深刻了解,给我留下了不可磨灭的印象。假若他生在英国而不是生在澳大利亚,我深信他会成为继承温斯顿·丘吉尔传统的一位伟大的英国首相。

我们在印度尼西亚的雅加达着陆,进入了亚洲。我们受到苏加诺总统的欢迎,他的兴趣和爱好之广和他的人民的贫困都显得十分突出。在我们访问过的国家中,没有一个国家像印度尼西亚那样,统治者令人目眩的奢华和人民的贫困形成如此鲜明的对比。雅加达实际不过是一大堆闷热的棚户和茅舍,一条水沟穿过城市的中心,但是苏加诺的宫殿却粉刷得雪白无瑕,坐落在一片面积达数百英亩的仙境般的大花园中央。一天晚上,我们在1000支火炬的照耀下用金制餐具用膳,乐师们在湖边奏乐,湖面铺满了白色的莲花和浮沉在小木筏上的烛光。

苏加诺受过良好的教育,他深刻地感觉到他具有磁石般的使人民依附于他的控制力。他领导他们赶走了可恶的荷兰统治者而取得独立,他向他们提出了一个激动人心和激起他们自豪感的口号:merdeka——"自由"。但是,作为一个几乎拥有无限权力的领袖,苏加诺却已变成政治上的光彩和腐蚀性的虚荣的混合物。他为自己的性能力感到非常自豪,这件事已成为无数谣言和传闻的主题——其中有许多可能是他自己传出去的。不管怎样,他的宫殿里到处都是我曾看见过的最最优美的女人。情况简介曾经着重提到他性格的这一面,并说到他极其喜欢人们在这方面奉承他。

苏加诺身上体现了亚洲和非洲新建立的民族国家的一个共同问题。他是一个杰出的革命领袖,但对在获得独立后如何来建设这个国家却不太精通。像埃及的纳赛尔和加纳的恩克鲁玛一样,他能够非常成功地摧毁旧制度,却不能集中注意力来建立一个可行的新制度以代替旧制度。这些人不能像领导革命那样有效地领导他们的国家,而他们的国家——以及全世界——由于他们的这种状况现在还在付出代价。

苏加诺用一只铁腕统治着他的国家,以致共产党在印度尼西亚没有取得多

第三章 副总统（1953-1960）

少进展。但在我们的第二站马来亚，我们便亲眼看到一种新型的共产党战争，已经威胁着这一地区的稳定了。共产党游击队已在向挣扎中的马来亚政府挑战，而这个政府只不过才刚刚做好准备要从英国殖民主义的统治下挣脱出来。英国人没有犯美国人早先在朝鲜战争和后来在越南战争中所犯的错误，试图用常规战术和传统战略去对付游击战。英国人只是训练当地人并在打击叛乱者的战争中谋取他们的全心全意的支持。

我在吉隆坡碰到英国高级专员、陆军元帅吉拉尔德·坦普勒爵士，他是一个身体结实、易动感情的领导人，曾在北非充任艾森豪威尔部下。他告诉我："我现在一直力图说服当地所有的领导人和部队，这是他们的战争，他们是在为他们的独立而战，在游击队被打败以后，这个国家便是他们的国家，至于是否愿意继续留在英联邦内也完全由他们自己来决定。"

坦普勒和他的妻子同当地的领导人亲密地一同工作，尊重他们，待之以礼，印尼的荷兰人从来不曾这样做过，法国人在越南也没有学到这一点，美国人在那里想学这一点，可是为时太晚了。我们谈到印度支那的局势，坦普勒阴郁地摇摇头说："尽管我极不愿意，但也不得不承认他（法国总督）是一个十足的狗娘养的，他们在那里所需要的是一个李承晚。"事态的发展证明坦普勒是对的。在越南出现能稳定局势的强有力的领导人——开头是吴庭艳，后来是阮文绍——以前就没有什么强大的力量来抵制共产党的渗透。

我们花了极有趣也极令人沮丧的六天时间，访问了三个法属印支国家：柬埔寨、老挝和越南。当时越南是由保大皇帝统治的有名无实的君主国，保大是1949年由法国人重新扶上王位的一个傀儡。在法国保证越南独立以前，保大拒绝挺身而出，甚至也不表示支持法国军队对共产党越盟游击队作战。法国人拒绝提出保证，其结果便是长期相持，失尽人心，而得益的只有共产党。

保大难得会见外国人，但我在西贡时，他却邀请我到他在大叻的豪华山间别墅去访问他。他在一间长方形的房间里接待我，窗外正对着丛林茂密的山峦。赤脚的仆人端着银盘无声地走进来，盘子里盛着鲜果和茶。

保大反对和共产党进行任何谈判。他说："和他们谈判是没有意义的。谈判的最后结果,至少是把我国分成两半,我们一半,他们一半。而如果越南被分割开来,我们到最后将失掉整个国家。"

我们从西贡飞往老挝的首都万象,我们在那里和梭发那·富马亲王举行了一次长时间会谈,他是老挝统治家族的一位在巴黎受过教育的青年,当时担任首相。16年后当我担任总统时,梭发那·富马重新出任首相。那时我们曾通力合作,以防共产党接管整个印度支那。

我们从万象飞往河内。当我们在红河上空飞行时,夕阳的余晖把下面的土地染得一片金黄,混浊的红河穿过丛林蜿蜒流入市内。在驱车前往印度支那的法国总督的官邸——我们准备当晚在那里下榻——途中,我看到了市内的一些景象。不像西贡那个日益扩展的世界性城市,到处挤满了在那里生活和做生意的各种不同的民族,河内却像法国的一个繁荣的外省城镇。我们行驶在宽阔的林荫大道上,透过华丽的铁门,我能瞥见许多建在草地和花园之中的大别墅。

那天晚上,北越的省长,一位受过法国教育的越南人,为我们举行宴会。回想起来,那天晚上我在河内的祝酒词似乎是忧郁而带有讽刺性的:

> 这个国家所受到的威胁,虽然它已采取内战的形式,却仍旧是从外界获得力量的。这个外界,如直用其名,那就是极权主义的共产主义……
>
> 因此,这个国家所进行的反对越盟的斗争,其重要性已远远超出越南的国界。在这个染遍了越南人、法国人和与法国有关的人民的鲜血的战场上,他们所保卫的不仅是越南人的自由和民族继续生存,同时也保卫着柬埔寨人、老挝人,以及他们的西方的、南方的、东方的邻居的自由和民族生存……
>
> 我们知道你们完全和我们一样决心要抗拒侵略。正如我们过去的行动所证明的那样,我们已经决定,决不让你们在得不到援助的情况下去进行战斗。

第三章 副总统（1953-1960）

第二天早晨，我登上了一架法国的军用运输机，在太阳升起之前，我们已经起飞了，飞机低低地掠过茂密丛林的上空。我们在一个小小的简易机场着陆，有几位法国指挥官在那里等着欢迎我们。我们飞机的引擎刚一停止转动，我就听见了九年来没有听到过的声音：隆隆的大炮声。

我和法国官员会见后，他们之中的一位把我带到机场一侧，向我介绍了他们的越南同行。我立刻看出战争中一直存在的一个基本问题：法国人丝毫不掩饰他们对越南人的蔑视。我逗留在那里的时间不长，为了避免不必要地得罪法国人或使越南人难堪，我尽力使我和双方接触和花费的时间相等。

我穿上战斗服，戴上钢盔，和大家分乘几辆吉普车开往前线。在那里，我们看到大炮向驻扎在莱阁附近的丛林中的一个师的越盟军队猛轰。莱阁是个小村庄，离中国边界50英里。我一视同仁地同法国军队和南越军队谈话。在近在身边的隆隆炮声中，我对他们说，他们是战斗在保卫自由的最前线，美国人民支持他们的事业并向他们的英雄行为致敬。我看得出南越士兵听后颇受鼓舞，我也想到，由于法国人不肯这样对他们讲话，白白失去了他们的忠诚。

返回机场后，我和法国军官一起在他们的食堂里午餐。在越南的丛林中，我们吃着布尔哥尼牛肉，喝着上等阿尔及利亚红酒。当我感谢他们为我安排了这样好的一顿饭时，他们回答说他们平常都是这样吃的。我说我想去看看南越士兵的食堂。这是一个不受欢迎的建议，但是我坚持要去。我终于被带到另一排帐篷里，那是越南人居住和吃饭的地方。当我们走近食堂帐篷时，立即感到一阵刺鼻的、不好闻的气味扑鼻而来。"他们在做什么菜？"我问。一个法国军官轻蔑地皱了一下鼻子说："也许是猴子吧。"南越士兵显然为我去看他们而感动，我重复了我在法国人的食堂对法国官员说过的一些话。

中午1时我们回到河内。那天下午帕特和我到离河内西北约25英里的山西镇一个难民营去。在沿途每个村庄，地方官员组织了小学生和童子军欢迎我们，沿途张挂着用英文和越南文书写的欢迎横幅。

山西镇既令人痛心，又充满希望。被从自己家里赶出来的几千个难民全住在一些拥挤不堪的帐篷里。甚至就在我们待在那里的很短一段时间里，也看到人流不断地从门外进来，肩上扛着他们所有的一切。这些人似乎已完全习惯于忧伤，因而使你从他们的神态中感到一种庄严，甚而乐观的气息，这使我想到，如果能把共产党打败，越南人是能够建立一个强大的、美好的国家的。我永远想不到17年以后，这场战争还在进行，只是用美国军队代替了法国军队，而帕特和我访问的这个市镇恰好成了收容美国战俘的俘虏营。

那天晚上是我们在河内的最后一晚，莫里斯·德让总督在他的官邸为我们举行了正式宴会。要不是偶尔看到几副越南面孔和外面花园的棕榈树和兰花，这情景简直就像法国市长在第戎或图卢兹举行的宴会，既有浆得发硬的亚麻布餐巾，又有闪闪发光的高脚水晶酒杯和银烛台。

德让是一位圆滑而能干的外交官，但他同样也表现出那种使法国人不可能和越南人合作共事的高人一等的神态。在祝酒词中，他提到了前一天晚上省长在他为我们举行的宴会上所发表的祝酒词，他说："听到一个越南人用如此纯粹的法语讲得如此流畅，我不禁感到无比光荣。"

在我的答词中，我试图强调，如果要战胜共产主义，越南人真正应发挥的重要作用。然后我以谈个人感触的口气结束了我的答词：

> 明天早上我们就要离开这个国家了。我不知道何时我们能再来，但在我们离开时，我有一个明确的想法，而且我肯定尼克松夫人也这样想，那就是，要是这里的侵略者肯停止他们的进攻，那这个国家将会是一个何等幸福和伟大的国家啊。我知道有人曾谈到和侵略者进行谈判的问题。我们大家都要和平，但我想，我们大家也都知道，侵略者并没有要求和平，他们也没有要求谈判，同时我们大家也都知道，如果谈判的结果是把要求自由和独立的人民置于永久的束缚之下，那就决没有进行谈判的可能。在这种情况下，我们在离开时仍然充满着信心，相信这个为这个国家制造了如此之多的忧伤和痛苦的斗争最后必将以胜利而结束。

在柬埔寨，我们参观了吴哥窟那令人难忘的庄严雄伟的废墟，和西哈努克亲王谈了话。在今年早些时候，当他在华盛顿作非正式访问时，我曾见过他，而我最初对他的印象现在不幸被证实了。他是一个聪明人，但有些自负。他似乎对自己的音乐才能，比对自己的政治领导能力更为自豪，而且在我看来，他对他的国家所面临的许多问题的看法完全是不现实的。

我离开越南、老挝和柬埔寨时深信，法国人之所以失败，主要是因为他们没有充分训练，更没有激励那里的人民，使他们有能力自卫。他们没有建立起一个信仰——或一套机构——可以用来抵制共产党的民族主义和反殖民主义的号召。

南越军队处于可悲的境地中。他们对自己缺乏信心，也没有一个领导人去鼓舞他们。最重要的是，他们没有一个战斗口号，一个类似 *merdeka* 的口号，使他们感到不是被迫去打仗，而是自己要打。

要是做不到这一点，那只要法国人一撤出，越南——可能还有老挝和柬埔寨——在共产主义风暴的袭击下，就会像片片枯叶被纷纷刮落。因此，我认为，美国必须尽一切可能设法使法国人留在越南，直到共产党被打败为止。

中国共产党在越南训练越盟军队，供给他们给养，但没有任何地方像在中国台湾那样更强烈地感到他们的存在而为之不安，在那里蒋介石委员长和蒋夫人还在做着美梦，拟定着把共产党赶出大陆的计划。我在台北蒋的华丽的官邸里同他相见。我们谈了七个小时，蒋夫人给我们当翻译。当我们谈到"中国"时，蒋两手一挥，清楚地表明他指的不仅是这个目前他的权力所及的小岛，而是包括地平线那边的整个国家。我不能直率地告诉蒋，他想在他的统治之下重新统一中国的可能性实际上是不存在的。但我仍明确指出，美国军事力量决不会投入支持他可能发动的任何进攻。

我带了一封艾森豪威尔给李承晚总统的信去到南朝鲜。李对7月签订的朝鲜停战协定很不高兴。他拒绝接受把他的国家分割开来的决定，仍然抱着统治一个统一的国家的希望。

我们的驻汉城的大使埃利斯·布里格斯担心，要是不让李了解我们的立场，他很可能会错误地认为反正美国不会让他单独作战，而有意制造事端，甚至会对朝鲜发动攻击。我在大使馆同阿瑟·迪安谈了一会儿，他是我们在南朝鲜的特派谈判代表，知道我带有给李的信。迪安以极为赞赏的口吻谈到李。"我希望你在这里不要完全解除他的武装和挫掉他的锐气。"他说，"他是一个伟大的领导人，也是我们在世界的这一地区的一个伟大的朋友。在这里，我们的绝大多数朋友都是只能共安乐的一类人物"。

我在汉城到处可以看到战争留下的苦难和匮乏。孩子们穿着单薄的棉衣，在油毛毡盖的小屋外面发抖，而那种房子是根本不能抵挡凛冽的寒风的。很显然，南朝鲜——一直是一片荒凉和贫困的地方——为它的生存付出了高昂的代价。

第二天我会见了李总统。他身材瘦小，穿着一套深蓝色的服装，打着深蓝色的领带。他有力的握手和轻快的步子，使人难以相信他已 78 岁了。略事寒暄后，我说有些事情想和他单独谈谈，他点点头，于是其他的人都退了出去。

李承晚以敏锐的目光打量着我。我对他说，我不仅是艾森豪威尔的代表，而且一贯是南朝鲜的一个老朋友。我从口袋里掏出艾森豪威尔的信并交给他。他极慎重地拿着它，似乎要掂掂它的分量。

他缓慢而沉着地拆开信封，把信笺展开。他用平稳的音调念着。艾森豪威尔以庄重明确的言辞，表明美国不能容忍任何可能重新燃起战火的行动，并且要求从李承晚那里得到具体保证。

当把信读完时，李把信放在膝上，垂下眼睑凝视着它一声不响。当他朝上看时，他的眼睛里闪着泪花。"这封信写得真好。"他说。

然后他开始讲话，言辞之间好像根本没有看过那封信。他说明他对日本的态度，他谈到亚洲和太平洋地区的未来，他批评了我们执行经济援助计划的方式。我尽可能避免对他逼得太紧，但我最后终于使他转过来再谈谈那封信以及艾森豪威尔所要的保证。我说我对他说话很坦率，因为我认为目前形势十分迫切地要求他了解艾森豪威尔的立场，同意总统在他的信中所提出的要求。

"我也要坦率地对你说，"李回答，"我对我国从美国所接受的援助以及艾森豪威尔对待我的私人关系深表感谢。由于此种情谊，我不愿意做任何与美国政策不相协调的事情。另一方面，我必须想到朝鲜，特别是想到北方的300万受奴役的朝鲜人[1]。我作为朝鲜人民领袖的职责是实现我国的统一，可能时，用和平手段，必要时，使用武力。"

他停了一下。接着他又继续说下去，一边用手指摸着他膝上那封信的折痕。

"我了解为什么美国急于实现和平，这个目标我基本上是同意的。"他说，"但另一方面，使朝鲜形成分裂的和平将不可避免地导致一场既毁掉朝鲜又毁掉美国的战争，对这种和平，我不能同意。"

突然他俯身对我说："我向你保证，不管什么时候，在我采取单方面行动之前，我一定先通知艾森豪威尔总统。"

这很难说得上是艾森豪威尔所要求得到的保证，于是我坚定地说，他必须完全了解，在任何情况下，如果没有同艾森豪威尔达成一致协议，他不能采取任何行动。会谈就这样不得要领地结束了。

我回使馆后，详尽地记下了这次谈话的情况。把话说得那么绝对，我感到有些不安，但我知道，如果由于我这方面语焉不详或词不达意，致使李不能理解美国决不会支持他可能采取的任何单方面行动去统一他的国家，那我就是没有完成我的使命。

我的不安心情，由于第二天李承晚对一个记者的谈话更加深了。他说："我希望我能通过副总统尼克松去说服艾森豪威尔总统，正确的政策是结束朝鲜目前的这种状态。"

我们访问的最后一个夜晚，帕特和我作为贵宾去观看一场朝鲜的音乐舞蹈演出。演出中间，突然听到一阵很响的爆裂声，原来舞台后部一个儿童合唱队正站在上面的木台子塌下去了。观众都捏了一把汗。当孩子们意识到发生了什么事时，他们开始哭喊起来。

很快就可以看出并没有人受伤，观众对孩子们安全的关心立即转变为一种丢脸的感觉，为什么偏在招待外宾演出时发生这样的事？我知道，无论在远东

---

[1] 原文如此。——译者注

什么地方，丢脸都被看作是最可耻的事。似乎这件事使南朝鲜丢了脸。指挥举起双手，尴尬地离开了舞台。

我突然想出一个使晚会免于一场灾难的办法。我从座位上一跃而起，开始鼓掌。帕特看见我这样做也立刻跟着鼓掌。于是一个接一个，然后是一大群观众和我们一起鼓起掌来，掌声越来越大。原来被这次偶然事故吓呆、弄得手足无措的孩子们也拍起手来微笑了。最后指挥重新走出来，继续演出。

当我第二天去向李告别时，他十分热情而友好；我肯定他已得知有关儿童合唱队的事故。当我们重新单独在一起谈话时，他从口袋里拿出两张薄薄的纸来。他一边打开一边说，这是他亲自打的字，以保证绝对机密。"当共产党肯定美国控制着李承晚的时候，"他说，"你们将失去你们最有效的讨价还价的筹码，我们也就失去了一切希望。共产党对于我可能会采取某种行动的恐惧永远对他们是一种制约力量。我们，你和我，现在都非常坦率，所以你必须知道，共产党认为美国极其需要和平，而且你们将竭尽全力要求得到它。有时候，我在想他们也许是对的。但是，说到我这方面，他们可不认为情况也是那样，因此我相信你们这样完全消除他们在这方面的疑虑是错误的。明天你在东京时，我就会把我回艾森豪威尔的信送到。我真希望你能把这封信亲自交给艾森豪威尔，看完后就把它销毁。"

他把他刚才讲的那段话的底稿交给我说："在准备我们这次会晤的报告时，你也许用得着它。"在稿子末尾他亲笔加上了两句话："报上有那么多的报道说李承晚答应不单独采取行动。给人造成这种印象不符合我们的宣传方针。"当我们在他的办公室门口握手告别时，他说："有关南朝鲜将单独采取行动问题，我所作的一切声明都是为了帮助美国。我心里明白，南朝鲜不可能单独行动。我们必须和美国一起行动。我们懂得，一起行动，我们将可以得到一切，不一起行动，就会失掉一切。"

帕特和我是第二次世界大战后日本的第一批国宾。在日本，所到之处，总有数十万群众站在我们的车队驶过的街道两旁热烈欢呼。这些人表现出一种我也具有的深刻感情：战争是一出悲剧，现在已到了该重新恢复日美之间过去多

第三章 副总统（1953-1960）

年存在的传统友谊的时候了。

我在东京发表了一篇演说，它立即成了全世界无数报纸的头条新闻，同时也在国内引起了小小的争论。我离开华盛顿之前，福斯特·杜勒斯曾和我讨论过，对日本重新武装这个微妙问题我应该谈些什么。解除日本的武装开始于1946年，并在美国的坚持下，于1947年正式写进日本宪法。我们私下感到，不久就会需要日本有某种形式的自卫武装力量以抗击共产党对太平洋的统治。但是在1953年，人们对第二次世界大战的痛苦记忆犹新的时候，我们知道，一提起日本重新武装问题就会立即引起一阵抗议的风暴。杜勒斯认为，先在日本本土提出这个问题可能会减弱它在美国所产生的政治冲击，我因而想到由日美友好协会和其他几个团体邀我去一个午餐会讲话，将为我提供一个最理想的讲坛。我在讲话中说：

> 现在的问题是，如果1946年让日本解除武装是对的，那为什么到了1953年就不对了呢？如果这事在1946年是对的，在1953年就不对了，美国为什么不干脆承认自己犯了那么一次错误呢？我想，我现在要做的事也许应该让比我更负责任的人去做。我要在这里承认，美国在1946年确实是犯了错误。
>
> 我们犯错误的原因，是我们错误地判断了苏联领导人的意图……我们认识到，在目前的国际条件下，自由国家裁减军备将不可避免地导致战争，因此，完全是由于我们需要和平，我们信奉和平，我们才自1946年以来开始重新武装自己。我们认为，日本和其他自由国家也必须承担自己的一部分责任，使自己重新武装起来。

美国国内对这篇演说的反应正是我们所需要的：有些人猜测我是在放出试探气球，但更多的评论员却认为是我自己在信口胡说。另一点也完全如我们所期望，讲话对日本的反共领袖产生了巨大的积极作用。

菲律宾之行的高潮是我和当选总统拉蒙·麦格赛赛的会晤。我们两人颇为意气相投。帕特后来说她从未见过两个具有如此不同文化背景的人，居然有这么多的共同点。麦格赛赛立志为菲律宾人民建立一个廉洁而有效率的政府，这是战后菲律宾的领导很少人能够做到的。他受到青年们的热烈支持，他还是一个极有吸引力的演说家。

1957年他因飞机失事而死去，这对菲律宾和整个自由亚洲都是一个悲剧。

我此行最令人激动的一站是缅甸。这个国家刚从英国获得独立，这里的文雅而友善的人民正处于同顽强而巧妙的共产党渗透进行斗争的困难时刻。

在感恩节那天，我们驱车50英里去仰光郊外的丛林地区，参观勃固镇有名的卧佛像。他们在市政厅请我们吃午饭，而且为了尊重我们美国的节日习惯，缅甸人设法弄来一只火鸡作为主菜。我们原计划步行去参观那神像，但在餐后上点心时，当地的警察局局长告诉我们的警卫人员，因为共产党已经组织了一次示威，步行可能不安全。他们曾散发反美标语，并曾出动一辆装有广播的卡车对群众进行煽动。警察担心会发生不愉快的围攻或混战事件，甚至很有可能发生暴力行动。

我们从仰光驱车前往勃固时，曾有一队武装卫兵护送，因为就在一星期以前，就在这条路上一小股游击队曾伏击并打死几个政府官员。我们的警卫人员提议他们乘我们的车子开过去，这样我们就可以从后门出去避开群众。

我说，我认为我们应该按照原来安排的步行计划进行。决不能让任何共产党的示威人群改变美国副总统的旅行路线。但是我们的东道主对步行很不热心，因此帕特和我单独走出市政厅向寺庙走去。街上挤满了人。我命令警卫人员和缅甸保安人员不要走在我们前面，而是跟在我们后面走，并且把武器全收起来。当我们直接向人群走去时，他们闪开了。

我走近一个拿着用英文写着"战争贩子滚回去！"的标语牌的人。我朝他友好地微笑着说："我注意到这些牌子是针对尼克松先生的。我就是尼克松，我很高兴认识你。你叫什么名字？"当我对这个人伸出手时，他吃惊地往后退了几步。我于是对准一个似乎是头头的人，向他说："你们的这些口号是不对的。美国不要侵略。美国需要和平。但是你对发动侵略的那些国家是怎么想的呢？比如在朝鲜和在印度支那发动侵略的国家？"

他不快地耸耸肩,用英语回答说:"那是不同的。"

"怎么不同呢?"我问。

"那是为民族解放进行斗争。"他回答。

我停了一会儿,一直到我觉得这几句对话通过翻译已经传到群众耳中并为他们所理解了,然后我点点头,似乎我对他的解释非常满意。"啊!我明白了,那是民族解放战争。"我说。我停了一停,接着微笑着说:"啊,至少请你告诉我你有几个孩子?"他显得很不安,开始支支吾吾起来。群众对他的狼狈相大笑不止,接着一个一个扔下标语牌走了。后来有人对我说,我煞下那头头的威风使他在人民中丢了脸。

这一次的经验更坚定了我本能地感到的一个信念:对付共产党人的唯一的办法是对着他们挺起腰来。否则,他们会把你的礼貌当作软弱。他们会设法让你害怕,然后利用你这种恐惧心理。

我在此行中碰到的一个最不友好的领导人是尼赫鲁。我在新德里他的办公室里和他进行过两次私人会谈,其中一次进行了两个小时。当我坐在那里倾听尼赫鲁用一口柔和而铿锵的英国英语讲话时,一个穿制服的侍者端来了橘子汁和腰果。"为了巩固我们的独立,我们需要一代人的和平。"他说。后来当我担任总统时,我在多次演说中曾用上他的"一代人的和平"这一说法,把它作为我的对外政策的目标。

尼赫鲁念念不忘、没完没了地谈着印度和巴基斯坦的关系。他花费更多的时间责骂印度的邻居,而对印美关系和亚洲其他问题谈得很少。他强烈反对引起争论的关于美国对巴基斯坦的援助问题,但我深深感到,他之所以反对,主要是由于他个人渴望——如果不是控制的话——能对南亚、中东和非洲产生更大的影响。尼赫鲁是个伟大的领袖,他终能使一个由不同的民族、土邦和宗教组成的五花八门的大杂烩成为一个统一的国家,这是任何一个其他的印度领导人都没能办到的。但是,他在领导国家克服种种障碍获得独立后,却立即强使它公开声称严守中立,并使他自己成为同样不愿结盟的国家的代言人。如果他不把自己的大部分精力花去充当自封的第三世界不发达国家的代言人,而是用来解决印度内部严重的经济问题和社会问题，那印度民主政治今天就可能更稳定了。

在我们的访问中，尼赫鲁的女儿英迪拉·甘地是受他正式委派的女主人。她聪明、稳重、娴静，我感到她有深刻的内在力量和决心。

她的父亲显然很喜爱她，她在各个方面都酷似乃父。

我此行曾经会见了不少总统、亲王和首相，但我最难忘的一次会晤是同马德拉斯省领导人拉贾戈帕拉查理的会见，他是和甘地同时代的一个干瘪的老头。我同拉贾杰——大家一般都这样称呼他——一起度过的那个下午对我产生了如此深刻的影响，以致我在后来好几年中把他的许多思想都搬来用在我的演说中了，而且时至今日，在我的脑海中还浮现着他那瘦小的身材，大鹰钩鼻，围绕在耳朵上边的稀疏的白发以及那双漆黑、锐利的眼睛，他坐在一个草垫上，身上只围着一条腰布，脚穿草鞋。

曾经负责管理马歇尔计划、后任福特基金会主席的保罗·霍夫曼，曾对我说他是世界上最有才能的人物之一。这个估计过低了。在我记下的有关这次谈话的三页笔记中，在拉贾杰的名字下面我写着"绝顶聪明"几个字。

他很想知道艾森豪威尔是怎样一个人。"他信宗教吗？"他问。"他是一个笃信宗教的人，"我回答，"但从外表看不像他内心那么虔诚。"拉贾杰微笑了。"这是军人的特点，"他说，"信奉和平主义也是军人的特点。"

关于原子弹的恐怖，他说得极其简单，但也很激动。"发明原子弹便是错误的，"他说，"探索物质成因的秘密就是错误的。它无益于人民生活的需要。这是一种罪恶，它会毁掉发现它的人。"

我们谈到宿命论，我问他是否有意领导印度和南亚沿着他的理想的道路前进。他阴郁地笑笑说："啊，不，我在这里过得很幸福。整个世界是很不幸的，所以我为什么要离开这里呢？我已经 74 岁了。在印度，这算很长的寿命了。我的身体已经疲倦了。也许我的脑子并不疲倦，但是必须找一些比较年轻的人去领导斗争。比如像你这样的年轻人。"他说着，又微笑了。

我在巴基斯坦会见了阿尤布·汗，当时他是巴基斯坦武装部队的司令，还没有执掌政治权力。我特别喜欢和他谈话，因为和他的大多数同胞不同，他并不总纠缠于巴基斯坦－印度关系问题。他也表明他对印度教徒极端轻蔑，对印度人极不信任。但是和反对印度相比，他更为反共。他极其担心共产主义在思想意识方面和军事方面的威胁，担心出现苏联利用印度为它火中取栗，以便在南亚建立主要据点的危险。在他的政治生涯中的那一阶段，他强烈亲美，认为巴基斯坦和美国应该是盟国和朋友。

福斯特·杜勒斯在他的中东之行中未能访问伊朗，因为当时那里局势不稳。几个月后，发生了激烈的政变，穆罕默德·摩萨台首相的亲共政权被军方推翻。支持伊朗国王穆罕默德·礼萨·巴列维的政府在法佐拉·扎赫迪首相的支持下就职。扎赫迪——他的儿子后来在我担任总统时任驻美大使——聪颖博学，性格极为坚强。若无他的领导，我相信伊朗今天不会是一个独立的国家。

国王只有34岁。他刚刚度过一次痛苦的经历——曾有人试图谋杀他。在我们的会晤中，他主要让扎赫迪谈，但他注意倾听，提出一些具有深刻意义的问题。我觉察到他有一股内在的力量，并感到在未来的几年中他会成为一位坚强的领导人。

我们的飞机于12月14日在国家机场着陆，我们驱车前往白宫，在那里艾森豪威尔邀请我们上楼去同他和艾森豪威尔夫人一起喝咖啡。

第二天我收到了一封两页手写的信，由于这信出自一位从不轻易对人说一句赞扬之词的人之手，我懂得这是一种不同寻常的温情的表示。

亲爱的迪克：

尽管我对你——还有帕特——最近访问几个亚洲国家获得的成就引以为荣，但我仍然得说，你回来了，使我感到很高兴。

我们，我说的是我们政府中所有主要人员，这期间一直以没有听到你的明智意见、没有得到你的强有力的支持、没有看到你全力为国效劳的表率作用为憾。

纯从个人考虑，我真高兴看到你们俩在经过旅途的仆仆风尘之后，看起来还如此精神，这次旅行的严酷经历即使对你们这样年轻而精力充沛的人也必然是一种严重的考验。我等待着有一个比较安静的机会好好听你们讲讲你们的险遇和成就。

谨致热烈的个人问候，

你的忠诚的

德怀特·D. 艾森豪威尔

1953年之行对我的思想和政治生涯产生了异常重要的影响。这次旅行，从它已完成和超额完成预定的目标这一点来说，确是一次无可争辩的成功。但还不止于此，它还使我在有关这个将成为世界上最多事和争论最多的地区的问题上，积累了外交政策方面的经验和专业知识。

此行对我是极有教益的。通过同数以百计的领导人和数以十万计的普通民众接触，我对亚洲人民有了更多的了解。我也看到了历时三个世纪的欧洲殖民主义濒于灭亡，而我觉得我能找出它的病根何在。我看到亚洲的领导人和群众多么渴望独立——不管他们是否已做好准备，也不管他们是否真正懂得独立的意义——因为对他们来说，独立代表着尊严和受人尊重。它还表明他们的意见将受到重视以及他们将受到公平待遇，这就是他们的要求。

我发现，这些国家的许多人只知道美国是个无比强大的国家，共产党的宣传和欧洲的妄自尊大的说法则把美国说成是愚不可及和贪得无厌。我向他们保证，我们不是个殖民主义大国，我们也不赞成我们的欧洲盟国至今保留着殖民主义的残余。帕特和我都利用各种机会让各国人民以及他们的领袖明白，美国是真正关心他们的，关心他们的意见、他们的问题以及他们的友谊。经受了多年的压迫和镇压之后，人民已经发展了有效的地下通讯网，因此我们借以略有所表示的这些话很快就在全市，甚至在整个国家引起反响。

这种新颖的个人外交在我们所到之处都成了头条新闻，并且我想这也是此行最重要的贡献之一。例如，在新加坡，头版标题是：尼克松和普通人交谈。其中描写我到达的一段文字是这样写的："美国副总统尼克松先生，昨天竟有时间把他的手臂伸过一个五英尺高的篱笆，去同一个普通的马来亚市民握手。"

一个专栏作家在雅加达发行量很大的《永恒报》上写道："也许诸位读者不会相信，美国副总统理查德·尼克松昨天曾在茂物和芝巴纳斯之间一个农民家里帮助炸白薯。但这确实是昨天发生的真事……尼克松甚至还跑进一家乡村的咖啡馆，和苏加诺一起坐在竹椅子上，和店主人闲聊。"

帕特和我每到一处都同人民进行大量的私人接触。有一天在菲律宾，我们在一个4H[1]展览会上和5000多名学生握过手。后来我在一家工厂从拥挤的人群走过时，陪同我的菲律宾人员碰碰我的手臂说："副总统先生，站在后边的那个人说：'我的衬衫这么脏，他也不怕和我握手！'"我永远不会忘却这位同行人员脸上流露出的那种静穆的自豪感。

《纽约时报》向我们所到之处的该报记者收集情况汇报，在我们回来的那一天，在头版的报道中发表了他们的看法："根据尼克松先生访问途中《纽约时报》的记者报道，在此行中他已表明在应付外国微妙的政治局势、随机应对方面具有非凡才能。总之，他们报道说'亚洲的普通人都喜欢这个身材魁梧、友好、平易近人、民主、严肃的年轻美国人，同时在他们的印象中，他也喜欢他们'。"

今天，要是谁来告诉我们说我们应该尊重亚洲人民，这大概算不得是什么新发现了；但是，在第二次世界大战以后的那些年头，欧洲国家却没有充分了解或及时了解到这一教训。在香港，这个我所访问过的管理得最好和最繁荣的亚洲城市，我曾经问过当地的一位中国头面人物，如果提出让他们脱离英国人的统治，那人民投票的结果会怎样？他毫不迟疑地说："人们会以十比一的多数投票拥护脱离。"我问他为什么会这样，因为英国人待在香港在物质上显然是对人民有利的。他回答说："有一种说法，英国人每建立一个殖民地，他们会按下面的顺序设立三样东西：教堂、赛马场和东方人不得参加的俱乐部。这说法虽有些夸大，但却是有其事实根据的，这就是为什么我们总愿意选择脱离英国的原因。"

---

[1] 4H代表"心、手、头、健康"，四个以"H"字母开头的英文字。美国农业部一直在农村青年中组织4H俱乐部，对青年进行科学种田和农业经营方法的教育。——译者注

好也罢，坏也罢，殖民帝国反正已在瓦解中。20世纪50年代的最大问题是谁来填补真空。日本有此能力，但因受战后条约的约束，不准它这样做。这个地区并没有任何一个国家能在没有外援的条件下靠自己的军事和经济实力来保卫自己不受共产主义的渗透和颠覆。我认为，非常明显，如果美国不采取行动，那中国人和苏联人就肯定会和每个国家国内的共产党集团一起，或通过他们，采取行动。因此，问题不在于我们应否采取行动，而是怎样采取行动。

我在这次访问中，对共产主义的理论和实践情况有了颇多了解。在每一个国家，我都看到共产党人怎样谨慎地把他们的宣传和援助对准那些能够使他们获得最大好处的目标，怎样永远把自己说成是站在人民一边，反对统治阶级——不管这统治阶级是欧洲的还是本国的。苏联人的宣传很巧妙，并且不惜成本。但是他们也和我们一样，是从外面闯进东方世界去的。在亚洲和太平洋地区的一个新的、莫测高深的主要因素是共产党中国。它是赫然耸立在亚洲地平线上的一个巨人——被训练有素的一帮共产党人管理的4.75亿人民。有一段时期，华盛顿或其他西方国家首都的一些一厢情愿的思想家宣扬说共产党中国不会成为亚洲的威胁，因为它太落后、太不发达了，但我已能根据第一手材料写出报告，证明它的影响早已遍及整个那个地区了。

例如，中国共产党曾和一些国家订下了交换留学生的计划，大批学生被送到红色中国去免费接受大学教育。在印度尼西亚，这数目已达到每年1000名，而使我非常震惊的是，我们的某些使馆对这种情况将对下一代领导人可能产生的影响竟全然漠不关心。

我回国时已深信，既然亚洲的这场大战是在共产主义和自由国家之间进行的，我们便不能忽视强大的共产主义宣传。我认为彻底破除共产党的号召力的最好办法是和他们进行面对面的斗争，并让一些没有明确表态的观察家看到，民主国家的代表既不害怕共产党人，也决非没有能力在任何问题上与他们进行辩论。我的这种信念在勃固寺获得了最生动的证实。

此行中战后日本强烈的进取心和纪律性也给我留下了深刻的印象：似乎我们所看到的每一个人——从地里的农民到装配线上的工人——都在狂热地工作。1953年，这个国家还远没有完全站起来，但通过这次旅行，我思想上已毫无疑问地确信，日本的恢复要比大多数美国人所预料的快得多。回到华盛顿后，我成了一个美日密切联系的坚定拥护者。

1953年之行产生了两个具有长远意义的成果。在那69天中，我不仅能会见许多掌权的人，还见到了许多即将出头的比较年轻的一代人，他们在其后20年中事业上的发展应是同我一样的。每当我重新访问这些国家时——以副总统身份，以一个普通公民的身份，然后以总统的身份——我发现同我打交道的那些人往往就是我在第一次访问时见过的。在这即使为数不多的几次早期会面中建立起来的关系以及我从这些接触中学到的东西，对我的外交政策思想的形成产生了极为重要的作用。也是由于此行的结果，我发现外交政策是我极感兴趣的一个领域，并且我在这方面至少有一定的能力。

此行还有一个意义不大，却同样有长远影响的成果是，帕特和我从此对香槟酒不再感兴趣了。我猜想，在这两个月中，我们至少喝了两箱香槟。沿途每到一处，不论午宴还是晚宴，主人总是自豪地拿出一瓶瓶上等法国香槟向我祝酒，我还不得不回敬。在过去有什么特殊喜庆事，帕特和我总喜欢用香槟来庆祝一番，但从此以后，我们两个都不曾自愿喝过一杯香槟酒。做总统时，如有必须，比如祝酒或回敬，我只得啜上一口，但我从不曾真正喝下过一大杯。

乔·麦卡锡

我们从杜鲁门政府继承下来的最棘手的问题之一是乔·麦卡锡。一个民主党朋友曾对我这样说过："乔对我们来说是潜伏在草里的一条蛇。你一不小心，他就会在你的胸膛上咬一口。"

麦卡锡和我都是在1946年来华盛顿的。他在威斯康星政界混了不多时间，便被看作"战斗的海军陆战队队员"选入了参议院。在开头那几年我很少看到他。他是参议员，我是众议员，我们活动的圈子各不相同。

1950年2月，对希斯的伪证罪定案后的下一个月，麦卡锡在西弗吉尼亚州惠林共和党的一个妇女俱乐部发表了一篇纪念林肯的演说。他演讲的题目是共产党对政府的渗透。演说结束时他挥舞着一张纸，说这是一张受雇于国务院的某些人的名单，国务卿知道这些人都是共产党。等他第二天到盐湖城时，名单上的人数有了改动，但指控照旧。

同华盛顿的其他人一样，我怀着极大的兴趣阅读着这些消息。我读着也感到很大的震动。乔·麦卡锡过去从未参加过对共产党的斗争，我禁不住十分怀疑，他是否懂得在追索共产党人时必须绝对准确和公正。他从盐湖城回到华盛顿后不久，前来看我并问我，由于我曾处理过希斯案件，对国务院里的共产党人我有没有什么档案材料。

我对他说，我欢迎他查阅我所有的任何档案。但是我提请他特别注意一定要弄清事实。我指出，在他的演说中他曾谈到"持有党证的共产党员"。我告诉他，在谈到有关安全威胁问题时，他应当有更可靠的根据。他对我的忠告热烈地表示感谢，并说我说的这一点很重要。但是，几个月过去了，他仍然不分青红皂白地对人胡乱攻击。

1950年12月，我同麦卡锡有一次不寻常的巧遇，那是在华盛顿不容外人参加的苏格雷夫俱乐部的一次小型午宴上。宾客中有德鲁·皮尔逊，他几乎每天都在他的《华盛顿逍遥谈》专栏中攻击麦卡锡。虽然这两人在餐桌上的座位离得较远，但显然麦卡锡很想大打出手，皮尔逊看起来也准备奉陪。

跳舞在上菜间歇期间进行。在一次间歇时，麦卡锡走到皮尔逊跟前说："你知道，明天我准备在参议院发表一篇将使你失业破产的演说。等到我把你收拾了，你在职业方面和在个人方面也就彻底完蛋。"皮尔逊毫无表情地抬头看看他，低声说："乔，你的所得税付了吗？"皮尔逊曾经写过关于麦卡锡个人经济状况的文章，因此这句话几乎把他给气疯了。他问皮尔逊敢不敢同他到外面去，但别的客人过来劝架，把麦卡锡拽回他的座位上去了。

宴会快要结束时，我到楼下衣帽间去。乔·麦卡锡在那里用他粗大的双手掐住了皮尔逊的脖子。皮尔逊拼命挣扎着想透口气。当麦卡锡发现我时，他松开了胳膊，猛地给皮尔逊一记耳光，打得他的头向后摇晃了一下。

第三章 副总统（1953-1960）

"这一下是替你打的，迪克。"他说。

我插到这两个人中间，把他们拉开。"让我这个好教友会教徒来制止这场战斗吧。"我说。皮尔逊拿起他的大衣跑出房间。麦卡锡说："你不应该拦阻我的，迪克。"随即他回到楼上去和女主人告别。

由于麦卡锡曾攻击过乔治·马歇尔，长期以来他和艾森豪威尔的关系一直很紧张。

大选以后，我想我应该设法调解他们长期的不和。因此，我开始充当麦卡锡和政府之间的调解人。不久，我发现我这个中间人两面都不讨好。

当时参众两院的大多数共和党人仍强烈支持麦卡锡，希望艾森豪威尔和他交好；而以开明派为主的白宫班子则反对麦卡锡，希望艾森豪威尔和他断绝关系。总统本人感到处于两难之间。他本人不喜欢麦卡锡，不仅由于麦卡锡对马歇尔进行了攻击，而且因为麦卡锡粗鲁的狎昵态度，使艾森豪威尔讨厌。但艾森豪威尔不愿卷入这种个人之间的和党派的激烈争论，他知道如果同麦卡锡断绝关系，或者试图惩戒他的话，共和党马上就会在国会和全国彻底分裂。这就会严重损害艾森豪威尔的那种奇特的纯个人的良好心愿，正是靠着这种心愿他才能尽管只代表少数派却领导着整个共和党。所以他始终犹豫着不愿意挑起对抗。

差不多就在这个时候，我发现自己陷入了麦卡锡放的一把野火之中。

艾森豪威尔最早提名送到参议院去认可的两个人是，让哈佛大学校长詹姆斯·布赖恩特·科南特出任美国驻德高级专员，让老资格的外交家查尔斯·E.波伦出任驻苏大使。几个月之前，科南特因坦率地宣称，无法想象哈佛大学的教职员中会有什么共产党人，从而激怒了许多反共人士。麦卡锡准备在参议院的大会上攻击科南特的任命。我听到关于这事的一点风声后，设法说服他不要这样做。他同意了，改为仅写一封信给艾森豪威尔，表示反对这一任命。不过，几个星期后在大家辩论波伦的任命时，我却并没有发挥那么大的作用。

1953年夏，麦卡锡发现了有关威廉·邦迪的一些令人可疑的情况。邦迪是中央情报局艾伦·杜勒斯手下最能干的年轻人之一，有人说他曾给阿尔杰·

希斯的诉讼基金捐过款。麦卡锡决定不仅要调查邦迪,而且要调查整个中央情报局。艾伦·杜勒斯问我能否帮点忙避免这场对抗。他说他完全信任邦迪,而他主要关心的是不要让中央情报局的名字出现在报纸上。我对麦卡锡说,我在好几次国家安全委员会的会议上看到过邦迪的表现,我认为他是一个忠诚的美国人,正为国家做着重要的工作。

"那么他捐款给希斯是怎么回事呢?"麦卡锡追问。

"乔,"我说,"你必须了解坎布里奇[1]的人的思想情况。邦迪是哈佛法学院的毕业生,而希斯是这个学院最有名的毕业生之一。我想他可能只是赶浪头,而根本没考虑这浪头要冲向何处去。"

第二天,我同麦卡锡以及他的小组委员会的其他共和党人共进午餐,其中有埃弗雷特·德克森、卡尔·蒙特和查尔斯·波特等人。我得到了他们的支持,麦卡锡以明显的勉强态度同意放弃对邦迪和中央情报局的调查。

我力图说服各方——艾森豪威尔、白宫工作班子、内阁,还有许多国会议员——在劝说麦卡锡有所节制的同时,我们也应该仔细考虑一下他提出的每件事的真实内容。我想,如果到了迫不得已必须破裂的时候,我们对麦卡锡的攻击也只能限于他所列举的事实与实际情况不符的地方,而且我希望,与此同时,我们不能使反共事业由于他的过火行动而遭到不可弥补的损失。例如,1953年8月,他就曾发现了一个共产党员在政府印刷局工作。他在这个案件上夸大其词地大做文章,但我主张大家不要反击他,因为他的指控至少有一部分是有事实根据的。

为了搜寻可能受到共产党渗透的新的领域,麦卡锡开始对陆军进行调查。那个原子弹间谍朱利叶斯·罗森堡就是在一个陆军基地进行活动的,而麦卡锡感到,任何地方只要有一个共产党,那里就很可能有一窝。1953年12月底,我请他到比斯坎岛去,在那里比尔·罗杰斯(当时的司法部副部长)和我一再

---

[1] 在马萨诸塞州,为哈佛大学所在地。——译者注

第三章 副总统（1953-1960）

提醒他注意对陆军的调查操之过急的危险性。

我说他应该仍然在政府中追查共产党。"至于他们是在本届政府还是在上届政府开始任职的，那都没有关系。"我对他说，"只要有他们存在，就应该揪出来。但你得记住，这是你的政府，在其中工作的人都和你一样一心一意地要清除颠覆分子。"我建议他和陆军部部长罗伯特·史蒂文斯谈谈。罗杰斯和我还主张他考虑转移到另一些新的部门去活动，免得让人说他是个"只有一发炮弹"的参议员。

麦卡锡似乎很理解我们对他的忠告，在他离开佛罗里达之前，他对一些记者说，他计划把他的调查范围扩大，其中将包括在杜鲁门政府任内已作处理但仍大可怀疑的有关所得税问题的案件。可是他一回到华盛顿，又依然狂热地去追踪共产党和追求报纸上的大标题去了。

1954年1月，麦卡锡揭发了陆军牙医欧文·佩雷斯的问题，此事最后导致了麦卡锡的垮台。

佩雷斯尽管拒绝回答一次有关忠诚问题的质问，还是得到了按规定的晋级。陆军部所作的一次调查透露，佩雷斯医生——现已是少校——的任职不符合陆军条例，因此他们决定把他解职。

当麦卡锡风闻此事，并得知佩雷斯是极左的美国劳工党成员时，便认为这回大有可为了。他传讯佩雷斯出席他的小组委员会召开的一次秘密会议，这位牙医在那里援引了宪法第五条修正案。几天后，佩雷斯请求退役，陆军部竟体面地予以批准。麦卡锡因此勃然大怒。

他传讯司令官拉尔夫·兹维克将军以及其他三名官员。在一次秘密会议中，兹维克极力解释，佩雷斯不过是钻了陆军部的文牍主义的空子。司令官兹维克承认自己对这事应全部负责，但他拒绝说出经办佩雷斯案件的人的名字。麦卡锡指责兹维克包庇共产党，并说他不配穿陆军军官的制服。他威胁说，兹维克要是不改变主意，决定合作，他就要在下周召开的公开听证会上使兹维克难堪。

陆军部部长史蒂文斯知道这事后，命令兹维克不要去出席那公开的会议，并且宣布他将亲自去作证。

这一次我似乎又是唯一两方面都能信得过的一个和解人。艾森豪威尔度假打高尔夫球去了，我要尽量避免使这个局面发展成为一场公开的争吵。不管麦卡锡对待兹维克如何放肆，但就佩雷斯案件而言，事实上陆军的立场是非常虚弱的。错误的发生是可以理解的，但它总是一个错误。

我同白宫的国会联络官杰里·帕森斯密切合作，在国会大厦我的办公室里安排了一次会晤。史蒂文斯同陆军顾问约翰·亚当斯一起前来。参加会议的还有帕森斯、比尔·罗杰斯、比尔·诺兰、埃弗雷特·德克森，以及曾任参议员塔夫脱的行政助理、现在白宫工作的约克·马丁。

史蒂文斯和亚当斯似乎都非常天真，他们想他们可以一开始承认陆军的错误，然后便转到兹维克事件上去，尽力批评麦卡锡的恶劣行径，这样就能巧妙地回避佩雷斯案件的问题了。我说，如果可能，他们当然可以尽量设法做到这一点。但是我提醒他们，听证会的主持人是麦卡锡，而不是证人史蒂文斯。

我们同意，让德克森第二天安排史蒂文斯和麦卡锡在一次午餐上会面。

午餐安排在国会大厦德克森的办公室里，也就是我办公室的隔壁。吃的菜有炸鸡、豌豆、法国式炸马铃薯和莴苣芯。几个钟头以后，报上就把这顿午餐称为"鸡宴"，而这一顿便饭的菜单竟成为20世纪50年代一份议论得最多的食品单。

会谈一开始便来势凶猛。除麦卡锡和史蒂文斯外，只邀请了麦卡锡小组委员会中的三位共和党党员——德克森、波特和蒙特。午餐一结束，蒙特马上向我谈了午餐会的详细情况。一开头似乎就没有和解的基础，但末了蒙特终于通过协商搞出了一项书面协议，陆军的证人在被传讯时，将出席麦卡锡的小组委员会，回答问题。双方还有一项没有写进协议书的谅解，麦卡锡应当以尊重的态度对待证人。

史蒂文斯一回到五角大楼就打电话给我，他对事情办成这样似乎相当高兴。但是，不到一小时，麦卡锡轻率地对一个记者说，史蒂文斯已彻底投降，"那副狼狈相就只差跪下了"。

由于蒙特书面协议没有明确写明麦卡锡应该以尊重的态度对待证人，按麦卡锡的说法那协议就似乎是对他全面投降。晚上11时半左右，我接到史蒂文

第三章 副总统（1953-1960）

斯的电话。他情绪十分激动。他说他决定明天发表一项声明，然后辞职。我告诉他先别提辞职的事，建议明天上午我们可以一起商量商量发表一个什么样的声明。

正在此时，艾森豪威尔回到了华盛顿。他立即召集参加那次午餐的人，希望发表一项可以解决问题的声明。麦卡锡坚决不让步。总统于是要我同史蒂文斯、谢尔曼·亚当斯以及杰里·帕森斯一起，起草一份史蒂文斯可以从白宫发出的声明。我们在白宫东侧楼帕森斯的办公室工作了整整一个下午，而艾森豪威尔则在南草坪上练习高尔夫短距离高球，也许是为了压下自己的怒火。

我们把拟定的草稿送到总统住处去，他表示同意。在声明中，史蒂文斯说，他已得到小组委员会的保证，不能再无理欺压或羞辱他的官员，而且"他在任何情况下永远不会同意对陆军人员横加凌辱，包括委员会的听证会在内"。

几天以后，艾森豪威尔决定对佩雷斯案件发表自己的声明。在3月1日召开的国会领袖会议上，他曾提到他的决定。关于这个我在日记中写道：

> 会议结束时，总统主动提出了关于史蒂文斯的事。他说他准备在记者招待会上发表一项有关此事的声明，他要说的一件事是，在同共产主义斗争时，我们不能破坏美国的传统。
>
> 索顿斯托尔〔马萨诸塞州参议员莱弗里特·索顿斯托尔〕说，他认为陆军不承认在佩雷斯事件上的过失是犯了一个错误。总统对此反应十分强烈，他说陆军在一封给麦卡锡的信中和一项公开声明中已经承认错误了。
>
> 索顿斯托尔反驳说，虽承认了，但不够明确。诺兰特别强调为参议员在同史蒂文斯共进午餐时所采取的行动辩解。他说，陆军在这个案件中所采取的行动是不可原谅的，而在电视上召开这样一个听证会其结果将会比我们现在实际面临的局面更为糟糕。说到这儿，他为了表示强调，还从笔记本上撕下几张纸来。我不记得我什么时候曾看见他像现在这样为这件事如此激动过。

> 会议结束时,总统说他准备和我谈谈这件事,设法弄出个头绪来。

到这时,艾森豪威尔对整个这件事的反应已变得很不冷静了。作为陆军的一员,他对陆军所犯错误感到不安,并且对报上披露这件事感到十分恼火。作为党的领袖,他担心在国会选举已经临近的时候,这问题会使共和党发生两极分化,而有利于民主党人,使他们感到高兴。作为总统,他对麦卡锡所采用的策略和手法以及他的人品都感到十分恼火。他要在他的声明中说,调查共产党的那些人也同共产党本身一样危险,他们所使用的调查手段也同共产党使用的一模一样。

我认为在那时候发表这样一个声明,将会使艾森豪威尔遇到极大的麻烦,其情况之严重可能远非他本人、他的白宫班子以及敦促他这样做的开明派朋友们所能想象。1954年1月进行的一次民意测验显示,50%的人赞成麦卡锡,而只有29%的人反对他。

我再次想出了一个折中办法。3月3日,艾森豪威尔在一次记者招待会上一开始便宣读了一份采纳了我的大多数建议,甚至我的一些用语的极长的声明,声明说:"在反对共产主义时,不论我们是有意还是由于疏忽使用了一些不符合美国关于正义和公正的观念的方法,那我们就是全然违背了自己的目的。"

差不多有三年之久,民主党的领导人只是站在一旁冷眼旁观,看着共和党如何对付麦卡锡。如参议院民主党领袖就曾说过:"我可不会让我的党去参加这种中学生的辩论会,辩论的题目是:'共产主义适合美国需要',而还要我的党站在肯定的一边去进行辩论。"但是,当两党为1954年的选举加速行动时,情况很清楚,那个轰动一时的可悲的佩雷斯-兹维克-史蒂文斯事件便提供了一个极方便的靶子:民主党人对麦卡锡和麦卡锡主义现在可以毫无风险地大加利用了。

3月6日,民主党的挂名头头阿德莱·史蒂文森,开了中期竞选运动的第一炮。在一次电视演说中,他激烈攻击艾森豪威尔的领导,并嘲笑他所谓的拒

第三章 副总统（1953-1960）

绝面对和管住麦卡锡的软弱无能现象。

3月8日在白宫召开的一次共和党领导人会议上，我们充分讨论了由谁来反击史蒂文森这个紧迫的问题。最后，总统直对着我看。"现在尽管他本人在座，我还是想提一个建议，我认为我们也许应该比以前更多地让迪克去做些工作。"他说，"他有时候可以采取一种比我自己出面更带政治性的立场。关于这个麦卡锡问题的最大困难是，谁出来负责处理这事，谁就会冒被指为亲共的危险。迪克在共产党这个问题上有过一番经历，因此他不会受到这类批评。"

会后，艾森豪威尔把我带到椭圆形办公室旁边他的小办公室。他说，他建议对付麦卡锡和史蒂文森只捎带轻轻敲打几句，不必拿他们当作演说的主题。他不喜欢麦卡锡的原因之一是，他感到麦卡锡自己出尽风头，却分散了人们对政府的建设性计划的注意力。

这不是我一直盼望能写出或发表的一篇演说。不管这文章怎么写，它肯定会使党内和公众中很大一部分人极不高兴。它实际牵涉到的问题正是艾森豪威尔本人在过去两年中一直有意避免的一个问题：决定政府对麦卡锡的政策。但是，现在当选举即将来临，民主党蠢蠢欲动之际，我们显然再不能从容不迫地躲在幕后用头痛医头、脚痛医脚的办法去对付麦卡锡制造的每一个危机了。

广播安排在3月13日星期六晚举行，所以我只有五天时间准备。我写了十几个提纲和草稿，到了星期五上午，我感到我已经把它们提炼成在当时情况下所能作出的最好的一篇演说了。

我打算星期五独自一人躲在一个地方再去仔细润色一下我的发言稿。我在斯塔特勒饭店要了一个房间，并关照除非有什么紧急事，否则不要打扰我。

10点钟左右，有一个紧急电话找我。这是比尔·诺兰打来的，他很恼火，因为白宫有个什么人对一个报纸专栏作者透露了关于他的一件不光彩的事。他说，他再也不能忍受这种从内部来的阴谋活动了，他准备召开一次共和党参议员会议，提出辞去多数党领袖的职务。我尽量劝他冷静一些，并且说服他最好先等一等，不管怎样且等我演讲过后再说。

我刚刚坐下再去看我的发言稿，汤姆·斯蒂芬斯打来了一个电话，他是艾森豪威尔安排约会的秘书，他说，总统刚问我能否在他赴戴维营度周末之前到他那里去谈谈。我穿过拉斐特广场到白宫去，立即被引进了椭圆形办公室。几天之后，我在日记里记下了那次谈话的情况：

他说，首先，他不认为在写一篇政治演说时我还需要别人帮什么忙，他完全信任我的演说才能。

他说，但是他感到他知道如何去鼓舞人心。他深信现在很有必要告诉他们，我们有一个进步的、生气勃勃的对全体人民都有好处的计划。

他真的教我要在演说过程中笑上一两次。我对他说这对我是个难题，过去已有人曾对我提出这样的建议。他建议在我评论史蒂文森时应该插进一次笑声。我告诉他，我准备狠狠地刺他几下，于是他说我这样做他完全满意，但他认为，与其狠狠地攻击他，还不如嘲笑他几句更好。

关于史蒂文森对他的防务计划的攻击，他说："他有什么资格谈这个问题？他是什么人？"

他指出，林肯和华盛顿，我国两个最伟大的总统，都曾常常受人攻击而自己从不去纠缠有关人身攻击的一些话。他说："现在当然一定不要拿我去和他们相比，但是在你回击史蒂文森的时候要能够较巧妙地提提这件事，可能会有好处的。"

他建议我谈谈希斯案件和我在这个案子中的作用。他说："不管怎样现在还有很多人认为是麦卡锡把希斯揪出来的。"他说："你得知道，我在芝加哥之所以把你列在我提出的名单上的第一名，就是因为你抓出了希斯，而且干得还很漂亮。"他说，现在他之所以挑中我去作这次广播演说也是这个原因。

他说："设法让人民知道，我们正在尽力实现一个为美国着想的计划，在脚后跟上咬两口是不能阻止我们前进的。"他建议，我可以

第三章 副总统（1953-1960）

指出他曾经在欧洲统率过 500 万大军。

史蒂文森的演说是在民主党筹款宴会上，在一群兴高采烈的党内听众面前发表的，这是他惯做的一种狡猾的表演。我决定设法留下一种完全相反的印象，所以我故意站在一面朴素的幕布前面，用一种平静低沉的调子讲话。我有目的地选择一些简单的字眼和形象生动的例子。在我准备演讲时，我总告诉自己不要忘掉，我的主要听众是站在舆论界大片中间地带的人。他们相信，不管麦卡锡采取什么战略，反正和共产党打交道讲客气是不行的。因此，我力图提出一些想法或使用某些独特的用语，使大家很难忘掉并不至于误解了我的立场。

现在，我想你们有些人会说："既然你现在是在和一伙叛徒打交道，为什么还老吵着要讲什么公道不公道呢？"事实上，我就曾听到有人说："总而言之，我们是在和一群耗子打交道。我们该做的就是出去开枪把他们打死。"

是的，我同意他们是一群耗子。但是有一点一定要记住，当你出去打耗子时，你要射得准，因为如果你乱开枪，那就不仅使耗子更容易溜掉——还会使耗子觉得好过一些。而且，你可能会打到另外一些也想打耗子的人。所以，我们一定要公正——这里有两个非常充分的理由：第一，因为这样做是对的；第二，因为这样做是做好这一工作的最有效的方法。

艾森豪威尔从戴维营打电话来向我表示祝贺。"你知道，迪克，"他说，"我是从不喜欢恭维别人的，但是我要告诉你，我认为你干得非常出色，而且在当前情况下，已经好得不能再好了。"我说，演说不会满足两种极端意见的任何一方；他回答说，他认为它会使 85% 的人民感到满意，这是最重要的。"强烈亲麦卡锡或反麦卡锡的人，除了打一场全面战争之外，什么都满足不了他们。"他说。我在演说中笑了几次，他似乎很高兴，他还说，有一次他曾转身对屋里别的人说："我就是教迪克这么笑的。"

在下一个星期一上午召开的一次国会领袖会议上，艾森豪威尔情绪极佳，这是很长一段时间从未有过的。由于我的演说表达了他自己在麦卡锡问题上的烦恼，并且明确提出了政府工作今后努力的一个方面，因而他似乎在精神上受到了很大鼓舞。

3月13日的演说标志着麦卡锡事件新阶段的开始，也就是麦卡锡开始垮台的阶段。五个星期以后，陆军－麦卡锡听证会召开时，那些认识麦卡锡的人说他似乎彻底垮了。在3月22日的日记中，我补记下了和莱恩·霍尔的一段谈话：

> 莱恩似乎觉得，乔开始精神失常了，完全不宜于出席听证会并且参与此事。
>
> 当我和卡尔·蒙特在电话中交谈时，他也有同感。前一天晚上，他曾经和乔一直谈到深夜两点。他说，琼（乔的妻子）差不多要哭了，而他对麦卡锡又起不了多大作用，真使他难过极了。乔坚持说，他知道他的政治生涯正面临极大的风险，但他决不会对任何不利于他自卫的事表示同意。
>
> 莱恩·霍尔说，两三天前他曾去看过乔。当他走到乔的公寓门口，乔开门时手里拿着一把手枪。显然由于受到别人对他的恐吓，他一直都随身带着枪。

公众舆论的重大变化现在开始表现出来了。3月底进行的一次盖洛普民意测验表明，坚决拥护麦卡锡的足有46%，反对的为36%。到了8月，发生了显著的变化：虽然有36%的人仍然坚决拥护他，但现在已有51%的人反对他了。当公众对他的支持出现裂缝时，惊人的崩溃随之就开始了。仅仅在几个月之前，共和党全国委员会还把麦卡锡称作是党的财富，现在已经有人想尽快把他一脚踢出去了。

第三章 副总统（1953-1960）

从 4 月 22 日到 6 月 17 日差不多有两个月之久，那可笑的陆军—麦卡锡听证会闹剧每天在参议院秘密会议室中演出。艾森豪威尔私下把这个听证会称为"一个该死的可耻场面"，因而他催促尽一切可能赶紧把它结束掉。但是我们什么办法也没有。听证会已成为全国瞩目的一件事。人们不去工作而待在家里，从电视中观看主要的几场辩论。双方在摄像机前装腔作势的姿态令我作呕，自第一天以后，我就再也没有看过一次。正如我对一个记者所说的："我只爱看专业演员，对业余演员不感兴趣。"

7 月 30 日，共和党佛蒙特州参议员拉尔夫·弗兰德斯提出参议院第 301 号决议案："兹决议，威斯康星州参议员麦卡锡先生的行为，越来越不符合美国参议院成员的身份，违背参议院传统，且有损于参议院之声誉，对此种行动特在此予以谴责。" 8 月 2 日，参议院以 75 票对 12 票通过了决议，指派一个小型特别委员会审议弗兰德斯议案。委员会的主席为犹他州苛刻的摩门教徒参议员阿瑟·V. 沃特金斯。委员会中没有一个人，包括新当选的北卡罗来纳州参议员萨姆·欧文，曾公开坚决支持过麦卡锡。

差不多开了一个月的听证会后，沃特金斯委员会一致通过，建议就下列两个问题对麦卡锡进行不信任投票：蔑视参议院，因为他 1952 年曾拒绝出席调查他的经济情况的小组委员会；无理凌辱兹维克。投票迟至 11 月大选以后才进行。

最后一次辩论在 12 月 2 日开始，这个气氛紧张的参议院会议由我主持。那天下午，进行投票时已经很晚了。这时会场突然沉寂下来，一个孤独的人影从会议室后面的转门中走出，缓慢地沿着过道走来。这是乔·麦卡锡来参加为他本人举行的不信任投票了。他的一只胳膊因得了滑囊炎用绷带吊着，为此，几天来他一直在医院里住着。

进行投票时，每个民主党人都对麦卡锡投了反对票；共和党正好一分为二，22 票赞成，22 票反对。在投票反对决议案的人中有少数派领袖比尔·诺兰。最后投票结果为 67 票对 22 票，这样在 12 月 2 日下午 5 时 3 分，威斯康星州参议员麦卡锡成了第三个被他的同事投不信任票的美国参议员。他一声不响地坐在他的位子上，呆呆地瞪着前面光秃秃的台面，周围是他的支持者。

新罕布什尔州参议员斯泰尔斯·布里奇斯指出，既然决议正文中没有不信任投票字样，那在决议案的名称中也应取消这几个字。这话引起了一阵关于程序问题的争论。议会法专家向我提出，布里奇斯在技术上是对的，正式通过的那项决议应该是谴责案而不是不信任投票案。但是到了这时，如何修辞已经没有关系了。因为麦卡锡已经离开了会议室。对他来说，事情已经了了。

约瑟夫·麦卡锡的阴影笼罩美国政界足足有四年之久，这是四个紧张的年头。从他1950年2月在惠林发表演说起直到1954年对他的谴责为止，围绕着他所说和所做的每一件事都曾展开激烈的争论。

我还记得在白宫的一顿午餐，那是在把史蒂文斯事件推向高潮的鸡宴之后不久，如我在那时的日记中所记下的，人人都非常紧张：

> 正进午餐时，总统故意谈起了他在西点军校时的一个教拳击的老教练，他说，这个教练常常一拳把他打到场子外面去。他说要是他有一次从地上爬起来时脸上不带笑容，那教练就会转身走出房间。
>
> 他说这个故事的目的显然是要教大家对整个麦卡锡事件及遭受到他的攻击不必过分在意。
>
> 总统似乎深深感到政府里的人实际上是害怕麦卡锡的。另一个目的，我想，是为了约莫在一两个星期前新发展出来的他的一个方针，他希望看见他周围老是一些笑脸。

我自己对乔·麦卡锡的感情是复杂的。我从来没有像华盛顿的上流社会一样，因为他态度粗暴便鄙弃他。说实在的，我发现他这个人还很可爱，虽然有些不负责任地过于任性了。归根到底，我对他那样如饥似渴地追求名声，最后竟导致他自己和别人的毁灭，未免感到惋惜。但是，布置了一个反共或其他什么名堂的骗局——借此把人们煽动起来，却又不能积极地对他们加以引导或指出方向，这实在可鄙。1954年春，J.埃德加·胡佛曾对艾森豪威尔说，麦卡锡实际上已发展到了妨碍对共产党进行调查的地步。正如艾森豪威尔所指出的："麦卡锡可能是马林科夫在美国最好的一个助手。"

我和麦卡锡决裂是他开始公开抨击政府的时候。有时，他重复参议员詹尼弗的说法，把艾森豪威尔当政以前的时期称为"叛国的 20 年"。1954 年，他开始谈论"叛国的 21 年"，这样就把艾森豪威尔当政的第一年也包括在内了。

麦卡锡是真诚的，根据我个人的调查，也知道他的某些指控是有实际根据的。但他总忍不住要夸大事实。共产党人和不得不反共的人，连同许多和麦卡锡本人一样的反共人士，最后看到麦卡锡代替共产主义变成了问题的中心，便对他说的任何话都不相信了。

1954 年：印度支那危机

1954 年 3 月，当第一批新闻报道共产党包围了一个遥远的名为奠边府的法国前哨基地时，越南和印度支那这些名字对大多数美国人来说是没有多大意义的。但是，在几个星期之后，我们便感到自己和奠边府的保卫者每天所遭受的痛苦及他们的英勇斗争息息相关，我们看到共产党如接管越南便有把美国推向战争边缘的危险。在历时 7 年之久的战斗和 5 万人的伤亡之后，法国要不要同胡志明的共产党游击队继续战斗下去，已成了一个极其严肃的问题。

法国如从越南撤退会使我们处于一种非常困难的境地，因为从美国的政策来考虑，保持一个独立的越南是至关重要的。早在 1952 年，杜鲁门的国家安全委员会曾经草拟了一份有关东南亚的研究报告，其中提出了艾森豪威尔后来称为"倒下的多米诺骨牌"的理论："丢失任何一个国家可能导致这一组国家中的其他国家相当迅速地向共产主义投降或与之结盟。"报告列举了这个地区的自然资源——橡胶和锡——和美国利益的重要关系，并断言，法国为打败胡志明的共产主义越盟所作的努力"对自由世界不仅在远东，而且在中东和欧洲的安全是至关重要的"。

1954 年 2 月，艾森豪威尔曾派了 200 名陆军机械师到法国和南越军队中去当顾问。国会对此没有严重反对，因为那些人只是作为技术顾问前往越南，而且艾森豪威尔已说明他们待在那里的时间不会超过当年 6 月。

由于法国和南越的军队进入了一场旷日持久的围城战，报界便把奠边府称作自朝鲜战争以来，自由世界抗击共产党攻击能力的一次重要考验。在华盛顿，参谋长联席会议在其主席海军上将阿瑟·雷德福领导之下，制订了一项称为"山鹰行动"的计划，打算用三个小型战术原子弹摧毁越盟阵地，以便为守军解围。但是，艾森豪威尔和杜勒斯都认为，只有中国共产党明目张胆的进攻，才使我们可以有足够的借口，采取这样一种直接的、单方面的行动进入越南。

共产党中国是北越的保护人和武器供应的主要来源。在 3 月底的一次国会领袖会议上，艾森豪威尔说，如果奠边府的军事形势十分危急，他将考虑采用牵制战术，很可能让蒋介石的国民党军队在海南岛登陆，或者对中国大陆进行海军封锁。他非常简单但非常戏剧性地说："我现在提出这一点是因为在 48 小时之内的任何时候，也许就有必要对奠边府战斗采取行动，以挽回不利于我们的局面，在那种情况下，我便将把民主党和共和党的领袖们全召集起来，向他们报告我们所要采取的行动。"

关于奠边府形势的报告经常变化不定，因而我们每天的态度也随战争形势的变化而有所不同。我在日记里记下了 4 月 6 日召开的一次国家安全委员会会议的情况：

> 总统在这次会上态度非常严肃。杜勒斯提出了一个试图让盟国采取联合行动的计划。我说，就计划本身而言是对的，但是，如果计划只是局限于抵抗明显的攻击，那它就不能应付亚洲未来的真正危险。我说，我们必须采取一种联合起来以对付印度支那的颠覆性进攻和中国式的内战的方针。我指出，我们还始终未找到一个如何在联合的基础上抗击这种进攻的方法。
>
> 总统说："朝鲜也不能算吗？"我回答说，朝鲜的情况是，共产党越过了一条界线，虽然这条界线从技术上说是在同一个国家之内，同时也因为这里真正牵涉到公然侵略的问题，所以联合行动的原则是

适用的。

我还说，我认为总统不应该低估他可以使国会和全国听从他的领导的能力。我提出，如果总统提出要求，完全可以派更多的技术人员到印度支那去。他叫威尔逊马上调查一下这方面的情况。

但是，从那次谈话以后，很显然，总统的态度已经软下来，完全不像上星期的后半周对印度支那采取那么强硬的立场了。他似乎任何事都不想干了，干等着我们能够让盟国和全国都行动起来，支持我们所提出的一切，而且他也不想对他们施加很多压力好让他们行动。

1954年我们所面临的难题是让美国人民真正认识到奠边府的重要性——认识到同这件事密切相关的决不单单是少数被围困在一个殖民地前哨基地的一些法国军队。当时可能除了雷德福海军上将以外，没有一个人想要美国进行军事干预。但是，我们都完全相信，除非共产党知道，他们所谓的解放战争在必要时会遭到军事抵抗，他们在占领整个东南亚——正像他们占领东欧一样——之前是不会罢手的。

杜勒斯花了好几个星期想使英国和法国与我们联合起来一致对付共产党。但是法国政府心理上已严重处于防御状态，根本不可能发动或支持我们所要求的军事和外交上的攻势。

雷德福海军上将到伦敦去和丘吉尔商谈。丘吉尔直截了当地说，如果他的人民不愿为了他们自己去打一场拯救印度的战争，他不相信，他们会愿意为了法国去打一场拯救印度支那的战争。丘吉尔承认，如果丢掉越南，印度支那的其余部分可能会失陷。但是他看不出这对东南亚的其余部分、日本或澳大利亚有任何威胁。雷德福和我都很惊奇，早在1946年便对共产主义问题认识得很清楚的丘吉尔，居然会说出这样的话。

很清楚，我们不能指望英国或法国支持我们来抗击印度支那的共产主义。如果我们决定采取行动，就只能靠自己来干。

4月初，危机有所缓和。看来法国军队有可能守住奠边府。艾森豪威尔决定到佐治亚州奥古斯塔去待几天，杜勒斯由于促进盟国联合行动没有成功而感到筋疲力尽、心灰意懒，到加拿大去了。越南传来的消息仍然是使人觉得颇有希望，为了延长他在佐治亚州的逗留，艾森豪威尔要我代表他参加4月16日在华盛顿举行的美国报纸主编协会的年会。

该年会是一个有名望的、负责任的讲坛，我要求对我所讲的话都不作记录，以便我们能够谈得坦率一些。在发表了一篇预先准备好的演说后，我同意回答大家提出的问题。有人问我，我是否认为，如果法国决定撤退的话，我们应该派美国军队到印度支那去，并问我是否认为这是挽救印度支那免被共产党接管的唯一途径。我说我不相信"提问者所提出的推测或假定将会发生，我也看出他是将其作为一个纯属假设性的问题提出的"。不过，在作了这些重大的保留后，我说，如果派美国军队是唯一可以阻止共产党在亚洲，特别是在印度支那进一步扩张的办法，"我相信，政府的行政部门将不得不采取这种在政治上不得人心的立场，面对这个问题，并采取这一行动，而我个人也将会支持这个决定"。

两个当时并不在场的外国记者听到了我的这些回答，便在他们的报纸上登了出来。第二天，它就成了全美国的头条新闻。这些话被广泛地解释为企图改变政府政策的一个试探性气球，我们的政策到那时为止，是决不容许美国对越南进行直接的军事干预的。

我担心艾森豪威尔对这件事可能会生气，但他对我说，如果他在同样情况下，面临这样一个假设性的问题，他可能也会给以同样的回答。

一星期后，在共和党国会领导人举行的一次会议上，有人提出这件事时，艾森豪威尔支持了我。我当时记下了这次会议的情况：

> 在讨论过程中，查利·哈勒克说，那种可能把美国青年派到印度支那去的说法"是真正有害的"，他希望以后再不要这样讲了。但是总统立即插进来说，他认为重要的是，在这样一个关键时刻，我们不能有软弱的表现，不能让苏联人认为，即使共产党进一步加紧推行他们目前在印度支那和其他地区使用的战略，我们也可能不会予以抗

击。他说，我们必须想一想，我们是趁现在还有能力时就采取强硬立场好，还是等以后我们不能那样做时再说。他还指出，把我们打算做些什么和不打算做些什么一股脑儿都告诉苏联人是没有好处的。

4月底，奠边府的形势又恶化了，看来法国军队似乎不能再长久支持下去了。我在4月29日的日记中写道：

> 国家安全委员会会议在10时开始，直到下午1时才结束。最后1小时45分钟花在讨论印度支那问题上。
>
> 雷德福汇报了军事形势方面的情况以及他同法国人和英国人的谈话经过。比德尔·史密斯读了一份杜勒斯的相当悲观的来电，但杜勒斯表示仍将坚持美国的立场。
>
> 总统神情极为严峻，似乎也很烦恼，不知应该采取什么样的方针才是正确的。
>
> 汇报完毕后，哈罗德·史塔生说，他认为如果拯救印度支那确属必要，那就应该派出地面部队去，同时如无其他途径可循，那也就只能决定单方面派兵。
>
> 总统本人说，他不能相信地面部队在印度支那采取行动将会得到美国人民的支持，而且从长远来看，这样做将会使我们的防务完全失去平衡。他还提出，我们根本就不能单方面采取行动，因为那是违反我们在世界各地共同防御共产主义的总原则的。

讨论了史塔生的建议之后，我说，据我看，打赢越南这一仗不一定非把许多地面部队投入战斗不可，派遣一个代表联盟的空军小分队去就会产生双重效果，既可以让共产党知道，我们将抗击他们在这个地区的进一步的扩张，同时又可鼓舞法国和南越军队的士气。我建议我们探索建立一个没有英国参加的太平洋联盟的可能性，一个与泰国、菲律宾、印度支那、澳大利亚、新西兰以及其他任何愿意参加的国家的联盟。

第二天上午，我同艾森豪威尔和他的国家安全事务特别助理罗伯特·卡特勒将军会面。卡特勒报告说，国家安全委员会计划委员会曾经讨论，我们是否可能通知我们的盟国说，如果我们到印度支那去，我们可能使用原子弹。艾森豪威尔问我对此有何看法。我说，不管对使用原子弹的问题如何决定，我不认为在我们能使盟国同意采取联合行动之前，有必要向他们提出来。如我曾在国家安全委员会上说过的一样，我强调说，也许仅仅由联合部队进行几次常规空袭就可以使共产党知道，我们是下定决心要抵抗的。艾森豪威尔转向卡特勒说："第一，我完全不认为美国可以单方面使用原子弹；其次，我同意迪克说的，在我们达成某种联合行动协议之前，我们不必向任何人提到此事。"

5月7日，在一块逐渐缩小到只有一个棒球场那么大的领土上，经过一场英勇的但完全绝望的保卫战之后，奠边府的法国守军终于被越盟打垮了。差不多一致的反应是如释重负，危机总算结束了，并没有触发一场更大的战争。但是，尽管对外尽量把话说得非常好听，我们心里可明白，奠边府的失败很可能使法国人完全撤出越南，到那时美国便只能要么把制止共产党在印度支那进攻的担子完全接过来，要么放弃整个地区。

5月20日，国家安全委员会讨论了在6月以后让200名美国机械师仍然留在越南的可能性，但艾森豪威尔对此不予考虑。第一，他说，法国人已经违背了他们继续战斗的诺言；第二，他说延长期限将使我们以后同国会打交道发生困难，因为他已经作出严肃的保证，机械师要在6月15日撤回，他现在准备实现他的诺言。

奠边府陷落后，法国人争取胜利的意志已一蹶不振，以后几个星期的零星战斗不过是应付局面的行动而已，以待日内瓦会议谈判出一项解决的办法。日内瓦会议在奠边府沦陷前11天便已开始了。印度支那协定是在7月21日达成的，但是美国没有签字。我同意这个决定。实际上，一个月以前，我便告诉杜勒斯不要参与结果将是把印度支那的任何一部分拱手让给共产党的协定。

报界把杜勒斯、雷德福和我理解为印度支那危机中的鹰派。雷德福在某种程度上确实认为，及早使用战术原子弹会使共产党相信我们说话是算数的。杜勒斯和我都认为，如果共产党欺人太甚，我们就不惜采取任何必要的手段来阻止他们。艾森豪威尔对这一点完全同意，虽然我认为，杜勒斯和我打算容忍的程度可能比他要小得多。我们全都希望，通过充分做好打仗的准备，我们将根本用不着真的去打仗。

几年后，杜勒斯已经去世，美国在另一位总统的领导下已深深卷入一场越南战争，这时有人私下问艾森豪威尔，他和杜勒斯是否曾一致同意准备往越南派兵。"完全同意的。"艾森豪威尔说。

会见丘吉尔

1954年6月，温斯顿·丘吉尔首相和外交大臣安东尼·艾登来美访问，与艾森豪威尔和杜勒斯进行会谈。我口述了一篇详尽的日记，记述了这次访问。日记从我与这位伟人初次会见开始：

> 今晨，在机场会见丘吉尔和艾登。他走下机旁舷梯时，不要别人搀扶一级一级地往下走，但到最后几级时，他的步子已十分不稳了。他握着我的手说，很高兴今天第一次见到我。他后来在车上跟我说，虽是头一次见到我，但他看过我的一些演讲，对我颇为赞赏。
>
> 按计划，我原应说几句欢迎词，昨晚我曾为这个准备了约一小时，其实讲的时间预备不超过一分半钟。但丘吉尔一见话筒，便立即走了过去，掏出稿子来，向聚集在机场的人群念他的讲话稿。
>
> 接着，我们登上敞篷车进城。丘吉尔对人们的提问和谈话，反应相当慢，但在谈话进行了一阵之后，他的反应就快一些了。
>
> 他说，在罗斯福逝世前后，差不多有四个月他和美国政府之间很少联系或互相了解。因为我说我刚读完他的回忆录的第四卷，他这句话是对我的话的回答。他说，那时罗斯福已不行了，而杜鲁门又不了

解情况。事实上，他说，他肯定杜鲁门从未参与当时的重大决策。他认为，当罗斯福知道自己得了病，能活动的时间已经不多时，还不让第二号领导人多管些事，是犯了个极大的错误。我说，我常想，倘使盟国采纳了他对第二次世界大战作战方案的意见，特别是关于他的不渡海峡只从南线进击的意见，结果不知会怎样。他唯一的答复是，嗯，那一定会"很快拿下维也纳"。

日记记载了那天晚上艾森豪威尔举行宴会的情况：

> 我想这也许是我们在白宫经历过的最愉快的一次聚会。参加的人不多——30人左右——总统、丘吉尔等人都态度随和，毫无拘束。
>
> 总统在向英女王祝酒、同丘吉尔一同干杯之后，便提议为马歇尔将军干杯。他说，战争期间，丘吉尔和马歇尔都是他的顶头上司，他希望大家原谅他违反礼节常规，提议为马歇尔干杯。在干杯时，我特意看看马歇尔，他显然为总统此举深受感动。
>
> 当所有不在白宫住宿的客人已到楼下接待厅之后，其他的人全都被邀上楼去。
>
> 艾登对我们访问马来亚的报道特别感兴趣，他说，我们走出去和军队见面的那场面，在英国给人留下了深刻的印象。
>
> 宴会结束后，我们到抽烟室去抽雪茄。总统和丘吉尔坐了一会儿后，他叫我过去坐到他的旁边说："这就是我刚和你谈起的几位年轻人之一，我希望你和他结识一下。"我问起丘吉尔写回忆录的事。他说他从1946年就开始写了，全部用口述。我问他是否使用机器，他说不用，美国人送给他一台最好的机器，但他宁愿对一位漂亮的姑娘讲，而不愿对着机器讲。
>
> 我们到楼下放映室去看《学生王子》。电影到夜里12时半才结束。看电影时，丘吉尔和总统彼此说笑打趣，我们都听得见，也听到他们对影片的评论。这部影片的结局跟爱德华八世与辛普森夫人

第三章 副总统（1953-1960）

的那桩公案[1]恰恰相反。

宴会时帕特坐在丘吉尔的右边，她说，无论从哪方面说，那都是个非常愉快的夜晚。侍者给丘吉尔上菜时，艾森豪威尔夫人总是很注意地照看着，看到他想把一块肉切成两半再往碟子里放时，她就告诉他，这些刀都太钝，并说是过去白宫餐具的一部分——这部分是从巴黎买来的整套金餐具。帕特说，玛米对他照应得极为周到，好像他是一个偶尔应邀来访的年轻人或老朋友。

福斯特·杜勒斯不喝席上的酒，仍喝他常喝的掺苏打水的威士忌。帕特问丘吉尔喜不喜欢那种酒，他说不，他一般在早上8点半喝第一杯威士忌，晚上却喜欢喝点香槟。我发现丘吉尔显得比上午敏锐得多，似乎因为他正在参加这些会谈，精神焕发起来了。事实上，在席间他已和其他人一样明快了。而且后来我才知道，他下午并没有午睡，在会谈结束后，还玩了一会儿牌。

丘吉尔来此访问的最后一个夜晚，英国大使馆举行了一次纯男客宴会。我作为艾森豪威尔的代表出席，所以坐在他的旁边：

我问他，这三天会谈下来，身体如何。他说，在这次会议期间，除了偶尔有点糊里糊涂——我想他指的是他打盹儿的时候——他感到比过去一段时候更好些。他说："一接触到你们这个屹立在大西洋边、伟大新奇的国家，我总觉得受到鼓舞，重新焕发了青春。"

晚上谈话的话题转到了李将军，我问他对李的看法怎样。他说，他认为李是美国历史上最伟大的人物之一，也是任何时代最伟大的将军之一。他说，应该有人"在挂毯上或画框里保存下李的那个富有纪念性的场面，那时他为了和南方站在一起，拒绝担任联邦军统帅的职务，单枪匹马渡过了波托马克河"。他又说，内战时期另一个重大事

---

[1] 指英王爱德华八世为了娶美国平民辛普森夫人为妻，宁愿放弃王位之事。——译者注

件是李在阿波马托克斯对格兰特说,军官的马匹是他们的私人财产,请准许他们保有那些马。据说格兰特最后让士兵和军官都把马匹牵走了。"他们将需要马匹去种地,"丘吉尔说,"在那悲惨的战争年代里,他这件事干得多漂亮!"

他复述了在新闻俱乐部的讲话,大意是我们必须采取忍耐而又警惕的政策。他说我们不能在软弱的基础上与共产党人打交道——我们必须采取实力政策。他说,他不喜欢把这称为慢慢来的政策,因为,这样来描述他所提倡的政策是不符合实际情况的。他提到他在第一次世界大战之后的经历和他在密苏里的富尔顿的演说,他在那篇演说里正确地估计了共产主义的威胁,并提出了对付的办法。他说:"我想在反共方面我做的工作已跟麦卡锡差不多。"然后他笑着说,"当然这是私下谈谈,我从不赞成干预别国内政"。他说,比方在英国对他和对英国人来说也是一个问题,正和麦卡锡对我们来说一样。我问他,英国人民为什么不喜欢麦卡锡。他说,有一件事英国人不能理解,为什么参议院不调查对麦卡锡经济问题的指控和他竞选时期以及他当参议员后的一些不轨行动。我说,很可能是参议员们不愿开这个对自己同事进行调查的先例,担心有朝一日会搞到自己头上。

我到机场去给他们送行。丘吉尔很注意要让我发表一篇欢送词。我可以肯定地说,由于健康日衰,他不久即将卸下他多年承担的领导重任。他虽很明显不及当年,但和许多年岁比他小一半的领导人相比,他仍要高明得多。他阅历无比丰富,聪明过人,对支配世界的各种力量具有极为透彻的理解。向他告别时,我真有点百感交集。我为遇见了世界上最伟大的一位领导人而感到光荣,但想到他不久便将退出世界舞台,不免黯然神伤。

1954年的选举

艾森豪威尔政府似乎还没有完全安顿好就面临1954年中期选举的斗争了。

第三章 副总统（1953-1960）

共和党在参议院的极为微弱的一票之多的多数，是民主党最显然的进攻目标，但他们同时还想再度控制众议院。

很明显，艾森豪威尔打算置身于这场斗争之上。他说他不想去进行竞选活动，因为他感到一位总统到处去巡回演说是不明智的，况且他已63岁，需要更多的休息。

如果艾森豪威尔对这场竞选没有兴趣，我自己更是没兴趣。在他执政的一年半之中，艾森豪威尔一直保持住了他个人的声誉，而共和党却依然处于他上台前的分裂状态。鲍勃·塔夫脱的去世和乔·麦卡锡的得势，实际上更加深了共和党内部的分裂。民主党人抓住我们的问题，大做文章。阿德莱·史蒂文森带头攻击，对他的听众说共和党"派别多得像寄宿学校饭桌上的鸡一样"[1]，"他们被矛盾冲突、冷淡厌烦和麦卡锡事件闹的不可开交，乱哄哄的行动简直像窜进肉铺的瞎狗"。我领导反击，但我的心思却不在这场斗争上。我再一次想起，那次基金危机搞得我好苦，使我对竞选活动完全失去兴趣了。

要求在竞选中代表共和党众议员和参议员讲话的呼吁信像潮水般涌进了我的办公室。他们担心艾森豪威尔不愿介入竞选活动将会对我们产生不利影响。我明确感到，我实际上已别无选择，只能领导党进行竞选，因而，我足足有两个月全力投入了这场斗争。我作出这一决定很不容易，也毫无热情。

当我开始进行第一轮竞选旅行时，我发现共和党组织者的自满情绪真使我吃惊。9月19日，我安排了一次和布劳内尔、萨默菲尔德和杰里·帕森斯的会晤。我告诉他们："不要让总统错误地以为一切都很好，实际上并非如此。如果我们不积极行动起来，使许多问题为我们所用，而不是为我们之害，那我们将丢掉50个席位。"

在各地进行了几个星期的竞选活动后，我感到我必须设法去掉某些简单化的想法，这种想法不仅政府中许多业余政治家有，甚至共和党全国委员会里的

---

[1] 在英语中"派别"和"鸟翅膀"同为一字（wing）。这里说像"寄宿学校饭桌上的鸡"，意思当然是说尽是翅膀，也就是尽是派别。——译者注

某些职业政治家也有。

我写了一份备忘录给共和党全国委员会主席莱恩·霍尔，提出了我的某些想法。在对待已提出的问题方面，我认为，我们应把力量集中到我们占优势而民主党居于劣势的一些问题上。我写道："这些问题就是和平、共产主义、贪污腐败和税收，而不是失业以及农产品价格。如果投票人在选举日那天首先想的是失业以及（或者）农产品价格，那我们在这场选举中便必输无疑。这并不是因为我们在这些问题上的立场是不对的，也不是因为即使我们有足够时间去和每一个人交谈，也没有人对我们的立场感兴趣，而是因为在这两个问题上我们居于守势，而在其他问题上，我们可以采取攻势，而他们却居于守势。"

同时，我谈了麦卡锡问题对共和党及对选举的影响：

1. 我们对这个问题的处理并没有使我们获得新的支持者。认为我们容忍麦卡锡而反对我们的人，现在仍然反对我们，并仍将投对方的票，因为他们觉得"美国人争取民主行动协会"的那一帮人要比我们更反麦卡锡。

2. 我们在民主党人中间已失去数量相当可观的支持者，他们在1946年、1950年和1952年之所以投我们的票，是因为他们不信任杜鲁门政府在处理国内共产党问题上的做法。

3. 最大的灾难是共和党内部的分裂，在党的队伍中出现麻木不仁的现象。

对上述2、3两点所造成的局面，可以用下列办法在一定程度上予以弥补：大张旗鼓地宣传本届政府的反共成就，攻击对方过去和现在在这个问题上的软弱无能。

在竞选活动中讨论到共产党问题时，我像1950年和1952年一样强调指出：从我们的对手来说，这个问题不是一个忠诚问题，而是判断问题。我在很多场合非常明确地指出麦卡锡所谓民主党是叛国党的极为冒失的指控与政府全然无关。我说："美国只有一个叛国党，那就是共产党。"

第三章 副总统（1953-1960）

艾森豪威尔在丹佛的白宫度过了竞选的第一个月。在上午工作几小时后，下午他就去玩高尔夫球。他密切注视着我的竞选旅行和活动，9月底，他给我写了一封热情洋溢的信："由于你极度紧张——我敢说一定也极度令人疲劳——的巡回演说，我从全国各地得到了许多捷报……请不要以为我不知道，以为我没有帮忙减轻一些你的负担。相反，事实上我倒是经常在建议让你到别的地方再去访问访问。你得想一想，我之所以把这些担子压在你的肩上，主要怪你不该是那么出色的令人心服的一位演说家。由此而产生的一个结果是，你越来越受到美国公众的称道和喜爱了。这可是一件大好事。"

选举日即将来临，民意测验表明，民主党和共和党旗鼓相当。竞选运动益趋激烈。在我的活动似乎正显著发生作用时，史蒂文森和其他民主党人在民主党全国委员会主席斯蒂芬·米切尔的领导下，集中力量对我发起了连珠炮似的进攻。史蒂文森以嘲弄的口吻提到我1953年成功的远东亲善旅行时，把我的竞选活动称为"恶意旅行"。比史蒂文森略为粗鲁一些的米切尔骂我是骗子。《华盛顿邮报》和半打左右的其他民主党报纸骂我接过了麦卡锡的衣钵——史蒂文森概括我竞选的特征为"穿上了白领子的麦卡锡主义"。我狠狠地予以回击，指责史蒂文森企图用插科打诨来冲淡严肃的谴责，并说他极可笑地"对千百万在商店和工厂工作的美国人"使用了"典型的卑鄙而欺诈的含沙射影的诽谤"。

我继续竞选直到最后一分钟。从9月15日到11月2日的七个星期内，我行程约2.6万英里，访问了30个州的95个城市，代表186名众议院、参议院和州长候选人进行竞选。在竞选活动的最后三个星期，我每晚睡眠不到五个小时。

选举前几天，艾森豪威尔作了一个能使人们更紧密地团结在他身边的典型的宽容大度的姿态。当我感到十分劳累，并因大多数共和党领导人并不像我一样卖力以赢得这场选举而大为沮丧时，从白宫来了一封信：

亲爱的迪克：

每当我感到自己身上的担子过重时，我越发推崇你在这次竞选开始以来所承担的无比繁重的工作。你亲自一天接一天，一州又一州，进行了这场任务艰巨、使人心力交瘁的竞选运动。你在这样做的时候从未因需要耗费漫长的时间和大量的精力以及旅途劳顿，而表现出丝毫畏缩。

我知道我们都热切盼望，共和党也许能再度在国会成为多数党，以使它能和行政部门通力合作，完成我们认为将最有利于全体美国人民的计划。为了实现这一愿望，没有人能贡献出比你更大的力量。无论星期二结果如何，对你为达到这一目标所做的贡献，我不知用什么言语才能表达我的深切谢意。

还请转告帕特，作为一个能干的竞选活动家，她使我十分钦佩，她无疑是这一类人物中最可爱的。

顺致热烈的问候

德怀特·艾森豪威尔
1954 年 10 月 27 日

11月2日选举日那天晚上，帕特和我待在家里。我们一起坐在壁炉前面，过了一会儿，每隔几分钟，我就得站起来去接共和党全国委员会竞选总部打来的电话。消息有好有坏，这也是我意料到的。我们在众议院丢了16个席位，在参议院丢了两席。这个数字比执政党通常在中期选举中丢失的要少得多：在以往的50年中，平均丢失数是众议院40席，参议院4席。然而，历史的比较并不能令人感到有多少宽慰。民主党再度控制了参众两院，艾森豪威尔尽管本人享有极大声誉，却不得不在其任期的最后六年内与一个民主党国会打交道。

在选举后召开的第一次内阁会议上，绝大部分在政治上尚属新手的内阁成员都垂头丧气。我说，要紧的是吸取教训以免重犯错误。我指出，在我们提出一大批杰出的候选人名单时，也推出了几个显然很平凡的人物。我对内阁说："在共和党的候选人名单上，这种人物的确太多了！"

接着，我从口袋里掏出一个上好发条的玩具小鼓手，拉开闩，摆在内阁会议桌上。当那个小家伙在光洁的桌面上歪歪斜斜地走着、室内响起清脆的鼓声时，大家都莫名其妙地瞧着它。"先生们，"我说，"我们应向这家伙学习：现在不是垂头丧气的时候，我们得为我们的成就击鼓称庆。"艾森豪威尔笑了。

1954年的选举向我提出了一些伤脑筋的问题。很明显，艾森豪威尔仍准备保持他那副全民总统的姿态，只要我们还是搭挡，党派竞选活动的艰巨任务肯定就得由我去承担。还得如此这般地再搞两年，想想这个前景就有点让人不寒而栗。同样很明显，我将继续成为民主党的第一号攻击对象。艾森豪威尔声誉太高，他的超脱战略又极为成功，攻击他显然是吃力不讨好。但我却站在第一线，是个最合适的靶子，而且我的竞选活动越有成效，许多民主党人及其在新闻界的支持者就会越下定决心非打垮我不可。

虽说基金危机事件已使我的脸皮练厚了，但对把我描绘成蛊惑家、骗子手或像《华盛顿邮报》赫布洛克漫画栏所画的栖息在阴沟里的动物，我仍感到愤愤不已。当这种漫画越来越成为人身攻击时，我有时简直不明白什么叫党派斗争，什么叫虐待狂了。我的几个女儿已快到懂事的年龄了，帕特和我都不希望她们的爸爸一年一度成为美国政界的坏蛋。

在1954年选举的最后一个星期，当时我已十分疲劳，几乎记不起休息是一种什么滋味的时候，我决定，这是我最后一次竞选活动了。我开始越来越想到约两年半前在共和党芝加哥代表大会期间默里·乔蒂纳说的话：我在44岁辞去副总统时完全可以写出自己的候选人名单了。当我在选举前夕作一次全国电视广播演说时，我便已决定不再在1956年参加竞选了，除非有特殊情况改变了我的主意。

选举日那天，在我们飞回华盛顿途中，我打开了公文包。最上面有一卷文件，里面有几页我手写的选举前夕的广播稿。乔蒂纳坐在我旁边的座位上，我把稿子递给他。"默里，这是我最后的竞选演说稿。"我对他说，"你也许愿意把它当作纪念品保存起来，这是最后一份，因为从此以后我决不再搞这类活动了。"

心脏病发作

1955年9月24日,华盛顿热得像印度的夏天。五点半左右,我正坐着看《明星晚报》,看到头版上有一条丹佛通讯,说总统得了轻度消化不良症。这原是他常有的事,于是我不在意地翻到体育版去。我正看着棒球赛报道时,电话铃响了。

"迪克,我是吉姆·哈格蒂。"一个熟悉的声音说,"告诉你一个不好的消息,总统得了冠心病。"

"已确定了吗?"我问道。

"我们已完全肯定。"哈格蒂回答说。他没有更多的情况可提供,我们约定,有新的情况立即通知我。通话快结束时,他说:"迪克,让我知道什么地方可以随时和你联系上。"

我一动不动地坐了好几分钟,仔细体会着这个消息的严重性。这不仅是因为我关心艾森豪威尔的健康情况;我不能不考虑在这空前未有的国家危机中我自己应如何行事。

我打电话给比尔·罗杰斯(他是代理司法部部长,因为赫布·布劳内尔当时在西班牙),问他能否到我这里来。罗杰斯恰好赶在大批记者和摄影记者之前到达我这里,那些人一听到丹佛发布艾森豪威尔得了心脏病的消息,全跑到我的住所来了。我和罗杰斯商定,不能让他们知道我在这儿。我想有一点很重要,在我从丹佛得到更多消息以前,不能让他们见到我或引用我的谈话。

罗杰斯建议我到他家过夜。他打电话给妻子,要她开车来接我们,还叫她把车停在我屋后的一条小街上。15分钟后,阿黛尔·罗杰斯驾着她那辆庞蒂亚克篷车来了,比尔和我从旁门溜了出去。我们快步穿过邻居后院,钻进汽车。

罗杰斯的住宅离马里兰州贝塞斯达的中心大街很远。一到那儿,我就向丹佛挂电话。

我第一次知道,这次发病被正式诊断为"轻度"冠状动脉血栓形成。痊愈的可能性很大，但目前还什么都不能肯定。经与罗杰斯和杰里·帕森斯作长时间讨论，又跟很多内阁阁员通了话，大家商定，我们应作为一个团结的班子继续管理国家事务，直到艾森豪威尔重返工作岗位。

那天晚上我没有入睡，盘算着今后应如何行动。从最好的方面想——艾森豪威尔几星期后就可重新工作，那我决不要愚蠢地去干任何可能被新闻界说成是为自己谋私利的事。从最坏方面想——艾森豪威尔病故或完全丧失工作能力，毫无疑问我将继任总统职位；如果出现这种情况，那我事先的行动不出任何问题这一点就更加重要。最有可能出现的局面——艾森豪威尔不能在几星期或几个月内恢复工作，那样就一定得作出决定，让我接任他负责的某些工作，在这种情况下，我决不能去干让别人认为是觊觎他权力的事，这一点同样是十分重要的。

我知道很多人将企图离间我和谢尔曼·亚当斯的关系。亚当斯这位执掌大权的总统助理，是白宫的参谋长，谁都知道他是艾森豪威尔最忠实、最无私的助手。甚至在华盛顿就已谣传亚当斯赶回白宫说的头一句话是："真想不到一回到这儿突然发觉你自己就是总统了。"

到了星期天上午，我知道再也不能一味回避新闻界人士了。但是，举行记者招待会又有自我宣扬之嫌，因此我决定让记者随同帕特和我去教堂，然后再邀请其中一部分人到我家来，非正式地随便谈谈。

我们在起居室坐下。我对他们谈了一下我所知道的极少一点关于艾森豪威尔健康的情况。我向他们详细介绍了艾森豪威尔建立的分工合作制度，并说，我相信在他重返岗位之前，这套制度会平稳地继续发挥它的作用。

记者当然不要听什么合作精神，他们感兴趣的是有内容的新闻。他们想听听艾森豪威尔的病对政治有什么影响的声明。关于艾森豪威尔1956年是否再度竞选一事，大众早有揣测。9月初的盖洛普民意测验表明，与史蒂文森相比，赞成艾森豪威尔的占61%。差不多在同时举行的另一次盖洛普民意测验则表明，如艾森豪威尔不参加竞选，我将是共和党总统候选人的第一考虑对象。我婉转而坚定地拒绝回答有关艾森豪威尔的病情在政治上的影响的问题。

尼克松回忆录
THE MEMOIRS OF RICHARD NIXON

星期一晚上，谢尔曼·亚当斯、莱恩·霍尔、杰里·帕森斯、霍尔的新闻助理卢·盖莱、罗杰斯和我一起在罗杰斯住所讨论当时的政治形势。亚当斯坐得离我们稍远些。每当要他发表意见时，他总是大谈一通在苏格兰钓鱼的事。最后，显然他主意已定，在他亲自去丹佛了解一下艾森豪威尔病情之前，决不打算参加任何实质性的讨论，要不然，那他就是几乎完全吓呆了。

我说，我们的主要任务，是防止在总统候选人提名问题上发生争吵，至少要等艾森豪威尔病好，有机会表示他愿不愿意再次竞选时再说。莱恩·霍尔在记者的追问下，已坦白告诉他们，1956年共和党候选人名单跟1952年获胜名单一样：艾克和迪克。尽管有必要向公众表示乐观，但我认为我们这间屋子里就没有谁当真相信艾森豪威尔将再度竞选，即便他完全复原。

在此后的两个星期中，我在白宫主持了多种会议，包括例行的内阁会议和国家安全委员会会议。我坐在总统席对面的副总统座位上，非常谨慎地使自己扮演调解人而不是指挥者的角色。我"代表总统"签署了几份礼节性文件，但我继续在国会大厦我的办公室工作而不是去白宫办公。在那几周里，我决定，凡有事需和阁员会商，一定不要请他们到我办公室来，而由我去找他们。尽管我如此小心谨慎，尽管我决计尽可能少和报界打交道，但仍有一两位阁员似乎认为我是想为自己作宣传。

10月8日，艾森豪威尔得心脏病已整整两个星期，我乘飞机去丹佛探望他。我是第一个去看望他的官员，之后，各内阁成员按职位高低依次去看望他。看到他那样苍白虚弱，我不由得大吃一惊。但很快我就发现他的思想仍跟过去一样敏锐。他居然能无所谓地谈论他的心脏病，虽然他曾受过一番痛苦的折磨。"疼得我真够呛，迪克。"他对我说，"我从来没让玛米知道疼得多厉害。"

在心脏病发作48天之后，艾森豪威尔飞回华盛顿来。在秋天的阳光下，成千上万兴高采烈的人群站在闹市街头两旁，欢迎他返回白宫。全国人民都松了一口气。没有什么可担忧的了，艾克回来了。

1956年：再度竞选

1954年竞选运动以后，我曾考虑退出政界。我知道帕特想回加利福尼亚去。唯一使我犹豫的，是艾森豪威尔的心脏病所造成的意外局势。在此以前我原估计他将再次参加1956年竞选，现在我却没有把握了。如他不参加，我将是下届总统候选人的提名对象。艾森豪威尔患心脏病后，在假定他不再作候选人的情况下所作的一次盖洛普民意测验表明，我被选作总统候选人的可能性超过了厄尔·沃伦，支持率是28%对24%，往下是杜威和史塔生，各得10%。

1955年12月26日，艾森豪威尔把我叫到椭圆形办公室去。他说，他对即将来临的选举曾想得很多，他想知道，我应该再次竞选副总统呢，还是接受一项内阁职位更好。他说，一个内阁位置，比如国防部部长，将使我获得一些对当总统来说极为重要的行政经验，而那是当副总统所无法获得的。他指出，赫伯特·胡佛曾利用他商务部部长的职位获得全国性的声誉，后来也就竞选成功了。

这建议使我大吃一惊，虽然他似乎是以极友好热情的态度提出的。他说，他很失望，在最近几年中，党内没有出现其他合适的总统候选人。他还提到盖洛普的某些试探性调查，在这些调查中，史蒂文森和我相比大大领先了。他说，真不幸，在最近三年中我的声望没有能更快地提高。

我这才恍然大悟谈话的背景何在。艾森豪威尔班子里的人或他的朋友们显然说了许多使他生疑心的话，告诉他不但在竞选中我自己会输掉，如果我仍是他的竞选伙伴，还会拖他的后腿。不难想到，许多人是有意跟我过不去，因为最近多次的民意调查，除他刚才提到的那次外，都表明我有相当进展。

几星期后，我们又进行了一次内容相同的谈话。艾森豪威尔再次表达了他的意见，认为我出任一个内阁职位要比再度竞选副总统更有利于我的政治前途。他似乎在等待我的答复。在这一刹那间，我感到时光好像又倒转到基金危机年代，他正站在电话旁一声不响地等待我向他提出退出竞选的要求。我这时的反应也和那时相同：作为副总统，我参加不参加竞选，完全由他决定。但我不相信我退出竞选对他或对党会有很大的好处，因此我不打算主动提出我不参加了。

像1952年一样，我的沉默又把球踢到艾森豪威尔那边去。最后我说："如果你认为我退出竞选对你自己竞选和你的政府都更为有利，请告诉我你想让我怎么办，我一定照办。我愿意做最有利于你的事。"

"不，我想我们一定要做于你最有利的事。"他回答说。

当福斯特·杜勒斯也跟我谈这个问题时，我对艾森豪威尔谈话动机的怀疑完全消除了。杜勒斯提出我可能被任命为国防部部长或在他辞职后继任国务卿。我确信杜勒斯是真正关心我的。

从历史的经验来看，艾森豪威尔和杜勒斯的这一建议都有很多优点。但他们两人都没有考虑新闻界对此将作何解读，也没有考虑这样做会不会使很多共和党人感到不安，因为他们仍然认为我是联结艾森豪威尔与党的正统派的主要纽带。

艾森豪威尔身体复原极快，在他返回华盛顿后过了很短一段时间，他便恢复了日常工作。但和许多心脏病发作过的人一样，险些死去的那段经历常使他会一阵阵心情忧郁得无法工作。他会一动不动坐很长时间，一声不响地沉思着未来。特别是玛米·艾森豪威尔坚持要她丈夫不再竞选。她有时以炽烈的感情，有时用冷静的分析，试图说服艾森豪威尔。

但到了1月底，艾森豪威尔实际上差不多已作出参加竞选的决定了，2月14日的一份"情况极好的医疗报告"更加强了他的这一决定。我想他决定再度竞选是有好几个原因的。和在1952年一样，他认为这是他对国家应尽的责任。此外，他不能容忍让阿德莱·史蒂文森当他的后任，而他对别的共和党人参加竞选又没有信心。我还相信艾森豪威尔还极希望能完成他已开始的工作。他对共和党应成为怎样的组织怀有强烈的感情，他知道在第一届总统任期间，在这方面他完成的工作不多。他需要再有四年时间，以便在党和国家的事业上留下永久的印记。

艾森豪威尔在2月29日的记者招待会上宣布他将参加竞选。那天晚上他邀请了少数几个人到他的椭圆形办公室去，他将在那里发表电视广播演说宣布他的决定。吉姆·哈格蒂、莱恩·霍尔、杰里·帕森斯、米尔顿·艾森豪威尔和我坐在壁炉前面的沙发上,艾森豪威尔坐在桌边面对摄像机。演说完毕后,我们彼此握手庆贺,然后他请我们上总统住处去喝一杯。"我需要得到艾克夫人一些精神上的支持。"他有点忸怩地笑着说。

我们在白宫西厅末端的起居室坐下后,艾森豪威尔的情绪出奇的低沉。他很高兴他终于作出并宣布了这一决定,但想一想即将开始的竞选活动,甚至想想身负重任再当四年总统的前景,他不免有些畏缩了。"至少,"他说,"我可以说我已尽到我的责任了。"

艾森豪威尔经历重重困难才作出这一决定,因而在宣布这项决定时所产生的戏剧性效果,使他颇为得意。但我认为记者们的反应是使他颇为吃惊的。他得立即答复一连串竞选方面的问题,第一个问题便涉及我。

问:总统先生,既然你作了肯定的答复,你是否再要副总统尼克松先生当你的竞选伙伴?

答:事实上,尽管我对尼克松先生极为钦佩,我也不会提出副总统职位问题,理由是:我相信,根据传统,在总统候选人被提名以前是不会提名副总统的,所以我们还是等着瞧共和党代表大会提名谁,到那时再谈这个问题更合适一些。

还有人接着追问,他只是回答说:"对这个问题我没有什么可谈了。我已经说过,我无限推崇和钦佩副总统尼克松先生。他一直是我的一个忠诚的、得力的、干得很出色的助手,我非常喜欢他,但我不想再多谈了。"

我想,这个问题既已提出,艾森豪威尔对于让我作为他1956年的竞选伙伴,有三种基本的反应。

第一,可以理解他根据过去的实际经验所作的一切政治性判断,使他决不会作出对他自己的获胜可能不利的任何事情。

第二,虽说艾森豪威尔觉得他应该感激我这个忠心耿耿、埋头苦干的部下,也知道我在显然违背自己的政治利益的情况下也会对他给予支持，但他并不觉得他因此就非得在副总统职位问题上预先作出特殊承诺不可。

第三，艾森豪威尔习惯于军事制度，晋升的条件是不怕继续担当最艰巨的任务并且还要干得出色。他没有培植一个继承人或收一个门徒的想法——这同人人都应同样以无私的热情为指挥官服务的总参谋部的概念是不相容的。当艾森豪威尔说到别的候选人也将同样为他所接受时，他指的正是这个。

《新闻周刊》报道了艾森豪威尔要我担任一项内阁职位的建议，这就进一步证明了白宫班子有人在搞阴谋诡计。我怎么也没有确切查出这篇报道的来源，但肯定是白宫内部的人提供的。很难想象这么敏感的问题会不经艾森豪威尔的同意而泄漏出去。倘使艾森豪威尔曾同意这样做——或许我一直完全误解了他——那他很可能已决心要我退出竞选，并且不明白我为什么不理解他的暗示。

3月7日艾森豪威尔举行第二次记者招待会，记者提出的第一个问题即涉及《新闻周刊》的报道。

问：总统先生，一些公开发表的消息说，你的某些顾问劝你把副总统尼克松先生从今年共和党候选人名单上去掉；第二，还说你本人已建议尼克松先生要他考虑这次靠边站，或者接受一个内阁职位。你能否告诉我们这些消息究竟有没有什么根据？

答：啊，现在，关于第一个问题，有一点我可以向你们保证：如果有人居然敢前来劝我把一个像副总统尼克松一样非常尊敬的人抛弃掉，那我们的办公室骚动的情况决不会仅像你们现在所看到的这样。

第二，我没有那样无礼地去对副总统说，为了他的前途，他今后应该怎么做……

我唯一请他做的是要他订出自己的行动计划，并要他告诉我，他愿意做些什么。我决没有超出这个界限。

第三章 副总统（1953-1960）

"订出自己的行动计划"在接下去的几个星期中立即成了专栏作家们的必用语。艾森豪威尔这句话究竟指什么，各有各的理解，但一般认为这是对我表示一定程度的冷淡，甚至是企图在我们之间保持一定距离。

到那时，我对艾森豪威尔处理此事的方式已有所醒悟，而且我对当副总统一事也缺乏热情，这情况已开始对我自己的态度有所影响。在艾森豪威尔记者招待会后，我拿过一张便条纸，起草了一项宣布我不再做1956年候选人的声明。我向维克·约翰斯顿说了这件事，他是参议院竞选运动委员会的主要负责人，那天下午晚些时候他正好在我办公室。几小时后，他便和莱恩·霍尔以及杰里·帕森斯一起跑来找我。他们说，如果我宣布退出，共和党将马上分裂成两派。

我说，在政治上副总统根本不可能"订出自己的行动计划"，如果艾森豪威尔不要我和他一同竞选而我又不肯放弃，那我他妈的多不识相呀。"要不要我，全在他决定。"我说，"我现在只能假定，如果他那样说，那就是他要用那么一种方式表明，他要另找别人。"

莱恩·霍尔极力要让我平静下来。"这决不是他的意思。"他说，"他妈的，迪克，对这事，如果我们大家在一起只谈过一次，我和你可谈过几百次了。我们谁都知道，换任何一个人，情况就会两样。但现在是艾克，对他你可不能用对谁都能适用的那种高度复杂的政治标准。"

我同意至少在几星期内不发布任何声明。后来我知道，差不多在同时，艾森豪威尔本人对这事态的发展也不太满意，并且开了好几次会，想决定到底该怎么办才好。里奇菲尔德石油公司总经理查理·琼斯告诉我，白宫在此期间曾举行过一次全是男人参加的小型宴会，在宴会上，艾森豪威尔曾提出副总统问题。一部分客人认为，他应该换一个伙伴。他们争论说，如果我可能使艾森豪威尔得票的数目有任何减少，那他就应该像扔掉一个烫手的土豆似的尽快把我扔掉。琼斯与艾森豪威尔年岁差不多，是他多年的好友；他是仍然叫他艾克的少数人之一。在反对我的人对我评论了一番之后，琼斯隔着桌子说："艾克，你到底要一个人干些什么，才能得到你的支持？你要迪克·尼克松干的任何事,他都给你干了。许多艰巨的工作,你的别的一些同事连躲都躲不及,他却心甘情愿都替你干了。你现在要是不支持他的话,那我看真是一种令人难以想象的忘恩负义行为。"

3月13日,1956年选举的第一个初选会在新罕布什尔举行。

那天晚上,帕特和我到艾丽斯·朗沃思家去用晚餐。我们到达马萨诸塞大街她那豪华的维多利亚式住宅时,她在楼梯口迎着我们说:"听了广播没有?新罕布什尔把你的名字写上了选票。"

朗沃思夫人对竞选兴趣极大,我们赶快结束了晚餐。当我们在挂满兽皮、照片和她父亲的其他纪念品的会客室喝着咖啡听广播时,我了解到我的名字被写在选票上,乃是新罕布什尔初选中的一件大事。

艾森豪威尔一定很满意有56464位选民在选票上圈了他的名字。但更令人吃惊的是,大约有2.3万个投票人在选票上写上了我的名字。我感到十分兴奋,但不知总统听了这个消息作何感想。

在后来的记者招待会上,有人问艾森豪威尔对新罕布什尔初选结果如何看,他尽可能朝着对我予以支持的方向靠拢了一点。

> 嗯,我愿意这样说:新罕布什尔有很多人显然同意我对你们讲的关于迪克·尼克松的一些意见……
>
> 任何人想在我和迪克·尼克松之间制造隔阂,那等于想在我和我兄弟之间制造隔阂一样决无希望……
>
> 我要再重复一下我上星期或上上星期说过的话;我要说的完全是我的心里话:我很高兴迪克·尼克松是我的朋友。我很高兴在政府工作中有他这么一位副手。我将很高兴我俩一起列入一个候选人名单。
>
> 如果这些话还有人认为不明确,那只能说有些人不能理解简单明了的直率的话。
>
> 我再没有什么可说了。

随后，在 4 月 25 日的一次记者招待会进行中间，有人问艾森豪威尔："总统先生，前些日子你对我们说，你曾要副总统尼克松先生订出他自己的行动计划，然后向你报告。他报告了没有？"艾森豪威尔回答说："啊，他没有按照我那天上午说的向我报告。没有。"

我得知这段对话后，知道行动的时刻来到了。我对这问题想得越多，便越觉得我现在退出竞选，那对艾森豪威尔的损害显然要比帮他一把大得多。我知道，现在没有办法使大部分共和党的工作人员相信我退出竞选并不是被艾森豪威尔抛弃掉的。这些人如果说是艾森豪威尔的选民，更应该说是我的选民。如果他们感到我受到了不应有的待遇，他们定会在此次选举中袖手旁观。

自 1952 年以来，艾森豪威尔在选举问题上学到了不少东西，但对于国会和遍及全国各地共和党地方组织中被他称为"保守的党棍"的那些人，他仍然不喜欢或不了解，他认为这些人成不了大事。但艾森豪威尔对他们的需要不仅在他们的几张选票，他需要他们全心全意的在组织上的支持。

我不同意艾森豪威尔抛掉我便能从民主党人和独立人士中间获得大量选票的假想。艾森豪威尔现在已有四年执政记录作为竞选的资本，特别在经济、外交政策和国内安全问题上，这记录基本上是保守的。主张采取较温和路线的开明派，他们将会挑选史蒂文森。

第二天，4 月 26 日一早，我去白宫说我希望见见总统。那天下午，我在椭圆形办公室艾森豪威尔的办公桌对面坐下来了。"总统先生，"我说，"在你的领导下继续当副总统，对我将是莫大的光荣。但我之所以迟迟没有说明，唯一的理由是，我不愿让你感到在你不愿我参加的情况下，我硬要在选票上挤上我的名字。"

艾森豪威尔说，听到我这样说他很高兴，他本来一直就奇怪我为什么这么久还不提出这个问题。他拿起话筒找吉姆·哈格蒂说话。

"迪克刚才对我说他愿意继续参加竞选，"他对哈格蒂说，"你为什么不马上请他出去让他本人当面跟记者谈谈？"还有，他加上了一句，"你可以告诉他们，我听到这个消息很高兴。"

艾森豪威尔的认可，足以使我的潜在对手住嘴，也可使他的白宫班子至少暂时守点本分。三星期之后，我又得到一种意想不到的鼓舞——在俄勒冈的初选中，有32878人在选票上写上了我的名字。

候选名单问题看来已解决以后，我认为可以平安无事静等代表大会开幕了。然而在几星期后，艾森豪威尔因回肠炎进医院手术，于是他做总统候选人的问题整个搁置起来，现在大家只关心他是否能当满他的第一届任期了。

6月8日凌晨2时30分，在艾森豪威尔动手术之前，吉姆·哈格蒂打电话给我。他告诉我，总统刚进行全身麻醉。"我知道我这其实是过分小心，"他说，"但我知道你一定愿意做好一切准备以防万一在几小时后发生什么危机，或者，愿上帝保佑手术别出什么差错。"

艾森豪威尔动手术后复原极快，因而根本不必怀疑他能否干完这一任期了。但他心脏病发作得到恢复后，大家具有的信心现在却遭到了严重的打击，于是再度出现了他是否参加11月大选的揣测。这种怀疑重新在某些共和党人的心中激起了争夺总统宝座的雄心，而如果艾森豪威尔在最后时刻决定不参加竞选我便将成为首先被提名的候选人的事实，使"把尼克松抛弃掉"的愿望又死灰复燃了。

1956年夏，哈罗德·史塔生作为艾森豪威尔的"和平部长"，其声望正处于顶峰。作为总统内阁一级的裁军问题顾问，史塔生因很好地指挥了在日内瓦与苏联人举行的微妙的裁军谈判而声誉日高。

去年9月艾森豪威尔心脏病后不久，史塔生曾是第一批来看我的人，他向我保证支持提名我当总统候选人。但在1956年7月20日，他却对艾森豪威尔说，根据他委托私下进行的一次民意调查来看，与许多其他可能作为艾森豪威尔竞选伙伴的人，尤其是马萨诸塞州州长克里斯蒂安·赫脱相比，我会使艾森豪威尔丢失更多的选票。史塔生觉得赫脱应该当艾森豪威尔的竞选伙伴。艾森豪威尔后来说，他听到这个提议感到"非常吃惊"——因为他知道就在一周前，莱恩·霍尔和吉姆·哈格蒂与赫脱达成初步协议，同意把我的名字列入代表大会的候选人提名名单。

第三章 副总统（1953-1960）

艾森豪威尔告诉史塔生，他不打算去指挥代表大会。史塔生问，倘使他设法劝我退出，艾森豪威尔会有什么意见。"你是个美国公民，哈罗德，"艾森豪威尔说，"对这类事你有自由按自己的判断去办。"

史塔生向艾森豪威尔道谢后，离开了白宫。他找了一些他的支持者，对他们说，艾森豪威尔表示支持代表大会公开提名。他接着找了赫脱，说总统对他讲的话很感兴趣并授权他找莱恩·霍尔与我谈话，让我们事先了解一下他对副总统问题的看法。史塔生显然竭力要使我们这些人——艾森豪威尔、赫脱和我——逐渐发生对抗。三天之后，7月23日星期一，我收到史塔生的一封信。他在信中说："我已决定，我将尽可能在即将召开的代表大会上提名克里斯·赫脱州长为副总统候选人。我真诚地希望，在今后数周经过慎重思考后，你也会得出结论和我一起支持克里斯·赫脱。"

那天下午，史塔生举行记者招待会，宣布他支持赫脱为候选人。很多我的支持者劝我不要理睬史塔生的这种小丑式的公开玩弄权术的手法。但我知道史塔生是个聪明人，除非他由于某种野心鬼迷心窍，他还是颇有点能耐的。我担心，史塔生如果真能使旧金山代表大会的代表对艾森豪威尔的真正意图产生怀疑，那他很可能造成大会的某种危险的不稳定局面，最后在代表们还没弄清是怎么回事之前，代表大会就给弄得四分五裂一片混乱了。好几个有可能获得副总统提名的人，正等在舞台两侧热切地盼望出现这种局面哩！

艾森豪威尔会见史塔生后不久，便去巴拿马正式访问。史塔生的记者招待会成为头条新闻，把总统访问的消息都挤掉了。艾森豪威尔愤怒至极，他下令发布了一项简短声明："总统向史塔生先生指出，作为个人他完全有权发表他想发表的任何声明，但同样明显的是，他作为总统手下的阁员，无权发表这类声明。"几天后，谢尔曼·亚当斯通知史塔生，如果他坚持要照目前这样子干下去，他恐怕还是请假离开白宫工作班子为好。

艾森豪威尔返回华盛顿时，事情发展得非常迅速。赫脱打电话给谢尔曼·亚当斯，问他艾森豪威尔对眼下发生的这些事到底怎么看。亚当斯告诉他，艾森豪威尔十分尊敬他。如果他希望当副总统候选人，那是应由他自己去选择的事，虽然艾森豪威尔曾希望在第二届总统任内，他能在国际领域方面帮帮忙，而且已和杜勒斯谈过此种可能性。如果赫脱现在决定竞选副总统，那这事就不必再谈了。赫脱说，他想他应该继续执行史塔生记者招待会以前订下的计划，设法把我的名字列入提名名单。他想这样就可以打消今后一切要他当副总统的人的意图了。

亚当斯回答说："很好，这事咱们就算这么决定了吧。"史塔生泛起的泡沫浮到水面上不到24小时，便破碎了。

赫脱打电话给霍尔说，他将提我的名。霍尔把这个消息告诉了我。但史塔生并没有退让。他毫不在意地在一次记者招待会上说，现在要赫脱出面来提名选我，本身便说明赫脱在党内实力雄厚。第二天上午，赫脱在波士顿举行记者招待会，正式支持提名我为副总统候选人。

8月22日那天，代表大会预定提名副总统候选人，史塔生赶到圣·弗朗西斯饭店艾森豪威尔的寓所，要求会见，结果只是和莱恩·霍尔、谢尔曼·亚当斯碰面了。史塔生出示他打算和艾森豪威尔讨论的一封信。这是写给共和党全国主席霍尔的一封最后通牒，要求将提名副总统的会推迟到第二天。

亚当斯告诉史塔生，他要见艾森豪威尔必须事先同意附议对我的提名，谈话内容也只限于向总统说明这件事。史塔生最后似乎明白了总统的意思，接受了这些条件。他们会谈后不久，艾森豪威尔在电视上举行了一次记者招待会宣布："几分钟前，史塔生先生曾来见我……他说，在这里经过几天之后，今天上午他已绝对相信大多数代表需要尼克松先生……为了向代表大会和美国公众澄清他的立场，他准备请求大会主席同意他在今天下午附议……再次提名尼克松先生为副总统候选人。"

艾森豪威尔在旧金山发表声明时，我正在四百英里外的惠蒂尔。那天一早，我得知父亲患了腹腔动脉破裂症，恐怕不行了。当我们到达惠蒂尔时，他稍好了一点，所以他虽非常痛苦地睡在氧气帐内，我还可以和他谈谈话。他说，他感觉好多了，坚持一定要我回旧金山去。在疼痛和止痛药物的暂时安抚下，他

第三章 副总统（1953-1960）

的老脾气又发作起来，他说："迪克，你一定得回去，不能让那个史塔生在最后一分钟再跟你捣鬼。"

那天下午我在父母的起居室里看电视转播代表大会实况，看到赫脱提名我为候选人。半小时后，"把尼克松抛弃掉"的运动终于收场了，我以1323票对1票获得再度提名。

第二天早上医生说我父亲情况好多了，他相信好转的主要原因是我赢得再次提名引起了他的兴奋情绪。我说，我打算取消接受提名演说，留在家陪伴他，他一听大发雷霆。帕特和我只得返回旧金山，那天下午经老友约翰·克罗宁神父大力协助，我在必须前往代表大会会场前几分钟，完成了接受提名演说的讲稿。

代表大会闭幕后，我们回到华盛顿，但几天后，因父亲病危，我又被叫回加利福尼亚去。医生告诉我，完全是因为他决心要看到我打败史塔生和争得再次提名，才使他活到这么久。现在他的情况急剧恶化。他知道已到了人生尽头，所以已向我母亲谈到关于葬礼问题，他要求不要让他死在医院而要死在家里。他于1956年9月4日晚上8时25分去世。

除开头着实热闹了一阵外，1956年的竞选活动大部分时间都比较平静。艾森豪威尔请了数百名共和党领导人到他的葛底斯堡农场举行野餐会，正式揭开竞选运动的序幕。史蒂文森早已开始行动，他尖刻地攻击艾森豪威尔政府是"伪装得很巧妙的""残酷的"政府。一向受不了批评的艾森豪威尔，对史蒂文森尤为痛恨，现在不免火冒三丈，立即要进行回击。就在举行野餐会的那天早晨，他打电话给我。从我当时写下的这段谈话记录可以看出，在他想采取某些政治性行动时所用的是一种什么方式：

> 今晨总统来电话说："听我说，你今天得去葛底斯堡讲几句话。"
> 他说："当然喽，现在大家都注意到你的讲话姿态已提高。但我想，你今天必须记住他们对政府以及对我个人所作的攻击。"他说，"我想

史蒂文森现在既然骂这个政府是骗子、流氓政府，说我们在处理人民和农场主问题上冷酷无情，说我们既没有带来和平也没有实现繁荣，我得要他们拿出证据来。我希望你来干这件事，如果你必须恭维我一番，那也可以。这当然会使我有些别扭。我建议可以讲这么几点：你们愿意再去打仗，以便在民主党领导下取得繁荣吗？不管怎么说，在第二次大战前的1939年有900万人失业，朝鲜战争前失业人数也非常大。

我说，我也认为史蒂文森实在太放肆，完全是信口开河胡说八道。他说："当然不需要对他进行人身攻击，但应指出他错了。"

接着我和布劳内尔谈了谈，他说："我认为我们不能靠这所谓的高姿态竞选来获得胜利。当然要公正，但你得和对方交上手，并且要毫不留情。"

那天下午阳光和煦，艾森豪威尔在他的农场做东招待大家。人们聚在为演讲而搭在草坪上的大帐篷里。我根据艾森豪威尔的指示，狠狠地对史蒂文森和民主党人刺了一下。接着他站起来讲话，一开头便赞扬我。他说："在美国历史上还没有哪一个人像尼克松副总统这样已有极充分的准备可以挑起总统的重担，如果有一天这个重担将落在他肩上的话。"

9月18日早上，我们将开始我们的首轮竞选活动。艾森豪威尔来到国家机场为帕特和我送行。他说这次竞选应以政府的政绩为基础，不要多谈"夸大其词的党派斗争问题"。哈里·杜鲁门在1948年竞选活动中叫着"对他们决不留情"。艾森豪威尔1956年的临别赠言是："给他们留点情面。"

头两天，我遵照这个指示进行活动。听到我发表严肃、低调的讲话，丝毫不带他们预计会听到的那种用词狠毒的竞选腔，记者团感到莫名其妙，共和党听众大失所望。后来史蒂文森对艾森豪威尔及对我的攻击越来越激烈、放肆，我知道对他进行反击势在必行，只不过是时间问题而已。

我们去俄勒冈州尤金市开群众大会，我发表了"给他们留点情面"的演说。

第三章 副总统（1953-1960）

又一次我可以看到，听众感到十分失望。我上床已是午夜，但睡不着。清晨 5 点半左右，我起床走进起居室，在我的主旨演说稿上添加了一些狠狠反击的段落。突然之间，我感到心情轻松了许多。我一直都没有意识到压制自己党派斗争的正常本能，在竞选运动中把一只手捆绑在自己的背后，却听任史蒂文森对我们进行恶毒的嘲讽和放肆的攻击，竟会如此令人颓丧懊恼！我走到房内角落里的一架大钢琴旁，弹起勃拉姆斯的 G 大调狂想曲来。我刚奏到辛廷的"瑟瑟之春"，帕特走进来说："你在这里干什么呀？迪克，你要把饭店的人统统吵醒了，现在还不到 7 点半呢！"

我那篇新演说使听众们兴高采烈，运动从现在起才开始沸腾起来。

但运动的根本问题依然是艾森豪威尔的健康状况以及万一他有什么三长两短我便将成为总统的问题。从一开始我便遭到激烈和恶毒的攻击。《新闻周刊》报道 8 月民主党芝加哥全国代表大会的情况说：

> 从在芝加哥敲木槌宣布开会，到最后狂欢的呼叫声震屋瓦以至消失，尼克松自始至终是攻击的对象。发言人念到他的名字时个个嗤之以鼻，似乎像个什么难以出口的脏字眼。他被攻击为"副刽子手""白宫豢养的侏儒""下流货"……民主党在攻击尼克松时，实际上是向人提出了这样一个问题："你们要把这样的一个人送进白宫吗？记住，如果你们再次选举艾森豪威尔，艾克一死他就要成为总统了。"

史蒂文森对代表们说："美国人民负有严肃的责任，必须极其谨慎地考虑，如果当选总统因上帝的意志而不能终任，谁将来当他们的总统。"

他指出，我国历史上有七名总统"是由于这种间接挑选的结果而获得职位的"。10 月 17 日，他在密歇根州弗林特的一次演讲中施展浑身解数说：

> 没有人敢有把握地肯定这位副总统到底持什么立场。他的假面具很多。谁敢说曾见到过他的真面目？……
>
> 在目前这种危急时刻，美国不能冒险选出一名把悲惨的战争用来

作盅惑人心的政治宣传，在国外不散播善意而散播恶意的总统或副总统。

他把副总统职位说成是"国家的人寿保险单"，肯定地说，投艾森豪威尔－尼克松的票，就等于让国家"在四年里没有保险"。

10月4日，我举行全国电视广播，回答八个城市的记者通过电视网当场提出的问题。这个尝试非常成功，所以我以后直到1972年每逢竞选都使用电视回答这一方式。

尽管电视那时正开始独自成为竞选的一种工具——1956年73%的美国家庭已有一台电视机——但我们还是采用了到处跑的老式办法，这和我们前几次经历过的一样，实在是令人精疲力竭。帕特和我包了一架飞机进行了三次横贯全国的竞选活动。由于我担负着为政府竞选的主要责任，也由于我本人是这次选举的关键人物，随我采访的新闻记者数目之大是以往任何一个副总统候选人所从未有过的。除星期天外，每天我至少得举行一次甚而两次记者招待会。《纽约时报》说我"神奇地……进行着一场非眼见难以相信的竞选运动"。

竞选一开始，民意调查始终表明艾森豪威尔和我遥遥领先。在最后几天甚至最后几小时，国外爆发了三起危机，它有效地勾销了史蒂文森可能获胜的一线希望。每当发生国际性危机时，美国人民总是团结在总统周围，这次也不例外。10月19日，波兰爆发了短暂的暴乱，10月23日，匈牙利暴乱先在布达佩斯爆发，在苏联出兵之前，迅速向全国发展。我骂尼基塔·赫鲁晓夫是"布达佩斯的屠夫"——这个诨名此后一直在全世界被普遍使用。接着，以色列因使用苏伊士运河问题经几个月争吵后，于10月29日入侵埃及。在我国大选前一天，11月5日，英法伞兵在埃及降落，支持以色列的入侵，以保护英法在那里的利益。

艾森豪威尔和杜勒斯对英法和以色列公开施加巨大压力，要它们从苏伊士撤军。回头来看，我认为这一行动是极为错误的。这样使纳赛尔变得较过去更为轻率，更富有侵略性，而且还播下了另一次中东战争的种子。这事引起的最

第三章 副总统（1953-1960）

悲惨的后果是英国和法国因苏伊士危机受到极大屈辱和打击，从此无意在世界舞台上发挥重大作用了。自那时以后，美国在世界外交政策的领导方面就被迫非"单干"不可了。我常常想，如果苏伊士危机不是发生在总统竞选的热潮中，很可能会作出不同的决定的。

史蒂文森在大选前夕发表了一次孤注一掷的讲话。他比过去任何时候都更肆无忌惮，赤裸裸地对投票人说，由于艾森豪威尔的健康状况，选他几乎就等于把我选进白宫：

> 此事说来虽十分令人厌恶，但我不得不直率地对大家说，根据我们所掌握的每一件科学证据，每一项历史和经验教训，都表明如果共和党明天获胜，理查德·M.尼克松就很可能在今后四年内成为这个国家的总统……
> 此事说来虽十分令人厌恶，但这是关系到美国人民明天将要作出的极其重大的决定的真正意义和核心问题的所在。
> 我对这个决定是有信心的。

很多人认为这是一种拙劣的、低级的呼吁，它很可能使史蒂文森因此失去的选票比所得到的还多。第二天晚上计算选票数字，艾森豪威尔－尼克松赢得了57%的选票，在全部48个州中有41个州获胜。

大选日之夜，帕特和我参加艾森豪威尔夫妇在谢拉顿－派克饭店举行的祝捷晚会。我很少见到艾森豪威尔情绪如此之高。从头一批得票情况的零星报告开始送来的时候起，由于看来我们将获得真的压倒性胜利，他便一直高兴万分。但等到中西部得票情况统计出来时，艾森豪威尔的个人胜利显然还没有在州或国会议员选举方面发生作用。虽说这是总统选举史上一次最大的压倒性优势的胜利，艾森豪威尔却是108年来第一个在国会两院里均不为他的党所控制的总统。

艾森豪威尔根本不能理解怎么会发生这种情况，正如我在1972年遇到同样情况也感到难以理解一样。我们坐在那儿慢慢喝着搀苏打水的威士忌，等着看电视播出最新票数报告，他的情绪已越来越低落了。他说："迪克，你知道这是怎么回事吗？这全都是因为我们党内有那么一些该死的老顽固和已僵化的保守分子。"

艾森豪威尔在党内问题上责备保守派已不是头一次了。在很多情况下，他由于党内的分裂而感到恼怒、厌烦是完全有道理的，但也表明他显然缺乏长期在政界经受锻炼的人应有的、不怕挫折的耐心。艾森豪威尔忽然想到在楼下跳舞厅等着我们的人，他说："你知道，我想要和他们谈谈关于现代共和主义问题。""现代共和主义"那时是个时髦名词，尤其在新闻界，一些评论员认为它是和塔夫脱的保守主义相对立的一种开明主义思想。

我认为在这种场合艾森豪威尔去谈这样一个在党内有争论的现代共和主义问题，冒着得罪楼下和全国的党内积极分子的风险，将会是一个错误。但我也知道艾森豪威尔是个想说什么就说什么的人。

午夜1时30分左右，史蒂文森承认失败，艾森豪威尔走下楼去说，他的胜利是现代共和主义的胜利。完全如我所担心的那样，很多党的积极分子把这句话或看成是自我夸耀，认为这胜利是靠他自己取得的，或看成是一种威胁，党内谁不赞成他的观点将会逐渐被赞成他的人所代替。这两种看法都有一定的道理，恰足以使在他的第二任工作开始时，共和党内某些派系便奏起了有点刺耳的音调。

新年前几天，我收到白宫一封来信。

亲爱的迪克：

　　值此1956年和本政府第一届任期即将告终之际，我打算在这私人函件中谈谈我在公开场合经常说的一些想法。四年来，你使副总统职位具有了过去从未有过的真正的地位；对我们在世界其他许多地区的朋友来说，你真不愧是一位能干的、深得人心的"大使"；你孜孜不倦地工作，卓有成效地向美国人民解释——和推行——本政府的各种政策。于此种种方面，我本人实在受赐甚多，对于你在工作中能如此深得我心，尤为万分感激。

此外——我不免因此感到内疚——当我似乎是在感谢在竞选运动中为我出力的从缅因州到加利福尼亚州的成千上万的人民时，我发现，我却从未对你为我不辞辛苦担当逐州访问的重任表示感谢。我知道，投票人的裁决使你已得到了应有的酬报——当然我也不免沾光——但我确应向你和你的那些忠诚勤劳的工作人员为实现这一最后结果而作出的努力致以最深切的谢意。

亲切问候帕特和孩子们，并向你本人致以我最良好的祝愿。

德怀特·艾森豪威尔

慈悲行动

1956 年"匈牙利起义"博得了美国人民的同情。1956 年 11 月和 12 月，在扑灭了反抗的最后一点火花后，苏联终又将匈牙利人民重新置于它的严厉的控制之下。很多匈牙利人试图逃越国界进入奥地利，特别使严守中立的奥地利政府感到为难的是，难民人数很快达到每日以数千计。

苏联人及其匈牙利政府指控美国煽动这次起义，说我们向匈牙利反叛者保证，如果他们起来造政府的反，我们将予以援助。使我们甚为惊讶和尴尬的是，一些为自由而战的人似乎也同意这一说法。他们责备我们起初鼓励造反，而在苏联人把他们镇压下去后，我们却完全袖手旁观。

12 月 13 日，那时我正和帕特在纽约度圣诞节前的几天假日，艾森豪威尔把我召回华盛顿，要我和杜勒斯商讨关于这一问题的一些看法。艾森豪威尔已同意从已逃到奥地利的 10 万以上难民中（逃越国境者正日渐增多），接收 2.15 万人到美国政治避难。这可不是一个十分得人心的决定。在国内存在失业问题，而且舆论界对匈牙利局势尚未十分肯定从人道主义的角度来加以对待时，这一同意难民入境的做法，遭到国会相当大的反对。艾森豪威尔现在这样做只是以现行法令的临时规定为基础，他因此希望取得更有永久性的立法依据来处理难民问题。他还希望准许更多的难民入境。

杜勒斯说，艾森豪威尔要我率领一个担负紧急任务的使团到奥地利去，以便把国内的注意力集中到难民的困难处境上来。这样，在我回来时，便可以提出一份报告，支持通过一项新的立法。我的使命被称为慈悲行动。

奥地利政府一方面担心可能出现难办的外交事件，另一方面也因为他们一贯强调秩序，大大削减了我访问设在边境城市安道的难民营的计划。我见到的难民很少，和我交谈的大多数是奥地利政府或红十字会的官员。

那天晚上，奥地利政府为我举行宴会。回使馆后，我对我们的大使卢埃林·汤普森说，我想去边境亲眼看看那边的情况到底怎样。汤普森安排了一辆车，在比尔·罗杰斯、加利福尼亚州众议员鲍勃·威尔逊和我的行政助理鲍勃·金的陪同下，我又返回安道。

在边境凄凉的难民营里，我们看到了匈牙利自由战士们所遭受的真正的痛苦和他们的英雄气概。

那天晚上刚逃过来的一批人，其中有些是能讲英语的大学生，他们诉说了布达佩斯和整个匈牙利正在遭受的苦难。

"你们认为《美国之音》和《自由欧洲电台》对这场革命起了鼓动作用吗？"我问道。当他们听到我有意提出的这个不合外交辞令的问题的翻译后，大都露出了惊讶的神色。有一个人脱口而出地回答说："是的。"

我事后知道，这次简短的对话起了一点通气的作用，使难民相信我是不会把他们的情况掩盖起来的。

一位难民领导人告诉我，很多人是穿过国境北部纵深数英里的密林逃出来的。难民越过国境以后，只能躲藏在一些友好的农场主的谷仓里，等着有人把他们带到难民营来。他问我愿不愿意去走一趟，因为他们正要去，按他的说法是去收集那个晚上的"收获"。我说我愿意去，他笑着说："很好，先生，那你就可以走一趟我们所走过的路了。"

我爬上了一辆用拖拉机拉着的装运干草的大车。难民营的灯光渐渐在我们背后消失，车子沿着弯弯曲曲的道路前进，两旁一边是森林，一边是农场。我们在一处农场让一个青年上了车，他说他整整躲了三天，一直到5个小时前他才冲过国境来的。

回到难民营已是早上6点多了，我只能匆匆讲了几句告别的话，便上车返回路程遥远的维也纳去。我在大使住所匆忙地洗了个澡，换上衣服，赶去开9点钟的会，幸好只迟到了几分钟。

圣诞节前夕，我回到华盛顿。由于在假日中也没有休息，在新年那天我便能向艾森豪威尔交上我的报告。

我力主修改麦卡伦－沃尔特移民法，以便能对这一新局势作出灵活反应。我说，把我们自己限死在固定的难民数字或固定的难民总数百分比上，那是既不明智也不现实的。我在报告中写道："我相信，接收这些难民的国家将会发现，它们并非背上了一个包袱，而是得到了一项有价值的国家资产。"很多美国人对匈牙利难民似乎无动于衷的态度，使我感到非常失望。后来在1959年他们以类似态度对待古巴难民以及在1975年对待越南难民，我都同样感到失望。

我现在一回想起1956年"匈牙利起义"和1968年捷克斯洛伐克反抗还仍然有一种无可奈何的感觉，不知如何能对中欧和东欧共产党国家的人民多给一点帮助。它们的地理位置以及我们和欧洲盟国安排联合军事行动——只有这个才是有效的办法——的困难，这两方面的实际情况意味着，当这些国家的人民公开进行叛乱反对本国共产党执政者的时候，我们根本不可能也不会愿意使用我们的武装力量。因此，在我们不可能对他们进行援助的情况下，燃起他们的希望，鼓动他们冒生命危险去进行武装叛乱，完全是一种不负责任的做法。但我也并不认为此外便只有眼望着沉沉铁幕，承认他们命中注定只能永远生活在共产党统治之下这一个办法了。

唯一可行的答案是和平变革。应该承认这不是一个很令人满意的解决办法，因为这种变革可能需要一代人甚至一个世纪的时间才能完成。在这期间，我们应抓住一切可以和这些国家的人民增加接触和交往的机会，使他们知道我们也希望他们能过上更美好而自由的生活。

总统中风

1957年11月25日，我接到谢尔曼·亚当斯的一个电话，要我立刻去白宫。

进屋一关上门，他就说："总统中风了。"

我们沉默了一会儿。"情况十分严重吗？"我问。

"要到明天早上才知道。"他回答说，"他现在最主要的问题是思想混乱，神志不清。还得过几天医生才能确定损害的情况到底怎样。这是一件非常难、非常难处理的事，"亚当斯说，"你也许在24小时内会成为总统。"

事实上，这次中风是比较轻的。艾森豪威尔读书、写字和思考的机能并未受损害，唯一的一点影响是说话时偶尔找不到确切的词汇。他自己常因此感到很痛苦，但别人其实根本听不出来。他决心在公开场合让人看到他完全能控制自己，但我们这些私下和他有来往的人，偶尔可以看出中风对他造成的严重的心理影响。他因为害怕从此失去行使总统职权所必需的体力或智力，心情极为不安，这对他的精神是一个严重打击。当他第一次听到医生诊断时，他说："完了，从现在起，玛米和我只好当农民去了。"

在他复原期间，一些报纸对他健康状况的采访报道，尤其是提到他偶尔说错话的情况，使他十分不安。有时他说话确有困难，但他以对自己的严格控制和顽强的意志克服了它。有些社论作者和专栏作家甚至建议他该辞职或临时把权力交托给我——尽管他们极力回避我将继承他的职位的想法。

有一天，他似乎对这些攻击特别感到心烦，我对他说应该想一想这些攻击到底有什么根据，你就可以不加理睬了。我提醒他，最重要的是他的头脑并没有受到什么损伤："对绝大多数政治家来说，问题往往出在嘴巴动得比脑子快上。而你却恰好相反。"

这就打破了他的紧张心情，他高兴得哈哈大笑起来，几个星期来我都没有听到他这么笑过了。

我一直觉得艾森豪威尔完全可以大大减轻他的工作负担而不影响行使他的

主要职权。我对他说过，没有理由不让每个阁员更多地作出他自己的决定，尤其是在国内问题上。艾森豪威尔表示同意，但行动起来又总害怕少管一点事，别人便会认为他失去处理全部事务的能力。过不了几个月，他又开始出席各种会议，任凭讨论个没完没了，任凭大家无尽无休地进行辩论，仿佛为国家受这种折磨和对国家进行领导一样，也是他的责任所在。

艾森豪威尔中风所产生的一个重要结果，是他建立了一套在他任内万一因病失去工作能力的应急办法。因国会没有采取任何行动以解决总统因失去工作能力而产生的宪法上的空缺问题，比尔·罗杰斯、福斯特·杜勒斯以及我和艾森豪威尔一起设计出了一个至少可以使他的政府保持稳定的方案。艾森豪威尔以他的个人名义起草了一封给我的信，详细开列了这一程序的细节。关于总统是否适宜工作问题完全由总统和副总统决定。如果艾森豪威尔今后由于某种疾病肯定认为自己不能再履行职责，他将立即通知我，这时我便成为拥有全部权力的代理总统，直到他认为他又可以重新工作时为止。而如果他已不能作出或表达出一种决定，我则可经过适当的协商按自己的决定行事，承担代理总统工作，直到他确信他已全部复元可重新工作时为止。这个计划并不能替代宪法上的彻底解决，但却是一个可行的安排。幸运的是，它还从未付诸试行过。肯尼迪在他上任之前，也写过一封类似的信给林登·约翰逊。

1967 年通过的宪法第 25 条修正案，正式解决了这个问题。

1958 年：南美洲

1958 年春，我已看出 11 月大选将会是一场大灾难。劳工部部长吉姆·米切尔和我竭力——但没有成功——试图说服内阁同僚同意采取一项刺激就业的减税措施，它将使经济重新活跃起来，并有可能改善共和党的处境。因此我对助理国务卿小罗伊·鲁博特姆 3 月初提出的建议毫无兴趣，他曾问我是否可以考虑率领一个官方代表团出席阿根廷新总统阿尔托罗·弗朗迪西的就职大典。胡安·庇隆这个独裁者已在 1955 年被推翻，弗朗迪西是阿根廷 20 年来第一次自由选举的获胜者。

我说目前我不能再作一次出国访问,但过了几天,杜勒斯和艾森豪威尔都明确表示,认为我出国很重要,我没有选择余地,只得同意。鲁博特姆立即四处游说,要我多去一两个地方。到了周末,访问路线已包括除了巴西与智利以外的所有南美国家。因为我已在1956年代表艾森豪威尔出席过巴西总统库比契克的就职典礼,而智利总统则将在我出访时期来华盛顿进行国事访问。

中央情报局曾提出警告说,尽管南美大多数国家的共产党是被官方取缔的,但偶尔仍有可能碰上示威者;我却以为此行必将平安无事,所以还劝说了好几位记者放心与我同行,不必担忧。

第一站是乌拉圭的蒙得维的亚,群众热情友好,只是在我们驱车经过共和国大学时才看到有几个举着标语牌的抗议者。后来在访问中,我安排了一次日程外的活动——访问这所大学。我在校园内走动,和人们握手,回答问题。当几个共产党学生想打断我的发言时,其余的人就大声叫喊把他们压倒,我在一片欢呼声中离开了这所大学。

罗伯特·伍德沃德大使告诉我,在该大学的短暂停留是一次巨大的成功。他说,南美洲人最瞧不起胆小怕事的人,他们对勇敢和善于表演的人则十分钦佩。

我们在阿根廷、巴拉圭和玻利维亚都受到了人民的热情接待。等我们到达秘鲁时,看来他们显然得采取更极端的战术才有可能把我这次旅行计划破坏掉。

他们确实这样干了。当我们与总统曼努埃尔·普拉多用毕午餐返回利马饭店时,门前围了一大群人,这些人显然不那么友好,并且远远不只是出于好奇。他们的口哨声和嘘叫声很响,还带有威胁性。显然,示威已进入更为危险的阶段。

第二天的日程包括访问历史悠久而且著名的圣马科斯大学。共产党人公开扬言不准我去那儿,而大学校长和警察局局长两人也公开表示,他们希望我们取消这次访问。我们使馆的绝大部分官员也认为还是取消为好,不必去冒发生严重影响我们和秘鲁关系的事件的危险。

第三章 副总统（1953-1960）

我说，访问可以取消，条件是校长或警察局局长发表声明请求我这样做。使馆一名工作人员打了几个电话，回来对我们说，校长害怕共产党学生责备他把他们本来希望挑起事端的计划给破坏了，而警察局局长也不愿冒被人谴责为没有能力维持治安的风险。我们和秘鲁政府几位领导人商量，每个人都主张取消访问，但没有一个人愿意承担取消访问的责任。

我的行政助理比尔·基提出了一个可供选择的解决办法。他建议我访问利马的天主教大学而不要去访问圣马科斯大学，因为天主教大学的学生比较有责任感也较守纪律，并且该校校长说过欢迎我们前往访问。

我问特德·艾基利斯大使，他的意见如何。他考虑了很久才回答，最后说："我认为，就我个人来说，你应作出不去的决定。但就美国来说，我认为你不去将在整个西半球产生某些很不利的公开反应。"

那天晚上我没怎么睡。饭店外的人群越来越多，表现也越来越恶劣，午夜前后就开始喊起反美和反尼克松的口号。

第二天早上每个人首先想知道我作出了什么决定。我说还没有作出最后决定。

我请帕特留在饭店，我则外出进行那天早上的第一项活动——向秘鲁的解放者何塞·德·圣马丁铜像献花圈。仪式是放好花圈然后静默30秒钟。然而，那天早上我在那儿至少站了两分钟。我知道，一上车就得告诉司机，去圣马科斯大学还是去天主教大学。

放好花圈，我转身走到三名警卫人员之一的杰克·舍伍德身旁说："去圣马科斯。"接着我快步走向汽车。

离我们到达圣马科斯大学大门还有两条横马路的地方，就听到成千上万的示威者高叫："尼克松滚回去！"有时，这个口号变成了："绞死尼克松！"我没有要任何使馆官员充当挑衅式的随从或警察陪同我去校园。当我走向挡在大门口高声怪叫的示威人群组成的人墙时，只有译员弗农·沃尔特斯上校和杰克·舍伍德随我前往。我高声说："我要跟你们说话，你们为什么那样害怕真理？"沃尔特斯照样高声翻译着我的话。

我又喊了几句，希望他们听得见。突然，一块石子击中了舍伍德脸部，打坏了他的一颗门牙。石块纷纷飞向我们，犹如暴风骤雨。我知道除了离开之外已没有其他办法。汽车离开时，我站在敞篷车里高声嚷道："你们是群懦夫，你们害怕真理！"车子突然急转弯进入大街，舍伍德抱住我的双腿，防止我跌倒。

我们驱车直奔天主教大学。我步入礼堂时，听众全体起立，热烈鼓掌。大约在半小时后，我正在回答一个问题时，舍伍德走过来低声说："最好赶快离开这儿，圣马科斯那帮人正朝这儿赶来。"

我们走得很及时。然而，到达饭店附近时，只见一大批圣马科斯的示威者已在我们面前。我估计那些头头一定以为我们要从正门进入，便要司机在离大门稍远的地方让我们下车。我们尽量快跑，离大门大概只有50英尺时，人群认出了我们，顿时响起了一阵刺耳的尖叫和咆哮声。然而，使我们感到惊讶的是，我们几个人好比楔子，插入人群，居然在片刻之间赶到了大门口。

我正要进入大门，一个示威者拦住了我。我以为他要同我说话或喊口号，可是他竟朝我脸上吐口水。我走上楼梯时，帕特奔出来拥抱我。她一直在饭店的房间密切注视着示威者的动向，她说："那批家伙的目光不仅流露出仇恨，那种发狂的样子，真使我害怕。"

那天其余时间，所到之处利马公民都把我当作一名英雄，向我欢呼。圣马科斯事件使爱国的秘鲁人感到震惊和惭愧，热情的人群试图抹去我对那批捣蛋学生的坏印象。在下午晚些时候，我举行了一次记者招待会。

我对记者们说，非共产党国家面临的最大危险是，一小撮活动家和渗透家能把他们的意志强加于整个社会。我说，圣马科斯事件说明，200来名受过训练的煽动分子就能操纵2000名学生示威，使整个秘鲁大丢其脸。

在从利马飞往厄瓜多尔的基多途中，我们试图通过机上的无线电话同特里西娅和朱莉通话，想让她们放心，说一切都很好，但没有接通。我们接到艾森豪威尔的一封来电："亲爱的迪克：在激进煽动分子反对你的示威运动中，你所表现的勇敢、耐心和冷静，使你在我国又赢得了尊敬和爱戴。"而克莱尔·布思·鲁斯只给我拍了三个字的电报："干得好。"

第三章 副总统（1953-1960）

在哥伦比亚的波哥大，我们接到华盛顿特工处处长一份令人不安的电报："中央情报局特通知华盛顿特工处，已收到关于传闻阴谋要在委内瑞拉谋害副总统的情报。"我事先电告我们驻委内瑞拉大使，要他告诉委内瑞拉政府，如果它想取消我的访问，我将予以谅解。可是，直到我们到达之时，委内瑞拉官员还报告说，一切都完全处于控制之下。

5月13日早上，我们在加拉加斯郊外迈克提阿机场降落。甚至在飞机引擎停转之前，我们就听到叫喊声和口哨声。仪仗队鸣礼炮十九响和乐队高奏委内瑞拉和美国国歌时，帕特和我肃立在舷梯的顶端。机场上除了官方欢迎队伍外，没有其他人。大批示威人群站在跑道两边的栏杆后面，也有站在机场大楼瞭望台的楼顶上。从舷梯底端到机场大楼铺了一条红地毯，车队集合在大楼处，以便我们驱车前往离此12英里的加拉加斯。

当我们开始步下舷梯时，沃尔特斯在我耳边轻声说："他们不友好。"从口哨和嘘叫声超过了奏两国国歌的器乐声时，情况就很清楚了。我和前来欢迎的人们一一握手，他们似乎下决心不理会人群的叫喊。委内瑞拉的保安主管要我放心，他说："喔，那不过是一群毛孩子。他们干不出什么坏事来的。"

我挽着帕特的手臂，开始沿着红地毯走向机场大楼。其余的人立即跟在我们后面。我们快到达大楼门口时，乐队指挥突然指挥乐队再次奏起了委内瑞拉国歌。我们停下来立正。霎时间，似乎下起了一场雨，后来我才发觉这是站在瞭望台上的人朝着正好在下面的我和帕特吐口水，吐得我们满头满脸。我看到帕特那件鲜红色的上衣由于沾满了褐黄色的烟草斑迹而变成暗红色的了。我们穿过大楼走出大门，示威人群把我们围住了。当舍伍德和其他人员为我们走向汽车开路时，这些人继续啐我们。帕特走近路障旁一位刚向她吐口水的年轻姑娘。这位姑娘横眉怒目，满脸仇恨。当帕特把手搭在她肩上并向她微笑时，姑娘的内心好像突然被什么东西猛击了一下，一扭头就呜呜哭了起来。

警卫人员最后总算清出了一条路。我和外交部部长坐头一辆车，帕特和外交部部长夫人乘坐第二辆。这位尴尬的外交部部长不时把他的手帕给我，擦掉我衣服上的一些口水。最后我朝着他狠狠地说："用不着擦。等我换下这套衣服，我就把它统统烧掉。"

他试图解释刚发生的情况。"委内瑞拉人民长期以来没有自由，所以他们现在倾向于更强烈地表现自己，也许做过了头。"他说，"在我们新政府里，我们不想做任何可能被人理解为压制自由的事。"

"倘使你们的新政府没有勇气和才智来控制像在机场的那伙暴徒，用不了多久委内瑞拉就谁都不会有自由可言了。"我答道。

当我们进入加拉加斯时，石块接二连三地朝我们扔来，一批暴徒从大街旁边的小巷里奔了出来。司机开足马力，我们冲了过去。

离民族伟人祠还有四条横马路的地方，从人行道到街中心的交通安全岛筑起了一道用车辆串起来的路障。迎面又是一长串汽车接连驶来，使我们无法越过交通岛，只得刹车。在这一瞬间，一切像死一般的寂静。接着，舍伍德说："他们来了。"好几百人突然从街头巷尾出现，朝我们车子奔来。委内瑞拉的摩托护卫队这时不知去向。唯一保护我们的是由12名勇敢的警卫人员组成的加强小分队，他们费尽九牛二虎之力，设法抵挡住这伙示威者。

第一块石头击中车窗，打碎了玻璃，碎片溅了我们一身，这时我们发现我们已完全孤立无援。一块碎片弹中了外交部部长的眼睛，他血流不止。他蒙住脸想把血止住，不断地呻吟："太可怕了，太可怕了。"

我看到一个示威者提着一根铁管子朝车子走来。他动手砸车窗时，两眼直盯住我。这一次又是玻璃挡住了他，但溅起的碎片弹到沃尔特斯的嘴边。我和舍伍德的脸上也溅上一些。突然，车子开始移动，一个大概又得救了的思想使我油然产生宽慰之感。但我接着发现这是人们在前后晃动车身，晃得越来越慢，也越来越高。我想起这是示威者的惯伎，把车翻倒然后点上火。

我相信，在这一刹那，车上每个人都第一次觉得这下子我们大概真的要被干掉了。我首先想到的是帕特。我从后座窗望去，看到暴徒正集中对付我们，没有理会她的车子，我便放下心来。

舍伍德突然掏出左轮手枪说："让我干掉几个狗娘养的。"我叫他不要开枪。只要枪声一响，人群便会发狂，我们准得完蛋。

最后，在我们前面的记者车居然从拥挤的人群里开了出去，绕过交通安全

第三章 副总统（1953-1960）

岛，进入反方向车道。记者车起了堵住对面驶来车辆的作用，为我们开了路。我们车上的司机狠踩油门，飞也似的在记者车旁超了过去，高速前进。我大为宽慰地看到帕特的车子紧随在我们后面。

我们被包围只不过12分钟，但好像过了一辈子似的。我们的警察摩托车护卫队突然又出现了，并发出讯号要我们的司机开车跟在后面。外交部部长开始把话转到访问日程上，我才明白原来摩托车是护送我们去伟人祠行献花圈仪式的。当车子开到下一个十字路口时，我要司机立即转弯，他照办不误，而摩托车则还一直朝前开去。外交部部长惊惶失措地叫喊道："不能离开我们的警卫，得紧跟警察护卫车！"我朝他看了一眼说："假如这就是我们要得到的那种保护，我们宁可单独走，不要它。"

我告诉司机，不要开到主人等着我们去的地方。肯定会有另一批暴徒守在伟人祠以及安排我们去休息的政府宾馆。说来真悬，帕特的车子和记者及摄影师乘坐的那辆记者车正好也紧跟在我们后面。我请司机把车停下，我走到帕特那儿，亲自看到一切都好。有几位记者跑过来。我简短地向他们介绍了一下形势，并说我已决定直接去使馆。

我们驱车进入使馆大门，看到屋顶上迎风飘扬的美国国旗，这时我才感到大大地松了一口气。帕特和我洗了澡，换上衣服。在我下楼时，消息传来，有几千名嗜血如命的暴徒曾在伟人祠广场等着我们；后来的调查又透露，有一整地窖的莫洛托夫鸡尾酒会式土制手榴弹，准备在行献花圈仪式时向我们扔来。我还得知，当时执政的军政府成员正在来使馆途中，准备正式向我道歉。大使的一位助手要把我坐的那辆被砸得不成样子的高级轿车停到大楼后面，免得使他们难堪。我说："让它留在原来的地方。现在是让他看到共产主义究竟是啥玩意儿的时候了，这就是生动的证据。"

我在下午较晚的时候举行记者招待会，我发表了在利马谈过的意见：领导骚动的人没有资格自称忠于这个国家……我说，有人把这场骚动归咎于受独裁统治达10年之久的人民一旦享有新自由时不知道该怎样克制自己，如果是这样的话，那就太危险了。

那天晚上帕特和我单独在使馆我们的房间里用餐。大约9时光景,有人敲门,鲁博特姆和大使问是否可以和我说句话。我简直不明白怎么在这个时候我还得再参加一次会议,我正想这样说的时候,鲁博特姆说:"由于刚从华盛顿收到一则新闻报道,出现了一次新的危机。艾森豪威尔派遣了两个空降步兵连和两连海军陆战队去加勒比海地区,准备同委内瑞拉政府进行合作,假如我们一行人提出援助要求的话。"委内瑞拉电台显然把这项预防性措施说成是一次全面入侵。

我简直不能相信自己的耳朵。为什么白宫这样干之前不和我们商量一下?后来才知道,加拉加斯和华盛顿之间的通信在那天下午发生骚动后中断了一段时间,那时正处于关键时刻。国务院在通信中断前收到的最后一份电报是一篇夸大的报道,说当地治安体制已彻底垮台,反美暴徒如脱缰野马,我正受到袭击等。艾森豪威尔是根据这份电报采取行动的。我们立即试图挽回局势,发表了一项声明,声称委内瑞拉当局已控制住局势,我们认为无须外界援助云云。

第二天早上我感到应尽早离开委内瑞拉。军政府成员央求着要我出席预定在下午为我举行的午宴,保证说宴会一结束他们就立刻把我安全地送到机场。我接受了这个邀请,尽管我对他们维持治安的能力还是心中无数。

但是,从他们到达使馆护送我赴午宴的那一刻起,我发觉我的担忧是不必要的。他们来时那副排场好像是来宣战而不是来请我赴宴。使馆的院子里停满了坦克、吉普车和装甲车。我们轿车两旁有12辆满载士兵的卡车护送。保安措施甚而及于食物:撤换了承办宴席的人,以防他在食物里做手脚。

午宴一结束,就护送我们上车。我和临时总统乘坐的那辆轿车犹如装有轮子的武器库。车厢里堆满了半自动枪、手枪、步枪、催泪霰弹筒和弹夹,几乎连落脚的地方也没有。我注意到军政府已决定作出一种象征性的表示,带我沿着昨天我走过的路线前往机场。不过这一次街头几乎空无一人,只见武装士兵不断来回巡逻。我看到有几个平民用手帕捂住脸。起先,我以为这是一种抗议姿态,后来看到警察戴着防毒面具,才明白整个地区都放过催泪瓦斯。

机场像座鬼城,大楼空空荡荡,寂静得可怕。与主人们握手告别后,帕特和我走上我们座机的舷梯。在舷梯顶端,我们转过身来,向站在下面一小群人略略挥手致意。

抵达华盛顿国家机场时,有一大批人出来欢迎我们。艾森豪威尔也在场,随同的有内阁全体成员、国会领袖以及外交使团。特里西娅和朱莉在舷梯底下等候我们,她们禁不住淌下欢乐的泪水。

在我们从南美归来的几个星期中,帕特和我无论出现在哪一个公共场合,人们无不站起来向我们鼓掌欢迎。我甚至在激烈的盖洛普总统试选调查中头一次追上了肯尼迪。对加拉加斯事件的积极反响,我自然很满意。但我永远不会忘记我们居然运气不错,还能从这次旅行中活着回来,而我一直认为这是我们所经历过的最没有意思的一次旅行。

谢尔曼·亚当斯的辞职

1958年夏,国会的气氛很恶劣。共和党人之间内讧之烈远远超过了他们与民主党人的斗争,而民主党人则拼命挖掘一切可以在秋季大选中攻击我们的材料。6月,众议院州际和对外贸易委员会的立法监督小组委员会指控谢尔曼·亚当斯,当时并未引起我的注意。据说情况大致是这样的:一个名叫伯纳德·戈德法因的新英格兰实业家替亚当斯代付了一些旅馆账单。民主党人便谴责亚当斯给了戈德法因好处,声称他们发现白宫内部有人利用职权开后门。戈德法因否认这些指控,6月11日,吉姆·哈格蒂代表总统发言,称这种说法"纯属虚构"。

亚当斯对艾森豪威尔所起的巨大影响以及他为人冷漠、举止粗鲁等经常是华盛顿许多宴会和报刊闲话专栏的议论内容。对民主党人来说,他作为总统的办公厅主任,自然是攻击的理想目标。在哈格蒂直截了当予以否认之后两天,阿德莱·史蒂文森指控亚当斯是"伪君子"。民主党人会有这种指摘本在意料之中,可是对亚当斯进行口诛笔伐的,多数竟是共和党人。

史帝文森发起攻击一天以后,再度竞选参议员的戈德华特称亚当斯是(共和党的）政治包袱。可惜亚当斯又得不到共和党自由派的支持来抵消这方面的损失。他作为专替艾森豪威尔说"不行"的人，是如此得力和铁面无私，以致在他受到沉重打击时，连个朋友都找不到。

次日，6月15日，《纽约邮报》的一篇报道比有关旅馆账单事件的指控更使舆论哗然。《纽约邮报》说戈德法因曾送给亚当斯一件骆驼毛绒大衣。很多人根本不知骆驼毛绒大衣为何物，反正听来很贵重就是喽。

经艾森豪威尔同意，亚当斯出席小组委员会作证。他承认和戈德法因相处有不慎之处，但给人留下了良好的印象——认为他是一个不会利用职权去谋取私利的正人君子。艾森豪威尔坚定地站在他一边。在第二天的一次记者招待会上，艾森豪威尔回答有关亚当斯的一个问题时说："我需要他。"

但这时艾森豪威尔的个人声望已今非昔比，任期满后不能再当总统的现实使他越来越感到苦恼。因此，他为亚当斯辩护的行动对共和党领导人没有多大影响。参议院少数党领袖比尔·诺兰要求亚当斯辞职，全国有许多共和党州组织的主席吵着要亚当斯下台。

与此同时，事态变得越来越复杂。后来的事实表明，戈德法因曾为好几个参议员和州长代付账单、送礼；为亚当斯及其家属代付的旅馆账款达3000美元以上；小组委员会还发现戈德法因把花在亚当斯身上的钱作为事业费开支，在呈报所得税时当作减税项目。

此事曾暂时中断了一个时期。因为当时发现众议院委员会的一位调查人在戈德法因的旅馆房间里安放了窃听器，有人看到这位调查人员和当时还是专栏作家德鲁·皮尔逊的助理杰克·安德森在隔壁房间窃听。这位调查人员后来被迫辞职。

此后，这件事又再度掀起，7月10日，有人揭发戈德法因不仅曾为亚当斯代付旅馆账单，而且也曾为参议员弗雷德·佩恩代付过，佩恩是再度竞选缅因州参议员的共和党人。

7月14日，在这场政治大动荡期间，中东又出了事。伊拉克国王费萨尔及其他王族成员在一次成功的军事政变中遭到杀害。担心叙利亚会照此办理并

第三章 副总统（1953-1960）

越过国境进入黎巴嫩，黎巴嫩总统卡米尔·夏蒙向美国求援。7月15日，艾森豪威尔命令海军陆战队登陆黎巴嫩。那天早上他要我去他办公室。他在室内来回走着，头一次向我表示他对亚当斯的处境感到灰心丧气。他说："今天我在这里作出一个可能使美国卷入战争的决定，可就在这种时候我却还得为这个该死的戈德法因－亚当斯事件担忧。"他一点也没有暗示不支持亚当斯了，不过我可以说，他的忍耐是有限度的。

国会将在8月下旬休会，在休会前不久，艾森豪威尔和我谈到亚当斯事件。他说："有人告诉我，最近几周以来这个问题已大大冷下来了。"

我感到在政治影响问题上我应该对他绝对坦率。我说，民主党人必然要把亚当斯事件当作竞选运动的头号问题来搞，而共和党候选人最后也必将对此表态。我告诉他，我们绝大多数候选人很可能会表态反对亚当斯。

他想了一下说："嗯，我看亚当斯可以把这作为辞职的好理由，就说他不想因留在政府而使共和党或我感到为难。"接着他建议道，"国会休会后你和亚当斯谈一次好不好？了解一下他有什么想法，并让他知道，一旦竞选运动开始，他会面临哪些问题。"

国会于8月24日休会，我带了帕特和女孩们乘火车去西弗吉尼亚的格林布里尔度假，这是我早就许下的愿。自1947年我进入国会以来，我们每次假期计划都曾被打断过，我以为这次总该不会这样了。

然而就在我们抵达格林布里尔那天早上，艾森豪威尔从白宫打电话给我："我不知道你是否可以趁现在国会休会时和亚当斯谈谈。"他听说几天后在芝加哥召开的共和党全国委员会很可能讨论亚当斯问题，他已经要求共和党全国委员会主席米德·奥尔康设法避免公开讨论这个问题。"我确实希望，"艾森豪威尔说，"在此之前我们就能够把问题解决掉。"

次日，8月26日，我和艾森豪威尔开了个短会。他要我直截了当地告诉亚当斯我们所面临的政治现实状况。他并未授权我说他要亚当斯辞职，但他希望我们谈话的结果将会是亚当斯的辞职,这是很清楚的。

我从政治上考虑出发,直截了当地向亚当斯谈了我对当前形势的估计。我告诉他,全国绝大多数的候选人和党的领导人都认为他应该辞职。

"谁来接替我?我从未听说建议过谁。"亚当斯生硬地说。

我说,只有艾森豪威尔才能回答这个问题,而我还没有和他讨论过。他进一步逼我表态,以便弄清楚我只是发表自己的意见还是转告别人的意见,或者确实反映艾森豪威尔本人的看法。

在我离开前,亚当斯提了个直截了当的问题逼我回答:"你认为总统的意见如何?"我回答说:"他并没有要我这样告诉你。谢尔曼,所以我只能发表个人的看法。但我相信总统认为你已成了一个包袱,因而你应该辞职。"

亚当斯还是相当生硬地用这句话结束了谈话:"嗯,那我得亲自和老板谈谈。""找老板去"这种口气清楚地说明,他不打算接受我的暗示。

谢尔曼·亚当斯素以冷静著称,不管局势如何紧迫。但这回我发觉他开始流露出紧张之感。当我还在他办公室时,他从桌上拿了一瓶药,倒了几粒在手心中用水服下。我深感对不起他。

我去椭圆形办公室向艾森豪威尔汇报我们这次谈话情况。我说按他的指示刚找亚当斯谈过,但亚当斯在总统亲自和他交谈之前,显然寸步不让。

亚当斯在当天下午见了艾森豪威尔。过了一会儿,我被叫去椭圆形办公室,见艾森豪威尔在南草坪练球。他没提亚当斯,只说:"下午我想打会儿高尔夫球,迪克,你愿意和我一起玩吗?"

我们驱车去伯宁特里。艾森豪威尔的私人秘书安·惠特曼警告我,他"情绪很坏",这在他玩高尔夫球时也表现了出来。他对我说,这是他近几个月来打得最糟的一盘。

回来的路上,他终于开口了:"谢尔曼就是不肯承担任何责任,他把一切都推给我。可我不能以政治原因开除一个忠诚的人呀,他必须以我无法拒绝的方式提出辞呈。"他又说,"我想谢尔曼一定误解了你的话。你最好把你们的那次谈话写成一份备忘录交给我。"

我提到亚当斯曾提出谁接替他的问题,艾森豪威尔的脸涨红了,简短而冷冷地说:"这是我的事,与他无干。"他朝车窗外望了一会儿,然后说:"他的心脏不好,他可以此为理由要求辞职。"他要我通知米德·奥尔康把这些情况告诉亚当斯。他说:"我要奥尔康真正坦率地和他谈谈。"他没有对亚当斯作个人评价,只说:"这简直不可思议,因为从报道的每件事来看,亚当斯自己硬是看不出他有哪一件事是做错了的。"

那天晚上我又回格林布里尔跟帕特和女孩们一起度假。艾森豪威尔回他在新港的夏季白宫,亚当斯则去加拿大新不伦瑞克他的休假地度假。

米德·奥尔康是能够制止共和党各州主席和负责竞选的官员在芝加哥开会时采取公开行动的。然而,他确实进行过一次秘密的民意调查,发现绝大多数人赞成艾森豪威尔开除亚当斯或亚当斯主动辞职。9月4日,艾森豪威尔从新港电告奥尔康,说他接到了党的领导人和捐款人一些令人不安的信件,谈到"我们那天讨论的事"。这些信件明确告诉他,戈德法因这样的人和总统首席助理发生这种关系确实使白宫丢脸,艾森豪威尔不应让这种情况继续下去。

艾森豪威尔非常不安,他要奥尔康帮我一起尽早解决这个问题。"我要在缅因州举行选举后立即解决这个问题,越快越好,省得在竞选期间还在那儿吊着。"他说,"这就是我的想法。看来亚当斯是不打算采取任何行动的,所以我现在把这件事完全交给你们了。"

亚当斯于9月15日被召回,当时他在加拿大度假。那天上午11时,奥尔康来国会大厦我的办公室商讨对策。大厅里挤满了记者,他们预感一个决定性时刻即将来临。我便建议奥尔康单独去见亚当斯。如果我们俩一起离开办公室去白宫,记者定会尾随而来,那就有可能完不成这个任务——让亚当斯有个体面辞职的机会。

奥尔康于下午2时在亚当斯白宫的办公室里见了他。谈话结束后,奥尔康报告说,谈话时间很长,很困难,亚当斯非常顽固,坚持到底。最后奥尔康说我们是应总统的直接请求而这样做的,这才算说服了他。

9月22日,谢尔曼·亚当斯飞新港见艾森豪威尔。他正式通知艾森豪威尔他已决定辞职，艾森豪威尔表示将接受他的辞呈，但极为遗憾。亚当斯飞回华盛顿，当晚通过全国电视讲话宣布辞职。

我认为亚当斯的辞职对国家是一项悲剧性的损失。我深信他本人是个诚实正直的人，在任何情况下决不容友情或送礼影响他的决策。亚当斯来华盛顿时行囊不丰，就我所知，他走时也依然两袖清风。但他对官场上的一句老话可能认识不够："清君侧"之妙诀不在于证明总统身边的人物有罪，只要做到看起来似乎有罪，便足以摧毁他们存在的价值了。

谢尔曼·亚当斯为人冷漠，说话生硬，出口伤人，有时甚至十分粗鲁。但他一直干着他认为"老板"要他干或想要他干的事，对此我是丝毫也不怀疑的。而且他不止一次地在重大危机期间保持总统办公厅这架复杂机器能够正常运转。

为什么艾森豪威尔不亲自找亚当斯这位他最亲密的僚属、白宫班子的第一号人物谈呢？为什么他要奥尔康和我来完成这一棘手的任务呢？第二次世界大战期间曾任艾森豪威尔参谋长的沃尔特·比德尔·史密斯将军，一天晚上回忆起和艾森豪威尔共事年代的一些情景时，对艾森豪威尔本人的品德及其领导艺术提供了一个重要而深刻的看法。他当时疲惫不堪，很难得地动了感情。泪水沾满了双颊，多年压抑的情绪冲口而出，他说："我算个什么，不过是替艾克做恶人的跟屁虫罢了。""艾克总是需要有一个这样的人，为他干吃力不讨好的事。他一贯要别人出面干这一类的事：开革部下、惩罚军官或发布明知下面不愿执行的命令。而艾克本人总是好好先生。这就是他在白宫的办事方针，也是在他主持下的任何机构的一贯办事方针。"

多年来有人传说亚当斯和我是不共戴天的死敌，是争夺艾森豪威尔白宫权力的两个主要对手。其实，我们既非朋友也非对手，我们都是总统的马前卒。也许亚当斯不会头一个选择我来当副总统，在总统病重期间，亚当斯当然拼命保护他的特权，对谁都非常妒忌。不过，亚当斯并不反对我，他是极力支持艾森豪威尔的人。

艾森豪威尔最初会挑选谢尔曼·亚当斯，究竟是看中了他的哪一点？

有一次我问艾森豪威尔在挑选工作班子的第一把手时，是否必须具备一种他认为是高于一切的品质。他思索了很久，以致让我以为他恐怕忘掉了我的问题。然后他望着我说："无私。无私是任何组织成员能够具备的最重要的属性。他必须始终把做好本职工作放在首位，不论符不符合自己的利益。"

亚当斯具备这一品质。他没有政治野心，不谋求其他职位，与许多白宫助理们不同，他不想加官晋爵。他忠心耿耿，为"老板"鞠躬尽瘁。具有讽刺意味的是，正是这一片忠心使亚当斯树敌甚多。为了使总统的形象保持美好，亚当斯让自己充当了恶人。当然，也正是这一无私的品质使他——除了悲剧性地错误处理了和戈德法因的关系以外——成为如此杰出而卓有成效的白宫班子头头。

1958 年的选举

参众两院和州议会的中期选举通常要比总统选举更为激烈，分歧也更大。1958 年尤其如此。那年年初起，经济即开始下降。共和党内部斗争在几个关键性的州，包括加利福尼亚在内，达到了白热化程度。在共和党大倒其霉的这年夏季，艾森豪威尔声望下降到 50% 以下，这种情况是他在白宫八年期间绝无仅有的。

一贯不愿卷入党派政治的艾森豪威尔，这次因健康原因甚至比 1954 年更少参与竞选运动。而大部分内阁成员也再次打算袖手旁观。

加拉加斯事件后，我的声望达到了顶峰。我如果想在 1960 年竞选总统，又得冒险地把自己摆在艾森豪威尔政治上的尖兵地位。汤姆·杜威几乎激昂慷慨地力劝我不要卷进去："我知道艾克不肯干，我也知道党内那些唯唯诺诺的卖力的老家伙将挑动你的心弦，使你精神振奋，但这是把你当总统的希望当儿戏。迪克，不要干。你已干得够多的了。1960 年的事情才是目前最重要的事。"

但来自全国各地要求我出面为共和党候选人助选的呼吁使我难以应付。最后，我还是挑起了这副担子，因为总得有人挑，而且除了我之外也没有别人肯挑。

在这场竞选中，我走遍了全国，略尽绵薄之力。有些候选人是我的老朋友，是些善良的人，他们该选入或再次进入国会。但是，我在各地访问越多，就越欣赏理查德·罗维尔在《纽约人》杂志写的那篇文章，他说我"在驱赶一批连自己的体重都不堪负荷的老马"，我觉得事实正是如此。在竞选的最后几个星期里，我简直在完全绝望的情绪中苦干。

竞选结果惨败。1958年11月4日那天晚上是我度过的最令人沮丧的选举日夜晚之一。想到那些统计数字，现在仍使我不寒而栗。民主党在参议院增加了13席，使他们多数地位的比例变为62席对34席。在众议院，他们增加了47席，以282席对153席的巨大优势压倒了共和党。共和党在角逐21个州长席位中仅得了8个，而且民主党目前还控制了48个州中的34个州议会。我们在几个主要州，如加利福尼亚和俄亥俄的失败表明，共和党必得面临重建州党组织这一极为艰巨的任务，如果我还抱有希望想在1960年选举中赢得这些州的话。失败的原因很容易看出来，但失望还是太大了。我知道，这次失败将使不到两年即将来临的竞选运动成为我一生中最难熬的日子。

第二天早上我听到一位电视评论员向观众说，纳尔逊·洛克菲勒——以压倒性的多数票当选为纽约州州长——是1958年的大赢家，而大输家则是理查德·尼克松。看来我的朋友和顾问们最担忧的事成了现实。我的竞选活动根本没怎么见效，也没有谁来感谢我或记我一功，相反，当那几个可以和我争候选人提名的潜在对手洛克菲勒和巴里·戈德华特沉浸在胜利欢乐之中的时候，我却因共和党败于民主党而弄脏了一身。也许杜威说的对：我本应袖手旁观。

经受了1958年令人沮丧的大失败的折磨之后，我非常高兴有机会代表艾森豪威尔去伦敦参加圣保罗大教堂中的美国礼拜堂的落成典礼。

我这次访问的主要演说是11月7日在伦敦历史上有名的市政厅向英语联邦发表的。

我说，一场新的战斗正在进行，尤其是在亚洲、中东、非洲和拉丁美洲各国进行。这些国家的领导人正在设法满足人民的要求，享有先进国家享有的福利和物质享受的愿望。他们希望既要达到这些目标又能不失去自由，倘若两者不可兼得的话，宁可要物质进步而舍弃自由。我说："不能强迫当今世界的人民在面包和自由中进行选择。"

在演说结尾部分，我说，我们应少谈共产主义的威胁，多谈给人们以自由；我们的首要目标不是击败共产主义，而是让富足战胜匮乏，让健康战胜疾病以及让自由战胜专政。

这次访问使我有机会和英国政界的重要人物见面，了解他们对外交政策问题的看法。哈罗德·麦克米伦首相和我作了一次长谈，谈到和苏联打交道我们应采取什么政策，他那透彻的理解力和博闻广见使我印象特别深刻。

在伦敦期间，我同温斯顿·丘吉尔在他海德公园门大街的私邸会面。他变得那么老态龙钟，使我大吃一惊。但谈到国际问题时，他便活跃起来，等到谈话结束时，甚至闪烁出昔日才华焕发的神采。

谈了差不多一小时后，我说我不能再劳他神了。他坚持要送我到门口。他的助手扶着他走。看到他没有人搀扶便不能行动，我感到悲哀。门一打开，只见摄影机那边一片闪光，记者和摄影师都站在石阶上。丘吉尔突然以惊人的力量把助手推开，挺起了胸脯，和我站在一起。摄影机急速地转动，闪光灯咔嚓作响，照下了人们记忆中自豪、强壮、屹然挺立的丘吉尔，和我刚在他会客室私下见到的年老体衰的可悲现实迥然不同。

1959 年的卡斯特罗

1959 年 1 月 1 日，菲德尔·卡斯特罗率领他的队伍在哈瓦那街头祝捷。他打垮并推翻了巴蒂斯塔的独裁统治，向古巴人民许下了正义和自由的诺言。

卡斯特罗作为成功地反对右翼独裁者的革命领导人，在美国新闻界普遍受到好评。但艾森豪威尔政府内部，对他的看法很不一致。国务院大多数拉丁美洲问题专家主张立即承认卡斯特罗政府。艾伦·杜勒斯和中央情报局以及国家安全委员会中的其他人则认为，在弄清楚卡斯特罗究竟是何许人之前，暂缓予以承认。卡斯特罗究竟是个不自觉地为共产党打头阵的人，还是他本人就是个共产党？

在卡斯特罗接受邀请来华盛顿向美国报纸主编协会1959年4月17日的会议发表演讲的时候，艾森豪威尔尚未就这个问题作出决定。总统拒绝接见卡斯特罗，但赫脱劝我非正式地见他一下，使我可能对他的背景以及他的观点有更多的了解，协助政府掌握更多的情况。4月19日，星期天，我在国会大厦副总统办公室里单独会见了他。在历时三小时的谈话中，我们谈到了他的政治观点、他对美国的态度以及其他国际问题。

会见后，我口授了一篇很长的备忘录，送给艾森豪威尔、赫脱以及福斯特和艾伦·杜勒斯，综合了谈话内容，并描述了我自己的印象。其中，我特别提到我敦促卡斯特罗宣布他本人赞成尽早进行选举和卡斯特罗对此的反应。

> 他详述了以往他在公共场合说过的关于不主张举行选举的理由，特别强调"人民不要选举，因为以往的选举产生的都是坏政府"。
>
> 他用同样的论点说，在处死战争罪犯和驳回对巴蒂斯塔的飞机驾驶员宣判无罪等问题上，他只不过反映了人民的意愿。事实上，他似乎对这一想法入了迷，即他的责任就是实现人民的意愿，不论它在特定场合用什么方式表达出来……
>
> 在估量他最终将成为什么类型的领导人物时，我最关心的不是他对共产主义的天真看法，而是他对流行一时的多数舆论，即民众呼声的顺从，以及他缺乏普通的经济常识。正因为如此，我花了很长时间，尽我可能地强调，他虽有伟大的领袖天赋，但领袖的责任是不能被舆论牵着鼻子走，而应把舆论纳入正当的轨道，不要在人民一时冲动之下，他们想要什么就给什么，而要使他们知道他们应该要些什么。我指出，古巴人民很可能对选举和代议制政府感到幻灭，但这只能使他负有更大的责任促使选举必须赶紧进行，从而恢复人们对民主程序的信心。不然的话，古巴最终必将会出现同样的、他和他的同伴曾与之进行过英勇斗争的独裁制度。我使用同样的论点谈到新闻自由，在不偏不袒的法庭、法官和陪审团前进行公正审

判的权利，以及在谈话过程中引起的其他问题。在谈到的每一个问题上，他总是以根据人民意愿为理由为他背离民主原则进行辩护。我针锋相对地请他注意这一事实，尽管我们相信多数统治，但即使多数也可能是专横暴虐的，所以有一些个人权利是决不容许多数滥用权力加以破坏的……

不论我们对他有什么看法，他即将成为影响古巴并且很可能影响整个拉丁美洲事态发展的一个重大因素。他看上去是真心诚意的，如果不是共产主义的不可思议的信奉者，便是受过共产党严格训练的老练之人，我认为他属于前者，而且我早就说过，他对于管理政府和经济的观点比我在50多个国家见过的任何一个世界性人物都差得多。

可是，由于他拥有领导能力，我们别无选择，但我们至少应该力图使他转到正确的轨道上来。

卡斯特罗回古巴后的行动使我深信，他确实是个共产党，于是我坚定地和艾伦·杜勒斯站在一起，在国家安全委员会和其他会议提出这一看法。1960年初，艾森豪威尔开始相信我们是正确的，认为应该采取步骤支持古巴内外的反卡斯特罗力量。我出席了艾森豪威尔授权中央情报局组织和训练古巴流亡人士的会议，他们的最终目的是把他们的祖国从共产党人手里解放出来。

赫鲁晓夫和"厨房辩论"

1959年年初，艾林豪威尔批准美国新闻署的一项建议，要我代表美国出席7月在莫斯科举行的美国国家展览会的开幕典礼。

不了解20世纪50年代后期情况的人，很难理解当时共产主义国家和自由世界相互关系的性质。苏联仍被斯大林时代的神秘之幕笼罩着。铁幕在欧洲拉得很紧，苏联的导弹使波恩、巴黎、伦敦感到害怕，华盛顿也不例外。

尼基塔·赫鲁晓夫这个从基层爬上来的人，是当时共产党的领导人。赫鲁晓夫举止鲁莽、语法蹩脚使西方许多记者和外交官低估了他。然而尽管他粗暴莽撞，头脑却很敏锐，而且还是一个冷酷的、奉行强权政治的行家。

赫鲁晓夫根本不理睬西方关于裁军与缓和的建议，堂而皇之地继续大量储存导弹，建造潜水艇，进行核武器试验。赫鲁晓夫炫耀他新近在火箭方面领先的那副好斗的神情，使许多人认为他会毫无顾忌地利用火箭发动一场核战争。

外国人很少被邀请去会见赫鲁晓夫，见过他的人常常被他搞得心神不安。他有时几乎表现得妩媚动人，有时却有点土里土气。访问过他的人有的人骂他是恶魔化身，有的则说他只不过是个醉鬼。

为了出访苏联，我极其认真地做了准备，这是我以往外出访问或开会未曾有过的。我阅读了我能找到的有关苏联及其人民的材料。帕特和我花了好几个晚上学习俄语词汇。我听取了国务院和中央情报局向我作的情况简介，让自己熟悉可能和我会面的苏联领导人的背景。到7月22日我动身去莫斯科时，对赫鲁晓夫可能提出的有关苏美关系的问题，我准备了100个以上，可以随时就其中任何一个问题同他展开讨论。

我向见过赫鲁晓夫或和他谈过话的为数不多的西方人士请教，问他们赫鲁晓夫是个怎么样的人，估计我从他那里可以得到些什么。很多人说，最重要的是使他思想上绝不怀疑我们是真心真意献身于和平的。赫鲁晓夫会密切注意我的一举一动，是否流露出好战的神气。因此他们警告说，按沃尔特·李普曼的说法，我应该尽量不挑衅。其他人，当然也是一些专家，则认为赫鲁晓夫会抓住我身上任何示弱和姑息的迹象，来为他所用。

我想听听福斯特·杜勒斯的意见，当时他正在沃尔特·里德医院治疗晚期癌症。我到医院时，见他坐在轮椅上，一件红色格子绒浴衣裹着他佝偻的身躯。他说话声音微弱，说不了几句，就要吃一口冰块，以减轻咽喉发烧的痛苦。

"要是想让赫鲁晓夫理解我们的意图，什么是最重要的？"我问他。

像往常一样，他想了一下，考虑着如何回答，接着以他一贯的坚定性和逻辑性，谈了他的看法。

第三章 副总统（1953-1960）

"用不着去说服赫鲁晓夫相信我们的善意。"他说，"他知道我们并非侵略者，我们没有威胁苏联的安全。他了解我们。但需要让他知道我们也了解他。当他说他主张和平竞赛时，他确实是指他们的制度和我们的制度之间的竞赛，但这只在我们的世界内进行，不在他的世界内进行。必须使他明白，他不能两者兼得。向他指出过去的记录，关于克里姆林宫在全世界的活动，我们有具体的证据。应该告诉他，除非停止此类活动，否则，他那缓和紧张局势与和平共处的呼吁，只能是一套骗人的空话。"

我们又聊了一会儿。然后杜勒斯凝望着窗外。"这么好的天气，你却跑到这里来。"他说，"你应该在户外打打高尔夫球。"这是他对我说的最后几句话。四天以后，1959年5月24日，他离开了人世。

福斯特·杜勒斯和我是朋友，虽说我们在年龄和背景上相距甚远，但我们俩都热爱这个世界，并且对美国在世界上应起什么作用持有相同的基本观点。杜勒斯在政治上绝非缺乏经验或幼稚天真的，但作为国务卿，他经常外出访问，忙得不可开交，所以他把我当作他的政治耳目，使他不致和华盛顿尤其是国会中发生的事情脱节。有多少个夜晚我和他一起参加鸡尾酒会或宴会，然后坐在一起谈论世界大事，一谈就是几个小时。这是我向他这位当代伟大的外交家学习的最难得的机会。

大多数不了解杜勒斯的人，认为他严厉、执拗，简直像个苦行僧。报纸一般把他说成是冷血动物，缺乏人情味，是个大谈"大规模报复"的深奥的正确性和叫嚷着走向"战争边缘"的人。其实，杜勒斯是一位有才华、严于律己和笃信宗教的人。他对他遇到的每一个问题，都能看到其中的原则和逻辑的各个方面。但他也认为世界上每个人的生命是重要和宝贵的，因为那是上帝赐予的。

杜勒斯对艾森豪威尔让他在处理对外事务上有相当大的活动余地是很感激的，他也经常注意这方面所涉及的责任和义务。"我决不能成为总统的负担。"当一种争论即将开始时，他往往这样对我说，"作为朋友，每当你认为我已成了一种不论是政治上的还是其他方面的负担时，我希望你能向我指出。"他认识到，公职人员决不能忘记这条根本原理，即一旦他本人——倒不是他的政策——出了问题,他就失去了存在的价值。在这方面,福斯特·杜勒斯或许是我所知道的最光明正大的公职人员。

在那段时期,当西方政界和知识界倾向于主张在对苏关系上搞目光短浅和机会主义的安排时——这种倾向似乎是缓慢而不断地滋长起来的——杜勒斯便弹起了好像要回到僵硬的冷战状态的调子。但他把他的工作看作是一种崇高的天职,因而在逝世前几个月他说:"共产主义坚持错误,让我们坚持正确,绝不动摇。要求变革的力量一定会出现,同时也一定要紧紧抓住这种好的变革力量。"

世界各国的领袖和政府首脑参加了杜勒斯的葬礼,同来的还有和他地位相当的各国外交部部长。少数人因为爱他而来送葬,而大多数人则经常和他持不同意见。但他们都尊敬他为人正直,尊敬他深切信奉和平、自由和正义的原则,正是这些原则推动他作出各项决定。

正好在我去莫斯科前几天,国会通过了关于被奴役国家的决议。自从 1950 年以来,国会年年都要通过这么一个决议。艾森豪威尔根据这个决议发表了一项声明,促请美国人"研究受苏联统治的国家的困难境况,再次承担义务,支持那些被统治国家的正当愿望"。艾森豪威尔在我去莫斯科一周前发表这一声明虽说是偶然的巧合,但我知道赫鲁晓夫会把它理解为蓄意的敌对行动。

我们在 7 月 22 日乘空军喷气机离开友谊机场。莫斯科对我们的接待是冷淡而有节制的。副总理弗洛尔·科兹洛夫宣读了冗长的欢迎词,美苏两国国旗懒洋洋地在下午暖和的空中飘着。没有军乐队,不奏国歌也没有欢迎群众。卢埃林·汤普森现在是我们驻莫斯科大使,1956 年我在奥地利和他初次见面。我们在大使官邸斯帕索大厦二楼的一间保密室里长谈,驻每一个国家的美国使馆都有一间日夜警卫、排除一切窃听装置的屋子。汤普森对我说,苏联领导人对被奴役国家决议很恼火,机场的接待也许只是他们表示不满的第一个迹象。他说,他们对这类批评特别敏感,因为他们同某些卫星国之间的关系颇为紧张。

由于时差关系,那天晚上我几乎没有睡什么觉,5 点半左右,我叫醒了我的警卫杰克·舍伍德，我说我想去逛一下著名的丹尼洛弗斯基市场，农民在那里出售蔬菜和肉类。在开始正式日程活动之前，想要得到对这个城市和它的居民的一些感性知识，这是个很好的办法。舍伍德和我在一名司机兼译员的苏联保安人员陪同下前往。

当我在拥挤的货摊间的通道上漫步时，我到达这儿的消息很快就传开了。不久就聚拢来一群人。

我和人群在一起差不多有一个钟头的光景，我回答问题，进行友好而自发的交谈。我快要离开时，有几个人向我要美国展览会的入场券。我说没有，但我很乐意为我在这个市场所认识的朋友们买几张，这样，他们就可以作为我的客人来参观展览会。我要舍伍德给人群的代表一张100卢布的钞票，足够买100张入场券。这位代表把钱退了回来，解释道，问题不在于有没有钱买票，而是政府只把票分给经过挑选的人。对此，我们大家哈哈大笑，接着和他们握手告别。第二天，苏联三家大报《真理报》《消息报》和《劳动报》都用大字标题报道了这件事，指责我企图用金钱"收买"和"腐蚀"苏联公民。

那天上午晚些时候，我去克里姆林宫同赫鲁晓夫进行第一次会晤。他站在大办公室的角落里，仔细观看一个最近射入外层空间的苏联火箭的模型。我们和摄影记者握了手。他的个子比我想象的稍矮一些，其他方面则同他的照片一模一样——胖胖的腰围、粗鲁的笑容以及脸颊上那颗明显的黑痣。

在记者和摄影师退出之前，赫鲁晓夫亲切地和我闲聊莫斯科的好天气。他赞扬我在伦敦市政厅的演说，说他也欢迎我谈到的那种和平竞赛。接着他挥手要记者们退出，朝一张两边摆了好多椅子的长会议桌做了一个请坐的手势。

气氛顿时改变。赫鲁晓夫作了长篇演说，激烈地攻击被奴役国家决议。他把它说成是个荒谬和吓唬人的决议，并且问道，第二步是否就是战争？"在此之前，苏联政府认为美国国会决不会通过一项发动战争的决议，"他说，"但目前的情况似乎表明，虽说参议员麦卡锡已经死去，但他的阴魂不散。为此，苏联不得不时刻准备着。"

我向他解释这个决议的来龙去脉，并建议换一个问题谈谈。但他不肯罢休。他气势汹汹地拼命利用这个问题为苏联搞军备进行辩护。最后我说："在白宫，我们有一条解决冗长而又得不到结果的讨论的议事规则。艾森豪威尔总统说过:'我们都快把这匹马给鞭死了,让我们换一匹吧!'也许你我现在也该这么做了。"

译员翻译我的话时,赫鲁晓夫脸部毫无表情。"我同意总统说的不要把一匹马鞭打得太厉害,"他说,"但我还是不理解你们的国会干吗要在这么重要的一次国事访问前夕,通过这种决议。这使我想起苏联农民的一句谚语'不要在茅房吃饭'。"说到这里,他脸上的表情怒气冲冲,说,"这个决议臭极了,臭得像刚拉下来的马粪,没有比马粪更臭的东西了!"

赫鲁晓夫在译员翻译时两眼盯住我。我决定以牙还牙,揭他的老底。我记起有几条简报材料说赫鲁晓夫年轻时当过放猪娃。我也从小记得马粪一般都用作肥料,不过一旦邻居施了猪粪,那股臭气可真要熏死人了。

我也盯着赫鲁晓夫,不过还是用交谈的口气说:"我想主席先生大概是搞错了,比马粪更臭的东西是有的,那就是猪粪。"

在译员把话译完的一瞬间,赫鲁晓夫脸上顿时涨起了一团暴怒前的红晕。然后,他突然朝着我笑着说道:"你说的对,也许我们现在应该换一个问题谈谈。不过,我必须警告你,你在这儿访问期间,还会听到关于这一决议的议论。"在这一问题或其他少数几个问题上,赫鲁晓夫的确是说到做到的。

我们从克里姆林宫驱车前往美国展览会参观,展览会定于当天晚上正式开幕。我们见到的第一件展品是台电视台的模型。一位年轻工程师问我们要不要试一下一种新式彩色电视录制装备,把我们互致问候的场面录下来,然后就在展览会上播放。赫鲁晓夫起先有点不相信,但当他看到有群苏联工作人员围在展品附近时,他那副演员腔就来了。我还不知他要干什么,他已登上讲台,朝着电视镜头大声说话,希望博得观众喝彩。

"美国建国多少年了?"他问我,"300年?"

"180年。"我答道。

赫鲁晓夫得意非凡。"嗯,这个嘛,我们说美国存在了180年,而这就是它达到的水平。"他用手朝着整个展览会大厅挥了一大圈说,"我们只不过存在了 42 年，再过 7 年，我们将达到美国同等水平。"对他夸下的海口，听众显然觉得很有趣。他继续说下去："当我们赶上你们，从你们身边经过时，我们将向你们挥手。"他转过身来朝想象中的美国挥了挥手。

他指着站在人群前面一个结实的苏联工人问道："难道这个人像奴隶劳工？有这样精神的人，我们会失败吗？"

我指着一个美国工人说："有像他这样的人，我们是强大的！但这些人，苏联人和美国人，可以一起为和平很好地工作，正像他们为建造这座展览馆而一起工作一样。事情该是这样的。"我又说，"如果你打算赶上我们的这场竞赛，要为我们两国人民和其他各国人民造福的话，那我们就必须自由交流思想。你不用害怕思想交流嘛，毕竟你也不是样样都懂嘛。"

赫鲁晓夫发火了，跳了起来。"如果我不是样样都懂，那你对共产主义，除了害怕它之外，也一窍不通。"他叫喊着。

在展览馆里走着，我们很快来到一件议论最多、最有吸引力的展品面前。这是一件标价 1.4 万美元的美国中产阶级家庭住房的模型，大小和原型一模一样，各色设备俱全，使苏联人看得眼花缭乱。苏联报纸称它"是印度的泰姬陵"，硬说这不代表普通美国家庭的真实状况。我对赫鲁晓夫说，一个美国钢铁工人可以拥有这么一所住房，但他不相信或不愿承认这一点。我们在厨房模型前停了下来，在这里的对话后来成为全世界议论纷纷的一场辩论。

和电视台模型前的交锋不同，我们这次"厨房辩论"没有录成电视片，但记者们却大事报道，还登载了一幅我把手指戳着赫鲁晓夫胸膛以加强语气的戏剧性照片。他时而采取守势，说苏联住房将来也会有美国展品中的那种现代化设备；时而采取攻势，说一件洗衣机样品自然要比一般洗衣机的质量高。我问他，争论洗衣机质量高低总比争论火箭力量谁大谁小要好吧？他当即嚷了起来："是你们那些将军们说，非要同我们比赛一下火箭不可嘛。他们说过那些火箭厉害得能毁灭我们。我们也要给你们一些颜色看看，让你们知道苏联人的精神。我们是强大的，我们能打败你们。"

我回答道："谁都不应使用武力逼人太甚，让别人像是收到了最后通牒似的。对我们来说，争论谁更强大是没有意义的。倘使战争爆发，我们两国谁也当不了赢家。"

赫鲁晓夫试图转败为胜,指责我向他发出最后通牒。"我们也是巨人。"他宣称道,"你想威胁我们,我们将以威胁回答威胁。"

我对他说我们从不使用威胁。"你想用间接办法来威胁我,"他又嚷着说,"可我们也有威胁手段。"

最后,他不准备再这样斗下去了。他说:"我们想和一切国家和睦友好,尤其是和美国。"我回答道:"我们也要和平。"

在这场激烈辩论过程中,站在赫鲁晓夫身旁的是他的一名主要助手,一位年纪不大的党的官员,名叫列昂尼德·勃列日涅夫。

我们回到了克里姆林宫,帕特和赫鲁晓夫夫人和我们参加了一次盛宴。我们彼此用香槟干杯,并按照主人的做法,把酒杯丢进壁炉。接着,用银盘上了鱼子酱供我们享用。

第二天晚上,我们在使馆为赫鲁晓夫举行晚宴。席间,他开始描述俄罗斯的乡村风景如画。突然之间,他说我们不应等到以后欣赏这美丽景色,硬要帕特和我去他莫斯科郊外的别墅过夜,还说他将在那里和我举行列入日程的会谈。半小时后,我们乘坐一辆高级轿车,飞驰在不见人影的大路上。不久我们进入了森林,那里比较凉快,四周黑洞洞的,一片寂静。赫鲁晓夫的别墅原先曾是沙皇的夏季行宫之一,几乎和白宫一样大。别墅四周有好几英亩的草坪和花园,在另一边,森林一直通向莫斯科河岸。

次日上午,赫鲁晓夫夫妇来得不算早。他活像一名社交指导员,立刻把一切都包揽起来。"首先,让我们在屋子前面照个相。"他说,"然后再到莫斯科河上兜一圈,你就可以看看农奴是怎样生活的。"

"喔,是的,那些被奴役的。"我说,这次决定不让他再向我进行挑衅。

游艇停在船坞旁等候着,我们沿着蜿蜒曲折的莫斯科河上游逛了差不多一个小时。一批又一批游泳者不止一次地从岸边游来,围住了游艇,向赫鲁晓夫欢呼,争着和我们握手。当赫鲁晓夫向这些游泳者提出"你们感到像是被奴役的人民吗"这个问题时,我起初还觉得挺有趣。但我很快发觉这是早就布置好

第三章 副总统（1953-1960）

了的。"你从不放过进行宣传的任何机会，是吗？"我问他。"不，不，"他坚持说，"我没有宣传，我说的是实话。"

我们在高大的白桦树阴下的草坪上进午餐，场面宛如契诃夫小说里所写的那样。我们坐下后，赫鲁晓夫又表演了一番耍嘴皮子的本领。当阿纳斯塔斯·米高扬开始用英语和帕特交谈时，赫鲁晓夫笑他想当罗密欧，可惜年龄太大又扮演不了这个角色。然后赫鲁晓夫对他说："你听着，你这个狡猾的亚美尼亚佬，尼克松夫人现在属于我了。你就老老实实待在你的位子上。"他用手指在帕特和米高扬之间上了浆的台布上画了一条假想线，说："这是一道铁幕，不许你跨越过来！"

头几道菜中有一种西伯利亚名菜：切得很薄，蘸上了盐、胡椒和大蒜等调味品的生白鱼片。赫鲁晓夫夹了一大份，看到我也取了同样一大份时，他赞许地微笑着。"这是斯大林爱吃的菜。"他边说边大口大口地嚼着，"他说吃这个有助于他的背脊骨坚挺起来。"

撤去杯盘后，我以为赫鲁晓夫和我可以先告退，以便进行严肃的会谈。但他却毫无先走的意思。相反，当我们一起坐在那儿时，他又吹起苏联火箭与导弹的威力和命中率来了。他随口说，意外事故很可能发生，使大家倒抽了一口冷气。他说，比如一两个月以前苏联有一枚洲际弹道导弹机件失灵，多射了1250英里，他曾为此非常担忧，起先担心它会落到阿拉斯加，幸好落在海洋上。

我问他，如果苏联在导弹生产方面如此先进，那为什么还非得继续制造轰炸机呢。赫鲁晓夫答道："我们差不多已停止生产轰炸机了，因为导弹命中率更高，而且不受人有时失灵和人的感情的影响。人常常因为感情的突然变化而不能把炸弹准确地投向预定目标。你可不必担心导弹有这类问题。"

当我问到潜艇时，赫鲁晓夫说："我们正尽可能多地建造潜艇。"米高扬迅速地瞥了他一眼说："主席是说我们正根据防卫需要建造尽可能多的潜艇。"

我问到用固体燃料作为导弹的动力问题，赫鲁晓夫说："嗯，这是个技术问题，我说不上来。"

这时，气氛变得相当紧张。帕特笑着对赫鲁晓夫说："主席先生，我觉得很惊奇，居然也有你不准备讨论的问题。我还以为政府由你一个人当家的情况下，你必须什么都知道，一切都牢牢掌握在你手里。"

米高扬凑上来替他的上司解围。"就是赫鲁晓夫主席也没有那么多双手去做他必须做的一切，这就是为什么我们得在这儿帮助他呀。"他说道。

最后，我平静地说，全世界之所以那么害怕战争，大部分原因是苏联领导人的好战讲话。"我希望你不要以为你们在莫斯科召开51国共产党会议，我们连对这些代表们来干什么以及得到了什么指示都会一点也不知情。最近你就在波兰公开宣布过苏联支持各地的共产主义革命。"

"我们不赞成对个人搞恐怖行为，"他答道，"不过，如果我们支持其他国家发生的共产主义革命，那就是另一回事了。如果资产阶级不和平地交出政权，那么，也许就真的必须使用暴力了。"

"换句话说，你认为资本主义国家的工人都是'被奴役的'，因而解放他们也就是正当的了？"我问道。

赫鲁晓夫咆哮说，倘若苏联支持一场真正的国内革命，那不算干涉内政。

我问他，苏联报纸和电台为什么公开赞扬委内瑞拉对帕特和我搞恐怖活动，这是否属实？苏联报纸曾对想在那儿把我们干掉的暴民深表同情。

赫鲁晓夫顿了一下，然后向我探过身来，用充满感情的声音低沉地说："我们有这样一句谚语：'你是我的客人，但真理是我的母亲。'所以，我愿意回答你这个十分严肃的问题。你是那边义愤填膺的人民的目标。他们的行动并非针对你个人，而是针对美国的政策——针对你们美国失败了的政策。"

"我同意你有权利发表你自己的看法和同情这些暴力行为，"我说，"但我要指出，拥有强大军事力量的苏联还要同这种革命舆论和同情搞在一起，那很可能有失去控制的严重危险。这就是为什么像艾森豪威尔和你这样坚强的人应该会晤的道理。但这种会谈必须在互让的基础上进行。主席先生，你是我所见过的代表你们观点的最有力的发言人之一。但你的发言只有一个命题。你说美国总是错的，苏联则从来没有不对过。和平不能通过这种方式获得。"

这下又把他惹恼了，于是来了另一篇夸夸其谈的长篇演说，几乎讲了一个小时。在他终于平静下来后，我说："我的意思是，在你的立场方面有没有可谈判的余地。假如现在坐在你对面的是美国总统而不是副总统，难道你的立场也那么僵硬,甚至连总统的话也不要听吗?"

也许他那长篇独白使他感到疲倦了。他显然没有兴趣进一步探讨这个问题,只是泛泛谈了一通柏林问题作为对我的答复,接着便站起来以示午餐宣告结束。

3点半我们又坐下来谈,等我们最后离开谈判桌时已快(晚上)9点了。人人都有点茫然,我们居然谈了五个多小时。

赫鲁晓夫的意图是想威吓我们,以苏联军事力量和他表示乐意使用这种力量的恫吓来压倒我们。和大多数专政者一样,他把受控制的听从和令人无法插嘴的独白当作他自己武器库中的重要武器。那天下午我使他这两项重要武器都无法施展。汤米·汤普森证实了我原来的猜想:大多数见过赫鲁晓夫的美国人,一般都本能地显得自己愉快可亲并且不同他顶撞,而他却把这种礼貌视为软弱的表现。经过这次在乡村别墅举行的长时间午餐会,我发现我的本能才是正确的。赫鲁晓夫只尊重不害怕他的人、敢和他顶的人以及像他那样强烈地深信自己事业必胜的人。

结束访问时,我通过电台和电视台向苏联人民发表了一次讲话,这是以前从来没有过的。汤米·汤普森和哈佛大学的威廉·Y.埃利奥特教授——他应我邀请作为我的随行人员——帮我起草演说稿。汤普森建议我提一下市场事件。他说,苏联新闻界曾对此大做文章,所以我的听众中一定有很多人知道这件事。在讲话中,我仅仅叙述了此事的经过,但这是人们第一次听到《真理报》公开受到批评,而在我离开之后很久,此事还在苏联人民中引起激烈的辩论。

展望未来,我在讲话中说:"我以为共处的概念是完全不合适而又消极的。"我进一步解释道,"共处意味着世界必须分裂成两个敌对的阵营,在它们之间隔着一堵仇恨和恐惧之墙。我们今天需要的不是两个世界而是一个世界,在这个世界里,不同的民族可以选择他们想要的经济和政治制度,在这个世界里,一切生活在地球上的人都能自由交往。"

我试图把我们与苏联领导人之间的分歧的焦点说清楚:问题不在于哪种制度更好,而是一个国家是否可以把它的制度强加给其他国家。提到赫鲁晓夫的著名预言,即我们的孙子一辈将在共产主义社会生活时,我说:"我表示,我们并不反对他说的这种情况将会发生。我们只反对他力图促使它发生……我们更喜欢我们的制度。但我们这种信念最本质的东西是，我们现在不想，将来也不想把我们的制度强加于人。我们认为你们和世界上所有其他民族都有权利在没有外来干涉的情况下，选择最适宜于你们具体情况的经济和政治制度。"

离开苏联后，我们对波兰作了一次为期短暂的访问。

波兰政府对赫鲁晓夫最近的华沙之行只得到了惹人注目的冷淡接待一事十分敏感，因而，它没有公开宣布我们到达的日期以及车队行进的路线。然而人们都知道了，这得感谢自由欧洲电台和即便在控制得很严密的共产党社会中依然存在的地下工作网。

这是个星期日，很多人没有上班。当我们离开机场不久便受到了欢迎，起初是一小批人，后来是一大群一大群人，挥手、鼓掌、喊叫、欢呼，很多人满面泪花。数百束鲜花抛向我和帕特坐的车子，甚至扔到跟在后面的记者座车上。政府保安部队毫无准备。蜂拥向前的人群使车队不时得停下来，用波兰语高呼"美国万岁""艾森豪威尔万岁""尼克松万岁"。那个星期日约有25万人拥上了街头。尽管苏军驻扎在那里，尽管他们与苏联有着共同的边界，波兰人在那个星期日的戏剧性示威，不仅表达了他们对美国的友谊，也表现了他们对近邻苏联的憎恨。

我们于8月5日回到华盛顿，受到了大批人群的热烈欢迎。我的苏联之行在美国产生了巨大的影响。我和赫鲁晓夫在展览会第一次交锋的电影镜头已在美国电视台播放，对我们几次会谈的报道又使我成了敢于顶撞赫鲁晓夫的人。

可是，这种名声也有一个不利之处。有些报刊评论家认为，倘若我当了总统，我和赫鲁晓夫就难以相处。赫鲁晓夫此后就充分利用这一说法来提高他的身价。

1960年的竞选

在我直接参加的五次总统竞选中，1960年这次对我个人影响最大。这是一次紧张非凡的竞选。约翰·肯尼迪和我都正处于政治能量最大的顶峰时代,并且我们曾就美国生活和历史中划时代的一系列重大问题进行了辩论。

我们的分歧异常明显。他信奉民主党正统观点,主张联邦政府进行积极干预,到处许愿,哗众取宠,说是要带领美国跃入新领导和社会福利的新时代。我则高举建设性的战后共和党主义大旗,以这些保守思想为根据:健全的私人经济和个人进取心乃是迅速赢得繁荣和进步的条件。但是,使我愤懑和沮丧的并不是这些分歧,而是肯尼迪这一家玩弄政治的手法以及新闻界对他们所做的坏事不闻不问的做法。

肯尼迪和我进入1960年竞选时,彼此在个人竞选实力和不足等方面都不相上下,旗鼓相当。我的最大本钱是,经加拉加斯事件以及与赫鲁晓夫交锋之后,我或许是仅次于艾森豪威尔的最为我国人民所熟悉的政治人物。民意调查表明,人们视我为有较多经验的候选人,我也有意要在竞选运动中强调我拥有经验。最重要的也许是,我在体力上、精神上和感情上都为此次竞选做好了充分准备,我也热烈地盼望着它的来临。我知道这是一场艰难的斗争,但我觉得我能取胜。

在另一方面,我最大的弱点是我那虚弱的共和党基地。1960年,达到投票年龄的美国人中有5000万宣称他们是民主党选民,只有3300万宣称自己是共和党选民。在灾难性的1958年选举中,共和党候选人得票只占总票数的43%。共和党正处于1936年以来的最低潮,对于在选票上把共和党的缩写字(R)加在他名字前面进行竞选的人来说,1960年注定是个不祥之年。

我认为肯尼迪最大的有利条件是他的财富和他本人的风度和魅力。有些共和党战略家认为这些恰是肯尼迪的弱点,但我不以为然。经过艾森豪威尔八年来老祖父式的统治,在这新的20世纪60年代,人们可能准备接受一个具有崭新领袖风格的总统。肯尼迪还可指望民主党内的坚强团结。和共和党人不同,民主党人一贯能够咽下分歧的痛苦,团结在党所提名的人周围。

肯尼迪有两个主要的政治上弱点。在我看来,一个只是表面上的弱点,即他是个天主教徒；另一个则是实质上的，即他缺乏经验。宗教问题在多方面都起作用，也许最后会对肯尼迪有利。目前依然存在原教旨主义的反天主教偏见的地区，都集中在我必胜无疑的几个州。而很多天主教徒将投肯尼迪的票，因为他是天主教徒；还有一些非天主教徒也将投他的票，因为要证明他们并无宗教偏见。可是，经验问题却是肯尼迪的大弱点。他作为一名活跃的参议员已达八年之久，他以本人思路宽广和幕僚质量较高而颇有名声，但他并没有特别专长。

正如我确信肯尼迪将是民主党总统提名人，我几乎可以肯定林登·约翰逊将是他的竞选伙伴。这两个人都是顶呱呱的竞选活动家和政治家，而排出肯尼迪－约翰逊这一阵容在平衡年龄、经验、地区和宗教方面都是最理想的。这种结合也许是一种很不自然的、毫无乐趣的、权宜性的结合，但这个阵容可以团结民主党，尽管它以北部自由派为首，但却可以保证获得南部保守派的支持。

共和党要排出能与肯尼迪－约翰逊对等的名单显然应该是尼克松－洛克菲勒。当我和洛克菲勒7月23日在纽约见面时，我向他暗示，要给他这个位置。如我所料，他没有接受。我并不怎么遗憾，因为洛克菲勒脾气倔强，他当我的竞选伙伴对于我来说，要比肯尼迪对付约翰逊更为困难。可是，他的坚辞却使我无法选择，排不出一张能与民主党旗鼓相当的名单，而民主党的名单是排得相当均衡的。

肯尼迪在7月中旬洛杉矶举行的民主党全国代表大会期间给人以强烈的印象，获得了许多人的拥护，名声很好。在共和党人7月25日去芝加哥开会之前，我的民意调查人克劳德·鲁宾逊认为肯尼迪－约翰逊这一对名单以55%对45%领先于共和党可以排出来的任何一对名单。

7月27日，星期三，晚上刚过11点，亚利桑那州提议大会一致同意我作为共和党美国总统候选人。我立即召开有32位共和党领袖参加的会议，商讨挑选副总统候选人事宜。

大会之前，可能成为我竞选伙伴的共有六人：驻联合国大使亨利·卡伯

第三章 副总统（1953-1960）

特·洛奇（马萨诸塞州）、参议员思拉斯顿·莫顿（肯塔基州）、众议员沃尔特·贾德（明尼苏达州）、众议员杰拉尔德·福特（密歇根州）、内政部部长弗雷德·西顿（内布拉斯加州）和劳工部部长吉姆·米切尔（新泽西州）。

到了我和党的领袖们在布莱克斯通饭店我的套房里开会时，我已把名单压缩到三人：贾德、莫顿和洛奇。贾德和莫顿二人极力主张我挑选一个享有全国声望、比我更能得到广泛的政治选区支持的人。莫顿对谋求这个位置可谓梦寐以求久矣，但他非常大方地推荐我挑选洛奇。艾森豪威尔也这样主张。

洛奇在到场的党内头头和全体代表中间，获得最大的支持。总地说来，我也认为他是个适当的人选。当我考虑到他在国内问题的看法上比我更富有自由主义色彩时，我毫不怀疑，一旦有必要，他完全可以接替我担任总统而且还能干得很出色。凌晨2点30分，我打电话给他，请他当我的竞选伙伴。他欣然同意，并作出立即来芝加哥的安排。

我的第二个任务是完成我的接受提名的演说稿。我打算利用这次演说的机会，从艾森豪威尔本人和其政府呆板而又没有想象力的老一套中跳出来，反正肯尼迪和民主党人在他们党的代表大会上已把这个问题端出来了。我打算用更大胆的想法激起人们的兴趣，即共和党的竞选活动也可以富有刺激性甚而有鼓舞作用。我请洛克菲勒把我介绍给代表大会，他懂得党的团结在很大程度上取决于他的介绍词。他确实帮了我的忙，戈德华特也这样做了。

我宣布，我要进行一场空前规模的竞选运动。"今晚，我向你们宣布，并向你们保证，从现在起到11月8日，我个人愿意把这场竞选运动开展到全国50个州的每一个州。"在一场彼此势均力敌的选举竞赛中，每一票，每一个州，都是重要的。

我深信，竞选运动的关键问题是经验，因而在我的接受提名演说中，我让人们明确理解这一点。

我要求全体美国人都来参与一场我认为在未来的年头中我们将面临的令人振奋的挑战：

> 我们将建设一个更美好的美国……在这个国家里，我们将看到美

国和全世界亿万人民的梦想变为现实——过着人类历史上未曾有过的更完善、更自由和更富足的生活。

我们必须进行的斗争是……用我们在战争年代中进行战斗那样的信念来进行争取和平和自由的斗争……自由世界谋求胜利的战略是对付共产主义世界谋求胜利的战略的唯一答案。愿我们谋求的胜利……将是世界各国以自由战胜暴政、富足战胜饥馑、健康战胜疾病的胜利。

围绕着共和党代表大会和我的接受提名演说所进行的宣传工作，收到了我所预期的效果。根据盖洛普民意测验的报告，与大会前相比，出现了决定性的转折：现在，尼克松－洛奇以53%领先于肯尼迪－约翰逊的47%。不过，我知道大会和演说所起的暂时作用不久即将消失，而我对选举本身的估计是，我们必须拼个你死我活，一直斗争到底。

1960年美国政治运动中出现了一个崭新的因素，那就是两个总统候选人第一次在电视上展开辩论。

在职的政府官员很少有自愿跟对手辩论的。我知道，就我们两人而言，辩论将更有利于肯尼迪，因为这样一来全国都会知道他的观点，而这一点恰恰是他比我更为需要的。另外，他作为进攻的一方，在战术上就占了优势。而我作为艾森豪威尔政府的一员，虽说可设法使辩论纳入我的计划和纲领，但我必得维护政府的政绩。而我又无法不和肯尼迪辩论，否则新闻界就会把我拒绝辩论变成竞选中的头号新闻。因而，摆在我面前的问题不是辩不辩论的问题，而是如何把辩论安排得尽量使肯尼迪占不了优势。

我们同意在电视上进行四次辩论。第二、第三两次实际上是联合举行的记者招待会。第一、第四两次才比较像个辩论会：每个候选人在开头和结束时发表演说，一个记者小组将提出问题要求答复。两次辩论节目：一次专谈国内问题，另一次专谈对外政策。决定这两次电视转播的次序后来成为我在这次竞选运动中一个最重要的决策，也是我犯的一个最大的错误。

因为过去从未搞过这种电视辩论，对哪次节目会吸引更多的观众，我们只能

第三章 副总统（1953-1960）

猜想。外交事务是我的专长，我希望这场辩论会有更多的观众。我认为观看第一次辩论的人会多些，而随着面对面辩论的新奇感逐渐减退，人们的兴趣也将随之降低。但我的绝大部分顾问却以为人们的兴趣将随着运动的深入而提高，因而，最接近大选日的那次辩论，即最后一次，最为重要。我听从了他们的判断并同意按此商定次序，即我同意把国内政策排在第一次，外交政策辩论放在最后。

8月中旬起，我两次访问南方，开始了我的遍访50州的竞选旅行。第一个州是北卡罗来纳，当我在杜克大学求学时曾在那里度过了整整三年时间。我们受到了热烈的欢迎，这次成功的访问，仅仅由于出了一件看来是很小的事故才有点美中不足：我在格林斯博罗上车的时候把膝盖碰伤了。当时疼痛很快就消失了，因此我也就不在意。但12天后，膝盖痛得很厉害，检查结果是严重发炎。我得注射大量盘尼西林和其他抗菌素，在沃尔特·里德医院卧床两周。

我那尽早进行广泛的竞选活动以争取主动的一切计划，现在都落空了。膝部注射抗菌素当然很痛苦，但使我更痛苦的是，获悉我每天都落在肯尼迪后面，眼看把竞选的宝贵时间白白浪费掉了。

9月9日，星期五，我终于出院。在家里只过了一个周末，我就开始了为时两周、行程1.5万英里、走遍25个州的紧张旅行。从旅行的第一天就可看出整个日程是多么紧张。我们一大早从巴尔的摩飞往印第安纳波利斯出席一个群众大会，又从印第安纳波利斯飞往达拉斯，在车队簇拥下前往大会，再从达拉斯到旧金山出席在机场上举行的集会和在闹市区的联合广场召开的大会。上床已是东部时间午夜两点了。

这种进度肯定对我有影响。不到三天，我就发烧达华氏103度（相当于39.4摄氏度）以上，但仍按原日程进行。现在我才知道，我早该接受我的竞选经理鲍勃·芬奇、日程负责人吉姆·巴西特和其他工作人员的建议，他们认为我正可利用住院休息作为理由，取消在全国50个州开展竞选活动的保证，而且这个理由既很正当又能说明事出无奈。但是我已经作出了保证，我就要坚决贯彻到底。我感到我必须拼命赶上肯尼迪。在我住院期间，他在盖洛普民意调查中以51%对49%再度稍稍领先。因此，我不仅不减轻竞选活动的负担，恰恰相反，为了弥补时间损失，我是加倍努力，全力以赴。

出院后的第一周，我访问了14个州。第二周，我访问了11个州。在华盛顿家里待了不到一天，便搭夜航班机去芝加哥，那里有5000名群众等候在机场。作了简短讲话、和人们握手后，我即驱车去参加街头集会。这些都是早先计划好了的，我们将驱车去五个选区，在每个选区都举行这样的集会。午夜一点以后，我才上床。我和肯尼迪的第一次辩论正好安排在那天，即9月26日晚上。

那天早上，我按计划向木匠工会年会发表演说，所以只有下午一整段时间能坐下来熟悉熟悉我为辩论准备的笔记。上电视台时，我精神虽然饱满但身体确已疲惫不堪，我自己也看得出来。生病住院和紧张的日程使我体重减轻了10磅。我的衣领显得大了一号，穿起来松松垮垮的，很不成样子。

几分钟后，肯尼迪到了，黑黝黝的脸色，休息得很好，看上去很结实。我的电视顾问特里·罗杰斯建议我使用一下电视化妆，但我不明智地加以拒绝了，只同意在早上虽刮了脸下午又呈现青色的两腮上使用一点"胡须膏"。

肯尼迪在整个辩论中始终采取攻势，抨击艾森豪威尔的政策，说它无能透了。他的解决办法是建立一个更加积极进行干预的联邦政府。他提出的许多目标，我并没有不同意，但对于他为了达到这些目标所主张采取的手段，我给予了迎头痛击。

辩论涉及的绝大多数问题都是实质性的，但恰恰是一个非实质性的问题刺痛了我。一名记者提到一个月前在一次记者招待会快结束时，艾森豪威尔在回答我作为副总统曾提出过哪些高见时说过："如果你能给我一个星期的时间，我也许想得出一条来。"艾森豪威尔当时的意思是说"请在下星期的记者招待会上来问我这个问题"。他很快发现自己说错了话，当天下午就向我表示歉意。民主党人抓住艾森豪威尔的疏忽，对我强调当总统要有经验的战术来了个釜底抽薪，并暗示艾森豪威尔也不怎么热情支持我当候选人。

大多数观察问题重实质而不重外表的社论作家，包括亲肯尼迪的《华盛顿邮报》和《圣路易邮报》，都说这次辩论双方打了个平手，但在辩论后对电视观众所作的民意调查表明，肯尼迪占了上风。支持肯尼迪的《亚特兰大宪章报》

的拉尔夫·麦吉尔发现收听广播辩论的人都说我比肯尼迪强。但这并不使我感到有多大安慰,因为电视观众要比广播听众多五六倍。

我在第一次辩论中损失最大的不是我和肯尼迪交锋的实质,而是我们两个人身体形象的对比使我处于不利地位。当然对电视这个政治宣传工具作这样的评价,未免有点太糟蹋电视的作用了。辩论的电视节目结束之后,电话纷纷打来,我母亲也来过电话问我出了什么事,因为我看起来身体确实显得欠佳。

第二次辩论定于10月7日,即11天后在华盛顿举行。这下我懂得必须改变在第一次辩论中给人的外表印象。一天享用四顿营养丰富的牛奶和冰淇淋饮料,这种养生方法使我的体重增加了。而且,这一次我同意化妆。

我立即采取攻势,猛击肯尼迪的致命弱点。在苏联击落我们的一架U-2型间谍飞机后,他在5月间发表了一项轻率的声明,建议艾森豪威尔应向赫鲁晓夫道歉。我争论说,美国总统决不因采取保卫美国安全的行动而向人道歉。我还狠狠抨击了肯尼迪的井蛙之见——不愿保护由蒋介石军队占领的近海岛屿金门和马祖。

经过第二次辩论,大家一致认为我比肯尼迪强。《纽约时报》报道说,我"显然来了个反攻,又领先了"。《纽约先驱论坛报》社论说,我"显然赢了第二回合"。但观看这次辩论的观众要比第一次少2000万。

第三次辩论在10月13日进行,我在洛杉矶电视台、肯尼迪则在纽约电视台露面。我自始至终采取攻势。我再次揪住金门-马祖问题,说肯尼迪在战争威胁之下愿意把这些岛屿拱手送给共产党人,这等于在讹诈面前屈膝投降[1]。在第三次辩论后不久,我获悉肯尼迪的一位高级外交政策顾问打电话给赫脱国务卿,说肯尼迪不愿让共产党有美国不会团结起来一致对付侵略者的印象,因而打算修改他在这个问题上的立场,以表明他不是和政府唱对台戏。我吃准了肯尼迪想从这个不得人心的立场上开溜,所以我的第一个想法就是不让他溜走。但是,金门-马祖形势委实太紧张了,而且美国制止共产党攻击的

---

[1] 这种说法显然体现了尼克松当年的偏见。——编者注

作用确也太重要了，于是我决定，只要肯尼迪改变立场，便不逼他过甚。我只指出他态度变化反映了其人缺乏经验，然后就搁下这个问题不提了。

第四次也是最后一次辩论于10月21日在纽约举行。这是一场关于对外政策的辩论，我们曾希望拥有最多的观众，可是，观看的人仍较第一次少了2000万。

辩论前一天，下午版报纸就以大字标题渲染："肯尼迪主张美国干预古巴；呼吁援助古巴叛军。"我知道肯尼迪已收到中央情报局一份政府对古巴政策的简报，估计他和我一样都知道一项援助古巴逃亡者的计划早已绝密地开始执行。他的声明使该计划受到危害，因为这种计划只有在秘密支持、秘密执行的情况下才有成功的希望。

我知道会把这个问题提出来辩论。为了保守计划的机密，为了保护成千上万名执行这一计划的人的安全，我别无他择，只得采取同他完全相反的立场，攻击肯尼迪主张公开干涉古巴。这种角色我在任何一次政治活动中都不曾扮演过，真是言不由衷，啼笑皆非。我使拥护我的人大为震惊和失望，却得到所有不明真相和不该支持我的人们的支持，简直是乱了套。《华盛顿邮报》还赞扬我善于克制！过不了几天，肯尼迪改变了他的态度，但只有一小部分观众注意到这一变化。反正在这场辩论中，肯尼迪在6000万人面前树起了这一形象：在对付卡斯特罗和共产主义方面，他比我强硬得多。

有人说1960年竞选运动决定性的转折点是这几场"大辩论"，这是言过其实。把一场如此紧张的竞赛的胜败归结为一种因素造成的，这充其量只能说是一种猜测和过于简单化的分析。

舆论调查看来可说明，这几场辩论对选举结果没有多大影响。第一场辩论前，盖洛普调查说肯尼迪以51%对49%领先。7周以后，经过所有这几场辩论和全国范围的紧张竞选活动，盖洛普调查表明，肯尼迪为50.5%，我为49.5%。大选日那天的民意调查，我和肯尼迪实际上平分秋色：肯尼迪49.7%，我为49.6%。

总的来说，电视辩论在说明总统竞选所争论的问题方面，能否起一种可信赖的作用，我是表示怀疑的。鉴于这一舆论工具的性质，它显然有利于影剧编导式的人物而不利于政治家。

最后一场辩论之后,离大选日只有两星期多一点,我更是全力以赴。民意调查表明我只稍微落后于肯尼迪,但我感到有一股势头正在形成,我觉得来一个最后冲刺,我们也许还能登上顶峰。

我继续拼命在群众集会上演讲。在最后一个星期,我还增添了几次15分钟的电视谈话,谈一些重要问题。我力图把我和肯尼迪在国内问题,首先是经济问题上的主要分歧,更鲜明地加以突出出来。他提出的政府开支计划将使联邦预算增加150亿美元左右,从而会引起物价飞涨。在这最后的几天里,我要接触尽可能多的选民,而电视则可能是最理想的渠道。但购买电视时间耗资甚巨,而我的竞选经费又即将告罄。因此我们只买得起一次长时间的电视广播节目时间,预定在大选日前一天播出。

从竞选活动最初的日子起,我便策划要把艾森豪威尔作为我保留到最后的政治武器,一旦使用起来将会发挥巨大的威力。我们觉得,在竞选的最后两周,他到一些关键州的主要地区露面,将有举足轻重的作用。艾森豪威尔一开始就完全赞同我的战略。但当肯尼迪开始攻击他的政绩,尤其是那个想象出来的所谓"导弹差距"问题时——这对艾森豪威尔的才智和是否胜任的问题都是个侮辱——他开始不再自我克制,发起火来了。

我原定10月31日和艾森豪威尔在白宫共进午餐,讨论他提议要进行的一个范围特别广泛的活动计划。午餐前那天晚上,帕特接到玛米·艾森豪威尔的电话。她非常激动地说,艾森豪威尔的心脏可能经受不住紧张的竞选活动。但他下了那么大的决心要出来答复攻击他政绩的人,以致连她都说服不了他。她恳求帕特要我出面让他改变主意,但一定不要让他知道她曾从中干预。她说:"决不能让艾克知道我打过电话给你。"

第二天早上,我接到白宫医生霍华德·斯奈德少将的紧急电话。他告诉我,他不能批准使总统负担过重的竞选计划。由于肯尼迪的攻击,艾森豪威尔肝火很旺,但紧张的竞选活动又会使他本来有病的心脏受不了。"我知道他想干什么,但他通常又不听我劝告。"斯奈德说道,"求求你,为了他的健康,要么设法说服他,要么就干脆别让他干这事。"

那天下午我到白宫时，艾森豪威尔精神焕发，这是很少见的。一份范围广泛的旅行计划已制订好了，它包括在一些关键地区增加若干个停留地点，如伊利诺伊州南部、纽约州北部以及密歇根州，这些都是我们认为竞选特别激烈、双方力量特别接近的地区。当我开始提到六七个要他不去进行这次范围广泛的旅行的理由——当然都是些不太站得住脚的理由——他感到，说得轻一些，莫名其妙。他先是感到自尊心受到伤害，继而就大发雷霆。但我不为所动，坚持要他按原计划行动，并在大选前夕陪我和洛奇在电视上露面。最后他默许了。自尊心使他一语不发，但我当然知道，我的举动使他疑惑不解甚至灰心失望。

竞选运动最后一周，艾森豪威尔出了几次场，那些陪同他旅行的人都说从未见过他有如此狂热的党性，即便为他自己竞选也没有这样过。事后看来，他当时如能实现那个范围广泛的竞选旅行计划，也许会对选举结果起决定性影响。比如他要是去了伊利诺伊州南部，其影响肯定会波及密苏里东部，那就很有可能把肯尼迪以极微弱优势获胜的几个州拉到我这边来。

可在当时情况下，我只能劝阻他，限制他的活动。好几年之后，艾森豪威尔夫人才告诉他我突然改变主意的真实原因。

经过最后一个星期发疯般的努力，我的竞选活动算是结束了。从 8 月全国代表大会以来，我行程 6.5 万英里，访遍 50 个州。我按计划作了 180 次演讲，发表了无数次即席谈话，举行过多次非正式的记者招待会。凡是能做的我都做了，没有偷过一次懒，我的工作班子也一样。竞选活动具有一种特别紧张的劲头，一下子可以令人筋疲力尽，突然之间又可使你振奋亢进。

我们飞往加利福尼亚投票并等待结果，它要在下午 6 点左右东部投票站关门之后才知道。为了使这个漫长的下午过得快些，帕特带了特里西娅和朱莉上贝弗利希尔斯理发馆去做头发。我为了缓和一下这种紧张的等待，和唐·休斯、杰克·舍伍德以及一名洛杉矶警察局的司机沿着太平洋海岸公路驱车南行。休斯说他从未去过蒂华纳，我们的车便一直开到位于墨西哥境内的这个市镇。回洛杉矶时，第一批选举结果已报来了。

选举日之夜总是像公园游客在滑行轨道上滑行那样令人兴奋激动，但

第三章 副总统（1953-1960）

1960年的选举日之夜却是我所经历过的最使人着急、最令人沮丧的选举日之夜。得克萨斯报来的情况摇摆不定，俄亥俄稍稍对我有利，但宾夕法尼亚却倒向肯尼迪。芝加哥市市长戴利把持的选举机构要拖到伊利诺伊州南部共和党控制的各县把数字报来后才发布选举结果，而我们要到这个时候才知道民主党需要多少张票才能赢得该州。总的趋向有利于肯尼迪，但到了午夜，我又很快拉平了晚上早些时候少于肯尼迪170万票的差距。我能否超过他尚不确定，不过竞赛尚未结束。即便如此，大多数报纸却早已预告肯尼迪的巨大胜利，记者和评论员们对我施加强大压力，要我认输。我决定发表一项简短声明，说明到现在为止选举结果的明显趋势。

帕特的自尊心受到了打击，激怒异常，坚决反对发表任何声明，并说她将不和我站在一起发表这种讲话。几分钟后，当我拿起笔来起草讲话要点时，她走进房间来对我说："我想我们应该一起下楼去。"我不知道我更爱她的顽强战斗品质还是更爱她的亲切温情脾性。正是这种时刻，当你感到失败已影响你家庭的时候，失败的痛苦才是最最难以忍受的。

中午12时15分，我们下楼走进大使饭店舞厅。我说："如果目前趋势继续下去，参议员肯尼迪将成为下届美国总统。"舞厅里效忠我们的人群高叫："不要放弃！""你仍然会赢的！"帕特好不容易抑制住自己的泪水，而我呢，则只想回到我那孤独的房间里去。

第二天早上6时，朱莉把我摇醒。肯尼迪现只领先50万票，而且传闻芝加哥和得克萨斯发生了大规模舞弊事件。埃弗雷特·德克森来电要我申请重新计票，并要求我不要发表认输的声明。他警告我，一旦认了输，投票记录将被销毁或不再保存，那时再请求重新计票就办不到了。接过他的电话后，我独自坐了几分钟，考虑了一下当前形势。

事先我们没有对付此类局面的准备，这是一个严重错误，目前，要挽救过来为时已晚。重新计算选票需半年以上时间，在这期间，肯尼迪当选的合法性便成了问题。这于美国对外关系将起破坏性的影响。我不能把国家拖入此种局面。而且，尽管有种种舞弊，应我要求而重新计票的结果，万一仍然是肯尼迪得胜，那又该怎么办？我这一辈子将被人奚落为"输不起的人"，以后就别想在政界混了。考虑了这些和其他许多因素，我决定向肯尼迪发出我承认竞选失败的电报。

我本想在回华盛顿的长途飞行中睡一会儿，可怎么也睡不着，相反，我总在想这次选举结果多么接近，以及我们本来应该采取不同的做法。

1960年选举是1888年哈里森－克利夫兰竞选总统以来双方得票最为接近的一次。肯尼迪得票3422.1万张，我得票3410.8万张，仅差11.3万张。每一选区只要有1.5%选票的波动，就可使局面整个扭转过来。

我们发现华盛顿对选举舞弊议论纷纷，全城为之骚动。共和党许多领导人仍力主我应对选举结果提出异议，并要求重新计票。艾森豪威尔本人也力主这样做，并答应帮我募款解决重计伊利诺伊和得克萨斯两州选票所需的费用。

毫无疑问，1960年选举是有大量舞弊行为，得克萨斯和伊利诺伊是舞弊最严重同时也是搞得最明目张胆的两个例子。比如，得克萨斯有个县，登记投票的只有4895人，计出的选票居然有6138张。芝加哥有一架投票机把43人投票记录为121人；而我恰好在这个选区以79票对408票败北。华盛顿一位记者兼主编本杰明·布雷德利，是肯尼迪的密友，曾写过一本《与肯尼迪谈话》的书。书中写到肯尼迪在大选日晚上打电话问戴利市长芝加哥情况如何，据说戴利回答道："靠点小运气和几位好友的帮忙，伊利诺伊州你是稳拿的了，总统先生。"

肯尼迪死后若干年，《纽约时报》专栏作家汤姆·威克为尼尔·皮尔斯所著《人民的总统》一书写的前言说："今天谁也不知道，或许将来也不会知道，1960年美国人民究竟选了谁当总统。按照惯例，约翰·F.肯尼迪宣誓就任总统，但这是否是人民的真实意愿？就算是的话，人民的意愿又以何种手段和什么样的多数予以表达？这一切都是一笔糊涂账。"

虽说我是个政治里手，1960年还是遇上了几个没有预料到的新因素，其中每个因素对选举结果都有很大的影响。

首先是作为主要新闻工具的电视，使记者、评论员和制片人拥有极大的影响力量。在很大程度上正是这些人决定着人们在竞选运动中可以听到什么和看到什么。

另一个新的政治现象是，1960年居然有如此众多的记者当了肯尼迪竞选活动的刺激性的俘虏，并被他个人的使命感所感染。他们之间产生了一种很不寻常的共同利益，它取代了新闻界对待政界人物一贯所持有的怀疑主义态度。西奥多·怀特在其《1960年总统之产生》一书中对此论述道：

> 四五十位全国性记者从肯尼迪开始全力投入选举之日起直到11月那些个最紧张日子里，始终跟随在肯尼迪左右。所以说，到了竞选活动的最后几周，他们已不再是一般的记者团，他们已成了肯尼迪的朋友，其中有些人则成了他最虔诚的崇拜者。每当通宵达旦乘坐竞选汽车或搭机彻夜飞行时，他们便哼起自己编写的挖苦尼克松先生和共和党的歌曲，和肯尼迪的竞选班子一起组成合唱队。这时，他们感到自己也是上帝的士兵，朝着"新边疆"高歌猛进。

《芝加哥论坛报》的老资格政治分析家威拉德·爱德华兹选举后写信给我，说得就更加直截了当了。他说："带有倾向性的报道……所达到的惊人程度"是"美国新闻史上最可耻的篇章之一，如果不算最可耻的话"。

这次运动的另一个不同寻常的方面，是肯尼迪的竞选组织和手法。说到竞选，我可算是身经百战，见过世面的，但与1960年这次相比，则真是如同小巫见大巫。我的竞选组织称得上效率很高，忠心耿耿，财力雄厚而且目的性非常明确。但我们对手的组织，除了人员同样忠贞不渝之外，还拥有无限财源，并且动员了一批最最冷酷无情的政治活动家来进行领导，那是总统竞选史中所罕见的。

肯尼迪的竞选组织干起丑事来，有其独特的流氓味，它可以若无其事大模大样地干，使多少政客都甘拜下风，还使多少好议是非的记者自叹弗如。其实，在初选时，从我看到肯尼迪是怎样玩弄既精明又冷酷的一手，把休伯特·汉弗莱干掉之日起，我早应料到事态会如何发展了。汉弗莱在16年后出版的《一个社会活动家受的教育》这本自传中写道,"肯尼迪的竞选组织确实令人印象深刻,卓著成效。"他又写道:"但在漂亮外衣的背后,却有一种使我难以接受和无法忘怀的冷酷无情和粗暴蛮横的成分。"

最后,肯尼迪一家反复在运动中成功地大事渲染宗教问题,尽管他们曾保证不这样做,结果还是使它成为竞选中的一个争论问题,我对此是毫无准备的。在罗伯特·肯尼迪领导下,他们把这次总统选举部分地搞成一场实行宗教宽容还是宗教偏见的公民投票。从这时起,和有些人一样,我也学乖了些,知道要提高警惕。那些人在肯尼迪这一家的权力、金钱和他们操纵的新闻工具之下,曾经吃过很大的苦头。我发誓,今后如果在政治权术上还比不过他们或别的什么人,我决不再参加竞选。

1972年选举时,在一则当时记下的日记中,我思考过1960年我若当上总统,局势将会如何:

> 倘使我们当时像现在这样懂得如何进行竞选等,那我们是很可能赢得1960年的选举的。至于此事究竟是祸是福,那我就不得而知了。我现在说的不是指我个人而是指这个国家。我们很可能继续长时间地保存那老一套的政府机构,也很可能不关心这个国家要我们做的事。另一方面,如果1960年我们得胜,在处理古巴-猪湾危机问题上,也许手法会大不相同,我们很可能会把苏联人打翻在地,把古巴从卡斯特罗的统治下解放出来,这将对今后局势的发展起很大的影响。我同样认为,我们也会以不同的办法解决越南问题,只要知道今后非使用武力不可,一定会及早并有效地使用我们的力量。总之,古巴导弹对抗一事发生在1962年,这肯定是历史对我们的照顾,因为它注定了我们竞选州长的命运。我常说,一旦我赢得州长选举,我肯定会在1964年得到提名,但也可能失败。当然,人们也会把历史写成另一种样子。如果我们(1962年)获胜,肯尼迪就不会去得克萨斯,奥斯瓦德也就不会开枪把他打死。在这种情况下,我们在(20世纪)60年

第三章 副总统（1953-1960）

代就有更好的机会再度竞选，得胜的可能性总比肯尼迪被刺之后要大，而约翰逊也就不可能利用殉难烈士的光环去对付戈德华特了。

大选后不几天，我就在考虑，14年公职生涯将于1961年1月20日结束，那么下一步该怎么走。

参加了肯尼迪就职典礼后，帕特和我径往F街俱乐部，出席海军上将刘易斯·斯特劳斯夫妇为艾森豪威尔总统夫妇举行的告别午宴。

当我告别艾森豪威尔时，他紧紧握住我的手，握了很长时间。起先我以为他要动感情了，但他只是说："希望你和帕特不久来葛底斯堡我家做客。"我说我们会来的。

那天晚上帕特和我同特里西娅与朱莉一起在家进一顿安静的晚餐。两个女儿都很克制。她们说，如果我不是在芝加哥和若干其他地方吃了舞弊的亏，本来这顿晚餐笃定是该在白宫吃了。我虽有同感，但我还是对她们说，现在不是发牢骚的时候，况且选举失败也有好处，我不是就可以常常在家吃晚饭了吗？再说，学校一放假我们也可以一起外出旅行呀。

我的警卫人员在中午便要撤走，不过我的专用汽车和司机则要到午夜才撤走。约翰·沃德洛当我的司机快8年了，我问他是否可以在晚餐后把车开来，为我开最后一趟车，在全市兜一圈。

街道交通混乱不堪，加上冰雪满地，弄得情况更糟。成百上千辆小汽车和出租的高级轿车排成长龙停在饭店门外，等候身穿燕尾服的绅士和曳地长裙的女士们赴庆祝总统就职的舞会。没有人注意我们驱车经过白宫，沿着去国会大厦的大街飞驰而去。

我要约翰把车停在副总统专用的停车场上，我步出车门走上宽阔的大理石台阶。一位惊愕的警卫让我走了进去，我穿过参议院大厅，沿着长廊走向中央大厅。国会大厦的穹顶高高耸起，整个大厦只有我走在光滑的大理石板上的脚步声在回响着。

第四章 普通公民（1961—1967）

The Memoirs of Richard Nixon

我终于认识到，除了政治生活和为公众服务以外，我实在没有其他类型的生活可言。即使我的律师业务正处于蓬勃发展的高峰，我从不觉得它真能使我心满意足。当时我对一些朋友说，如果我所有的一切只是律师业务的话，两年后我将在精神上死去，四年后肉体死亡。

尼克松回忆录
THE MEMOIRS OF RICHARD NIXON

肯尼迪就职后的第二天,帕特和我就飞往巴哈马群岛的伊留特拉岛去跟几个朋友盘桓数天,我们在商量今后打算怎么办的同时也轻松了一番。

在我担任公职的 14 年中,我们过的日子舒适而简朴。在支付了从华盛顿搬到洛杉矶的费用后,除了个人财物之外,我们唯一的资产就只有华盛顿那所价值 4.8 万美元的住房了。我觉得,为了帕特,我得找个收入不错的工作,既要能维持还算舒适的生活,又能把我们的女儿送进比较好的大学,并使我有多一点时间和她们在一起,来弥补我当副总统时不得不成年累月离家在外的不足。我也想找一个至少还能让我跟政治沾得上边的工作。

既然帕特和我都想搬回加利福尼亚,因此,我决定接受洛杉矶的亚当斯－杜基－黑兹尔坦律师事务所的邀约。早在 1946 年我跟沃勒斯竞选时,厄尔·亚当斯就曾提出,如果我竞选失败,就邀我去他们的事务所工作。我对他开玩笑地说,我仅仅花了 14 年就取得了应该具备的资历。我们不想让特里西娅和朱莉这一学年中途辍学,所以我们决定,帕特仍和她们留在华盛顿,而我在 6 月之前一个人住在洛杉矶。

那些日子并不轻松。亲戚和朋友们要我住到他们那儿,但我宁愿独自生活。为此,我在离办公地方不远的威尔夏大街上租了一小套单身公寓。我学着自己弄饭。好在我对吃东西从不苛求,而且确实学会了怎样热一顿便餐,一面看书或看杂志,一面独自自得其乐地吃着。

我曾以为,我会像以往对付任何一项挑战性的新任务时那样,马上投入事务所的工作中去。可是几星期以来,我总难以集中思想,几乎无法提起多大的劲头。我发现我陷入失败之后的松垮情绪里去了。

1968 年,我却体会到完全出乎意料的另一种不同的经验:胜利之后的疲劳和松垮之感。但当时存在的挑战是要筹建一个新政府。至于 1961 年,我发现凡我所做的每一件事,如跟掌管全国事务的职位相比,简直都是索然无味和无足轻重的。当你胜利了,你不得不应付的那些挑战鞭策着你;如果你失败了,你就非得迫使自己去干人家要你去干的事情不可。

我最不愿意跟人们议论选举。但很多人来访或写来信,多年来他们忠诚地支持过我,我又感到义不容辞地应会见他们,或至少在电话上跟他们聊聊。要我在公开场合露面和发表演说的邀请,继续纷至沓来。可是,除了我完全是在竞选运动中"辩输了"这一说法之外,我认为,新政府应该享有传统的、不受带有党派性质批评的蜜月期。

随着时间的消逝,我开始适应新生活了,甚至喜欢它了。春天,帕特和女孩子们来了,我们在圣莫尼卡的海边度过复活节假日。两个女儿喜欢海滩和温暖的气候,她们对加利福尼亚的热情开始感染了我。

猪湾

我对当上共和党名义上的领袖一事,日益感到兴趣。我对肯尼迪早期的某些外交政策行动是很不安的。在他执政的头几个星期里,他就碰上了涉及共产党在老挝进行攻击的一场危机。在他的最初几次记者招待会中,有一次,刚刚初步显示力量,接着就往后退却,并以接受一个据称为中立的政府而告终,而这个政府却尽人皆知将受共产党的严重影响。我决定,政府享有的蜜月期已到了该结束的时候了。我同意于1961年5月5日去芝加哥的经理人员俱乐部发表一次演说。

因为我的讲演事关外交政策,我要求白宫让中央情报局的艾伦·杜勒斯向我作一次情况简介。我的要求被批准了。我们安排在4月19日6点钟在我华盛顿的寓所相会。

事前两天,当我尚在加利福尼亚时,我听到消息说,反卡斯特罗的叛军已在古巴一个不幸被称为猪湾的地点登陆。接着几天的新闻报道都使人沮丧,既简略而又不完整。但很清楚,入侵者遇到顽强的抵抗,开头未能取得多少进展。

4月19日我在等候杜勒斯时,拿起下午版的《华盛顿明星报》,看到的有关入侵的报道就更令人悲观了——虽然仍无最后定论。杜勒斯传话说,他将迟到。当他终于在7点半过后抵达时,他看起来神情紧张,颇受震动。

我问他要不要来一杯酒。杜勒斯回答道:"我当然要啊!我实在需要来一杯。这是我一生中最倒霉的日子!"

我问道:"出了什么事?"

他摇摇头,没精打采地说:"一切都完了!入侵古巴一败涂地。"

杜勒斯解释道,肯尼迪当选后,对艾森豪威尔执政时所制订的入侵计划曾下令照干,中央情报局则继续训练古巴的流亡者。但肯尼迪的几个顾问要他打消这项行动,理由是一旦我们的支持为人所知,美国在世界上的声誉会受到严重损害。他们抬出了第三次世界大战的幽灵,说假若苏联决定干预,就会引起第三次世界大战,并且还为入侵失败的后果描绘了可怕的图景。

入侵原定在2月。当政府内部激烈争论不休时,肯尼迪把它推迟了。最后,在4月15日,肯尼迪决定行动。杜勒斯用一种带着阴郁的钦慕之情的声音说道:"总统不听顾问们的意见,下令入侵继续进行,那是需要很大的勇气才做得到的。"但神经过敏的助理们仍作了最后的尝试劝阻肯尼迪,而肯尼迪为了使双方高兴,竟在最后一分钟作了妥协。他把原来打算歼灭卡斯特罗空军和为入侵部队提供空中掩护的三场空袭取消了两场。于是,在猪湾登陆的自由古巴部队发现他们成了卡斯特罗的苏制轰炸机的毫无招架的活靶子。肯尼迪不给予空中支持,注定了这次行动非失败不可。

起初,白宫和我们派驻联合国的大使阿德莱·史蒂文森完全否认美国与这次入侵有任何牵连。接着,肯尼迪又不得不撤回那些否认。我们的国际信誉经历了双重打击——先是发动了那场未能成功的入侵,然后又企图予以否认。

杜勒斯盯着地板说:"我本该告诉他,我们决不能失败。我几乎就要这样说了,但我却没有讲出来。这是我一生中最大的错误。"

4月20日早上,我在国会大厦跟共和党的领袖们进行商谈。我们都认为情况严重到不能再持党派偏见的程度了。我们全都必须支持总统,直到危机过去。我那天下午回家比较早,在门厅电话机旁发现特里西娅留给我的一张纸条,上面写道:"肯尼迪来过电话。我早就料到了!用不了多久他就会捅出纰漏来的，不得不求助于你。"我拨了我熟悉的白宫电话号码。接线人立刻把我的电话接通总统。他的声音紧张、疲乏，没有来什么客套就说："迪克，你可以上我这儿来一趟吗？"

肯尼迪站在椭圆形办公室他的书桌旁正跟林登·约翰逊谈话。我们严肃地握手问好，气氛很紧张。

约翰逊走后，肯尼迪请我坐在壁炉旁的小沙发椅上，而他则坐在他的摇椅上。他说："我已跟古巴革命委员会的成员开了次会。与会者之中的有些人在这次行动中失去了他们的儿子、兄弟或近亲和朋友。跟他们交谈，看到他们面部的悲惨表情，是我一生中最难受的了。"

我问起古巴人的士气。他说："昨晚，他们对我们可真恼火极啦，但今天他们已平静得多了。信不信由你，我们只要说一句话，支持他们，他们还会准备再去打一仗的。"

说到这里，他腾的一下站了起来，开始在他的书桌前来回踱步，并在一片污言秽语的痛骂声中把他的愤怒和沮丧倾注出来。他一遍又一遍地诅咒每一个为他出过主意的人：中央情报局、参谋长联席会议主席、他的白宫工作人员。他说："我查问过那些婊子养的——所有那些军事专家和中央情报局人员——都向我保证，计划一定会成功。"

对他来说，以往一切都是顺利的。几天之前，在民意测验中，大家对他的评价还是很高的。报界对他也大有好感。现在他却困难重重，觉得他成了他所信任的人所出的坏主意的无辜牺牲品。他踱来踱去，双拳握得紧紧的。

他发泄了一通之后，又在摇椅上坐了下来，室内一时寂静无声。我突然感到，他一定觉得非常孤独——受了多么大的委屈，而责任又是多么重大啊！

他望着我问道："现在你认为该在古巴干点什么？"我毫不犹豫地回答："我想找一个适当的合法借口，干它一场。我们有好几种借口可用：为保护居住在古巴的美国公民，护卫我们在关塔那摩的基地。我认为目前最重要的就是，我们务必想尽一切办法，把卡斯特罗和共产主义撵出古巴。"

他对我讲的话似乎考虑了一下，接着摇摇头说："沃尔特·李普曼和奇普·波伦两人都报告说，赫鲁晓夫在这段时间里显得很趾高气扬。这意味着：如果我们在古巴动手，赫鲁晓夫就很有可能在柏林动手。假如他们两人的估计正确，我就不认为我们该冒此风险。"

我解释道，我是从共产党对全世界怀有野心那样更为广泛的角度来看待古巴的。赫鲁晓夫将在同一时间里在好几个地方进行试探，只要我们一示弱，他就会制造一次危机来占我们的便宜。我说，我们应该同时在古巴和老挝采取一些行动，包括必要时使用美国的空军。

"我就认为我们不应该卷入老挝，"肯尼迪说，"尤其不能卷入可能会跟千百万中国部队在丛林中作战的地方。"这跟他3月间在电视上大讲保卫老挝有极端重要意义的话，完全倒了一个个儿。"不管怎样，"他继续说，"如果我们对仅隔90英里的古巴都无所作为，我实在看不出我们对远隔万里的老挝又能有什么作为。"

我对他未能从他自己所讲过的话中找到逻辑上的联系，感到惊讶和失望。他自己明明讲过，共产党的威胁是不可分的，除非到处予以抵制，否则在某一地方的抵制实在毫无意义。但我知道这不是说服他相信这种论点的时候。这是一场危机——他希望得到而且也需要我的支持。

我说："如果你对老挝或古巴作出这类的决定，我将全力公开支持你，而且还将敦促所有其他共和党人也这样做。我意识到，有些政治观察家说过，如果古巴或远东危机涉及动用美国武装力量，那你就可能冒1964年遭到政治失败的风险。我要你知道的是，假若有必要采取这样行动的话，我是决不会把它作为一项政治争端来加以利用的。"

他一下子好像沉浸在苦思之中，在权衡我刚才讲的话。接着，他略略耸耸肩膀说道："局面弄成这样，我们又有这么多的问题，即使我干得不错，我也不知道四年后的今天我能否留在这里。"

我们谈了将近一小时。由于我倾听了他的话，向他保证我不会利用这次危机来为党派之争服务，我觉得我至少已减轻了他的一些负担。

"外交事务的确是唯一应由总统掌管的重要问题，你说对吗？"他说，"我的意思是说，同这类重要问题来比的话，最低工资是1元1角5分还是1元2角5分算个什么屁问题。"

第四章 普通公民（1961—1967）

我们走到椭圆形办公室旁有顶盖的门廊。玫瑰园里春花怒放，一辆白宫汽车在车道上等着我。

在他陪着我走向汽车时，他说，帕特·布朗很担心，因为民意测验表明他在加利福尼亚州州长的竞选中，落在我的后面。虽然我的支持者建议我竞选，可我自己一点都不想参加。我对肯尼迪和布朗已在讨论那种可能性感到十分惊奇。

我们握手道别。他转过身去，循着小路走回他的办公室。他的双手斜插在上衣口袋里，但低着头走，平日轻快的步伐也好像慢了下来。在那会儿，我对这位不得不面对一场辛酸的悲剧的人颇表同情；尽管悲剧的铸成不全是他的过错，但他又责无旁贷地要对此负责。

我5月5日飞往芝加哥去为经理人员俱乐部讲一次话。

我开始时强调说，就我个人而言，对新政府的批评应该是负责任的和建设性的，并且只应集中在实质性的问题上。我对肯尼迪处理猪湾事件的方式仍感到担心，我想把我的忧虑公之于众。我说道："那些老是在谈论我们威信的人，好像认为我们正跟别的国家在进行一场博取人心的竞赛，看看究竟是谁最能讨人欢喜并能得到赞扬。但我们务必牢记，我们是在为自己的生存而战斗。"

我最大的顾虑是，肯尼迪在古巴碰了钉子后，可能会打不起精神来对付老挝、越南或柏林等其他地方的共产党了。我说："我们在古巴失败的最坏后果，不是那使许多观察家纠缠不休的威信暂时低落的问题，而是这次失败可能使美国的政策制定者，因怕再冒失败的风险，不敢在将来采取果断的措施。"

当我说道，我们应该从入侵古巴中至少学到一条教训时，听众长时间地拍手叫好。我指的是："不论什么时候，只要大规模地牵涉到美国的威信，我们就必须心甘情愿地投入足够的力量，使我们的目标一定能实现，即使我们所有的情报估计都证明是错的也在所不惜。直话直说，除非我们准备把事情办到底，否则我们就不该在这个世界上开头办任何事。"

发表这次演说后，我发现作为"忠诚的反对党"领袖，我重新成了全国瞩目的对象。我原来以为会在我平民生活中压得很沉重的种种可能有的忧虑，很快就消失了。律师事务所的业务，我的私人和政治函件，必不可免的旅行，办公室的例行事务，我为"时报－镜报"所写的专栏文章，以及我答应写的一本书的计划安排，使这段时期成了我一生中最繁忙的阶段之一。像以往一样，损失最大而又最能保持缄默的，还是我的家庭。我搬到加利福尼亚去的原因之一是想有多些时间跟帕特和女孩子们待在一起，可是我想，我在那一年中看到她们的时间，比我们在华盛顿时还要少。

到了1961年12月，我感到比1960年竞选结束时还要疲劳。我因工作紧张和过度疲乏，体重轻了差不多10磅，在家里和办公室里我还变得易动肝火。

具有讽刺意味的是，当我正在写一本关于处理危机的书时，我却把自己搞得如此筋疲力尽，以致不能头脑清醒地作出决定，因而给自己和家庭造成了一次新的大危机。

1962年：竞选州长

要我竞选州长的呼声几乎在我回到加利福尼亚那一天起就开始有了。

全州各地的朋友、老的支持者、实业界和党的领袖们纷纷来信、来电或来访，敦促我参加竞选。我答复道：1960年总统选举后没多久就另去竞选什么职位，我对此没有兴趣。我请求他们到别处另外物色一个候选人。

但压力仍不断增加，到了初夏，我也第一次开始认真考虑参加竞选的可能性。我的直觉未变——我仍旧认为这是在错误的时刻，竞选错误的职位的事例之一。

我和艾森豪威尔在棕榈泉附近的埃尔多拉多乡村俱乐部作了一次长谈。他认为我应该在1962年竞选州长，然后在1964年再度竞选总统。他说："我的经验是，当一个人受党内大多数领导人的委托，要他承担一项工作时，他一定得干，否则就会冒日后失去他们支持的风险。假如你不参加竞选，而那个共和党候选人又落选了，你将为此受到责备，你作为全国政治领袖的前途也就此完蛋。"

几星期后，我写了封列述参加竞选利弊的长信给艾森豪威尔。在信中我说

第四章 普通公民（1961-1967）

明了我之所以显得举棋不定和缺乏热情的最深刻的内在原因是：

> 不主张我参加竞选的另一论点是，从我在1月开始竞选起直到我任州长职务的整段期间里，我势必把我的注意力几乎全部集中在加利福尼亚州的问题上。不错，洛克菲勒还是有办法不时就国内外问题发表议论。但我的想法是，我们这儿的问题是如此复杂，并且，坦率地说，我们还跟全国和国际的新闻通讯中心在地域上相隔如此遥远，如果我决定竞选州长，我简直不相信我仍有可能在国内外问题上，继续发表什么建设性的意见。

当时的民意测验指出，我能够相当轻易地击败布朗。有一项调查说，我能以五对三的优势胜他。如果艾森豪威尔想到过我失败的风险也很大，他是否还会坚持原来的劝告，那就不敢说了。

罗斯·伍兹已到加利福尼亚，在律师事务所当我的秘书。她7月11日下午来我家告诉我，惠特克·钱伯斯死了。这消息对我震动很大。我知道钱伯斯有病，但他在一生中度过了这么多难关都能幸存下来，我甚至认为他是金刚不坏之身。现在他却死了。

那天晚上，我重读了在我1961年2月回到加利福尼亚后不久，他写给我的最后一封信：

> 很可能，我们彼此见不着了——我的意思是，永别了。所以，请原谅我在此讲一些我原本不该妄加置喙的话。
>
> 你还有几十年的前程。几乎就在我们相遇的第一天起（那已是12年前的事了），我发觉你具备一些深睿的好素质，虽然在这浮华浅薄的世道里，这些素质很难被人赏识，但它对你和千百万公众来说却是有意义的。由于你以往受到了苛刻的制约，你那好的品质和最大的才能无从发挥出来。但我无论如何不相信此种制约会是决定性的。那

是不可能的……

你还有许多岁月可为公众服务。为公众服务是你的生命。你必须为公众服务。因此,你也必须有一个为公众服务的基地。

一些人对我说,你不马上参加竞选加利福尼亚州州长是有道理的。另一些人告诉我,你差不多可在州内稳操胜券。我对情况毫无了解。但此事如属可行,我甘冒不韪,深望你予以考虑。

那些我素来尊重其政治判断力的朋友们,对于我应该怎么办的问题,彼此意见极为分歧。艾森豪威尔、汤姆·杜威、J.埃德加·胡佛鼓励我参加州长竞选,使我可以取得一个新的政治基地。赫伯特·胡佛和道格拉斯·麦克阿瑟将军劝我参加国会竞选,使我可以有一个对国内外问题发表意见的讲坛。麦克阿瑟以其特有的、宣示神谕的神态说:"加利福尼亚是个伟大的州,但它的地方气息太重。你应该去华盛顿,不要留在萨克拉门托。"

8月初,我和鲍勃·芬奇作了一次长谈,讨论了当我参加竞选时会集结起来反对我的一些政治力量。

第一,肯尼迪政府将全力反对。他们会想尽办法不让我当上州长从而获得新的政治生命。我也不能指望那些赞成洛克菲勒或戈德华特在1964年竞选总统的为数不少的加利福尼亚共和党人会支持我。那两个人将在临近全国代表大会时相互攻击,但现在他们会联合起来反对我。

州议会共和党领袖乔·谢尔已为争取提名当州长而开始活动,并已从保守派那里得到相当多的支持和资金。最后,还有帕特·布朗本人。虽然一般人都认为他能力并不强,但他所处的政治地位颇令人羡慕,没有人特别不喜欢他。

谈话结束时,我比以往更相信,我最初的直觉是正确的:我不该在1962年竞选州长。这话传回了华盛顿。两三天内,我就接到莱恩·霍尔和克利夫·福尔杰的电话,迫切要求在我宣布决定之前与我一谈。第二天下午,他们就乘飞机来加利福尼亚了。

霍尔说:"要么你参加竞选,要么你在全国政治生活中完蛋了事。在1962

第四章 普通公民（1961-1967）

年你将看到，洛克菲勒在纽约州竞选，另一个强有力的候选人在宾夕法尼亚州竞选，还有一个在密歇根州。谁还会记得你迪克·尼克松呢？只有你现在竞选州长成功，你才能在1964年获胜。"他们两人都强调，艾森豪威尔多么期望我参加竞选并取得胜利。

那时候我自己的政治判断是，肯尼迪在1964年几乎是不可战胜的。假若我竞选州长，我认为我就必须保证在萨克拉门托当满一任州长。那么，到1964年就只好由另一个人去对付肯尼迪及其金钱和权术了。

真正的问题在于我对出任加利福尼亚州州长并无强烈愿望。同样迫使我却步的是，我知道帕特非常反对我参加竞选。她认为我们为了我们自己，也为了特里西娅和朱莉，在她俩的青少年期间该多花点时间和她们在一起。

我自己倾向于不参加竞选。但是艾森豪威尔的意见，霍尔和福尔杰带来的压力，惠特克·钱伯斯的信以及许多知交的再三要求，开始把天平朝着决定参加竞选的一边倾斜过去。

我害怕向帕特、特里西娅和朱莉提出这一问题，所以我一直拖到不能再拖的最后时刻才讲。我要鲍勃·芬奇在9月27日安排一次记者招待会，届时我将宣布我的决定。9月25日，我们在晚餐后围坐桌旁时，我说明了一些因素和我一向听到的并加以权衡过的相互矛盾的意见。我告诉她们，我目前正在考虑参加竞选，但在我打定主意之前，我想知道她们的想法。

帕特如我所料，抱着强烈反对的立场。许多妇女为了当名流，宁愿付出她们所有的一切作为代价。但帕特素来属于那类较为少见的人物，她不需要非在公众面前出风头不可。她最深沉的感情历来是藏之闺阁，她只跟她的家庭和亲人分享此种感情。在竞选国会议员时，她始终和我站在一起，过着挨骂和同人争吵不休的日子；在基金危机中，她心地豁达并默默地忍受着痛苦；在我任副总统期间，她既要满足我担任全国性公职的要求，又得让特里西娅和朱莉有一个正常而又可爱的家。为此，她经常得避免顾此失彼。由于以往有那么多的宴会和竞选旅行，因此1960年失败之后，她就一直期望我们两人和两个女儿能在加利福尼亚过上新的平民生活。她说："如果你参加这次竞选，我可不会再像过去那样跟你一起外出活动了。"特里西娅和朱莉那时是15岁和13岁，她们年纪还太小，无从对我的决定产生很大影响，但我也想听听她俩的见解。朱莉看到帕特和我的意见大有分歧，她说她准备同意我的任何决定。特里西娅是唯一采取肯定态度的人，她说："我说不上你该不该参加竞选，但我似乎总有一种感觉，你就是应该向他们表示，你并没有因为1960年人们偷了我们的选票使你选举失败而就此完蛋！"

我们谈了差不多一小时。最后我跑到楼上书房。我坐在书桌旁，开始写一些我准备在记者招待会的发言，宣布我决定不竞选州长。

半小时后，帕特进来了。她坐在书桌台灯照不着的那个沙发上。她脸部隐在黑影之中，但我能够从她讲话声中听出，她正竭力克制不让她极为失望的情绪流露出来。她说："我又思考了一阵。我比以往更加相信，你如果参加这次竞选，那将是一个很大的错误。但是，假如你权衡了一切后仍决定参加，我将支持你的决定。我会一如既往地和你一起参加竞选活动。"

我指着书桌上放在面前的黄便签本说："我正在起草宣布我不参加竞选的提纲呢。"

"不！"她坚定地说，"你该按照你认为正确的去做。如果你认为你这样做是正确的，那么你一定要这么干。"

我们默默地坐了一些时候，随后她走到我身边，把手搭在我肩上，吻我，然后离开书房。她走后，我把便签本最上面的一页撕下来丢进废纸篓。在新的一页上我开始为决定参加竞选的声明起个草稿。

9月27日，我在洛杉矶的斯塔特勒－希尔顿饭店举行了记者招待会。

我说，我有两项决定要宣布。第一，我不当1964年美国总统的候选人；第二，我将是1962年加利福尼亚州州长的候选人。

对好多记者来说，这是不够的，他们要求我多说几句。一个记者引了威廉·特库姆塞·谢尔曼将军的名言："如果我被提了名，我不准备竞选；如果当选了，我不准备上任。"我对他说："我认为谢尔曼将军的意思是说他不是一个候选人。而卡尔文·柯立芝的话是说他不打算参加竞选。而尼克松是说，他在1964年不当候选人。"

帕特·布朗冲着我的声明立刻发表意见说，尽管尼克松没有这样讲，他到1964年还是会当总统候选人的："他只把这个州的州长职位看作是实现当总统宏愿的垫脚石"。

我没有马上筹划战略和布置竞选活动，相反，我现在不得不在这以后的三个月里把我那本《六次危机》的书写完定稿。我是在肯尼迪就职几个月后约定好了要写这本书的，当时似乎不能想象在1962年会出现竞选什么职位的前景。现在我却在必须为竞选作出重大决策的关键时刻碰上了出版商的最后交稿限期。

我在6月初选前去全州各地旅行时受到了不少诘难——但这跟1950年的诘难不同。当时，诘难我的是极左派，而现在则是极右派。极右的约翰·伯奇协会的成员已渗入相当多的共和党组织。我所作的代价最高、困难最大的决定之一，就是任何一个共和党候选人，只要他参加了约翰·伯奇协会，同时又不愿摈弃该协会创办人罗伯特·韦尔什的极端主义的声明，即艾森豪威尔总统是"一个为共产党阴谋献身的、自觉的代理人"，福斯特·杜勒斯则是个"共产党特务"，我都不加支持，并且也不需要他的支持。

约翰·鲁斯洛和埃德加·希斯坦德这两位众议员是我最亲密的私交和政治上的朋友。但他俩都是约翰·伯奇协会的成员。不管他们本人是部分或全部相信韦尔什的指控，但他俩谁也不肯摈弃这些指控。于是我不仅失去了他们的支持，并且还失去了他们朋友很多、共和党势力也很大的两个地区的支持。从政治上看，这是一桩蚀本生意；但从良心出发，我别无选择。我不能接受一个极端主义集团的支持，因为他们的领导人曾中伤过艾森豪威尔和杜勒斯。

初选在6月5日举行。虽然我轻易取胜，但谢尔也得了1/3以上的票。我认为这是预示我在11月间可能碰上共和党一场临阵叛变的凶兆。

幸而我的竞选运动组织得非常好，工作开展得很顺利。一些参加者从中取得了宝贵的经验，这在六年后我竞选总统时对我们起了很大作用。鲍勃·霍尔德曼是竞选运动的经理，莫里斯·斯坦斯是财务主任。赫布·克莱因是我主要的新闻顾问，一个叫罗恩·齐格勒的青年人在他手下工作。

初选之后，要求候选人展开辩论的压力开始了。布朗在民意测验中正居于领先地位，所以我认为辩论将对我有利。布朗也恰恰为了这一原因企图避免辩论。10月1日，我们两人在旧金山一起会见一批报纸编辑和发行人，这是最接近辩论的一次安排。《洛杉矶时报》在头版报道了这次会见，大标题是"布朗大战尼克松"。

布朗和我作了简短的开场白后，首批提问人之一是《刀锋论坛报》发行人汤姆·布雷登。布雷登是个自由派专栏作家，还是帕特·布朗委派的州教育委员会委员之一。

他说："我要问你，你身为副总统或州长候选人，是否认为一个州长候选人可以允许他的家属从美国政府的防务大承包商那里收到一笔秘密贷款？从道义和伦理上讲，这是正当的行为吗？"

会议主席立刻跳起来说："尼克松先生，如果你不想答复，你就不必答复那个问题。由于该问题超出了这次竞选议题的范围，我将予以否决。"

"鲁宾逊博士，事实上，我坚持要答复这个问题。"我答道，"我乐于借此机会答复此问题。六年前，我兄弟面临很大的财政困难，他向休斯工具公司借了20.5万美元，我的母亲实际上为此把她所有的一切都拿了出来作为贷款的抵押。这一小笔财产对她来说可是巨额的财富，为此现在每年付给债主1万美元的利息。

"六年前，我兄弟破产了。我母亲把财产全都交给了休斯工具公司。两年前的总统选举中，肯尼迪总统没有利用我兄弟的困难和我母亲的问题作为一项政治议题，正像我不把人家对他的家庭成员的攻击作为一项政治议题一样。

"我在我兄弟的事业中没有份儿，也没搭股。我从未参与商借这笔贷款。休斯工具公司从未要求我干过什么，我也从未为他们效过什么劳。尽管肯尼迪总统没有利用此事作为话柄，而布朗先生却私底下跟今天在座的某些报界人士议论这件事，并且他手下的干将们也老是在讲，硬说我一定拿过其中的一些钱，

第四章 普通公民（1961-1967）

说我做了错事。

"现在是真相大白的时候了。我当过众议员、参议员和副总统，在政府里前后工作了14年。我去华盛顿时有一辆汽车、一幢房子和一笔抵押债务。我回来时有一辆汽车、一幢房子和一笔更大的抵押债务。

"我犯过错误，但我是个诚实的人。假若本州州长有什么证据，指出我在这件事情上有错误，指出我帮了休斯工具公司什么忙，指出是我向他们借了那笔钱，那么，与其像他那样暗地里阴险地干——这是他赖不掉的，因为在座的记者曾告诉我，他曾说过，'我们要在休斯工具公司贷款一事上做大文章'——还不如让他有机会公开讲讲。

"加利福尼亚所有的人都在看电视，在座的人都在听。布朗州长可以趁此机会像个男子汉那样站出来指控我行为不端。先生们，请吧！"

布朗万万没料到我来了反守为攻这一手。他试图否认他本人和手下的人曾在这次竞选中提过这一问题，但无济于事。事实上，他们在整个竞选运动中不断提到它。新闻界非常喜欢那段故事，并曾加以大肆渲染，一方面因为这可以写成很吸引人的文章，另一方面因为它可对我造成很大的损害。

我觉得这次和报界会见的结果是，我比布朗领先了一大步。他显然有同感，因为当我向他挑战，提出再来一次联席发言时，他拒绝了。

除了休斯贷款和我排斥约翰·伯奇协会之事以外，我在竞选中的最大问题是我出任加利福尼亚州州长的真正意图何在。尽管我不断否认我对1964年竞选总统有任何计划，但还是无法使许多人消除疑虑。在竞选中所作的一次民意测验表明我面临的困难到了什么程度：36%的人认为我对于出任州长是真心实意的，64%的人认为我渴求竞选总统。

回顾起来，我承认民意测验表明的公众看法确有一定的真实性。由于我认为无法战胜肯尼迪，所以我否认有意于竞选总统，这是绝对老实的。但是我的确也并不那么热衷于当加利福尼亚州州长。

尽管我在竞选中把力气花在各种问题上，但每次记者招待会总要提到那些针对我的人身攻击——关于休斯的贷款，我恐怕至少答复过 100 次。记者不厌其烦地一再问我是否断绝了与约翰·伯奇协会的关系，或要我重申我拒绝支持鲁斯洛和希斯坦德。从早到晚，我得整天反复声明，我不打算把出任州长看作是 1964 年当总统候选人的垫脚石。我提出了好些详细的建议，诸如有关州政府开支、犯罪、教育等问题以及有必要使加利福尼亚工商业的趋势有所改善等，但大多数记者对此很少表示兴趣。

12 月 22 日晚，肯尼迪总统在一次十分引人注目的电视演说中宣称，苏联已把中程核导弹运进了古巴。他宣布美国海军封锁古巴，并要求苏联立即拆除并撤走导弹。全世界紧张地注视着赫鲁晓夫对这一直接挑战所作出的反应。美国似乎在一场核战争的边缘上摇摆了差不多有两天的时间。像以往发生国际性危机时一样，举国上下团结一致支持总统。我在奥克兰发表了一项声明，又在圣迭戈作了一次全州性的电视讲话，都表示我坚决支持肯尼迪的行动。

有关古巴导弹危机的新闻报道在 1962 年竞选最后几天压倒了其他一切新闻。1956 年选举前夕的最后日子里爆发了苏伊士和匈牙利叛乱事件，史蒂文森当时一定会有的那种感觉，现在我算是体会到了。我知道，这时要缩小民意测验中布朗领先的差距的一切机会都已一去不复返了。

在选举之夜，我们不得不把那出沉闷的戏一直上演到幕落。当天下午我很早就离家到旅馆去。我对家里说，一待有个分晓，我会马上打电话回家的。

午夜前，事情已告结束，虽然双方得票数仍很接近。我对州里的情况了如指掌，我知道那些尚未揭晓的选区的总票数已不足以使我转败为胜。我在凌晨 3 时左右上床睡觉。等到我 7 时左右起床时，最坏的局面得到了证实。在所投的约 600 万张选票中，我以 29.7 万票之差败于布朗。

赫布·克莱因下楼去宣读我承认失败的声明。我在房间的电视机上看到记者在为难他，非要我下去亲自露面不可。他们如此坚持，弄得克莱因最后只好上楼来问我是否考虑见见他们。一直郁闷在我心头的愤怒、沮丧、失望和疲劳一涌而出。我说："操他娘的，我不见他们，我没有必要去见他们，我就是不见。

第四章 普通公民（1961-1967）

赫布，你把我对布朗表示认输的发言给他们读一遍。假若他们想知道我在哪儿，你可以告诉他们，我已回家，和家里人在一起。"

克莱因又去到楼下。我离开时，朝电视机看了一眼，听见记者还在用侮辱人的语气追问："尼克松在哪里？"——好像我有义务非见他们不可。

我说："我这就下去。"边说边走向电梯。我走进记者招待室，登上赫布正在用话筒说话的讲台。我没有时间修整面容，我内心火极了，我的样子更糟糕。

我开始说："早安，各位先生。既然克莱因先生已发表过了声明，既然报界所有人士又都因为我失败了而兴高采烈，那么我就来谈谈自己的看法吧！"

我看到好多记者在交换眼色。看上去我的表现并不像他们预期的那样低声下气。

我向我的工作人员和许多帮我竞选的志愿工作者表示感谢。我对共和党在纽约、宾夕法尼亚、俄亥俄、密歇根等州的胜利作了评价。我也祝贺布朗取得了胜利。

然后，我回到了主题："一开头，我谈了两三件有关报界的事，我注意到你们之中有几位看来有点恼火。我对报界的观感从未真正尽情吐露过，现在我想畅谈一下。

"恐怕不能说今天任何一个美国政界人物会有这种态度。在我16年的竞选岁月里，从来没有为了一个记者的报道，向发行人、编辑抱怨过。我认为，记者有权写他想写的东西。我认为，假若一个记者认为某人该胜而另一人不该胜，不管在电视上也好，在电台或其他地方也好，他应该这样说。我要对记者们说，有时候我想……嗯……我希望你们应该像你们审查我那样，也详详细细地审查审查我的对手。

"在我向报界告别之时，我所能讲的是，自希斯案件以来的16年中，你们也够……够高兴了——因为你们一直有机会攻击我。我想，我被你们攻击得够呛，但我也没有少骂你们。"

我继续说："我现在就要和各位先生分手了。你们可以去写，你们也可以任意解释。那是你们的权利。但我在离开你们时希望你们知道——请想一想，你们失掉的可真不少呀！

"你们再也不能捉弄、逗耍尼克松了,因为,各位先生,这是我最后一次的记者招待会,这将是我有幸得到机会能与各位斗斗智的一次招待会。我始终是尊重各位的。我有时跟各位意见相左,但我和某些人不同,我从不停止订阅一份报纸,我今后也决不会这样做。

"我深信了解我的对手在讲些什么是很必要的。我希望今天我讲的话,至少会叫电视台、电台和报界首先认识到,他们负有报道所有新闻的重大责任;其次认识到,当他们反对一个候选人时,他们可以跟这位候选人过不去,但他们既有权利也负有责任地认识到,如果他们这样做的话,至少总还得单独派个记者跟随竞选运动,以便报道那个候选人随时随地讲了些什么话才对。

"谢谢各位先生,再见。"

房间里的人都呆若木鸡、哑口无言。我知道赫布大为震惊并感到失望。我转身向他说:"赫布,我是为了你才这样说的,这帮人活该挨这一顿,我为此颇感高兴。"

大多数支持我的人和差不多所有报界人士都认为,这场所谓最后一次的记者招待会是我个人的和政治上的奇灾大祸。莫里·斯坦斯对我说,他认为这会使我的律师业务丧失每年营业额达10万美元的新客户。批评我和反对我的人则把它看作为决定终身的、自作自受的打击,因而兴高采烈。专栏作家玛丽·麦格罗里称之为"理查德·尼克松最后一次的大喊大叫",并报道说:"尼克松作了一场持续15分钟的、漫无节制、语无伦次的终幕独白,恐怕这在美国政治史上还是举世无双的。他不顾一切地乱说一阵,叫他手下的人都看得发了呆。"

反应并不都是消极的。我收到全国各地的朋友和支持者发来的成千封信和电报,他们说,终于有人敢于把报界痛骂一顿,他们为此感到高兴。

我从不懊悔我在"最后一次记者招待会"上讲过的话。我认为这是对新闻界的警告,就是说,我不会任凭他们随便发出对我怀有偏见的报道而无所作为。在这方面,我认为,以后几年里我之所以能从报界得到较为公正的待遇,部分归功于这一插曲。单从这一点来看,也是值得的。

选举后的星期天晚上,霍华德·K.史密斯在美国广播公司电视台主持了

第四章 普通公民（1961-1967）

一场称为"理查德·尼克松的政治讣告"的半小时特别节目。他请了四个可以代表我多年的朋友和敌手的客人来参加这个节目。默里·乔蒂纳和杰里·福特作为我的老朋友发言。我的竞选失败和我的记者招待会似乎成了我的政治生命结束的标志，他们为此深感惋惜。杰里·沃勒斯讲起1946年的竞选时还是辛酸万分。第四个参加者是阿尔杰·希斯。史密斯就事论事地问他，在希斯－钱伯斯案审讯期间，他对我的行为有什么想法。希斯以一种妄自尊大而又表示宽容的语调说："他对如何客观地把事实弄清楚，兴趣较少；而对于想方设法把一项早有成见的计划弄得煞有介事则兴趣较大。我认为，他的行动是受野心和利己的动机驱使的。"

紧随着这句话的一阵喧闹，竟然帮助我从"最后一次记者招待会"的一个悲哀的输家形象转变为类似受害人的地位上来了。甚至节目还没有结束，美国广播公司的电话总机就亮起了几百次要求通话的灯光。以后几天里，有8万封信件和电报蜂拥而至，对希斯的出场提出抗议。艾森豪威尔打电话给当时美国广播公司的一位高级负责人员吉姆·哈格蒂说，让希斯上电视来对尼克松的失败评头品足，这种做法太不像话，简直令人难以置信，使他吃惊不已。

如果说美国广播公司准备为我发政治讣告，那些在肯尼迪政府里的人也不想听任事态自然发展。他们竭尽全力想置我于死地。在我竞选州长失败三个月后，他们对呈报的所得税的报税单进行了详尽的检查。几年之后，在1973年，国内收入署负责此事的督导员写信给罗斯·伍兹说明，虽然他曾向华盛顿的上级汇报，原来的审查报告"不变"，他们还是把案卷分三次退回给他，反复援引报纸和杂志的文章作为要给我追加税额的理由。这位负责会计检查的督导员每一次都勇敢地顶了回去，并尖锐地指出："我们不是按照新闻界和杂志说的话来办事的，我们是根据事实作出结论的。"

我实在难以相信，即使我已第二次被击败，即使我已被各地的政治观察家认为已无政治前途，也还有人坚持这种做法。

在1972年泄露给《纽约时报》的司法部档案表明，司法部部长罗伯特·肯尼迪在他兄弟就任总统后没几个月就利用司法部设法收集证据，以便就休斯贷款一事，对我母亲和兄弟提出刑事起诉。根据那份报告说，调查说明我的家属根本没有什么非法行为。这种利用联邦政府机构的幕后政治动机不是太明显了吗？我尤其痛恨那种想通过搞我的家庭成员来搞我的做法。这些因政治目的而滥用国内收入署和司法部职权的事例是肯尼迪政府盛行的党同伐异的典型做法。

1963年在纽约当律师

选举后不久，我和贝比·雷博佐一起去佛罗里达州度假，我1951年第一次遇见他时就是在那里，多少年来我们已成了密友。在迈阿密待了几天后我们又飞往拿骚。等到学校一放假，帕特和女孩子们也来了，和我们一起在那里欢度感恩节。

在这次旅行中，我和老朋友、沃纳-兰伯特药品公司董事长埃尔默·博布斯特作了一次长谈。他竭力怂恿我离开加利福尼亚，搬到纽约去。他指出，自选举失败后，眼下已没有什么东西可再把我拴在加利福尼亚了，在纽约搞事业的机会要大得多；我会发现那边的生活更有趣、更富刺激性。

我对这次搬家想得越多，利弊之间就越见平衡。我很不愿把帕特和两个女儿再次从生了根的地方拖走。但自选举以来，加利福尼亚对她们所具有的魅力已远不如前，我倒是发现她们对生活在纽约的前景十分感兴趣。

移居纽约当然会对我的政治地位发生重大的影响。尽管我被布朗击败，我仍能在加利福尼亚共和党内起着重要（虽然不无竞争）的领导作用。可是，离开我的政治基地，搬到我那主要敌手纳尔逊·洛克菲勒所牢固掌握全部政治权力的州里去，无异于宣布我已自行决定，在可预见的将来，我不再是个积极活动的政治人物了。

移居纽约，意味着放弃在1964年当总统候选人的任何念头。要在纽约竞选一个职位是不能设想的。我认为这一点对帕特的影响是和别的任何因素同样大的。她深切感到，现在该是我一劳永逸地离开政治舞台的时候了。在1962年竞选州长时，事实上是我否决了家庭的主张，我觉得现在该轮到她们来否决

第四章 普通公民（1961-1967）

我的主张了。我们决定，一旦我找到合适的工作，作出了必要的安排，就马上搬到纽约去。

几个月后，我加入了华尔街的马奇－斯特恩－鲍德温－托德律师事务所，并改组为尼克松－马奇－罗斯－格思里－亚历山大事务所。我们买了一套10个房间的合作公寓，它和纳尔逊·洛克菲勒的住所碰巧在同一幢大楼里。

我决定在开始新工作之前，先兑现我向帕特和两个女儿早就许下的诺言。6月12日，我们跟朋友杰克和海伦·德劳恩以及他们的女儿莫琳动身去欧洲和中东度一次为时六周的假期。

从我们在国外受到的欢迎来说，好像谁也看不出我在过去三年内曾两度落选，而且在政治上的东山再起是极为渺茫的。所到之处，我们所受到的款待就好像我仍旧是个副总统似的。

我们的旅程排得满满的：除了跟三个十几岁的姑娘一起旅行所免不了的紧张的观光活动之外，我还会见了好些外国领导人并跟他们谈了话。弗朗西斯科·佛朗哥将军在巴塞罗那的夏季官邸接见了我。我过去从未见过他。我原来料想看到的会是一个被报界描绘成僵化呆板和令人不快的独裁者。岂知我发现他是个敏锐的、重实效的领导人，他最关心的就是为维持西班牙的发展所必需的内部稳定。

戴高乐总统请帕特和我在巴黎共进午餐。这顿午餐——饭菜简单、烹饪精美、招待周到——是在爱丽舍宫后面一个露天的院子里举行的。餐后，戴高乐站起来作了一次热情的、特别动人心弦的祝酒。他说，他知道我受到过一些艰难的挫折，但他预见将来总有一天我会在很高的职位上为美国效劳。

这次旅行中最难以磨灭的回忆恐怕要算我第一次对柏林墙的印象了。他们带领我们去逛东柏林这个单调的城市，但陪同我们的共产党警察数目太多，而且根本不讲方式方法地尾随不放，这意味着我们很难有机会找老百姓聊聊。当天晚上我就决定回去。我们步行穿过查利检查站，站着等候出租汽车。一个穿着工人服装的男子走过来在我耳边悄悄地说："你到东柏林来，我们很高兴。可别叫我们失望。美国人是我们唯一的希望啊。"说后他就很快地走开了。

我们找到一辆出租汽车，前往一家有一个很高明的匈牙利管弦乐队在演奏吉卜赛乐曲的饭店。我被人认出来了。晚餐后我走上乐座弹了钢琴，弹的是"密苏里圆舞曲"。

在开罗时，纳赛尔总统专为我们安排了一次去阿斯旺水坝工地参观的旅行。我们在午夜前后抵达，但当时的气温仍在华氏100度以上。巨型的苏联吊车和推土机整天在工作。我们的埃及主人给我们看水坝计划时，他们自豪地宣称，参加这项建设工程的苏联人很少，但是我从司机们的外貌看出，他们之中有很多是苏联人。

纳赛尔请帕特和我到他在开罗的、朴素得叫人吃惊的家去做客。他是个才智过人和具有非凡魅力的人物。虽然他在公开场合发言时夸夸其谈，但私下里的庄重和平易的举止却给我留下了深刻的印象。他热切希望知道我对苏联领导人当前的态度和意向是怎样估计的。他对肯尼迪总统的以色列政策进行了试探性的批评，但由于我未予鼓励，他很快地领会了我的暗示，就把话题转了。他曾好几次表示他对艾森豪威尔抱有好感。

我尽可能彬彬有礼地向他强调，我认为他应该把自己人民的福利和进步当作首要的任务来抓。这是纳赛尔本人不想践行的道路。跟苏加诺和恩克鲁玛一样，纳赛尔也是把他的最大精力放在革命上。目前，他对搞一场宏伟的、争取阿拉伯团结的十字军运动的兴趣很大，而对管好和改善埃及经济、政治和社会结构这项极为重要但不那么迷人的任务则不那么感兴趣。除了他盲目地不能容忍犹太人这点之外，他对以色列的态度是为其政治目的服务的；即使以色列不存在，纳赛尔也一定会制造出一样东西来代替它。阿拉伯的团结需要一个共同的奋斗目标，而毁灭以色列恰恰适应这一需要。

我们在金字塔和卢克苏尔的帝王谷前肃然起敬，但同样给我深刻印象的是我对现代埃及及其统治者有了一些了解。我能够看到，尽管埃及极度贫困，但这个国家正在前进，最后一定会在整个中东地区产生巨大的影响。我也能看到，尽管以色列在技术和训练方面占优势，但除非达成某种协议，埃及人和阿拉伯人最终单凭数量上的优势就会把以色列击败并湮没掉。美国和以色列在中东的各个敌国之间关系的进一步加强，不仅对以色列本身，并且对防止大国在中东

第四章 普通公民（1961—1967）

发生对抗，都将是极端重要的。

我们去罗马时，肯尼迪总统正在那里进行国事访问。一天下午，我们旅馆房间里的电话响了，接线生告诉我，是总统来的电话。可以听得出他的心情愉快而舒畅。他说，他听说我们也在罗马，因此打个电话来向我们问声好。我们嘻嘻哈哈地谈了几句。这是我最后一次跟他讲话，五个月后他就死了。

对帕特、特里西娅、朱莉和我来说，这次旅行是我们生活中最愉快的时刻之一了。此行之所以如此不寻常，是由于它使我们有机会真正像个家庭那样团聚在一起。我们在西班牙逛了好些城堡和大教堂，在雅典观光了帕提侬神庙废墟，在罗马游览了古罗马广场，在威尼斯坐平底船，去巴黎登上了埃菲尔铁塔的顶层，在莱茵河上顺流而下，还听了伦敦国会大厦钟楼里大钟报时的叮当声。

但是，当我们的飞机飞抵纽约，看到下面的自由女神像时，那才真正叫人心神激荡。假期过去了，我立刻把全部力量投入到作为一位华尔街律师的新任务中去。

自我着手新工作的第一天起，我就确定这次移居纽约的决定是做对了。新的生意找上了尼克松－马奇事务所的门。正像我们希望的那样，事务所的业务扩展了。

有机会看到纽约地区的老朋友和结识一些新朋友，使我家受到了激励，生活又重新生气勃勃起来。而在加利福尼亚竞选失败后，我们是很需要这种生机勃勃的精神的。在搬进新公寓还不到两周的一个晚上，帕特隔着餐桌望着我说："我希望我们再也不要搬家了。"

1963年夏天，尽管我刚安定好在纽约开业当律师，但全国各地的朋友和党内领袖已经不断来访和来信，要我在1964年再度参加竞选总统。他们说，戈德华特除了党内最保守的一小撮外，几乎会把什么人都赶跑的；洛克菲勒则会把党一分为二。我同情他们的忧虑，但我的本能要我完全置身事外。

我坚信我不应在1964年谋求提名。尽管肯尼迪在近日的民意测验中声誉下降，尽管他的国内政绩缺乏光彩，外交政策方面危机重重，我觉得他几乎一定可以获得连任。党内团结一致，报界关系又好，加上担任在职总统拥有的种种优势，肯尼迪实际上是不可战胜的。我不能无动于衷地让帕特、女孩子们和我自己在再度败于肯尼迪的竞选活动中感到紧张和失望。我也很清楚，1960年、1962年失败之后，1964年如果再次失败，那就会给我一个老输家的形象，那我就永远翻不了身。

我也得思考一下那些敦促我竞选的人的动机。其中不少人是反对戈德华特当候选人的，但他们所持的理由我可并不赞同。我本人是喜欢戈德华特的。他直爽、诚恳，并且非常爱国。他容易冲动，一碰上就跟人家干。但我知道他心地很好，而且能够接受意见。虽然戈德华特站在右面，要比站在左面的洛克菲勒离开我的中间立场更远些，但我认为，戈德华特的偏离中流至少使他更深地留在共和党的领域之内，而洛克菲勒的偏离却使他在好多问题上事实上成了个自由派的民主党人。

9月3日上午，我接到了楼上邻居的电话，他请我下午参加他的鸡尾酒会。我到那里时，洛克菲勒热情地接待了我。聊了一会儿后，我们马上展开了一场认真的讨论。

"我打算争取得到提名。"他说，"我这次不准备再打退堂鼓了，如果再退，我将显得过于不坚定。据我看，肯尼迪只能当上一任。他把所有问题——越南、国际货币形势、大西洋联盟、人权——搞得一团糟。"

他继续说："我没有什么可以失去的。如果巴里获胜，我就会很担心，因为他太浅薄。他只上过一年大学。他没有一个好的班底，而且处理问题的方式太简单。我将担起阻拦巴里的任务。假如我不这样办，他会因没有对手而达到目的的。"

他转而谈到他的另一些敌手。他说："罗姆尼想参加竞选，但老牌的共和党人不喜欢他对党所抱的那种独立不羁的态度。他最大的弱点是对世事了解太少，而对他所了解的东西偏偏又太有把握。比尔·斯克兰顿也想参加竞选，但他只有在人家拉他时才参加，而目前还没有一个要拉他出山的计划。"

他停了一下，接着更凑近我说："迪克，你可不能积极参加竞选。你当然

第四章 普通公民（1961–1967）

可以参加，但那将是个大错误，而你是不会犯那类错误的。我们两人必须认识到，只有你和我才是唯一在国内外问题上都有资格当总统的人。尽管我们有些分歧，但我们在基本政策上意见一般说还是一致的。"

我保持缄默，尽力不作明确的表态。最后他说："我想提出的是，如果你现在支持我，那么在全国代表大会出现僵局时，我就支持你。"

我感谢他这样开诚布公，但我说，我除了支持得到提名的人以外，本人不打算参加竞选。我对他所提出的交易未置可否。

那时感恩节已临近，我坚持原定的计划：除非发生完全意外的事，否则我不当1964年的候选人；在举行全国代表大会之前我不打算赞助任何一个人；我也打算和所有可能当上候选人的人搞好关系，这样，不管谁胜，我都可以起党的团结者的作用。

11月20日我飞往达拉斯出席百事可乐公司的董事会，这家公司是我们事务所的一个客户。当地有几个记者想访问我。于是第二天我就在旅馆里同他们进行了短时间的会见。我从报上看到，为了反对第二天访问达拉斯的肯尼迪和约翰逊，已经有人计划要搞示威活动了。我对记者说，不管人们对某些具体问题或对某个人物的反应如何强烈，总统和副总统所到之处，理应受到尊敬。

11月22日清晨在去达拉斯机场的路上，我看见总统出访的车队所经道路两旁都悬挂着彩旗。回到纽约，我雇车返家。我们通过昆斯区向第59街桥开去。当车子停在红灯前面时，有一个人从人行道上冲过来开始跟司机谈话。我听见他说："你车上有收音机吗？我刚听到肯尼迪被人开枪打死了。"车上没有收音机，在我们继续驶入曼哈顿区途中，我的脑海中百感交集。那个人可能是疯了，或许是个恶毒的、戏弄人的家伙。他可能听错了人家的话；或许是歹徒向肯尼迪开了枪，但没有打中或仅仅打伤了他。我不肯相信他真的遇害了。

车子在我住的那幢大楼前停下时，看门的跑了出来，泪流满面。"喔！尼克松先生，你听到了没有？"他问道，"简直太可怕了，他们杀害了肯尼迪总统。"

那天晚些时候我打电话给华盛顿的埃德加·胡佛。他马上接了电话。我直截了当地问:"出了什么事?是不是一个右翼的疯子干的?"

他回答:"不,那是个共产党。"几个月后,胡佛告诉我,奥斯瓦德的妻子曾揭露说,奥斯瓦德曾打算在我访问达拉斯时把我干掉。为了不让他这样干,她费了好大的劲儿总算把他拖住在家没有外出。

我从来没有像好多人设想的那样,对肯尼迪的死怀有"蒙上帝恩典,我才得上天"那种幸灾乐祸的想法。我当了八年副总统之后,对有遇刺的危险早已完全听天由命。我知道,既然有这么些人出于种种原因想杀死一个总统,当总统的就只有靠运气与平均数定律的组合,才能免于一死。我并不认为肯尼迪是可以和我易位相处的:我没有想过,如果我在1960年胜利了,那就不会是他而会是我,在那一天的那个时间乘车经过达拉斯的迪莱广场。

自1960年选举以来,肯尼迪和我之间的友爱从未消失;尽管我对他当总统的政绩是有意见的,但我钦佩他的雄心壮志和好胜气质。我能够体会这一悲剧对他那亲密无间的家庭将是多么可怕的打击。我记得在我兄弟阿瑟先死、接着哈罗德又死了的时候,我是多么难受。我希望我能略尽绵薄之力使肯尼迪一家的哀痛有所减轻。

当天晚上我在书房里待到很晚。炉火熄后好久,我写了封信给杰奎琳·肯尼迪。

理查德·M. 尼克松
五马路810号
纽约州,纽约市,10021

11月23日

亲爱的杰姬:

在这悲痛的时刻,帕特和我希望你知道,我们无时无刻不在想念你,并和你共同祷告上苍。

命运之神使杰克和我成了政治上的对手,但我始终珍惜这一事实,我们打从1947年一起进入国会以来就是很要好的朋友。这种友

第四章 普通公民（1961-1967）

情表现在许多方面，包括我们应邀参加了你们的婚礼。

我现在无法再说什么来使世界各地奉献给他的光辉颂词增添色彩了。

但我希望你知道，你作为第一夫人为国效劳，人民将永远表示感谢。在担当美国官方女主人的场合里，你给白宫带来了魅力、美丽和风雅，你那独具一格、发自内心的青春神秘感则在美国人的脑海里留下了不可磨灭的印象。

如果在今后的日子里我们能有所帮助的话，我们将以能为你效劳而感到光荣。

忠诚的，
迪克·尼克松

几星期之后，我收到她的复信：

亲爱的副总统先生：

非常感谢你给我的那封关怀备至的信。

你们两个年轻人在国会里是同僚，在1960年是对手。现在，请看，出了多大的乱子。谁能想到在这个国家居然会发生如此可怕的事。

我知道你又不免在想——你在这条道路上走了如此之久，却仅以如此微小的差距失去了那个最高奖赏。现在你又得一切从头再来。你又得把你和全家的希望和努力再一次投放进去。我只有一点要跟你说，如果事情不能像你期望已久的那样称心如意，请从你已有的东西——你的生命和你的家庭——那里得到安慰吧！

我们在享有生命的时候，从来都是对生命珍惜不够的，虽然我知道他的死是可以防止的，但我也不会要杰克走任何其他一条道路。为此我自己将永远不断地受到折磨。

可是，假如你不能取胜，那你就多想想你现在已有的一切吧！

我怀着感激的心情向府上各位致意。我希望你的女儿会像我过去

尼克松回忆录
THE MEMOIRS OF RICHARD NIXON

一样喜欢查平中学。

忠诚的，

杰奎琳·肯尼迪

在肯尼迪死后一段时间里，三项最重大的政治发展是：戈德华特开始在全国党的工作者和组织者那里网罗了一股庞大的力量，林登·约翰逊在白宫最初几个星期和几个月的行事中显示了精明老练的技巧，亨利·卡伯特·洛奇冒出来成了认真争取共和党总统提名的人。约翰逊有办法在全国哀悼肯尼迪的时刻把大家团结起来，在1964年头几个星期里，两党客观的观察家们就普遍认为，谁也休想在11月里把他击败。由于提名选举组织得好，洛奇在3月10日新罕布什尔总统初选中名列第一，这使大多数专搞政治的人惊讶不已。

我在纽约开业当律师的一个好处是，为了和事务所的国际客户见面，有机会让我去国外广泛旅行。用这种方式我就可以拜访我当副总统时的老朋友和结识一些新朋友。作为一个普通公民，我既能见到反对派领袖，又能和政府官员会面。我跟实业界和律师界的接触，使我对当地的问题和态度的观感，比我过去以官方来宾身份访问时所取得的要全面得多。

紧接着新罕布什尔的初选，我先去黎巴嫩、巴基斯坦、马来西亚、泰国、越南、菲律宾、中国香港和中国台湾地区、日本作了这样的旅行。所到之处我都听到美国的威信在下降。我也听见有些人沮丧地谈到，世界上最强大的国家居然只起了这样少的积极领导作用。最使人深感不安的恐怕还是，我亲眼看到的越南实际情况，跟美国国内人民所看到的报道，出入之大简直到了危险的程度。

和我谈话的亚洲的领导人注意到老挝。由于肯尼迪的天真，愿意接受一个"中立主义者"的联合政府（大家知道它为巴特寮共产党游击队提供了一个方便的掩护），我们在老挝碰上了一场不应有的灾难。亚洲领导人注意到古巴。在那里，我们在猪湾事件中的举棋不定，使共产党在宣传方面取得了多年未有的最大胜利。现在他们正盯着越南，我们在越南花了多少年工夫，鼓励并建立了一个反共的西贡政府之后，却显得不太愿意支持那些为了打败共产党所必需

第四章 普通公民（1961-1967）

的措施。在我们的亚洲朋友和盟国看来，政治上的权宜之计，公众的漠不关心，新闻界的歪曲报道和党派政治，似乎正结合在一起，正在破坏美国反对亚洲共产主义的战斗意志。

在巴基斯坦我见到了我的老朋友阿尤布·汗总统。他很难过地谈到了1963年11月1日，即肯尼迪遇刺前三周吴庭艳总统在南越遭暗杀一事，他认为美国是插了手的。"我不能说——也许你们起初就不该支持吴庭艳。但长时期以来，你们确曾支持过他，这在亚洲是人人都知道的事。不管他们是否持赞同态度，反正他们对此心里有数。接着，突然之间，你们不再支持他了——吴庭艳就死了。"他摇摇头，又说下去，"谋杀吴庭艳对许多亚洲领导人来说，意味着三点：跟美国交朋友很危险，维持中立还是有好处的，有时候当个敌人倒反而有利可图！信任像根细线，一旦断了，就很难再把它接起来。"

在曼谷，他侬·吉滴卡宗总理警告我们，在跟越共作战时丝毫不能松懈。他说，如果越南沦亡了，共产党势力将在东南亚畅行无阻。在我任副总统期间担任泰国驻华盛顿大使的那位出众的学者和外交家波特·沙拉信说，约翰逊急于跟越共开始谈判，只会鼓励他们提出更有利于他们的条件。他说："美国应该做的是使越共相信，他们休想在同南越或华盛顿的斗争中取得胜利。然后，你们应该向他们提出一项要么接受要么拒绝的最后建议。要是他们拒绝，那么你们就该无情地把战争进行下去。"

我在一个下着雨的炎热的下午抵达西贡的新山一机场。飞机库周围堆着沙袋，武装的士兵在跑道上巡逻。

我遇到的南越军界领导人完全了解他们敌人的脾性。有一位对我说："他们跟越盟时代一模一样。他们决不会适可而止。除非他们赢得一切，否则是决不会罢休的。我们不能跟他们妥协，我们也不能和他们谈判，这必然是场血战到底的仗。只要你们给予帮助和支持，我们是准备跟他们打，并且把他们打垮的。"

华盛顿阻止他们空袭北越，又不准在陆地上攻入老挝，切断那条被称为胡志明小道的越共武器和给养运输线。对此，美国军方和南越的军界领导人都深表痛惜。和我谈话的好多美国军官认为，他们之所以受到约束，是因为国内正逢选举年。其中某些人则责怪美国的新闻报道歪曲得太厉害了。

我和时任美国驻南越大使卡伯特·洛奇一起吃晚饭并作了一次长谈，我谈到了我的忧虑。他注意倾听，好一阵子之后才答复道："我知道不少人对这里事态的进展很不耐烦，我也知道军界的人不高兴被牵制住。但这里存在一个更大、更广泛的问题，那是不能用打的办法来解决的。越南的问题，军事小于经济。越共从饥饿的农民那里汲取力量，如果我们想要他们同共产主义断绝关系，我们就不该用枪去打他们——我们应该把粮食分配给他们。"

洛奇申述了他不同意追击越共部队进入老挝或柬埔寨的理由。更使我吃惊的是，他说，除非为了美国人被杀而采取的报复行为以外，美国军队应避免和越共交战。我简直难以相信，竟会从卡伯特·洛奇这样一个通晓国际共产主义战术和技巧的人那里听到这些话。我怀疑他是否认为他有责任去捍卫政府的政策，而不受他本人感情的影响。或者，他实际上已被约翰逊周围的经院式理论家说服而改变了立场，这些理论家认为东南亚的共产主义问题是可以用发展经济的办法来解决的。

我在这次旅行中的所见所闻使我确信，约翰逊的越南政策是不会成功的。

我们在西贡讨论时，洛奇热切希望我为他剖析一下国内的政治局势。他认为约翰逊有不少弱点，是可以击败的。他主张采用和戈德华特"南方战略"相反的策略，认为一个温和派的共和党人只要集中力量在北方城市里活动，就能够做出很大成绩。很清楚，他认为他本人就是那个共和党人。事实上，几年后他告诉我，假若他在5月的俄勒冈初选中获胜，他曾打算辞职返国去参加争取提名的竞选运动。

在台湾地区，我成了蒋介石的座上客。他早就对越南政策持批评态度。他说，我们不入侵北越，就决不能取得胜利。他取笑当时正在推行的"战略性的哈姆雷特规划"。他说："发展经济可以战胜共产主义是一种大家所熟悉的谬论。"他凑近我，差不多像耳语般地说："只有子弹才能真正打败他们。"

我在东京见到了日本的池田首相。像我遇见过的其他领导人一样，他因美国在越南政策上陷入明显的信任危机而感到担心。国务大臣佐藤和前首相岸信介认为南越胜利的钥匙握在中国和苏联手里。因此他们建议美国制定越南政策时应该考虑该地区中有关大国的利益。

当我于4月15日结束这次旅行回到家里时,我发现华盛顿对越南并没有像对洛奇、戈德华特和洛克菲勒之间开展的竞赛那么关心,也没有像对约翰逊肯不肯让罗伯特·肯尼迪作为竞选伙伴所形成的一场斗志之争那么关心。亚洲远在万里之外,注意力都集中到俄勒冈初选上去了,而在这次初选中,很多人盼望洛奇能重演他在新罕布什尔的胜利。

四五月间,民意测验继续表明洛克菲勒和选民们的关系搞得不错,但在决定得失的地区,即取得全国代表大会代表票数方面,戈德华特可望以压倒性优势赢得提名,这种趋势日益明显了。我的一些支持者仍旧不甘心放弃,他们在5月12日内布拉斯加的初选中为我搞了一次投票给非原定候选人的活动。我那次得到的4.28万票是惊人的有力表现,但我不存在任何幻想,认为那足以阻滞戈德华特彩车的进程,更不用说刹住它了。洛克菲勒在俄勒冈初选中取得了一次出乎意料的胜利,因而把洛奇淘汰了。但6月2日戈德华特在最重要的加利福尼亚初选中获胜,又把洛克菲勒淘汰掉了。为宾夕法尼亚州州长威廉·斯克兰顿和密歇根州州长乔治·罗姆尼参加竞选所作的最后搏斗,证明力量既太弱,时间也太晚了。全国代表大会在旧金山召开之前好久,戈德华特的提名已稳稳在握。

1964年:戈德华特的竞选活动

戈德华特在第一轮投票时获得提名。我以前任旗手的身份,要求把被提名人在发表其接受提名演说之前向全国代表大会引见的荣誉给我。我把这看作为开始执行搞好党内团结使命的第一次和最好的一次机会,而这种宣讲工作我是准备一直继续进行到11月选举日的。我特别挑选出斯克兰顿、罗姆尼、洛奇和洛克菲勒的名字,说他们是1964年参加竞选中共和党引以为荣的人物——正像为了党的团结的同样理由,我在1952年的接受提名演说中提了布里奇斯、马丁和塔夫脱的名字。我说:"在这次大会召开之前,我们有些是戈德华特派的共和党人,洛克菲勒派的共和党人,斯克兰顿派的共和党人,洛奇派的共和党人。现在,大会召开了,决定已经作出,我们就都是努力争取巴里·戈德华特当美国总统的共和党人了。就这样。如果真有那么一些人,他们说,他们只是准备来看戏的或散步的,甚至是来划船的,那么,对他们我要引用巴里·戈德华特1960年的一句话相奉告:'共和党人,让我们壮大起来,一起去干吧!'——我们终将在11月取得胜利。"

我尽力强调戈德华特的共和党主义,并把他列入历史上其他共和党被提名人的行列之中。为了给他在初次以被提名人的身份出现于全国代表大会时制造一种戏剧性场面,也为了越过新闻记者而请美国人民亲耳听一听和作出他们自己的判断,我最后说:"今天晚上,请你们看看这位先生,在接下来的30分钟里,请听听他的讲话。把批评他的过分苛刻的评语忘掉吧!恐怕还该把他的朋友捧过了头的颂扬之词也忘掉吧!请记住,这是实事求是的时刻。请根据他的实际情况去作出判断。请你们自己作出这一决定,而不是凭别人说的去作出决定。"

我拼命找合适的措辞来结束我这次讲话。最后,我终于找到了令我满意的话:"这一位就是赢得'保守派先生'称号和自豪地佩戴着这一称号的人。经这次全国代表大会决定,他现在是'共和党先生'了,也就是他,通过这次历史上最伟大的竞选运动之后,将成为'总统先生'——请大家来见见巴里·戈德华特!"

我的演说看来取得了使党内各派系皆大欢喜的预定效果。戈德华特在走向讲台时受到了长时间的热烈欢呼。这该是他医治党内创伤和为了日后的竞选把党团结在他周围的最好机会了。

使我大为惊愕的是,戈德华特竟然发表了一通使人坐立不安的、制造分裂的讲话。他说:"凡全心全意跟我们在一起的,我们表示欢迎;至于那些对我们的事业漠不关心的人,在任何情况下,我们也不打算请他们加入我们的队伍。"在挤得水泄不通的奶牛宫,有一半人狂欢呼叫,另一半人则惊愕得一声不吭,这无异于向他们宣布,他们等于从戈德华特的竞选运动中被赶跑了,从党内被撑了出来。但他还没有讲完呢！他说："保卫自由的极端主义不是罪恶！在追求正义中所表现的温和态度并不是美德！"这些话可比其他东西更能帮助约翰逊和民主党人拆他自己竞选运动的台。

戈德华特已赢得提名，如果说他本来有机会当上总统的话，那么他那天晚上发表的那篇演说，却使他丧失了这个机会。

我坐在主席台上真像生了病一样。戈德华特非但未能愈合党内的分裂，医好它的创伤，反而划开了新的伤口，还在伤口上拼命抹盐。眼看着一个人把他需要的，费了好大劲才争取到的机会抛弃掉，实在叫人非常难过。但我主要是为全国成千上万个共和党候选人担心，因为他们现在不得不在竞选中花费精力去为选票上位居第一的那个人搪塞、辩解。

从戈德华特的观点来看，他的讲话是办了一件不可宽恕的蠢事。他的目标应该是把党团结起来，同时把党来个向右转。约翰逊是作为肯尼迪的继承人来竞选的，如果输给他也不至于是毁灭性的。倘若戈德华特能尽量减少1964年共和党在国会和各州席位的损失，接着在1966年参与竞选时再多争到几个新席位，那么他就会处于很强的地位来重新争取1968年的提名，那时候的趋势将会是有利于共和党的。

除非有人去找找戈德华特，叫他把调门放低些，否则谁也不会认为谋求1968年的共和党提名是值得一试的事了。

我知道戈德华特的演说使艾森豪威尔深感不安。我等他从葛底斯堡回来几天之后才去找他，向他提出两点想法。

"将军，"我说，"你是唯一能叫巴里听话的人，你也是唯一有办法至少让共和党候选人有机会去进行斗争的人。"

他迟疑地问道："那么，你认为我能干些什么呢？"我建议他和戈德华特见见面。"我知道你有些疑虑，"我说，"但我知道巴里会很通情达理的。我敢说，他对你所提出的有关竞选运动的任何建议都会作出反应的。"

艾森豪威尔同意见面，条件是我一起参加。他也同意我的另一建议，即在我们和戈德华特碰头后几天，召开一次党内领导人的"最高级会议"。要是戈德华特肯合作，我们就能够把这场最高级会议变为一次大加宣扬的、显示党内团结的盛会。那将在谦虚谨慎与全党团结的基础上，使戈德华特有机会重新开始竞选活动。

为了把这次会开好，我向戈德华特建议，我们应当采取一些措施，设法把他的接受提名演说所引起的、到现在还未平息的轩然大波平息下去。我提出由我出面写一封要求澄清事实的信，然后再把我的信和他的答复一起公布。他同意了。他在信中把他那个有争论的"极端主义"讲话大大地作了修改。他写道："如果我可以把那两句有问题的句子按当时讲话的语气重作解释的话，我会把它们说成为：全心全意地致力于自由，是不可摧毁的；而半心半意地致力于正义，则是无法保全的。"

我读到这里，松了一口气；至少他没有使用那个叫人费解的"极端主义"一词。洛克菲勒曾在初选中把极端主义的牌子挂在戈德华特的脖子上，而戈德华特的接受提名演说却使它变成了一条套索。我希望这封信会使套索松动一些，可是我的希望很快就破灭了。我们这个时代玩弄政治的大师林登·B.约翰逊知道他已抓住了一个可以穷追猛打的好靶子，加上戈德华特在竞选中出的许多丑又大大帮了忙，他在戈德华特身上把极端主义的牌子勒得如此之紧，以致扼杀了戈德华特的政治生命。

戈德华特于8月6日来到葛底斯堡。艾森豪威尔不想在农场接待我们，因此我们大家全挤在他城里的小办公室里。他一开头就讲了一些直率的话。事实上，我很少听到，如果不是从来没有听到过的话，艾森豪威尔曾像这一次那样地开门见山。他对戈德华特说，不应该再鲁莽行事了。他建议戈德华特发表一次讲话，谈谈人家对他的有关极端主义的那些指责，并建议他承认，可能由于他在接受提名演说中用词不当才招来了这些责难。

戈德华特同样开诚布公。他说，小心谨慎不是他的本性。他有些议论被人家看作是批评艾森豪威尔政府的，因此艾森豪威尔对之特别敏感，对此他是能理解的，但他这些话并不是针对某个具体的人。总的说来，戈德华特采取的是言归于好的立场。这次会晤和事后发表我们交换意见的信件，看来对即将召开的最高级会议的成功，预示着好的兆头。

有党的领导人、候选人、州长和其他助理人员参加的最高级会议于8月12日在宾夕法尼亚州赫尔希市那座杂乱无章的老赫尔希饭店里举行。

主要的会议是秘密举行的。戈德华特发表了一篇演说，大大修正了他某些最极端的见解。然后，戈德华特、洛克菲勒、罗姆尼、斯克兰顿、艾森豪威尔和我怀着并非真正乐观的心情漫谈了一通竞选应如何进行的问题。当然，这一招的真实目的在于要好好利用会议结束时举行的记者招待会。这将是戈德华特以一个团结的党的领袖和发言人的身份露面的机会。

招待会挤满了记者和电视摄影机。在快门咔嚓作响，摄影机呼呼转动声中，艾森豪威尔、斯克兰顿和我坐在戈德华特和他的竞选伙伴、纽约州众议员比尔·米勒的身旁。叫我吃惊和失望的是，尽管费了好大劲作出了安排，戈德华特还是没有抓住会议给他提供的这次机会。他反而说，他不认为当天早些时候所发表的演说具有和解的性质；他不认为他在实质性的问题上作过任何让步。记者招待会的余下部分是一场戈德华特的典型演出。他自己提出了他的有争论的说法，即他准备考虑给战场军事指挥官以使用战术核武器的控制权。在猛烈追问下，他仍不退让。当一个记者问到有关他的对德政策时，戈德华特答复道："我认为德国创立了以实力来维护和平这一现代化的概念。"当他说这话时，我看到艾森豪威尔打了个寒噤。

艾森豪威尔对戈德华特的做法极为恼火。我事后听到，他在驱车回葛底斯堡途中说："你知道，在这次会议之前，我总以为戈德华特只是顽固而已，我现在深信，他简直是个大笨蛋。"

"赫尔希精神"可能蒙蔽了部分报界和公众人士，却一分钟也欺骗不了政治家们。注定要失败的气氛笼罩着戈德华特的竞选活动，全国性的领导人物很少想再过问其事。纳尔逊·洛克菲勒和他大多数的支持者袖手旁观。乔治·罗姆尼集中精力，专心于竞选密歇根州州长去了。斯克兰顿是个杰出的军人，他很想助一臂之力，但他的努力甚至对他自己的支持者也影响不大。艾森豪威尔则几乎什么作用也没有起到。

我在纽约的办公室里堆满了全国各地候选人邀我去讲演的请帖。好些人是老朋友和支持者；另一些是很有前途的新候选人，他们运气不好，正好凑在总统竞选前景黯淡的一年里参加第一次竞选。我决定花整整五个星期去为竞选进行游说。

我看到像戈德华特这样愚蠢的候选人在竞选总统，真觉得泄气。由于共和党选民很关心那一年的选举，这就尤其令人心碎；凡我所到之处，听众又多又热情。但我帮他们讲话的参议员和众议员候选人却都一再要求我避免把他们的候选资格跟戈德华特联系在一起。这个钢丝可不易走，但我一般还能想些办法，把赞扬当地候选人的话和我每次演说中必讲我个人对戈德华特的支持分别开来。我在36个州露面150次以上。但这是一项毫无胜算的使命。竞选一开始，我就知道我们将遭遇惨败。

选举日是11月3日。到了纽约时间8点钟，三大广播电视网就都已具体提到约翰逊将以压倒性优势获胜。第二天清晨，我很早起身去核查众议院和参议院竞选的最后结果。这真是共和党的一场灾难。我们在众议院丧失了37席，参议院丧失了2席，在各州议会丧失了500席以上。艾森豪威尔和我曾为之鼓劲的年轻新候选人，在他们第一次竞选公职中大多数都失败了。

有一个共和党的获胜者，但他的名字却没有上选票。竞选结束前一星期，罗纳德·里根作了一次帮戈德华特说话的全国性电视广播。里根的观点跟戈德华特同样保守，但他具有戈德华特所缺乏的东西：把观点用合乎情理和娓娓动听的方式加以表达的能力。那次广播为里根奠定了基础。为数众多的支持者在1966年把他拥上了加利福尼亚州州长的宝座，1968年又使他卷入了争取总统提名的竞赛。

戈德华特对这次失败表现得颇有雅量。约翰逊想必克制了莫大的诱惑，他倒没有为那场压倒性的胜利大吹大擂。只有纳尔逊·洛克菲勒企图利用这次灾难为自己谋利。选举后第二天，他发表了一个声明，要求把戈德华特和他的追随者——同时，间接地，要求把像我这样支持过戈德华特的人——逐出党外。我本打算在"冷却"一段时间之前，不对选举结果发表什么议论，但洛克菲勒的攻击改变了我的主意。

11月5日，我举行了一次记者招待会。我表扬了戈德华特，说他在极为不利的境遇下勇敢战斗。我说，现在不能期望那些过去分裂了党的人还能在将来再把党团结起来。在结束时，我丢掉了一切顾忌，指名洛克菲勒就是一个专门拆台和闹分裂的人；现在全国各地的共和党人对他甚为反感，除了纽约，他再也不能在别处被人尊为党的领导人物了。

正如我所预见的，这次记者招待会掀起了一阵轩然大波。但为了挽回党内保守派和自由派之间的无法调和的分裂，我说了该说的话。起初还是躲躲闪闪的，接着就有为数众多的党内其他领导人跟着我一起，要求来一段"冷却"时期，要求大家别再对1964年的事进行相互指摘，这样，党就可以团结一致以图1966年卷土重来。

1965年：重新估计局势

我虽然对1964年的失败给共和党造成党内极度混乱的局面不抱任何幻想，但我对未来也并不完全同意当时普遍存在的那种悲观情绪。在选举后没几个月里，我已能看到，民主党内正在形成的一种政治气氛，会把林登·约翰逊从他深孚众望的顶峰拉下来，并且迫使他决定在1968年不再参加连任的竞选。约翰逊不久就必须应付这一事实，即他自己党内的左翼趋于极端和自以为是，决不亚于共和党的右翼。看来约翰逊的法术甚至在他权势鼎盛之时，就已在走下坡路了。东部的新闻界素来看不起他当副总统时那种得克萨斯式的作风。现在，他已不是肯尼迪的合法继承人，而是凭他本人的能耐获选的，在关于他的一些新闻报道中开始出现了一种带有批评性的新调子。

我认为，说共和党不能在1966年来个东山再起是没有理由的——只要目前我们别让它土崩瓦解就行。

我认为要把党团结在一起，有两件事是必须做的：我们一定要对党内左翼或右翼的领袖接管全党的企图始终保持警惕；我们一定要使广大党员深信，前程还是很有奔头的。我的经验告诉我，这种工作很难搞，挺烦人，有时还吃力不讨好。但我日益感到这份差事又非我莫属。指引我挑起这副担子更多的是实用主义而不是利他主义,因为我相信,谁这样干,谁就会在1968年的总统提名中得到很大好处。这种念头使我解决了一个矛盾,那就是,我必须帮助我在共和党内的竞争者——洛克菲勒、罗姆尼和里根。我觉得,假若党的基础没有得到扩大,1968年的提名就会是一文不值的。如果由于别人的胜利而扩大了党,我认为,我将有机会从党变得更强大这一点受益无穷。

我没有向家里或任何人透露,这就是我头脑中在想的东西。我知道帕特和两个女儿又要失望了。但我终于认识到,除了政治生活和为公众服务以外,我实在没有其他类型的生活可言。即使我的律师业务正处于蓬勃发展的高峰,我从不觉得它真能使我心满意足。当时我对一些朋友说,如果我所有的一切只是律师业务的话,两年后我将在精神上死去,四年后肉体死亡。我知道他们准会认为我言过其实,但我倒是真把我所想的、所感觉到的都照实说出来了。

1965年1月9日,在庆祝我52岁生日的小小家宴之后,我坐在书房里回顾过去,展望未来。

我想起了一件事:温斯顿·丘吉尔是1929年当他55岁的时候失去下议院领袖职位的,与他同时代的大多数人当时已把他一笔勾销,不把他当作是一个政治领导人物了。但丘吉尔没有勾销自己。他没有因为人们认为他已经完蛋而退出政治舞台。他的榜样使我深有感触,我写下了几项"1965年的新年愿望":

——制定出宏大的目标。

——规定每天的休息时间。

——要有短暂的假期。

——了解自己的一切弱点。

——更好地利用时间。

——开始写书。

——每天打打高尔夫球或进行其他日常锻炼。

——就带有挑战性的国内外问题写文章和发表演说。

我放下了黄色便签本,关了灯,盯着炉火。七年来第一次,我不仅开始认

第四章 普通公民（1961-1967）

真考虑再度竞选总统，并且考虑了我应从哪里着手。

为再度竞选总统作出最后决定，当时仍嫌太早，更不用说发表声明了。此外，我深信，在党为了1966年有机会重建之前，企图搞任何总统竞选的政治活动是自寻死路。党的最高利益和我的利益在这一点上是吻合的：在组织得到恢复、使提名的人感到提名确值一试之前，我作任何承诺都是愚蠢的。但假如我有意于竞选，而不开始订出计划，又不利用我在1964年竞选中所建立的信誉，那也是同样愚蠢的。巴里·戈德华特是公开为这个观点出力的人。1月22日，共和党全国委员会在芝加哥开会时，他把我介绍为"选举中工作得最卖力的"人。他转向我说："迪克，我永远不会忘记这一点。我知道你是为了共和党的利益而不是出于任何谋私利的原因才这样干的。如果有朝一日，我能把它变为谋取个人私利的原因，我将尽一切力量促使其实现。"

我开始列表估计1968年争取提名的有利和不利因素。不可否认，不利的因素非常之大。自1960年和1962年以来，我有了一个输家的形象，这是每个政治家最害怕的东西。事实上，在那场"最后一次记者招待会"之后，我还有了一个输不起的形象。

差不多同样严重的是我缺乏政治基金。生平第一次，我可以从律师事务所、从所写的书的版税和其他稿费中拿到可观的六位数的收入。但我们住的公寓很费钱，并且一个女儿上私立中学，另一个女儿进了大学。在华盛顿几年俭朴生活之后，我觉得帕特和两个女儿应该享受最好的一切，我不愿为了再一次当候选人而要她们节衣缩食。

另一个严重问题是没有政治基地。我离开加利福尼亚使我在政治上成了一个所谓无根之木的人。一个认真从事总统竞选的主要候选人居然在自己家乡的州里没有党的机器为他工作，那几乎是史无前例的。纽约是洛克菲勒的地盘，纽约的共和党组织准会反对我。洛克菲勒一开头就把这一点讲清楚了。事实上我在纽约的共和党圈子里是个不受欢迎的外人，根本起不了重大作用。

虽然不利于我的因素很多，但也有好些对我有利的因素。一个优势是，在共和党选民对总统提名的民意测验中，我名列前茅。例如，1966年夏天，盖洛普民意测验表明，我跟最接近的竞争者亨利·卡伯特·洛奇相比，差不多以二比一领先。我多年来在共和党园地里的苦心经营，正从全国大多数的地方党组织的支持中得到报偿。

另一个优势是，不管报界喜不喜欢我，看来，它们一贯把我当作未来总统候选人中最有新闻价值的人。即使我不担任任何公职，我每次举行记者招待会，听众总是挤得水泄不通。我旅行所到之处，当地的电视台总要对我的讲话和露面进行报道。

但据我看来，我的有利因素中最重要的，并不在于民意测验或报界的报道那类看得到的现象，而在于更具有实质性的东西。我相信，由于我的背景和经验，尤其在外交政策领域方面，我对那些影响竞选和选举的问题及趋势抓得最准。不管事实是否果真如此，我深信事情确实是这样的，而此种信念所给予我的信心，本身就是一大有利条件。

为1968年做准备的最好办法就是在1966年好好地干，因此我决定开始为来年的选举订出一些初步计划。1965年年中，莫里斯·斯坦斯、艾尔·科尔和彼得·弗拉尼根开始为我的旅行筹措资金，这些旅行是为了党和1966年竞选中党的候选人作宣传所必需的。

20世纪60年代后期政治对话中压倒一切的一些问题，其实早在60年代中期就已开始形成。1964年5月，约翰逊总统对密歇根大学的毕业班学生说："在你们的时代里，我们不仅有机会走向富裕的社会和强大的社会，还能攀登'伟大社会'的高峰。"约翰逊十分正确地指出，"要解决这些问题不能光依赖华盛顿庞大支出的计划"。但他的"伟大社会"的致命伤可恰恰在于制订了花费浩大的联邦政府计划，所付的代价达到了天文数字。约翰逊在五年中为穷人付出的钱增加了一倍，从125亿美元上升为246亿美元。联邦政府的卫生和教育拨款跃增到180亿美元以上。

当我研究了1965年头几个月白宫交来的大批立法议案时，我就能看出约翰逊已跌进了诱使许多信奉政府能够包办一切的人无法自拔的陷阱：他作了许多事实上做不到的许诺。即使把讲演中夸大的部分打上适当的折扣，"伟大社会"所许诺的东西还是太多，它没有鼓励人们靠努力工作去实现这些目标。恰恰相反，当人们由于没有付出努力而未能马上实现目标时，他们倒显得既不耐烦，又怨气冲天。

我早知道，用不了多久约翰逊就会被他设法要帮助的那些忘恩负义的家伙弄得伤心失望的。他的"伟大社会"规划培植了一批专门依赖政府的新选民集团，这些人将不断向他提出更多的要求，而这些要求又是他无法满足的。约翰逊是一个需要人家捧场的人，但他从那些人身上得到的实在太少了。

我还预见到，"伟大社会"的规划本身会在实施过程中垮台。"伟大社会"是自由主义的学术界人士和醉心于"新政"神话的官僚们发明出来的东西，它在理论上的崇高思想境界，一旦同它为之服务的人民那种谋求私利、讲究实际的思想碰在一起，那就势必要发生冲突。

共和党与民主党在哲理方面的分歧，再也没有像20世纪60年代中期那样清楚了。所以这是共和党积极从事反对派活动的最理想不过的时机。但是我充分意识到，我们党最大的问题之一在于，我们公开的形象是一个"消极"的党。戈德华特的措辞要在这方面负很大的责任。共和党人以往总被人贴上反动的标签，但在他那次竞选运动以后，我们还被描绘成搞种族主义的轻率的党。

共和党有必要在"伟大社会"的问题上超越民主党，跑到他们前面去。民主党是多数党，但据我看来，共和党的巨大力量在于我们能在地方一级实行有效的领导，而民主党的巨大力量则在于他们能够动员华盛顿的财力和物力。

我在1965年的一些讲演中，要求我的听众做林肯式的共和党人：在关心人民方面像个自由派，在遵守法制方面是个保守派。我故意使用自由派和保守派两个词，好让大家看到这两个词已被滥用和曲解到了几乎无法辨认的地步，而这两个词在1964年成了共和党的心病。我说："如果自由派意味着把一切都交给联邦政府，那么我就不是自由派。如果保守派意味着倒拨时钟，否定实际存在的问题，那我就不是保守派。"

我强调共和党决不容忍种族主义。我明确指出，和一些保守派所想的刚好相反，乔治·华莱士并不属于共和党。对黑人运动的积极分子和人权运动中的极端分子，我同样持批评态度。1965年夏天，黑人骚乱分子、纵火和抢劫犯在洛杉矶的瓦茨区横行一时。那时，我并不认为此种暴乱乃是美国社会存在某种有组织的种族主义的不可避免的后果。我的判断是，60年代种族暴动的真正罪人，既非社会，亦非警察，而是那些黑白两族的极端分子，他们鼓动人们只需服从他们所赞同的法律。

这个时期里大家普遍担心的另一个问题是，美国社会的一般风尚和日益严重的自行其是。对于嘲弄或抛弃社会行为和两性行为的传统准则，心理学家、教士和家长都忧心忡忡。我认为，在很大程度上，这些越轨行为反映了一种富裕病。但在某些情况下，它们是美国文化有了真正改变的表现。我觉得，共和党人与其光是哀叹世道之不古，还不如设法去理解它们。

1965年，越南战争日益成为头条新闻。我1964年访问越南时所见到的实际情况，和约翰逊政府向人民报道的情况大不一样，对此，我深为担心。我断定，约翰逊希望在民主党内的反战异议和新闻界的批评对他"伟大社会"立法发生破坏作用之前，赶快用谈判解决越南战争。

约翰逊没有对美国人民开诚布公，没有告诉他们为什么我们要在越南作战，或美国军队实际的卷入有多深。在一定程度上，他被竞选中自己讲过的话束缚住了。他曾经讲过："我们不打算把美国青年送到离家9000英里至1万英里的地方去干该由亚洲人自己干的事。"他正在扩大战争。但既要把其必要性解释清楚，又要不至于引起反战力量的愤怒和一般公民的怀疑，这当然是很难做到的事。

约翰逊蒙骗人民的代价是很高的，而日后这笔"信任差距"的债务还得由我来继承。政府失去了人民的信任，而我认为，只要约翰逊肯冒点风险，把战争的必要性充分说清楚，并且耐心地教育人民，这种信任本来是可以保得住的。

这是约翰逊的战略错误——而且是一个严重的错误。另外，他又犯了同样严重的战术错误。

由于把军事行动限制在报复性的和小规模作战上，他把军事主动性都奉送给了共产党。看来约翰逊深信，只要他这一方表示克制——部分是为了安抚党

第四章 普通公民（1961-1967）

内的左翼——那就可以向共产党表明，他怀有诚意寻求谈判解决问题。但他却不懂得，为什么对他这么一位一心一意想做得通情达理的人，北越人照样拒绝谈判呢？

要使谈判能成功需要创造一些条件，使对方感到按照我们的主张办事是有利的。想在越南搞出好的结局，美国必须运用其庞大的经济和军事力量，有说服力地向共产党表明，进攻是划不来的，而对他们比较合适的还是谈判解决。约翰逊政府执行的只是最缓慢地把空中和地面战争逐步升级的政策。可是这项政策实际上所得到的结果，却是叫共产党确信，美国缺乏在越南取胜的意志，并且可以通过向我们国内战线和我们在世界上的盟邦进行宣传的办法，把美国拖垮。

我认为，约翰逊早该坦率地把我们在越南所扮演的角色告诉美国人民，并且不加任何乐观的预测。他早该告诉全国上下，这场战争将是多么艰苦和费钱。他也早该更有说服力地陈述利害得失。美国参战不仅仅为了维护南越的独立，还在于挫败中国和苏联以"民族解放战争"为幌子所进行的进攻。北越总司令武元甲将军说过，向南越发动的战争是世界共产主义运动的一个模式，如果这样一种侵略形式能在那里奏效，那么在别处也将会同样灵验。

1937年慕尼黑会议之后，温斯顿·丘吉尔警告下议院说："认为把一个小国投诸狼群就可以换取安全，那是一种致命的幻想。"1938年把捷克斯洛伐克出卖给希特勒，同1965年很多人主张把南越出卖给共产党，这两种情况简直不相上下。自由越南因外来侵略而覆亡将震撼整个亚洲，正像我在很多演说中讲的，"如果美国抛弃南越，亚洲将抛弃美国"。

与许多鸽派所想的不同，对我来说，选择不在于打或不打这场仗——而是在于打目前这场仗，还是在以后等到共产党更强大、更有信心时打一场更大的仗。

在1965年的一些演讲中，我总是设法为美国在东南亚的承诺找理由，作解释。我指出，我们和法国殖民主义者不一样，他们是为了赖在越南不走而战，我们则是为了从越南撤出而战，只要击败了攻击就撤。

1965年1月26日，在纽约的销售经理人员俱乐部的一次讲演中，我直率地指出，我们正在越南吃败仗。我要求用海军和空军轰炸共产党在南越的供应线，摧毁越共在北越和老挝的中间集结地带的办法，把战争打到北越去。"企图掩盖越南战争实际牵涉到的问题的真相，是既危险又愚蠢的。"我说，"越南战争不是为了越南，而是为了东南亚。"我警告，我们切不能被联合政府或中立化的方案所欺骗。"共产党所关心的中立，意味着三件事：我们走；他们留下；他们接管。"任何谈判的解决办法不可避免地只会导致共产党进一步提出要求。我说："我们最后又回到那个非做不可的异常困难的决定上来了。我们一定要看到，轻易的出路是没有的。我们要么撤走，通过中立化进行分期投降，要么想办法去争取胜利。"

我跟某些极端的"鹰派"不同，我并不认为应该在越南使用核武器，我也不认为应该依赖把越来越多的美国部队投入地面战斗的战略。我说，与此相反，我们应使用空中和海上的力量，封闭来自老挝和北越的外界干涉，使越共无法进行游击战的活动，从而把越南战争"隔离"起来。我说："真能做到这点，南越人将有很好的机会在战斗中把越共打败。"

我知道这项政策会冒把红色中国卷进来的风险。所以我又接着说："不错，是会有风险的，但如果观望等候，风险就会更大。只要我们展望未来并认识到，如果南越失陷了，东南亚失陷了，太平洋变成了红色的海洋，那我们就会面临一场对我们大大不利的世界大战。这道理就显得很明白了。"

在讲演结束时，我承认，"我所主张的行动方针在美国并不一定受欢迎，也很可能在国会、盖洛普或哈里斯民意测验中得不到信任票"。但我觉得，我所提出的对付越南问题的办法是正确的，事实上也是唯一的办法。

两星期后，2月6日，越共炮轰波来古附近我空军基地的陆军营房，在战争升级中开始了一个新的阶段。约翰逊就此发表声明说，既然河内采取了更具侵略性的行动方针，"我们除了准备战斗，毫不含糊地阐明我们继续支持南越，为维护其独立而战的决心外，别无其他选择"。他命令对北越进行报复性的空袭。

1965年9月，我又去西贡待了四天。我发现情况比18个月以前略有改善，特别是南越人的士气。但美国和南越的军官仍感到沮丧。他们认为他们的手脚还是被束缚住了，那是因为华盛顿相信这样做会推动谈判，而敌人却在向前推进。举例来说，当我从越南回来，在"会见报界"的电视节目露面时，我说："我不知道约翰逊总统现在对谈判是怎样想的，但我确实认为，他还在不断地讲什么……我们只是想要和平，要进行谈判等……其实这样做带来的后果是延长战争而不是结束战争。我认为约翰逊总统必须向全世界和向南越人民说清楚，我们的目标是建立一个自由和独立的南越，我们不求报酬，也不会对侵略者讲绥靖。"我重复了我要求对北越施加更多空中和海上压力的呼吁。

在1965年，送到我办事处的政治函件、电话、演讲请柬的数量大大增加。罗斯每天工作12到14小时。帕特也来帮忙。到了年底，很清楚，我非得着手建立一个私人班子不可了——不只为了1966年的竞选，而且也着眼于为1968年做好准备。1966年1月，圣路易《环球-民主报》的青年社论作家帕特·布坎南参加我的班子，来做研究工作和帮我写讲演稿。

1966年的选举

在1966年选举临近的日子里，我开始仔细估计选举为我提供的机会和带来的风险。风险是一目了然的。如果党失败了，或只是起色不大，我在报界的敌手和党内政治上的竞争者就会说，尼克松这个老输家又一次把党拖垮了，就会说，要在1968年取胜，我们需要一些新面孔。但是，共和党人大有理由对1966年的选举表示乐观。而如果我能对党的胜利助上一臂之力，党的广大成员是不会看不到的。

在1964年年底的大败到1966年竞选开始的这段时间里，我统计了一下，我总共跑了12.7万英里，到过40个州，向民众讲话400余次。我还为党筹集了400万美元以上的捐款。

1966年年初，我就开始集中力量应付秋天的竞选运动。讲演的日程安排得更紧了。我们事务所的两位律师，托姆·伊万斯和莱恩·加门特，经常到我办公室里坐，我们谈政治要比谈法律谈得多。事务所一位25岁的同事约翰·

P. 西尔斯自愿在业余时间帮我的忙。科尔、斯坦斯和弗拉尼根的筹款活动也加紧了，还正式成立了三个委员会，主要的一个叫作"1966年国会竞选委员会"。共和党全国委员会主席雷·布利斯借口不能不顾及其他未来的总统候选人而偏袒我，拒不同意我们要求委员会拨款租一架飞机的申请。所以我们只好自己设法筹划那笔钱。我们居然能自己解决全部问题，这真是个政治奇迹。

3月12日，我参加了华盛顿新闻记者俱乐部的晚餐会。约翰逊对未能来参加表示遗憾，派了休伯特·汉弗莱代表他出席。但那天晚上晚些时候，在好多演说和余兴之后，约翰逊却带着他的随员闯了进来。

当他在祝酒后从宴会大厅的高台上由人们簇拥而过时，他向我打招呼，希望我第二天上午能去他那儿同他一起喝杯咖啡。

我在白宫二楼走出电梯时，有个男仆迎上前来，把我领到约翰逊的房间。他穿着浴衣坐在床上说："喂！迪克。"他的声音十分沙哑，看上去非常疲乏，差不多到了筋疲力尽的程度。

我们讨论了越南局势。我把我认为有必要采取更强有力的行动使北越人坐到谈判桌上来的观点对他讲了。我说，在我访问过的一切国家中，我捍卫了政府的政策。他点头说："八年前，当你和艾克在这里的时候，我支持了你们的外交政策，现在我正从这方面得到好报。"

接着他转而谈到我主张在越南采取更强硬路线的建议。他说："那里的问题是中国。我们能够把河内和那个该死的国家的其他地方炸它个天翻地覆，但他们有中国在背后撑腰，那可就是另一码事了。"

我在室内待得不久，房门开了，约翰逊夫人穿着梳洗衣走进来。她热情地欢迎我，在床边挨着丈夫坐下，陪我们一起谈话。

约翰逊改变了话题，开始讲话时声音低沉，样子活像个任期快要终了的人，而不像一个全局在握的总统。他说："等我离职时，博比（罗伯特·肯尼迪）、休伯特（休伯特·汉弗莱）和你将接手处理中国问题。"我敦促他尽快跟中国建立外交往来。"总统先生，"我说，"时间对他们有利。现在是到了在外交战线上跟他们较量一番的时候了。"约翰逊虽未作答，但我感到他是同意我的。

我说，由于今年是选举年，我要出去搞竞选活动，要帮共和党候选人发表演说，正像 1954 年、1958 年共和党执政期间他为民主党人所干的一样。我说："我知道你会谅解，不会把我对问题的批评看作是针对你个人而发的。"

他答道："迪克，我懂得。我们这些搞政治的人就像律师们一样，在法庭上彼此拼命揪斗，事后又走到一起喝上一杯了。"

约翰逊起身走到他梳洗室的壁橱，从他的珠宝箱里挑出一副总统用的袖扣送给我。我们握手告别。

1966 年的竞选是我感到心满意足的一次竞选，除了极少数例外，我能为许多共和党候选人提供热情的支持。我亲自挑选了那些我比较能起作用的地区和州。我几乎想怎么干就怎么干，因为其他一些全国性的巨头们正为自己的竞选忙着呢。民意测验表明，民主党将会遭到痛击。从我会面和与之讲话的群众中，我能感到一种巨大的信心和热情。但谣言开始流传，说约翰逊正策划在高潮出现之前演一出场面盛大的好戏，以期在选举前夕恢复公众的信心。我深知其人，相信这种做法完全合乎他的性格。于是我采取了等着瞧的态度。

9 月底，约翰逊出乎意外地宣布，他将在 10 月下旬去马尼拉跟南越的阮文绍总统及其他越南和盟国的领袖会晤，时间正好在大选前两周。我在当时撰写的报纸专栏中，直截了当地指出，约翰逊的公告受到了普遍的怀疑。我写道："从东京的外交官到华盛顿总统自己党内的成员都在问：这是为了探索和平，还是在追求选票？"

10 月 25 日他们在马尼拉的会谈结束时，约翰逊、阮文绍和澳大利亚、南朝鲜、新西兰、菲律宾以及泰国的领导人发表了联合公报。它提出只要北越撤军，停止支援越共的渗透活动并全面降低战争中使用暴力的水平，美国和盟国的部队将在六个月内撤出南越。

我是在竞选旅途中搞到了一份马尼拉公报的。我花了大半夜的时间加以分析。我把罗斯·伍兹和帕特·布坎南叫来，口述了好几页笔记。我要他们先出发到下一站去，好让布坎南可以开始综合我的想法写成初稿。

等到我返抵纽约，我已有了一篇逐点分析约翰逊在马尼拉所达成的协议的长文章了。11月3日大选前五天，我把它送给报社去发表。文章一开头就指出，那个美国和北越相互撤兵的建议，表面上似乎大有希望，其实是幻想，而不是现实。

我指出："相互撤兵的结果，将把南越的命运交给越共和南越的陆军去支配……南越陆军没有美国的顾问、空中配合和后勤支持，是对付不了共产党游击队多久的。假若北越人继续为共产党游击队提供后勤支持，'互相撤兵'的结果肯定是共产党取得胜利……"1966年的形势，当时南越人在保卫自己方面完全缺乏训练和准备，和1969年的形势大不相同。在1969年我任总统时，我们可以提出相互撤兵，因为那时我们的越南化政策保证南越人能够保卫自己。我说，如果我对马尼拉公报理解不错的话，建议是把美国撤兵问题同越共拼命投入战斗的水平联系在一起的。我继续说："假若这种推论正确的话，那么，我们在马尼拉会议上已把一种决定性的军事优势主动葬送掉了。"

我的发言在《纽约时报》上全文披露后，引起了广泛的研究和讨论。这是被当作重大新闻来看待的，尤其因为直到那时为止，我这个人总是一贯支持我们在越南的目标，尽管有时我曾对达到这一目标的策略提出过疑问。

如果原先以为马尼拉会议可在选举中帮民主党人忙的话，结果则适得其反。报界对约翰逊的动机大加嘲弄，差不多已近乎辱骂的程度了。鸽派攻击马尼拉公报，说它好战；鹰派则攻击它接近于分期投降。

我对马尼拉公报的批评显然触动了白宫最敏感的一根神经。在11月4日约翰逊的记者招待会上，大家开头提出的一些问题反映了报界对他所抱的嘲弄态度。当时约翰逊是既疲劳又暴躁。当一个记者要他就我的发言发表意见时，他心中好像有什么东西要发泄出来似的。

"我不想就马尼拉的一次外交政策会议同像尼克松先生那类老搞竞选运动的人展开什么辩论，"他答道，"他的任务就是每隔两年在10月这个期间故意找找他的国家和政府的岔子。如果你们回顾一下他过去的历史，你们就会知道我并没有说错。当他在政府担任官职时，他也从来没有真正认识和理解周围发生过什么问题。你们记得艾森豪威尔曾说过,如果你们能给他一星期左右的时间,他才能想得起来尼克松替他出过什么主意。

"此后,他在加利福尼亚暂时获得了一个立足点,你们看到了那边的人是怎样对待他的。接着他横跨全国到了纽约。然后他又回到旧金山在一旁等待着,希望戈德华特一跌跤他就可以候补上。可是戈德华特并没跌跤。现在他却跳出来议论那次会议,而他显然对这次会议是既没有很好研究又不了解情况。"

记者们彼此偷偷交换眼色,想弄清楚他们并没有听错。约翰逊夫人坐在她丈夫身后,她想笑笑,但只微微摇了摇头。

约翰逊开始针对我文章中的指责,为马尼拉公报的内容辩护。他说,一旦互相撤兵,停止渗透和减少战斗等条件得到了满足,共产党应该对我们决心离开越南不会有什么怀疑。他说:"他们知道这一点。我们不该在这里有意把它搞乱,而且也不该把它同国内的竞选运动扯在一起。企图这样做,只会使人们失去选票而不是获得选票。我们不能因为想把水搅浑而叫人们去送死。当侵略、渗透和暴力都停止了,没有一个国家会愿意把占领军留驻越南。尼克松先生为了捞到一两个选区而不惜留下那种印象,这对国家没有什么好处。"

约翰逊在华盛顿举行这个记者招待会时,我正在纽约拉瓜迪亚机场准备搭机去缅因州沃特维尔进行竞选活动。当我们用座位上的皮带扣住身子后,帕特·布坎南探身过来说:"你记得你曾关照我注意收听约翰逊的记者招待会,以便了解他对你关于马尼拉公报的发言谈些什么吗?嗯,我听过了,他的谈话简直使人难以置信。"

布坎南把发生的情况告诉我后,我第一次意识到,约翰逊外表尽管神气十足,可内心是多么忧郁。他那样讲话是因为被逼得走投无路了,并非出于恶意。我知道,此事只要处理得当,就可以把它转化成为共和党与我个人的一笔意外收获。我在沃特维尔演讲完毕回到机场时,有个记者问我,美国总统对我个人进行了攻击,我对此有些什么想法和感想。我说:"现在,约翰逊总统和我对那个问题的看法是不一致的。但让我们像个正人君子那样各持己见吧,让我们像探索正确道路的人那样各持己见吧！我想说的是，最好的道路不是一言堂，不是林登·约翰逊一个人说了算的道路，而是两党合作的道路。我们需要的是两党共同参加制订一套两党的越南计划，而不只是一党的计划，在这计划中他说，'我最高明，所有你们这些人谁想跟我作对，我就抓住他本人狠揍一顿'。我只要求约翰逊做到这一点。我们在这个问题上要有君子风度，要合乎情理地开展讨论。"

离选举只有几天了，我突然发现自己成了全国瞩目的中心。过去对我没有帮过什么忙的社论和专栏作家也出来为我的正直立场讲话了，反对约翰逊的滥加攻击。艾森豪威尔从葛底斯堡打电话来说："迪克，每当有些蠢驴提起那混账的'给我一星期'的事，我总自责不已。约翰逊在这点上太过分了。正在掀起的一场有力反击将对你有利。我只是让你知道，我正在这里发表一项声明。"广泛报道的艾森豪威尔的声明说我是"美国有史以来最有见识、最有能力和最为勤勉的副总统之一"。

共和党国会竞选委员会把全国广播公司分配给它的半小时电视时间让给我使用。

我在广播中开门见山地说：

> 你们想必已从介绍词中得悉，我在上星期受到了美国总统对付其政敌的前所未有的、极端野蛮的人身攻击……
>
> 我要作出答复，但不是为了自己，而是因为这种攻击危及了一项伟大的原则。这就是有权表示不同意见的原则，有权表示异议的原则。那就是说，有权对任何一个政府官员表示不同意见，即使这个官员是美国总统。

我把演讲的大部分时间用来为共和党在国会争席次，但结束时我又回到约翰逊的攻击。我说：

> 我想，美国总统可能今晚正在收听这个节目。我要直接对他提出意见。总统先生，我以能和你一起在华盛顿服务14年而感到光

第四章 普通公民（1961-1967）

荣。我以往尊重你，我现在也尊重你。我尊重你，因为你身居这一要职——这个职位你我都争过，而你得胜了。我尊重你，因为你在这一职位上花了巨大的精力。我对你的尊重并不因为你对我进行了人身攻击而有所改变。我认为，我能够理解一个人会被弄得非常、非常疲劳，于是他的脾气也就变得非常暴躁。如果说一个副总统或前任副总统有时都会感到厌烦和疲乏透了，那么对你这样一位刚经过长途跋涉的总统来说，准会感到疲乏得多，那还用说吗？

我向约翰逊表示，我将继续支持他在国外谋求和平与自由，在国内谋求进步。我用这些话结束了广播。

这次讲演是成功的。它恢复了我作为全国性的发言人和富有战斗精神的竞选活动者的声誉。它也把我的名字跟共和党将在两天后选举中几乎稳拿的胜利联结在一起了。

我在收听1966年选举结果时真是心旷神怡。第二天凌晨时，共和党净得了47个众议院席次，3个参议院席次，8个州长职位和540个州议会席次。我原来预计我们会赢得40个众议院席次，3个参议院席次，6个州长职位，700个州议会席次。6个月前，这样的估算当时未免被人认为是乐观得超出现实可能，现在总算十足地兑了现，翻了本。

选举对我个人来说是满意的。共和党在南方有了进展。如温思罗普·洛克菲勒在阿肯色州取胜，击败了几个杀回马枪的民主党候选人。斯皮罗·阿格纽在马里兰击败了一个在微妙的种族主义路线问题上大做竞选文章的民主党人。我曾特别预测到洛克菲勒和阿格纽会取胜。

等到最后的结果揭晓时，我们的胜利已成定局。我邀请了一小批人到埃尔摩洛哥饭店去吃顿意大利面条和红酒的祝捷晚餐。对我来说，足以庆贺的事情太多了。第一场重大的障碍赛已经表演过了，结束了，并且赢得很漂亮。前面还有更多的障碍，但这个开头很吉利。使我感到心满意足的是，我知道我在这次共和党胜利中起了重大作用——而这是我卷土重来的先决条件。

"不过问政治的休假"

我完全清楚，我在竞选运动中出了力，那只是共和党得胜的许多因素之一。我们是波澜壮阔的反约翰逊浪潮的受益者。但不管原因何在，我是无可争辩地在其中起了主要作用的人物。我能和一场大胜联系在一起，这在十年来还是第一次。

1966年的竞选另有一个重要后果：它把"最后一次记者招待会"遗留下来的不愉快记忆冲淡了不少。约翰逊的攻击使我成了受害人，这在我的政治生涯中还是很少见的一次。其实，他的攻击并不离题太远。我的确是个搞竞选运动的老手，成天在外到处游说，把党派斗争搞得火辣辣的。但我多年"在野"和年龄的自然增长，可能把年纪较轻的尼克松锋芒毕露的棱角磨圆了一些。通过1966年的竞选运动，我可成了一个老练的前辈共和党政治家，还能在政治上狠狠揍人家几下。

选举后第一天，我发表了一项声明说，我认为选举的结果表明，公众是拒绝接受约翰逊的政策的。我还在给河内和北京的信息中强调，新的众议院在支持"侵略决无好报"的美国政策方面，将比它的前任强硬得多。

在竞选中，我的许多朋友、顾问和支持者都劝我把自己的组织抓抓紧，做好准备，一旦选举结束——正像我们所希望的，共和党取得巨大胜利之后——就把我争取当总统候选人一事公开。从传统的观点来看，这种建议是完全正确的，但我早已决定试行一种大大超乎常规的做法：不忙于投入竞技场，而是准备在政治上踏步，静候时机。当我在选举前两天，出现在"问题和回答"的电视节目中时，我宣布："我将至少休假六个月不过问政治，不打算发表任何政治演说。至于将来怎么样，我还不知道。"

我是想在1968年竞选总统，但我要把不参加竞选的抉择尽可能保留到最后一分钟。

我们全家在比斯坎岛度过了一次轻松愉快的假期。我们和贝比·雷博佐一

第四章 普通公民（1961-1967）

起乘着他那艘"可可洛布"号游艇在海上航行。我们花了很多时间在海滩看书、游泳和谈论除了政治以外的一切。我知道帕特和两个女儿都暗中希望这种政治上的暂停活动最好能一直持续下去。

我们返抵纽约不久，感恩节前一天，彼得·弗拉尼根和莫里·斯坦斯来找我。他们说，如果我打算在1968年当候选人的话，现在该采取行动了。罗姆尼时停时动，里根的支持者正在议论要把戈德华特的保守派运动重新搞起来。甚至还有人讲到戈德华特可能再度出山。纳尔逊·洛克菲勒守候在一旁，谁跌了跤，他就准备马上接上来。每个抱有希望的人都想把党的领袖和党的工作者拉到他那边去。除非我对支持我的人讲清还得等待的理由，否则有朝一日我会发现那些人都被我的对手夺过去了。弗拉尼根和斯坦斯想组织一个拥护尼克松当总统的俱乐部，先开始进行一些初步的、调门较低的组织和筹款工作。我对他们说，我认为，设法尽可能久地保持不作正式决定的局面，乃是我最有利的条件之一。它不仅使我有较大的独立性，并且对我动向的猜测一定会引起新闻界更多的注意，如果宣布了我的打算，我所受到的注意就会少得多。因此我不准备公开批准或公开反对他们的活动。但我向他们保证，我完全同意他们的分析：开始把组织工作搞起来是十分必要的。

事隔数月，大约正是我和维利·勃兰特在波恩会晤后露面时，第一个拥护尼克松当总统的委员会在华盛顿宣告成立了。

1967年1月7日至8日，我在沃尔多夫饭店召开了一个计划会议。我说："我不打算跟我最老的朋友和最亲密的顾问再忸怩作态了，我要你们为制订明年争取共和党总统提名的计划行动起来！"

我解释道，得承认那六个月的停止活动是次冒险行动，但它是精心设计的。当乔治·罗姆尼公开跟报界和空谈家们打得火热时，我还在悄悄地制订计划和出国旅行。我说："可不要弄错了，尽管我静躺在那里，我却要你们豁出性命把事情办好。我们要胜利，就得比其他候选人更卖劲干，把工作做得更好。"

我决定着手成立一个私人的政治班子，以便暂停活动一告结束，我就能立刻全力投入战斗。我把原《纽约先驱论坛报》首席社论撰稿人小雷蒙特·K.普赖斯聘来当我的主要谋士和讲稿的捉刀人。他还将为我正在考虑按温德尔·威尔基写《天下一家》那本书的路子写一本书做些工作。除普赖斯之外，一个做广告生意的青年经理人德怀特·查平加入了我的班子，当我的私人助理。

1967年1月1日，我的律师事务所和以市政公债为专门业务的考德威尔－特林布尔－米切尔事务所合并。我很快就和那个健壮的、外表粗鲁的高级合伙人约翰·米切尔交上了朋友。虽然他从未搞过竞选，但我从谈话中感到他对搞政治有天赋的才能。由于他广泛地和州政府、地方政府打过交道，为它们发行公债当法律顾问，他有一个非同寻常的广大的政治联系网。不到几个月，我就开始越来越多地在政治事务上向他请教了。

我决定利用我暂时停止积极政治活动的一段时间出国作一系列研究外国情况的旅行。我想使我的见解能跟上最新的形势，和相识的人重温旧好，并把我对目前世界局势的认识再提高一步。通过这些旅行，我加强了我政治上厉害的一手——外交事务的知识。同时我还认为这是个最可行的办法，足以使我在处理外交政策问题时，既有成效又负责可靠；并且在我一旦当上总统，能保证我在作出我认为是总统应作出的这类决定时，显然胜人一筹。

我安排了四次旅程：3月间去欧洲和苏联，4月去亚洲，5月去拉丁美洲，6月去非洲和中东。当时在华盛顿当律师的堪萨斯州前众议员、非常能干的罗伯特·埃尔斯沃思同意花他一半左右的时间来帮助搞我那个尚不能称作运动的竞选运动。埃尔斯沃思对外交和防务问题特别感兴趣，他帮我去国务院和我行将访问的那些国家的使馆安排旅程。他陪我作第一轮旅行并部分参加另一轮旅行。雷·普赖斯陪我作第二轮旅行，我的朋友贝比陪我作第三轮去拉丁美洲的旅行，帕特·布坎南则在第四轮作陪。

在1967年的这次环球旅行中，我会见了各国领导人，会见了人民，我还亲眼看到了美国所面临的问题、机会和危险。结果是，对有些我早就坚信的观点，我加深了认识；对另一些，我则作了修正。

去欧洲和苏联的旅行准备在3月5日开始。像以往一样，我在出国前要求

第四章 普通公民（1961-1967）

中央情报局给我作一次情况简介，然而却遭到了拒绝，这是我离开公职以来第一次被拒绝。由于这种简况介绍对一个普通公民来说，是一种特权，而不是权利，所以官方对此未作任何说明。非官方的消息是，约翰逊为马尼拉公报事件余怒未息，他特意不许中央情报局给予我任何帮助和指点。

这次旅行很令我烦恼不安。1963年以来，我没有系统地再在北大西洋公约国家旅行过。我发现我们跟他们之间的关系竟然恶化到如此程度，真使我大为吃惊。因为我们作出涉及欧洲人防务和命运的决定，根本不跟他们商量，甚至连招呼都没有打，这当然深深地冒犯了他们。所到之处，我听到的是同一种说法：在肯尼迪和约翰逊执政下，我们在各方面都表现了我们对盟国是多么不重视，我们对北大西洋公约组织的重大意义是多么缺乏认识。

我见到了康拉德·阿登纳，但这是最后一次了。我走进他的房间时，他以一种几乎叫人发窘的热情拥抱我。他退后一步，两手仍搭在我肩上说："感谢上帝，你来到了这里。你的来访正像天降甘露。"这位战后欧洲的伟大缔造者为了欧洲的未来闷闷不乐。他说："我的朋友，我老在担忧。"他预测，当戴高乐不在人世时，法国的共产党，接着是意大利的共产党将增强力量。他完全不相信所谓苏联热衷于促进越南和平，以及那种认为苏联由于害怕中国而会转向西方的颇有市场的说法。他说："不要弄错了，他们要的是世界，整个世界。他们求之最切的是欧洲。而要得到欧洲，他们知道一定得摧毁德国。我们需要你们使我们保持强大和自由。但你们也需要我们。"阿登纳跟四年前戴高乐一样，要我们修改对待共产党中国的政策，借以平衡日益增长的苏联威胁。

我发现差不多每一个和我在旅途中谈过话的人，都对苏联的战略表示同样的关注，这使我感到十分吃惊。在罗马，萨拉盖特总统和范范尼外交部长都认为，苏联决心让越南战争打下去。但他们跟阿登纳一样，认为主要的共产主义威胁是在欧洲，不在亚洲。范范尼说："北大西洋公约组织实在关系重大。但贵国那么多人却理所当然地把越南看成是最重要的，因为你们正在那里跟共产党打仗。美国正像一个明明自己家宅因年久失修快要坍倒，却跑去牛棚里救场小火的人。"

我的老朋友孟利奥·布罗西奥是个意大利外交家,他在华盛顿工作了六年、在莫斯科工作了五年之后,当时是北大西洋公约组织的秘书长。他感情冲动地强调他对苏联意图的怀疑。他说:"我了解苏联人,他们是高明的演员。他们是不可信任的……"和我谈过话的一个比利时人言简意赅地发表他对缓和所抱猜疑的观点时说:"这好比怪胎,我接受它,但我不相信。"

我在这次旅程中被拒发去波兰的签证,所以当我拿到罗马尼亚的签证时,我是很惊奇的。尽管如此,我还以为我将受到冷漠的接待,而共产党政府在耍这一招方面是特别拿手的。但当埃尔斯沃思和我在布加勒斯特走下飞机时,就能清楚看到,这将是一次非同寻常的访问。我们到处受到热情洋溢的人民的欢迎。

我在中央委员会大厦拜会了罗马尼亚共产党总书记尼古拉·齐奥塞斯库。我们作了一次遍及东西方各种关系的长谈。在我们跟共产党中国取得某种形式的和解之前,我怀疑和苏联的关系能有任何真正的缓和。我说过,我认为在越南战争停止之前,美国难以和中国建立有效的联系。但战争停止之后,我认为可以逐步采取措施使我们和北京的关系正常化起来。齐奥塞斯库在反应上很谨慎。但我看得出,他对听到我的这种讲法是很感兴趣的,并表示对此有同感。

在我4月间去亚洲旅行时,我想就越南的局势、就这场冲突对越南邻国的重大含义,作一番估计。我尤其想知道,亚洲的领导人是怎样看待中国的,是怎样看待中国跟亚洲与世界其余部分的未来关系的。

许多美国人在处理外交事务时主要是欧洲至上论者,把亚洲贬置在相对不重要的地位上。但美国是个太平洋大国,而有一半以上人类居住的亚洲正在发生迅速变化,很可能会决定世界的未来。日本不久就将成为仅次于美国和苏联的世界第三工业大国了。世界上某些方面的经济发展的最高速度正出现在非共产主义的亚洲国家。而在20世纪最后1/3的时间里中国大陆将成为潜在的巨大威胁。

我会见了佐藤首相、岸信介前首相和很多其他日本政府官员。日本的领导人深信,美国必须留在亚洲。我们继续帮助保卫南朝鲜亦事关重大。他们清楚

第四章 普通公民（1961-1967）

敏锐地意识到，由于第二次世界大战记忆犹新，日本所能发挥的领导作用是有限度的。但为了遏制共产党的挑战，他们承认地区合作是必要的。

我在台湾地区一个湖滨休养地拜访了蒋介石。蒋仍在做返回大陆的美梦，他再次要求美国支持他返回。他认为，大陆上的中国人对他们的领导已感失望，随时会向另一股力量靠拢。他说，国民党入侵大陆后，红色中国原子弹的威胁会从此告终，中国对越南战争的支持会从此告终，中苏重温旧好的可能性也会从此告终。

蒋是我们的一个朋友，无疑也是20世纪的巨人之一。我怀疑他是否正确，但我从实际出发的分析告诉我，他是错了。他想返回大陆的炽热愿望是可以理解的，也是值得钦佩的，但鉴于共产党的力量已发展得如此庞大，可以说那是完全不现实的。

在越南，尽管军界的预测很乐观，但我却更加确信，继续执行现政府打一场消耗性防御战的政策，将不可避免地导致失败。当然，敌人的伤亡是比我们多，但这也没有什么可以自慰的。战争已变成美国的战争，南越人缺乏适当的训练和装备来保卫自己。共产党不计损失，愿意继续打下去。他们全力以赴，不打赢决不罢休，而我们充其量则只能投下部分力量以免失败。如果这种局面继续下去，最后他们一定会取胜。

在亚洲和我交谈过的每一位领导人，都支持美国在越南采取坚定的立场。但我在这次旅行中还发现，人们对共产党中国的担心日益增加了。某些过去激烈反对美国对华政策作任何改变的人，现在也掉过头来认为，中美两国之间建立某种新的、直接的关系，是至关重要的，如果越南战争结束后还打算在亚洲建立持久和平并使亚洲的自由国家有机会生存下去的话。

5月间，我在拉丁美洲发现，肯尼迪的争取进步联盟计划使人们怀着过高的期望。我遇到的领导人都表示失望，同时，他们要求美国想出一些新办法，从美国和欧洲两地吸引私人投资，这是使拉丁美洲经济取得任何有意义的发展所迫切需要的。

6月间，在我非洲之行中，非洲的领导人强调，他们宁愿从美国得到较多的援助，而不去依赖他们过去殖民时期的主人。但使我感到沮丧的事实是，除了少数例外，新的非洲国家简直缺乏训练有素并能在不远的将来实现它们的目标的领导。

我在以色列刚取得6月战争胜利之后进行了访问。我在同伊扎克·拉宾将军的一次长谈中指出，以色列同越南战争的结局也是休戚相关的。他对我所作的分析显然很感兴趣，因为如果美国在越南吃了败仗或受了屈辱，美国人民很可能向孤立主义方面转化，从而不愿出力帮助像以色列这样的小国了，而这些国家是依赖美国才得以生存下去的。

我对以色列领导人和人民的勇敢和坚强有深刻的印象。但令我不安的是，他们迅猛地、压倒性地战胜了阿拉伯人，使他们对自己的能力滋长了一种过分的自信感，以为他们今后能打赢任何战争；也使他们在谈判涉及归还被他们占领的领土的和平协议时，采取完全不妥协的态度。他们的胜利太大了。以色列使周围的邻国含恨不已，在我看来，其结果一定会引向另一次战争，特别是如果苏联人对他们吃了败仗的阿拉伯伙伴加紧军事援助的话，发生战争的可能性就更大。

我把从这些旅行中获得的结论首先在波希米亚园林的一次讲演中，接着又在《外交季刊》的一篇文章里概括地作了介绍。

如果让我挑选一篇在我的政治生涯中最使我满意和高兴的演说，那我会挑1967年7月在波希米亚园林所发表的那篇湖滨演说。因为按照惯例，这种演说是不公开的，所以当时并没有引起人们注意。但它在好多重要方面标志着它是我走向总统宝座道路上的第一个里程碑。

那个场面可说是我所见过的最有戏剧性和最美丽的了。这是在一个小湖岸边高地上建造起来的一座天然的圆形剧场。红杉树四处高耸，7月的天气一般都是晴朗而又不太热。赫伯特·胡佛经常发表湖滨演说，但他在1964年去世了。于是人家问我愿不愿意为了纪念胡佛发表我1967年的演说。这对我来说是一次很带感情的委托，也是一个不可多得的机会，使我能结识不只是来自加利福尼亚的，而且是来自全国各地的一些最重要和最有权势的人物。

在这次演讲中，我指出我们生活在一个新的世界中——"人类有史以来，世界上从没有在一代人的时间内发生过比这更多的变化"——这是个有新的领导人物、新的人民和新的观念的世界。

我引导听众放眼全世界，纵谈各种变化，考察各种冲突，探索美国在进入20世纪最后1/3的阶段里所面临的危险和机会。我极力主张必须结成强有力的同盟和继续援助发展中国家；但我也主张，我们在提供援助时应更好地区别对待，对朋友要给以好处，对敌人要使之沮丧，并且多鼓励私营企业而少支持政府经营的企业。

谈到苏联时，我指出，即使苏联的领导人在大谈和平，他们还是不断制造麻烦，鼓励进攻，大造导弹。我主张，我们要鼓励和苏联与东欧做生意，"并且应该在外交上和各级的苏联领导人展开讨论，来减少错误估计的可能性，并探索可用双边协定来消除紧张关系的各种领域"。但我们必须坚持互利互惠："我同意架桥，但我们只该架我们这半边的桥"。在谈判中我们一定得永远记住，"我们的目标和他们的不同。我们追求和平，把和平本身作为目的。他们谋求的是胜利，而和平只是目前这段时间里达到该项目的的手段"。

我展望未来说：

> 在我们进入20世纪这最后1/3的时间里，世界的希望寄托在美国身上。这个世界的和平与自由能否幸存，有待美国的领导。
>
> 从来没有一个国家比我们具备更多有利的领导条件；我们在经济上的优越性是巨大的，我们在军事上的优势要多强大就有多么强大。最重要的是，我们幸而站在正确的一面——站在自由、平等和进步的一面，反对极权主义、反对反动和战争的势力。
>
> 只是在一个领域里还存在问题，即美国是否还具备民族气质和坚韧不拔的精神，使我们能把这一漫长而困难的斗争进行到底。

对我说来，这将是1968年争论的中心问题。

我在《外交季刊》1967年10月那一期发表的文章的题目是《越南之后的亚洲》。在该文中，我强调亚洲对美国和对世界的重要意义，结束时有一段谈到了美国的对华政策。

> 有些人主张，承认亚洲大陆的很大部分，甚至延伸到大陆以外的岛国，为中国的"势力范围"。另一些人要求用先发制人的战争把这威胁一笔勾销。很清楚，这两种方针对美国或对美国的亚洲盟国都是不能接受的。还有人认为我们应该和欧洲强国，甚至包括苏联在内，结成反华同盟。除了因苏联参加而产生的明显问题之外，这种方针势必会含有欧洲对抗亚洲、白人对抗非白人的成分，从而可能在其余非白人的世界中，尤其在亚洲，造成灾难性的后果……只有当非共产主义的亚洲国家在经济上、政治上、军事上变得如此强大，使它们不再成为诱使中国进行进攻的目标，这时才能说服北京的领导人应该把他们的精力从对外转向对内。只有到了那时，才能够和中国大陆开始对话。
>
> 所以，从短期来说，这意味着一种坚持克制和不求报酬的政策，一种具有创造性的反压力政策，它旨在说服北京，只有接受国际外交的基本原则，才符合它的利益。从长期来说，这意味着把中国拉回到世界大家庭中来——把它作为一个伟大而进步的国家拉回来，而不让它作为世界革命的震源。

6月24日返抵纽约后不久，我开始核查当我不在时政治形势有了哪些进展。事态发展得那么快，尽管我只离开了几个月，政治前景几乎全然不同了。

我发觉，人们的观感非常肯定地开始转向有利于我。但每个人仍旧在提那个大问题：两次失败后，我真能摆脱"输家的形象"吗？事情似乎越来越清楚，只有通过总统初选，才能表明我还是可以获胜的。

罗纳德·里根是可能成为未来的总统候选人之一，但他表示对提名不感兴

第四章 普通公民（1961-1967）

趣。7月间我在波希米亚园林见到他，跟他和乔治·墨菲参议员在户外一株巨人般的红杉树下的长凳上畅论了一番政治形势。我把参加初选的初步计划对他说了。我向他保证，我的意图是竭力把党团结起来，我参加竞选是为了反对约翰逊和他的政府，而不是跟任何共和党伙伴相争。

里根说，对他是否将竞选总统竟有这么多的猜测，真使他受宠若惊，也叫他多少有些担心。他说，他本人不想以加州的"宠儿"身份参加竞选，但为了在本州确保党的团结，他也许只得顺其自然。他说他不准备当初选的候选人。

7月17日，我飞往葛底斯堡看望艾森豪威尔。像往常一样，我是准备跟他讨论政治和世界事务的，但现在我们可有了另一个双方都关切的话题：朱莉和他的孙子戴维在大学里就过从甚密。事实上，尽管两家的大人都还蒙在鼓里，他俩可早已决定要结婚了。

我们两人单独在面朝农场装有纱窗的阳台上吃中饭。我们吃鸡汤面条和放有腌西瓜皮的色拉。他颇得意地说，西瓜皮是他帮着腌的。他一面往盘子里再添些，一面说："皮还不够厚实。"

艾森豪威尔在中饭时很活跃，但后来就显得吃力，说话费劲了。在我们去牛棚作了一次短程散步后，他更是疲劳不堪，但他给我的劝告还是坚定有力的。他劝我不要把越南问题作为一个政治争端，因为很多共和党人支持约翰逊的目标，尽管对他用的达到目的的手段是有意见的。他同意我一贯以来的观点，即约翰逊在推行战争中最大的错误是未在开始时多用些力量。他说，他从自己的军事经验中得知，逐步升级是不行的。他说："如果敌方有一个营守住一座小山，要是你给我两个营，我可以拿下那座山，但要付出可怕的伤亡代价。要是你给我一个师，我就能不战而胜之。"

艾森豪威尔问我，戈德华特是否仍为报纸专栏撰文。他说："戈德华特是我所认识的人中最没有资格写外交政策文章的。他有魅力，很讨人欢喜，但就是不精明。"他认为斯克兰顿是在所有未担任全国性职位的人中最具备这种条件的人。

他也谈到了约翰逊。他说："林登太关心民意测验，而且对报界的批评太敏感。我曾直截了当地跟他谈到这一点。我说：'你是总统，不必为富布赖特和莫尔斯那样的蠢驴操什么心。'"他接着又说："约翰逊的困难在于他只关心人民对他的决策是否会予以批准，这就难以获得人民的信任。"

1967年秋天，我到大部分共和党人当州长的州去拜访了州长和党的领导人。他们都想知道我的计划，但我只说，我正在考虑参加初选，要是能听到他们的意见那就不胜感激了。我这种态度既不束缚自己，同时也不要求他们为我承担什么义务，但却使他们进一步打定主意，在决定支持谁之前先看看我在初选中的作为。

事实上，看来好多共和党人正在利用我有可能出来竞选这一点，作为对什么人都暂不表态的借口。尤其是那些南方的领袖，他们即以此为理由继续观望。他们的心里宁愿支持里根，但他们为了戈德华特已吃过苦头，他们上过政治实用主义的课了。如果他们认为我能取胜，就会支持我。

1967年9月30日，星期六，我正在我纽约的律师事务所的办公室里，罗斯进来告诉我，我的兄弟唐打来了电话。我正在开会，所以叫罗斯告诉他，回头我会给他打电话。罗斯哭了起来，说道："不，你应该跟他讲话，你母亲刚死了。"

两年前，我母亲中了风。我们好不勉强才决定把她送进惠蒂尔的一家疗养院。我每去洛杉矶地区，总要驾车去探望她。她从未表现出她知道我来了这回事，只能讲些单音字，但我肯定，在她神志深处还是能辨认出我来的。

她以前总是不愿意去疗养院疗养。但她需要护士和医生的经常照料，而这在唐的家或我们纽约的公寓都无法办到。我有时很懊悔，觉得我们没有尽到责任，把她留在我们两家的一家。但毫无疑问，对她来说还是把她送到有适当照管的地方去较好。我知道她也会要求这样做的，因为她从来不愿成为我们的包袱。

可能我在精神上对她的死有所准备，因而在隔了一段时间后，我才受到感情上的冲击。等我约一小时后回到家里时，帕特已对两个女儿说了。她们泪流

第四章 普通公民（1961-1967）

满面；她们非常爱老祖母，尽管她们之爱她，不能跟她对她们的爱相比。她的爱是无所不包，完全无私的——从不期望什么回报。我听到她死的消息时没有哭，在公寓里和帕特与两个女儿谈到时没有哭，在乘飞机去加利福尼亚办丧事的途中也没有哭。我内心主要是一种深自悔恨的心情，要不是我那么忙于自己的事业和事务，我本来应该尽一切可能更多地照顾照顾她的。

我母亲在比利·格雷厄姆成名之前就非常敬慕他。她参加过他在南加利福尼亚早期的一切改革运动，事后还跟他谈过话。而他在以后的岁月中也没有把她忘却。当一听到她去世时，他马上从北卡罗来纳的家里打电话来说他准备参加葬礼。葬礼仪式是在东惠蒂尔一个教友派教堂里举行的。在我孩提时代，我曾在那个教堂为主日学校弹钢琴和在唱诗班里唱诗。11年前我父亲的葬礼也是在这个教堂举行的。

教堂挤满了人。我母亲在惠蒂尔的许多生前好友只能站在教堂外面，因为有很多记者把教堂后部和廊间都站满了。对这些记者的出现，我非常反感。葬礼仪式结束时，家属要先离开教堂，走过那开着盖的棺材。我母亲并不俏丽，但她很美，死后也跟她生前一样美。

我们离开教堂时，当地的牧师和比利都站在门口。我和牧师握手。接着，我和比利握手时我们两人的目光相遇。我再也控制不住郁积的感情，泪水夺眶而出。他用双臂搂着我说："尽情倾吐吧！"

我们走上阳光灿烂的街道，从教堂驱车前往罗斯山陵园。我母亲安葬在我们家族的那块坟地上，旁边是我的父亲，我的兄弟阿瑟和哈罗德，她的母亲和父亲以及她那死于癌症的姊妹伊丽莎白。只有一个记者无礼地把话筒塞到我面前问我感觉如何。我不理他，径直向前走去。我不愿在这些使我痛苦地回想到母亲的地方多待，于是帕特和我就直接从墓园去飞机场，我们很快已在返回纽约的路上了。

帕特睡着时，我合上眼，回顾了我母亲的一生。她曾辛勤工作，把自己很多的东西给了别人。我记得我在她中风前同她最后的一次谈话。她刚动过手术，虽在剧痛之中，但她从未有过任何怨言。

我知道她康复的机会是很小的。我不知该讲些什么才好，只说了一句："妈妈，可别放弃希望。"

她在床上坐了起来，突然以有力的声音向我说："理查德，你可别放弃希望。不要让别人对你说，你这辈子完了。"

我事后才知道，就在她动手术之前，她看到《洛杉矶时报》专栏的一篇文章，认为在重新取得全国性职位方面，我是毫无机会的。

"理查德，你可别放弃希望。不要让别人对你说，你这辈子完了。"这是多么典型的一种感情！飞机向着东方飞去进入夜幕时，我这样想着。这是多么不平凡的一笔遗产啊！

在初选前一段时间里，共和党人中跑在最前面的是乔治·罗姆尼。我知道罗姆尼一开头搞得不错，但我担忧他缺乏经验，可能使他容易出政治纰漏。从他的竞选组织传来的报道证实了这种担忧。他说过，他在越南研究情况之行中被官方接待人成功地"洗了脑"，这是这段时间里他说的最糟糕的蠢话，何况还不只是这一次。

在我看来，关于罗姆尼最令人感兴趣的问题是，纳尔逊·洛克菲勒是不是正利用他为自己想当候选人打掩护。

我于10月17日再次拜访了艾森豪威尔。现在，政治局势开始迅速发展。他直言不讳地分析了可能在1968年起作用的各个政治人物。

我对他说，我对杰里·福特评价很高。他表示同意，但担心福特不够动人。他说："我们需要那种能把士兵们像通了电那样鼓动起来的人。"他称梅尔·莱尔德是"那帮人中最精明的一个，但他太难以捉摸了"。1968年12月，我选中莱尔德当国防部部长后，艾森豪威尔仍表示还有同样顾虑。但当他们两人在1月间会了一次面以后，艾森豪威尔对我说，他认为我挑选得不错。他笑容可掬地说："莱尔德当然是不可捉摸的，但对任何一个必须管好五角大楼和对付得了国会的人来说，这倒是很宝贵的优点。"

我们讨论了洛克菲勒的意图和获胜机会。艾森豪威尔说："他的主要弱点是，他一旦当上候选人，就会在急需使党团结一致的时刻，又使1964年的宿怨死灰复燃。"

我们跟往常一样谈到了越南局势。我说，我认为应该在北越的港口布雷，把北越隔离起来。艾森豪威尔说，他认为根据国际法，想证明这样干是正当的，我们就得宣战。但谈到关于停止轰炸北越这一建议，他主张采取强硬路线。他说："谁希望停止轰炸？共产党希望停止，因为这正使他们吃苦头。所以，我们应该继续轰炸。"

他认为约翰逊在关键时刻犹豫不决危害很大。他认为约翰逊在限制轰炸北越的问题上犯了严重错误；约翰逊在投入美国军队、开始轰炸、加强公众对战争的支持等每一阶段，采取行动都迟了一年半的时间。

我征求他对战争结束后，改行志愿兵役制的想法有什么意见。他强烈反对，并说，他在军事学院里曾以此为题写过一篇论文。他研究过所有方案。他的结论是，还是普及军事训练好。他接着又说："此外，对嬉皮士这一代来说，也有好处。"

他突然抬起头来说："看那只美丽的蓝背樫鸟。"我们盯着那鸟看了一阵。艾森豪威尔为了接上刚才的思路，额角上露出深深的皱纹。看着他拼命回想，我真难过。最后，他叹口气说："但愿有一天人们会坐下来合乎理智地和平解决他们的分歧。"

到了1967年年底，我知道我必须为竞选作出最后决定了。拥护尼克松出任总统的组织已准备好，只要我一发出信号，就能立即开足马力，全速前进。约翰逊本人和政治上的不稳定已很明显；在尤金·麦卡锡和罗伯特·肯尼迪从左面，以及乔治·华莱士从右面施加的压力下，他的党随时会分裂。共和党人在1968年获选当上总统的机会比任何时候都好，而我成为那个共和党人的机会也在这一年里大大增加。几乎在1967年进行的每一次盖洛普民意测验中，我总是共和党提名中第一个被挑上的，党内大多数搞组织工作的领导人中或者想支持我，或者至少认为我在戈德华特竞选失败后的困难日子里为党辛勤工作过，理应得到提名以资鼓励。但是好些最坚定支持我的人仍对我能否摆脱"输家形象"，把党引向胜利，感到没有把握。正像我所预见的，一切将以初选为转移。

1967年10月，探索总统竞选气候的盖洛普民意测验第一次表明我跑在约翰逊前面，49%对45%。虽然他在11月又跑在前头，但这种情况本身对增强我的机会是大有好处的。

1967年下半年，为了征求该怎么办的意见，在我和别人所作的每次谈话中，我从未暴露自己对当候选人一事还心存疑虑。1967年12月22日深夜，我写下了一些关于这方面的顾虑。

这一天很繁忙——和律师事务所的合伙人一起进午餐，下午和竞选运动的主要顾问们开会，晚上在我们的寓所举行一年一度的圣诞晚会，席间我弹钢琴演奏圣诞歌曲，汤姆·杜威则以其浑厚的男中音领唱。晚会结束后，帕特和我去厨房感谢孟诺洛和芬娜·桑切斯为上百个客人准备了这么好的菜。我们像以往好多回那样再次感到，我们能有这样一对讲西班牙语的夫妇，忠心耿耿、干净利落地为我家工作，该是多么幸运；他们是1961年从古巴逃难出来的，非常出众的一对夫妇。后来，我回到书房静坐下来。孟诺洛已生了一炉火，房间里有一种舒服的、熟悉的温暖感觉。

我坐在安乐椅上，拿了本新的黄色便签本。我写道："我个人已决定不当候选人了。"接着我把我的想法概括如下：

——跟一些政治上的新手不同，我不是为了要成为知名人物才想当总统的。

——再次失败对我的家庭将是一次感情上难以应对的灾难，1960年和1962年的回忆余痛未消。

——恐怕我已丧失了足以顶住一场漫长的总统竞选运动所必需的勇气和热情——以曲折的初选开始的运动尤其难挨。我写道，"战斗是政治的要素"，但我对战斗实在提不起劲头，而为了鼓舞别人，我先得强制自己培养必要的战斗精神。

——我对必须向政界和实业界领袖要求给予支持感到厌倦，甚至只向老朋友们求助也不感兴趣。

——全国代表大会大概不会拉人出来当候选人。人们对支持谁仍犹豫不决。消息不断传来，说党需要一个能取得胜利的人。

——我对通过填字谜游戏来同新闻界调情也深感腻烦。在这段时间里相对来说他们对我还算客气，但我知道新闻界的大多数人是反对我的观点的，是会强烈反对我当候选人的。

——"就个人来说，我什么都经历过了，我别无他求。"即使在写下这些想法时，我也还在为自己有关竞选总统的想法变化无常而吃惊。就好像为了要恢复某种平衡似的，我写下了：执行律师业务也不是我在余生中想搞的事业。

——一个好的候选人应该具备五种品质：有头脑，有热情，有判断力，有勇气，有经验。我认为其中有四项我是够格的。我没有把握的是，我是否还有热情——我是否已到达一生中的关键时刻，对继续以政治为职业的热忱已告消失。

——我的好多朋友不希望看到我在历史上的地位被1960年、1962年的两次失败所决定。他们认为那些失败不应成为我的墓志铭。这种论点从来没有怎么打动过我，因为我对历史的看法是宿命论的，近于历史决定论者的观点——是历史造就人，而不是人创造历史。

最后，我因在一页纸的末尾写下了自己从来没有想到会有的想法——"我什么都不在乎"——而再度吃惊得跳了起来。

我放下钢笔，呆坐着，一边盯住火光，一边思索。我过去多少总认为，如果一切顺利的话，我会再次当总统候选人的。这条道路实在令人厌倦，有时还寂寞难熬。是不是我历尽千辛万苦到头来却想逃避火拼？我原来的确是想参加竞选的。每一种本能都说应该参加，可在当前作出决定的边缘，我竟然吃惊地发现自己迟疑不决。

圣诞节那天，我跟帕特、特里西娅和朱莉进行了长时间的讨论。帕特说，她对我们在纽约的生活十分满意，但不管我作出什么样的决定，她都准备帮着我干。特里西娅和朱莉现在都长大成人了，我很重视她们的意见。朱莉在史密斯学院读二年级，她从不认为1960年是输了的。她说："你为了国家就必须这样干。"特里西娅是芬奇学院的四年级学生，她更多地从个人角度讲话："爸爸，你如果不参加竞选，你的生活就真太空虚了。"

离新罕布什尔的初选不到三个月了，我不能再迟迟不作最后决定。家中忙忙碌碌的节日气氛，显然使我无法集中精神思考问题。所以我决定去佛罗里达住几天，轻松轻松，独自思考思考。

12月28日离家时，帕特拉住我的臂膀吻我道："不管你做什么，我们都将为你感到骄傲，你知道我们是爱你的。"

贝比·雷博佐在机场接我，我们直接到比斯坎岛饭店的一个别墅去。我打电话给比利·格雷厄姆，问他能否来此和我们聚聚。此后三天之中，我在海滩上散步，思考我一生中最重要的决定。头一天晚上，我们谈神学、政治和体育运动，一直谈到深夜。比利高声朗读了《罗马书》的第一和第二两章。第二天午后，我邀他和我一起沿着海滩散散步。他刚得过肺炎，病得很厉害，还在恢复期，所以我们决定不走得太远，以免过度消耗他的体力。我对他说，我在参不参加竞选的问题上确已焦头烂额，左右为难。我本人有非常想参加竞选的一面，可是也有极力反对这种想法的一面，反对它所需要我们去做的一切。我能否争得提名还远远没有把握；即使得到提名，也无非是更为艰苦的竞选运动的前奏。10个月的竞选运动对我和全家，特别是帕特，将意味着莫大的压力和紧张。

我们谈得如此入神，不觉间已走了一英里多——一直走到比斯坎岛岛尖上那座古老的西班牙灯塔。我们回来时，比利已筋疲力尽了。他上楼去休息。雷博佐和我看了场格林贝肉类加工厂工人队在零度以下的气温里，在格林贝以21比17的成绩，打败了达拉斯牧童队的电视节目。除夕，我们在牙买加酒店吃晚饭，坐在我喜爱的那个靠近一个小瀑布的事先预订好的桌位上。

比利准备第二天回去，在整理行装。我走进他的房间，我就坐在那儿眺望窗外的海洋，等他把箱子整理好。"嗨，你的结论如何？"我问他，"我该怎么办？"比利关上手提箱，掉过身来说："迪克，我认为你应该参加竞选。假如你不参加，你就总得琢磨你本来应否参加以及你本来能否取得胜利等问题。你是全美国最有条件当总统的人。"他讲到美国所面临的问题，又说起现在的问题比1960年不知多了多少，严重了多少。他说1960年我被剥夺了当领袖的机

第四章 普通公民（1961-1967）

会，而现在，谢天谢地，我有了另一次机会。他说："我认为，你是命中注定要当总统的。"

我在佛罗里达又待了一个星期。一天早上，我从别墅去饭店拿信，看到戴维·艾森豪威尔给我的一封信。

亲爱的尼克松先生：

在前次拜访中，朱莉向我谈起了你面临的困难决定，并说，你很有可能不参加总统竞选了。我希望找个合适的时间当面和你谈谈这个问题。但这个课题看来是如此微妙，以致我有好几次都欲言又止……

当我从理性上探讨自己一生的抱负时，我认为搞政治最使人沮丧的一点就是吃力不讨好。我的祖父现在被看作是一个普通乡巴佬和一个笑容可掬的老将军。在很大程度上控制着教育和新闻工具的自由派分子，可能已经永远把他个人的和公开的形象给歪曲了。但我感到，他的一切努力，对他本人和许多其他人来说，是真正使人们心满意足的源泉，因为他曾尽其最大能力为国效劳，为千百万人民造福。

我以上所说的一定很不全面，因为我从未亲自经历过最呕人心血的竞选运动或政治生活。对一个人的家庭、私人生活以及生活中其他无数方面来说，搞政治是一种牺牲。这一点我已经认识到。持有这种见识和洞察力而又肯应召作出自我牺牲并为公众服务的人是很少的。但我深感你正是这样的人，而美国是需要你来领导的。我还认为，美国到一定时候是会理解这一点的，如果它现在还没有理解的话……只有你才能决定是否值得花上精力，备受艰辛去参加竞选。我仅为此略陈浅见。

忠诚的，
戴维

1月9日，我55岁生日那天，我回到了纽约。我的主意打定了，但我决定等朱莉从学校回家度周末时才谈,这样,我就可以在同一时间里使全家都知道。

11月15日,我们全家一起吃晚饭。我请罗斯·伍兹也参加——她跟我们多年患难与共,实际上可以算我家的成员之一。我觉得此时此刻她是应该在场的。等到就餐完毕,我把孟诺洛和芬娜也请了来。

我说,他们可能已猜到,我已作出了决定。我知道帕特不赞成我参加竞选,这是我心中最后衡量此项决定分量最重的一个因素。但我日益清楚地懂得,政治对我来说不只是一种可供选择的职业,它是我的生命。虽然道路漫长而艰苦,我认为这次我是可以取胜的。最后我说:"我已决定这样干了。我已决定再一次参加竞选。"

接着,是一个短暂的沉默,然后帕特说:"我知道你在向我们要求什么,也知道你在向自己要求什么。现在,决定既已作出,我愿意陪你干下去。"

特里西娅举杯祝酒说:"不管情况怎么样,我们反正总会胜利!"芬娜靠着孟诺洛站着,她说:"你是领导这个国家的人!这是在你出生之前就已经注定了的。"

第五章 1968年的竞选和大选

The Memoirs of Richard Nixon

既然世界上两个竞争的超级核大国美国和苏联的利益是如此广泛和重叠交叉，那么把有关的领域分割对待的方针是不现实的。因此我决定，把苏联所关心的诸如限制战略武器和增进贸易等领域里的进展，与对我们极为重要的越南、中东和柏林等领域的进展联系起来。这个概念后来成为众所周知的所谓"连环套"。

尼克松回忆录
THE MEMOIRS OF RICHARD NIXON

  1968年2月2日下午，我在新罕布什尔州曼彻斯特的假日酒店举行记者招待会，正式开始我第二次竞选总统职位的活动。我走到扩音器前面说："先生们，这可不是我最后一次举行记者招待会！"

  由于估计记者们会提出"尼克松赢不了"这个核心问题，所以我一开始就说，我考虑过这个问题并决定以参加全国各州初选这一行动来证明我是能够取胜的。我又提出，下一届共和党总统候选人的提名决不能再在烟雾腾腾的小房间里密商选定了，而应在"初选的烽火"中诞生。这话是冲着纳尔逊·洛克菲勒说的，是向他提出的一个挑战，因为我确信，在幕后支持乔治·罗姆尼当候选人的就是他。

  我有很多理由对我的初选战略取胜抱有信心。最近一次对全国范围共和党人所作的盖洛普民意测验表明，我比罗姆尼足足领先40%，比洛克菲勒也令人宽慰地领先了14%。尽管有这些总体上令人放心的数字，我对新罕布什尔初选还有三大疑虑。首先，事情难免有意外，风险总是存在的；哪一个候选人也不能在32%的投票人尚未表态时就说自己稳操胜券。我既要显示出自己胜利在握，又不能让自尊心很强又很有独立见解的新罕布什尔选民认为我这个人骄傲自大，或者认为我已经把罗姆尼看作竞选失败者来对待。其次，犯错误的危险总是存在的。我知道新闻界密切注视我的一言一行，它们会细加挑剔，因此我在竞选中的形象和说话口气都得格外谨慎。最后，存在共和党队伍被初选搞得四分五裂的危险，结果是不论谁取胜，都会使这个党成为一个斗志涣散、情绪沮丧、一盘散沙的党。当时，约翰逊政府正处于威信扫地的逆境，1月朝鲜北方扣留了普韦布洛号间谍船，2月越南的春节攻势，接着明尼苏达参议员尤金·麦卡锡又提出了反战的竞选口号，在民主党人中间煽起了激烈的不和。即便如此，共和党人要想跟林登·约翰逊这个权变有术而又掌握着在职总统各种大权的政客进行较量，还是非常困难的。

第五章 1968年的竞选和大选

越南战争是新罕布什尔初选中压倒一切的问题，就像在整个竞选期间的情况一样。我希望结束战争，但结束的方式不能让南越人民遭致军事上的失败并屈服于北越共产党的统治。

我认为还有许多尚未探知的途径可以作为结束战争的通道。我深信我们可以更有实效地使用武装力量，迫使北越人认识到军事取胜之不可能。我们还有必要加速各项计划，以训练和装备南越人，使他们具备自卫能力。最最重要的是，我们并没有充分运用我们巨大的外交智谋和威力。我认为问题的关键不在河内，而在北京和莫斯科。

我要是把具体的计划都详细勾画出来的话，作为一个候选人来说，未免过于莽撞，而作为将来可能出任总统的人来说，则是很不妥当的。我并不像约翰逊那样掌握着全面的消息或情报手段。而且，即使我有能力拟订出具体的"计划"，把它公之于众也只能是荒唐无稽的。在外交领域里，即使是最缜密的计划，如果过早泄露的话，也往往会落个可悲的结局。

所以，在某种程度上来说，我只能要求选民相信我有能力结束这场战争。我的竞选演说中总有那么一段保证："新领导将在太平洋地区结束战争，赢得和平。"

我从未说过我已经有一项结束战争的"计划"，更没有说过有什么"秘密计划"。我有意识老老实实地提到寻求一项解决方案的困难。1968年3月14日我对美联社就是这样说的："没有灵丹妙药，没有锦囊妙计。要有什么妙计，我这就去告诉林登·约翰逊。"

尽管罗姆尼竞选劲头十足，也花掉了好大一笔钱——据传这笔钱大部分来自洛克菲勒——民意测验结果却继续对他不利。

正当我往返于若干小城镇忙着竞选时，帕特·布坎南在中途赶来。演说完后他对我说他要同我单独谈谈。他把我领到附近的一间男盥洗室并对我说，他刚从一名记者那儿获悉，罗姆尼要举行记者招待会宣布退出竞选。我大为惊讶，立刻命令我的工作人员注意罗姆尼的记者招待会，向我报告详细情况。听到广播之后，他们走进我的房间时脸上的爽朗笑容就是他们带来的报告。

就个人而言，我对罗姆尼的不战而退很是失望。尽管我把他击出了圈外，可是往后赢得的却只是一场没有真正在选举中击败对手的胜利。而我之所以决定把参加全国初选放在首位，毕竟是为了经受党内选举的考验。尽管罗姆尼已经退出竞选，在对外公开预测得票可能性时，我们仍说只有总数的45%到50%。虽然我私下盼望而且也预计我赢得的数字会比这个大，不过我认为低估前景总比高估为好。

3月12日晚上，我和帕特一起参加纽约的尼克松竞选总部的胜利庆祝会。在听说我得到了78%的选票时，我既惊奇又舒畅。即使竞选中没有罗姆尼参加，人们也欢呼我的胜利具有重大意义。它使洛克菲勒手下那些摇旗呐喊的人大为失望，他们辛辛苦苦拉来的那一点不投原定候选人的票更不足道了。

新罕布什尔初选结果，改变了两党的政治前景。民主党方面，约翰逊虽赢得了49.5%的选票，可是参议员尤金·麦卡锡这个异军突起的反战候选人却获得了令人注目的42%的票。新闻界的注意力和分析大大地集中到麦卡锡身上，给许多人留下了果真是他获得了胜利的印象，而且实质上，获胜的也确实是他。在麦卡锡弄得约翰逊有可能败北的四天之后，纽约州参议员罗伯特·肯尼迪宣布参加争取提名为总统候选人的竞选活动。许多正直的反战自由派分子觉得肯尼迪在窃取麦卡锡的劳动果实。自由派的《纽约邮报》专栏作家默里·肯普顿指责说，肯尼迪一直等到约翰逊"血染新罕布什尔"之后才"跑下山来打死老虎"，这根本不算好汉。

共和党方面，罗姆尼退出竞选与我初战获胜，给洛克菲勒增加了压力，迫使他于3月21日举行一次记者招待会。我本来完全以为他会宣布参加竞选，可是他却宣布说："我今天决定郑重重申，在竞选合众国总统职位的活动中，无论直接或者间接，我都不参与，不当候选人。"他说道，他"今后再不以任何言行鼓励"人们支持他竞选总统，还说他已经签署了一份宣誓书，把他的名字从俄勒冈的初选名单中去掉。为了表示郑重起见，他再加了一句："宣誓书上的话是算数的，明明白白地宣布了我现在不是，将来也不是竞选总统职位的候选人。"

第五章 1968年的竞选和大选

洛克菲勒在谈到党需要团结时表示:"非常坦率地说,我对眼前的形势非常清楚,共和党领导人中相当一大部分都要求前副总统理查德·尼克松出来当候选人,而且看来同样清楚的是,他们对此都非常关心,并渴望避免党内再出现像1964年竞选时的那种四分五裂的状况。"

马里兰州州长斯皮罗·T.阿格纽和一群朋友及记者在安纳波利斯他的办公室里听到了这段广播。阿格纽是三天前刚在安纳波利斯成立的全国支持洛克菲勒委员会的发起人,他当然一心一意指望洛克菲勒出山当竞选人。他对记者们说,洛克菲勒这一决定,使他"极为惊讶,失望之至"。

过了一个星期,我和阿格纽会谈了两小时,他的才智和洞察力给我留下了深刻的印象。会谈后,他对记者说,他仍拥护洛克菲勒,所以还不准备公开表示支持我。不过,说到我时,他说道:"我对他评价很高。他是个领先者。"

我的日程表上原来安排要在3月31日(星期日)的晚上向全国发表广播演说,谈谈对越南战争的看法。我打算提出建议:美国应努力设法说服苏联减少对北越的军事支援。我还计划对约翰逊在军事战线上采取逐步升级的政策进行严厉的抨击。

星期六下午,我正对讲演稿作录音前的最后润色时,消息传来说约翰逊要求各家电视广播公司在第二天晚上给他安排一个时间。我别无他择,只能推迟我的演讲。

我把星期天的大部分时间都花在密尔沃基的竞选活动中。由于约翰逊演讲时我正在飞行途中,我请帕特·布坎南注意听他的演讲,并让他在拉瓜迪亚机场接我,在我下机后向我报告。

听了布坎南的报告,我不由得大吃一惊。约翰逊细述了他为战争降级所做的最新努力,特别强调他本人要为获得和平而献身。接着,他发表了美国政治历史上最出人意料的一项声明。他说他认为不能把他每天的工作时间,哪怕只是一个小时,花在为个人服务的党派活动上面。"有鉴于此,"他接下去说,"我将不谋求也不接受我党要我再当一任总统的提名。"

记者们吵吵嚷嚷,要我对此发表声明。我当时轻率地说了一句,今年真是个"半途而废年"：罗姆尼，洛克菲勒，现在是约翰逊。半途而废这顶帽子对前两人也许合适，可是用来形容约翰逊的行为应该说是用错了。

这些事件的结果使4月2日在威斯康星州举行的初选变得几乎毫无意义。我赢得了共和党79.4%的选票，麦卡锡也以56%对34%压倒了已非候选人的约翰逊。

威斯康星初选后两天，马丁·路德·金在田纳西州的孟菲斯遭暗杀。约翰逊声明的余波尚未消失，现在全国又要陷入一场虽说短暂但却激烈的苦难境地，眼看由震惊而幻灭，由幻灭而失望，由失望而仇恨和诉诸暴力。金死后一小时，华盛顿就爆发了抢劫和破坏，肇事地点离白宫只有六条街。当天晚上，纽约的哈莱姆区和贝德福德－施托伊弗桑特区也陆续发生了零星的抢劫和殴斗。很快骚乱遍及全国。第二天，抢劫和破坏发展到故意纵火和杀人致死。在芝加哥，肇事分子抢了闹市区一大片商店，结果死了7人，350多人被捕。国民警卫队应召开赴芝加哥，以及波士顿、底特律和其他一些地方。

4月7日（星期日），我飞往亚特兰大向金的家属表示哀悼。我到他们家，看望了他的四个孩子，他们为父亲惨遭暗害还都沉浸在悲痛之中。我到金夫人的屋里看望她时，她正在休息，她那沉着与克制的仪容，使我非常感动。她对我的到来表示了谢意，我们谈起了我与她丈夫第一次会见的情景，那是1957年庆祝加纳独立的时候。我告诉她说，她丈夫所主张的应该以和平方式而不是以暴力手段来实现全人类机会均等的理想给了我深刻的印象。两天后，我又回到亚特兰大参加了葬礼。

马丁·路德·金一生言行所表达的理想主义，是他对民权事业所做的独特贡献。他努力抵制民权运动中的极端主义分子，这些人为了达到目的，不惜诉诸暴力。也许正是这些人的压力使他有时候在公开场合表现得比平时更为激进。不过，你总能和他据理相处。他像他的伙伴一样，并不欣赏那种所谓必须耐心等待才能达到目的的论调。不过，作为一个讲究实际的人，他也意识到实际情况就是如此。他的去世使美国黑人失去了一位全国公认的领导人，一位既有超凡的魅力又有高度责任感的领导人。能够理智地解决问题的人是有的，但没有一个人比得上他的魅力及鼓舞人们和感动人们——无论是白人还是黑人——的才能。

金博士死后,我有两个星期取消了一切政治活动。4月19日我才飞往华盛顿,在美国报纸主编协会上露面。我的演说以及演说后举行的生动活泼的提问回答会进行得非常顺利,几天后,我收到了艾森豪威尔的来信。

亲爱的迪克:
　　我在今天早上的报上读到了你在全国报纸主编协会上的演说摘录。演说高超极了。不仅演说,你在提问回答会上的风采更令我神往,充分显示了你的潇洒自如、幽默风趣和击中要害的谈吐能力。
　　我偶尔听到的口头报道表明,你的竞选进展情况比前几周明朗得多了。起初,自命为行家的人都在这样说:"迪克出任总统的准备工作做得相当不坏,不过他就是当选不上。"现在,总的说来,这种否定态度都已变为:"没错,尼克松出任总统的准备工作做得相当不坏,现在就得看我们能不能把他选上了。"我听到的这些话不仅来自本地人士,还来自全国各地的客人。这种态度上的改变才是真正的进展,只要这股势头保持下去,要不了多久,信心就会代替疑虑……
　　　　　　　　　　　　　　　　　　　　　　忠实的,艾克·E

艾森豪威尔的信给我带来的振奋可以说是从天而降,而且非常及时;可是不到一个星期,纳尔逊·洛克菲勒却宣布重返竞选,与我对着干。

4月30日,洛克菲勒在奥尔巴尼举行记者招待会,来了个180度大转变的声明。他解释道:"过去几周发生的前所未有的重大事态,显示我们作为一个民族即将面临一场严重的危机。"于是,他宣布决定出任候选人。

洛克菲勒是在马萨诸塞举行初选那天宣布他的声明的。约翰·沃尔普州长,我的早期支持者之一,坚持以本州拥护的总统候选人这种"宠儿"资格参加初选。洛克菲勒靠着那些投非原定候选人的选票,费了九牛二虎之力,才以

9.5%的多数赢了沃尔普。这次胜利使沃尔普极为尴尬，把我惹火了，但洛克菲勒被捧上了天。马萨诸塞所有出席全国代表大会的34名代表都归到了他名下，他这次复出竞选的第一炮打得很响。

但洛克菲勒参加竞选为时过晚，已不可能把他的名字作为候选人排进其余各州初选的选票上。我敢肯定地说，他推迟登场是故意安排的，免得自己被揭穿而有落选的危险。

既然洛克菲勒复出参加竞选，我就得注意另一个热衷于竞选的候选人的动静了。罗纳德·里根在只有两个人竞争的党代会上是赢不了我的，但是有洛克菲勒从左翼捣我的鬼，里根倒很可能会看到他不仅只是加利福尼亚代表团的"宠儿"，而是有着扮演更为重要角色的前景了。

因此，当里根同意把他的名字正式列入内布拉斯加州5月14日初选的选票上时，我毫不惊奇。他否认他个人在这方面作过任何努力，但是支持他的人却替他出了很大力气，其中包括在全州范围电视观众最多的时间，播送了几场非常显眼的半小时电视纪录片。支持洛克菲勒的人则发起了一场投非原定候选人票的运动，买下了247个电视节目时间和564版报纸广告栏。尽管他们那么卖劲，结果我还是以70%对22%超过了里根，而洛克菲勒则只有5%，远远落在后面。这是迄今为止共和党党内竞争最激烈的一次初选，我对这次结果是很满意的。

现在，俄勒冈州的初选是关键了，这是我参加初选的最后一个州。6月4日加利福尼亚州的初选是里根的天下，因为我早就决定不向他那"宠儿"地位挑战，以免给党带来分裂的危险。洛克菲勒和里根至少在那时采取了共同的战略：使我放慢步伐，刹住我的势头，赢得时间，等到在迈阿密海滩举行的全国党代会上发起最后攻击。我担心俄勒冈，因为里根手下的人正不惜代价地作最后冲刺，他们在这个州总共花了好几十万美元。而为洛克菲勒拉票的人也下了同样多的本钱。

我决定在俄勒冈加倍努力地干，与里根和洛克菲勒不同，我采取到州里进行竞选的做法。里根不能亲自去，因为他自己说过不当候选人，而洛克菲勒则不敢去，因为万一他去了那里而又败阵而归，局面就会对他更不利。

于是里根照常放他的纪录片，洛克菲勒则成百上千版地大登其广告，可是结果还是我的战略最见成效。在这最后一场初选考验中，我得到了超过73%的选票，把里根的23%和洛克菲勒的4%远远抛在后面。

那天晚上，在波特兰市本森饭店我的套间里，一种与1966年选举之夜相似的满意之感又涌上心头。但事情远远未结束，只是开始走上轨道了。

1967年6月间，鲍勃·霍尔德曼给了我一份备忘录，谈了在近代总统竞选中使用新闻工具的问题。他强调在如何使用电视方面应有创见。他写道："对政治竞选活动来说——就其竞选技术和战略而言——走出黑暗时代，进入人们肉眼随处可以看到的新的华丽世界的时刻已经到来。"霍尔德曼正确地指出，在一次竞选期间，一个候选人要作上百次演说，但直接会见的也只是几十万新的可能支持你的人。与此同时，活动搞得这样紧张则会使候选人"晕头转向，被爱慕他的人弄得昏昏然，遭到对手支持者（收买来的捣乱分子）的嘲笑和奚落，被一个接一个的狂热集会的超级刺激弄得误入歧途。总之，弄得他没有时间思考，没有时间研究对手的战略和言论，没有时间部署自己的战略，考虑自己的讲话。难怪这种老一套的竞选手法，简直跟白痴的水平不相上下"。

霍尔德曼备忘录中最重要的建议是研究采用那些使用电视的新途径。

在纽约，我的顾问小组花了一个下午的时间，观看过去几年里我在各种各样正式和非正式场合被摄下的旧电视新闻剪辑。目的是要看看我这个候选人与这种新闻工具配合得如何，然后定出究竟哪种拍摄方式最为有效。他们分析了每一个镜头，认为场面越自然，我应付得越好。在这一见解的基础上，决定我应广泛利用问题回答会的形式，不仅在记者招待会以及有学生们参加的公开提问会要用，而且在我出钱买下的政治节目中也用。

在竞选运动中，它逐步形成了所谓"舞台人物"手法：让我一个人独自站在舞台中心，四周没有摆设，外围则是层层听众。我就在这种舞台设计的场面中接受普通公民们的提问，有时候提问者里也有一些地方报刊的记者。

在1968年，要赢得总统提名并当选为总统，南方各州是最重要的地区之一。1964 年，亚拉巴马的乔治·华莱士州长在民主党三个初选区内搞了一场实质上是种族主义的竞选活动，他那过火的表演曾使民主党的党魁们都感到很难堪。1968 年，华莱士决定采取更加全面的保守路线来扩大他的号召力，并且通过第三党来争取得到提名。他正在设法把他的名字列入尽可能多的州的选票上去。

在共和党方面，把许多南方共和党人的心搞得飘飘然的是罗纳德·里根。他讲着他们保守派的共同语言，口齿清晰，感情丰富。南方的代表们在最后一分钟被他娓娓动听的高谈阔论争取过去的可能性始终是存在的。因此，在获得提名以前，我得特别注意在右的方面出现的突发性危险。同样危险的是，如果党内发生了严重的分裂，那就会把里根派分子推到华莱士的阵营去。

5 月 31 日，我飞往亚特兰大去参加全国党代会举行前的一次最重要的会议。共和党南方各州的主席正在举行会议，两天里我用了好几个小时与这些头头们进行个别或分组交谈。我毫不掩饰这次旅行的目的：尽量讨好他们，努力争取他们的选票。

我事先邀请参议员斯特罗姆·瑟蒙德去亚特兰大，他赶来参加了一次会。瑟蒙德曾任南卡罗来纳州州长，做过 1948 年南方州权派的民主党总统候选人。1964 年，他由民主党转成共和党，支持过巴里·戈德华特。现在他是南方最有势力的几个共和党领袖之一，他的支持对我来说是必不可少的。

我曾私下跟瑟蒙特商谈过好几个月，我确信，只要在两个对他来说极为关心的问题上满足他，他就会加入我的竞选行列。其中较为重要的一个就是国防问题。作为参议院军事委员会的委员，他坚持美国应在军事力量上无可置疑地居世界首位；我完全同意他的看法。第二个问题则带有狭隘的偏见了：瑟蒙特要求提高纺织品进口的关税，以保护南卡罗来纳的纺织工业。考虑到政治现实，我在这个问题上是无法附和他的，但我告诉他说，在考虑采取提高关税一途之前，我们应该先努力设法使日本及其他国家同意自愿减少向美国的出口。在人权问题上，瑟蒙特知道我的立场跟他迥然不同。我赞成 1964 年的民权法案，而他则持反对意见。他虽然不同意我，但他对我的诚意与坦率还是尊重的。他知道，我是会把这项法律付诸执行的，但我不会把南方当作代人受过的替罪羊。

会议结束后,我得到了瑟蒙德支持我的诺言,这对抵制里根从右的方面搞我的鬼是很有作用的。

我与帕特、特里西娅、朱莉以及戴维·艾森豪威尔在我们纽约的公寓里看电视报道加利福尼亚初选结果。由于时差关系,我只看到趋势大体明朗时就睡觉去了。显然,鲍勃·肯尼迪正从俄勒冈败于麦卡锡的境况中翻过身来。我认为休伯特·汉弗莱宣布当候选人的时间拖得太长了,我觉得一旦肯尼迪在加利福尼亚初选中获胜,那就再也没有办法可以阻止他那股主宰一切的势力的发展了。我上床时说:"看来很可能我们要跟鲍勃对抗了。"戴维和朱莉说他们要看完才睡,到第二天早晨再把结果告诉我。

过了不久,我迷迷糊糊地听到戴维一遍又一遍叫我的声音:"尼克松先生,请原谅,尼克松先生。"我终于睁开了眼睛,看到戴维站在我屋里。"什么事?"我问道。"有人对肯尼迪开枪行刺,"他说道,"人还活着,但昏过去了。他一发表完胜利演说就被刺了。"

我跟千百万美国人一起,心里都在琢磨,这样可怕的悲剧怎么又一次落到肯尼迪家族身上?谁干的?为什么要这样干?这种疯狂行为要到什么时候才有个完?

次日,我正在书房里工作,帕特走了进来,泪水汪汪地说:"迪克,那可怜的鲍勃刚咽气。电台正在广播这件事。"

鲍勃·肯尼迪跟我在政治上是完全对立的两派,代表着全然不同的选民与不同的哲学。我们的信念与风格毫无相似之处。但我们像所有的政界人物一样,都把自己的精力与生命奉献给公众,为公众服务,都是这个没有特许权的俱乐部的会员。对于危险,我一向是持宿命论观点的。但是如此草菅人命的惨事仍然令我悲哀又心寒。

帕特和我参加了在纽约圣帕特里克大教堂举行的葬礼。鲍勃的兄弟爱德华致了悼词,那雄辩的语言深深地感动着我们俩。

全体候选人在葬礼后几周内,默契地推迟了竞选活动。约翰逊总统下达了命令,要保卫人员不分昼夜地保卫好所有竞选总统的候选人和他们的家属。

我 6 月底重新开始竞选活动，在这以后，除了偶尔短暂休息几段时间外，马不停蹄地一直进行到 11 月 5 日大选日那天。

党代会的日子临近了，尽管洛克菲勒和里根这两股势力不遗余力地打击和拉拢各州的代表，我还是保持了领先地位。由于洛克菲勒不愿跟我在初选中进行较量，他现在手头上只留着一张可以打出的牌："输家发牌权。"他将尽力表现出他比我更有把握在 11 月的大选中取胜。

为此，他发起了一场荒唐的"民意战"。他给我发来了一封一本正经的电报，并于 7 月 9 日公之于众。在电报里，洛克菲勒提议：一、要我同他举行一次辩论；二、要我和他联合搞一次民意测验，考验一下我们在选票量大的地区各自的实力。这些民意测验结果将交给代表大会的代表们，供他们在决定提谁的名时使用。我从未听说过用这样一种荒唐可笑的办法来决定党对总统候选人的提名。显然这是出于绝望的孤注一掷。

洛克菲勒不顾我反对他这项联合民意测验的建议，自行其是地干了起来。他雇了一家民意测验公司，然后又花了好几百万美元在全国范围内进行一场规模庞大的广告宣传竞选活动，显然用意是要在进行民意测验时影响一下舆论。在全国代表大会开幕前夕，洛克菲勒陆续公布了他的民意测验结果，表明他在几个关键的选举州里领先了。

我的战略是不到最后决不回击。我自己搞的民意测验表明，在这同样几个关键的选举州里，我与洛克菲勒不相上下，或者甚至比他还好一些。回击的念头一再强烈出现，但我克制住了。我完全有信心击败洛克菲勒，但我不想被他拖入一场两败俱伤的混战，因为那样做只会有损于我在秋季得胜的机会。

洛克菲勒不断搞他的民意测验数字游戏，我则按我的原计划紧张工作，着眼于巩固我在代表中已获得的支持，同时也不断争取更多的代表，以保证在第一轮投票时就获得胜利。为此目的，我觉得最重要的是要取得艾森豪威尔的认可。

艾森豪威尔不乐意卷入代表大会前的搏斗中。我知道他倾向于在召开代表大会以后才拿出他的认可声明，以显得党是团结统一的。不过我也知道他心里是要提我作候选人的，于是我请他以前的高级顾问、现在站在我一边的布赖斯·哈洛出面致函艾森豪威尔，敦促他在代表大会前认可我。

7月15日，我到华盛顿的沃尔特·里德医院探望了艾森豪威尔。他的笑容没怎么变，但脸上的皱纹却深得多了，年岁与疾病真不饶人啊！寒暄了几句以后，他提出了认可的问题。我们主动提出的要求显然很有效果，他毫不犹豫、毫无保留地说："迪克，我不希望人们在这个问题上还会有任何怀疑。我挑中的就是你。好啦！"他同意在7月18日发表他的认可声明。他的声明措辞有力，直截了当，对我的帮助可大啦：

> 争论如此激烈，时代如此动荡，以致我决定打破我个人的先例，在召开全国代表大会之前，发表对一位总统候选人的认可声明……
>
> 我支持提名理查德·M.尼克松为我党竞选美利坚合众国总统职位的候选人。我之所以这样做，不仅因为我赞赏他在我任总统期间对美国作出的卓越贡献，更重要的是，因为我钦佩他的个人品格：才智出众，机敏泼辣，果断有力，热情饱满，尤其是他的忠贞不渝。我觉得如果能在1969年1月把迪克·尼克松安置进白宫，那对美国的安全、繁荣和国力以及世界和平事业都是最为有利的。

声明发表后，他送给我一份抄件，并在抄件的顶端亲笔附言："亲爱的迪克，这个声明是我真心实意乐于写就的——德怀特·艾森豪威尔。"

7月26日，我去华盛顿听取约翰逊总统为所有总统候选人提供的情况介绍。那天早些时候他已向乔治·华莱士作了介绍，当我抵达白宫时，约翰逊、国务卿迪安·腊斯克和总统国家安全顾问沃尔特·罗斯托都在等我。

情况介绍的核心问题是越南。谈到我们是否应单方面停止轰炸北越时，约翰逊很带感情地谈到在南越服役的士兵以及他得给死难者的家属写慰问函的问题。他问道："难道我可以跟孩子们说，我们就要停止轰炸，让他们增加30%

的卡车满载枪炮弹药源源南下，让他们有更好的机会来打死你们，这能行吗？"

最精明强干、最受人尊敬的国务卿之一的腊斯克指出，美国如果没有获得体面的和平解决就从越南撤出，亚洲其他地区就会一片"混乱"。他说，他坚持这一看法，跟什么"多米诺骨牌"理论是毫不相干的，因为他认为那个理论看问题过于简单化了。他相信，美国从越南撤走，势必让中国共产党人成为亚洲大陆唯一大国，结果就会造成一片混乱。

情况介绍的关键部分是有关停止轰炸的问题。约翰逊多次谈到这个问题。他说事实上他已经提出了停炸的建议，而且苏联人和北越人都在进行认真的考虑。就我们方面来说，以前的停炸都未收效，对此他牢骚满腹。他坚持不能肉包子打狗有去无回。他说："如果我们停炸，总该从对方得到点什么才行呀！"他向我保证，眼前不准备搞停炸。他打算等待下去，一直等到北越及其后台苏联愿意接受合理条件为止。我说我将继续支持我们在越南的目标，尽管我对目前已经采取的策略是有意见的。我还保证，要是共产党方面万一转而同意约翰逊所坚持的条件以换取停炸，我决不做有损我们谈判立场的事。

等到介绍结束、众人离去之后，我眼前的约翰逊一下子变得像只泄了气的皮球，显得苍老又疲惫不堪。他啰啰唆唆地大讲特讲他决定不再参加竞选的事，声音喑哑沉闷。他举了许多理由，并且多方暗示说，自从1967年8月以来，他就一直在考虑不参加竞选的问题。但是他只字不提尤金·麦卡锡和鲍勃·肯尼迪，对这两个竞选者所造成的各种压力他也一声不吭。

在送我出门时，他又恢复了老样子，镇定自若起来。他表扬了J.埃德加·胡佛（联邦调查局局长），感激艾森豪威尔对他的支持，恭维我的一家，还说刚收到戴维·艾森豪威尔的来信，表示支持他在越南问题上的立场。

当我们握手告别时，他说："你知道，迪克，有人说我权欲熏心，这全是废话。对于掌不掌权的问题我他妈的从来都不在乎。我之所以想当总统，无非就是为了可以有个机会为国家做点好事。再也没有其他的想法。"

当约翰逊大谈他用权之道的时候，我心里琢磨的是，用什么方法可以使大权不落到纳尔逊·洛克菲勒手中。他丝毫没有罢休的念头。直到开代表大会的前夕，他还在如痴如狂地搞他的民意测验。他到迈阿密海滩时带着大把大把的统计数字，以便分发给代表们。不过他的努力看来收效甚微。

洛克菲勒是公开地干，而里根则继续忸忸怩怩地谋求做候选人。但他的意图是谁都清楚的。早在召开代表大会之前，他就曾不断把南方的代表们接到加利福尼亚去和他见面，并在思想方面拉拢南方的代表们，使他们难于拒绝。代表大会举行前三星期，他又带着他的首席拉票专家克利夫顿·怀特作了一次南方之行。

里根来到代表大会，立即在代表团各种会议上开始他那"顺便访问"活动，以他的风度和口才博取代表们的好感。最后，他于8月5日星期一粉墨登场。比尔·诺兰代表加利福尼亚州代表团干部会议宣布，干部会议通过决议，确认"里根州长是一个杰出的、真正的总统候选人"。

过了不久，迈阿密海滩就开始流传"挖墙脚"这一新词句。洛克菲勒和里根两人都兴致勃勃地试图说服代表们，说我还不一定有把握获得总统提名；他们把两股力量纠合在一起，用以说明我的实力正在消退，支持我的代表人数正在减少。

替这两位候选人作说客的干将们，缠住抵达迈阿密的代表不放，硬要他们相信，我还不能稳得总统提名。当这些紧张的活动在迈阿密进行的时候，我正在长岛的东端蒙托克角，乘代表大会召开前最后几天的工夫草拟我接受提名的演说稿。

里根宣布做候选人的那一天，帕特和我飞到了迈阿密。我们受到了群众盛大而热情的欢迎。抵达希尔顿广场饭店顶楼的套间后，我立即打电话给约翰·米切尔。

"约翰，搞到多少票啦？"我问道。他咯咯一笑，以他特有的沉着自信回答道："我对你说过你甭担心嘛，迪克。一切都很顺利。"当我向迪克·克兰丁斯特提出同一问题时，他也一样蛮有信心。克兰丁斯特和米切尔都是负责同代表们联系工作的。不过，洛克菲勒与里根这两股势力的结合正在劲头上。洛克菲勒做北方和中西部各州代表的工作，里根则力图破坏我的南翼。

几个月的艰苦劳动总算没有白费。斯特罗姆·瑟蒙德和得克萨斯参议员约翰·托尔亲自去看望或打电话给各个代表团，做他们的工作。他们不遗余力地加固南方的堤岸，挡住里根浪潮的冲击。托尔称这为"永远攻不破的灰色防线"。

守住南方各州并不是我们要应对的唯一问题，还有其他几个麻烦的州。例如，俄亥俄州州长詹姆斯·罗兹就依然坚持要当本州的"宠儿"，这样一来，俄亥俄全部选票都给他弄走了，而其中的大部分本来会在关键的第一轮选举中投我的票的。乔治·罗姆尼也不肯放弃他的"宠儿"地位，虽然他那个州的绝大多数代表都是支持我的。

到8月7日星期三晚上，我已经满意地掌握了取胜所需的选票。经过反复核实，我确信里根或洛克菲勒已无获胜希望。他们口口声声提到的"挖墙脚"纯属政治手段而已。除非出现奇迹，他们两人中谁也无法取胜，即使还有后一轮的选举也是枉然。

有些观察家硬说我赢得提名后沾沾自喜，得意忘形。说什么代表大会不过是一场使人厌烦的加冕典礼，这完全是瞎说一通，根本无视我为了获得成功所付出的几个月艰苦努力。那些不喜欢我当候选人的评论员们感到真正恼怒的是，他们再也无法振振有词地硬说我是由于党内大亨们的安排才得以取胜的。作为自始至终经受了初选考验的唯一候选人，谁也无法硬说我不是我党广大群众推选出来的。

提名活动开始时，我邀请了一小批朋友和我的工作班子到我的套间里跟我们全家在一起：帕特、特里西娅和她的朋友埃德·考克斯以及朱莉和戴维，还有罗斯·伍兹、鲍勃·霍尔德曼、帕特·布坎南、德怀特·蔡平、雷·普赖斯以及莱恩·加门特等。约翰·米切尔坐镇停在会议大厅外的通信指挥车内，与大家保持不断联系。罗杰斯·莫顿充任现场经理，哪里需要他就奔向哪里，找犹豫动摇的代表作临阵鼓气。迪克·克兰丁斯特负责现场监督巡回于会议大厅，直到最后一票统计完毕为止。

特德·阿格纽在大会开始提名时提了我的名。米切尔事前问过他是否愿意担任此项任务，并透露了这样的意思：如果任务完成得出色，可考虑他作二号人物的候选人。就这个意义上说，阿格纽的提名演说至少也是一次考验。

第五章 1968年的竞选和大选

决定总统候选人提名的投票开始了。第一个是亚拉巴马州。我们稳住了阵脚，顶住了里根的入侵，我得了14票，里根得12票。沃利·希克尔提供了阿拉斯加州12票中的11票，只有一票除外。巴里·戈德华特把亚利桑那州全部选票都给了我。唱票过程中头一个有问题的州是佛罗里达州。当该州的34票中有32票为我所得时，第一个难关算是闯过去了。

在伊利诺伊州的58名代表中，尽管查克·珀西在最后一分钟倒向洛克菲勒，我还是赢得了50票。

从马萨诸塞州一直到内华达州，这中间没有什么惊人的变化。第二个难关来到了：新泽西州。马上就要轮到该州投票的时候，约翰·米切尔从指挥车上来了电话。"迪克，"他说道，"我看，你可能在新泽西州会有意外收获。不过，恐怕克利夫·凯斯永远也不会让你再度跨过哈得孙河。"为了对付自由派参议员凯斯的顽抗，米切尔设法向大西洋城的共和党实力派弗兰克·"哈普"·法利求助，终于打开了新泽西州代表团的缺口。这就牵涉到凯斯本人的利益了，于是他在最后一分钟决定充当"宠儿"的角色。不过这"宠儿"候选人显然是属于洛克菲勒战线的，所以我们只得尽量设法说服代表团内支持尼克松的代表们主张可以独立行动。凯斯虽四面楚歌，败局已定，但他仍不愿轻易罢休，也不肯体面退出。代表团内部争斗相当激烈，到最后他提出代表团每个代表分别表态。于是点每一成员的名进行公开表态。这一招也失败了；每点到一个代表的名字并喊出"尼克松"时，电视屏幕上就露一下凯斯的镜头，只见他绷着脸坐在椅子上，一副委屈受辱的样子。我注视着屏幕上的他，不由得想起当年我们在众议院共事的经历，也想起我怎样在1954年帮他竞选，让他以勉强拥有3000票的多数赢得了他的参议员席位。所有这些因缘都在这一天晚上断绝了，我们之间的关系也再恢复不到以前那个样子了。新泽西州的40名代表中，拥护我的占18人。

点到纽约州的名时，我居然能在洛克菲勒的老根据地搞到4票。詹姆斯·罗兹拒绝放弃他的"宠儿"地位，死抓住俄亥俄州代表团不放，对此我是感到有点吃惊。宾夕法尼亚州州长雷·谢弗，像查克·珀西一样，在最后一分钟倒向了洛克菲勒。不过由于他自己放弃了中立，他的代表团也就可以自由行动了，于是我们进行了一次突袭，并且取得了相当可观的成功：我取得了全州64票中的22票。

没有什么其他的意外事件了。威斯康星州帮我得到了第一名。决定性的选票居然来自一个基础性的州，这当然使我心情愉快。

最后计票结果显示，我共得692票，比所需的票数多了25票。罗纳德·里根摆出一副党内实力人物架势，作出团结姿态，动议全体起立欢呼提名得到一致通过。

我们算是登上半山腰了。根据1960年和1962年的经验，我知道登上这后一半会困难得多。

过了几分钟，洛克菲勒来电话对我表示祝贺。当我对他说我理解他的失望心情，他大笑着说道："里根没有如我们所预期的那样为我们取胜。"他恭维我战略成功，并保证11月大选时全力支持我。

现在，我得找一个竞选伙伴了。两周以前，约翰·米切尔和我曾经初步——也是非常秘密地——决定这位子应该给阿格纽。但是正像许多最重要的决定一样，在宣布以前是不算最后决定的。我还要推敲推敲，权衡利弊，听听旁人的见解。这只能算是个暂定的选择，还可以更改的。

和阿格纽谈话给我一个印象是，他是个具有极大内在力量的人。虽然他在对外政策方面没有经验，但他在这方面表现出来的直觉本能似乎与我差不多。他博得了一个老成持重、见解进步、办事得力的州长的美名。在民权问题上他采取向前看的立场，但坚决反对以暴力推动这一事业。作为巴尔的摩县前任县长，他对地方政府和州政府的工作都专心研究过。他很关心国内城市地区的困境。看来他为人稳妥、沉着，举止端庄，这些条件无论对他作为候选人，或者我们获胜后出任副总统来说，都是很有利的。

从严格的政治立场出发，挑选阿格纽完全符合我们制定的11月大选战略。由于乔治·华莱士参加竞选，我不可能囊括南方全部选票。因此，必须争得围绕着南部的所有各州——边界州——以及中西部和西部的几个大州。阿格纽在地域上符合选举要求，而且作为一个政治上的温和派，他在哲学观点上也是合适的。

我和他在代表大会前的两次会谈中，关于考虑他做副总统候选人的可能性问题连提都未提过。当我问他，如果我们在11月获胜后他想干什么时，他说他对阁员地位不感兴趣，如果真有空位的话，希望我考虑给他一个联邦法官的职务。

在总统提名决定后那天晚上，我召集了一连串会议，一直开到第二天凌晨，会上我故意只字不提我那暂定的选择，连曾经考虑过这回事都不提。到会的人提得最多的名字都是些众所周知的人物：罗姆尼、里根、约翰·林赛、珀西、马克·哈特菲尔德、约翰·托尔、乔治·布什、约翰·沃尔普、洛克菲勒——只有一次偶尔提到阿格纽，有时候还同时提到科罗拉多州的约翰·洛夫州长和华盛顿的丹尼尔·伊文思州长。

会议对哪个候选人都未取得完全一致的意见，但除了阿格纽一个人之外，都被一一排除了。作出最后决定前，我又分别询问了两个最亲密的朋友和老同事，问他们本人愿不愿当我的竞选伙伴。

第一个是鲍勃·芬奇。鲍勃也许是我政治方面最亲密的朋友了，他在1966年赢得加利福尼亚州副州长职位后，已成为党内一颗正在上升的明星。我知道他会表示拒绝，但还是对他说："你有林赛所具备的许多优秀品质。你年轻、朝气蓬勃，你对党、对独立选民都有很大吸引力。"他对我的建议万分感动，但还是坚决不接受。他争辩说，从副州长一下子跳到副总统会被人们认为蹿得太快。此外，他过去当过我的助手，又是长时期的密友，因此也会被人们说成是任人唯亲。还有，他与里根在加利福尼亚已成为冤家对头，如果挑选了他，里根的支持者肯定会非常反感。

接着我把罗杰斯·莫顿拽到一边。我对莫顿极为钦佩，而且几乎在所有问题上我们都意见一致。他是来自马里兰州的众议员，因此很了解阿格纽。我请他对阿格纽作一个实事求是的、坦率的评价。莫顿舒展了一下他那魁伟的身躯，沉思了片刻。他说阿格纽可能是个很合适的候选人，虽然有点"懒散"，他赶忙补充道，他这样说不是有意贬低阿格纽，只是提醒我注意，如果挑选阿格纽为候选人的话，那就得把他的工作日程排得满满的。说到这里，我突然给了莫顿一句："罗格，我看也许挑选你更合适一些。"

莫顿笑了一下，接着十分认真严肃地说道，作为众议院成员，他担当不起这一职务——或者至少说，缺少做候选人的资格。"如果你要我说实话，"他说道，"要是在我和特德·阿格纽两人之间挑选一个，特德做候选人比我强。"

他这句话帮助我作出了决定。如果莫顿说他想当候选人的话，即便在这么晚的时刻提出来，我也还很可能挑选他。在政治上看，他和阿格纽都具有掌握边界州的优点。我了解他比了解阿格纽要深得多，我认为他是最优秀的竞选活动家之一，才智最为出众，也是党内最机敏的政治家之一。

经与米切尔最后商定，我终于作出决定：选定阿格纽。我请莫顿打电话告诉他。

约一小时后，我下楼告诉等候消息的记者们。听了我的声明，人人呆若木鸡，个个惊讶失色。在我宣布了我的抉择后不久，阿格纽接见了新闻界人士，在一连串连珠炮似的、不怀好意的提问下，他表现得很出色。他承认他的名字尚未家喻户晓，但他对大家保证说，他要努力工作，改变这一情况。

我立刻回过头来对我的接受提名演说作最后润色。这篇竞选演说实在太重要了，无论哪一篇竞选演说也不会吸引比这数量更多、更专心致志的听众了。

当我准备动身去会议大厅时，有人针对我挑选阿格纽这件事，企图组织起一支小小的造反队伍。党内一些自由派分子，在纽约州众议员查尔斯·古德尔和罗得岛州长约翰·查菲带头下，想拉约翰·林赛出面，要在大会场上向阿格纽挑战。在遭到林赛拒绝后——其实是布劳内尔从中调解后，林赛才同意提名阿格纽的——这些异端分子又转而去拉乔治·罗姆尼领头进行挑战。

我最初的反应是，这种拉选票的活动无非是要让代表们出出气，无关大局。但我仔细想了一下这种挑战闹事问题，不由得就生起气来了。对共和党来说，今年再没有比团结一致更重要的事了。我们经不起1964年的再次重演。我问米切尔有什么对策。他倒是漫不经心地说："哎呀，迪克，管他娘的，事情就会过去的。"米切尔是个顶呱呱的竞选经理，可是他缺乏政治经验，预见不到这种貌似无关紧要的小插曲会有什么后果。我对他说："约翰，我们一定得认真对付这种无法无天的行径。我决不容忍这类反叛行为。要是这批输不起的家伙现在干出这等事而不受惩罚，赶明儿我当了总统，他们会照干不误。这是承认不承认我这个领导的问题，我非坚持不可。不能让阿格纽第一次在全国露面就出丑。"

我要他放手对这些代表进行纪律制裁，因为在这场挑战中我希望尽可能不丢掉选票。

反叛很快就夭折了，阿格纽得了1128票，罗姆尼只得了186票。大会闭幕后没有几天，罗姆尼写信给我："我8月9日的便条及附上有关提名副总统候选人造反事件的新闻报道谅已收悉。正如有人事后所说，这事就像是吃饱饭后打了一个嗝一样！消除了紧张，支持你的力量也团结起来了。"

帕特和我走近会议大厅中央讲坛时，全场欢声雷动，震耳欲聋。对一个有政治抱负的人来说，除大选得胜外，再没有比接受提名为总统候选人更心满意足了。

1960年，我为捍卫艾森豪威尔的政绩而全力以赴；现在是1968年，我成了对即将卸任的政府的挑战者，因此我觉得，应该提出较之前更为严格的要求。我完全按照我所了解的新的实际情况，详细地谈了美国面临的各种问题：

> 美国当今之动荡不安，并非由于人民不尽职责，而是领导人玩忽职守。
>
> 世界上最强大的国家居然在一场越南战争中被拖了四年之久而且望不到尽头；
>
> 世界上最富裕的国家居然管理不好自己的经济；
>
> 具有最伟大的法治传统的国家居然被前所未有的不法行为弄得怨声载道；
>
> 一世纪来以机会均等闻名于世的国家居然被前所未有的种族暴行弄得支离破碎；
>
> 而且，合众国总统居然无法在国外或在国内各大城市旅行时，毋庸畏惧敌意的示威抗议——因此，现在是美利坚合众国应该有新的领导的时候了。

我的美国同胞们，今晚我接受挑战并承担责任为美国提供新的领导。

我把演说的结尾写成一种我个人的自述，用以证明我们美国在政治上和社会上人人都有发展的机会。我是有意把结尾写得夸张一点的，但它却完全是真事。

今天晚上，我见到一个孩子的脸庞。

他生活在一个大城市里。不管他是黑人孩子，还是白人孩子，是墨西哥裔、意大利裔，还是波兰裔，这都无关紧要。重要的是，他是个美国孩子。

在那个大城市里，那个孩子的存在比任何政治家的诺言都来得重要。他就是美国的化身。他是诗人，他是科学家，他是伟大的教师，他是骄傲的匠人。他是我们希望能成为的一切，也是我们敢于梦寐以求的一切。

他像孩子那样甜蜜入睡，美梦不已。

当他醒来时，见到的却是贫穷、漠不关心和失望的可怕现实。

他在学校里成绩不好。

他最后得靠社会福利过活。

对他来说，美国制度固然喂饱了他的肚子，却使他的灵魂感到空虚。这使他心碎。最后美国制度又很可能使他丧命于遥远的疆场。

对这块富裕土地上上百万的儿童来说，这就是他们未来的前景。

但是，这也只是我所见到的美国的一个侧面。

今天晚上我又见到了另一个孩子。

他在夜间听到火车奔驰而过，梦想着他很想去的遥远地方。

看来好像是一个无法实现的梦。

但是生活帮助他踏上了他的历程。

他有这样一个父亲，没有读完小学六年级就得去工作，最后拿出他的全部所有，让孩子们上了大学。

第五章 1968年的竞选和大选

他有一个温良的教友派母亲，对和平无比热爱，当儿子参军时她吞声悲泣，但她又懂得儿子非去不可。

他受到一个伟大的老师、一个出色的橄榄球教练和一个富于灵感的牧师的鼓舞，勇往直前。

他的勇敢的妻子，和忠诚的孩子们，和他同胜利共患难。

在他选定的政治生涯中，从最初的几十人，到后来的几百人、几千人，以致最后成百万人都为他的成就努力奋斗。

今天晚上，他就站在你们面前——被提名为美利坚合众国总统的候选人。

总的来说，大会进行得很顺利。在电视上，看起来也是很好的。大会后第一次盖洛普民意测验表明，我以45%对29%领先于汉弗莱，差数为16%。

大会结束后，我们一行立即飞往加利福尼亚。途中阿格纽和我在得克萨斯停留了一下，会见了约翰逊总统、腊斯克国务卿、国防部副部长赛勒斯·万斯以及中央情报局局长理查德·赫尔姆斯。他们根据约翰逊要为每个候选人提供情况的命令，向我们作了全面的情况介绍。

约翰逊和腊斯克前来迎接我们，我们是乘总统直升机到约翰逊牧场的。天气非常热，我们都脱了上衣。约翰逊开朗、友好，看来他对不作本选举年的候选人一事已开始适应了。

会见后，我们吃了一顿可口的午餐，有牛排、鲜玉米棒，还有约翰逊夫人做的家常小甜饼。约翰逊驾车把我从牧场送到直升机场。途中，他领我经过他诞生的小屋子，指给我看了他父母的墓地。亲眼看到约翰逊在牧场的生活，我才觉得我对比利·格雷厄姆说过的话有所理解了，他说，约翰逊"爱恋乡土"，老是盼望着回家乡。

我刚要上直升机，约翰逊的一条家犬突然从我胯下蹿进机舱，引起了一阵大笑。我只得抱起这头小畜生，把它送下舷梯。约翰逊佯装发怒，高声嚷道："迪克，你坐了我的直升机，又要抢我的总统宝座，现在你还想把我的狗带走呀！"

1968年的总统竞选运动,有7个州是关键性的:纽约、加利福尼亚、伊利诺伊、俄亥俄、宾夕法尼亚、得克萨斯和密歇根。我在1960年只赢得了加利福尼亚和俄亥俄。这次我至少要拿下3个州才有机会赢得大选。

最南部地区必然会归乔治·华莱士。我如果不在民权问题上让步——而这正是我不愿做的——我是无法在那里与他匹敌的。但我决计不放弃南、北卡罗来纳,佛罗里达,弗吉尼亚以及位于南部边缘地区的任何一州。这些州是我的战略基地,加上我预计能赢的中西部、大平原、洛基山地区以及远西部等地区那些州,我就会名列前茅,进入白宫。

由于华莱士参与竞选,我预料彼此的差距一定非常接近。根据我作的民意调查,投华莱士的选票绝大部分属于民主党人。不过在民意测验统计时,没有列上他的名字,所以他与我得票的比例应大于2:1,南部地区尤其如此。因此,对我来说,重要的是尽可能压低华莱士的得票数。在佛罗里达、北卡罗来纳、南卡罗来纳、田纳西、肯塔基以及弗吉尼亚等关键州里,我们曾经使用过一个非常见效的口号:华莱士总归赢不了。于是我们向可能投华莱士票的选民提出的口号是:"不要浪费你的选票。"

民主党人聚集在芝加哥开他们的全国代表大会时,我到了比斯坎岛稍事休息,也考虑考虑问题。鲍勃·肯尼迪既然已不在人世,我认为汉弗莱肯定会获得提名。可是尤金·麦卡锡继续进行他那堂吉诃德式的候选人活动。这种对抗赛的结果虽说早已注定,但新闻界却多数同情麦卡锡。这种支持他进行挑战的报道,尽管对全国代表大会挑候选人并无实际影响,但其冲击力将波及全国。

成千上万的青年人聚集在芝加哥参加民主党全国代表大会。许多人是真心诚意来抗议越南战争的,但也有些可算是半职业性的闹事分子以及受过训练的流氓痞子。他们接二连三地跟芝加哥警察发生冲突,最后,在汉弗莱被提名的那天晚上爆发成一场混战。

和那天晚上看电视的成百万美国人一样,我简直不相信我的眼睛。民主党全国代表大会仿佛证实了我在竞选演说中对他们领导所作的各项指责。电视把芝加哥的动荡夸大成了一场全国性的大溃乱。当然我知道,提名汉弗莱为总统候选人的劲头将受到严重的损害。在整个竞选期间，他将不得不花大力气去弥补党内的各种分歧。甚至在同警察发生冲突之前，麦卡锡及其热诚的追随者就对这次大会的意见很大，他们连想在讲坛上通过一项和平政纲都办不到。

汉弗莱挑选缅因州参议员埃德蒙·S.马斯基当竞选伙伴。马斯基长于政治权术，所以能在传统上属于共和党的这个州连任州长。他出任竞选伙伴大大加强了民主党的力量。

1968年竞选活动中，我计划停留的第一站是芝加哥。9月4日那天，车队横穿该城闹市区。从某方面看，这有风险，民主党全国代表大会的召开以及芝加哥市市长理查德·戴利和该市警察部队受到指责，使该城仍处于气氛紧张和动荡不安之中。但这次冒险之行却很值得。当我的车队中午穿过芝加哥商业区时，居然有50万左右的人出来热烈欢迎我，不断爆发出阵阵热情支持的口号。与汉弗莱目前所处的剧烈对抗境况相比，真有天渊之别。

我知道汉弗莱不会就此一蹶不振。他的党是个多数党，正如《纽约时报》的汤姆·威克所说："人们常说道，没有一个共和党员能有尼克松那种能促使民主党人团结起来的本领。"汉弗莱很快就着手弥补他初期的损失。唯一的问题是他何时才能补上，补回多少。

民主党全国代表大会后进行的第一次盖洛普民意测验表明，我仍然遥遥领先：

尼克松 43%

汉弗莱 31%

华莱士 19%

未表态者 7%

但问题是一旦成了领先者，同时就成了众矢之的。

汉弗莱虽然被蒙上了一层输家的色彩，但他在这场战斗中并非孤军作战。

除了他的正式党羽外,支持他的还有势力强大的美国劳工组织。尽管知识分子、中上阶层自由派分子以及年轻人暂时抛弃了汉弗莱,但工会的头头们从未动摇过。乔治·米尼一声令下,全国各工会给汉弗莱提供了成百万的美元、几万名义务工作人员、高级的邮件和数据直接处理机,以及其他昂贵的设备。尽管工会的头头们坚决支持汉弗莱,但一般的工会会员则远非团结一致。成千上万的蓝领民主党人在初选期内投了乔治·华莱士的票,汉弗莱未必能够把这些票都接过来。

反尼克松与反华莱士联盟的宣传活动终于开始为汉弗莱效劳了,但还满足不了他的需要。芝加哥的污迹不是那么容易消褪的。林登·约翰逊在白宫闭门不出,讨厌约翰逊政府和反对越南战争的左翼便把汉弗莱当作手头最方便的攻击对象。汉弗莱最初几周出场竞选时,吃够了被再三诘问的苦头,"甩掉汉弗莱"的口号尾随他不放。有一次,竟把他逼得差点在电视镜头面前掉下泪来,因为听众嘲笑谩骂使他无法把他的演说讲完。

为了表明在越南战争问题上他与约翰逊没有牵连,汉弗莱于9月30日在盐湖城发表了一次全国电视讲话。他说,一旦他当选总统,第一件大事便是结束这场战争,取得体面的和平。虽说他仍然反对单方面撤军;但他说他将以停止轰炸北越"作为争取和平的可以接受的冒险举动,因为我相信,停炸将导致谈判获得成功,从而缩短战争"。

汉弗莱的讲话是耍滑头。其实它跟约翰逊的主张几乎没有差别,但听起来却好像迈出了新的重大一步。正如反战专栏作家约瑟夫·克拉夫特指出的,对这篇讲话"不能单凭它的用词来评断,还要研究它的基调……重要的是,汉弗莱的竞选活动最后可能会顺利起来"。《纽约时报》也归结说,汉弗莱的建议"是鸽派可以捞到的一根救命稻草,但毕竟比政府或共和党候选人迄今提出的东西有用些"。鸽派正从此出发抓住这些救命稻草不放;他们开始意识到,尽管对汉弗莱感到失望,尽管芝加哥事件带来了幻灭,但如果不设法挫败我在民意测验中的领先地位,到了11月5日我肯定会当选总统。

自由派的支持和金钱开始源源而来,为汉弗莱的竞选活动助一臂之力。汉弗莱与那些刁难他的人争辩不休的情况大大减少。他们开始集中力量破坏我的竞选活动。他们并不是美国和英国竞选传统上惯用带刺的问题和评语当众诘问候选人的那种人。他们是一批无政府主义暴徒。每当演说一开始,他们就开始大喊大叫一些粗俗不堪而且经常是下流的口号,他们当然不让人家听演讲人的讲话,似乎也不想要人家听到他们叫喊些什么。这哪里是什么进行辩论,早已堕落成为制造仇恨了。

挥舞拳头,举标语牌,骂下流话,这些闹事分子不仅弄得我的日子不好过,就连帕特、特里西娅和朱莉代表我在竞选场合露面时也感到不堪忍受。

这些插曲是1968年竞选运动中令人最不愉快的事,也是这一年一些与美国传统不相容的事的象征。直至今日,我还是弄不懂这种奇怪逻辑,怎么竟会把言论自由的权利升级成为容许采取歇斯底里和暴力行动。

在盐湖城演说取得良好反应的鼓舞下,汉弗莱开始向我发出各种挑战,要我与他展开辩论。我决意不上他的钩,不跟他辩论。民意测验表明汉弗莱远远落在我后面,所以任何辩论只会让他捞到好处。此外,汉弗莱心里明白,要是不把乔治·华莱士拖进来,他怎么可能单独同我展开辩论?华莱士作为候选人,已经会使我少得许多选票,如果再做出什么抬高华莱士地位的事,那岂不是自取灭亡?我并不害怕辩论,但一定得根据自身利益来决定参加与否。由于我不愿辩论,这当然给了汉弗莱一个可以大做文章的竞选口实。11月15日,他对某些听众说,我是个"沉默的理查德""胆小的理查德"。

大选后所作的民意测验表明,如果华莱士不在1968年竞选总统,我很可能会像艾森豪威尔在1952年那样,取得绝大多数人民的选票。但当时华莱士起了破坏作用。他将拉走对"伟大社会"政策感到极其厌倦的那些人的抗议选票。我既要想方设法减少华莱士得到的选票,但又得以负责的态度来做。汉弗莱及其顾问们知道可以利用华莱士来对付我。正如汤姆·威克所说的:"至于说到华莱士,要是没有他在竞选中表演一番的话,汉弗莱也许早就得回到韦弗利老家去养他的火鸡了!"

如果汉弗莱得不到足够的总统选举人票,只要使我也得不够,他仍然有望进入白宫。根据宪法规定，如果没有一个候选人获得过半数的选举人票，总统选举就由众议院裁定。既然民主党控制着众议院，几乎可以肯定汉弗莱会与华莱士达成一笔交易，从而使自己成为第 37 任总统。快到竞选结束时，我向汉弗莱提出了挑战，要他同意得选民票少的候选人应支持得选民票多的出任总统。但是他避不应战，并且表示不同意。

由于在破坏我的领先地位方面没有收到什么可观的效果，于是汉弗莱和新闻界就开始集中力量攻击阿格纽。由于阿格纽完全缺乏全国竞选的经验，不用多久就可以抓住他一句说漏了嘴的话，并把它夸大成为轰动一时的事件。阿格纽在提到汉弗莱时，幼稚地用了一句煽动性的行话，称他"对付犯罪行为不力"和"对付共产主义无能"。他还开玩笑地把一位记者吉恩·大石（日裔）叫作"胖日本佬"。

对于这种令人难堪的诬蔑，阿格纽比谁都更难受，但是我佩服他顶住了这股全国性的猛烈的政治攻击——恶毒的漫画、苛刻的非难、尖酸刻薄的评论等。我尽力安抚他，向他说明这一套都只不过利用他来打击我罢了。

对待阿格纽是这副模样，与此相反，新闻界对马斯基则是一片赞扬之声。如詹姆斯·赖斯顿写道："缅因州的埃德·马斯基是美国竞选运动中最出色的人物。"《华盛顿邮报》的大标题是："亚伯拉罕·林肯式的品质——马斯基竞选高潮见闻。"马斯基在竞选中成了新闻界的宝贝，显然是 1972 年竞选总统的人才。当然，把马斯基捧得老高，不见得会使汉弗莱感到高兴，但他不得不承认这一现实，当然也要利用它。快到 9 月底时，他向群众宣传说："如果对选票上第一号人物有任何犹豫的话，请根据二号人物来定夺！"

大选日前两个星期，我每天从事竞选活动的时间长达 18 个到 20 个小时。每次与群众见面时，我都抛出一些新材料攻击汉弗莱。在辛辛那提，我引用了他两年前发表的一份声明，当时暴乱震撼着全国，他说，如果他生活在贫民区里，他也会亲自"领导一场很好的造反运动"。我指出，这种说法构成"成年犯罪行为"，"不配当副总统"。

第五章 1968年的竞选和大选

在俄亥俄的斯普林菲尔德，我挑了另一个关键问题，即美国丧失威信的问题："我们一定要在世界上为美国恢复威信。美国图书馆遭到纵火烧毁，国旗备受污辱，船只在公海上被国际歹徒抢掠而去，这些事件，实际上等于肆无忌惮地杀害美国青年。"有个记者写道："看来，那个早年竞选运动中大刀阔斧的竞选家——'昔日的尼克松'——又回来啦，他这种杀气腾腾的攻击最后只会有损他自己的声誉。"不过我认为，跟汉弗莱打这一仗非常必要，因为几个星期以来，他的攻击性词汇越来越粗鲁了。

在犯罪与正义这两个问题上，如何把我与汉弗莱之间的截然不同的态度公之于世，是我特别加以注意的。他那领导"造反运动"的声明，不过是许多自由派分子制造出来为20世纪60年代暴乱辩护的一种逻辑推理罢了。我指责汉弗莱夸大和过分强调了贫穷为犯罪根源的说法，而且事实与政府信以为真的说教相反，向贫穷开战不等于向犯罪行为开战，也不能代替向犯罪行为开战。

1968年通货膨胀正在势头上，经济风暴的征候也很明显，但是约翰逊政府大炮加牛油政策的真正危害还是在我进入白宫以后才完全暴露无遗。因此，当时汉弗莱还可以用繁荣的纲领进行他的竞选，还可以提出民主党那一套经典式的指控，所谓赫伯特·胡佛以后的历届共和党总统都迫使人民成为失业者。

汉弗莱以他特有的劲头攻击我。他指责我"正在把美国社会中最反动的分子联合在一起"。他忽而把我说成是个惯于"告密"的人，忽而又把我说成是个"牺牲国家利益搞政治蛊惑"的人。

10月28日，汉弗莱居然断言我准备发起"最后一周的凶恶竞选活动"。他警告说："关门封舱，谨防美国历史上所能见到的最不顾一切、最丑态百出的、不负责任的政治局面。"就在这同一篇什么也不放过的演说中，汉弗莱还表达了他的政治责任感，指责我"主张疯狂地搞核武器竞赛升级，鼓吹使美国生活和美国对外政策日益军事化"。

事实上，不管汉弗莱和其他民主党发言人说了些什么，我在1968年竞选时的语言和行动都是很有节制的。因为我已处于领先地位，没有必要搞过火行动。再说，那年国家的团结已是如此脆弱，我也不想通过一场极度分裂的竞选运动进入白宫。

尼克松回忆录
THE MEMOIRS OF RICHARD NIXON

民主党全国代表大会结束时,我以43%对31%领先于汉弗莱,几周以后又达到46%对31%。可是,在竞选活动最后几周,差距大大接近,大选变成一场惊险电影。趋势倒转的原因是,老派的民主党人重新归队回到他们父辈所属的党,另一个原因是乔治·华莱士充当的破坏角色见了效果。此外,临近竞选末期,反战的自由派分子决定跟汉弗莱言归于好并投他的票了。在离大选日不到两个星期时,尤金·麦卡锡最终发表了支持汉弗莱的声明。

但最重要的是,帮汉弗莱差一点赢得大选的还要算林登·约翰逊在最后时刻的那一个绝招了。

10月31日,我准备在纽约麦迪逊广场花园的群众大会上作全国电视演说。那天下午,我留出了一两个小时安静一下。到傍晚,我正坐在书房里写演讲提纲,电话响了。电话里先是白宫电话员的声音:总统要汉弗莱、华莱士和我一起参加电话会议。过不多久,林登·约翰逊说话了。

他开门见山地说道,巴黎会谈有了突破。在跟他的顾问们广泛商议后,他已决定对北越实行全面停炸。他将于两小时后在电视上发布声明。当约翰逊继续往下说的时候,我心里不由得想了一下,他这一手不管对北越有多大作用,实际上是在我的竞选活动中丢下了一颗重磅炸弹。

约翰逊以辩护的口吻说道:"我和大选没有关系,而你们都和大选有关。我并不认为此举与大选有关。我想你们都需要知道这件事,所以我采取电话通知的方式,把情况告诉你们,至少你们可以对所有事实有个全面完整的了解。"

约翰逊解释说,他说服不了西贡同意停炸条款,因此宣布此事时南越不参加。

约翰逊讲完后,我们提了几个问题,草草敷衍了一下,接着华莱士说:"我为你祝福祈祷。"

汉弗莱说:"总统先生,我们支持你。"

我对约翰逊来电表示感谢,并且附和了汉弗莱的支持诺言。

电话会议结束了,我是一腔怒火,满腹怨气。我认为这是约翰逊在搞有可能决定大选结局的最后一招。难道说,我的一切辛勤努力,到头来得被一个滥用权力的人破坏无遗吗?而这个滥用职权的现任总统还声称已经决定不再寻求连任呢!

第五章 1968年的竞选和大选

我回忆起那年夏天早些时候的一次情况介绍会，约翰逊当时说得多么清楚。那时，他对要求停炸的人嗤之以鼻，坚持说他决不让一辆装弹药的卡车自由自在地运送武器去南越杀害美国小伙子，他的双臂还在空中比画，多么有声有色！

事实上，停炸并不使我感到真正惊讶。几个星期前我就得悉正在制订采取此类行动的各种计划，声明不过是我一直在等待的约翰逊出笼的东西。使我感到难以接受的是出笼的时间。在如此接近大选的时候宣布停炸，若出于政治计谋可说是冷酷至极，若出于真心诚意，则简直幼稚得可笑。

我是通过一条十分不寻常的渠道得悉这个计划的。事情是从9月12日那天开始的。霍尔德曼那天带给我一份约翰·米切尔送来的报告，说洛克菲勒的对外政策顾问亨利·基辛格可以给我们当顾问。1967年基辛格当过约翰逊的秘密信使，通过法国作为中间人，把约翰逊的停炸建议传递给北越人。约翰逊一度甚至建议直接商谈，但北越人态度强硬，"基辛格渠道"终于在1967年10月结束。不过，约翰逊及其国家安全顾问们仍很尊重基辛格，基辛格也继续同政府的对外政策核心人物有来往。

自从共和党全国代表大会以来，我就知道洛克菲勒一直在问我需不需要基辛格的帮助，并且敦促我利用这种帮助。所以我告诉霍尔德曼，要米切尔保持与基辛格的联系，并且尊重他绝对不要暴露他的身份的要求。

在第一次会见米切尔后的两星期，基辛格又打电话来了，他说他刚从巴黎回来，在巴黎他听说在越南问题上某些重大事件正在酝酿之中。他建议说，我如果在这一周内一定要谈到越南问题时，最好避免谈出任何新的想法、新的建议。基辛格在竞选期间给我们谈意见时是特别谨慎周密的。要说他真的了解谈判详情的话，他又确实并未泄露给我们。不过，他向我提出警告，免得我胡乱发表一通声明，到头来可能被谈判将一军，他认为这样做还是应该的，而且也是负责任的态度。

我要霍尔德曼请布赖斯·哈洛打电话给参议院共和党少数派领袖埃弗雷特·德克森。我提议"请埃弗雷特转告林登，我知道巴黎来了信息。向他暗示，我了解正在发生的事。然后要埃弗雷特狠狠地追问林登，弄明白所发生的事"。我还要霍尔德曼叫阿格纽去问迪安·腊斯克，我们听到的"谣言"是否确有其事。

同一天，我给我的核心参谋人员及撰稿人写了一份备忘录，命令他们把越南这个包袱让汉弗莱背上，不要让约翰逊背。我要让人们看清楚，我认为在战争问题上玩弄政治的人是汉弗莱而不是总统。

几天以后，霍尔德曼给我一份备忘录，送来了更多基辛格通过米切尔途径得来的情报。

> 我们的消息提供人认为，有一半以上的可能，约翰逊大致将在 10 月中旬下令停止轰炸。与此相配合，巴黎将有一阵忙乱的外交活动，它并无实际意义，却让人看起来像是很重要的外交活动。

在谈完其他外交事务后，备忘录又提到：

> 我们的消息来源认为，反对停炸是行不通的，但觉得还应该考虑到可能发生的事——我们也许要有所预料——并且在真正发生时，我们确有准备……
> 我们的消息来源非常担心约翰逊可能采取的各种行动，预计他会在大选前采取某些行动。

同一天，我得悉迪安·腊斯克已向阿格纽保证过，局势没有什么新发展，政府不会"跟自己过不去"，在 10 月发表什么声明。他知道，如果有什么变化，约翰逊会立即打电话给我，不过，腊斯克确也曾说，虽然眼前没有任何计划中的事情，但局势"变化很快"。

10 月 9 日，北越人在巴黎公开呼吁约翰逊在他还能行使职权时停止轰炸。当然，约翰逊知道外界所不知道的情况：关于停炸的秘密谈判早在进行。

三天后，我们接到了基辛格另一份秘密报告，说政府在 10 月 23 日之前会有所行动的可能性非常大。基辛格强烈要求我避免对汉弗莱有损和平前景的言论发表意见。基辛格相当隐晦地指出:"可不像看起来那么简单,这里面大有文章。"我觉得基辛格的这份报告含糊得令人不安。他为什么竭力要我避免讲越南问题呢?他又为什么如此坚持主张我放掉汉弗莱呢?我以前对基辛格的可靠性深信不疑的原因之一,便是他曾一再要求我们替他保守秘密。但是,如果约翰逊的人已经知道他在向我传递消息,因而给他一些假情况,那又该怎么办呢?在如此紧张的政治和外交气氛中,我对任何事情都不敢轻信了。

以后几天里,谣传四起,说巴黎要发生什么大事了。记者们纷纷要求了解情况,白宫新闻处为了对付他们,发表了一个声明,说巴黎无任何突破,局势没有变化。

10月16日,我在密苏里竞选时,白宫来电话,约翰逊要跟三个总统候选人开个电话会议澄清一些事情。来电话时,我正在堪萨斯市的联合车站,准备在候车大厅的群众大会上发表演说。我走到讲台后面一个小房间去接他的电话,这个"房间"有玻璃门,像个电话间。在整个通话期间,人们来回徘徊,带着疑问的目光注视着待在这么一小间屋子里的我。

通话质量很差,我憋足了劲才听清约翰逊的话。他叫我们看一下他的新闻秘书发表的声明:在巴黎没有什么突破,传说都是错的。他要求我们不要发表意见。他说事实上河内方面有过一些动作,弄不好很容易吹掉。我要他保证,他是否仍然坚持我方的任何让步必须以共产党方面做出对等响应为条件。约翰逊回答说,他依然坚持必须满足以下三条:(1)停炸以后必须立即进行严肃认真的谈判;(2)河内不得侵犯非军事区;(3)越共或者北越不得以大规模的火箭或大炮攻击南越的主要城市。要是真能实现这些条件,我当然会支持约翰逊所做出的任何安排。

当我那天晚上在纽约一年一度的艾尔·史密斯聚餐会上见到约翰逊时,他进一步向我保证说他不会接受任何没有对等响应的安排,同时再次要求我在谈到越南问题时慎重小心一些。会餐后,我指示霍尔德曼传话出去:应约翰逊的要求,我将不做任何批评战争行动的重要讲演。

第二天在曼彻斯特演讲时，我说："如果在越南能够达成一项停炸协议的话……这个协议不危及美国人的生命，还能有更多的机会实现和平而体面地解决战争，那么我们就支持。"我又补充说，"我们不要在和平问题上耍弄政治。"不过，话说回来，这种事是一定会发生的。

越南问题越来越成为全国争论的焦点，不管候选人怎样轻描淡写都改变不了这一趋势。对约翰逊在这件事上究竟会有怎样的动作，我如果是无能为力的话，但至少有决心把这一点说得十分明确：如果他真的停炸，那至少也得符合我坚决主张的最低限度保证条款。

第二天，在转播波士顿地区的电视节目"问题与解答"时，有人问我有关谣言的事。当时，我一面重申了我的立场，同时也第一次暗示了有些事情正在酝酿之中。我说道："看来会有某些行动，但我们对此没有把握。关于这方面，我听了全面的情况介绍，不过我不能公开透露。"解答的确是软弱无力的，但我不知道还能多说些什么。

10月22日，布赖斯·哈洛得到了消息。提供这个消息的人的可靠性是毫无问题的，是约翰逊最核心圈子里的人。事后证明，他提供的消息完全正确。我把哈洛写来的备忘录看了好几遍，越看越生气，越看越感到不对劲：

> 总统正全力以赴要与北越达成交易，可以这样说，他几乎反常地迫切寻找下令停炸的借口，看来他准备接受任何一种安排……
>
> 克拉克·克利福德、约瑟夫·卡利法诺、卢埃林·汤普森是这方面的主要参与者。乔治·鲍尔也在其中，虽说是在外围。
>
> 正制订周密的计划帮助汉弗莱利用所发生的一切。白宫工作人员与汉弗莱联系密切。已为林登·约翰逊制订了计划，一旦协议达成即可尽快通过电视向全国宣布。目标是尽一切可能在11月5日以前全部就绪……
>
> 白宫人员仍以为这一招可使汉弗莱赢得选举，他们所追求的正是这个目标。

我当即发出了一系列紧急命令：要米切尔向基辛格核对一下情况；要德克森和托尔出面公开抨击白宫的行动；要德克森打电话告诉约翰逊，我们已经掌握了他的计划。我甚至考虑派哈洛飞往越南去找安德鲁·古德帕斯特将军谈话，以便直接了解军方对越南局势的看法。但我这一切只是发泄发泄我的沮丧情绪而已，不管我怎么干，约翰逊始终掌握着主动。

我这些命令的初步结果引起了一些怀疑，究竟哈洛的秘密情报来源是否可靠？基辛格说他从未听说过约翰逊这方面的计划；而德克森与约翰逊当面对质这个谣言时，约翰逊矢口否认，态度异常激烈，连他的多疑的老朋友都信以为真。约翰逊说，巴黎并无新动向，他还责备德克森这么大年岁了，居然会相信这样明显的谣言。

第二天，10月24日，哈洛根据他的情报来源报告说，在前一天已与北越人达成了协议，很快就要公布。我觉得此事令人难以相信，可是哈洛强调指出，考虑到消息的来源，报告的确切性是毫无疑问的。果真如此，那么在约翰逊向德克森佯谈从未考虑任何方案之前，方案就早已定了。

事后来看，我对约翰逊之保守秘密固然无可责备，但对他不与我坦率相见则实在气愤不过。我觉得他至少不该假惺惺地敷衍我，说什么他会让我充分了解情况的。如果向我提供情报的那些人原先就反对约翰逊的政策，把情况捅给我们又是为了破坏约翰逊的政策，那我是不会使用这些情报的。但他们察觉到约翰逊正利用越南战争来帮汉弗莱的忙，因此我认为这就不是政策问题，而是党派政治了。

我当机立断，即刻把马上就要停炸这一事实公布出去，我认为这是阻止约翰逊在最后时刻兜底挖我这个总统候选人的墙脚的唯一办法。另外，我还要给人以印象——而且我深信事实也是如此——即他的动机和他选择的时间，均非单纯出于外交上的考虑。

我知道，约翰逊最需要的是在他离开总统职务之前能够使和平见诸端倪。如果拖到大选以后，共产党人就会顶到和新政府打交道。因此，往后十天是约翰逊弥补其过失，使他任上光彩些的最后机会，我当然不会为难他。越南问题已使他在政治上、个人威信上一败涂地，如果能够谈判出和平来，他就可以大大恢复他在这场冲突中失去的东西。

但我也确信约翰逊另有所图。我非常了解他这个人，他做什么事都得先在严格的政治天平上反复衡量。再说，哈洛的消息来源清楚表明，汉弗莱与白宫的联系非常积极活跃，并不像一般人所想象的那样。像克拉克·克利福德和乔治·鲍尔这样精明能干的党棍当然明白，应尽一切机会照顾汉弗莱取得政治上的好处。我知道现在我得在政治需要和个人责任之间走钢丝，但是既然约翰逊及其周围许多人采取了纯属政治范畴的行动，那么我至少也有采取某种行动的权利。

于是我在10月26日发表了一项有关和平谈判的声明：

> 在过去的36小时内，据我所知，在白宫或某些地方，匆匆忙忙召开了一连串关于越南问题的会议。人们告诉我说，政府的高级官员们正全力以赴地要在最近的将来达成停炸，可能还有停火的协议，我得悉这些报告是确有其事的。
>
> 有人还对我讲过这股突发的拼劲是约翰逊总统为了挽救汉弗莱先生的候选人地位而做的孤注一掷的行动。关于这一点我并不信以为真。
>
> 在竞选中，我从未发现总统在越南问题上和主要的总统职位竞争者的交往中有什么不公正或不坦率的地方……
>
> 在我跟他所做的每次谈话中，他都明确表示他决不在越南战争问题上玩弄政治手腕。

我知道约翰逊除非被迫去应付明显的党派挑战，一般是不会故意出面支持汉弗莱的，因此我决定尽可能不给总统以口实，使他在公众面前与我翻脸。我最不希望看到约翰逊全力以赴地以他所拥有的白宫全部大权来为汉弗莱撑腰卖力。

我所能做的仅此而已，岂有他哉。即便我知道将要出现的事态——事实上好几个星期以前我就已经知道了——究竟什么时候出现以及影响范围有多大则完全操在约翰逊手中。

在10月31日麦迪逊广场花园群众集会上,我对政府所做的停炸声明做出了我认为是唯一负责任的回答:"我要说,作为总统候选人,还有我的副总统候选人也同意我这样说,不论是他或我,都不会讲出任何有可能损害取得和平的机会的话。"有个记者写道:"昨天晚上约翰逊总统宣布全面停炸北越,这是耍了理查德·尼克松一下,但对副总统汉弗莱来说,则赛过一个可以纵情欢呼的万圣节前夕。"毫无疑问,停炸使汉弗莱在最后时刻获得了一阵狂热的支持。好斗的自由派分子又兴高采烈了。连那些一再发誓不支持汉弗莱的麦卡锡的狂热追随者也找到投他票的借口了。停炸把我最有效的一个竞选口号——民主党领导无方,不能赢得持久和平——连根砍掉了。大选过后的研究表明,这一时期的舆论波动得特别厉害,渴望停炸会导致和平解决的心愿,促使大批选民转向汉弗莱。

11月2日,民主党的美梦破灭了,阮文绍总统宣布他的政府不参加约翰逊提议的那种谈判。

阮文绍的反应是完全可以预见得到的。他注视美国政治动态的细致程度不比河内的领导人来得差。本来他就不赞成搞任何停炸,再加上汉弗莱现在讲话又是一副鸽派架势,因此,默认这笔不利的交易当然对他不利。阮文绍表示了不支持,还制造了这样一个印象,即约翰逊的计划考虑不周,执行不力。

阮文绍的强硬态度一发表,我立即要鲍勃·芬奇向记者们放出话去:和平的前景并不像约翰逊声明要人们相信的那样,即将来临。芬奇以"尼克松助理"的资格,对所提背景材料解释道:"我们的印象是全部外交老手都出动了。"接着他说了可供发表的意见:"我看这回是慌乱策划的,总要自作自受的。"

约翰逊看到了夹有芬奇评论意见的报道,大发雷霆,并且让人知道他极为恼火。布赖斯·哈洛要我打电话安抚一下约翰逊。我就在11月3日星期日早晨给他打了个电话。

"芬克这家伙是什么人?"约翰逊问道,"他干吗老缠住我不放呀?"

我说道:"总统先生,那是芬奇,不是芬克。"

他不管我的更正,继续称芬奇为芬克。

我指出我在这个问题上的公开声明是负责任的,因为我必须就我所见的事态发展做出反应。他平息了下来,以后的谈话就变得比较友好了。

阮文绍发表声明的当天,我在得克萨斯的一次群众集会上说:"根据今天早上我们获得的初步消息,和平的前景并不比前几天光明。"那天是11月2日,星期六,离大选不到三天。不管停炸与否,竞选运动还得继续下去。我决定把约翰逊的声明看作可能有好处但由于缺乏计划而干得很糟的一次外交行动,而不把它当作一个彻头彻尾的政治花招。我叫我的工作人员转告我们的发言人提出这一问题:为什么我们没有跟我们的盟国商量就搞了这项协议。

我看到差距正在缩小。汉弗莱凭借他在竞选最后时刻获得的好几十万美元的捐赠和借款,以压倒我们的优势,大笔大笔地把钱花在购买大选前一周的电视时间上。

我在大选前一天安排了一次连续4小时的电视节目,两小时对美国东部播送,两小时对西部播送。巴德·威尔金森是节目的主持人,由他向我宣读全国各地打来的电话提问。我的一些顾问认为这样做既花钱又劳累,根本没有必要,但我否决了他们的意见。我忘不了1960年的情况,总觉得我应该尽一切可能在一场势均力敌的选举中做些有影响的事。事实证明这是我竞选运动中最出色的一次决定。如果我们不搞这最后一次马拉松式的电视节目,汉弗莱很可能在大选那天以非常接近的票数闯过去,赢得胜利。

汉弗莱从全国新闻界对他的同情态度中已经大获其利,我觉得我们再不能使汉弗莱这个有利地位增添色彩了。不管理由何在——对他暂时失利的同情,对他自由派观点的偏爱,或者仅仅是由于他这个人讨人喜欢——总之汉弗莱从有利于他的新闻报道中捞到不少好处。

关于这一点,我虽然本能地在竞选期间已经有所觉察,可是我丝毫没想到对汉弗莱的这种偏爱竟会如此强烈,直到1971年伊迪丝·埃弗龙那本考察入微的著作《摆弄新闻的人们》问世之后,我才恍然大悟。她在书中搜集了三大广播电视网的记者对我使用"赞成"与"反对"这两个词的次数,发现其比例为 11∶1、67∶1 和 65∶1，全部是"反对"占多数。她用同样方法调查对汉弗莱的态度，结果发现三大广播电视网中只有一家的"反对"比"赞成"比例为大，差距也小得多，只有 6∶1。她最后的结论是：

> 要说理查德·尼克松今天能当上美国总统，那可与美国广播电视公司、哥伦比亚广播电视公司以及全国广播电视公司毫无关系。在他竞选运动的七个星期期间，这几家公司每周五天广播大量反对他的东西，其数量之多相当于《纽约时报》每天发表一篇反对他的专论。三大广播电视网用尽了一切编辑手法使支持尼克松的力量不至于比反尼克松的力量"强大"。说实在的，所谓有一股"强大的"支持尼克松的舆论，这种情况完全不可能，而且也根本不存在。

帕特和我在 1968 年投的是缺席选举人票，即预先把选票圈好交给选举机构。这一次，我们总算不必一早就去投票站，让人照我如何投票的相。那天上午，我们在 10 点前到了洛杉矶机场去乘我的竞选专机"特里西娅"号。机舱里挂满了竞选标语和气球。我走过时看到一条标语写着我们的竞选口号："就是要选尼克松"，我自言自语地高声说了这么一句："但愿如此。"

飞机滑向跑道时我还懒洋洋地坐在我专用舱的座椅上。我感到疲倦，但充满信心。我知道，竞选初期拉开的那个差距已经消失，各种民意测验都表明这次竞争极为激烈，彼此差距极为接近。但不知怎地，我总相信，今年肯定不同于 1960 年。

尽管我这一次直觉地感到蛮有信心，我还是让家里人做好最坏的准备。我把帕特、特里西娅、朱莉和戴维叫到我的专用办公舱。我说我为他们不知疲倦地帮我竞选感到万分自豪。我说这次大选我不大可能在选票总数上失败。不过不怕一万，只怕万一，我要他们对万一有所准备。其实我真正要他们心里有所准备的是选举人票不过半数的僵局。我对他们说："要是果真发生那种情况，今天晚上就难见胜负。选举就得在众议院进行，究竟我们能否处理好这种局面，我是连猜都猜不出来的。"

我肯定他们之中的每个人都在琢磨，是不是我得到了什么消息，或者看到某些民意测验要他们做好失败的准备呢！事实上，那天下午已经有个记者问过我对哈里斯的民意测验有什么看法，哈里斯的民意测验表明汉弗莱领先我三个百分点，约多 200 万张选票。我觉得哈里斯的民意测验着重于大城市的抽样调查，因此我还是认为盖洛普的民意测验更为正确，盖洛普最后一次民意测验表明我仍然领先两个百分点。"即使差距非常接近，我们还是能取胜的。"我说道，"事实上我也认为我们大概可以得胜，如果胜不了，那就照另外的方案办，从我个人来说，这样恐怕对我们更为称心。我们也就不必再让全世界的目光都注视着我们和我们的每一个举动了。"

刚过 6 点，"特里西娅"号在纽约机场着陆。一小时后，我们在纽约沃尔多夫大厦 35 层我们的套间里安顿下来，准备在此等候揭晓结果。我离开帕特和女孩子们的房间时曾打趣地说，这次我们至少可以不必像 1960 年那次得忍受 24 小时的煎熬了。我知道，到午夜或东部时间凌晨 1 点加利福尼亚的结果报来并足以说明趋势时，那时我们也就有底了。

东部和中西部投票结束时，我正泡在大浴盆里痛快地洗个热水澡。我不慌不忙地刮了脸，穿好衣服，然后打电话给霍尔德曼了解事态的进展。

晚上 8 点 45 分报来了第一批有实际意义的结果，大体上说我以 41％对 36％领先。此后的半小时内，我维持原状，而汉弗莱则上升到了 38％。

接着统计数字开始大批涌来。9 点 15 分，我在新泽西领先 5％，在宾夕法尼亚稍有领先，在得克萨斯则落后 2％。汉弗莱抢走了马萨诸塞全部选票，这毫不奇怪，但在康涅狄格我也毫无希望地落后，而我本来是希望能赢到这个州的。我不断地提醒大家，真正看出百分数的大势，还不到时候。

晚上 9 点 30 分，我核对了全国的统计数字，汉弗莱又上升了 1 个百分点，而我还是 41％。在马里兰我领先 12 个百分点，宾夕法尼亚的大城市尚未统计出来，我领先 5 个百分点。得克萨斯选票只统计了 10％，我差汉弗莱 8 个百分点。我要霍尔德曼同我们在新泽西的人核对一下数字，他报告说："很接近，但我们会赢的。"

第五章 1968年的竞选和大选

晚上10点过后，汉弗莱和我在全国的统计数字拉平了。伊利诺伊的头几批统计数字使我大为吃惊，我以35%对汉弗莱的56%和华莱士的8%。而且我知道，芝加哥的戴利市长一般总扣住库克县的一二十个选区迟迟不公布结果，因而目前这些数字就令人加倍感到不安了。俄亥俄的消息也使人泄气，统计了27%的选票，我落后汉弗莱3个百分点。

联播评论员们开始玩弄数字了，并纷纷猜测说汉弗莱可能会爆出冷门。

然而到了10点15分，我开始在新泽西和宾夕法尼亚领先，在南卡罗来纳也领先了6个百分点。俄亥俄的情况已有好转，在已统计的30%的选票中，我追上了汉弗莱，只落后他1个百分点。势头正朝着有利于我的方向发展，加上往后统计上来的选票都是来自农村地区和小城镇，我对俄亥俄已有相当把握了。

晚上10点25分，我开始在笔记本上推算某些可能性。如果我赢了加利福尼亚、俄亥俄、伊利诺伊、密苏里、马里兰，加上有把握的其他各州，我就能取得288张选举人票——比我获胜所需要的多了18张。如果失去了密苏里和马里兰，那我离胜利还差4票。这些数字并未包括很难吃得准的得克萨斯、新泽西、宾夕法尼亚、新墨西哥、南卡罗来纳、夏威夷或华盛顿等各州。我的估计是偏于保守的，但不管我怎样摆弄这些数字，竞争是激烈的，比数相差无几。

我想起晚上早些时候我对帕特、孩子们和戴维说过的话。我估计错了，这下子我们又得守个通宵了。我高兴的是他们住在另外一个套间。我早就决定把他们安顿在另外的套间里，等到结果有了相当把握时再和他们见面。我知道胜负未定时他们会多么担心，而我又不希望他们为了照顾我而装出一副欢乐的样子。

10点30分时，全国的统计结果还是老样子，汉弗莱和我不相上下，华莱士是18%。我在密苏里、宾夕法尼亚、特拉华和俄亥俄落后，在新泽西和马里兰领先，所有各州都已统计了41%或略少于此数的选票。

晚上11点钟时有消息传来，得克萨斯州的达拉斯的计票机出了毛病，要到第二天才能统计选票，那可是令人十分惊讶的消息。我怕得克萨斯的民主党人会干出1960年他们干过的偷窃选票的勾当，于是我要霍尔德曼一定查明究竟发生了什么鬼事，再看看我们该怎么办。

11点30分，我请默里·乔蒂纳进来。他和我一样密切注视着竞选结果，

355

而且我们得到的数字是相同的。现在我有了231张牢靠的选举人票，但也有令人不安的迹象，势头对汉弗莱有利。接近子夜时，他在选民总票方面开始领先。半小时后，全国广播公司说他领先了约60万张票。

1968年的选举和1960年时一样，显然取决于同样几个关键的州：伊利诺伊、加利福尼亚、俄亥俄、密苏里和得克萨斯。我们在这些州的获票数全都不相上下。我指望着俄亥俄和加利福尼亚。对得克萨斯我也抱着很大希望，但我知道约翰逊和约翰·康纳利州长已经把十分倔强的州民主党组织煽动起来支持汉弗莱，因此得克萨斯成了个问号。密苏里也在进行拉锯战。米切尔相信密苏里能够杀出来，根据经验，我对他的这种信心是信任的。

随着俄亥俄与加利福尼亚比较稳妥地加入了我的行列，关键就要看伊利诺伊了，而我在这个州已经领先了大约10万张的选票。但库克县的许多选区还是没有报来数字。

11月6日凌晨的几个小时里，我认为已经赢得了伊利诺伊，因此也就是赢得了整个大选，因此对戴利顽固地不公布库克县统计结果，我极为恼火。我打电话给布赖斯·哈洛，要他跟汉弗莱的竞选经理拉里·奥布赖恩通话。"布赖斯，把话说清楚，别再扯淡了。让奥布赖恩告诉汉弗莱别再耍花招了，伊利诺伊已经是我们的了，咱们就这样把事情告一段落吧！"哈洛打电话到奥布赖恩的套间，结果是他不在那儿，或者是他根本不想接电话。

到了差不多凌晨3点，我才第一次在这漫漫的长夜里让自己充分享受心安理得的乐趣。

我赢得了总统职位。

我叫来了鲍勃·芬奇、默里·乔蒂纳、约翰·米切尔和鲍勃·霍尔德曼。我们复查了总票数，我对他们说，所有大州包括加利福尼亚、伊利诺伊、俄亥俄和密苏里等都没有问题了。

"有不同意的吗？"我问道。

全都同意了。

我给特德·阿格纽和纳尔逊·洛克菲勒打了电话，他们同意胜利只是个时间问题了。于是我叫来了我的高级幕僚。我们一面等候结果来证实我们的估计,一面坐着闲聊,聊了差不多有两个小时。这期间,我好几次要米切尔或霍尔德曼打电话给我们在几个重要州里的人,要他们提供比电视评论员们所能提供的更具体的情况。他们总传回同样的信息:别担心,一切顺利,差不多到手了。好一个差不多! 1960 年我不也是差不多弄到手了吗?最后,到 5 点钟左右,米切尔和霍尔德曼要我先歇歇打个盹。显然,不到清晨是不会有肯定的结果的。当时我已经差不多 22 小时没有合眼了。我简直无法入睡,半小时后,我又爬起来。

快 8 点时,霍尔德曼来了话,全国广播公司和美国广播公司都宣布我在加利福尼亚和俄亥俄获胜。但伊利诺伊仍不见动静,而这正是我确认胜利所必需的。只差一个州。8 点 30 分时,大门一下子打开,德怀特·蔡平冲了进来,大声一叫:美国广播公司刚刚宣布你赢了!他们算出来了,你把伊利诺伊弄到手了。你赢了。

我们赶快走进电视机正开着的客厅,看到美国广播公司还在折算选举人票数。看了片刻后,我把手搭在约翰·米切尔的肩上说:"好啦,约翰,我们还是去佛罗里达,把这事筹划筹划吧!"米切尔还未作答,就已经热泪盈眶了。他非常平静地说了一声:"总统先生,我想最好还是让我先到玛莎那儿去一下。"我们两人这时都非常激动,有人第一次用我刚赢得的头衔跟我讲话了。米切尔也第一次直接提到了他妻子的病情,我知道他在感情上强烈地牵挂着妻子的心情。竞选的最后几周,玛莎一直住在疗养院里,现在他渴望能和她在一起,这心情我完全理解。

我走过大厅,到帕特和孩子们正等候着的套间去。无论在体力上还是在感情上,她们都已疲惫不堪,本来在正常情况下该是得意扬扬的那种劲头也不见了。我们又接吻又拥抱。朱莉走进她的房间,然后叫我也进去。她打开了她的手提包,拿出一条刺绣的毛线织品,这是她参加竞选活动在全国各地来回坐飞机时织的。绣的是美国国玺,底边还有一行落款:"送给 R. 尼克松——J. 尼克松"。"爸爸,我对你会获胜从来没有怀疑过,"她一面搂着我一面说,"我想手头总得有点东西将来好作证明呀!"

我和帕特单独坐在一起,她向我倾诉了这一夜多么难挨。新闻评论员们对伊利诺伊所做的推测急得她直掉眼泪。一想到我们恐怕又得领教一次1960年时那种无法无天的骗局,她不由得阵阵恶心难受。当我告诉她一切都过去了,她还激动地问道:"不过,迪克,伊利诺伊我们有把握吗?我们果真完全有把握了吗?"我非常肯定地回答说:"绝对有把握。选票都已统计上来了。到了这时候他们想再搞点什么名堂是不行啦。"我紧紧抱住了她,她突然迸发出了欢乐和宽慰的泪水。

我回到我的房间里睡了个把小时。10点钟起来,刮了脸,穿好衣服,仍未接到汉弗莱的电话,而在他表示认输以前我是不能做什么事情的。10点35分,霍尔德曼走了进来,告诉我说全国广播公司终于发表了我获胜的消息。几分钟后,哥伦比亚广播公司也发表了同样的消息。

大约11点30分,休伯特·汉弗莱来电话了,他一贯轻快和自信的声调,现在变得有气无力,灰溜溜的。但他不因失败而失去风度,表现得犹如在战斗中曾坚持到底一样。不一会儿,他在电视上露面了,当我看到他的妻子穆里尔和他家其他成员跟他站在一块儿时,我对他们比对汉弗莱本人更表同情和遗憾。因为汉弗莱毕竟是选择了政治作为他的职业的。而我的经历告诉我,对自己心爱的人来说,失败该是多么辛酸和沉重啊!

汉弗莱在电视上露面认输的镜头一过,帕特、特里西娅、朱莉、戴维和我立即下楼到沃尔多夫-阿斯托里亚饭店的舞厅里,几百名支持者已等候在那里,他们曾和我们一起等了个通宵。舞厅里掌声雷动。尽管我常想过要是这个场面真的到来时我该说些什么才好的问题,但最后我还是想到什么就说什么。

我谈了汉弗莱打来电话的情景,也谈了我对汉弗莱说过我很体会败于一场相差无几的竞选是一种什么滋味。"八年前我因相差无几的票数被人击败,今天我以相差不多的票数打了胜仗,我要说——打胜仗可比被人击败畅快得多!"这番话引起听众们一阵热烈的欢呼。

接着,我对失败做了一番哲理上的解释:"伟大的哲学从来不是一种没有失败的哲学，但它是一种没有畏惧的哲学。不论是男是女，既已投身战斗，就应勇往直前，这才是重要的。"

我想起了在俄亥俄州作短暂逗留的竞选旅行时发生的一件事：

  在这次竞选中，我见过许多标语牌。有些并不友好，有些则非常友好。最打动我的一块标语是我在一整天短暂逗留旅行结束时，在俄亥俄州的德什勒见到的。那是个很小的市镇，估计来的人是当地居民的五倍，由于黄昏薄暮简直无法看清。但是，有个十几岁的小孩举着一块标语牌，倒看得很清楚："让我们团结起来。"

  这就是本届政府一开始就要从事的伟大目标，把美国人民团结起来。

我们回到五马路我家公寓时，中午刚过不久，马诺洛和芬娜都不在，我便向帕特提出大家到外面吃午饭去。但我马上觉得我们可不能再随随便便"到外面吃午饭"去了。帕特和女孩们进了厨房，做了火腿鸡蛋，我们就这样坐在我书房里举行了这次大选后的家宴。

马诺洛和芬娜很快就回来了，他们告诉我他们不在家的缘故。他们怎么也没有想到大选竟会拖到第二天，而那天下午他们原本就定了要去宣誓入籍。马诺洛说："总统先生，下次我们就有资格投票选你了。我们已经是美国公民了。"

大家离开书房后，我走到唱片机边，挑了一张我最喜欢的唱片——理查德·罗杰斯作曲的"海上胜利"中的音乐选段。我把它放到唱片机上，把音量开得大大的。思潮随着乐声联翩交融。漫长的战斗，艰苦卓绝。胜败甘苦，几度周折。这可是一场硬仗啊！现在，我们终于赢得了最后胜利。音乐攫住了我的心灵，它比我所能讲出的、所能想到的、所能写下的任何东西都要美妙得多。

当选总统

11月6日，我们登上一架空军喷气机飞往比斯坎岛作大选后的短暂休息。

途中我在华盛顿停了一下，以便去沃尔特·里德医院探望艾森豪威尔。作为当选总统踏进他的房间，那股心欢意畅的劲头在我一生中能有几度！他见到我时满面春风地说道："恭喜呀，总统先生！"

我认为艾森豪威尔希望我赢得大选的心情不亚于我。他要我向他描述大选那天漫长的夜晚与第二天上午的每个细节，自始至终他都喜形于色，神采奕奕。

去南方的飞行是很愉快的。大选那天晚上，我筋疲力尽，顾不上搞什么庆祝，现在是第一次真正得到了休憩的机会，真正可以领略一下长途跋涉后终于到达顶峰的那种欢乐了。

我从比斯坎岛驾车去奥帕-洛卡机场与汉弗莱和马斯基及其家人们见面，他们是到维尔京群岛度假去的。我问汉弗莱他是否愿意考虑出任驻联合国的大使，他要求给他一段时间来考虑这一提议。见面结束后，汉弗莱对记者们说，大选已经结束，往后全国利益一定要放在党派利益之上等。汉弗莱说道："他就要成为我们的总统，而我则是他的一个同胞公民。"

这样，在佛罗里达阳光绚丽的大地上，美国政治传统中人们熟悉的激动人心的时刻出现了：象征着不分党派团结一致的保证，传给了全国同胞，也告知了众目睽睽的全世界。

在比斯坎岛休息了五天之后，我们回到纽约，着手筹组政府。我们再一次在华盛顿做了停留，这次是在白宫与约翰逊总统和夫人共进午餐。

丰盛的午餐用过后，约翰逊夫人和帕特在整个大厦内逐屋察看，我则按约翰逊的安排，听取各种汇报。在去西侧楼途中，我们经过了他的卧室。一张带帐顶大盖的四柱大床在房间里占着突出的位置，有个很大的壁橱和穿衣室，另外还有白瓷砖铺砌的浴室。约翰逊在告诉我怎么打开一个暗藏在墙里的小保险箱时说道："我得让你知道这个呀。"

我们进入内阁会议室时，介绍情况的人已经在等着我们了：国务卿迪安·腊斯克、国防部部长克拉克·克利福德、参谋长联席会议主席厄尔·惠勒将军、中央情报局局长理查德·赫尔姆斯，以及国家安全顾问沃尔特·罗斯托。

主题是越南。围绕着我的那几张脸都留下了这场长时期战争的苦恼痕迹。

他们全都是聪明能干的人物。他们想尽一切办法要在离任前结束这场战争，可是没有办成。看上去他们都快筋疲力尽了。他们已经拿不出什么新的方案向我建议了。我意识到，他们虽说由于失败而感到沮丧，但能够把这副烂摊子卸给别人，还是觉得如释重负。

他们全都强调指出，美国必须让这场战争得到有成效的结果——可能的话用谈判解决，但如果有必要则以继续打下去的办法解决。他们一致认为，美国如半途撤走，或者接受可能被解释为失败的谈判解决，那将对我们在亚洲和全世界各地的盟邦和朋友带来极其有害的后果。后来在我执政期间成为批评战争最激烈的人物之一的克拉克·克利福德，那天下午却是约翰逊政策的狂热支持者。

等到情况介绍完毕，约翰逊和我回到椭圆形办公室时，他迫不及待地要同我谈话。他说："我们之间意见分歧的时候总会有的，如果出现这种时刻，我会私下和你谈的。你可以放心，我决不会公开批评你。艾森豪威尔对我也是这样。你要挑的担子是够重的啦。"他说他将尽他所能帮我取得成功。"当前国内外的各种问题，也许比林肯以来历届总统所面临的问题都来得大。"他说道。约翰逊和我是多年的宿敌，但在那一天，我们之间在政治上和私人关系上的分歧全都消失了。我们一起站在椭圆形办公室里，他欢迎我加入这个最有排他性的俱乐部，并允诺遵守该俱乐部成员一条最重要的规定：支持接你班的人。

我的第一项人事任命是任命罗斯·玛丽·伍兹为我的私人秘书。1951年以来，罗斯就和我的政治生涯结合在一起。她兼备专业技能与可爱的人品，而且有全心全意的献身精神。她对我的未来充满了信心，有时候连我自己都有点动摇了，她却一贯坚定不移。

我要鲍勃·霍尔德曼当我的办公厅主任。他的作用如我们所想象的，主要是行政性的，而非实质性的。他检看文件，保证做到不排斥不同意见，然后将材料送我决定；他起的是漏斗的作用，而不是过滤器的作用。他审核问题时超然于个人偏见之外的才智和能力使他成为担任此项职务的理想人物。他还将担任椭圆形办公室的把门人。当然，这会使他处在不值得羡慕的地位，不得不让许多自认为需要亲自和经常见我的人吃闭门羹。但我知道,他很有主见,一向我行我素,会使他有办法对付这个职务必然会招来的各种猜忌和不满。

关于总统应有的工作方法,我自己有强烈的主见,其中许多是根据我在艾森豪威尔当政时的经验和观察得来的。以我之见,不论在那时或在目前,决策的方法乃是当好总统的关键。我觉得,凡送呈总统决定的,只能是较低一级的白宫工作人员或负责这一方面的内阁成员所无法或者不应该定夺的事情。这是我从艾森豪威尔那儿直接吸取的一条教训,艾森豪威尔的幕僚经常过多地让一些无关紧要的事情打乱他的计划,让一些次要问题耗费他的时间和精力。我知道通过看文件要比听口头汇报能吸收更多的材料,而且我总发现工作人员书面汇报的要比在会议上谈的更为简明扼要。

我当副总统时出席了数以百计的内阁会议,我觉得绝大多数会议毫无必要,甚至令人厌烦。有少数几个问题涉及所有部门,如经济问题,集体讨论有时候还有些沟通情况的作用。可是,那种认为用上一个半小时请国防部部长和国务卿来讨论运输部部长的新公路方案很可取的日子,早已一去不复返了。因此,我想要把这届政府的内阁会议减少到最低限度。我觉得,除了重大的政治问题或政策问题外,每个内阁成员把自己的工作做得越好,我和他们讨论这种问题的时间就花得越少。如果要使政府提高工作效率,严格反对浪费,我们必须有一批热爱本行、精通本门业务的优秀管理人员。我宁要踏实称职的人,而不要华而不实之辈。另外,任命某些过分自行其是、难以共事的人为内阁成员,也会带来灾难。我要的是既能坚持己见,又能在我一旦做出决定后全力支持我的那种人。

我充分意识到我赢得总统职位所得的选民票数,只是一个勉强多数。因此,对内阁职务的某些人事安排,一定要有利于——即使是象征性的——团结全国和"让我们团结起来"。我想安排一些民主党人担任阁员或阁员一级的职位,可是汉弗莱拒绝出任联合国大使,华盛顿参议员亨利·杰克逊也不愿当国防部部长。

我们打算请肯尼迪总统的姻兄弟萨金特·施赖弗出任驻联合国大使,他在约翰逊任内担任过驻法大使。施赖弗表示了很大的兴趣,给我写了封信,提出他接受这一职务的条件。除了其他条件外，他要求保证不取消联邦消除贫穷纲领。一个即将担任驻外使节的人，居然对国内政策提出要求，这是令人无法容忍的，因此，我让比尔·罗杰斯通知施赖弗，我已决定不再邀请他，同时告诉他原因所在。罗杰斯汇报说，施赖弗认识到此举过头，表示愿意撤回原议，还说他的信并没有提出条件的意思，只是提建议而已。我要罗杰斯传话，说我的决定不变。

除了若干民主党人外，我还打算邀请一些黑人领袖参加内阁。我向埃德·布鲁克提出了要请他担任驻联合国大使的职位，但他觉得他留在参议院有更大作为。我又敦请城市同盟执行主席惠特尼·扬担任住房与城市发展部部长，他也拒绝接受，说他还是留在政府之外为好，以便为他的事业做更多贡献。当然，他的真实意思是，对于一个想在黑人社会中起真正领导作用的人来说，一旦进了共和党内阁就无异于在政治上自取灭亡。

在这方面，戈德华特竞选时欠下的债要由我来负担了。1960年时，我曾获得黑人选票中的32%；1964年戈德华特只获得6%。到1968年时，我总算又把共和党获得的黑人票数提高到了12%，可是把戈德华特说成是个种族主义者这一不真实的形象在人们头脑里的印象太深刻了，以至于黑人社会与共和党政府之间很难建立一种自然的关系。对此我深感遗憾，但是又有什么办法能改变这一现实呢？我只能以我在位的各种行动来表明，我是名副其实的全体美国人民的总统。

内阁架子逐步搭起。总地说来，成员比艾森豪威尔内阁更少保守性，而且在实际上还比我的中间路线偏左些。不过，每个人对职责范围都很清楚，并且每个人都很称职，对自己的职务都有一套设想。

比尔·罗杰斯是一位能力很强的行政人员，可担负管理国务院那摊难以驾驭的官僚机构的重任。他是个谈判好手，而且我相信我这位老友一定能够在最敏感的内外政策问题上同我合作共事。艾森豪威尔执政时期他任司法部部长，显示出了他可与国会相处得很好。我觉得参议员富布赖特领导的外交委员会与白宫之间那种几乎已经定形的敌对关系已经危害了国家利益，而我认为罗杰斯可以起到解冻的作用。

至于国防部,我遴选了威斯康星州的梅尔文·莱尔德,他是有17年众议院生涯的老资格人士,也是国防拨款事务方面的专家。众议院的同事们都称颂他是个坚强的人,一名老练的政治家。

尽管约翰·米切尔协助我提出了一份司法部部长的候选人名单,但我决定设法说服他,由他自己担任这个职位。在对各级法院,甚至许多执法机构如何斟酌法律的问题上,我需要有个能分担我任务的人。米切尔为人耿直,机敏,公正无私。此外,他是我最可靠的朋友与顾问,不仅有关法律事务而且在整个总统决策范围内的问题上,我都需要听取他的意见。

芝加哥大陆伊利诺伊国民银行与芝加哥信托公司董事长戴维·肯尼迪出任财政部部长,他是国际金融方面有经验的专家。他还符合另一条件,即我不希望我的财政部部长成为纽约-波士顿银行集团的一部分,而财政部部长期以来是受其支配的。温顿·"雷德"·布朗特任邮政总长,沃尔特·希克尔任内政部部长,克利福德·哈丁任农业部部长,莫里斯·斯坦斯任商务部部长,乔治·舒尔茨任劳工部部长,鲍勃·芬奇任卫生、教育和福利部部长,乔治·罗姆尼任住房和城市发展部部长,约翰·沃尔普任运输部部长,从而内阁人员配齐,圆满组成。

大选刚结束,我即邀请特德·阿格纽及其夫人朱迪去比斯坎岛研究他在政府中的地位和作用问题。我对阿格纽说,我希望他担起制定政策的责任,建议他可在白宫西侧楼有个办公室。副总统可以这样做,这在历史上还是头一次。我要求他根据他做过州级官员的经验,担负起解决好联邦与各州关系这个重大问题的责任。我敦促他立即利用参议院议长的身份好好了解了解国会及其成员的情况,与他们一起工作,并作为他们与白宫的主要联系人。

艾森豪威尔挑选福斯特·杜勒斯任国务卿时,要杜勒斯当他的首席对外政策顾问,而杜勒斯是完全胜任这一角色的。然而,我一开始组织政府,就打算由白宫指导对外政策。因此,我认为国家安全顾问的人选是个关键性的问题。考虑到我赋予此项职务的重要性,我在决定人选时采取了与众不同的挑选办法。

我知道亨利·基辛格多年来担任纳尔逊·洛克菲勒的对外政策顾问。我也

第五章 1968年的竞选和大选

听说，在1968年共和党全国代表大会召开前一段时期，也就是洛克菲勒同我争夺提名为候选人的时期，基辛格曾对我在外交方面的能力私下颇有微词。不过，这话出自洛克菲勒手下的工作人员之口，也就不足为奇了，所以我只把它看作是玩弄政治的言论。到竞选最后几天，当基辛格向我们提供关于停炸情报时，我更觉察到他的学识和影响了。

约翰·米切尔安排基辛格与我于11月25日在纽约皮埃尔饭店我在交接期间的办公室里会面。由于我们两人都对闲聊不感兴趣，于是我当即向他扼要地介绍了我为我的政府对外政策所制订的某些计划。基辛格所著《核武器与对外政策》一书，1957年首次问世时我就读过，我看到我们总的观点非常相似。根据这个观点，我们都认为，分别对待并设法左右影响世界均势的各个因素是很重要的。我们还一致认为，不管是什么样的对外政策，它一定要强大得足可取信——而且一定要足可取信才能获得成功。对于通过巴黎会谈解决越南战争的前景，我并不寄予希望，我觉得我们有必要对越南的整个外交和军事政策进行重新考虑。基辛格表示同意，虽然他对谈判不像我那样悲观失望。我说我决心不蹈约翰逊前车之辙，不能把我的全部外交政策的时间与精力都花在越南问题上，因为它实际上只是一个短期的问题。我觉得，如果较长期的问题处理不好，那对美国的安全与生存会造成致命的后果。在这方面，我谈了恢复北约联盟活力的问题，谈了中东、苏联和日本。最后，我提到需要重新估计我们对共产党中国的政策的考虑，我请他读一下我在《外交季刊》上发表的文章，在这篇文章里我第一次把这个想法作为可能性和必要性提了出来。

基辛格说他对我能这样思考问题感到高兴。他说，如果我想在这样一个范围广泛的基础上开展活动的话，那我就必须建立一个十分切实可行的咨询系统。肯尼迪以处理战术危机的机构取代了负责战略设计的国家安全委员会，而约翰逊则主要由于害怕泄密，以只有少数几个顾问参加的非正式的每周午餐讨论会，取代了国家安全委员会这个决策机构。基辛格建议我在白宫内成立一个国家安全机构，除协调外交与国防政策外，还能制定出政策选择方案，供我决策前考虑。

我对基辛格有着强烈的直觉感受，我当场就内定了要他当我的国家安全顾问。当时，我并未邀请他担任任何具体职务，但我明确表示，我有意请他参加政府工作。我估计他需要考虑一下我们这次的谈话，而且他也会感到得同洛克菲勒商量商量这件事。

两天以后，我又一次会见了基辛格，并问他愿不愿意担任国家安全委员会的领导。他答称接受此职感到荣幸。他很快就开始筹建班子，分析各种政策选择方案，供我就职后公开演说之用。他的工作从一开始就紧张繁忙，干劲冲天，充分显示了此后多年他工作的特色。

一个是惠蒂尔杂货铺老板的儿子，一个是希特勒德国的流亡难民，一个是政治家，一个是学者，看起来这种结合仿佛不大有希望，但我们的差异却有助于使我们的伙伴关系得以顺利发展。

丹尼尔·帕特里克·莫伊尼汉是我国最富创见的国内政策智囊之一。他与基辛格一样是哈佛大学教授，在肯尼迪与约翰逊政府期间，担任过劳工部助理部长。1968年大选前，我读过他的几篇论文，我发觉他的思想新鲜活泼，对我颇有启发。莫伊尼汉与许多自由派学者不一样，他并不是满口专业术语，也不空发议论。他曾帮助设计"伟大社会"中战胜贫穷的纲领，但他对纲领中有许多东西已经失败并不回避，他准备从失败中吸取教训，设计出能够实行的新纲领。

我约见了莫伊尼汉，想了解他的见解，试探他对来白宫工作的意见。虽然他迅速地说明他是反对越南战争的，但显然对提供给他的机会表示有兴趣。我们对当前福利体制必须彻底改革的共同看法，更帮助奠定了我与他迅速形成的友好关系。我对莫伊尼汉说，我想建立一个城市事务委员会，该委员会在国内政策方面的职能大致和国家安全委员会在外交事务方面的职能相同。"这想法好极了！"他惊呼道。于是我问他愿否出任该委员会的领导。他立刻同意接受。即便我有时认为帕特·莫伊尼汉在个别问题上看法不正确，但他确实才华横溢。正如我在他离开政府重返哈佛执教时说的："他所说的许多东西我并不同意——但是他确实能打开思路，指出方向。"

我设立了一个新的阁员级职位——总统顾问——给了我的老朋友和顾问

阿瑟·伯恩斯。我认为他的保守主义可以有效并富有创造性地平衡莫伊尼汉的自由主义。

回想起来，就仿佛是昨天的事，时值1952年，我在布莱克斯通饭店艾森豪威尔的套间里坐着，看着他签署他的退役文件，心想他对自己此后将处于何种地位心里是否有数。他在政界时间不长，肯定对所发生的许多事情感到惊讶。而我则有近20年从事争当总统的政治经历，所以我一直坚持不懈地为我即将就任的权力与地位做好准备，决不能比历史上任何一位当选总统差。因此，在这过渡交接时期，不管日常事务多么繁忙，我还是留出时间来思考约翰逊留给我的国内和国际局势，思考怎样在我的总统任期内使这一局面有所改善。

像艾森豪威尔一样，我将接受四项桂冠：作为国家元首我将处理外交事务，作为政府首脑我将领导国内行政和立法事项，作为总司令我将肩负着美国武装部队的最高权力与责任，作为共和党领袖我将设法使党的全国、州、地方等各级组织获得新的活力。

我在观察20世纪60年代的美国对外政策时，觉得美国对外政策就好像抵押品似的，起先抵押给了肯尼迪的冷战，接着抵押给了约翰逊时代的越南战争。我们这种在某一时期只忙于处理一两个问题的倾向，结果使各条战线上的政策全面恶化。我并不认为，某一外交政策必须处于优先地位。客观上有许多须优先处理的事情，这些事情可说是并驾齐驱，互相影响。至于从何着手，我认为应该把欧洲放在首位。唯有保障我们的西方盟友，我们才有足够坚实的立足点去同共产党人谈判。北大西洋公约组织混乱不堪，主要原因是美国跟它的欧洲盟国磋商不够。

在远东，眼下是自由世界生产力第二发达国家的日本，现在开始怀疑美国对防务承诺的可信性。两国关系中一个经常的不安因素是我们控制了冲绳岛这个问题。

在中东，1967年6月战争后的停战协定继续受到破坏，战斗时断时续。看来美国除武装以色列对付下一次阿拉伯的突击外，别无作为。以色列的两个主要潜在敌人，埃及和叙利亚，正在接受苏联武器，而这种状况使中东这个已经是冲突性的地区成了国际火药桶，一旦炸开，就不只是以色列及其邻国之间的一场战争，而且会导致美苏直接对抗。

共产党中国方面是一片不祥的沉默。除了驻华沙的美、中大使间偶尔举行毫无成效的会谈外，20年互不交往的鸿沟把这个世界上人口最多的国家与这个世界上实力最强的国家分隔开了。

当我观察美国在世界上的地位，检查我们与其他国家关系时，我发觉在我就任总统前夕的1968年，主要问题跟我第一次随赫脱委员会去欧洲的1947年似乎完全相同：美国目前就像那时一样，依然是自由世界反对共产主义世界的蚕食和攻击的主要保卫者。

我一生从不怀疑共产党人所说的这句话：他们的目标是要置全世界于共产主义控制之下。同样，我也从未忘掉惠特克·钱伯斯的令人寒心的讲话，他说在他放弃共产主义思想时，他有一种离开了胜利者一方的感觉。但我也不同于某些反共分子，他们认为我们不应该承认这些共产党人，不应该和他们打交道，不然，就意味着我们在意识形态上尊重他们的哲学和他们的制度。我一贯认为，我们能够而且必须跟共产党国家交往。如有可能，还要和它们谈判。它们是强大的，不能置之不理。我们得经常记住，他们经常从利己出发。一旦懂得了这一点，在跟共产党人交往时就会更切合实际，也就会更安全，就不会像目前那样生活在冰冷的冷战隔离状态或相互对峙状态中。实际上，在1969年1月，我就觉得美苏之间的关系，很可能就是我的政府任内或我以后的政府任内，决定世界可否和平共存的唯一的最重要的因素。

我觉得，我们过去在和苏联对峙的局势中，已经陷于不利地位。他们在中东阿拉伯国家中的影响力大有进展，我们却毫无作为；他们在古巴有个卡斯特罗；自60年代中期起，他们取代了中国人成为北越的主要军火供应者；而且，除了铁托的南斯拉夫，他们仍然控制着整个东欧。

然而，也有一些有利于我们的东西。最重要也是最令人感兴趣的是苏联与中国的分裂。另外，还有若干证据证明某些卫星国家的独立性正在增长，虽然是有限度的。还有迹象表明,苏联领导人对达成限制战略武器的协定感到有兴趣。他们似乎还准备就柏林的反常局势举行认真的会谈,大战结束差不多四分之一世纪了,柏林依然是个分裂的城市,经常是紧张局势的发源地,不仅在美苏之间,也在苏联与西欧之间造成紧张。我们感觉到他们正在探求减少中东对抗风险的解决方案,但要保住面子。我们还有些确定的证据,说明他们急于扩大贸易。

常常有这样的说法:解决越南问题的关键在于莫斯科和北京,而不在河内。没有这两个共产党巨人或其中之一不断给予大量援助,北越领导人连打几个月的仗都不可能。由于中苏分裂,北越人便能非常出色地在中苏相争中坐收渔利,把对他们战争的支援当作坚持共产主义正统学说的试金石,当作在争夺共产主义世界领导权斗争中不让北越投入对立阵营的必要条件。局势很伤脑筋,对苏联人尤其如此。莫斯科除了稳住河内不投向北京外,在北越这场事业的最后结局中几乎没有什么好处可得,特别是它还不断影响着莫斯科在抗衡美国时的自身重大利益。我虽知道苏联人在支援北越问题上并不是完全可以自作主张的,但我还是计划在这个地区给他们施加最大的压力。

我十分清楚,勃列日涅夫和柯西金并不比当年赫鲁晓夫在1960年时更急于希望我在1968年获胜当政。要跟一个共和党执政的政府——偏偏又是尼克松的政府——打交道,这种前景无疑在莫斯科引起了不安。事实上,我就怀疑过,苏联人也许替北越人出过主意,要他们建议开始巴黎会谈,希望以实现停炸在大选中给汉弗莱帮个忙——如果这就是他们的战略,那么这个战略差点儿就得逞了。

大选后,约翰逊曾建议,在我就职之前,他和我作为在任总统与当选总统,与苏联人举行一次最高级会议。我知道,他想再最后做一次献身和平的戏剧性表演,但我认为没有切实的基础可以下结论,说苏联领导人准备在任何重大问题上进行认真的谈判。而且我也不愿意被就职前做出的任何决定捆住手脚。

这种最后时刻的最高级会谈所能产生的结果,充其量只是一种"精神",像约翰逊1967年在新泽西与柯西金会谈后的"葛拉斯堡罗精神",或者是艾森豪威尔1959年与赫鲁晓夫会谈后的"戴维营精神"。我感到这种"精神"几乎完全是骗人的，而且实行起来也对苏联大为有利。由于舆论在共产主义体制中影响有限，这种最高级会谈"精神"就只能是对他们单方面有利的东西，因为最高级会谈后美国舆论的特点是乐观，这只会使我们在最高级会谈后与苏联人打交道时难以执行强硬路线。

在交接期间，基辛格与我研究了跟苏联人打交道的新方针。既然世界上两个竞争的超级核大国美国和苏联的利益是如此广泛和重叠交叉，那么把有关的领域分割对待的方针是不现实的。因此我决定，把苏联所关心的诸如限制战略武器和增进贸易等领域里的进展，与对我们极为重要的越南、中东和柏林等领域的进展联系起来。这个概念后来成为众所周知的所谓"连环套"。

为了避免人们对我是否认真执行这个方针产生任何怀疑，当记者们在我的第一次记者招待会上问到何时开始限制战略武器会谈时，我有意识地宣布了这一方针。我说道："我要做的是，保证能在举行战略武器会谈时，如果可能的话，同时又能推动重要的政治问题取得进展——例如，中东问题以及其他美苏协同行动能为和平事业做出贡献的重要问题。"

对苏联人来说，"连环套"是某种使他们感到不舒坦的新东西。因此，当他们贬低"连环套"对我们（美苏）关系所发挥的制约作用时，我毫不惊奇。在我们这方面，几乎耐心等待了两年，也硬着头皮顶了两年，才使他们接受这一方针，知道了想从我们这儿取得任何东西必须付出一定代价，而这个代价正是我们想从他们那里索取的，这就叫"连环套"。

在交接阶段，我们同苏联人进行了第一批接触。12月中旬，基辛格会见了苏联驻联合国的一位外交官，就我们所知，此人其实是个情报官员。我要基辛格明确表示，我决不会因为最近苏美关系中出现了那么多乐观的花言巧语而受骗上当。基辛格根据这一指示做了说明，尽管过去几年里出现了一种倾向，强调所谓我们两国似乎有着许多共同之处，但尼克松政府认为，我们之间存在着实质性的分歧，而且认为努力设法减少这些分歧所造成的紧张，才是我们关系中的核心问题。基辛格还说我不想在就职前举行最高级会谈，如果他们与约翰逊举行，我就要公开声明，我不受该会谈的约束。此后，就再也没有听到有人提最高级会谈的计划了。

莫斯科迅速给我们送来了答复。同我们接触的那位苏联驻联合国官员报告说，苏联领导对于选出一个共和党总统"并不悲观"。他说苏联领导对于了解我是否希望"打开交往的渠道"很有兴趣。正因为他们讲过这句话，我才在就职演说里说道："经过了一段对抗的时期，我们正在进入谈判的时代。让所有国家都知道，在本届政府任期内，交往的道路将是敞开的。"

越南战争是我就任总统后必须立即处理的最紧迫的外交问题。在交接期间，基辛格就对在越南问题上可能采取的各种方针做了回顾，把它们提炼为具体的选择方案，包括从大规模军事升级到立即单方面撤军等各种途径。每种可供选择方案的理由都很充分。

例如，有人争辩说，军事胜利仍然可能，只要我取消约翰逊给我们战场司令官规定的各种限制，允许他们利用我们强大的军事力量去击败敌人就行。这些规定中最严重的是停炸；由于停炸，共产党方面可以重新集结他们的部队，增加后勤供应，发动新的攻势。主张升级方案的人争辩说，光是威胁一下要入侵北越，就可把北越军队牵制在非军事区沿线；海防港布雷封锁则可削弱敌人的供应线；于老挝和柬埔寨境内放手追逐共产党军队，可挫伤他们在南越对我军实行打了就跑的战术能力。恢复轰炸对以上这些建议不啻于如虎添翼。实质上，这就是一个升级的方案。我们早就把这种方案排除在外了。

民意测验表明，主张在越南获取军事胜利的公众，所占的百分比很高。但大多数人心目中的"军事胜利"，是指全力以赴发动一场既能结束战争又能赢得战争的致命打击。问题是，我手头上只有两种办法可以进行这种致命打击。一种就是轰炸北越那套复杂的灌溉大堤，由此引起的洪水将造成数十万平民死亡。另一种可能进行的致命打击，就是使用战术核武器。不采取这两种方法中的一种，单靠战争升级，很可能需要长达六个月的时间，伴以激烈残酷的战斗和大量伤亡才可能迫使共产党方面最终放弃武力，接受和平解决。不管使用哪一种致命打击，随之而来的国内和国际的喧嚣骚动，都将使我的政府一开张就糟糕透顶。至于用常规战争升级的办法，单就我们可能遭受的伤亡人数来说，就无法使全国在这段时间内保持团结。采取升级这一方案，还将推迟甚而破坏我们可能同苏联和共产党中国发展新关系的任何机会。

在升级方案的另一极端,有人主张干脆公开宣告迅速而有秩序地撤出全部美军,从而结束战争。主张此方案的人认为,我们这样做了,共产党方面就有可能做出响应,在最后一个美国人离开后,归还我们的战俘。

不容否认,建议这种特定方案的人,有某些吸引人的政治性论据。像我的一位国会朋友说的:"你并没有把我们拖进这场战争,所以,即便你用很差的和平条件结束这场战争,只要做得干净利落,你也完全可以把责任推到肯尼迪、约翰逊以及民主党身上。你只要走上电视,告诉人们,是肯尼迪派了1.6万美国人到那儿,又是约翰逊把这数字升级到了54万,话就够了。然后,宣布你正把他们全部接回家来,这样,你就成为英雄了。"

但我知道这个方案早已被弃置多年,无人问津了。仓促的撤退,意味着抛弃1700万南越人——其中许多人曾为我们工作过,支持过我们——全部由共产党任意宰割。我们决不能就这样把一个盟国牺牲掉。如果我们突然背弃我们早先做出的支持承诺,仅仅是由于这些诺言难以实行,或者代价太高,或者由于这项承诺在国内变得不得人心,那么,我们以后就再也不值得其他国家寄予信任了,所以,我们当然不能接受这一方案。

就我而言,任何涉及解决越南问题的做法,几乎都是可以商谈的,只有两件事除外:凡不包括全部遣返我方战俘以及不对战场上失踪的人作出交代的任何方案,我决不同意;凡是要求或者相当于要求我们推翻阮文绍总统的条款,我也决不同意。

我知道许多美国人认为阮文绍是个心胸狭隘、腐化透顶、不值得支持的独裁者。我个人并不喜爱阮文绍,但我是从实际情况看待局势的。就我所知,赶走阮文绍,换上来的人并不会比他更有见识、更能容人或者更民主,相反,可能比他更无能,连把在南越争权夺利的各派拉在一起都做不到。南越人需要有一个强大稳定的政府,才能对付越共分子。我决意尊重我们对阮文绍所承担的义务,就是我们有义务稳定这个地区的局势。所以共产党才如此坚持以他的下台作为解决越南战争的部分条件。坚持了三年半,直到1972年秋季,北越方面还一直要求我们表示愿意推翻或牺牲阮文绍作为取得解决问题的一个必要条件。当他们一放弃这个要求,认真的谈判就开始了。

我开始行使我的总统职权时,对解决越南问题规定了三个根本前提。第一,我应该使舆论做好准备,即全面的军事胜利事实上是不可能的。第二,关于必须继续承担义务的问题,我应该根据我的良知、我的经验、我的分析所认为属实的情况行事。目前把南越抛弃给共产党,对我们寻求稳定而持久的和平来说,损失之大是无法估计的。第三,我得尽快并且尽可能体面地结束战争。

既然我已排除迅速在军事上取胜的做法,唯一可能的方针就是努力寻求一项公平的、能保持南越独立的谈判解决方法。要是北越真心要和平,战争便能在几个月内结束,这是最理想的。然而,我得准备用我就任总统头一年中的大部分时间,通过谈判来达成协议,这才是现实的。

12月中旬,我告诉基辛格我想给北越捎一封信去。我们决定利用让·桑特尼作中间人。桑特尼是个法国商人,他在印度支那住过多年,他和北越和南越的许多领导人,包括胡志明在内,都有私人交情。我是1965年在法国南方认识桑特尼的,基辛格也认识他。

第一封信由桑特尼在巴黎交给了北越人,信中以和解的措辞提出了谈判解决的各种方案。11天后,收到了答复,指责西贡阻碍召开巴黎和谈,并指责我们支持南越领导人的"荒谬要求"。"如果美国愿意的话,"复函最后说道,"它可以提出总的想法以及比目前所知道的更为精确的具体想法,供我们认真考虑。"河内驻巴黎的代表梅文蒲在把复函交给桑特尼时补充说道:"在最初阶段,我认为问题是要弄清楚,美国是否真要和平,是否真愿意从南越撤军,或者只是奢谈一通,以此掩盖其放空炮不办事的目的。"

我在两天之后便给予答复,通过桑特尼捎了话:"尼克松政府确实愿意认真谈判,而且是真心诚意的。"北越在答复此信时,仍采取了强硬路线,但我既不惊讶也不泄气;我从未指望这场历时很久的战争能够迅速而轻易地结束。在我的就职演说中,我重申了尽可能取得和平解决的愿望,但我毫不含糊地表明了我的决心,即一定要体面地结束我们所承担的义务。我说:"让我们明明确确告诉那些认为别人软弱可欺的人,我们需要多么强大,就能有多么强大,需要坚持多久,就能坚持多久。"

越南战争被美国战争史上前所未有的一些因素弄得十分复杂。在国会里,两党中许多最知名的自由派分子,在肯尼迪和约翰逊时代曾经支持过我们介入越南的政策,现在则拼命从他们以前的立场往后退。以前支持战争的参议员、众议员、内阁成员和专栏作家们现在都在往反战队伍里钻。1969年时,在有关越南战争问题的表决上,我在国会中还有个多数,不过这个多数勉强得很,而且我也说不准这个多数能保持多久。这场战争还有个不同寻常的现象,那就是美国的新闻工具在谈论战争的目的与行动以及敌人的本性等问题上,完全控制了国内的舆论。北越这个敌人本性特别强硬,可是美国的新闻工具却把宣传重点放在南越人的无能与脆弱上,或者放在我们自己部队的作战不力上。每天晚上的电视新闻和每天早晨的早报都只报道战争的每次具体战斗,而对战争的根本目的则几乎没有提到,或者根本意识不到。弄到最后,给人的印象是,我们是在军事上和士气上处于一盘散沙的情况下进行作战的,而不是朝着一个重要而有价值的目标迈进的。

更有甚者,电视还经常放映这场战争带来的可怕的人间痛苦和牺牲。不管这种严酷而真实的战争报道意图何在,其结果都是严重败坏了国内士气,提出了美国今后还能否在国内团结一致和有强大的目标的情况下在国外与敌人作战的问题。正如《新闻周刊》专栏作家肯尼思·克劳福德写的,这场战争是我们历史上第一场新闻界以敌为友、以友为敌的战争。我觉得,我就任总统之时,美国的士气与自信感已经被越南战争进行的方式与报道的方法折磨得不成样子了。

在准备就任总统职务时,我对反战的抗议者与示威者抱着一种错综复杂的感情,既欣赏其忧国之心,又气愤其越轨举止,更重要的是,他们竟然明显不信任我有真诚的和平愿望,简直使我沮丧至极。但不管我对这些示威者的动机作什么样的估计——也不管他们对我的动机作何估计——我认为他们这种做法的实际效果是鼓励了敌人,从而只能使战争长期拖下去。他们要求在越南结束战争,我也如此。但他们要的是立刻结束战争,为此他们准备放弃南越,而这是我所不允许的。

1968年总统选举的最终统计表明，我仅以50万票的多数击败汉弗莱——43.3%对42.6%。乔治·华莱士得了13.5%，将近1000万张票。我的票数与华莱士合起来为56.8%，加在一起代表了人民的明确意志：在联邦政府贪得无厌地独揽大权近40个年头以后，美国选民要求改变华盛顿的家长式的统治。当我担起政府首脑的职责时，我考虑了我可能面对的局势，我认为主要问题是：在一个反对派掌握的国会和一个基本上为自由派分子掌握的官僚机构面前，我究竟能朝前走多远以实现人民的意志呢？

120年前新当选的扎卡里·泰勒就任总统时，国会两院全由反对党控制，120年以后，我又成了这样的当选总统。如果我要通过某项立法，就需要两党的联合支持。

在我担任总统的整个期间，在外交事务上，对我支持最有力、最可靠的是两院的保守力量。我特别依靠一批南方的民主党人，其中众议院有密西西比的索尼·蒙哥马利、得克萨斯的乔治·马洪、密西西比的威廉·科尔默，以及路易斯安那的乔·华格纳、爱迪·赫伯特和奥托·帕斯曼，参议院有佐治亚的迪克·拉塞尔、密西西比的约翰·斯坦尼斯和阿肯色的约翰·麦克莱伦。

遗憾的是，在国内政策上，我却得不到类似的联合支持。我知道在这方面，不同集团的不同利益在某些问题上可能一致，而在其他问题上又意见分歧。自由派分子总认为我走得不够远，而保守派分子则认为我走得太远。我得在每个有争议的问题上，尽量汇集和说服各派中的两可成员以通过我的立法。为了使我的计划得以在国会通过，我必须制定出一套复杂的政治策略。为了阻止我反对的提案获得通过，我又得承担由于否决大批立法而带来的政治上和舆论上的不良后果。

我作为了解华盛顿内情的人赢了1968年的大选，但我也有作为局外人的一些偏见。人们把华盛顿的幕后权力结构称为"铁三角"——一套由以下三种力量组成的三边关系：国会院外游说集团成员，国会各委员会及小组委员会的成员及其工作班子，联邦各部、局的机关官僚们。这些人不管政府的更迭，照样年复一年地相安共事；他们之间个人的和职业的联系是很多的，而且一般说来行动是协调一致的。

我觉得，我之所以能当选，理由之一就是我曾许诺要粉碎华盛顿手中掌握的影响美国国计民生的那部分经济政治大权。我要打开这个铁三角，要把财权和权力归还给各个州和各个城市，要把官气打掉。可是华盛顿这个城市，主要是民主党人及自由派分子管理的，主宰它的是那些气味相投的报界及其他宣传工具，自认为高于其他城市一等，见解又比别人更高明；因此，从一开始我就知道，要把我心里所想的各种国内改革措施付诸实施，成功的机会是微乎其微的。

我催促新的内阁部长们，要他们迅速撤换留下来的官僚政客，起用确信我们事业的人。我警告他们，如不迅速采取行动，就会成为他们试图要改变的那个官僚制度的俘虏。我说道："实际上，我们要把过去八年内政府的整个倾向扭转过来。我们可能只有四年时间来做这项工作，所以我们一分一秒也不能浪费。"我敦促他们抵制华盛顿那套只从东部院校及公司招聘工作人员的陋习，要他们扩大范围，从南部、西部和中西部吸收新鲜血液。"我们不能指望信仰另一套政治哲学的人会忠诚无私、勤奋地为我们工作。"我最后说道，"由于某种原因，那些据说是理想主义的民主党人对这个问题的认识，可比那些据说是死硬派的共和党人要强。如果我们不撵走那号人，他们不是从内部破坏我们，就是坐拿高工资啥也不干，等着下届大选把他们的老东家请回来。"

我认为，20世纪60年代的美国搞了一套错误的、破产的计划，其目的是要利用总统和联邦政府的权力，把使社会进步的立法搞起来，以纠正过去的错误。这就是肯尼迪的"新边疆"、约翰逊的"伟大社会"计划的思想背景。问题是现实的，目标也是高尚的，可惜方法却是注定要失败的。到了60年代末，所付出的代价，就其破坏联邦体制内部各种基本关系而言，就其对我们国家的价值概念所造成的混乱而言，以及对美国作为一个民族、一个国家的信念所受到的腐蚀作用而言，这种代价高得简直叫人无法忍受。

20世纪60年代是动荡不安、变化激烈的十年。在肯尼迪自由派善于辞令的感情魅力刺激下,在对待我们社会中的黑人问题、穷人问题、青年问题等方面,形成了许多新的敏感人士——有些是真诚的,有些则只是赶时髦。

这是一个社会评论家亨利·费尔利称为"盼望政治"的时期,总统许下诺言,要以联邦计划来解决贫穷和种族歧视问题,成百万人民为此翘首以待,当然,也获得了成百万选民的支持。从1960年到1969年,补贴有未成年子女需要抚养的家庭的福利开支增加了几乎三倍。在1964年到1969年之间,为了消灭贫穷与不平等,联邦政府花掉了2500多亿美元。可是,不仅问题没有解决,相反这些计划本身倒成了问题,因为它们开出了自己无法兑现的各种空头支票。

为了帮助穷人,联邦主办的各种新计划与新机构花了好几十亿美元,可穷人却经常看不大见这笔钱,因为这笔钱都用来支付社会工作人员的工资以及那个庞大的对付贫穷的新官僚机构的事业管理费了,而主办这些计划、主持这些机构的人,多数又是属于中产阶级的白人。住房问题、教育问题都是官样文章,毫无进展,而且从根本错误的认识出发,认为只要到处说说,宣传一通,穷人就不穷了。

1961年,约翰·肯尼迪向人民提出了挑战的口号:"不要问国家能为你做什么,而要问你能为国家做什么。"可是,到60年代末时,许多人问的是,联邦政府为什么没有全部履行它许下的诺言和答应要为大家做的事。

最使人心涣散的也许是,劳动的穷人眼巴巴地看着政府如何动作,而不劳动的穷人却通过支领福利补贴及其他失业补助可以挣同样多的钱——在有些情况下甚至挣得更多。于是,沮丧、愤怒、敌意,这种痛苦的循环便开始了。

我立志要当一个在国内施政上积极有为的总统,而且要确保我们所做的事都有成功的可能。我对内阁说过:"许愿不要超出我们能做到的范围;干得要比我们所许愿的多,才好。"

我一直以在野的身份在观察20世纪60年代,对目睹的事态,仍有着强烈的感受。我亲眼看到群众示威运动怎样从最初促使人们投入的那股敏感和激情逐步发展起来,以致成为一时风尚。接着,60年代初期唤醒了一批对社会不平等的新的敏感人士，但到了 60 年代中期，这些敏感人士却演变成为容不得主持正义和容不得反对意见的极端分子。对于缺乏头脑的闹事派和专职的捣乱派，我固然无心容忍，可是我国大多数政界与学界领袖竟然对他们作出响应，这不禁使我大为吃惊。看来政界领袖对于必须纠正的错误与以这种错误为理由来破坏民主权利这两者之间的界限是分不清的。年轻的示威者死抱住他们的信仰，而成年人则为他们自己的过错以及对自身价值的怀疑而陷于痛苦的矛盾心理之中。政界和学界的领袖们由于在暴民统治面前束手无策，实际上起了鼓励暴民统治扩展的作用。在示威者的眼里，大多数教授根本不在话下。在学界和政界其他人士的怂恿下，在电视镜头对他们着迷似的追逐之下，示威人数越来越多，示威行动越来越频繁，从而与之相联系的合理的或浪漫主义的暴力行为也随之而来了。

对这些社会问题和风尚问题，我有我的主张；我迫切希望捍卫"古板的"美德。在有些场合中——如反对使大麻合法化的立法、反对为堕胎提供联邦基金、毫不含糊地支持爱国主义等——我明明知道这样做和社会上当时盛行的那股风是对着干的，这当然会造成紧张，可是我认为，身居要职的人至少应该具有敢于坚持自己信仰的气概。

既然以电视为主要宣传工具和消息来源的时代已经到来，因此，现代的总统就必须比他们的前任具备更为复杂但也更表面化的专业才能。他们必须学好驾驭舆论的艺术，不仅为了获取竞选的胜利，而且也为了进一步宣传他们所信仰的计划与事业，与此同时，他们还得费尽心机避免被人指责为操纵舆论。当一个现代的总统，外表形象与内在实质必须兼顾，因为谁也不能保证良好的纲领会自动取得胜利。我有一次在给霍尔德曼的备忘录中提醒他："纲领并不决定选举的胜负。决定胜负的是用什么方式把这些纲领向全国介绍以及怎样处理好政治和公共关系方面的各种意见。"我并不喜欢这种局面；我记得过去美国的政治不是这样的。可是今天，这是活生生的事实，任何想在政界占一席有影响地位的人必须善于对付它；而谋求领导职位的人则必须很好地掌握它。

我知道，作为总统，我与新闻界的关系，充其量也只能说是处于一种不稳定的休战状态。有些问题完全是属于体制性的。新闻界把自己看作是政府的对立面，认为持怀疑态度是它们的天职。政府则认为，根本不会有什么完美无缺的计划，所以必须找到既要能很好地减少责难，又要能持久地缓和批评的方法，才能办成一两件事。双方之间通常的所谓紧张关系，无非如此而已。但对我来说，问题还不光是属于体制性的。纽约和华盛顿的报界记者、电视记者、新闻编辑、专栏作家以及舆论制造者，多数都是自由派分子，而我却不是。许多年来，我们之间隔着一道意识形态上的大鸿沟，彼此怒目相视。而越南问题又把这道鸿沟弄得更深了。回顾一下希斯案件和基金事件期间报界对我的态度，再看看1960年新闻界那么明目张胆地偏袒肯尼迪，使我认识到，新闻界中的实力派多数是我政治上的反对派。不管基于什么理由——体制上的、意识形态上的或甚至只是个性上的——他们和我之间的关系，比起他们同那些他们不喜欢或者不赞成的政治人物之间的关系，多少还有些不一样。我知道我绝对不能指望他们对我会宽大为怀，要是我有错误那就更不用说了；我也知道，我的言行以至我的家里人的言行都将受到最严密的监视；我还有一种感觉，要是一旦我犯了什么严重错误，新闻界就一定会扑上前来，要跟我展开一场夺走我政治生命的斗争。

为了使我的观点和纲领能让人民有所了解，我准备与新闻界干上一仗，但是，尽管我作为总统享有那么多权力与露面的机会，我还是不相信这一仗会在对等条件下进行。在形成公众意识和社会舆论方面，新闻界比总统要强大得多，理由很简单，最后说了算的总是它们。

我也觉得与纽约和华盛顿以外的新闻界建立更直接的关系是很重要的。我不能让《纽约时报》《华盛顿邮报》以及三大电视联播网先把各种观点与意见都筛选了一遍，然后才送给我看。因此，我要求另编一份每日舆论情况摘要，根据全国50家报纸、30家杂志和两大新闻社的新闻报道、社论、专栏、专文等表达的主要意见进行汇编。

在白宫内，我在办公厅之下设立了联络主任一职，由赫布·克莱因任主任，他是我1960年与1962年两次竞选的新闻发言人。他的任务之一就是与国内其他各地的新闻界保持接触，把他们的报道告诉我，也把我的想法传达给他们。

我任命了我在竞选时的新闻助手、29 岁的罗恩·齐格勒为新闻秘书。

当我在这交接期间筹组我的内阁和高级工作班子时，我想到，我们最重要的任务之一是尽可能迅速而坚决地根据我们的要求，调整联邦官僚机构。从安德鲁·杰克逊及其"一切官职归获胜政党"时代起直到现在，民主党人对此论点可说是心领神会，融会贯通了。我还记得艾森豪威尔在民主党连续当权 20 年后进入白宫时，并未催促他的内阁成员和其他新委派的官员把各自的部、局来个共和党化，对此我当时就表示过我的忧虑。经过肯尼迪 – 约翰逊的八个年头，这种需要现在丝毫没有变小。因此，在交接期以及就任后最初几个月的历次会议上，我总是敦促、告诫以至最后是恳求我的内阁及其他新委派的官员，起用忠于政府、支持我的纲领的共和党人去替换留下来的民主党人。

一个星期接着一个星期，当内阁成员们——甚至是从政多年对此应有了解的部长——前来辩解为何要把民主党人留在机关的重要岗位上时，我都注意倾听。他们的理由是所谓"道德"，或者是免得引起争论，或者是避免不得人心，等等。回顾过去，我想艾森豪威尔大概是由于多年的部队经验，懂得人的本性与体制的惰性这两者结合起来的威力，即便你有最强的决心去改变这两者，一般也不免被它们所压倒。机不可失，时机一失，想要在我第一任期内纠正这一错误就为时已晚。我只能这样安慰我自己：如果我 1972 年再度当选，我决不重犯听任各个部长自作主张的错误。

我知道，我担任总司令一职的时代，也许是我国武装部队历史上最困难的时刻。在战争时期，我们的战斗人员还从来没有受到过这么多的指责，也从未受过这么多辱骂。在国内反战运动的各种严重影响中，对我军在国内与国外战场上的士气与纪律的影响是最大的。加之逐月扩大征兵数额，把更多受到反战情绪感染的青年人征入部队，问题就变得更糟了。随着越南战争结束有望，我认为我们可以不再用普遍兵役制的办法来征召兵员了，建立一支全部由志愿兵组成的部队。1969 年，我提出了这项计划，到 1973 年，征兵制就全部废除了。

几个月后，1969 年 6 月，我在空军学院毕业典礼的演讲中，谈了军事问题。

我说:"目前是武装部队可以被人任意打击的时代。在某些所谓美国精华的社会圈子里,军人职业受人嘲弄,爱国主义被认为是落后的东西,是没有文化和不懂世故的人所崇拜的偶像。"严格地使军事力量置于文官控制之下,防止军事计划中的挥霍浪费,这些固然极为重要,也是毫无疑义的,但是我也认为,让我们的武装部队知道他们的总司令坚决支持他们,这也很重要。我对科罗拉多斯普林斯的军校学生说:"美国的国防系统永远也不应该充当神圣不可侵犯的神牛角色,但在另一方面,美国军方也永远不当任何人的替罪羊。"

到1968年,我献身给共和党,为党在选举中获胜奔走已达22年了。遗憾的是,尽管我们在1968年选举中取得了胜利,但党的力量却没有多大增强。问题也许是积重难返,不易解决。事实是,过去30年内,除了两年外,国会两院一直为民主党所控制。因此,这届政府一开始,我就决心利用在职的权力帮助共和党开拓它的选举前程。我作为党的领袖,应负起这一严肃的责任,向共和党灌输传统的政党热情和精神,这是十分迫切的。虽然中期选举几乎总是不利于掌权的党,我还是希望,1970年我们至少能够保住原来的席位。我希望到1972年共和党组织能够恢复活力,并且能够选拔新的一代,鼓励他们成为胜利的共和党候选人。

与此同时,我还得照顾自己的政治地位。我以相差无几的票数胜了汉弗莱,可不能掉以轻心。要不是芝加哥(民主党)全国代表大会的一片混乱以及约翰逊实在不孚众望,汉弗莱本来是可能赢的。指望民主党甘心情愿地为我在1972年提供同样的有利条件是毫无理由的。要是他们能够在特迪·肯尼迪,或马斯基,甚至汉弗莱身边再次团结起来,那再要击败他们可就很难了。因此,我决定,我们必须立即关心民主党各领导人的动态。情报将是我们的第一道防线。

我于12月12日再次会见了约翰逊总统,我坐在椭圆形办公室壁炉前的一张沙发上,他则坐在一张特大的摇椅里,这是他弄来代替肯尼迪那较小的一张。他一开始就强调凡涉及国家安全的事都需保密。这话显然是针对我最近宣布打算恢复半死不活的国家安全委员会说的。约翰逊对我这一决定半信半疑,随着他谈得激动起来,他倚坐到摇椅边上并倾身向前,直到他的脸快挨到我的脸。

他用手指戳了戳我的胸膛,提高了嗓门说:"迪克,我告诉你,傻瓜才和全体内阁成员一起讨论重大问题。我知道,我要是在上午说了些什么,保险下午的报纸就会登出来,这一点你他妈的完全可以打赌。国家安全委员会也是这么回事。在场的人,都带有一批该死的助手和记录员,让他们靠墙坐着。我现在得警告你,泄密会送你命的。有些会议,我甚至连汉弗莱都不让参加,怕的就是他手下的人可能泄密。尽管我采取了这么些预防措施,还照样有泄密的情况。"

约翰逊把他魁梧的身躯侧向摇椅的一边,接着又向我这边摇了过来。"要不是有埃德加·胡佛,"他说,"我这总司令的职责,说什么也完成不了。好啦,迪克,总之你得多依靠埃德加。在这群无用之人当中,他可是我们的栋梁啊!保密的事你得经常依靠他,他是你唯一可以完全信任的人。"

我对约翰逊说,我理解他最遗憾的是未能在离任前结束战争。我向他保证,我们将尽一切可能使战争早日获得体面的结束;同时,当目标实现时,我一定会让他得到他该得到的称颂。我告诉他,他可以他顶住了责难,特别是那些来自自己党内的责难,而感到自豪。

约翰逊又像我们在夏天见面时那样提到了戴维·艾森豪威尔给他写过支持信的事。他说道:"那时候,大学生们来了许许多多信,可他那封是不一样的呀!"他抬头把目光移向了玫瑰园。他的双眼一片润湿,声音也柔和起来了。"我为我的家庭感到万分自豪,特别是为我的两个女婿感到自豪,他们正在越南参加战斗。"他说道,"你也同样可以你的家庭感到自豪。"

我女儿朱莉初次见到戴维·艾森豪威尔时,是在1957年他爷爷连任总统职务的就职大典上,那时他俩都才8岁。在20世纪60年代初期,他们一直未能见面;后来是近水楼台的偶合,使他们走到一起来了。1966年,戴维是阿默斯特学院的一年级学生,朱莉是史密斯学院的一年级学生,两院相距仅几英里。有一天,他一时冲动打了个电话问她,他能否去看看她。他们见面了,他们相

第五章 1968年的竞选和大选

爱了。第二学年刚开始时，他们前来告诉帕特和我，他们打算结婚。

在他们宣布订婚的那天晚上，我写了张便条给朱莉，留在她的床头柜上。

亲爱的朱莉：

　　我想，天下做父亲的总是认为没有任何男子配得上自己的女儿。但我认为，戴维和你彼此中意是很幸运的。芬娜常说："朱莉小姐总是给这个家带来了生活乐趣。"

　　在往后的年代里，你们会有顺心和不顺心的时候，但我相信，不论你在何处安家，你总是会给"你的家庭带来生活乐趣的"。

　　爱你

爸爸　1967.11.22

婚期定在12月22日。我对朱莉说，她应该认真考虑把婚期推迟到我就职典礼以后，然后在白宫举行婚礼。这可是难得的特权呀！我想她肯定不会轻易放弃这特权的。可是她和戴维都觉得，他们的婚礼是他们两人的私事，要办得尽可能不带政治色彩。

自从我们迁居纽约以来，诺尔曼·文森特·皮尔博士主持的云石联合教堂，一直在我们一家的生活中起着令人愉快的重要作用，以致朱莉深深感到非要在那儿举行婚礼不可，并且还要回避记者和摄影记者们的干扰。

正当一切准备工作在婚礼排练和举行婚宴的那个晚上完全就绪的时候，我得了流感，得靠打针吃药来退烧。但我还是决定不在任何一次场面缺席，并且不让朱莉或戴维知道我不舒服。

教堂装饰得非常漂亮，以迎接圣诞节；回廊上披挂着常青松柏和鲜红的铃铛，圣坛后面安放着一只巨大的花环。整个教堂的前半部层层铺满了红白相间的一品红，婚礼举行时戴维和朱莉准备跪在上面的小白跪墩四周也摆满了这种一品红。

对我来说，在圣坛旁把朱莉交给新郎这一时刻是最难忘的。她突然转过身来吻了我。这一激动而自然的举动引起教堂内许多人掉下了眼泪，我也不由得

383

落了泪。

直到我同帕特一道坐在教堂的长椅上时，眼前发生的现实情况才深深地触动了我。在那之前，我常想到我们的家庭是一个整体，而现在家庭变得更大了，也将有所不同了。我不禁回忆起一件事，那是我1950年进入参议院不久，我同伊利诺伊州参议员保罗·道格拉斯第一次交谈中的一次对话。一天我与他共进午餐，他问起我的家庭情况。我对他讲了一些有关特里西娅和朱莉的情况，突然他若有所思地说："我有个小女儿，但不知不觉她已长成少女了，真是突然啊！前不久她还是个黄毛丫头，可现在已是一个大姑娘。我因忙于公务，在她成长的这几年中很少同她在一起。希望你不会这样。"

帕特与我每天总要设法留出一些时间来和女儿们在一块。但我们常常因为外出竞选、公务旅行或临时突然被召去代表艾森豪威尔夫妇出席宴会而不能在家吃晚饭。

在我竞选州长之前，我们一家在加利福尼亚团聚的时间是极为短暂的。我知道，帕特和两个女儿曾以为我们搬到纽约后将最终结束这种政治生涯。但在这儿差不多六年后，我已成为当选总统了。参加女儿的婚礼我深感快慰、无比自豪，但我也不禁自问，难道我就不可能多花哪怕是很少一点时间同她在一起？同时我对自己并没有更多地要求自己这样做感到内疚。

玛米·艾森豪威尔因呼吸道感染在一周以前就住院治疗，所以她只得和艾森豪威尔将军一道在沃尔特·里德医院从闭路电视里观看婚礼了。艾森豪威尔曾因戴维蓄长发而大为不快，他告诉我说，如果戴维把头发剪短点，他准备给戴维100块钱。戴维一向是唯爷爷之命是从的人，但这次他只把头发剪短了一点点。尽管艾森豪威尔这样关照过他，但在举行婚礼时，我还是忍不住要仔细瞧瞧戴维的头发，他比参加他婚礼的大学生朋友们的头发要短得多。至少相比较而言，戴维是完全有资格向他爷爷请赏的，但他并没有这样做——而艾森豪威尔也没有付这笔赏钱。

婚礼后在广场饭店举行招待会。戴维和朱莉从《音乐之声》中挑选了"雪绒花"一曲作为第一支舞曲。我拍拍戴维的肩膀要他让新娘同我跳舞，我感到

第五章 1968年的竞选和大选

我的双脚从未这样轻快过。在我祝酒时，我提到那天发生的几件令人高兴的事：阿波罗八号的宇宙航天员们已进入第一个载人的月球轨道，北朝鲜已释放普韦布洛号船员，以及今天的婚礼。

新婚夫妇要去佛罗里达度蜜月，朱莉把新娘的花束扔给了在旁等候的特里西娅的手中。在婚礼上，朱莉穿着淡蓝色的吊袜带，正好同玛米·杜德在1916年7月1日与德怀特·艾森豪威尔中尉结婚时穿的吊袜带的颜色一样。为此，朱莉给戴维一副不同颜色的吊袜带，让他去扔给陪伴的男傧相们。

那天晚上，帕特和我坐在我们公寓的壁炉前，谈到这一有意义的日子，谈到朱莉打扮得有多好看，婚礼有多完美。但我知道，我们想的都是时间：想到时间过得真快，想到要同你真正关心的人民一起干的重大事情很多而时间实在太少了。

在我即将就任总统之际，我觉得前程令我敬畏，但我并不害怕。我是有准备的。我有我的有利条件，有在野时积累起来的经验和聚结在一起的一套人马。"在野岁月"真是教育和成长的年代。

我对面临的挑战会有多么艰巨以及我对付这种挑战的能力，都不存在幻想。我觉得，对于哪些事行不通，我心里还是有数的。但从另一方面看，对于哪些事行得通，我倒并不那么有把握。我拿不出全部答案来。但对于我认为有必要进行的变革，我是有明确的想法的。

随着1968年即将逝去，我成了一个幸福的人。在比斯坎岛，前门上挂上了一个花环，起居室里摆着一棵装饰漂亮的圣诞树，戴维和朱莉也双双从他们度蜜月的棕榈滩归来，同帕特、特里西娅和我一起共进圣诞晚餐。在那遥远的太空里，阿波罗八号沿着月球轨道运行，宇宙航天员弗兰克·博尔曼高声朗读圣经《创世纪》中的"创世"故事。这是多么幸福并且充满着希望的日子啊！

1969年1月19日，星期日早晨，我偕同帕特到云石联合教堂参加由诺尔曼·文森特·皮尔主持的早礼拜，下午我们登上约翰逊派来接我们的专机飞往华盛顿。

我度过了作为平民的最后一个夜晚,对就职演讲稿作了最后的润色。早上8点钟左右,艾森豪威尔从沃尔特·里德医院来了电话。

"嗨,迪克!"他说道,"我敢肯定地说,明天是你的大好日子,我向你表示最良好的祝愿。"他略停片刻后接着说,"我只有一件事感到遗憾。这是最后一次我还能叫你迪克,往后就老得称你为总统先生了。"

第六章 **总统职位（1969-1972）**

The Memoirs of Richard Nixon

回顾1969年，我认为那是一个起点，一个牢靠的起点。我们已经坚持了下来。新年将是一个新的十年的开始。我盼望有机会超过动荡的20世纪60年代，为美国和全世界开创一个富有创造力的和平发展的新时代。

1971年证明了一条政治准则：在选票投完点完以前，切莫悲观。总会在一个往往是料想不到的地方出现什么事情，彻底改变你的处境和前景。

1969年1月20日举行就职典礼的那天，我7点45分就醒了，我和帕特在我们的套间里吃过早餐以后，参加了在国务院礼堂举行的祈祷会，然后驱车前往白宫。车子徐徐转入楼前车道时，我看到约翰逊夫妇在北门廊下等着我们。

我们走进去，按照传统在红厅用了咖啡和面包卷。为了使气氛轻松些，我对汉弗莱说："休伯特，我想今天也许应该由你而不是由我来致词吧。"

"我本来是打算这样做的，迪克。"他微笑着回答。

我从1961年的经历知道，对于一个几乎当选的落选者来说，参加这样的典礼是多么痛苦。因此，当汉弗莱如此通情达理地表现出愉快的心情时，我很受感动。

在驱车前往国会大厦的短短路途上，约翰逊一面对沿途群众招手致意，一面谈笑风生。当天晚上，我口授的一段日记提到了他所说的一些话：

> 约翰逊在驱车前往国会大厦时情绪激动地谈到了马斯基和阿格纽。
>
> 他说，在前一天的晚宴上，有一群人谈论马斯基对这次竞选的贡献多么大。他——约翰逊——却回答说，所有的报纸都吹捧马斯基，可是到了选举的时候，马斯基竟以四票之差丢了缅因州，而阿格纽在争取南卡罗来纳、北卡罗来纳、弗吉尼亚、田纳西和肯塔基等州方面却立了全功，至少可以说是立了大功。显然，约翰逊喜欢阿格纽，有点讨厌马斯基。

在准备宣誓时，帕特仍然捧着她在1953年和1957年捧过的两本米尔豪斯家传的《圣经》。我让她翻到以赛亚书二章四节："他们将把剑锻制成犁头，把长矛锻制成镰刀。各族不再向他族举起刀剑，他们都不再学习征战。"

第六章 总统职位（1969-1972）

首席法官厄尔·沃伦主持完宣誓仪式以后，我发表了就职演说。

我讲的主题是和平。我说："历史所能赐予的最大荣誉，莫过于和平缔造者的称号。这个荣誉目前正在向美国招手……如果我们取得成功，我们的子孙后代在谈到我们这些现今活着的人时会说，我们掌握了时机，促使世界成为人类得以安居乐业的场所。这一点激励着我们献身于崇高的事业。"

当我们准备开始从国会大厦到白宫的就职游行时，我看到特工人员已经把总统专用的高级轿车的车顶盖上了。特工负责人解释说，这是因为沿途有好几百名示威者，他们已经同警察和观众发生了一些零星的冲突。

在头几条街区，欢呼的群众是友好的。到了第十二号街附近，我就看到有人高高地挥舞着抗议标语牌，前面有两行警察拼命把他们往后推。突然间，一阵棍棒、石头、啤酒瓶和类似爆竹的东西从空中向我们飞来。有一些砸中车身的侧面，弹回街上。我听到抗议的人齐声尖叫："胡－胡－胡志明！民族解放阵线必胜！"一面越共旗子被举了起来，人群里有人想要把它扯掉，引起了一小阵骚乱。几秒钟后，我们拐过街角，驶入第十五号街，气氛就完全变了。华盛顿旅馆和财政部大楼门前人行道上的人群发出洪亮的欢呼声。我因为刚才被一群手执越共旗子的示威者困在车里，心里很生气，这时便叫司机打开车顶，并且要他通知其他特工人员说，帕特和我要在车里站起来让人们看到我们。

当晚举行的四个庆祝舞会，我们都先后参加了。当我们回到白宫，已经是凌晨1点半了。特里西娅和朱莉发现冰箱里还有约翰逊家的姑娘们剩下来的黄油松脆冰激凌和啤酒。

我在白宫住宅中央大厅里的大钢琴前坐下，弹奏了《春之絮语》和我同帕特结婚以前为她创作的一首曲子。

当我们全家围坐在西大厅沙发上的时候，帕特愉快地出了一口长气："这样的家可真不错。"这时大家都抬头向四周扫视了一下。白宫现在是我们的家了。

白宫既是一个国家博物馆，又是一个家。那些伟大的有历史意义的房间大都在一二层，如东厅、绿厅、蓝厅、红厅和国宴大厅等。三四层的私人住房称为官邸或住宅。这些房间的风格随着每届政府的更替而有所变化。

帕特选择了黄色、蓝色和金色来布置住宅。这些都是令人愉快的加利福尼亚的色彩。特里西娅在1971年结婚以前一直和我们住在一起，她住的是林达·伯德·约翰逊的房间。它的窗子面向宾夕法尼亚大街和拉斐特公园。四楼上明亮通风的日光浴室曾经是肯尼迪家孩子们的教室，后来成为露西·约翰逊和林达·约翰逊的青少年专用游乐厅，现在成了我们的家庭聚会室。

尽管是住宅，也到处有历史。我想要一张普通的床来替换约翰逊用过的挂着幔围的四柱大床，人们就从仓库里给我拿来一张先是杜鲁门总统、后来是艾森豪威尔用过的床。我不禁想到，从这里也可以看出政治确实已经造成了一些奇妙的同床人。

从约翰·亚当斯到西奥多·罗斯福时期，总统和他的工作班子都在白宫里工作。但是西奥多·罗斯福有六个孩子，加上他们饲养的那些狗啊、猫啊、浣熊啊、蛇啊，还有一匹小马和一头熊，地方就显得小了，因此他要求加建了西侧楼。

西侧楼实际上是一幢三层的小办公楼。一楼有椭圆形办公室、内阁会议室和我们称之为罗斯福室的一间会议室。第二次世界大战期间又加盖了东侧楼，供总统的工作班子和第一夫人的工作班子办公。

虽然帕特在椭圆形办公室里铺上一块由蓝色和金色组成的色彩浓艳的地毯，摆上金光闪闪的沙发并挂上金色的窗帘，使房间增加点温暖气氛，但还是显得非常严肃。因此，我决定在旧的行政办公大楼里布置一间更舒服的办公室，它和白宫只隔着一条狭窄的死胡同。记者们常把办公楼里的这间办公室称为我的"偏僻的小办公室"，其实它和椭圆形办公室几乎一样大。帕特在书架上摆满了我最爱看的书，还陈设了多年来我搜集的一些纪念品。这里有许多家庭照片；对我说来，最珍贵的莫过于1960年我竞选总统失败后全家搬回加利福尼亚的那天同帕特、特里西娅和朱莉合照的那一张了。朱莉有一次写信告诉我：

第六章 总统职位（1969-1972）

"我爱这么想，你把这张照片一直放在你的写字台上，是因为它象征着我们一家人经历了这次痛苦的失败并在你担任了多年的众议员、参议员和副总统以后又艰难地重新开始过平民生活时所感到的天伦之乐。"我宁愿在周围摆满这些个人物品的环境里而不愿在椭圆形办公室的严肃气氛中进行思考和工作。

自就任总统之初，我便以白宫三楼的林肯起居室作为晚餐后的办公室。这是林肯的两位秘书约翰·海和约翰·尼古拉用来办公的一个小房间。帕特在布置的时候加上了一些特殊的点缀，其中有我心爱的棕黄色丝绒面的旧安乐椅和脚凳，是从我们纽约寓所的书房里搬来的。

我要求把我任副总统时在国会大厦正式办公室里的古色古香的写字台放在椭圆形办公室里。我们又把艾森豪威尔在椭圆形办公室里用过的写字台和椅子摆在行政办公大楼的办公室里。自从肯尼迪决定换用富兰克林·D.罗斯福任总统期间使用过的写字台以后，艾森豪威尔的那张写字台就一直放在仓库里。

在椭圆形办公室的壁炉架上方，约翰逊原来挂了一幅富兰克林·D.罗斯福手持《大西洋宪章》的画像。我把它取下来换上吉尔伯特·斯图尔特画的乔治·华盛顿肖像。我按照白宫的传统，亲自选定三位前任总统的画像放在内阁会议室里。我选的是艾森豪威尔、伍德罗·威尔逊和西奥多·罗斯福。

林登·约翰逊特别喜爱小机件和电子设备。他觉得有必要不断地了解报纸和电视对他的评论。在椭圆形办公室他写字台左边靠墙的地方有一个特制的大柜子，四壁绝缘，上有厚厚的玻璃盖，里面放着两台不断地滴滴答答响着的电传收报机。柜子旁边还有一个又矮又长的柜子，里面并排放着三台大屏幕彩色电视机。通过一种特殊的遥控装置，约翰逊可以同时收看三大电视网，并且可以分别切断或接通各台的音响。椭圆形办公室旁边的小办公室里也有同样三台一套的电视机。在总统卧室里还有一套。我对霍尔德曼说，我只要小办公室里有一台电视机就够了，其他电视机和电传机件统统给我拆掉。

我发现约翰逊的床底下有一大堆电线。他们告诉我，有的是他的电话线，有的是电视机遥控电线，有的是电话录音机的电线。我叫他们把这些全拿走。

约翰逊还有一件特殊装置，那就是官邸里总统私人浴室的淋浴设备。这套设备由六个各式各样的喷射器和喷头组成,由一个复杂的按钮控制板控制。我头几次使用这套设备时,差点让喷头的水把我从淋浴分隔间里冲走,因此我叫人换上一个装在头顶上方的普通淋浴装置。

我在白宫的第一个晚上只睡了大约四个小时,清晨6点45分就起床了。剃胡子的时候我记起11月拜访约翰逊的时候,他曾经领我看过一个隐蔽的保险柜。当我打开的时候,保险柜乍看好像是空的,随后才发现顶上一格有个薄薄的文件夹,里面是情报部门前一天、即约翰逊担任总统最后一天关于越南形势的报告。

我匆匆翻阅了一下。最后一页上写着最近的伤亡数字。截至1月18日为止的那一个星期,美国人阵亡185人,伤1237人。从1968年1月1日到1969年1月18日,共阵亡14958人,伤95798人。我合上文件夹,放回原处。这份报告我一直保存在那里,直到战争结束,为的是使自己不忘战争的惨重代价。

2月17日,苏联大使阿纳托利·多勃雷宁前来白宫作首次正式拜访。

我对他说,我希望同他以及他的政府领导人保持畅通无阻的联系:"大使先生,你和我都了解我们之间存在着很大的根本性分歧。我们也许能够解决这些分歧,也许不能够。我希望能够解决。但是,你我至少应该确保我们之间不致因为缺少联系而产生不和。"

基辛格曾建议在他和多勃雷宁之间建立一条秘密渠道。我也认为,多勃雷宁在绝对不声张的私下会谈中可能会更乐于提供一些消息,因此,我们安排他悄悄地出入很少使用的东侧楼大门,这样就没有人知道他们两人的会面了。在一段短时间内,他们每周碰头,往往共进午餐。

当多勃雷宁说他的政府希望就限制武器问题开始进行谈判时,我表示意见说,一个方面的进展理应同其他方面的进展联系在一起。

"历史清楚地表明,武器甚或军备竞赛导致战争的可能性不如根本的政治分歧和政治问题导致战争的可能性那样大。"我说,"因此我认为,当我们开始战略武器谈判的时候,我们义不容辞地应该同时尽一切努力来缓和诸如中东、越南、柏林等剑拔弩张的地区的紧急政治形势。"

多勃雷宁在离去之前交给我一份来自莫斯科的长达七页的正式照会，表示苏联人准备就中东、中欧、越南和武器控制等一系列问题求得进展。

从我们想把各方面问题联系起来解决的政策来看，这份照会似乎是个好的预兆。当然，主要的问题还在于苏联人是否愿意把言论变成行动。

欧洲和戴高乐

2月23日，我离开华盛顿到欧洲作一次为期八天的工作访问。这是我以总统身份第一次出国。我想通过这次访问树立一条原则，那就是在和潜在的敌人谈判之前，我们一定要先和盟友商量。我还想向全世界表明，美国新总统并没有完全被越南问题缠住，同时要让国内的美国人明显地看到，尽管有人反对战争，他们的总统在国外还是受到尊敬甚至热情的接待的。

尤其重要的是，我认为戴高乐总统的合作对于结束越南战争以及打算同共产党中国开始建立新关系来说都是必不可少的。法国同河内和北京都有外交关系，巴黎将是我们和他们建立秘密联络渠道的最理想的地方。但是，戴高乐在最近几年变得和美国十分疏远。1966年，他让北大西洋公约组织的总部迁离巴黎。我们能否利用巴黎作为我们采取主动外交行动的场所，取决于我能否克服我们之间的疏远以及与戴高乐建立互相信任的亲密关系。

我逗留的第一站是布鲁塞尔。我在那里对北大西洋公约理事会所说的话，为这次访问定了调子。我说："我到这里来是为了工作，不是为了礼节；为了征询意见，不是为了坚持意见；为了协商，不是为了说服别人；为了倾听和学习，并揭开我所希望的经常交换意见和看法的新篇章。"

在伦敦，我和伊丽莎白女王共进了一次午餐，并且同19位知名的英国公民非正式地交谈了很长时间。我还和威尔逊首相在唐宁街十号一间舒适的房间里进行了单独谈话。温暖的炉火映得满室通红，威尔逊不久就背靠座椅，把两腿搁上桌子。他穿着毡拖鞋。我们从美国在越南的处境谈到英国在欧洲的作用。威尔逊在访问莫斯科时曾会晤过苏联的一些领导人，他谈了对他们不同性格的印象。他说：如果勃列日涅夫生在英国，他很可能最后当上职工大会的总书记；假如柯西金是个英国人，他大概会成为帝国化学工业公司的董事长。

威尔逊在唐宁街十号为我举行了一次小型宴会，席间出现了一种有可能变成尴尬的局面。1962年，一家英国杂志《新政治家》用"政治生活中正派作风的胜利"来形容我被帕特·布朗击败的事情。杂志当时的编辑约翰·弗里曼最近被任命为英国驻华盛顿大使。那天晚上我和他第一次在唐宁街一个亲切的小型社交场合相遇。

我决定直截了当地谈这件事，以消除紧张气氛。我在宴会结尾的祝酒词中说，美国新闻记者在文章里把我描写得比弗里曼的杂志所形容的还要糟糕。现在这已成为陈迹，最好是把它忘掉。我说："归根到底，他是新的外交家，我是新的政治家。"

在座的人用手指敲着桌子喊道："说的对，说的对！"我坐下时，威尔逊悄悄地把他的菜单塞给我，背面写道："这是我在1/4世纪政治生活中所看到的最怀有善意和最豁达大度的行为。这件事证实了我的一个观点：人不能保证生下来就是贵族，但有可能生下来就是个谦谦君子——像你所证明的那样。"

我们曾经担心遇到反战示威。这次旅程中发生过几次，但没有一次使伦敦、巴黎、波恩、布鲁塞尔、柏林和罗马等地广大群众对我们的十分友好的欢迎有所减色。只要可能，我就临时下车走几步或者深入人群中去同人们握手谈话。

我和戴高乐的一系列会谈，不论从我个人来说或者从实质上来说，都是这次旅行的高潮。当"空军一号"座机在奥利机场向终点滑行时，我看见戴高乐站在舷梯旁，没有穿大衣。有人告诉过我，室外气温刚刚高于零度，但我还是立即脱掉了大衣。握手的时候，戴高乐用英语向我表示欢迎——这在他说来实际上是一种破例的亲切姿态。

第六章 总统职位（1969-1972）

当天下午我们在爱丽舍宫单独会谈，讨论的第一个话题是苏联。

他说，对战后的欧洲来讲，最重大的生活现实是苏联的威胁，但是他认为苏联人已经全神贯注于对付中国。他说："他们正在从可能与中国发生冲突的角度来考虑问题，并且他们知道自己不能同时与西方作战。因而，我认为他们最后可能选择一种与西方和解的政策。"他觉得，不管苏联人当前对缓和的倾向如何看待，由于他们对德国军队历来怀有戒心，他们希望缓和的倾向只会增强。

"就西方来说，"他继续说道，"我们能有什么选择的余地呢？除非你准备打仗或者把柏林墙推倒，别无其他合意的政策。促进缓和是明智的：如果你还没有做好打仗的准备，那就只有同对方言归于好。"

"如果苏联人开始采取行动，"我问道，"你认为他们相信美国会用战略武器作出反应吗？欧洲人是否相信我们会以大量常规地面部队来回击苏联人的袭击或袭击的威胁呢？"

"我只能代表法国人回答。"他说，"我们相信苏联人知道美国人是不会容许他们征服欧洲的。我们还相信，如果苏联人向前推进，你们也不会马上就使用核武器，因为这将意味着一种不留余地的努力，把对方所有的人都消灭干净。假如苏联人和美国人都使用战术核武器，欧洲就要毁灭。西欧和联合王国将被苏联的战术核武器所摧毁，东德、波兰、捷克斯洛伐克和匈牙利将毁于美国的战术核武器。与此同时，美国和苏联却不受损害。"

那天晚上，在爱丽舍宫举行了国宴。我和戴高乐夫人谈了话。她是一位意志坚强、性格伟大的妇女。她主要关心她的丈夫和家庭。她说："总统的职位是暂时的，家庭却是永久的。"

次日，戴高乐和我在凡尔赛的大特里亚农宫会谈。"路易十四曾在这间屋子里统治欧洲。"他站在一个面向好几英亩整齐花园的大窗户前说道。

我们谈到第二次世界大战给欧洲各伟大民族带来的悲惨后果。他把大量的历史事实压缩成这样一句话："在第二次世界大战中，欧洲所有的国家都遭受了损失。两个国家被打败了。"

我把话题转到了中国。从谈话中可以发现，他的想法和我有雷同之处。"我对他们的意识形态不抱幻想，"他说，"但是我认为，我们不应该让他们怒气冲冲地与世隔绝。西方应该力图了解中国，同它接触，对它产生影响。"

"考虑到将来，"我说，"在我和苏联人进行对话的同时，我也可能需要在中国问题上为自己找个可以依靠的有利地位。不出十年，只要中国有了巨大的核进展，我们就毫无选择的余地了。极为重要的是，我们和他们的来往必须比目前增多。"

他同意说："你现在承认中国，总比将来中国强大后被迫这样做来得好。"

那天傍晚，我们从凡尔赛回到巴黎。晚上，我举行宴会答谢戴高乐。他进一步确定了接受访问美国的邀请，并且我们一致认为，像这样的工作访问是最有好处的。我们把1970年1月或2月定为最适宜的时机。

戴高乐在当晚的祝酒词中说："我对你了解得越是深切——通过这次访问，你向我提供了这种我认为是具有历史意义的机会——我就愈加钦佩你作为政治家的风度和你的为人。"

我认为，他的话表达了法国总统和美国总统之间一种新的真诚谅解，而单是有了这种谅解就足以证明我的欧洲之行是值得的。

在法国的最后一天会谈中，我们讨论了越南问题。美国曾经不顾戴高乐的警告，也没有征求他的意见，便深深陷入了越南。因此，会谈一开始我就问道："总统先生，关于越南问题你看该怎么办？"

他沉吟了好长时间才开口。"总统先生，你希望我干什么呢？"他问道，"是否要我告诉你，如果我处在你的地位该怎么办？可是我并不处在你的地位！"

他说，他认为结束战争的唯一办法是同时进行政治问题和军事问题的谈判，并且规定一个撤军的时间表。"但是，我认为你们不应该过分仓促地撤出。"

他往前靠了靠，把他那双巨掌平放在桌子上说："我承认法国对此也有责任，因为它没有及早给越南人以自由，以致共产党人得以扮成民族独立的卫士，先是反对我们，继而又反对你们。可是你们美国人能够达成解决的办法，因为你们拥有雄厚的实力和财富，可以不失尊严地这样做。"

当他提出意见，认为直接和越南对话是取得进展的最好办法时，我对于作这样的尝试表示极大的兴趣。戴高乐没有再吭声，会谈到此结束，但是我相信，这个信息是会传达给北越大使馆的。

我们的最后一站是梵蒂冈，在那里我会见了教皇保罗六世。我们讨论了世界上各种各样的问题，但是他特别希望知道我对越南的打算。他谈到在东南亚抵制共产主义传播的重要性。他回顾了共产党人在1954年接管北越以后取缔宗教的情况，并用充满激情的声调表示赞同美国继续坚定不移地在南越抗击共产党人。

我觉得欧洲之行已经完成了我们预定的一切目标。它向北约的领导人表明，一个尊重他们观点的有利害关系的新政府在华盛顿掌权了。这有助于警告苏联人，他们不能再想当然地以为西方是不团结的，也不能再借此浑水摸鱼了。电视和新闻报道也对国内起了积极的影响，给我们萎靡不振的民族士气注入了——不管时间多么短暂——一点极为必要的自豪感。

艾森豪威尔

艾森豪威尔总统健康情况的急剧恶化，给我上任之初的那些日子投下了阴影。他从1968年4月以来一直住在沃尔特·里德医院，几乎毫无出院的希望了。

这次出国之前我去看望过他。他要我代为问候几位老朋友，特别是戴高乐。他说："现在回想起来，我认为我们没有正确地对待他。罗斯福和丘吉尔太不体谅他了。他们把他的自尊心当作虚荣心来看待，没有懂得只要作出一些重视他的姿态就可能使他不那么和我们对立。"

我从欧洲回来后又去看他，他健康情况恶化的程度使我深为震惊。对此我后来作过这样的描述："蜡黄的脸色，看起来像一具尸体。"虽然如此，他一看见我就喜形于色，举起手来喊道："嗨，你好！"

他即使讲起话来显然很费劲，还是坚持要和我谈话。"告诉你，医生说我身体逐渐变好了。"他说。他始终是那么乐观，可能他真的相信这种说法。

我告诉他，欧洲的几位领导人都向他致意，并且说："关于戴高乐，你上次说的话完全正确。"我还告诉他，教皇对我讲他正在为他祈祷，希望出现一种奇迹，使他完全恢复健康。

3月28日星期五中午刚过，我开完国家安全委员会的一次会议后同霍尔德曼、基辛格、梅尔·莱尔德一起走回椭圆形办公室。当我们正在谈话时，白宫医生沃尔特·特卡奇走到办公室，站在门旁说："总统先生，艾森豪威尔总统刚刚去世。"我知道他病情恶化得很快，但噩耗传来对我仍是个沉重的打击，使我连话都说不出来了。我悲痛万分，忍不住流下了眼泪。

当我们到达沃尔特·里德医院时，玛米在总统套间的门口迎接我们。我拥抱了她，告诉她我们都和她一样感到莫大的哀痛。艾森豪威尔临终时，朱莉和戴维在场。戴维面色苍白、心神不宁。我看出朱莉一直在哭泣。

回到白宫后，我决定去戴维营，起草我将于星期天在国会大厦的圆形大厅里发表的悼词。

我通过电话和玛米简短地商洽了丧礼的安排，然后她说："你可能想知道艾克临终前对我说的最后几句话。你知道他身体多么虚弱，不过他很清醒。他知道我坐在身边，说道：'我始终爱我的妻子。我始终爱我的孩子们。我始终爱我的孙子孙女。我始终爱我的国家。'"我把这些话记了下来，因为我知道我要在悼词中引用这些话。

也许我这样来描绘德怀特·艾森豪威尔最为确切：他有一副热情的笑容和一对冷淡的蓝眼睛。这不是说他外表热情而内心冷若冰霜，而是指他在那富有魅力的外表下隐藏着久经锻炼的钢铁意志。他非常热情，但总是有点克制，甚至有点若即若离，从而使他的性格获得平衡。全世界有很多人自以为了解艾森豪威尔，然而最接近他的人、最爱慕他的朋友和同事都知道，即使是他们也并非真正对他有深切的了解。

大多数人可能怀念他那亲切开朗的性格，我却怀念他那果断的领导才干。在危机时期，当他必须解决重大问题时，这一点尤其显得突出。现在大家都普遍用怀旧的笔调把20世纪50年代描绘成国内平静、世界稳定的时期。其实，在艾森豪威尔就任总统的当时，美国和世界正进入历史的一个转折关头，核武器的扩散和苏联黩武主义的抬头从此改变了国际关系的性质。

第六章 总统职位（1969-1972）

艾森豪威尔必须解决的问题之一是：究竟我们应该利用核优势来进行一场总体战争，还是只应当限于使用有限的军事力量。我曾经口授过一段日记，记述了1954年3月25日艾森豪威尔在国家安全委员会的一次会议上果断地处理这一问题的经过：

> 今天上午召开的国家安全委员会会议，讨论了美国一旦与苏联进行大规模战争时应采取何种战略的问题。参谋长联席会议对此意见分歧。总统以我从未见过的断然态度接着发表了意见，认为这是一个基本上应由总司令解决的问题。他说，一旦有人向我们开战，我们能够采取的唯一方针是夺取胜利。有人认为，通过有限战争取得的胜利不至于像全面胜利那样带来一系列重大问题，我们决不听信这种言论而束缚自己的手脚。实际上他是说，由于我们面对那样的一种敌人，以及我们必须依靠那样的一种武器，有限战争的想法是完全不现实的。他说，我们在谈论巨型的炸弹和难以想象的潜在的毁灭力量，谈论一天的伤亡就要达到700万，另一天的伤亡可能达到800万。他指出，换句话说，这些将是古代预言家口中说出来的数字。
>
> 他缓和了一下语调，建议三军参谋长如果愿意的话可以在任何时候前来同他单独谈话，试试能不能使他相信自己的观点是错误的。目前，他认为这是应该采取的唯一正确的立场。
>
> 他提出的唯一条件是：假如从军事角度着眼，认定使用我们最强大的武器将引起严重后果，以致这种做法看来并不可取，我们才能考虑不予使用。例如，他谈到第二次世界大战中盟军在攻占德军阵地时曾发现几千吨毒气，其毒性的剧烈远远超出人们的预料。德国人之所以没有使用这些毒气，是因为他们意识到自己龟缩在有限的阵地上，比盟军更容易中毒。
>
> 他还反对这种说法：我们应该坚决要求各国在战后保持实际上的自由和民主。他指出，在下次战争结束后，每个国家都将不可避免地变

为独裁国家,并且这种状况势必要维持一段时期。当然他还说道,那时人们将力求尽快使美国恢复自由经济,但是这一点将比以往任何一次战争之后更难办到。

他待人亲切、性格开朗,但也有异常明确的尊严感。他不喜欢那种过分亲昵的举动。我还记得,他对那些扯他衣袖或者拍他肩膀的人总是投以严峻的目光。在这方面,他和林登·约翰逊判若两人:约翰逊如果不用胳膊肘推一推你、捅一捅你,甚至摇晃摇晃你,似乎就无法和你谈话。杰里·帕森斯将军在战争年代一直跟随艾森豪威尔,战后担任过总统的国会关系处主任,1958 年继亚当斯任白宫办公厅主任。他曾经告诉我,1959 年有一次,当约翰逊就要到艾森豪威尔办公室开会之前,艾森豪威尔把他叫进去说:"我希望你站在林登和我的中间,我的滑囊炎正在发作,不想让他抓我的胳膊。"

看来,艾森豪威尔最大的特点是他那坚定的乐观主义。他经常致力于振奋他手下工作人员的精神。几乎每次会议上他都要提倡保持愉快的情绪。有一次他对内阁成员说:"愁眉苦脸是赢不了艰苦的战斗的。"又一次,在同国会领袖举行的会议上,他问道:"我们的人为什么总是皱眉蹙额,就不能挂上笑容吗?"虽然他喜欢有意思的说笑,但在重大的公事上他可是不苟言笑的,尤其不喜欢别人在严肃的讨论中插进俏皮话。

他执政初期的一个下午,国会领袖开会辩论是否需要让公众对核战争的恐怖有所准备。艾森豪威尔强烈主张有必要采取行动来促进民防和加强全国的戒备。在讨论当中,科罗拉多州保守派共和党人参议员尤金·米利金回想起一件事来:有一次,当有人对他的政策发表了过分悲观的预言时,科罗拉多州州长说,事情果真那样糟,也许我们就应该把自己的屁股涂白,混在羚羊堆里逃跑了。大家都笑起来,可是艾森豪威尔却笑得十分勉强。在继续讨论时,他相当粗暴地说:"哼!要是他们开始扔炸弹的时候我们毫无准备,也许我们就连涂白屁股的工夫也没有了。"

艾森豪威尔常说自己从来不看报纸社论和政治漫画,事实上他对这些东西倒是极为敏感的。我在 1954 年 6 月写的一段日记就是明证,当时艾森豪威尔

第六章 总统职位（1969-1972）

以强有力的措辞表达了他对报刊评论的看法：

> 6月21日星期一上午，在与国会领袖举行的会议上，杰里·帕森斯提到了德鲁·皮尔逊写的一篇文章，文章的大意说总统不准备支持布里奇斯和其他几位参议员。
>
> 总统勃然大怒说，他希望自己机构里的每个人都不要再看报上的专栏文章，也不要再向他汇报这类事情。

艾森豪威尔不习惯受人批评，并且觉得很难接受批评。杜鲁门说过："当然，这个家伙根本不懂政治，就像猪不懂星期日一样。"这句讽刺艾森豪威尔缺乏政治经验的话，在1952年竞选中被人大量地引用，为此，艾森豪威尔一直不能原谅杜鲁门。

在他任职期间，有一次我们准备召开一个两党的群众集会，以支持两党关于安全问题的共同纲领。我建议请当时支持这个纲领的杜鲁门上主席台。艾森豪威尔的脸上顿时显露出一种冷酷无情的神色。他说，不管关系多么重大，他都不愿和杜鲁门出现在同一个主席台上。

作为一位政治领袖，艾森豪威尔知道他比自己的党有力得多。他认为自己干得好就能把他的党拉扯上来，他不希望自己的党成为他的绊脚石。共和党的力量在他执政期间严重地削弱了，这在一定程度上是由于他撒手不管党务并同党保持一定距离的缘故。可是他比大多数政治活动家更懂得如何推动别人，如何团结全国的力量作为他的后盾，如何激发人们的信心和取得他们的信任——这些都是从事政治活动的必要条件。

一般都认为艾森豪威尔是个稳重而保守的人。恰恰相反，他其实是欢迎并鼓励别人提出新颖的甚至非正统的意见的。

1954年年初，我有一段日记叙述我和帕森斯的一次谈话。他对艾森豪威尔的作风的描绘给了我特别深刻的印象：

> 杰里说，同总统周围的有些人难以相处，是因为他们把总统所说

的每一句话都当成圣旨。他又说，以前曾和总统一起工作过的那些人知道不应该这样做，并且知道总统往往是在开始时采取激进的立场，但最后落实时却并不跑得那么远。

"说实在的，"他说，"艾克的确喜欢打高抛球，看看能起到什么作用！"

在许多人看来，德怀特·艾森豪威尔似乎是一位相当仁慈宽厚的爷爷，可是他对自己和对总统职位的看法却截然不同。他十分主动地把自己看作应该为美国做出正确决断的负责人。

我最后一次见到艾森豪威尔是在他去世前两天。他的医生在总统套间的门外迎接我。"他情况怎么样？"我问道。

"恐怕没有多大希望了，总统先生。"他回答说。

我和艾森豪威尔谈了大约15分钟，医生就进来暗示我该走了。艾森豪威尔显然不愿让我离开。但是我看出他非常疲乏，因此我和他握了握手便迅速走向门口。

突然我想起这可能是他生前最后一次的会面了，不禁心情激荡地转过身去，尽量克制住自己话音里流露的情感，对他说："将军，我很想让你知道，欧洲所有的自由人民和全世界其他地方的千百万人民将永远感激你在战争年代和和平时期的领导。历史上还没有一个人能像你这样在把美国和全世界建设得更美好、更安全的事业中做出如此伟大的贡献。这是你可以永远引以自豪的。"

当我说话的时候，他闭着眼睛，但是过不了一会儿，他睁开了眼睛，从枕头上抬起头来，异常严肃地对我说："总统先生，你刚才的话使我感到非常荣幸。"接着，他把手慢慢地举到前额，行了最后一个军礼。

"早餐行动"

我们不知道一位新总统就任和认真的和平表示是否能在结束越南战争方面

造成突破。北越人在2月份对南越发动了一次小规模的但又很猛烈的进攻,作为对我们的答复。这是一次有意的试探,显然是想一开头就估量一下我和我的政府的力量。

我本能的反应是以牙还牙。基辛格和我一致认为,如果我们在初期就让共产党人随意摆布,我们就可能永远无法以平等地位,更不必说从实力地位和他们谈判了。约翰逊犯过这样的错误,后来始终没有能够恢复主动。

美军在越南的司令官克赖顿·艾布拉姆斯和美国驻西贡大使埃尔斯沃思·邦克同意这个观点。当共产党人逐步加强攻势时,艾布拉姆斯和邦克就建议用B-52轰炸他们在柬埔寨庇护所的补给线。

比尔·罗杰斯和梅尔·莱尔德反对这个建议。他们担心我把战争扩大到柬埔寨以后会激起国会和新闻界的愤怒。但是基辛格争辩说:"如果这样做有助于早日结束战争,为什么要在乎《纽约时报》对我们的抨击呢?"我同意他的意见,但打定主意要等我从欧洲访问回来以后再作最后决定,因为轰炸柬埔寨的计划一旦走漏风声,就可能在国外引起严重的反战示威。我指示通过正常渠道给邦克发去电报,命令他们暂时停止有关轰炸的一切讨论。与此同时,我又避开官方路线,给艾布拉姆斯将军发了一份通过"秘密渠道"的绝密电报,叮嘱他不必理睬我给邦克的电报,还应该继续准备在必要时出动B-52实行轰炸,虽然我在访欧归来之前大概不会批准这项计划。在我访问欧洲期间,共产党人加强了攻势。在我回国两天以后举行的一次记者招待会上,有人问我对此将作何反应。我说:"我们并没有鲁莽地向前推进,但是不能把我们采取的忍耐和克制的态度理解为软弱的表现……如果他们继续进攻,我们将做出适当的反应。"

十天以后,在我举行下一次记者招待会的那个上午,北越人越过非军事区发动了一次新的进攻。有人问我,这种挑衅是否会使我不再能够忍耐。我说:"你们大概记得,3月4日那天,即在一个早期进攻的阶段,有人向我提过同样的问题。我发表了一次被广泛地解释为警告的讲话。作为总统,我的方针是警告只能发出一次,现在我不打算再提出警告了。任何在将来需要做的事情都是会做到的。"

3月16日星期天，我和罗杰斯、莱尔德、基辛格以及参谋长联席会议主席厄尔·惠勒将军一起开了两个小时的会，研究我们在越南的军事和外交形势。

我询问了最近的伤亡数字。由于共产党人发动攻势，伤亡数字比以前增高了：上周有351名美国人阵亡，前一周是453人，再前一周是336人。

我们的情报指出，有超过4万人的共产党部队秘密结集在柬埔寨边境内一个10至15英里宽的地带。柬埔寨是个中立国家。我们尊重那种中立的地位，但是共产党人却公然越过柬埔寨边境窜入南越进行袭击，然后又退到那里的丛林庇护所以求得安全。

"诸位先生，"我说，"我们已经到了需要决定是否轰炸的时候了。"

我使在座所有的人相信，我了解问题的性质，也认识到轰炸庇护所包含着什么样的风险，尽管采取这样的行动有多么充分的理由。

"但是，我们必须看清我们当前的处境。"我接着说，"在巴黎进行的那种勾心斗角的谈判毫无结果。我相信，使谈判摆脱僵局的唯一办法是在军事上采取行动。只有这样，他们才懂得利害。"

我说，除了恢复轰炸北越之外，这是我们为了挽救美国人的生命并促进和谈而可以采取的唯一军事行动。

我的结论是："我已决定下令尽快开始轰炸，如果天气适宜，明天就开始。"

3月17日，天气晴朗，B-52轰炸了柬埔寨境内的共产党庇护所。五角大楼把这次秘密轰炸的代号定为"菜单"，各目标区分别以不同餐次标明。例如，对第一区的袭击称为"早餐行动"。这是我执政期间指导越南战争的第一个转折点。

由于若干原因，我们对这次轰炸采取了最严格的保密措施。我们知道柬埔寨政府首脑西哈努克亲王强烈反对北越军队驻在他的国境之内。早在1968年，他就曾要求美国对北越采取报复行动，在地面上"穷追"或者轰炸庇护所。我们也知道，由于柬埔寨的中立地位，西哈努克不能正式赞同我们的行动。因此我们知道，只要我们秘密轰炸，西哈努克是不会声张的。如果轰炸传了出去，他就只好公开表示抗议。

我们还预计到，只要轰炸保持秘密，北越人就会觉得很难提出抗议，因为他们在正式场合是否认有任何军队驻在柬埔寨的。

保密的另一个原因是防止国内的反战抗议。我上任只有两个月，我希望在执政之初尽量避免激起公众的强烈抗议。

为了使轰炸保密，我们只通知了参议院军事委员会主席理查德·拉塞尔和高级委员约翰·斯坦尼斯。虽然拉塞尔大体上正在开始对这场战争表示怀疑，他们两人却都认为决定轰炸是正确的，并且表示，万一这件事情公开出去，他们一定支持我的行动。

"早餐行动"开始后不久，美国人在南越的伤亡数字便不断下降。

EC-121 飞机事件

秘密轰炸共产党人在柬埔寨的庇护所不到一个月，我们突然面临共产党世界里一个完全没有预料到的地区发生的一次重大危机。

4月15日早晨7点不到，我床头的电话铃响了。是基辛格打来的，他说，根据可靠但尚未证实的报告，朝鲜的喷气机击落了我们的一架海军侦察机，机上有31人。

我一到椭圆形办公室就看到了一些片断的情报报告。朝鲜人击落了一架正在朝鲜海岸外作例行侦察飞行的四引擎螺旋桨推进的EC-121海军飞机。这种飞行已经进行了将近20年，一直严格遵守这样一道命令：飞机不得进入离北朝鲜海岸40海里以内的地方。这个距离远远超过国际公认的领海界限。

EC-121的机组人员有一线希望像15个月前"普韦布洛"号的乘员一样，被北朝鲜人俘虏。整整一天，我们始终抱着这点侥幸的希望，同时也作了最坏的设想——全部人员都死亡了。

对于这件事，我油然产生了北越人开始进攻时给我的同样感受，并直觉地认为我们正在经受考验，必须以暴力回答暴力。

次日上午华盛顿时间10点，我在内阁会议室与国家安全委员会的委员们碰头，考虑如何对我们的首次国际危机作出反应。

一方面，罗杰斯和莱尔德两人力主克制。他们推想这可能是完全孤立的事件，因此认为在彻底查明事实真相和起因以前不宜动手。特德·阿格纽不同意，他显然感到灰心丧气地问道："为什么我们总是替别人设想呢？"

那天上午没有作出决定，但是明显地有两种可以认真考虑的办法。第一种办法是对北朝鲜的一个飞机场进行报复性的军事袭击。第二种办法是继续进行 EC-121 飞机的侦察飞行，但是派战斗机护航，免得再发生事端。

两种办法都不够理想。朝鲜人防御很严密，我们假如采取第一种办法，就必须准备再遭受损失，并且有可能重开朝鲜战局。用第二种办法可以明确坚持我们有权在国际空域进行侦察飞行的原则，但对于那种看来是故意大扫美国的面子和谋杀 31 人的行动来说，这样做显然是一种非常软弱的抗议方式。如果在这样明显的情况下我们无法恰当地保全我们的人员和面子，美国人就完全有理由怀疑我们花费巨款去承担海外义务究竟有多少价值。

下午我们得到消息说，从离岸 90 英里的海里找回了两具尸体和一些飞机碎片。机上有人生还的希望已经破灭，这个事件无疑是一种预谋的残忍挑战。

情报报告说明，击落 EC-121 飞机和扣留"普韦布洛"号一样，是孤立的挑衅行为。其中一份报告指出，4 月 14 日是朝鲜领导人金日成的生日，这个事件甚至可能是他送给自己的一件生日礼物。驻汉城的威廉·波特大使发来急电，强烈反对采取报复行动。他警告说，我们如果采取任何重大的军事行动，最终将有利于北朝鲜的极端主义领导。

另一方面，基辛格和我继续认为报复是很重要的。如他所说，美国的强烈反应将是一种说明美国多年来第一次充满自信的信号。它会鼓舞我们盟友的士气，使敌人有所踌躇。我们还讨论了朝鲜是否可能以进攻南朝鲜作为回答。基辛格说，他认为不会发生这样的事情，但是如果出现这样的情况，我们就必须准备采取一切必要的步骤来迫使朝鲜人屈服。

我说，应该按第一种办法进行准备。由于第二种办法，即立刻恢复有战斗机护航的侦察飞行这一办法并不妨碍其后实行第一种办法，我决定立即实行，并在次日上午的记者招待会上宣布。

在 4 月 18 日的记者招待会上，我宣布说："今天我已经下令继续进行侦察飞行。他们将受到保护。这并不是威胁，只是说明事实。"

第六章 总统职位（1969-1972）

在此期间，我们开始讨论第三种可能性：采用第二种办法，再加上对北越人在柬埔寨的庇护所的第二轮轰炸。这样既可以不冒对朝鲜直接报复的风险，同时又能有效地使朝鲜和北越的共产党领导人知道我们是决心支持我们的盟友和抵抗攻击的。

在第一种办法所选定的轰炸计划实施之前，我临时决定取消，改为采取第二种办法加上重新开始对柬埔寨的秘密"菜单"轰炸。这次针对第二目标区的第二轮轰炸称为"午餐行动"。

基辛格仍然认为，我们对共产党世界的蓄意挑战所作出的反应还不足以维护美国的信誉。苏联人、北越人和中国人都将注视事态的发展。"我们实行反击，固然担一点风险，"他说，"但如果这样做了，他们就会说，'这家伙快要丧失理性了——我们还是同他和解为妙'。可是，如果我们让步，他们便会说，'这家伙和他的前任一样，等不多久就会落得个同样的下场'。"

我还是赞成我们必须采取大胆的行动，只是认为目前还不是时候。假如我们只对朝鲜的一个机场进行一次报复性的袭击，估计朝鲜人还不致于使局势进一步升级，但这毕竟是一次冒险。万一他们真的使局势升级，以致我们突然在朝鲜陷入战争，那该怎么办呢？只要我们在越南还不能脱身，我们根本就没有力量在另一个地方进行另一场战争，同时也绝不会得到公众的支持。

我还必须考虑到，除了阿格纽和米切尔之外，我的大多数高级国家安全顾问强烈反对第一种办法，特别是罗杰斯和莱尔德。基辛格赞同我的意见，认为新政府成立不久，我们是经受不起内阁的一次造反的。他还同意，如果对朝鲜共产党人进行一次猛烈的报复，国会和舆论对这突如其来的举动一定毫无思想准备。

作出采用第二种办法的决定比较容易，贯彻起来却困难得多了。尽管有我4月18日的指示和我的公开声明，五角大楼还是以种种借口拖延和耽搁，过了将近三个星期才执行我的命令。尤其糟糕的是，我们发现五角大楼没有报告白宫便擅自取消了原来在地中海的侦察飞行。这样，从4月14日到5月8日，美国在地中海和北太平洋——地球上两个最敏感的地区——都没有按计划进行空中侦察。

我对这种情况感到惊讶和愤怒。朝鲜人肯定会认为他们已经能够迫使我们取消侦察飞行了。由于这次事件，我从执政之初就懂得：一位总统不仅应当经常检查他的命令是如何执行的，而且应当经常检查那些命令究竟有没有执行。

不久，其他的问题吸引了我们的注意力，EC-121飞机事件就基本上被忘掉了。但是，我仍然由于我们对此作出的反应——或者像我所认为的那样根本没有作出任何反应——而感到烦恼。我对基辛格说："这次他们侥幸溜掉了，下次他们就再也逃脱不了啦。"

4月28日，戴高乐辞去了法国总统职务。他把自己的政治前途孤注一掷地寄希望于有关参议院和区域改革问题的公民投票的结果。

我除了在公开声明中对戴高乐表示祝愿之外，还给他写了一封私人信件。我说，"我通过官方渠道给你的电报并不能充分表达我个人对你宣布引退所深切感到的损失"，"我相信历史将大书特书，你的辞职是法国和全世界自由和正义事业的重大损失"。

我公开邀请他和戴高乐夫人访问美国，并且最后在信里写道："老实说，在这全世界大部分地方的领导人都很平庸的时代，美国的精神需要你大驾光临。"

当这封信在科龙贝被直接交给戴高乐时，他看了以后说："他是一位真正的战友。"接着他坐到写字台前写了回信，要求当天送交：

亲爱的总统先生：

你那通情达理的正式声明和热情洋溢的私人来信深深感动了我。这不仅是因为你身居美国总统要职，而且也因为它们是出于你理查德·尼克松之手。我对你怀有最崇高、最诚挚的尊敬、信任和友谊，这是有充分理由的。

也许有一天我将有幸再次得到同你会晤的机会；同时，我衷心向你表示最良好的祝愿，祝你顺利地完成你那繁重的国内和国际任务。

请向尼克松夫人转达我最恭敬的问候，并请代我的妻子转达她最

第六章 总统职位（1969-1972）

热烈的祝愿。亲爱的总统先生，你完全可以相信我对你怀有忠诚的友好情感。

夏尔·戴高乐

一年半以后，戴高乐去世了。我前往巴黎参加在圣母院大教堂举行的丧礼，然后拜访了担任过戴高乐的副手、现在是他的接班人的乔治·蓬皮杜。

蓬皮杜素以不动感情著称，并且他多年来同戴高乐有分歧。可是，当我等了一会儿不见他开口的时候，我察看了一下，发现他正在哽咽得连话都说不出来。

我一边想起自己在艾森豪威尔逝世后的心情，一边默默地等着他的感情平静下来。我们两人担任公职期间曾分别在艾森豪威尔和戴高乐这两位巨人的身边生活和工作了多年，现在他们两人都已不在人世了。

蓬皮杜叹了口气，瞧着我说："终于只剩下我们了。"他一定也想到我们所共有的这种关系；现在我们都成了孤单的人。

泄密和窃听

在林登·约翰逊总统执政的最后几年，关于越南战争的泄密问题使他深感苦恼。最初他灰心丧气，继而感到愤怒，最后则几乎全神贯注于防止泄密事件的发生。为了杜绝泄密，他和越来越少的人一起工作，直至把制定国家安全政策的工作放在星期二午餐会上同为数极其有限的可靠顾问一起研究。我在上文曾经提到，他一听说我决定要重新开展国家安全委员会系统的活动，便向我谈起他怎样吃了泄密苦头的经过，并断定我将后悔作出这一决定。

很快我就看出他的担心是完全有道理的。泄密几乎和我的就任同时开始。过不多久，我就亲身经历了约翰逊形容的那种愤怒、忧虑和沮丧。在我任期的最初5个月，纽约和华盛顿的报刊出现了至少21则根据国家安全委员会泄露出来的档案资料写成的重大新闻报道。中央情报局1969年一份报告列举的带有严重泄密性质的报刊文章达45篇。

2月1日国家安全委员会召开关于中东问题的第一次会议后不出几天，会议讨论的详情就向报界泄露了。我曾亲自向艾森豪威尔简短地介绍过这次会议，他认为不管是战时还是平时，泄露外交政策的机密情报都是通敌叛国的行为。他看到新闻报道后，马上打电话给基辛格，斩钉截铁地提出警告。"紧缩你们的办事机构。"他说，"如有必要，还可以开除一些人，可不能让这种情况继续下去！"

4月4日，《纽约时报》发表了一篇关于苏联导弹部署的报道，这是根据秘密情报侦察得来的绝密材料写成的。

4月1日，国家安全委员会发出指示，要求就各种可供选择的对越政策重新进行全面研究；为了完备起见，其中也包括单方面撤军这种激进的政策。在提交研究报告五天之后，4月6日的《纽约时报》便报道说美国正在考虑单方面撤军。这对我们盟友来说无疑是个晴天霹雳，同时无疑地助长了我们敌人的气焰。

4月22日，《纽约时报》以我们为即将举行的美苏裁军谈判做准备而召开的会议为依据，发表了一篇报道文章。两天之后，《纽约时报》详细报道了我们关于是否在北朝鲜海岸外部署情报船的讨论情况。次日，《纽约时报》又根据"可靠人士"透露的消息，报道了我们和侯赛因国王谈判出售武器的事。

我同埃德加·胡佛和约翰·米切尔谈论了这个问题。胡佛建议对泄密嫌疑人采取三项措施：调查他们的背景、进行跟踪，以及窃听他们的电话。他说，窃听是发现泄密人的唯一真正有效的方法。他告诉我，从富兰克林·D. 罗斯福开始，历届总统一向都是批准窃听的。

我们决定，每逢发生泄密事件，基辛格即向胡佛提供那些接触过该项机密材料的人以及他有理由认为可疑的人的名单。我授权胡佛采取包括窃听在内的必要措施，以调查案情和查明泄密者。

5月1日，《纽约时报》泄露了政府关于美国战略力量态势的研究材料，其中包括从反弹道导弹到进攻系统的各种改进方案，以及各种方案的费用估算数字。5月6日，同一记者又报道了我们在EC-121飞机危机期间讨论的内情。

5月9日，我正在比斯坎岛，《纽约时报》晨刊以头版报道了我们几个月来一直害怕泄露出去的事情。秘密轰炸不再是秘密了。标题是:"美国对柬埔寨的袭击未遭抗议。"报道发自华盛顿,并且据记者说,他的消息来自尼克松政府。

轰炸柬埔寨的政策很有成效。它挽救了美国人的生命,使敌人遭受了损失,增加了进行谈判的砝码。《纽约时报》的泄密有使我们前功尽弃的危险。

基辛格非常恼怒,我也是如此。他立即推测机密消息多半是从国务院或国防部泄漏出去的。我们知道国务院的官僚经常泄密。可是,就这件事来说,国务院里只有罗杰斯一人知道,而我可以肯定他是绝不会泄露秘密情报的。

我们也很清楚,五角大楼喜欢透露风声,只要这样做才有利于提高他们的声誉和地位。可是,这次泄密会给莱尔德造成麻烦,并且很可能使他在即将来临的国会山听证会上不那么好过。

和前几次泄密事件发生后的情况一样,我建议基辛格严密地、客观地观察一下他自己的工作人员:假如国家安全委员会里有人泄密,最好现在就把他清查出来。基辛格同意了,并且当天就和胡佛通了电话。

根据胡佛就那天谈话所写的备忘录,基辛格表示了我们共同的看法,认为泄密不仅造成损害,而且可能危及国家安全。基辛格给了胡佛接触过这项机密材料的四个人的名字。联邦调查局立即安装了四架窃听器。

关于这次窃听计划,我要求绝对保密,同时还指示要尽早撤除。我知道,安装窃听器一事一旦泄露出去,对白宫工作人员的士气将是一个打击,同时会给国内反战团体提供有力的把柄,并给北越人提供宣传武器。事实上,在我任职期间,每年擅自进行窃听的平均次数比富兰克林·D.罗斯福以来的历届政府要少。可是我觉得,只要新闻界和反战积极分子发现尼克松正在搞窃听,前几届总统是否也有同样事情就无关紧要了。

与此同时,泄密事件继续发生。5月20日,《华盛顿邮报》泄露了我将和阮文绍总统会面的计划。5月22日,《纽约时报》报道了政府关于是否在限制战略武器会谈开始前试验一种新型导弹弹头的问题进行讨论时提到的一些高度机密的细节。6月3日，《纽约时报》又刊载了一篇根据国家安全委员会备忘录写成的文章。那份备忘录在一周前才发出，其中概述了我们和日本谈判冲绳问题时准备采取的最后立场。备忘录的过早暴露严重地损害了我们讨价还价的余地；这样一来，日本方面在谈判开始之前就已经知道我们愿意妥协到什么程度了。

同一天，《华盛顿明星报》刊登了一篇关于政府决定开始从越南撤军的报道。这次泄密对阮文绍是背后一刀，因为我们曾经向他保证，这事将由双方联合发表声明，以免共产党人把它解释为我们开始抛弃南越的一个迹象。

从1969年到1971年年初，联邦调查局为了破获泄露国家安全机密案，一共对17个人进行了窃听，其中包括4名新闻记者以及白宫、国务院和国防部的13名助手。我只是批准了整个计划，没有审批对各个人的窃听。九年后的今天，我已无法逐个重述导致对他们进行窃听的具体细节了。

为了国家安全，还对第18个人进行窃听，这个人就是报业辛迪加的评论员约瑟夫·克拉夫特。想起克拉夫特，我现在还感到心烦意乱。他在白宫和国家安全委员会的工作人员中以及在国务院和国防部都有很多熟人，消息灵通，同北越人也有直接联系。我记得我曾不止一次告诉过埃利希曼，我们唯一感兴趣的是克拉夫特与北越人的接触。

我记不得促使我下决心采取行动的具体情况。我授权窃听克拉夫特在华盛顿家里的电话，但是联邦调查局反对在那个场所搞窃听。因此，我批准了一个不通过联邦调查局安装窃听器的计划，可是当联邦调查局在克拉夫特有一次前往巴黎与北越人会面的期间进行了窃听时，我就放弃了上述的安排。

不幸的是，没有一个窃听报告能证明政府部门中有任何人与泄露国家安全机密的某一项具体事件有关。

总统和司法部长授权使用窃听器来获取有关国内外安全问题的情报，至少已经有25年历史了。直到1972年——我们拆除了最后一个为国家安全安装的窃听器一年多以后——最高法院才裁决：为了国家安全而对美国公民进行窃听，除非这个公民"与外国、外国的间谍或谍报机关有明显的联系"，否则均须持有法院颁发的许可证。

在我任职的初期,我发现泄密损害了政府有效地处理国际事务的能力。我认为,泄密既违背为人正直的准则,也违反法律。特别是有关越南问题的泄密,只要美国人还在那里作战和死亡,我就不能容忍人们说什么泄露消息是出自反战的道义观念。因此,虽然我不喜欢采取窃听手段,认为它充其量只是一种作用有限的技术,但是,这似乎是我们发现泄密人和制止泄密的唯一途径。

当我们查明泄密根源的努力未能奏效时,我们便开始在更小范围内讨论我们的外交政策实施。具有讽刺意味的是,泄密不仅没有使行政工作更为开放,相反,却必然迫使政府以更封闭和更秘密的方式进行工作。这样就使经过大肆渲染的尼克松政府具有保密"偏执狂"的说法广为流传。保密要求付出的代价无疑是很高的,因为它减少了在政府内部自由地、创造性地交换意见的机会。但是我可以毫不含糊地说,没有保密就不可能接近中国,就不会和苏联就限制战略武器达成协议,也不会有结束越南战争的和平协议。

越南:公开建议和秘密表态

本届政府成立后的最初几个月里,虽然共产党人在 2 月发动了攻势,巴黎谈判又陷入了僵局,但我仍然相信,秘密轰炸所造成的军事压力以及我反复建议进行谈判所造成的舆论压力结合起来,终将迫使共产党人作出反应。在 3 月,我满怀信心地告诉内阁说,我预计战争将在一年之内结束。我们在巴黎采取了主动,建议恢复非军事区作为南越与北越的边界,并提出美国和北越的军队同时从南越撤出的原则。阮文绍总统方面也主动表示要就政治解决和自由选举问题同北越人开始谈判。

但是北越人寸步不让。他们坚决主张:政治问题和军事问题不可分开,美国军队必须单方面撤出,阮文绍下台是进行认真谈判的先决条件。

4 月中旬,我们增加了外交压力。基辛格给多勃雷宁看了由我亲笔签署的三点意见。根据外交惯例,这种做法表示我对它们极为重视。它们所传达的信息是明确无疑的:

一、总统愿意重申他的信念，认为公正的和平是可以获得的。

二、总统愿意在现有的谈判架构以外探索其他的渠道。例如，美国和北越的谈判代表不妨绕过巴黎架构而另行讨论解决问题的总的原则。

如果美国和越南民主共和国的特派代表能在原则上达成协议，最后的技术性谈判仍可移回巴黎举行。

三、美国政府深信有关各方都需要做出重大的抉择，采取非常的措施来扭转战争扩大的趋势。

理·尼

基辛格对多勃雷宁说，这里涉及美苏关系，因为我们固然可以谈论其他方面有些什么进展，但是越南问题的解决却是解决一切问题的关键。

多勃雷宁说，我们必须理解苏联对河内的影响是有限的，并且他补充说，苏联绝不会以停止援助来威胁其北越盟友。然而，他还是答应在24小时内把我们的建议转给河内。

几个星期过去了，毫无答复，我们决定再度采取主动。在5月14日的一次电视演说里，我提出了第一个越南全面和平计划。我建议大部分外国军队——包括美国军队和北越军队——在签订协议之后的一年内撤退。一个国际机构将监视撤军，并监督在南越的自由选举。我警告敌人不要把我们的灵活性当成软弱。我说："从河内来的报告表明，敌人已经放弃在南越获取军事胜利的希望，而是指望美国意志力的崩溃。没有比这种判断更为错误的了。"

对我5月14日的建议，北越人不论在河内或巴黎都没有做出认真的反应。我本来并没有认为越南和平唾手可得，可是现在我不得不第一次考虑到和平是否根本就不可能到来。尽管如此，我还是决定继续按照既定的方针办理，希望敌人终将接受我们的建议，和我们一道找出解决的办法。

本届政府执政之初，我们便认定，从越南撤出若干美国战斗部队，可以向河内表明我们寻求外交解决的诚意，同时可以向国内生动地说明我们正在开始

第六章 总统职位（1969-1972）

收缩战争，借以平息国内的舆论。

梅尔·莱尔德长期以来一直认为，美国可以使战争"越南化"，就是说我们可以训练、装备和鼓励南越人去填补美国部队撤离后留下的缺口。3月间，莱尔德访问南越归来，带回了一份乐观的报告，谈到有可能使南越人接受训练以实行自卫。我们采用了越南化政策，主要就是由于莱尔德的热情倡导。这项决定是我的政府在对越战略上的又一转折点。

对我们所建议的美军撤出南越的计划，阮文绍总统也是反对的。我通过邦克大使向他私下保证，我们对他的支持是坚定不移的。为了使这个保证更有分量，我建议在太平洋的中途岛和他会晤，阮欣然同意。6月8日，我们就在那里见面了。

会晤之后，我们两人都向记者发表了简短的声明。我宣布，根据阮总统的建议和我们战地指挥官的估计，我决定下令立即从越南撤军2.5万名左右。这包含着一些外交上的夸张措辞，因为阮文绍和艾布拉姆斯私下都表示反对撤军。

我说，在未来几个月内，我还要考虑进一步撤军，其程度将根据三项标准：训练和装备南越武装部队的进度、巴黎会谈的进展情况以及敌人活动的程度。

中途岛会谈后，阮文绍虽然得到一些安慰，但是仍然非常不安。他知道撤出第一批美军就将开始一个不可扭转的进程，其结局将是所有的美军都撤离越南。

为了确保河内了解中途岛的信息，我在回到白宫后又把它说明了一番。我对聚集在南草坪欢迎我们的人群说，我5月14日提出的和平计划和在中途岛宣布的撤军措施，敞开了通往和平的门径。"现在，我们邀请北越的领导人和我们一起走进这座大门。"我说。

6月底，看来我们可能要得到河内的某种答复了。战斗似乎沉寂了下来，我们的情报指出，北越的一些部队正在撤离南越，巴黎北越代表团的特别顾问、政治局委员黎德寿突然返回河内，据推测他是被召回去接受新的谈判指示的。

这种战斗沉寂持续到7月初。尽管这种迹象还纯粹是偶然的，尽管我们方面和以前一样有显得心情过分急切的危险，我还是决定再次力求打消任何可能仍然使河内踌躇不前的疑虑和误解。我决定"全力以赴"，也就是说我要力图用某种方式结束战争——或者通过谈判达成协议，或者加紧使用武力。

在这个时候作出这种决定的原因之一是，首先，我觉得如果我不在今后几个星期里造成促进和平努力的声势，时间就可能使这种努力归于失败。夏天一过，9月假期结束了，学生回到学校，国会也要复会，一个新的大规模反战浪潮势将在秋冬期间席卷全国。其次，由于越南的旱季即将来临，共产党人几乎肯定要在2月的春节假期发动新的攻势。到了早春，1970年11月选举的压力会使国会要求撤出更多的军队，对此，我既无法阻止，又很难置之不理。

向共产党人发出和平信号半年之后，我准备使用任何必要的军事压力去阻止他们武力接管南越。在举行几次长时间的会议期间，基辛格和我制订了一整套在外交、军事和宣传上密切配合的向河内施加压力的详细计划。

我决定把1969年11月1日——约翰逊停止轰炸一周年的日子——定为实际上是对北越发出的最后通牒所规定的限期。

离11月1日只有三个半月了，因此必须抓紧时间。7月15日，我以私人名义给胡志明写了一封信。让·桑特尼再次充当了我们的信使。我在白宫会晤了他，以便他能够把我强烈的和平愿望作为第一手材料转告对方。但是我也要他告诉对方，如果到了11月1日这个最后期限仍无重大的突破，我将十分遗憾地感到不得不采用"后果重大的武力措施"。

我把给胡志明的信通过秘密信使送交桑特尼，7月16日他将信交给巴黎北越常驻代表团团长春水转交河内。信中我力求表达我们对达成一项解决办法的真诚意愿和迫切心情：

> 我认识到，要越过四年战争的隔阂来深入地交换意见是困难的。但是，正因为存在着这种隔阂，我才需要利用这个机会庄严地重申我的争取公正和平的愿望……
>
> 正如我多次声明的那样，等待将一无所成……

第六章 总统职位（1969-1972）

你将发现，在我们共同致力于把和平福音带给勇敢的越南人民的过程中，我们是乐于合作和开诚布公的。让历史这样记载吧：在这个关键时刻，双方都宁愿朝着和平前进，而不是走向冲突和战争。

我认为，通过这封信我已经做了我所能做的一切，下一步应该由北越人来表示他们也有意于达成协议了。现在，我们只有等着看胡志明如何作出反应。就我来说，我的信已把战争或和平的选择权送到他的手里。

几天以后，话就传过来了，北越人建议由基辛格同春水进行秘密会谈。

7月23日，我为"阿波罗11号"的溅落飞赴南太平洋。这是我环球旅行的第一站。这次行程包括关岛、菲律宾、印度尼西亚、泰国、南越、印度、巴基斯坦、罗马尼亚和英国。为了祝贺阿波罗的成功，我们给这次旅行起了个代号叫"月辉"。

这次旅行为基辛格和北越人的首次秘密会谈提供了极好的伪装。根据安排，基辛格将去巴黎，表面上是向法国官员介绍我出访的结果，实际上是和春水秘密会谈。

阿波罗溅落后，我停留的第一站是关岛。抵达后不久，我便举行了一次非正式的随行记者招待会。就在这次会上，我阐述了一些原则，这些原则最初被称为关岛主义，后来大家又称之为尼克松主义。

我说明，美国是一个太平洋强国，今后应该仍然如此。但是我认为一旦越南战争得到解决，我们将需要实行新的亚洲政策，以确保将来不再发生越南那样的事情。我首先提出一个原则：我们将继续承担我们业已承担的条约义务，但是，除非出于我们切身利益的需要，我们将不再承担任何新的义务。

我们以往的政策是向别的国家提供武器、人员和物资以帮助它们反抗攻击，保卫自己。过去我们在朝鲜就是这么做的，在越南我们也是这样开始的。我说，但是从现在起，我们只准备向那些愿意承担责任以自己的人力来自卫的国家提供物资和军事经济援助。只有一种例外情况：如果一个核大国对我们的盟国或友邦发动侵略，我们就要用核武器作出反应。

在关岛宣布的尼克松主义,被有些人误解为一种将导致美国完全撤出亚洲以及世界其他地区的一种新政策的信号。在我回国后的一次例行的早餐会议上,参议院多数党领袖迈克·曼斯菲尔德就表达了这种错误的理解。如我对我们亚洲各国的朋友所作的解释一样,我对曼斯菲尔德强调说明,尼克松主义不是一个使美国退出亚洲的方案,而是一个为美国继续留在亚洲并继续负起责任以帮助非共产党国家、中立国家和美国在亚洲的盟国保卫其独立提供唯一牢固基础的方案。

8月2日,当我们在罗马尼亚的布加勒斯特降落时,我成为对共产党卫星国作国事访问的第一位美国总统。

尼古拉·齐奥塞斯库总统是一位坚强的、有主见的领袖。虽然他必须在一条很细的钢索上行走,免得苏联人像1956年在匈牙利和1968年在捷克斯洛伐克那样决定在罗马尼亚进行干涉。他至今一直施展精湛的技艺在钢索上走着。

事先有报告说,我们将受到有礼貌的接待,可是欢迎的规模以及群众自发的热情却完全超出我们的预料。在一处地方,齐奥塞斯库和我几乎被街上跳舞的人群裹进去。

罗马尼亚和北越人有着良好的外交关系,我知道我所说的一切都将传达过去,所以我利用同齐奥塞斯库的一次会谈来加强说明我给河内的信息。我说:"我们不能无限期地继续每周在越南死亡200人而在巴黎毫无进展。到今年11月1日,我们停止轰炸就满一年了,我们已经撤出了一些军队,并为和平谈判提出了若干合理的建议,如果还是没有进展,我们就不得不重新估价我们的政策了。"

我告诉他,为了赢得和平,我们可能需要在双方之间开辟另一条交换意见的渠道。齐奥塞斯库说,他将尽一切力量来促进谈判。

基辛格与北越人的秘密会谈,于1969年8月4日开始,持续达三年之久,其间的过程很不平凡,充满着典型侦探小说的种种情节,如基辛格耷拉着帽子

第六章 总统职位（1969-1972）

斜靠在飞驶的雪铁龙牌汽车的后座上，巧妙地避开爱打听的新闻记者，使好奇的使馆外交官得不到任何线索。

第一次会谈是在巴黎时髦的里沃利大街上让·桑特尼的一套公寓房间里进行的。基辛格在那里会晤了春水和梅文蒲。

基辛格一开始就说他要传达我的一个口信。他提醒他们，11月1日是停止轰炸一周年纪念。在这段时间，美国已经采取了我们认为有重大意义的行动：我们停止派遣援军；我们遵守了部分停炸的诺言，以后又全部停止轰炸；我们已经撤出了2.5万名作战人员；我们还表示要承认自由选举的结果。但是迄今为止，我们还没有看到什么意义重大的反应。现在，为了加速谈判的进程，总统准备再开辟一条与他们接触的渠道。"但与此同时，"基辛格补充说，"我奉命严肃地告诉你们，如果在11月1日以前还没有就解决办法取得重大的进展，我们将被迫采取后果极为重大的措施，虽然这样做我们是很不愿意的。"他指出，北越人在宣传上和巴黎会谈中都企图把越南战争说成是"尼克松先生的战争"。"我们认为这是不符合你们的利益的，"他说，"那是因为，如果这真的是尼克松先生的战争，他就非打赢不可。"

在回答时，春水比较克制地重申了河内的极端立场：他要求撤出全部美军，遵从民族解放阵线的十点计划，这实质上就是要由共产党人完全统治南越。他再三重复早就提到过的那种独出心裁的编造，说什么南越境内没有北越军队。他还继续要求我们推翻阮总统的统治，然后才谈得到达成任何协议。

最后，基辛格断定他对这些并非真正有权谈判的代表已经说了他所能够说的话，于是他施展惊人的技巧，把会谈的口气变得温和一些。他说："我们宁愿使越南人成为朋友而不是敌人。我认为，从现在起到11月1日为止，我们必须努力找出一项解决的办法。"

三个人握手后各自单独离去，免得引起任何注意。

在公开宣布尼克松主义并开始对河内施加压力之后，我认定现在该是在巴黎和谈的公开讲台上采取攻势的时候了。卡伯特·洛奇一向彬彬有礼、和蔼可亲，外交官和记者对此都很熟悉，所以，当8月7日他从座椅上站起来盯着共产党代表提问时，他们都为之愕然。他说："为了通过谈判在越南实现和平，只要是能做到的事情我们都做了。现在轮到你们做出反应了。"报纸认为这是洛奇1月接任美国首席谈判代表以来最强硬的发言。

胡志明于8月25日答复了我7月的去信。他在信中提到所谓"美国对我国人民的侵略战争"，他说"对美国青年死亡数字的上升深为感伤，因为这些青年是由于美国统治集团所奉行的政策而在越南牺牲的"。

我在去信里曾说，我们愿意讨论任何建议或计划，以便通过谈判达成解决战争的办法，对此胡志明答复说，民族解放阵线提出的十点计划"得到全世界人民的同情和支持"。他在信的结尾声称：

> 你在来信中表示愿意为争取公正的和平而采取行动。为此，美国必须停止侵略战争，从南越撤出军队，尊重南方人民和越南民族在没有外来影响的情况下自行解决问题的权利。

考虑到我给他的信的语调，甚至把共产党刺耳的术语也估计在内，胡的答复无疑是一种冷酷的回绝。

在收到这个无可指望的答复以后，我知道我必须准备接受战争升级所引起的尖锐批评和巨大压力了。

9月3日，胡志明去世。在范文同担任河内政治局领袖以前，一连几天都谣传他们正在进行着继承权力的斗争。即使是越南问题的老手，也难以预测这一事件对战争将有何种影响。

9月中旬，我宣布在12月15日以前从越南再撤出3.5万人的部队。我在声明中指出，前后总共撤出6万人的军队是一个重大的步骤，"因而，进行有意义的谈判的时刻已经到来"。这个声明的目的是想让北越的新领导人知道，我并不认为他们应该受胡志明复信的约束。

两天以后，我在联合国大会开幕式的讲话中说："争取和平的时刻已经到来，我以和平的名义强烈要求在座诸位——126个国家的代表——作出你们最大的外交努力，说服河内认真地参加结束这场战争的谈判。"

9月20日，基辛格接到桑特尼给他的一封信。桑特尼曾去河内参加胡志明的丧礼，在那里的时候曾和范文同进行了长时间的谈话。这位新总理在提到美国时引人注目地未加谩骂。桑特尼向范文同强调指出，他亲自和我谈过话，知道我如何热切地希望实现和平，这时范回答说："我看得出来，他们已经把你说服了。可是我们，我们却不能轻易听信他们的话：只有行动才能使我们信服。"

由于这次谈话是在我9月中旬宣布进一步撤军之前进行的，我认为我已经用行动证实了我们的话。再一次轮到河内做出抉择了。

在11月1日以前余下的几个星期里，我要各方面配合起来对河内施加最大限度的压力。我相信我们在外交方面是能够施加足够的压力的。不过，我的最后通牒要取得成效，唯一的希望在于使共产党人相信，如果他们决心要我摊牌，我是能够得到国内的坚强支持的。可是，我能够真正获得这种支持的机会却越来越渺茫了。

1969年冬和1970年春，20多所大学的校园内发生了严重的暴乱和骚动，其起因在于各色各样的失望情绪，越南问题绝不是主要的原因。伯克利大学的学生要求该校成立一个独立的民族学院。黑人学生占领了杜克大学的行政楼，要求黑人教育计划不分等级，并给黑人学生会提供经费。100名手执长短枪的黑人学生占领了康奈尔大学的学生会，要求撤销对三名黑人学生的纪律处分。校方先是拒绝，后来还是屈服了。宾夕法尼亚大学当局为了避免和举行反战抗议的学生对峙，卸下了所有的美国国旗，放进储藏室。

我对教授和行政人员向使用暴力的学生屈膝投降很有反感，并且公开这样讲了。我表扬了那些站稳立场的人，如旧金山州立大学的S.I.早川博士，他把一群破坏校规的激进分子架起来的广播线扯掉了。圣母学院的西奥多·赫斯伯格牧师限定"以暴力代替说理"的抗议者在15分钟内解散，否则就暂令其停学；如果他们再过5分钟继续闹事，便开除他们。

在我担任总统的最初几个月，大学里的示威活动主要不是针对越南问题，这首先是因为约翰逊的停炸已经使这场战争最有争议的一个方面暂时消失。其次我宣布成立纯志愿部队和改革兵役制度的计划,减少了由于征兵而引起的严重分裂,也有助于缓和学生对战争的抨击。

我知道这种形势必然会发生变化。随着大学秋季学期的开始和国会暑假的结束,报刊和电视台又出现一些迹象,预示着反战运动将进入新的高潮。传闻10月15日已定为全国性抗议日,届时将举行"反战大示威"。这个日子正好是在我以11月1日为限期的最后通牒成败的关键时期之内。

在9月26日的一次记者招待会上,我回答了记者提出的有关"反战大示威"和其他反战活动的问题。我说:"不错,我知道各个大学里以及全国已经产生并将继续产生反对越南战争的行动。就这种活动来说,我们是预料到的。但是,我无论如何不会受它的影响。"

我完全意识到这一席话将引起公众的骚动。然而既已开始实行一项对北越施加压力的政策,并且现在这项政策不仅涉及我国政府,也把外国政府牵连进去,我就认为,除了坚持到底,别无其他选择可言。面对国内即将掀起的无从制止的示威游行,我唯一的出路是设法使敌人清楚地知道,抗议活动丝毫不会影响我的决定。否则我的最后通牒便成为一纸空文了。

我们继续对苏联人施加外交压力。9月27日,基辛格对多勃雷宁说,鉴于我国请苏联协助结束战争的要求明显地落空,我们两国很难建立比一般的外交关系更为密切的关系。

就在这次讨论过程中,我打电话给基辛格,谈了几分钟。当他们恢复会谈时,基辛格说:"总统刚才在电话里对我说,关于越南问题,列车刚开出车站,现在正在轨道上行驶。"

多勃雷宁试图以外交辞令缓和一下气氛。"我希望这是一架飞机而不是一列火车,"他说,"因为飞机中途还能改变航向。"

基辛格回答说:"总统是非常注意选择词汇的,我相信他说一不二,他说的是火车。"

作为我们对河内施加压力的另一部分,我下令监视非共产党国家对北越的海上运输。我们发现有一些在塞浦路斯、马耳他、新加坡和索马里等国注册的船只驶往河内。当前两个国家拒绝和我们合作时,我下令取消对它们的援助。新加坡和索马里同意减少那些挂它们的旗帜开往河内的船只数量。

我会见了共和党国会领袖,告诉他们说,未来的60天对结束战争至关重要。"我们现在比以往任何时候都更需要团结。"我说,"我不能把即将发生的事情统统告诉你们,因为如果有什么成功的希望,那就必须靠秘密行动。我只能告诉你们,我正在竭尽一切力量结束战争。我只遵循两个行动方针来处理这整个问题:如果北越人真正希望解决问题,我绝不使他们感到为难;但是,我不想当第一个战败的美国总统。"

同日晚些时候,我会见了九位共和党参议员,编了一段话,有意让它泄露出去,从而把对河内的压力升了一级。我不必等待很久。八天以后,罗兰·伊文斯和罗伯特·诺瓦克发表了一篇专栏文章,说我正在考虑封锁海防和进攻北越。我希望这个谣言能引起河内的一些注意。虽然我一直不能肯定那个谣言是否起了作用,我却知道它引起了梅尔·莱尔德的注意。他和比尔·罗杰斯立即要求我在采取任何激烈行动之前先考虑到,由于我们正在加紧实行越南化计划,几个月来美军的伤亡率极低,南越人的作战成绩也有所提高。

反对越南战争大示威

大学、国会和新闻界的反战力量已经围绕着将于10月15日在华盛顿举行的"反对越南战争大示威"而联合起来。他们还策划在每月15日在各城市举行类似的示威游行,直到战争结束。

到10月的第一周,抑制着的怒火达到了顶点。反战演说、反战宣讲会和反战群众大会纷纷出现。对于我提名克莱门特·海恩斯沃思出任最高法院法官一事的争吵,对于福利改革问题的争论,在马萨诸塞州特别选举中一位共和党在职议员同反战的民主党竞选的失败,一些民权运动领袖对我们取消种族隔离政策进展缓慢表示的不满——在报刊上都占显著地位——造成一种政府业已四面楚歌、摇摇欲坠的印象。新闻界把这些因素加到一起，称之为领导危机。《新闻周刊》的标题是"尼克松先生处于困境"，《时代》周刊的整个国内版都用来报道"尼克松最倒霉的一周"："用不着像初出茅庐的人那样大惊小怪，我们都很容易看出尼克松政府的一片天正在塌下来了。"

丧失信心的看法和关于政治瘫痪的预言广为流传。10月7日，戴维·布罗德在《华盛顿邮报》上写道："事情日益明显，1968年搞垮林登·约翰逊权威的那些人和那个运动，现在又出来要在1969年搞垮理查德·尼克松了。他们再次取胜的可能性很大。"几天以后，迪安·艾奇逊警告说，要注意"许多股力量正在企图搞垮尼克松"。在《纽约时报》的一则独家采访的消息报道中，他说："我认为如果我们养成一种搞垮总统的习惯，我们就将发生重大的宪法危机。"

我故意不理睬这些成了所谓危机的一种因素的可怕预言。《时代》周刊报道说："尼克松似乎对这一切都无动于衷。"这家杂志的华盛顿办事处主任休·赛迪认为"在尼克松任总统以来最困难的时刻"，我的态度"也许和那些事件本身一样令人惊讶"。

我真正担心的是，这些旨在迫使我结束战争的广泛宣扬的活动正在严重地破坏我为了同一目的而从事的幕后工作。几周以后，北越大使和卡伯特·洛奇会晤时引用了参议院主要鸽派人士的话。《纽约时报》报道，黎德寿"满面笑容地"对一位美国来访者谈到富布赖特参议员指控我正在试图用越南化计划来拖延战争。我虽然在公开场合继续不理睬汹涌澎湃的反战浪潮，却必须面对这样的事实，即这股浪潮可能已经破坏了我给河内的最后通牒的威信。

10月13日，罗恩·齐格勒宣布，我将在11月3日星期一向全国发表关于越南问题的重要演说。

人们对这个预告一般作两种解释，一种是说我企图破坏只差两天就要举行的"10月15日反战大示威"，另一种则认为这标志着"反战大示威"已经成功地迫使我重新考虑对越政策。事实上，我宣布将在11月1日这个最后限期的两天以后发表重要演说，是希望河内重新考虑他们想利用我们国内纠纷浑水

第六章 总统职位（1969-1972）

摸鱼的做法。

10月14日，基辛格告诉我，河内电台刚刚广播了范文同总理致美国人民的一封信，这时我确切知道我的最后通牒已经失败了。范在信中宣称：

> 这个秋天，美国各阶层广大人民在许多热爱和平和正义的美国人士的鼓励和支持下，正在美国全国掀起一个波澜壮阔的强大攻势，要求尼克松政府结束侵越战争，立即把全部美军撤回国内……
>
> 我们坚信，由于我们两国人民的精诚团结和英勇斗争，由于有了全世界爱好和平人民的赞同和支持，越南人民和美国进步人士反对美国侵略的斗争必将取得彻底的胜利。
>
> 祝你们的秋季攻势取得辉煌胜利。

为了表明我认真地看待这种对我国国内事务的公然干涉，我让阿格纽在白宫召开一次记者招待会。他在会上把范文同的信称为"令人难以置信的信息"，并为记者们朗读了其中一些段落。他说："明天'反战大示威'的领袖和赞助人、公职人员和其他领导这些示威的人士应该公开拒绝接受这个手上沾满4万美国人鲜血的极权政府的支持。"

我认为，白宫记者团在阿格纽讲话后的提问阶段表现得很不得体。有一个记者似乎认为范文同写这封信是我们的错误，问道："副总统先生，让我们打开天窗说亮话吧。政府是不是企图抓住这封信在最后一分钟扑灭反战大示威呢？"

新闻界总的来说或者是缩小这封信的意义，或者是认为政府毫无道理地拿这封信作为借口来压制合法的异议。

我必须决定如何处理最后通牒。我知道，如果我想不出一些驳不倒的理由来解释我为什么在11月1日最后通牒到期后仍不实行原来关于使用更大武力的威胁，共产党人就会看不起我们，甚至变得更难对付。然而我知道，经过这样大量的抗议和反战大示威，任何战争升级的措施都将使美国的舆论产生严重分歧。

前来华盛顿参加10月15日"反战大示威"的有25万人。虽然曾广泛谣传某些比较激进的左翼组织将同警察进行暴力对抗，游行示威一般说来还是平和的。

对示威游行应该作何反应，政府内部的意见有分歧。基辛格要我们不作任何表示，听任抗议自然地发展下去，以免打乱我们的外交策略。约翰·埃利希曼却由于我们明显地对许多抗议者的真诚热情无动于衷而感到不快，他要我宣布10月15日为全国祈祷日，以默许的方式来表示支持根本的和平目标。

《华盛顿邮报》赞扬了抗议者，说反战大示威"意味深长地表达了"他们对战争所感到的苦恼。但是也有对此持保留态度的。例如，《华盛顿明星报》就说："值得重视的是，不管示威的目的何在，它实际上起了鼓励河内的作用，从而有可能延长战争。"越共电台好像对这个问题作了回答，它说共产党人从反战大示威得到了"巨大的鼓舞"。

反战大示威在我执政期间第一次但绝不是最后一次提出的一个关于民主国家领导性质的、带有根本性的重大问题：总统、国会或任何负责的当选官员是否应该让公众示威影响他们的决策？

我对这个问题有明确的看法，并且决定直截了当地把话说清楚。我们曾经收到许多信件，批评我在记者招待会上说我绝不受示威影响这一言论。我指示从那些信里挑出一封，准备给予答复。

办公厅挑选的是乔治城大学的一个学生写来的一封信，信中写道："我认为，对于美国总统来说，注意人民的意愿是非常明智的行动；归根到底，人民选举了你，你是他们的总统，你的职务对人民负有一定的责任。请允许我恭敬地建议总统重新考虑他原来的判断。"

我答复说："如果一位总统——无论哪一位总统——让示威者来规定他的方针，他就会辜负其他所有人对他的信任。不论是什么问题，如果让政府的政策在大街上制定，那就会破坏民主的程序。这样做就会把决策的权力交给吵嚷得最凶的人，而不是交给大多数人，不是交给论据最充分的人……这样做就等于听任各个集团通过大街上的对抗而不是在投票箱前来检验自己的力量。"

10月15日夜间，我想到了这次争取和平的示威所包含的令人啼笑皆非的特征。我认为，这次示威已经破坏了本来还可能存在的在1969年结束战争的任何一线希望。可是现在我已经无能为力了。我将不得不根据当前的情况调整我的计划，并尽力加以贯彻。在11月3日演说提纲初稿的上端，我写上了这样几个字："不要慌乱——不要动摇——不要反击。"

沉默的多数

反战大示威以后，人们的注意力立即集中到我的演说上。新闻界和国会里的大多数鸽派估计，由于反战大示威给了我深刻的印象——或者说使我胆战心惊——我大概已经决定要再次宣布大量撤军，以减弱预定11月15日举行的第二次反战大示威的冲击。美联社10月20日发出的一段电讯说我可能在演说里建议停火，有的报纸便把这条电讯作为头版重要消息刊出。弗洛拉·刘易斯在《波士顿环球报》上明确断言，我将宣布在1970年撤出30万部队，并已命令五角大楼制定必要的时间表。丹·拉瑟在哥伦比亚广播公司的一则关于反战大示威的特别报道中说我正在考虑加速撤军，减少B-52飞机的轰炸，缩小战斗规模，也许还会在年内宣布停火。在参议院，休·斯科特要求单方面停火。因为他是少数党领袖，他的话被广泛解释为白宫放出的试探性气球。休伯特·汉弗莱预言，我将宣布一项从越南"有计划地加速撤退美军"的重大计划。

这些预测和估计有多大偏差，可以从我在10月22日凌晨写就的11月3日演说提纲里看出来：

> 在越南，他们无法在军事上击败我们。
> 他们不能摧毁南越。
> 插进一段话，讲一讲为什么我们要留在那里。
> 他们不能搞垮我们。

随着11月1日最后期限的逼近，有三个因素强烈地影响着我对最后通牒的考虑。

第一个因素是，美军在越南的伤亡数字一直处于新的最低点。我知道，这可能是共产党人玩弄的手法，使我更难于把战争升级。

第二个因素是，胡志明逝世可能已经为达成协议创造了值得争取的新的机会。

第三个因素是，我10月17日和英国游击战专家罗伯特·汤普森爵士的一次谈话。

"你对于'向右转'怎么看？"我问，"如果我们决定升级，你又认为如何？"

汤普森显然不赞成升级，因为这样做可能在美国和全世界引起轩然大波，并且仍然不能解决一个中心问题：南越人是否有足够的信心和准备，在未来的某个时候保卫自己以抗击共产党新的进攻。他的估计是，美国如果继续贯彻现行政策，使南越人相信我们决不会撤出，就有可能在两年内赢得胜利。他认为，在这期间达成协议的唯一机会是使河内明白，我们准备长期待下去。我希望他替我到越南去亲自研究一下那里的形势，并尽快向我汇报。

我问汤普森是否认为我们有必要在越南坚持到底。他说："很有必要。依我看来，你们在越南的做法关系到西方文明的前途。"

鉴于存在着上述三个因素，又意识到反战大示威已经破坏了最后通牒的威信，我便开始更多地考虑如何加速越南化的进程，同时维持目前的战斗水平，不求升级。从许多方面来看，越南化计划比战争升级对共产党损害更大，因为正如汤普森所指出的，战争升级并不能解决提高南越人的战备水平这一基本问题，反而会在美国引起严重的国内问题。

重要的是使共产党人不致把我没有采取引人注目的行动去贯彻最后通牒这件事误认为是软弱。我们能够在战场上向北越人表明我们继续干下去的决心，但是我认为需要特别提醒一下苏联。因此，当多勃雷宁大使于10月20日下午前来白宫进行私下会晤时，我决定利用这次会面向苏联领导人彻底说明我们的立场。

基辛格陪同多勃雷宁来到椭圆形办公室。寒暄以后，苏联大使说他接到了政府的一份外交备忘录，奉命向我宣读。

"请吧，大使先生。"我说。

第六章 总统职位（1969-1972）

"我奉命坦率地告诉总统，莫斯科对苏美关系的现状感到不满。"他开始说道，"莫斯科认为应该坦率地告诉总统，使用武力解决越南问题的做法不仅没有前途，而且非常危险……美国有人企图利用苏中关系在损害苏联的情况下得到好处，这一点已经从若干迹象可以看出。我们愿意坦率地预先提出警告，如果采取这种做法，那只会造成极为严重的失算，并与增进苏美关系这一目标背道而驰。"

多勃雷宁念完备忘录以后，我缄默不语，这似乎使他有点不安。过了一会儿，我靠在椅背上，打开我写字台中间的那个抽屉，拿出一本黄色便条簿，推过去给他。

"你最好做点记录。"我说。

他拿起便条簿，放在膝上。

"大使先生，你很坦率，我也要同样地坦率。我也对美苏关系感到失望。到今天为止，我任职已经九个月了。婴儿本来应该出世，可是流产了好几胎。"

我列举了一些重大问题——中东、贸易、欧洲安全、柏林——并逐条详细加以分析。大多数是苏联态度强硬或玩弄手段造成的。

在转到中国问题时，我说："我们在中国问题上已经采取或者正在采取的任何行动都不想使苏联为难。另一方面，中国和美国双方都不能容忍互相为敌的形势发展下去，就像美国不想永久与苏联为敌一样。因此，我们希望先在贸易和人员交流方面，并最后在外交方面采取行动。我要再次说明，这并不是针对苏联。不出十年，中国将发展成为一个能够威慑其他许多国家的核大国。美苏共同创造一个不同的世界的时间已经不多了。"

我把鱼钩放到这个长度以后就使劲往回拉。"只有中国能够在美苏关于越南问题的分歧中得到好处，"我说，"因此，这是解决这些纠纷的最后机会了。"

没有等多勃雷宁插嘴，我就转入了越南问题。"到11月1日，我们停止轰炸就满一年了，这一点你是很清楚的。在停炸以前，波伦大使、汤普森大使和哈里曼大使都曾向约翰逊总统指出，只要我们还在轰炸，另一个社会主义国家，苏联就无能为力。他们说，如果我们停止轰炸，苏联就会非常积极地从旁协助。于是约翰逊总统便同意了停止轰炸，但此后苏联却没有提供任何帮助。"

说到这里，多勃雷宁仿佛被点了名似的举起手来，但是我挥手让他把手放下。"当然，现在我们坐在巴黎的一张长方桌边进行谈判，我知道苏联曾经为此做出了一点贡献，但是我们认为你们的成绩不大。过去一年里所有和解的步骤都是我们采取的。"

我说我已经得出结论，也许苏联不想结束越南战争了。"你们可能认为你们能搞垮我，"我说，"你们可能认为美国的国内局势已无法控制，或者也可能认为越南战争只花费苏联很少一点金钱，却能使我们付出大量的生命。我并不打算就这类估计进行辩论。但是，大使先生，我希望你懂得，在未来的三年零三个月里，苏联还必须同我打交道，在这期间，我要牢记今天发生的一切。如果苏联不协助我们取得和平，我们就只好用自己的办法来结束战争。我们不能容忍这种边谈边打的策略继续下去而不采取行动。"

"老实讲，大使先生，"我继续说道，"你们的所作所为只是重复六个月前北越人用过的陈腐口号。你很清楚这是无济于事的。现在该是开始谈判的时候了，因为我可以老实告诉你，我国是绝对不会接受失败的耻辱的。我承认苏联领导人是坚强而勇敢的，但我们也是如此。"

我只停了一会儿便接着说："我作了这番认真的谈话，希望你不致见怪。如果苏联认为还可以在越南出一把力，从而结束越南战争，我们就可能为改善我们之间的关系采取引人注目的行动，确实不是目前能够想象得到的引人注目的行动。但是，在这以前，我不得不说，要取得真正的进展是很困难的。"

多勃雷宁等着看我是否还说下去。但是，这次我没有接着再说什么。

"这是否就是说不会有什么进展呢？"他问道。

"进展是可能的，"我回答，"但主要只限于通过外交途径可能达到的那种进展。战争会拖下去，这样我们就要用我们自己的办法来结束战争了。光是重复过去六个月的那些建议是没有意义的。"

对此，我并不要求回答，因此，又说了下面一段话来结束会谈："全世界都要求我们携起手来。我所最希望的也正是使我的政府能够作为美苏关系的分水岭留在人们的记忆中。但是让我再说一遍，我们是决不会按兵不动，听凭人们用欺骗手段把我们拖死在越南。"

说了这番话我站起身来和他握手，把他送到门口。

基辛格送多勃雷宁上车后回到我的办公室。"我敢打赌，他一辈子没有碰到谁和他这样谈话！"他说，"真了不起！哪位总统也没有这样坦率地同他们谈过。"

"我们不应该抱任何幻想，认为这次谈话一定有什么效果或者造成什么变化。"我说，"不过，让他们懂得我们并不是那种有时可能为了适应外交需要而显得呆气十足的大傻瓜，毕竟是有好处的。"

关于我在11月3日应该说些什么，我收集到的意见是相互矛盾的。罗杰斯和莱尔德劝我主要谈一谈争取和平的愿望，在这方面，罗杰斯强调巴黎会谈，莱尔德强调越南化的前景。我征求过意见的大多数白宫工作人员、内阁成员和国会领袖，也都主张我利用这次演说来明确无疑地阐述争取和平的真诚意愿。

基辛格主张采取非常强硬的路线。他认为，如果我们后退，共产党人就会完全相信他们可以通过舆论来控制我们的外交政策。同时，迪安·艾奇逊请人传来话说，宣布任何撤军计划将使我们在谈判中处于不利地位。

随着演说日期的临近，有关我演说内容的猜测也达到白热化的程度。我欢迎这种情况，因为我知道外面议论越多，听众也就越多。

我没有透露自己的意图，没有什么人知道我真正的思路，也没有什么人知道我正打算对那些自以为街头游行能迫使我按他们的要求来制定外交政策的反战煽动者进行突然袭击。

10月24日，我到戴维营去度一个长周末，每天工作12到14小时，一再修改演说稿的各个部分。霍尔德曼没有安排下周的大部分日程，以便我能不受打扰地连续工作。

到了星期五，稿子已改了11遍，我准备拿到戴维营去作最后审阅。参议院多数党领袖迈克·曼斯菲尔德把他自己的想法写成一份备忘录，要求我在最后确定演说内容以前看一下。

当天深夜，我看了曼斯菲尔德的备忘录，他开头说："根据我的判断，越南战争继续下去将危害我国的前途。"他说他所关心的不仅是人员生命的损失以及金钱和资源的浪费。"最严重的是,"他写道,"这场起因和目的不明的冲突正在我们社会内部造成极大的分裂。"

他说,"如果你根据自己的职责认为下列各项或者其中任何一项决定对于迅速结束越南战争是必要的,或者可能是必要的",那么他将对这些决定公开地明确加以支持。接着,他开列了一连串等于单方面停火和撤军的行动。"我知道按这种方式达成的解决办法是令人不愿设想的,"他写道,"特别是考虑到过去几年不幸采取的那种一成不变的外交和军事方针,情况更是如此。"备忘录在签名的上边写了"致以最崇高的敬意"。

我意识到曼斯菲尔德是想通过这份备忘录给我提供一个结束"约翰逊和肯尼迪的战争"的最后机会。据我分析,他把战争说成是"起因不明的冲突"并提到过去几年"不幸"采取的军事方针,是要向我表明他甚至愿意让我宣称我是在努力为我的民主党前任总统所发动的一场不幸的战争争取最好的结局。我知道,如果我的演说采取强硬路线,反对战争的人就不可避免地要成为我的反对者。但是,我又不能回避这样一个事实:根据我的看法,以我认为不体面的方式来结束越南战争是错误的。

我工作了一个通宵。凌晨4时左右,我写下了一段话,号召"美国人中伟大的沉默的多数"支持我的发言。我上床睡觉,但是恍恍惚惚地睡了两个小时便醒过来了,所以我又起床继续工作。到早晨8点,演说稿完成了。我给霍尔德曼挂了个电话,他答话时我对他说:"婴儿刚生下来!"

我11月3日演说的主要意思是,我们要在越南恪守诺言。我们要继续战斗下去,直到共产党人同意谈判公正和体面的和平或者南越人能够自卫为止——无论上述哪种情况先出现都可以。与此同时,我们根据尼克松主义的各项原则继续脱离战斗:根据越南化程度、敌人活动规模和谈判进展情况来决定撤军的速度。我强调指出,我们的政策绝不会受街头示威游行的影响。

至少部分地由于人们关于这次演说有过种种不同的猜测,我坚决表示准备坚持战斗的坚强决心出乎许多人的意料,从而大大增加了演说的影响。我号召

第六章 总统职位（1969-1972）

美国人民起来支持我的意见：

> 我已经选择了一项实现和平的计划，我相信它将取得成功。
>
> 如果它果真取得成功，现在批评者说些什么就完全无关紧要。如果它失败了，我现在说的这番话便无关紧要了……
>
> 因此，今天晚上我要求你们——我美国同胞中伟大的沉默的多数——一起来支持我的意见。
>
> 在竞选总统时，我曾保证要以某种能够赢得和平的方式结束战争。我已经制订了一项使我能够实现这个诺言的行动计划。
>
> 美国人民给我的支持越大，诺言的实现就越快；我们国内的分歧越大，敌人在巴黎谈判的可能性就越小。
>
> 让我们团结起来争取和平，让我们也团结起来制止失败。因为我们应该懂得：北越人是不能打败或屈辱美国的，只有美国人自己才能使美国战败或遭受屈辱。

真正影响历史进程的演说不多，11月3日的演说便是其中之一。这次演说影响之大使我感到惊讶。但是，向"沉默的多数"作一次雄辩的呼吁是一回事，真正获得他们的响应又是另一回事。

演说以后，我独自在林肯起居室吃晚饭。我没有听电视评论，可是家里其他人都听了，他们听了以后气得火冒三丈。他们说，电视广播网记者的评论和分析既批评了我的言论，也批评了我的动机。大多数记者并没有客观地介绍我的演说，也没有客观地剖析政界和公众的反应，只是想当然地凭自己的主观见解来发表议论。特里西娅走进来说："照他们那种讲法，就像他们听的是另外一篇演说，而不是你的演说似的。"

但是出现了一些迹象，说明评论员和批评家的说法并不代表舆论。我的电视演说一结束，白宫总机就忙个不停。打来的电话接连不断，持续达几个小时，接着又涌来了第一批电报。在接到内阁官员、白宫工作人员和其他人——包括迪安·艾奇逊——的电话以后，我开始意识到，对演说的热烈反响超过了我最乐观的期望。

那天晚上,我兴奋得没有睡好。有关公众对演说反响的各种报告使我颇为激动;关于电视报道的报告却使我生气。后来,我写下了这样一段笔记:"11月3日以前,大多数报刊预料尼克松将屈服,其他报刊则料想他将对示威作出强烈的反应。结果出乎它们意料的是,两种情况都没有发生。尼克松的方针是柔中有刚、软硬兼施。这就是11月3日演说的主题。"

到第二天上午,公众的反应得到了证实。白宫收发室报告说,任何一次总统的演说从来也没有得到过这样强烈的反响。5万多封电报和3万封信曾经如潮水般涌来,其中批评性意见所占的比重很小。演说后立即以电话进行的盖洛普民意测验表明有77%的公众赞成。

明确无误的一点是,这篇诉诸"沉默的多数"的演说拨动了全国人民的心弦。事实上,"沉默的多数"第一次发出了自己的声音。

公众倾泻出来的支持热情,对国会的意见产生了直接的影响。到11月12日,一共有300名众议员——民主党119名、共和党181名——联合提出了支持我越南政策的决议草案。有58名参议员——民主党21名、共和党37名——写信表达了同样的意见。

11月3日的演说既是我任职期间的里程碑,也是它的转折点。现在,敌人至少在一段时间内不能再依靠美国内部的分歧来获取他们在战场上得不到的胜利了。我已得到我所需要的公众支持,来继续推行一方面在越南进行战争、另一方面在巴黎谈判和平的政策,直到我们能够体面地和顺利地结束战争为止。

11月3日以后的几个星期,盖洛普民意测验表明对我全面赞同的比率跃升到68%,这是我就任总统以来的最高点。国会的反应极好,因此我采取了一个前所未有的步骤,亲自前往参众两院,分别发表讲话,感谢他们对我的支持。

与此同时,我也并不抱有幻想,认为沉默的多数的这股支持浪潮会维持很久。我的演说并没有提出任何新的建议,其目的只是为我们正在执行的方针争取支持。我知道,由于新闻界和国会中的批评者不断对我抨击,人们很快将要求我采取新的行动，来取得进展和结束战争。

11月3日演说的意外成功还导致另一结果，这就是它促使我决定同电视新闻网较量一番，指责他们带有偏见的、歪曲的"即时分析"和新闻报道。如果他们的做法不受责难，总统就无法直接向人民把道理谈清楚，而我认为直接向人民讲清道理是民主政治的基本内容。

演说之后没有几天，帕特·布坎南给我送来了一份备忘录，要求我直接抨击那些电视评论员。几天以后，他又送来一份以极其直率明确的语言进行这种抨击的讲话稿。特德·阿格纽在秋天发表的几次尖锐有力的演说曾经吸引人们极大的注意，所以我认为他是发表这次演说的合适人选。我把布坎南讲稿的调子稍为压低一点，然后交给了阿格纽。接着我们又把阿格纽认为刺耳的一些段落改得缓和一些，然后他又对讲稿亲自作了润色，使最后的定稿变成他自己的话。他决定于11月13日在艾奥瓦州得梅因市发表这篇演说。

预发的演说稿送到电视网以后，引起了一场大混乱。三大电视网都决定实况播映。在30分钟时间里，阿格纽猛烈地攻击了电视网新闻记者这伙"无冕之王"手中掌握的莫名其妙的权力。他说："一小伙人，可能只有十来个节目编排负责人、评论员和播映监督人，就可以决定向公众播发什么影片和评论。他们决定四五千万美国人当天将看到什么国际和国内新闻。"在提起我11月3日的演说时，他说我的话遭到不公正的"即兴分析和吹毛求疵的评论"。

阿格纽在得梅因市的演说，在全国的影响仅次于我11月3日的演说。不到几小时，电报便纷纷到达白宫；电话总机整夜应接不暇，人们打来电话表示他们这回放心了，因为终于有人出来说话了。几天里，全国各地便涌来成千上万封信。

电视网故意不理睬阿格纽的演说得到公众的广泛支持这一事实，反而企图把这次演说说成是政府准备进行"镇压"。哥伦比亚广播公司的董事长弗兰克·斯坦顿称这次演说为"美国副总统史无前例地力图威胁一个经政府批准设立的新闻机构"。全国广播公司董事长朱利安·古德曼说，阿格纽"对电视新闻的攻击是迎合偏见的需要"。乔治·麦戈文反映了国会左翼和自由派的反应，他说:"我认为这个演说可能是我任公职以来政府高级官员所发表的最骇人听闻的一次声明。"

有些人支持阿格纽的意见。杰里·福特说,如果新闻报道机构歪曲了新闻,它们应该负责。他说:"我不懂为什么它们应该有特权。"约翰逊总统的最后一任新闻秘书乔治·克里斯蒂安说,林登·约翰逊曾经关心过阿格纽所提的这些问题,但是他不敢为此发表讲话,因为他知道这样做会被说成是攻击新闻出版自由。

甚至有些一向把我们批评得最严厉的人也承认,阿格纽的指责并不是没有根据的。例如,英国记者亨利·布兰登在《星期六评论》上写道:"副总统提出了几个有力的论点。粗看一遍演说稿,不假思考便马上进行评论是危险的,这样做会导致轻率的结论或不公正的批评。"

我那11月3日的演说取得巨大成功以后,所谓"新示威"的11月反战大示威的筹划工作掺杂了一种绝望挣扎的因素。我们接到警报说,参加"新示威"的几个好斗的团体现在认为,只有暴力对抗才能使他们所关心的问题充分引人注目。由于"新示威"的某些组织人具有激进的背景,很多支持过10月反战大示威的国会议员在"新示威"开始前都设法回避表态,并在示威进行时一走了事。

11月15日,"新示威"举行了。在旧金山,当12.5万名群众有一部分高呼"和平!"的时候,黑豹党头目戴维·希利亚德却坚持说:"我们要杀死理查德·尼克松。我们要杀死任何阻碍我们获得自由的人。"

在华盛顿,25万示威者拥入市区,以致《华盛顿邮报》头脑发热地报道说:"在这些雄辩的演说背后,可以发现一种极不寻常的、十分美好的东西。到这里来的人……是为了支持我国最美好的东西而来的。"在华盛顿纪念碑前,迪克·格雷戈里说:"总统说你们这些毛孩子的所作所为不会对他有什么影响。好吧,我建议他给约翰逊牧场挂个长途电话。"这番话把在场的群众都煽动起来了。当天晚些时候,发生了零星的暴力事件。一群抗议者沿着大街横冲直撞,砸碎橱窗,同警察进行搏斗。在司法部门前,抗议者一面高喊"砸烂这个国家!"

第六章 总统职位（1969-1972）

一面冲进大楼，扯下美国国旗烧掉，并且升起了越共的旗子。

我从来没有想到在我总统任期第一年结束时还要考虑在越南再打两年仗的问题。不过，11月3日演说的意外成功毕竟使我获得更多的时间，并且罗伯特·汤普森爵士的乐观估计也给了我极大鼓舞。他认为我们能够在两年内取得胜利——这指的是经过协商达成可以接受的解决办法，或者帮助南越人自己承担起战斗的重任。因此，我准备不顾国内战线上可能遇到的严重困难，继续把战争进行下去。两年以后正是1971年年底和1972年年初竞选的时候，只要在此以前我能使全国团结一致，赢得体面的和平，当前的各种暂时困难就将获得补偿。

1970年年初，我估计这一年的战场活动将是有限的，甚至会逐步减少。我还预期基辛格通过秘密途径进行的活动将继续下去。至于秘密谈判是否能取得突破，我的估计远不如基辛格那样乐观，但是我同意，只要有成功的一线希望，我们就必须继续进行下去。基辛格和我一致认为，坚持秘密谈判最低限度也可以明确无误地证明我们是抱有和平的愿望并努力争取和平的。

1969年，我们想使苏联人对北越施加压力的尝试显然没有收到效果，我对此感到失望，但并不惊奇。我知道莫斯科为了和北京争夺共产主义世界的支配地位正承受巨大的压力，因此我认为重要的是使苏联人懂得：我们也许会承认他们确实无法减少对河内的支持，也无法让北越人谈判出一个解决办法，但我们决不会容忍他们大量增加援助或者鼓励北越扩大战争。不足为奇，促使苏联在越南问题上与我们合作的最大动力是我们和中国人的新关系，但是这要到1971年年中才会成为一个重大的因素。

假使我在1969年年终就知道不到四个月以后我将被迫下令袭击共产党在柬埔寨的庇护所，或者知道在今后两年越南问题将再次把美国引向内部分裂的边缘，我真不知道当时我是否会采取别的行动或别的办法。在那种情况下，我也许不得不走一条越来越升高的钢丝，一方面竭力支持我们的盟友和我们的战斗部队，另一方面努力使国会内日益强大的反战力量不致通过任何中断战争拨款或要求撤军的法案。

所有这些都是后话。当我元旦坐在圣克利门蒂的书房里思考这些问题时，我确实油然产生一种谨慎的乐观情绪，感到我们已经经受住来自越南的最坏的打击，只要我们坚持下去，有利于我们的时机就会开始发生作用。我认为，就某些方面来说，双方关于越南问题都作了错误的估计。如果说我低估了北越人坚持打下去并拒绝不按照他们的条件谈判的任何解决办法的决心，他们也同样低估了我不顾国内和国际对我的压力而坚持下去的决心。

1969 年：总统和国会

我下定决心要成为在国内事务方面也有所作为的总统。我脑海中有一个明确的日程，准备利用任期的第一年来结束内部的争吵，以便动手完成各项工作。"全国各界人士都看出有必要实行变革，"我在新的城市事务委员会的第一次会议上说，"我们不希望以谨小慎微的名声被载入史册。"

但是，过不了多久我就发现，热情和决心并不能改变这样的现实：我是120年来第一个在国会两院均被反对党控制的情况下开始任职的总统。就在第一年，我送交国会40多件有关国内问题的提案，其中包括自艾森豪威尔第一届任期以来第一个重大税收改革提案、调整对外援助计划提案、选举改革咨文、我国历史上第一个有关人口增长这一爆炸性问题的总统咨文，以及大约20项有关对付犯罪、毒品和色情文学的提案。可是，只有两项提案获得通过，就是兵役改革和税收法案。随后通过的还有关于使邮政管理局脱离党派关系而成为超党派机构的立法。我们在立法方面克服了民主党的反对，赢得了一些战术性的胜利，但是不久就变得很清楚，我企图使国会通过的一些建设性的综合提案都将遭到抵制。

这一年国会里出现的三次重大斗争，说明了我在首届任期内同国会打交道时将遇到什么样的问题。我要求建立反弹道导弹系统的提案仅以一票的多数勉强通过。这件事清楚地表明，在涉及外交政策和防务问题时，我不得不依靠十分不稳定的两党联合。接着是关于最高法院法官补缺的斗争：总统在1969年

第六章 总统职位（1969-1972）

年底和 1970 年年初先后提名的两个人选海恩斯沃思和卡斯韦尔，都史无前例地被国会从党派门户之见出发拒绝批准。最后，围绕我们改革联邦福利制度的大胆尝试——家庭补助计划——所展开的斗争说明参议院存在着分裂成若干特殊利益集团的趋势。正如后来乔治·舒尔茨所概述的："走中间道路的人总是受左右两方面的打击。"

到 1969 年，我已看得很清楚，不论在核武器或常规武器方面，美国和苏联是永远不可能有绝对均势的。首先，苏联是陆上强国，我们是海上强国。其次，固然我们的核武器比较好，他们的却比较大。此外，在军备的每一方面都占绝对优势是没有意义的，因为武器发展到一定水平，任何国家都有摧毁另一国家的能力。在超过这个水平以后，最重要的不是考虑如何继续增加武器的数量，而是考虑如何保持战略均势，同时要使对手了解，一次核袭击即使成功，也将是自杀性的。

因此在本届政府就任之初，我便开始使用足够而不用优势这样的词汇来说明我为我们的核武库规定的目标。制止军备竞赛意味着与苏联人就分别领先问题达成协议，所以我要求我方从一开始就具有最足以讨价还价的筹码。我说过，国会绝不应该让我以世界第二强国首脑的身份坐到谈判桌边去。

就在这个时候出现了反弹道导弹问题。苏联人曾经表示愿意就限制防御性武器达成协议。国会中大部分的自由派、新闻界和学术界人士都倾向于按表面意思来理解苏联的声明，担心国会如果投票赞成反弹道导弹系统将会破坏现有的军备平衡，迫使苏联人加大他们的扩军计划，从而失掉一个达成协议的宝贵机会并把军备竞赛推向更高一级。

我认为他们错了。我想苏联人之所以这时对开始武器谈判感兴趣，主要是因为我们还没有反弹道导弹，从而将处于不利的谈判地位。我们的情报指出，1969 年苏联人在核武器上的耗费相当于 250 亿美元。他们部署了 100 多枚洲际弹道导弹，而我们却没有部署；他们的海军增加了几艘发射核导弹的潜艇，我们却没有增加；他们还在莫斯科周围部署了 40 枚新的反弹道导弹。我们了解到，就在国会关于美国的反弹道导弹进行激烈辩论时，苏联人已经着手制造更多的洲际弹道导弹、反弹道导弹和与此有关的强大雷达系统了；他们还正在建造更多的潜艇导弹。我感到，从策略上说，我们需要反弹道导弹作为同苏联人谈判时讨价还价的筹码：苏联人已经拥有一个反弹道导弹系统，所以，如果我们同苏联人谈判时没有这种导弹，我们就可能不得不放弃一些别的东西，也许是更为重要的东西。从这个意义来说，为了达成摒弃反弹道导弹系统的协议，我们就必须拥有反弹道导弹系统。我试图说服国会相信，关于反弹道导弹的表决所代表的，实际上是表明美国的战略武器是否可靠的一个合乎情理的转折点。

我知道，关于反弹道导弹的表决将作为衡量美国决心的尺度响彻全世界。一旦欧洲人或日本人断定我们在承担义务和对抗苏联人方面不足信赖，美国在欧洲和远东的地位就将受到严重的损害。不过，据我看来，关于反弹道导弹的表决还牵涉到一个深刻得多的问题，即美国人是否仍然认为我们在世界上代表某种信念，在我们的盟友和朋友受到侵略时必须勇于承担抗击的重任。我相信大部分美国人是这样想的；但是，只要我们的敌人中间有人还对此有所怀疑，引诱他们来考验我们信念的力量就会强大得多。关于反弹道导弹的表决将是我任职期间在防务措施上第一次重大的国会表决，我想发出这样的信号，说明我们并没有丧失关于意图和决心的爱国观念——因为我认为我们并没有丧失这种观念。

不幸的是，越南问题使辩论变得很不愉快。自由派在越南问题的影响下，相信美国由于作出过分好战的姿态而遭受损失，决定要压缩我们的军事开支。正如斯图尔特·艾尔索普在他的专栏文章中所说的："当然，在反对反弹道导弹的问题上有一些完全合理的论据。但是，大部分的反对意见实质上是感情用事——这是自由派为了越南问题对将军们进行报复的手段。"自由派痛恨战争，认为最好的解决办法莫过于退出战争。我也痛恨战争，但是我认为我们必须在履行我们对南越所承担的义务的条件下结束战争。我认为自由派自欺欺人，因为美国的不光彩行为是不会使世界变得安全一些的。

反对反弹道导弹的一个比较正确的论点是，很多人——艾森豪威尔恰巧也是其中之一——怀疑防御武器系统的功效，主张把经费花在增强我们的进攻能力上。还有一些技术性的反对意见，涉及这种系统的费用和它实际提高防御水平的程度是否相称的问题。这些论点使我在一些负责的保守派和稳健派中间失去了也许本来可以得到的支持票，从而使接近最后表决时气氛更为紧张。

关于反弹道导弹的表决事实上牵涉到要求增加拨款以继续执行约翰逊总统时期已经开始的建造计划的问题。他在 1967 年提议设立的范围广泛的反弹道导弹系统称为"哨兵系统"。1969 年我决定提出的业已压缩的系统叫作"保卫系统"。

既然我已经作出决定，我们就面临着我第一届任期内最大的一次国会斗争。我们可以很有把握地获得众议院通过；然而在参议院却胜负难卜，因为那里有以特迪·肯尼迪为首的力量强大的自由派。民主党参议员亨利·杰克逊竭力主张加强国防力量，为我们领导了这场斗争。他说，这好比一场战争，我们如果想要获胜，就必须像打仗一样进行战斗。

我们往国会山派遣了大批白宫的工作人员。这是我们使用说服而并非压服的微妙手法的第一次重要尝试，我们必须根据每天汇报中提到的对某一位议员推动得不够或对另一位议员逼得太甚的情况，来不断地调整我们的策略。开始时，我同议员们通电话和会面，每天的活动非常忙碌，但是经过初步接触和摆清楚论点以后，我断定这样做是浪费将来可能需要发挥作用的总统威信。有些议员企图利用关于反弹道导弹的表决作为他们本身讨价还价的筹码。有一次，一位有势力的委员会主席暗示，我如果批准在他的选区兴建一个重要的联邦设施，就可以得到他的支持。

我觉得我们是在一只手被束缚的情况下作战的，因为我们既不能公开说明我们需要反弹道导弹作为对苏谈判的筹码，也不能透露有关苏联武器的情报。在国会情况介绍会和其他一些会议上，基辛格和我阐述了上述理由，但自由派的力量组织得很好，大体上能够控制公开的辩论。

参议院即将对反弹道导弹问题进行第一次投票，一开始就可以清楚地看出，这是一场势均力敌的表决。关键人物之一是共和党有独立见解的参议员玛格丽特·蔡斯·史密斯。双方都想赢得她的支持；迈克·曼斯菲尔德说，他还从来没见过有那么多的男子公开地讨好一个女人。一些表面上看来毫不相干的问题和事件，也要联系到在表决反弹道导弹时具有什么意义来加以考虑。因此，当4月间北朝鲜人击落我们的EC-121飞机时，作为反对采取报复行动的理由中有一项就是：由此而引起的轰动可能会加强反对反弹道导弹的力量。7月，当特迪·肯尼迪的汽车在查帕奎迪克岛上掉下桥去之后，他作为反对反弹道导弹的领导人的作用就明显地减弱了。由于表决时间迫在眉睫，我对布赖斯·哈洛说："一定要让我们所有的人一直都待在那里。别让任何一个人病倒。在表决结束以前，甚至不能让任何一个人上厕所。"

8月6日的表决是以对法案的三项修正案分别表决的形式进行的，只要这些修正案获得通过，建立反弹道导弹系统的计划就将搁浅。结果，三项修正案都被否决了。第一项也是最重要的修正案规定不得拨付部署"保卫系统"的一切经费，参议院对此表决的结果是50票对50票。根据参议院的议事规则，票数相等本来就使修正案不能成立，但是阿格纽投了他的打破同等票数的一票，使表决的最后结果变为51票对50票。

尽管胜负之差薄如刀片，投票的结果还是确定美国仍旧准备保持它的军事实力。我绝对相信，如果我们在参议院的这场有关反弹道导弹的斗争失败了，1972年我们就无法在莫斯科谈判签订第一个限制核武器协定。但是，一票之差的胜利无疑是伤脑筋的事，这证明我完全有必要下定决心在1970年的国会选举中投入尽可能庞大的人力和物力，以加强我们在国会的地位，使票差更为安全可靠。

最高法院对政界和社会的动向总是很敏感的。20世纪50年代和60年代，在首席法官厄尔·沃伦的领导下，法院在政治上空前活跃。像许多政治上和法律上稳健的保守派一样，我感到有些最高法院法官往往利用他们解释法律的权力，根据自己的社会观、政治观和思想意识来改造美国社会。

到1968年总统竞选时，沃伦已经77岁了。看来他不可能再在万一出现的尼克松政府的四年——也许是八年——任期内始终领导法院了。1968年6月13日，他向林登·约翰逊递了辞呈，"辞职生效日期请总统裁定"。

第六章 总统职位（1969-1972）

6月26日，约翰逊提名阿贝·福塔斯为首席法官。福塔斯自1965年经约翰逊委派到最高法院工作以来，一直担任法官职务。在宣布他被提名为首席法官以后不久，人们发现约翰逊的这位密友在法院工作期间曾经为约翰逊办过一些私人的和政治性的事务。这显然破坏了分权原则。同时还发现，福塔斯曾接受美利坚大学的讲学费1.5万元。福塔斯以前的一位律师事务所合伙人还曾经向一些与最高法院审理的案件可能相关的有势力的工商界和金融界领袖筹集款项。

10月2日，福塔斯请求约翰逊撤回对他的提名。那时离选举已经很近，如果约翰逊另行提名就显得政治味道太浓了。这样谁当上总统，谁就有机会在他任期之初选择一位首席法官。

我在当选总统后不久，便派比尔·罗杰斯去和首席法官沃伦商量，就他辞职的时间安排达成一项谅解。沃伦同意留任到6月开庭期结束为止。我要约翰·米切尔开始物色替代沃伦的人选。我是第37任总统，然而我提名的人却只是我国历史上第15任首席法官，所以不能仓促行事，轻易决定。

我第一次挑选的是前司法部部长赫布·布劳内尔。唯一的障碍是他在1957年小石城学校危机时当过艾森豪威尔的司法部部长，我知道南部很多人对于他在动用联邦部队强制取消种族隔离方面所起作用的余恨未消。米切尔在获悉南部主要参议员反应消极后对布劳内尔说，批准对他的任命的斗争将是艰苦的。布劳内尔认为这样一场争论不论对国家还是新政府都没有好处，因此，要求不再考虑他的任命。

我让米切尔试探一下汤姆·杜威。不出所料，他由于自己年老而推辞。他已经66岁，他竭力主张任何一位首席法官都应该至少任职十年。

我还考虑过最高法院法官波特·斯图尔特。他能言善辩，对沃伦领导下最高法院力主采取有力行动的决定表示异议。可是他于4月30日前来白宫对我说，考虑到其他法官的情绪，他认为把最高法院一位法官提升为首席法官不符合该院的最大利益。

在物色人选的过程中，我心里逐渐形成了五项选择标准：下一任首席法官必须有高度的法律头脑；按他的年龄来说必须至少还能任职十年；如有可能，他应该具有开业律师和上诉法院法官两方面的资历；他必须大体上同意我这样的观点，即最高法院应该解释宪法而不是以司法命令来修正宪法；最后，他还必须具有特殊的领导才能，能够解决同事之间的分歧，从而使最高法院尽可能经常在一些重要案件上意见一致，态度明确，或者至少能有代表大多数人的意愿的坚定意见。

我审查了米切尔为我准备的上诉法院法官名单，开始特别仔细地查阅了哥伦比亚特区上诉法院法官沃伦·E.伯格的档案。1967年，《美国新闻与世界报道》发表了伯格的一篇关于法律和秩序在社会上所起作用的演说摘要，我读了以后留下很深的印象。在1968年的竞选运动中，我在自己的演说里几次引用过其中的一些观点。米切尔用书面给我提供了伯格的一些见解，我看了以后觉得内容明确有力。我知道沃伦·伯格思想上属于稳健的保守派，其处世为人令人敬佩。我在5月21日提名他为美国首席法官。他顺利地获得批准，并于6月23日宣誓就职。

当我正要确定新的首席法官人选时，我意外地有机会给最高法院再补一个缺位，因为阿贝·福塔斯突然提交了辞呈。

《生活》杂志不久前进一步揭露了有关福塔斯的财源和一些可能违背公共利益的行径。我对米切尔说，为了表示好意，我们应该在绝对秘密的情况下让首席法官沃伦知道司法部最近的调查所揭露出来的一些新的指控。沃伦对此非常感激，因为他觉得这种新的情况严重地威胁着最高法院的声誉；他相信福塔斯除了下台之外没有别的办法可想。

对福塔斯说来，这是一个困难的时期。我认为报刊把他挑出批判，在某种程度上是对约翰逊进行马后炮式的攻击，所以福塔斯宣布辞职的那天，我打电话给他表示慰问。但毫无疑问，他办事很不检点，他的辞职对最高法院来说是至关重要的。

我再次要约翰·米切尔负责物色最高法院法官人选的工作。我们选中了南卡罗来纳州的克莱门特·F.海恩斯沃思法官，并于1969年8月18日宣布了这一提名。海恩斯沃思56岁，出身于著名的法学世家，曾在第四巡回上诉法院

第六章 总统职位（1969-1972）

工作过 12 年，表现杰出。

我刚宣布了提名，就受到严厉的批评。一些民权组织立即称海恩斯沃思为种族主义者；有一个团体说他是一个"纯粹的种族隔离主义者"。乔治·米尼宣称，他的经历是反劳工的。报纸拣起了这些题目，每天变换花样进行宣传。不久，这种偏颇的心理支配了华盛顿。有组织的利益集团开动了机器，开展一场写信和打电话的运动，对参议院施加压力。

印第安纳州参议员伯奇·贝赫成为反海恩斯沃思势力的领袖。在批准任命的听证会上，贝赫指控海恩斯沃思有违背公共利益的行为，声称他在几起审理他拥有股份的一家公司的顾客的案件时，本应自行回避却没有这样做。揭发的这些事情早在几年前就由当时的司法部部长罗伯特·肯尼迪和第四巡回上诉法院的西蒙·索贝洛夫进行过调查，结果两人都认为海恩斯沃思并没有违背公共利益的行为。关于回避审理问题的法律权威人士约翰·弗兰克当时曾作证说，海恩斯沃思不仅没有回避的义务，倒是应该积极负责对那些案件作出裁决。但是，尽管有这些事实，仍然未能打消贝赫的指控，因为他和参议院司法委员会的其他民主党自由派同记者团狼狈为奸，共同中伤海恩斯沃思。

贝赫和他的支持者最后硬说，被提名人仅仅没有参与任何不正当行为是不够的；现在必须是连不正当行为的"迹象"也没有。这样，一个被提名人的反对者们可以捏造罪名，说他有不正当行为的"迹象"，从而使他遭受挫折。这是一个怀有恶意的集团：被提名人竟会不是由于自己的所作所为而是由于诽谤者无中生有的指控而遭到谴责。

没有几位参议员坦率地公开承认他们反对海恩斯沃思的真实理由，不过有一位不愿透露自己姓名的参议员告诉记者说："所谓违背公共利益的说法并不实在，我们是反对他的信仰。"

在这场骚动当中，一个以少数党国会督导员、密歇根州罗伯特·格里芬为首的共和党参议员代表团到白宫来要求我撤销对海恩斯沃思的提名。他们说明他们所承受的压力以及劳工和新闻界使他们受到的政治影响。

我拒绝了他们的要求。事实上，我还进一步说，即使海恩斯沃思自己要求我撤销他的提名，我也不会答应。这里涉及一个基本的宪法原则，即总统有权提名最高法院的人选。并且还存在着一个怎样做人的因素。如果我在海恩斯沃思受到党派斗争的猛烈火力攻击时撤销对他的提名,那就可能损坏他的声誉,使他不能再担任法官职务和其他公职。因此我明确地说,我准备把提名坚持到底。

参议院在11月21日以55票对45票否决了海恩斯沃思的提名,17名共和党人追随民主党自由派投了反对票。

12月4日海恩斯沃思来到白宫,我们在椭圆形办公室谈了一个小时。看来他对发生的事情感到迷惑不解。他是一位温和、精细和异常善良的人。当他说到他的妻子比他本人更受到这段艰苦经历的折磨时,我想起了帕特在基金危机时的感受,并希望海恩斯沃思内心极大的痛苦不致像我们那样终身留下精神上的创伤。那天晚上我写下了这样一行笔记:"海恩斯沃思是他可能并不理解的一些努力的牺牲品。"

1970年1月19日,也就是表决海恩斯沃思提名后两个月,我提名佛罗里达州第五巡回上诉法院法官G.哈罗德·卡斯韦尔。事先我要米切尔绝对保证我们的第二个被提名人在个人人品和职务活动上都无懈可击。卡斯韦尔既无股票又无证券,这一事实似乎同那导致海恩斯沃思失败的所谓不正当行为的"迹象"沾不上边。

可是没有多久,自由派便开始反对卡斯韦尔。仿佛事先安排好似的,新闻界和国会都用"种族主义者"这个惯用的名称进行攻击。南部任何保守的法官受到这类攻击原是意料中的事,并不令人惊奇。不幸的是,我们没有发觉卡斯韦尔很久以前讲过的一句话。当他在1948年作为民主党候选人竞选佐治亚州议员的时候说过:"种族隔离是正当的,是我们各州唯一切实可行的和正确的生活方式。对此我坚信不移,并将在行动中加以贯彻。"卡斯韦尔已经抛弃了他22年前的观点,但是后患却无法弥补。我由于我们忽视了这几句不幸的话而感到苦恼,但是我认为,一个人年轻时候的轻率言论既然已经放弃和改正,就不应该在以后的年月里被用来反对他。

从档案材料看,卡斯韦尔的条件是很合适的。但是,在对他的情况进行了特别仔细的审查以后，加上具有不同特征的参议员及其助手决意要发掘一切可能找到的不利材料并尽量说得严重一些，我们终于发现他并不像我们原来认为的那样合格。我仍旧相信，按以往的标准来衡量，卡斯韦尔还是符合要求的。但是，在海恩斯沃思事件之后，党派倾轧实在太激烈了。"平庸"这个字眼越来越频繁地被用来形容卡斯韦尔和他的经历。为他辩护的人不得不致力于证明他并不"平庸"。

4月8日举行了表决，卡斯韦尔的提名以51对45票被否决。我在冷静和理所当然的愤怒的支配下，不得不在次日发表声明，评论参议院这一行动。如果说北部的自由派因为击败我所提名的第二个人而尝到了胜利的滋味，那么我断定他们至少要在南部为此付出政治上的代价。我说：

> 我已经违背自己的心愿得出这样的结论，即不管是谁，只要他像我一样信奉宪法的严格的条文规定，而又碰巧来自南部，就不可能被批准担任最高法院法官……
>
> 撇开一切虚伪不实之词不谈，他们遭到否决的真正原因是他们所抱有的法理观念，即和我一样信守严格的宪法条文，还有就是他们恰巧出生于南部……
>
> 因此，我已经得出结论，下一个被提名人必须来自南部以外的地区，因为目前这样组成的参议院决不会批准一个和我同样重视严格的宪法条文的南部人。

现在回顾起来，我没有理由责备一些由于认为卡斯韦尔缺乏最高法院法官所需的高超智慧和司法才能而投反对票的参议员。但是我仍然认为，投反对票的参议员有许多人是拿他的能力问题作为幌子，来掩盖他们不赞成他的宪法观念这一真实原因。

1970年4月14日，我提名联邦巡回上诉法院法官哈里·A. 布莱克门。他是艾森豪威尔任命的联邦法官，已任职十年半，成绩卓著。在此以前，他还当过20年的律师。布莱克门是北方人，来自明尼苏达州。5月12日，参议院一致批准了任命。

1971年9月的一个星期里，我接到最高法院法官雨果·布莱克和约翰·哈伦因健康欠佳申请退休的函件。

有了任命卡斯韦尔和海恩斯沃思的经验，我不想再犯同样的错误。虽然如此，我还是决定要任命严格遵守宪法条文的人，并且仍然想找一个合格的南方人。这次我还希望物色一个合格的妇女。最重要的是要确保我提名的人能获得批准。

这一次我决定，除了仍由约翰·米切尔主要负责推荐可能的候选人外，我自己也设法征询一些无党派人士的意见。

我们物色妇女人选的工作是认真而紧张地进行的，另外，我可以补充一点，那就是帕特还利用一切可能的机会进行坚定的、有说服力的游说。但是我们发现，适合被提名为最高法院法官的女法官和女律师一般说来都有自由派的观点，并不符合我所确立的遵守严格的宪法条文的标准。

1971年10月19日，我叫米切尔向弗吉尼亚州律师、美国律师协会前主席刘易斯·鲍威尔表示，请他担任空缺的法官之职。鲍威尔不大愿意，因为他已64岁了，但是当天晚上我给他打了电话，劝他接受这个职位。次日下午，他打电话给米切尔，接受了提名。

我的朋友、白宫特别法律顾问迪克·穆尔建议我考虑请司法部部长助理威廉·伦奎斯特补另一空缺。伦奎斯特在斯坦福法学院学习时在班上名列第一，以后又当过最高法院法官罗伯特·杰克逊的书记官。除了他具有无可置疑的法律方面的资格和稳健的保守派观点外，最使我们感兴趣的是他的年龄。他只有47岁，大概可以在最高法院干上25年。米切尔同意穆尔对伦奎斯特的高度评价，热情地赞成推荐。

10月21日我在全国电视上宣布鲍威尔和伦奎斯特的提名后，遭到了意想中的指责，说我正在把一些极端保守派塞进最高法院。参议院拖延不决，以便让那些批评者有时间来设法打倒新的被提名人。但是，他们显然具有很高的资格，人们只能提出一些党争色彩极浓的反对意见。结果两个人都以压倒性多数

第六章 总统职位（1969-1972）

票获得批准：鲍威尔在 12 月 6 日，伦奎斯特在 12 月 10 日。

我认为我对最高法院的四个任命是我任职总统期间最有建设性的和意义最为深远的行动之一。有些批评者把我的这些任命说成是企图建立一个"尼克松法院"。固然，我所任命的人都赞同我保守的司法观念，从而极大地影响了沃伦法院时期所形成的力量均衡。但是，就个人来说，他们都是富有献身精神和严格遵守宪法的干练法学家，往往在重大案件上持不同意见。在任命的时候，我分别对他们说，我决不会试图影响他们的判断，他们应该只忠于法律而不是忠于我个人。他们就一些在政治上或个人方面对我有影响的案件所作出的裁决，表明他们是接受了我的劝告的。

从执政的最初几天开始，我就想取消"伟大社会"计划中一些花费很大的失败措施，并且想马上就动手这样做。我希望拥护我的选民能够看到，我正在实现我的竞选诺言。最迫切需要解决的是福利制度，所以我把福利改革作为最优先处理的国内问题。

可是帕特·莫伊尼汉却一反常态，要求我谨慎从事。在椭圆形办公室里举行的几次冗长的会议上，他在我办公桌前面踱来踱去，挥动两臂来强调他的论点。"所有那些充当'伟大社会'积极分子的选民都在那里等着，"他说，"只要你触动这些职业福利工作者、城市计划者、日托保育员、社会工作者等，他们就准备打击你。老实说，砍得太快，我就心惊胆战。不妨拿模范城市作为例子。如果你放弃这个计划，城市少数民族聚居区就要火冒三丈了。"

莫伊尼汉主张在提出任何国内立法之前先用一年时间来稳定国内形势。但是一年实在太长了，因此，我催促内阁和白宫班子尽快制订一个创造性的、革新的社会立法计划。

现行的福利制度一团混乱，效率很低，又参差不一。对同样情况的家庭的补贴，这个州可以每月高达 263 美元，那个州每月只有 39 美元。在大多数州里，对无父亲家庭的补贴较高；因此，许多家庭为了多得钱而分居便毫不足奇了。从 1961 年到 1967 年，新增加的享受福利的家庭中有 93% 是没有父亲的。

私生子也增加了；到1969年，纽约市享受福利的新生儿中有69％属于非婚生子女。这个制度漏洞很多，一个坐吃福利的人的收入可能高于干活所得的最低工资，每年收入超过1.2万美元的妇女可能还有资格享受福利补助。还有臭名远扬的欺诈问题，以及一些庞大体系由于规章繁杂和可供开支的款项很多而具有的贪污这一通病。

福利问题的背后还翻腾着恼人的种族摩擦的潜流。莫伊尼汉在1969年5月17日给我的一份备忘录中概述了这种情况："目前，社会上从事福利事业的人——教师、福利工作者、城市计划工作者、营养专家等——都全神贯注于黑人问题，有时几乎好像不愿听说白人也有困难或者接近困难。"莫伊尼汉还指出，目前的福利服务方针往往不仅把工人阶级中的白人排除在外——60％低工资的工人是白人——而且还造成一批从事他所说的"不满行业"的中产阶级白人和黑人：

> 他们过着优裕的生活，使贫穷的黑人感到自己成了牺牲品。当黑人往往是牺牲品的时候有这样的感觉，在他们不是牺牲品的时候也有这样的感觉……
>
> 举个例子来说，我估计从事启蒙儿童教育的白人妇女每小时挣的钱平均约比这类儿童的黑人父亲高两倍。尽管如此，对那些儿童来说，大人挣多挣少的区别实在是有限的。同时，穷苦的黑人似乎比接近穷苦的白人受优待，所以不满的叫喊声就越来越大，温度也就上升了。

就像一家杂志的作者所描写的那样，这种情况造成的结果是，我们处于"白人中下层阶级反叛"的边缘。

经过对问题的各个方面进行了几个月的研究和讨论之后，我们拟订了一个"家庭补助计划"，我在1969年8月8日关于国内立法问题的一次电视演说中加以宣布。

"伟大社会"计划曾经花费几十亿美元，为穷人提供了范围十分广泛的社

第六章 总统职位（1969-1972）

会福利。只要你能证明自己的收入在一定水准以下，你就有资格获得许多免费或减价的物品和劳务。我认为这种做法鼓励了依赖思想，挫伤了那种激励人们经济上自立的自力更生精神。我认为，人们应当有节约开支和自己照顾自己的责任。我厌恶社会福利工作者对享受福利的成人和儿童实行的那种爱管闲事和以恩人自居的监督，从而使他们感到屈辱和孤独的情况。"家庭补助计划"的基本前提很简单：穷人需要金钱方面的帮助来摆脱贫困。

我们提出的答案也很简单，不过它是革命的：我们决定用联邦的经费不仅补助失业的穷人，而且补助有工作的穷人。款项不仅发给无父亲的家庭，也发给有父亲的家庭。我们将规定联邦收入最低额，以减轻各州的财政负担；我们将制定全国统一的标准和自动化付款办法，借以减少烦琐的手续，并在不久的将来取消社会福利机构和社会福利工作者，消除福利工作所造成的不好的名声。

但是，"家庭补助计划"的革命性还表现在另一方面。它不是一种简单的有保证的收入。计划规定每个受益人只要在合理的距离内有合适的工作，就必须接受这项工作或参加为适应这项工作而举办的培训班。基本的方针是：不工作就不能享受福利。唯一的例外是年老体弱者以及学龄前儿童的母亲。

实行"家庭补助计划"要承担风险。这一点我知道。我们要使有资格领取联邦补助的人数比目前增加1300万人，以便奖励工作而不是惩罚那些有职业的穷人。我们第一年将增加40亿美元开支，但是我们预计，一旦人们不再由于有了工作而处于十分不利的地位——一旦他们有把握在就业的情况下所得的收入要比单纯依靠福利多——他们就宁可工作。我们希望，增发的金钱所造成的稳定局面将刺激人们不断追求报酬高一些的工作，最后使他们不再依靠福利补助。这是一种推测，谁也不能肯定它是否行得通。由于这些原因，"家庭补助计划"在白宫班子和内阁中就不大容易通过。以阿瑟·伯恩斯、特德·阿格纽和预算局局长罗伯特·梅奥为首的保守反对派提出批评，莫伊尼汉、芬奇、埃利希曼和劳工部部长乔治·舒尔茨则为这个计划辩护。

我知道我们实行"家庭补助计划"带有冒险的性质。但是我也知道，现行的福利制度是一种逐年恶化的灾难，只有"家庭补助计划"才有可能改变这种状况。

我在许多方面的处境十分奇特：一方面，我作为八年来第一位共和党总统，就职还不到八个月就准备提出一项几乎是革命性的国内立法，为此需要寻求与民主党人和自由派结成立法联盟；另一方面，我自己的保守派朋友却必然会反对这个法案。我认为最大的危险将是来自右翼的非难。我免不了要遭到突如其来的袭击。

果然不出所料，保守派把这个计划斥为"巨额施舍"和左派方案。可是，在报刊专栏作家、社论撰写人和学术界稍稍赞扬了一番以后，自由派便攻击这个计划，实际上是要把它一棍子打死。他们抱怨说，款项的数量不足，就业的要求又有许多限制。事实上，"家庭补助计划"一旦实行，就可以立即把当时60%的穷人的收入提高到原有的水平以上。这是货真价实的向贫困开战，然而自由派却不能承认这一点。自由派参议员马上开始提出他们自己的耗费浩繁、根本没有希望通过的法案。正如莫伊尼汉指出的，好像他们不能容忍一位保守派共和党总统采取一些连自由派民主党前任也不敢采取的行动似的。

有关的利益集团对此作出的反应也并不美妙。号称代表福利受益人利益的全国福利权利组织与有被取消危险的社会福利工作者结成了联盟，一道谴责这个计划。全国福利权利组织把它叫作"政治镇压行动"，指责政府阴谋饿死儿童。这个计划甚至还被称为"种族歧视"的计划，虽然它一旦通过，就会使居住在南部14个州的黑人增加约40%的收入——而全国黑人在1969年有超过一半居住在南部。全国福利权利组织还举行了吵吵嚷嚷的听证会，由一些福利受益人出来作证，说什么"我们只要那种报酬为1万至2万美元的工作"，以及"你们最好把我现在的福利收入再增加一点"。全国福利权利组织提出了自己的计划，要保证每个四口之家有6500美元的收入。这项计划由乔治·麦戈文向参议院作了介绍，如果获得通过，就将使大约一半美国人享受福利待遇。

我们作了艰苦的斗争。1970年4月16日"家庭补助计划"在众议院通过了，这在很大程度上要归功于杰里·福特的领导和威尔伯·米尔斯的帮助。但是，由于南部保守派占据着参议院财政委员会的重要职位，没有取得自由派的协调一致的支持，该委员会把计划搁置下来了。1970年7月1日，莫伊尼汉写信对我说："今年通过'家庭补助计划'的可能恐怕不大了，如果今年通不过，十年之内也别想通过。"他说，没有一个共和党人起来抵制企图扼杀这个议案的种种努力，而"民主党人却日益认为，这是不让你取得辉煌胜利并把这次失败归咎于你的大好机会"。

秋天，我对参议院财政委员会施加了压力，但我的努力失败了。该委员会在11月20日以10票对6票否决了这个议案。1971年，众议院再次通过这个法案，参议院财政委员会又把它搁置起来。最后，只有"家庭补助计划"中有关保证老年人和残疾人的收入的那一部分得到两院批准。

到了1971年，"家庭补助计划"的势头已经过去，这一点我是知道的。我仍然相信我的想法是正确的，不过我认为它在政治上已经不合时宜了。美国人民在1969年对变革有思想准备，可是到了1971年他们却在考虑别的事情——越南和经济问题。到了1971年，我还要对1972年的选举预做准备，不想在选举年就有关"家庭补助计划"问题在保守派的手里吃一场败仗。因此，1972年夏季，当我需要考虑究竟是赞成参议员里比科夫提出的开支更为浩大的法案还是不顾必然要遭到的失败而坚持我们原来的"家庭补助计划"时，我决定选择后者。"家庭补助计划"这一超越其时代的想法，最后于1972年夭折在参议院财政委员会。

阿波罗11号

对我来说，在担任总统的第一年里最兴奋的事情莫过于1969年7月一个美国人成为世界上第一个在月球上行走的人。登月是一个早在十多年前苏联发射第一颗人造轨道卫星之后就开始执行的计划的顶点。美国舆论界一想到苏联人控制着外层空间便感到震惊，但是艾森豪威尔和他的大多数顾问却没有这样不安。例如，谢尔曼·亚当斯曾对一批主要是共和党人的听众说，所谓卫星竞赛不过是"一场外层空间的篮球赛"。我认为这种轻率的言论在实质上是错误的，在公众看来是灾难性的。第二天晚上，我在旧金山的一个集会上说："我们如果把这件事看成对月球上的那个人比对地球上所有的人更有意义的科学绝技而加以抹杀，那就大错特错了。"

在这段时期，我在内阁和国家安全委员会的会议上竭力主张扩大我们的导弹和空间计划。艾森豪威尔最后回心转意，同意了这个观点，批准了一项发射载人宇宙飞船的建议。固然他作出这一决定是出于军事上的考虑，我却认为这里涉及一些更为基本的东西。我相信，当一个伟大的国家中途退出探索未知事物的竞赛时，它也就不成其为伟大的国家了。

1961年，肯尼迪总统把登月定为60年代末期的目标，引起了全国人民的丰富想象，那时载人空间计划已经着手进行。约翰逊总统是国家航空和宇宙航天局的热心支持者，在他执政期间阿波罗计划取得了巨大的进展。

我作出决定，当阿波罗11号的宇航员确实在月球登陆时，应该举行大规模的庆祝活动。在国家宇航局官员的协助下，我们制订了一个用电视转播白宫与月球之间的电话通话的计划。在月球表面上，宇航员除了备有一面美国国旗外，还将留下一块金属匾，上面有我们的签名和下列题词：

> 来自行星地球的人
> 在此首次踏上月球
> 公元1969年7月
> 我们为了全人类而内心宁静地来此

7月20日星期天晚上，阿波罗8号的宇航员弗兰克·博尔曼、鲍勃·霍尔德曼和我一起站在我私人办公室的电视机旁，观看尼尔·阿姆斯特朗踏上月球。然后，我走进隔壁的椭圆形办公室，那里电视摄影机早已安放好了，只等着拍摄我和月球通话的双画面镜头。

传来的阿姆斯特朗的说话声音既洪亮又清晰。我说："由于你所完成的业绩，太空已经变成人类世界的一部分。并且，因为你从'安宁之海'和我们通话，这就激励我们要加倍努力把和平与安宁带给地球。"

第六章 总统职位（1969-1972）

在经历了往返月球将近50万英里的旅程之后，阿波罗11号溅落在夏威夷西南约1000英里的太平洋中，离预定地点不到两英里。我在那里欢迎宇航员归来。因为这次登月飞行的指挥舱以"哥伦比亚"命名，我命令海军军乐队在宇航员从直升机踏上航空母舰"大黄蜂"号的甲板时演奏《哥伦比亚，大洋上的明珠》这首歌曲。

当我在检疫室外隔着窗子和宇航员们谈话时，我想到玻璃窗那一边的三个人是刚从月球回来的，简直抑制不住内心的激动和肃然起敬的感情。我一时冲动地说："这是创世以来世界历史上最伟大的一周。"几天后在我和比利·格雷厄姆谈话时，他说："总统先生，我完全理解你当时的感受，也完全懂得你说的那番话的含义，可是，尽管这样，我认为你可能还是说得有点过分了。"

阿波罗计划于1972年12月19日以阿波罗17号的溅落而告结束。公众对宇航的需要已经不再感到兴奋，并且厌倦这种航行所经常带有的危险了。这个计划也开始成为危及70年代新技术发展的那种把心思放在自己身上的态度的牺牲品。这种态度也促使国会拒绝支持我那关于继续执行研制超音速喷气运输机计划的提案，而我认为这个计划对保持美国商业航空方面的领先地位来说是十分必要的。他们的论点是，只要地球上还有一个穷人，就一元钱也不应该花在宇宙航行上面。可是，据我看来，宇宙空间的探索是要求美国精神作出的最后几个重大努力之一。空间也许是真正适合美国发挥其创造奇迹的能力的最后一个尖端领域。

林登·约翰逊：1969年12月

1969年12月11日星期四，林登·约翰逊在华盛顿，我邀请他到白宫来进早餐。我在红厅同他见面，然后我们直接到一楼的家庭餐厅。我把餐桌安排得使他可以面对火炉。不用他吩咐，一瓶液化糖精已放在他的盘子旁边，侍者给他端来了很淡的咖啡。

他非常激动，因为有人指责他任总统期间曾利用职权帮助朋友以特殊交易的方式获得土地和联邦贷款，在得克萨斯州建立了老年病学中心。在早餐过程中，他几次谈到这个问题。不过，他关于停炸北越和同苏联人打交道等问题也谈了一些十分有意思的事后的想法。

当天晚上，我口授了有关这次会晤的一些回忆。这是我 1971 年 11 月开始几乎每天口授日记之前保留下来的少数几份详细的口授记录之一。

林登·约翰逊是个十分注意实际利益的人，也许不可能用言语来形容和他在一起的感受。不过，我认为这份口授记录至少能使人稍稍了解我同他的一席谈话可能产生的印象和情感：

> 他看上去胖得多了，我注意到他一激动就气喘得很厉害，在谈到那个〔老年病学中心〕问题时，甚至似乎眼里含着泪水。
>
> 他详细地回顾了他对越南问题谈判的态度以及他同苏联人的关系。如同他在加利福尼亚曾经说过的那样，他再次告诉我，他担任总统期间的主要错误是过分"信任苏联人"了。他说，他认为艾森豪威尔在任职的头六七年同苏联人相处得不错，这是由于"他们害怕艾克"，因为杜勒斯曾扬言要在朝鲜大干一场〔使用原子弹〕。他认为，艾克之所以在最后一年遇到一些困难，是由于苏联人的那种畏惧心理淡薄了。他觉得同样的情况在肯尼迪设法安抚苏联人期间也曾出现过，直到古巴导弹危机发生的时候，这种情况才告结束。他认为，在他任职期间也有过类似的经历。
>
> 他说，柯西金在葛拉斯堡罗曾表示苏联人愿意协助解决越南问题，并且提出了一项建议，对于这项建议，约翰逊说他愿意加以考虑。约翰逊提议他们在纽约再次会晤。在他们会晤时，约翰逊已经同腊斯克和麦克纳马拉研究了柯西金的建议，并提出了一项柯西金称之为"同他的建议不一样但也不算太离谱"的相反建议。约翰逊满以为会产生一点结果。但两个星期过去了，毫无结果。腊斯克召见多勃雷宁，在这个问题上碰了壁。两个星期以后，汤普森〔美国驻莫斯科大使〕拜访了葛罗米柯，遭到了冷遇。这番主动行动根本没有结果。
>
> 他说，在停止轰炸期间，哈里曼"起码 12 次"告诉他，苏联人

第六章 总统职位（1969-1972）

从北越人那里获得保证，如果停止轰炸，有关炮轰城市的"谅解"就会付诸实施。他认为，苏联人在这方面也作出了类似的保证。

他说，屡次的暂停轰炸都是错误的，其结果是一事无成。他之所以每次同意暂停轰炸，是由于他通过苏联人或通过其他来源获得了某种保证，即对方将作出积极的反应。他说，在竞选运动后期，他不想再下令暂停轰炸，除非他绝对相信他成交了一笔"买卖"。他知道，要不然他就会被人指责出于党派政治的需要才这样干的。

他十分辛酸地谈到《展望》杂志刊载的关于他兄弟的那篇文章。他讲了一个给他大量财务支援的人的情况，这人也有一个遭到许多指责的兄弟；（他们的）母亲硬要他给兄弟找点事做，最后他给他一份差事，开一辆满载炸药的卡车，穿过他所在的那个州。"他在马路边一家食品摊跟前停下车来，喝了两杯啤酒，向女招待纠缠求婚后，才开车上路，不一会儿就撞在面前的一棵树上了。"

他以亲切的口吻谈到阿格纽，说他对阿格纽当马里兰州州长时的政绩有很高的评价。显然，阿格纽曾大力支持过约翰逊的外交政策。

他觉得，新闻记者天生是坏心眼儿的，他们非得对什么人进行攻击不可，否则就不舒服。他认为，在他就任总统的第一年没有受到他们的攻击，仅仅是因为戈德华特是他的对手，等到戈德华特对他没有妨碍时，他们必然就立刻来对付他了。"新闻界除非攻击碰巧当上总统的人，否则就不高兴"，这是他的结论。

他至少花了20分钟的时间滔滔不绝地对我大谈老年病学中心的问题，娓娓动听地谈到他已经决心要修建这样一个中心，因为他故乡的市长去世以前的几年是在一处休养院里度过的，那里简直是个"猪圈"，并且说他的母亲也在类似的地方住过一段时间。

他又讲了他〔在1960年〕加入候选人行列的经过，并说他之所以这样干是因为萨姆·雷伯恩一再强调，既然尼克松"管他叫叛徒"，他非得把尼克松挤掉不可。约翰逊回忆起我任副总统时，有一天我请他到参议院的讲台上，给他看了他们所谈论的那篇讲话稿。后来他把那份讲稿拿给雷伯恩看，雷伯恩根本不屑一顾，说里面的内容在另一次讲话时早说过了。无论如何，雷伯恩直到去世还认为情况就是这样。

在我们告别时，他亲切地谈到我们给予他、他的女儿以及他的夫人的礼遇。

第一年

到1969年年底，在我进白宫将近一年以后，我认为政府高效率的班子正在顺利地开展工作。

鲍勃·霍尔德曼已经讲明，同一般人所认为的情况相反，是有可能使白宫在工作上发挥效率，让工作人员起到最大的作用，并用充分的时间和充足的材料为各项决定作好准备的。这应当归功于霍尔德曼，因为他不得不为此付出了代价。同每一届总统任期一样，本届的内阁同白宫班子之间从一开始就闹起矛盾来。到处都流传所谓霍尔德曼对待内阁成员和党派领袖态度粗暴的说法。虽然大部分不足为信，我相信有些也并非空穴来风。霍尔德曼思维敏捷，令人信服，但对于那些在当机立断和献身精神方面比他逊色的人，他的耐心是有限的。他有伟大的期望，并且他强求白宫工作人员满足他的期望。

在尼克松政府中有观点的争论和性格的冲突，可是在人类的任何组织中过去和今后都不免要出现情况。这些冲突中最重要的一次冲突——由于它可能对政策产生影响——把比尔·罗杰斯、亨利·基辛格和梅尔·莱尔德都卷了进去。当这三个性格和气质迥然不同的人加入国务院、国家安全委员会和五角大楼这三个关系复杂的机构时，那就必然会产生十分紧张的气氛。应该说，罗杰斯值得称赞的地方是在许多情况下他主要只想及时了解各种事态的发展罢了。他必须向几个国会委员会作证，而我们的各项决策历来——并且通常是必要地——遵守的保密习惯往往使他处于尴尬的境地。有一次我开玩笑说，莱尔德就没有这个问题，因为不论他是否了解内情，他都可以回答问题和陈述自己的意见。

罗杰斯和莱尔德偶然也在未同白宫配合的情况下就进行一些极为微妙的交易和谈判。有些时候他们由于不了解我们的秘密外交的内情而无意中这样做了,有时这样做却是为了防止基辛格或我自己提出异议;有的时候,我认为,只不过是为了显露一手,向他们本部门和新闻界表示他们能够采取独立行动而已。在有些情况下,其结果并无害处,甚或是确有助益的,但在少数情况下,其结果很可能损害我们的对外政策和信誉。

基辛格同罗杰斯之间的关系最后呈现出剑拔弩张的情景。基辛格对我在1969年和1970年将全部中东问题交由罗杰斯处理感到恼火。他认为罗杰斯受国务院亲阿拉伯分子的影响太深,并且缺乏必要的手腕、敏锐感或全面外交政策策略的观念。当对外政策权力似乎变得很分散时,基辛格也感到忧虑,并对罗杰斯能够直接进入椭圆形办公室这一点表示关切。罗杰斯认为基辛格是个马基雅弗利式的不择手段的政客,虚伪、自私、狂妄自大和盛气凌人。基辛格认为罗杰斯愚蠢、孤陋寡闻、不能保守秘密,并受制于国务院的一套官僚机构而不能自拔。随着岁月的流逝,问题日趋严重。基辛格一再暗示,除非罗杰斯受到约束或调职,否则他可能不得不引退。

我重视这两个人的不同的观点和特性,因此,我力求不介入他们通常一碰到与彼此有关的事情就火冒三丈的个人纠纷。在这方面,霍尔德曼挺身而出,做了有益的工作,因为他变成了他们之间以及他们和我之间的一种"非军事区"。最后,连霍尔德曼也很难调解这两个傲慢而有实力的人的根深蒂固的看法了。到1969年年底,我开始让约翰·米切尔来参与许多外交政策的决策,以便他能够施展稳定局面的个人影响。

我对国内事务顾问中的自由派和保守派之间的冲突也许不那么太动感情,但也同样是引人注目的和可以深切感觉到的。在夏秋两季,我逐步把约翰·埃利希曼推上协调一切国内计划和争议的地位。他具有创造力丰富的特征和使人耳目一新的敏锐的幽默感。基辛格已经在对外政策方面成功地运用了范围相当广泛但在组织上纪律严明的处理问题的方法,我认为埃利希曼是在对内政策方面运用这种方法的理想人选。

就个人来说,帕特和我在第一年最感到诧异的是,我们对于在白宫所体验到的既不能过宁静生活又有孤独感这种荒谬的情况缺乏思想准备。在我担任副总统的时候,我们参加过许多义不容辞的正式活动,但是一天的工作结束以后,我们回家去和住在华盛顿一个住宅区的家属团聚,在当地市场上购买东西,并且可以毫无拘束地同一大群朋友往来。但是作为总统和总统夫人,我们不久就发现,我们的一言一行都有可能成为新闻。我们被特工人员、白宫工作人员、通信联络人员、医护人员以及交通运输侍从人员团团包围住。此外,四周还有许多记者和摄影师,他们唯一的任务是设法从总统和总统夫人那里搞到片言只语,或者给他们拍张照片。任何真正清静的时刻都突然显得十分可贵了,因此帕特和我越来越愿意在戴维营、比斯坎岛以及我们在加利福尼亚圣克利门蒂的寓所消磨时间。

与此同时,我发现一位身在白宫的总统能够感到他同美国生活的现实是多么隔绝。尽管华盛顿有着面向全世界的自信心,它却是一座迷恋于党派政治和流言蜚语的眼光狭隘的城市,而党派政治和流言蜚语有时在华盛顿是同一回事。我同前任和继任的其他总统一样,感到有必要走出白宫,走出华盛顿,以便多少保持一点正确观察事物的能力。

回顾1969年,我认为那是一个起点,一个牢靠的起点。我们已经坚持了下来。新年将是一个新的十年的开始。我盼望有机会超过动荡的20世纪60年代,为美国和全世界开创一个富有创造力的和平发展的新时代。

1970年

从政治观点来看,我处理美国黑人的民权问题的方法同我处理以色列问题的方法有相似之处。在这两个问题上,我都处于独特的地位,在政治上没有接受过有关的主要压力集团的好处,这就意味着我更容易得到对立集团或竞争集团的信任;反过来这也意味着我有更大的灵活性和自由,可以全力以赴地办理我认为正确的事情。

20世纪60年代,特别是约翰逊总统执政期间,在制定保证每个美国人的权利得到保障的法律方面,有很大的进展。由于1964年通过了民权法案和1965年通过了选举权法案,几乎所有不利于教育、就业和选举等方面机会均

第六章 总统职位（1969-1972）

等的立法障碍都已排除。然而，在华盛顿通过立法是一回事，在全国实施立法却是另一回事。人们的希望抱得太高，一些黑人过激分子这时鼓吹并从事暴力行动，竭力对联邦政府施加压力，以求加快实际进展的步伐。

1964年民权法案通过以后两个星期，第一批新的种族暴行爆发了。继1964年的哈莱姆骚乱之后，1965年发生了瓦茨暴乱，其间纵火、抢劫、狙击甚至杀人突然变成了两个种族新兴的许多积极分子爱用的手段。乔治·华莱士就是利用了白种人不可避免的强烈反应，在1968年抬高其不可轻视的第三党候选人的地位的。

我在1969年就职时，黑人极端主义分子仍旧得意扬扬。虽然有了法律，尽管在这个问题上花了不少钱，并且实际上也取得了可观的进展，但美国黑人显然对他们在20世纪60年代末期的处境比对60年代初期的处境更为不满。黑人和白人之间的紧张关系达到了前所未有的程度。作为一个共和党人和一个温和的保守派，我觉得我要比一个公开向某一选区作出保证的民主党人或自由派更有可能实现种族和解。我在制定政策时，力求达到一种恰如其分的平衡。于是，我就不可避免地使处于两个极端的人们都感到不满。我曾在执政初期的一次会议上对白宫班子的工作人员说："我可以宣讲基督教的基本教义，但全国有色人种协会就会批评我花言巧语。那些提倡种族隔离的死硬派也会批评我，说我不是从良心出发，而完全是屈从公众的压力。所以，我们还是认真解决问题，少发表宏论为妙。在这个问题上，人们将根据我们的实际行动而不是根据我们的言论来对我们作出判断。"

最后，我知道我们不得不在多方面解决这个问题，我觉得，固然教育问题最为棘手，也最为重要，但还有其他问题，如就业、福利改革、鼓励少数民族经营工商业和住房，等等。

在就职后的几个星期，帕特·莫伊尼汉把南部基督教领导人会议主席拉尔夫·艾伯纳西牧师和他的几位同事带到白宫来。我在1957年第一次见到艾伯纳西，那时他是马丁·路德·金的主要助手。他可能是一个好助手，但我可以看出他不能成为一位指挥全军的好统帅；他缺乏金所具有的那种非凡的远见和智慧。大部分内阁阁员和白宫班子的主要成员聚集在罗斯福室来同艾伯纳西见面，但是长时间的会见搞得一团糟，因为他事先没有准备或者不愿意（或者两种情况都有）进行认真的讨论。相反，他却装腔作势，发表起演讲来了。起初，他宣读了一份包含各种要求的清单，然后用其余的时间更加有声有色地重申那些要求。尽管如此，他对我们作出的这番努力似乎非常高兴，在结束时再三感谢我腾出时间来会见他们。他离开内阁会议室以后，走进了新闻发布室，对记者说他刚刚熬过了"我们迄今举行过的最令人失望、最没有收获的会议"。

莫伊尼汉感到尴尬和恼火。他走进椭圆形办公室，一边踱来踱去一边说："你和我们其余的人一起认真地听了他讲的话，并指出我们有真诚的愿望想设法解决问题，可是过后他竟然走进新闻发布室，故意亵渎美国总统，实在太放肆了。我向你保证，以后再也不会发生这样的事情了。"

莫伊尼汉对艾伯纳西的行为感到震惊，但我却不然。我说："照我看，问题在于他们认为我不关心。我们必须不仅用好话而且要用行动来向他们证明我们确实是关心的。"

令人啼笑皆非的是，莫伊尼汉是我政府里各项民权计划的最坚决的倡导者之一，然而，恰恰是他在1970年年初写给我的一份备忘录中的一些话，后来被人据以指责我们是反动派。在那份备忘录中，他提出了一系列他认为我们应当采取的积极的主动行动。在明显地谈到需要刹住花言巧语的歪风的一段文字中，他写道：

> 种族问题可以从一段时间的"善意忽视"中得到好处的时候也许到来了。这个话题人们已经谈论得够多了。歇斯底里病患者、偏执狂病患者以及各方面被人收买的政客占用这个讲坛也已经够多了。我们也许需要一段使黑人继续进步和有关种族问题的花言巧语逐渐消失的时期。

"善意忽视"一词被断章取义地用来描绘政府对待黑人和其他少数民族的

态度的特点。这个词流行起来,并且每当我们想在民权领域采取一点建设性的措施时,就有人用它来反唇相讥。这个事件使莫伊尼汉十分懊丧,他提出了辞呈。我当然拒绝了他的请求。

好的职业同好的教育一样是一项根本的、重要的民权。许多黑人和其他少数民族成员不能获得好职业,是由于主要的工会实行不让他们加入工会或者在雇用和提升方面歧视他们的政策。因此,我们提出来的第一个问题是失业问题。我要求劳工部部长乔治·舒尔茨了解一下能够采取什么措施。他提出一项计划,这项计划规定一切从事由联邦政府提供资金的修建工程的承包商应保证作出真诚的努力,争取做到雇用相当数量的少数民族工人。

舒尔茨指出,在美国 130 万建筑工人中,黑人只占 10.6 万人,其中 80% 的工资是最低一级的。全国 13 万建筑徒工中黑人只有 5000 人。

我担任副总统时曾任艾森豪威尔的政府合同委员会主席,这个委员会在使用说服和宣传的方式来鼓励与政府订有承包合同的公司雇用更多的少数民族工人方面取得了很大进展。我认为,舒尔茨所制订的计划虽然需要通过立法手续方能付诸实施,却毕竟是必要的和正确的。我们不会规定定额,但要求联邦政府工程承包商用"积极的行动"来达到增加少数民族就业人数的目标。例如,费城在 1969 年至 1973 年的上述就业人数的指标是从 4% 增加到 26%。其他城市也将有各自的指标。

国会中的保守派同参加工会的工人联合起来,强烈反对这项计划。他们认为,一个共和党总统提出这样的计划是荒谬的异端邪说,而异端邪说在政治上是很少受人欢迎的。埃弗雷特·德克森直到 1969 年 9 月去世以前,还力劝我放弃这项计划。在内阁会议室同国会领袖举行的一次会议上,他用特有的绘声绘色的话锋说:"作为美国参议院的共和党领袖,我责无旁贷地告诉你,这件事大概像妓院的虱子那样不受欢迎。如果你硬要推行,你就会分裂你自己的党。总统先生,我认为我本人是无法支持你的这个馊计划的。"

到 1969 年 10 月底,修建费城一座由联邦政府提供资金的医院的六个建筑工会按照和政府签订的一项承包合同实行了上述计划。这项计划后来被称为

"费城计划",它不久就扩大到纽约、匹兹堡、西雅图、洛杉矶、圣路易斯、旧金山、波士顿、芝加哥和底特律等地的建筑工会。

乔治·米尼勃然大怒,他指责政府使工会变成替罪羊,并使它们为民权团体效劳。工会说客运用了巨大的政治力量向国会议员施加了压力,从而使参议院通过了具有破坏性的修正案。我们对参众两院的议员进行了斗争。后来,主要由于杰里·福特和休·斯科特的领导艺术,我们所作的努力终于获得了成功。参众两院否决了那些修正案,从而使"费城计划"免遭破坏。

把这项计划写成法律结果证明比执行这条法律要容易得多。我们获得了一些初步的成绩,但是全国大部分的黑人领袖并不热心支持,这使我们大失所望。他们往往轻视我们取得的成就,或是埋怨我们做得不够彻底。我再次不得不怀疑黑人领袖是否对戏剧性的表面文章比对争取真正进步的艰苦斗争更感兴趣。

让少数民族经营工商业是我们能够取得显著效果的一个重要方面。在1968年竞选运动期间,我发表了一篇广播演说,题目是"通向人类尊严的桥梁"。在这篇演说里,我竭力主张作出新的努力,把各少数民族集团的成员纳入经济主流。除非打算让他们不同于其他美国人而永远成为经济上次等的阶层,否则我们就必须设法使合格的黑人和其他少数民族在美国私人企业的体系中占有一席地位。在过渡期间,我把这项任务交给了商业部部长莫里斯·斯坦斯,并且告诉他,我认为应当给予这件事以最优先的考虑。统计数字表明,虽然我们没有达到为自己规定的全部目标,但我们在这方面已经取得了可观的进展。

在我1969年任职时,少数民族经营的企业通过同政府签订的合同只获得了价值800万美元的生意。到1972年,他们的生意已经达到价值2.42亿美元了。在同一时期,资助少数民族企业的政府拨款、贷款和保证金总额从2亿美元猛增到4.72亿美元。在1975年,黑人拥有的一百家最大企业中有2/3以上是1968年以来成立的。最重要的是,所有这类活动都在现金出纳机上反映了出来,黑人企业的收入从1968年的45亿美元激增至1972年的72亿美元。

第六章 总统职位（1969-1972）

在我任总统期间，最有爆炸性的民权问题是在学校里取消种族隔离和用校车接送学童的问题。15年前，在"布朗诉教育局案"里，最高法院就作出了具有划时代意义的判决：规定学校实行种族隔离的法律从此都是非法的和错误的。只要事实证明哪里还有种族隔离，就可以援用法律加以制止。比较难于处理的是白人和黑人学生之间存在着教育不平等现象，这是并非由于有意识的法律歧视，而是作为个别居民区和居民点内部经济和社会生活类型自然产生的结果而存在的种族隔离，即事实上的种族隔离。

在肯尼迪和约翰逊两届政府时期，尽管讲过许多动听的话，并且也进行过几次大事渲染的象征性的对抗，但在结束南部学校双重制方面的工作都收效甚微。当我于1969年1月就职时，南部的黑人儿童有68%仍然要到完全容纳黑人学生的学校就读，78.8%的黑人儿童要到黑人学生占80%或更多一点的学校就读。

1969年的问题是，各级法院是否应当通过强迫实行种族合校的办法去纠正主要存在于南部的有法可据的种族隔离的残余。为了达到这个目的，主要的手段是用校车接送学童，这样就可以把学童用校车送到本地区内的各个学校，直到每个学校的学生种族比例反映出本地区的居民总数的种族比例时为止。除了用校车接送学童以外，另一个可行的办法是由国会拨款以提高任何水平较低地方的教育，从而在不打乱居民点学校的情况下解决这个问题。

我要消除有法可据的种族隔离的最后痕迹，并且要采取对全国各地一视同仁的方法来加以解决。我决心使南部不再成为北部自由主义者的替罪羊。然而，我不愿强制实行全面用校车接送学童的办法，因为我对居民点学校还是很信任的。甚至更为重要的是，我认为学童不应当单纯由于种族不同而被迫离开他们原来的生活环境到遥远的学校去就学，在那里他们不一定受到欢迎，甚至还不一定安全。强迫性的种族隔离是错误的，但是，强求平衡种族比例也是错误的。

我相信，采取了正确的办法，我们就可以说服南部和其他地方的人不但因为那是法律而予以遵守，而且要逐渐使他们理解和承认法律背后的智慧和博爱。同时，我觉得只要不是有意违法，联邦政府就应当是一种说服的手段，而不应当是压制的工具；总统应当是调停者而不应当是分裂者。

我认为，应当尽可能在最大限度内让各校董事会、当地居民区和各地区的法院来制订取消种族隔离的计划，而不应该由华盛顿的卫生、教育和福利部的官僚们来制订。

许多学校区决定不去阻碍势在必行的事，完全遵守了1968年最高法院规定的取消种族隔离的最后限期。有些学校区却决定对抗任何变化，提出了显然是有意阻挠法令执行的要求延期的申请。我们拒绝这一类的许多申请，并且不再拨付联邦政府的资金。然而也有一些学校区用负责和合作的态度努力寻求解决的办法。对此，我们打算准许这些学校区实行有限的和接受监督的延期。

但是，1969年10月29日新学年伊始，最高法院作出了一项一致通过的决定，要求所有学校区立即结束种族隔离的学校制度。我当时认为最高法院所规定的最后限期是不现实的，因而不可能实现，但是我除了执行之外没有别的办法。

在紧接着的一次记者招待会上，我被问及关于我在学校中取消种族隔离的政策时，我回答说，我的政策是"执行最高法院的决定。我认为应当执行法律，即使我对这一具体的法令也许并不完全同意"。

我觉得我有维护法律的责任，但我认为我不应该在行动上超出法律要求的最低限度的范围，同时我希望最高法院最终会认识到它的善意的裁决在法律上和社会上产生了相反的效果。有一件我决心要做到的事是，不允许卫生、教育和福利部以及司法部民权司的许多自由主义的年轻法学家把这项决定当作一张可以借此在南部肆意妄为的全权证书，强迫人们遵守他们在华盛顿制定的极端的或惩罚性的规定。

最高法院要求立即取消种族隔离的2月最后限期过去了，没有发生任何事端。依旧实行种族隔离的学校有的遵照法令；有的自行关闭了；有的则置之不理，观察事态的发展。甚至在此之前，乔治·华莱士就已经挑动南部公然反抗联邦政府，并且谈论要在1972年竞选总统。全国盖洛普民意测验表明，那些同政府合作的学校有半数以上认为取消种族隔离的步伐迈得太快了。

我任命了一个内阁教育委员会在最高一级来考虑这个问题。我对委员会的成员们说:"首先,我希望所有的人特别是黑人领袖知道,我们这里有一句名言:'我关心。'总统关心这一局势,打算想办法求得解决。但重要的问题是要正确观察事物的相互关系。一旦我们已向大家说明,法律正被维护,全国各地的任何种族隔离都是不合法的,我认为我们就应当考虑到黑人和白人的地方居民区是否有可能希望保持一定程度的隔离。所以我要用联邦资金尽量办好每个学校的教育。我们必须制止把课堂和孩子们当作解决其他必须解决的社会和经济问题的利器。我们的目标应该是办教育,不是打官司。"

一个星期以后,佐治亚州参议员理查德·拉塞尔到白宫来,转达四位南部州长所见到的情况,即卫生、教育和福利部的官僚们正在南部东奔西跑,挑拨是非,鼓动起诉。"总统先生,我要是处于你的立场,真不知道该怎么办了。"我那有病的朋友说,"我只知道你已经遇到了一个问题,这个问题不会自行消失,并且如果你不采取措施,还会变得更加严重。佐治亚州的人民对这个问题愤慨的程度,是我在多年的政治生活中所没有见过的。"

我断定白宫发表一项重要政策声明的时候已经来到了。3月24日,我发表了一篇8000字的声明,涉及民权问题的各个方面。我重申我支持取消种族隔离和反对用校车接送学童的主张,我还指出,主要应当依靠同地方当局合作和自动遵守法律,而不是依靠联邦政府的卷入和强制。我说,我要优先处理的事情是保持和提高公立中小学教育的质量。此外我宣布,我将要求在两年内拨款15亿美元来协助各学校区取消种族隔离。那些想要迫使南部遵守最高法院裁决的人和那些愿意不管好歹进行说明工作的人对这篇声明的反应各不相同。

我相信,地方公众领袖和官员的参加是顺利地推行说服政策的先决条件。根据我的内阁委员会的建议,南部七个州虽然在不同程度上仍然不遵守最高法院的裁决,却成立了关于取消学校种族隔离的州咨询委员会。6月24日,我在白宫会见了密西西比州咨询委员会,共15个成员,其中有9个白人,6个黑人。一个黑人委员对我说:"前天我因为走错了一处供日光浴用的海滩,蹲了班房。总统先生,我今天来见你,如果可以允许出现这样的情况,那就什么事情都会发生。"

在此后的几个星期内,我会见了其他几个州的咨询委员会,并且分别对这些委员会重申了同样的论点。首先,我谴责了北部不少地方在种族隔离问题上所发现的伪善态度。我强调我的主张,认为应当以谅解的态度耐心地对待南部,但我也着重指出有必要通过和平地遵从法律的办法来解决问题。其次,我强调说明了我赞成由当地领导解决当地问题的原则。我巧妙而又毫不含糊地向他们表明我的观点:如果他们不采取行动去解决问题,我将被迫行使我的职责来执行国家的法律。

参加这些会见的大部分白人认为,最高法院的决定是错误的;有些黑人是抱着怀疑的态度来参加会见的,因为他们觉得,只有联邦政府进行强硬的干预,才能使人们遵守法律。那几次会见表明,双方坐到一起来讨论他们共同关心的问题是可能的。

我知道,我正在那些主张立即取消种族隔离的人和那些主张永远保持种族隔离的极端分子之间走着一条细钢丝,但是我认为,如果我们能够在联邦政府不卷入的情况下解决问题,冒点风险也是值得的。

7月底,我在南部的政治联络员哈里·登特交给我一份长篇备忘录。他在备忘录中写道:"南部保守的政治团体中存在着一种危险的、日益增长的忧虑——对政府在努力抚慰那些反对政府的人的过程中正在'左'倾的忧虑。"他说,人们有一种认为"吱吱作响的轮子才得加油"的感觉。他还说,在不久前举行的一次会议上,南部各地区共和党主席多数流露了这样的心情:"我们当老实人当得太久了,所得到的无非是一些花言巧语,而街上的坏家伙却一直得到充分的关怀和帮助。"

8月6日,即佐治亚州咨询委员会到白宫来的那一天,我会见了主要的保守派参议员和南部共和党人的头面人物,其中有佛罗里达州的埃德·格尼,以及巴里·戈德华特、斯特罗姆·瑟蒙德和约翰·托尔。他们强烈抱怨政府在民权问题上急剧地向左转。他们要求我解除主管民权司的助理司法部长杰里斯·伦纳德和其他执行我的政策的官员的职务。我倾听了他们的意见,并且告诉他们,我实际上正在约束卫生、教育和福利部以及司法部的官僚们,因为他们想要对南部采取更加放肆的行动,而据我看来这是不负责任的。与此同时,我强

第六章 总统职位（1969-1972）

调指出，我负有实施国家法律的责任，并且我决心要尽到我的责任。

8月14日，我飞往新奥尔良，同正在举行第一次会议的路易斯安那州咨询委员会见面。在我到达以前，委员们已经毫无办法地僵持不下。我同他们每个人个别谈话后，终于使他们认识到进步的必要性，因而他们同意再尝试一下。

随着新学年的来临，紧张局势开始加剧。我对说服力量的信念是否会证明是正确的呢？还是不得不出动联邦军队来强制取消种族隔离呢？

8月底，我亲自请比利·格雷厄姆录制一些呼吁支持自愿遵守法令的电视录像带。这些录像带在南部各州进行了播映，我相信它的影响是实在的和巨大的。

使我深感宽慰的是，这项政策奏效了。南部和全国各地的学校在1970年秋季开学时没有出现暴力行为，都能遵守最高法院的命令。统计数字雄辩地说明，我国南部学校取消种族隔离的计划获得了巨大胜利。同1968年秋季的68%相比，1974年在南部只有8%的黑人儿童在全黑人学校就读。

我个人关于用校车接送学童和一般民权问题的基本观点，在我1972年1月28日给约翰·埃利希曼的一份备忘录中得到详细的阐述：

> 我在此首先提出一个问题，即每个美国人应当有自由选择住房、教育和就业的权利。我支持家庭援助计划，尽管我十分怀疑这个办法是否有效。我之所以表示支持，主要是根据这样的结论，即只有依靠这种计划，千百万生活在贫穷线以下的家庭的自由选择权利才有可能成为现实。我所说的选择自由当然有其深刻的哲学含义，而并不具有1966年到1967年和1968年期间在南部为学校诉讼案进行斗争时所使用的那种狭隘的阻挠主义的含义。利用法律手段实行的种族隔离教育、利用法律手段实行的种族隔离住房安排、利用法律手段对平等就业的阻挠，必须全部消除干净。
>
> 我相信，虽然利用法律手段实行的种族隔离是完全错误的，在住房和教育方面强行取消种族隔离也同样是错误的。

我认识到，这一立场将使我们面临一种局势，即大部分黑人依然住在黑人居住区，大城市地区还将有黑人占大多数的学校和白人占大多数的学校。在坚决认为那些力主强制实行取消种族隔离教育的人实际上是在推行白人至上主义时，我不能像斯卡蒙那样走得很远，然而不幸的是，这种说法多少有点事实根据……

无论如何，我认为布朗所谓在教育上取消种族隔离将提掖黑人而不会压抑白人的说法是否正确，是值得怀疑的。可是，虽然关于种族隔离教育的质量是否低劣这一点还可能有某种疑问，在另一问题上却丝毫不容置疑，那就是需要过多地用校车接送学童的教育在质量上肯定是低劣的。我强烈地谴责并毫不含糊地反对为了达到种族比例平衡而用校车接送学童……

在阐明了上述观点以后，我还强烈谴责我认为是绝对武断的另一个观点。我国此时此刻在住房或教育方面强制消除种族隔离的条件尚未成熟……

我们显然必须面对一个铁一般的事实，即法律不能超越人民自愿支持的程度。在禁酒法问题上如此，在教育问题上更加如此，而在牵涉到经济问题的住房问题上就尤其如此……

我们不能把这个问题扫到地毯底下去。在明年的一年当中，这个问题将在全国各地爆发……你知道我对种族问题的看法是不是极端自由主义的。然而，我不能规避严厉批评正确方面的责任……即使我居然相信（我认为这是不可能的）在教育和住房方面强制取消种族隔离对黑人最为有利，对白人没有多大害处，我可能也无法问心无愧地加以支持。我想用这个备忘录来说明：通过我对全部有关问题的慎重评价而不是出于党派政治的动机，我凭良心得出的结论是，我现在必须坚定地、毫不含糊地针对这两个有争议的问题提出我的看法，并且如有必要，我将带头提出一项宪法修正案。

尽管我当时曾考虑要提出一项宪法修正案，我现在却相信，如果那样做了，

第六章 总统职位（1969-1972）

那就势必会使我们面临的在教育和住房方面取消种族隔离这些已经是爆炸性的问题进一步激化。

我个人始终认为，学校取消种族隔离的症结所在是教育的质量问题。我认为，布朗一案的判决所根据的原则是：南部的双重学校制是错误的，但这并非由于种族隔离本身的错误，而是由于它在实践中产生了教育质量低劣的黑人学校。我觉得，高等法院后来的各项决定把水搅浑了，因为它错误地假定这是关系到种族而与教育无关的问题。我根本不相信"伟大社会"计划的制订者所设想的所谓教育是各种社会障碍的伟大铲除者这种说法。我认为住宅环境对人生的成就所起的作用比任何分量的消除种族隔离的教育更为重要，把家境贫困的黑人儿童用校车送到比较富裕的白人的学校去就读，对他们的学习方式不会产生什么影响。

我在任总统的年代里，首先把重点放在改善街道学校的教育方面。1972年3月16日，我在致国会的一项咨文中提议拨出25亿美元以上，主要用于改善穷苦家庭儿童的教育。我希望这样做了以后，我们能够拯救一代过去注定要在主要城市接受劣等教育的前途渺茫的儿童。

人们对最高法院关于用校车接送儿童的决定应该作何解释，继续进行了激烈的争论。一些低级法院下令制订或批准用校车接送学童的计划，远远超过最高法院原来的意图。1972年，最高法院首席法官伯格颁布了一份指导全国各级法院的条文节略，其中明确指出，最高法院并不要求为了达到种族比例平衡而用校车接送学童。

1974年，就在我辞职以前，最高法院认为，除非学校区为了或意图隔离黑人和白人而被不公正地划分开来，法律不要求用校车接送学童以保证种族比例的平衡。这样它就进一步赞同了我的主张。首席法官伯格写道，他认为"公共教育的任何传统都比不上地方管制这个传统来得根深蒂固"。

就我的政府在民权问题上的全部成就来说，我认为我们有理由自豪地指出，我们用和平方法在南部取消学校种族隔离这一问题上是有成绩的。1970年学年开始后不久，帕特·莫伊尼汉在一份备忘录中这样说："美国公立中小学教育的结构在过去一个月当中所发生的变化比以往 100 年还要大。"

柬埔寨事件和肯特州立大学事件

1970 年年初,我国的情报表明,北越向南越进行的共产党渗透有显著的增加。此外,北越人已经开始把大批军队和装备调进柬埔寨和老挝。

鉴于敌方的这种活动,我认为我们必须考虑可能采取的主动行动,向敌方表明我们依然是认真看待我们对越南所承担的义务的。

2 月 21 日,基辛格在巴黎同北越人举行了第二次秘密会谈。自从 8 月的第一次会谈以来,局势已经发生了引人注目的变化,主要是由于我去年 11 月 3 日的演说加强了我在国内的地位。1 月底举行的一次盖洛普民意测验表明,全国 65% 的人同意我对越南问题的处理办法。使北越人感到更加不安的肯定是关于我们正在同他们两个主要的军事后台进行对话的消息:苏联最近提议在波恩举行关于柏林问题的四国会谈;中国共产党人同意在华沙恢复同我们的大使级会谈。

这次黎德寿同春水一起参加了同基辛格的谈判。黎是河内的政治局委员,这说明谈判至少已经达到作出决定的阶段了。

基辛格力图利用公众对我讲话的反应,着重警告他们不要低估我的越南政策所获得的强烈支持。基辛格告诉他们:"我知道你们在巴黎见到许多十分同情你们立场的美国人。但是在上次选举中,选票的大宗汇集来自右派而不是左派。尼克松总统能够号召约翰逊总统所号召不到的人。"黎德寿温和地反驳说,他的印象是自从 8 月以来,美国国内的反战运动空前高涨了。他说,他看到过参议院外交委员会、民主党和克拉克·克利福德等发表的要求完全撤出美军和更换阮文绍政府的许多声明。黎直截了当地告诉基辛格:"美国人民和新闻界如同南越大多数人民一样,也反对现在这个阮文绍—阮高其—陈宝剑政府。"

基辛格从一开始就感到黎德寿这番装腔作势、故意夸大其词的话掩盖了北越人内心的疑虑。这种估计似乎在后来北越人变得比较和解的会谈中得到了证实。实际上他们显然准备在私下进行认真的谈判。他们建议 3 月 16 日再次举行会谈。

基辛格返回华盛顿后在汇报时说:"这是一次重要的会谈,确实是自从你执政以来,甚至从 1968 年谈判开始以来最重要的会谈。"

在基辛格建议下次秘密谈判我们应采取什么策略的备忘录的末尾,我写了短短几句的批注,讲到我认为他在下次会谈时应该采用的对付北越人的办法。我写道:"不要过多地争论'他们这是什么意思或者那是什么意思'。他们是靠这类讨论起家的。你要立即就两个主要问题作出毫不妥协的决定,并且说'我们打算把细节留给下级去处理'——否则,你会把两天时间花在枝节问题上,实质性的问题得不到进展。我们需要在原则问题上——在实质问题上——取得突破。告诉他们,我们希望立即讨论核心问题。"

3 月 16 日,基辛格同北越人再次会谈时,他告诉他们,如果能够商妥解决办法,我将在 16 个月内从越南撤出我们的全部军队。他们看来是感兴趣的,但意图还是不明朗。基辛格的结论是:"再有两次会谈,定见分晓。"

几天以后,一个出乎意料的事件完全改变了局势。3 月 18 日,在柬埔寨国家元首西哈努克亲王访问莫斯科期间,他被一次不流血的军事政变推翻了,激烈反共的朗诺将军上了台。

朗诺发动的政变完全使人感到突然。中央情报局未能看到任何迹象表明西哈努克的反对派已经走得这么远了。"那些在兰利[1]的小丑们,他妈的都在干些什么?"我不耐烦地问比尔·罗杰斯。

我当即倾向于尽一切可能帮助朗诺,但是罗杰斯和莱尔德竭力主张采取克制态度。他们指出,莫斯科、北京和河内多半手忙脚乱,并且会怀疑我们出钱发动了这场政变。他们争辩说,如果我们现在就提供经济和军事援助,我们将证实这样的怀疑,甚至北越人可能以此作为借口,放弃官方表面上不介入的姿态,从而发动一次对柬埔寨的全面入侵。赫尔姆斯也主张克制。他报告说,朗

---

[1] 兰利是美国中央情报局总部所在地。——译者注

诺政府不一定能够维持下去。他说，如果我们急急忙忙去援助一个甚至在我们的援助到达之前就可能被推翻的政府，我们就势必会陷入极不光彩的境地。

我决定至少在一星期之内暂不提供援助。在此期间，朗诺的军队在同样受过良好训练的共产党红色高棉和北越人的战斗中打得异常出色，因此，他着手依靠自己的力量关闭柬埔寨的西哈努克港，从而切断了共产党一条主要的物资供应线。

在这种情况下，基辛格准备同北越人在巴黎再次举行会谈。在他出发前，他呈交给我一份备忘录，请求我批准他想要遵循的策略。他认为时机已到，该由我方采取坚定的立场，并且探索共产党人是否有诚意进行谈判。我同意这一策略，甚至要他加以充实。我在他的备忘录上写道："提出谈判的时间限制。"

那次会议进行了近五个小时。北越人还是谈不拢。基辛格认为，柬埔寨事件已经使他们很慌乱，他们指责我们策划了那次事件。根据我的指示，他提出必须为秘密会谈达成一项协议规定期限。当他们不同意这样做时，他建议关闭这条渠道，直到这方或另一方有新的问题需要讨论时为止。

柬埔寨和越南的整个局势日益紧张，因此我认为我个人必须作出一个十分痛苦的决定。我取消了我们预定在春天晚些时候参加戴维在阿默斯特大学和朱莉在史密斯大学的毕业典礼，虽然我知道帕特和朱莉多么殷切期待我们能去参加。帕特从来没有享受过父母参加自己的各次毕业典礼的欢庆，因此我知道她一直盼望参加朱莉的毕业典礼。朱莉也万分失望。她竭力抑制自己的泪水，并且说从中捣乱的只有几个激进小集团，她所认识的每一个人——包括那些反对越战和我的政府的学生——都认为我应当可以参加毕业典礼。

特德·阿格纽对这件事的反应特别强烈。他几乎按捺不住他的愤慨说："总统先生，不要让他们把你吓唬住。你在那里也许还不失为一位总统，但你是她的父亲，做父亲的应当可以参加女儿的毕业典礼嘛。"然而，特工处得到报告说，有人已经在策划几起反对我的抗议示威，此外，还可能发生一起扰乱毕业典礼的丑恶事件，不仅是冲着我来的，而且是冲着其他所有的学生和家长来的。这种可能性很大，不值得去冒风险。

第六章 总统职位（1969-1972）

尽管秘密谈判陷于僵局，柬埔寨的军事形势日益恶化，但我还是决定继续进行原定于4月20日宣布的撤军计划。我就此问题同基辛格作了详谈，我们一致认为给逐渐高涨的春季反战抗议风暴迎头一击的时机已经来了。

越南化已经进行到一定程度，以致我们第一次感到可以规划来年的撤军了。因此，我们决定不宣布一个短时期内的少量撤军数字，而是由我宣布在未来一年中撤出15万兵员的计划。

4月20日，我在一次演说中透露这个撤军数字，使人们大为惊异。只有共产党作出的反应说那是战争升级。

到4月底，共产党人控制了柬埔寨的1/4，并且向金边逼近。显然，朗诺需要获得支援才能生存下去。如果共产党人最终把他推翻了，南越将不但从北面而且从西面受到威胁。这种局势一旦出现，势必危害我们的撤军计划，并实际上使共产党人在最后一批美军撤离之后可以放心大胆地攻击南越。

援助朗诺的问题拟在4月22日国家安全委员会的会议上讨论。那天早晨我很早就醒来，口述了一份给基辛格的备忘录：

假如我在我们今天会议上的想法同我此刻（4月22日凌晨5时）的想法一样，我觉得我们需要在柬埔寨采取大胆的行动，以表示我们是同朗诺站在一起的。

我并不认为他会存在下去，不过，他或许有存在下去的机会，反正我必须采取某种象征性的行动来帮助他求得生存。

这次我们可真的输了，因为我们上当了，相信我们如果进行援助，就会破坏他的"中立"，从而给北越人以干涉的借口。我们一而再、再而三地没有接受这样一个教训：共产党人从来不需要进行干涉的借口。

1956年在匈牙利，他们并不需要借口，那时国务院的专业人员提出了同样的论点，并获得杜勒斯的赞同，因为他那时累了，并且又是在竞选的期间。

他们在捷克斯洛伐克也并不需要借口,那时国务院的人员曾提出了同样的论点。他们在老挝也不需要找什么借口,在那里,因为我们没有在他们全面进攻开始之前就实施打击,以挫伤他们的锐气,以至坐失良机。他们在柬埔寨也是一样,在这方面,我们完全采取了袖手旁观的态度,只是向参议院声明,我们的大使馆里只有国务院七个笨蛋组成的代表团,并且不打算提供任何种类的援助,因为我们担心,如果提供援助,那就会"刺激"他们进行干涉。

他们正在那里轻易地取得胜利,过去25年来唯一敢于采取亲西方和亲美立场的柬埔寨政府正摇摇欲坠……

在国家安全委员会开始以后,我要同你商谈这个问题。

共产党人在柬埔寨的庇护所主要是在两个地区。鹦鹉嘴是伸进越南、离西贡仅33英里的一片地方。一支实力特别雄厚的南越军驻守在这一带的边境。我方的情报表明,共产党军队最大的集结地是在另一处边境地区,即鱼钩这一直插南越心脏的一片狭窄、弯曲的柬埔寨领土,在西贡西北约50英里处。这是情报机构称为"南越中央办事处"这一机关的主要活动地区。南越中央办事处是共产党人的流动指挥所,统辖军事司令部、供应、食品和医疗等机构。因此,鱼钩是隐蔽在各庇护所里的共产党部队的中枢,防御一定十分坚固。最初的情报认为,这一地区牢固的防御工事以及共产党集结的重兵可能给我们第一个星期的作战造成十分严重的伤亡。

我开始考虑让南越军队进攻鹦鹉嘴,然后派一支由美军和南越军组成的混合部队进攻鱼钩。给予南越人一次独立作战的机会,将极大地鼓舞他们的士气,并用事实证明越南化的成功。此外,这将为更加重要和更加困难的鱼钩作战提供良好的牵制性掩护。

我毫不怀疑,突入柬埔寨这一决定将使国内的舆论为之哗然。我知道我的主要对外政策顾问对扩大战争的问题有很大的意见分歧,我也意识到这个问题可能给我个人和我的政策带来政治灾难。

4月26日星期天晚上,我作出了决定,我们要全力以赴。南越军将进攻鹦鹉嘴，南越军和美军的联合部队将进攻鱼钩。

星期一上午，我同罗杰斯、莱尔德和基辛格一起开会。会议的气氛紧张，因为尽管罗杰斯和莱尔德至此已放弃说服我不要在柬埔寨采取行动的希望，他们仍然认为他们可以说服我不要投入美国部队。罗杰斯说："那样做将使我们付出巨大伤亡的代价而没有什么收获。我根本不相信那是一种削弱敌人战斗力的打击。"莱尔德说："我并不反对搜索南越中央办事处，但我不赞成采取的那种办法。"看来使他更为不愉快的是，我们在决策过程中显然冷落了五角大楼。他还暗示，艾布拉姆斯将军不一定会同意对南越中央办事处采取的作战行动，不过，当基辛格反驳他时，他缩了回去。虽然如此，我还是在会后立即通过秘密途径拍了一份电报给艾布拉姆斯，命令他把他自己的"原原本本的真实想法"告诉我。

艾布拉姆斯和美国大使埃尔斯沃思·邦克的联名答复表明他们给予充分的支持。他们在具体谈到进攻鱼钩时写道："我们一致认为，对这一地区的进攻会使敌人感到最大的不安，因为他们迄今为止认为他们的庇护所是可以避免地面攻击的。"艾布拉姆斯在另一段加上了他个人的看法："我个人认为，攻入柬埔寨境内敌人的庇护所是此时应当采取的军事行动，因为无论从我国武装部队的安全或从推进越南化计划的角度来看，那些进攻都有助于我们在南越的使命。"

那天晚上，我独自坐下来，对那个决定作了一次最后的审核。那时要取消行动计划还不晚：第二天早晨才执行对鹦鹉嘴的进攻，而对鱼钩的进攻则要在两天以后。我拿起一本便笺簿，开始列出两场作战的利害得失清单。所包含的风险和危险无疑是巨大的；战场上并没有绝对的胜利把握，国内肯定要掀起轩然大波。然而，同样毫无疑问的是，柬埔寨境内庇护所的继续存在势必威胁滞留在南越的美军的安全；并且，只要我们一撤走，共产党几乎肯定要发动进攻。

翌日凌晨，我把我的笔记交给基辛格看。他眨了眨眼睛，随手从他携带的文件夹中拿出了一张纸条，递给了我。纸上开列的项目同我开列的几乎相同。

"总统先生，我做了同样一件事。"他说，"看来我们能够从不同的角度作出同样充分的论证。"

我说，就我本人而言，向共产党人显示我们决心保护我们自己和我们盟国这一简单的事实具有十分重大的意义。"既然我们已经作了决定，今后在我们之间就不应当再有埋怨，"我说，"即使事情办糟了，也不应如此。特别是如果整个事情办糟了，就更不应如此。"

4月29日星期三，南越通过广播宣布了鹦鹉嘴的作战行动。参议院主要的鸽派议员在几分钟之内就站到了电视摄影机前，要求我拒绝对阮文绍发动的进攻承担责任，并且不派任何美军投入柬埔寨。那天一整天，我继续起草我将在次日晚间发表的宣布作战行动的演说稿。我请罗斯代我打电话给朱莉。"我不愿使她感到不安，但是，在我发表演说以后，各大学学生真有可能会大发脾气。"我说，"因此，烦你打个招呼，就说我要她和戴维离开学校到我们这里来。"

那天夜晚我难以入睡。在床上翻来覆去折腾了约摸一个小时以后，我起床到林肯起居室坐到凌晨5时半。上午9时，我走进我在行政办公大楼的办公室，阅读打字讲稿的开头几页。那天下午，我请霍尔德曼和基辛格过来，以便向他们朗读我要发表的公告。我请基辛格把要点告诉乔治·米尼，因为我知道工人的支持是至关重要的。不久，他汇报说，米尼全心全意地支持我的决定。基辛格却没有在他的国家安全委员会工作人员当中获得这么大的成功。他的三名高级助手决定辞职，以示抗议。

在椭圆形办公室发表讲话之前不久，我到白宫剧场向两党的国会领袖简单地介绍了情况。我说，我知道他们当中有许多人会反对我作出的决定。我了解他们的想法，我尊重他们的情感。我对他们说："不管你们认为我做得是否正确，我只想让你们了解我决定这样做的理由在于我断定这是结束战争、拯救我国士兵生命的最好方法。"

我环视会场，看见人们精神集中、表情严肃。一些最有势力的鸽派议员在座：富布赖特、曼斯菲尔德、艾肯、肯尼迪。他们一定已经体会了我说话的诚

第六章 总统职位（1969-1972）

意，尽管他们依旧反对我作出的决定。当我离开会场时，大家都起立鼓掌。

我在讲话的开始叙述了共产党人对我最近宣布撤军计划的反应是在整个印度支那逐步加强进攻。我说："为了保护我们在越南的人员，为了保证我们撤军和越南化计划获得成功，我断定现在是我们采取行动的时候了。"

我用一幅地图来说明柬埔寨境内的庇护所在地理和战略上的重要地位，介绍了南越人在鹦鹉嘴的作战行动。然后我宣布，一支美国和南越的联合部队将攻入鱼钩。

我强调指出，这并不是入侵柬埔寨。那些庇护所完全是由北越军队盘踞和控制的。一旦北越人被逐出庇护所，他们的军需品被摧毁，我们就撤走。我说，这个行动的目的并非要把战争扩大到柬埔寨，而是要使实现和平成为可能，以结束越南战争。

为了充分说明我这项决定的意义，我继续说："如果在危急关头世界上最强大的国家——美国——在行动上像是个可怜的、束手无策的巨人，极权主义和无政府主义的势力就会威胁全世界的自由国家和自由制度。"

讲话结束后，我和我的家属在白宫的日光浴室里坐了一小时。他们讨论了我的讲话，力图估计将会有什么反应。然后我到林肯起居室，开始回答那些在我讲话后打来的电话。

10时30分刚过，我获悉首席法官沃伦·伯格到了白宫门口，给我带来一封信。我指示值勤的特工人员立即请他上来。

"我本不想打搅你，总统先生，"伯格说，"不过，我想让你知道，我认为你今晚的讲话含有一种关系到历史发展和命运的深刻意义。"

我说，批评者们已经开始谴责我的讲话和决定了。然而他说，他断定人民会给予支持的。他又说："我认为凡是真正留神听了你的讲话的人都会意识到，作出这项决定需要多大的勇气。"他还指出，任何认真思考过的人都会意识到，我作为一个精明强干的政治家，显然不会做任何可能有损于共和党在11月大选中获胜的事情，除非我认为这样做对国家的安全来说是绝对必要的。

"首席法官先生，说句最知心的话，"我用我同他讲话时一贯使用的他的正式职称对他说,"我是现实主义者,我充分知道,如果这次作战行动失败了,或者如果发生其他什么事情,使公众对我的支持下降到我认为不可能重新当选总统的程度,那么,我希望你做好准备,争取在1972年获得提名。"

我最后在凌晨3点钟左右回到卧室时,看见朱莉写给我的一封短信。

亲爱的爸爸:

今晚我为你感到十分自豪。你对越南局势的解释无懈可击——我相信美国人民是会理解你为什么作出这样的决定的。我尤其要告诉你,你最后向南越、北越、苏联以及美国人民传达的信息是多么有力、多么真诚。我认为,你的讲话所表达的最坚定的主要想法是:我们不能听任1700万人民过着地狱般的生活,也不能因无条件地撤出越南而危害争取未来世界和平的机会。

我知道你是正确的,再说一遍,我是多么自豪。

爱你的
朱莉

对我的讲话的反应完全是在预料之中。参议员马斯基说:"这个讲话证实了我本来不愿意作出的判断:总统决定用武力而不是用谈判的方法来结束战争。"明尼苏达州参议员沃尔特·蒙代尔说:"这不仅是势必扩大战争和增加美国伤亡人数的灾难性的升级,而且直言不讳地承认了越南化的失败。"

《新共和》杂志头版社论的第一句话是:"理查德·尼克松将永垂史册,这是可以肯定的,但不会很快就做到这一点。"接着它说我的讲话是"矫揉造作的""带有欺骗性的""一场骗局",是"质量不高的"和"危险的"。《纽约时报》说我"脱离了"国家的实际。

英国的《经济学家》杂志发表了迥然不同的观点:"把战火烧进柬埔寨的不是美国人,而是共产党人。几年来,北越已经破坏了这个国家的中立地位,虽然全世界其余的部分几乎一声也没哼过……谴责美国'侵犯'中立的柬埔寨,就像谴责英国1944年'侵犯'形式上中立的荷兰一样不合理。"

虽然睡眠很少,我在讲话后的第二天却起得很早。我到五角大楼听取参谋长联席会议及其高级顾问们关于柬埔寨作战的第一手情况汇报。当我穿过几条过道走到情况汇报室时,我被欢呼的、争着同我握手的人群围住了。他们高呼:"上帝保佑你!""做得对!""几年前我们就该这样干!"

情况汇报室里的气氛一般说来是积极的,即使多少有点克制。巨幅战区地图几乎占了一面墙,不同颜色的图钉表示各部队的位置和运动情况。在汇报人员介绍这次作战所取得的初步成果时,我不由得越来越专心地研究起地图来。我注意到除鹦鹉嘴和鱼钩以外还有四个标着被共产党部队占领的地区。

我突然问道:"在南越军和我们自己的共同努力下,我们有没有能力对其他所有那些地区发动进攻?我们能不能拔除所有的庇护所?"

对我的问题的回答是强调说明,任何这样的行动将在新闻界和国会得到十分消极的反应。

"关于政治上的反应,不妨由我来判断。"我说,"其实,为了这次作战行动,我们已经经受了政治压力。如果我们能够一举摧毁其余的庇护所,从而大大减少对我军的威胁,那么现在就是动手的时候了。"

每一个与会者似乎都在等待别人先开口。我惯常喜欢仔细考虑一番,不过这次一反常态,当场作出决定。我说:"我要拔除所有那些庇护所。你们要制订必要的计划,然后立即付诸实施。要把它们铲除干净,不让共产党人利用它们来反对我们。永远不让。"

在我听取情况汇报以后离开五角大楼时,工作人员再次拥进过道。等我走到门廊时,我被友好欢呼的人群团团围了起来。一位妇女在代表她那正在越南服役的丈夫向我表示感谢时显得特别激动。我想到这些有亲人在越南作战的男男女女时,不禁又想起那些学生利用他们缓役和在我们社会上享有的特权地位,竟在校园里扔炸弹、纵火和横行肆虐。

在谈到我国在越南的士兵时,我说:"我见过他们。他们真了不起。你们看见这些不务正业的浪荡子正在炸学校。听着,今天上大学的学生是世界上最走运的,上了最好的大学,但是他们正在大学里烧书,为了当前的问题到处闹事……但是,我们在越南却有一些忠于职责的孩子。我见过他们。他们显得形象高大,并为此感到自豪。"

那天下午,当反对进军柬埔寨的风暴继续高涨时,我决定把经受了高度精神紧张的一家人带离白宫,至少享受几个小时的休息。天气暖和晴朗,因此,我提议乘"美洲杉"号顺波托马克河而下,直抵芒特弗农。

按照传统,所有途经芒特弗农的海军舰只都要向安葬在那里的乔治·华盛顿致敬。当我们驶近时,我叫大家登上甲板,面对河岸。帕特站在我的身旁,然后依次是戴维、朱莉和贝比·雷博佐。在我们驶过首任总统的陵墓时,"美洲杉"号的扩音器播送了《星条旗》的乐曲。我们肃立致敬,直到最后的音符消逝为止。

等到"美洲杉"号返回华盛顿时,那天上午我在五角大楼关于"不务正业的浪荡子"的谈话所引起的愤怒反应几乎压倒了人们对柬埔寨讲话本身的反应。

整个1970年春季,全国经历了大学里一次又一次剧烈的骚乱浪潮。如同在1969年年初发生的动乱一样,这次问题大部分是针对学校本身的,涉及纪律规章、学校管理以及少数民族子弟入学等。

1970年发生的多起大学骚乱同以往发生的骚乱不同之处在于爆炸事件和暴力行动有所增加。激进团体公开煽动向它们所不满的学校扔炸弹。

在1969—1970年这一学年,发生了1800次示威、7500次逮捕、462人受伤(其2/3是警察)、247起纵火案、8人死亡的事件。

1970年4月是暴力行为闹得特别凶的一个月。邻近加利福尼亚大学圣巴巴拉分校的一家银行,再次被纵火焚烧。在堪萨斯大学发生了一起纵火案,烧毁了价值200万美元的楼房。在俄亥俄州立大学要求接纳更多黑人学生和取消校内后备军官训练队的示威人群同警察激战达六小时,有600人被逮捕,20人受伤。州长詹姆斯·罗兹最后不得不召来1200名国民警卫队员,实行宵禁

第六章 总统职位（1969-1972）

以平息大学校园里的骚乱。

作为对资本主义的抗议而焚烧银行以及作为对军国主义的抗议而焚烧后备军官训练队大楼，都是犯罪的和野蛮的行为。然而我觉得，最骇人听闻的是我认为对大学全体师生所应有的学术生活本身进行破坏的那些事件。3月间，一个纵火犯给伯克利的加利福尼亚大学图书馆造成了32万美元的损失。4月底，作为支持在纽黑文被控犯有杀人罪的黑豹党人的示威行动的一部分，有人在耶鲁大学法学院地下室放火焚烧了价值2500美元的图书。

一桩最可耻的事件发生在斯坦福大学。4月24日，一个反对后备军官训练队的团体放火焚烧了该大学的行为科学研究中心。前来美国讲学的印度人类学家M.N.斯里尼凡斯教授的办公室也被完全烧毁，他个人的笔记、文件以及手稿均被付诸一炬。

当帕特·莫伊尼汉向我报告这个悲剧以后，我给斯里尼凡斯教授写了如下的信件：

> 如同其他无数的美国人一样，我听到消息以后简直难以相信，你在行为科学研究中心的书房被扔进了燃烧弹，你毕生的工作成果大部分化为灰烬。
>
> 纵然你获悉绝大多数美国人民和美国学术界坚决反对干这种勾当的个人或若干人所采取的手段，你也不会感到多大的安慰。说他们是疯子，这还不能原谅他们。说他们简直十恶不赦（更有可能就是如此），也不能把他们轻易放过。
>
> 我希望你在研究工作方面所表现出来的关于社会人类学的伟大洞察力，也许会在此时此刻帮助你理解这一悲剧。无论如何，请相信，你是一位受尊敬和受欢迎的客人。这个国家如同全世界其他国家一样，赞赏和珍视你的工作。

我相信，凡是在五角大楼听过我的谈话或听过谈话录音的人无疑都知道，我提到那些焚书和炸毁学校的"不务正业的浪荡子"时，分明指的是在伯克利和耶鲁的纵火犯、在斯坦福扔燃烧弹和干其他类似勾当的家伙。第二天上午,《华盛顿邮报》的标题正确地反映了我的意思:"尼克松谴责在校园里焚书和扔炸弹的'不务正业的浪荡子'。"

然而,《纽约时报》的头版标题却表达了一种略有不同的意思:"尼克松给一些大学激进派扣上'不务正业的浪荡子'的帽子。"转到另一版上继续报道这一消息的标题是:"尼克松谴责大学校园里的'不务正业的浪荡子'。"

几天之内,人们普遍获得的印象是我把所有提出抗议的学生都叫作"不务正业的浪荡子"。

宣传工具对"不务正业的浪荡子"这一提法的报道和解释,给许多大学里已经无法控制的持不同政见者的情绪火上加油。全国学生联合会要求对我进行弹劾,包括大部分常春藤协会诸大学在内的11所东部大学的编辑在他们的校刊上登载了一篇联合社论,号召进行一次全国性的罢课。

在华盛顿近郊的马里兰大学,当学生洗劫了后备军官训练队大楼并同警察发生了小规模的冲突时,有50人受伤。在俄亥俄州的肯特,两个青年在几百名示威者的围观下,向肯特州立大学校园里的陆军后备军官训练队大楼扔进点燃的照明弹,把该楼焚为平地。州长罗兹调来了国民警卫队。他说,肯特州立大学99%的学生希望学校继续上课,但其余的人"比褐衫党徒还坏"。

5月4日星期一,我请霍尔德曼到行政办公大楼办公室来研究旅行计划。他看起来焦虑不安。他说:"刚才来了电报,说在肯特州立大学发生了一场示威,国民警卫队开了枪,有些学生中了弹。"

我大吃一惊,问道:"他们死了吗?"

"恐怕死了。没有人知道是怎么回事。"

一场激烈的对抗,看来大约在中午时分开始形成。最后,一大群学生向警卫队员扔石块和混凝土块,迫使他们退到一座小山顶上。到了山顶,士兵们转过身来,其中有人开了枪。

在第二天的报纸上,我看到被枪杀的四个年轻人的照片,其中两个是旁观者,另外两个人曾抗议他们认为是错误的一项决定。现在四个人都死了。有人

第六章 总统职位（1969-1972）

号召全国学生举行示威和罢课。这场悲剧是否会触发几十起其他的悲剧呢？我无法从脑海里排除那几张照片上的模样。我不由得想到那些突然获悉他们的孩子由于在校园中示威而被枪杀的家庭。我给每一位家长写了亲笔信，即使我知道所说的那番话是无济于事的。

肯特州立大学事件发生后的几天属于我执政期间最不幸的日子之列。一个被打死的女学生的父亲告诉记者说："我的孩子不是一个不务正业的浪荡子。"当读到这一报道时，我心情万分沉重。

肯特州立大学事件也使基辛格大为泄气。他手下的工作人员由于柬埔寨问题而辞职了。他认为最忠实的朋友——过去哈佛大学的一些同事——给他写来措辞激烈的信件，要求他辞职，以信守他公开声称的道德观。

一天，基辛格收到好几封这样的信件。他来到我的办公室，闷闷不乐地坐下来，凝视着窗外。最后他说："仅就对外政策而言，我依然认为你的决定是正确的。但是，从已经发生的事情来看，我担心我也许没有就国内的险恶情况向你提供合适的建议。"

我告诉他，我充分意识到军事上和政治上的风险。我曾亲自作出了决定，为此我应当负完全责任。最后我说："亨利，要记住罗得的妻子的下场[1]。永远不要回头。不要把时间浪费在重温我们无法挽回的往事上面。"

使我震惊和失望的是，有人显然别有用心地向新闻界透露了比尔·罗杰斯和梅尔·莱尔德曾反对我关于柬埔寨问题的决定。作战仍处于关键阶段，我打电话给罗杰斯，告诉他我认为一旦总统作出了某种决定，内阁就应当予以支持。

内政部部长沃尔特·希克尔用一种比较公开的方式表达他的信念，认为我应当倾听学生们的意见，并同内阁多加磋商。他给我写了一封阐明这些看法的信件，但在此信送到白宫以前，抄件已经被美联社发表了。他后来解释说这是一件不幸的事。其他几位内阁和政府成员也采取了并不完全支持我的公开

---

[1] 据《圣经·创世纪》记载，罗得是亚伯拉罕的侄子，本来居住在索多玛城，两个天使警告他该城要毁灭，他便偕同家人出逃，但他的妻子不听嘱咐，回头观看该城的毁灭，于是化成一根盐柱。——译者注

立场。

在这满城风雨当中，两位还活着的真正了解我苦衷的美国人中的一位给我写了一封信，这对我来说具有重大的意义。

我收到一封寄自约翰逊城的短信，信中写道："亲爱的总统先生，我希望你有机会看到这份东西。顺致最良好的祝愿。林登·约翰逊。"随函附来约翰逊以前的一位助理约翰·P. 罗奇最近撰写的一篇专栏文章，题目是"总统作出决定"。这篇文章开头说："共和党政权同林登·约翰逊政府之间的区别在于尼克松先生宣布了一种'开放的行政管理办法'，其后果是政府15级以上的普通工作人员人人都认为可以不受拘束地评论总统的行动是否明智。"在列举几个否认参与我那关于柬埔寨问题的决定的内阁成员后，罗奇在文章的结束部分指出："人民把尼克松选举出来，让他作出抉择，他这样做了。谁都可以根据他所作的抉择的是非曲直对之抨击，那就是，说他是错误的。或者谁都可以支持他的行动（我就是这样做的）。然而，根据宪法规定，谁都没有权利由于他未同富布赖特参议员、芬奇部长、帕特·莫伊尼汉或五角大楼的国际安全事务处磋商而指责他的决定。"

肯特州立大学事件引起了一场席卷全国的大学生抗议浪潮。每天的新闻报道使人感到那种骚乱仿佛有点像造反。数以百计的大学校园经历了一阵突然爆发的狂暴、动乱和纵火。在肯特州立大学伤亡事件发生后的第一个周末，450所高等院校由于学生或教职员的抗议罢课或罢教而关闭。不到一个月，在16个州的21所大学校园，国民警卫队出动了24次。

全国抗议日匆忙地决定于5月9日星期六在华盛顿举行。我认为我们应当尽力确保这件事情不致演变成暴力事件，并且表示我们对它并非无动于衷。埃利希曼主张我们尽量表示愿意同他们取得联系。基辛格却对示威的人们采取了特别严厉的态度。他们引起的暴力行动以及他们对实质问题的无知，使基辛格甚感惊愕。他强烈地认为，在柬埔寨战役胜利结束以前，我不应当显得过于柔和。用他的话来说，我们必须表明我们的对外政策不是靠上街示威来制定的。

我决定举行一次记者招待会，以减轻局势的紧张程度。风险是巨大的，我的工作人员对于在此时此刻举行一次记者招待会是否明智，意见分歧很大。大部分的记者和评论员必然要持严厉批判的态度，一次唇枪舌剑的记者招待会很可能把事情弄得更糟。然而，我还是决定进行，并宣布开会的时间定在5月8日星期五晚上观众最多的时候。

星期五晚上10时，我走进东厅，立即感到在炽热的电视照明灯下，群情激昂。几乎所有的问题都是有关柬埔寨军事行动和肯特州立大学事件的。

第一个问题是，我是否对抗议的激烈程度感到震惊，抗议是否会在任何方面影响我的政策。我回答说，我对抗议的激烈程度并没有感到惊讶。我知道那些抗议者之所以这样做，是因为他们觉得我的决定会扩大战争，加深我们的卷入，并增加我们的伤亡。"然而，我作出决定的理由同他们提出抗议的理由是一致的。"我说，"我感到关切，因为我知道他们有多么深厚的情感。不过我认为，我所做的事情将达到他们希望达到的目的。它将缩短这场战争，它将减少美国人的伤亡，它将使我们得以进行我们的撤军计划。我所宣布的在来年撤退的15万美军将按时回国。据我看来，它将有助于在越南实现公正的和平这一事业。"

一位记者问，我认为学生们在即将于华盛顿举行的示威游行中要说些什么。我希望我对这个问题的回答既富有同情，又不显得软弱无力。我说："他们会竭力表明他们需要和平。他们会竭力表明他们希望停止杀戮。他们会竭力表明他们希望停止征兵。他们会竭力主张我们应当撤出越南。我完全同意他们想要达到的每一个目的。然而，我相信我所作出的决定，特别是关于突入那些完全由敌人盘踞的柬埔寨庇护所的这最后一项十分艰巨的决定——我相信这项决定将有助于达到那个目的，因为我可以向你们保证，我的主张是符合他们的要求的。"

在记者招待会以后，我立即回复了打来的几十起电话，并给其他一些人打了电话。过去一两个星期发生的事件一幕幕闪现在我的脑际，我感到焦虑不安。

我睡了几个小时，然后到林肯起居室去。我放上一张拉赫马尼诺夫的第二钢琴协奏曲的唱片，坐下来静听音乐。马诺洛听到我已经起床，进来问我是否要喝茶或咖啡。我朝窗外望去，看见一小群又一小群的年轻人开始在白宫和华盛顿纪念碑之间的椭圆形广场上集合。我说，我认为林肯纪念堂的夜景是华盛顿最美丽的景色，可是马诺洛说，他从来没有去看过。我一时兴致勃发，说道："咱们现在就去看看。"

这是我的即兴活动，我故意不带工作人员或通知记者随行。因此，当报纸报道说，我没有能够同我遇到的年轻人交流思想，只谈了一些诸如体育竞赛和冲浪运动等无关紧要的话题，由此可以看出，我对他们所关心的问题无动于衷时，我感到特别懊丧。这种错误的印象一部分显然来自学生本身。其中一个学生告诉记者说："他并不真正关心我们为什么到这里来。"另一个说，我显得疲倦、迟钝，漫无边际地东拉西扯。

几天以后，约翰·埃利希曼在一次会议上谈到我由于同那些跋涉了几百英里前来抗议我的战争政策的学生谈论体育竞赛而造成的问题。我当时既疲劳又紧张，因而声色俱厉地对他说，如果一个总统的工作人员都相信人们所散布的关于他的不实之词，那就确实是很成问题了。

那天夜里，我向打字员口授了一份长篇备忘录，叙述当时的实际情况。我把这份备忘录送给霍尔德曼，连同送去一份分析我对这一事件的懊丧情绪的备忘录：

> 兹附上备忘录一份，说明在林肯纪念堂附近所发生的事情的实际过程。
>
> 在你看过以后，我想你会同我一样对报刊上关于我的活动的报道感到非常灰心丧气。我能够理解，为什么约翰·埃利希曼会从新闻报道中得到一种印象，仿佛我当时疲倦不堪，而我所谈到的又是冲浪运动和一些无聊的事情……
>
> 根据我对形势的估计，这次是这群学生——也许大部分出身于中产阶级或下中产阶级——大都像我上大学时那样贫困，长途跋涉来到了华盛顿——这次他们同一位美国总统谈话，是前所未有的。今后他们将看到我多次讨论这些为人们所愤怒地激烈争执的问题，这些问题他们以后将在华盛顿纪念碑旁边听到，并且目前就在他们的课堂里听

到。我能为他们出一大把力的，也许是设法把他们稍稍从他们漫无目的地徘徊于其间的可悲的思想荒原中解脱出来。

我给你写这份备忘录，并非想批评我们的工作人员，因为我认为我的工作班子从忠诚、勤奋等方面来说是历届总统的工作班子中表现得最好的。

唯一的问题是，在我们的工作班子中似乎还缺少这样一种人，他真正理解或懂得我力图按照一位总统对人民的正确关系来阐明的问题。不是新闻；也不是骗人的玩意儿，像急匆匆地赶往那所黑人预科大学，后面跟着一群电影摄影记者那样。整个这件事似乎是了不起的新闻资料，我知道可以大肆宣扬一番——也许实际上确实是这样。

但是在另一方面，我的确感到纳闷，不知道从长远的观点来看，这是否就是我们希望留给后人的遗产。

如果是这样，那么，我们也许应当尽可能毫不费力地和迅速地进行假公济私的活动，然后滚下台去，把政府的各项职责留给那些真正的唯物主义者——那些侈谈理想主义但根本不考虑对个人的体谅而实行残酷统治的社会主义者即极权主义者。这里所说的对个人的体谅，就是我在同学生们谈话时强调说明的对人格的尊重。

我向打字员口授了这份记述我去林肯纪念堂情况的长篇日记式备忘录，因为我想把一件对我来说是值得纪念的事记录下来，也因为我要清除新闻报道所造成的我会从事那种无聊谈话的印象。

马诺洛和我大约在4时40分走下汽车，沿着通向林肯塑像的台阶走去……

这时，几小批学生开始在纪念堂的圆形大厅里集合。我朝其中的一群人走过去……同他们握手。他们并不是不友好的。事实上，他们似乎多少有点吓住了，当然也感到十分惊讶。

当我开始对那一群学生说话时，他们大约有八个人。我一一问了他们的家乡，发现一半以上是从纽约州北部来的。那时在场的都是男生，没有女生。为了让谈话继续下去，我问了他们的年龄、学习的专业等一般性问题……

有两三个学生主动地说，他们因为整夜驱车赶到这里，没能听到我举行记者招待会时的发言。我对他们错过了机会表示遗憾，因为我在记者招待会上曾力图说明我在越南的目标同他们的目标完全一致——停止杀戮，结束战争，实现和平。我们的目标不是通过我们当时采取的行动去占领柬埔寨，而是从越南撤出来。

他们没有反应，于是我接着说，我了解他们多数人可能不会同意我的观点，但我希望他们不要由于在这个问题上同我们有意见分歧而妨碍他们在另一些可能同我们意见一致的问题上听取我们的见解。我还特别希望他们憎恨战争的心情（对此我完全能够理解）不致发展成痛恨我们的整个制度、我们的国家以及国家所代表的一切。

我说，我知道你们之中可能多数人认为我不是个玩意儿，然而我希望你们知道，我充分理解你们的感情。我回想起我比你们大不了几岁、刚从法学院毕业的时候，并且准备结婚，那时适逢张伯伦访问慕尼黑回国，发表了关于我们这个时代的和平的著名声明，我从收音机里听到这个消息以后感到多么兴奋。那时我几乎一无所有，因此，参军的前景对我来说简直是无法忍受的。我觉得，只要美国能够避免参加任何军事冲突，付出任何代价都是值得的。我还告诉他们我出身于一个教友会教徒的家庭，在那个时代比任何人都更有可能成为和平主义者。于是我自然就认为张伯伦是当代最伟大的人物，而当我读到了丘吉尔对张伯伦的全面批判时，我就认为丘吉尔是个疯子。

现在回想起来，我知道我那时错了。我现在认为张伯伦是个好人，但丘吉尔更有见识。我们现在的境况比原来希望的还要好，因为丘吉尔不但有才智而且有胆略来执行他认为是正确的政策，虽然那时他由于坚持"反对和平"的立场而在英国和全世界非常不得人心。

接着，我试图把话题转到可以引起他们谈话的方面去。我说，既

第六章 总统职位（1969-1972）

然他们有些人是第一次到华盛顿来，我希望他们趁年轻的时候不要错过旅行的机会。一个学生说，他恐怕没有这样的经济条件。我说，我年轻的时候也认为拿不出钱去旅行，但是我的妻子和我借钱游览了墨西哥，后来又借钱到中美洲去了一趟。问题是，你必须在年轻的时候去旅行。如果要等到手头宽裕才去旅行，你就会发现自己年龄太大，享受不到其中的乐趣了。只有年轻的时候才能享受旅行的乐趣……

这时，一位姑娘参加进来。我当时正谈到加利福尼亚，因此，我问在场的人有没有来自加利福尼亚的。她大胆地说，她是洛斯阿尔托斯人。我说，那是我所喜爱的加利福尼亚北部的城市之一，我希望它依然像我记忆中那样美丽。她没有作声。

为了引她说话，我告诉其余的人，如果他们去加利福尼亚，他们就会看到我们在解决环境问题时所能迈进的巨大步伐。我相信，他们都是关心这个问题的。我说，就在我加利福尼亚住处的南面，有世界上最大的冲浪运动海滩，不过，由于这片海滩划归海军陆战队所有，公众不能使用。我说我已经采取措施，要开放其中的一部分海滩，以减轻北面异常拥挤的海滩的负担，同时使人民有机会欣赏那里的大自然美景。我谈到，我们推进有关整个"生活质量"的环境计划的目标之一是掌握并更好地利用政府的财产，不能因为这种财产历来属于军用或其他用途的范围而原封不动地保持下去。

在我谈到这个问题时，在场的大部分人似乎都点头表示同意。

然后，我谈到我多么希望他们不仅有机会了解美国，而且有机会了解整个世界。我说，许多人会劝你们前往欧洲访问。我说，欧洲很不错，但它实际上是美国的较老的形式。它是值得观光的，然而我认为也许亚洲是他们最喜欢游历的地方。

我告诉他们，我十分希望在我执政期间，或者可以肯定说在他们这一生当中，中国伟大的大陆将对外开放，让我们有机会了解居住在那里的7亿人民——世界上最了不起的民族之一。当我谈到这一点时，他们大部分人似乎都点头表示同意……

随后，我把话题转到苏联。一个学生问我，莫斯科是什么模样？我说是"灰色的"。如果你们在苏联，访问莫斯科当然是重要的，因为它是历史名城和政治中心。然而，如果你们真想了解苏联，了解它那使人发生兴趣的变化和历史，你们就必须到列宁格勒去。我说，列宁格勒确实是苏联的一个比较引人入胜的游览地。那里的人民由于受中央政府的控制不太严厉，性格较为开朗。

　　我还说，论城市的美丽，他们会发现布拉格和华沙在建筑物的美观上远远胜过莫斯科。我谈到这一点，因为我当时正直接同一个自称是建筑系的学生交谈。事实上，在场有两个学生自己说是学建筑的，我认为他们会对这个问题感兴趣。然而，我谈到关于苏联的最重要的一点是，他们应当访问例如西伯利亚中部还处于自然状态的新建城市新西伯利亚，以及其居民为亚洲人而非俄罗斯人的苏联亚洲部分的撒马尔罕。

　　有一个学生问我是否有可能获得前往这些城市的签证。我说我相信是可能的，如果他们有人想到苏联去旅行，来我的办公室联系，我一定帮忙。这似乎引起了他们一阵轻轻的笑声。

　　然后，我回到原来的问题上，并强调指出，世界上真正重要的是人民，而不是城市、空气、水和其他物质上的东西。我举例说，在我访问过的所有拉丁美洲国家中，海地大概是最贫穷的……然而，就我回想起来的1955年的情况来说，海地人民虽然贫穷，却有一种尊严和一种十分动人的风度。我一直想再去访问，这并不是因为海地有美丽的城市可供游览，或有名菜佳肴等可供享受，而是由于海地的人民有上述品德。

　　接着，我用我在亚洲和印度看到的人民作为例证来阐述同样的观点，然后又把话题转到美国，再次向他们强调指出，决不应当同我国人民疏远，决不应当无视我国伟大的变化。

　　我表示对这样的情况感到忧虑，即黑人和白人虽然在各大学里一起上学，他们彼此的接触却并不比他们不在一起上学时来得多……这

第六章 总统职位（1969-1972）

番话似乎产生了效果，虽然他们谁也没有很多话要说，也没有人明确地作出反应。

这时，我周围的人开始大大增加了。我估计他们已经从最初的8至10人增加到30人左右，其中有几个看来岁数大一些和更像领导人的学生开始参加谈话。

有一个学生响亮地说："我希望你理解到我们是愿意为我们的信仰而牺牲的。"

我说，我当然理解。你们可知道我们这一辈人有许多像你们这般年龄时也愿意为自己的信仰而牺牲，并且至今仍然如此？问题在于我们是要努力建设一个并不需要你们为了信仰去牺牲而是能够为了信仰而生存的世界。

我插进去扼要地谈到我在记者招待会上讲过的一个问题，即虽然我们同苏联人之间存在着巨大的分歧，我们却必须设法限制核武器。我个人希望我们在这方面能够取得进展。他们似乎对这个问题没有什么兴趣。这也许是由于我们的话题转得太快，也许是由于他们对我在那里出现感到过分惊奇。

这时另一个学生朗声说："我们对布拉格是什么模样不感兴趣。我们关心我们在美国建立什么样的生活。"

我说，我谈论布拉格和其他地方的全部意义在于谈论那里的人民，而不是谈论那个城市。在未来的25年当中，世界将变得比现在小得多。我们将生活在世界各地，因此极为重要的是，无论各地的人们生活在什么地方，你们都要了解、理解和正确评价他们，特别是要理解你们本国的人民。

我说，我知道当前人们对环境极其重视——必须有清洁的空气、清洁的水、清洁的街道——并且你们和我同样知道，我们有一个十分大胆的计划，对上述一些问题的处理比过去任何这类计划都包括更多的内容。然而我想让你们去考虑一个问题，光是使空气、水和街道清洁并不能解决与我们大家有关的最深切的问题。上述是物质问题。它们必须得到解决。它们极为重要……不过你们必须记住，完全干净的东西也可以是完全枯燥乏味的和没有气概的。

我们大家必须考虑的问题是，我们为什么来到这里——哪些精神因素是真正关系重大的。在这里，我又回到我原来的话题，那就是要考虑人们，而不是考虑各个地方和各种东西。我坦率而诚恳地说，我还没有找到答案。可是，我知道今天的年轻人如同我在40年前一样，正在寻求对这个问题的解答。我这样谈，是要让他们确实认识到，结束战争以及清扫街道、使空气和水清洁并不会解决我们大家都感到的、成为有史以来生活中最大奥秘的精神上的饥饿问题……

谈到这里，天已破晓，晨曦初露光芒，他们开始攀登华盛顿纪念碑，我说我也该走了，便同挨我最近的几个人握了手，走下了台阶。

从底特律来的一个大胡子在我开始步入汽车时拍了一张照片。我问他是否想让自己也上镜头。他走到我身边。我说，不妨请总统的医生来拍这张照，于是特卡奇拍下了照片。大胡子看来很高兴——事实上，这是我在那里逗留的整个过程中所看到的最开朗的笑容。我在离开时对他说……我知道他是经过长途跋涉前来参加这次活动的，我也知道他和他的同伴对我们的政策感到十分失望和气愤，并且加以反对。我说，我只希望你的反对情绪不致变成对国家的盲目仇恨，而是要记住，尽管我们的国家有许多缺点，它却是一个伟大的国家。我说，你如果对此有任何怀疑，可以到护照办理处去看看，你不会看到很多人排队申请出国。在国外，你却会看到不少人排队申请入境。

他面露笑容，愉快地听完我的话。我们握手告别，然后我登车离去。

我知道，四五月的那些日子对我和我的工作人员来说都是艰辛的。霍尔德曼、埃利希曼、特别是基辛格在柬埔寨危机中首当其冲。我想用某种行动来表示我是多么感激他们的毅力和支持。5月15日，当我们在比斯坎岛度周末时，我问贝比，他的女友简·勒克可否给我缝点东西。

第六章 总统职位（1969-1972）

在飞返华盛顿途中，我请霍尔德曼、埃利希曼和基辛格到我的座舱里来。他们到齐后，我对他们所做的一切工作表示感谢。我说："事实上，你们应该为在过去几个星期执行任务时所负的创伤获得像紫心勋章[1]这样的奖赏。"

他们都笑了，并且说，他们不过是尽了自己的职责。

"不，"我继续说，"你们所做的工作超过了自己的职责，因此我设计了一种新的奖赏——蓝心勋章——授予坚定不移的人。"

我赠送他们每人一颗用蓝布做成的小小的心。"这将是我们的秘密，"我说，"但我想要你们知道我是多么感激你们所做的工作。"

当柬埔寨军事作战成绩越来越显著的时候，舆论在肯特州立大学事件后的几个星期内似乎有了好转。

5月20日，纽约房屋修建工会理事会发起了一次支持总统的向市政厅进军的游行。建筑工人同各种反战示威群众之间的冲突，特别是在市长约翰·林赛下令市政厅下半旗作为关于肯特州立大学悲惨事件"反省日"的一部分之后，已经在几处地方发生了。建筑工人决定支持我们的战争目的，参加他们这次游行的有10万多人。

我邀请建筑工人工会的领导人到白宫来。在拍摄了一张他们摆在内阁议事桌上的防护帽的照片以后，我向他们扼要地介绍了柬埔寨作战行动的背景。当我同他们握手时，一位工会领导人说："总统先生，如果当初有人有胆量早点攻进柬埔寨，他们也许已经把那颗杀死我儿子的子弹缴获过来了。"

5月中旬，《新闻周刊》发表了盖洛普民意测验的一项引人注目的结果。它表明65%赞成我执行总统职权的办法，其中30%自称"十分满意"。50%同意我派兵进入柬埔寨的决定，39%不同意，11%没有表态。对于"你认为肯特州立大学四名学生的死亡应该由谁负主要责任"这一问题的回答，58%认为"示威的学生"咎由自取，只有11%责备国民警卫队。

---

[1] 美国第一任总统乔治·华盛顿于1782年创立的勋章，紫色、心形，中有金色华盛顿头像，奖给在对敌作战中负伤的军人。——译者注

5月30日，即柬埔寨作战行动开始后一个月，我就一个月来的进展情况向全国作了电视报告。我同艾布拉姆斯将军交换意见后，能够向全国宣布这是越南战争中最成功的一次作战行动。在过去一个月里，仅在柬埔寨缴获的敌方武器、装备、军火和粮食几乎就同我们1969年在整个越南战场上所缴获的相当。

6月30日，我们准确无误地按照原订计划并且一字不差地按照我的诺言，宣布最后一批美军撤出柬埔寨。这次作战行动取得了完全的成功。我们所缴获的武器件数足够装备74个足额的北越步兵营；缴获的大米足够供应估计共产党人在南越的全部步兵营食用四个月；缴获的14.3万发火箭、迫击炮和无后坐力步枪弹药，相当于14个月作战的消耗量；缴获了199552发高射炮弹、5482颗地雷、62022颗手榴弹和8.3万磅炸药；此外，还缴获了435辆各种车辆，摧毁了11688座地堡和其他军事建筑。

最为重要的是，柬埔寨作战行动摧毁了共产党人在南越对我们军队发动春季攻势的能力。我们的伤亡从战斗前六个月内每星期93人下降到战斗后六个月内每星期51人；南越军的战绩表明越南化计划正在发生作用。我在4月20日宣布的撤军15万名的计划可以按时间表进行。最后，对朗诺的压力减少了，他现在大概能够生存下去了。这将意味着苏联和中国的重武器运往柬埔寨的主要进口口岸即西哈努克港将继续关闭。

在事先宣布的从柬埔寨撤军的那一天，参议院通过了库珀-丘奇修正案，这是战时针对一位总统实行的第一次限制性投票，实质上是要求我在7月1日以前将全部美军撤离柬埔寨。为撤军规定时间的象征性手法是一本正经的，正同这一行动本身是毫无意义一样，因为全部美国人都已经撤离柬埔寨。

从柬埔寨作战行动以来，基辛格同北越人举行的首次秘密会谈于9月7日举行。他发现会谈时没有出现他所预料的宣传和谩骂，而是充满着历次会谈所没有见过的最友好的气氛。他在为我总结会谈情况时写道："他们不但改变了腔调，而且表示愿意在实质性问题上采取行动。他们实际上放弃了他们所提出的6个月'无条件'撤退计划的要求，没有再提到那十点，并且表示愿意重新考虑他们的政治建议。他们迫切希望保持这条外交渠道。当我坚决主张这条渠道必须取得重大进展时，他们一再提议再次举行会谈。"

我对他的乐观情绪多少有点怀疑，因为在友好气氛以及和解的新因素的掩盖下，北越人依然坚持要我们废黜阮文绍总统，然后才能达成解决办法。在基辛格备忘录中有关阮文绍的那段文字下边，我写道："除非我们能够找到一种方案，否则双方可能在这个问题上破裂。"——纵然基辛格具有高明的谈判手腕，我也很难看出他能在这个具体问题上找到一项折中的办法。

预定在9月27日继续进行会谈。在基辛格说明他准备采取解决办法的备忘录上，我写道："我只想建议，要设法尽早着手解决核心问题。他们是当真的呢，还只是改头换面重弹老调呢？"

9月27日的会谈使任何取得突破的希望化为泡影。北越人无休止地争辩和重复他们的意见。他们表明，他们的策略是把阮文绍单独挑出来，说他是实现和平的绊脚石。基辛格中止了会谈，没有定下另一轮会谈的时间。

既然秘密会议似乎不可能取得可靠的进展，我决定公开提出一项重要的新和平计划。

由于在柬埔寨作战成功，我认为我们现在可以首次考虑同意在南越就地停火，而不必要求北越人同意撤退他们的军队了。只要在南越的共产党军队不能再依靠柬埔寨的庇护所来取得给养、军火和援兵，我认为南越军经过一年多的越南化而得到极大改善和加强以后，很快就能够保卫自己和他们的国家。

除了在印度支那全境实行就地停火以外，我的新计划的其他要点是：举行一次全印度支那和平会议，随后谈判制定一个撤出全部美军的时间表、规划一项反映"南越现有各种政治力量之间关系"的和平解决方案，以及立即释放双方的全部战俘。

10月7日，我在电视上提出了这项计划。五天以后我宣布，在圣诞节前将撤出4万名军队。这两项行动朝着消除解决问题的障碍迈出了一大步，从而有效地堵住了国内反战运动者的嘴巴，并把开始认真谈判的责任断然地放在北越人的肩上。然而，河内继续保持沉默，巴黎的秘密渠道依然关闭着。

休斯顿计划

到1970年，用暴力表达不同意见的演化过程酿成了一个丑恶的派生物：怙恶暗杀和爆炸的城市地下政治恐怖主义者。

这些团体中最突出的是黑豹党和气象员派。博比·西尔和休伊·牛顿1966年在经济机会办公室工作时成立了黑豹党。牛顿说，黑豹党的"联络部部长"埃尔德里奇·克利弗主张鼓动群众接受"革命的诱导来绑架美国大使，劫持美国飞机，炸毁美国输油管和建筑物，并枪击任何使用枪支和其他武器为帝国主义反人民的血腥勾当服务的家伙"。

黑豹党在全国各市区均设有基地。由于他们的组织规模不大，纪律严明，要事先获得关于他们的计划或预定袭击地点的情报是极其困难的。在1969年和1970年，有两名黑豹党员因暗杀了一个可疑的告密者而在法庭上表示服罪。

在1969年，警方说他们查获了一批黑豹党暗藏的武器，其中有冲锋枪1支、步枪13支、自制手榴弹1枚以及燃烧弹30枚。7月，在芝加哥的一次枪战中有5名警察负伤；11月，在芝加哥的一次枪战中又有2名警察被打死，6名负伤，1名黑豹党员被打死。12月，洛杉矶的警察同黑豹党人进行了一次历时4小时的枪战。仅在1969年，就有348名黑豹党员因各种严重罪行被捕，其中包括暗杀、武装抢劫、强奸和盗窃。"干掉警察！"是黑豹党的口号。

气象员派是"学生争取民主社会"组织的一个恐怖主义支派。在1969年举行的全国委员会会议上，气象员派决定进行一场关于地下战争、暗杀警察和爆破的新的运动。他们后来在第一份公告中声称："革命的暴力行动是唯一的手段。"估计气象员派的地下组织约有1000名成员，分成若干秘密的流动突击队式的分队。像对黑豹党一样，我们事先无法知道他们袭击的地点和方式。

在1969—1970这一学年中，恐怖主义者在大学校园里制造了多达174起的大规模爆炸和爆炸未遂案件。现在城市也变成了袭击目标。3月6日，〔纽约〕格林威治村的一座大房屋爆炸了，在废墟中发现了3具尸体、57包炸药、塞满炸药和大钉子的水管以及杀伤弹。那是气象员派的一座炸弹工厂。同一天，在底特律警察局的车辆里放置两枚炸弹的案件，证明与气象员派的活动有关。3月12日，在曼哈顿中城区三幢楼房中发生的爆炸迫使1.5万人撤出了这些建筑物。一个自称第九号革命力量的恐怖主义组织承认是他们干的。纽约市有一次在24小时内发生了400起以上的炸弹恐慌。3月30日，警察在芝加哥的一座气象员派炸弹工厂里发现了甘油炸药。

恐惧的心理在全国各地不断蔓延。与此同时，人们纷纷要求政府采取有效的措施。《纽约时报》的一篇社论说："不应当把前几天发生的爆炸事件和未遂爆炸事件看作误入歧途的理想主义革命者的行动而加以掩饰；它们是暗藏的杀人犯的犯罪行为……必须把这些进行恫吓和爆炸的分子当作名副其实的疯狂罪犯来对待。他们不仅应该受到法律的严惩，而且必须受到他们想要支配和破坏的整个社会的严厉制裁。"

J. 埃德加·胡佛告诉我，联邦调查局的特工人员听到传说，激进的学生团体正在策划使用纵火、爆炸以及绑架大学负责人和政府官员等手段来发动一次全国性的恐怖主义大进攻。中学里的暴力事件也在增加。劫持飞机的事件从1968年的17起增加到1969年的33起。

从1969年1月至1970年4月，据保守的统计，发生了4万多起爆炸案、未遂爆炸案和炸弹恐吓事件，平均每天80余起，价值超过2100万美元的财产遭到破坏，43人丧命。在这4万起案件中，64%是由身份和动机不明的爆炸者干的。

3月25日，我向国会递交了一份咨文，要求紧急立法，对那些造成他人死亡的爆炸犯判处死刑。然而，若干星期过去了，国会并未采取行动。

5月25日，《纽约时报》刊载了气象员派发表的"宣战书"的摘要，它宣称："在未来的14天之内，我们将袭击美国非正义制度的一个标志或机构。"两星期又一天以后，一枚定时甘油炸弹在纽约警察总局爆炸了。美联社接到一封署名"气象员派"的手抄信件，其中声称那颗炸弹是他们放置的，因为"这个国家的警察是我们的敌人"。

黑豹党同北朝鲜团体和激进的阿拉伯恐怖主义者交往甚密。我们知道，气象员派同北越、古巴和北朝鲜持同一立场。我极想知道外国对他们的支持是否超出了思想同情的范围。我相信已经超出了，他们的行动方式表现得很清楚。然而，情报机构始终没有得出肯定的结论。直到1977年《纽约时报》才报道说，联邦调查局发现了古巴和北越给予气象员派以直接支持的证据。古巴和北越的特务当他们的顾问，古巴情报机构指导他们逃脱联邦调查局的追捕，并为此提供了资金。古巴军官训练他们使用"实战武器"。

由于这一阵愚蠢的恐怖行为幸而已经过去了，我很难——也许不可能——描述那段时间里影响我的行动和反应的压力感，然而，正是这一阵前所未有的国内恐怖主义的流行病促使我们努力去寻求最好的办法，以对付这种新的社会现象，即那些发誓要用暴力来摧毁我们民主制度的、很有组织和很有技巧的革命者。

我努力向各情报机构寻求帮助。它们通力合作，制订了一项反击革命暴力的计划。三年以后，这项计划将公之于众并被称为休斯顿计划。有人攻击它是旨在用盖世太保的手段侵犯个人自由权利的授权书。从最近出现的情况来看，我们现在知道这项计划并没有采用过去联邦执法机构和情报机构所没有采用过的措施。

J.埃德加·胡佛于1924年就任联邦调查局局长，在此后的40多年里被誉为国家英雄。但是，在20世纪60年代中期，他意识到时代特征朝着对他不利的方向发展。一种新的自由主义时代兴起了，表现为更多地关心被告的权利而不关心如何保护无辜者。由于他毕生的事业即将结束，他就决心在最后几年不给任何人以进攻的手段来损害他本人或他的组织。在涉及联邦调查局的职能和特权时，他始终是十分本位主义的。他根本不信任其他情报机构，特别是中央情报局，并且始终尽一切可能抵制同它们协同工作。他显然反对为任何人火中取栗，以免发现自己突然处于孤立无援的境地。

在20多年中，联邦调查局的特工人员在必要时曾利用秘密闯入室内的办法去搜集外国情报、外国颠覆的证据以及有关国内暴力行动的情报。在1942年和1968年间，除侦察外国人以外，对于有进行颠覆或暴力非法活动嫌疑的国内团体进行了200余次秘密入室搜查。人们称这种搜查为"黑色公事包"工作。

第六章 总统职位（1969-1972）

1966年，鉴于很有可能要受到国会的调查和控制司法部的自由主义分子的反对，胡佛迅即取消了联邦调查局的"黑色公事包"工作以及秘密拆阅邮件的活动。他还大大减少了在室内安装窃听器的活动，因为这也需要秘密进入别人的房间。在1967年，他还削减了吸收学生和大学里其他人员充当告密者的名额。

就在胡佛削减了这些措施以后，国内的暴力事件以惊人的速度开始增加。约翰逊政府对此表示极大的关切。高级行政官员对联邦调查局施加压力，要它设法搞到关于潜伏的暴乱者及其活动的情报。这些高级官员甚至制订了他们自己的特别补充计划。

例如，虽然前任司法部部长把联邦调查局在种族示威问题上的作用只限于对其中的"颠覆性活动"进行调查，1967年上任的司法部部长拉姆齐·克拉克却责成联邦调查局"使用最大限度的调查手段和情报手段去搜集和汇报任何团体（不论人数多寡、作用大小或属何派系）的一切情况，了解其过去和现在是否有阴谋或诡计，想要策划、鼓动或加剧暴乱活动"。克拉克的主管民权司的助理司法部长约翰·多尔甚至走得更远：他表示关注联邦调查局在情报搜集和分析方面未能采取"广谱方法"，而是把注意力过分狭窄地集中于"传统的颠覆团体"或被怀疑犯有明显违法行为的个人。

克拉克和多尔还成立了一个中央机构，以整理"伟大社会"计划中有关贫穷、社会各界关系和法律咨询等问题的告密者提供的暴乱情报。到1968年，他们已有3000多人对邻居进行了告密。

到20世纪60年代后期，在白宫和拉姆齐·克拉克的司法部的压力之下，五角大楼于1963年成立的小型国内情报司扩大了很多。到1968年，有1500名陆军情报人员监视着各种类型的民间团体，其范围包括穷人游行、动员委员会、争取福利的母亲们举行的抗议以及各类研究黑人的组织。后来在1971年，莱尔德经过我的批准，取消了军方的这项情报计划。到那时为止，它已经积累了10万多人的档案材料。

1970年，联邦调查局的一个特工人员未经胡佛批准，在一起案件中向中央情报局提供了帮助，当中央情报局拒绝透露该特工人员的姓名时，这两个机构本来就不好的关系更恶化了。胡佛中断了两个机构的一切联系进行报复。我得到报告说，胡佛的这种行动再加上各情报机构之间一般缺乏协调的情况使我们在恐怖主义暴行达到狂热程度时得不到足够的情报。几个星期后，胡佛被情报界内部的批评激得更加恼火，他索性把联邦调查局同所有其他情报机构的联系都切断了，只保持同白宫的联系。

1970年6月5日，我召集胡佛、中央情报局的赫尔姆斯、国防情报局的D.V.贝内特中将以及国家安全局局长诺埃尔·盖勒海军中将开会。霍尔德曼、埃利希曼、鲍勃·芬奇和汤姆·休斯顿也出席了会议。休斯顿是一位年轻的律师，曾任国防情报局助理员，他在白宫班子里的工作包括处理激进分子的暴力活动问题。他深切关注美国情报机构在面对国内暴力行动时无能为力以及同共产党集团国家情报机构相比在能力上大为逊色的情况。

我告诉与会者，我要了解情报搜集方面存在着什么问题，以及必须采取什么措施才能解决这些问题。我要他们联合写一份报告，并请胡佛主持这项工作。

与会者组成了一个研究小组来估计形势并提出方案。他们起草了一份报告，得到中央情报局、国防情报局和国家安全局领导人的同意。这份报告后来送给了胡佛，他在文件上以脚注的形式对其中的若干段落加上了他个人的反对意见。

1970年6月25日，报告撰写完毕。这份报告的正式名称是"各情报机构联系委员会的特别报告（仅此目的）"。

报告开头对我们面临的问题作了简短的分析，从黑豹党和气象员派一直谈到共产党渗透者。这份报告把各种激进恐怖主义团体同那些仅仅发表了煽动性讲话的团体区别开来。它概括地论述了搜集情报的有效方法、当前对使用这些方法的限制，以及取消这些限制有何利弊等。

只有一种方法胡佛并不反对加以扩大，那就是国家安全局检查海外电话和电报通信。他强烈反对拟议中可能采取的四个主要措施：恢复暗中拆阅邮件、恢复黑色公事包工作、增加电子侦察，以及增加大学校园中的（因而是年轻的）

第六章 总统职位（1969-1972）

告密者。

在一份推荐两项最有争议的方法——暗拆邮件和秘密入室搜查——的备忘录中，休斯顿表示，前者将主要用来对付向外国提供情报和间谍嫌疑案，而后者的恢复是针对外国对象的，他们可能提供破译某一密码的线索，同时这种方法也可能用来对付其他"应当优先紧急考虑的事关国内安全的对象"，即"气象员派和黑豹党"。

计划中所讨论的最后一种方法是军方参加搜集情报。胡佛反对增加军方密探的人数。这个研究小组还请求增加每个情报机构的预算，这一点胡佛同意了。它还推荐成立一个情报协调委员会，以保证在政府各互不联系的情报搜集活动之间进行协调。胡佛反对这一点。

当我得知胡佛反对委员会其他成员一致通过的报告时，我感到这主要是他克服不了自己本能地反对同中央情报局或其他情报机构合作的问题。除此之外，我认为他是担心一旦他同意进行合作并记录在案，其他情报机构就会利用这一点通过泄露消息的方法来挖他的墙脚。

在休斯顿提出了他的建议以后，我于7月14日否决了增加军方从事情报活动的主张，批准了放松对其他方法的限制。我认为，根据我们面临的暴力行动来看，使用这些方法是必要的和正当的。我感到满意的是，这些特殊方法都不会被滥用，并且也不会对合法的持不同政见者构成威胁。明确的国内对象——黑豹党和气象员派——曾宣布要进行绑架和暗杀，并且已经不断地增加武器，准备实现他们的威胁。

7月23日，休斯顿向各情报机构的领导人发出了一份备忘录，将我的决定通知了他们。

当胡佛收到通知后，他求助于约翰·米切尔。他说，他认为公开暴露的可能性太大，不值得去冒风险。米切尔向我转达了胡佛的看法，并且说他同意胡佛的意见。我知道，一旦胡佛决定不予合作，那么无论我做出什么决定或批准什么规定都是无济于事的。即使我对他直接下达命令，他无疑地会加以执行，但是他总会很快就使我不得不改变主意。甚至还有极小的可能，那就是他会提出辞呈，以示抗议。

五天以后，即 7 月 28 日，我在实施计划之前撤回了我的批准。

围绕着休斯顿计划所发生的争论的令人啼笑皆非的情况，到 1975 年才显露出来，那年的一次调查表明，休斯顿计划试图采用的侦察方法不仅在我批准计划之前早就使用，而且在我撤回批准以后还一直使用着。

十分清楚，当一个国家面临灾难性的局势时，总有人会蠢蠢欲动。人们不会袖手旁观，听任犯罪分子杀人越货。如果总统不来决定如何对付紧急局势，下面总有人会那样做的。我宁可由总统而不是参加战斗的联邦调查局特工人员来作出判断。正如参议员弗兰克·丘奇在关于情报机构活动的意见听取会上所说的，休斯顿计划"只规定采用有限的几种方法，它们比起我们所回顾的那些年份里联邦调查局运用的包罗万象的方法要严格得多"。

爆炸和暴力事件有增无减。我不禁多次暗自思忖，如果休斯顿计划得以付诸实施，它说不定会事先侦察到消息，防止发生死亡和破坏。8 月，在同黑豹党和另一个好斗的黑人组织在费城发生的一系列枪战中，有一名警察被打死、六名警察负伤。同一个月，在威斯康星州立大学研究中心放置的一枚炸弹炸死了在那里进修的一位研究生，炸伤了四人。10 月 8 日，在华盛顿大学和加州北部的两座城市发生了数起炸弹爆炸案件，据说是气象员派干的。10 月 12 日，在纽约州的罗彻斯特有五座大楼被炸。10 月 18 日，在加州欧文的一个研究中心遭到一枚炸弹的破坏。1971 年 3 月 1 日，美国国会大厦遭到气象员派地下组织的爆炸袭击。

我今天还和当年一样相信，由于无数无辜的人民处于恐怖主义和暴力行动所构成的危机中，各情报机构联系委员会在 1970 年报告中向我推荐的方法是有道理的和可靠的。有一些批评者后来争辩说，所推荐的方法是镇压性的和不合法的，可是他们都有条件住在一个较为平静的环境里，没有亲历危机时期的各种紧急状态，而总统在这个时期的主要责任是保障全体公民的安全，他不得不考虑一些无疑在较为平静的时期令人无法接受的措施。

在 20 世纪 60 年代，联邦调查局的一份正式报告声称，仅仅一次秘密入室搜查就促使三 K 党"濒于崩溃"。联邦调查局采取这样的行动是做对了，还是做

第六章 总统职位（1969-1972）

错了？三K党党员用暗杀和暴力行动来威胁社会，难道他们的自由权利还不容侵犯吗？

我决定同意休斯顿计划所提出的建议，这一决定像罗斯福总统决定把数以千计的日裔美国人关起来和林肯总统决定暂时中止关于人身保护权的宪法保证一样，将永远是个有争论的问题。在20世纪70年代，气象员派扬言要进行的爆炸和实际进行的爆炸以及黑豹党进行的野蛮袭击，是不是能够证明我们侵犯他们的自由有理呢？如果你在这个问题上把无辜公民的生命同那对于我们所珍视的个人自由可能施加的限制等量齐观，那是永远也不容易解决问题的。

有时，当一项法律的条文同另一项法律的精神冲突时，总统就必须作出选择。他不能垂头丧气地放弃职责，因为无所作为可能与错误行动一样起破坏作用。问题是：什么是法律？从总统恪尽职守的角度来看，法律应该如何执行？多年来不乏许多先例，足以证明总统在采取紧急措施以应付紧急事态时可以有一定程度的伸缩性。我认为这种伸缩性是必要的，有时甚至是至关重要的，因为只有这样才能保卫国家和保障受到犯罪分子威胁的无辜人民的生命安全。杰斐逊在1810年谈到这个问题时指出：

> 严格遵守成文法无疑是一个好公民的重大义务之一，但这还不是最重大的。满足需要、自求生存以及拯救国家于危难之中等原则是更重大的义务……如果由于拘泥于成文法而丧失我们国家，那就势必丧失法律本身，连带丧失生命、自由、财产以及所有那些和我们一起享受这一切的人，从而荒谬地只注重手段而抛弃了目的。

我认为，如果我们在今天和将来过分地热衷于限制总统，束缚他的手脚，只让他起到逐句逐字地执行法律条文的机械作用，那将是灾难性的，因为法律不可能预知每一种情况。我们必须信任总统的判断力；我们必须权衡一下，给予他合理的行动自由有无可能造成他滥用权力，同时更要考虑到，如果我们过分限制他的行动自由，其结果可能带来怎样的危害。

约旦战争

在肯尼迪和约翰逊两位总统执政期间，美国对中东的政策主要是向以色列提供武器和资金，使它得以保卫自己免遭潜在敌人的侵犯。

这项政策看来是成功的。1967年，人数上处于劣势的以色列部队在不到一个星期的战斗中击败了苏联武装起来的埃及人和叙利亚人。由于这场六天战争，以色列人占领了苏伊士运河沿岸、西奈半岛、约旦河西岸、耶路撒冷和以色列－叙利亚边界一带的戈兰高地等地区，扩大了他们的领土。这种胜利是巨大的，必然会引起以色列的邻国为收复这些被征服和被占领的领土而进行更多次的战争。

战争结束后，莫斯科同开罗、大马士革和巴格达之间的高级官员进行了互访，其结果是苏联在这一地区重新注入了大量的金钱、人员和物资。苏联人想要在中东保持他们的存在，并不是由于他们要给阿拉伯人的团结事业以意识形态上的支持，而是由于他们可以通过埃及和其他阿拉伯国家获得他们始终寻求的东西——土地、石油、权力和地中海的不冻港。正如我对比尔·罗杰斯所说的："我们和苏联人在中东想达到的目的的区别很简单，但也是十分重要的。我们要得到和平，他们要得到中东。"

美国和苏联发生对抗的可能显得很突出。如果说，苏联人致力于阿拉伯国家的胜利，而我们则致力于以色列的胜利，那么，不需要多么大的想象力就可以看出，我们双方甚至可能在违背我们的意愿——几乎肯定也违背我们两国的国家利益——的情况下被卷进去。

在我执政初期，我把中东事务分派给比尔·罗杰斯和他的近东和南亚事务助理国务卿约瑟夫·西斯科掌管。我这样做，部分是因为我感到基辛格的犹太人背景可能在同阿拉伯国家重建外交关系的最初阶段的微妙谈判中使他处于不利地位。然而，我主要是觉得处理中东问题需要有充分的时间和老练的洞察力。正如我对基辛格所说的："在你我的盘子里，越南、限制战略武器会谈、苏联、日本和欧洲的问题堆得太多，再也装不下别的问题了。"

第六章 总统职位（1969-1972）

制止苏联控制阿拉伯中东，显然是符合美国利益的。要做到这一点，那就必须扩大美国同阿拉伯国家的联系。在我执政的最初几个月，我开始在这方面迈出最初的几步。

1969年4月初，约旦的侯赛因国王对美国进行了国事访问。在他回国前的最后一次会谈中，我对他说我深感苦恼，因为美国同一些中东国家政府没有外交关系，这就阻碍了我们在这一地区起一种建设性的作用。虽然当时他没有答复，但我相信侯赛因一定会向阿拉伯国家的其他领导人传达这个信息。

第二天，我会见了穆罕默德·法齐，他作为埃及纳赛尔总统的私人代表来到华盛顿。我告诉他，我们对美国同埃及没有正式关系感到遗憾。我说，我认为不可能取得一项使双方都完全满意的解决办法，但是我相信如果美国能同埃及和阿拉伯国家建立一种新的关系，双方是能够达成一项彼此可以接受的妥协办法的。我说："当然，这就需要有关各方互相信任，而我知道这种信任是一定值得争取，也是非争取不可的。"

中东和平的关键不但在开罗和大马士革，而且在莫斯科。因此，当我国新任驻苏大使雅各布·比姆于1969年4月递交国书时，我请他向苏联部长会议主席柯西金转交了我的一封私人信件。我在信中表示，我们两国有必要在中东发挥一种镇定性的影响，任何别国都不应在损害其他外国利益的情况下在这一地区谋取利益。

1969年9月25日，果尔达·梅厄前来华盛顿进行国事访问。从以色列的角度来看，梅厄是个"鹰派"，她奉行强硬路线，反对放弃以色列在1967年打胜仗时占领的哪怕一寸土地。梅厄夫人表现出一副既极端倔强又极端热情的气质。当问题牵涉到她本国的生死存亡时，倔强的气质是压倒一切的。她要求得到25架鬼怪式喷气机和80架空中之鹰战斗机，并抱怨那些已经获准出口的飞机迟迟没有交货。她还要求获得一项为期五年、每年2亿美元的低息贷款。我再次向她保证，我们将履行我们承担的义务。

在欢迎她的国宴上，她对我们国家同苏联人搞缓和所采取的行动表示关切。我告诉她，我们对他们的动机并不抱任何幻想。我说："在国际关系方面，我们的金科玉律是：'以其人之道还治其人之身。'"

"外加10%。"基辛格急忙补充道。

梅厄夫人微笑说："只要你们这样处理问题，我们就没有顾虑了。"

1969年12月，比尔·罗杰斯发表了一篇讲话，他在讲话中概述了后来被称为争取在中东实现和平的"罗杰斯计划"。这项计划的原则基础是以归还所占领的阿拉伯领土来换取阿拉伯国家保证以色列的领土完整。从纯粹实际的意义来说，归还所占领土的规定意味着罗杰斯计划是完全不可能被以色列接受的。

罗杰斯和国务院争辩说，这项计划最有可能实现和平，因为所占领土的归还将至少使阿拉伯人不再咬牙切齿地想起那场屈辱的失败。基辛格反驳说，这项计划鼓励了阿拉伯人中的极端分子，无缘无故地冒犯了以色列人，并使苏联人鄙视我们，因为他们认为这是地地道道为他们效劳。正如基辛格所预言的那样，罗杰斯计划招来了以色列人的严厉批评，并使罗杰斯成为"在以色列最不得人心的人"，而这种说法正是基辛格多次向我提起过的。

我知道罗杰斯计划永远实现不了，然而我认为有必要让阿拉伯世界知道，美国并非有意不去考虑被占领土的问题，也绝不排除有可能就双方争执不下的要求达成一项折中的解决办法。现在既然罗杰斯计划已经公开宣布，我觉得阿拉伯领导人就可以比较容易地提出同美国恢复关系，而不致遭到他们国家中鹰派和亲苏分子的攻击了。

1970年1月31日，我领受到了基辛格所说的苏联对我国政府的第一次威胁。意味深长的是，它牵涉到中东。它是以部长会议主席柯西金的一封信的形式出现的，信中写道："我们愿意十分坦率地告诉你，如果以色列继续进行冒险主义活动，轰炸阿拉伯联合共和国和其他阿拉伯国家，那么苏联将被迫保证使阿拉伯国家拥有供其支配的手段，用来给予傲慢的侵略者以应有的反击。"

我谨慎地放低答复的调子：我敦促苏联更积极地响应罗杰斯计划，并建议讨论限制向中东提供武器的问题。

第六章 总统职位（1969-1972）

在此期间，在国内发生了另一种不同的外交问题。许多美籍犹太人和他们政治上的朋友决定抵制法国总统乔治·蓬皮杜的国事访问，以抗议他最近售予利比亚100多架幻影喷气战斗机。

在蓬皮杜到达前不久，我听说洛克菲勒州长和林赛市长都不准备在纽约正式欢迎他，也不准备出席在他访问的最后一晚在沃尔多夫-阿斯托里亚饭店为他举行的晚宴。我完全了解纽约犹太人选票的重要性，但是，正如我对霍尔德曼所说的："当柯西金到达纽约时，他们那样曲意奉承，现在这样对待蓬皮杜，就是彻头彻尾的伪善。柯西金才是整个该死的问题的直接原因。"我告诉基辛格："我认为这是对待美国的一位国宾的肆无忌惮的行为，我决不容忍。我也不会让人相信它对我有任何影响。"

在华盛顿逗留四天以后，蓬皮杜总统和夫人在飞往芝加哥以前访问了肯尼迪角和旧金山。在那里，尖声喊着下流话的示威者突破了警察防线，冲撞了蓬皮杜一行。这一事件使蓬皮杜夫人感到震惊。我们的礼宾司司长巴斯·莫斯巴赫尔告诉我，蓬皮杜夫人准备第二天早上飞返巴黎。

我告诉莫斯巴赫尔："我不管你要干些什么，但我就是不想让她走。"

我决定飞往纽约，参加洛克菲勒和林赛所抵制的在沃尔多夫-阿斯托里亚饭店举行的晚宴。我在晚宴上的出现是人们根本没有预料到的，过去若干年，我在举行多次关于实质问题的谈判中听说的一切话都没有这一举动赢得蓬皮杜那么多的友谊和合作。

3月初，我决定推迟向以色列运交鬼怪式喷气机。我听说苏联的阿拉伯主顾正在对其施加新的压力，要苏联拿出的军火在数量上超过美国新运交给以色列的，而我又抱有这样的希望，认为既然以色列的军事地位已经强大，我就可以放慢武器竞赛而不致打乱这一地区的脆弱的军事平衡了。我还认为，美国在中东的影响越来越依靠我们同埃及和叙利亚恢复外交关系，因此，我的这项决定将有助于达到这个目的。

3月12日，我收到梅厄夫人写给我的一封私人信件。她说："固然，我们的驾驶员是好样的，但只有当他们有飞机可驾驶的时候才能显出他们的优秀技术。近来，我耳闻一些谣传，说你作出的决定可能是消极的，至少也是很不及时的。我绝对不愿相信有这样的事。如果这是真的（但愿不是如此），我们就会感到确实是被遗弃了。"

以色列能够存在下去，完全是由于它的人民愿意为国战斗和牺牲。我能够理解，在可能遭到进攻的时候，他们为什么不愿接受我们的保证，而宁愿接受我们的喷气战斗机。

我对蓬皮杜说过："如果你把自己摆在达扬、拉宾、埃班或者梅厄夫人的地位上，你就会钦佩这些聪明又坚强的人物。他们在那里，人数不多，周围都是敌人。即使如此，他们也不准备听从任何人的指点，哪怕是美国总统也罢。"我这时试图向梅厄夫人保证，如果受到危机的考验，如同1970年9月和1973年10月[1]那样，我们将坚定地完全站在以色列一边。同时，我知道我的新政策将造成不少苦痛和许多问题。我也知道我的新政策将遭到双方许多人士的误解和谴责。然而，我现在要做的是在中东建立一种崭新的国家关系——不仅在以色列和阿拉伯国家之间，而且在美国、西欧和苏联之间。

我在这方面所面临的一个主要问题，是在美籍犹太人、国会以及新闻界和文化知识界中有人数众多和影响颇大的一部分人抱着毫不妥协的、目光短浅的亲以色列态度。在第二次世界大战结束以后的25年中，这种态度已经变得根深蒂固，以致许多人认为，不亲以色列就是反以色列，甚至是反犹太人的。我试图使他们相信情况并非如此，但是没有成功。

在我宣布推迟运交鬼怪式飞机的决定以后，新闻界和国会出现了一阵批评的浪潮。以色列大使拉宾事先知道会作出这个决定，向基辛格抱怨说我们没有尽到我们的责任。使我生气的是，一些敦促我们运送更多军援去拯救以色列的参议员却正在反对我们努力去拯救南越，让它不受共产党的统治。我口述了一份给基辛格的备忘录，阐明我的看法并指出，一旦发生以色列遭到阿拉伯人攻击甚或直接遭到苏联威胁的危机时，如果以色列想要依赖两党主要的自由主义派和鸽派参议员来帮助它应付局势，那将是十分危险的：

---

[1] 原文如此。但从逻辑上讲，当时还只是1970年的3月份。——编者注

第六章 总统职位（1969-1972）

以色列人必须意识到这些人都是很不可靠的。他们对以色列口头上说得娓娓动听，然而他们却是不惜以任何代价谋求和平的人。一旦情况危急，他们会撒腿就跑，不仅会像在越南那样立刻撒腿就跑，而且当他们面临任何中东冲突时，也会如此。

另一方面，以色列人的真正朋友（可能会使他们大为惊讶）是像戈德华特、巴克利、理查德·尼克松等这样一些人。他们在越南问题上被看成鹰派，但从广义上说，不论是在越南、中东、朝鲜或世界上任何其他地方，他们根本不是那种撒腿就跑的人……

以色列人必须认识到，我们的利益所在从根本上说是拥护自由，并不是为了犹太人的选票而单纯地去支持以色列。我们支持以色列，是由于我们认为以色列是中东拥护自由的国家，也是对苏联扩张的有力抗衡者。我们坚决反对在越南、古巴、中东、北约或世界上任何其他地方撒腿就跑的政策。以色列现在和将来，特别是在今后五年处境变得很困苦的时候都需要这种朋友……所有这些归结到一点，即梅厄夫人、拉宾等必须完全信任理查德·尼克松。一方面，他并不希望看到以色列遭到失败，并且作出绝对保证，一定要使以色列经常保持优势。另一方面，他不仅要考虑到95％投票反对他的纽约、宾夕法尼亚、加利福尼亚可能还有伊利诺伊的犹太人选民，而且要考虑到60％的美国人民，他们是所谓沉默的多数，当我们需要对苏联在中东的扩张主义采取强硬立场时，我们就必须依靠他们。只有当以色列的领导人懂得了这个事实，他们才会获得可靠的安全保障……

我们要在越南、北约和中东顶住，但问题是要么各处都顶住，要么一处也不顶。这是推心置腹的坦率话，该是我们的以色列朋友理解这一点的时候了。

至少在未来的三年当中，我们要继续掌权，以上所说将是我国的政策。除非他们理解这一点，并在行动上表现出他们从现在起仿佛理解这一点，否则他们就要陷入绝境了。

整个春季，在以色列和埃及、叙利亚之间发生了零星的但是激烈的战斗。1970年6月初，罗杰斯交给我一份备忘录，建议由美国提出一项和平动议。6月25日，他声称我们要鼓励有关方面"停止射击，开始对话"。

8月7日，宣布了一项不稳定的停火协议。对罗杰斯和西斯科来说，这是巨大的成就。即使墨迹未干埃及就违反了停火协议，协议本身倒使美国确立了作为双方都承认的正直中间人的地位。

8月17日，基辛格和我会见了拉宾大使。他激动地说，梅厄夫人和以色列政府感到不安的是，美国似乎并不认可有关埃及正在严重违反停火协议的证据。他说，苏联的地对空导弹已经移到苏伊士运河沿岸的前方地区，从而改变了整个地区的力量平衡。如不采取措施，埃及人迟早要发动进攻。因此，以色列人想要对这些导弹基地进行空袭。不过，除非我们供给他们所要求的特殊电子干扰设备和导弹，否则他们飞机的损耗将是十分巨大的。

"以色列必须理解，我对苏联的动机并不抱有幻想。"我说，"也许我甚至比以色列本身更了解苏联。一方面，我们在提出我们的停火建议时，思想上并不存在认为苏联怀有善意的先入之见。另一方面，我们却必须提出停火建议，以便今后有案可查。"

我指出，如果在中东爆发另一场战争，美国的舆论将是十分重要的。所以我要美国充当建议停火的倡导者，所以我要求以色列非常慎重地遵守协议。"如果我们的和平倡议失败了，所有的人都应当能够看出这究竟是谁的过错。"我说，"我希望这不会是以色列的过错。"

我说，我要通过特殊渠道就苏联人卷入当前这场危机的问题同他们进行接触。"我完全同意你们的看法，"我说，"苏联人是中东紧张局势的主要根源，如果他们不插手这里的局势，以色列是能够毫不费力地对付事态的发展的。"

一个月以后，我们在中东确立新的力量平衡的政策经受了战争的考验。

9月初，极端主义的巴勒斯坦游击队日益活跃。他们有一伙人劫持了四架民用飞机，并且在把几百名乘客——其中大部分是美国人——作为人质扣留了若干天之后，把飞机炸毁了。看来一场认真的摊牌是不可避免的了，因

第六章 总统职位（1969-1972）

此，我决定撤回我早些时候的命令，向以色列运送更多的军援和更多的鬼怪式喷气机。

9月15日，一场全面的危机在约旦爆发了。巴勒斯坦极端主义领导人在叙利亚的武器和援助的支持下，煽动居住在约旦的巴勒斯坦难民，并且扬言要挑起一场反对侯赛因政权的内战。基辛格向我报告这件事情的时候说："看来苏联人在催逼叙利亚人，叙利亚人在催逼巴勒斯坦人。巴勒斯坦人可并不需要别人怎么催逼。"

情况是混乱的，在没有得到关于事态真相的可靠消息或情报之前，我觉得应当尽可能保持冷静。我原来打算到堪萨斯城和芝加哥作为期两天的旅行，现在我决定还是按计划进行。

然而，有一件事情是清楚的。我们不能允许侯赛因被苏联煽动起来的一次叛乱所推翻。如果叛乱得手，整个中东就可能爆发战争：以色列人几乎肯定会对叙利亚控制的激进的约旦政府采取先发制人的措施，埃及人受着同叙利亚订有军事同盟的约束，苏联的威望同叙利亚和埃及休戚相关。因为美国不能袖手旁观，眼看着以色列被赶到海里去，美苏之间发生一场直接对抗的可能性就大得令人惶惶不安。这好像是最后要发生一场核战争的可怕的多米诺骨牌游戏。

第二天早晨8时，在芝加哥我的旅馆套间里的电话响了。这是基辛格打来的。他告诉我，约旦爆发了内战。巴勒斯坦叛军正在同侯赛因的部队交战，叙利亚的坦克在边界上作好准备待命出发。那天下午，我同一批记者和编辑进行了谈话，并告诉他们，如果叙利亚的坦克和部队或者驻扎在约旦的阿拉伯联盟伊拉克部队进攻侯赛因，我们可能不得不进行干预。下午的报纸出现时，各报头版标题宣布："尼克松警告赤色分子：不得介入。"

第二天，即9月18日，我们收到克里姆林宫发来的一份照会，声明苏联无意在约旦进行干涉，劝我们不要插手，同时建议我们劝告其他人（指以色列人）也不要这样做。

那天早晨，我同迈克·曼斯菲尔德举行了例行的早餐会商。曼斯菲尔德竭力反对美国在中东的任何军事卷入。当时我只能告诉他，根据苏联发来的照会，我对于在不发生对抗的情况下解决问题的前景是乐观的。他高举双手，一边慢慢把手放到桌子上，一边闭着眼睛说道："真主保佑！"

当天上午 11 时，我会见了正在美国进行非正式访问的果尔达·梅厄。

当梅厄夫人被引进椭圆形办公室时，我从她那副呆板的笑容中看出她心情沉重。我开头便说，我对苏联的意图并不抱有天真的看法，并且我已觉察到破坏停火协议给以色列带来的困难。

"依我看，总统先生，"她回答说，"美国对我们关于对方破坏停火的报告没有很快作出反应，你们最初的默许鼓励了更多的破坏协议行为。"她请拉宾进行解释，于是他在地毯上展开了三大张以色列的情报地图，图上精确地标明历次违反停火协议的地点。

梅厄夫人说，以色列面临的主要问题不是阿拉伯人造成的，而是苏联在中东的影响以及苏联军事装备的直接后果。埃及人甚至不会使用苏联人运送给他们的地对空导弹，因此，不得不把苏联人员派到埃及的各级部队。她说，以色列驾驶员已经在苏伊士运河上空的空战中同苏联驾驶员较量过了。

梅厄夫人接着说："依我看来，你们如果还想继续进行谈判，就应当立刻去找苏联人，要求改变局势。"

我向梅厄夫人保证，我们已经通过外交渠道向苏联人发出了几份强硬的照会。我表示希望她理解美国中东政策的基本原则。我们对苏联在这一地区的意图和卷入并不抱有幻想，我们知道应该采取措施去对付埃及违反停火协议的行动。我们不想让中东的军事平衡受到破坏，我们准备同她一起制订一项适应以色列战略的军援计划。

梅厄夫人说，以色列不会贸然闯进约旦。她同意最好由侯赛因自己去解决问题。

来自约旦的报道表明，全国正在进行激烈的战斗，侯赛因的部队坚持住了，或者可以说还向前推进了一些。突然，在 9 月 18 日那天，白宫情况室收到急电，叙利亚的坦克越过边界，进入了约旦北部。次日，我们获悉进攻部队至少有 100 辆坦克。我们在外交战线上采取了迅速果敢的步骤。基辛格起草了一份措辞严厉的照会，交给苏联人。罗杰斯发表了一篇强硬的公开声明，要求叙利

第六章 总统职位（1969-1972）

亚停止入侵。到傍晚时分，叙利亚的坦克约有半数已退回叙利亚境内。

我对基辛格说："他们在考验我们，并且这场考验可能还没有到此结束。"

9月21日晚10点左右，情况室收到另一条消息：大约300辆叙利亚坦克越过约旦边界，突破了约旦的防御工事，正在几乎毫无阻拦地朝安曼隆隆驶去。然而，到第二天早晨，大部分坦克又撤回去了。考验正在持续进行，并且不断升级。我们必须迅速确定对策，要不然可能一切都来不及了。

我们决定采取一条十分强硬但又不动声色的政策。我授权基辛格召见拉宾大使，要他通知本国政府，如果以色列空袭叙利亚在约旦的部队能使约旦免遭失败，我们一定完全支持这一行动。我决定使2万美军处于戒备状态，并且增加地中海的海军力量。

结果，约旦在侯赛因的果敢领导下拯救了自己。到9月22日早晨，叙利亚坦克再次开回边界。拉宾在午后不久打来电话，证实叙利亚坦克已经离开约旦，叛军处于一片混乱之中。他认为侯赛因能取得胜利，应归功于美国态度的强硬、以色列的威慑力量以及侯赛因部队的出色战斗。

古巴危机

9月18日星期五，我正在等待果尔达·梅厄到椭圆形办公室来举行会谈时，收到基辛格送来的一份紧急备忘录，上面标明"绝密／高度敏感／仅供总统亲阅"。它的第一句话说："根据对古巴的侦察飞行拍摄的照片进行分析，今晨证实在西恩富戈斯湾可能正在修建一个潜艇调度基地。"如果情况属实，这就意味着苏联正在古巴建设一个核潜艇基地。

详细情况至今还只知道一个大概。8月4日，苏联大使馆公使衔参赞、多勃雷宁不在时的代办尤利·沃隆佐夫向基辛格递交了一份照会，对居住在美国的古巴革命团体进行所谓反卡斯特罗的活动表示关注。照会强调指出，苏联人恪守于1962年同肯尼迪总统达成的协议，其中有一项条款规定，苏联将不在古巴领土上部署核武器，以换取我们保证决不从事或支持推翻卡斯特罗的军事行动。

8月,例行的 U-2 飞机在古巴上空的侦察飞行没有发现任何不正常的活动。但是到了9月,拍摄的照片表明在离古巴南海岸不远的西恩富戈斯湾中间的一小块陆地,即阿尔卡特拉兹岛海岸上已经开始建筑。在深水湾中,一艘潜艇供应舰抛锚停泊在四个浮标边上,港内遍布着水下拦阻网。由兵营、行政楼房和娱乐场所组成的综合建筑物已经在阿尔卡特拉兹岛上接近完成。

1962年10月,当 U-2 飞机在古巴发现导弹发射场时,肯尼迪总统在一次全国电视讲话中揭露了它的存在,并且命令阿德莱·史蒂文森把放大的照片拿到联合国大会上去展览。这些行动使赫鲁晓夫就他的国际威望来说处于几乎无法忍受的境地。但是,他利用人们对战争的普遍恐惧心理,能够对肯尼迪施加压力,从而俨然以负责消除危机和和平解决问题的面目出现。因此,肯尼迪没有从我们在1962年尚保持巨大核优势的地位出发去同赫鲁晓夫周旋,而是最后同意不进行任何反卡斯特罗的活动,以换取赫鲁晓夫把苏联导弹从古巴撤出去的措施。

鉴于1962年危机时发生的事态,我决定除非不得已,否则决不推动一场公开的对抗。同时我打定主意,不同苏联人周旋则已,要周旋就只有从坚强的实力地位出发。

我给基辛格写了一张便条:"我要一份紧急报告:①中央情报局能用什么方法来协助任何足以激怒卡斯特罗的活动;②我们还能采取何种尚未用过的手段去抵制同卡斯特罗有来往的国家;③最重要的是,我们能够采取哪些公开或隐蔽的行动在土耳其部署导弹——或在黑海建立潜艇基地——只要那些行动可以提供我们讨价还价的资本就行。"

此后几天,U-2 飞机另外几趟的侦察飞行证实了我们最担心的情况。工程进行得很快,如果我们不当机立断,总有一天我们早晨醒来时会发现离我们海岸几十英里的地方设有装备着核武器的苏联潜艇基地。

我的顾问们并不都同意有立即采取行动的必要。在9月23日的国家安全委员会会议上,比尔·罗杰斯的意见特别强烈。他竭力主张我们不动声色,等到11月选举后再说。但我认为这场危机不会拖得那么长,因此我指示国家安

第六章 总统职位（1969-1972）

全委员会制订一项应急计划。

9月24日，多勃雷宁请求我接见，以便向我递交克里姆林宫就我们最近要求举行最高级会谈的提议的复信。我对这一大胆的请求感到惊讶。看来苏联人还以为我们不知道他们在古巴干的勾当，他们显然打算用既成事实来使我们措手不及，如同他们在1962年所干的那样。基辛格和我都认为应当由他去会见多勃雷宁，摸清苏联人的意图。

次日早晨，《纽约时报》登载了该报著名的外事记者C.L.苏兹贝格的报道："初步消息"表明，一个供核潜艇使用的海军设施正在西恩富戈斯建造。由于该消息说得含糊，未经证实，又由于这篇报道刊登在该报的社论版上，它就有可能在几天之内不大受人关注。当基辛格同多勃雷宁那天上午在地图室会晤时，双方均没有提到那篇专栏文章或者所指称的潜艇基地。事实上，多勃雷宁报告说，苏联领导人对举行最高级会议感兴趣，他甚至还提出了日期。基辛格要他当天下午晚一些的时候再来白宫听取回音。

但是，在河对岸五角大楼举行的一次向记者介绍情况的会议上，一位副助理秘书无意中透露说，有证据表明在古巴可能正在修建一个苏联潜艇设施。面临这种消息的泄漏，基辛格不得不会见记者。他力图尽可能巧妙地回避这个问题来说明当时的局势，但这个消息仍然成了当天晚上的新闻。

基辛格告诉我，当天下午5点半多勃雷宁再来白宫时，他的脸色苍白。使多勃雷宁感到惊讶又不自在的是，基辛格故意不谈当天下午发生的事，一开始就平静地表示，他已经得到我关于拟议中的最高级会议的答复。他说，在原则上，我会同意1971年6月或9月在莫斯科举行会谈。最后他说，他想谈谈从五角大楼传出的报道以及他本人在当天下午早些时候所举行的记者招待会。他曾向记者暗示，我们还不知道在古巴是否确实有一个潜艇基地。他告诉多勃雷宁，他故意这样做，是为了使苏联人在不发生公开对抗的情况下有机会撤走。

"然而，我要你知道，我们对这个问题并不抱有幻想。"基辛格补充说，"我们知道在古巴有个基地，如果建筑工程继续进行，基地继续存在，那么我们就要把它看成一个极为严重的问题。"

多勃雷宁企图缩小问题的性质，但是基辛格坚决不让步。我们正在给苏联人撤走的机会，因为我们不希望发生公开的对抗，可是，在不得已的时候，我们决不缩手缩脚，不去采取其他措施，包括公开措施在内。

多勃雷宁问道，我们是否认为这件事已经违反了1962年关于古巴问题的谅解。基辛格回答说，我们认为是这样。对我们来说，古巴是个十分敏感的地方，我们认为潜艇基地设施是在极端诡秘的情况下进行建设的。多勃雷宁说，他将立即向克里姆林宫汇报基辛格所说的一切。

我发出指示，在我们得到苏联答复之前，绝对不准再泄露任何关于潜艇基地的消息。我们使危机保持低调的策略能否成功，完全取决于我们对事件的严格保密。1962年的经验告诉我，一旦西恩富戈斯的真相变成头条新闻，一场严重的战争恐慌将席卷全国。

我们的保密工作做得很好，此后几天内，几位重要的政治领导人和记者把西恩富戈斯说成是捏造的危机而不加考虑了。参议院外交委员会主席富布赖特参议员指责政府"蒙骗美国人民"，而且说，其之所以产生古巴有核潜艇基地的说法，是要使国会同意多拨一些款项给五角大楼。我没有采取行动去劝阻人们发表这样一些错误的意见；事实上，我尽量照常处理工作。最近的几次U-2飞机侦察表明，西恩富戈斯的活动放慢了速度，于是我在9月27日启程前往欧洲作为期一星期的旅行。

10月6日，即我们回到华盛顿后的第一天的上午，多勃雷宁打来电话要求安排同基辛格会面。他递交给基辛格一份照会，照会重申了1962年关于古巴问题的谅解，并且声称苏联政府没有在古巴从事任何违背谅解的事情。当基辛格拿照会给我看的时候，我感到极大的宽慰。我们的策略起了作用。苏联人已经决定利用我们的低姿态所提供的回旋余地。他们否认基地的存在，从而在危机面前后退了。

然而，我们不能认为多勃雷宁的含糊不清的声明最终解决了这样一个十分严重的事件。几天以后，基辛格把我的一封短信交给了多勃雷宁，信中对苏联的答复表示欢迎，但具体概述了我们对1962年谅解的解释。我写道："美国政府的理解是，苏联将不在古巴建立、利用或允许建立任何能够用于维修携带进攻性武器的苏联海军舰只，如用地对地核导弹武装起来的潜艇和水面舰只的设施。"为了确定一些细节以便今后不再发生"误解"，我列举了我们认为是违反1962年协议的五种具体行动。

多勃雷宁反对其中某些直率的措辞，但是他暗示这个问题不久将获得解决。几天后，苏联政府新闻机构塔斯社发表声明，否认在古巴有潜艇基地，这样就把苏联人的表态正式公布出来了。

危机过去了。经过一番保全面子的拖延，苏联人放弃了西恩富戈斯工程。通过强硬的然而是悄悄的外交活动，我们避免了一场本来可能被认为是1970年古巴核潜艇危机的事件。如果真的发生这样的危机，那也许会像上次危机一样把我们推到同苏联发生核对抗的边缘。

西恩富戈斯事件使我相信，我已经采取了正确的办法来处理拉丁美洲出现的另一次共产党威胁——这次是在智利。

在1970年9月4日举行的智利总统选举中，一个亲卡斯特罗的马克思主义者萨尔瓦多·阿连德以36.3%的较多票数列于首位。根据智利的法律，阿连德所得的微弱多数不足以使他当选。智利国会将在10月24日选举新总统。中央情报局估计古巴已经向阿连德的竞选运动注入了大约35万美元。在一次竞选演说中，阿连德明确地表明了他的意图："加勒比海的古巴和南部锥形地区的社会主义智利将在拉丁美洲酿成革命的风暴。"

阿连德过去三次竞选总统都失败了。在1962年和1964年智利选举时，为了避免共产党接管智利，肯尼迪和约翰逊两位总统曾批准拨给中央情报局大约400万美元的活动经费。在我了解这一点并且知道智利有大约2/3的选民抵制阿连德以后，我指示中央情报局对阿连德的反对派提供支援，以便阻止智利国会选他当总统。

我们生活于其中的世界并不那么理想。只要共产党人从外面提供资金去支持其他国家的政党、派系和个人，我认为美国也可以并且应当这样做，但为了取得更好的效果，不妨秘密地进行。据我看来，如果我们允许苏联、古巴或其他共产党国家干涉自由选举，而美国袖手旁观，那将是极其不道德的事。只有奇怪的双重标准才要求我们可怜巴巴地单独站在一边，同时任凭一些不受良心约束的国家去颠覆民主国家。在智利，我们力求帮助非共产党的政党，使它们至少得到同亲阿连德势力所获得的大量财政援助相当的物质支援。

10月中旬，我听说我们的努力可能不会获得成功，因此我指示中央情报局放弃这项活动。11月3日，阿连德就任智利总统。

我对此深感不安。正如我的两位前任一样，我认为古巴有一个向整个拉丁美洲输出暴力和革命的共产党政权。在智利选举前，一位前来访问我的意大利企业家警告说："如果阿连德取胜，再加上古巴的卡斯特罗，你在拉丁美洲就将有一块红色的夹心面包了。到头来拉丁美洲就会变得一片通红。"在阿连德当权以后，这种担心不久就成了现实，古巴的谍报人员以智利为基地开始进行活动，向玻利维亚、阿根廷、巴西和乌拉圭输出革命。

在三年无能的治理期间，一系列的罢工使智利的经济陷于瘫痪，接着在1973年9月，阿连德被智利的军方推翻。根据互相矛盾的报道，他在政变时不是被杀了，就是自杀了。

1970年秋季，美国正在遭受考验——越南战争、中东的战争威胁以及在古巴引进咄咄逼人的核打击力量。智利所受的考验也同样是真实的，尽管微妙得多。

我曾担心我们对1969年EC-121事件的处理办法会使共产党人认为他们碰上了软绵绵的东西。虽然我们阻挠阿连德执政的努力失败了，但至少1970年在约旦和古巴，他们的探索碰上了我们的明白无误的钢铁。

1970年选举

在1970年国会选举开始前不久，帕特·布坎南交给我一份11页的备忘录，对新出版的《真正的大多数》一书进行了分析。这本书认为，1970年和1972年的选举将取决于该书作者理查德·斯卡蒙（肯尼迪的人口统计局局长)和本·沃顿伯格(以前约翰逊的一位讲稿撰写人)所说的"社会问题"。

在广为宣传的系统论述中,斯卡蒙和沃顿伯格把美国下届大选中的一般选民比作居住在俄亥俄州德顿郊区的一位47岁的家庭妇女,她的丈夫是机械师。他们写道:"德顿的这位女士害怕在夜晚只身上街;她对黑人和民权问题的看法是糊涂的,因为她是在原来居住的地方完全变成黑人聚居点之后才搬到郊区来的;她的姐夫是警察;如果她新的居住区的情况变坏了,她没有钱再搬家;她非常苦恼,因为她的儿子要到当地办的一所预科大学读书,而那所学校里有人吸毒——对上述这一切情况的了解是当代政治常识的入门。"

《真正的大多数》一书的目的在于劝导民主党人不要拼命讨好时髦的但没有代表性的选民——青年、穷人、少数民族和学生。该书论证说,一旦民主党人正确地看清社会问题,他们就可以对经济问题这一共和党人的弱点采取攻势,从而赢得大选。

如果这一分析是正确的,并且我同意布坎南的意见认为他是正确的,那么共和党的对策就明确了:我们应当在社会问题上先发制人,以便使民主党人处于守势。我们的策略主要应当是争取心怀不满的民主党人、体力劳动者和工人阶级中的白种人。我们必须设法赢得那位47岁的德顿家庭妇女的选票。

我决定在1970年不去进行任何积极的竞选活动。我有信心不必进行活动,因为特德·阿格纽在社会问题上是我们影响沉默多数的最好发言人。最初,我们的策略获得了辉煌的成绩。社会问题使自由主义者到处疲于奔命,而阿格纽则用激烈的言词穷追不已。他激起了一些人的难以按捺的情绪。休伯特·汉弗莱把他叫作"政府的凶恶打手"。不过,他那排炮般的竞选语言事实上是十分克制的,只是命中了目标罢了。

竞选运动在9月中旬开始紧张起来,当时我正忙于准备第二次的欧洲之行,这次旅行从9月27日开始到10月5日结束。在我启程时,我们似乎确实有可能赢得一次意外的胜利,在国会中赢得一些席位。当我回国时,我发现我们几乎在每一项主要的竞选活动中都处于严重的困境。

问题是我们在社会问题上过早地锋芒毕露了。民主党人也懂得怎样读书看报，他们显然已经吸取《真正的大多数》一书里的教训。阿德莱·史蒂文森三世在伊利诺伊州竞选参议员时，十分激动地援引他的战绩来回答我们对他的极端自由主义的经历的攻击。《新闻周刊》干脆把这说成是他的政治生活中"最难以置信的讲话"，并且指出，伊利诺伊州的参议员竞选"正在提出最后的证据，证明今年就连最傲慢的自由主义分子也感到他们最好还是集中注意力于国家的安危，并且注意理查德·尼克松的沉默的多数心中所存的全部传统价值准则、渴望和忧虑"。在加利福尼亚州竞选参议员时，特德·肯尼迪的自由主义门徒约翰·滕尼利用电视广告节目播映了他坐着一辆警车兜来兜去的活动情况。

随着竞选运动有所进展以及民主党人顺利地减轻了社会问题的压力，他们就经济方面对我们发动了一次全面的进攻，而经济方面无疑是存在着不少问题的。他们反复评论失业率已上升到 5.5%，并且硬说还将继续上升。

我们委托民意测验机构进行了一次不公开的快速测验，结果表明，在当时的形势下我们将失去 30 个众议院席位，在参议院可能只会保留一个关键性的席位。我打定主意改变我早些时候的决定，宣布亲自为我们的候选人在若干重要的地区进行竞选。在投票前的三个星期里，我抽出了七个整天的时间在 22 个州为我们的候选人竞选。

在竞选过程中，我所到之处几乎都有成群结队的示威者。正当我要跨进新泽西州的一座礼堂时，一个年轻人伸出手来同我握手，同时冲着我喊了几句下流话。我示意特工人员不要干涉。我站在那里看着他尖声叫嚷："只要你继续进行这场战争，你就每天都在犯杀人罪。"我回答时声音很轻，使他不得不略微凑过身来才能听见我的话："你到过越南吗？"他似乎有些惊讶，迟疑了一下才说："没有。"我又看了他一会儿，说："我们的战士在那里战斗，就是为了使你在一生中不必到那里或任何其他地方去打仗。"这时，他放开了抓住我的臂膀的手，我径自步入了礼堂。

我不想让帕特或我的两个女儿目睹示威者的一些举动或听到他们喊叫的一些话语，我也关心绝大多数的个人和全家，他们本来兴高采烈地前来参加一次和总统会见的集会，却突然发现自己处于一种讨厌的对抗之中。

当我在加利福尼亚州圣何塞市的大会堂对 5000 名拥护者讲话时，一伙大

第六章 总统职位（1969-1972）

约有 2000 名的示威者敲打大会堂周围的每一扇门。我讲话以后朝我的汽车走过去几步时，可以看到 100 英尺以外的警戒线后面聚集着的抗议者。他们齐声高喊他们爱喊的口号，其中包括"一、二、三、四——我们不要你那个该死的战争"。我忍不住要向他们表示我多么鄙视他们那种幼稚、愚蠢的喧闹。

我站在汽车引擎盖上，伸开双臂做了个 V 字形的姿势，这早已变成我的政治商标了。效果是在意料之中的，一阵嘲笑和表示轻蔑的呸呸声响了起来。就在这时，我眼看一件东西朝我飞来。当它打中汽车顶部时，我知道是一块石头。霎时间，石块、鸡蛋和蔬菜到处乱飞。我立即钻进汽车，特工人员接着执行紧急撤离措施。不幸的是，我们后面车队里的一辆汽车抛锚了，这辆汽车和记者的大轿车的玻璃窗被石头打得粉碎。好几个人，包括特工人员在内，被石块和乱飞的玻璃片击伤。

当地的警察局局长说，全靠上帝保佑，我才平安脱身，这可能说得太过分了。但是，总统高级轿车所受的道道伤痕和大轿车的碎玻璃却是真实的，并且当时发生一场更加严重的事端的可能性令人深为不安。示威的组织者自己骄傲地吹嘘这场混战，说和平与自由党以及其他反战团体所发动的这场示威是要唤起人们注意他们的主张，即认为我是一个"战犯"，在加利福尼亚不受欢迎。他说："在越南人民头上落下了那么多炸弹以后，任何与政府有关的人员怎么还能抱怨人们向尼克松扔几个鸡蛋和几块石头呢？既然尼克松能够扔出那么多的炸弹，他又有什么宝贵的品质，不可以挨几个鸡蛋呢？"

我们从圣何塞飞到圣克利门蒂。当天晚上，我独自在书房里坐了一个多小时，回想所发生的一切，并考虑我该作出什么反应。就我所知，一群暴徒对美国总统进行肉体上的攻击，是美国历史上前所未有的事件。我并不在乎这些示威者或他们的领导人对我个人抱有什么看法，但是，如果他们不尊重总统这个职位，我认为就应当让人们了解这一事实，由他们自己决定究竟该站在哪一方。

两天后，我在菲尼克斯航天港机场的一次集会上谈论了圣何塞事件。

我要消除社会上流行的那种认为我们的一切麻烦都由所谓不道德的越南战争所引起的说法。现在该是毫不含糊地指明这种为暴力辩解的借口纯粹是胡言乱语的时候了。"那些一只手举着'和平'牌子、另一只手扔炸弹或砖头的人是我们这个时代的特级伪君子。"我说,"美国今天发生的暴力行为并不是由战争引起的,也不是由高压手段引起的。这里面没有什么富于浪漫色彩的理想。让我们认清这些人的真实面目。他们不是浪漫的革命者,他们同一贯折磨好人的无赖恶棍是一丘之貉。"

这篇讲话多次被中午与会听众的高声喝彩所打断。在我说出下列一段话时,欢呼声达到了高潮:"我现在可否再谈一点个人的看法?恐怖主义者和极左分子求之不得的是把美国总统囚禁在白宫。好吧,那就让我干脆来打破他们的美梦吧!只要我担任总统,任何一群暴徒想要使我闭门不出,想要阻止我深入那些希望听我讲话而我又愿意前往的人民群众中去,都是办不到的。这是一个自由的国家,我决心同我的美国同胞共享自由。我这个总统不打算被人禁锢在白宫里。"

我告诉霍尔德曼,我要把这次讲话的影片作为我在选举前夕对全国的讲话加以重播。

接着发生的错误简直令人难以置信。菲尼克斯讲话的影片原来是一卷质量低劣的黑白录像带。画面粗糙,讲话的声音受机场飞机库高大墙壁产生的回声的影响,非常刺耳,偶尔还有点模糊不清。参加这一工作的人都说糟透了,有些电视技术人员认为它连最低的播放质量都达不到。但是,离选举前夕只有两天了,没有时间进行冗长的讨论,也没有谁愿意承担责任,主张我们不应当使用这个影片。编辑工作刚刚完成,录像带就被赶忙送往电视台去播映了。

其结果是一场灾难。质量确实十分低劣,以致不少电视台接到了义愤填膺的共和党人打去的电话,他们认为这个节目肯定是遭到了民主党人的破坏。甚至更糟的是,紧接着播映了马斯基参议员代表民主党候选人发表的选举前夕讲话。同我菲尼克斯讲话的严厉的语调相比,马斯基从他在缅因州伊丽莎白角夏季避暑寓所的舒适环境中发表的讲话听起来语调平静,措辞审慎。两篇讲话本来应当根据它们的精神实质进行比较,结果却变成了语调的对照。毫无疑问,马斯基显得高出一筹。正如约翰·米切尔所说的,菲尼克斯讲话听起来似乎我是在竞选菲尼克斯地方检察官,而不像是在一次重要的全国竞选运动结束时向美国人民发表讲话的美国总统。

第六章 总统职位（1969-1972）

选举以后我口述了一份备忘录，用打字机打好后送给霍尔德曼，其中剖析了我们在1970年选举期间的工作，谈到了那次倒霉的菲尼克斯广播讲话：

> 我们从中可以吸取很好的教训……在这电视的时代里，技术质量可能比讲话的内容更为重要。我们同肯尼迪的首次辩论使我们懂得了这一点，眼前我们在一个幸而不太重要的讲话节目方面处理这个问题时又不得不重温这一教训。对我们来说，重要的是不能把这件事看作"没有全砸锅"而毫不在意，而是应当认识到这是一个错误，保证以后不再犯类似的错误。

11月3日是选举日。我们失去了9个众议院席位，增加了两个参议院席位。事实上，这种成绩很不错，因为以往在失业率上升的选举年，控制白宫的政党平均要失掉46个席位。在这方面我们顶住了势不可当的历史趋势。另外，我尤其感到满意的是，落选的参议员中有一些是极端的自由主义者。使我们最为失望的是我们在州长竞选中遭到了失败。我们失去了11个州议院，其结果是在50个州中只有21个共和党的州长。

1970年选举的最重要的结果是，选举前我们在参议院必须依靠一种不稳固的两党联合支持，而选举后我们在对外政策和国防问题上却有了一个微弱的但比较可靠的多数。

虽然有这样的事实，虽然我们在众议院的损失要比以前历届政府在中期选举中的失败小得多，各电视网和报纸杂志带头进行的选举后的新闻分析仍旧把选举说成是我的一次重大政治失败，并且说这将严重地损害我重新当选的机会。《新闻周刊》的封面登载了马斯基的像，里面的文章报道，现在民主党人敢于设想我在1972年可能要"被迫引退"了。

虽然我们最初企图利用社会问题去争取一批选民的努力只取得了部分的成功，但我仍然认为基本的策略是正确的。

在口授给霍尔德曼的一份事后的长篇分析中，我把视线转向1972年。我说，从现在起我们就应当着手淘汰那些竞选众议员、参议员和各州州长的平庸无奇的共和党候选人,协助他们另行找到职业,代之以能够赢得选举的候选人。

在1970年,至少有两个主要的候选人由于卷入了政治丑闻而被击败,我敦促采取措施防范这类危险。我们的候选人在个人道德和行为方面必须是无可怀疑和无可指责的。我写道:"我们经受不起1972年的候选人名单中有人出现这种问题。我们必须毫不留情地把这类问题提请候选人注意,要求他们把存在的问题清理一下。如果有的候选人存在这类问题而又无法清理,那就把他从候选人名单中除去。"

我说,我认为我们绝对有必要使白宫摆脱党派政治的影响,其办法可以是给共和党全国委员会增添精明强干的竞选运动管理人员或是成立一个总统竞选连任特别委员会。我写道:"我要处于这样一种地位,即我能够问心无愧地站起来说,白宫没有参与玩弄新的一届国会开会后即将出现的政治权术。"

我说,阿格纽的"措辞应该降级,但他要表达的意思却不应当降级"。他应当让人看到他是在为某种目标而奋斗,不是仅仅多方挑剔,把什么都说得一无是处。

我写道,我希望我们能够设法使共和党全国委员会振作起来,我敦促人们"在执行任务时保持振奋的情绪,仿佛其中颇有乐趣似的"。这同样适用于我的日常活动,在这方面我要更自发些,少搞一点逢场作戏的小动作。不知由于什么原因,我们没有使人理解白宫的一切活动的意义——社交晚会、礼拜仪式和特别招待会。我补充说:"顺便提一下,必须做到这一点,但同时既不能使总统变成一个专门寻欢作乐的家伙,又不应当让玛莎·米切尔显得好像只有她才喜欢待在华盛顿似的!"

最后我写道,我准备听从我周围几乎所有人的忠告,坚决不插手我的竞选连任运动,直至1972年非参加不可时为止。

事实上,我要使白宫摆脱党派政治的决心只是昙花一现。我本来就应当知道这种企图将是徒劳的。随着选举日期的逐渐逼近以及双方竞争的加剧,需要采取行动和获得情报的迫切感变得无法遏制了。自富兰克林·罗斯福以来的历届民主党总统都擅长——并且乐于——运用那种只有执政党才具有的令人望而生畏的政治力量。我自己也打算加以运用。所以我终于对周围的人施加压力,要他们组织起来，表现得坚强一些，并且要他们搞到对方行动的情报。我有时下令对一个遥遥领先的民主党人盯梢，有时敦促工作人员查阅各部、局的档案，搜寻民主党头面人物参与可疑活动或非法活动的任何线索。我告诉我的工作人员，我们应当迎头赶上，采用我们民主党对手在以往选举运动中得心应手地用来对付我们和其他人的那种别出心裁的卑劣诡计。

约翰·米切尔将主管我的竞选活动，他将全力组织并掌握争取总统连任委员会。我越来越仰仗查克·科尔森来充当我的政治尖兵。科尔森于1969年年底参加政府工作，担任白宫同一些有特殊影响的集团之间的联络人，在一些政策问题上他全力以赴、忠于职守。他花过不少时间同工人团体、退伍军人组织、少数民族组织和宗教团体进行接触。他自信心强，有说服力，又很机敏，并且是一个敢作敢为的党派观念十足的人。他那善于洞察政治动向的本能和完成任务的本领，使我在看到大多数共和党人不敢对民主党人和新闻界人士进行反击时产生的懊丧情绪一扫而空。每当我对科尔森诉苦时，我相信他定然会想出办法，而事实上他也很少使我失望。

我相信我能在1972年关于许多问题的争辩中赢得重新当选。这就格外使我下定决心，不让对方在政治上比我们更为坚强。

1971年

1971年的头几个月是我当第一任总统期间的最低点。我们面临的问题很多，而且我们显然无法改变这些问题的现状，因此，看来到1972年我甚至会得不到竞选连任的提名。1月初，据宣布失业率达到6%，是1961年以来的最高点。2月，我们卷入了老挝的战事，这次行动证明在军事上获得了胜利，但通过宣传同公众的联系却遭到很大损失。5月，20万反战分子的游行队伍齐集华盛顿；他们的领导人是一些受北越公开怂恿的死硬煽动家，他们激烈鼓动，想迫使政府瘫痪一天，但没有得逞。6月，五角大楼文件发表，破坏了政府控制机密文件的原则。经济情况不妙，并且看起来不会很快好转。在外汇市场上，美元落到1949年以来的最低点。民意测验表明我的威望在下降，而马斯基的威望却在上升。苏联在古巴和中东的冒险已经使缓和的趋势逆转,而限制战略武器谈判和其他美苏争议的突破,似乎更是渺茫。我们接近共产党中国的试探看来也毫无反应。既然无法通过这两方面对河内施加压力,看来战争还得无限期拖下去,虽然国会里的反战势力不断增强并颇有信心,几乎随时有可能突然表决停战或者切断财源。

在 1971 年达到最低点之后,我们由于取得一系列惊人的成就,突然从挫折中重新振作起来。这些成就包括:宣布中国之行,限制战略武器谈判取得突破,订出包括冻结工资和冻结物价在内的极得人心、明显有效的经济计划,以及预定同苏联举行最高级会晤的日期。这些和其他一些事情使我们获得优势,一直顺利地进入 1972 年这一总统竞选年。

1971 年证明了一条政治准则:在选票投完点完以前,切莫悲观。总会在一个往往是料想不到的地方出现什么事情,彻底改变你的处境和前程。

蓝山

1970 年我们在柬埔寨采取成功的军事行动以前,曾估计南越共产党所用重武器的 85% 是通过海上从西哈努克港运入的。这条通道遭到封锁之后,他们一切都得从陆上经老挝沿胡志明小道运来。到 1970 年 12 月中,老挝境内拥塞了人员和物资,其中大部分将运入柬埔寨,为发动 1971 年春季攻势进行准备。

1971 年 1 月 18 日,我同莱尔德、罗杰斯、赫尔姆斯、基辛格、基辛格的副手黑格上校、参谋长联席会议主席穆勒海军上将一起开会,会上我批准一个重大的军事行动,即攻击在老挝的敌军,以切断胡志明小道。由于存在美国国内舆论的问题,又由于南越方面想表明越南化是多么成功,我们决定这个战役由南越陆军执行,美国只提供空中掩护和炮火支援。美国主要出力的地方将是用直升机运送部队和物资、军舰支援和 B-52 飞机轰炸。连作战计划的代号也是用越南名称:蓝山 719。

2 月 8 日,一支 5000 人的南越陆军部队越过边界进入老挝。共产党军队的顽强抵抗出乎我们的预料，美国驻西贡的司令部又未能针对这一意外剧烈的战斗水平，为进攻部队相应地增加必要的空中掩护，结果南越陆军伤亡很重。不过他们仍然英勇地继续作战。

南越军队迅速从最初失利的情况中恢复过来，在几周之内就基本实现了蓝山行动的军事目标，因为共方已失去1971年在南越对我军发动攻势的能力。

鉴于我们的作战计划已经大部分实现，而共方又有试图组织大规模反攻的迹象，南越陆军将领决定部队早日撤退。3月18日，他们开始了预定的战略退却。然而我们的空中支援不足，一部分南越士兵在敌人重炮轰击之下显得惊慌失措。少数几段电视影片记录了南越士兵抱住我们撤运直升机的起落橇不放的场面，这就足够助长一种普遍的错误印象，认为南越部队是胆怯无能的。

总结起来，这次是军事上胜利而心理上失败。在南越，关于这次撤退的新闻报道动摇了士气；在美国，事态引起了人们对战争可能升级的疑虑，新闻照片减弱了人们对越南化成功的信心和结束战争的希望。

蓝山战役结束之后不久，罗伯特·汤普森爵士从越南写信给基辛格。他赞扬了这次战役在军事上的成功，然后指出，现在战争中的主要因素是南越人的心理和信心的问题。由于蓝山作战，1971年没有出现共方的攻势，虽然这一年运入的战争物资是这场战争历史上最多的。美国和南越士兵的伤亡减少了，越南化的措施继续稳步地取得进展。

我现在仍然同意1971年3月底基辛格对蓝山战役的估价，他说："即使在这个行动开始前，我就知道它将完全照后来的事态那样发展，我还是会采取这个行动。"

1971年3月29日，就在南越部队从老挝撤退后几天，小威廉·卡利中尉被陆军军事法庭判定有意谋杀22名南越平民。公众对蓝山战役的喧闹刚开始平息，我们又面临了另一场同越南有关的论战。这场争论从谋杀事件在1969年秋天首次被揭露起就一直在酝酿中。

事件发生在1968年3月，在我成为总统之前十个月。卡利率领他的一排人进入西贡东北约100英里处的美莱小村。这个村曾是越共的据点，我们的部队在试图拔除这个据点时遭受过许多伤亡。卡利让他的士兵把村民驱赶到一起，然后下令加以枪杀；许多村民横尸在一条沟渠里。

卡利的罪行是不可饶恕的。但是我觉得，许多自称对美莱事件愤慨的评论员和国会议员所感兴趣的，其实并不是卡利事件所引起的道德问题，而是利用这个事件来对越南战争进行政治攻击。他们对北越的暴行就明显地不加批评。事实上，作为越共的战略手段，他们那种有预谋的、连续不断的谋害和暴力活动在整个越南战争中是报道得最不够的一个方面。关于越共的政策和做法的描述，很少涉及这个方面，这对新闻界和反战活动家来说是很丢脸的事。

3月31日，军事法庭判决卡利终身苦役监禁。对这一宣判，公众的反应十分激动，分歧很大。白宫收到5000多份人民来电，以100对1的比例赞成宽大处理。

约翰·康纳利和杰拉尔德·福特力主我行使总司令的权力减少卡利的刑期。康纳利说，判决已经伸张了正义，现在首先要考虑的是维持公众对军队和对这场战争的支持这个现实问题。我跟卡尔·艾伯特和其他国会领袖谈了话。他们都认为，国会里赞成总统进行干预的情绪高涨。

4月1日，我打电话给穆勒海军上将，命令在卡利上诉以前把他从兵营监牢里释放出来，只在营地实行软禁。这一命令在众议院宣布时，议员们自发地鼓掌欢迎。在南部尤其产生了强烈的赞许的反应。乔治·华莱士在前往探视卡利以后说，我做得很对。佐治亚州州长吉米·卡特说，我作出了明智的决定。两天后，我让埃利希曼宣布，在执行最后判决以前，我将亲自审查卡利的案件。

到1974年4月，卡利的刑期已经减少到10年，并且早在当年年底就有资格申请假释。我按照诺言审查了这个案件，但决定不加干预。在我辞职后三个月，陆军部部长决定让卡利假释。

我想多数美国人理解，美莱屠杀事件对我国人民、我们正在进行的战争以及我们打这场战争的士兵来说，是没有代表性的；但从这个悲惨事件公开以后，新闻界和反战势力就利用它来削弱我们吸引公众支持我们在越南的目标和政策的努力。

白宫录音带

从一开始我就决定我的这届政府应成为历史上记录最全的政府。我要让我召开的每一次重要会议都有记录,从重要国家安全会议的逐字记录到各种庆典的有声有色的记录。不幸的是,这个制度执行起来有些麻烦,因为有人在房间里做记录往往不怎么方便,不怎么合适。这种做法在许多情况下会使谈话受到拘束。我们还发现记录的文字质量因理解不同而有差异,太多的记录成了偶像化的传记而不是历史。最后,在计划和讨论蓝山战役期间,我决定重新安装一套录音设备。

保存录音带绝不意味着将来要把它公之于众,至少在我任总统期间是如此。我想以后在写书或者写回忆录的时候,可能要参考这些录音带。一位总统,当他感到政府内外会有人歪曲历史——特别是像我任总统的第一任期间存在这样激烈争论的问题和这样反复无常的人物——的时候,有这样一种客观记录也可能是有用的。

据了解,把自己进行的谈话录音的第一位总统是富兰克林·罗斯福,据说,他让人在椭圆形办公室的一盏灯里安装了话筒。有证据表明艾森豪威尔曾把他的某些谈话录了音。肯尼迪总统录了一些办公室里的谈话和电话谈话,现在在肯尼迪图书馆里就存有180多份这类的录音,其使用条件受肯尼迪家族的严格限制。

林登·约翰逊有一套录音系统,录音的范围包括他办公室里的电话、卧室的电话、戴维营的电话、在约翰逊城牧场的电话和在奥斯汀办公室里的电话。除电话录音以外,他让人在内阁会议室以及椭圆形办公室隔壁的私人办公室也安了话筒。有一段时候,还有一个录音装置可以录下椭圆形办公室外面那间来宾候见室里的谈话。约翰逊的录音系统是用手开关的,他可以自选需要录音的谈话。在内阁会议室里,在他座椅前的桌子底下有两个按钮;我还听说,他私人办公室里的录音设备开关是藏在椭圆形办公室落地式电视机支架的背后。

约翰逊时常在谈话结束后马上让人把录音搞成文字。根据白宫里的小道消息，约翰逊在同博比·肯尼迪个别谈话，告以他将不做1964年副总统候选人的时候，曾把谈话录了音。会晤之后，约翰逊立刻要人把录音打成文字。但打字员放录音带时，却发现整个谈话都听不见。录音技术员推断肯尼迪一定有所防备，在身上带了一个微型扰频器。

约翰逊认为，我拆除他的录音系统的决定是错误的。他觉得他的录音带对他写回忆录有极大的帮助。

我觉得在人家不知道的情况把他们的谈话录音是不妥当的，不过我至少相信对录音系统保密会使那些录音不致泄露出去。我认为有选择地记录谈话将完全破坏设置录音系统的目的。如果我们的录音带要成为我任总统期间活动的客观记录，那就不能采取这种显然偏袒自己的做法。我不愿由我来盘算对谁、对什么内容、在什么时间进行录音。因此，我设置的是由话音激发的录音系统；一有人讲话，录音机就自动转起来。从2月开始，在椭圆形办公室、内阁会议室和行政办公大楼办公室就安了录音设备。我拒绝了在住家区、比斯坎岛和圣克利门蒂的电话机上安装录音设备的建议。我要录的只是总统的公务谈话。在椭圆形办公室、行政办公大楼办公室、林肯起居室的电话上以及在戴维营的办公电话上安装了录音设备。

起初，我对录音感到有些不习惯，但不久就认为那是环境的一部分了。

我一直没有听任何录音带，直到1973年6月4日由于水门事件的调查才不得不听。把录音带用打字机打成文字，是在1973年9月才开始的，那时欧文委员会和特别检察官对我发来传票，向我索取这些录音带。

肯尼迪画像

1971年2月，帕特邀请杰奎琳·肯尼迪·奥纳西斯和她的孩子们同我们家聚餐，并在公开揭幕式前观看肯尼迪总统和她自己的正式画像。对我们来说，那是一个特别动人的场合，因为自从肯尼迪总统被刺后令人痛苦的那些日子以

第六章 总统职位（1969-1972）

来，他们一家谁都没有再进过白宫。

帕特作了明确的交代，使这次来访过程在结束前全部保密，让他们不受新闻记者或摄影记者的干扰。我们在外事接待室欢迎了他们，然后陪他们看画像，画像是杰奎琳亲自选择的一位纽约画家创作的。

10岁的小约翰·肯尼迪和13岁的姐姐卡罗琳对两幅画像都表示很喜欢，但杰奎琳不作任何评论。我想这可能是因为她同画家有一场争吵，原来画家曾把她的油画和素描画像的复制品卖给了一家全国性杂志。据帕特后来告诉我，当她请肯尼迪的母亲罗斯·肯尼迪夫人来看画像的时候，肯尼迪夫人默默无言地在儿子弓背的画像前站了好久。最后她说："我从来没有看见过杰克像那个样子。"

后来我对那次聚餐作了一些笔记：

> 我们在进餐厅之前在西厅里喝了一点酒。男管家艾伦是肯尼迪一家住在白宫时就在白宫工作的，他对杰奎琳表示了热情的欢迎。我注意到在进餐时他在她的白葡萄酒里放了冰块，她说这是她在白宫时的一种习惯。
>
> 应杰奎琳的要求，给孩子们上了牛奶。小约翰说："外国的牛奶太糟了，甜得腻人！"
>
> 杰奎琳谈锋很健。我们走进二楼的餐厅，这是她将杜鲁门夫人的卧室改的。我们谈道，正是在这间房里艾丽斯·朗沃思动了割盲肠的手术。杰奎琳说，刷新这间房子时油漆的味儿把约翰和她都快憋死了。实际上，他们是搬到二楼的另一头住了一阵，等油漆好了才搬回来的。
>
> 我回忆说，竞选期间的一个问题是许多旅馆，特别是小城市旅馆的房间常常是在我们到达前新油漆过的。在旅途中睡觉已经是够困难的了，可是油漆的气味根本使人无法入睡。
>
> 她说到约翰任参议员期间，有一次她曾"向大厅对面你的办公室里张望了一眼"。她也谈起1960年年初我们三个人同机到达芝加哥时拍的那张照片。我提醒她，在飞机上她一直在读艾伦·德鲁里的小说

《华府千秋》。她回答说:"这本书我始终没有读完。"

我们很概括地谈到她离开白宫后这几年发生的变化。当然,我打定主意使谈话不涉及会使她伤心或使这次做客不愉快的任何事情。谈话中间她曾望着我说,"我一直生活在梦境里"。

特里西娅的婚礼

特里西娅第一次遇到埃德·考克斯是1963年在一个中学的舞会上。一年后,她是芬奇学院一年级学生,他是普林斯顿大学一年级学生。在国际女子初进社交界舞会上,他是她的男伴。这种舞会每年在纽约举行一次,是一种为慈善事业募捐的盛会。他们开始约会,但发现有时在政治问题上意见不合。埃德是共和党员,但保持着东部自由派的传统。1968年夏天他曾为拉尔夫·纳德工作。

1969年年底的一天,特里西娅告诉我,他们开始认真考虑关系问题了,不过她对不断发生政见分歧感到不安。他们两人个性都很强,又爱讲话,争论往往很激烈。我说重要的是相互的感情;如果他们真正相爱,这就够了,政治见解问题是会自行解决的。后来他们随着彼此的感情不断增强,政治分歧果然消失殆尽了。

1970年11月的一个周末,埃德·考克斯走进我在戴维营的书房,相当正式地对我说:"总统先生,我相信你一定知道,我很爱特里西娅。请你允许我向她求婚。"

我认识埃德已经有几年了,我对他说,这事主要看特里西娅的意见,我相信她一定会接受的。

3月16日是帕特的生日,这天我们在设宴欢迎爱尔兰总理约翰·林奇之后,宣布了特里西娅和埃德的订婚。我们问特里西娅她是否希望在白宫举行婚礼。这完全应当由他们自己来决定,不过我们觉得这样做将使他们终生难忘。帕特又建议,由于他们选择的日子是6月12日,婚礼可在玫瑰园露天举行。

第六章 总统职位（1969-1972）

婚礼的头天晚上，我给特里西娅写了一封短信，在她上床睡觉之后，塞到了她的门下。

亲爱的特里西娅：

今天是你一个激动的漫长旅程开始的日子。

我想告诉你，这些年来我是多么为你而感到自豪——我相信有几年对你来说一定是相当困难的。

今后的岁月将是幸福的，因为你一定会使它们充满幸福。

你坚强的个性定会使你顺利越过一切障碍。

你挑选得当，我确信埃德和你将来回顾这一时刻时能说："吉日何辉煌！"

爱你的爸爸

1971年6月12日零时10分

于华盛顿白宫

婚礼那天清晨多云，预报下午4点以前有零星小雨——4点正是预定婚礼开始的时刻。我打电话给特里西娅，问她是否相信天气会像预报那样放晴，并愿意碰一下运气。

她说："我愿意像我们原来计划的那样，在玫瑰园举行。"

我回答说："那就这样吧。"

3点左右我离开白宫去住宅时，雨已逐渐停歇，但天色灰暗，好像还要下雨的样子。

特里西娅后来描写了住家区里的情景，她怎样穿着礼服、戴着面纱，从自己房里出来，到西厅同等着她的帕特和朱莉聚集。

妈妈和朱莉是这样漂亮，使我突然预感我们的婚礼也会是很美满的。她们赞美了我的礼服，还说爱德华送我的钻石项链的长度同礼服的尖领口恰好相配。爸爸从电梯里出来，说大家都很漂亮。他走进自己的房间，不久换好衣服出来，穿的是晨礼服和条纹裤，由于他个子高，这身衣服跟他很相配。

4点一刻，在白宫社交场合担任侍应生的年轻军官们已经请400位来宾进入一楼的户内长廊。他们等候命令，是把来宾引导到外面玫瑰园，还是上楼引进东厅。我打电话探听空军最新的天气报告。这时据测在4点半前后将会天晴，大约会持续一刻钟。我叫霍尔德曼通知下去：婚礼在4点半开始。

雨停了。室外椅子的塑料套撤掉了，来宾被带到了他们的座位上。4点半，朱莉和女傧相们带头顺着白色回形长楼梯下去，把婚礼的行列带入玫瑰园。特里西娅是这样描述当时的场面的：

> 爸爸和我沿绿色地毯走去，相视微笑，似乎是说："已经不下雨了！"当我们走近花园入口时，陆军弦乐队奏起欢乐的乐曲。我们穿过门道时，露西·温切斯特咧大了嘴在微笑，像童话里的柴郡猫一样。朱莉走在前头，穿着淡紫色的薄纱礼服，庄重地走进了我在美国前所未见的绚丽景色之中。
>
> 玫瑰园是自然美的王冠，阳台是王冠上最瑰丽的宝石。台上娇艳的花朵交错缠绕，构成了任何独秀所无法比拟的迷人画幅。真是巧夺天工啊！
>
> 当朱莉走近通往牧师在那里等候的平台的台阶时，露西低声向我们提示："走吧。"我松手放下拖裙，露西迅速弯腰把拖裙展开了。我侧身对爸爸说："好了。"
>
> 我们慢步沿座位间的过道走去。我记得自己泛露微笑，却看不清每个人的脸，周围的人群是一片模糊。走到前排时，我才看见妈妈，特别对她笑了一笑。爸爸和我并肩登上台阶时，爱德华同我幸福地相互频频笑视。

婚礼很美好，特里西娅和埃德后来都有追记。仪式完毕，新郎吻过新娘，他俩没有立刻沿过道退走,而是先到帕特和我跟前,再到考克斯夫妇跟前,同我们一一拥抱,对我们表示感谢。

礼毕后在东厅举行招待舞会。埃德和特里西娅选了《日瓦戈医生》中的拉拉主题曲作为第一支华尔兹舞曲。乐队开始奏"为女孩们感谢上苍"时,我同特里西娅、埃德同帕特就领头跳起舞来。这是我第一次在白宫跳舞。同特里西娅跳完一曲以后,我就同帕特跳。她很擅长跳舞,当她领着我满场转的时候,来宾们高兴地鼓起掌来。接着我同朱莉跳。我知道她因戴维不在而想念他,戴维当时在海军服役,被派到地中海出勤。我在她耳边低声说,我永远不会忘记两年半以前她在结婚时是多么漂亮。

我看到林达·伯德·约翰逊独自站着,就邀她跳舞。我对她说。1967年我在电视上看到她同查克·罗布在白宫的婚礼,对她的美丽大方留有深刻的印象。

在新婚夫妇动身去戴维营度蜜月之后,帕特、朱莉、贝比·雷博佐和我在住宅里坐着看电视特别节目。

这是美好的一天,连天气后来也帮了忙。那是一个我们大家都永志不忘的日子,因为大家都感到美满、快乐。

五角大楼文件

6月13日星期天早晨,我拿起《纽约时报》。左上角有一张我和特里西娅并排站在玫瑰园里的照片,标题是"特里西娅·尼克松宣誓"。照片旁边还有一个标题:"越南档案:五角大楼研究报告追述30年来美国逐步卷入的经过。"

这条新闻描述了关于二次大战到1968年年底美国在东南亚卷入过程的一份7000页长的研究报告,这份研究报告是约翰逊的国防部部长罗伯特·麦克纳马拉下令搞的。其中包括了国防部、国务院、中央情报局、白宫和参谋长联席会议的许多文件的全文。《纽约时报》宣称,它不仅打算发表整个报告的摘录,而且要发表许多原始文件。报纸没有说明,所有这些材料还都是被官方列为"机密"和"绝密"的材料。这确实是美国历史上最大规模的文件泄密事件。

麦克纳马拉研究报告的正式标题是《关于越南问题的美国决策过程史》。然而，不久新闻界就另起了一个更加引人注目的名称：《五角大楼文件》。

这些文件是非法交给《纽约时报》的，我认为报纸发表它们是不负责任的行为。《纽约时报》承认在发表以前它拥有这些文件已为时三个多月，但从来没有请政府里的任何人就此发表评论，或者问一问发表其中任何机密材料会不会威胁国家安全或危及我们在南越的士兵的生命。

国防和情报机关抢着设法搞到这个研究文件的副本，以便估计它的泄露造成的影响。国家安全局首先担心的是，其中一些较新的文件会给破译密码提供线索。他们怕敌方专家训练有素的眼睛会发现有关我们信号和电子情报水准的材料。国务院着了慌，因为文件会暴露东南亚条约组织目前仍然有效的应急作战计划。中央情报局担心的是，过去或现有的情报提供人会被暴露出来；他们说，研究报告里有的地方具体提到现今仍在东南亚活动的中央情报局谍报人员的名字和活动。事实上，确有一个秘密联络站几乎立刻失去作用了。国际社会感到一阵震惊，因为文件中有些材料涉及别国政府作为外交中介人的作用；有几个政府提出了正式抗议。迪安·腊斯克发表书面谈话说，这些文件对北越和苏联将很有价值。

经过考虑，我们只有两种做法可以选择：或者是不作反应，或者是争取发出禁令，使《纽约时报》不致继续发表材料。从政策上考虑我们赞成对《纽约时报》采取行动，而从政党斗争方面考虑则觉得不宜这样做。

麦克纳马拉研究报告首先是对肯尼迪和约翰逊将国家拖入越南战争这种做法的批评。它追述了肯尼迪怎样决定支持1963年推翻吴庭艳和导致他的死亡的政变，这个决定曾被马克斯韦尔·泰勒将军抨击为我们最大的错误之一。他说，我们纵容推翻吴庭艳，"其唯一的结果就是造成混乱"。新闻报道说，文件证明约翰逊曾对美国人民说他不会使战争升级，而暗中却在策划把派出美国士兵的人数从1.7万增加到18.5万。文件发表后，詹姆斯·赖斯顿在文章中谈到"肯尼迪总统和约翰逊总统在谎话的掩盖下偷偷地把美国卷入战争"。

第六章 总统职位（1969-1972）

可是，五角大楼文件的发表肯定会损害我们在越南的整个努力。批评战争的人会利用这些文件来攻击我的目标和我的政策。

但在我看来，采取行动以防止继续发表材料还有一个更为根本的理由。此事牵涉到一条至关重要的原则：一份绝密文件会产生什么影响，应该由政府而不是由《纽约时报》去作出判断。梅尔·莱尔德认为材料的95%以上已经可以撤销保密，但我们大家仍在为不能撤销保密的那一部分担忧，即使那只占1%。如果我们不对《纽约时报》采取行动，那无异于告诉政府中每一个心怀不满的官员，他可以随心所欲地泄露任何机密，而政府不会过问。

《纽约时报》决定发表这些文件，显然是它奉行反战政策而不是坚持原则的结果。20世纪60年代初，国务院的一个职员奥托·奥蒂普卡曾把有关国务院保密制度松弛情况的机密文件拿给调查这个问题的几位参议员看。奥蒂普卡认为他的行动是有道理的，因为只有这样才能纠正他所认为的一种危险的局面。《纽约时报》不赞成奥蒂普卡的行动，曾发表社论表示愤慨：

> 遵守制度的工作程序是必要的，否则立法部门和行政部门之间的重要分工就会遭到破坏。利用"地下"手段从低级官员那里取得机密文件，是违反这种工作程序的危险做法。

《华盛顿邮报》也曾为此义愤填膺：

> 如果国务院的任何一个小职员可以自行决定泄露机密电报，如果联邦调查局的任何一个特工人员可以随意泄露秘密档案的内容，政府的行政部门就无安全可言了。

有人告诉《纽约时报》的发行人阿瑟·苏兹贝格，政府担心五角大楼文件的发表会削弱外国政府对我们保密能力的信任，据说他答道："嗨，那完全是骗人的鬼话，确实是鬼话。"

6月15日星期二，司法部劝告《纽约时报》，在政府审查那些文件，断定它们不致引起国家安全问题以前,不要继续发表。但与此同时,《华盛顿邮报》《波士顿环球报》和《圣路易邮报》却搞到副本而径自开始发表了。

在法院里,《纽约时报》的辩护律师有一次辩称,即使五角大楼文件的发表会推迟我们被俘人员的返回,为了保护宪法第一项修正案,我们也应该愿意冒这个风险。我对此感到气愤。我认为,第一项修正案所包含的关于发表这些文件的权利不能放在美国士兵在战时求得生存的权利之上。

起初,我曾希望前总统杜鲁门和约翰逊会同我一起采取强硬的公开立场,反对这种泄露机密材料的行为。但就我所知,杜鲁门并未发表评论。布赖斯·哈洛在同约翰逊谈话后报道说,约翰逊觉得,现在不论他讲什么话,都会被《华盛顿邮报》和《纽约时报》用来对他进行攻击。他说,这些报纸无非是想把他"重新处死"。哈洛说,约翰逊在谈话时爆发出阵阵怨气,指责写研究报告的"教授先生们"把应急计划错误地解释为总统的实际决定。约翰逊说,所有这些写研究报告的人都参与过他现在所"埋怨"的行动,并说他从来没有在未得到他政府中麦克纳马拉和其他人的完全同意的情况下对战争升级或使用部队问题作出重大的决定。

6月30日,最高法院对我们制止发表密件的建议作出裁决,六票对三票,政府输了。有一条得到多数支持的意见也认为泄露可能对国家利益产生严重影响,但这仍然不能作为依据来批准对报纸严加控制。首席法官伯格发表不同意见时,批评法院的审议过于仓促,也批评《纽约时报》不与政府磋商。他说:"我认为几乎难以置信的是,一家长期被看作美国人生活中一个伟大机构的报纸,居然在发现据有赃物或政府秘密文件的时候没有履行一个公民的起码义务……这个义务是出租汽车司机、法官以及《纽约时报》都应该履行的。"

五角大楼文件泄密事件发生在一个特别微妙的时刻。这时离基辛格秘密的中国之行只有三个半星期了,而限制战略武器谈判正在进行。罗伯特·汤普森爵士在4月写道,现在影响越南战争进程的主要因素是心理因素:我们的军事政策在战场上起着有效作用,但是美国国内的意见分歧却导致北越人在巴黎拖延谈判。5月在华盛顿发生了激烈的示威游行。5月31日,在巴黎的秘密谈判中,

第六章 总统职位（1969-1972）

基辛格提出了我方具有前所未有的深远影响的方案。6月13日五角大楼文件发表，6月22日参议院通过了关于从越南撤军时间表的第一个决议案。不久之后，北越就要拒绝我们的新方案，开始聚集力量准备发动新的军事攻势。

在发表文件的问题上，我们在法院同报馆进行的较量失败了，但是我决定我们至少要对我认为偷了这些文件的人——丹尼尔·埃尔斯伯格——获得胜诉。埃尔斯伯格是五角大楼一名前工作人员，研究报告的头几部分刊出后不久他就成了怀疑对象。不管旁人怎样想，我认为他的行为是卑鄙的——他在战时暴露了政府外交政策的机密。新闻界有很多报道对他大加吹捧。就在他还被联邦调查局通缉的期间，哥伦比亚广播公司竟用新闻联播的大块时间播放一次对他进行的郑重其事的采访。

6月28日，洛杉矶的一个大陪审团对他提出控告，一个罪状是盗窃政府财物，另一个罪状是未经授权就据有有关国防的文件和书面材料。

埃尔斯伯格在法院大楼外面却对一大群吹捧他的人说："我认为我很好地尽了公民的职责。"

6月17日下午，基辛格、霍尔德曼、埃利希曼和我曾开会对形势作出估计。基辛格在哈佛大学时就认识埃尔斯伯格，说这个人聪明，不过感情上反复无常。

埃尔斯伯格在几次对记者谈话时说，他深信我的意图是使战争升级而不是从越南撤军。他说为了迫使单方面撤军，有必要加强公众压力。我感到有严重的理由担心他下一步还可能干些什么。他在国防部的那几年里，接触过整个政府里一些最敏感的情报。在他把五角大楼文件交给《纽约时报》以前，他曾在兰德公司做事，而这个公司藏有17.3万件机密文件。我不知道其中有多少掌握在埃尔斯伯格手中，他还可能把别的什么材料交给报界。

使我们担忧的还不止是埃尔斯伯格，从一开始就有一个关于阴谋集团的传说和报告。后来被认为不很确实的最初一份报告，主要谈到埃尔斯伯格的一个朋友，以前也是国防部的职员，后来是布鲁金斯学会的研究员。在我执政的最初的日子里，我就听说过这个人，当时我让霍尔德曼给我拿来一份五角大楼关于1968年竞选运动末尾约翰逊宣布停炸越南的背景和由来的档案。我想知道当时实际的情况。我也想了解这种材料，以备用来对付那些以前在约翰逊政府任职而现在又想破坏我的战争政策的人。听说有一份停炸材料和其他机密文件已经被埃尔斯伯格从五角大楼带到布鲁金斯学会去了。我想要回这些材料，但又听说一份停炸报告已经"找不到了"。我相信，如果我们要这个材料的事传出去，连布鲁金斯学会的那一份也会不翼而飞的。

五角大楼文件泄密事件引起震惊，并使战局动荡、政府重新遭到抨击，在这种情况下我对那份停炸材料又发生了兴趣。我听说那份材料还在布鲁金斯学会，十分恼火。现在是战争期间，报刊正把我们的机密向全世界透露，政府的绝密报告不在我们的掌握之中，落到了一个主要由反战民主党党员组成的民间智囊机构手里。这看来是荒唐的。我不能接受这个事实：我们这些被选举出来管理政府的人竟这样不能控制政府的工作。我绝对看不出那份报告有任何理由要存放在布鲁金斯学会。因此我说，我现在要你们马上把这份报告弄回来——哪怕需要用秘密手段。后来我听说布鲁金斯学会1969年的一期通报曾预告要在1971年出一份部分地以"行政部门文件"为依据的新的越南问题研究报告，这就使我更加增强了决心。这个研究报告的主持人就是丹尼尔·埃尔斯伯格博士。

我们了解到，是国务院埃利奥特·理查森的一个助手在1970年让埃尔斯伯格接触到当时的越南问题文件的。甚至在其中的材料估计由埃尔斯伯格泄露之后，理查森仍拒绝撤换这个助手。此外，大家知道基辛格的手下有一些人在布鲁金斯学会有朋友和联系人，我就疑心其中可能有人把文件和材料提供给埃尔斯伯格和他的朋友。

7月初，约翰·米切尔汇报说，司法部连续发现迹象，说明埃尔斯伯格是作为一个阴谋集团的一员而进行活动的。有一个报告说，在《纽约时报》发表五角大楼文件以前，苏联驻华盛顿大使馆就已经收到这整套文件了。我还听说，提供给报纸的文件中有些甚至并非麦克纳马拉研究报告的一部分。我们再次面临这样的问题：埃尔斯伯格手里还有什么东西，他还打算要干些什么？

在此期间，埃尔斯伯格还在顺利地利用报刊、电视谈话和反战集会来宣传可以违法地表示不同政见的概念。基辛格说，我们处在一个"革命的"形势之中。

就在我们越来越担心埃尔斯伯格及其可能的同伙的活动时，我们听说埃德

第六章 总统职位（1969-1972）

加·胡佛却在采取拖延的态度，把这个案件不作急件处理；他没有为此指派专案人员，也没有增派人手。他显然认为新闻界会自动地把埃尔斯伯格描绘为一个殉道者，而联邦调查局如果加劲儿调查这个案件，就会被描绘为"恶棍"。米切尔听人说，胡佛同埃尔斯伯格的岳父是朋友，他很顾忌这种私人的友情。最后，其他机构主要是国防部也在同时进行调查，而胡佛却坚决反对旁人插手他的行动范围。

我不管任何论据或借口。我要叫人竭力催促联邦调查局调查埃尔斯伯格，并使各部门积极追查泄密者。如果确有阴谋，我要知道内情，我要动用政府的全部能力来破案。如果联邦调查局不追究这个案子，我们就不得不自己来干。埃尔斯伯格在新闻界宣传持不同政见者违法有理，正在获得极大成功，我认为一定要把他的主张搞臭。至于对他个人怎样处理，我倒并不计较。我竭力主张我们要查清他的背景和动机，如果他有同谋者，也要追查。

我也打定主意，不能听任原来一手使我们卷入越南战争的民主党人要我来为这场战争付出政治上的代价。我要物色一个能干的政治干将，他能够彻底查清五角大楼文件和国务院、国防部的档案，让我们了解有关猪湾事件、刺杀吴庭艳案和1968年约翰逊停止轰炸北越的全部事实。我们快要进入竞选年了，那时越南战争几乎肯定要成为最大的争论问题。我需要弹药来对付批评我的反战分子，其中许多就是原先在肯尼迪和约翰逊手下把我们引进越南泥淖的人。最后，我要修改密件分级制度，保证只有真正的外交政策机密才被列为密件，凡列为密件的就必须真正做到保密。

1971年7月17日，埃利希曼指派了国内委员会工作人员、年轻律师埃吉尔·巴德·克罗主持堵塞泄密漏洞的工作。同他一起工作的有以前基辛格的助手戴维·扬律师、前中央情报局特工人员霍华德·亨特以及前联邦调查局工作人员戈登·利迪。一年半以后我才第一次知道，由于他们的任务是堵塞漏洞，扬曾开玩笑地贴出一张招贴，说他自己是"管道工"。

7月23日，就是我们预定在赫尔辛基限制战略武器谈判会议上提出我们的正式主张的前一天早上，《纽约时报》在头版泄露了我们在谈判中的底牌。为了最强有力地推动克罗，我对他说："我们不允许这样做。我们决不能够让他们这样做。""管道工"们促请各部门用同工作人员谈话和使用测谎器的办法来进行调查。8月13日《纽约时报》的一篇报道是以我们几天前刚从中央情报局接到的一份报告为基础的。报道中的材料可以追溯到中央情报局的一个极为机密的情报来源。到了秋天，据中央情报局报告，泄密情况已达1953年以来最严重的程度。我要求大家保持压力。

1971年劳动节周末[1]，克罗小组采取闯入埃尔斯伯格的心理医生的办公室的行动，想从病历里了解埃尔斯伯格的动机、进一步的打算，以及任何可能的同谋。

这个闯入行动，我想当时没有人告诉过我，但显而易见的是，他们采取这个行动至少部分地是由于看到我迫切需要搞臭埃尔斯伯格的所作所为，并查明他下一步还会做些什么。当时的气氛是那样紧张和严酷，我又看到我们的处境很危险，所以我也不能说，如果事前有所了解，我会自发地认为这种做法是缺乏先例的、没有根据的或者不可想象的。埃利希曼说他事先不知道，但1972年事情发生后他就告诉了我。这一点我记不起来，并且1972年六七月间的录音带表明我当时不知道这件事，但我也不能排除曾经知道的可能性。

今天看来，闯入埃尔斯伯格的心理医生的办公室是错的，做得过分了。但是我不认为这件事有丹尼尔·埃尔斯伯格自己所做的事那样错误和过分。埃尔斯伯格逍遥法外，而克罗和埃利希曼却坐了监狱，我仍然觉得这是时势造成的悲剧。

现在回顾起来，我可以看到，一旦我发现越南战争不能迅速或轻易地结束，同时我要面临一种能够以其态度和准则左右新闻界的反战运动，我有时就陷入了我所鄙视的反战运动领导人身上的那种心理状态。他们认为这场战争是不道德的、不应该打，因此他们越来越振振有词地主张，为了迫使战争立即结束，几乎可以采取任何手段。我被同样的心理所驱使，想要维护政府执行外交政策

---

[1] 美国和加拿大的劳动节为每年9月第一个星期一，1971年是9月6日。——译者注

的能力，并且要按照我认为最易于导致和平的方式去执行。我认为这关系到国家安全。直到今天我还是这样认为：如果处于同样的环境，我现在也会像当时那样去做。对于双方的行动、反应和过火行为，历史将作出最后的判断；我不怕历史的判断。

9月底，"管道工"小组开始解散。不久，人们对五角大楼文件的担心也自然而然地逐渐缓和下来，我们的心思转到其他问题。

五角大楼文件插曲中有一个有趣的侧面：我们想找到文件，查明肯尼迪政府在吴庭艳被刺和猪湾事件中所起的作用，但很不容易。中央情报局防范得十分严密，连总统也不让知道内情。赫尔姆斯局长拒绝把有关这两个事件的内部报告交给埃利希曼。有一次他在电话里对埃利希曼说，连他自己也没有一份关于猪湾事件的重要报告。他还表示对所有的人不放心，具体提到霍华德·亨特，说这些人很想刺探中央情报局的"丑事"。

在我亲自向赫尔姆斯指名要一些文件后，他最后终于给我送来了一些。我向他保证不会利用这些文件去伤害他、他的前任或中央情报局。他回答说："我每次只有一位总统，我现在只为你服务。"但当埃利希曼翻阅赫尔姆斯交出的文件时，他发现包括猪湾事件的报告在内的一些报告还是不全的。

中央情报局就像保险柜一样严密，我们找不到谁肯把开启它的号码组合告诉我们。

1971年：经济管制措施

我向来认为，美国经济在政府尽量少加干预的情况下会发展得最好。可是在1971年8月我却提出了一系列经济管制和改革措施，甚至使那些长期主张对工资和物价进行管制的人目瞪口呆。

1961年1月在艾森豪威尔向肯尼迪移交时，经济情况十分稳定，通货膨胀率约为1.5%。到1968年，主要由于越南战争的影响，通货膨胀率已猛升到4.7%。不过战争并不是造成通货膨胀的唯一原因。约翰逊想使每一个人都满意；他鼓励美国人民相信，即使在战时他们也能既有大炮也有黄油。事实上，他的所谓"伟大社会"是靠赤字开支来扩大的。

我在1969年和1970年的经济政策的主旨，是摒弃靠政府对企业和劳工施加压力来限制通货膨胀的做法。在约翰逊政府期间业已证明，为工资和物价的增长树立自愿遵循的"路标"，是没有效果的。我也强烈反对对工资和物价进行强制性的政府管制，因为我觉得管制等于干预自由市场，一经开始，会导致最后形成一套掌握管理企业和劳工的专断权力的官僚机构。

到1969年年底，通货膨胀有减缓的迹象。但到1970年初春，我们遇到了困难。我们从越南撤军，服役人数减少，这起了一部分作用，使失业率上升到5%。通货膨胀率还没有下降，证券行情的大幅度下跌，进一步加剧了对经济情况的担忧。

不顾我的反对，国会给我送来范围广泛的法案，授权总统管制物价、周薪和月薪。由于我强烈反对管制的立场是众所周知的，我把这个法案看作民主党占多数的国会的一种政治策略，其目的在于公开地把球踢到我这一边。在某种程度上，这一策略起了作用。虽然我不肯完全转向对工资和物价进行强制管理的制度，但我怕如果我拒绝采取任何行动，就可能加重公众缺乏信心的心理，而这种心理正在开始损害经济状况，阻碍它获取复苏的机会。

因此在1970年6月，我在电视上作了关于经济问题的谈话，提出我想为减缓通货膨胀而试行的一些基本措施。我宣布打算设立"全国生产率委员会"，从企业界、劳工界、一般公众和政府方面选人组成。它的任务是设法使成本和生产率达到平衡，以便使物价趋于稳定。我指示"经济顾问委员会"定期发表"通货膨胀警报"，指出哪些方面工资和物价增长得最为突出，并分析这种增长对整个物价水平的影响。这个措施是想试一试，通报物价和工资的增长情况和增长前景能不能阻止企业界和劳工界助长通货膨胀的行为。我建立了部门间的"调整和审查购买情况委员会"，以查明联邦政府的行动是不是在抬高物价和成本，如有这类问题，则推动采取纠正的措施。

这些步骤对1970年的经济情况都没有产生任何重大影响，于是我作了新的尝试。1971年1月，我提出的预算是要在充分就业的基础上达到平衡，同时允许在失业率高的时候容许出现赤字以期有助于克服萧条。在采用这个新的"充分就业"预算政策的同时，必须有一个足以推动经济朝预期的方向发展的货币增长率。

当我向国会里的共和党领导人介绍这个预算的情况时，鉴于它实际上支持了在失业率较高时期容许赤字开支的想法，伊利诺伊州众议员莱斯·阿伦兹忧形于色地摇摇头，对我说："总统先生，我将一如既往地支持你，不过我得烧掉许多反对赤字开支的旧演说稿啦。"

我回答说："我和你处在同样的境地。"

1971年最初几个月，经济仍然停滞。展望未来，有一些改进的迹象，不过耐心已经减弱，我们的时间不多了。各方要求采取行动，白宫成了众矢之的。新闻界对我们政策的批评激化了。共和党议员和民主党议员一样反映选民对他们的压力，纷纷要求采取新的政策，以更积极的态度对付失业和通货膨胀问题。大多数批评者和许多经济学家强调这一点：政府需要有一个强制性管制物价和工资的计划。

1971年6月26日，我在戴维营和我的经济顾问们开会，详细讨论了这些问题和我们可能采取的对策。在权衡各种因素之后，我决定继续采取原来的做法，只有一点是例外。几个月来使我不安的是，政府各部门对经济问题显露了互相矛盾的主张，这助长了国内意见分歧和莫衷一是的感觉。我解决这个众口异词问题的办法是指定一个单一的喉舌，一个经济问题发言人，由他权威地解释我的政府的经济政策。我选了约翰·康纳利担任这个角色。

作为财政部部长，康纳利是担任经济责任的内阁高级成员。更重要的是，他口才很好，能够表达他大力执行总统决定的坚强意志。

6月29日，康纳利向驻白宫的新闻界人员介绍了我们在戴维营作出的决定。他宣布，不会有审查工资和物价的委员会、不会有对工资和物价的强制性控制、不会减税、不会增加政府开支——后来被人们叫作"四不"声明。

在回答记者的问题时，康纳利强有力地坚持说，经济在发展，前景很好。

但即使康纳利能言善辩，也挽救不了几年累积起来的经济上、心理上和政治上不安定的形势。

7月15日，我宣布了关于中国的消息以后，向国会领导人介绍情况。我发现虽然有些议员表示支持我在外交上的这一引人注目的倡议，但至少有双倍的人利用这个机会对国内经济政策表示不安，并敦促采取新的行动对付失业和通货膨胀问题。这次会后，康纳利和我断定，采取行动的时候到来了。

他说："如果我们不提出一个可靠的新计划，不出一个月国会将会在你书桌上放一份不负责任的计划。"我知道他说的对，就授权他私下征求高级经济顾问们的意见，然后替我起草一份报告，其中包括供我考虑和选择的行动方案。

康纳利的报告于8月6日交来。他这个人的脾气是一贯喜欢"大搞一番"，因此我料想他会提出大胆的建议。但对于他建议采取的行动，连我也没有精神准备。他实际上是竭力主张在所有经济战线上全面出击，包括全盘的工资和物价管制。他说："我不能保证这个计划一定成功。不过我敢说，少于这些措施的计划一定不会成功。"他还建议我让这个问题"酝酿"一些时候，哪怕这意味着会使问题变得更糟一些。如果发生那样的情况，我采取的行动会显得格外有吸引力。

然而，意外发展的情况迫使我们明显地加速实行我们经济措施的时间表。8月的第二周，英国大使找到财政部，要求把30亿美元兑换成黄金。无论我们接受或者拒绝这个要求，其后果都很危险。如果我们给予英国人他们所要的黄金，其他国家可能也会争相提出这种要求。如果我们拒绝，这意味着承认我们担心无法满足所有可能提出的兑换黄金的要求。康纳利迟迟不作答复，但是我们知道，我们很快就要面临有关美国的国际经济地位的重大危机。

根据康纳利的建议，我于8月13日在戴维营召开了高层会议。到会的有15位经济专家、白宫的助理人员和一名演说撰稿人，有些人是秘密到达的，以免开这个会的消息本身引起国际投机活动的浪潮。

这些人是懂得经济事务的极端复杂性的，包括约翰·康纳利、阿瑟·伯恩斯、乔治·舒尔茨、保罗·麦克拉肯和赫伯特·斯坦（我的经济顾问委员会的成员)、彼得·彼得森(国际经济政策委员会主席)、保罗·沃尔克(财政部负责货币事务的副部长)。我在白宫的助理霍尔德曼、埃利希曼和比尔·萨菲尔也参加了这次会议。

刚开会我就定了一项行动守则,要在我正式宣布我的决定之前的今后几天里予以遵守:"过去,泄密损害了我们在不少问题上的立场。从现在到星期一,这里到会的人谁也不许透露消息。"

接着我请康纳利讲话,他简明地介绍了专家们拟定的措施:封闭"黄金窗口",让美元浮动;规定课10%的进口税,主要作为讨价还价的筹码,避免外国贬值它们本国的货币来促进出口;恢复投资税信贷以刺激企业界;规定新的所得税减免;取消汽车货物税以鼓励增加销售额。

他留到最后才谈到美国人民将认为最引人注目和最重要的措施:冻结工资和物价90天。这些措施不需要建立大型的或永久的机构,只需要由短期的工资委员会、物价委员会和生活费委员会掌握执行情况。

后来担任我的经济顾问委员会主席的赫伯特·斯坦写到那次戴维营会议时说:

> 由于国内存在着紧张的心理状态,由于戴维营的环境偏僻而优美,由于会议开得有条理并守纪律,由于作出的决定出人意料又范围广泛,8月13到15日的会议成了经济政策史上最引人注目的事件之一。

对于冻结工资、物价和其他国内措施,到会者虽有疑问,仍给予了相当有力的支持;然而对于关闭黄金窗口,即暂停美元兑换黄金,大家却有不少异议。反对最强烈的是联邦储备委员会主席阿瑟·伯恩斯,他要我们等一等。他说,即使所有的论据都正确,他仍然认为不必仓促从事。他警告说,如果美元贬值,我将受到指责,"《真理报》会写道,这是资本主义崩溃的迹象"。从经济方面说,他担心消极的后果难以预料:证券行情可能下跌;如果贸易基础改变,世界贸易的风险可能增大;还有其他国家可能进行报复。

对于伯恩斯的意见，我一向是重视的，因为我尊重他的高超的智力，并且因为他总是坚持他曾向我介绍过的原则："讲总统需要听的话，而不是只讲总统爱听的话。"但这次是我没有听从他的建议的少数场合之一。我决定关闭黄金窗口，让美元浮动。后来事实证明，在我 1971 年 8 月 15 日宣布的整个经济计划中，这一项决定的效果是最好的。

我决定在星期天晚上宣布这些决定，以便使新的政策在星期一早上证券市场开盘以前为众人所知。

那个周末，我在同比尔·萨菲尔修改我的演说词时，一面猜测报纸的标题会怎么写，会是"尼克松采取果断行动"，还是"尼克松改变主意"？直到最近我还谈论实行工资和物价管制的弊病，因此，我知道人们完全可以指责我背弃自己的原则或掩盖自己的真实意图。然而从理论上说，我仍旧是反对工资和物价管制的，即使我认为经济情况的客观实际迫使我不能不这样做。

公众对我电视演说的反应绝大多数是赞成的。在各广播和电视网上，星期一 90% 的新闻节目都是关于这个问题，多数集中介绍了约翰·康纳利这天所作的精彩谈话。来自华尔街的新闻提到下列数字：星期一纽约证券交易所成交股数 3300 万，道·琼斯公司的股票行情上涨了 32.93 点。

接下来的几个月，新的经济政策开始产生效果。冻结前 1971 年的通货膨胀率为 3.8%。在冻结期间下降到 1.9%，冻结告终时曾一度骤升，但其后在 1972 年的余下时间里保持在 3% 上下。失业率在新政策宣布时为 6.1%，到 1972 年年底降落到 5.1%。

宣布六周后进行的哈里斯民意测验以 53% 对 23% 的数据表明，美国人民认为我的经济政策是有成效的。

其后两年半，经济又经历了工资和物价管制的三个阶段，最后所有管制于 1974 年春天全部取消。

第二阶段于 1971 年 11 月开始，它是我们逐渐摆脱管制的办法，否则管制就会垮台，或者永远摆脱不了。在这一阶段，管制已减少很多，但仍然是强制

第六章 总统职位（1969—1972）

性的和范围广泛的。

1973年1月转入第三阶段，如我们所预料的那样，这引起了一阵喧嚣，因为原来被压下去的物价开始上涨。1973年6月，我不顾许多顾问的反对，重新规定了暂时和有限的冻结，以消除公众的不安（当时还夹杂着对水门事件的不安），并减缓物价的上涨，这种上涨仅仅是由于预计要有冻结而发生的。如果说这次冻结只是使原来就不妙的情况进一步复杂化，它至少也附带产生一种好处，对此乔治·舒尔茨幽默地总结说："至少现在我们已经使其他所有的人相信，我们原来就认为工资和物价管制解决不了问题的立场是正确的。"

1974年当强制性的工资和物价管制完全撤销时，后果是很不愉快的。能源短缺和食品昂贵促使通货膨胀加剧和工商业萧条，而管制阶段以后积聚起来的压力导致了带有破坏性的两位数的通货膨胀率，它折磨了福特政府的最初几个月。管制完全结束三年以后，失业率和通货膨胀率都徘徊于7%左右，人们甚至怀念起1971年"过去的好光景"，因为那时前者只有6%，后者只有4%。

短期试行经济管制，美国得到些什么呢？1971年8月15日实行管制的决定在当时政治上是必要的，并且在短期内深得人心。但从长期看来，我认为那样做是错的。欠账总有一天要偿还，任意更改传统的经济结构无疑要付出高昂的代价。

我着重谈了在我执政期间最迫切的经济问题，即通货膨胀和失业的问题，这就突出了我们曾感到有必要旗帜鲜明地离开自由市场，然后又痛苦地设法走回来的那个领域。但在我执政期间也有一些经济措施更好地反映了我的经济理论，并且从长期看来它们也许还更重要。

例如，1969年我们减少了所得税，使600多万低收入的人完全免去了所得税的负担。到1973年，我们使农业生产在35年来第一次几乎完全免除了政府控制。我们废除了20世纪60年代强加于国际资本流动的许多控制，开始建立了世界范围的自由汇率制度。我们曾要求国会通过立法，授权进行谈判以降低国际贸易壁垒。这种谈判的第一轮于1973年9月在东京举行。我们还着手减少或撤销交通运输和财政领域里有碍工业和加重消费者负担的规章条例。

有些人认为自由市场只是同工商业者有关的事。但当我就职时，对自由市场最严格、最不公平的限制之一是征兵制，它强迫每个人服役而不是出于自愿地服役。因此，在1973年1月取消了征兵制而代之以义务兵役制，这也是保障有意义的经济自由的重大措施。

保守派在谈论经济问题时总是处于不利地位，因为他们相信，为了挽救病人不致病死，必须让病人今天受点痛苦，这种想法通常被自由派政治家们和评论家们说成是"残忍"或者"对人的痛苦无动于衷"。

不幸的是，从政治角度考虑经济问题已经变得比从经济角度考虑经济问题起更大的作用。当深谋远虑同政治现实发生冲突时，后者有时会毫不奇怪地占据上风。这种过分简单化的论断像所有类似的论断一样，听起来似乎太带有讽刺意味了；但是我个人能够证明，甚至抱有强烈经济观念的人也会被那些要求采取不同政策的人的尖锐批评和叫嚷所动摇。

政府办企业是效率最低而费用最高的创造就业机会的办法。尽管私人企业制度有许多缺点，美国在开国以来的两百年间却靠着它在人类文明史上最成功地向贫困开战。私人企业便于变革和鼓励进步，国营企业几乎毫无例外地阻碍变革和进步。

值得指出的是，我们主要的共产党竞争者苏联已经发现，为了增加生产，有必要仿效我们的做法。正当共产党人不得不对效率较高的生产者提供越来越多的刺激时，美国看来却在缓慢然而肯定地仿效他们的做法，阻拦物质刺激。

就我们的经济和政治制度来说，美国今天正处在十字路口。联邦、州和地方税占国民生产净值的40%。如果这个比例继续增长，我们不久就会遇到这样一种情况，即人们将越来越多地为了政府而不是为了自己从事工作。如果这一天来到，我们将不再拥有使美国成为世界上最自由、最繁荣国家的私人企业制度了。我们只能希望两党的政治家认识到这种情况的危险性，不让它发生。

限制战略武器谈判的突破和柏林问题的解决

有人耸人听闻地预言说，我在1971年7月15日所作关于即将访华的宣告，将严重损害美苏关系。事实与此相反。10月12日，在华盛顿和莫斯科发表了联合公告，证实我将在从中国回来后三个月去访问苏联。

美苏最高级会议之所以最后成为可能，是由于两方面的成就：在发表对中国接近的消息以前限制战略武器谈判取得了进展；在发表该消息以后在解决柏林问题方面也获得了进展。

限制战略武器谈判于1969年年底开始，很快就陷入僵局，因为双方在协议范围问题上意见分歧。用最简单的话来说，苏联方面要缔结一项只涉及限制防御性的反弹道导弹系统的协议，而我们方面则想缔结一项综合协议，不仅涉及反弹道导弹这种防御系统，也包括进攻武器，如洲际弹道导弹和多弹头分导重返大气层运载工具。

1971年1月9日，我给勃列日涅夫发去一封私人函件，强调如要达成协议，必须把进攻武器和防御武器联系起来。

两周以后，基辛格会见了到莫斯科同勃列日涅夫进行长时间磋商后刚回来的多勃雷宁。会见时多勃雷宁建议在夏末举行首脑会议，并表示有可能按我们提出的折中办法商订限制战略武器协议：仅限制反弹道导弹的规定，加上在进一步谈判期间冻结进攻性武器的规定。

然而在3月12日，多勃雷宁交来一封对我们所建议的限制战略武器协议的复信，似乎又回到了早先坚持协议只涉及反弹道导弹的强硬立场。在两国关系似乎取得相当进展之后，看来我们又要进入一个经受苏联人考验的时期了。

这种突然变卦也许是苏方认为不得不进行的最后一次试探，或者只是勃列日涅夫在党代表大会前夕应付内部矛盾的措施。不论原因何在，3月26日多勃雷宁从莫斯科收到了一套新的指示，其中包括我们一直等待着的突破：苏方同意继续谈判，并在就反弹道导弹达成协议之后冻结进攻性武器。

在我方首席谈判代表杰拉德·史密斯主持下的维也纳限制战略武器谈判，以及通过基辛格和多勃雷宁交换的秘密信件，立刻变得更加认真和紧张了。我看出主要的问题将是美方的谈判立场。国会里的鸽派议员正把苏方提出的只涉及反弹道导弹的建议看作在这个问题上使政府取得一次业已拖延了的胜利的机会，敦促我立即加以接受。

我觉得，如果持这样的立场去参加最后阶段的限制战略武器谈判，一定会坏事。我认为，实现限制核武器的唯一有效方法是使苏联面对一项不可接受的方案，这就是美国将增加军备并决心使用这些军备。

4月20日，我在内阁会议室里同一批共和党参议员进行了一个半小时的晤谈。我说："如果要使限制战略武器谈判取得成功，我们决不能在参议院里透露我们想同苏联方面谈判的内容。不然他们会说：'我们何必继续进行限制战略武器谈判呢，反正美国准备单方面采取这些行动了。'苏联人是迫切需要一项协议的，不过我们知道，他们只是从实力出发进行谈判，并且只尊重有实力的人；只要哪里有力量真空，他们向来是往哪里挤的。"

5月12日，多勃雷宁向基辛格递交了苏联关于限制战略武器的最新方案。他们已放弃了最后一条我们不能接受的条件。现在我们有了突破。5月20日中午，我出现在白宫新闻发布室的电视摄像机前。

我说："你们都知道，苏美关于限制核武器的谈判陷入僵局已经一年多了。通过谈判，包括两国政府最高层的谈判，我今天宣布在打破僵局方面有了重要的进展。"我读了同时也在莫斯科予以发表的声明。声明的措辞是故意含糊的，只说我们已经同意把注意力集中在关于反弹道导弹的协议上，而他们则同意了关于限制进攻性武器的"某些措施"。

关于柏林问题的谈判在8月底顺利地告一段落。谈判进行了16个月，我国代表是驻西德大使肯尼思·拉什。美、英、法合作，同苏联就柏林问题达成协议，部分消除了这个城市分裂26年的历史所积累起来的紧张局势。协议中有些条款将使从西柏林去东柏林和东德的旅客和游览者不受刁难，让西柏林居民可以取得前往共产党控制区的护照，并保证在国外由波恩政府代表西柏林说话。1971年以前，人们通常把柏林问题和中东问题看作美苏关系中最大的绊脚石。我们至少搬掉了一块绊脚石，这就为最高级会议扫清了道路。

关于美苏首脑将于1972年5月会晤的宣布，完全出人意料。《底特律自由新闻报》的社论标题是"永远令人惊异的尼克松从帽子里变出又一只兔子"。《华尔街日报》说，两次首脑会议的安排"反映出多年来任何一位总统对世界政治所持的最乐观的看法"。

并不是所有的反应都是积极的。尽管乔治·米尼对于中国之行的宣布还能抑制他的感情，现在他却建议我还可以去智利拜访阿连德，去古巴拜访卡斯特罗。他问道："既然他要去访问世界上那些不受欢迎的人，何不统统把他们都访问一遍呢？"

重要的是，我们为这种联系进行的耐心准备工作收到了很好的效果。我们将既有访华之行，也有同苏联的首脑会谈。

印巴战争

11月4日上午，我在椭圆形办公室会见了印度总理英迪拉·甘地。她来华盛顿的访问发生在一个危急的时刻。八个月以前东巴基斯坦爆发了反对叶海亚·汗总统的政府的叛乱。印度官员报道说，有将近1000万难民从东巴基斯坦逃到了印度。我们知道，叶海亚·汗最终将不得不顺应东巴独立的要求，因此，我们劝他采取更温和与和解的方针。我们当时无法知道，印度竟会乘机不仅破坏巴基斯坦对东巴的控制，而且企图削弱西巴基斯坦。

甘地夫人高度赞扬我正在使越南战争降级以及对华采取主动的果断措施。我们谈到了巴基斯坦不稳定的局势，我强调说明，印度不宜采取任何足以使那里形势恶化的行动。

她恳切地向我保证，印度没有任何反巴的动机。她说："印度从来不想毁灭巴基斯坦或者使它永远一蹶不振。印度所寻求的首先是恢复稳定。我们要不惜一切代价地消除混乱局面。"

我后来获悉，就在我们会谈的时候，甘地夫人知道她的将军们和顾问们正在策划对东巴进行干涉，并且在考虑进攻西巴的紧急计划。

即使印度名义上是中立的，并且继续接受我们的援助，甘地夫人却已经逐渐同苏联结盟，并从莫斯科得到大量的经济和军事援助。阿尤布·汗总统和他的继任者叶海亚·汗对此的反应是发展巴基斯坦同中华人民共和国的关系。既然新德里连上了莫斯科，伊斯兰堡连上了北京，次大陆就大有可能成为两个共产党巨人进行对抗的危险地区。

在那天上午的谈话中,我感到不安的是,虽然甘地夫人自称她致力于和平,但她不愿作任何具体努力来缓和紧张局势。叶海亚·汗已经表示,如果印度同意把军队撤离边境,他也愿意这样做,但甘地夫人不愿作出类似的保证。

我说:"分裂巴基斯坦绝对没有什么好处。由印度发动战争,这是几乎不可能理解的。"我指出目前的情况在某些方面类似中东的局势;正像中东牵涉到美国和苏联的利益一样,在南亚和印度次大陆有中国、苏联和美国的切身利益。我说:"一旦印度发动战争,那就很难确切估计其他大国会采取什么步骤。"

一个月后,事先掌握了苏联武器的印度陆军进攻东巴。沿西巴边境也爆发了战事,但还无法判断究竟印度在那方面的目标是牵制巴基斯坦的兵力,还是那个行动是全面进攻的序幕。如此规模的作战计划不是在不到一个月的时间内能够制订出来的,这使我不得不认为甘地夫人在我们会晤时有意欺骗了我。我还感到不安的是,苏联不理睬我们几次发出的明确的通知,即如果他们支持印度入侵巴基斯坦,我们将作出表示强烈反对的反应。我感到苏联的一个重要动机是向全世界表明,尽管连篇累牍预报中美和解,苏联还是头号的共产党大国。事实上,苏联把军队调到中国边界,露骨地企图牵制中国兵力,阻止中国人去支援巴基斯坦。

我感到有必要劝阻印度的侵略和苏联的冒险主义,并同意基辛格的建议,我们应当表示对印度的不快和对巴基斯坦的支持。

为协调我们的计划,基辛格召开了由国务院、国防部、中央情报局和国家安全委员会四方代表组成的"华盛顿特别行动小组"的会议。他发现国务院认为,东巴独立是不可避免的并且是可取的,印度在东巴只有有限的目的,对西巴没有野心。按照这种推断,苏联或中国进行干预的危险很小。因此,国务院主张我们应该保持冷静,袖手旁观,让不可避免的事自行发生。

我完全不同意这种消极的估计。我要让苏联人知道,我们强烈反对苏联的一个盟国利用苏联武器肢解巴基斯坦。因此,基辛格把苏联代办伏隆佐夫召到白宫来,告诉他这个危机又一次把我们的关系推到了十字路口,因为我们认为

第六章 总统职位（1969-1972）

在印度次大陆怂恿一场战争是同改善彼此的关系相矛盾的。

基辛格说，我们想看到停火和所有印度军队撤出巴基斯坦。战事一停止，有关各方可以开始谈判，求得问题的政治解决。我们认识到，政治解决的结果大概是东巴取得政治自治，我们愿意朝这个方向做工作。主要的问题是应该停止战斗，应该消除大国对抗的危险局面。

第二天我给勃列日涅夫写了一封信，毫不含糊地说明了我的想法：

> 目前的客观事实表明，印度军队正被利用来把政治要求强加于人，并肢解主权国家巴基斯坦。贵国政府已使自己同印度的这项政策牵连在一起，这也是事实。……
>
> 我深信，我们原先商定明年5月在莫斯科会晤时所遵循的精神要求双方实行最大限度的克制，采取最紧急的行动来结束这场冲突和恢复次大陆的领土完整。

当晚11点钟，伏隆佐夫送来一份照会，回答了基辛格前一天提出的各点。照会指责美国维护和平不够积极，建议立刻停火，同时要求巴基斯坦立即承认东巴独立。苏联人显然打算玩弄强硬路线。因此，我们必须采取的行动是绝对坚定地继续支持巴基斯坦。如果我们不帮助巴基斯坦，那么伊朗或者苏联影响所及的其他国家就会对美国支持的可靠性产生怀疑。像基辛格所说的："我们实际上没有别的路可走。我们不能听任我们和中国的一个朋友在同苏联的一个朋友的冲突中受到蹂躏。"

12月9日，伏隆佐夫带来勃列日涅夫的一封长信。他企图倒打一耙，说问题的关键在于设法让叶海亚·汗放弃东巴。基辛格觉得，来信的友好语气至少表明苏方有了一点响应，但我对此表示怀疑。

同时，危机发生了令人不安的转变。我们通过情报来源获悉，在印度内阁的会议上，甘地夫人主持讨论了在西线扩大战争并入侵西巴的计划。基辛格召见了印度大使,用明白的语言暗示我们已经知道他的政府的计划,要求他敦促新德里重新考虑,不要再采取任何鲁莽的行动。

当时苏联农业部部长正好在华盛顿访问。我知道他是勃列日涅夫的亲信,就要他带个私人口信给勃列日涅夫,说我认为我们两人作为两个核超级大国的领导人,有责任不让我们较大的利益卷入我们较小的友邦的争吵中去,并且要他回去转告,我说上面这番话是认真的。

那天下午晚些时候,我授权穆勒海军上将派出一支特遣舰队,由核动力航空母舰"企业号"等八艘舰艇组成,从越南开往孟加拉湾。

东巴的军事形势很糟。在数量上占优势的印度人得到凶猛的孟加拉反叛者的合作,叶海亚·汗的军队全面败退。双方作战都是几乎不可置信的残酷,使局面像一场噩梦。在战事结束以前,有好几百万人无家可归。

最后,叶海亚·汗承认他应该采取我们一直向他建议的行动方针:他不再能够保住东巴,应该把他的军队集中用于保卫西巴。我表示一旦他这样做,他就可以得到我的全力支持。12月9日,巴基斯坦接受了联合国大会的停火要求。然而印度拒绝停火,西巴边界沿线的紧张局势仍在加剧,我就给勃列日涅夫又写了一封信,呼吁他同我一起结束这场危机,以免我们自己被拖进去。我在信的开头就说,据我们看来,巴基斯坦本身的行动业已满足了他关于东巴政治独立的建议。我接着写道:

> 现在下一步必须在西线立即停火。如果不停火,我们将不得不认为针对整个巴基斯坦的一种侵略行为正在进行,而巴基斯坦是我们对之承担义务的友邦。
>
> 因此,我建议立即由我们发出关于完全停火的联合呼吁。
>
> 同时,我最强烈地敦请你约束印度,因为你们通过条约对印度有很大影响,必须对印度的行动负一部分责任。

12月11日我们等勃列日涅夫的答复等了一整天。这种拖延是难以忍受的,

第六章 总统职位（1969-1972）

因为印度进攻西巴的可能性在一小时一小时地增长着。12月12日，在我飞往亚速尔群岛同蓬皮杜总统就国际货币危机进行法美高级会谈之前不久，从莫斯科送来了一个简短的答复，只是说印度政府无意对西巴采取军事行动。

我立即发出复电，说印度的保证缺乏具体内容。鉴于情况紧急，需要协调行动，我建议我们继续通过基辛格－多勃雷宁这条秘密渠道进行磋商。我又说，我要十分强调，为了避免我们双方都不愿看到的后果，必须抓紧时间。

虽然我的电报语气急切，热线却一直冷着，直到第二天早上5点钟，才送来了三句话的答复，说苏联正在设法"澄清"印度国内的情况，一有结果将立即告诉我们。

12月14日在华盛顿，伏隆佐夫交给黑格另一份来自克里姆林宫的电报。它再次只提出含糊的保证，说印度无意对巴基斯坦采取任何军事行动。由于这个答复并不比早先的电报有何改进，我同意基辛格的意见，黑格应当打电话给伏隆佐夫，把这一点告诉他。

基辛格在从亚速尔群岛飞回华盛顿的途中，同"空军一号"飞机上的三个联合采访的记者谈了话。其中一个问，印巴危机有无恶化到影响我去参加最高级会谈的计划的危险。基辛格回答说："还没有，但是我们必须等着看今后几天发生的情况。"记者们立即意识到他们刚才获得了一项重大消息。一个记者问道："我们是不是可以从你的话里推断出，如果苏联人不很快开始施加起抑制作用的影响，总统出访的计划就可能改变？"

基辛格回答说："我们确实期望苏联人在今后几天内发挥起抑制作用的影响，如果他们继续蓄意鼓励军事行动，我们也许不得不重新考虑总统的计划。"

飞机一着陆，记者们立即跑去把自己的笔记告诉同事们，并立即发出了报道。当天黄昏的新闻节目就把这项报道传遍了全国和全世界。

基辛格在白宫召见伏隆佐夫，并告诉他，我很关注苏联领导人没有尽力促成问题的解决。鉴于他们继续拖延，我开始认为他们只是在讲空话，有意让当前的事态发展决定最终的结局。

基辛格说："尼克松总统不习惯进行威胁。他长期以来一直寻求真正改变美苏关系的途径。然而尽管他有这个愿望,贵国政府却用大量尖端武器装备印度。如果苏联政府支持或迫使别国领导人去肢解或者分裂一个美国的盟国,它怎能指望我们两国间的关系会有所改善呢?"

第二天,基辛格又召见伏隆佐夫,给他看了我写给柯西金的一封信的抄本,信中竭力主张我们两国应迅速采取负责任的步骤,以确保印巴军事冲突不致扩大,并保证反对任何一方取得领土的企图。

伏隆佐夫抱怨说,印度人很不听苏联的压力。基辛格回答说:"再不能有任何借口了。总统已经作了好多次个人的呼吁,都遭到了拒绝,现在该是行动的时候了。"

伏隆佐夫说,苏联无条件地准备保证印度不会进攻西巴或克什米尔。但是,如果公开这样做,那就意味着苏联实际上是在代表一个友好的国家说话。换句话说,只要不必公开这样做,苏联是会敦促印度接受停火的。印度人看到苏联不会给予支援,肯定会同意某种解决的办法。

第二天,叶海亚·汗的军队在东巴无条件投降了。12月17日,巴基斯坦接受了印度在西巴停火的建议,于是西线的爆炸性局势也得到了解决。我们通过发出外交信号,施加幕后压力,终于使西巴免遭印度迫在眉睫的侵略和统治。我们也又一次避免同苏联发生重大的对抗。

印巴战争所牵涉到的利害关系远远超出巴基斯坦的前途——这本身已经很重要了。它涉及一个原则,即能否允许苏联所支持的大国肢解它们较小的邻国。一旦这个原则得到肯定,世界将变得更不稳定和更不安全了。

在此期间,中国人起了很谨慎的作用。他们有军队驻在印度边界上,但他们不愿冒攻击印度以援助巴基斯坦的风险,因为他们担心苏联会以此作借口来进攻中国,而他们的这种担心是可以理解的。因此他们没有采取行动,可是他们军队的存在大概对印度起了遏制的作用。

停火安排后三天,我们送给中国人一份材料,说明了停火的要点。在材料结尾处我们写道:"美国认为,可以从最近的南亚事件得出一些使人头脑清醒的结论。中华人民共和国政府和美国政府不应再令自己陷入这样的处境,即有

第六章 总统职位（1969-1972）

人能够利用充当代理人的国家来推进他们含有敌意的全球目标。"

通过印巴危机，我对甘地夫人的尊敬减低了。几个月后，在1972年3月，我在比斯坎岛过周末时看了一部关于圣雄甘地的传记影片——他同甘地夫人没有亲属关系——看了以后我口授了一段感想，写进了我从1971年11月开始记的日记。

日 记

我看了甘地的被刺，听了他关于暴力问题的讲话，感到今天印度的一些领导人是何等虚伪。例如：当夏斯特里去塔什干时，英迪拉·甘地说什么印度的胜利之翼被剪掉了；她在华盛顿和我会见时实际上已经决定要进攻巴基斯坦，却向我保证说她决不这样做。这完全是两面派态度。不用借口就诉诸武力的人是坏透了——诉诸武力而同时还劝诫别人不要使用武力的人不配得到任何的同情。

印巴危机期间一个最严重的事件发生在我们国内。12月14日，当我们还不能肯定印度会不会进攻西巴时，报系专栏作家杰克·安德森发表了12月2日、4日和6日"华盛顿特别行动小组"会议记录的逐字节录。会议记录透露说，基辛格对小组的讲话传达了我为了"偏袒"巴基斯坦而施加强大压力的消息，这既不同于有些国务院官员一向所采取的态度，也不同于我们为了更好地对各方施加影响而公开采取的更为中立的立场。从外交事务的角度看，这个泄密是使人尴尬的；从国家安全的角度看，这是令人不能容忍的。

这一泄密使人震惊，因为出席"华盛顿特别行动小组"会议的只限于军事情报机关和国务院最高级官员。我们听说罗伯特·韦兰德海军少将认为，被泄露的文件之一肯定是从他的办公室搞出去的，那时他的办公室担负着参谋长联席会议和国家安全委员会之间的联系工作。我们指派了巴德·克罗和戴维·扬进行调查。

怀疑集中在一个分配在韦兰德办公室里工作的海军文书军士的身上。在询问的过程中，扬了解到这个文书军士有一段时期一直在复制国家安全委员会的秘密文件。他经常捡取待烧废纸袋里的复写纸或影印件，有时甚至窃取基辛格和黑格公文包里的文件去复制。有一次，他抄了基辛格第一次秘密访问北京时与周恩来谈话的摘要记录。他把这些文件送给了他在五角大楼的上级。

我们无法确证这个文书军士就是安德森的材料来源。但间接的证据是很有力的，他们两人彼此相识，曾在若干场合碰过头。不论这个文书军士有没有向安德森泄露机密材料，他总是危害了参谋长联席会议同白宫的关系。

虽然我也许并不真正感到惊奇，但我感到不安，因为参谋长联席会议竟在对白宫进行暗中侦察。不过坦白地说，我很不愿意追究事情的这一方面，因为我知道如果深究下去，这事会像其他许多敏感的问题一样，最后被透露给新闻界并被他们严重歪曲，这样我们最终会损害军方的信誉，而军方那时所受的攻击已经够多的了。

文书军士本人也同样难于处置。我感到关于他给安德森提供材料的间接证据是令人信服的，我也知道这种行为不能容忍。

日 记

关于这件事情，令我不安的是驱使这个文书军士提供材料的那种埃尔斯伯格变态心理。他替参谋长联席会议侦察白宫一事并不使我特别惊奇，虽然我认为这不是正派做法。但是他由于不同意我们对印度的政策而进一步向报刊专栏作家提供绝密材料的行径，却是必须不惜任何代价要加以制止的。

然而我觉得，如果对这个文书军士进行起诉，那将是太危险的事。这个人曾跟随基辛格和其他人外出执行一些秘密任务，还接触过别的绝密材料，一旦泄露会危及我们同中国的谈判和同北越的谈判。就这点来说，他是一颗潜伏的定时炸弹，起诉就会使他触发。于是我们把他调到俄勒冈州一个遥远的岗位上，对他进行暗中监视，包括一个时期的电话窃听，以查明他有没有再外传秘密材料。这个办法发生了效力：他没有再泄漏机密。

六大目标

虽然越南和其他外交问题在1971年大部分时间占主要位置，这一年我还是就通过国内立法问题向国会提出了要求，这些立法后来成为我所说的"新的美国革命"。国会无意于分散权力，还权于民，但我再次坚持要国会就我的提案采取行动——其中有些是我在1969年第一次提出的——这些提案总的目的是要开始改变整个联邦政府的规模和结构。1971年1月22日，我在国情演说中用了坦率的语言描述为何有必要实行我所建议的计划。我说："让我们面对现实。今天大多数美国人对于各级的行政管理简直腻烦透了。"

这次演说是我任总统期间关于国内政策谈得最全面和最富建设性的一次演说，其中我为国家和人民列举了六大目标：福利改革；和平时期的充分繁荣；恢复和改善自然环境；改进医疗卫生工作，使更多的人得到更公平的照顾；加强和补充州政府和地方政府；彻底改革联邦政府。

国会的反应仍然令人失望和不安。对于福利改革、政府改组、广泛的医疗卫生计划以及几十个其他计划和法案，国会仍然不肯采取行动。

帕特

多数人大概会说，在政治生活中要取得成功，需要韧性、力量或决心。但帕特有一次说，政治生活最需要的是情感——她说的对。最好的政治生活和最高尚的公众生活确实最需要情感。

你由于尊重人们而不是需要他们的选票或支持而喜欢他们，并在此基础上建立人与人之间的思想交流和了解，这就是情感。这是帕特所富有的品德。这是她成为总统夫人时带给白宫和全国的礼物。

她毫不犹豫地积极承担了新的繁重的任务。她在白宫东侧楼设立了工作人员的办公室，并亲自过问白宫管理工作的各个方面。她既关心使每天受到参观的白宫屋子里都摆有鲜花，而且要求事先详细了解每一个来访国宾的情况。

我们大家都爱白宫,并且想方设法让人们了解白宫的历史、分享白宫的美丽。而使这件事得以实现的却是帕特。

她让人在南庭园栏杆近处安装了扩音器,使参观者在这里排队等候时可以听到他们即将看到的那些房间的历史情况的介绍。她为盲人安排了专门的参观,让他们第一次能够摸一摸各个房间里的历史文物。帕特还首次录制了白宫历史的口头介绍材料,让这些看不见东西的人仍能有一种身临其境的感觉。

我们的两个女儿也继承了她们母亲的关心和慷慨的精神。特里西娅在结婚前一直和我们同住在白宫,在此期间她给一所小学的孩子们做辅导员,并且想出别开生面的方法把青少年带到白宫里来,如在南草坪会见 1000 名男童子军,在万圣节前夕举行招待会招待 350 个来自华盛顿较贫穷地区的儿童。1970 年春天,她作为女主人请来 2000 个儿童,坐在草地上听哥伦比亚特区青年乐团的音乐会。除了这些较大规模的活动,她平时还举行招待会、茶会,并出去演讲。

我们住在白宫的第一年夏天,朱莉自告奋勇担任了参观办公室的导游,带着兴奋的参观者进行特别的参观,穿过花园直到二楼上富有历史意义的那些房间。下午,她带着残障者进行特别的参观。即使在她为考硕士学位而进行学习时,以及后来担任《星期六晚邮报》编辑时,她还是保持着在全国各地演讲和访问的繁忙活动。

帕特组织了私人募捐,使白宫外面灯光明亮,为本市居民和旅游者在晚间提供方便。在内部,她用自己在颜色和陈设方面的高雅的审美观点以及充沛的精力,对白宫进行了重新装饰。她同白宫管理主任克莱门特·康格和佐治亚州奥尔巴尼城的联邦古典艺术、建筑和家具专家爱德华·琼斯合作,筹了款子,收购了 500 多件精心挑选的美国早期家具和艺术品,布置在白宫供公开展览的那些房间里。她又同殖民地时期威廉斯堡基金会主任卡莱尔·休梅尔辛一起,协助整修白宫的西侧楼。

帕特的工作完成后,许多来访的艺术家、历史学家、建筑师和装饰师都说,白宫从来没有这样漂亮过。听了这些话,女孩们和我都感到十分自豪。

在我们重新装饰白宫的计划中,只有一桩革新是可以归功于我的。一天晚

第六章 总统职位（1969-1972）

上我们外出参加社交活动回家时,我注意到许多联邦建筑物上都飘扬着国旗,唯独白宫上空没有。我的军事助理唐·休斯告诉我,夜里必须有照明才能挂国旗。我让他在屋顶上安装了泛光灯,从那时起,白宫顶上就日夜飘扬着国旗了。

在白宫住过的人们中间有一种共同的深厚的依恋感。帕特和我特别想要使所有前任总统和副总统的家属,不论党派和政见如何,都感到他们是受欢迎的。

帕特建议我们编一本前任总统所有活着的直系后裔的名册,在几年中我们邀请了他们中的许多人来参加白宫的社交集会。通过这种方式,我们会见了卡尔文·柯立芝的儿子、格罗弗·克利夫兰的一些孙子孙女、来自奥伊斯特湾和海德公园的罗斯福子嗣以及亚当斯的几十个后代。

我们设法获得批准,使约翰逊一家出国旅行时得到额外的特工保护。每隔一段时间,我就打电话给约翰逊和汉弗莱,征求他们的意见,有时单纯为了找他们谈谈,并告诉他们我理解他们曾经肩负过的重任。

帕特每请一个人到白宫来,总是要和他进行叙谈。她一向不喜欢过于正式的讲话。举行招待会时,她不是只到场一会儿,应付几句,便于记者和电视摄影师进行报道,而是喜欢和客人待在一起,跟他们谈话。有时一个下午会见了450个营养学家,然后是670个外国商界领导人的夫人,或者是白宫食物、营养和健康会议的1200名代表,或者是350名美国农场协会的妇女代表。

新闻界对她这样繁忙的活动报道很少,这使我感到不快。可是她唯一关心的是使人们感到自己深受欢迎。

帕特每星期收到1000多封信,每天上午她都要读一些信,在复信上签名。她认为,既然人们花了时间写信给她,总该亲自给一封回信。在下午经常举行的招待会或茶会之后,她有时带些智力迟钝的儿童乘"美洲杉"号游艇出游,有时安排一个特别节目,如有一次在感恩节宴会上,请来了几百位老年公民——他们不是什么大人物,而是或许永远没有机会在其他场合下看到白宫的普通人。晚上,她往往又在白宫接待客人,或者到市内什么地方去出席社交活动。

她的忙碌使我们大家感到喘不过气来。到我们待在白宫的第二年,我们已经创造了接待5万名客人的纪录。

现代有一种观念，似乎每一位总统夫人都得有一个"规划"，表现她的特色。帕特一心要发扬志愿提供服务的想法，也就是人们在能力范围内互相帮助，而不是等待政府去办。不过她不愿认为志愿提供服务是她的"规划"，或者说她的兴趣必须限于一个领域。有一次她说："关心人才真正是我的规划。"她的行动一次又一次地证明了这一点。

她旅行全国，同从事各种福利计划的人谈话，这些福利计划有帮助青年、老年、残障者的计划，有帮助儿童提早识字的计划，有美化城市和居住区的计划。她到外地作过150多次旅行，有几次同我一起，有许多次是她独自进行的。她每次都注意到，她要去会见的是单个的人而不是抽象的集体，是一般的人而不是选区的居民。我记得有一次人家告诉我一天下午她去参观一所医院的情形，她停下来抱住一个因患风疹而瞎了眼的小女孩。有好几分钟，同她一起参观的人都等着，她却对孩子说着话，把她抱得很紧。有人过来告诉帕特，这孩子不但瞎了，而且聋了。帕特回答说她知道。"但是这孩子了解什么是爱，"帕特说，"她能够感觉到有人爱她。"

白宫里的生活是活跃而紧张的。首先，这是一个城市里的家，人们经常感觉到和听到外面的车辆往来。有时听得到游行示威的声音。屋子里似乎永远没有真正清静的时候，因为管理人员出出进进忙于工作，而在地下室的厨房里，不停地要准备早饭、午饭、茶会、招待会和正式宴会。

起初我们试图减免一些繁文缛节。帕特和我一致认为，我们应该减少到处簇拥着总统的管家和随从的人数。我关照霍尔德曼把总统的那两名专职按摩员（海军卫生员）分配去做更为有用的工作。我立即停止了一种在我看来是难以置信的惯例：总统离开华盛顿出外旅行，无论到什么地方，他在白宫睡的床一定要提前运到，使他永远不必睡陌生的床。我说我在周末到戴维营或比斯坎岛去作短期工作旅行时，只需要马诺洛和或许一个伙食管理员照管我的衣服和饮食就够了。我们下令把一向供总统专用的两艘大海军游艇改作他用。我们也曾试图减少那些经常伴随我们的特工人员的人数以及安全措施。

但即使这样，白宫里的生活还是使人有禁闭的感觉，这使得我们对于

第六章 总统职位（1969-1972）

1969年夏天在圣克利门蒂为以后退休而购买的房子感到更亲切了。这是一座旧的西班牙式房子，盖在俯瞰海滩的一个美丽的高岬上。不断的波涛声给人以宁静的感觉，周围的棕榈树和桉树提供天然的屏障，使我们能够作比较私密的散步。我们管那所房屋叫"和平之家"。在隔壁，海岸警卫队警备站修起了一小片办公用房。这些房子加在一起，就构成了西部白宫。

由于圣克利门蒂离得远，我们一年只能去那里少数几次。更多的时候我们是去比斯坎岛或戴维营过周末。在某些方面，帕特管了三个家，华盛顿、加利福尼亚和佛罗里达各一处。她为我们把每一处的家都安排得很好，即使一次只待上几天。

在我们参加政治活动的这些年里，帕特的性格越来越坚强，她对人的温柔敏感也更突出了。她往往受到激进的妇女解放运动者的批评，然而她坚持了自己的指导方针，即妇女有权选择自己在生活中的作用。她用自己的行动证明，妇女能够同时做到既保持独立又帮助她的丈夫。偶尔有人指摘她牵挂太多，她也满不在乎。在待人接物方面，她活泼、随便、说话风趣，但她觉得总统夫人应该端庄。她认识到总统夫人要在很多方面起表率作用。她是按传统办事的，但她的热情使她的仪态超越时间和地点的限制。最重要的是，她乐观坦荡，在一个社会准则迅速改变的时代中能保持自信。

在我任副总统期间，帕特和我一起出访过53个国家。艾森豪威尔惯常认为我们是一对很好的搭档，我也认为是这样。白天我参加会谈，她就到学校、医院、工厂、孤儿院去接触当地人民。我记得有一次在巴拿马，她坚持要去参观一个麻风病隔离区，并且和不幸的患者握手，陪同访问的主人脸上不禁流露出对她的敬畏。

晚上，她常常及时回到我们的下榻处，换上正式礼服，出席华丽的国宴。

对国外成千上万的人来说，帕特成了美国友谊的化身，这种友谊存在于她的音容笑貌之间，传达给我们所访问的各国人民，往往起着演说、祝酒和公报起不到的作用。

帕特是总统夫人担任总统正式外交代表派往外国的第一人。她曾以这个身份前往秘鲁，带去美国志愿工作者征集的救济物资，赠送给严重地震的受灾者。她不顾危险和持久的疲劳，爬进瓦砾堆里去拥抱无家可归的儿童，表达美国人民的同情和关怀。为感谢这次访问，秘鲁总统授予她太阳大十字勋章，这是美洲最古老的勋章。她是获得这种特殊荣誉的第一位北美妇女。

在我们访问中国和在苏联进行最高级会谈期间，帕特显示了她搞个人外交的高超艺术。她在观看马戏表演时同跳舞的熊握手，把学校和医院里的儿童吸引到她身边来，她访问了公社、工厂和百货商店，同莫斯科大剧院芭蕾舞学校的学生一起练舞。

1974年，她率领美国代表团出席委内瑞拉总统和巴西总统的就职典礼。1972年，她代表我到非洲出席利比里亚总统的就职典礼，接着访问了加纳和象牙海岸，同这两国的元首进行了会晤。1月9日她从非洲回国。

日　记

这次旅行显然使帕特很高兴。使她印象特别深刻的是象牙海岸的总统。她指出，这位总统不主张对南非使用武力，于是我才了解到为什么国务院里有那么多人不喜欢他，原来他没有遵循通常的方针，即哪怕打一场谁也赢不了的战争也要全面反对南非的不顾后果的方针。

我原先对非洲的独立运动抱有严重的怀疑，现在我得出结论，也许让这些国家开始摇摇晃晃地自己学步是最好的办法。它们会把许多事情搞糟，但是只有让它们自己负责，才能获得尊严，增长才干。如果处在殖民地或者附庸地位，它们是永远也达不到这一点的。

令人惊异的是，虽然帕特的任务非常困难繁重，她回来时却依旧那样精神焕发。在每一个国家她都举行过记者招待会，同总统进行过谈话，并且都以令人难以置信的本领出色地完成了任务。

正像朱莉所说，最成功的是大家看到她所访问的各国的人民都喜爱她，而她也喜爱这些国家的人民。

有人说我们一家人刻板，这对我们来说倒很受用。在华盛顿的环境里，"刻

第六章 总统职位（1969-1972）

板"往往是指坚持原则而不屑仿效朝三暮四的时髦风尚。

在我们住进白宫后的第一个星期天，我们在东厅举行了白宫的第一个礼拜仪式。我们的想法是，在举行这些时间短促而启发心灵的礼拜仪式时，每次由不同教派的一位知名牧师主持，并由全国各地的唱诗班来唱诗。每次我们邀请两三百人——从国会领袖到白宫的警察和电话接线员。举行这种礼拜，帕特和我就可以避免到外面教堂参加一般的礼拜，被电视记者簇拥，被大批对礼拜毫无兴趣的旅游者和猎奇者所追逐，以致往往发生宗教活动被人利用的情况。这样不但我自己烦恼，而且我认为也一定会麻烦和打扰其他来教堂做礼拜的人。

礼拜仪式的问题引起了一阵批评。传统派说，礼拜被冲淡得失去了意义；不信教的人说，把宗教搞进白宫是不伦不类；报纸主笔们指责我们打破了政教分离的现状。但是帕特和我认为，这种礼拜仪式是我们在白宫生活时期颇有意义的事情，它让成千上万的人有机会和我们在一起。更重要的是，它给全国树立了虔诚的榜样。

我们全家向来是喜爱舞台艺术、电影和音乐的。在戴维营、佛罗里达或加利福尼亚，我们晚饭后喜爱的消遣是看一场电影。有时我们试看一部从未听说过的影片，有时挑选当时风行的电影，有时则看我们家喜爱的老片子。

帕特和我跟任何来宾一样总是期待参加白宫的文娱晚会。我们感到，请来在国宴以后表演的艺术家应该反映美国各种艺术流派的风格——顺便提一下，也反映我们自己的某些共同的爱好。在几百次难忘的晚会之中，我特别记得果尔达·梅厄夫人感情冲动地跑上去拥抱艾萨克·斯特恩和伦纳德·伯恩斯坦，这两位音乐家是被请来在欢迎她的国宴之后进行表演的。表演古典音乐到民间音乐和摇摆舞音乐的，有贝弗利·西尔斯、罗伯塔·彼得斯、默尔·哈格德和卡彭特兄弟。珀尔·贝利有她热情的幽默和罕见的艺术特色，弗兰克·西纳特拉第一次在白宫演出后向我表示感谢时眼里含着泪水。来表演的还有托尼·贝内特、约翰尼·卡什、格伦·坎贝尔、阿尔特·林克莱特和鲍勃·霍普。

除了宴会后的演出以外，帕特还在白宫举办了一系列专门的晚会，请一些客人来欣赏某一位伟大表演艺术家的技艺，或是尼科尔·威廉森朗诵《哈姆雷特》剧本的片断,或是雷德·斯克尔顿讲笑话,或是小萨米·戴维斯唱歌跳舞。萨米和他的夫人在他表演后在白宫和我们过了一夜,他睡在林肯卧室里,实现了他平生的夙愿。

不止一次,我曾在一些欢快的歌咏会上为我历来喜欢的歌曲——如《爱尔兰人的眼睛在微笑》或《上帝保佑美国》——作钢琴伴奏,如果简姨妈还在,这种演出一定会使她惊愕。

除了尊重表演艺术以外,帕特还对手工艺和美术有特殊兴趣。她请过许多批工艺美术家到白宫来,还时常安排在东侧楼的走廊里展出他们的作品。帕特是在白宫举办个人艺展的第一位总统夫人,她请了安德鲁·韦思在东厅展出他的一些油画。

1973 年为从越南归来的战俘举行的宴会,是一个独特的历史事件。除此以外,我认为在白宫的所有社交场面中最使人难忘的要数 1969 年 4 月 29 日杜克·埃林顿的 70 寿辰了。那天,我给予他我国授给平民的最高荣誉——自由奖章。我们邀请了 200 多位客人,其中包括卡布·卡洛韦、厄尔·海因斯、比利·埃克斯丁、马哈利亚·杰克逊、哈罗德·阿伦和理查德·罗杰斯。在颁奖时我说:"在美国的音乐界王族里,没有人比杜克具有更激动人心的韵味和站得更高的了。"

我壮着胆子为《生日快乐歌》弹了钢琴伴奏,正式节目完毕后,一些最有名的爵士音乐家演奏了杜克最杰出的歌曲。最后我说:"我想我们大家应该再听一位钢琴家的演奏。"我走到杜克坐的席位,把他领到钢琴跟前。

他坐下来静默片刻,全场鸦雀无声。他说他将作一首即兴曲:"我将挑一个名字,一个温柔、优雅的名字——帕特里西娅。"

他开始演奏了,音乐感情奔放、雅致而美丽——像帕特本人一样。

1969年1月20日，美国华盛顿特区国会大厦，尼克松（右）宣誓就任美国第37任总统，主持宣誓仪式的是最高法院首席大法官厄尔·沃伦（左）。第一夫人帕特·尼克松手捧《圣经》，其身后是即将卸任的总统林登·约翰逊（后左）和副总统斯皮罗·阿格纽（尼克松身后）

1969年，越南南部，尼克松前往越南战区

20世纪60年代,理查德·尼克松肖像

The Memoirs of Richard Nixon

▍1969年7月24日，阿波罗11号登月的航天员（左起：尼尔·阿姆斯特朗、迈克尔·柯林斯、巴兹·奥尔德林）正在接受回到地球后的检疫工作。透过可移动的隔离设施的窗口，他们和尼克松总统进行交谈

▍1971年6月2日，尼克松与沙特阿拉伯国王费萨尔在华盛顿特区的白宫南门廊前

▎1971年6月12日,华盛顿,白宫玫瑰园,尼克松护送女儿特里西娅步入婚礼现场

▎1971年12月14日,法国总统乔治·蓬皮杜访问亚速尔群岛时,与尼克松单独会面

1972年,华盛顿,尼克松与美国国家安全顾问亨利·基辛格交谈

1972年2月，周恩来总理欢迎到访的尼克松总统

1972年2月21日，尼克松访华期间，毛泽东主席与他握手

1972年2月21日，尼克松与毛泽东进行历史性的会面

1972年2月24日,尼克松与夫人帕特、美国国务卿威廉·比尔·罗杰斯(右)登上中国长城。站在尼克松夫人和罗杰斯之间的是李先念及其夫人

1972年2月25日,尼克松与夫人帕特参观故宫

1973年3月1日,华盛顿,尼克松和亨利·基辛格在椭圆形办公室会见以色列总理果尔达·梅厄夫人

1973年5月26日,尼克松与家人共度轻松一刻(左起:特里西娅、戴维·艾森豪威尔、朱莉、尼克松、帕特、埃德·考克斯)

1973年6月21日,苏联领导人勃列日涅夫在白宫阳台上与尼克松耳语,尼克松面带笑容

1974年3月20日，休斯顿，尼克松走访一家重点药房时受到店主的咖啡招待

1974年，尼克松与副总统杰里·福特在白宫椭圆形办公室谈话

1974年,英国首相爱德华·希思(左)访美期间,尼克松在联合新闻发布会上致辞

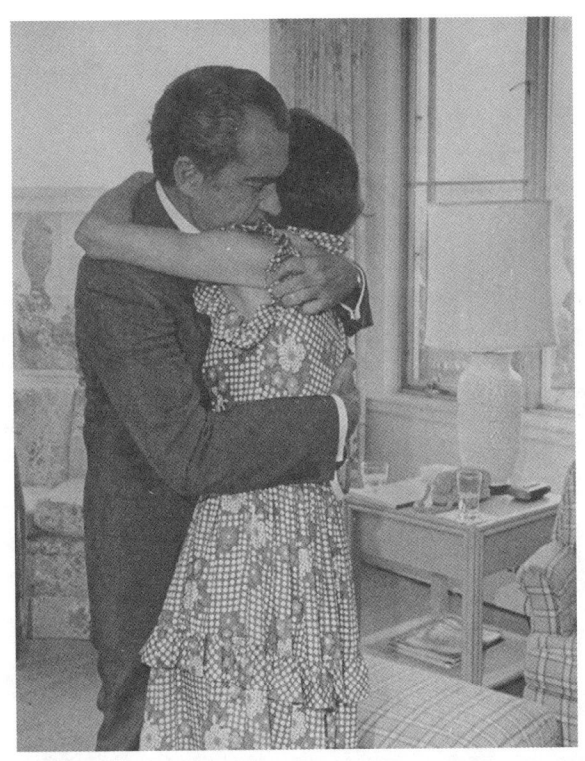

1974年8月7日,华盛顿白宫,尼克松告知家人他即将辞去总统职务后,与女儿朱莉拥抱

1974年8月9日,尼克松在白宫发表告别演说,辞去美国第37任总统职务

▎1980年9月23日,纽约曼哈顿上东区,尼克松在一家餐馆喝咖啡

▎1991年11月4日,加利福尼亚西米谷市,里根图书馆落成典礼上的五位总统(左起:乔治·布什、罗纳德·里根、吉米·卡特、杰里·福特、理查德·尼克松)。五位美国总统同时出现在一个地方,这在当时是史无前例的现象

尼克松的家庭合影（左起：戴维·艾森豪威尔、朱莉、尼克松、帕特、特里西娅）

时代的破冰者
尼克松
回忆录

The Memoirs of Richard Nixon

［美］理查德·尼克松 / 著

伍任 裘克安 马尧生 等 / 译

|下|

天地出版社 | TIANDI PRESS

目录 Contents

1972 年 / 571

总统的政治活动：1972 年 / 571

中国 / 574

国际电话电报公司 / 612

北越进攻南方 / 615

1972 年 5 月 / 627

第一次首脑会议 / 643

1972 年 6 月 / 657

水门事件 / 661

格雷的电话 / 687

民主党提名的候选人 / 691

1972 年竞选运动 / 704

越南问题的突破 / 725

贪污问题 / 746

战争的结束 / 757

第七章 总统职位（1973-1974） / 803

1973 年 / 804

水门事件又起 / 815

3 月 21 日的谈话 / 835

霍尔德曼和埃利希曼辞职 / 896

战俘回家 / 911

5月22日声明 / 922

第二次最高级会议 / 928

约翰·迪安作证 / 944

白宫装有录音系统一事被泄露 / 953

试图重整旗鼓 / 961

阿格纽被控 / 968

1973年10月 / 976

挫折和挽回颓势 / 1002

18分钟半的空白 / 1006

产业和所得税 / 1010

对我的人身攻击 / 1020

1974年 / 1028

最后一次游说 / 1031

能源 / 1043

一场消耗战 / 1050

中东之行 / 1071

第三次最高级会议 / 1090

弹劾的夏天 / 1108

"总统职权下降到了最低点" / 1119

决定辞职 / 1128

最后的日子 / 1135

第六章 总统职位（1969-1972）

1972年

当这个高潮的年份开始时，我的态度和观点在我59岁生日，即1972年1月9日口授的一则日记中反映出来。

日 记

第59个年头现已结束了，从迄今为止的成就来看，这也许是最成功的一年。第60年预示着极大的机会，当然也孕育着很大的危险。重要的是，要始终保持冷静和客观的态度，如有可能，要居高临下地看待斗争，不为选举过程的起落和不可避免的政治攻击所左右。

我在就职总统三周年时，举行了宴会招待内阁部长和白宫的高级助理。我在宴会后的讲话里谈到今后这一年，我一开始就说："今天是1972年1月20日，从今夜起第四个1/4任期开始了。像橄榄球赛一样，第四个1/4是真正决定胜负的。我们在这里大概只待四年，也许长一些，但是你们只能假定是四年。不过在这四年里，让我们相信，凡是能做到的事情都已做了，目的是要使我们这个国家从我们自己的相互关系中以及处理我们面对的无数问题上，成为一个更加像样的国家。"

总统的政治活动：1972年

1972年1月5日，我写信给我的新罕布什尔竞选委员会主席，宣布我参加总统竞选，争取连任。1972年有11位民主党人和另外两位共和党人谋求提名为总统候选人。那两位共和党人是反越南战争的加利福尼亚州众议员保罗·麦克洛斯基和右翼的俄亥俄州众议员约翰·阿什布鲁克。

有些民主党的候选人，像埃德蒙·马斯基、乔治·麦戈文、威尔伯·米尔斯和万斯·哈特基，已经在新罕布什尔州竞选了，他们都想在3月7日初次预选中取得决定性的成绩，以造成影响全国的声势。另外有些人，包括休伯特·汉弗莱、乔治·华莱士、亨利·杰克逊和约翰·林赛，却认为还是不冒开始就遭到打击的风险为好，而是在一个星期以后在佛罗里达州的第二次预选中以新人的面貌出现。

由于共和党全国委员会在代表大会以前需要保持正式中立态度，由于我在得了1970年的经验以后要把政党政治排除于白宫之外，我决定另外设立一个竞选组织。这个组织叫作"争取总统连任委员会"。

民主党方面竞选走在前面的是埃德蒙·马斯基。1971年年底在民意测验中他和我不相上下。马斯基的不利条件是他脾气暴躁，而且在政界中有优柔寡断的名声。他面对的主要问题是他以前的竞选伙伴休伯特·汉弗莱野心勃勃。汉弗莱参加竞选，将从他那里抢走许多传统的基层民主党人的支持和选票。

在其他民主党候选人中间，我们必须最认真对待的是乔治·华莱士。他如果再次作为第三党候选人参加，势必要从我这里抽走许多保守派的选票。

极端自由派的乔治·麦戈文是一个实力难测的竞选者。他只引起微弱的兴趣，因为看来他获得提名的希望很小。万一出现奇迹，他得到提名，我相信他将是最容易击败的民主党人。最难对付的将是坚决表示不做候选人的特迪·肯尼迪。

不做候选人当然是肯尼迪的最高明的策略，但在查帕奎迪克事件之后他大概也非如此不可。1969年7月他在马萨诸塞州的查帕奎迪克参加酒会之后开车过桥时落水，车里淹死了一个年轻的女子。肯尼迪获得机会在全国电视节目中对此事进行解释。他的谈话经过精心炮制，但许多人仍感到他的说法充满着漏洞和矛盾。我不禁想到，要是换了一个人，不是肯尼迪家族的成员出了这件事，并且作了这种显然让人无法接受的解释，新闻界和公众是不会允许他继续

第六章 总统职位（1969-1972）

参加政治活动的。

然而就我个人来说，我深为特迪·肯尼迪惋惜。几天后我在内阁会议室开会时看到他，对他的面容苍白和心绪不宁感到震惊。会后我在椭圆形办公室里同他谈了几分钟话，竭力劝他下决心克服这一悲剧的影响，满怀信心地继续过他原来的生活。

在政治活动中，有可能对一个对手感到真正的关心，同时仍旧冷静客观地对待他的竞争地位。就在我真正同情特迪·肯尼迪的遭遇时，我像他本人多半已经体会到的那样认识到，这出个人的悲剧具有多么深远的政治影响。我知道，查帕奎迪克事件在短期内会破坏肯尼迪作为批评政府政策的反对派领袖的作用。从长期看，如果他决定在1972年竞选总统，这将成为他最大的不利条件之一。

那天夜间，在查帕奎迪克发生的事的全部真相显然没有说出来，并且我料想报界不会花力气去揭发。因此我叫埃利希曼派人替我们进行调查，弄清楚事实真相。我说："这件事一分钟也不要放松。你设身处地想一想，如果我们这方面发生这样一件事，他们会怎么样。"实际上后来我们的私人调查员除了谣言以外什么也发现不了。

在一个大陪审团审理了这个案件之后，主持的法官詹姆斯·博伊尔发表了一项报告，说肯尼迪在作证时讲的话不可能是事实。肯尼迪立刻发表谈话说，博伊尔法官的报告是"没有道理的"。民意测验表明，大多数人不相信肯尼迪关于查帕奎迪克事件讲了实话。但是测验也表明，马萨诸塞州的选民并不认为肯尼迪因此必须辞去参议员职务。第二年他们用63%的选票把他再次选进参议院，从而以很大的多数给了他信任票。即使在需要克服查帕奎迪克事件影响的情况下，特迪·肯尼迪如果在1972年被提名，仍然会是最强的民主党竞选人。

我认为马斯基有相当好的机会可以击败我，而汉弗莱在劳工的支持下所得的票数可能同我很接近。任何民主党人都因民主党是个大党而获得好处，1972年它登记的选民比共和党要多几百万人。他们似乎还可能得到额外的助力，那就是乔治·华莱士作为第三党的首领而和我竞争。

最后，似乎越来越有可能的是，所有的候选人都能拿反对越南战争作为竞选口号，而这场战争我既无法打赢，也无法结束。

最极端的反战候选人是乔治·麦戈文。对于这个极为复杂的问题，他提出的解决办法十分简单，很合拥护他的人的心意。他说："如果我当了总统，只要花24小时和我大笔一挥，就可以结束在东南亚的一切军事行动。"他说他将在90天内撤退所有军队，不管我们的被俘人员获释了没有。他说阮文绍总统应该准备逃往随便哪个愿意收留他的国家。即使被俘人员没有释放，麦戈文也不会恢复作战，因为像他在竞选时所说的："乞求比轰炸好一些。"

在越南问题上，麦戈文和其他民主党人之间存在一个根本差别：停战对其他人是一个辩论的题目，对麦戈文却是神圣的事业。

在新罕布什尔州的预选中，马斯基以46%对37%击败了麦戈文。鉴于在竞选之初马斯基本来就大占优势，评论家认为他只得9%的多数是一个严重的挫折。新闻界的吹捧使麦戈文一夜之间从一个比较次要的候选人变成了重要的竞选对手。

在佛罗里达州的第二次预选中，乔治·华莱士提出"给华盛顿送个信息"的口号，鼓动了选民。他的信息就是：不要由政府派大轿车接送学童。华莱士得到选票的41.5%，从而赢得了这个州的预选胜利。休伯特·汉弗莱名列第二，亨利·杰克逊参议员得了第三。马斯基曾指责华莱士为种族主义者，落了个第四，得票率只有8.8%。

麦戈文4月4日在重要的威斯康星州预选中获胜，也在马萨诸塞州和内布拉斯加州独占鳌头。看到他稳步上升，我既感到高兴，又觉得几乎不可置信。到了残春，只剩下汉弗莱和肯尼迪还有可能挡住他了。

在我们共和党方面，预选的结果像预计那样令人满意。我虽然没有发表竞选演说，却在共和党的所有预选中得到了压倒性的多数。

中国

1971年7月15日晚上7点半钟，我从加利福尼亚州伯班克城的一个电视

第六章 总统职位（1969-1972）

广播室里向全国人民讲话。我只讲了三分半钟，但是我的话成了20世纪最出人意外的外交新闻之一。

我一开头说："我要求占用今晚的电视时间，是为了宣布我们在争取世界持久和平的努力中有了重大的进展。"接着我念了一个公告，这个公告同时也正在北京发表。

> 周恩来总理和尼克松总统的国家安全事务助理基辛格博士，于1971年7月9日至11日在北京进行了会谈。获悉，尼克松总统曾表示希望访问中华人民共和国，周恩来总理代表中华人民共和国政府邀请尼克松总统于1972年5月以前的适当时间访问中国。尼克松总统愉快地接受了这一邀请。
>
> 中美两国领导人的会晤，是为了谋求两国关系的正常化，并就双方关心的问题交换意见。

在这简短的公告背后，有着两年多复杂、微妙和坚定的外交招呼和谈判。虽然我们能够保持近乎奇迹般的机密，其实对华采取主动是经过最公开的准备步骤的出人意料的历史事件之一。

我认为美国和共产党中国建立关系非常重要这一想法，是我在1967年为《外交季刊》写的文章中第一次提出的。我在就职演说中间接地提到了这一点，那时我说："我们寻求一个开放的世界……在这个世界里，国家无论大小，它们的人民都不生活在愤怒的孤立状态之中。"不到两个星期以后，在2月1日，我写了一个备忘录给基辛格，主张我们竭力鼓励政府探索同中国人改善关系的可能性。我还写道："当然，这事要私下去做，绝不能由我们这方面公开到报刊上去。"1969年这一年，中国人没有理睬我们几次在低水平上发出的重要信号。到了1970年，我们才着手认真寻求开始对话的途径，看看能够产生什么结果。

对华主动行动的第一个认真的公开步骤是在1970年2月采取的，那时我向国会提出了第一个外交报告。关于中国问题的那一段是这样开始的：

> 中国人民是伟大的、富有生命力的人民，他们不应该继续孤立于国际大家庭之外……
>
> 指导我们同共产党中国关系的基本原则，是同指导我们对苏政策的原则相似的。美国的政策不大可能很快对中国的行为产生多少影响，更不用说对它的思想观点了。但是，我们采取力所能及的步骤来改善同北京的实际上的关系，这肯定是对我们有益的，同时也有利于亚洲和世界的和平与稳定。

北京的领导人清楚地了解这一报告措辞的意思。两天以后，中国驻华沙大使在同美国大使沃尔特·斯托塞尔的会谈中，引人注目地建议把他们到那时为止断断续续的、没有结果的会谈搬到北京去举行。他还暗示，他们将欢迎一位高级官员担任美国代表团团长。

1970年3月，国务院宣布放松对于去共产党中国旅行的大部分官方的限制；4月，我们宣布进一步放宽贸易管制。

把华沙会谈搬往北京的建议在5月遭到了挫折，那时中国人为抗议我们对柬埔寨的军事行动而取消了一次原定举行的会谈。有几个星期，看来同中国的对话倡议似乎告吹了。但倡议的基本原则是以对双方互相有利这一明确的估计为基础的，因此，在几个月后中国人表示愿意重新开始我们的外交小步舞时，我并不感到奇怪。7月，他们释放了美国天主教主教詹姆士·爱德华·华理柱，这位主教是在1958年被捕的，已经被关了12年。

10月初，我接见了《时代》杂志的记者。我说："如果说我在死以前有什么事情想做的话，那就是到中国去。如果我去不了，我要我的孩子们去。"

10月25日，巴基斯坦总统叶海亚·汗来看我，我利用这个机会建立了"叶海亚渠道"。我在1969年7月访问巴基斯坦会见他时，我们就笼统地讨论过这个想法。现在我告诉他，我们已经决定设法使我们的对华关系正常化，我要求他作为中介人提供助力。

第六章 总统职位（1969-1972）

叶海亚说："我们当然要尽力帮忙的，不过你一定知道这将是何等困难。宿仇不容易成为新交。事情会进行得很慢，并且你要有遭受挫折的精神准备。"

第二天，罗马尼亚总统齐奥塞斯库来进行国事访问。1969年在布加勒斯特，我曾同他谈过需要有一种新的中美关系。在欢迎他的宴会上祝酒时，我作为美国总统第一次有意地用正式名称称呼共产党中国，即称其为中华人民共和国，虽然我的外交政策报告还称其为"共产党中国"。这是一个意味深长的外交信号。

我在第二天同齐奥塞斯库会谈时说，即使不能达到同中国重新建立完全外交关系的最后理想，也可以进行高级私人代表的互访嘛。他答应把这个话转达给北京，这就是"罗马尼亚渠道"的开端。

一个月后，在11月22日，我口授了一个给基辛格的备忘录：

> 我想请你在很机密的基础上，让你的助理人员起草一份研究材料，建议我们在联合国接纳赤色中国的问题上将采取什么方针——不要告诉任何可能会泄密的人。我认为，在我们没有足够的票数阻挡他们入场的情况下，接纳的时刻比我们预料的要来得快。
>
> 我们确实需要解决的问题是，我们怎样才能逐步确定一个立场，使我们能够保持对台湾的义务，而又不致遭到赞成接纳赤色中国的人的抨击。
>
> 这个问题的研究不必匆忙着手，不过两三个月后我要看看你们能拿出什么办法。

事实上，后来情况的变化比我预料的要快得多。

12月9日，周恩来要叶海亚总统传话说，欢迎我的代表到北京讨论台湾问题。他强调说明这不仅是他的口信，而且已得到毛主席和当时还有很大权力的林彪的批准。周恩来最后以其特有的精辟口吻说了句俏皮话。他说："过去我们通过不同的来源收到美国方面的口信，这次是第一次从一个首脑通过一个首脑给另一个首脑提出建议。"我们通过巴基斯坦大使阿加·希拉利答称，会谈不应限于讨论台湾问题，我们提议由中美双方代表在巴基斯坦会晤，商谈今后在北京举行高级会谈的可能性。

12月18日，美国作家埃德加·斯诺会见了他的老朋友毛泽东。毛告诉他，外交部正在考虑允许左中右各派政治色彩的美国人访问中国。斯诺问，会不会允许像尼克松这样一个代表"垄断资本家"的右派来。毛回答说我将受到欢迎，因为我是总统，中美之间的问题毕竟还得同我解决。毛说他将乐于同美国总统谈话，不论作为旅游者或者总统来都好。毛的这些话，我们在几天后就知道了。

1971年年初，罗马尼亚渠道活跃起来了。科尔内留·博格丹大使在拜会基辛格时带来消息说，齐奥塞斯库在我们的10月会谈以后，派他的副总理去了一趟北京，周恩来让他给我捎一封信，内容如下：

> 美国总统的信息不是新的。我们之间只有一个悬而未决的问题，这就是美国对台湾的占领。中华人民共和国真诚地试图谈判这个问题已经15年了。如果美国有解决这个问题的愿望和方案，中华人民共和国将准备在北京接待一位美国的特使。这个口信是经过毛主席和林彪审核的。

周恩来还说，鉴于我1969年访问过布加勒斯特，1970年访问过贝尔格莱德，我将在北京受到欢迎。

这封信使我们受到鼓舞。正如基辛格所指出的，语气温和，没有骂人，使人感到放心，并且不提越南这一点，表明北京不会把越战看作美中和解的不可逾越的障碍。

我尽力使1971年年初的蓝山军事行动不致掐掉这个关系的萌芽，像前一年对柬埔寨的军事行动大有可能造成这种结果那样。我在2月17日的记者招待会上强调指出，我们在老挝的干预不应被解释为威胁中国。在北京，官方报纸《人民日报》激烈地驳斥我的说法："美帝国主义把侵略的战火扩大

第六章 总统职位（1969-1972）

到中国的大门之外，是对中国的严重威胁……尼克松凶相毕露，气焰真是嚣张到了极点。"

在这篇措辞激烈的文章发表后五天，我在 1971 年 2 月 25 日向国会提出了我的第二个外交政策报告。这次报告有一节涉及中华人民共和国，谈到了我们两国间发展关系的可能性，并且反映了联合国最终会接纳北京的前景。这一节最后说：

> 在今后这一年里，我要仔细研究我们能采取什么进一步的步骤，以创造中美人民之间扩大交往的机会，并且怎样消除妨害这些机会实现的不必要的障碍。我们希望对方也这样做，但如果对方不这样做，我们也不惧怕。
>
> 然而，我们对前景应采取完全现实主义的态度。中华人民共和国向它的人民和全世界表明，它决心继续把我们说成魔鬼。我们为证明自己不是魔鬼而作的一些努力，没有减弱北京对我们的敌视态度……只要北京继续坚持敌视态度，我们单方面就没有什么办法来改善关系。凡是我们能够做到的，我们一定去做。

3 月 15 日，国务院宣布取消对使用美国护照去中国大陆旅行的一切限制。4 月 6 日，谁都没有料到出现了一个突破：美国驻东京大使馆报告说，在日本参加世界锦标赛的美国乒乓球队接到了去中华人民共和国的访问，以便进行几场表演赛的邀请。

这个消息使我又惊又喜。我从未料到对华的主动行动会以乒乓球队访问的形式得以实现。我们立即批准接受邀请，中国方面作出的响应是发给几名西方记者签证以采访球队的访问。

4 月 14 日，我宣布结束已存在 20 年的对我们两国间贸易的禁令。我还下令采取一系列新的步骤，放宽对中华人民共和国的货币和航运管制。同一天在北京，周恩来亲自欢迎了我们的乒乓球运动员。

几天以后，当我在华盛顿对美国报纸主编协会的年会演说时，有人问到最近有关中华人民共和国的这些事件意义何在。我答道,我们正在看到一个预定的政策进程开始产生效果。我说,如果编辑们寻求最新的头条新闻,我势必要使他们失望,而新关系的性质本身也使这种新闻不可能出现。最后我讲了一番话,我相信当时的许多听众都以为这不过是个人的题外之言,实际上则是直接的暗示。

我说:"那天复活节星期天,我的两个女儿特里西娅和朱莉都在——特里西娅同埃德·考克斯在一起——据我了解他们俩今年6月就要结婚——还有朱莉和戴维·艾森豪威尔。

"谈话讲到旅行的事,当然还谈到蜜月旅行等。他们问我,你想到哪里去?你认为我们应该到哪里去旅行?

"于是我把身子靠到椅背上,想了一会,然后说:'应该去的地方是亚洲。我希望你们在一生中某个时候,最好是早些而不是晚些,能够到中国去,去看看那里的大城市、那里的人民、那里的一切。'

"我希望他们能去。其实是我希望自己有朝一日能够去。我在职的时候能否做到,我没有把握。我不想预测外交上的这两个问题。谈承认问题,时机还没有成熟。谈改变我们对联合国的政策,时机也还没有成熟。"

这时候,突然有人出来就对华外交工作信口开河,大放厥词,此人就是特德·阿格纽。他到弗吉尼亚州威廉斯堡去参加共和党州长会议,半夜以后他在旅馆房间里和一批记者进行了长谈,谈话之间他对记者说,新闻界对乒乓球队访问北京作了赞许的报道,这是帮助中共政府获得一次宣传上的胜利。他指出,有些记者对于北京居民的满足而丰富的生活发回了几乎是歌颂的描写。

阿格纽在最近的一次国家安全委员会会议上关于我们在贸易和签证问题上对中共作出的姿态表示保留意见。但是我从没有料到他会同记者讨论他的怀疑。我叫霍尔德曼传话给阿格纽,叫他不要再谈这个题目。

速度开始显著加快了。4月27日,希拉利大使前来白宫,带来了周恩来通过叶海亚总统捎来的另一个口信。在照例坚持台湾是恢复任何关系之前必须

第六章 总统职位（1969-1972）

解决的主要和先决问题以后，口信接着说，中国人现在对于作为达成和解的直接会谈感兴趣，因此，"中国政府重申愿意在北京公开接待美国总统的一位特使（如基辛格先生），或者美国国务卿，甚或美国总统本人，以进行直接会晤和商谈"。

在若干重要的方面，这个口信所引起的问题同要解决的问题一样多。台湾仍然作为中心问题被提出来。而且，中国人谈到公开接待去北京的使者。我觉得，为了使这个主动行动能有成功的机会，必须完全保密，直到为总统的访问所作的最后安排达成协议为止。如果预先透露风声，保守的反对派就可能在国会里进行动员，破坏全部工作。

基辛格和我花了两三天时间考虑派谁去北京参加初步会谈。

我们一致认为，最合适的人选是戴维·布鲁斯，但我们很快把他排除了，因为他是我们在巴黎的谈判代表，中国人无疑会感到不满，反对我们派出一个和越南问题这样密切地联系在一起的人。我们也考虑了卡伯特·洛奇，但是他与越南问题甚至比布鲁斯牵涉得还要多。

"那么，比尔怎么样？"我问道，"如果我们派国务卿去，他们肯定会相信我们是认真的。"基辛格把他的眼珠朝天转动了一阵。我知道他不管怎么样总是会从个人原因出发反对罗杰斯的，不过在这个问题上他倒有政策方面的充足理由。对于初步会谈来说，国务卿的形象太高了。此外，他几乎没有办法秘密前往中国。

最后我说："亨利，我想得你去才行。"

他反对说，他像罗杰斯一样目标太大。

我说："我相信一个能够进出巴黎而不被人发现的人，也一定能够进出北京而不让人觉察。"

4月29日在我的记者招待会上，我又对正在进行的事情作了一个重要的暗示。但是，连十分密切注意和分析尼克松讲话的人也没有听出我要论证的是什么问题。

由于没有一个记者问到访华这个具体的可能性，我就自己问了自己。我在回答一个关于我们对华政策的一般问题之后说："最后我想说一下——我知道这个问题即使现在不回答,也会有人提出来——我希望,并且事实上我希望在某个时候以某种身份——我不知道是什么身份——访问中国大陆。但是这只表明我的一个长期的愿望。我希望能帮助制定一项政策,使我们能同中国大陆发生新的关系。"

大约在同一个时候,报摊上出现了载有12月埃德加·斯诺和毛泽东谈话的《生活》杂志。现在,毛欢迎我去北京这一点已经公开了。

信号和口信往返进行了两年多的时间。我们曾通过叶海亚渠道和罗马尼亚渠道小心谨慎地行事。现在基辛格和我都认为,我们已经到了一个关键时刻,必须冒一点风险提出一个主要的建议,否则就可能退回到另一轮长期的试探和摸索阶段。我断定,迈出更大的步子和提议进行总统访问的时候已经到来。

因此,5月10日,基辛格召见希拉利大使,给了他一个通过叶海亚总统送致周恩来的口信。口信说,由于我重视两国关系正常化,我准备接受周的邀请去访问北京。我提议由基辛格在我访问之前秘密去北京安排日程并初步交换意见。

木已成舟。现在只有等待周的答复,别无他事可做了。倘若我们行动得过早,倘若我们所建立的基础还不够牢固,或者倘若我们过高估计了毛和周对付他们内部反对这样一次访问的人的能力,那么我们长期的谨慎努力就会前功尽弃。我可能甚至不得不准备陷入严重的国际窘境,如果中国人决定拒绝我的建议并加以公布的话。

我们等待了将近两个星期,不知道在北京进行着怎样的决策过程。

到5月31日,我们通过希拉利大使收到叶海亚·汗总统的口信,内容是:

1. 对上次口信反应很积极,非常令人鼓舞。
2. 请告基辛格先生,会晤将在中国境内举行,行程由我们安排。
3. 会谈级别将如你们所建议的那样。
4. 口信全文将用安全方法传递。

第六章 总统职位（1969-1972）

两天以后的晚上，我们举行国宴欢迎尼加拉瓜总统索摩查。帕特和我同客人在蓝厅喝完咖啡以后，我到林肯起居室处理文件和阅读材料。不到五分钟后，基辛格进来了。他一定是跑着从西侧楼过来的，因为他上气不接下气。

他交给我两页打了字的纸，说："这是刚由巴基斯坦用外交邮袋带来的。希拉利赶着送过来，他太激动了，交给我时手都在发抖。"

我读信时，基辛格站在一旁，满脸堆笑。信里说：

> 周恩来总理认真研究了尼克松总统1971年4月29日、5月17日和5月22日的口信，并且十分愉快地向毛泽东主席报告尼克松总统准备接受他的建议访问北京，同中华人民共和国领导人进行直接会谈。毛泽东主席表示，他欢迎尼克松总统来访，并且期待着届时同总统阁下进行直接谈话，各方可自由提出自己关心的主要问题……
>
> 周恩来总理欢迎基辛格博士来华，作为美国代表先来同中国高级官员进行初步秘密会谈，为尼克松总统访问北京进行准备并作必要的安排。

我读完时基辛格说："这是第二次世界大战结束以来美国总统所收到的最重要的信件。"

将近一个小时，我们谈了对华主动行动——它对美国可能意味着什么，以及我们必须如何灵活处理，以免失去主动。快到半夜我们才注意到时间，基辛格起身告辞。

我说："亨利，我知道你像我一样，晚饭后从不喝酒，并且时间很晚了。但是我认为这次我们应该破一下例。请你在这里等一会儿。"

我起身沿着走廊走到二楼另一头的家庭小厨房。我在一个顶橱里找到一瓶没有开过的陈年库瓦西埃白兰地，那是什么人在圣诞节送给我们的。我把它夹在腋下，又从玻璃橱里拿了两只大的矮脚杯。在我们举杯时我说："亨利，我们喝这杯酒不是为了祝贺我们个人或者我们的成功，也不是为了祝贺使我们能够收到这封信和享受今晚难忘时刻的我们这届政府的政策。让我们为今后的世世代代干杯,他们可能会由于我们所采取的行动而有过和平生活的更好机会。"

现在写下的这些话,听起来似乎很有条理,但当时确实不仅是个人异常兴奋的时刻,而且有一种深刻的共同认识,感到这真正是一个颇有历史意义的时刻。

7月6日,我飞往堪萨斯城,向一大批中西部新闻机构负责人讲话。那是我们在全国不同地区定期召开的介绍政府政策的一个吹风会。

基辛格已去远东作10天的访问,距离他秘密前往北京只有几天了。我要在他到达北京之前简短地说明我们接近中国的理由,将它记录在案。

我对那个集会说,由于中国与外界隔绝,大多数美国观察家看不清中国的潜在力量,但是中国的潜力极大,任何灵敏的外交政策都不能对其加以忽视或拒绝考虑。我说:"因此我觉得本届政府必须采取最初的步骤以结束中国大陆孤立于国际大家庭之外的情况。"虽然有最近这些匆匆的活动,我说我并不认为我们的关系有迅速发展的很大希望。我说:"我们所做的事情不过是开了门——为旅行开了门,为贸易开了门。现在的问题是,他们那方面会不会另外开一些门……中国大陆置身于国际大家庭之外,完全孑然独处,其领导人和世界领导人不大沟通,这样对全世界将是一种危险,而这种情况是不能接受的——是我们不能接受的,也是其他人所不能接受的。因此,现在必须采取这个步骤。在对方作出响应的情况下,还必须很明确地、很审慎地采取其他的步骤。"

我的讲话在堪萨斯城不大引人注意。然而,我们后来知道,它在北京却受到极大的注意。

我们安排基辛格在7月初飞往越南进行磋商,然后在回程时在巴基斯坦停留。他在那里将出现肚子痛的症状,需要卧床休息,谢绝报界采访。然后,在叶海亚总统的协助下,他将被送到一个机场,从那里,一架巴基斯坦喷气机将载他飞过高山进入中国。预定肚子痛的日期是7月9日到11日。事后基辛格将飞到圣克利门蒂向我汇报。

仿照另一个前往中国旅行而创造了历史的西方旅行家马可·波罗的名字,

第六章 总统职位（1969-1972）

给基辛格的中国之行起个代号叫"波罗"。一切进行得很顺利。他在伊斯兰堡得病只引起采访他的记者们较小的注意。他们接受了这种说法，即他将至少卧床休息两天，于是他们开始安排自己的娱乐活动了。

由于需要绝对保密，并且北京和华盛顿之间又缺乏直接通信的设备，我知道基辛格在中国期间我们将得不到他的消息。即使在他回到巴基斯坦之后，也需要保守秘密，因此在基辛格出发前，我们就商定采用一个电码单词Eureka（我已经发现了），如果他完成使命，安排好了总统的访问，就用这个词来表示。

虽然我相信中国人和我们一样乐于看到我的访问能够实现，我并不低估台湾地区和越南给我们双方可能提出的难题，我竭力告诫自己不要心存侥幸，产生奢望。

7月11日，知道我们的电码单词的黑格打电话告诉我说，基辛格已经发来了电报。

我问："电报说什么？"

他回答说："Eureka."

基辛格关于他在中国期间的一段描述是引人入胜的。中国人同意了我们为我的访问作出安排和预定日程的几乎每一项建议。初步会谈谈到了我们两国间的全部争论焦点的问题。他发现中国人是坚韧的、理想主义的、狂热的、专心致志的、卓越的，他们并非轻松愉快地意识到安排头号资本主义敌人来访所牵涉到的理论上的矛盾。基辛格说："这些人有一些苦恼。"

使基辛格印象最深的是周恩来。他们在一起会谈和闲聊，相处了17个小时。基辛格发现"他对哲学的泛论、历史的分析、策略的试探和轻快的巧辩无不应对自如。他对事实的掌握，特别是对美国情况的了解，十分惊人"。谈话中周问到我在堪萨斯城的演说，基辛格只得承认他只看过新闻报道。第二天进早餐时，基辛格发现桌子上放着一份我的演说，上面有周画的横道和中国字的旁注，还有一张便条，请他阅后退还，因为这是周唯一的一份。

基辛格访问回来后所写的长篇报告里有一段精彩的总结：

我们已经为你和毛翻过历史的一页奠定了基础。但是我们对将来不应抱有幻想。我们和中国人之间存在着深刻的分歧和多年的隔绝。在最高级会谈以前和会谈期间,他们在台湾地区和其他重大问题上将坚持自己的立场。如果我们的关系变坏,他们将成为不可调和的敌人。据我看来,这些人具有自己根深蒂固的意识形态,他们有强烈的信仰,近乎狂热。同时他们表现出一种内向的安全感,这使他们在自己的原则范围内能够细致地、万无一失地同旁人打交道……

我们无论同中国人或其他人打交道,都需要可靠性、确切性和策略。如果我们能够掌握这一套处理问题的方法,我们将完成一次革命。

7月15日,我在电视上宣布我将去北京。最初的反应绝大多数是非常积极的。马克斯·勒纳写道:"意料不到的政治活动通过惊异之门直达希望的王国。"

有些评论家附和党派色彩较浓的民主党人,在赞扬声中夹进猜测,说我是出于党派斗争的动机。然而,大部分严肃的批评,如我所预料的那样,来自保守派。加利福尼亚州众议员约翰·施米茨指责我接受邀请是"向国际共产主义投降"。乔治·华莱士没有真正谴责我的访问,但是他警告我不要向中共"乞讨、哀求和卑躬屈节"。他对记者们说,他疑心这次访问实际是一种牵制性的策略,目的在于转移人们的视线,使他们不去想"通货膨胀和猪排涨价"。

总的说来,国外比较赞成我们对华采取主动,但也有一些可以理解的保留。我们在台湾地区的朋友们十分苦恼。然而,他们感到宽慰的是,我们并不撤销对他们的承认,也没有放弃我们所承担的共同防御义务。日本人提出了一个特别棘手的问题。他们对于事先没有得到通知感到生气,但是我们没有别的办法。我们不能只通知他们而不通知别人,而如果统统通知,就有可能泄露天机,使整个主动行动归于失败。

我从圣克利门蒂刚回到华盛顿,就在内阁会议室举行了一次短会,向两党

第六章 总统职位（1969-1972）

领导人介绍情况。我强调了保密的重要性，因为解释的话说得越多，我们同中国人打交道的机动余地就越小。我知道这对两党的许多领导人来说是多么别扭，但是我只好要求他们信赖我。结果他们都积极地支持我的意见。约翰·斯坦尼斯说："总统下了一着很好的棋；现在应该由他把这盘棋下完，我准备支持他。"

迈克·曼斯菲尔德说，对华主动行动像曼哈顿计划[1]一样：两者都需要绝对保密才能成功。

10月20日基辛格又去北京执行第二次波罗行动。这次他为时六天的旅行是公开宣布了的，目的是为我同中国领导人举行会谈的议程作准备，并起草在我访问结束时将发表的公报的基本文字。

经我同意准备向中国人提出的公报草案，采用了标准的外交公式，使用了含糊折中的语言来暂时掩盖争论最激烈和最难解决的问题。

当周表示无法接受我们关于公报的做法时，基辛格有些愕然。周说，措辞如果不反映我们的根本分歧，就会产生一种"假象"。他认为我们提出的草案是苏联人愿意签字的那种不说真话，也不打算遵守的陈词滥调的文件，这是不可取的。

接着中国人交给基辛格一份对应草案，这使他大吃一惊。我方草案掩饰了分歧，而他们的草案却突出了分歧。基辛格用极大的克制看了这个草案，然后平静地说："我们不能让美国总统签一份文件，上面说革命已经成为不可抗拒的历史潮流，或者'人民的革命斗争是正义的'！"

中国人似乎感到为难，但基辛格继续说下去：我们不能允许提到种族歧视；我们像中国人一样强烈地反对种族歧视，但是这个公报提到种族歧视，将被解释为批评美国的国内问题。与此相类似，他们还打算提到中国是北越的"可靠后方"，中国支持印度支那三国人民"为实现他们的目标而斗争到底"，当美国人正在印度支那作战和有人被俘的时候，这种提法是不能接受的。

---

[1] 曼哈顿计划是1942年8月美国研制第一颗原子弹工程的代号。——译者注

在这第一次会谈以后,基辛格发现中国人愿意搞一个折中的公报,它既阐明最高级会谈的基本目的,同时以冷静的语言保留各方的基本立场。

对这些长时间的、有时是困难的会谈,基辛格总结说,中国人愿意指望历史潮流的推动而不是一份公报的具体措辞来追求他们的目的。他写道:"他们将继续坚持自己的立场,但是他们基本上接受了我们的论点,即认为我们往往是做的比说的多,并认为进程必须是逐步的,有些问题必须留待逐渐产生的压力去解决。由于他们过去公开提出过要求,并且在他们自己的营垒里有过持不同意见的人,这种做法使他们在国内和国外要冒很大风险。"

基辛格报告说,在会谈快结束时,周特别指出,如果我这届政府不再执政,他们可能碰到很大的麻烦。"他表示也抱有他认为你抱有的愿望,即你还能主持美国建国 200 周年的庆祝大典。"

当基辛格在中国执行第二次"波罗"行动时,联合国大会正就接纳中华人民共和国为成员国的问题进行表决。我指示基辛格在外面多待一天,不要正巧赶在表决这一有争论的问题时回到国内。

早在 8 月,我们就已公开撤回我们对审议这个问题的反对态度,并且表示我们支持"两个中国"的想法,台湾蒋介石的政权和共产党的中华人民共和国都具有联合国的会员国资格。

采取一种使我们的老朋友和忠实盟友蒋介石感到失望的立场,在我来说是不容易的事。不过我早在春天就了解到,反对接纳北京的传统投票集团已经无可挽回地瓦解了,以前支持我们的几个国家已经决定在下次表决时转而支持北京。按我的个性,我从来不愿意仅仅因为事情已经不可避免而向它低头。但是在这个问题上,我感到同中华人民共和国发展关系牵涉到美国国家的安全利益。此外,不论在联合国里发生什么情况,我都决心遵守条约义务,继续对台湾地区提供军事和经济支援。

10 月 25 日,联合国以 76 票赞成、35 票反对、17 票弃权,通过开除台湾、接纳中华人民共和国作为代表中国的唯一政府。这比我们原来预料的要走得远得多;我们原来以为最大的问题是在中华人民共和国被接纳而享有同等地位以

第六章 总统职位（1969-1972）

后，劝说台湾地区仍旧待在联合国里。

在动身去中国的几天以前，我邀请法国大作家和哲学家安德烈·马尔罗到白宫来做客。

马尔罗在20世纪30年代就在中国认识了毛泽东和周恩来，并从那时以来断断续续地和他们保持着联系。他在《反回忆录》中关于中国领导人的描写，是我在为访华进行准备时所读的最有价值和最有趣味的读物之一。

马尔罗那时已70岁。岁月并没有减弱他思想的光辉或他言词的敏捷。他讲的优美法语即使经过国务院译员的过滤，也是精辟而独特的。

我请马尔罗讲讲他对毛的印象。他说："五年前，毛担心一件事：美国人或者苏联人用十颗原子弹就可以破坏中国的工业中心，使中国倒退50年，而在此期间他自己会死去。他对我说：'当我有六颗原子弹时，就没有人能够轰炸我的城市了。'"马尔罗说他不懂毛说这番话的意思。"毛接着说：'美国人永远不会对我们扔原子弹。'这话我也不懂，不过我给你复述一下，因为一个人不懂的话才往往是最重要的话。我没有就此向毛再提出什么问题，因为人们总是不向毛提很多问题的。"

马尔罗滔滔不绝地讲了许多话和他的想法。

在喝咖啡时，马尔罗对我说："你即将尝试本世纪最重大的事业之一。我想到16世纪的那些探险家，他们出去寻找一个具体的目的地，但往往发现了一个截然不同的地方。总统先生，你要做的事情很可能得到出乎意料的完全不同的结果。"

那天夜晚会见结束时，我送马尔罗上车。当我们站在北廊台阶上时，他转过身来对我说："我不是戴高乐，但我知道要是戴高乐在这里他会说些什么。他会说：'所有理解你正在着手进行的事业的人都向你致敬！'"

1972年2月17日10点35分，我们离开安德鲁斯空军基地，飞往北京。当飞机加速、离开地面时，我想到马尔罗讲的话。我们正在开始一次在哲学上争取有所发现的旅程，这个旅程正像很早以前在地理上发现新大陆的航行一样不可预卜，并且在某些方面一样危险。

日 记

　　像亨利和鲍勃在飞机上所指出的，我们从全国各地收到的祝愿，我们成功的电报几乎使我们产生一种宗教的感觉。我对亨利说，我感到真正的问题在于美国人民拼命地，几乎是天真地争取和平，任何代价都在所不惜。他认为，对于这次大胆的行动以及访问一个为许多美国人所不熟悉的国土这一事件，还有某种兴奋的成分。

　　我们在上海作短暂停留，让中国外交部官员和一位中国领航员登上飞机。一个半小时以后，我们准备在北京降落。我从舷窗向外眺望。时值冬季，田野是一片灰黄。小村镇就像我看过的图画里中世纪的村镇一样。

　　我们的飞机平稳着陆，几分钟后停在候机楼前。门开了，帕特和我走了出去。

　　周恩来站在舷梯脚前，在寒风中不戴帽子，厚厚的大衣也掩盖不住他的瘦弱。我们下梯走到快一半时他开始鼓掌。我略停一下，也按中国的习惯鼓掌相报。

　　我知道，1954年在日内瓦会议时福斯特·杜勒斯拒绝同周握手，使他深受侮辱。因此，我走完梯级时一边决心伸出我的手，一边向他走去。当我们的手相握时，一个时代结束了，另一个时代开始了。

　　我被介绍给所有中国官员，然后站在周的左边，其时军乐队演奏两国国歌。在共产党中国首都的刮风的跑道上，《星条旗歌》在我听来从来没有这么激动人心。

　　仪仗队是我看到过的最出色的一个。他们个子高大、健壮，穿得笔挺。当我沿着长长的列队走去时，每个士兵在我经过时慢慢地转动他的头，在密集的行列中产生一种几乎使人认为行动受催眠影响的感觉。

　　周和我同乘一辆挂着帘子的轿车进城。在我们离开机场时，他说："你的手伸过世界最辽阔的海洋来和我握手——25年没有交往了啊。"当我们到达北京中心的天安门广场时，他指给我看一些建筑物；我注意到街道是空的。

第六章 总统职位（1969-1972）

周夫人在我方官员下榻的地方等候我们，那是两座很大的政府宾馆楼。我们在起坐间喝了茶，然后周说，他相信大家在国宴以前一定都想休息一下。

大约一个小时以后，我正准备洗个淋浴，基辛格闯了进来报告说毛主席要会见我。那天深夜，我写下了会见时的气氛。

日　记

在我们动身前，罗杰斯走上飞机，他很关心地说，我们应该很快同毛会见，并且我们不能陷入这样的境地，即当我会见他时他高高在上，好比我走上阶梯而他却站在阶梯顶端。

我们在这方面的顾虑大约在两点钟就完全打消了，这时亨利气喘吁吁地走进房间告诉我，周在楼下，说主席现在就想在他的住所见我。亨利下楼去了，我等了大约五分钟，然后我们乘车去毛泽东的住所。

我们被引进一个陈设简单、放满了书籍和文稿的房间。在他坐椅旁边的咖啡桌上摊开着几本书。他的女秘书扶他站起来。我同他握手时，他说："我说话不大利索了。"周后来告诉我，他患了所谓支气管炎已经有一个月光景。但中国公众并不知道这件事。

每一个人，包括周在内，都对他表示他应得的尊敬。房间里站有两三个文职和军职人员，在谈话进行了大约10分钟后，周挥手让他们退出去。然而，我注意到他们仍旧站在前厅里看着。

他伸出手来，我也伸出手去，他握住我的手约一分钟之久，这一动人的时刻在谈话的记录里大概没有写。

显然，他有一种非凡的幽默感。他不断吸引亨利参加谈话。这次谈话本来料想只会进行10分钟或15分钟，却延续了将近一个小时。我发现周恩来已经看了两三次表，便意识到大概应该结束了，免得他过分疲劳。

值得指出的是，周后来在全体会议上不断地提到我们同毛泽东的会晤以及毛说过的话。

尼克松回忆录
THE MEMOIRS OF RICHARD NIXON

为了把我们第一次的会晤记录下来，几名中国摄影记者赶在我们前头拥进会场。我们都坐在长方形房间的一头围成半圆的软沙发上。当摄影记者还在忙碌的时候，我们彼此先寒暄了一会。基辛格提到，他在哈佛大学教书时曾经指定他班上的学生研读毛泽东的著作。毛泽东用典型的谦虚口吻说："我写的这些东西算不了什么，没有什么可学的。"我说："主席的著作推动了一个民族，改变了整个世界。"可是毛回答说："我没有能够改变世界，只是改变了北京郊区的几个地方。"

尽管毛说话有些困难，但他的思绪显然像闪电一样敏捷。"我们共同的老朋友蒋委员长可不喜欢这个。"他说，同时挥动了一下手，这个手势可能指我们的会谈，也可能包括整个中国，"他叫我们共匪。最近他有一个讲话，你看过没有？"

我说："蒋介石称主席为匪，不知道主席叫他什么？"

当我提的问题翻译出来时，毛发笑了，但回答问题的是周恩来。"一般地说，我们叫他们'蒋帮'，"他说，"有时在报上我们叫他匪，他反过来也叫我们匪。总之，我们互相对骂。"

毛说："其实，我们同他的交情比你们同他的交情长得多。"

毛谈到基辛格巧妙地把他第一次北京之行严守秘密的事。"他不像一个特工人员，"我说，"但只有他能够在行动不自由的情况下去巴黎12次，来北京1次，而没有人知道——可能除了两三个漂亮的姑娘以外。"

"她们不知道，"基辛格插嘴说，"我是利用她们作掩护的。"

"在巴黎吗？"毛装作不相信的样子问道。

"凡是能用漂亮的姑娘作掩护的，一定是有史以来最伟大的外交家。"我说。

"这么说，你们常常利用你们的姑娘啰？"毛问道。

"他的姑娘，不是我的。"我回答，"如果我用姑娘作掩护，麻烦可就大了。"

"特别是在大选的时候。"周说，这时毛同我们一起哈哈大笑。

谈到我们的总统选举时，毛说他必须老实告诉我，如果民主党人获胜，中国人就会同他们打交道。

"这个我们懂得，"我说，"我们希望我们不会使你们遇到这个问题。"

"上次选举时，我投了你一票。"毛爽朗地笑着说。

"当主席说他投了我的票的时候,"我回答,"他是在两害之中取其轻的。"

"我喜欢右派,"毛显然开心地接口说,"人家说你们共和党是右派,说希思首相也是右派。"

"还有戴高乐。"我补充了一句。

毛马上接口说:"戴高乐另当别论。"接着他又说,"人家还说西德的基督教民主党是右派。这些右派当权,我比较高兴。"

"我认为最重要的是要看到,美国的左派只能是夸夸其谈的事,右派却能做到,至少目前是如此。"我说。

谈话转到我们这次会晤的历史背景,毛说:"是巴基斯坦前总统把尼克松总统介绍给我们的。当时,我们驻巴基斯坦的大使不同意我们同你接触。他说,尼克松总统跟约翰逊总统一样坏。可是叶海亚总统说:'这两个人不能同日而语。'他说,一个像强盗——他是指约翰逊。我不知道他怎么会有这个印象,不过我们不大喜欢从杜鲁门到约翰逊你们这几位前任总统。中间有八年是共和党任总统。不过在那段时间,你们大概也没有把问题想通。"

"主席先生,"我说,"我知道,多年来我对中华人民共和国的态度是主席和总理全然不能同意的。把我们带到一起来的,是认识到世界上出现了新的形势;在我们这方面还认识到,事关紧要的不是一个国家内部的政治哲学,重要的是它对世界其他部分和对我们的政策。"

我同毛会见,主要谈到我们之间有发展潜力的新关系的他所谓的"哲学"方面,但我还笼统地提出了双方将要讨论的重大实质性问题。我说,我们应该审查我们的政策,决定这些政策应该怎样发展,以便同整个世界打交道,并处理朝鲜、越南和台湾地区等眼前的问题。

我接着说:"例如,我们应该问问自己——当然这也只能在这间屋子里谈谈——为什么苏联人在面对你们的边境上部署的兵力比面对西欧的边境上部署的还要多?我们必须问问自己,日本的前途如何?我知道我们双方对日本问题是意见不一致的,但是,从中国的观点来看,日本是保持中立并且完全没有国防好呢,还是和美国有某种共同防御关系好呢?有一点是肯定的,我们决不能留下真空,因为真空总是有人会来填补的。例如,周总理已经指出,美国在'到处伸手',苏联也在'到处伸手'。问题是,中华人民共和国面临的危险究竟来自何方?是美国的侵略,还是苏联的侵略?这些问题都不好解答,但是我们必须讨论这些问题。"

毛很活跃,紧紧抓住谈话中的每一个细微含义,但我看得出他很疲劳了。周越来越频繁地偷看手表,于是我决定设法结束这次会谈。

"主席先生,在结束的时候,我想说明我们知道你和总理邀请我们来这里是冒了很大风险的。这对我们来说也是很不容易作出的决定。但是,我读过你的一些言论,知道你善于掌握时机,懂得只争朝夕。"

听到译员译出他自己诗词中的话,毛露出了笑容。

我接着说:"我还想说明一点,就个人来讲——总理先生,我这也是对你说的——你们不了解我。既然不了解我,你们就不信任我。你们会发现,我绝不说我做不到的事,我做的总要比我说的多。我要在这个基础上同主席,当然也要同总理,进行坦率的会谈。"

毛用手指着基辛格说道:"'只争朝夕'。我觉得,总的说来,我这种人说话像放空炮!"周哈哈大笑,显然我们免不了又要听另一番贬低自己的话了。"比如这样的话:'全世界团结起来,打倒帝国主义、修正主义和各国反动派,建立社会主义。'"

"像我这种人,"我说,"还有匪帮。"

毛探身向前,微笑着说:"你,作为个人,也许不在被打倒之列。"接着,他指向基辛格说,"他们说,他这个人也不属于被打倒之列。如果你们都被打倒了,我们就没有朋友了。"

"主席先生,"我说,"我们大家都熟悉你的生平。你出生于一个很穷的家庭,结果登上了世界上人口最多的国家、一个伟大国家的最高地位。

"我的背景没有那么出名。我也出生于一个很穷的家庭,登上了一个很伟大的国家的最高地位。历史把我们带到一起来了。我们具有不同的哲学,然而都脚踏实地来自人民,问题是我们能不能实现一个突破,这个突破将不仅有利于中国和美国,而且有利于今后多年的全世界。我们就是为了这个而来的。"

在我们告辞的时候，毛说："你那本《六次危机》写得不错。"

我微笑着摇摇头，朝周恩来说："他读的书太多了。"

毛陪我们走到门口。他拖着脚步慢慢地走，他说他身体一直不好。

"不过你气色很好。"我回答说。

他微微耸了耸肩说："表面现象是骗人的。"

在人民大会堂同周举行的第一次全体人员参加的会谈，由于临时插入的同毛的会见而被打断了，我们只来得及就会谈进行的方式泛泛地商量了一下。周喜欢的方式是，一方在一次会谈中阐明他们对某个问题的观点，另一方则在下一次进行回答。

这次访问最困难和需要小心对待的部分是发表联合公报。我重申了我们对这件事采取讲求实效的态度。"像这样一次举世瞩目的首脑会议，"我说，"通常的做法是，像我们就要做的那样开几天会，经过讨论，像我们也会做的那样发现意见的分歧，然后发表一篇含糊其词的公报，把问题全部遮盖起来。"

"如果我们那样做，就会不仅欺骗人民，而且欺骗自己。"周回答说。

"当国与国之间的会议并不影响世界的前途时，这样做是可以的。"我说，"但是，我们的会谈受到全世界的瞩目，并且会对我们在太平洋地区乃至全世界的朋友产生持续多年的影响。对这样的会谈，如果我们也那样做，那将是不负责任的。我们在会谈开始的时候并不幻想能够解决所有的问题。但是我们可以发动一个过程，它将使我们能够在今后解决其中的许多问题。坐在这间屋子里的男男女女为了一次已经获得成功的革命作过长期的艰苦斗争。我知道你们坚信你们的原则，我们也坚信我们的原则。我们并不要求你们在你们的原则问题上让步，就像你们不会要求我们在我们的原则问题上让步一样。"

或许是因为我提到了对立的原则，周想起了一件往事，他说："正像你今天下午对毛主席说的，我们今天握了手。可是，杜勒斯当年不想这样做。"

我反驳说："可你说你也不愿意同他握手啊！"

周答道："不一定，我本来是会握手的。"

我说："那好，让我们握手吧！"于是我们隔着桌子又握了一次手。

这个话题似乎使周兴奋起来了。他接着说:"杜勒斯的副手沃尔特·比德尔·史密斯先生想搞不同的做法,可是他不想违反杜勒斯定下的规矩,所以他只好用右手拿了一杯咖啡。因为一般人不用左手握手,他就用左手摇了一下我的手臂。"在场的人,包括周自己,都笑了起来。他又说:"不过那个时候我们不能怪你们。因为国际上普遍认为社会主义国家是铁板一块,西方国家也是铁板一块。现在我们知道情况并不是这样。"

我附和说:"我们已经冲破了老的格局。我们是根据每一个国家自己的行为来看待它的,不是把它们统统归在一类,说它们因为有这样的哲学,所以都是一团漆黑。我想老实告诉总理,因为我是艾森豪威尔政府的成员,我当时的观点同杜勒斯先生的观点是相似的。但后来世界变了,中华人民共和国同美国的关系也必须改变。正如总理有一次对基辛格博士说的,舵手一定要顺应潮流,否则他会被淹死的。"

一小时后,我们在人民大会堂参加宴会,彼此又碰头了,这时中国方面的人好像自在得多了。这或许是因为我们的访问已经得到毛的正式认可,也可能只是因为我们已经开始合得来了。

我在祝酒词里试图用理想主义的语言来表述对华主动行动的实用主义基础。我说:

过去我们有时候曾是敌人。今天我们有巨大的分歧。使我们走到一起的,是我们有超过这些分歧的共同利益。在讨论我们的分歧时,我们双方都不会在自己的原则上妥协。但是,虽然我们不能弥合我们之间的鸿沟,却能够设法搭一座桥,以便我们能够越过它进行会谈。

因此,让我们在今后的五天里在一起开始一次长征吧,不是齐步走,而是在不同的道路上走向同一个目标,这个目标就是建立一个和平与正义的世界结构。……全世界在注视着。全世界在倾听着。全世界在等着看我们将做些什么……

我们没有理由要成为敌人。我们哪一方都不企图取得对方的领土，我们哪一方都不企图支配对方。我们哪一方都不企图伸出手去统治世界。

毛主席写过："多少事，从来急；天地转，光阴迫，一万年太久，只争朝夕。"

现在是只争朝夕的时候了，是我们两国人民攀登伟大境界的高峰，缔造新的、更美好的世界的时候了。

在双方祝酒后，乐队奏了《美丽的亚美利加》。我说，这是我在1969年为我的就职典礼挑选的一支歌。周举杯说："为你的下一次就职干杯！"

第二天下午，我们在人民大会堂会晤时，我提醒周说，尽管他可能会从美国报纸关于这次访问的一些报道中看到什么说法，但我对目前的情况并不抱有不切实际的幻想："现在我们说，中美之间的新关系是由于两国人民之间存在着一种根本的友谊。大部分相当天真的美国报纸也相信这种说法。但是总理和我都知道，光是友谊不能成为建立关系所必须依靠的基础，尽管我觉得我们个人之间是有友谊的。我记得当我还是大学一年级的学生时，有一个法学教授说过，任何契约的效力只相当于有关各方愿意遵守的程度。"

周一动不动地坐着，注意倾听，面部毫无表情。

"我认为中国的利益和美国的利益都急切需要美国把自己的军事设施大致维持在现有的水平上，"我说，"除了某些例外情况我们以后可以讨论外，我认为我们应该维持美军在欧洲和日本的存在，并使美国海军留在太平洋。我认为，在这一点上中国的利益同美国的利益一样大。"

这番话果然达到了我原来的目的，引起桌子对面中方人士中间一点小小的骚动。

"让我现在作一个比喻，希望这不会引起反感。"我接着说，"我是一个教友会的教徒，尽管不是一个很好的教徒。我相信和平。我的全部本能使我反对庞大的军事机构、反对军事冒险。正如我刚才所说的，总理是贵国那种哲学在当今世界上的主要发言人之一，所以他只能反对美国这样的国家维持庞大的军事机构。但是，我们两个人都必须把自己国家的生存放在首要地位。如果美国削减它的军事力量，如果我们从我提到的世界上那些地方撤退，那就会给美国带来巨大的危险——中国所遭受的危险甚至会更大。"

"我并不想硬说苏联的现领导人有怎样的动机，"我说，"我只能尊重他们自己的说法。但是我必须依据他们的行动来制定政策。就核力量的对比而言，苏联在最近四年来一直以非常惊人的速度向前发展。我决心不使美国落在后面。如果我们落在后面，我们对欧洲提供的保护盾牌、对太平洋地区同我们订有条约的各国所提供的保护盾牌就会变得毫无价值。"

在把这种分析运用于美国的对日关系问题时，我说中国人是根据自己的意识形态和哲学来确定对这个问题的看法的：他们要求美军撤出日本，废除美日共同防御条约，从而使日本处于中立和没有武装的地位。

"我认为总理依据他的哲学，已经在日本问题上毫不含糊地采取了正确的立场，"我说，"并且我认为他还不得不继续采取这种立场。然而，我希望他理解我为什么强烈地感到我们的对日政策符合中国安全的利益，尽管这种政策同他信奉的哲学学说是矛盾的。

"美国可以离开日本的近海，但是其他国家仍然会在那里捕鱼。如果我们让日本赤手空拳，缺乏防务，它就不得不转向别国求助或者建立自卫力量。如果我们缺乏同日本的防御安排，我们在与它有关的问题上就发挥不出影响了。"

"如果美国离开亚洲，离开日本，"我说，"那么我们的抗议，不管多么响亮，也只会是一阵空炮，不会有任何效果，因为抗议的声音远在几千英里以外，是听不见的。"

"我知道我刚才描绘的一幅图景使我听起来像一个老牌的冷战分子。"周听到这一句轻轻一笑，我接着说，"但这就是我所了解的世界现状。分析起来，正是这个世界现状使我们美国和中国走到一起来了，不是由于哲学概念，不是由于友谊——尽管我认为友谊是重要的——而是由于国家的安全。在我提到的这些方面，我认为我们有共同的利害关系。"

中国人对苏联既有极端的蔑视，又有相当大的担心。周完全意识到我在去莫斯科之前先来北京的象征意义和影响，他看到苏联报纸谴责我这次访问，感

第六章 总统职位（1969-1972）

到非常高兴。"你先到这里来，"他说，"莫斯科气得要命！他们广泛动员他们的人、他们的追随者，来骂我们。让他们去骂吧。我们不在乎。"

后来，当他的激昂情绪在很大程度上松弛下来以后，他给我们讲了一个有趣的故事，他说这事发生在1969年一次中苏边界冲突的时候。他说："那个时候，我们同苏联之间有一条热线，但由于克里姆林宫从来不用，这条热线已经变成了冷线。然而在珍宝岛事件发生时，柯西金拿起电话，要同我们通话。我们的电话员答话时，他说：'我是柯西金总理。我要同毛主席讲话。'电话员完全自发地答复说：'你是修正主义者，我不给你接电话。'于是柯西金说：'既然你不肯接主席，那么请你给我接周总理。'可是电话员还是用那句未经请示的话答复，把电话挂断了。"

我们会谈进行到大约一半的时候，周吃了几粒白色的小药丸。我猜想这药是治他的高血压的。我对他思想的敏锐和耐久的精力有很深的印象。我注意到随着下午会谈时间越来越长和译员低声地讲个不停，双方的一些年轻人开始打瞌睡，然而73岁高龄的周在四个小时的会谈中自始至终都保持着机警和全神贯注的神态。

"当前最紧迫的问题是印度支那。全世界都在注意那里发生的事。"他说，"民主党想给你制造困难，说你来中国是为了解决越南问题。这当然是做不到的，我们没有资格在会谈中解决这个问题。"

我表示完全理解我们会谈的局限性，并且对于在北京能解决印度支那战争问题不抱幻想。"这个问题很简单，战争拖下去，唯一得到好处的是苏联。"我说，"他们要把我们拖住，因为他们想借此扩大他们在北越的势力。从我们得到的所有情报来判断，他们甚至可能怂恿北越坚持打下去，不要解决问题。"

周明确表示，在他看来，我们从越南撤得越晚，撤退就会越困难，结果对我们越不利。他知道北越人的坚韧性。"胡志明是我的老朋友，"他说，"1922年我在法国就认识他。"周指出我曾经承认戴高乐撤出阿尔及利亚是明智的；他认为撤出越南是唯一正确的做法，虽然这样的决定会使我在国内政治斗争中遇到困难。他说："只要你们继续推行越南化、老挝化和柬埔寨化，只要他们一天继续打下去，我们就不能不继续支持他们。"

我扼要地说明了美国的立场，我说："不谈那些8点、5点、13点和其他什么点，让我们直截了当地说出我们建议的实质。如果我能同北越的领袖，不论他是谁，面对面地坐下来谈判，我们就可以商谈停火和遣返我们的俘虏，从那天起六个月内把全部美国人撤出越南。我还想指出一点，这项建议我们早在去年年中就向北越人提出，可是他们拒绝了，并且坚持除军事解决以外，同时必须由我们强制实行政治解决。"

我说："我知道人们可能有相反的看法，但是我们的国家有自己的处境，世界上有些国家的防务要依靠我们，如果我们不守信义，那么我们这个国家就不配做朋友，全世界的人民就不能把我们当作可靠的盟友。"

在我同周进行会谈时，帕特的日程也排得很满，其中包括参观北京动物园和颐和园。当晚我们在宾馆碰头时，她说虽然她遇到的中国人都很客气和有合作的愿望，但她感到对我们的接待多少有点拘束，不让她同外面的人接触，只有在北京饭店参观厨房时她才接触到官方陪同人员以外的人。我们谈到这次访问对中国领导人提出的巨大问题，不仅从他们同苏联、北越和整个共产党世界的关系方面来说是如此，而且从他们的国内政治方面来说也是如此。20年激烈的反美宣传不是在一夜之间就能够消除的，需要有一段时间才能使中国的群众消化北京提出的新路线。

那天晚上，周和毛泽东的妻子江青陪我们去看舞剧。他们安排了一场专场演出，是由江青设计和搬上舞台的大型节目《红色娘子军》。

我从事先为我们准备的参考资料中得知，江青在意识形态上是个狂热分子，她曾经竭力反对我的这次访问。她有过变化曲折和互相矛盾的经历，从早年充当有抱负的女演员到1966年"文化大革命"中领导激进势力。好多年来，她作为毛的妻子已经是有名无实，但这个名在中国是再响亮不过了，她正是充分利用了这个名来经营一个拥护她个人的帮派。

当我们就座的时候，周提到1965年赫鲁晓夫来看过这出戏，就坐在我现在坐的地方。他突然纠正自己的话说："我指的是柯西金，不是赫鲁晓夫。"

第六章 总统职位（1969-1972）

在我们等待听前奏曲的时候，江青向我谈起她读过的一些美国作家的作品。她说她喜欢看《飘》，也看过这部电影。她提到约翰·斯坦贝克，并问我她所喜欢的另一个作家杰克·伦敦为什么要自杀。我记不清了，但是我告诉她说好像是酒精中毒。她问起沃尔特·李普曼，说她读过他的一些文章。

毛泽东、周恩来和我所遇到的其他男人具有的那种随随便便的幽默感和热情，江青一点儿都没有。我注意到，替我们当译员的几个年轻妇女，以及在中国的一周逗留中遇到的其他几个妇女也具有同样的特点。我觉得参加革命运动的妇女要比男子缺乏风趣，对主义的信仰要比男子更专心致志。事实上，江青说话带刺，咄咄逼人，令人很不愉快。那天晚上她一度把头转向我，用一种挑衅的语气问道："你为什么没有早一点到中国来？"当时，芭蕾舞的演出正在进行，我没有搭理她。

原来我并不特别想看这出芭蕾舞，但我看了几分钟后，它那令人眼花缭乱的精湛表演艺术和技巧给了我深刻的印象。江青在试图创造一出有意要使观众既感到乐趣又受到鼓舞的宣传戏方面无疑是成功的。结果是一个兼有歌剧、小歌剧、音乐喜剧、古典芭蕾舞、现代舞剧和体操等因素的大杂烩。

舞剧的情节涉及一个中国年轻妇女如何在革命成功前领导乡亲们起来推翻一个恶霸地主。在感情上和戏剧艺术上，这出戏比较肤浅和矫揉造作。正像我在日记中所记的，这个舞剧在许多方面使我联想起1959年在列宁格勒看过的舞剧《斯巴达克思》，情节的结尾经过改变，让奴隶取得了胜利。

每天晚上的社交活动以后，基辛格同副外长会晤，逐字逐句地研究正式公报的每一个新草案。有时周同他们一起工作；有时基辛格走过两栋宾馆楼之间的小桥来向我汇报他们取得的进展或者遇到的问题。由于晚上还要进行这些谈判，我们都睡不了多少觉，基辛格则几乎完全没有睡觉。

台湾问题是对双方的试金石。我们觉得我们不应该也不能够抛弃台湾人；我们承担了义务，保证台湾地区享有独立生存的权利。中国人同样决心要利用公报来毫不含糊地声明这个岛屿是属于他们的。这正是我们在确定起草公报的方法时所应当考虑的那种分歧：我们可以申述我们的立场，他们可以申述他们的立场。但是在台湾问题上，国内的政治考虑促使基辛格和我试图说服中国人，让他们感到有必要搞得温和一些。

我们知道，如果中国人在公报里对台湾提出非常好斗的主张，我将受到国内各种各样亲台湾、反尼克松、反中华人民共和国的院外集团和既得利益集团的交叉火力的拼命攻击。如果这些集团在总统竞选的前夜找到这个共同的理由，整个对华主动行动就有可能成为两党之间的争议问题。到时候，不论我是否由于这个具体问题而落选，我的继任就可能无法继续发展华盛顿和北京的关系。因此，在同周举行的正式会谈中，我很坦率地指出，公报如果在台湾问题上措辞强硬，势必会给我造成怎样的实际政治问题。

我们知道在现阶段还不可能就台湾问题达成协议。尽管双方可以同意台湾是中国的一部分——这是北京政府和台湾地区都保持的立场——我们却不得不反对北京使用军事力量把台湾地区置于共产党的统治之下。

我们长时间的讨论得出了我们预料的结果：双方都认为存在着分歧，这些分歧要在公报中反映出来。主要由于基辛格的谈判手腕和周的通情达理，中国人终于同意采用十分缓和的公报措辞。

我们发现中国人看起来比较容易相处，原因之一是他们一点儿也不骄傲自负。他们和苏联人不同，苏联人一本正经地坚持他们所有的东西都是世界上最大的和最好的。中国人几乎念念不忘自我批评，常常向人请教怎样改进自己。甚至连江青也不例外，当我对她说她的芭蕾舞给我多么深刻的印象时，她也说："我高兴地知道你觉得它还可以，但是请你讲一讲有哪些地方要改进。"周不断地提到他们需要了解和克服自己的缺点，我就不禁想到赫鲁晓夫怎样说大话，和他相比，中国人的态度要健康得多。我当然知道，这只是他们的一种态度，他们有意作出决定要保持谦虚，事实上他们绝对相信自己的文化和哲学极端优越，认为总有一天要胜过我们和其他所有人的文化和哲学。

然而，我发现自己对这些严肃和具有献身精神的人发生了好感。帕特和我游览紫禁城时，陪同我们的是 72 岁高龄的国防部部长叶剑英元帅。

第六章 总统职位（1969-1972）

日 记

他是一个有巨大内在力量的极其可爱的人。他讲了一句有趣的话，说美国音乐和中国音乐似乎能够互相配合，美国记者和中国记者也合得来。我觉得他这个看法很对，特别是那些比较深沉和敏感的美国人，而不是那种好闹磨擦的大嗓门的美国人，后一种人是使中国人感到反感的。我们的关系有一个好处，今天的美国人不像19世纪末的美国人，同英国、法国、荷兰等欧洲人不大相同。我们不骄傲——我们近乎天真地诚心诚意喜欢别人，想同他们融洽相处。我们往往不够细密，不过再有几个世纪的文明，我们就会好一点。正是中国人的细密给了我最深刻的印象。我听人说过，也在书籍和引语中读到过中国人的这种细密。当然，周恩来不仅有中国人的细密，而且还有一位世界外交家的广泛经验。

我们在北京逗留的第三个晚上，他们请帕特和我去观看一场体操和乒乓球表演。

日 记

体操表演丰富多彩，蔚为壮观，和昨天晚上的芭蕾舞一样，自始至终贯彻了一种巨大的献身精神和专一的目的性。

他们搬出体育器械的方式和高举红旗的入场式显示了惊人的力量。男女运动员的外表，当然还有那精彩的乒乓球表演，不仅给人以持久的印象，而且还给人以不祥的预感。

亨利的警告无比正确，随着岁月的推移，不仅我们而且各国人民都要尽自己最大的努力，才能同中国人民的巨大能力、干劲和纪律性相匹敌。

那天晚上我上床以后久久不能入睡。到早上5点钟，我起来洗了一个热水澡。我回到床上后，点燃了一支主人体贴地提供的中国制"长城牌"雪茄烟。我坐在床上一面吸烟，一面记下这一星期里具有重大意义的事件。

2月26日星期六，我们和周一起坐他的飞机去杭州。这时，我们两人交谈起来已经很随便了。

日　记

周恩来和我在驱车前往北京机场途中作过一次很有意思的交谈。他提到毛在阔别32年之后重返故乡时填的一首词。他再次提到他常常谈到的一点：逆境是个好老师。我联想到一般的逆境，指出在选举中失败比打仗受伤还要痛苦。后者伤的是身体，前者伤的是精神。另一方面，在选举中失败可以助长力量和砥砺品格，这对迎接将来的战斗是必要的。我对周说，我发现从失败中学到的东西比从胜利中学到的还多，我唯一的希望是一生中胜利的次数比失败的次数多一次。

我还举了戴高乐的例子，他在野的那几年是有助于锻炼他的性格的一个因素。他重返政坛以后认为毕生一帆风顺的人不会有坚强的性格。

周说，我在上次祝酒词中讲到我们不可能在一星期之内搭起跨越1.6万英里和22年的桥梁，说我的这种想法就像毛主席的一样，富有诗意。当然，毛的诗词充满了丰富多彩的、生动的譬喻。

他再次提到他钦佩我的《六次危机》。我开玩笑地说，他不应该全信报纸上说我的坏话，我也不会全信报纸上说他的坏话。

杭州是环绕着大湖和花园建筑起来的。过去的皇帝把杭州当作避暑的地方，它当时就以中国最美丽的城市著称。我知道毛喜欢在杭州度假，住在一座由精美的古代宫殿改建的政府宾馆里。

虽然我们去杭州的时候不是游览季节，天气阴沉，但还是容易看出毛为什么被这座城市所吸引。远处有烟雾笼罩的高山，湖里长满了荷花。宾馆像一座

第六章 总统职位（1969-1972）

宝塔，有很陡的绿瓦屋顶，它坐落在名为"三潭印月"的湖中小岛上。宾馆有一股霉味，但极其整洁。后来帕特和我一致认为我们在杭州的逗留是这次旅行中最愉快的一段时间。

我同周举行了超过 15 小时的正式会谈，讨论了范围广泛的问题和想法。由于我们在这次访问期间的全部讨论都很坦率，中国人自然对泄密的可能性感到不安。我相信周不难想象克里姆林宫将来怎样利用我们的会谈记录大做宣传文章。在谈到印巴战争期间美国国内有人反对我的一些决定时，周提到杰克·安德森泄露机密的事件。他面带冷笑地说："你三次开会的记录都公布出去了，因为你请了各种各样的人参加。"在他开玩笑的语气背后，我感到一种真正的关切。事实上，当我们从机场驱车去北京的途中进行第一次谈话时，周就提到中国人非常重视我们这次交往的保密问题，毛主席在和我会晤时也着重讲了这一点。

为了使周放心，我告诉他我们打算采取哪些严格程序来使双方今后的接触能够做到保密。"总理也许认为我们过于谨慎，"我说，"但是你知道我们的上一届政府遇到了五角大楼文件泄密事件，而本届政府又遇到了安德森文件泄密事件。基辛格博士和我决心使这类事情在同贵国政府建立的新关系中永远不会发生。"

我说，当事情关系到我们两国的命运，甚至可能关系到世界的命运时，我决心使我们能够在保密的条件下对话。

在我们开始讨论中东局势时，周开玩笑说："连基辛格博士也不愿意讨论这个问题，因为他是犹太人，他怕人家怀疑他。"

我说："关于中东问题，我所关心的要比以色列大得多。基辛格也一样，因为他固然是犹太人，却首先是美国人。我们认为苏联正在向那个地区伸手。这必须加以阻遏。正是由于这个缘故，我们在约旦危机中便采取了坚定的立场，向苏联人提出警告，如果他们在那个地区进逼，我们就认为我们自己的利益受到了损害。"

我强调说明，两党都支持我的这次访问，今后民主党人和共和党人都完全可以前来访问了。"正如我对总理说过的,不论明年谁坐在这把椅子上,必须保证使政策得以延续下去。"我说,"根据我们的制度,我明年可能会在位,也可能不会。我一定要有确切把握,不论那时是民主党人还是共和党人担任总统,我们的这个开端能够继续下去。这一点比任何政党、任何个人都重要。它关系到今后许多年的命运。"

由于我们越来越自在和彼此更加熟悉,我们的谈话有时相当轻松,甚至富于幽默。

有一次在我们驱车去机场的途中,周讲了在我的中国之行宣布前几个月毛主席会见海尔·塞拉西皇帝的情况。毛主席征求老皇帝的意见,问他"社会主义魔鬼"(毛用这个词开玩笑地指他自己)是不是应该同"资本主义魔鬼"坐下来谈判。我说:"我想你的许多同事一定认为,我这次来没有戴帽子,是因为我头上长角,戴不了帽子。"

在我们的交谈中,年龄是一个反复出现的问题。正如马尔罗说过的,使中国领导人发愁的一个问题是:有那么多工作要做,而留给他们的时间却那么少。

日 记

周恩来有两三次谈到年龄问题。我说,我真佩服他的精力这样旺盛,并且说,其实年龄并不是指一个人活了多少年,而是指他在那些年里经历了多少事。我隐约感到,他认为一个人参与大事就能保持活跃和年轻。但同时有一个反复出现的阴影,那就是他感到现在的领导班子已经日子不长了,而要做的事还那么多。

我们见过的中国领导人无不对美国整个代表团比较年轻特别感到惊讶。在我们第一次会谈时,周专门点到德怀特·查平,他只有31岁,看上去甚至还要年轻一些。"我们的领导人中,老年人太多了。在这一点上,我们要向你们学习。"他说,"我发现你们有许多年轻人;查平先生很年轻,格林先生也不算

第六章 总统职位（1969-1972）

老。"负责东亚和太平洋事务的助理国务卿马歇尔·格林是 56 岁。

尽管我比毛泽东几乎小四分之一世纪，但我是把这次访问当作我能为中美关系出力的最后一次机会来看待的。我回国后不久在口述我的日记时曾说："其实我大概比他们还要老，我只有十个月的（政治）生命，充其量也只有四年零十个月，我必须在目前就取得成果。因此，眼下对我来说，甚至比对他们来说更是关键的时刻，尽管在通常的意义上他们比我年纪大。"

一天下午，我们谈到解决问题要有耐心，这时周说："我等不了十年。你可以等十年。总统先生也许会第三次当选。"

"这是违反宪法的。"基辛格插话说。

周说："等四年，你可以再竞选嘛。你的年龄准许你这样做。但是，对中国现在的领导人来说，这是做不到的。我们太老了。"

"总理先生，"我回答说，"美国的前任总统像英国国王一样，责任大，但没有权力。我指的是卸任的总统。"

周说："可是你的经历在历史上是少见的。你两次担任副总统，接着在选举中失败，后来却又赢了一次。这在历史上是少见的。"

访问结束时，在上海发表了我们的联合声明，后来被称作"上海公报"。

按照基辛格在第二次波罗行动计划中商定的办法，这个公报打破了外交上的常规，坦率地说出而没有掩饰双方在主要问题上的重大分歧。因此，作为一个外交文件，公报的文字是异常生动的。

实质部分的第一段开头是"美国方面声明"，接着详细列举了我们讨论过的每一个重大问题的立场。下一段开头是"中国方面声明"，然后就同样的问题列举了对应的观点。

例如，美方宣称支持我们和南越 1 月 27 日在巴黎提出的八点和平建议，中方则声称支持越共在 2 月提出的七点建议。

我们表示打算保持同韩国的密切联系和对它的支持；中方则表示支持朝鲜提出的朝鲜和平统一的八点方案和取消"联合国韩国统一复兴委员会"的主张。

我们声明我们最高度地珍视同日本的友好关系，并将继续发展现有的紧密纽带。中方表示"坚决反对日本军国主义的复活和向外扩张，坚决支持日本人民要求建立一个独立、民主、和平和中立的日本的愿望"。

中方重申自己的主张：他们是中国的唯一合法政府，台湾是中国的一个省。他们声明，解放台湾是中国的内政，别国无权干涉，并要求全部美国武装力量和军事设施必须从台湾撤走。他们最后说："中国政府坚决反对任何旨在制造'一中一台''一个中国、两个政府''两个中国''台湾独立'和鼓吹'台湾地位未定'的活动。"

美方关于台湾问题那一段话的措辞回避了意见的冲突，只是简单地声明："美国认识到，在台湾海峡两边的所有中国人都认为只有一个中国，台湾是中国的一部分。美国政府对这一立场不提出异议。它重申它对由中国人自己和平解决台湾问题的关心。"我们说，我们的最终目标是从台湾地区撤走全部美国武装力量和军事设施，但我们没有规定最后期限。我们同意在此期间将"随着这个地区紧张局势的缓和"逐步减少我们在台湾地区的武装力量和军事设施。

也许"上海公报"中最重要的一段是规定任何一方都"不应该在亚洲太平洋地区谋求霸权，每一方都反对任何其他国家或国家集团建立这种霸权的努力"。因为双方同意了这个规定，中华人民共和国和美国都等于给自己加了约束。不过更重要的是，特别是从中国方面着眼，这个规定微妙地但明白无误地表明，我们双方将反对苏联或任何别的大国想支配亚洲的努力。

回顾在中国度过的那一个星期，我感到最鲜明的印象有两个。其一是在北京观看体育表演时，观众既守纪律又激动得近乎狂热的令人生畏的景象，它证实了我的这一信念，即我们必须在今后几十年内在中国还在学习发展它的国家力量和潜力的时候，搞好同中国的关系。否则我们总有一天要面对世界历史上最可怕的强大敌人。

这次访问给我留下的另一个鲜明印象是周恩来无与伦比的品格。我和毛泽东会晤的时间太短，又过于正式，使我对他只能有一个肤浅的印象。可是我和周举行过许多小时的正式会谈和社交场合的交谈,所以我能看到他的才华和朝气。

世界上的许多领导人和政治家往往全神贯注于某一事业或问题,周恩来却不然,他能广泛地谈论人物和历史。他的观点为他那种意识形态的框框所影响,然而他知识的渊博是惊人的。

在北京的一次宴会后,我记下了我们交谈的情况。

日 记

我极有兴趣地注意到周恩来显示了渊博的历史知识,同时也注意到他所信奉的意识形态怎样影响了他的历史观。例如,在他看来,法国对美国革命战争的干预不是由法国政府而是由〔拉斐特率领的〕志愿军进行的。

周还把林肯说成是"经过多次失败"最后才取得胜利的,因为人民站在他一边。固然林肯是历史上少有的伟人之一,他却完全是个实用主义者。他打南北战争并不是为了解放黑奴,尽管他是坚决反对奴隶制的;后来当他解放黑奴时,他也没有把解放黑奴当作目的本身——他这样做纯粹是一种战术上和军事上的策略,只宣布解放南部的黑奴而不包括北部边缘各州的黑奴。

我很惋惜,等到我1976年2月第二次访问中国时,周恩来已经逝世,不能再见面了。我觉得,虽然我们相识的时间不长,并且不可避免地有点拘束,甚至存有戒心,我们之间却已经形成了相互尊敬的个人关系。

我们在北京宾馆举行最后一次长时间的会谈时,周说:"在你楼上的餐厅里,我们挂了一首毛主席书写的关于庐山的诗,最后一句是:'无限风光在险峰。'你到中国来是冒了一定风险的。"

"现在我们已经在顶峰了。"我说。

"那是一首,"他接着说,"还有一首《咏梅》,我想挂却找不到合适的地方。主席在那首词里指的是,采取主动的人不一定是伸手的人。等到百花盛开时,他就要消失了。"他从口袋里掏出一本小书,读了这首词。

> 风雨送春归，
> 飞雪迎春到。
> 已是悬崖百丈冰，
> 犹有花枝俏。
>
> 俏也不争春，
> 只把春来报。
> 待到山花烂漫时，
> 她在丛中笑。

"因此，"周接着说，"我们同意你的想法：你是采取主动行动的人。你也许看不到它的成功，但是我们当然会欢迎你再来的。"

基辛格用外交的语言指出，即使我再度当选，也不大可能再次前来访问。

"我只是举例说明中国人的想法，"周说，"这事反正不要紧。"

周提到这次访问前不久我把专机的名字从"空军一号"改为"76年精神号"的事情。"不管谁是下届总统，"他说，"76年精神将依然存在，并且会占上风。从政策的角度看，我希望我们的对手不变，以便继续我们的努力。我们不仅希望总统能继续任职，而且希望你的国家安全顾问和助理能继续任职。变化是不可避免的。例如，如果我突然心脏病发作而死去，你就不得不同另一个对手打交道了。因此，我们让更多的人和你会见。希望你不会讨厌我讲话太长。"

我向他保证，情况正好相反，我对他讲的话很感兴趣。

他指着摊开在他膝盖上的那本诗词说："这属于哲学范畴，但也是一种政治观点。例如，这首诗是在对敌人打了一次胜仗后写的。全篇没有一处提到敌人；写这首诗是很难的。"

"当然，我认为从哲学上考虑问题是很有益的，"我说，"在太多的情况下，我们用策略眼光来看待世界上的问题。我们的目光短浅。如果写那首诗的人也目光短浅，你今天就不会在这里了。更重要的是，我们观察世界时不应该仅看到当前的外交战役和决定，而应该看到推动世界的那些巨大力量。也许我们有一些不同的意见，但是我们知道一定会发生变化。我们知道，尽管我们之间有分歧，但只要我们能找到共同点，我们两国人民一定能够在一个更美好的，我想也是更安全的世界里生活。"

2月24日星期五清晨两点半，我记下了我打算在当天下午同周恩来会谈时说的几个要点，这些要点说明了我之所以采取对华主动行动的真实思想。如果我当时能够公布这些笔记，或许那些批评我的对华主动行动的保守派起码会放心地认为我不是出于天真烂漫的心理去接近中国人的。

> 第一点，强调海外华侨有巨大的潜力，中华人民共和国有必要利用这一潜力，学会和它共存，而不是迫使他们接受这个制度，从而挫伤这支力量。
>
> 第二点，强调尼克松会像眼镜蛇那样起而反击苏联人或其他任何人，如果他们违背对他作出的诺言。我在越南问题上的记录有助于使别人相信这一点。
>
> 第三点，用现身说法和直率的口气强调我对我们的制度深信无疑，并相信我们的制度在和平竞赛中一定会取得胜利。我想我们已经把这一点说清楚了。我认为绝对不能让他们想当然地以为他们的制度优越并终将取得胜利。
>
> 与此有关的是，我们不会变得软弱起来，我们的制度不是在走向崩溃。纵然对我们的制度有那么多公开的批评等，这些都不应当被视为软弱的表现。

我在离开中国前夕的宴会上祝酒说："我们今天所发表的联合公报概括了我们会谈的结果。这个公报明天将成为全世界的重大新闻。但是，我们在那个公报中所说的话，远不及我们在今后为建立跨越1.6万英里和过去分隔我们22年的敌对状态的桥梁而将做的事情来得重要。"

我举杯说："我们在这里已逗留了一周时间。这是改变世界的一周。"

国际电话电报公司

我们从中国回来后的第二天,杰克·安德森开始在报纸上写一系列专栏文章,声称发现了政府的一件重大丑闻。他指控的依据是一位替国际电话电报公司在国会进行活动的妇女迪塔·比尔德向上级写的一份备忘录。他说,备忘录暗示,政府与国际电话电报公司就反托拉斯问题所达成的解决办法受了该公司给予即将举行的共和党代表大会一笔捐款的影响,约翰·米切尔和我都由于这笔捐款而竭力主张给予国际电话电报公司优惠的待遇。据称,这整个交易几乎是比尔德夫人一手操办的。

其实,这项反托拉斯的解决办法对政府有利,而不是对国际电话电报公司有利,因为它要求这家公司放弃相当于10亿美元售价的证券。在解决以后第一天开盘时,国际电话电报公司的股票下跌了11%。而且,据称,影响了这一解决办法的那笔款项并不是捐给争取总统连任委员会或者共和党的,而是捐给圣迭戈市,以便该市能够争取成为1972年举行共和党全国代表大会的地点。工商业资助本地的市政当局,以便争取该市成为举行全国代表大会的地点,本来是惯常的做法。当时,国际电话电报公司的喜来登业务部正在圣迭戈市筹建一家新旅馆,把它这笔捐款看作广告投资:这家旅馆如果能在代表大会开会的一周内成为总统竞选总部,就将在全国享有声誉,所以给圣迭戈市这样一笔钱是值得的。

至于我本人在有关国际电话电报公司的反托拉斯问题上的作用,只限于将近一年以前在司法部对该公司提出三项反托拉斯诉讼时,我曾气愤地给迪克·克兰丁斯特打过一次电话。克兰丁斯特是米切尔的副手,当时他负责处理这个案件,因为国际电话电报公司的一个子公司是我们以前的法律事务所的顾客,米切尔为了回避嫌疑,拒绝处理这个案件。

我当时认为,司法部的三起诉讼显然违背了我的反托拉斯政策。我相信,只有当美国公司能够像外国许多受本国政府保护的垄断企业那样强大的时候,它们才会在国际市场上有竞争能力,所以我曾指示说,不能只因为企业的规模

第六章 总统职位（1969-1972）

巨大便拆散它们，只有当它们违反公平竞争的法律时才能这样做。我对白宫班子和在内阁会议上都清楚地说明过这个立场，可是现在司法部的一些下级官员却采取一种故意与此相抵触的方针。国际电话电报公司的高级职员认为对他们的起诉是不公正的，纷纷前来华盛顿设法使政府放弃诉讼。他们走访了两党的国会议员以及政府中他们能够拜访的所有愿意听取他们意见的人。当其中的一个案件于1970年年底提交法院审理时，法院也认为起诉缺乏根据，作出了与司法部的意见相左的裁决。

几个星期以后，我获悉司法部准备就此项裁决向上级法院上诉，我便打电话给克兰丁斯特，命令他不要这样做。原先的起诉已经违背了我特别阐明的政策，我不准备容忍任何下级或任何部门再有违抗命令的做法。两天以后，当我火气平息下来时，约翰·米切尔找我来了。他对司法部里有人爱发脾气和自命不凡的情况很敏感。他劝我撤销给克兰丁斯特的命令，认为如果我不这样做，司法部就会有人辞职，这样就将招来国会大吵大闹的听证和一场政治大混乱。他把这次政策上的冲突解释为无意之中的认识不清造成的。于是，我同意不干预反托拉斯司准备向上级法院上诉的决定。

结果是，司法部里负责起诉这个案件的官员决定不再上诉，请求通过谈判解决，其原因完全与我给克兰丁斯特打的电话无关，也与该公司用以影响共和党选择代表大会地点的任何捐款无关。几个月以后，水门事件的两位特别检察官阿奇博尔德·考克斯和利昂·贾瓦斯基都调查了国际电话电报公司案件，并且作出结论，认为在这个案件的解决过程中并没有进行过任何交易。我交出的我与米切尔和克兰丁斯特谈话的录音带也证明，我当时下令不要上诉是由于政策上的考虑，而不是为了党派斗争。但是，我的清白是一年多以后才获得证实的。在大选前的1972年春天，民主党人充分利用了国际电话电报公司案件。根据我们当时作出反应的方式来看，我们正好帮了他们的忙。

在安德森的文章发表时，迪克·克兰丁斯特已被提名接替约翰·米切尔为司法部部长。他立即要求参议院召开新的听证会，以便维护自己的名誉。这个举动后来证明是极大的失策。主持听证会的委员会中有打冲锋的非总统竞选人爱德华·肯尼迪和他的两个朋友伯奇·贝赫和约翰·滕尼。他们很快就把听证会变成谴责政府的讲坛。民主党全国委员会的拉里·奥布赖恩参加了他们的大合唱，几个大的广播电视网突出地报道了这些信口开河的指责，我们那些有时比较复杂的解释也就湮没在这片喧嚣之中。我认为，委员会里的民主党人是靠谣传的消息吃饭的，并对夸张手法入了迷。

日 记

我如果将来在某个时候有空写书，一定要毫不留情地就这个问题写上一章。每逢一个委员会调查颠覆分子，报界总是攻击委员会所采取的调查程序。每当一个委员会调查哪个企业或者政府官员（甚至包括总统在内）的时候，报界对稀奇古怪的程序不置一词，可是，如果调查是针对颠覆分子的，他们就会马上加以谴责。

当然，需要有一个单一的标准。在两种情况下都应该按照公正的程序办事——这是我一向坚持的原则。我这样做触怒了报界，因为他们知道，他们反对的并不是一个委员会如何调查，而是它在调查什么。

他们就是不愿意承认自己有双重标准。

一年以后我才发现肯尼迪简直是伪善透顶。证券和交易委员会前主席威廉·凯西向国会作证时说，尽管肯尼迪在关于国际电话电报公司问题的听证会上伪装公正地哗众取宠，他在三个月以后却给凯西打电话，要求在证券和交易委员会对国际电话电报公司的一件民事诉讼中不要把他的一个朋友主持的一家投资银行列为被告，凯西没有理睬肯尼迪的说情。

接连好几天，白宫的工作人员到处奔忙，试图减少政治上的损失，不让委员会里那些热心搞党派斗争的人抓到任何可能引起麻烦的材料。传闻那份备忘录本身就是伪造的，所以科尔森派人去见比尔德夫人，鼓励她公开否认文件的可靠性。我事后才知道这个人名叫E.霍华德·亨特。后来，比尔德夫人果然出来作证说，安德森发表的备忘录是伪造的；她的女秘书也宣誓证明，她说没

第六章 总统职位（1969-1972）

有用打字机打过安德森所说的这个文件；备忘录上所写的收件人也作证说他从未收到过这个文件。

国际电话电报公司事件把我们，特别是米切尔和克兰丁斯特弄得疲惫不堪。在这次两党之间的宣传战中，我们吃了一个大败仗；公众尽管并不确切知道其中的原委，却已经对国际电话电报公司产生了反感。

我没有其他办法，只好对这种情况竭力采取达观的态度。

日　记

科尔森就国际电话电报公司一案向我作了汇报，并且说他确实尽了很大的努力去鼓励工作人员不要因为受到攻击就悲观失望。我对他说，这不过是开头，以后的攻击会厉害得多，我们要顶得住。

我认为我们必须用更强硬的语言来对付我们的一些民主党朋友。他们不关心国家大事，却把全部时间用来造谣诽谤。

霍尔德曼曾经指出，乔·克拉夫特在他的专栏文章里说，政府对各种泄密事件的反应太过分了。同一天稍晚的时候，康纳利在叙述他与〔全国广播公司主持电视新闻节目的广播员〕约翰·钱塞勒的一次谈话时，也表示了同样的看法。这个意见很可能是对的，但是我认为开头的问题在于我们不了解所牵涉的事情究竟是什么。本来我们应该像霍尔德曼所建议的那样，干脆把全部证据摊在桌上，而不必为此不安。我们的错误就在于没有这样做。

北越进攻南方

我曾经乐观地料想可以在一年以内结束越南战争，这样的日子早已过去了。一年多来，北越方面利用巴黎和谈玩了一套把戏。每当基辛格在秘密会谈中提出一项新的实质性建议时，他们常常不予理睬，或者加以拒绝。然后他们在公开会议上又常常猛烈地攻击我们没有表现任何灵活性或无意达成协议。他们在细节问题上讨价还价,但在基本要求上却从不让步:除非我们同意推翻阮文绍,否则他们就不肯达成协议。

1971年8月16日,我们提出在达成协议后九个月内全部撤走美国和盟国的武装部队;9月13日,他们拒绝了这项建议,继续坚持要把推翻阮文绍作为达成任何协议的绝对必要的条件。与此同时,他们利用巴黎的公开会谈来指责我们不想认真地谈判。

这是一种很巧妙的宣传伎俩,它使许多对这场战争持批判态度的美国人受骗。举例来说,麦戈文于1971年9月到巴黎访问,同春水谈了六个小时。嗣后他对记者说,北越人向他保证,一旦我们同意为撤军规定一个日期,他们就会交还我们的全部战俘。这恰恰就是我们在1971年5月31日提出而被他们在同年6月26日拒绝了的建议。当基辛格在下一次会议上当面揭露春水的这一两面派行为时,春水冷淡地回答说:"麦戈文参议员怎么说,是他自己的问题。"

我决定再作一次打破僵局的尝试,主要是为了确实不放过任何求得解决办法的机会,而不是相信一定能解决问题。因此,这年10月我们争取到阮文绍同意一项新的重大计划。这项计划规定,美国和盟国的全部武装部队应于达成协议后六个月内撤出南越,双方应交换全部俘虏并在印度支那全境停火。阮文绍还同意在达成协议后六个月内在南越举行国际监督下的总统选举,甚至还同意他和副总统阮高其在大选前一个月辞职,以便所有的候选人能够平等地参加竞选。

由于有了这个引人注目的新方案,我们建议在1971年11月1日再次举行秘密会议。北越建议改为11月20日,我们接受了。11月17日,他们以黎德寿患病为理由取消了那次会议。我们建议在他康复后立即开会,或者与另一位有资格的代表会晤。

河内方面没有再回话,却传来了一些不祥的消息:非军事区的北面出现了大规模的军事集结,南方的敌军活动继续有所增加。西贡受到炮轰——明显地违反了1968年停炸协议的条款——以后,我下令恢复对北越的轰炸。国内立即发出一片强烈的抗议声。

第六章 总统职位（1969-1972）

1972年1月13日，我批准在接下来三个月内从越南再撤出7万美军。由于国会新的一届会议即将开会，又是开始总统候选人预选的前夕，我觉得必须提出一个较大的数字，以强调我撤军政策急转直下的趋向。不到四个月以后，也就是到5月1日，留在越南的美军将只有6.9万人，并且他们也将准备离开。但是，尽管我作出这项宣布，我却面临着令人不安的前景，即共产党对南越的一次成功的入侵也许会严重地危及仍然留在南越的为数日益减少的美军的安全。

印巴战争期间泄密给专栏作家杰克·安德森的事件，给我们的处境增加了新的麻烦因素。有泄密嫌疑的那个海军文书军士曾经接触过有关基辛格在巴黎举行的秘密谈判的文件，我们无从知道这方面的情报是否转到安德森或其他人的手里。如果美国人民通过报界的透露得知秘密谈判的情况，政治上和外交上的损失将是不堪设想的。我还担心一件事，基辛格的一位曾经因柬埔寨问题而辞职的助手现在充当马斯基竞选总统活动的外交政策顾问。此人也知道巴黎秘密会谈，我们无法肯定他不会把情况告诉马斯基。

因此，我决定发表一次演说，公开透露北越方面在私底下无意听取的那个和平方案，同时也透露存在着秘密渠道。现在是表明我们的诚意和揭露北越方面的诡诈花招的时候了。

1972年1月25日，我从椭圆形办公室发表讲话。我在讲话中说，自从1969年8月以来，基辛格不断地同北越人举行秘密会谈。我解释说，在过去两年半里，基辛格、罗杰斯和我仔细地斟酌我们的公开发言，为那些会谈保密，因为我们决心不去损害他们争取会谈成功的任何机会。但是会谈没有得到结果，现在该是另找办法的时候了。

在谈到1971年9月北越人在战俘问题上对麦戈文耍的那套骗人的把戏时，我说："保持沉默已经没有什么好处了，因为它导致一些美国人错误地指责本国政府没有做它实际上已经做过的事情。保持沉默已经没有什么好处了，因为它使对方能够把他们私底下早已断然拒绝的方案在公开场合下作为一种可能的解决办法提出来。"

我说，正如秘密谈判有时能够打破公开的僵局一样，我现在觉得把情况公开摊出来倒可能有助于打破秘密的僵局。我还解释了河内甚至不屑听取的我方提出的那个重大新建议的要点。

我说，我们仍然对几乎任何可能的和平协议感兴趣，但是我重复说明，我们唯一不能考虑的方案是要求我们实现敌人推翻我们的南越盟友这一目标。我还警告说："如果敌人以加紧军事进攻来回答我们的和平建议，我将充分履行我作为武装部队总司令的职责来保护我们还留在那里的部队。"

我最后说："诚实和爱国的美国人对于九年前我们是否应该卷进去这一点有不同的意见；对战争的打法也有不同的看法。我今天晚上提出的方案是我们大家都能同意的。"

通向与中国人举行首脑会议的道路比较平坦，通向与苏联人举行首脑会议的道路却坎坷重重。在1972年的头几个月里，我们的情报表明，有大批苏联武器正在源源不断地运进北越。在我们得悉这个情报时，基辛格说："我觉得苏联人最使我生气的是他们完全缺乏细致地辨别是非的能力。他们因为你要到中国去，就竭力给中国人脸上抹黑。他们想扩大自己对河内的影响，可是他没有看到，给北越的狂热分子提供新玩具是多么危险。"

1月25日，我写信给勃列日涅夫，向他通报我当晚的演说，并且说明："苏联应该了解，如果北越采取旨在使美国丢脸的行动，我们就没有其他办法，只有作出强硬的反应。这样的事态发展对谁也没有好处，只会使国际形势复杂化。"多勃雷宁假装惊奇，说我们的想法太消极了，而几天后勃列日涅夫发来的复信则是简单和带有火气的。

3月30日，我正坐在椭圆形办公室同基辛格谈话，这时他的助手给他送来一张条子。他看了以后说："北越人已经越过非军事区发动了进攻。这大概是我们一直预料会发生的攻势的开始。"

这还不只是一次攻势。它是一次全面的进攻，在此后的几个星期里，北越陆军的主力——估计有12万人——越过了非军事区这块国际公认的中立地区，推进到南越的纵深。

可悲的是，共产党的春季攻势使北越人干出一些过激行为。传来的报道使

第六章 总统职位（1969-1972）

我震惊……

我把北越的进攻看成他们绝望挣扎的一种迹象。他们显然感到越南化政策正在取得成效。如果不是这样，他们尽可以坐待这一政策的失败。我认为，如果我们能够对他们的本土发动一次毁灭性的袭击，同时又在南方拖住他们的军队，我们就会处于非常有利的地位来进行下一轮谈判。我们决定尽力对北越施加军事压力，并且对其苏联供应者施加外交压力。我向五角大楼的计划人员下令，要他们着手调集一支由航空母舰、巡洋舰和驱逐舰组成的庞大攻击力量，以便从海上进行炮击，并出动一批 B-52 轰炸机空袭北越。4 月 4 日，国务院公开宣布苏联的武器正在支持北越的入侵。基辛格在此后第一次和多勃雷宁会晤时指出两种可能，不是苏联人实际上策划了这次入侵，便是他们的疏忽大意使这次入侵得以发生。

尽管如此，当农业部部长厄尔·巴茨去莫斯科谈判贸易协定时，勃列日涅夫还是给了他相当热情的接待。在此期间，我们双方签订了几个有关教育和文化交流的协定。我们还开始就如何解决苏联自第二次世界大战以来根据租借法案对美国的欠款问题进行谈判。看来，莫斯科显然准备不顾战争的突然加剧而继续为举行首脑会议做出努力。

多勃雷宁告诉基辛格，一俟 4 月 24 日在巴黎恢复秘密谈判，北越人愿意采取积极响应的态度，然而他并没有提出任何具体的保证。他还再次提到早先的一个建议，就是要基辛格对莫斯科作一次秘密访问，以便在首脑会议之前先同勃列日涅夫讨论一下越南问题和其他议事项目。我同意基辛格接受这项邀请。

在他准备前往莫斯科的时候，我们还就我们总的战略和目标取得了完全一致的看法。但是，关于在会谈中应当采取什么策略的问题，他和我多少有些意见分歧。我在同基辛格的谈话中以及发往莫斯科给他的指示里，都强调要他把越南问题放在首要地位，在苏联没有作出帮助结束战争的具体保证之前，拒绝讨论他们所希望谈的任何问题，特别是他们急于想签订的贸易协定的问题。可是，基辛格却继续认为，灵活性是任何谈判取得成功的基础，要求我允许他试探一下情况，而不要贸然规定任何硬性的先决条件。

我们一致认为应该对北越保持军事压力，包括轰炸在内。我方任何软弱的表现都可能鼓励苏联提供更多的武器，以便使北越获得军事优势。我还希望南越方面相信我们仍然是坚决支持他们的。南越政府和武装部队的士气，对于我们能否抗击这次进攻起着关键性的作用。

我感到北越的进攻已把战争推进到了最后阶段。现在可能出现的情况不外乎两种：如果南越在美国空军的支持下能够击退入侵，甚至使它停止下来，那么我们实际上可以说是已经打赢了这场战争，其结果将是通过谈判达成一项有利于我们的解决办法；但是，如果北越的军队能够横扫过来同越共会合，击溃南越军队，占领西贡，那么这场战争就输掉了，剩下的6.9万美军将处于非常危险的境地。

基辛格同意这种分析，也许为了安慰我，他还说，即使发生了最坏的情况，我们不得不在敌人胜利的情况下撤离，我还是可以说，由于我们体面地和安全地撤走了50万军队，我们已经光荣地结束了战争。大多数人会赞扬我的成绩，并且大家都会由于战争结束而兴高采烈，感到国内局势不至于无法收拾了。

我认为这个前景实在太凄凉，简直不堪设想。"如果情况真的是这样，我可真不在乎他妈的国内有什么反应。"我说，"这是因为，如果那样的话，坐在这办公室里还有什么意思？美国的外交政策将一败涂地，苏联人会认定他们只要利用第三国的武装力量就能达到他们的目的。"我说，失败根本不是一种出路。

我记下了当时对越南局势发展的想法。

日 记

事情发展到这种地步，以致我们的命运竟实际操在南越人的手中，真令人啼笑皆非。

如果我们失败，原因就在于美国支援外国的方式不如共产党有效。我不安地感到，实际的情况可能就是这样。一方面，我们供应最新式的武器给他们，强调物质方面而根本忽略了精神方面，忽略了简

第六章 总统职位（1969-1972）

朴艰苦的生活方式，所以很可能我们不但没有使他们坚强起来去迎接战斗，反而使他们软弱了。

另一方面，敌人却注重简朴艰苦的生活，不注重物质享受，并且强调牺牲精神，再加上苏联在导弹、枪炮等方面的大量技术援助，他们当然就占了相当大的优势。

我觉得今天我对亨利也许过分坚持己见和粗暴了，不过我十分讨厌军方没有提出任何新的办法和没有能够坚持下去，以致我不得不找个人出出气。而且，尽管亨利有许多优点，他似乎花了太多的心思去准备同苏联谈判。然而，在他正视事实的时候，他还是意识到，除非我们在越南取得良好的结局，否则是不可能和莫斯科进行任何谈判的。

现在实际上至关紧要的是，最后的结局将是怎样。霍尔德曼和亨利似乎都有一个想法——在我看来，这是一个错误的想法——认为即使我们在南越失败了，我们在政治上还是不会垮台的。可是我对此并不抱有任何幻想。如果我们失败了，美国就不会有什么可靠的外交政策，而我将不得不对那种事态的发展承担责任。

我到国务院出席禁止使用生物武器作战的国际公约的签字仪式时，出现了一个可以对苏联施加压力的罕有的机会。由于多勃雷宁坐在外交官席位里听我致词，我就说，我们大家必须认识到，大国负有重大的责任遵循这样一个原则，即不应当直接或间接地鼓励其他任何国家对其邻国使用武力或进行武装侵略。毫无疑问，我指的是苏联和北越。

在离开国务院礼堂之前，我走过去和多勃雷宁握手。我告诉他，帕特非常感谢多勃雷宁夫人最近邀请她去商量我们即将对莫斯科进行的访问。当天下午晚些时候，多勃雷宁打电话给基辛格，建议把两位夫人会面的日期定在第二天。

帕特曾经要基辛格给她简单地介绍一下形势。他告诉她："你可以说，你们两位多么期待着这次访问，希望它不会受到目前越南的事态那些事情的妨碍。"

那次会晤很成功。帕特显示了高明的手腕和敏感。当她提到我们不希望像越南那样的事情来干扰首脑会议时，多勃雷宁夫人紧紧握了一下她的手，使劲点头表示同意。

在以后的几个星期里，我们采取了双管齐下的方针：一方面对北越施加军事压力，另一方面对苏联施加外交压力。虽然首脑会议正在按计划进行准备，我还是打定主意不迁就苏联人兜售的神话，即他们不顾北越之所以能够发动攻击是由于苏联运去大量新式武器和弹药这一事实，而硬说他们不能为北越人的行为负责。

我相信，为了施加必要的军事压力，势必要把当时已经开始的对北越南部的轰炸扩大到河内、海防一带敌人的心脏地区。在这些防守更严密的地区，很可能飞机会遭到极大的损失，伤亡和被俘的人员会增多。莱尔德十分担心国会在轰炸进一步升级以后会大吵大闹，罗杰斯则深怕这样做可能会危及同苏联的首脑会谈。然而，我还是觉得必须这样做。我批准了代号为"自由走廊好"的行动计划——在一个周末派大批 B-52 轰炸机去炸毁河内和海防周围用以供应入侵所需燃料的油库。

这次行动完全成功。4 月 16 日星期天早晨，我对霍尔德曼说："嘿，这个周末我们真正给他们留下了名片。"

与此同时，4 月 15 日，局势发生了严重的变化：北越人取消了原定 4 月 24 日举行的巴黎会议，这就是苏联人曾经暗示为对达成协议可能起决定性作用的一次会议。我对基辛格说，我认为在我们弄清他们正在玩弄什么把戏之前，他不应该前往莫斯科作秘密访问。

基辛格对多勃雷宁抱怨说，我们曾经相信他关于这次会议的保证，并且警告他说，取消这次会议是为他本人在首脑会议前的对苏访问设置严重的障碍。"既然苏联连使北越按商定的日期去开会也办不到，总统就怀疑在莫斯科究竟能取得什么样的进展。"基辛格对他说。

当晚，我对这些事件可能产生的政治后果作了一番估计。

第六章 总统职位（1969—1972）

日　记

　　亨利显然认为这是一次很大的危机。我定下了一条使他为难的原则，即在这种情况下他不能去莫斯科。我告诉他说，苏联人希望办到的事情是争取他到莫斯科去讨论首脑会议的问题。我们希望的是让他去莫斯科谈越南问题。我看出这个决定给他很大震动，因为他无论如何想去莫斯科一趟。不过，他还是通情达理地接受了我的意见。于是我对他说，我们应该考虑一下进行封锁的办法了。

　　他陪我走到行政办公大楼去。我们在下面的草坪上等了一会儿，因为正好有几批人在那里参观，我不想在这个时候同任何人谈话。

　　那天下午晚些时候，我同亨利就我们必须怎样展望未来的问题作了一次相当坦率的谈话。我说，我们面前实际上只有一种抉择，就是取消首脑会议，对越南施加强大的压力，甚至对它进行封锁。

　　我说，在这种情况下，我有义务物色一个继任人选。

　　我列举了几个人名，包括洛克菲勒、伯格、里根，还有康纳利——如果我们能够使他转党的话。像伯格或康纳利那样一个人身上没有我那么些伤疤，又得到我的支持，也许对付得了一个分裂的民主党。

　　亨利举起双手说，他们谁都不行，任何一个民主党人都不应当在考虑之列。我说，如果我们能够使亨利留任，我们就可以保持外交政策的连续性。这时亨利非常激动，他说我不应该这样想，也不应该对任何人这样讲——当然他也知道我是不会对人讲的。他斩钉截铁地说，不能容许北越人毁掉两位美国总统。

　　在为美洲国家组织举行的宴会以后，我的侍从武官前来报告说，基辛格给我打来电话。我上楼接了电话。他告诉我说，多勃雷宁仍然迫切希望他去莫斯科。越南问题将是议程上的第一项。多勃雷宁甚至还谈到把北越的外交部部长请到那里去的问题。

　　宴会结束后我告诉亨利说，我对局势重新作了考虑，感到我们必须对首脑会议有充分自由选择的权利。我们现今在谈判战线上必须尽量放松绳索,他应该前往莫斯科。

第二天,我们的轰炸机偶然炸中了停泊在海防港的四艘苏联商船。苏联人立即抗议我们的所谓"强盗行径"。多勃雷宁的一名工作人员向基辛格的工作人员递交了一份照会,警告说苏联人将采取"一切适当的步骤"来保护他们的船只,"不论这些船只在什么地方"。他们向美国驻莫斯科大使提出了口头抗议,然后递交了一份内容相似的照会。这些抗议的调子比较低,从外交上看,这是很有意思的,也是很重要的。

我发出指示,要求绝对坚持我们的立场。是苏联的武器使北越有可能发动进攻的,在这一点上我不准备让他们摆脱被动的地位。

基辛格在动身去莫斯科之前给我送来了一份备忘录,说明他打算在会谈中使用的策略。看了备忘录以后,我感到它没有充分反映我关于坚持以解决越南问题作为讨论任何其他问题的前提这一指示。我最后一次和基辛格商量时甚至对他说过,如果苏联人在这一点上态度顽固,他就应该马上收拾行装回国。

在他们的第一次会谈时,勃列日涅夫申辩说,苏联政府对河内可能施加的影响并不像我们设想的那样大。他说,苏联已经拒绝了北越对军事装备的新的要求。当他声称苏联本来也没有向他们提供多少装备时,基辛格给他点出他们送去的军火的庞大吨数。直到最后,勃列日涅夫还是拒不答应对河内施加压力以实现战争降级或达成最后的解决办法。他充其量只同意把我们的最新建议转告河内,尽管他预期河内对此建议将作出消极的反应。这同苏联人早先保证在4月24日的巴黎会议——后来又取消的会议——上很有可能获得成果的说法不啻于相距十万八千里。

碰到这个僵局,基辛格就转而进一步讨论首脑会议的议程项目问题。他顺利地安排好除了限制战略武器会谈中最敏感的部分之外的整个议程,因为这部分需要由勃列日涅夫和我直接谈判解决。但是当我看到他每天发回的电报汇报时,我感到失望,因为我觉得我们可能错过了最后的机会,没有摸清苏联人为了换取首脑会议准备做出多大的让步。我也担心他们也许会把基辛格在没有取得苏联人答应约束北越的可靠保证之前便同意谈判一事,解释为我们软弱而不是讲究实效的表现。

但是，其他方面的讨论却取得了显著的进展。勃列日涅夫拿出一份限制战略核武器的建议，它比我们预料的要对我们有利得多，就像基辛格所汇报的："如果首脑会议开成，你将能够签署一项前所未有的十分重要的控制武器协定。"

鉴于基辛格在首脑会议问题上取得了成就，我觉得事后来否定他的工作是不合适的。如果他按照我的指示坚持把解决越南问题列在谈判的首位，勃列日涅夫或许就会顽固地守住阵脚，逼他摊牌，打发他回国——只要越南问题仍然毫无进展，首脑会议及其一切可能取得的成就就会成为泡影。那是我认为值得冒的风险。不管怎么说，首脑会议还是举行了，它的成就无疑地在很大程度上应该归功于基辛格在这次秘密访问莫斯科期间所进行的谈判。

基辛格回来后的第三天，我决定发表一次简短的电视讲话，宣布再一次从越南撤军。我感到，当敌人正在入侵的时候进一步削减我们的部队可以更突出地表明我们争取和平的诚意。因此，我宣布在今后两个月内将从越南再撤走两万人，使我军的总人数到1972年7月1日只剩下4.9万人。

我用尽可能简单明了的词句描述了越南的军事形势："这里我们看到正在强加于越南人民身上的，是越过国际边界的一次赤裸裸的无端攻击。只有一个词能够说明这种行为，那就是入侵。"我说，在北越的军事进攻停止以前，我们要继续轰炸北越。"我已经断然拒绝以我们停止轰炸北越来换取他们恢复谈判的建议。"我说，"1968年他们就向美国出售过这种货色，我们不准备在1972年再买一次。"

这次讲话态度强硬，后来我还懊悔当时没有讲得更强硬一点。

北越人把定于4月24日的会期改为5月2日。4月30日，帕特和我参加了约翰·康纳利在得克萨斯州的牧场举行的一次烤肉野餐会。我先说了几句，然后回答问题。一位客人问我有没有考虑过轰炸北越的堤坝。我回答说，当然想到过，但是这样做会造成平民的巨大伤亡。我接着说："我们准备对北越全境的军事目标使用我们的空军和海军力量，并且我们认为，如果北越人继续在南方进攻,他们将冒极大的风险。我的话只讲到这里为止,他们可以自己作出抉择。"

我知道关于这次答问的消息将在5月2日的会议前传到河内。我想这也许有助于加强我们手中的牌。

当晚,我口述了一份给基辛格的备忘录,概括地列出了我关于如何对付北越人的指示:

> 你必须记住,如果他们通过同你的会谈得到拖延时日的结果,我们就将失去一个给他们的痛处以狠狠打击的难得的好机会,这不仅是指现在,而且特别是指今后来说的。
>
> 不必考虑国内的反应。现在是打击他们的最好时机。我们每拖一天,对这种强硬行为的支持便减少一分。
>
> 当然,要考虑到我们希望同苏联举行首脑会议,但是你在这方面的铺路工作已经做得不错,我们反正不能让莫斯科首脑会议成为我们作出这种决定的主要依据。正如我今天早上在电话里告诉你的,如果最迟到5月15日军事和外交形势还没有重大的好转,或者我们从苏联人那里得不到可靠的保证,一定在首脑会议上宣布双方同意运用自己的影响来结束战争,那么,我打算取消这次首脑会议。
>
> 我们事实上已经作出断然的决定,现在必须取得胜利——不仅是在这次战役后取得暂时的喘息时间,而且要尽可能使力量对比变得有利于南越人今后的作战,因为那时我们将不能再用大规模的空中打击来支持他们了。
>
> 经验告诉我们,根据他们1968年的表现,他们是会违背每一项谅解的。从他们同你举行的12次秘密会谈来看,我们知道他们坐下来谈判是为了争取时间。另一个因素是,越是接近民主党代表大会的举行时间,民主党总统候选人和国会里支持河内的人就越会鼓励北越人坚持下去,使他们怀着在大选后同民主党人打交道的希望不来同我们妥协。
>
> 我还要和你谈一下你见到他们时该讲些什么话,不过我现在直觉

地认为，你应当从一开始就非常直率，特别是在语调方面……一句话，你应当对他们说，他们破坏了一切谅解，加剧了战争，拒不认真谈判。因此，总统已经忍无可忍。现在你只有一句话转告他们：快快解决问题，否则可就……

1972年5月

5月1日，也就是基辛格预定动身去巴黎的那天，我接到勃列日涅夫的一封信，它使我更加担心我们没有能够使苏联领导人相信我在越南问题上坚持立场的不可动摇的决心。勃列日涅夫直截了当地要我避免在越南采取进一步的行动，因为这样会破坏一次举行有成效的首脑会议的机会。

基辛格全神贯注地制定他5月2日与黎德寿会谈时准备采取的策略。我花了几个小时来弄清我们两人对他在会谈中应当遵循的策略是否真正意见一致。

下午稍晚一些时候，基辛格在开了一个半小时关于限制战略武器问题的会议以后回到椭圆形办公室来，这时我正在和霍尔德曼谈话。基辛格刚收到一份电报。这是艾布拉姆斯发来的，他说："广治已落入共产党的手里。顺化的争夺战正在开始。"

他审阅电报的时候，我们沉默了片刻。艾布拉姆斯说："广治本身并不那么重要，除了它对南越的士气是有影响的，不过顺化的失陷将是十分严重的打击。"

"他还说了些什么？"我问道。

基辛格不舒服地清了清嗓子说："他认为他必须报告，南越人很可能已经丧失了战斗的意志或团结一致的决心，整个局面很可能已经没有希望了。"

我几乎不能相信我听到的话。我拿过电报来亲自看了一遍。

"怎么会发生这样的事情？"我问道。

"南越人似乎是按积极到消极这样的周期行事的，"基辛格发表意见说，"他们表现得很好的时间大约有一个月，之后他们就好像垮掉了。这次危机逐渐酝酿了大约一个月，现在他们正在按照预计的时间垮下来。"

"无论发生什么事情,都不会改变我对谈判的想法,"我说,"我不希望你对北越人作任何让步。他们会由于这一切而趾高气扬,因此,你应该用你的态度使他们老实下来。不说废话,不讲客气,不要迁就。我们还得让我们的苏联朋友知道,如果这是他们打定主意要我们付出的代价,我就宁可放弃首脑会议。只要我们在越南还遭到麻烦,我是绝对不会去开首脑会议的。"

接着我想到了暗淡的前景——整个南越失陷的结局并不是不可想象的。那样,我们就没有其他办法,只好实行海军封锁来索回我们的战俘了。

"到那时候,我们就失败了。"我对霍尔德曼和基辛格说。

"那时我们就只好勒紧裤带了。"基辛格闷闷不乐地回答。

1972年5月2日上午,我到了办公室以后不久,鲍勃·霍尔德曼进来告诉我说,埃德加·胡佛昨夜在睡梦中逝世了。

这个消息使我十分悲痛。我也感到很突然。尽管胡佛已经77岁了,但他的精力和干劲使他看上去年轻得多。他是1924年开始任调查局局长的。在此后的48年中,由于他具有强烈的爱国心和政治上的敏锐感,他成为七任总统的忠实公仆。从我记事的时候起,他就一直是我们国家政治生活的一部分;1947年我第一次见到他时,他就已经是一位民族英雄了。

埃德加·胡佛能量很大,主要是因为他掌握了情报。对于正在发生的每一件事,他通常都知道一点内情,这种情况使他对朋友很有帮助,也使他在敌人眼中是个危险人物。在艾森豪威尔的年代,他的权力和威望达到了顶峰。在肯尼迪任总统时,胡佛已经66岁了,肯尼迪的许多顾问劝他找一个人代替胡佛。罗伯特·肯尼迪当时是司法部部长,他发现胡佛在司法部里的势力干扰他推行一些具有政治意图的有力的行动计划,因此,有一段时期两人的关系很紧张。我记得,1961年有一次我在华盛顿时,曾经坐在胡佛的家里,听他没完没了地痛骂那个正好是总统的弟弟又是他上司的"鬼鬼祟祟的狗崽子"。但是,在我认识他的所有年月里,我从来没有听到他用无礼的语言谈论过约翰·肯尼迪或领导过他的任何其他总统。

在林登·约翰逊手下,胡佛是总统的一位亲信。约翰逊对胡佛的钦佩简直

第六章 总统职位（1969-1972）

是五体投地。我记得 1968 年他对我说，要不是有埃德加·胡佛，他还当不上总统呢。约翰逊爱听情报和流言蜚语的程度，同胡佛对此的贪得无厌不相上下。从许多方面看，他们之间的关系也许是不健康的，因为正如后来参议院的调查所表明的那样，胡佛正是在约翰逊任内使联邦调查局在卷入政治方面达到最高峰的。

我就任总统时，曾要求胡佛留任局长，但是我意识到，由于他年事已高，他的漫长任期在联邦调查局内部正在引起各种问题，所以我势必要开始考虑接替的人选。

1971 年，约翰·埃利希曼和我手下的其他工作人员竭力主张，为联邦调查局、本届政府和胡佛本人着想，我们应该采取主动，促使他自愿提出辞职，免得事情发展到他在压力下被迫辞职的地步。我们听说，联邦调查局的士气日益低落，一度是胡佛力量来源的纪律和自豪感这些特征，现在已被人们看作他喜怒无常和刚愎自用的表现。

那年，米切尔手下的助理司法部长罗伯特·马迪恩还听到其他一些问题。他报告说，他得到了胡佛在局里的一位最亲密的助手威廉·沙利文表示担心的消息。沙利文显然认为胡佛摆脱不了旧日关于共产党威胁的想法，所以在对付有暴力倾向的新激进分子时缺乏灵活性。沙利文还不安地感到胡佛正在变得反复无常，近年已经同沙利文翻脸，打算把他撤职。

马迪恩报告说，胡佛可能试图利用 1969 年我们对政府助理人员和记者安装的 17 部窃听器作为讹诈手段，以维持他的局长职位。我倒不相信他会干出这种事来。我早就听人说胡佛是依靠对历届总统进行威胁和巧妙的讹诈才保持住自己的职位的，可是我对这些说法一直抱怀疑态度。我还相信，不管胡佛可能多么想揭露各种政治把戏，他决不会故意暴露旨在维护国家安全的窃听活动，因为这种事情张扬出去，就可能不利于我们的停战努力和外交政策方面的其他主动行动。但是，联邦调查局正处于大动荡时期，虽然那些窃听活动已经停止了，我也不能让这方面的报告落入埃尔斯伯格那样的人手里，因为这样的人会伺机加以公布，成为新闻界的英雄。

发给联邦调查局的关于电话窃听报告的几份副本都在沙利文那里，所以我叫马迪恩从他手里要来，以便把所有的文本都保存在白宫。后来埃利希曼说他要亲自保管这些文件，我同意了。这是我最后一次听说所谓来自胡佛的威胁。我从来没有对他提过这件事。

1971年10月，埃利希曼送给我一份由白宫工作人员、前联邦调查局特工人员G.戈登·利迪替他起草的一份说服力很强的备忘录。该备忘录详细分析了由于胡佛长期担任局长而造成的复杂局面，最后竭力建议让他辞职。

埃利希曼赞成立即采取行动，约翰·米切尔却抱有比较克制的看法。他知道胡佛的弱点，但是他觉得，如果想要撤换他——特别是万一引起公开的对抗——那就会给我造成许多困难，并且使本届政府大失人心。他指出，尽管有那么多批评，胡佛在全国和国会里仍然有很多支持者。在千百万美国人的心目中，埃德加·胡佛仍然是民间传说的英雄人物。

我告诉埃利希曼和米切尔，我认为这一阵新的反胡佛的批评浪潮主要来自可以猜想到的方面，指控的内容也在意料之中。十分突出地公开对他批评的人之所以反对他，并不是由于他的政策，而是由于他代表这些人所反对的信仰和社会准则，特别是他对国内共产主义和颠覆活动的讨伐、他主张制定严厉的反犯罪法案的坚定立场，以及他对立法和司法上的过分宽容所持的反对态度。我决不会因为一位伟大的人物、一位忠实的老朋友受到攻击便抛弃他。

不过，我确实还有两点担心，一点是国务方面的，另一点是政治方面的。我最感不安的是，有迹象表明，胡佛的日益反复无常的行动正在损害联邦调查局的士气。我对米切尔说："在这类事情上往往出现的真正的难处，在于那个人本身已经成为争论的焦点。多年来几乎完全用来为调查局和国家服务的那种十足的自负感，现如今正在被用来为他自己服务了。我敢肯定胡佛自己并没意识到这个变化。但是我们必须正视这样的现实，即他目前考虑自己过多，而对他想要为之服务的事业却考虑得不够。"

我的第二点担心是从我自己的政治现实主义出发的：我没有把握一定能够当选为下届总统。我知道联邦调查局一旦落入一个竞争意识很强的反对党手里

第六章 总统职位（1969-1972）

会发生怎样的情况，所以我很不愿意让民主党人有机会任命一位在今后四年或八年里无疑地会执行他们反对共和党人的指示的新局长。

最后米切尔建议说，理想的折中方案是说服胡佛在1972年77岁生日时自愿宣布决定退休。这样的宣布既可以刹住日益增多的批评，又可以避免人家指责说是我们把他逼走的。

由于联邦调查局局长在行政上属司法部部长管辖，照例应该由米切尔向胡佛提出他自愿辞职的问题。但是，正如米切尔所说的："总统先生，你我都知道，碰到这样的问题，埃德加·胡佛是除了美国总统的意见之外谁的意见也听不进去的。"我知道他的话很对。尽管这对我们两人来说都是痛苦的事情，我还是决定请胡佛到白宫来同我一起吃早点，准备到时候向他提出这个问题。

在吃早点时，胡佛的谈吐像往常一样地机敏、清晰和果断。显然他是在设法表示，尽管他已届高龄，从健康、智力和情绪方面来看都还适宜于继续工作下去。

我对他说，我知道他因为最近国会里有人对他攻击和普林斯顿大学举行一次非难联邦调查局的会议而有点生气。

"埃德加，你不应当让这类事情影响你的情绪。"我说，"林登对我说过，要是没有你的指点和帮助，他可能当不上总统。你也知道，我同样很尊敬你，并且在将近25年前我就开始对你有深厚的私人感情了。"说了这番话以后，我尽量温和而婉转地指出，作为一位精明的政治家，他一定认识到，攻击他的次数和激烈程度在今后几年里还会增加。如果他在那些长期批评他的人的持续攻击下结束自己一生的事业，而不是在理应受到的举国颂扬声中告老，那将是一场悲剧。

他的反应直截了当。他说："我最希望的莫过于看到你在1972年重新当选。如果你认为我留任局长会妨碍你再次当选的机会，就请告诉我好了。至于眼前的这些攻击，以及将来人们打算进行的攻击，我都满不在乎。我想你是了解的，人家攻击得越凶，我就越狠。"

显然他是不准备主动提出辞职了。1952年我也有过这样的经历，那时我对艾森豪威尔说，他应该确定我对他的竞选有没有妨碍。现在，胡佛恰恰就是用同样的态度来对待我的：除非我明确要求，否则他决不提出辞呈。我决定不这样做。私人感情在我作出决定时起着一部分作用，但同样重要的是我得出这样的结论，即胡佛在大选前辞职也许会解决一些政治问题，但很可能会引起更多的政治问题。

现在有一种时髦的看法，就是把我们当年对有组织的犯罪行为和共产党颠覆活动的担心看成一种民族神经病。由于胡佛一直站在战后时期反犯罪和反共产主义运动的最前列，他在人们的观念转变以后便被描绘为头号神经病患者。但是胡佛从事这种公众所需要的工作已经有48年了。

他在自己漫长的和评价不一的一生中树敌众多。他挨过不少批评，其中一部分是应得的。但是，批评他的人责备他"反对"这个或那个集团，却是不公平的。其实，他坚定地维护美国，只反对那些他认为可能在从事危害美国安全的活动的团体或个人。

日　记

他死得正是时候；幸而他是在在职的时候去世的。如果他被迫离职，甚或自愿辞职，他是绝对受不了的。我还记得大约两周前和他的最后一次谈话，当时我在电话里表扬了联邦调查局在处理飞机劫持案件方面的成绩。他感谢我的这个电话，并且表示完全支持我们正在越南采取的行动。我现在感到特别高兴的是去年年底我没有强迫他离职。

我请布坎南替我起草〔关于胡佛逝世的〕讲话稿，我想我当时只把一处改动了一下，内容是：虽然我已下令全国下半旗，但联邦调查局上空的国旗却将永远高高飘扬，因为埃德加·胡佛英勇地抗击了对他的机构的恶毒攻击。

当我们正在设法确定胡佛的继任人选时，我接到了基辛格关于他5月2日在巴黎同北越人会谈的报告。北越人的态度冷酷。忍受了三小时的侮辱和谩骂以后，基辛格中断了会谈。

日　记

我不以为奇地看到，北越人没有作出任何让步，这是基辛格历次

第六章 总统职位（1969-1972）

出国最无成效的一次。在处理这类问题时，他就是有这个弱点。他显然一味地抱有这样的想法：应该可以通过谈判求得解决；既然我们已经想尽一切办法，就应当能够得到解决。因此，他就无法看清为什么现在还不足以迫使敌人认真地进行谈判。我和黑格作过一次长谈，我们的结论是，必须实行连续两天轰炸的办法，而不是像亨利在本周早些时候所建议的那样隔日轰炸一次。目前我们手中能够打出去的牌没有几张了。

我给亨利发了一封电报，指出我认为他在飞行途中应该认真考虑一下我们是否需要抢在苏联人之前宣布取消首脑会议。

黑格强调指出，比越南问题的结局甚至更为重要的是，我们该如何妥善处理这些问题，使我得以继续任职。我没有把握能一定做到这一点。无论如何，我坚决认为与其像约翰逊那样离开白宫，还不如做出哪怕是最困难的抉择，甘冒一切必要的风险，以保持美国在越南的地位。

当然，在我们的整个链条中，薄弱的一环是究竟南越人是否有战斗决心的问题。关于这一点，艾布拉姆斯的信心显然已大为动摇，只要我们把他5月1日的备忘录与仅仅一周前的备忘录对比一下，就可以看出。今天我以个人名义给阮文绍拍了一封电报，想使他振作起来，因为我认为很重要的一点是，在战场上不断传来坏消息的非常困难的时刻，我们决不能眼看着他丧失勇气。真正的问题在于敌人甘愿为了赢得胜利而做出牺牲，南越人却根本不愿付出很多代价来避免失败。而且，正如黑格所指出的，如果南越人不能坚守阵地，哪怕动员世界上的全部空军力量去袭击河内、海防地区也是无济于事的。

当晚，基辛格从巴黎回来以后还为黎德寿的傲慢态度而感到沮丧。他觉得同苏联举行首脑会议的可能性现在几乎完全没有了，因此他同意我当初的想法，认为我们应该立即取消首脑会议，免得苏联人抢先这样做。

我们讨论了一些主要的问题：取消首脑会议是否是赢得战争的关键？它能

否迫使苏联最终对北越施加一些压力？它是否能够使我们不受约束地进行轰炸，直到他们屈服为止？我们一致认为，这些事情看来一件也办不到。

我说，要是这样，我就必须考虑一下它会引起什么问题了。它会给国内许多希望和平的人泼一盆冷水，并使民主党人有了同我们真刀真枪地进行争论的题目。它将使苏联人有机会发动一场全球性的宣传攻势，宣称他们已经粉碎了我们的外交政策。"从这个角度看，很难说取消首脑会议是真正明智的办法。"我最后说。

基辛格认为，问题在于我们不能既进行轰炸又举行首脑会议。现在我们只好轰炸了，因为我们曾经说过，如果我们在巴黎见不到某种有意义的行动，我们就要轰炸。苏联人知道这一点，所以，除非他们认为我们要放弃我们的威胁，他们很可能自己会先取消首脑会议，并把这方面的过错诿之于我们的轰炸。这将是最坏的结局：国内有许多人强烈抗议轰炸，而首脑会议又已经取消了。

两方面摆出的论据似乎都有说服力。很难设想我怎么可能在苏制坦克隆隆驶过顺化或广治的时候前去参加首脑会议，并同勃列日涅夫碰杯。这样做将显得麻木不仁或软弱无能，甚或二者兼而有之。然而，要是由我们来取消首脑会议，人们就一定会批评这是一时的感情冲动，只会使走向更和平的世界的希望成为泡影。

我决定冒个风险，推迟做出决定，起码等几天再说。与此同时，我决心不顾最近的一切挫折，仍然保持强硬的态度。我首先是对勃列日涅夫5月1日来信做出干脆的答复。在那封信里，他曾经警告我不要在越南采取任何可能危及一次成功的首脑会议的行动。我的回答是，北越人欺骗了我们，他们显然希望他们的攻势能迫使我们让步：

> 然而，总书记先生，这种事情是不会发生的。现在我必须根据既成的局面，决定以后的几个步骤。由于近来的一些事件，看来没有多大希望把更多的实质性考虑告诉你了；现在已经没有根据可以相信这样做会对局势有什么积极的影响。正如黎德寿先生已经表明的那样，河内轻视第三方所转达的任何信息。事实依然是：苏联的军用物资为

越南民主共和国的行动提供了手段，而苏联答应施加的影响，即使已经实施，也已证明是不起作用的。

我要霍尔德曼和基辛格把情况扼要地告诉约翰·康纳利，征求他的意见。据霍尔德曼报告，康纳利强调说："最要紧的是——总统决不能输掉这场战争！他也不应该取消首脑会议。在这个问题上他必须表现出他的毅力和领导才能。别那么谨小慎微——如果他们一定要取消，就让他们自食其果，不过我料想他们不会这样做。"

我同基辛格、霍尔德曼、康纳利和黑格一道讨论了这个问题。"就我来说，真正的错误总是在我不按自己的直觉行事的时候犯下的。"我告诉他们，"EC-121飞机被击落时，我曾意识到我们应该采取行动，轰炸北朝鲜。我们没有这样做，大家都以为我们软弱可欺。从那以后，我们一直吃着那份亏。在我们打进柬埔寨的时候，我知道我们应该同时轰炸北越。要是我们当时这样做了，这场该死的战争早就结束了。目前在这个问题上，我直觉地感到，有一件事是明摆着的：在任何情况下我们都不能输掉这场战争。如果举行首脑会议的代价是在越南吃败仗，那么它就一文不值。我直觉地感到，不举行首脑会议，全国人民还能够接受，但他们不能接受输掉战争这一结局。"

我认为我们必须采取决定性的行动，切断敌人为攻占南越所必需的燃料和武器装备的供应，以挫败北越的进攻。因此，我下令立即制订在海防港布雷和轰炸河内主要军事目标，特别是运输军用物资的铁道线的计划。

我到戴维营去起草宣布这个决定的演说稿。星期天晚上，我记下了那个紧张的周末发生的事情。

日　记

星期五下午4时，朱莉和我一起到戴维营，6点钟左右特里西娅和埃德也来了。晚上，我们看了鲍勃·霍普主演的一出出色的喜剧。

星期五我把这个决定告诉了朱莉，星期六告诉了特里西娅。

朱莉看起来担心这个措施是否能够见效。她显然看过不少关于我们过去在越南军事失利的材料。她也意识到许多人对这场战争已经不再存什么幻想，以致我们可能得不到足够的公众支持。我指出，如果我们不这样做，美国将不再成为受人尊敬的大国了。她回答说，有许多人认为美国不应该当大国。当然，这正是教授们向许多年轻人灌输的那种毒素。不过，朱莉相信戴维一定会完全同意这个决定，并且她似乎意识到局势需要我们这样做。

特里西娅的反应是马上就赞成，因为她觉得我们总该有所作为，但是她也确实不知道我们还能用其他什么办法来避免战局继续恶化。

帕特是星期五深夜才到这里的。我刚从桦舍回来，我一直在那里起草演说稿。我看见帕特房里灯还亮着。我进去后，她从床上起身走过来，搂着我说："什么都不用担心。"

那个周末，我对约翰·米切尔谈了这件事。他表示完全赞同我的决定。

有一点似乎使亨利很高兴，那就是除了一个人以外，他手下的工作人员，包括他那位有点儿鸽派倾向的越南问题专家，都赞成搞封锁。他们都认为，这样一来首脑会议就吹了。米切尔和康纳利一样，不同意这个估计。

我和基辛格讨论是否有必要准备一个在首脑会议万一取消后的应急计划。今天上午，尽管他仍然认为苏联人不可能有别的反应，他还是把首脑会议不被取消的可能性从原来估计的20%提高到25%。我一再提醒他在我们做出这项决定时康纳利提出的论点，即我们可以不开首脑会议，也可以在其他若干战役中吃败仗，但是我们不能在越南输掉。不仅是大选，更重要的是全国人民，要求美国不在越南遭受失败。既然我们已经下定决心，我们的全部精力就必须集中到一个目标，就是保证我们不致失败。

我们仔细研究过的演说稿将说明事情演变的过程。也许最重要的是涉及苏联的那一部分，亨利非常赞成我最后提出来的意见。这段话必须写得非常巧妙，我觉得我们已经尽量把意思说清楚，并且给他们留下一条出路，如果他们想要找条出路的话。

这整段时间使我们一家非常难受。特里西娅和埃德决定在戴维营再住一段时候。我很高兴两个女儿能充分利用这个地方，因为正如我对女秘书罗斯说的，谁也不晓得明年我们还能不能利用这个地方，我希望她们对这几年的经历留下最愉快的记忆。

星期一上午，我通知国家安全委员会说，我已经决定要进行轰炸和布雷，并将在当晚的电视演说里宣布这个决定。

日 记

星期一是相当费劲的一天，因为国家安全委员会的会议开了三个多小时。莱尔德反对这个决定；罗杰斯则说，如果这个行动真能收效，他就赞成。不出所料，康纳利和阿格纽都采取坚决支持的态度。会议记录本身可以说明问题。当然，老实说，这件事对莱尔德和罗杰斯来说都是声名所系，我想他们大概非常怀疑这个行动能否成功。不消说，真正的考验还要看做出这项决定以后他们是否支持，对这一点我倒没有什么怀疑。

最大的问题还是苏联将如何反应。星期一上午，我给勃列日涅夫写了一封长达四页的信，说明我已决定采取什么行动及其理由。我重申我要致力于把我们的新关系发展成为世界和平基础的意愿，并说我不想让北越人的行动强加于我们的局面使我们偏离两国已经开始走上的道路：

总书记先生，最后请允许我向你表示，现在正是需要显露政治家风度的时刻。当前，只要共同努力，我们就可以结束长期以来越南冲突给我们两国关系和世界和平造成的有害影响。我准备立即同你一道缔造一种不使任何一方屈辱而又有利于所有有关国家人民的和平。我知道，我们同心协力是能够做到这一点的。

演说稿的最后文本是到 5 点钟以后才准备好的。为了朗诵方便起见，我标了一些记号，然后在 5 点钟去理了个发。大约 6 点钟，我照往常在讲演前的做法，喝了一小碗麦粥，略为充饥，然后又看我的稿子，直到 7 点 30 分。

我原地活动了大约 10 分钟，慢条斯理地洗了个冷水澡，然后到白宫西侧楼的罗斯福室，和两党的国会领导人开会。

这个房间舒适、暖和，壁炉烧得很旺。我扫了一眼那些熟悉的面孔，有的紧张；有的保持警惕，反正都全神贯注。他们是：卡尔·艾伯特、休·斯科特、比尔·富布赖特、迈克·曼斯菲尔德、约翰·斯坦尼斯、乔治·艾肯、杰里·福特、黑尔·博格斯和另外六位。有的人将会反对我；有的人虽然但愿我没有做出这项决定，还是会勉强支持我的。当我说明当前的局势和我决定采取的行动时，没有一个人打断我的话或者提出问题。

我承认这是一服非常猛烈的药剂。做出这一决定对我来说是很困难的，并且我知道，他们决定表示支持也是十分困难的。

"如果你们能够给我支持，我将非常感谢。"我说，"如果你们办不到，我也会谅解。"

当我站起来往外走的时候，屋里鸦雀无声。

基辛格约了多勃雷宁在我预定发表演说前不久到白宫来。当他介绍我讲话的内容时，多勃雷宁显得异常激动。"向你们挑战的是河内，为什么你们要向我们出气呢？"他问道。

基辛格仍然很冷静。多勃雷宁说，除了事态向坏的方面发展以外，他看不出有别的前景。

当晚 9 点我发表了演说。在叙述了军事形势和谈判僵局以后，我说："只有一种办法可以停止这场战争，那就是不让北越的人得到作战武器。"我接着说，"我已经下令采取下列措施，当我现在向你们讲话的时候，这些措施正在

第六章 总统职位（1969-1972）

执行。北越港口的一切通道都将布雷，以防止船只进入这些港口并不让北越海军从这些港口出发进行军事活动。美国武装部队已奉命在北越的内海和它所主张的领海采取适当的措施来阻断任何物资供应。我们要最大限度地切断铁路和其他交通。对北越军事目标的海军袭击将继续下去。"

然后，我提出了一项新的和平建议，它成为第二年1月最后解决方案各条款的重要依据：

第一，必须遣返全部美国战俘。

第二，必须在印度支那全境实行国际监督下的停火。

一旦释放了战俘并在国际监督下实现了停火，我们就将在印度支那全境停止一切武力行动，届时我们将着手在四个月内从越南撤走全部美国军队。

你们看，这是一些宽厚的条款，这是一些并不要求任何一方投降或遭受屈辱的条款……北越理应立即加以接受。

最后一段是我亲自起草的给苏联的措辞谨慎的信息："我们料想你们会帮助你们的盟友，你们也会料想我们不致停止帮助我们的盟友。但是让我们、让所有的大国都只帮助盟友提高防御力量，而不去帮助它们对邻国发动侵略……近几个月里，我们两国的谈判已经取得了重大进展。在限制核武器、贸易和其他许多问题上，我们都接近于达成比较重要的协议。让我们不要滑回到以前那种阴暗的时代。我们并不要求你们牺牲你们的原则或朋友；但是你们也不应该让河内的毫不妥协的态度勾销我们双方曾经如此耐心地共同开辟的良好前景。"

国会和新闻界随即提出尖锐的批评。特迪·肯尼迪说，布雷是一种"在绝望中采取的毫无作用的军事姿态。我认为他的决定是不祥的，并且我想也是愚蠢的"。《圣路易斯邮报》说全国人民是不会支持我的，因为"这一次战争的起因是不光彩的，是可耻的"。《华尔街日报》报道说，消息灵通的外交观察家现在都推测首脑会议将无限期推迟。大部分电视网的评论员还一致认为我的演说严重地危及首脑会议的召开。全国广播公司驻莫斯科的记者说,要克里姆林宫轻易接受我的决定是不容易的,这个决定将"实际上消除举行首脑会议的前景"。

军事计划人员的缩手缩脚仍然是一个问题。

五角大楼送给我审批的轰炸计划充其量也只能说是胆怯的。就像我给基辛格的一份长篇备忘录里所写的:"军方只打算对北越进行200架次的袭击,我担心这会变成约翰逊政府1965—1968年间进行的那种令人意气消沉的'不担风险的轰炸'。"

既然已经忍痛做出这项决定,并且准备承担由此引起的政治风险,我决心按照我原来设想的方式加以贯彻。我在备忘录里接着写道:

> 我不能过分强调我已下定决心打算孤注一掷地干它一场。但我们必须让敌人得到深刻的印象,觉得我们就是那样干的。我们的言论是会有一些帮助的,但我们今后几天的行动则要比我们的言论有效得多。
>
> 我现在根本不满意军方就空军活动问题提出的计划……
>
> 我们目前可能犯的最大错误是做得太少,动手得太晚。现在正是我们可以争取公众尽量支持我们的行动的时候,做得过分一点是十分必要的。
>
> 我们大家都应当记住,我们现在必须用那种真正能戳痛敌人的方式去惩罚他们……
>
> 既然我已经做出了这项极其困难的关键性的决定,我就打算坚持到底,非迫使敌人屈服不可。我希望你把这种精神灌输给全体工作人员,尤其是我希望军方积极行动起来,向我提出一些怎样实现上述目标的建议……
>
> 我觉得我们往往是说得多,做得少。这种倾向实在要不得。约翰逊政府的弱点就在于此。这在某种程度上可能也是我们的弱点,因为我们曾经一再警告敌人,而当敌人考验我们的时候,我们的行动却相

当温和。现在敌人已经越过了边缘,我们也是这样。我们是有力量摧毁他们的作战能力的,唯一的问题是我们没有使用这种力量的决心。我和约翰逊的区别就在于我肯定有这种决心。如果我们这次失败了,其原因一定在于那些官僚及其官僚作风,特别是国防部的那些官僚及其官僚作风,这些人当然会得到他们在国务院里的盟友的大力帮助,想出各种办法来削弱我已经指定要采取的具有决定意义的坚强行动。这一次我希望军方和国家安全委员会的工作人员提出他们自己的一些见解,有助于采取非常有威胁性的、有力的和有效的行动。

苏联塔斯社发出强烈的谴责,说布雷将对"国际和平与安全带来许多严重的后果"。在我讲话的第二天上午,苏共政治局在克里姆林宫召开了紧急会议。我充分准备等他们发表谴责我的行动并宣布取消首脑会议的官方声明。

第二天,多勃雷宁在地图室与基辛格会晤。多勃雷宁完全改变了通常的轻松谈吐,冷冰冰地声称他奉政府之命宣读一项正式照会。使基辛格大为宽慰的是,照会是比较温和的,并且只就我们的封锁以及我们的一枚炸弹偶然击中停泊在海防港的一艘苏联船只和炸死一名苏联海员一事提出私下抗议。在第二天下午他们再度会晤时,基辛格随便问起苏方为什么没有提到首脑会议。

"你们没有问起有关首脑会议的问题,"多勃雷宁回答说,"所以我国政府认为没有必要做出新的决定。"

基辛格说:"这是不是说我们本来应该提出有关首脑会议的问题呢?"

"不,"多勃雷宁回答说,"你们把一个困难的局面处理得很不错。"

在他们会晤的同时,我去医院探望手术后正在休养的马诺洛。我一回来,基辛格就赶到我的办公室来报告消息。"我认为我们已经度过这场危机了。"他兴高采烈地说,"我想,我们可以一面布雷和轰炸,一面举行首脑会议了。"

第二天,多勃雷宁打电话对基辛格说,他接到莫斯科的一封电报,是谈到首脑会议的详细程序的。他甚至提出了双方交换什么正式礼品的问题。苏联人打算送我一艘水翼艇,供我在比斯坎岛使用。他还说,要是勃列日涅夫能得到一辆新车来丰富他收集的豪华汽车的品种,他肯定会很高兴的。

现在似乎可以断定,首脑会议是不会因为那次讲话而流产了。曾经预言灾难临头的新闻界权威和国会里的批评者,这时也不再做首脑会议将被取消的文章了,而是开始集中指责我们的轰炸机正在袭击非军事目标。

5月15日星期一,我一大清早就回到办公室准备应付排得满满的各种会议和约会。下午稍晚的时候,我正在和唐·肯德尔谈话,鲍勃·霍尔德曼进来问我能否到我的私人办公室同他谈几句话。关上门后,他说:"我们从特工系统的电讯上得到消息,乔治·华莱士在马里兰州的一次集会上遇刺。"

我问,他是否还活着。霍尔德曼作了肯定的回答。他说,开枪的是个白人,但是这个人的其他情况目前还不了解。

华莱士遇刺的消息不免使人回想起约翰·肯尼迪、马丁·路德·金和罗伯特·肯尼迪被刺的恐怖情景。不管这次新的打击如此可怕和令人震惊,我还是决心不让全国在一片议论声中陷入恐惧状态。

第二天早晨,《纽约时报》的一篇社论建议,由于国内充满暴力气氛,总统候选人应该避免参加露天集会,只通过电视或在安全有保障的紧闭的大厅里竞选。我对霍尔德曼说,无论如何我不同意再增加负责保护我的特工人员。

中午前后,约翰·康纳利到我办公室来。这时刚刚宣布他辞去财政部部长的职务并提名乔治·舒尔茨接替他的工作。我对他和办公室里的其他人说,我想出去散散步。

"什么时候?"罗恩·齐格勒问道。

"就是现在,"我说,"咱们走吧。"

我决定陪康纳利一道步行回财政部大厦。当我们从隔街对着财政部大楼的白宫东侧楼走出来时,一小群人从街上围了过来;我停下来和一些带着照相机的年轻人和几位外国游客聊天。一位看来像是有身份的人自称是律师,上过弗吉尼亚大学的法学院。当我拔脚走过马路时,他说:"谢谢你今天到外面来走走。"

周末,我到医院探望了华莱士。

第六章 总统职位（1969-1972）

日 记

　　星期五上午回华盛顿的途中，我下车去探望了华莱士。华莱士太太颇有吸引力的风度再次给我留下深刻的印象。她很热情，可以想见她在华莱士的竞选活动中一定是个好帮手。

　　他的体力看来是完全能够让他同人家晤谈了，但我觉得他的听觉和理解力有时不怎么好。他对自己在预选中的成绩很得意。我告诉他，我从苏联回来后一定派人向他介绍情况，对此他很高兴。他说他考虑以后去沃尔特·里德医院住院。我对他说，只要他在华盛顿地区，随时都可以住进去——那里的安全有绝对保证，病房也特别舒适。

　　他虽然是个蛊惑人心的政客，但像大多数南部人一样，有强烈的爱国心，因而多少有点容易感情冲动。这点在我们这次见面时表现得特别明显。他指出，他曾反对汉弗莱和马斯基，因为他们过去都投票赞成把美国卷进东南亚战争的每一个步骤，现在却批评我为使美国摆脱战争而做的努力。他床边有一个花编的国旗图案，我在辞别时叮嘱他要使我们的国旗高高飘扬。他敬了个礼说：在总司令面前，我保证一定这样做。我回了一个敬礼，离开了病房。

第一次首脑会议

　　5月20日星期六，"空军一号"离开华盛顿，途经奥地利的萨尔茨堡前往莫斯科。起飞以后，基辛格到我的机舱来兴高采烈地说："这应该是有史以来最伟大的一次外交成就！三个星期以前，谁都预言这次首脑会议要取消，可是今天我们却在赴会的路上。"

　　我们在萨尔茨堡过了一夜，5月22日星期一下午4点钟在莫斯科的伏努科沃机场降落。

　　我们抵达前不久下起了小雨。正式前来迎接我的是尼古拉·波德戈尔内主席，柯西金和葛罗米柯也在场。只有一小群人站在栏杆外，手里摇着小纸旗表示欢迎，整个场面十分冷清。当我们的车队快速通过宽阔而空无一人的大街驶向克里姆林宫时，我注意到为数不少的群众被挡在侧路路口一个街区之外的警察屏障的后面。

帕特和我被安置在克里姆林宫一侧的整整一层楼里下榻。正当我们四处观看我们富丽堂皇的住处时，基辛格带来消息说，勃列日涅夫正在他的办公室里等着迎候我。

勃列日涅夫的办公室就是 13 年前我第一次会见赫鲁晓夫的那个房间。同赫鲁晓夫一样，勃列日涅夫看上去和他的照片一模一样，脸部最突出的是那双浓眉，嘴角露出一丝带几分警惕的微笑。我敢说，13 年前我和他并肩站在美国展览会的那间厨房里的时候，我们谁也没有想到有一天我们会作为各自国家的领袖在一起举行首脑会议。

我们握手后站着聊天，这时有人给我们端来了茶。他把我让到屋子一边的一张长桌跟前，两人隔着桌子相对坐下，苏方的译员维克托·苏霍德列夫坐在桌子的一头。有人曾经表示关心，认为我应该带一名国务院的翻译在场。但是我知道苏霍德列夫是位高明的语言学家，英语讲得和俄语一样好，并且我觉得，如果只有一个人在场，勃列日涅夫说起话来也许会随便一些。

勃列日涅夫的语气友善，但用的字眼很直率。他说，他必须首先告诉我，在我们最近在越南采取行动以后，他如期举行这次首脑会议很不容易。完全由于改善苏美关系和两国间就某些重大问题达成协议十分重要，才坚持了原计划。

在做了这番几乎必不可少的表白以后，他明显地热情起来，开始谈到发展我们之间个人关系的必要性和好处。他说，苏联人民铭记着富兰克林·罗斯福的名字，因为他是 1934 年给予苏联以外交承认的第一位美国总统，并且是第二次世界大战期间反希特勒同盟的领导人。

我说，我曾经研究过斯大林与罗斯福之间以及斯大林与丘吉尔之间关系的历史，发现战争期间下级之间的分歧往往由于在最高一级达成协议而得到解决。"我希望和总书记建立的就是这样一种关系。"我说。

第六章 总统职位（1969-1972）

他爽朗地回答说："我当然非常高兴，我这方面是完全准备这样做的。"

"如果我们把所有的事情都交给那些官僚去决定，我们就永远不会有什么进展了。"我说。

"他们只会把我们埋在纸堆里！"他开心地大笑，把掌心往桌面拍了一下。这个开端看来还不错。

大约半个小时后，我们在葛拉诺维特大厅举行的国宴上再次会面。这是15世纪修建的美丽大厅，在克里姆林宫最古老部分的中心。镶木地板擦得锃亮，有拱顶的墙上挂着好几幅富于金黄色和褐色色彩的像圣像那样的巨幅油画。勃列日涅夫和我并排坐在第一桌，直接面向对过墙上比真人大几倍的"耶稣和使徒最后晚餐"壁画。勃列日涅夫说："那是当年的政治局。"我搭话说："那一定是意味着总书记和教皇有许多共同点啰。"勃列日涅夫放声大笑，伸过手来和我握了一下。

像往常那样，时差使我第一夜难以熟睡。我终于在凌晨4点半左右起床，穿上便裤和夹克，决定到克里姆林宫院子里去散步。按照莫斯科的北纬度，这时天已接近大亮。我能听到红砖墙外河上的船声和路上的卡车来往声。我停下脚步，抬头看了一会儿那面飘扬在我们住处房顶上的、周围由克里姆林教堂和钟楼的金色葱头式圆顶和红星簇拥着的美国国旗。

上午11时同勃列日涅夫、柯西金、波德戈尔内、葛罗米柯和多勃雷宁举行第一次全体会议，我决定一开始就定下我打算在这次首脑会议整个过程中使用的那种坦率的调子。

"我想讲一点苏联朋友们可能由于客气而不愿说出口的话。"我开始说，"我知道我是以非常强硬、注意冷战和反共出名的。"

柯西金冷冰冰地说："不久以前，我也听到这种说法。"

"固然我对我们的制度有坚定的信仰，"我接着说，"不过同时我也尊重那些同样坚定地信仰他们自己的制度的人。两个社会制度不同的大国一定是有可能在这个世界上共同生存和合作的。但是，靠温情或者靠掩盖实际存在的分歧这种办法是做不到这一点的。"

坐在桌子对面的人都点了点头，不过我猜想，他们实际上都宁愿我们继续采取我们过去常常用以对待苏联的那种温情的态度。

当天下午，我和基辛格同勃列日涅夫和他的美苏事务顾问安德烈·亚历山德罗夫就限制战略武器问题举行了两小时的会谈。勃列日涅夫虽然装出对细节和数字厌烦的样子，却显然事先对问题有比较充分的了解。我们讨论监督和限制的时限和技术的时候，他用一支红铅笔在面前的便签本上画出几枚导弹。

我说，我们觉得具体规定查核双方履行义务的情况的办法可以给双方提供必要的信心，这时他朝着我有点生气地说："要是我们都打算欺骗对方，又何必要这一纸协定呢？我们方面是不准备捣鬼的。那种'互相抓辫子'的办法完全要不得。"

那天晚上，我们又举行了一次时间很长的会谈来讨论一个争执不下的重大问题，那就是苏联的新型反弹道导弹系统应该部署在离莫斯科多远的地方。在我们开始讨论的时候，勃列日涅夫就随便把我们几小时以前刚商妥的数字减掉300公里。"关于反弹道导弹的问题，"他说，"看来已经解决了。1200公里，我们同意。"

"是1500公里。"我说。

"你的意思是我们应该把它放到中国去吗？"他假装生气地说。

"可是，总书记总该觉得，我是从来不斤斤计较的。"我回答。

"1500公里，行啊。"他不错过抢先表白的机会，说道，"你要我们东移，我们现在就同意这样办。1200公里我们接受起来容易一些，不过1500公里也行。这个问题我们就不再谈了吧。"

共产党的谈判代表惯用的一种手法是，就某一个在细节上已经商妥的问题提出一点似乎很理想但行不通的修改意见。本来双方早就同意限制战略武器协定的具体条款的有效期为五年，可是在讨论这个问题时勃列日涅夫突然问道："为什么不规定为十年呢？干吗只定五年？"基辛格冷静地指出，原先苏方自己提出的有效期甚至还只有一年半。

"我认为，这个暂时性的协定对我们和全世界来说都是一项了不起的成就。"我说，"我倒希望来个永久性的协定，不过我的任期有限——到不了五年。在那以后，我就离开了——到太平洋游泳去了。说不定还在那之前呢。"

第六章 总统职位（1969-1972）

"总统先生，可别在那之前离开。"勃列日涅夫说。

突然袭击是共产党谈判代表喜欢使用的另一种手法。星期三下午，在我们举行了美苏联合探索太空协定的签字仪式以后，勃列日涅夫和我一起走出房间。他开始谈起当天晚上打算在莫斯科郊外的一座政府别墅里为我们举行宴会。快走到走廊尽头的时候，他拉住我的臂膀说："我们何不现在就到乡下去，在白天看看那里的景色呢？"他把我推进了电梯，下到一楼，门外停着他的一辆大型高级轿车。

我们上了车很快就开走了，这时特工人员和其他人员忙着找车子和司机来追赶我们。莫斯科所有主要街道中间的行车道都是专门留给党的高级官员使用的，所以我们的车开得很快。

一到别墅，勃列日涅夫就提议坐船游览一下莫斯科河。这和13年前赫鲁晓夫的做法一模一样。但是时代变了：他带我们去乘坐的不是汽艇，而是在水上轻轻浮动着的小水翼艇。驾驶员很熟练，小艇开得十分平稳。勃列日涅夫不断指着速度计，上面的指针表明我们的速度是每小时90公里。

我们谈到工作习惯，他告诉我说，他不用口述录音机。我说，记得丘吉尔有一回对我说过，他宁可口授给一位漂亮的年轻妇女。勃列日涅夫和其他人都同意这个看法，并且勃列日涅夫还开玩笑说："何况，当你夜里醒来想记下一点什么东西的时候，女秘书可就尤其有用了。"他们都放声大笑。

我们回到别墅时心情都不错。晚宴的时间预定为8点钟，勃列日涅夫提议饭前再开一次会。

基辛格和我同国家安全委员会的温斯顿·洛德和约翰·内格罗蓬特坐在桌子的一边，对面是勃列日涅夫、柯西金、波德戈尔内和苏霍德列夫。一连三个小时，苏联领导人在越南问题上非常激动地狠狠向我进攻。

我顿时想起《化身博士》那本书[1]，因为勃列日涅夫刚才还笑着拍我的肩

---

[1] 这是苏格兰小说家、诗人和小品文作家罗伯特·史蒂文森（1850—1894）写的中篇小说，描写一个白天为绅士、夜晚是恶棍的双重性格的人。——译者注

膀,现在却愤怒地大声责骂我不是真心努力结束战争,而是想利用中国人作为工具来压制苏联人干预北越人的事务。他说,他们怀疑我5月8日是不是气昏了才做出那样有欠考虑的行动,因为他们相信,如果我真的希望和平,我是不必借助外力就可以找到解决办法的。"全体美国人民肯定不会一致支持越南的战争。"他接着说,"我当然不相信那些在越南死伤或残废的人的家属会支持这场战争。"

当勃列日涅夫最后好像脾气已经发够的时候,柯西金接过大棒。他说:"总统先生,我认为你过高估计了在目前情况下从实力地位出发解决越南问题的可能性。在关键时刻,北越人也许是不会拒绝其他国家的军队开进去和他们一道作战的。"

这话说得太过分了。我第一次开了口。"这种威胁一点儿也吓不倒我们。"我说,"不过,你不妨再说下去,把话说得具体些。"

"不要错误地以为我们说的话是威胁,你们说的话就不是威胁。"柯西金冷冰冰地回答,"刚才我们只是对可能发生的事作一番分析,这比威胁要严肃得多。"

柯西金似乎越说越来劲,他接着集中力量奚落阮文绍总统,把他叫作"受雇佣的所谓总统"。由于我对他这种激烈的长篇大论依然没有反应,柯西金开始沉不住气了:"难道你们还需要保留这个所谓的南越总统,保留一个未经任何人选举而你们却称为总统的人吗?"

"北越的主席又是谁选举的呢?"我问他。

"全体人民。"他答道。

"说得倒好听。"我说。

柯西金讲完后,轮到波德戈尔内出击了。他的口气比较友好,但措辞一样厉害。当波德戈尔内和柯西金对我轮番敲打、试图压倒我的时候,勃列日涅夫离座踱起方步来。

大约20分钟后,波德戈尔内突然收住了话题,勃列日涅夫接上去说了几句。之后,室内一片寂静。这时已经将近11点钟。我想在我能够让这次谈话结束之前,我必须让他们明确知道我的立场。

我指出，我已经从越南撤走了 50 多万人。当北越在 3 月间开始大规模军事集结时，我表现了最大限度的克制，因为我不想让任何事情干扰首脑会议。但是，既然北越人确实入侵南越，我就没有别的选择，只能作出强烈的反应。

"总书记刚才说，有些人可能怀疑我上月采取的行动是出于恼怒。"我说，"如果情况是那样，由我担任现在的职务就太危险了。事实并非如此。恰恰相反，我是完全冷静而客观地做出决定的。那是我的一贯做法，因为要考虑到后果和风险。

"我国人民希望和平，我也希望和平。但是，我想让苏联领导人知道，我是多么认真地看待北越的这次战争新升级带来的危险。我国南北战争时期的一位伟大将领谢尔曼将军说过：'战争是地狱。'对此，苏联人民比谁都清楚。自从这次新攻势开始以来，已经有 3 万名南越平民，其中包括男子、妇女和儿童，死于使用着苏制装备的北越人之手。

"我这话丝毫不是说苏联领导人就希望发生这样的事情。我只是想说，我们的目标和你们的目标是一致的。我们并不想把任何解决办法或任何政体强加于任何人。"

他们全神贯注地听了我说的话，但是谁也没有试图回答。

在这以后我们就上楼了，那里有一席丰盛的酒菜在等待着我们。我说了一句一般的开玩笑的话：别给基辛格灌酒，他回去还得和葛罗米柯会谈呢。他们好像对此很感兴趣，就开始闹着假装给基辛格灌伏特加和白兰地。宴会上一片笑声，又是说笑话，又是讲故事，就好像刚才楼下那场唇枪舌剑的会谈根本没有发生过一样。

吃饭当中，柯西金开腔说，我们刚结束了三小时那样激烈的讨论，还能在饭桌上轻松地亲切交谈，这是我们今后关系的一个好兆头。我回答说，我们必须承认并开诚布公地讨论我们之间的分歧。他使劲地点点头，再次举杯祝酒。

我们回到克里姆林宫时，已经过了午夜。基辛格和葛罗米柯马上开始就限制战略核武器协议中悬而未决的几个关键问题举行会谈。

凌晨 1 点左右，当里兰大夫在我房间里给我治背痛的时候，基辛格进来报告说，苏联人仍旧坚持我们所不能接受的主张。他们很可能是希望我们国内那种要我带回一个限制战略核武器协议的压力会迫使我接受他们的条件。在我们离开华盛顿之前，我就预料到有这种可能性，所以我已经做好和他们摊牌的准备。

但是，基辛格还有一些消息是我没有预料到的。他汇报说，五角大楼几乎是在公开造反，参谋长联席会议成员在限制战略核武器问题上也正在从他们原来已经同意的立场后退。基辛格用紧张的口气提醒我，要是这个分裂的消息传到新闻界，或者五角大楼拒绝支持从首脑会议上带回去的限制战略核武器协议，国内的政治后果就不堪设想。其实这一点用不着他提醒，我也是心中有数的。

"什么政治后果，让它见鬼去吧！"我说，"即使五角大楼不赞成，我们也顾不得什么政治后果，仍然要按照我们的条件达成协议。"我决心不让五角大楼从右面，也不让苏联人从左面来动摇我认为符合我国最大利益的立场。

"你尽力而为吧。"我说，"请记住，照我看来，我们并不一定要在本星期解决问题。"

当晚，基辛格又花了几个小时试图订出一个双方都可以接受的协议。会议最后在清晨休会，问题还是处于僵持状态。

第二天晚上，我们到大剧院观看《天鹅湖》的盛大演出。我坐在柯西金和波德戈尔内中间，帕特坐在柯西金的右边。按照礼节，勃列日涅夫不需要出席，我倒很高兴有机会看看这位强有力的人物不在场时他的同事们是如何表现的。

在第二幕和第三幕之间，观众里有一个妇女站起来对着我们的包厢高喊："越南万岁！"人们马上把她带走了。后来我们听说这是一家亲共报纸的一名意大利记者的夫人。剧场又一次幕间休息时柯西金说，如果我们撤离越南，我们的威望只会增加，而不致像法国人在奠边府和阿尔及利亚吃了败仗以后那样威信扫地。这是整个晚上谈到实质问题的仅有的一次。波德戈尔内马上改变话题说，这个舞剧中他最喜欢的是第二幕的四小天鹅舞。

看完芭蕾舞后基辛格和葛罗米柯继续会谈。第二天早晨他向我汇报说，他们已经尽最大努力就现实情况作了磋商，但休会时还是没有达成任何协议。

后来，当我和基辛格在我的套间里谈话时，多勃雷宁带来了一个消息，说政治局开了一次特别会议，同意接受我们的最后主张。

当晚，我们在驻苏大使的官邸斯帕索大楼举行宴会，席间人人兴高采烈。勃列日涅夫显得颇为开朗。宴席上的主菜是冒着火焰的"烤阿拉斯加"。上这道菜的时候勃列日涅夫说："瞧！美国人真能创造奇迹！居然有办法把冰激凌点着了！"

夜里11点刚过，勃列日涅夫和我在克里姆林宫签署了反弹道导弹条约和进攻性核武器临时协议，把每一方允许拥有的洲际弹道导弹和潜艇发射的导弹的数目暂时冻结，到另行缔结一项永久性协定时为止。帕特曾问我她能否参加这次具有历史意义的仪式。因为其他几位夫人都不会出席，我建议她等正式代表入场后悄悄进去站在一根大柱子后面。她就这样观看了签字仪式。

第二天，我们飞往列宁格勒。我们参观了皮斯卡尔叶夫公墓，在纳粹围城期间牺牲的几十万人当中有许多人就埋葬在这里。我们到得太晚，所以先遣人员建议我取消原定到那里一个小纪念馆去参观的计划。年轻的女向导听说我可能不按预定计划全部都参观，显然不高兴了。我说我当然还是要看看这个纪念馆的。当她把葬在公墓里的12岁姑娘坦尼娅的日记给我看的时候，我深受感动。她把叙述坦尼娅全家人如何相继牺牲的几段记载翻译给我听；令人悲痛的最后一段写道："都牺牲了。只剩下坦尼娅一个人了。"念这句话的时候，女向导激动得声音发抖。最后她抹着泪水说："坦尼娅也牺牲了。"

在我们离开之前，他们要我在来宾簿上留言。我写道："向坦尼娅和列宁格勒的所有英雄们致敬。"临走时我说："我希望这样的事永远不在全世界重演。"

我们飞回莫斯科，第二天是星期日，我们到莫斯科唯一的一座浸礼会教堂——福音派浸礼教全苏理事会教堂——去做礼拜。教友们虔诚的礼赞歌声使我想起早期的基督教徒。我感到奇怪的是，有那么多年轻人参加礼拜。后来有人告诉我,许多老年的善男信女或者被克格勃的特工吓跑了,或者被他们迫迁到别处去了。

我用那天其余的时间草拟我准备对苏联人民发表的电视广播演说。像在1959年一样,我认为这是很难得的机会,可以不受苏联政府的删节或限制,向苏联人民介绍美国对各项国际问题的观点。

在演说里,我谈到了无限制地进行军备竞赛的危险性,着重说明了美国争取和平的真诚愿望。最后我描述了前一天参观列宁格勒公墓的感受,我说:

> 当我们为缔造一个更为和平的世界而努力的时候,让我们想想坦尼娅,想想全世界各处的其他坦尼娅和她们的兄弟姐妹。让我们竭尽一切力量来保证使其他儿童不致遭受坦尼娅经历过的苦难,使你们的孩子、我们的孩子和全世界的孩子都能友好地、太平地生活在一起,度过他们的一生。

广播过后,勃列日涅夫对我说,我的结束语使他热泪盈眶。

首脑会议期间最出乎意料的事发生在我和勃列日涅夫倒数第二次见面的时候。我到他的办公室去,本来是为了作一次半小时的例行礼节性拜访,结果我们却花了两个小时讨论越南问题。不过,这回同我们在别墅会谈时不一样,他的态度是平静和认真的。

起初我们有些小交锋,接着他说:"你是否希望我们为了和平的利益派一名最高级的苏联官员到越南民主共和国去跑一趟?"

我回答说,这样一次访问可能对结束战争大有帮助,并且说,在这位苏联官员逗留河内期间,我将暂停轰炸。

在我告辞的时候,我们在门前停了一会儿。我说:"我向你保证,不论是在私下或公开场合,我决不采取任何损害苏联利益的步骤。但是,你应该相信我通过私下途径对你说的话,千万不要相信任何人对你进的谗言。不仅世界上有某些力量,而且有新闻界的代表,他们不愿意看到我们改善关系。"

第六章 总统职位（1969-1972）

第一次首脑会议的主要成就是达成限制战略武器的协议。反弹道导弹条约阻止了一场本来不可避免要出现的防御性武器的军备竞赛，使双方不致再花数十亿美元来部署越来越多的反弹道导弹。这个条约的另一重大作用是使那种通过"相互恐吓"来达到威慑效果的概念永久化：既然双方都放弃对导弹的防御，彼此的人口和领土便暴露在对方的战略导弹的袭击之下，变成了抵押品。因此，双方都会极度关心防止发生那种势必使双方同归于尽的战争。

关于战略导弹的临时协定，连同反弹道导弹条约，构成了热核时代走向军备控制的第一步。临时协定使双方的战略导弹冻结在当时实际拥有或者正在制造的水平上。根据这项协定，美国什么也没有放弃，因为我们没有一项计划受到冻结的影响。但是，苏联却正在执行一项规模庞大的导弹部署计划。如果没有这个协定，就不知道部署的范围会达到多么广泛的地步。这项计划如果继续执行，就势必会使我们在导弹数目方面日益处于不利地位，并且十之八九将使我们仅为保持双方现有比例也不得不搞一项费用浩大的部署计划。由于这个协定维持了现有的比例，双方就可以在摆脱军备竞赛压力的情况下着手谈判一项关于进攻性武器的永久性协议。

除了军备控制方面的这些主要成就以外，在第一次首脑会议上还签订了其他一些协定，包括设立联合贸易委员会以鼓励扩大贸易的协定，以及关于污染控制、医药和公共卫生（特别是关于癌症和心脏病研究）方面的协定。为了扩大若干科技领域里的合作，设立了一个联合委员会。此外，还商定了进行一次联合的空间轨道飞行，后来1975年实现的"阿波罗"和"联盟"号宇宙飞船在空间的对接，就是这项协议的成果。

最后，我们签订了"美苏关系基本原则"文件，它规定了双方同意遵守的12条行为准则。这个文件不仅涉及双边关系和减少核战争危险的措施，而且规定双方在与世界其他地区的关系中减少紧张局势和冲突，特别是减少那些可能使大国卷入的紧张局势和冲突。

首脑会议上达成的这些协议，确立了在几个不同的领域里加强彼此的关系和合作的模式。这是缓和的第一阶段，也就是说，要使苏联人关心采取种种办法以增加他们与保持国际稳定和维持现状这一事业的切身利害关系。我们并不认为光凭这种贸易、技术和科学方面的关系就能防止对抗或战争，但是，当苏联人企图在国际上从事冒险的时候，他们至少总得把这些关系列入总的损益表上权衡一下。

由于到处都有窃听装置，我在苏联期间没有口授任何日记。奇怪的是，苏联人对窃听似乎不觉得有掩饰的必要。我的一个工作人员报告了这样一件事：有一次他随便对自己的秘书说想吃个苹果，谁知十分钟之后一个女服务员便端了一盘苹果进来，放在桌上。

但是，我在这次旅行期间还是写了不少笔记，在回国后的第一个周末，我就根据这些笔记口授了好几篇很长的日记。

日 记

我向亨利着重谈了我对苏联领导人的评价。我说，罗伯特·康奎斯特认为苏联领导人只有第三流的智力水平，这话根本说得不确切。我说，我们总是错误地估计苏联人，因为我们只根据他们待人接物的态度之类来做出判断，而不更深一层去观察他们实际的性格和力量。

谁要在共产党的等级制度里爬到最高的地位并保持那个地位，他就一定要有高明的政治才能和坚强的毅力。这三位苏联领导人，特别是勃列日涅夫肯定都有这样的条件。勃列日涅夫的口才可能不如他一些老练的欧洲或亚洲同事们那样出色，风度也不如他们潇洒，可是像美国的工会领袖一样，有他独到之处。我们可能犯的最大错误是把他看成一个傻瓜或头脑简单的粗人。周恩来是既文雅又刚毅的人，在当今世界上是罕见的。

毫无疑问，苏联现在的领导人不像赫鲁晓夫时代那样具有自卑感。他们不需要吹牛说苏联的一切比世界上其他任何地方的东西都好。但是，他们仍然渴望人家对他们平等相待，在这一点上我认为我们给了他们很好的印象。

有趣的是，苏联领导人都讲究穿着。勃列日涅夫在某种意义上甚至

第六章 总统职位（1969-1972）

是以其特有的方式追求时髦的人。他有一套显然非常贵重的金制烟嘴和打火机。

我注意到苏联三位领导人的衬衫袖口都用链扣。这使我想到从赫鲁晓夫时代以来已经有了多么微妙的变化，因为赫鲁晓夫当年曾经坚持要穿得比我们大家都朴素。

柯西金确实是一本正经，非常冷静，不轻易露出热情；用共产党的话来说，他是个贵族。波德戈尔内更像美国中西部的一位参议员。勃列日涅夫有如爱尔兰人后裔的大工会头子，或许把他比作〔芝加哥的〕戴利市长更加贴切。当然，这些比喻丝毫没有侮辱的意思。

他们似乎相处得很好，私人交情也不错。有一次，柯西金、勃列日涅夫和波德戈尔内在一起交谈，我给基辛格写了一个条子说，这听起来就像我们房间里那架每当我们想要防止窃听时便打开的扰频器发出的干扰声一样。

勃列日涅夫非常热情友好。我们乘车去别墅的时候，他把手放在我的膝盖上说，他希望我们已经建立起亲密的私交。

〔奥地利总理布伦诺·克赖斯基〕曾经分析过勃列日涅夫，认为他属于"熊的拥抱"那种类型的人，因为不论谁来见他，他都喜欢拍拍肩膀，搂搂抱抱。我不由得想起，如果当年在葛拉斯堡与约翰逊会晤的是勃列日涅夫而不是柯西金，这两个人倒真是一对。

有一次他对我说："上帝保佑你。"另一次他把我称为"现任的和未来的总统"。

他告诉我，在他刚开始从事党务工作时，有一位老资格的党员向他强调过个人交情在政治活动以及党政工作中的重要性。我不知道他所说的这位老资格的党员究竟是谁，反正听起来有点像是指斯大林。

毫无疑问，勃列日涅夫的力量是多方面的。首先，他比另外那两位年轻5岁。其次，他说话的声音深沉有力——不论你什么时候和他见面，你都能感到他身上洋溢着一种天然的吸引力和魄力。再次，他有时说话过多，并且不尽确切，但常常能够很有力地表达他的意思，同时也十分精明。他还善于在辩不过人家时转移话题。

他的手势富于表情。他有时站起来踱步，这是我们会谈时他常用的方法。亨利记得有一次勃列日涅夫说："我每站起来一次，就做出一个新的让步。"当然，他这样做一定是受我的态度的影响，因为和他相比，我是十分克制的。有人也许会说，我这样对待他是错误的，但是我倾向于认为，我对他的各种指责神色不动，反而比感情外露更能给他留下深刻的印象。

勃列日涅夫有一次对我说："我是个易动感情的人，特别是对于战争中有那么多人死亡的事情。"我回答说，尽管我是以缺乏感情出了名的，在他谈起的这个问题上我却和他一样感到激动。

他问起毛泽东的情况。我说，他虽然身体不好，但从智力上说还是敏锐的。勃列日涅夫回答说，毛是个哲学家，是个上帝般的人物。他说，要了解中国人是极其困难的，接着他又说："我们欧洲人同他们完全不一样。"

他说，"文化大革命"中中国人进行了猛烈的阶级斗争。当然，苏共领导人开始不再处决反对派，只是使他们在政治上销声匿迹，如对赫鲁晓夫那样，算起来也不过只有短短二十多年的历史。

他非常强调"有些人"不希望这次会议取得成功——显然是指中国人。

有一个侧面是很有意思的：中国人总是想到非洲、亚洲和拉丁美洲的小国，苏联领导人却不然，除了北越和有一次简单地提起朝鲜以外，他们几乎从来没有谈到哪一个小国。我还颇感兴趣地发现，苏联领导人根本没有提古巴问题，他们对朝鲜问题的态度是很温和的。

我注意到1959年以来发生的巨大变化。马路上的汽车增加了许多，人们的穿着比以前好了。

有一次我指出，我们的会晤绝不是偶然的。世界的局势要求我们举行这次会议。全世界希望会议产生成果，我们并没有辜负这种期望。

会议是有充分准备的，现在我们必须前进，消除世界上的一切战争温床。我们决不能让历史重演。雅尔塔会议导致了美苏关系的改善，但是后来却出现了急剧的恶化。读一读雅尔塔历史可以发人深省，因为引起后来的一切麻烦的，并不是在雅尔塔达成的协议，而是苏联没有遵守协议这一事实。

当前我们面临的主要任务是贯彻执行我们已经签署的各项文件。

1972年6月

开完首脑会议从苏联回来后的第二天上午，我忙于召开各种会议和向国会介绍限制战略武器条约的情况，以争取人们对条约的支持。当天下午，全家一起到佛罗里达州。我随身带了一个公事包，里面装满了我们出国期间积压下来的各种国内情况报告和决策备忘录。

星期一，约翰·康纳利到佛罗里达州来。他就要离开政府，准备回得克萨斯州去。

"嗯，两三天前，我遇见汤米·科科伦，"他刚在我书房里坐下就开口说，"他告诉我，特迪·肯尼迪表示希望被提名为总统候选人。可是我想时间来不及了。麦戈文和他的支持者已经憋足了劲，正在脱缰而出。"

我说，我们不应该低估肯尼迪，他还有不小的吸引力。哪怕是麦戈文的支持者，无论他们在感情上怎样效忠于麦戈文，到头来很可能转到肯尼迪一边。我说："据我了解，休伯特的希望已经不大了。"康纳利点了点头。

"无论如何，"康纳利说，"你一定要向民主党人和无党派人士敞开大门。如果民主党提名麦戈文，叛离民主党的人一定空前的多。"

"你放心好啦，"我说，"我已经吸取了1960年的教训。我不仅会敞开大门，而且正在编织欢迎他们的地毯呢。"

6月6日，乔治·麦戈文在加利福尼亚州的预选中获胜。根据早先的民意测验，估计麦戈文将以比别人多20%的票数的压倒性优势取胜，但结果休伯特·汉弗莱的得票只少于麦戈文5.4%；如果竞选再延长一周，汉弗莱很可能会取得胜利。不过加利福尼亚州的预选起了决定性的作用：麦戈文将赢得民主党候选人的资格。

民主党即将提名的这个人曾经主张，即使没有取得遣返我国战俘的保证，美国也要立即单方面从越南撤军；他赞成无条件赦免逃避兵役的青年；他主张减少防务预算，要裁减一半空军，减少海军舰艇的数目，削减美国派往北约的驻军而并不要求苏联方面做出相应的裁减；他保证要停止援助我们的北约盟国希腊，同时却又主张把外援总额增加到大约四倍，其中大部分款项用来援助非洲国家。

在社会福利方面，麦戈文的做法是：由联邦政府向美国的每个男女和儿童赠送1000美元，这笔钱将主要来自税收负担已经很重的中等收入阶层。据卫生、教育和福利部估计，仅仅这一项计划每年就要增加开支500亿美元左右。

他的税制改革方案表面上是为了堵塞漏洞和使税收负担较为公平，可是连《纽约时报》也认为太过分了，该报形容这个方案太"极端"，"对可能的得失做出多半是不精确的估计"。在加利福尼亚州预选期间，休伯特·汉弗莱把这个方案称为"没收性的"和"一派胡言乱语"。到竞选将结束时，我们估计麦戈文所建议的各项内政措施总共将使联邦财政赤字增加1260亿美元。

麦戈文曾经对《华盛顿邮报》说，为了取消种族隔离，"必须"用校车接送学童。他称埃德加·胡佛是"对正义的威胁"。他说，在他当选总统的时候，凡是扬言要制造大乱和辱骂警察的示威者，"他都要请来参加白宫的宴会"。

所有这些极端的立场和言论都是公开宣布的，然而迟至7月在《时代》周刊组织的一次公民座谈会上，十人中只有一人认为乔治·麦戈文是激进派，剩下的九个人对于他究竟是个真正的自由派还是温和保守派，意见同样有分歧。之所以有这种混乱的看法，主要是因为新闻界在竞选活动初期缩小了麦戈文纲领中过激的或者自相矛盾的因素。许多记者同情麦戈文的立场，还有许多记者

第六章 总统职位（1969-1972）

无非就是喜欢他所收罗的那些热情可爱的业余竞选职员和义务宣传员。

幸亏并非所有的记者都丧失批判能力和放弃客观报道的义务。《基督教科学箴言报》专栏作家戈弗雷·斯珀林在6月8日写道："读者要警惕，有些新闻记者和乔治·麦戈文之间的恋爱之花正在盛开；即使我们所说的这些人大部分是讲究实际的职业观察家，但这种亲昵的关系势必影响他们的新闻稿。"他接着写道：

> 事实上，照笔者的看法，这种情况已经出现了。几个月来，麦戈文参议员一直在鼓吹一项使我国社会在很大程度上革命化的纲领……然而，至少大概到上星期为止，麦戈文参议员始终受到新闻界的"优惠"……至于现在，我认为跟踪采访麦戈文竞选活动的记者中有许多已经暴露出他们的倾向性——主要倒不是表现在他们对麦戈文所作的报道上，而是表现在关于他的情况和他的纲领避不报道的方面。他们的这种取舍是很能说明问题的。

在我看来，麦戈文可能造成的最大的政治危险，莫过于改变他的立场以争取民主党温和派的支持。6月6日加利福尼亚州进行预选那天，我在口授给米切尔的一份备忘录中指出：

> 现在，麦戈文的战略正在变得十分明显，那就是他认为自己获得提名已成定局了。足以说明问题的一件事就是他到州长会议上去"澄清"他关于赦免、吸大麻烟、人工流产和福利等问题的立场。我知道有人会说他和戈德华特一样，是无法侥幸取胜的……其实他们有两点重大的区别。首先和戈德华特相比，麦戈文比较聪明，更没有原则性。为了取胜，他什么都说得出来。其次，麦戈文在竭力表白自己，以便得到新闻界大约100%的支持来最后击败我们。这一点突出地说明当前有必要设法让民主党人和无党派人士而不是共和党人来敲定麦戈文是个左派，因为他过去说过的话清楚地表明他就是个左派。

到了夏天，当我的竞选组织开始高度进行工作时，我几乎立即听到一些与之有关的问题。传说分赴各地的活动组织松散无力，发生过一些本来可以避免的对当地人的无礼行为；还多次听说地方竞选工作人员越来越不满意"争取总统连任委员会"华盛顿总部的机构庞大和作风油滑。当我打听毛病出在哪里时，对方总是回答说，"米切尔太累了，管不过来"，或说"国际电话电报公司的案子差点儿把米切尔累垮了"，或干脆说，"是他老婆玛莎的关系"。

霍尔德曼和我决定派当时白宫班子里的弗雷德·马利克到"争取总统连任委员会"去把那里的事情整顿一下。马利克是一位能够吃苦耐劳的年轻实业家，擅长组织和管理工作。但是，我们最后还是决定再拖几个星期，主要是怕米切尔会把这看成对他工作的含蓄批评，而不认为是给他配备个急需的助手。

6月12日，我们以乘总统游艇"美洲杉"号出游的方式庆祝了特里西娅和埃德结婚一周年。帕特给我们准备了那次结婚招待会上我们都非常喜欢的小吃。游罢归来，我们观看了结婚典礼的录像，回忆了那天的情景和飞快消逝的这一年。

墨西哥总统路易斯·埃切维里亚6月15日抵达华盛顿进行国事访问。我们作了一次长谈，讨论了水源含盐的问题，末了还就美国私人企业在拉丁美洲的待遇问题进行了一番热烈但又友好的讨论。最后，他说他认为我的连任对全世界关系极其重大。

当天晚一些的时候，沙特阿拉伯的国防大臣苏丹·伊本·阿布德·阿齐兹来访，给我带来了他哥哥费萨尔国王的问候。

下午，我同埃利希曼一道研究环境保护局的比尔·拉克尔肖斯在禁用杀虫药滴滴涕问题上所采取的乍看起来有点慌乱的措施。漫长的这一天是以欢迎埃切维里亚总统的国宴来结束的。

6月16日星期五，先是举行内阁会议，研究共和党竞选纲领的各种建议。接着，我同詹姆斯·霍奇森、埃利奥特·理查森和我的一些工作人员开了一小时的会，研究福利改革问题。我的正式日程在午后12时45分结束，最后一项活动是出席给直升机失事中牺牲的南越第二区援助小组英勇的组长约翰·保罗·范恩追赠"自由奖章"的仪式。

当天下午，我前往佛罗里达州度周末。我是自己一人去的；帕特正应邀在西海岸参加一些活动，两个女儿都和各自的丈夫在一起。我公事包里带着布坎南起草的竞选活动备忘录、关于福利改革的汇报材料和我经常翻阅的一本书——欧文·克里斯托尔写的《论美国的民主思想》。我还带了丘吉尔写的第二次世界大战回忆录里的最后一卷《胜利与悲剧》，因为在参加了最近这次与苏联举行的首脑会议以后，我想重读一下丘吉尔对雅尔塔会议的分析。

水门事件

星期五下午和星期六一整天，我都是在巴哈马群岛的大珊瑚岛度过的，这是我的老朋友鲍勃·阿普拉纳尔普拥有的一个小岛。天气时阴时晴，不过我还是去游了一会泳和绕岛走了一圈。看岛人的妻子送我两件她专为我缝制的色彩鲜艳的衬衫。我同她的12岁的女儿聊了一会儿，这女孩让我看了她养的几只海龟。

6月17日星期六，我和大陆只通了一次电话，为了同霍尔德曼保持联系。我们谈了四分钟。我要他了解一下怎样能和约翰·康纳利联系上，因为他正在用35天的时间周游世界。我还关照霍尔德曼一定要在共和党竞选纲领上列入由联邦政府资助教区小学这一条。下午，我同雷博佐和阿普拉纳尔普一道去划船。

6月18日星期天上午，雷博佐和我动身前往比斯坎岛。到家一进屋就闻到厨房里煮咖啡的香味，我进去倒了一杯。橱柜台面上有一份《迈阿密先驱报》，我把第一页扫了一眼。头条新闻是关于从越南撤军的消息，大字标题是"美国地面作战任务即将结束"。

这一版中间靠左边有一条小消息，标题是："企图窃听民主党总部，几个迈阿密人在哥伦比亚特区被拘留。"

我略看了开头几段，有五个人在水门大厦民主党全国委员会总部被捕，其中四个来自迈阿密。水门是华盛顿的一座时髦的大厦,作旅馆、办公室和公寓之用。这条消息说,五人中有一个自称以前是中央情报局雇员,其余的人中有三个原籍古巴。他们都戴了外科手术用的橡皮手套。听起来十分荒唐:戴着橡皮手套的古巴人在民主党全国委员会安装窃听器!我当它是开玩笑,不加理会。我接着看了一下这一版下栏的一篇关于竞选运动的特写,标题是"麦戈文派打算如何取胜"。我把报纸放回台面上,去打了几个电话。

我往比斯坎岛旅馆通电话,找到了霍尔德曼;他和其他随行人员都住在那里。我们简单地讨论了一下要不要为高等教育法案举行签字仪式的问题。然后,我们转而谈到有关乔治·米尼的一些令人颇感兴趣的新闻——可能对1972年竞选活动有极大影响的新闻。米尼曾经对乔治·舒尔茨说,如果汉弗莱不能获得民主党提名,他也不会支持麦戈文。要是米尼——这意味着加入工会的大部分工人——持这种善意的中立态度,民主党各派间的传统联盟就将破裂,从而大大有利于我的竞选。

我给特里西娅和朱莉挂电话,她们祝我过一个愉快的"父亲节"。我还同帕特通了电话,她当时在洛杉矶,接连三天要参加好几个活动,先是在得克萨斯州,最后是在南达科他州。我又先后同艾尔·黑格和基辛格通了电话,当时基辛格正取道前往北京,在夏威夷过夜。下午,我还和查克·科尔森通话,同他讨论米尼的新的动态。然后,我到海里去游了很长时间。

下午6点刚过,我和在澳大利亚的约翰·康纳利通上了电话,听他得意地向我介绍这次旅行的情况。我又同科尔森通了话,简单地谈到我担心新闻界的大部分人也许会同情麦戈文。雷博佐过来同我共进晚餐,然后我们一起看了一场电影。后来,我给杰克·尼克劳斯挂电话,他刚在小石滩举行的美国高尔夫球锦标赛中得了冠军。我祝贺他取得胜利,并对那些在洞口绕了一圈又蹦出来的球表示惋惜。

我决定早点休息。上床前,我坐在书房里读了《胜利与悲剧》的最后几章。

星期一的天气特别好,风和日丽。我没有忙着先看晨报,而是直接到书房里去打电话。我接连同朱莉、特里西娅、罗斯·伍兹、艾尔·黑格和比利·格

第六章 总统职位（1969—1972）

雷厄姆通话，还根本没有想到水门闯入事件。我还和查克·科尔森通了一次话；在我口授的日记里，有关这次通话的唯一记载是：我们详细分析了一次新的民意测验的结果，其内容包括对总统的领导能力有无信心一直到对经济的看法，门类繁多。我同霍尔德曼通了两次简短的电话，都是讨论当天的日程的，后来他过来同我谈了一个小时。我们讨论了乔治·华莱士成为第三党候选人的可能性、食品价格的上涨、任命一位新的礼宾司司长以及下周的日程安排等问题。我下午去划船，晚饭前作了长距离的散步。晚上7时48分，我乘"空军一号"飞回华盛顿。

回白宫以后，我深夜补记了一下日记。在大量记述周末的天气、对休息的好处发表的感想等之外，我在日记里第一次提到了水门事件。

日 记

我几乎打定主意要在星期日晚上回去，但是飓风在邻近地区刮过，风力很强，因此我们认为即使出门所遇到的困难不是太大，路上也会感到很不舒服。

第二天风已经平息了，天气极好。事实上，这是六个好天——包括两星期前从莫斯科回来后的三天和最近三天——中最好的一天。我又多休息了一天，上下午都长时间地尽兴游泳，这使我觉得精神大振，其作用之大是我以前所没有体会到的。我决定今后碰到有休息的机会，务必设法连续占用三个整天，当然还总是要尽量找一个优美的地点，使我心旷神怡，并且天气最好是风和日丽。

我相信多运动是很重要的。今晚我不仅感觉休息得比较充分，而且整个人确实更加生气勃勃，格外急于想要把工作做完。我认为其中的一个原因是我得到了休息，呼吸了新鲜空气，也进行了体育锻炼。以后我每天工作后回官邸以前，一定要滚半小时木球。这也许会产生很好的效果。

归途中，我从鲍勃·霍尔德曼那里听到一个令人不安的消息：闯入民主党全国委员会事件涉及争取总统连任委员会的一个工作人员。米切尔曾在电话里莫名其妙地叮嘱鲍勃不要卷进去,因此我对鲍勃说,我完全希望我们的人一个也不要卷进这一事件,这有两个原因——第一,事情干得很蠢;第二,我实在看不出有什么理由要想法在他们的全国委员会安装窃听器。

鲍勃指出,乔蒂纳的一个私人侦探说过,麦戈文的一个助手曾告诉他,说他们已经在我们委员会的房间里安装了窃听器。当然,这里的问题是要找一个通过宣传手段同公众有联系的人员,他将透露对方也干过这类事情的一些反面例证,以说明实际情况。看来并不是我们方面很笨拙地企图从民主党人那里非法获取情报。

我还劝鲍勃不要让科尔森和埃利希曼被这件事情困住,免得他们无暇处理其他事务。现在回头看来,科尔森对国际电话电报公司的问题过问太多是个错误,因为这使他放下了其他看来更为重要的工作。也许解决国际电话电报公司问题的最好办法是听其自然,不让我的全班人马经常吵吵闹闹地谈论那个问题。我希望我们也能用同样的办法来处理目前这件事情。

帕特今晚情绪甚佳,觉得她的南达科他州之行是成功的。她说州长表示发愁,因为我在该州的威信一直很高,而他今年却要以民主党人的身份进行竞选,心里感到七上八下。当然,如果候选人名单上是麦戈文,他的机会也许会多得多。

水门事件中被捕的争取总统连任委员会雇员叫詹姆斯·麦科德。此人以前是中央情报局保安官员,现受争取总统连任委员会和共和党全国委员会雇用,作为房屋、文件和人员方面的安全顾问。他的职责之一是使共和党人免遭他被发觉正在对民主党人所做的那种事情。霍尔德曼还听说从那些被捕人身上搜出现款——十多张100美元的钞票——显然是争取连任委员会给的。

由于麦科德与争取连任委员会的关系,他的被捕使水门闯入事件成为轰动一时的新闻。拉里·奥布赖恩夸张地说:"这个窃听事件……提出了我在20多年政治活动中所遇到的关于政治过程是否诚实的最吓人的问题。"约翰·米切尔以争取总统连任委员会主席身份发表声明，说被捕者的行动不代表该委员会，也不是由它同意的，并说他本人对于麦科德牵连在内的报道感到惊愕。

我对水门事件的反应完全是实用主义的。如果说这也算是玩世不恭，那是因为我阅历过多所致。我从事政治活动多年，看惯了形形色色的事件，从肮脏诡计到选举舞弊，不一而足。对于一件政治窃听案，我委实不会义愤填膺。

拉里·奥布赖恩也许能装作惊骇万状，但他同我一样清楚，自发明从电话线上窃取情报以来，政治窃听几乎没有中断过。近在1970年，一名前阿德莱·史蒂文森竞选活动的成员公开说，他在1960年民主党全国代表大会期间曾在肯尼迪组织的电话线上装了窃听器。林登·约翰逊认为肯尼迪家族曾对他搞过窃听；巴里·戈德华特说，有人窃听他1964年的竞选活动；埃德加·胡佛告诉我，1968年，约翰逊曾下令在我的竞选飞机里安装窃听器。这种行径也并不限于政界人士。1969年，全国广播公司一位节目制作人，由于在1968年民主党政纲委员会秘密会议上装了一具隐蔽的话筒，被判罚款和缓期徒刑。在水门闯入事件以后，窃听专家们马上就对《华盛顿邮报》说，这种做法"在过去历届选举中并不少见……同一政党的候选人互相窃听更是常事"。

事实上，我对争取总统连任委员会的信心有所动摇，主要并非由于企图在民主党全国委员会安装窃听器一事是非法的，而是由于这种做法十分愚蠢，根本毫无意义。为什么？我想不明白。为什么要干？为什么干得那么莽撞？为什么偏偏选中民主党全国委员会？稍稍懂得一点政治活动的人都知道，一个全国委员会总部决不是可以刺探到有关竞选总统内部消息的地方。整个事情毫无意义，并且搞得很拙劣，几乎看起来像是事先故意做出的安排。可是，来龙去脉当然就追溯到争取总统连任委员会头上。在星期日早晨，古巴人戴着做手术用的手套在民主党总部偷装窃听器的想法似乎是十分荒谬可笑的。到了星期一晚上，这件事已成了竞选总统活动中随时可能爆发的问题。

6月20日星期二上午，即我回到华盛顿后的第一天，形势发生了新的变化。《华盛顿邮报》头版以醒目的标题声称：白宫顾问与窃听人物有关联。文章说，根据"与调查此案关系密切的联邦官员"提供的消息，在民主党总部内逮住的人中有两个人的通信地址录上发现霍华德·亨特的名字。文章接着说，亨特是中央情报局前特工人员，1972年3月29日以前一直在白宫工作，充当查克·科尔森的顾问。提到科尔森的名字，使我大吃一惊。如果争取总统连任委员会受牵连，甚至像霍华德·亨特这样的前白宫低级职员卷了进去，问题都不大。然而科尔森是我的助手和顾问核心的成员，如果他也受牵连，情况就完全不一样了。我一向器重他办事干练，颇有魄力。这时我不知道他是否做得太过分了。

民主党人已经开始发动攻势。民主党全国委员会对争取总统连任委员会提出诉讼，控告它侵犯私人秘密，违反民权，要求赔偿100万美元。这一讼案可以使他们的律师传讯争取总统连任委员会和白宫的几乎全部人员出庭并宣誓作证。这样一来，他们表面上是查究在民主党总部安装窃听器一事，实际上可以对我们竞选活动的一切方面提出种种问题。正如《时代》周刊所说的，民主党人起诉的真正意图是"要在整个秋季使共和党人忙于应付法院，使案件为公众所瞩目，以破坏看来势不可当的共和党竞选活动"。在公开场合，民主党人对水门闯入事件义愤填膺，私下里他们却庆幸在大选之年交了意想不到的好运。

肯·克劳森，我们的通信联络副主任，在和《华盛顿邮报》编辑迪克·哈伍德吃午饭时，了解到我们即将面临的问题。克劳森来白宫工作以前，曾任《华盛顿邮报》记者。饭后他和几个旧同事闲谈。他听说，《华盛顿邮报》出版人凯瑟琳·格雷厄姆正在亲自指挥一支记者队伍，以便深入挖掘水门事件新闻。"我们免不了要遭受猛烈的围攻。"克劳森警告白宫班子成员。

星期二下午2点20分，科尔森来看我。我们花了几分钟时间谈论报界怎样夸张他和亨特的关系，以便把他牵扯进这场丑闻。我们还讨论了谁泄露消息的问题。

科尔森说，霍尔德曼在"掌握全面"，并且，根据科尔森本人的看法，到目前为止我们处理得还算恰当。

我认为，我们必须立刻应对的问题是被捕的人会说些什么。我感到我们将禁受不起他们可能提出的任何指控或谴责——不管是真是假。我说，我听人家

第六章 总统职位（1969-1972）

讲他们都是些"铁铮铮的硬汉"。我对科尔森说，根据我的理解，我们要把整个这件事情的责任归于"那个可笑的家伙"。我指的是麦科德，但科尔森显然认为我是指他的朋友霍华德·亨特。

科尔森马上为亨特辩护。他一再强调亨特精明老练，不会参与闯入水门这种外行人干的事情。我表示同意：如果我们了解得不够，也会认为整个事情是故意胡乱拼凑起来的。

科尔森说，他听到闯入事件后，曾认为这可能是古巴人自动组织的行动。谁都知道，流亡美国的古巴侨民都担心麦戈文会决定恢复与卡斯特罗的外交关系。反卡斯特罗的古巴人情绪激昂，他们完全可能想对民主党人进行窃听，以便获得有关这种意图的消息。

我略微思考了一下麦戈文，《纽约时报》和《华盛顿邮报》肯定会采取双重标准：对于埃尔斯伯格非法公布政府绝密文件，他们持默许态度；对于闯入一个政党总部而并未得手的这种比较小的事情，他们肯定会慷慨激昂、满腔义愤。我挖苦地建议，既然《纽约时报》由于发表五角大楼文件而获得普利策奖金，我们也可以照此办理，最好由谁发表一篇演说，强烈要求授予水门大厦闯入人员以同样的奖金。

我对科尔森谈了我的看法：我们对水门事件要听之任之，让古巴人去对付。

科尔森又谈起亨特。他说亨特的名字出现在被捕人员的通信地址录上，是世界上最合逻辑的事情。《晨报》已经指出，亨特当了20多年中央情报局的特工人员，并说所有被捕的人都与中央情报局有关。但是科尔森告诉我，他们的关系甚至还要深一些；亨特曾为猪湾登陆作战训练过古巴流亡分子。这个消息似乎更证实古巴人和水门事件有关。

科尔森说水门事件对我们最大的威胁是，仅仅由于新闻界和民主党人一定会大做文章，我们有忙于应付的危险。他说："一般说来，这不是一件大不了的事。他们只是想发泄发泄。因为除此以外，他们找不到机会打击我们。"

接着他告诉我，《纽约时报》也有它自己的问题。在我访苏进行最高级会谈期间，这家报纸登过一则广告，要求因为我的越战政策而对我进行弹劾。我们对该报提出了正式控告，控诉它没有向出钱登广告的人要求提供必要的证件，因而违反了关于公布竞选资金的法律。我对我们能否从中得到政治上的好处持悲观态度。我知道，《纽约时报》是一定会用拖延手段来应付这场纠纷的。

在科尔森离开我办公室之前，我给他鼓了鼓气。"愚蠢透顶！"我说，"什么事情都破坏不了选举，什么事情都不会使选举发生多大变化……你现在注意这件该死的事情，但过不了多久，它就会被人们忘得一干二净。"

主要问题是民主党人能够通过传讯作证，使水门一案始终引人注意。我们打算拖到大选之后再出庭作证，但能否办到，把握不大。可是，科尔森倒一点也不发愁。他说他乐意让白宫人员宣誓作证，因为"谁都和这件事情毫无干系……这一次你是会赞成让大家去作证的"。他说这番话时信心十足。我希望情况真是这样。

6月20日星期二，我两次接见鲍勃·霍尔德曼：上午从11时26分到12时45分，下午从4时35分到5时25分。关于上午谈话的内容，外人将永远不会完全知道，因为那次谈话的录音带就是有18分半钟空白的那一盘。这18分半钟时间内的有些谈话的内容可以根据霍尔德曼的笔记重新整理出来。根据这些笔记，我对水门闯入事件的第一批反应中的一项是发出指示，要定期检查我的行政大楼办公室，确保无人对我进行窃听。那些反应还表明我对水门事件的政治后果十分关切，希望发动我们这方面的反攻来消除它的影响。

几小时以后，就在当天下午，我们又讨论了同一问题。这很能说明上午谈话中关于水门闯入事件可能讨论到的其他内容。我的习惯是要对问题反复讨论多次，在一般情况下参加讨论的人员不变，我的措辞往往也几乎完全相同。我就是用这种办法在做出决定之前尽量详细了解所提供的资料，听取建议，并从各种可能的角度来考虑形势的。关于水门闯入事件，我相信我们上午11时26分谈到的问题同5个小时以后下午4时35分谈的内容大同小异：我们的各级人员中是否有人已经把我们卷入这样一种令人为难的局面，如果调查和作证的程序采用各种可能采用的手段广为罗织，那就会给民主党人提供机会，在竞选运动中大做文章。

在下午商谈中，霍尔德曼说他认为约翰·米切尔事先并不知道闯入计划，

第六章 总统职位（1969-1972）

我表示同意。首先，米切尔非常精明强干，决不会参与任何这样的事情。我说米切尔对此一定感到意外。霍尔德曼认为这话很有道理，不过他觉得被捕的那些人应当是相当能干的一伙，他们一直在进行与竞选运动有关的其他工作。

霍尔德曼告诉我，他听到过发生闯入事件的可能存在的原因。那些被捕的人显然是进去修理某种早已安装但运转不正常的电子设备，并且要把他们在里面发现的一切东西拍成照片。后来他提到，他们还想发现一些关于民主党财务方面的情报。

在随后的几星期和几个月内，我听到其他许多说法，解释为什么要闯入民主党全国委员会并进行窃听。一种说法是这些人想证实一项消息，即民主党人正在策划印刷伪造的候选人名单，以便分发给游行示威的群众，借以破坏我们的全国代表大会；另一种说法是他们打算把民主党全国委员会非法掌握的机密文件拍成照片。我听到各种各样的说法，因为我多次问了同一个问题：为什么要对民主党全国委员会搞窃听？

在我们那天下午的谈话中，霍尔德曼匆匆地谈了一下他那天收集到的其他一些消息。据他了解，麦科德将交代说他当时是与古巴人合作的，而古巴人则出于他们自己的政治动机，一直在搞窃听。霍尔德曼告诉我，霍华德·亨特不是已经销声匿迹，便是正要销声匿迹，不过如有需要，他还是会回来的。霍尔德曼表示，可以根据亨特和古巴人的关系来解释他的名字为什么会在他们的通信地址录上出现；他同科尔森一样告诉我，亨特在中央情报局供职期间与猪湾事件有牵连；事实上，霍尔德曼了解到有一个古巴人还是那次登陆作战中亨特的副手。霍尔德曼说，我们的人员正在努力使这一事件和古巴人的民族主义动机联系起来。当然，问题是现在通过亨特这条线索，外界正在发现这事件同科尔森和白宫有关。报纸已经报道亨特在白宫从事有关国际贩毒情报和文件销密工作。霍尔德曼说，他并不确切知道亨特还干过其他什么工作，只知道他的工作是根据他过去在情报部门的经验安排的。但他在后来的谈话中提到亨特曾参与"吴庭艳事件"——我们努力揭露肯尼迪总统卷入1963年对吴庭艳实行政变的那件事——那次政变结果使吴庭艳被杀。我想起科尔森也曾提到亨特的情报工作经历。

霍尔德曼说，就争取总统连任委员会情报活动而言，我们大家——包括科尔森在内——都知道有些工作在进行。但是他认为，科尔森尽管同亨特有联系，但并不确切知道正在进行的水门大厦安装窃听器的计划。我说我认为他是知道的，但我又说这不过是事后的一点认识罢了。然而，霍尔德曼后来在谈话中甚至更加竭力劝我对科尔森消除疑虑。他说，经过调查，他可以肯定科尔森与水门事件无关。

霍尔德曼报告说，我在白宫的各个办公室和行政大楼办公室他都检查过了，没有发现窃听器。当然他提醒我，我们有自己的录音系统。

霍尔德曼说，这一切简直像是一场噩梦，这样的事情不可能是真的。我表示同意。他说，幸而米切尔和这件事隔着好几层——但或许这是我们的不幸，因为如果他不是高高在上，这件事情也许决不会发生。然而，总存在着偶然的迹象的问题，看来对方还在千方百计地想把米切尔也牵连进去。霍尔德曼半开玩笑地说，也许我们最好是满口承认，就说我们正在监视民主党人，我们聘请麦科德经办这件事，因为我们惊恐欲绝，深怕有个疯子会当上总统，把我们的国家出卖给共产党人！

我问霍尔德曼，霍华德·亨特是怎么陷入水门事件的。他说，在闯入水门的那天晚上，亨特在水门大厦对面的旅馆里等着，要在他的房间里监听那些窃听器。然而，霍尔德曼无论对亨特和麦科德的关系，还是麦科德和古巴人的关系，都不太清楚。

我对亨特的名字怎么出现，还是闹不明白；霍尔德曼又把通信地址录的事情简单地讲了一遍。他还告诉我，有个古巴人有一张亨特的支票，大约6.9美元，是付给亨特的城郊俱乐部的。

我表示意见，从某种意义上说，古巴人、麦科德、亨特互有牵连，正好说明这实际上是古巴人的行动。无论如何，用古巴人来解释水门闯入事件对我们有两点好处：既能使我们不因暴露了争取总统连任委员会有牵连而在政治上受到影响，又能使人注意到美国的古巴侨民为麦戈文对卡斯特罗的幼稚无知的政策担忧，从而削弱民主党人的力量。

霍尔德曼在谈话中还顺便提到窃听电话的问题，以及对"利迪预算"的关

第六章 总统职位（1969-1972）

切。然后他又回到民主党人要求我们作证的问题，他说这显然是我们最棘手的事情。我表示我还是不明白这一切是从何产生的。在我们快要结束有关这个问题的谈话时，我对他说："不值得在民主党全国委员会安装窃听器。"

6月20日，忙了一整天。我和埃利希曼花了一个小时讨论用校车接送学童和其他内政问题；打了几个电话给国会议员和工作人员；同艾尔·黑格举行了长时间的会谈。就水门事件来说，我当晚走回官邸时充满了信心。我过去主要的顾虑是担心白宫有人牵连进去，而在这一点上，科尔森和霍尔德曼都再三叫我消除疑虑。霍尔德曼还保证米切尔同水门事件毫无关系。我得到了这些保证，准备进行反攻。

当晚，我打电话给约翰·米切尔。我们谈了大约4分钟，后来在夜里我把他的话简略地写进日记本："他非常恼火，因为他委员会的属员里居然有人搞那样的活动，他只后悔没有更有效地管束好他组织里的所有人员……"

在电话里，听起来整个这件事情使米切尔深感困恼，因此，我就更加相信事情的发生完全出乎他的意料。电话里也听得出他完全精疲力竭了。

同米切尔谈话以后，我打电话给霍尔德曼。那天下午当他和科尔森都提到猪湾事件时，他们触发了我的一些考虑，现在我向他讲到我就水门事件怎样与公众联系问题的新看法。我提出建议，如果拿古巴人的活动来解释闯入事件确实能够为一般人所接受，我就要打电话给雷博佐，叫他把迈阿密的反麦戈文的古巴人动员起来，公开为他们被捕的同胞募集保释金，并通过新闻报道工具大肆宣传一下。如果他们能够借此使人回想起民主党人对猪湾事件处理得多么愚蠢可笑，并进而攻击麦戈文的外交政策思想，我们也许甚至能够使水门事件朝着有利于我们的方向发展。

那天晚上我在行政办公大楼办公室里一直工作到将近晚上11时30分。我花了一些时间补写日记。记完白天的事情以后，我在结尾这样写道："我感到我今天的精神比几个月来愉快得多——轻松自如，然而能够把工作做得比平时多，而且干劲十足，远非寻常可比。"

水门事件是令人烦恼的，但在许多问题中，它只不过是个无关紧要的小问题罢了。

在6月21日星期三上午的谈话里,霍尔德曼告诉我,"干这件事的家伙"是戈登·利迪,我问他利迪是谁,他说是争取总统连任委员会财务委员会顾问。我说,我以为闯入事件应由麦科德负责。这时霍尔德曼说,不是他而是利迪。我们并不知道麦科德的立场,但大家似乎都认为他是会守口如瓶的。

埃利希曼主张让利迪坦白;他可以说,他是为了要当争取总统连任委员会的英雄才这么干的。这有几点好处:能够结束民主党人的民事诉讼,限制他们在与诉讼有关的作证方面进行非法调查的能力;使低级人员认罪,避免归罪于高级人员,借以转移新闻界和政界的一些攻击;最后,既然所有被捕的人都认为利迪是负责人,他一旦认罪,他们的任何其他想法便将无足轻重,因为一切都会归结到利迪身上。之后,霍尔德曼说,我们的人员就可以上诉请求宽大,理由是利迪是个侦探小说看得太多而误入歧途的可怜小伙子。

我说,这到底不是什么滔天大罪。事实上,如果有人问我是否同意齐格勒所说的这是一桩"三流盗窃案"的声明,我会表示异议,说这只不过是一种"三流企图盗窃案"。霍尔德曼说,律师们都认为如果利迪和被捕的人对所犯的罪行提出抗辩,他们只会得到罚款和缓期徒刑的判决,因为他们显然都是初犯。

我表示赞成埃利希曼的计划。我们必须认定真相迟早总会大白天下,所以如果利迪是主谋,他就应该站出来承担责任。我说,我唯一的顾虑是这种做法会不会连累约翰·米切尔——如果是那样,我认为我们就不能这么办。前一天霍尔德曼似乎很肯定,米切尔并无牵连。现在他却不大有把握了。他告诉过我,米切尔很关心联邦调查局的调查会深入到什么地步,并认为应该有人马上去联邦调查局,使他们转变方向。霍尔德曼还说,埃利希曼担心米切尔可能会受到牵累。那天上午当霍尔德曼和米切尔谈话时,他几乎直接提出了这个问题,但米切尔避而不答;所以他不能确定对方是否有牵连。他指出,米切尔对埃利希曼的计划似乎有点不大放心,怕利迪不够坚定,也担心利迪确实受到压力时可能会出事。霍尔德曼说,无论如何,埃利希曼只是那天上午才形成他的计划,大家都要仔细考虑以后才会有所行动。

第六章 总统职位（1969-1972）

我还是相信米切尔是无辜的；我肯定他不会下令办这类事情。他精明强干，颇有见识，而且一向不屑在竞选时收集对方的情报。不过有两种令人烦恼的可能性：我也许估计错了，米切尔可能有所牵连；即使他实际上没有陷进去，如果我们不够谨慎小心，他也可能意外地受到连累，以致不管是我们还是他本人都无法说明事实真相。无论如何，我希望利迪不会把他扯进去。我说代人受过是常事。霍尔德曼说，我们能够照顾利迪。我也表示同意，认为我们可以帮他一下忙；如果有人想帮我在大选中获胜，我是愿意资助他的。

我从来没有亲自问过米切尔是否参与策划水门闯入事件，或者对此是否有所了解。他是我最亲密的朋友之一，他已公开否认过。我不会对他的话提出异议或质问；我觉得如果有什么事他认为我应该知道，他是会告诉我的。可是我猜想也许还有别的什么事情，正如几个月后我强调指出的那种情况："假如你打电话给米切尔……他说，不错，是我干的，"我对霍尔德曼说，"那我们有什么话可讲呢？"

那天上午，我们还谈到有关这个问题的白宫方面的情况。我说，由于亨特曾在科尔森手下工作过，我担心白宫将要受到我认为是十分严厉的责难。我再次问霍尔德曼，他是否认为科尔森有牵连。他说他深信科尔森没有牵连，如果连这一点也信不过，天下就没有什么事可以信得过了。

霍尔德曼说，他认为白宫真正的问题所在与水门闯入事件本身无关，可是他担心他所说的"其他牵累"——对水门闯入事件在审讯以前用种种非法手段进行的调查，可能会揭露并在政治上加以利用的那些事情。因此，民主党人的民事诉讼乃是白宫所面临的最大问题。亨特曾为科尔森办过不少与水门事件无关的事，民主党人显然想一举获得那类法律证据并很可能把这些事情都暴露出来。我知道科尔森前几个月的主要工作是办理国际电话电报公司一案；我问霍尔德曼，他指的是什么——文件销密还是国际电话电报公司？他说，在调查该公司时，是亨特到丹佛去找迪塔·比尔德谈话的。如果亨特被传作证，显然还会有其他"零零碎碎的枝节问题"暴露出来。他还说，因此我们不应当过分为科尔森辩护，科尔森反应也不应当过分激烈：在窃听问题上他是清白无辜的，但在和亨特的其他关系方面，他并不是无懈可击的。霍尔德曼说，由于亨特的政治关系,大家觉得他最好不要露面。他还说这是要去找联邦调查局的另一个原因;因为就目前来说,除通信地址录上有他的名字以外,没有别的问题能把他扯进这一案件。

在我们讨论结束时,我又谈到有关闯入事件的令人沮丧的局势。我对霍尔德曼说,这种事情民主党人似乎一直对我们干了多年,但他们从来没有被揪住。霍尔德曼同意我的说法,认为民主党人似乎总是容易脱身。他说新闻界对他们从来不像对我们这样穷追不舍。那天后来我还说,以后每逢民主党人指控我们窃听,我们就应当说他们在窃听我们,我们甚至可以自己装个窃听器,自己来发现它嘛!

那天下午在我看到科尔森的时候,我们谈起当天早上报纸对闯入事件的报道,也谈到麦戈文的竞选活动。想到预定明天要举行的记者招待会,我又谈到闯入事件,并且说,从最坏的方面来设想,我们至少可以有力地驳斥那种认为白宫牵连在内的说法。"这种事情我们根本不知道。"我说。我们谈了其他一些问题,接着又回到水门事件。我问科尔森,他对于让利迪承担责任以减少我们的损失的计划有什么看法。他说,他赞成任何一种可以减少损失并使我们摆脱困境的办法。但是他又说,他审慎地置身事外,以便能够真诚地宣誓说他一无所知。

科尔森又为他的朋友霍尔德·亨特辩护,称他为"忠心耿耿的爱国者"。他无论如何不相信水门事件是亨特一手策划的。

6月22日星期四上午,我审阅了准备下午在记者招待会上用的情况介绍材料。齐格勒和布坎南曾写过一张便条给我,警告说各报记者急于将闯入事件闹大,他们会逼我发表言论,使事情轰动下去:"尼克松表示关切"或"尼克松要求调查"是他们采用的大标题。看来我在谈到闯入事件时必须掌握好分寸,太不关心和关心太多都会成为带来不利影响的新闻资料。我可说的话并不多。米切尔早已表示过,这类活动是不能被宽恕的,他对此感到吃惊;齐格勒也为科尔森发表声明,否认他有牵连。

我看见霍尔德曼时对他说,预料记者招待会上人们提出的有关水门事件的问题一定会集中于白宫有无牵连这一点上。我知道记者们势必会抓住我回答中的任何形容词或修饰词大做文章，所以我不如明确声明，白宫没有任何牵连。霍尔德曼说，就直接牵连而言，他认为白宫是绝对清白的。

他说，那天有关水门事件的消息都不坏。首先，民主党人对争取总统连任委员会提出的集体诉讼犯了一个法律上的错误。原来要审理这个案件的民主党法官换了一个共和党法官。当民主党的律师爱德华·贝纳特·威廉斯坚持要求立即办理宣誓作证时，法官说自己要过了周末再和他会见，讨论决定作证日期问题。

还有一个好消息，就是联邦调查局还没有对霍华德·亨特作正式调查。我们知道他当时在事件发生的现场，但他们并不知道。霍尔德曼说，联邦调查局还没有决定要搞他，因此并不关心他的行踪。最后一个好消息，是联邦调查局查不出闯入的那伙人被捕那天晚上身边带着的几百美元现钞的来源。这是个好消息，因为钱是能把闯入事件和争取总统连任委员会联系起来的另一条线索。联邦调查局只追查到迈阿密的一家银行，而霍尔德曼说，他们显然必须通过某个南美国家，才能查得水落石出。

因此，就6月22日来说，形势使我们至少有一些理由表示乐观。用古巴流亡者的政治动机来解释水门事件的说法仍然发生作用，确实混淆了视听。霍尔德曼说，还要继续大力宣扬有关古巴人的报道。他说，正是因为我们了解情况，所以我们总是倾向于在我们看到的问题中——别人看不到的部分——过多地加上自己的理解。

我说，主要的一点是，如果广播电视网认为他们找到了白宫或争取总统连任委员会的一些毛病，他们将怎样行动。古巴人的问题不是什么大题目，但是我说，一旦广播电视网认为他们抓到了我们什么把柄，他们就会"闹个天翻地覆"。

霍尔德曼说，正在做出安排，让一些古巴侨民出面，说麦戈文使他们多么担惊受怕。他们还会宣布，被捕的人中有两个是民主党的正式党员。他说，甚至还考虑要叫利迪出国。联邦调查局现在没有追查他，万一他的问题暴露出来——比如说，关进监狱的一些人决定交代问题——他可以回来。霍尔德曼说，与此同时，麦科德要留在监狱里，注意其他人的动向。那天下午晚一些的时候，我叫罗恩·齐格勒到我的办公室来，问他我对窃听事件应该怎样表态。谈完以后，我还未取下眼镜，就望着他，问道："当时你在那里吗？"

他那孩子气的脸上圆圆的眼睛一时睁得很大。"在出事地点？"他问，话都有些说不出来了。

"不，你在佛罗里达，对吗？"我说完以后放声大笑。

"总统先生，你是说我在水门大厦吗？"他又问一遍，也笑起来。

"哦，我告诉你吧。"我说，又加了一句：真该有人说被捕的人是为了获得普利策奖金才那么做的。

6月22日下午我出席记者招待会时，准备就水门事件讲两点：一、白宫里的任何人员与闯入事件毫无关系；二、我完全相信米切尔所说的他对此事一无所知的声明。在那天下午提出的17个问题中，只有一个涉及水门闯入事件，我的预料完全准确：

> 问：奥布赖恩先生说，在他总部安装窃听器的人和白宫有直接联系。你是否进行过任何调查，以确定这话是否真实。
>
> 答：齐格勒先生以及代表争取总统连任委员会的米切尔先生，已对这类问题作了极为详尽的解答。他们说明了我的见解，同时也确切地说明了事实真相。
>
> 像齐格勒先生所指出的，无论在我们的竞选过程中还是在我的政府工作中都不容有这类活动。诚如齐格勒先生所说的，白宫同这一具体事件没有任何关系。
>
> 现今就这个问题来说，正如应当做的那样，正由有关司法当局、哥伦比亚特区警察机关和联邦调查局进行调查。我对那些问题不愿加以评论，特别是因为这可能涉及刑事诉讼。

1972年6月23日星期五，我同杰里·福特和黑尔·博格斯共进早餐，他

第六章 总统职位（1969-1972）

们即将出访中华人民共和国。饭后，我到椭圆形办公室，霍尔德曼的一名助手亚历克斯·巴特菲尔德拿来几份日常文件和材料。接着，霍尔德曼照例从容不迫地步入办公室，准备开始工作。

我们谈了当天下午基辛格从中国回来时的安排，又谈了和罗杰斯会商的打算。然后我们转过话锋，谈起霍尔德曼所说的"民主党闯入事件"。

上一天的好消息却变成坏消息了，我们重新谈到霍尔德曼所谓的"问题区"。他说，联邦调查局没有被控制住，因为代理局长帕特·格雷不知道如何控制；调查活动正在逐渐深入一些可能节外生枝的范围中去。特别是，联邦调查局看来是完全能够把那些钞票的来源查究出来的。霍尔德曼说："它向我们不希望它去调查的方面进行调查。"我的理解是，除非我们有办法限制调查的范围，否则就要直接查到争取总统连任委员会头上，我们抑制对方扩大政治影响的计划就要落空。

霍尔德曼说，米切尔和约翰·迪安对于如何处理这个问题又有了新的主意。迪安是个聪明伶俐的年轻人，一直在司法部工作，1970年才继埃利希曼任白宫法律顾问。现在他负责了解和处理任何影响总统或白宫的法律问题。

据霍尔德曼说，中央情报局副局长弗农·沃尔特斯将军准备打电话给帕特·格雷，叫他"不要插手……这里的事。我们不希望你们再搞下去了"。联邦调查局和中央情报局长期以来一直有个协议，互不干涉对方的秘密行动。霍尔德曼说，沃尔特斯这种做法并不反常。他说，帕特·格雷想要限制调查，苦于没有理由；有了这个电话，他就有借口了。霍尔德曼说，这个办法会产生效果，因为负责此案的联邦调查局特工人员早就得出结论，认为中央情报局与此事多少是有牵连的。

霍尔德曼说明，如果不采取行动，从搜到的钞票就会追查到这笔钱的捐助人，然后追究到争取总统连任委员会。我问，如果捐助人不肯配合调查，他们该说些什么呢——他们就该说是古巴人向他们募捐的。我问我们是否打算这样做。霍尔德曼说，如果他们赞成就这么办；不过，这就意味着以后一直要依靠越来越多的人了。如果找沃尔特斯呢，就可以不必那么办；要实行这个计划，只要白宫下个指示就行了。

我问霍尔德曼打算怎样进行，然后说，我们曾在很多事情上保护过中央情报局局长理查德·赫尔姆斯。赫尔姆斯很少亲自找我要求帮助或干预，但我记得，不到一年以前他显得满脸愁容，因为中央情报局有两个心怀不满的特工人员可能要出版一本书。赫尔姆斯曾问我肯不肯支持中央情报局的法律行动，虽然这样做免不了引起"压制出版自由"的叫嚣。我对他说，我愿意支持。

我提到亨特；他参与过中央情报局很多较早的活动，包括猪湾事件。我提出一种同赫尔姆斯和沃尔特斯打交道的办法，可以对他们说："要是你们把那个疮疤揭开，那就要产生一大堆问题了。"我叫霍尔德曼去传话，我们认为继续进行调查是有害的，这里暗指对古巴人、亨特、"许多与我们本身完全无关的愚蠢行为"的调查。

我又问他："米切尔对这件事情是否多少知道一点儿？"提这个问题几乎已经成为一种常规了。

"我想是的。"霍尔德曼回答说，"他不一定知道其中的细节，但我想他不是一点儿也不知道。"

我说，我相信他不会知道具体的做法——肯定只有利迪才知道。霍尔德曼猜想，要利迪获取情报的压力可能来自米切尔。

"好吧，很好，我都明白了，"我突然说，"我们不要事后猜测米切尔或其余的人。谢天谢地，只要不是科尔森就好了。"

霍尔德曼叫我放心，说联邦调查局找科尔森谈话以后作了结论，白宫与水门事件没有牵连；他们相信这是中央情报局干的。我说，我不知道他们的分析是否准确，不过我不想卷进去。

"你把他们找来商量一下。好吧，很好。"我在结束这个问题的讨论时说。我叮嘱霍尔德曼"不要心慈手软"，因为民主党一向手辣，"我们现在也要这样"。

我们继续交换意见，又谈了其他一些事情：礼宾司司长的辞职、国会想在扩大国债极限的法案里附上有关增加社会保险津贴的内容、英镑贬值、新闻界对我举行记者招待会的报道，以及用校车接送学童上学的问题。接着我又谈起找赫尔姆斯和沃尔特斯前来商量的想法。显然，霍华德·亨特提供了我们找赫尔姆斯商谈的最好理由。亨特在中央情报局工作的经历将使赫尔姆斯和沃尔特斯有充分理由去找联邦调查局；亨特曾经参与策划猪湾事件，这一事实势必会对赫尔姆斯起更大的激发作用。

我又回想从前我派埃利希曼去找赫尔姆斯调阅中央情报局有关猪湾事件和吴庭艳暗杀案的档案材料的情景。我记得他很不愿意照办。尽管后来我亲自找他要档案，他交给我们的猪湾事件报告也还是残缺不全的。看来，霍华德·亨特将使我们有机会充分利用赫尔姆斯对猪湾事件的极端忌讳。中央情报局是否确实有充分理由干涉联邦调查局的工作，我没有把握。但是从各种情况来看，有足够的证据说明他们也许是有理由的。无论如何，通过霍华德·亨特，我们可以巧妙地暗示他们去那样办。如果中央情报局能使联邦调查局放过亨特，他们就使我所担心的白宫在水门事件中的唯一弱点不致暴露——我指的不是闯入事件，而是亨特为科尔森进行的政治活动。

我关心霍尔德曼是否能巧妙地处理这个问题。我不要他对赫尔姆斯和沃尔特斯采取高压手段，也不要他去撒谎，说我们没有牵连。我希望他摆明情况，使他们自告奋勇，主动去找联邦调查局。我关照霍尔德曼这样去说，我认为这件事情会揭露整个猪湾事件——说那完全是一出错误很多的喜剧，他们应该去找联邦调查局，告诉他们为了国家的利益，他们不应该再追究下去。

同霍尔德曼这样谈了半个小时以后，我召开了一次 90 分钟的会议，研究经济问题，接着又主持了几个简短的礼仪性会议。事后我又打电话把霍尔德曼叫来。我要他明白，我不想对赫尔姆斯和沃尔特斯甚或联邦调查局隐瞒亨特同水门事件有牵连的问题；事实上，我说他应当对他们开诚布公，告诉他们说，我们知道亨特同水门事件有牵连。但接着他应当指出，古巴人卷入了水门事件，这可能对中央情报局或亨特不利；由此还可能重新引起关于猪湾事件的争论，这对中央情报局、对国家、对美国外交政策都绝无好处。我也不想使赫尔姆斯和沃尔特斯认为我们的关心是政治性的——实际上当然是政治性的。然而，我又不希望霍尔德曼把我们的关心说得太轻描淡写，使他们真的曲解成非政治性的。他只应该说，我们之所以担心，是因为"亨特卷了进去"。

那天下午，当霍尔德曼同赫尔姆斯和沃尔特斯商谈回来时，他说他开头没有提到亨特。他只是简单地说明联邦调查局所追究的线索很可能有损中央情报局和政府。赫尔姆斯自动提供情报说,他确实接到过帕特·格雷的电话,对方表示担心联邦调查局的调查已经接触到中央情报局的一项行动。赫尔姆斯当时告诉格雷,中央情报局并不知道有这样的情况,但是格雷肯定地说,在他看来事情确实是这样的。

霍尔德曼说,他接着指出,问题是这件事情会追溯到猪湾事件以及一些同水门事件毫无关系但和当事人有接触或有联系的人。这时候他才提到亨特。赫尔姆斯心领神会,说他乐于帮忙,但想知道理由。霍尔德曼说,他明确地向赫尔姆斯指出,他不打算了解具体情况,只想知道个大概。最后决定由沃尔特斯去找格雷处理这个问题。我们的干预看来很快就起了作用。对我来说,我们从此可以不再为水门事件发愁了。

在6月的最后几天里,我在讨论水门闯入事件时,对于始终看不到有解决这个案件并使它不再引起公众注意的趋势而表示生气。如果案件不解决,新闻界和民主党人还会继续拿它来攻击我们。6月26日我问霍尔德曼,是否有办法让那些有牵连的人服罪,从而使白宫能够撂下这个案件,免得总是受着威胁。我问他,谁在为我们注意动态。他告诉我,这件事由约翰·迪安、约翰·米切尔和其他一些人负责。

霍尔德曼说,服罪要等起诉以后,由于联邦调查局还在继续调查并不断发现新的问题,起诉推迟了。不过,他说,我们可以希望我们已经渡过了难关。霍尔德曼后来又说,问题之一是争取总统连任委员会还曾叫那些参与水门大厦窃听活动的人干了其他一般性的情报工作和政治工作。要不然,他说,我们可以设法把他们放走,使他们销声匿迹。霍尔德曼说,他不知道其他工作的具体内容。

虽然我担心米切尔容易受到攻击,尽管我和别人一样偶尔怀疑他在水门事件里有很多牵连,我基本上仍然相信他是无辜的。我认为他对竞选活动的一般情报工作有所了解,但对安装窃听器这个具体活动却并不清楚。

6月28日,我对霍尔德曼说,据我了解,米切尔对安装窃听器的事情并不明确知道。霍尔德曼也认为这种判断是正确的。第二天,我说我总觉得大概

第六章 总统职位（1969-1972）

争取总统连任委员会的一个下层工作人员曾对米切尔说过他们正在设法搞情报。这在竞选双方中都是通常的政治活动。米切尔大概以为他们是说要打进对方组织安插一个内线，所以就回答说："这种事情不用告诉我。"谁知道，他们竟到民主党全国委员会去安装窃听器了。

6月30日星期五上午，报上登出一篇不说明来源的新闻，说霍华德·亨特在白宫的保险柜已经被打开，交给联邦调查局的材料中有民主党全国委员会办公室的建筑平面图、电话线路窃听设备和一只手枪。齐格勒马上进行核实，发现确有一只未上膛的手枪，但并没有什么建筑平面图。所谓电话线路窃听设备，是一部步话机。霍尔德曼说，保险柜里的其他一些东西已由联邦调查局高级人员慎重处理。我问，有人告诉我，亨特在几个月里并没有实际干什么顾问工作，那他怎么会在白宫有保险柜呢。霍尔德曼说，他就是把东西留了下来。他还说，事情实在荒唐已极，使迪安不能排斥这种可能性：我们所要对付的是一个双面特务，他故意使我们的计划失败。否则就实在太难解释了。

我感到惊奇，因为这条消息说明，联邦调查局还在追查亨特。我本来以为霍尔德曼同赫尔姆斯和沃尔特斯商谈以后，联邦调查局就会放过他了。霍尔德曼说，帕特·格雷显然不知道该如何完成他的任务。设在司法部的美国检察官办事处追得很紧，使他们很难缩小调查范围。我说，沃尔特斯应该也去找司法部的官员。

有关亨特保险柜的消息，使我担心在安装窃听器的计划中科尔森可能同亨特有关系。可是霍尔德曼再次说，科尔森已把"事实真相"告诉了联邦调查局——他只在同窃听一案毫无关系的事情上与亨特合作过。

霍尔德曼前一天告诉我，由于利迪拒绝和联邦调查局调查人员谈话，他已被争取总统连任委员会开除；利迪对此早有思想准备，也同意这样做。我又问霍尔德曼，他认为米切尔是否事先知道利迪的窃听计划。霍尔德曼说，他认为米切尔并不确切知道，不过他说，他认为利迪曾经为米切尔进行过一般的情报活动和反情报活动。我说，这种活动在竞选运动中不足为奇。

接着霍尔德曼告诉我，戈登·利迪曾在白宫工作过，在埃利希曼的国内事务委员会为巴德·格罗研究毒品问题。他不能肯定，究竟是只有亨特还是也有利迪参加过对五角大楼文件的调查工作。我说，这些工作完全是合法的。于是，我们就讨论别的问题了。

那天晚一些的时候，霍尔德曼还对我谈了处理水门问题的最新打算。利迪将要写一份"情况说明"，把一切不大明确的头绪联系起来：他将承担策划水门行动的全部责任，强调没有经过上级授权。至于他活动的经费问题，他将说明是通过兑换一张本该退还捐款人的支票得来的。我问为什么利迪事实上获得了这张竞选活动支票。霍尔德曼说，显然是叫他在墨西哥把支票兑成现金，他照办了，不过他接着多走了一步，把这笔钱用于自己的秘密行动。霍尔德曼说，他们还没有想好如何解释亨特牵涉在内的问题。

我告诉霍尔德曼，我确实认为米切尔说的是实话——他一无所知。他同意我的看法，米切尔也许下令收集情报，但是不知道会去安装窃听器。

我表示希望在解释闯入事件的起因时，仍保留一些有关古巴人动机的说法。我说这有几分是真实的——否则，古巴人为什么要冒这么大的风险呢？我再三催促霍尔德曼要赶快进行。我们应该少受损害，"了结这件倒霉的事情"。

我特别关心科尔森不要被牵连进去，但如果调查工作以审讯前没完没了的盘问方式继续下去，那他势必要受牵连。然而，霍尔德曼说，问题不仅局限于科尔森，因为亨特和利迪同克罗有关系，而他们又都同埃利希曼和他的助手戴维·扬有关系。

我回答说，如果这种关系是因为我们调查五角大楼文件而产生的，那就没有问题。霍尔德曼说，调查本身——他称之为"步骤"——就是问题。我问这是什么意思。他仍说问题就在于他们所采取的"步骤"。我不再追问，但我反复强调说明，据我看来这完全算不了什么问题。

我又想起利迪。以前我曾问起他的家庭情况。霍尔德曼说，他家里有什么需要，我们都会照顾的。他还大胆建议，如果利迪被判长期徒刑——同以往这类案例相比，长期徒刑显然是不公平的——我们可以小心地等待一个时期，然后在大选以后对他采取假释或者赦免的办法。我表示同意。

在谈话快结束时，我又谈到利迪坦白交代的问题，希望早日办完了事。这事会涉及争取总统连任委员会，那是我所不希望的。但这不会削弱我们在竞选运动中的力量；当年博比·贝克丑闻都没有影响到约翰逊的选票差额。"没法捂盖子。"我对霍尔德曼说，还说最好是叫负责的人出来承担罪名。我说："这不过是件荒唐可笑的糊涂事。"

在我离开华盛顿到加利福尼亚去度过 7 月 4 日那一周之前不久，我和科尔森又谈到新闻界对水门闯入事件的夸大其词的报道。在十分气恼之下，我说如果有人闯入我们的总部大肆破坏，那就有办法了——那时我们就可以发动反攻了。科尔森表示同意，并指出我们确实丢失过一些竞选档案。我再次强调，渴望能够摆脱这个闯入事件的精神负担，因为要是拖延下去，就会造成一种仿佛是白宫下令安装窃听器和探听情报的印象。我说，博比·肯尼迪倒确实做过这种事情，可是只要让人有我们做过这种事情的印象，我们就会受不了啦。

我从 6 月 21 日到 30 日的日记，内容相当广泛，主要是关于外交政策、国内问题、竞选计划以及我个人和家属对一些事情的看法。6 月 30 日，在我到加利福尼亚去的前一天晚上，我口述了我们对水门事件所持立场的简单看法：

日 记

水门事件的主要问题只是让负有责任的人承认所发生的事情，从而使它告一段落。我当然感到满意，因为白宫人员中没有任何人知道或赞许这样的活动，同时因为米切尔也对此毫无所知。

正是在 1972 年 6 月底 7 月初的那些日子里，我开始迈出了最初几步，走上了终于导致我结束总统生活的道路。我没有阻止人们编造各种解释水门闯入事件的说法，我赞成尽力促使中央情报局去干涉和限制联邦调查局的调查。后来，很多人以为我在这一时期的动静是大量有意识的掩盖活动的一部分。我却不是抱这样的看法。我是用一种实用主义态度来处理一个我认为是讨厌的、纯属政治性质的问题的。我寻求一种解决水门事件的办法，以减少对我、我的朋友以及我的竞选活动所造成的损害，同时又尽量不使我的政治对手从中得到好处。我认为水门事件纯粹是党派之间的政治活动。我们的手段要狠辣一些。我深信这正是对方本来也想使用的办法。

我原来很想如实叙述那几天的情况：在总统一天忙到晚的公务中，关于各种各样大大小小、重要不重要、有意思没意思的问题的谈话、讨论和决策往往占去好几个小时，而花在讨论水门事件上的时间只有三四十分钟，并且还是分散穿插进行的。但是，为了做到简单明了，只好牺牲事情之间的相互关系，并把若干复杂的方面压缩成容易理解的一个方面。在水门闯入事件发生后的一周内，与此有关的一切讨论充其量不过是我在办公室和家里工作时所花费的超过75小时中的极小一部分。我有时候这样想，如果我们当时多费些时间来探讨这个问题，我们也许会处理得高明一些。

玛莎·米切尔以其搔首弄姿、自得其乐的神态表现出她的活泼和美丽。她举止轻佻、骄纵成性，无论走到哪里都必然十分引人注目。我初次和她见面时，认为她也许就像她后来自我形容的那样，是"那个可怜人唯一感到乐趣的人儿"。那个可怜人就是她的丈夫，他处处留心保护她，对她那种荒唐可笑的行动报以微笑，并且好像从来不让任何事情扰乱他外表的平静。

大选以后，我曾邀请米切尔前来华盛顿任司法部部长，他谢绝了，这时我相信他对玛莎的关心是他不想出山的根本原因。最后我直截了当地把问题提出来同他讨论。我说，我认为华盛顿也许正是玛莎所需要的地方。他受人重视的显赫地位会使她产生信心，对她很有好处。米切尔将信将疑，但最后还是同意了。

我的判断正误参半。玛莎在华盛顿像一片杜鹃花盛开怒放。她成为一个出色的新闻传播者，大家交口称赞她想什么就说什么的心直口快的脾气。不久她闻名全国。她那鲜明的独创精神使安排电视节目和募集党务基金的人纷纷找她帮忙。有一个时期，据盖洛普民意测验调查的结果，公认她是全国性人物的票数竟高达76%。选她的人既有确实赞成她的见解的、喜欢她直言不讳的，也有一些是知道她一定在给米切尔和我制造麻烦而幸灾乐祸的。我知道她不是总能完全控制自己，对此有时颇为担心。但这一点我从未向别人谈起，免得米切尔因她而在我面前感到不自在。

第六章 总统职位（1969-1972）

虽然玛莎在华盛顿有盛名，获得成功，她却仍然心烦意乱，常常为了自己无法理解或控制的情绪问题而苦恼和沮丧。早在 1971 年 3 月，贝比·雷博佐就曾私下告诉我，米切尔对玛莎越来越束手无策了。有一天在比斯坎岛，我问雷博佐，米切尔为什么还容忍她。他说，他也曾问过米切尔，米切尔的回答很简单："因为我爱她。"

过去她就常常又哭又闹，歇斯底里大发作。现在出了水门事件，她就闹着要自杀。

由于在国际电话电报公司问题上受到攻击，米切尔已经心力交瘁。现在水门事件的公开宣扬又使他心烦意乱，而与此同时他还在尽力筹划总统竞选活动。在水门闯入事件发生后的两周内，玛莎又开始给新闻界打电话，说她已经向丈夫提出最后通牒，要他立即摆脱政治活动，并硬说自己是个"政治囚徒"。她说："我非常爱我丈夫，但我决不容忍所有那些正在进行的肮脏行径。"这就引起了人家对米切尔的更多猜疑。

"他对此已束手无策了。"霍尔德曼告诉我。比利·格雷厄姆打电话给罗斯·伍兹，问有没有他可以效劳的地方。但我们并未插手，因为我们知道米切尔会不满意的。他会说，这是他的问题，必须由他自己解决。只有一次在他情绪消沉的时候，他才一反常态，对霍尔德曼说了心里话："你和总统都不知道我得花多少时间使她平静下来——你们也不知道这多么影响我搞竞选活动的精力啊。"

我觉得在这段时间里新闻界有些人存心利用了玛莎·米切尔。几个月以后，大家都看得很清楚，她信口开河，说什么她有一本手册，其中详细记载着水门闯入事件的预定步骤，以及她本人了解全部细节等，原来不过是哗众取宠的手法。但即使在那个时候，凡是和她有些接触的人都看得很明白，她情绪上有十分严重的问题。然而，很多记者怂恿她更趋于极端，我认为这主要是由于他们觉得这样做就能加强对米切尔的控制了。到 6 月底，我勉强开始考虑，势必得让米切尔退出竞选活动了。

我认为约翰·米切尔是我不多的几位知心朋友之一。我相信，1968 年我当选总统，主要应归功于他当顾问的才干以及他作为竞选活动组织者的能力。我曾说，他是一个不可缺少的人才。这是我的由衷之言。一想到要失去他的帮助，我心里非常难受。再想到他要在接二连三的猛烈攻击和以搞臭他为目的的宣传中被迫辞职，更叫我痛心。无奈，他现在既要抵挡水门事件的宣传攻势，又要照料玛莎，那就势必无法专心从事关系重大的竞选工作了。

我不存幻想，决不认为水门事件将随着米切尔的离职而告结束。决不会有这样容易的事。6月26日，当我和霍尔德曼讨论这问题时，他大胆提出，解决水门事件的唯一办法是把责任直接推到米切尔身上。我说："我宁可落选，也不能做这样的荒唐事。"

甚至当我刚想到米切尔只好辞职的时候，他自己也得出同一结论。从个人考虑，他知道没有其他办法，于是他以自己特有的方式来向我们提出解决问题的方案，而不是来给我们另出难题。6月29日，米切尔同霍尔德曼见面，告诉他玛莎的情况十分严重。她受不了水门事件引起的对他的批评，米切尔担心她可能会自戕。后来我问霍尔德曼，玛莎是否了解水门事件的问题所在，他作了否定的回答。然而，米切尔曾说玛莎很精明，她知道她的公开抱怨将使米切尔有理由利用辞职这个手段巧妙地退出论战第一线。

6月30日，我在行政办公大楼办公室和米切尔共进午餐。这是一次痛苦的会谈。他面容憔悴，手颤抖得很厉害，刚喝一口汤就只好放下汤匙。当天下午稍晚一点的时候，我问前明尼苏达州众议员克拉克·麦格雷戈，他是否能接替米切尔负责竞选活动，他同意了。我觉得麦格雷戈将给争取总统连任委员会带来新的生命和活力。他特别擅长鼓舞人心，也会在改组工作方面做出优异的成绩。我们还决定继续实行以前的计划，派弗雷德·马利克去整顿一番。我对霍尔德曼说："我们要清除那件不愉快的事情，我们会搞好这场竞选的。"

7月1日，我们宣布米切尔辞职，麦格雷戈接任。

几个星期以后，我在两个不同的场合口述有关约翰·米切尔和水门闯入事件的意见。

第六章 总统职位（1969-1972）

日 记

在这里，我认为米切尔一心只顾应付玛莎，已使我们遭受不幸。不管是在提高1701号〔宾夕法尼亚大街，争取总统连任委员会总部〕组织的战斗力方面，还是在密切注视这类事情上，我们缺乏应有的纪律。如果他有精力关心事务，我们本来是可以有这种纪律的。

同米切尔相处时，我常常由于他对全国各地人士以及各种问题的极其渊博的知识而感到惊讶。

米切尔特别熟悉各种各样的钓鱼方法以及东海岸各地的潮汐情况。不用说，他还知道各种各样食品及其烹调方法——此外，他对两党政界人物的了解以及了解之深，恐怕在全国要算首屈一指。

我相信，如果没有玛莎，水门事件是决不会发生的。

格雷的电话

我于7月1日抵达加利福尼亚，准备逗留18天，估计在这一时期将特别繁忙。艾尔·黑格和罗伯特·汤普森爵士从越南归来，带来了对当地形势的第一手分析。基辛格和我忙于计划他和北越即将举行的会谈，即自5月8日轰炸和布雷以来的第一次会谈。米切尔引退以后也有很多竞选活动需要规划。7月6日，我同麦格雷戈和马利克开了一个很长的会，讨论竞选活动的组织和管理工作。这一天，由于完全出乎意料的原因，成了值得纪念的日子。当晚我详细叙述了日后具有极其重要意义的事件。

日 记

今天，我们偶然获悉有关水门事件事态发展的一些令人不安的消息。

据《纽约时报》报道，联邦调查局对西太平洋航空公司一架被劫持的飞机采取了行动，他们打死了两名劫持者，一名乘客不幸殒命。我看到了这个消息以后，打电话给新局长〔帕特·格雷〕，请他代我向他手下人员表示祝贺，也向在越南西贡机场英勇击毙劫持者的泛美航空公司机长和那位警官或退休警察表示祝贺。

我的话刚完，他就告诉我他对水门事件极为忧虑，并说今天沃尔特斯去找他，表示中央情报局与该案无关，继续进行调查不会使中央情报局为难。

他说他和沃尔特斯都觉得，白宫和争取总统连任委员会有人正在企图掩盖一些将对我是致命打击的事情——而不是协助调查。

埃利希曼走进屋来，他知道了那番谈话之后，大为震惊。接着他告诉我，就眼前的问题来说，澄清这一案件并不特别令人为难；问题是这将牵涉到在调查埃尔斯伯格案件、猪湾事件以及我们急需掌握事实的其他事件方面一些完全合法但又难以解释的活动。

6月23日我同霍尔德曼谈话时，了解到格雷愿意让沃尔特斯帮助他控制一项他认为即将难以收拾的调查工作。6月30日，霍尔德曼告诉我，格雷愿意限制调查范围，但是美国检察官办事处对他施加压力。现在格雷却有声有色地告诉我，他心烦意乱，因为他看到白宫方面企图阻挠联邦调查局的调查工作。我突然面临一件我竭力希望避免的事情：白宫在水门事件中有牵连。我向格雷强调指出，他应该继续进行全面调查。

日　记

当然，最好的办法是让调查进行下去，直到符合正常的状况为止。无论如何，我们必须容忍这一调查，希望能使它在不太影响大选前总统职位的情况下告一段落。这就是常常发生的那种情况：手下人在竞选活动中出于一片好心，开始使事态出现惊人的转折，其结果必然置领导于尴尬的境地。然而，在这种情况下，我们处理得是否得当，将影响我们的成败。

第六章 总统职位（1969-1972）

无论如何，正如我向埃利希曼和霍尔德曼所强调指出的，一方面，我们必须小心行事，切勿使帕特·格雷或中央情报局觉得白宫正在力图压制调查。另一方面，我们必须自始至终同调查工作相配合。

我叮嘱埃利希曼，一定要使中央情报局的赫尔姆斯和联邦调查局的格雷知道，我赞成全面调查，我们不打算压制任何行动。我说，我们也应该坦率地把情况对克拉克·麦格雷戈讲清楚，免得他发表一些过后又不得不收回的声明。

"让我们接受刑事侦查工作的强大压力吧，"我对埃利希曼说，"这不至于那么糟糕的。"

记得第一次听说杰布·马格鲁德可能同水门闯入事件有关，是我在加利福尼亚的时候，那时埃利希曼告诉我，马格鲁德将受调查人员的盘问。他于1969年由霍尔德曼带进白宫，被认为是霍尔德曼的门徒。如果马格鲁德陷入水门事件精心策划的圈套，这对霍尔德曼本人来说将是一个打击。当晚我日记中有这样的话："正如埃利希曼所指出的，霍尔德曼在马格鲁德问题上当然'非常敏感'。我同他一样，也对此深为关切。"马格鲁德于1971年5月退出白宫班子，帮助建立争取总统连任委员会，负责为米切尔处理行政上的琐碎事务。他是利迪的顶头上司，在批准后者的用钱方面负有责任。

埃利希曼认为，马格鲁德也许不得不援用宪法第五项修正案，因为即使检察官不能确定他同窃听活动的策划和执行有任何直接联系，他们也许仍然能够凭他同利迪关系密切这一点，把他作为同谋犯牵连进去。

7月8日星期六下午，我和埃利希曼去海滩散步。这天风和日丽，是典型的加利福尼亚宜人天气，我们可以看到海岸远处踏着冲浪板的人们上下浮动，时隐时现。我们边走边谈，话锋转到马格鲁德。

日　记

在海边散步良久，我对约翰·埃利希曼说，在目前形势下，问题在于马格鲁德怎样行动更为有利：是预料前途不妙，主动交代他在水门事件中的作用,承担责任呢,还是情愿接受盘问,到后来被迫辞职。

我为他着想,坚决主张他应当采取第一条路。

埃利希曼考虑了格雷的电话之后,认为格雷和沃尔特斯也许没有能够进行合作,以限制联邦调查局的调查范围,因为他们觉得白宫班子里有人——或许是科尔森——应对水门事件负责,现如今他正在企图把责任推卸给我,以保护自己。埃利希曼说,格雷和沃尔特斯并不知道白宫事实上与此事毫无牵连,因此可能就认为坚持进行大规模的调查倒是对我有利。

我们讨论了宽大处理的问题。水门事件是一场政治胡闹,马格鲁德、亨特、利迪和五名被告显然都是初犯。三年前被发现非法窃听民主党人的那个全国广播公司电视节目主办人只被判处少量罚款和缓期徒刑,属于从轻处理。从围绕水门事件正在形成的政治气氛来看,任何参与在民主党全国委员会安装窃听器的人都不大可能受到如此公允的对待。

我和埃利希曼一致认为,眼前不宜就宽大处理的问题轻易表态。

在后来一次同埃利希曼的谈话中,我说,如果游行示威的人在这次竞选运动中像过去一样犯了重罪,参加者根据警方档案被起诉,我也许就可以在大选后给予政治大赦,包括水门窃听事件以及对方所犯的重罪。可是,这将不包括涉及使用暴力、炸弹或伤害人身的重罪。我认为这些罪行不像水门窃听事件那样轻微。

大赦政治犯,当然是有先例的。在哈里·杜鲁门当选总统时,堪萨斯市彭德格斯特[1]组织中的几十个民主党党务工作人员因在1936年选举时舞弊而被判刑。杜鲁门就任总统不到一个月,就开始赦免他们。他进白宫将近一年,就已经赦免了15个人,并恢复他们的地位,使他们能够充分参加以后的政治活动。

我和埃利希曼的讨论绝没有批准或答应宽大处理或赦免的意思。任何计议

---

[1] 彭德格斯特,堪萨斯市民主党组织领袖,1939年因犯逃税罪下台。他的组织曾帮助杜鲁门获得密苏里州的很多职务。——译者注

都必须以后做出决定。我在日记里概述了这个问题：如果双方有类似的犯法行为，"那就会给我们提供必要的根据，用以赦免那些因卷入这场蠢事而可能被判刑的人"。

日　记

  大家认为这件事干得太拙劣，也许不会受到干这类事情通常应得的刑事惩处。然而，由于它所包含的政治影响，我们无论如何必须准备在大选以前认真加以对待。当然，在大选以后，我们就只能不偏不倚地解决这个问题了，我希望会出现这样的好机会。

民主党提名的候选人

  1972年在迈阿密举行的民主党全国代表大会是一场政治混战。在1968年汉弗莱失败以后，党的机构由激进革新派接管，他们一心要清除传统组织和势力集团的"旧政治"，代之以激进活动分子和少数民族集团的"新政治"。结果，1972年的全国代表大会和过去历届的代表大会很不相同。电视观众看到，"新政治"的代表们利用大会没完没了地阐述并辩论他们当时提出的流行的令人灰心丧气问题：妇女、黑人、同性恋爱、靠福利救济金过活的母亲、农业季节工人等。演讲者受到纵容，自己也忘乎所以。大会杂乱无章，毫无秩序。

  乔治·麦戈文是改革产生代表的方法的主要倡议人之一，他在7月12日被提名为总统候选人说明他们已经获得了很大成功。他选定密苏里州参议员托马斯·伊格尔顿做他的竞选伙伴。伊格尔顿年轻潇洒，信奉天主教，是加入工会的工人所喜爱的人物。

  在民主党代表大会的最后一天晚上，我邀请约翰·康纳利到圣克利门蒂我的住宅里来。晚饭后，我们坐在客厅里等着看电视，听他们接受提名时发表的演说。

我们等了几小时，麦戈文和伊格尔顿还不露面。大会对新党章进行了辩论，接着提了39个副总统候选人，包括玛莎·米切尔。整个场面像一幕大学滑稽剧，演得过分而冲昏头脑，不知如何收场。最后康纳利不想看了，起身回家。帕特和我继续看下去，先是特迪·肯尼迪，随后是休伯特·汉弗莱接过话筒发表演说，直到迈阿密时间2时48分——一些机智的人评论说，那是关岛电视观众最多的时间——麦戈文本人才终于露了面。

日　记

他们好几次把镜头对准汉弗莱。看上去他真像一个伤心失意的人物。我很高兴亨利今天打电话给他。汉弗莱说他愿意帮我们推行外交政策。他似乎对代表大会上发生的情况深感失望，这倒不是从个人的观点出发，而是普遍都有这种看法。

听完接受提名演讲以后，我马上给霍尔德曼打电话。他说："嘿，他们提错人了。"肯尼迪看上去身体很健康，虽然有人觉得他有些发胖。他的微笑颇有吸引力，风度不凡，演说稿写得极精彩。

像在历届其他竞选运动中举行任何其他代表大会后当天晚上的情形一样，我家里的人向我谈起他们对对方的估计。帕特认为麦戈文的最大长处是举止相当庄严，外表显得诚恳。朱莉得了肺炎，不能熬夜，但她认为伊格尔顿太油腔滑调。特里西娅对麦戈文的评价言简意赅："他是个令人厌烦的福音传教士，天下没有比令人厌烦的福音传教士更讨厌的了。"

我又想起了休伯特·汉弗莱在看着麦戈文发表接受提名演说时的脸部表情。汉弗莱是个正大光明、足智多谋的对手，他不怕表现他的爱国主义、流露他的感情或者暴露他的缺点。如果他在1976年再次竞选，即使他非常可能争取被提名为总统候选人，我知道他是决不会成功的。对他来说，时光已逝，机不再来——正像我如果在1968年败在他的手下，也就会永远失去机会一样。

第六章 总统职位（1969-1972）

第二天，我坐在书房里临海的窗下，给他写了一封信。

亲爱的休伯特：

在你党代表大会结束之际，我知道你一定极为失望。

你多年来作为一名英勇的战士，不仅获得了拥护者的尊敬，也赢得了对手的钦佩，对此你堪以自慰。

谅你一定记得，在丘吉尔于1945年大选失利后，他的夫人竭力安慰他，说也许这是"塞翁失马，焉知非福"，丘吉尔回答说："如果是福，那实在隐蔽得太深了。"

你一定有同感。但你同他一样，前程无量，大有可为。

作为政治舞台上友好的对手，我希望我们都能以最有利于国家的方式为本党效劳。

你真诚的

理·尼

1972年7月15日

帕特嘱笔向穆里尔和你问好。

我可以用来衡量麦戈文的为人的资料不多。我只知道他对一些问题的看法——不过这就够了。我认为，他的激进观点不在11月占据上风，对国家前途具有重大的利害关系。我担心他现在会逐渐减轻他的激进观点——据我看来，这是极右派候选人绝对不会做的事情。

日 记

戈德华特类型的极右分子宁可为原则而失败，决不肯为牺牲原则而取胜。反之，极左分子的一贯表现则是他们在危急关头为了攫取权力，可以牺牲原则。所以，共产党人常常打败右翼人物，因为后者总是为原则而斗争……

一句话——极左分子要的是权力。为了攫取权力，他们在一些问题上可以让步,因为他们知道,一朝大权在握,他们就可为所欲为了。他们对原则的信仰不如表面那样虔诚,也不及极右分子那样坚定。

乔治·麦戈文在被提名后的头三天,就无可挽回地失去了他本党的支持。

代表大会期间,他对一些麻烦的或不方便的承诺往往避而不谈或自食前言,表现了他为人极不可靠的特征。例如,他说他支持男女平等论者向南卡罗来纳州代表团的挑战,但挑战一开始,他就变卦了。在被提为总统候选人之前和以后,他都要求拉里·奥布赖恩继续担任民主党全国委员会主席,但当他自己的工作班子提出反对时,他放弃了他的要求。他在一次公共会议上向大家介绍说,皮埃尔·塞林杰是他支持的民主党全国委员会副主席候选人,但有人表示异议时,他就袖手不管了。约翰·康纳利大摇其头,对麦戈文极不信任。他说:"没有骨气,单凭这一点我们就可以料到,等不到竞选运动结束,他一定会垮台的。"1973年3月,民主党全国委员会新主席罗伯特·斯特劳斯在橄榄球场聚餐之后对霍尔德曼说:"你们这些人根本不了解麦戈文——你们以为他是个坏人,其实他是天下头号大笨蛋。"

在圣克利门蒂,对麦戈文的提名和他所作所为的反应简直可以说是达到兴高采烈的地步。他已经有意识地抛弃了民主党的保守派和温和派;而历来是民主党中坚力量的种族集团在麦戈文身上看不到他们历来期望本党的那种热诚的爱国主义和自豪感。既然他众叛亲离,我们就有机会不但赢得大选,而且还可以成立新多数派,这在1970年还仅仅是个梦想。只剩下加入工会的工人和乔治·华莱士仍然叫人捉摸不定。

当时谣传乔治·华莱士对迈阿密发生的事态很不满意,再度考虑作为第三个党派提名的候选人参加总统竞选。南卡罗来纳州前共和党主席、白宫班子的政治参谋哈里·登特以及其他几位同白宫有联系的政界人物天天打电话到蒙哥马利,了解那里形势的发展。最后,我要求康纳利来负责"注意华莱士":"你上他那儿去看看他,让我知道他有什么要求。"

7月25日星期二,康纳利去看了华莱士,坦率地向他谈了自己的看法:华莱士和第三势力搞在一起没有好处;使民主党将来恢复元气的唯一办法是在11

月里把麦戈文打得"落花流水"。

康纳利第二天打电话给我报告说,华莱士决定宣布他断然不会以第三党候选人的资格参加总统竞选。"他对你的要求只是希望你务必听取他对各种问题的意见。他说,民主党人不听他本人和他的选民的呼声。"康纳利后来告诉科尔森:"我们不妨说,今天是我们大选获胜的日子。"

我打电话给华莱士说,我知道他做出这种决定是非常不容易的。"不过你千万不要因此而灰心丧气,你来日方长,大有可为。"我告诉他,康纳利是我最亲密的政治顾问,如果他有什么政治问题要讨论,可以随时找康纳利。我还说,黑格将把外交政策要点摘录给他看,因为我知道他在国家防务问题上是支持我的。

日 记

我和霍尔德曼谈了,要他把《坎波贝洛日出》送去给华莱士看。

我还要了解是否有可能给他建造一个海水游泳池,因为我告诉过他,在海水里游泳,他的腿能够浮在水面,这比他只用胳臂游泳省力多了。

7月17日,我听说货车司机联合会执行委员会经过三小时讨论,以16票对1票支持我竞选连任。我邀请他们的主席弗兰克·菲茨西蒙斯和全体委员来到圣克利门蒂。

日 记

这次会议可能是20世纪美国政治生活中具有十分重大的转折意义的一次会议。

我对他们说,有时当我要做出一项很困难的决定时,内阁成员、政府成员、新闻界大部分人士,甚至大多数工商界人士不大愿意挺身而出站在我的一边;然而我发现,在涉及国家利益的关键时刻,劳工代表们倒确实是坚强不屈的。当然,这是千真万确的真理,他们也都知道我的话完全是肺腑之言。

我还指出：他们大多数是民主党正式党员——但我并不认为今年民主党人会背弃他们的党，因为很多问题，尤其是国防和外交政策问题是超出党派路线的；候选人无疑是真诚的，我对他毫无个人恩怨，希望他对我也不怀敌意，但他采取的路线同他党内大多数的群众格格不入，违反了他们的意志。

我送菲茨西蒙斯到汽车道。我问他，他认为乔治·米尼对货车司机联合会支持我的决定将有什么反应。他说："哦，那个老家伙现在可真遇到难题了。据我了解，劳联—产联执行委员会130名委员中有90人不赞成麦戈文。哈，"他抿着嘴轻轻地笑了起来，"等米尼听到我们今天的行动时，他会急得屁滚尿流的。"

7月19日，我回到华盛顿后的第一天，整天忙于工作。上午大部分时间用于仔细考虑内政和立法问题。然后，我要求埃利希曼报告水门事件的最新进展。他说，迪安当天上午正和米切尔商谈此事。他认为过去为马格鲁德进行的一切辩护不会发生作用。他断定马格鲁德大概只好"滑一跤"了。

我问这是什么意思。埃利希曼说，马格鲁德将不得不接受任何惩处；他只好承担责任。埃利希曼认为编造不出一套说法来表明马格鲁德不知道所发生的事情。但是他说，那天上午迪安在研究这个问题。

我问，究竟马格鲁德实际上是否知情。埃利希曼的看法特别明确。他说，可以绝对肯定，他两条腿都陷了进去。

我说，既然如此，就不该有任何"编造的"情节了。我说我希望看到事情获得解决，但我知道，在这种局面下，最坏的两个做法是撒谎和掩盖真相。如果你掩盖事实，到头来总会被人发觉；如果你撒谎，那就要犯伪证罪。杜鲁门时期的希斯案和5%的回扣案就是先例。我说，这对马格鲁德来说是一件不幸的事情，我不愿意看到它发生，但情况又确是如此。我重申7月初我在圣克利门蒂说过的话：以后把马格鲁德和两党在竞选运动中被控犯政治罪的人一起赦

第六章 总统职位（1969-1972）

免，是容易的。

埃利希曼表示同意，那样可以解决问题——用他的话来说，是奠定基础——但是，在迪安和米切尔谈话以后，我们对情况可以有更好的了解。他还说，亨特在出事那天晚上曾经同一位律师联系，请他代表那些被捕的人。由于这位律师作证，亨特和利迪也要被牵连进大陪审团的诉讼中去。

我还在为马格鲁德着想。我问，他能否援引宪法第五项修正案。埃利希曼认为不行。据他推测，即使那样做了，别人的作证还会将他定罪。他觉得马格鲁德应该干脆承担责任，说事情确实糟糕，但他当时头脑发昏，现在他觉得惶恐万状。

这么一个错误势将毁掉马格鲁德的一生。我不知道他能否说，他不过指示要尽量收集情报，却没有料到会采取这种手段，因而只能承担基本责任。我说，我认为如果他居然说他确实下令进行窃听，那就糟了。埃利希曼表示同意，认为如有可能，应当使窃听活动的责任只限于利迪一级，但他又说他情况了解得不够，不能再多发表意见。

我说这个问题很棘手，重要的是趁早结束了事。埃利希曼说，他已叮嘱迪安，要使事情尽快地取得进展。

我问，迪安同谁一起进行这项工作，是埃利希曼还是霍尔德曼。他回答说，他们两个或多或少一起不断地同迪安商量。我问马格鲁德交代了什么。埃利希曼说，马格鲁德说他出于多种原因要获得大量的情报，因此他叫利迪负责收集。

在埃利希曼看来，问题是马格鲁德一旦开始交代，谁也无法断定审查的范围和程度。

我说，我认为主要问题是审查到马格鲁德为止呢，还是会牵扯到米切尔和霍尔德曼。埃利希曼同意我的看法，并说他和霍尔德曼已向迪安提过这个问题。迪安不能肯定马格鲁德能否坚定不移，在审问者的压力之下守住防线。

我问埃利希曼，他是否认为米切尔对窃听活动早有所闻。他回答说，他猜想如此，但不确切知道。我表示，我简直无法相信米切尔真的知道。埃利希曼说，窃听到的民主党全国委员会的电话内容都已记录成文，他有一种感觉——他承认也许这种感觉并不公平——米切尔可能看过那些记录。我问，霍尔德曼看过没有。埃利希曼说没有——事实上，他未能发现白宫有谁看到过录音记录或了解水门窃听活动的情况。他谈到水门事件以前，霍尔德曼和迪安曾同米切尔、马格鲁德和其他一些人举行过会议，讨论另一项性质完全不同的情报计划，但把它否决了。由于这次会议做出的决定，霍尔德曼和迪安当然就认为没有人会进行像水门事件这样的活动了。不料，在早先的计划被否定以后，争取总统连任委员会的其他一些人没有再和白宫人员开会就居然自行其是，进行了窃听。

埃利希曼说，马格鲁德是否会担起责任，说明米切尔确实毫无所知，这还是个棘手问题。他认为在追问得紧的情况下，一个人有时会说出他不想说的话。我认为，既然成败系于米切尔是否牵连在内，马格鲁德是一定能够顶住压力，坚持下去的。但埃利希曼说，有本事的律师可能寻根究底、反复诘问，问得他支撑不住。这一点在民主党人对争取总统连任委员会提出的诉讼中特别危险：他们请的律师爱德华·贝内特·威廉斯就是以善于在审判室施展令人头晕目眩的手段而著名的。

我向埃利希曼询问对付刑事案件的最好策略。他说，如果我们能够按照自己的主张办事，那就让利迪和亨特去顶住。不过，他说，如果马格鲁德由于第三方面作证而受牵连，那就最好想出一套使他不致定罪的言之成理的说法。

我努力估计一下，如果在水门大楼被捕的五个人以及亨特和利迪果真被判有罪，对"掩盖活动"的指责在公共关系方面会产生什么影响。我说，即使亨特在白宫工作过，我也并不真正担心可能随着他的定罪接踵而来的反面宣传。埃利希曼说，利迪也在白宫工作过，新闻报道也会对此宣传一番。

埃利希曼说他仍然抱有希望，相信迪安和米切尔会认为他所说的"马格鲁德情况说明"会起作用。但他认为，如果这份"说明"不能成立，那就不写为妙，写了只会坏上加坏。我表示同意，因为那样一来，我们不仅进行掩盖，而且犯罪。在希斯案件中，杜鲁门就遇到过这样的情况。

埃利希曼表示他已告诫迪安不要编造不能成立的情节。他再次说明，如果还有别的风险，马格鲁德不妨完全承担下来。

第六章 总统职位（1969-1972）

下午我看到科尔森时，还为马格鲁德担忧。我像对埃利希曼说过的那样，对他说我们必须把事情了结，以免损失更大。我问科尔森，霍华德·亨特即将出席大陪审团作证，他对形势作何估计。他回答说，首先他认为亨特不会觉得自己做了什么错事。他说，亨特是个有主见的人，对国家十分忠诚，如果有位能干的律师好好指点他一番，他是会顶住压力，决不论长道短的。他说，他对亨特唯一不放心的地方是，他也许会说他曾经企图"用精神分析法治疗"埃尔斯伯格，因为这个王八蛋是敌人。我说："我看不出埃尔斯伯格与此案有任何关系。我不会为此发愁。"

我们讨论了马格鲁德的处境以及我对他能否顶住追问的担心。科尔森说，如果不是在政治上搞得这么臭，整个窃听事件就会像窃取工业情报案中所发生的情况一样，有牵连的人不过被判处缓期徒刑。我们两人都认为，马格鲁德要是经历这番遭遇，在档案上留下污点实在糟糕。我向科尔森提起我曾同埃利希曼讨论的办法：大选后宣布大赦，赦免犯政治案件的民主党人和共和党人。

霍尔德曼当天下午来时，对马格鲁德能否不受起诉持悲观态度。他说有些证词会牵连马格鲁德，当前唯一要做的事情是设法使米切尔不受证词的打击。我问他马格鲁德能否做到这一点。他回答说，马格鲁德答应尽力而为，但能否做到还是个问题。

霍尔德曼汇报埃利希曼的看法：我们应当赶快从这个案件中摆脱出来。霍尔德曼也认为或许最好是承受现有的不论何种损失。我说这对马格鲁德来讲是件非常遗憾的事情，并再次谈到有可能最后实行大赦的想法。我们谈到其他问题，可是后来我又提起马格鲁德。我问，我们能为这个"可怜的家伙"帮些什么忙。霍尔德曼说，他会协助马格鲁德获得法律上的帮助。我表示，希望马格鲁德在受控告以前退出竞选工作，这对他本人和对我们来说都较为有利。

我和霍尔德曼一致认为，当前主要的问题在于证明米切尔是清白无辜的。我指示霍尔德曼，不管实际情况如何，马格鲁德都必须划定最后的界线，不应当涉及任何可能连累米切尔的问题。

我问霍尔德曼，科尔森是否受到大陪审团的传讯。他说没有，但可能会在民事诉讼中被传作证。接着他告诉我，大陪审团显然在议论是否要传讯埃利希曼的问题。我大吃一惊，问他原因何在。他说，这与亨特曾为巴德·克罗做过工作有关。我又问，为什么对埃利希曼如此注意。他回答说，迪安曾企图从司法部查明情况，但他们显然不肯吐露消息。

翌日下午，霍尔德曼告诉我，看来马格鲁德将不会因水门闯入事件受到控告。显然，对于闯入的决定是否了解（如了解就可以被起诉），是有区别的。霍尔德曼表示，马格鲁德的防线可以是：他并不了解这一具体行动——"这显然是真的。"霍尔德曼又补充一句。马格鲁德可以说，他批给利迪几笔钱，但并不知道用在哪些方面。他可以承认做事糊涂，但不承认是犯罪行为。

这样，至少从法律上讲，马格鲁德是安全了。他曾经参与竞选运动的情报收集工作，但他并不具体了解水门闯入事件。至少这就是他显然会说的话。我和大家一样，半信半疑，但我还是认为现在得看司法部是否对他提出起诉，如果他们能够的话。

霍尔德曼反映，米切尔认为我们不应当叫马格鲁德退出争取总统连任委员会。如果他将被起诉，事先会有迹象，那时他再走也不迟。在霍尔德曼看来，埃利希曼和米切尔处理整个问题的方法彼此不同，米切尔属于"每个人都坚决顶到底"派，而埃利希曼则是"极端惊慌，断绝一切联系立即告一结束"派。霍尔德曼认为两者都是错误的。

7月25日傍晚时分，霍尔德曼给我带来一份在南达科他州民主党全国代表大会后麦戈文休假期间从总部发出的电讯简报。麦戈文和伊格尔顿刚举行过记者招待会，会上这位副总统候选人透露，在1960—1966年期间，他曾三度入院治疗精神抑郁症，其中有两次的治疗包括电击疗法。他还说现在偶尔还要服用镇静剂。

伊格尔顿发言后，麦戈文说："汤姆·伊格尔顿在思想、身体、精神各方面都完全有条件担任美国副总统的职务，如有必要并能随时接任总统职位。如果我早就知道伊格尔顿参议员今天讲话的全部内容，我也仍然不会有丝毫迟疑。"一名记者问他，让伊格尔顿继续参加竞选的决定是否不可改变，麦戈文回答说："绝对如此。"

我在日记里记了我当天对约翰·康纳利的谈话，推断麦戈文将如何应付这一局面："我认为麦戈文将给伊格尔顿四五天时间，然后由民主党各大报要求他辞职，最后由全国委员会另推人选。"

因此，第二天当麦戈文发表了措辞更坚决的声明时，我颇为惊讶。他对记者说，他"1000%"支持伊格尔顿，无意从候选人名单上取消他的名字。然而，当霍尔德曼拿了要求伊格尔顿引退的当天下午的《纽约邮报》前来找我时，我完全可以肯定，尽管麦戈文发表了不少公开声明，我向康纳利预言的过程就要开始了。

日 记

我认为，如果周末不把伊格尔顿除名，他们就会由于形势继续发展而面临十分严重的问题。那时他们就会显得消极被动，等待舆论和民意测验来告诉他们应该怎么办。像我以前指出的那样，这很能说明麦戈文的精神状态。

对一个人的主要考验是看他在棘手问题上是否有能力和胆识作出决定，然后领导共事者追随他去贯彻那些决定。

7月27日，杰克·安德森报道一则极端虚假的消息：他指责伊格尔顿曾因酗酒和违章开车而几次被拘留。紧接着，《华盛顿邮报》《洛杉矶时报》和《纽约邮报》纷纷要求伊格尔顿退出候选人名单。麦戈文再次宣布他"1000%"支持他的竞选伙伴。伊格尔顿否认各种指责，奋勇自卫，坚持不退出竞选。他那坚强不移的自信即使没有争取到真正政治上的支持，也博得了人们的同情。

7月30日星期天，伊格尔顿出现在《面对全国》这一电视节目里。杰克·安德森是提问小组成员之一。他为酗酒开车的指责表示道歉，但是拒绝更正，声称他还在核实。我回想到1952年的基金危机，也想起安德森的忠实顾问德鲁·皮尔逊曾对我干过同样的事。我完全能够体会伊格尔顿遭受挫折的心情，我钦佩他的沉着镇定。安德森十分卑鄙，伊格尔顿英勇顽强。

这个节目里一度出现了我认为叫人几乎难以置信的变化。一位记者说伊格尔顿汗如雨下。伊格尔顿指出灯光灼人。那位记者坚持自己的看法，指出参加这一节目的其他一些人并不流汗，然后评论伊格尔顿精神紧张，老是不安地搓着双手。当天晚上我口述日记："即使我一点儿不紧张的时候也会冒汗！"我认为这种做法未免欺人太甚。

与此同时，麦戈文已经有所布置，准备抛弃伊格尔顿了。

日 记

> 据我看来，麦戈文－伊格尔顿这件事发展下去，也许会迫使麦戈文打消他让伊格尔顿参加竞选的计划，因为麦戈文的宣传工具和党内的专业人员都表示反对。如果麦戈文能够以肯尼迪来代替伊格尔顿，那就可以使面目为之一新。如果他争取不到肯尼迪，那就很难看出他有什么办法改善局面了。

第二天晚上，麦戈文抛弃了伊格尔顿。我马上想到伊格尔顿一家。我知道，他们的痛苦一定同我们当年在基金危机时期所体验到的一样——不过我们是苦尽甘来，结局圆满。我记得伊格尔顿一年以前曾把他的小儿子带到椭圆形办公室来，因此我给这孩子写了一封信，过了几星期，我收到了他的回信。

私人函件

亲爱的特里：

> 一周前我看到《生活》杂志上的照片时，我想起我们在白宫的会面，那时在我签署建筑安全法案后你父亲把你介绍给我。我当时想，你也许想要一张白宫摄影师拍的那次会面的照片吧。
>
> 我知道这几天对你和你家里的人来说都是十分难受的。你父亲决定继续为他本党候选人而斗争，继续反对我政府的政策。我理解

并尊重他的决定,并想就你父亲经受的考验,谈谈纯粹是我个人的一些想法。

政治活动是一种十分剧烈的角逐。温斯顿·丘吉尔曾经指出:"政治活动甚至比战争还要艰难。因为在政治斗争中你要死好几次,而在战争中你只死一次。"

不过,我们都能在丘吉尔的那些话语中找到安慰,搞政治的人总是能够重整旗鼓进行新的战斗。

你父亲打了异常艰巨的一仗,失败了,那没有关系。要紧的倒是经过这次战斗他赢得了朋友和敌人的钦佩,因为他在力量悬殊、寡不敌众的斗争中表现了勇气、风度和十足的毅力。

在我国全部历史的政治生活中,很少人经历过你父亲所经历的一切。我希望你不会容许这一事件使你灰心丧气。

几年后你回顾时会说:"我为我爸爸在他一生中最重大的考验时刻的表现感到自豪。"

你真诚的,
理查德·尼克松
1972年8月2日于白宫

又及:我听说你的胳膊完全治好了。

华盛顿,白宫
尊敬的理查德·尼克松
亲爱的总统先生:

我刚从夏令营回家,这就是我没有及早回复的原因。

我想难得有13岁的孩子会收到总统亲笔信这一经历。尽管我是民主党人,我认为您一定是个了不起的人,肯花时间写信给我这样的小人物。

您知道我爸爸读了您的信以后说什么吗?他说:"这样就更难说出反对尼克松的话了。"

我认为爸爸和您都是杰出的政治家。尽管您和爸爸有时意见不合，但我想国家有你们俩，真是幸运。

我在学校最喜欢的学科是历史。我现在觉得我也是历史的一部分了，因为您给我写了信。

总统先生，非常非常感谢您。

敬慕您的，
特里·伊格尔顿
1972年9月1日，星期五

1972年竞选运动

1972年总统竞选，我以压倒性的优势获胜，应该说是我历次竞选中最可喜、最得意的一次。然而，它却使人大失所望，在很多方面来说也是最不能令人满意的一次。

在我第一任期的大部分时间，我一直认为我在1972年的对手不是马斯基、汉弗莱便是肯尼迪。我认为我大概能击败马斯基或汉弗莱，至于能否战胜特迪·肯尼迪，就难以预料了，因为其中包含很多感情因素。这几个对手都是劲敌，因此，三年半来我充分估计到，为了争取连任，势必有一场苦战。

甚至在麦戈文以遥遥领先的票数获胜初选以后，我还不能相信他果真会被提名为候选人。我和很多政治观察家一样，认为民主党全国代表大会在最后时刻是会转而推选肯尼迪的。只是在麦戈文正式被提名以后，我才看清我在竞选连任的过程中不必太费心机就能稳操胜券。

如果对付肯尼迪、马斯基或汉弗莱，我就必须连续进行白刃战。但同麦戈文竞选，显然觉得我是越少采取行动越好。我完全不习惯这种处境，对垒时不仅不感到特别轻松自在，而且在本能上也不知道该怎样出手才好。

我1972年的竞选策略分为五个基本部分。第一，我计划在共和党全国代

第六章 总统职位（1969-1972）

表大会以后花一个半月时间在白宫处理公务。对候选人的抉择已经十分明显，各种论点都昭然若揭，无须我深入强调。

第二，堪萨斯州参议员、口才极好的共和党全国委员会主席鲍勃·多尔以及内阁和政府的各个成员将作为总统的"代理人"周游全国，宣传我们的一般成绩和成就以及他们主管部门的政绩。最好是，在每个大城市有一个代理人先于麦戈文到达，等麦戈文一走，另一个代理人又马上前去。

第三，我要在力所能及的范围内尽量发展一个效率最高、战斗力最强的竞选委员会组织。在这一点上，我们极为成功，以至西奥多·H. 怀特形容争取总统连任委员会是"整个战后时期政治技术运用得效率最为惊人的事例之一"。

第四，我计划在竞选运动的最后几周发表十三篇广播演说，阐述我的政治原则，以及我对重大竞选问题的观点。

第五，我打算在大选前两周再离开白宫，亲自出马进行竞选活动，主要是到两党总统选票可能非常接近或者我的出面能帮助共和党候选人在当地激烈的争夺中获胜的一些州。对于一个在之前多次全国竞选运动中总是党内勤勉且听话的人来说，这是引人注目的作风上的转变。我知道，有些党务工作者，尤其是那些希望我的重大胜利能使他们达到目的的共和党候选人，对此不免怨尤。但是我当时认为——我现在仍然相信——我们采取的办法是进行 1972 年竞选的唯一可行的办法，也是从民主党吸收新鲜血液的最好措施，它可以使共和党力量壮大，形成多数派，从而在政治上获得大有希望的新生。

由于我只打算进行极有限的个人竞选活动，我决定我们应当努力在经费上支持各共和党候选人。我们从竞选基金中拨出近 100 万美元资助参众两院的各种竞选活动。我摆好姿势拍了很多照片，给每个共和党候选人送去表示支持的录音材料，只有两位在密西西比州和阿肯色州竞选参议员的候选人除外。这两州的共和党人不可能击败现任民主党参议员詹姆斯·伊斯特兰和约翰·麦克莱伦。在我第一届任期的历次国际危机中，他们两人都站在我一边，今后四年我还需要他们的支持。

在麦戈文被提名为候选人以后，我知道我们对 1972 年竞选运动最难处理的问题是防止斗志松懈的倾向。即使这种自满情绪不致于使我们大选失败，它也很可能使我们在竞选结束后不再产生新的活力。

"我们应该养成一种责任感，"我对霍尔德曼说，"不能指望对方犯错误而坐享胜利。"

过去40年来，民主党传统的实力集团一直是该党总统竞选获胜的基础，然而麦戈文刚愎自用，对他们极不尊重，使共和党有可能在美国政治生活中形成一个新多数派的竞选力量。对我来说，这是1972年大选最令人兴奋的一个方面。我相信，只要我们能够打开缺口，我们就能组成这些新多数派的小组。我认为我同他们大多数人的关系远比他们从前的民主党伙伴来得密切。我在两则日记里都谈到这一点，一则是一般性的评论，另一则是9月底在纽约同一些工会支持者开会以后写的。

日 记

美国的领导阶级按照他们的领导能力来说确实已经毫无希望。我常常要在白宫接待他们，听他们诉委屈发牢骚，实在叫人厌恶。因此，我更愿意接待劳工领袖和美国中产阶级，他们倒有品格和胆略，也有一点儿爱国心。

同劳工领袖们会谈是再痛快不过的。他们都很友好，干劲十足。我希望能设法使这个联盟在大选后不致立即破裂——也希望他们不再重新采取从前民主党的派性立场。其实，根据个人的观点来看，我比麦戈文或一般的知识分子更和他们有共同的语言。麦戈文之流喜欢劳工，是把他们作为一个集体，而我喜欢劳工，是把他们作为个人。对于其他一切阶层或阶级，包括青年、黑人、墨西哥人等，可以说也是同样的情况。

1972年8月我们获得惊人的成就，远远超过美国历史上任何一届政府参加竞选连任运动所取得的成绩。我们在美国生活的每个重要方面都取得了进展，或提出了引人注目的新改革方案。

1969年，通货膨胀率平均为6.1%；仅仅在一年之后，我们的新经济政策

第六章 总统职位（1969-1972）

就把通货膨胀率下降到 2.7%。1969 年第一季度，国民生产总值年增长率仅为 3.4%；到 1972 年第三季度，它增长到 6.3%，是 1965 年以来最高的增长率。在整个竞选过程中，证券市场行情不断上涨，到 1972 年 11 月创高达 1000 点的纪录。

1965 至 1970 年，美国人的实际收入毫无增加；现在它以 4% 的年增长率逐步上升。尼克松政府年年都创造了农业总收入的新纪录。每个农场的平均收入比 1961 至 1968 年的平均数高 40%。

我们为年收入 5000 美元的四口之家减少了 66% 的联邦所得税，为年收入 1.5 万美元的四口之家减少了 20%。联邦征收的个人所得税总额下降了 220 亿美元。

我们提出了自福利计划实施以来的第一项重大改革。那就是我们所建议的新的全国健康保险计划——让那些有能力支付健康保险金的人、雇主和政府分担费用的计划——别人也提出过若干社会化的医疗计划，但只有我们的计划得以实施并坚持了下来。我们把征服癌症的基金几乎增加了一倍，把打击滥用毒品的基金增加了十倍。查封的毒品和危险麻醉剂增加了 400%。1960 至 1968 年，犯罪率上升了 122%，1971 年仅上升了 6%，1972 年上半年只上升了 1%。

我们提出建立全国第一所正式的学习和教育研究所的计划，并获得国会通过。我们通过了一项重大的公共交通法案，使投入的资金从过去的每年近 1.75 亿美元增加到 1971 年的 4 亿美元以及 1973 年的 10 亿美元。我们提出一项革命性的措施，以便联邦同各州和经济困难的城市分享税收。我们又建议全面整顿联邦政府。我们制定了历史上第一个环境保护综合规划，以妥善地处理环境保护论者的科学理想和提供就业机会的工业现实之间的矛盾。我们的文物古迹公园计划实施以后，将在 50 个州内共设公园 642 座，供一般公民而不是上层社会人士游览。

我们的政府已经彻底改变了美国在开支方面的轻重缓急的次序：在 1968 财政年度内，45% 的预算用于国防，32% 用于"人力资源"，如教育、社会服务和保健。到 1973 财政年度，两者所占的比重完全倒了过来。我们在艺术方面的费用增加了将近 500%，社会保险赔偿费增加了 51%。

1968年征兵人数为29.9万人，1972年为5万人，我们即将取消征兵制并建立一支纯属志愿服役的军队。

我们的成绩很好，但是我们必须使选民了解——至少要提醒他们注意我们的成就。夏初，我写了一张便条给约翰·埃利希曼，请他不必再负责检查国内政策的制定情况，而是要负责监督那些政策的实施：

> 你以高超的组织才能经管各项计划的制订工作，并基本上保证这些计划符合我自己的想法……
>
> 我回顾过去三年的情况，认为我们的不足之处，尤其是在国内事务方面，主要在于总统放了大炮以后，步兵并未及时跟上，扫除障碍、坚守阵地……据我看来，关键问题是生活费用、用校车接送学童、吸毒等问题，或许还有与财产税有关的税收改革。当然还有一些次要的问题，如环境问题、税收分配问题……当然总还有反对派正在攻击的一些问题……
>
> 我对我们多数国内计划的看法是：在制订计划方面我们干得很好，但在宣传这些计划方面做得很差……设想出来而不加以宣传的伟大计划无异是一个未出母胎便已经死亡的婴儿。在今后几个月内，哪怕我们必须采用剖腹取胎的手术，我们也需要让产妇分娩。我决心同意你为接生而采取任何必要的方法，当然，只要你认识到我最反对任何流产就行。

在我第一任总统期内前三年半的时间里，我和乔治·米尼的关系可以说是很不平静的。我在众议院劳工委员会任职时就认识他，至今已有25年了。他倔强、能干、好斗。在哲学上，他对经济问题开明，对社会问题保守；在政治上，他是个坚定的民主党人。但当问题涉及外交政策和国家防务时，他首先是爱国者，其次才是党人。

我们知道米尼在6月间曾告诉乔治·舒尔茨，即使麦戈文被提名为候选人，他也不予支持。民主党代表大会后，他又打电话给舒尔茨。麦戈文抛弃了皮埃尔·塞林杰这一举动使他大为愤慨——不是因为他特别喜爱塞林杰,而是因为塞林杰是麦戈文的人,麦戈文应该支持他。"他并不坚决地同自己人站在一起。"米尼抱怨说。

7月19日,传来电讯简报,宣布劳联—产联执行委员会在其历史上第一次对总统候选人没有进行投票表示支持的情况下便休会了。这是一个值得深思和玩味的时刻:17年来劳联—产联第一次决定不支持民主党的总统候选人。

7月28日,我在华盛顿近郊火烧树俱乐部同米尼、比尔·罗杰斯和乔治·舒尔茨一起打高尔夫球。当我们走到球场的树木和草坪之间的第一块空地时,米尼突然冒出这样的话来:"伊格尔顿应当早就把一切都告诉麦戈文,可是现在麦戈文举棋不定,干得很蠢。"

6点半左右,当我们回到俱乐部会所,坐在走廊上喝饮料时,罗杰斯和舒尔茨同我一起要了雪茄烟陪米尼一起抽。我们在暮色笼罩下坐了一个小时左右,抽着雪茄,听米尼发表议论。他说麦戈文一定会一败涂地。在这种情况下,他说,尽管劳工不同意我的一些政策,可是为他们着想,我觉得他们最好在总统竞选运动中保持中立,集中力量保全他们所喜爱的参议员和众议员的地位。花钱为麦戈文竞选总统,等于把钱扔到水里。

当我们离开走廊向汽车走去时,米尼清了清嗓子,粗声大气地对我说:"我现在要叫你明白,我不会投你的票,我也不会投麦戈文的票。不过米尼家的人对你倒不错。"他指的是米尼夫人和他三个女儿中的两个将投票选我。至于另一个女儿,他说:"她将学她老子的样,谁也不选。"

在我们正要分手的时候,他把手搭在我的肩上说:"你不要因为我的老婆会投你的票而自鸣得意。我要告诉你究竟是什么道理——她就是不喜欢麦戈文。"

8月上旬,麦戈文想另外找一个副总统竞选伙伴。他找过特迪·肯尼迪、埃德蒙·马斯基、亚伯拉罕·里比科夫、拉里·奥布赖恩、休伯特·汉弗莱、佛罗里达州州长鲁宾·艾斯丘——但一个也没成功。

我在汤姆·麦凯布的度假别墅里消磨了8月4日这个周末。麦凯布是艾森豪威尔时代以来我的好朋友,他的别墅坐落在靠近马里兰州东海岸的阿萨蒂格岛。和我同去的有米切尔、雷博佐和阿普拉纳尔普。屋子里的电视机坏了，我们打开收音机，听麦戈文宣布由特迪·肯尼迪的妹夫萨金特·施赖弗充当他新的竞选伙伴。

早在6月，我听那些到过约翰逊牧场的人说，如果麦戈文获得提名，约翰逊将不予支持。在民主党全国代表大会之后，我打电话给约翰逊，直接向他问这个问题。

我开口说："我决不想你为难，但你知道，约翰·康纳利正在组织一批愿意支持我的民主党人。不少和你接近的人经过联系过后表示有意加入这个组织，但条件是要不使你感到为难。我懂得你在你党内的地位，但我想请问你：对于那些愿意参加约翰的组织来支持我的人，你是否仍然不加干涉。"

"总统先生，让我读一封信给你听。"约翰逊说，我听得出翻文件的沙沙声，"凡是来信说他对麦戈文已经不抱幻想，问我该怎么办的民主党人，我总是这样答复：承我党40多年来给我这么大的荣誉，我要支持民主党各级候选人名单。不过我接下去说——任何人都会领会其中的含义——我一贯的立场是，总统竞选运动中个人的行动是良知问题，他的决定我不加干涉。这种回答你觉得怎样？"

"我只能说我非常感激，总统先生。"我回答说。

几个星期之后，约翰逊通过比利·格雷厄姆给我提供了一些有关竞选的建议："不用考虑麦戈文，要同民众一起参加社交活动。但要像我对付戈德华特那样，超然于竞选运动之上。看球赛、下工厂。不用担心，麦戈文一伙人会自行垮台的。"

比利说，他提起水门窃听问题时，约翰逊只是哈哈大笑，并且说："见鬼，伤不了他一根毫毛。"

关于1972年竞选，我必须决定的第一件事情是要不要改变候选人名单，另选一个竞选伙伴。到1971年年中，特德·阿格纽对他作为副总统这个角色越来越灰心失望。他觉得白宫人员对他不够尊重，我没有给他重大的职责。这

第六章 总统职位（1969-1972）

种感觉，差不多每一个副总统在某种程度上都是有的。后来又从布赖斯·哈洛那里传来消息，阿格纽很可能在1972年年初主动退出候选人名单，趁机接受政府范围以外颇有吸引力的职务。

在第一届任期，阿格纽已成为阐明保守派立场和论点的娓娓动听的发言人。在这一点上，新闻界和党内批评家都错误地对他评价过低。但我在开始准备1972年选举的时候，还必须展望1976年。我相信两党之中唯有约翰·康纳利具备条件，将来可以成为一位伟大的总统。他有从事政治活动所必需的"满腔热情"、争取胜利的干劲以及从事领导工作的远见卓识。我甚至和霍尔德曼谈过，考虑是否有可能让阿格纽在全国代表大会之前引退，由我提名康纳利接替，虽然我知道这种动议通过的可能性极小。可以认真考虑的唯一抉择将是在全国代表大会上提名康纳利为副总统候选人以取代阿格纽。

1972年年初，我同康纳利讨论了副总统一职。他最初反应含糊，模棱两可，后来持否定态度。我感到他并不认为担任副职是他进入白宫的最好途径。他说，我们当中谁也估计不透共和党人反对他这个"刚冒头的约翰"的情绪有多强烈。

几天以后，我会见了约翰·米切尔。我直言不讳地告诉他，我认为康纳利应该成为1976年的总统，我在考虑如果他需要，是否有可能让他成为我的竞选伙伴，帮助他实现一个良好的开端。米切尔也认为康纳利是1976年的竞选人选，但他竭力反对1972年的候选人名单有任何变动。康纳利还是一个民主党人，米切尔认为把他放上候选人名单会产生意外的后果，得罪保守的共和党新多数派和民主党人，特别是在南部，在他们中间阿格纽简直成了民间传说的英雄。米切尔警告我说："必须使党务工作者相信对党忠诚是会得到报偿的，否则就不会有党务工作者。"

他认为康纳利在竞选运动中作为拥护尼克松的民主党人的主席，实在比在选举之前就成为共和党人更为得力有用。而且，康纳利曾对米切尔说过，他无论如何都不想当副总统。

事实上，米切尔劝我给阿格纽一个明确的许诺。他警告说，如果我们等待太久，阿格纽可能就要提交换条件——可能甚至会要求保证1976年支持他被提名为总统候选人。米切尔说："而且，我还挺同情他呢。他经济上有些困难，他也需要为他的前途做些打算。"

6月12日，我请米切尔转告阿格纽，说我已经断然决定，请他作为我的竞选伙伴重新名列候选人名单。我说我们要在民主党全国代表大会开过以后再行宣布。这会使人以为我们的人选问题悬而未决，从而引起更多的注意，也可能使民主党人在他们的全国代表大会上放松对他的攻击，免得我决定另选别人。

8月初，我原想花时间专心准备接受提名的演说稿，但难免有很多事情分心，不能集中精力。我在8月16日的日记里提到一件特别恼人的事："麦戈文的攻击现在更加猖狂了，竟想说我是民主党总部窃听事件的间接负责人。"麦戈文确实是在千方百计地利用水门事件。这时他在一次演讲中说，闯入民主党总部是"那种只有在希特勒那样的人的指使下才干得出来的勾当"。其他民主党领导人也同样猛烈地进行谴责，尽量利用水门事件来转移公众对他们候选人的注意。

民主党人特别喧闹的一次攻击所根据的事实是，我的竞选经费的许多捐款人不愿公开姓名。实际上，他们很多是资格老、名望高的民主党人，他们认为击败麦戈文十分重要，但又觉得让自己的姓名公开出来不大方便。无名捐款只要是在1972年4月7日以前，本来是合法的，但民主党人却捏造情节，新闻界则把它说成是政治活动究竟应当保守秘密还是加以公开的问题，从而使我们在争取舆论的斗争中居于守势。到9月，《华盛顿邮报》就要登出匿名人士透露的有关国会里我党工作人员的种种消息。例如，有一则消息指责财政委员会主席莫里斯·斯坦斯同由墨西哥转来的70万美元非法的竞选基金有关。斯坦斯坚决否认这种无稽之谈。在以后的几个月里，争取总统连任委员会的财政委员会还要被指控偷查潜在捐款人的私人银行账目，在卢森堡募集捐款，向阿拉伯高级人士以及从国外其他非法的来源筹募款项。这些指责完全是捏造的。

我从一开始就主张还击。我看不出有什么理由可以让麦戈文及其支持者和捐款人平安无事地不受影响。如果当权派在竞选运动中有什么方便之处，那就是它有机会接触政府掌握的有关对方的情报。我记得在1952年竞选运动中国内收入署曾把我的所得税申报书泄露给德鲁·皮尔逊，并在1963年出于政治动机审查我的纳税情况。当年民主党人执政时曾公然对政府关键部门施加政治压力，不加掩饰。看来即使在他们下野的时候，他们的支持者，尤其是国内收入署的官僚们还继续为他们效劳。我听到许多报告——显然连篇累牍，不可能出于偶然的巧合——说从1960年我败于肯尼迪以后，我亲密的私交和政治上的朋友就常常受到国内收入署的调查，而在我看来那些调查纯粹是怀有恶意的。

我们至今还只有半心半意地利用手中的权力，而且没有收到什么效果。1972年春的日记中我有这样几句话："这在我们方面真是一场可耻的失败，并且我很难加以理解，因为我经常指出，既然他们在我们不掌权的时候整了我们，我们今朝至少为了自卫也应该开始对他们进行一些调查。"即使现如今，想到我们没有趁大权在握的时候取得一些政治上的好处，想到我们这方面的努力同民主党相比是多么勉强、软弱和外行，也不禁深为叹息。我力促属下改变这种状况。在8月3日的日记里，我考虑了我们面对的局势以及我认为在它的背后所存在的问题。

日 记

我向霍尔德曼和埃利希曼强调说明，因为我们的一些民主党对手不断搞我们的情报，我们对他们也必须这样办。令人啼笑皆非的是，当我们不是执政党的时候，他们确实一贯想置我们于死地而后快——现在我们执政了，由于下层的那些官僚都向着他们，他们还是那样做。

我们这里存在的问题是，由于水门事件，我们所有的人都成了惊弓之鸟，不想调查牵涉民主党人的档案。霍尔德曼说，在选举之后我们才能真正采取措施，在各种极为微妙的职位上安插一些忠诚可靠的人。当然，我们早该这样做了。在这方面，我们肯定无可厚非，并没有利用政府机关所拥有的巨大权力——国内收入署档案、司法部档案——去探求我们的民主党对手们一些不可告人的勾当。

我再三力促霍尔德曼和埃利希曼——虽然没有显著的结果——使国内收入署查核一下麦戈文的主要工作人员和捐款人。我在有关这个问题的一份备忘录中说，凡出现带有"可疑交易"迹象的事情，应该及早搞清楚。"当然，如果没有发现什么问题，就不必再提，"我写道，"但是我们在把事情撂下之前，必须确实下过十二分功夫，仔细研究过材料。"

拉里·奥布赖恩是民主党人中特别擅长政治计谋的一个。他在肯尼迪的政治核心受过训练，后来在追随林登·约翰逊的年月里进一步得到锻炼。他是民主党地地道道的有力党徒。在肯特州立大学发生不幸事件之后，他竟然指控我杀死了那四个学生。不论是在越南战争还是水门事件的问题上，他都不失时机地狠狠进行打击，并且总是采用不正当的手段。

国内收入署对霍华德·休斯的金融集团所作的调查已经揭露，休斯年年供给奥布赖恩巨额经费以维持他在华盛顿拉拢议员的机构，据说款额达20万美元。关于奥布赖恩是否上报全部款项，曾否上税，传说颇多。我是又怀疑又希望我们能在这件事情上有所揭露，给予打击；我在日记中写道："如果他容许自己陷入这样的困境，我将十分惊奇。"国内收入署曾经打算找奥布赖恩谈话，调查有关休斯给予经费的某几点问题，我命令霍尔德曼和埃利希曼在选举之前使账目得到迅速而彻底的调查。

我想，不论查核结果如何，这总是一个愉快的——有新闻价值的——意外事件：多年来他们一直把休斯描绘为我的财神爷，而事实上这位民主党全国委员会主席才是休斯付款名单上得益不少的人。

结果，国内收入署在例行查账以后，宣称奥布赖恩没有问题；我本想追查他以及麦戈文的支持者，但因竞选日程紧迫和越南和平谈判有了新的重大进展，这个计划就搁下来了。

8月20日，即共和党全国代表大会开幕前一天，帕特和女儿们前往迈阿密，我则留在戴维营最后润饰我接受提名的演说稿。

第二天晚上，我打开电视机，观看关于帕特的纪录片，那是在迈阿密大会会议厅的大银幕上放映的。吉米·斯图尔特已经给她作了异常动人的介绍，到影片放完电灯一亮，帕特突然亲自出现在矮平台上，伸开两臂站着。这是她独

第六章 总统职位（1969-1972）

特的姿态，既优雅又有礼貌。节目已经演得很晚，她在万无一失的本能的支配下只讲了一分钟的话，表示感谢。摄影机的镜头瞬即转向朱莉和特里西娅，我可以看到她们的微笑中充满着真诚的自豪感。我记下这样的话："就帕特、女儿们、戴维和埃德的露面来说，那是整个这次代表大会的特色。没有任何一位总统的家属比他们显得更光彩夺目的了。没有任何一个家庭比他们的一家更像地道的美国家庭了。"

8月22日星期二下午，我飞往迈阿密。晚上我在露天青年集会上出现，这是不在原计划之内的。我受到的接待使我很难忘怀，迪克·鲍威尔和琼·阿利森的女儿帕姆·鲍威尔陪我走上主席台，成千上万个青年高举双手，四指伸开，齐声高唱我初次听到的颂歌："再来四年！再来四年！"声音震耳欲聋、和谐动听。这是新型的青年共和党人：他们并不守旧，但他们并不掩盖自信和自豪的感情。

1972年代表大会期间，最难忘的景象或许是小萨米·戴维斯在青年集会主席台上感情冲动地拥抱我的一幕。当群众终于安静下来时，我描述了几周前在白宫招待会上同他初次见面的情景。当时我们谈了各自的经历以及我们两人都出身于贫苦家庭的情况。我说："我知道萨米是民主党党员。我那次和他谈话时并不知道他在这场选举运动中将采取什么态度。但是现在我明白了。我要向萨米作这样的保证，我要向在场的每一个人保证，不论你们是白人黑人、年老年轻，我还要向收听我讲话的每一个人保证：我信仰美国人的理想。萨米·戴维斯也信仰美国人的理想。我们之所以有这种信仰，是因为我们已经亲眼看到这个理想在我们自己的生活中实现。"在我——以及我想还有其他许多人——看来，那次青年集会是全国代表大会最精彩的场面。当天夜里，我在大会会议厅里以1347票对1票，被提名为竞选连任的候选人。

第二天晚上，大会堂外失望的示威者想要放火焚烧坐满代表的大轿车。他们乱砍车胎，用鸡蛋和石头袭击代表，并且戴着防毒面具、挥舞着警棍向会场冲来。我步入会场接受共和党代表大会对我第五次也是最后一次提名时，眼睛被尚未散尽的催泪弹的余雾所灼伤。

在会议大厅里,无论是不出所料的精心组织的会议日程,还是未曾出现争夺剧烈的提名战这一事实,都没有能够减弱群众的热情。代表们接过我在青年集会上听到的口号。他们一次又一次地高呼:"再来四年!再来四年!"

代表大会结束后的那一天,我在芝加哥向美国军团发表讲话,然后在密歇根州尤蒂卡城为德怀特·D.艾森豪威尔中学落成典礼致词。接着我们远途飞往圣迭戈,又有大量群众集会以待,会后再乘直升机沿海岸飞到圣克利门蒂,路程不长。所有那些群众所表现出来的热情是令人兴奋、富有感染力和使人颇为满意的。他们对我们的欢迎和反应充满了感情,这种感受不论是我的部下还是我自己在华盛顿都是体会不到的。首都的许多专栏评论文章和新闻报道都说,我受到拥护,不在于我这个候选人自己的任何内在的品德,而是由于民众普遍对麦戈文感到失望。

日 记

的确,谁也不能说,我们在密歇根、圣迭戈、圣克利门蒂没有雀跃欢呼的人。可是和以往一样,很不容易使新闻界据实报道情况。我倾向于认为我们的人将比麦戈文的人在情绪上更加热烈和活跃,除非他有所觉悟,开始鼓舞和激励他们,而不是像目前那样说话死板生硬,完全类似道貌岸然的加尔文教派那一套。

圣迭戈的人群确实蔚为奇观。到会的至少有1.5万人。我的讲话实际上没有达到应有的水平。那时我正感到有些疲倦,根本无法充实内容。

我们接着来到圣克利门蒂。沿海岸飞行真是妙极了,当我们到达时,手下的工作人员已经准备要使我大吃一惊。他们原说只有四位市长和本地区的几个朋友来迎接,结果却是当天又一次人数众多的群众集会。人们热情洋溢、情绪高昂。

回到住宅,我们真是精疲力竭了。帕特和我在书房里吃晚饭——她吃了两份子鸡,我可累得胃口大减,幸而我那条叫"国王"的狗跑进来报销了我的牛排。在过去一周里,帕特真是一位了不起的演员。

第六章 总统职位（1969-1972）

傍晚时分，我坐在游泳池畔抽着一支伊朗雪茄，送走了那一天。

8月30日星期三，霍尔德曼愁眉不展地来了。"坏消息，"他忧郁地说，"我不是说着玩的——真是消息不好。"接着他把新的盖洛普民意测验递给我：

尼克松 64%

麦戈文 30%

未定 6%

当我抬起头来的时候，他在微笑。我露出了笑容。这是代表大会之后进行的盖洛普民意测验历史上有利于共和党候选人的最大得分。

我在竞选运动中的第一次记者招待会预定在8月29日举行。水门事件显然将是记者提问的内容之一。埃利希曼叫我放心，说至少有一点我们是可以肯定的：约翰·迪安、司法部和联邦调查局都证实白宫与此事没有牵连。

在记者招待会上，有人问我是否应该为水门事件任命一位特别检察官。我回答说没有必要，因为联邦调查局、司法部、参议院银行和货币委员会、总审计局都在进行调查。我说，我已命令白宫全面予以合作。"此外，"我接着说，"根据我的指示，总统法律顾问迪安先生在我们自己的工作人员内部已经进行了一次彻底的调查，查明有没有线索可能涉及白宫任何现任工作人员或政府中的任何官员。我可以明确地说，他的调查表明没有一个现任白宫工作人员或政府官员牵连进这个十分稀奇古怪的事件……这类问题真正的害处不在于热心过度的人在竞选运动中做了错事，因而发生这样的事情。真正的害处在于万一有人加以掩盖。"

在9月12日的内阁会议上，司法部部长克兰丁斯特报告说，对水门闯入和窃听事件的起诉书将在三天之内宣布，说其中没有提到竞选连任委员会的任何上层人士或白宫的任何人员。他预料民主党一定会指责这是一种掩饰，因此他已经汇集了一些引人注目的统计数字。联邦调查局对这一事件进行了从肯尼迪遇刺以来规模最大的一次调查：51个外勤机构的333个特工人员经过总数达14098人时的1551次访问，追查了1897条线索。

起诉书在9月15日宣布，其中只提到亨特、利迪以及在民主党总部被捕的五个人。这一天我的日记相当长，但可以看出那时我对水门事件还是不大重视的。我记述了同纳尔逊·洛克菲勒的会见，以及同康纳利、伯恩斯、舒尔茨、斯坦和埃利希曼关于税收问题长达两小时的会议。我思考了当时正在重读的罗伯特·布莱克所著《迪斯雷利》这本传记中的一些段落；我记下了同朱莉的谈话，她担心她对一个记者提出的关于越南的问题回答得不够妥当；我提到了我的忧虑，因为帕特耳朵疼了好久，但她不肯放松预定要做的工作；我评论了康纳利不久前在电台发表的讲话；我追述了在椭圆形办公室接见歌手雷·查尔斯的情况。我仅在日记将结束时以短短的一句话谈到水门事件："今天是水门事件起诉的日子，我们希望能够从现在起顺利地度过这场风波。"

按照霍尔德曼的建议，那天晚些时候我接见了约翰·迪安，对他的工作表示感谢。自水门闯入事件发生之后的那周起，我就知道迪安以白宫法律顾问身份始终为我们掌握有关水门事件的各种问题的线索，其中包括联邦调查局的调查、大陪审团、民主党的民事诉讼、莫里斯·斯坦斯对拉里·奥布赖恩提出的诽谤罪控诉、争取总统连任委员会对民主党全国委员会的反控告、得克萨斯州众议员赖特·帕特曼企图就争取总统连任委员会的财务账目举行选举前意见听证会的活动，等等。他汇报以后总结说："三个月以前，我很难预料会出现我们今天这样的处境。我想我可以说，从现在起54天〔选举日〕以内，不会有什么事情出乎我们……我们的意料而落到我们头上了。"

我说整个事情实在卑鄙，令人作呕，已经发生的种种情况"叫人万分为难"。不过我对迪安说，他的处理办法"很精明，因为你——不管哪里出了漏子，你都能及时应付，处置得当"。

迪安的汇报涉及所有他正在处理的各种不同的问题。总审计局控告争取总统连任委员会违反竞选财务条例的报告已提交司法部，迪安说，部里另有几百份据说违反条例的报告——包括对麦戈文、汉弗莱和杰克逊的控告。总审计局

第六章 总统职位（1969-1972）

还打算审查白宫工作人员使用基金的情况。迪安说："我认为我们可以为白宫工作人员感到自豪。"他又补充一句：总审计局如果真来调查，也不会发现什么问题的。帕特曼恬不知耻地要对争取总统连任委员会的财务举行听证会的派性企图，是我们在选举前面临的又一种攻击。我对迪安说，整个事情只是"公共关系方面"的问题罢了，他表示同意。

迪安说："我们一次只抓一件事。"

"你也确实不能老是坐着发愁，老是考虑，'可能发生最糟糕的事'，而实际上也许还不至如此，"我回答说，"所以你得尽量不露声色，抱乐观的希望……还要记住，这件糟糕的事不过是那些不幸的事情之一，并且我们正在设法减少我们的损失。"

接着我们转而谈起长期以来我要改组华盛顿行政机构的决心——改组之后即使对我们无利，它至少也不致再为民主党人服务了。

两天以后，我回顾了我对这次会晤的印象。

日 记

同约翰·迪安畅谈了一次，他给我的印象很深。后来我告诉了霍尔德曼，他说是他推荐迪安进白宫的，并说迪安有一种坚强且真正出色的本能，这正是我们在选举之后为整顿各部并把国内收入署和司法部置于应有基础之上所需要的人才。有时候简直需要同那些反对我们的人划清界限，然后采取行动有效地对付他们。不然的话，他们一有机会就会毫不放松地对付我们。

民意测验继续表明尼克松占压倒性的优势，这时麦戈文和施赖弗开始孤注一掷。他们吵吵嚷嚷地发动了猛烈的人身攻击。麦戈文说我们对越南政策是为了保全面子而采取的"新水平的野蛮行动"。他三次拿我比作希特勒，把共和党比成三K党。他说，凡是支持我的工人"都应该检查检查头脑"。

施赖弗把我叫作"滑头大王""精神病人""权欲狂"，每天花大部分时间"想方设法使美国保持最大强国的地位以杀害和毁灭国外人民的一等骗子手"

和"历来第一号轰炸机"。约翰逊总统的前新闻秘书乔治·克里斯蒂安正同康纳利一起在民主党人中间进行支持尼克松的工作,我对他说,施赖弗称我为第一号轰炸机,约翰逊听了一定很高兴。克里斯蒂安哈哈大笑,说:"我不相信,总统先生。约翰逊在任何事情上都是不甘心屈居第二位的。"

在这些日益刺耳和恶毒的攻击纷纷向我袭来时,我仍然在白宫恪尽职守,置身于竞选运动不断高涨的情感浪潮之外。9月初,我在戴维营度了一个周末,之后我的一些日记片断表述了我所经历的竞选运动与麦戈文、施赖弗所进行的活动是多么截然不同。

日 记

中午前后,因为天气极好——万里无云——我到游泳池里游了一会儿。像这样的日子,我可以静静地躺着仰望树叶。这使我想到春天的树叶在风中翻动以及春秋两季的树叶真是十分相似的情景。春叶代表夏的开始,秋叶预示冬的来临——一是生之初,一是亡之始。

我料想在下周的整个期间局势将变得更加难受。显而易见,麦戈文终于了解他只要单纯进行攻击就可以发生作用;而他正是穷凶极恶、不负责任地这样干的。至于我们的人呢,正如我向科尔森所指出的那样,他们的反应当然和过去一样,老实而又迟钝,只守不攻。

麦戈文将去各大城市举行街头集会,这是他们绝望挣扎的一种表现,因为选举之前的八个星期时间太匆促,来不及大张旗鼓地影响大城市。

我的竞选活动有条不紊地进行着。特德·阿格纽、克拉克·麦格雷戈、鲍勃·多尔和他们的小组干得十分出色。他们不仅是代表政府卓有成效的发言人,而且对麦戈文的极左观点狠刺猛击,使他忙于招架。在9月的竞选计划中,我增加了几次政治性的公开露面,不过这仍是我一生中最克制的竞选活动,因此我只记得它主要是一系列的插曲。

第六章 总统职位（1969-1972）

最难忘的是 9 月 22 日前往得克萨斯州的一次竞选旅行，最后以我们在康纳利的牧场上为支持尼克松的民主党人举行热烈的野宴作结束。

日 记

大约在 11 点 30 分或 12 点，当我们坐在一起时我对康纳利说，非常重要的是这次选举之后不能让特迪·肯尼迪来收拾局面。必须有约翰·康纳利这样的人出来主持政局，因为我们的国家实在禁受不起肯尼迪、麦戈文之流在今后的岁月里哪怕有当上总统的可能。

帕特指出《纽约时报》关于麦戈文夫人的一篇文章说，尼克松一家是 20 世纪 50 年代的人物，而麦戈文一家是 70 年代的人物。我希望报刊继续抱有这样的想法，因为到头来他们是要深受谴责的。

上床时我疲倦得要命，但夜里还醒了两次——2 点一次，4 点一次。最后到 7 点我又醒了。起床后打开窗帘，眺望青葱美丽的乡村景色以及牧场上吃草的牛群。使我大喜过望的是，我按铃要早饭时，他们不是送来我要的麦片粥，而是坚持端来他们做的乡下香肠，味道极其鲜美。今后早餐午餐我得花式多样，免得老吃单调乏味的饭食。

9 月底《纽约时报》发表社论，正式表态支持麦戈文。《华盛顿邮报》没有发表正式文章，但明确表示它愿意拥护麦戈文。我在日记里写下我听到《纽约时报》表态时的反应："我说我听到这消息如释重负，因为我很不愿意我的工作人员中有人怂恿我和他们的编辑部见面，感谢上帝，我们没有这样做。谁也没有轻率地提出过这种建议。我向霍尔德曼指出，应该写封信给《纽约时报》或者发表一篇声明，说《纽约时报》完全应该赞成麦戈文，因为他支持《纽约时报》的一切主张——放任自流、撤离越南、新孤立主义等。"

《华盛顿邮报》的决定也并不出乎意料。专栏作家斯图尔特·艾尔索普曾与该报发行人共进晚餐，他嗣后写了一份报告由基辛格交给了我。6 月 26 日，我在这份报告上口授如下的批注："亨利向我讲起他同艾尔索普的一次有趣的谈话。斯图尔特显然病势不轻，但他还出来同凯·格雷厄姆共进晚餐。他竭力主张应该支持尼克松，因为他在外交政策上颇有成就，同时恳切地说明使麦戈文当上总统的危险。他说凯·格雷厄姆最后大发脾气说：'我恨他，我要想尽办法把他打败。'"

9月26日，我们在纽约为竞选捐款人举行一次晚宴。那天晚上的一次遭遇让人特别不能忘怀。

日 记

给我印象极深的一件事是一个比较年轻的人——至少在我看来他年纪不大；我想他大概40岁，也可能有45岁——对我说，他的儿子1970年死于越南，但他还是拥护我，赞成我的外交政策。

当我想到像他这样的人，想到士兵们的母亲和妻子时，我认识到极为重要的是不仅要考虑结束战争，而且要考虑结束战争的方式不致使他们的牺牲毫无价值。这是当我们被人群簇拥着走开的时候我对他说的话。

10月12日，亚特兰大欢迎我和帕特的群众估计有50万到70万。当时发生了一件使特工人员惊惶不安的事情：旅馆外面的人群中有个人把我一把抱住，高声大喊："谢谢你把南部又变成了美国的一部分。"后来我对埃利希曼说："南部民众正在给民主党上一堂爱国主义的课。"

在俄亥俄州一次长长的车队的行进中，有人警告我说，前面不远处有一些不友好的示威者在等待我们。还听说有人扬言要扔炸弹，所以特工人员要求在这段路程盖上我坐车的车篷，并且加快速度。

日 记

我确实做的一件事是在特工人员要加快汽车速度时，我叫他们放慢速度。我说我们不该避开这些人，于是我们把汽车开得慢如蜗牛，我和帕特分别在汽车两侧把手伸出窗外，对那批气势汹汹的人群中的狂热分子挥手致意。

当我看见一些反战分子和其他人等时,我就干脆伸出两个指头作"V"字形或跷起大拇指。这可真把他们惊呆了,因为他们认为这是他们的标志。有些人眉开眼笑了。当然也有些人更加横眉怒目。我想到战争不再成为人们争论的问题时,这批人将有一部分感到空虚而不知所措了。他们基本上满腔憎恨,伤心失意,与人疏远——他们不知道怎样排遣生活。

我认为,最糟的也许是一群大学甚至中学的教授,特别是年轻的教授和副教授。他们想把自己不能鼓舞学生勤奋学习的过失推给别人。

我想起在肯特州立大学事件发生之后来见我的那些东部名牌大学的校长们。他们说,请不要把问题留给我们——意思是要让政府出一点力。他们谁也不肯承担任何责任。

现在责任是他们的,虽然我猜想他们还会提出新的问题。黑人权利问题已经过去——那种环境不存在了,战争将要过去——问题还存在,其次又是什么问题呢?我想那将是大公司贪污腐化或诸如此类的问题,但他们很难找到像战争问题这种能在情绪上把青年小伙子煽动起来的问题。

大学行政人员和教授应当反躬自省——照照镜子——了解到正是他们才负有责任——认识到如果青年人意气消沉,这是他们的过错。这样做将是一件好事。他们不能责备政府或其他任何人。

虽然我很少直接参加竞选活动,活动却很紧张。到竞选快结束时,我已作了几十次演说和非正式讲话。

日 记

我做了一个怪梦,梦中在某个集会上讲话,讲得太长了些,于是洛克菲勒站起来,不等我讲完就把话筒拿了过去,群众一片掌声。当然一个演说的人总是担心话是否说得太长了。我这个梦是下意识的反应，很有意思。

既然我的战略是自己尽量少参与竞选活动，我的家属就接过担子在全国穿梭往来，同公众见面。帕特、朱莉和特里西娅从8月底到选举日的九个星期内，总共去过37个州的77个城市。戴维在海军，只能站在旁观位置；但埃德·考克斯直接参加，到大学去同一些最顽固的听众见面。他那落落大方的风度、机灵而有条理的头脑使他能够坚持下去，到处给人留下深刻的印象。

他们在各地的讲话以及记者招待会上的所有发言，没有说过一句错话。他们受到诘问、推搡，听到轻蔑的嘘声和示威者下流的叫嚷，但他们像搞这种活动的老手一样坚持不懈、泰然自若、积极主动。帕特在波士顿即使被恼怒的青年男女谩骂时，还是安详而不失常态——这甚至更加激怒了他们；我相信，他们并没有想到他们是多么伤了她的心。特里西娅介绍了她遇到一群粗手大脚的示威者围困时应对的策略："对不起，"她常常平心静气地说，"别推倒了孩子们。"

朱莉在说她不惜为南越的自由而牺牲生命时，意志坚定，绝非空谈；但当她想到热爱政治活动的戴维因其军舰将开往地中海而错过选举时，含着眼泪离开餐桌，她又显得多么心软。

日 记

朱莉考虑周到，等到招待葛罗米柯的晚宴结束之后才来见我，问我既然戴维不能回来参加选举，她是否可以去看他。我当然完全同意。

如果选举使他们不能在他们认为重要的时刻欢聚几天，那就让选举见鬼去吧。

我想起1960年竞选失败之后，朱莉至少就表面的感情来说确实是个决不认输的人。我记得我走进我们的林巷住宅她的卧室去吻她道晚安时，她总是说："爸爸，我们不是还能获胜吗？"那是选举后两星期左右的事情了。

在1960年第一次辩论期间，朱莉曾经为爸爸的胜败担心。特里西娅忠心耿耿地站出来说:"他当然胜利了。"

我记得1962年她们的反应就有些不同。朱莉为我在选举后接受报界的挑战而道贺,特里西娅却看来比较沉默,不大放心。

回顾已往十年,我的确使家里人为我自己的反应而难受。我将永远不会忘记,当我告诉她们我们将去纽约时,特里西娅怎样进去把她所有的笔记本撕个粉碎,她们实在憎恨加利福尼亚的学校,因为那些伯奇分子[1]老是和她们作对。

我知道帕特的经历是最艰难辛苦的。在将近20年的社会生活期间,她一身兼任妻子、母亲和全力以赴的竞选运动参加者。这不是由于她喜欢显声扬名——绝非如此。这是因为她信任我。她把全部工作都做得卓越非凡。现在她为千百万人所爱戴,没有一个妇女能像她这样受之无愧。我深切希望她觉得她的一切辛劳都是值得的。

越南问题的突破

不出我们预料,河内于1972年夏天又发动了一系列宣传攻势,企图利用美国国内的舆论。这次他们使用的手法是声称——纯属杜撰——美国轰炸机正在故意袭击北越堤坝,以便使洪水泛滥,淹死大量平民。反战领袖们轻信了这种声明。特迪·肯尼迪指责我们采用一个"故意轰炸堤岸的政策"。我在一次记者招待会上想至少指出这种责难的不合情理之处,如果事实上已经决定采取故意轰炸堤坝的政策,我们就能够在一星期内炸毁全部系统。但是,尽管有种种宣传,并没有重要的水利枢纽被炸毁,也没有发生洪水泛滥的情况。

7月27日,前司法部部长拉姆齐·克拉克,就是麦戈文誉为"如能拉他来担任联邦调查局局长,最为稳妥"的人物,在一个调查"美国在印度支那犯下的罪行"的瑞典人组织的赞助下,前往河内。他在河内电台发表广播演说,

---

[1] 伯奇分子——美国极右组织约翰·伯奇协会的成员。——译者注

声称我们的轰炸应该立即停止。8月12日，他对新闻记者说，他已经访问过战俘营，看到美国战俘"比我还要健康，虽然我是个很健康的人"。克拉克一回来，特迪·肯尼迪就请他到国会山为美国战俘受到优待作证。

当克拉克在河内的时候，施赖弗插了进来，"透露"尼克松政府使1969年实现和平的历史性机会"告吹"，因为我没有继续扩大约翰逊政府最后几个月任期内在巴黎进行的和谈所取得的成果。施赖弗又声称，他辞去驻法大使的职务就是为了抗议我的战争政策。比尔·罗杰斯听到之后怒不可遏，他公开斥责施赖弗的声明是"废话"，是政治性的奇谈怪论。罗杰斯的声明特别有效；它明确有力，具有他在竞选运动期间在公共讲坛上历次为我的外交政策辩护时所表现出来的特点。第二天，国务院公布了施赖弗辞去大使职务的文件。这封信很难说是抗议。恰恰相反，他写明他已经"完成了我前往巴黎想达到的目的——至少是在越南实现和平的开端，以及美法之间友谊的复苏"。

康纳利打电话给我说，约翰逊总统知道了施赖弗的指责，"气得要命"。约翰逊表示，他对麦戈文的业已微乎其微的支持将由于这一事件而变得更少。约翰逊打电话给霍尔德曼，说他从未告诉施赖弗有关巴黎谈判的内情。"我从来不信任这个混账东西，即使在那个时候也是如此。"约翰逊说。

拉姆齐·克拉克从河内回来后没几天，合众国际社透露，皮埃尔·塞林杰奉乔治·麦戈文之命，在巴黎与北越代表团直接接触。他的目的是要了解共产党人是否会释放一些美国战俘。目标是值得称赞的，但这种接触具有一种政治手法的一切特征。而且，洛根法案禁止私人为了影响美国政府与外国政府之间的争议，擅自与外国政府接触。因此，麦戈文必须回答有关塞林杰使命的一些严重问题。

当记者向麦戈文问起这一事件时，他说："我没有对皮埃尔·塞林杰做过任何指示。"这番话显然使塞林杰瞠目结舌，因为麦戈文曾经不仅派他出使，而且通过一位著名的反战领袖为此做出安排。麦戈文撒了一个大谎，被人当场戳穿，性质严重，声名狼藉。

麦戈文拿越南战争做文章，对我进行攻击，全都劳而无功。8月底，我们得到消息，公众对我战争措施的支持实际上有所增加。据9月初哈里斯民意测验调查的结果，55%的人支持继续轰炸北越，64%支持海防港布雷，74%认为南越一定不能落入共产党人之手。麦戈文及其追随者脱离了广大的美国人民。但是善于观察美国舆论的北越却显然知道了其中的信息。

经过三年令人失望和毫无结果的僵局，美国—北越的私人渠道于1972年8月突然活跃起来。看来共产党人第一次确有解决问题的意图了。基辛格和我认为，他们已经得出结论，麦戈文没有当选总统的机会，在选举之前和我谈判可以得到比选举之后较为有利的条件，因此，他们决定充分利用这种可能性。此外，他们一定也为我们与莫斯科和北京的接触以及越南化措施的成功而感到忧虑；我们还知道5月8日的布雷和轰炸在军事上使他们深受重创。

在9月26、27日的两天会议上，北越人提出一个新的十点方案。它虽比过去的任何方案较为可行，但在关键性的政治问题和军事问题上还是不能接受的。下一次预定10月8日举行的会议显然具有明确的意义，它将决定新的势头是否能维持下去，在11月7日选举前获得解决。对此我并不乐观，但决心尽可能对这次会议施加压力。

当苏联外长安德烈·葛罗米柯为签订限制战略武器协定于10月3日抵达华盛顿时，我邀他前来戴维营。他重弹老调，说越南问题如得解决，当能促进美苏关系。这时我告诉他，基辛格下周再去巴黎时将把我们的最后提议摊在桌上。如果北越人说不行，那么和谈的道路就将封闭，我们只好在选举后另想办法了。

即使北越人抱有这种愿望，我们似乎也不可能在仅仅五周之内就磋商出一个可以接受的协定来。然而，我觉得我们应该使阮文绍对于这一明显的可能性有思想准备：共产党方面真已下定决心要在我们选举之前缔结一项协定了。于是黑格飞往西贡，向阮文绍保证我们不会不计一切地轻率签订协定。但他也说明，如共产党方面提出合理建议而我们拒不考虑，我们将在国内面临困难的局面。那时他们可以将破坏和平的责任推给阮文绍。

阮文绍显然大为震惊。他怀疑北越建议的动机，并为我们愿意接受它们作为谈判基础这一点深感不安。他责备基辛格，说他在谈判中"不屑"考虑西贡的意见。黑格竭力叫他放心。最后阮文绍掉下了眼泪。

我同情阮文绍的处境。几乎全部北越军队——春季攻势中越过非军事区，估计有12万人——仍然在南越，他对于将使美军撤退而不要求北越作相应撤退的任何计划自然心怀疑虑。我同意他的见解，认为共产党人的动机是完全缺乏诚意的。我和他一样知道，只有南越的力量和美国随时准备反击的决心才能迫使他们遵守协定，不至于出尔反尔。但我认为，如果我们能够按照我们的主张谈妥一项协定，那么迫使他们遵守协定的那些条件也就具备了。我给阮文绍写了一封亲笔信："我向你明确保证，倘若事前未经你我亲自讨论各项条款，任何解决问题的协议都是达不成的。"但我知道他喜欢采取任性的行动，也提醒他如果激起美国国内和南越的紧张局势，可能会产生哪些危险。

10月5日，我们接到北越总理范文同与法国驻河内总代表最近进行的一次谈话的消息。范文同第一次对和平的可能性表示乐观。他承认他的专家们过去太重视美国的反战领袖，又说选举之后我大概可以不受牵制了。

同一天我举行了记者招待会，记者们的提问集中在选举之前实现和平解决越南问题的前景方面。我回答说，无论如何，选举不会决定我们谈判的性质："如果在选举之前我们能够正确地解决问题，我们当然要努力促其实现。如果办不到，我们是决不会在选举之前错误地解决问题的。"

在10月8日的会谈快举行时，我觉得我们已经用了一切可能的办法促使河内解决问题：我们重新开始的轰炸正在给予他们的军队以沉重的打击，现在苏联领导人大概愿意力劝北越人接受他们所能得到的最好条件，在美国大选之前结束战争。与此同时，我在选举中占压倒性优势的局面使连任的希望与日俱增。

10月8日星期天，基辛格和黑格抵达巴黎，同北越人举行关键性的会谈。当天晚上，他们发来电报作简短的汇报："告总统，今日初次会谈获得某些确切进展，请他相信我们会取得积极成果的。"

星期一，基辛格报告说会谈紧张而不够稳定，但又说："我们处在紧要关

第六章 总统职位（1969-1972）

头。"星期二，我们只收到简短的报告，不大容易领会，有点儿干着急："这一轮会谈极为复杂和微妙，所以我们不能详陈内容，以免泄密。我们充分了解我们的职责所在。我们过去未曾使你失望，现在亦复如此。"

那天晚上，乔治·麦戈文作了一次事先就大吹大擂的全国性电视竞选演说，谈越南问题。他说，在他就任总统的那一天，他要停止一切轰炸，立即开始从南越撤退美国全部军队和军事装备。他又承诺要停止对西贡的一切军事和经济的援助。他没有保证遣返战俘的计划，但说他期望河内对他的各项政策做出有利的响应。詹姆斯·赖斯顿写道，麦戈文"十分卖劲儿地迎合河内的战争目的，其结果是经过这次演说，在公众的支持方面他可能实际上得不偿失"。约瑟夫·克拉夫特是这样评论麦戈文的演说的："显然，他不知不觉地准备接受比对方提出的更坏的条件。"

10月11日，基辛格只报告双方决定再留一天，因为他们希望即将实现一次重大的突破。那一天，我们确定了一个以河内为中心的周围10英里的免炸区。

10月12日晚，基辛格和黑格回到白宫，立即到行政办公大楼我的办公室向我汇报。

从本届政府最初的几天起，基辛格和我就谈到外交政策中的"三大问题"——中国、苏联和越南——以及我们的目标同他们都有关系。到这时为止，其中的两个目标已经达到：我们打开了通往中国的门路，我们同苏联开始有了新的关系，只有第三个目标——解决越南战争——仍旧没有实现。在基辛格开始汇报巴黎和谈时，他眉飞色舞，露出我从未见过的笑容。"嗯，总统先生，"他说，"看来我们是连中三元了！"

他极为详尽地叙述了和谈的经过。黎德寿在夸夸其谈一番之后，提出了一项新的建议，差不多都合乎我们的主要要求：停火，然后美军在60天之内从南越撤退，并且双方释放战俘。北越人不愿明确同意从南方撤退他们的军队，因为他们坚持所谓他们在南越并无一兵一卒的谎言。这种不加掩饰的虚伪说法特别使阮文绍恼火。现在基辛格拿回来的条件是符合我们和阮文绍的目标的，也可以让北越保全面子：不要求北越撤军，但商定的条款规定更换军队办法，关闭老挝和柬埔寨的边境庇护所，这就可以有效地切断北越军队的给养来源，迫使他们不是回到北方，就是在南方逐渐消亡。共产党人终于放弃建立联合政府的要求，同意代以民族和解与和睦国家委员会，由政府、越共和中立派代表组成，以保全面子。投票表决时需要一致通过方才有效；这样阮文绍就有了保障，不致被共产党人及其支持者的多数所压倒。同样重要的是，他们放弃了阮文绍辞职的要求。单是这些条款就等于宣告敌人完全投降：他们正在按照我们的条件解决争端。

还有一条规定体现了美国对北越进行经济援助的原则，我认为这在整个协定中可能是最值得注意的部分。共产党人竭力声称，这场战争是我们发动的，所以这笔钱应当作为战争赔款；但不管他们怎样想方设法说得理由十足，向美国要钱总表明共产主义原则丧失殆尽。更重要的是，当北越人民在25年来开始第一次尝到和平的果实时，我们的援助势必增加我们对河内的影响。

若干尚未解决的问题留待10月17日在巴黎举行的最后一次会议谈判解决。其中只有两个是比较重要的。第一个问题是释放越南平民犯。北越人如不把那些犯人的释放作为协定的一部分，就会被指责为出卖他们的越共盟友。第二个问题涉及双方补充军用物资的规定。共产党人要求按"平等原则"办理。但我们和南越人都不能接受，因为那样就会立即降低南越对越共拥有的军事优势，我们认为这种优势是维持和平所不可缺少的。我们的主张是以一对一为基础更换现有的破旧武器。

基辛格提醒黎德寿，协议必须经我审阅和批准。他同意10月17日在巴黎最后一次会议后去西贡三天，把协议提交阮文绍并征求他同意。然后他将于10月22日前往河内，和北越领导人一起草签协定。之后他将返回华盛顿，于10月26日发表联合公告。停火将在10月30日开始，当天各方外长将在巴黎签署协定。

我关照从白宫食堂端来几盘牛排，还叫马诺洛拿来一瓶拉斐特－罗特希尔德堡出产的葡萄酒，以便我们举杯祝贺基辛格的成就。我注意到黑格的情绪似乎有点儿低沉，不过我认为他只是由于过去几天的劳累而感到疲倦罢了。最后我正面问他：你觉得从阮文绍的观点来看这些条款怎样。他回答说，他确实觉

第六章 总统职位（1969-1972）

得对阮文绍来说这是个很不错的协议。然而，阮文绍本人对此作何反应，他感到不能放心。

基辛格曾经答应北越人，在他到华盛顿以后48小时内就让他们知道我的反应。第二天，我指示五角大楼把对北越的轰炸减到200架次，并下令限制B-52的空袭活动。那天晚上我们给巴黎拍去一封电报："总统同意'关于在越南结束战争和恢复和平协定'草案的基本内容，但尚有几项技术问题需待春水部长和基辛格博士于10月17日进行讨论，同时还应当作下列实质性的改动，否则美方就不能接受这一文件。"我要求的一项改动是，删除一段关于把南越双方——西贡政府和越共——的各种军事义务同协定的政治部分联系起来的文字。我们想把各种政治问题都包括在政治一章里面。另外两处改动是澄清文字上的含糊之处。

北越方面以正式照会答复说，他们认为我们要求改动的几点是双方已经谈妥的。他们说目前只能考虑作一些不大的技术性改动，并且要求我们不要作我所列出的那样的改动。选举限期显然是一条双向道：正如我们可以用它来迫使他们接受我们的条件一样，他们也可以试图用它来诱使我们冒冒失失地接受一项草率制定的、考虑不周的解决方案。

因此，我看了这个照会后对基辛格说，我们在任何情况下都不应当考虑我们认为不能接受的条款。

日 记

我说，就大选来讲，达成协议不会对我们有什么特别帮助，只有在阮文绍或北越方面使协议成为泡影时，才会产生对我们不利的危险。但是，已经发生的事不可能造成致命的损害，反倒只会缩小彼此的分歧。在目前情况下，我们必须怎样正确就怎样干。正如我已经向他指出的那样，如果现在是结束战争的合适时机，如果这是合适的方案，我们就不应当把它拖到大选以后再加以考虑，因为那时敌人所受的压力可能比现在小。

根据我对以往一些协议的研究，每当协议可能达成时，就会出现可以施加压力的时刻,如果错过这种时机,战争就会拖延几个月,甚至拖延几年,然后才有可能再出现这样的时机。也许目前就是这样一个可以施加压力的时刻。我们必须不遗余力地利用这个机会,因为如果我们把机会错过,让大选过去而发现问题老是拖延不决,我们将永远不能宽恕自己。无论如何,我们现在具有可以利用机会的有利形势。我们一定要做我们应当做的事情,不管它将对选举产生何等影响,而其结果倒很可能是对选举非常有利的。

基辛格提出,是不是可以以停止轰炸作为我方善意的表示。我下令再次减少我们每天的袭击,从200架次减到150架次。但毫无疑问,如果全面停炸,那就会是个引人注目的行动。我告诉他,我坚决反对大选前实行全面停炸。如果在巴黎和西贡都获得满意的结果,因此他能够前往河内,那么,我就要考虑在他逗留该地的少数几天里暂停轰炸。反正协定不签字,轰炸是不会停止的。我不会由于看到协定有了一点儿指望就上当受骗,像约翰逊在1968年那样。就在基辛格动身前往巴黎以前,我交给他一封头天晚上我写的信。信中我告诉他,要为争取实现体面的和平而做他认为应当做的事,不要考虑大选。

基辛格10月17日同春水的会晤是紧张而有压力的。在处理犯人的问题上,基辛格拒不接受共产党人要求我们释放西贡所拘押的全部越共平民的主张;这些犯人中有一些是恐怖主义杀人犯。基辛格对春水说,南越方面是决不会接受这个要求的,把无法实现的条款写下来是毫无意义的。共方还反对我们关于替换战争物资条款的严格解释,也没有能够就拘押在老挝和柬埔寨的美国战俘的问题做出令人满意的答复。显而易见,完成协议的日程势必要往后推了。他们竭力要求基辛格到河内去解决余下的问题。基辛格知道我在这一点上的观点坚定不移,因此他答复说,在完全达成协议之前他不能到河内去。虽然还有若干问题尚待解决,但基辛格动身到西贡去了。他已经提醒过共产党人,在签订任何协定以前,我们必须先同阮文绍磋商。尽管基辛格知道,阮文绍会对协定的条款心怀疑虑,并且会由于协定是在他未参加的情况下突然意想不到地谈妥而

第六章 总统职位（1969-1972）

感到不快，他也只能安排三天的时间在西贡仔细研究一下协定。毫无疑问，北越方面正试图利用大选期限的压力来使我们同阮文绍的关系紧张起来，并且造成一种印象，仿佛协定是在没有给他足够时间为某些表面上不太有利的条款作舆论准备的情况下由华盛顿强加于他的，从而给他制造国内的政治问题。但是基辛格曾经抱着侥幸心理，认为如果阮文绍以积极态度对待这一协定，并且如实地把它看成一项胜利，那么他就会漠视这些问题，并且理解这项协定给他带来的极大好处。

第二天，我给北越方面发出一份照会，通知他们说，按照我的意见，需要再举行一次会议，然后基辛格才能前往河内，我们才能停止轰炸。我反复说明，有关北越部队撤出老挝和柬埔寨的问题应该得到谅解，有关在押平民和替换物资的问题也必须加以解决。我提出了一个新的日程表，把原有日程延长三到四天，以便基辛格和黎德寿能再举行一次会谈。我还说明，作为一种善意的表示，在谈判进行期间我们将保持目前对轰炸出击架次和 B-52 空袭所施加的限制，同时重申我希望在所提新的日程内完成协议。

北越方面现在显然决意要在选举以前达成协议。他们复照表示愿在武器替换和无条件释放在北越的我方战俘问题上完全接受我们的主张。我给范文同拍了一份电报说，现在可以认为是已经达成协议了。只有单方面发表声明的问题，其中包括有关停火的安排和交还在老挝和柬埔寨的美国战俘的问题，仍然有待澄清，所以我建议再推迟 24 小时，以便考虑和解决这些问题。我说，一旦这些问题得到处理，就可以指望我们按照修订的日程进行下去，最后在 10 月 31 日签字。10 月 21 日，北越方面提出答复，同意我方有关单方面发表声明的主张。

基辛格 10 月 18 日到达西贡时，随身携带着我写给阮文绍的一封信。我在信中说："我认为除了接受这一协议外，我们没有其他合理的办法可以选择。"我向阮文绍保证，我将十分认真地看待共方任何失信的行为。

基辛格发现阮文绍彬彬有礼但不明确表态。在他同南越国家安全委员会全体成员和出席巴黎会谈的大使们举行的一次气氛紧张、情绪激动的会议上，人们连珠炮似的向他提出了许多心存疑虑的问题。事后基辛格报告说，南越领导人出人意外地害怕北越共产党的欺骗，对他们自己则令人不安地缺乏信心。显然，眼看要切断依附于美国母体的脐带，他们正感受着心理上极大的痛苦。根据基辛格对形势的分析，我们面临着一种荒谬的局面：实际上已经打输了这场战争的北越正以战胜者自居，而实际上打赢了这场战争的南越却在行动上显得它好像已经吃了败仗似的。

这种态度无疑有其心理上的原因，但是在阮文绍的行为背后，也存在着各种个人、政治、外交和军事等方面的实际因素。由于美国新闻界形容阮文绍的那种方式，许多美国人认为他是个镇压他的政治对手的小暴君。人们的不同政见在南越基本上被剥夺了发表的权利，但是阮文绍仍然不得不对付一个由选举产生的国民议会以及形形色色公开的国内政治反对派。除非他能使人民深信这项和平协议会对南越有好处，否则他能否继续掌权是很成问题的。他们打了那么多的仗，付出了那么多的牺牲，并且对敌人了解得那么清楚，因此，尽管共产党人口口声声说他们真心诚意或愿意遵守协议的条款，但他们也是不会轻易受骗的。在最后一批美国人撤走后，他们还必须留在自己的国家里，当然不愿接受任何可能使他们处于不利地位的协定。由于任何协定的条款必然有争议之处，阮文绍就不得不表明，他既没有放弃南越的任何重大利益，也没有接受华盛顿交代给他的条件。问题在于这样做需要时间，而如果我们要恪守已经商定的签字日程，时间是我们唯一缺少的东西。

阮文绍还会对立即签订协定的军事后果感到担忧。许多军事分析家认为，北越方面之所以坚持要以10月31日作为签订停火协定的最后限期，是由于他们已经厉兵秣马，要在那一日期以前在南越抢占并控制尽可能多的土地。早在10月初，缴获的北越中央南方局的一项指示就已经透露出这一计划，要把南越军队吸引到北部地区，使湄公河三角洲和西贡外围各省在最后一分钟的攻势下易被攻取；这个文件还布置了在停火后进行恐怖活动的一些计划。黑格对此感到深为忧虑。

日　记

黑格认为，真正的问题是北越方面事实上正以极其强大的兵力活

第六章 总统职位（1969-1972）

跃在西贡周围地区，以便尽可能抢占地盘。某种情报表明，他们已经指示他们的干部：在宣布停火时，立即把他们所控制的地区以内的全部对手击垮。

这将是一场凶残的攻击，在我们力促阮文绍接受一项政治上无疑是合理的，但在军事上也必须证明是站得住脚的解决办法时，这是我们必须考虑的一个问题。

10月20日，我们开始执行"进一步加强行动计划"，用大批飞机向南越空运军事装备和补给品。如果协定在10月31日如期签订，我们就必须立即遵守关于限制物资替换的条款。因此，在截止日期以前，应当尽量完成预定的越南化计划。

我想再次弄清楚基辛格是否理解我的想法：不必赶在大选以前达成协议，不要对阮文绍逼得太紧，免得他同我们决裂。因此，那天夜里我给他拍了一份电报：

> 在你同阮文绍继续商谈时，我想再次着重说明，所采取的任何行动都不应受美国大选日期的影响。我已得出结论，如果在大选以前达成的协议会使我们遭受指责，说我们所获得的解决办法还赶不上等到大选以后可能争取到的办法，那么，这种充其量也不过是一场惨败的协议就很可能会严重地损害美国国内的情况……
>
> 正如我昨天扼要地说明的那样，我们缔结任何协定都必须使阮文绍成为自愿的伙伴。切不可强迫结合。

10月21日，多勃雷宁交来一封他所说的勃列日涅夫的紧急信件。信中说，北越人向他抱怨，说我们违背了我们已经同意的方案，他想让我们知道，苏联政府希望我们遵守业已确定的日程表。

同一天，消息传到华盛顿，说范文同单独接见《新闻周刊》记者阿诺·德·博什格拉夫，进行了两小时的谈话。当范文同被问起阮文绍在停火后是否可以成为三方联合政府的一员时,他给人的印象与北越方面在巴黎已经同意的方案截然相反。他答复说,民族和解与和睦国家委员会可能实际上是或者可能成为联合政府。这番话必将使阮文绍大为恼火,并使他更难接受这一协定。

北越人正在实行一项精心策划的战略。他们同意我们所提的每一点,以便他们万一决定要把谈判经过公布于世时可以有一沓十全十美的记录。由于把协议说成共产党的胜利,像范文同对德·博什格拉夫所说的那样,他们就不仅在国内和国际上保全了面子,而且对阮文绍发动了一场心理战。他们在把协定翻译成越文时,故意改动协定的字句,试图用这种拙劣的手法在西贡和华盛顿之间制造摩擦和猜疑。这样,即使北越人在我们的轰炸和布雷的影响下摇摇欲坠,并由于我们同他们的莫斯科和北京盟友改善关系而心烦意乱,他们仍然想依靠软弱的地位一鸣惊人地达到他们从实力地位出发所无法达到的目的。他们试图在我们和阮文绍之间打进一个楔子;如果他们成功了,他们还可以利用我国的舆论迫使我们撤军,让他们如愿以偿地获得机会来摧残阮文绍政府和征服南越。我决意不让他们得逞。

10月21日,我让黑格给基辛格拍了另一份电报,要求除了实际上使阮文绍同我们决裂以外,尽可能给他施加压力。我还说,如果看来没有可能取得阮文绍的同意,基辛格就应当通知他,我们不得不考虑同敌人缔结一项单独的协定。其实这时我并没有考虑要这样做,也不认为将来有必要这样做,但是,我想使阮文绍深刻了解,我一俟条件合适就达成协议的决心是认真的。

据基辛格判断,问题倒不在于阮文绍会干脆拒绝接受协定,惹得我们同他决裂,而在于他会不给任何答复,进行拖延,从而迫使我们错过签字的日期。因此他建议,在得不到阮文绍对协定的任何反应的情况下,或在他万一拒绝赞同协定时,他就应当如期前往河内。他恳切陈词,指出如果取消他所说的"最后一段航程",那就会造成许多难题,其中最严重的是,他仍然相信一旦我国大选结束,共方就会觉得迫使他们达成协议的压力大为减少,很可能会决心恢复战斗:

第六章 总统职位（1969-1972）

> 在最近几个星期里，我们施展了强硬无情的策略，利用我们的选举限期作为向对方实行胁迫的手段。在这一过程中，我们取得了在上个月或者在上个星期没有人想象得到的让步……
>
> 华盛顿必须懂得，这不是主日学校的一次野餐会。我们与之打交道的是一批狂热分子，他们已经打了25年仗，并在最近的战争中丧失了他们男子中间的精华。他们已经忍痛作出了较大的让步。我们不能肯定他们要过多长时间才愿意按照目前我们所能接受的条件解决问题。如果取消这最后一段航程，那就可能使我们付出巨大的代价。

然而，我强烈地感觉到，北越人将利用基辛格在河内露面的机会谋求宣传上的胜利，并利用它来使美国舆论转而反对阮文绍，所以，除非有关各方已经同意签订协定，我决不考虑把最后一段航程当作可供选择的途径。

10月21日上午，基辛格同以南越外长为首的一个工作小组会谈，这位外长在会议开始时要求作一次祈祷，然后提出对协定草案作23处修改。基辛格认为其中16处是次要的，可能比较好办，因而立即表示同意。可是其余的7处却提出了难以满足的要求，其中包括北越部队从南越撤走的具体规定，以及实际上等于取消民族和解与和睦国家委员会的主张。他解释说，共产党部队由于已经在战斗中遭到削弱并无法得到增援，终将自趋消亡；他还指出，既然委员会的任何表决都必须取得一致的同意，那么对于西贡来说，该委员会终将成为一种保障而不是障碍。会议的气氛是亲切的，基辛格觉得他能够颇有说服力地提出他的论点。但是仍然听不到阮文绍那里的消息，而时间却在流逝。基辛格在同南越工作小组会谈后拍来电报说：

> 我已请求今晚同阮文绍会见以摸清他的意图。显然我们不能等待太长而不作出抉择，因为我们正在迅速地为许多事件所困而不能自拔。回顾既往，现在看得十分清楚，我当初是不应当同意给最后一段航程规定一个固定不变的日期的。这样做，使我们得到了我们任何人

都想象不到的让步，但是它显然正在使我们为此付出代价。这形成了大水漫过堤坝的局面。我想你看了我们在这里会谈的记录以后，一定会觉得我们对阮文绍是一直很有耐心的。

与此同时，北越人同意了我们关于老挝和柬埔寨问题发表单方面声明的方式。我即刻给基辛格送去了一封信，由他在同阮文绍会见时面交。我在信中说，现在我已经极为仔细地研究了整个协议，包括河内最近的让步在内。由于一些非常实事求是和令人信服的理由，我敦促他接受这项协议：

> 如果在这个时候你觉得这个协议是不能接受的，而对方又把他们为了满足我们提出的要求而作出的极大努力公布于世，那么根据我的判断，你的决定将极为严重地影响我为你和南越政府继续提供支援的能力。

随着总统竞选活动从1972年夏天进行到秋季，一般有政治常识的人都认为，我可能力图在大选以前达成协议，借以使这场战争变得在政治上对我有利。具有讽刺意味的是，主要由于麦戈文的极端主义，但也由于他拙劣的竞选手法，政治压力的效果适得其反。民意测验证实了我的直觉：就选民的支持来说，我处理战争的办法一般被看作可以对我肯定而对麦戈文加以否定的问题，因为人们认为他软弱，是个投降派。所以，赶在大选以前仓促达成的任何协议都会显得动机不纯，招致猜疑。鹰派将会不公平地指责我为了不错过一个利己的限期而作了过多的让步，而鸽派则会错误地声称我本来在1969年就能够取得同样的条件。

正如基辛格所指出的，等到大选以后再去解决问题的风险是，共产党人可能决定要继续打下去。我准备在大选以后加紧进行轰炸，但是我无法知道，这样做是否能在美国公众的耐心丧失殆尽以前、轰炸的举动使我们同中国人和苏联人产生严重问题以前或者国会干脆投票决定要我们摆脱战争以前，使共方采取较为通情达理的立场。

第六章 总统职位（1969-1972）

日 记

当然，问题在于我们根本不知道敌人是否有一个崩溃期限，或者如果有的话，这个期限何时来到。我们也不知道，从美国的政治观点来看，大选以后的局势是否会对我们十分不利，尽管我们可能会赢得选民的极其重要的信任。

我倾向于认为，对我们较为有利的讨价还价的时机是在紧跟大选以后而不是在大选以前。在大选以前敌人还会作出估计，相信他们的人有最大的机会取胜，或者至少是能够取胜，因此我们受到那种要我们解决问题的压力。

我们希望，在大选刚结束以后，我们将获得大多数选民的信任，来把战争胜利地进行到底，那时敌人就不得不老实下来，否则就将面临我们可能对他们采取的行动的后果。

对于究竟是在大选前还是在大选后比较容易取得和平解决的办法，我的顾问们意见不一。基辛格坚决认为，北越人在大选前会受到要他们进行谈判的大得多的压力，因为当战争仍然是竞选中的一个争论问题时，他们将指望从我这里得到较好的条件。他担心一旦大选结束，他们可能又同原先那样拒不妥协，让战争在较低的水平上拖延下去，希望美国舆论最终迫使我们撤走。

包括黑格在内的另一些人认为，大选以后我将获得压倒性多数的选民的信任，在行动上无论如何都要比第一届任期少受一些约束，这时北越人大概更有可能作出让步。我个人倾向于这种意见，但是，如果北越人同意我们要求的条件，而我们又能说服阮文绍同我们合作，那么我完全准备在选举之前缔结协定。阮文绍的表现是决心要尽量拖延达成协议，这就给我们提出了一个困难的问题。虽然我们知道北越人正在执行一种旨在离间我们和阮文绍的关系，使我们听从舆论支配的精心筹划的策略，这却并没有使那个问题容易处理一些。

事实上，到目前为止，看起来北越人的策略似乎已经取得成功。如果谈判记录公布于世，那就会表明他们实际上已经投降，同意了我们的全部要求。如果我们现在由于阮文绍的反对而决定推迟签署协定，或者由于阮文绍的缘故而要求对协定作出更改，那么北越人很可能会公开提出他们的理由，要求我们签字。这样，阮文绍就将成为实现和平的唯一障碍而陷于孤立。美国反战领袖们和新闻界将煽动舆论反对阮文绍，并将产生迫使我们抛弃阮文绍和单独签署协定的强大压力。

我认为我不能让这样的事情发生。甚至在11月，当阮文绍的行为变得令人恼火时，我仍然觉得，如果我们把他抛弃，南越将在几个月内落入共产党之手，我们在那里的全部努力就会付诸东流。我相信，在国会于1月复会并投票通过断绝一切用于战争和援助南越的拨款，从而剥夺我们对问题的控制权以前的某个时候，阮文绍最终将和我们一起签署协定。所以，虽然我希望阮文绍在11月大选以前接受协定，我仍旧打算让他在12月底以前这段时间内进行他认为必要的内部准备，然后同意签字。与此同时，我认为最重要的是使谈判继续进行下去。

10月22日星期天上午8时，基辛格终于在西贡被召前往阮文绍的办公室。如果阮文绍决定同我们合作，基辛格仍然来得及按照我们商定的时间前往河内，并且按原定日程于10月31日在巴黎签署协定。在这次会晤以后，基辛格立即拍来一封电报。午夜刚过，我在戴维营正要就寝时，工作人员通过电话把电报的内容告诉了我："我们刚刚结束了同阮文绍举行的历时两个小时的紧张而颇有情绪的会谈。然而，我认为我们终于取得了突破，可以在他的支持下按原定时间表进行了。"

我接到这个消息后，感到极大的宽慰和满意。可是等我第二天早晨醒来，又接到基辛格拍来的另一封电报：

阮文绍刚才拒绝了整个方案或任何修订案，并拒绝在这一方案的基础上进行任何进一步的谈判。他坚持任何解决办法都必须包括对非军事区的绝对保证、北越部队的全部撤出以及南越的完全自决，而没有提到这个条件如何能够实现。

第六章 总统职位（1969-1972）

我用不着告诉你，这样一来我们已经碰到多大的危机了。

那天晚些时候，基辛格又拍来电报，说明阮文绍如何在下午召他回去，完全改变了上午他所采取的立场。"阮文绍的强硬态度达到了无以复加的地步，"基辛格说，"他提出的要求几乎毫无道理。"

我当即通过在巴黎的北越代表团给范文同拍了一封电报，提醒河内我们一贯采取的立场是我们不能单方面进行谈判："令人遗憾，我们在西贡遇到的困难比原先预料的要复杂一些。有些困难牵涉到美国方面在道义上应当向越南民主共和国方面说明的问题。"我指出，会见德·博什格拉夫的谈话泄露了秘密，这是我们在西贡面临难题的主要原因，接着我告诉他们，我要把基辛格召回华盛顿进行磋商，要求他们在我们于24小时内拍去一封较长电报以前不要采取任何公开行动。我再次声明我们同意协定草案的基本内容和原则，赞成尽早通过谈判达成协议。

黑格召见多勃雷宁，说明在西贡遇到的困难使我们有必要推迟对签订协定所作的安排。他说，苏联人应当责成他们的伙伴实行克制，河内方面不要在延期问题上公开大叫大嚷。

与此同时，我们接到北越人措辞严厉的答复，声称他们不能接受我所提出的要求延期的理由，并警告说，除非我们严格履行在有关协定和签字时间表方面所作的承诺，否则我们就要对战争继续下去的"后果"承担责任。

10月23日，基辛格和阮文绍举行了最后一次会谈。阮再次提出了对协定的三大异议：协定未能把非军事区确定为安全的边界，民族和解与和睦国家委员会有成为联合政府的可能性，北越部队继续留驻南越。基辛格再次明确表示，固然阮的担心不无道理，但事实上协定的条款却是我们对共产党人的重大胜利。尽管如此，他同意请北越人到巴黎去，在那里把阮的要求向他们提出，不过他着重指出，要全部实现阮的要求看来是不大可能的。"重要的是，不应当使已经作出的一切牺牲付诸东流，"基辛格对阮文绍说，"如果我们继续进行对抗，你会取得一些胜利，但到头来我们双方都是要失败的。事实上，美国的整个报界、广播电视网和知识界都巴不得我们失败。如果说在最后的日子里我似乎不够耐心，那是因为我眼看着机会正在消逝。所以我在离开的时候怀着这样一种悲剧感。"

第二天，我又拍了一封电报给范文同总理，要求举行一次决定性的会谈。我声明，这次会谈上拟定的协定文本将被当作定稿，同时我主动提出要暂停对北越北纬20度线以北地区的一切轰炸，作为善意的表示。这封电报同北越人的一篇简短无礼的电文互相同时发出，那篇电文硬说协议已经达成，不必再行开会。他们准备如期在河内接待基辛格；如果我们拖延，战争就将继续进行。他们要求第二天得到答复。

我们在10月25日作出的答复心平气和但态度坚定。我们说，对于有必要稍稍推迟签字日期，我们和他们一样感到遗憾，但是我们指出，我们不能在那种声称缔约的一方表示同意而实际上并无其事的文件上签字。我们再次要求由基辛格和黎德寿再举行一次会谈，并再次表示他们所同意的文本将被视为定稿。我们甚至比我前一天的说法更进了一步，保证一俟协定文本拟定就绪，即使那时我们还在同我们的盟友进行磋商，我们也要完全停止对北越的轰炸。电报最后说：

> 现在要由越南民主共和国作出决定，是不是要执行一项公开进行诽谤、私下毫不妥协的政策，从而抛弃一切已经达成的协议了。越南民主共和国硬要提出一些美国无法使其满足的要求，只能让人得出结论，它是在寻求延长冲突的借口。

这时，阮文绍在西贡向国民议会发表了一次演说。虽然他不满意协定的主要条款，他倒确定没有排除他在将来某个时候同我们走到一起来的可能性。

日 记

阮文绍的演说有点儿像大杂烩。然而，演说所透露出来的最重要

第六章 总统职位（1969-1972）

的东西是，基辛格提出的两种推测——要么是阮文绍失去了理性，要么是他像狐狸那样没有理性，看来后者是猜对了。

这里出现的情况是，他确实正在为停火预作准备，但也可以看出，他在参加酝酿停火的活动时还坚持说他不要联合政府等。

阮文绍发表演说的那一天，我在东厅举行的一次仪式上签署了两项退伍军人津贴法案。

日　记

在向退伍军人发表讲话时，看到那些双目失明和坐在轮椅中的退伍军人，我又一次深为感动。

这种情景使我认识到我们对这些人负有多么大的义务，同时也使我认识到，缔造一种真正有助于保证不再发生战争的和平，而不仅仅是争取两次战争之间的间歇的和平，又是何等重要。

很难理解为什么他们还这样拥护我们，看来我们的人民中间一定存在着了不起的品质，以致他们宁愿受那么大的痛苦，也要坚决拥护对国家有利的正义事业。

10月26日星期四，我们一直担心的事发生了：北越人公布了和平协定。他们在河内电台上广播了协定的一般条款，包括10月31日这个签字时间表。他们透露了我给范文同的两封电报，硬说我们正在拖延谈判，以便掩盖我们"维持西贡傀儡政权以继续进行侵略战争的阴谋"。

基辛格在此以前已经计划在10月26日举行一次记者招待会，除了想分散人们对阮文绍故意拖延谈判的行动的注意力以外，还想向北越人再次表明，我们对于达成协议的态度是认真的。现在他的记者招待会有了另一种意图和意义：我们必须利用它来揭穿北越人的宣传花招，并确保我们关于协定的说法能在公众中产生更大的影响。

基辛格在开场白中说："我们相信和平就在眼前。我们相信很快就会缔结一项协定,这项协定是以总统5月8日的建议和我们1月25日建议的修正草案为基础的,对各方都很公正。"

公众的注意力集中在"和平就在眼前"这句话的措辞上。这次情况介绍会上的另一段话后来也常常萦绕在我们的脑际。基辛格说:"顺便提一下,我们认为,只要再同北越代表举行一次谈判,就可以解决留下的问题,依我看来这次谈判只要花三四天就够了,所以我们不是说要拖延很长时间。"当齐格勒告诉我,根据基辛格这次情况介绍会发表的新闻提要是"和平就在眼前"时,我马上知道我们同北越人讨价还价的地位将受到严重的损害,我们也甚至更难使阮文绍和南越人跟我们走到一起来了。同样令人不安的是,国内将引起人们过早地期望出现早日取得协议的前景,同时麦戈文的支持者自然会声称我们正在试图操纵选举。基辛格本人不久也认识到,为了使北越人相信我们的诚意而公开赞成一种协议的办法,未免走得太远,是错误的。

在积极的方面,基辛格的情况介绍会无疑地能够使敌人的诡计完全无法得逞,并消除他们对拟议中的和平协定的错误解释。

日 记

北越人本来认为,他们通过民族解放阵线公布一种关于和平计划的多少有点儿歪曲和断章取义的说法,会使我们遭到突然袭击。结果,基辛格发表公开讲话并且指出"和平就在眼前"。这的确远远超过了我原来打算要说的范围,我知道亨利对这一点是感到不安的。然而,当我同他谈起我们到肯塔基州〔进行竞选〕我应该讲些什么话时,他根本不希望我从他已经讲过的话后退。

北越人不理会基辛格的情况介绍会,拍电报来表明他们仍然期待他到河内去草签协定。我们给他们发去一份照会,再次说明我们理解他们由于未能按照10月31日的原定日期举行签字仪式而产生的失望情绪,并建议在11月1日举行一次决定性的会议,以11月20日作为草签协定的预定日期。

我们同意在这次决定性会议上达成协议后不再要求作任何进一步的改动,

第六章 总统职位（1969-1972）

并再次表示，一俟达成协议以及在我们就协议内容同盟友磋商期间，我们要暂停对北越的一切轰炸。我们说："美国方面愿意重申他们的信念，只要双方持合作态度并具有善意，剩下来的一切障碍都是能够克服的。目前主要的问题是应当着眼于未来，停止对往事的指责。"在提到他们曾把谈判的情况公布于世时，我们还加上一句："公开施加压力的手法只会阻碍进展。"

同时，我们给北京发了一份照会，说明如果中国人运用他们对河内的巨大影响来促成已经十分接近实现的和平，我们将非常感激；我还写信给勃列日涅夫，要求他运用他的影响敦促北越同我们合作，按照切实可行的时间表达成协议。

我还给阮文绍拍了一封措辞强硬的电报："不过，如果我们之间显而易见地走向分歧的趋势继续下去，美国对你和你的政府提供支持的必要基础势必遭到破坏。"

日 记

我们现在处于这样一种形势，如果在大选以后他不跟我们一起走，我们就不得不对他施加一些压力。我想那时他就会跟我们一起走了。

亨利相信，而我倾向于认为他是对的：一方面，真正影响阮文绍的是他一想到美国人要离开南越就惊慌不安；另一方面，艾布拉姆斯虽然肯定并不对阮文绍持反对态度，却强烈感到我们撤离的时候已经来到，我们只好割断脐带让这个婴儿自己走路。如果在我们喂了他们大量武器、弹药和训练等的情况下他们还不能自己走路，那么他们永远也做不到这一点了。

基辛格的"和平近在眼前"的发言所引起的大量推测，使我们处于非常微妙的地位。虽然我不想不必要地给乐观情绪泼冷水，我却不能允许所谓下次巴黎会议一定可以达成协议这种印象继续存在下去。即使北越人屈服于每一项要求，阮文绍也不一定肯跟我们走。事实上，他曾公开发表讲话，谴责拟议中的解决方案是"投降协定"。因此，我在11月2日一次电视竞选演说中说:"我们不会允许选举期限或其他任何期限迫使我们达成一项仅为暂时停战而非持久和平的协议。协定合适了我们才签字,早一天也不干。谈妥了我们就签字,一天也不拖。"麦戈文的反应是指责我蓄意使人们对和平的前景产生错误的印象。

在我这次讲话的同一天,我下令放松自10月13日起生效的对B-52飞机轰炸北越所施加的限制。目前的计划是对河内施加日益增强的压力,先轰炸非军事区附近地区,然后每天稍稍向北推进。这好像马上起了作用:开始实行两天后,北越人就同意于11月14日在巴黎同我们举行会谈。那时选举将已经结束;美国人民已选出他们未来四年的总统,他们的决断将对战争的结局产生决定性的影响。虽然麦戈文和我之间的分歧几乎体现在各个方面,但我们在越南战争问题上的立场可以说是截然对立。他曾保证要立即结束战争,先行单方面撤军而并不坚持对方就归还我们战俘问题作出任何安排。我却决定要继续战斗,直到我相信我们所获得的和平抵得上我们付出的牺牲,能够维护南越的独立地位,在我们撤军后能成为持久的和平,并保证我们的战俘能够得到遣返和我方作战失踪人员的下落有所交代。

贪污问题

鉴于在越战问题和几乎其他一切问题上都遭到大多数选民的漠视或非难,麦戈文和民主党人开始集中注意"政府中的贪污"问题。也许完全是一种巧合,与此同时,《华盛顿邮报》登载了一系列关于尼克松竞选活动中所谓贪污受贿事件的新闻报道,据说消息来源大部分是匿名"人士"。麦戈文很快就认识到,《华盛顿邮报》的文章在华盛顿和对全国各地新闻界比他本人或施赖弗在竞选中所说的花言巧语有大得多的影响,因此他开始把《华盛顿邮报》所提出的指责吸收到他的讲话中去。这些报道在大选前两个星期,即10月25日达到了高潮,等到大选一结束,也就销声匿迹了。这一点也可能纯属巧合,但当时我们在白宫却不是这么看的。

例如,10月3日的《华盛顿邮报》报道,"提供消息的人"断言,比尔·

第六章 总统职位（1969-1972）

蒂蒙斯已被人揭发为收到水门窃听报告的人之一。这一断言是诬陷不实之词，蒂蒙斯加以否认。《华盛顿邮报》在三天以后重复这一断言，这次是以大字标题登在头版上的，然而它仍然是诬陷不实之词。

10月8日，我在日记中评述了这类新闻报道所起的作用。

日 记

朱莉对于这家报纸上的一则新闻报道感到烦恼，这则报道大意说，蒂蒙斯·〔罗伯特·〕奥德尔和另一位白宫助理得到了有关水门窃听内容的报告。她说，如果他们中间有人真正犯了罪，我们就确实应当把他们撵走。我叫她不要为此担忧，指出那些新闻报道是捏造事实。然而这件事的确表明，她以及大概还有一些像她那样参与竞选工作的人对这个问题是何等敏感。

她提到她曾见到谢尔曼·亚当斯。这种事搞到亚当斯头上实在是不幸的，我一定记住要找个机会请他到白宫来。由于他在艾森豪威尔手下工作时颇多劳绩，本来就不应该让他在蒙受嫌疑的情况下离职，他的过错充其量不过是一个判断问题，而不是什么违法乱纪道德败坏的问题。我倾向于杰里·帕森斯的意见，他说亚当斯是个不会做坏事的老实人，他离职时景况并不怎么宽裕。

10月10日，《华盛顿邮报》在头版登载了一条新的所谓事实报道。在"联邦调查局查明尼克松的助理对民主党人进行破坏活动"的标题下，这则报道在开头一段说："联邦调查局特工人员已经证实，水门窃听事件来源于为争取尼克松重新当选而进行的大规模政治侦探和破坏活动，并由白宫官员和'争取总统连任委员会'进行指挥。"

这则新闻报道指控说，一个名叫唐纳德·西格雷蒂的青年人招募了50名密探，从事一项秘密活动，其中包括"对民主党候选人的家属进行盯梢；用印有候选人姓名、住址等文字的信笺伪造信件并加以分发；向报界透露伪造的消息；打乱竞选活动的时间表；夺取保密的竞选案卷，并对数十名民主党竞选工作人员的生活进行调查"。

唐纳德·西格雷蒂是我的约会秘书德怀特·蔡平和霍尔德曼的一位助理戈登·斯特罗恩在大学时代的朋友。蔡平和斯特罗恩雇用西格雷蒂，要他成为他们所说的"共和党的迪克·塔克"。塔克是个民主党人，他的名字已经成为对共和党候选人进行巧妙的恫吓压制的同义词了；他是施展当时被称为"卑鄙伎俩"的能手：在参加竞选集会的群众中传播一些令人难堪的流言蜚语，篡改预定的时间表以引起混乱，并到处制造分裂。人们期待西格雷蒂像塔克那样发挥他的想象力和幽默感，在反对党中间引起小小的混乱。

蔡平看到《华盛顿邮报》的这条新闻报道时感到难以置信。虽然他并没有步步监视西格雷蒂的活动，但是《华盛顿邮报》这篇报道阴险地影射的事情却同他所授权干的事毫无共同之处。西格雷蒂本人表示极大的愤慨。

照我当时的看法，《华盛顿邮报》通过在大选前不到一个月的时间发表这篇报道的办法来指责西格雷蒂进行侦探和破坏活动，而塔克过去干的同样的勾当却被称为创造性的恶作剧。而且，把西格雷蒂同水门闯入事件牵连在一起，也是十分不正确和不公平的。

几天以后，《华盛顿邮报》记者给白宫打来电话，预告他们将刊登一条新的消息，指控蔡平和亨特是西格雷蒂的联系人并指挥他的活动。这就无形中把蔡平同关于水门闯入事件的报道联系起来了。记者们还说，他们将指控蔡平和亨特曾经向西格雷蒂扼要地指点过大陪审团会对他的活动查问什么问题。这两项指控都不符合事实，蔡平发表声明加以否认。

10月15日，《华盛顿邮报》在头版实际刊登的那条消息同记者电话上给我们讲的那条消息相比，有了巧妙的改动。然而，他们没有告诉蔡平说他们要做任何修改，或给他机会去相应地改动他要发表的否认声明的措辞。刊出的那条消息没有指控蔡平就大陪审团问题向西格雷蒂作过指点，也不再强调他同亨特有联系。那条消息现在是这样开始的："尼克松总统负责约会的秘书和水门窃听案中已被控告的一名前白宫助理，都在对民主党人的侦探和破坏活动中充当过'联系人'。"

当然，问题是在总统选举前三个星期根本无从查核这种消息的真伪。最起

第六章 总统职位（1969-1972）

中伤作用的部分完全是虚构的；但是，蔡平的确雇用过西格雷蒂去扰乱民主党人竞选活动的阵脚。要是设法纠正这条消息，那就有可能出现其他的政治危险。霍尔德曼曾同意蔡平雇用西格雷蒂，由我的律师兼竞选助手赫布·卡姆巴克支付薪金。这样，人们就很可能把他们对这条消息的注意力更集中到白宫身上。齐格勒否认蔡平指挥过任何侦探和破坏活动，谴责那些"散布谣言、含沙射影和株连无辜"的勾当，然后坚决拒绝对具体细节发表评论。采访白宫消息的记者团十分恼火。

那天夜里，我口授的日记表达了我对人们由于蔡平同西格雷蒂有所往来而对他提出的这些指控的感想。

日 记

关于蔡平的重大消息今天传开了，它当然是犯了罗织无辜、传播谣言之类的罪名。真是最恶劣的麦卡锡主义。无论如何，正如我对霍尔德曼所说的，我们不能在这些新闻报道面前手足无措，因为这个星期它们的步伐还会加快。

霍尔德曼指出，蔡平觉得他可能成为牺牲品。我说在任何情况下我们都不会那样做，这是因为，既然报界在这整个问题上纯粹采用双重标准，我们那样做是不公平的。令人啼笑皆非的是，他们为迪克·塔克和其他一些人的行动开脱，说那不过完全是开玩笑，但如果我们干这样的事，那就是十恶不赦的侦探和破坏活动了。

几天以后，我又有了进一步的看法。

日 记

我把我午夜的想法告诉了霍尔德曼，那个想法的大意是，对蔡平等人最近的攻击是"东部权势集团所打的最后一次饱嗝"。

关于西格雷蒂和水门事件的新闻报道继续出现，这时麦戈文宣布他知道有人在对他进行破坏,并在 10 月 19 日称我的政府为"一帮凶手……一个腐败的政权"。10 月 24 日,他凭空捏造说,共和党人在各州初选中窃听了民主党总统候选人的电话,并且"一直对我们和我们的家属进行盯梢"。同时,特迪·肯尼迪决定亲自调查这件事情。他宣布他的参议院政府作风小组委员会将开始查究西格雷蒂和可疑的竞选手法。

10 月 25 日早,《华盛顿邮报》在头版登载了鲍勃·霍尔德曼的大幅照片,上面的大字标题是:"证词表明尼克松的高级助手同秘密基金有关"。这条新闻说,霍尔德曼是受权可以批准使用"争取总统连任委员会"秘密现金专款的五人之一。它声称这笔专款是"在联邦调查局对水门窃听事件进行调查时揭露出来的。它为一项显然史无前例的侦探和破坏活动提供资金"。这条消息说,霍尔德曼是同意为这类活动拨付数十万美元开支的那些人中的一个。记者们说,"争取总统连任委员会"的财务主管休·斯隆曾向大陪审团提出过大意如此的证词,并说联邦调查局曾为此询问过霍尔德曼。

固然,"争取总统连任委员会"确实拨过一笔现金专款用来收集情报和进行其他需要慎重处理的竞选活动项目。而霍尔德曼既然以我的名义办事,从理论上说想必是会批准动用同我的竞选活动有关的任何款项的。但是,他并没有指示从"争取总统连任委员会"基金中支付那笔开支,也没有受到联邦调查局的盘问,休·斯隆也没有提出过那条消息所描述的证词。

日　记

我们得到了有关《华盛顿邮报》所登载的关于霍尔德曼的报道的消息。这显然使他感到不安,不过他是个坚强的人,很好地经受住了这次攻击。他说,就休·斯隆提供证词这一点而论,这则新闻报道是不准确的,但是《华盛顿邮报》反正会继续进攻下去。霍尔德曼相当隐晦地谈到,白宫里有一个竭力想打击他的小集团。我希望他不致产生一种认为自己遭受迫害的变态心理。

我回到住所后打电话给霍尔德曼,试图使他安心。我说,这件事

第六章 总统职位（1969-1972）

并不使我感到紧张，我知道我们在未来的两个星期内将不得不经受一些压力，但我们将平安度过，不致手足无措。

耐人寻味的是，《华盛顿邮报》的本·布雷德利说，本届政府决心要摧毁报界。这当然完全是无稽之谈，他自己也心中有数。我认为他担心的是大选以后那些向《华盛顿邮报》提供消息的人将有什么遭遇——然而，我们有一切权利并且事实上有一切责任，来保证使那些肯同我们正当地合作的人比那些要给我们捅上一刀的人得到较好的待遇。

虽然说麦戈文应当是个主张和平竞选的候选人，他的支持者却采取了异常凶暴和破坏性很大的手段来攻击我的竞选活动，甚至我的支持者。有一次我在旧金山露面，那里出现了一位观察家所说的"戒严状态"：旅馆被头戴钢盔、全身披挂防暴装备的警察团团围住，同时一队队示威者截住来往车辆并抛掷石块。这次示威是由附近伯克利的麦戈文总部散发的传单引起的。在洛杉矶，麦戈文的加利福尼亚南部竞选运动协调人承认，他曾批准使用他们总部的电话系统在当地煽动一次反对我的大规模示威；大约50个麦戈文竞选总部散发了宣传这次活动的传单。有人后来告诉欧文委员会说，麦戈文的一位发言人向记者声称这种活动并未得到批准，那是很不老实的。在西弗吉尼亚州摩根城，示威者企图以大喊大叫压倒特里西娅的演说。有些人在俄亥俄州哥伦布举行的有阿格纽讲话的共和党募集基金的集会上对来宾恶毒咒骂，大声叫嚷，满口脏话。在华盛顿，有将近100人冲入了拥护尼克松的民主党总部，他们撕掉标语，毁坏竞选材料，砸烂办公设备，偷走办公用品。这些破坏分子离去时，留下了麦戈文的竞选传单。

更为严重的是，他们针对我的竞选活动使用了赤裸裸的暴力。"争取总统连任委员会"在菲尼克斯和奥斯汀的总部被纵火犯彻底焚毁了。我们在俄亥俄州德顿的总部曾经两次被人撬门进去，捣毁了设备和工作记录；在第二次，墙上和窗子上被涂满了拥护麦戈文的标语。在明尼苏达州，我们的一个总部大楼被人闯入，他们捣毁材料和宣传品，把盛有邮寄宣传品的箱子浇上汽油。在加利福尼亚州阿拉梅达县总部，爆炸了一枚炸弹，造成了很大的破坏。

在我每次露面以前，有人散发攻击谩骂的宣传品，已属司空见惯。麦戈文的竞选工作人员在洛杉矶一带有大量犹太人聚居的地方散发一本小册子，其中有这样一句话："尼克松使人民陷入绝境，而不是使人民丰衣足食。"

在竞选运动过后，有人透露麦戈文的最高指挥部道貌岸然，却并非不屑于考虑它自己的有组织的侦探活动。在他们竞选组织的最高层，曾经有人建议在阿格纽的竞选飞机上安插一名雇用的特务，侦察阿格纽的活动并把侦察的结果报告给麦戈文阵营。根据参议院水门委员会的记录，负责这项计划的一个人声称，他们在我1968年竞选期间就曾对我成功地干过同样的勾当。

在加利福尼亚州长滩我的私人医生约翰·伦格林博士的办公室里，也发生过一起闯入事件。没有丢失钱和药品，但是我的医疗档案却被人从锁着的壁橱里抽了出来，撒得满地都是。

日 记

> 霍尔德曼和埃利希曼白天谈了这件事。科尔森欣喜若狂，想马上把它捅出去。然而，埃利希曼的见解也许比较高明，他说这样做就可能使人得出这种结论，即要么这是我们布置的，要么这实际上不值得大惊小怪。我对霍尔德曼说，至关重要的是必须进行一次调查，就了解到的情况提出报告，防备那些搞闯入的人万一捞到什么东西时有任何迹象表明我们要掩盖秘密。

这些示威者和纵火犯在很大程度上毁损了最近这次竞选的精神。然而，更加使我感到灰心的是那种双重标准，它一方面允许人们对水门事件进行大规模的、经常是歪曲的报道，另一方面却完全不去过问许多针对我们的严重违法和不道德行为。根据对方在这次竞选中对我们的所作所为来看，关于西格雷蒂的活动所发表的貌似公正的说教听起来实在太虚伪了。

我作为候选人的经历中最后一次政治集会是在加利福尼亚州安大略举行的，

第六章 总统职位（1969-1972）

该市离我 26 年前举行第一次政治集会的场所波莫纳只有几英里。我们是在夜间到达的，在此以前我们在伊利诺伊、俄克拉何马、罗得岛、北卡罗来纳和新墨西哥等州各地进行了为时两天的最后一次竞选巡回旅行。我们离开华盛顿的前一夜，特里西娅来到林肯起居室说："我希望这能成为真正激动人心的最后一周。"

安大略机场上熙熙攘攘的群众，似乎意识到这一时刻对我来说具有多么激动人心的、象征的意义。我告诉他们，我在过去几星期里怎样走遍了全国。我说："我要给你们讲讲我国的一些情况……曾经有那么个时候，并且离现在还不算太远，如果你旅行全国，你会看到它有很大的裂痕——西部同东部对立、北部同南部对立、城市同乡村对立，如此等等。但是让我告诉你们，无论你们现在走过美国任何地方，举国上下都逐渐变得团结一致了。"

我谈到我们的目标，然后把话题转回到加利福尼亚州，谈到加州人民一向对我如何友善，他们分享我们胜利的喜悦，在我们失败时仍然支持我们。

"当然，这不仅是这次竞选中我要在会上发表讲话的最后一次集会，"我最后说，"这也是我整个一生中以候选人身份在会上讲话的最后一次集会，我要告诉这里为这次集会出力的所有人士，告诉抽出时间来参加这次集会的所有人士，非常感谢大家使它可能成为我们历来举行过的最好的集会。"

1972 年 11 月 6 日，即在选举前夕，我口授记下了在圣克利门蒂度过的这一天所发生的各种事情。

日 记

今天我到红滩去，步行了两英里，下水约 20 分钟。我从来没有见过海潮退得离岸这么远——一次真正的低潮。究竟这是吉兆还是凶兆，只有等时间来证明了。

我在海滩上朝海的方向继续往前走，决定先走到半英里的标志那里，然后再往前走到大约有 3/4 英里远的和平标记那里去〔这是有人刻在红色沙岩的悬崖上的〕。十分有趣的是，和平标记已经由于风吹雨打剥落不堪，难以辨认了。看起来它很像一个皱眉蹙额的男子。这可能表明，那些曾经高举这一标记的人终于得到了应有的惩罚，他们确实免不了要感到十分沮丧。

那天晚上，罗斯、帕特和我一道吃晚饭。在东海岸，几百万人已经观看了那天早些时候由电视台录像播映的我在选举前夕发表的简短演说。我说我不愿贬低任何人的聪明才智，把所有的问题再重讲一遍，并在最后一分钟呼吁选民投我的票。我说这次选举大概是20世纪美国人民能够在总统候选人之间作出最明确的抉择的一次选举。

选举前夕我的日记的结尾部分在语调上是有克制和分析的。

日　记

好啦，在这次选举以后我的头四年的任期就结束了，正如我在过去一年经常考虑的那样，我作为总统实际上只当到11月7日为止，因为到了11月7日——明天——如果我在大选中落败，总统的职位就要落到别人的手里了。

当然，除非发生那种到目前为止还无法预料的不可思议的事，我们是不会在大选中失败的。我每想到这些年来，特别是过去这一年的浮沉，我应当说必定冥冥之中有人一直在佑护着我们。北京之行、莫斯科之行、5月8日的决定以及我们处理竞选的方式——对于这一切，连那些经常批评我们的人也不得不表示勉强的尊敬。通盘看来，唯一刺耳的音调当然是水门和西格雷蒂事件。这实在是一些人的愚蠢造成的。

我们在选举日飞回华盛顿。下午6点我们抵达白宫时，受到了兴高采烈的白宫工作人员的欢迎。在我的房间里，我发现我的枕头上竖着一个信封，里面是基辛格的一封亲笔信：

亲爱的总统先生：

在选票统计出来之前，让我告诉你过去四年对我来说是何等荣

第六章 总统职位（1969-1972）

幸，看来是适宜的。我对今天选举的结果满怀信心。但是它并不能影响下列历史性的成就在史册上放射出越来越灿烂的光辉：你接管了一个分裂的国家，它陷在战争的泥淖里，丧失了信心，遭到了毫无信念的知识分子的破坏，而你终于给予了它以新的意志，克服了它的动摇性。看到你在逆境中刚毅不屈，勇于独树一帜，的确令人振奋。为此——以及为了你那一贯的亲切和体谅——我将永远感激不尽。

谨致热烈而尊敬的问候，

亨利

1972年选举日

我们全家共进晚餐，一面等待着投票结束和报来选举的初步结果。大约一小时后，我的一颗门牙的假牙突然脱落了。自从1947年镶好以来，它在25年间一直没有动摇过。

几个钟头以后我就要在电视上露面了，所以把我的牙医威廉·蔡斯请来。他来到白宫，经过半小时的劳动，给我镶上一只匆忙制成的临时假牙。我戴上以后觉得很不舒服，并且我知道，如果我过分咧嘴露出笑容，假牙就有脱落的可能。

我回到林肯起居室，继续写我待会儿就要发表的讲话的提纲。过了片刻，我站起身来用磁带录音机播放《海上胜利》这首乐曲。

埃德和戴维在7点30分给我送来第一批报告。他们兴高采烈，因为已经可以清楚地看出，我将以一面倒的票数获胜。虽然这并不真正出人意料，这个时刻仍然使我们大家非常兴奋。

8点刚过，霍尔德曼就开始打来电话，报告设在西侧楼办公室内的选举监听小组收集到的较为详尽的消息。在一个又一个州里，我们正在取得大胜。例如，我们将以超过100万票的多数在得克萨斯州获胜。但是也有一些坏消息：我们还没有取得足够的国会席位，为我自己的"新多数"授权提供必要的立法支持。在得出全部选举的结果时，共和党人在众议院增加了12席，但是在参议院失去了两席。新的州长阵容——民主党31人对共和党19人——意味着共和党失去了一个州议院。我为我们未能在国会选举中取得更好的成绩而感到担心，但是至少我可以肯定，没有一个共和党候选人是由于缺少资金而失败的。经过检查，我发现在许多情况下我们的候选人败在得到工会支持的比较年轻的自由派手下。我想这将是 1974 年中期选举以前对我党的一个鞭策：应该改进和加强我们自己，以便找到许多能够顺利地号召选民并开展竞选活动的候选人。

晚上 11 时 40 分左右，乔治·麦戈文承认我已获胜，并给我拍来贺电：

> 祝贺你的胜利。我希望在未来四年中你将领导我们在国外进入和平时代，在国内获致正义。你将在这些努力方面获得我的充分支持。谨向你和尊夫人帕特致意。忠诚的乔治·麦戈文。

埃德认为这封电报谦和有礼，但是特里西娅和朱莉却认为它冷淡而狡黠。我想它只是措辞谨慎罢了。我在日记中写下了我的反应："对他来说这是一次不愉快的体验，我对此并不像有些人那样不近人情，因为尽管他犯了那么多的错误，但他觉得他已经尽了最大的努力，并且正在成为牺牲品。"

成千上万个电话和电报开始纷纷涌来，祝贺这次伟大的胜利。其中一封来自约翰逊市的电报说：

> 你的同胞用以表示他们赞同你过去四年政绩的方式对你必定是极大的安慰，我知道它将给你在未来的岁月中所十分必需的力量。你和你的全家已经备尝艰辛，但是我今天知道这一切都是值得的。伯德夫人和我将竭尽我们的一切力量来减轻你的重担，并协助你在未来的日子里成为一位好总统。林登·B.约翰逊。

胜利的规模令人心满意足。我获得 47169841 票，麦戈文获得 29172767 票：60.7% 对 37.5%。这在我国两党政治生活中选民投票数目对比数值上位居第二，是投给共和党候选人最多的一次。只有林登·约翰逊在 1964 年难得的情况下同戈德华特竞选时获得过较此稍多的票数：61.1%。我获得了历来投给总统候

第六章 总统职位（1969-1972）

选人的数目最多的选票和比例上第二多的选票。从来没有一位总统候选人在这么多的州里获胜。

对我的支持是既深且广的——这的确是我在8月接受提名的讲话中所要求的那种占压倒性优势的"新多数"。除了黑人和民主党人以外，我在按盖洛普民意测验分类的每一个主要居民集团中都赢得了多数。这些集团中有四个——从事体力劳动的工人、天主教徒、工会会员的家庭成员和仅有小学文化水平的人——自从盖洛普开始记载民意测验结果以来一向不属于共和党的阵营。

几天以后，我在日记中描述了一种难以理解的感情，也许是一种灾祸临头的预感，它减弱了我在这一胜利时刻的欢乐。

日 记

这样的时刻往往使人感到不很满意。

在这大选之夜以前，我曾决心要使这一天尽可能成为每一个相关细节都难忘的一天。假牙的事故大概起了相当大的干扰作用。到我必须为就职电视演说进行准备时，我肯定已经不像应有的那样欢畅了。

我家其余的人似乎认为他们由此感到的激动已经是够多的了。我想这次以压倒性优势取胜的事实可以弥补我未能作出更为热烈的反应这一缺憾。

对于在胜利之夜笼罩我心头的闷闷不乐的情绪，我百思不得其解。也许是那颗痛牙引起的。水门事件的不利影响可能是部分原因，我们未能赢得国会这一点也起了一定的作用，而在更大程度上则是由于我们还没有能够结束越南战争。或者也许是由于这将是我的最后一次竞选。无论原因何在，我只让我自己用几分钟的时间回顾过去。我相信新的时代即将开始，我渴望进入这个新的时代。

战争的结束

大选后我优先考虑的问题是结束战争。既然压力已经解除，我希望双方将怀着这样的念头参加谈判,即经过一些激烈的讨价还价以后,各方将接受一项协定,其中所体现的主张不至于像原来那样十分极端。我知道这不会是轻而易举的。客观因素完全没有改变,但是现在既已没有选举的限期,我们也不知道共产党人会采用什么样的谈判策略。西贡和河内双方都在同我们玩弄着令人心灰意懒的把戏。阮文绍一方面竭力要我们提出他的各项要求——其中有几项是北越人一定不能接受的——另一方面却还装作他打算单独干的样子。黎德寿假装说共产党人完全真心希望公平合理地缔结协定并遵守它的条款。我们从我们的情报人员那里获悉,阮文绍正在私底下命令他的将领准备圣诞节前实现停火;并且我们知道北越人还打算在停火以前尽力抢占地盘,以便使停火对他们有利。

同北越人的下次会谈预定在11月中旬举行。如果要使会谈取得任何成果,阮文绍的合作现在是必不可少的。我断定黑格将再度成为最好的使节,因为阮文绍信任他并喜欢他。黑格在11月9日启程前往西贡,携带着我写给阮文绍的又一封信。信中我逐点谈了阮文绍对10月协定的条款所提的反对意见,阐明了在下次巴黎会谈时我们将向北越人提出的主张。"我们愿意尽最大的努力来实现协定中的这些变动,"我写道,"然而,我希望你不要存任何幻想,认为我们在谋求改进我们已经认为很好的一项协定方面会超过这些变动。"

我还叫黑格提醒阮文绍,虽然我以压倒性多数票入主白宫,他可一定要记住,参议院甚至比大选以前更加具有鸽派的倾向。毫无疑问,如果我们在1月参议院复会前还不能求得一项解决的办法,如果阮文绍看来要成为解决问题的障碍,参议院就会断绝为南越的生存所需要的拨款。形势就是这样简单明了、确定无疑。

阮文绍交给黑格一封复信,重新提出了他的反对意见,尤其是关于北越军队留在南越的问题。我回答他时,重申了我们无法取得他所要求的一切调整。我指出,遇到敌人重新发动进攻时,我们的行动远比任何协定中载明的条文来得重要。"我向你绝对保证,如果河内不遵守这一协定的条款,我就要立刻采取严厉的报复行动。"我写道。

第六章 总统职位（1969-1972）

黑格离开西贡时相信阮文绍最后是会和我们走到一起来的。他心中毫不怀疑，阮文绍自己知道，完全采取不妥协的态度势必会带来不幸的后果。然而，与此同时，他谨慎小心地不把阮文绍逼得太甚。11月12日他报告说：

> 我们正在处理一种十分危险的形势。阮文绍已经把他的声望连同他的整个政府孤注一掷。我相信，如果我们对他采取一种完全不合理的态度，我们可能会逼他在政治上走自杀的道路。我不敢说这样做会符合我们的最大利益，因此我建议我们采取一种比较惊险的做法，在解决这个问题的同时，不妨就让阮文绍坚持己见到底。

黑格正确地指出，如果我们同阮文绍决裂，结果发现北越人仍然顽固不化，我们就会在两方面都断绝退路。他最后说："带着阮文绍同我们一道走，所花的代价当然要担风险，但是我认为那种办法在这个节骨眼上是可以考虑的。"

我同意黑格的估计。后来我在日记中写道："当然，我们可能要走到这样一种困难的地步，以致我们不得不干脆告诉阮文绍，要么这样办，否则就什么也无从谈起。但是目前我们还不需要这样做。"我对基辛格和黑格两人说，我觉得12月8日是最后的日期，那时以前我们必须签订一项协定，以便在国会复会以前确实表明一切已经就绪。如果到那个时候还不能说服阮文绍跟着我们走，我就可能要在无可奈何的情况下准备单独达成协议了。

我们是否能够在12月8日这个期限以前如愿以偿，取决于11月20日在巴黎举行的会谈的结果。

日 记

假如这个星期我们能够使北越人在协定问题上态度有点儿松动，假如我们得到一项我们认为妥善的协定——其实我们认为现有的协定草案是不错的，但新的协定会使内容更加完善——那么，我们就必须立即向阮文绍提出：要么他接受协定并切实履行协定的条款，要么我们就只好分道扬镳了。

当亨利用低沉的声音谈到我们在这个问题上有着良好的记录时，我对他说，亨利，我们并不关心记录上写得如何正确。我们关心的是要拯救南越，所以我们不得不同阮文绍尽量实行妥协，因为我们竭力希望南越能够生存下去，而照目前的情况来看，阮文绍是能够引导他们朝着这个方向前进的唯一领导人。

当然，万一阮文绍不跟我们一起走，那将是一件令人失望的事，但是在那种情况下，我们就只好自行其是，接回我们的战俘，撤退我们的军队，设法拯救柬埔寨和老挝，然后说越南化已经完成，阮文绍愿意干什么都随他的便。

11月20日，基辛格同黎德寿会谈了五个多小时。会谈开始时，黎德寿宣读了一篇冗长的发言，指责我们在10月协定问题上背信食言。发言的语调同我们预料的标准词藻没有什么两样，但是所谓我们单方面阻挠协议的指责却是不能接受的。基辛格立即引述以往会议的记录，指明确切的依据，说明他曾经通知共产党人，在签订任何协定以前必须同南越人商量。基辛格在结束开场白时再次声明，我们希望通过认真的谈判结束战争，并且还打算保持10月间所达成的协议的基本内容。

然后他提出了所建议的各处更动。等到南越人所要求的更动在协定的文本中体现出来，加上我们要作的更动和说明，总共达60多条。黎德寿似乎对这个数字感到吃惊。这些更动大部分比较次要，没有什么争议。但是有少数几处是实质性的，其中最重要的一处涉及阮文绍坚持要北越人从南越撤出一些部队。还有一项建议要求各方尊重非军事区；南方存在北越军队这一点就会违反这个条款。黎德寿简单地把清单记了下来，表示他自己也可能有一些更动要提出。基辛格没有把我们要作的更动和我们代表阮文绍提出的修改区别开来。然而，他的做法表明我们是准备就所有这些建议进行谈判的。会谈结束时，对方问他究竟这实际上是不是我们的最后建议。基辛格回答说："可以这么说，这是我们的最后建议，但它不是最后通牒。"基辛格建议由技术专家当晚开会研

第六章 总统职位（1969-1972）

究提出修改建议。由于会谈是在友好的气氛中休会的，看来共产党人有可能把这些建议当作谈判的基础，并且双方有可能在这一轮会谈中达成协议。那天上午我口授的日记中写道："能否达成协议，在以后的两天内将见分晓。"

然而，第二天会上北越人表示反对我们提出的更动，他们关于其余尚未解决的问题的态度变得强硬起来了；在某些方面他们甚至退回到10月8日以前的立场。看来基辛格担心的问题已经成为事实，北越人由于不再受到我国大选期限的压力，准备拖延谈判，企图利用我们同阮文绍之间的分歧。当基辛格报告说11月22日的会谈气氛又趋于紧张而毫无效果时，我给他拍了一封电报，告诉他如果他认为恰当就可以使用这份电报——或者根本不用——以努力促使谈判有所进展。这份电报采取指示的形式，说明除非对方愿意和我们一样通情达理，否则他应当中断会谈，那时我们将不得不恢复军事活动，直到他们准备再次进行谈判时为止。电报接着说：

> 他们必须放弃那种看来是确实存在的错误想法，认为我们除了按照他们的条件来解决问题以外没有别的办法。你应当直截了当地明确告诉他们，我们是另有办法的，如果他们由于总统在莫斯科首脑会议之前和美国大选之前断然采取强硬行动而感到吃惊，他们现在就会发现，随着选举已经过去，他将采取他认为必要的任何行动来保护美国的利益。

11月23日在巴黎举行接下来的一次会议后，基辛格报告说，虽然他在一些具体问题上获得了有限的进展，彼此在阮文绍认为最重要的一些条款上仍然距离很大。因此，我们不得不面对这样的事实，即除非北越人突然转变，否则我们将得不到一项可以接受的协议。他认为只要西贡坚持非要作那么多的实质性修改不可，那就不仅达不成任何协议，而且北越人将继续取消他们已经同意作出的让步。

基辛格认为我们面前有两种选择。第一种选择是在下次会议上中断谈判，一面大张旗鼓地加紧进行轰炸，一面检查我们的谈判策略，以便确定哪种协议是无论在南越人参加与否的情况下我们准备接受的。这是基辛格赞成的选择。第二种选择是就阮文绍每一条主要的反对意见确定后退的立场，把它们作为我们的最后建议提出。如果北越人对此表示同意，我们就仍然能够说我们已经对10月的条款作了改进。正如基辛格所说的，这一建议"将比我们在10月间达成的协议看起来好多了，在实质上也略有改善。如果阮文绍愿意通情达理，这个建议将使他得到他所要求的最起码的东西，而从目前的情况来看，他还绝对不想这样做"。

第二种选择的必然结果是，如果阮文绍拒不接受由此而产生的协议，那就会同他完全决裂。我知道这将是个严重的步骤，但是我竭力反对中断会谈和恢复轰炸，除非只有这样才能迫使敌人进行谈判。我对阮文绍的一些做法也越来越感到恼火，觉得我们再也不能仅仅为了给他赢得时间而阻碍协议了。因此，如果基辛格能够达成一项令人满意的协议，我就要他那样办。那时阮文绍可以自行决定究竟是跟我们合作还是单独干。

我在给基辛格的复电中说明，我认为第一种选择已经行不通了：

> 据我看来，10月8日的协议本来肯定是对我们有利的。你应当尽可能考虑到西贡的种种情况，把它作些修改。但颇为重要的是，我们必须承认这一根本的现实，即我们只有大体上按照10月8日的各项原则达成协议，不可能采取其他的办法。

在我试图鼓励基辛格采取第二种选择时，我几乎立刻担心起来，这是因为，如果没有别的办法可以促使敌人认真进行谈判，我所说的不愿恢复轰炸的话可能是讲过头了。我觉得他不应当抛弃这一讨价还价的筹码，因此在第二天，即11月24日的早晨，我给他拍了一封电报，说如果共产党人仍旧拒不妥协，他可以把会谈暂停一星期，以便双方同上级进行磋商。我说，在那种情况下，我准备下令在这期间对北越进行一次大规模的轰炸：

> 我认识到这是风险很大的选择，然而，如果唯一的办法是达成

一项比 10 月 8 日的协议更差的协议，而这一协议又没有澄清我们和西贡方面共同关心的 10 月 8 日协议草案中任何含糊不清之处，我就准备冒那样的风险。

我们的目标将仍然是体面地结束战争。如果由于我们所采取的策略和举行大选这一偶然的因素使我们在宣传上处于困难地位，我们就必须自认晦气并坚持到底。

在发出这一指示时，我们大家必须认识到，我们没有任何办法像在 11 月 3 日、柬埔寨和 5 月 8 日那几次事件中一样把舆论动员起来作为我们的后盾。然而，至少是由于我们在大选中得到了选民的支持，我们的正义事业确实多亏那么多人至今已经作出的牺牲，纵然在我们获得公众支持方面所付的代价将是巨大的。

当基辛格通知黎德寿，说我准备采取像 5 月 8 日那样激烈的行动时，北越人的态度立刻变得较为缓和。这似乎证实了我们的怀疑，感到他们的拒不让步事实上是一种谈判策略。他们和我们一样不希望会谈决裂，因此他们准备再次进行认真的谈判。

正如基辛格那天下午在他的汇报电报中所说的，问题是虽然我们现在的协议比起 10 月 8 日的条款来大有改善，但我们仍然不可能达到满足阮文绍的一切要求的地步。我们从截获的电报中获悉，阮文绍在蓄意进行阻挠。这就意味着，在他断定他的人民有了接受协议的充分思想准备以前，协议的任何改进对他都不起作用。所以，尽管我们花了很大力气，能够对协定作了许多改进，但是如果我们想要立即达成协议，似乎就不得不同阮文绍实行比较引人注目的决裂。基辛格因此再次建议休会一星期，在此期间我们可以迫使阮文绍认真进行考虑，然后以他的决定为基础来确定我们的最后立场。

然而，我仍旧相信保持谈判渠道畅通无阻是很重要的。我认为阮文绍的态度是轻率的，并且我比以往任何时候更强烈地觉得，如果我们有机会达成合适的协议，我们就应当这样做，让阮文绍作出相应的选择。我立即给基辛格复电说，我认为只要还有达成协议的甚至极小的机会，他就最好还是留在巴黎继续会谈。我说，我甚至决定"在这方面冒些风险"。

然而，北越人仍然在阻挠谈判，所以在 11 月 25 日举行了另一次没有结果的会议后，基辛格和黎德寿一致同意最好是休会几天。基辛格刚从巴黎回来，就跑来同我商量。

日 记

他在 10 点半左右到达，我们当时花了一小时讨论巴黎会谈的问题。我不得不帮助他打消这样的主张，即认为我们完全可以中断同北越的会谈并在一段时间内恢复轰炸。那样做根本是行不通的。虽然我们同北越人周旋时必须显出仿佛那样做会发生作用的神气，但是现在我们应当清醒地看到，除了达成协议外没有别的办法。

我们给北越人拍了一封电报，说明我们决定抱着作一番最后努力的想法重新进行会谈。为了表示我们具有达成协议的诚意和愿望，我下令减少对北越的轰炸。

11 月 29 日，基辛格陪同阮文绍总统出席巴黎会谈的个人代表阮富德来到椭圆形办公室。我们想，如果我同阮富德谈得非常强硬，那就能使阮文绍深刻认识到他的地位岌岌可危，有陷入孤立无援的境地的危险。我说这不是一个对西贡困境缺乏同情的问题，但是我们必须面对实际的局势。如果我们在下次巴黎会议上不能达成协议以结束战争，那么国会在明年 1 月复会时就将采取断绝拨款的办法来结束战争。我已通知阮文绍，我曾就 10 月条款征求过坚决支持我越南政策的国会议员的意见，他们一致公开表示如果阮文绍单独阻挠接受这些条款，他们在国会复会时就要带头反对他。

11 月 30 日，我同基辛格、黑格、莱尔德和参谋长联席会议成员开会，讨论万一会谈破裂或者业已达成的协议遭到共方违反时我方应采取的军事计划。在前者的情况下，我们有对北越进行三天和六天轰炸的应急计划。在后者的情

第六章 总统职位（1969—1972）

况下，我坚决主张我们的反应应当是迅速而强烈的。"如果河内违反协议，我们的反应必须不遗余力。"我说，"我们必须在这个地区保持足以完成这一任务的兵力，我们的反应决不能够软弱。首先，B-52飞机应以河内为目标。我们必须拥有我们自己单方面防止违反协议事件的能力。"

基辛格同北越人的下次会议定于12月4日星期一举行。如果这次会议还得不到解决的办法，那就很难预料在什么时候或以怎样的方式结束战争了。基辛格将需要运用他那全套令人难以对付的本领来使北越人相信，除非他们同意解决问题，否则我们就要留在越南，继续战斗；同时也要使南越人相信，除非他们同意一项解决的办法，否则我们就要停止战斗，撤出越南。基辛格自己是乐观的，认为只要用几天时间就可以达成一项协议；他说，事实上有七成希望在星期二晚上以前"了结"全盘的问题。他把造成我们目前许多困难的原因归咎于他那次"和平就在眼前"的讲话，并谈到如果他不能缔结协定，他就辞职。我告诉他，他根本不应该这样想。

星期天夜间，我在日记中写道："我们进入非常棘手的一周，非常关键的一周，但是我总觉得，问题总归是要解决的，因为伟大的历史力量——实际上也是正义的力量——正在推动我们朝着这些方向前进。只有某些领导人的愚蠢和丧失理性的行径才会把我们推往其他方向。"

星期一，我们的一切希望都落空了。黎德寿不仅断然拒绝接受我们提出的每一项更动，而且撤回了上一轮会谈中已经同意的一些修改，并提出了几条新的让人无法接受的要求。现在，即使我们决定撇开阮文绍达成一项协议，那些条款也不再是我们所能接受的。基辛格来电说："我们已经到了这样的地步，看来会谈的破裂几乎是不可避免的了。"他在一份分析会议情况的长篇报告中说：

> 黎德寿很可能正在向我们挑战，等待我们明天就屈服。但是我并不这么想。几乎无可怀疑的是，河内现在准备突然使谈判破裂，在军事上再打一个回合。他们对达成协议的需要现在已经被眼前一种诱人

的幻象所超过，仿佛觉得我们不同西贡彻底决裂就要面临国内难以控制的局势……

中心的问题是，河内显然已经决定要像去年5月那样向我们提出正面的挑战。如果的确是这样，那么他们的赌注就是压在我们不愿去干那种非干不可的事情这一点上了；他们正在拖延时间，想通过我们同西贡决裂或者我们在国内垮台来争取明确的胜利，而不是冒那种通过谈判来求得解决办法的风险。

这是根本的问题，其余都是策略问题。假使他们愿意现在就解决，我是可以提出一些公允的方案，不必来麻烦你的。如果他们要走另一条路，我们就面临着像去年春天那样的困难的抉择。

基辛格觉得黎德寿的行为再次使我们只有两种选择：要么我们必须同意倒退回去并接受不加任何修改的10月协议的条款，要么我们必须冒会谈破裂的风险。他指出，第一种选择是无法接受的，那就等于要推翻阮文绍。正如基辛格所说的，"在他和我们表现出这样软弱无能以后，他不可能继续存在下去"。在那种情况下，我们将无法解释10月以来我们的行动，同时河内将获得一次巨大的宣传胜利。最重要的是，如果同意退回去采用10月的条款，我们就没有把握保证使协议得到遵守，因为共产党人将了解到，如果我们愿意轻易地承认这种后退，我们也就没有能力对任何违反协议的事件作出反应了。基辛格的结论是：虽然10月协议不失为一项好的协议，但从那以后一些节外生枝的事件已经使它无法接受了。

基辛格接着说："因此，我认为我们必须准备中断谈判。问题是从何入手。"他觉得我们在这方面现在有两种策略上的选择。第一种是建议根据上周那一轮会谈时我们表明的立场达成协议；那将使我们至少可以保持黎德寿已经同意过的更动和改进。这一选择的问题在于河内和西贡都不大可能接受。

第二种是基辛格主张采用的，它要坚持保留北越人已经同意的那些修改，同时把我们其余的要求压缩到最基本的几条，包括明确说明"民族和解与和睦国家委员会"的非政府性质和职能，并且必须在协定中以某种方式阐明北越军队无权无限期地留在南方这一原则。共产党人大概不会接受这些要求，但是，如果由于某种原因他们接受了，我们就可以利用它们与10月条款相比所表现出来的改进，作为使阮文绍和我们走到一起来的手段。如果北越人真正想要达成协议，这几条没有哪一条包含多大的危险，以致是他们所不能接受的。

如果共产党人表示拒绝，谈判破裂，我们就别无他法，只有加紧轰炸，借以促使他们同意重新规定谈判的立场。基辛格建议我发表电视讲话，以争取美国人民支持我们多半有必要采取的严峻步骤。"我相信你能够讲出一番打动人心的、有说服力的道理，把他们统统团结起来，像你以往用直接发出号召的办法那样。"他写道。

在这方面，我和基辛格有不同的看法。我宁愿不加宣布地加紧轰炸，而不愿由我作一番声嘶力竭的、可能注定要失败的努力，试图使美国舆论支持一次重大的战争升级。与此同时，基辛格将举行一次记者招待会，说明我们以重新达成一项解决办法为努力方向的立场，并说明谈判为何中断。然而，据我看来，这仍然不过是没有办法的办法。

日　记

亨利所不理解的是昨天他动身前我想对他说清楚的问题，那就是，像11月3日关于柬埔寨以及后来在5月8日那样号召人民支持我们的措施现在已经难以进行了。

在大选以前和从大选以来，人们的期望很高，因此，如果目前我在电视节目里向美国人民说，我们又受了共产党人的欺骗，他们要耍花枪，现在我们必须下令恢复这场看不到尽头、没有希望的战争了——如果这样做，我们就非失败不可。

基辛格在电报里有辞职的想法。"关于谈判破裂会在国内对我们产生什么影响，我不抱任何幻想，"他写道，"如果发生这种情况，我回去后要同你谈谈我个人应负的责任和所起的作用。"

尼克松回忆录
THE MEMOIRS OF RICHARD NIXON

日 记

我对〔国家安全委员会工作人员〕理查德·肯尼迪上校说,亨利根本不应当存有辞职的念头。这不是个人的问题。这恰恰是那些使我感到难办的事情之一,我们必须尽量妥善安排,摆脱困难。问题将是棘手的,但是我们最后将取得胜利。

12月5日星期二上午,我收到基辛格的一封电报。他认为万一谈判破裂,我只有猛烈地加紧轰炸,并利用总统发表电视演说以激励人民的机会,在宣传上掌握主动。在另一封电报中,基辛格建议他应当坚持阮文绍提出的从南越撤出一切北越军队的要求,造成让黎德寿使谈判破裂的局面。那时他将回到华盛顿,我则发表电视演说,提出明确而又可以达到的目标。这些目标实质上归结起来就是撤出全部美军以换回美国战俘。在北越方面同意归还我们所有的战俘以前,我们将继续轰炸;他估计这一过程将需要六到八个月的时间。"这些问题是美国人民能够理解的……我相信你能再度使他们振奋起来。"他最后说。

我仍然不相信这种行径是明智的和行得通的。我坚定的信念是,我们决不能为谈判的破裂负责,或者被人说成是我们应该为此负责。

日 记

我们必须尽可能把这一点揭示出来,即应当由北越人而不是我们为谈判的破裂负责;然后我们应该尽量发表低调的言论和尽量作出坚强的行动,不致由于我们正在加紧轰炸以及主要在亨利的"和平就在眼前"这一著名言论影响下人民的希望大为提高以后,实际上正在恢复无止境的战争而引起巨大骚动。

就美国人民来说,他们以为我们一直在轰炸北越,这当然是事实,尽管最近轰炸的规模不像5月8日以后的一段时期那么大。今后的事实会证明我们是否有出路,但我必须说,在大选以后的四个星期里,局势肯定不是很乐观的。

第六章 总统职位（1969-1972）

关于采取什么策略最为妥善的问题，基辛格和我显然有意见分歧。他再次认为，现在的形势逼得我们只有中断谈判和加紧轰炸，以便使北越人同意达成一项协议了。我却仍然相信，只要我们还有解决问题的一线希望，我们就应当继续进行谈判。

为了在整个谈判过程中可能是最关键、最微妙的现阶段不致引起人们对我希望采取的方针产生误解，我详细地指示霍尔德曼，要他发一封电报给基辛格，扼要地提出他下一次同黎德寿会谈时应该遵循的方针：

> 我们应当避免给人一种印象，仿佛是我们这方面引人注目地使谈判破裂的。恰恰相反，我们应当把目前的情况看作谈判已经陷入僵局，双方都要回国进行磋商的问题。如果谈判真正发生这种引人注目的破裂，那也应该来自对方而不是出于我方。无论如何不能让人觉得我方是在主动终止谈判。我们应该要求暂时休会，以便进一步进行磋商。
>
> 接着，你回国以后应当举行一次低调的、不太引人注目的情况介绍会，扼要地说明一下当前的形势，指出我们在达成一项满意的协议之前还继续打算维持军事行动。你不妨表明，只要时机成熟，我们随时准备恢复谈判。
>
> 我同这里主张采取强硬路线的极少数人非常秘密地谈过话，他们坚决地一致认为，如果总统在电视中出现并详细说明谈判失败的原因，那将是极端错误的。

基辛格的回电通过霍尔德曼交到我的手里。"我们最好是正视实际情况，"他说，"如果在未来48小时内不能达成协议，我们也许就能够借口说谈判的休会时间很长，可以容许我回国汇报一下情况了。但是，在此以后很快就将没有办法不让越南的两方把谈判陷入僵局的消息捅出去。而且，如果我们恢复全力轰炸，情况将更其如此。由此可见，万一出现僵局，我们就只有两种办法可供选择：要么退让，要么激励美国人民支持我们再作一番努力。而我认为，北越人是经受不住我们新的压力的。如果我们想要把美国人民激励起来，归根到底只有总统才能办到。"

12月6日星期三，基辛格和黎德寿会谈了六小时。北越人的立场基本上仍然没有改变。会谈后，基辛格发回电报，说我们已经到了需要作出抉择的重要关头，必须决定怎么办。他再次把几个选择归纳为两个。按照第一个选择，我们需要作最后一次努力以达成一项解决办法，那就是把我们的要求降到最低限度，然后把它们作为我们最后的立场提出来。没有任何理由认为北越人会响应这种办法。即使他们作出响应，这里面也包含着一种风险，因为阮文绍几乎肯定要加以拒绝并和我们决裂。正如基辛格所指出的那样："你因此必须认识到，如果你授权我按照上述方针进行而获得成功，你将面临同南越政府的一场重大对抗。除非你准备从事这样的对抗，否则你就不应该指示我采取这种步骤。"

第二个选择意味着要挑起谈判的破裂，其办法是提出某种不能接受的要求并恢复大规模轰炸，直到北越人同意遣返战俘以换取我们从越南撤军为止。基辛格仍然认为，如果我们能把轰炸再保持六个月——到1973年夏末——北越人就会被迫同意用战俘换取撤军的办法作为解决问题的基础。可以设想，如果我们能向国会表明北越人不愿遣返战俘，国会就不会断绝经费。基辛格说："假使我们愿意在国内和国际上付出代价，激励美国人民，并坚持我们的方针，那么第二个选择所包含的风险根据南越政府的态度来考虑要比第一个选择小。"

在仔细研究了基辛格的电报之后，我回他一封长电，其中包括对第二天上午会议的逐条指示：

> 读了所有的来电之后，你为应付一个极端困难的局面而表现出来的巧妙手腕和献身精神再一次给我留下了极为深刻的印象。
>
> 在作出这样重要的决定之前，有必要把我个人的意见同你谈一谈。为了达到这个目的，我建议你在明天会议一开始就说总统已看过你的所有电报和迄今为止历次谈话的正式抄本。老实说，他为北越方面的僵硬态度，特别是他们背弃自己在10月所作的诺言而感到震惊。

第六章 总统职位（1969-1972）

然后，我希望你根据上次来电所说的最低限度立场中包括的一切建议列出各项具体问题的清单，加上另一个具体问题，即他们是否同意拟定一段有关北越军队撤出南越的文字。我推测他们对所有这些问题的答复将是否定的，但我们的目的在于彻底澄清谈判的内容。我还希望你问明白他们的最后建议是什么。然后你可以告诉他们，你将把他们的答复立刻报告给总统，在那以后你才会就将来开会的时间和条件同他们进行联系。

如果谈判破裂，责任要由他们而不是由我来承担，这一点必须绝对明确。

我也坚决相信，我们不应该讲"这是我们最后的建议"或"这是我们最后的一次会议"之类的话，以免自陷困境。要为以后的会谈留一条门缝。

我知道，你认为我在电视上发表演说就能把美国人民号召起来，使他们仅仅为了弄回我们的战俘就支持我们无限期地继续战争。我也许也会认为此刻有那样的可能性。但是，这种希望在几个星期之内就会逐渐消失，特别是在宣传机构——不仅有北越而且还有我国的宣传机构——开始反复强调以下的观点时，情况尤其如此：它们说，我们原来快要到手的协议要好得多，后来由于西贡毫不妥协，才没有能够达成。

无论你们今天的会议结果如何，如果最后没有达成协议——当然，我知道并且同意你的看法，在达成协议方面取得任何突破的可能性都非常渺茫——我们就要在北方进行一场十分猛烈的轰炸。但是我们这样做，将不在电视上引人注目地予以宣布。这方面最恰当的做法是平息华盛顿深知国内有意见分歧的权势集团对几天之内加紧轰炸的激愤，只是采取坚决有力的行动，而并不在言论上对此加强宣传。

12月6日，我们给了多勃雷宁一个紧急口信，告诉他下次会议上我们准备提出我们最起码的要求，并说如果没有任何进展，那就将导致谈判的终止。

他看来很不安,再三说苏联一直在说服北越,要他们接受协议。几天以后,我增加了压力,打电话对他说,现在结束谈判显然对苏联有利,因为莫斯科和华盛顿双方都有更重大的事情要做,而为了使我们之间的相互关系继续得到改善,消除这个令人恼火的因素是符合我们的共同利益的。我们也通知中国驻法大使,说明情况危急,我们希望在采取"严重步骤"之前把问题提到周恩来面前,因为这样的行动显然会影响我们按照两国政府的愿望发展中美关系的能力。

基辛格和黎德寿在12月7日会谈时,几乎没有获得什么结果。然而,第二天有些进展。到了12月9日上午,只剩下一项重要的问题,即非军事区问题没有解决。事实上,北越人在11月谈判期间已对此表示同意,不过,现在黎德寿却坚决要求增加一项意思含糊的新条款——由双方对通过非军事区的人员往来和物资运送"确定条例"。这实际上等于是对非军事区的完整性提出异议。我给北越人拍了一个电报,告诉他们说,我认为把他们的新条款包括进去会使双方难以迅速达成协议,并建议恢复11月23日会上他们已经同意的措辞。

12月9日,由于只剩下这一项需要谈判,我不禁对于有可能在圣诞节之前签订协定这一点抱乐观态度。如果阮文绍拒绝合作,那将是很伤脑筋的事,但毫无疑问,我们对他的帮助已做到仁至义尽,现在我们不得不照顾自己的利益,在条件可以接受时缔结协定了。我回顾了一下上周发生的许多波折,起先是基辛格建议中断谈判,进行轰炸,末了似乎又有希望达成协议了。

日 记

霍尔德曼和我总结了一下情况,认为眼前发生的事情实质上是亨利抱着深信他会在两天之内和北越人很快达成协议的心情返回巴黎。事实上,他告诉我会议将只开两天——星期一和星期二。

北越人出其不意地揍了他一记耳光。

北越希望尽可能使南越丢脸,也使我们出丑。南越希望把北越赶出南越，在没有达到这个目的之前要我们同他们一起坚持下去。就我们自己来说，我们必须按照不失体面的原则尽快地结束战争。

人们殷切希望实现和平，如果我们不能结束战争，那就会对我国产生一种令人十分沮丧的影响，任何电视演说也不会把美国人民激励起来，虽然亨利根据过去的经验认为这是可以办到的。我在以前的备忘录里已经指出，现在也看得很清楚，当这个国家躺在地上，你要它爬起来继续进行战斗时，它是会振作起来的。反之，当它已经是非常乐观的时候，如果你去告诉它说事情糟得不成样子，那并不能把它激励起来——这样做只会鼓励我们的对手，挫伤我们的朋友。

不管怎样，我们眼前的道路没有别的选择，只有尽可能地争取最好的协议，然后尽最大的努力监督执行。

12月10日，北越人答复了我的电报。他们认为他们关于非军事区问题的立场是很合理的。看来很清楚，他们已经决定要使谈判陷入停顿了。

当天下午，我打定主意要把事情挑明，消除对我们决心的任何怀疑。我打电话给多勃雷宁，告诉他我个人并不赞成基辛格建议的关于非军事区的任何妥协措辞。我说河内应该遵守它已经同意的措辞，并且直截了当地对他讲，帮助谈判顺利进行肯定对莫斯科是有好处的，因为我们两国还有更重大的事情要办。我说，许多问题大部分已经达成协议，现在河内分明是一心想要改变关于非军事区所商定的办法，这就可能给协定的缔结带来危险。多勃雷宁要求给他一些时间同莫斯科进行联系。

在12月11日星期一的会议上，北越人对非军事区问题的态度根本没有改变。基辛格在报告里把他们的举动描绘为集蛮横、狡诈和拖延之大成，并且这些成分同样突出。

第二天他们多少有点儿愿意迁就，但仍然没有任何真正的进展。当天夜里基辛格报告说，他已断定河内决心要拖延时间：黎德寿有目的地企图阻挠解决战争问题，又竭力不让谈判破裂。他们很可能打算利用我们同西贡之间越来越明显的裂痕。我不禁这样想：具有讽刺意味的是，北越人在谈判桌上的强硬态度至少一部分是由于我们企图迫使阮文绍接受一项协定而没有成功的缘故。毫无疑问,共产党人已经渗入西贡政府内部,所以河内知道我们警告过阮文绍,国会很可能会在来年1月停止拨款。在一周后12月18日的一则日记中我写道:"我们正站在钢丝上面,我担心北越人由于渗入了南越而认为完全可以摆布我们,从而会继续对我们施加压力。所以我们必须采取有力的行动。"

当然,河内的领导人中间也可能有意见分歧,还在考虑是否要缔结协定。无论如何,结果并无两样——僵局。基辛格在电报里是这样描述当时的情况的:

> 他们始终不变的格调是,给予我们一点极小的让步,使会议勉强可以开下去,但是并没有任何能够达成协议的决定性让步……
>
> 另一方面,他们希望保证使我们没有确凿的借口来采取强硬行动。他们对许多问题保持低调,以防止恢复轰炸。
>
> 他们如果愿意,本来在过去两三天的任何时候用三个小时就可以解决问题,然而他们故意不肯这样做。他们每作半点让步,就提出一项反要求……
>
> 北越人的策略我看好像是这样:他们把许多有争议的问题缩小到只要双方交换一下电报就能解决的程度。然而,我认为如果没有强大的压力,他们是不会拍这个电报的。

12月13日举行下一次会议时,黎德寿表明无意达成协议。他定于次日回河内磋商,因此基辛格建议谈判暂时休会,在圣诞节以前不再开会。那天夜里我写道:"像我预料的那样,今天——12月13日——真正是我们这届政府最困苦的日子之一。"

我不得不断定,我们已经到了采取最强有力的行动的时刻。只有这样的行动才能有效地使河内相信:同我们谈判一项公平的协议比起继续打仗来是一种更好的出路。基辛格和我都认为这就意味着加强轰炸。唯一的问题是需要多大

第六章 总统职位（1969-1972）

程度的轰炸才能迫使河内就范。基辛格建议在海防港重新布雷，恢复对北纬20度线以南地区的全面轰炸，加强在老挝南部的轰炸。我立即感到我们需要采取比以上规模还要大得多的行动。我查核一下，发现北纬20度线以南地区大部分是稻田和丛林，因此我对基辛格说："无论大规模轰炸还是小规模轰炸，我们同样要受到猛烈的抨击。如果我们恢复轰炸，采取的行动必须与以往有所不同，这就意味着我们必须作出用B-52飞机轰炸河内和海防这一重要的决定。任何较小的行动只会使敌人瞧不起我们。"

基辛格指出，河内和海防都是用苏联的地对空（萨姆）导弹严密防卫的城市。假如我们袭击这些地方，我们就必须准备遭受新的损失，有更多的人员伤亡和被俘。"这个我知道。"我说，"但是，如果我们相信这是该做的事，那么我们就必须立刻去做。"

12月14日，我发布一道三天后生效的命令，在海防港重新布雷，恢复空中侦察，用B-52袭击河内－海防区域的军事目标。轰炸计划包括位于河内的16个关于运输、电力、河内广播电台发射台等的主要目标，以及河内外围的六个通信指挥和控制目标。在海防区有13个目标，包括船坞和码头。当第一批轰炸计划实行时，我吃惊地发现，所使用的飞机必须向各个指挥部去借，这里面牵涉到复杂的后勤工作以及大量烦琐的公文手续。轰炸开始后的第二天，我在打电话给穆勒海军上将时大概使他大吃一惊，因为我说："我再也不愿听说什么我们不能袭击这个或那个目标的废话了。这是你有效地使用军事力量以打赢这场战争的机会，如果你干不好，我要唯你是问。"我强调指出，我们必须打击敌人，并且要狠狠地打击，否则就根本没有意义。如果敌人发觉我们缩手缩脚，他们就会轻视我们的整个行动。

圣诞节前一星期恢复轰炸的命令，是整个越战期间我作出的最困难的决定；但同时这也是最明确、最必要的决定之一。

日　记

亨利相当激动地谈到这是一个很有胆量的决定，但是我向他指出，我们没有其他的选择——因为我们要在这里待上四年，并且，就算我们现在获得了不坏的、廉价的和平，如果它在一两年内突然发生变化，我们也没有什么值得骄傲的地方，到那时候再要作出抉择就相当棘手，能够采取的办法也比现在要糟糕得多。我们目前要勇于承担后果，希望这样做会引起公众的注意，使他们以后不致再对我们有不利的反应。

我们决定让基辛格把谈判的情况作一番公开的简单介绍。最重要的是要理所当然地把当前谈判陷入僵局的责任归诸北越方面。为了推敲他要讲的话，我和亨利碰了几次头。我还口授了两篇长备忘录，其中谈到我认为他应当讲的一些问题。我认为必须让人们了解，北越人本已同意一种解决方案，后来在许多条款上出尔反尔，现在又拒绝认真谈判。我还说，基辛格应该批评阮文绍，因为他坚持要取得彻底胜利，而我们所希望得到的则是双方都能够保持和享受的公正、和平。

12月17日星期日凌晨，我们的飞机在海防港内重新布雷。在24小时以内，129架B-52轰炸机参加了对北越的轰炸。

日 记

有关轰炸海防一带地区的困难决定已经作出，并正在执行。我刚刚获悉有一架B-52被击落。亨利说，他们预料损失的飞机可能达到三架。当然，还有两批轰炸机要出动，但是他们预料萨姆导弹对第二和第三批飞机的抵抗力会被压下去，或者至少有所减弱。不管怎样，我们只能祈祷情况像那样发展，并希望的确如此。

当天又有两架B-52轰炸机被击落。

日 记

我认为所有的决定都是不容易作出的——回顾起来，5月8日的那个决定也许是最困难的,虽然关于柬埔寨的决定就其特殊的意义来说,并不比前者来得容易。11月3日的决定也很困难。然而这一次的决定却使人颇为担忧,因为一切情况都在朝着正常的方面发展,还因为很难断定我们这样做了以后会产生什么反应。

不管怎样,决定已经作出,我们不能后退。亨利的情绪忽高忽低是可以理解的。例如,今晨他的情绪就似乎比较低落。我给穆勒打电话要他务必挺直腰板,认清把这些袭击进行到底的必要性。我想我们可能把他逼得太甚,但我担心空军和海军过去执行命令时有时过于谨慎,同时担心军方的过分谨慎使我们没有达到政治上的目的。如果我们要达到自己的目的,就非得承受损失不可。

我记得丘吉尔在其关于第一次世界大战的著作中告诫说,人们可以采取一项大胆的政策,也可以奉行一项谨慎的政策,然而,想要同时奉行一项既大胆又谨慎的政策却只能带来灾难。非此即彼。我们现在既已走上大胆的路线,就必须继续走下去,直到我们碰上某种好运气为止。

很多人不能理解,为什么我不"公开宣布"12月进行轰炸的理由。正如我已经指出的那样,我认为这个时候不像在11月3日和5月8日那样容易使美国人民振作起来。但更重要的是,我相信我所发表的任何公开讲话都会直接妨碍恢复谈判的机会。如果我当时宣布我们恢复轰炸的目的是强迫北越人谈判,他们的民族自豪感和意识形态上的狂热,决不会允许他们甘愿屈服于这样的最后通牒而在国际上丢脸。因此,我在恢复轰炸时尽量少发表言论和声张,其结果完全如愿以偿。我们短暂地但大规模地使用武力的行动把信息传给了河内,同时又允许他们放弃强硬的立场,而无须承认他们是在我们的军事压力下那样做的。

12月18日早上,在给驻在巴黎的北越人发去的一封电报里我们说,仔细审查了最近几次谈判的记录之后,我们断定他们是在轻率地故意拖延谈判。我们建议恢复11月23日那次会谈后起草的协定原文,再加上一两处事后商妥的更动。在这个基础上,我们准备在12月26日以后的任何时间再行会谈,以便缔结协定。

我决定我们也要尽一切努力说服阮文绍,一旦北越人同意恢复谈判,他就必须同我们一起提出一些河内可能愿意接受的合理条件。我们考虑让阿格纽、莱尔德和康纳利担负这项吃力不讨好的工作。但是最后我说:"黑格仍然是'把信带给加西亚'的最合适的人选。"

黑格携带着我至今写给阮文绍的措辞最强硬的一封信,于12月19日抵达西贡。我在信里说:"黑格将军的使命是尽我最后的努力向你指明共同行动的必要性,并转达我的不可改变的意图,即最好是在你的合作下采取行动,但如有必要,美国将单独行动……我已命令黑格将军替我请你答复我这一项绝对不可更改的建议:按照我所批准的路线共同努力寻求一项解决的办法,否则我们就各奔东西。"黑格告诉阮说,信是我亲自口授的,我们政府里的其他人员都没有看到过。阮把信看了两遍,抬起头来说,这显然不是请他为和平而签署一项协定,而是要他为求得美国继续支持南越而签署一项协定。黑格回答说,作为一个军人和一个完全熟悉共产党手段的人,他同意阮的判断。

阮看起来几乎陷入绝望的境地。他争辩说,停火不会持续三个月以上:在最后一个美国人离开之后,共产党人就会恢复他们的游击战。但是,这一次他们会用刀子和刺刀作战,因为他们会谨慎小心,不让美国有充分的理由进行报复。这样,我那关于履行协定条款的保证就永远不会有机会得到考验,而共产党人却可以放手去反对他和他的政府。

这次会晤后阮文绍向新闻记者透露消息说,我们试图强迫他接受一项最后通牒,但是他已经拒绝了。我听到这个消息后很震惊。我认为现在我们完全有理由同他决裂,单独和河内媾和。但是我还不愿因为讨厌他而作出任何可能促成共产党人统治南越的事情。

12月20日是对北越实施猛烈轰炸的第三天。90架B-52型飞机分为三批袭击了11个目标,损失了6架飞机。12月21日,30架次B-52型飞机轰炸三个新的目标,损失了两架。

在第一个星期的轰炸期间,我主要关心的倒不是我早就料想到的国内和国际上的一阵尖锐批评,而是 B-52 轰炸机损失之多。我在 12 月 23 日写道:"我关于他们使多架飞机在同一时间飞越同一目标的做法大发雷霆,对他们臭骂一通。所以,在第二天或第三天我们损失五架飞机时,我虽然感觉到失望,却并不惊讶。最后,我们使军方改变了主意。"五角大楼开始把空中袭击安排在不同的时间并按照不同的路线进行。这样,敌人就不知道何时何地会受到袭击,从而减少了他们击落我方飞机的能力。

12 月 22 日,我们给北越人一封电报,要求在来年 1 月 3 日举行一次会谈。如果他们同意,我们就自动在 12 月 31 日停止轰炸北纬 20 度线以北地区,并在会议期间暂停轰炸。

新闻界对 12 月轰炸的反应是可以料想到的。《华盛顿邮报》发表的社论说,它使千百万美国人"羞愧得无地自容,也使他们对总统的神志是否正常感到怀疑"。约瑟夫·克拉夫特称这次轰炸为"毫无意义的恐怖行动,玷污了美国的声誉"。詹姆斯·赖斯顿称之为"意气用事的战争",而安东尼·刘易斯则指责我做起事来"像个发了疯的暴君"。在国会里,两党的议员中间也爆发出一阵阵类似的批评。俄亥俄州共和党参议员威廉·萨克斯比说:"尼克松总统在这个问题上好像是失去了理性。"迈克·曼斯菲尔德说,那是"石器时代的战术"。

日 记

从另一方面来说,专栏作家和新闻记者在大选期间以及对以往有关越南问题的决定的做法已告失败。

在越南问题上,自由主义左派新闻界的记录也许是我国全部新闻报道史上最不光彩的。我不是指开头就反对这场战争的诚实的和平主义者,而是指报纸、广播和电视界的那么一些人,他们根本不能设想在我领导下的这届政府会体面地实现他们长期以来预料不可能实现的和平。

大选对他们来说是一个沉重的打击,现在是他们第一次从选举所受的打击中复原和反击的机会。

特别令人高兴的是纳尔逊·洛克菲勒和罗纳德·里根打电话来表示支持。参议员詹姆斯·巴克利同霍华德·贝克、鲍勃·塔夫脱和查克·珀西一样，也支持我。最坚决的支持者之一是约翰·康纳利，他每天都打电话来报告一些正面舆论的新情况。

随着外面的批评增多，白宫内部的压力也加剧了。当我进出行政办公大楼同碰见的人打招呼的时候，我能够感觉到他们的紧张情绪。我知道，由于轰炸，他们当中有许多人是多么不安。我也了解到，由于轰炸，他们有很多人在本来应该是愉快的假日又是多么难以对付他们的朋友甚至他们的亲属。

帕特和我在比斯坎岛度过圣诞节。女儿们不在家，我们俩还是第一次单独过圣诞节。特里西娅和埃德在欧洲旅行，朱莉也到那里去同戴维待在一起。帕特和我当然力劝她们去，但是当我们发现，由于她们不在家，屋子里显得多么空旷寂寞的时候，我们两人又都感到闷闷不乐。我们懂得，如果轰炸不能迫使北越人回到谈判桌上来，那就没法知道越南战争将如何结束或能否结束。每当想到这一点，我们就觉得什么事情都蒙上一层阴影。我在这个假期写了几则日记。

日　记

现在是1972年12月24日——比斯坎岛——清晨4点。

在圣诞节前一天的凌晨，除了结束战争这个压倒一切的想法之外，我主要想到的是，我必须消除那种认为总统职位在任何时候都是包袱的念头。实际上，我并不像艾森豪威尔或在某种程度上像约翰逊那样，认为总统职位是包袱、苦事，等等。其实，我认为光荣的职责这个说法形容得最为恰当。

在圣诞节前的今天，由于多数选民授权和我国实力强大，我有机会不仅担任美国的领导，而且在世界舞台上也起领导作用，这是上帝赐给我的极大福祉。

当然，在某种意义上，这样讲并不确切，因为在第二次世界大战

第六章 总统职位（1969-1972）

刚结束时，我们的力量更为强大，其原因是我们垄断了原子弹，而欧洲和日本以及中国和苏联都还虚弱。但当时台上还有其他一些世界领袖。今天，除了蒋介石以外，世界大战时的大多数巨头已不在人间。这一方面使我们必须承担巨大的责任，另一方面也给个人带来难得的绝好机会。

从今天起，我要用那样的观点来看待问题，尽可能以高昂的情绪、极大的干劲和热情，并在可能的情况下怀着真正愉快的心情奋起应对这个局面。

我需要上帝的帮助，也需要忠诚的工作人员和家属的帮助。

不消说，我们迫切需要一批新的忠于尼克松的人士，但现在确实是一个新时期的开始，并且我就是存着那种念头来结束这段录音的——在这个新时期里，我要不断提醒自己，牢牢记住总统的光荣职责。

12月24日西贡时间下午6点，我批准的圣诞节24小时停火在越南开始。没有飞机飞行，没有投一颗炸弹。我们整天都处于和平状态。

圣诞节那天，我给全国许多老朋友和支持者打了电话，表示祝贺。

日 记

总的说来，圣诞节的电话除了没有过多地谈到轰炸以外，并没有涉及任何重大的或异乎寻常的事情。我猜测，他们都关心新闻界对待轰炸问题的态度。里根提到这件事，指出如果是在第二次世界大战的情况下，哥伦比亚广播电视系统也许会被指控为犯了叛国罪。

玛莎·米切尔在我打电话给她时听起来很兴奋，这种情况令人感到鼓舞，因为约翰·米切尔同她一道经受过极大的痛苦，我很高兴她终于恢复过来了。到这里来住两个星期，也许会大大有助于他们回到原来的生活轨道，从而使约翰能够在政治上继续发挥作用，因为他是我们整个班子里最聪明、最能干的人之一。

亨利打电话来向我们祝贺圣诞节，但他显然需要乐观一些，对于这一点，我想是完全能够办到的，因为我相信我们的事业是正义的。

不仅是总统，而且还有总统夫人，不可避免地会变得越来越孤独，因为从某种意义上说，他们不得不依赖越来越少的人，这些人在他们需要的时候能够给予鼓舞，纵然具有讽刺意味的是，另外，还有千百万了解他们并遇有机会愿意帮助他们的人。这不是朋友太多而是朋友确实太少的问题——这个职位不可避免的后果之一。

在这圣诞节日结束的时候，我很感谢马诺洛和芬娜，感谢那些非常好的菲律宾人和工作人员，感谢贝比，感谢朱莉、特里西娅和帕特，感谢所有那些在我女儿远在国外期间陪伴我们的人。

哈里·杜鲁门在圣诞节后的第一天逝世。按照他的遗愿，遗体停放在密苏里州独立城的杜鲁门图书馆，任人凭吊。12月27日，帕特和我飞到那里，向遗体告别，并拜访一下杜鲁门夫人。

工作人员中有些人施加了相当大的压力，要求把圣诞节停火延长几天。可是我完全不能同意。事实上，我亲自下令在12月26日进行了一次规模很大的轰炸，出动了116架次B-52型飞机，轰炸河内-海防地区的目标。

那天下午，北越人发出第一个信号，表示他们已经吃不消了。我们收到他们的电报，谴责他们所说的"灭绝性的轰炸"，然而他们并未要求停止轰炸作为他们同意举行另一次会谈的先决条件，而按照他们的建议，会谈已写于来年1月8日在巴黎举行。我们回答说，假如基辛格参加的会谈延期到1月8日，我们希望在1月2日先开始技术性谈判。我们主动提出，一旦会谈的议程安排就绪并公开宣布，我们就停止对北纬20度线以北地区的轰炸。12月28日，北越人屈服了，他们同意1月2日和1月8日的两个日期。

12月29日华盛顿时间下午7时，我们暂时停止对北纬20度线以北地区的轰炸。第二天上午，我们宣布巴黎谈判将要恢复，基辛格将在1月8日同黎德寿会谈。

第六章 总统职位（1969-1972）

日　记

真正的问题是，公众的心目中是否会把今天的宣布解释为我们的一项政策发生作用的结果。新闻界和国会里反对我们的人是不会那么解释的。

我同查克·科尔森仔细讨论了这个问题，他又同〔总统特别顾问〕约翰·斯卡利讨论了一番。他们两人都认为新闻界的许多人士将试图提出"为什么需要轰炸"这个问题，甚或会说，由于全世界大声抗议以及诸如此类的事情，我们是被迫恢复谈判的。

亨利总是根据利弊得失来看待这个问题，而从利弊得失方面来看，现在我们知道实际的情况是敌人异常明显地屈服于我们的条件了。

大多数电视记者和第二天早上的报纸强调要停止轰炸而不是强调要恢复谈判。他们多数人指出，情况还看不清楚究竟恢复谈判是轰炸的结果，抑或停止轰炸是由于敌人同意恢复谈判。没有办法把他们的看法纠正过来，确实令人沮丧。我对科尔森说："我们只有信任人民，相信他们能够正确判断是非曲直。新闻界当然不会为我们作出中肯的论证。"

帕特和我在戴维营度过一年的最后一天。我在电视上看了印第安人队以26比3战胜了牛仔队。快到半夜的时候，我回顾了一下当天的事情，然后又展望来年。

日　记

今天我给所有的工作人员放了假，让马诺洛烹调了几个鸡蛋和咸肉〔作为晚餐〕。我喝了大约半瓶马丁尼酒，后来又喝了些白葡萄酒，吃了鸡蛋和咸肉。

在1972年结束的时候，有很多可喜可贺的事情——中国、苏联、

5月8日和大选的胜利。当然啰,尽管需要轰炸河内－海防地区是去年年底的美中不足之处,我却认为那个决定能使未来的四年比在没有它的情况下有更多的成就。

1973年将是更加美好的一年。

1月2日,我打电话到约翰逊的得克萨斯州的牧场,同他通了话。我们一起回忆了有关杜鲁门的几件往事。他说他不知道能否参加在华盛顿举行的纪念仪式,因为他最近观看了得克萨斯州对亚拉巴马州的足球比赛后感到心脏剧痛,医生叮嘱他不要外出旅行。

话题转到越南,约翰逊说:"我知道在战争问题上你经历了多少折磨。我希望你知道我每天都在为你祈祷。"

我对他说:"我知道,当你担任总统时,你力图做你应当做的事,那也就是我正在努力从事的事情。"

不管最后成效如何,我们继续推行对苏联和中国的战略。基辛格去见多勃雷宁,告诉他说:苏联希望实现的事情——解决中东问题、召开欧安会、签订核武器协定——在越南问题解决以前不得不置于次要地位。我写给周恩来一封信,说越南战争阻碍了那种对我们都有好处的两国关系的进一步发展。

1973年1月2日,即国会正式复会的前一天,众议院民主党秘密会议以154票对75票通过决议:一俟美军安全撤出和我们的战俘获得遣返,就停拨印度支那军事行动的一切经费。两天后,特迪·肯尼迪向参议院民主党秘密会议提出了一项类似的议案,以36票对12票通过。第二天早晨,国会领袖在白宫共进早餐时,气氛很紧张。早餐后我发表了一篇简短演说,解释轰炸的理由,以及我为什么认为那样做是取得协议的唯一途径。我最后说:"诸位先生,如果这些谈判失败,我愿意承担责任。如果成功,那么我们就皆大欢喜。"

我对民主党自由派的行径并不感到惊讶。自从大选以来,我实际上已经不再抱有获得他们支持或合作的任何希望。我看得出来,他们将努力利用越

第六章 总统职位（1969-1972）

南问题使自己在麦戈文垮台之后团结起来。他们的策略似乎颇为明显：假如我们达成一项协议，他们就会说那是他们逼我停止轰炸并恢复谈判的结果；假如我们达不成协议，他们就会坚决要求按照他们大多数人的一贯主张从越南撤军。

1月6日，在基辛格动身去巴黎之前，他和我在戴维营会晤，讨论他应当采取的谈判策略。在去年12月最后一轮谈判时，他曾谈起我们必须从中作出抉择的两种办法。按照第一种办法，我们将同意根据彼此能够商妥的最好条件立即达成协议。按照第二种办法，我们将同阮文绍决裂，继续进行轰炸，直到北越人同意遣返我们的战俘以换取我们全部撤军时为止。

我决心要使这一轮谈判能够达成协议，并把我的想法充分转达给了基辛格。

日　记

我把整个问题概括起来坦率地向基辛格提出。我说，即使我们回到去年10月8日的协议，我们也应当接受，因为我们考虑到许多枝节问题可以得到解决，那时我们就能公开讲我们已经把那个协议作了若干改进。我对他说，按照第一种办法达成的一项不太好的协议，也比结果最理想的第二种办法对我们有利。

他最后改变了自己的主张，赞成上述看法，虽然他相信，根据长远的利益来看，从南越的观点或从我们的观点来看，采取第二种办法也许对我们较为有利。我认为他忽略了这样的事实：就我们目前的情况来说，厌战情绪十分高涨，使我们根本不可能采取第二种办法了。

战争仍旧占用了我们过多的注意力，顾及不到像中东这样的其他国际问题，它也损害了我们同苏联和中国甚至同我们盟国的国际关系。

我把他送到桦舍门口时对他说："好吧，不管怎样，就这么办吧！"那天夜里，我试着把所有的有利条件和不利条件都罗列出来，看看能否找出事情最后发展到什么地步的线索。

日　记

　　第一天也许会使我们了解许多问题。当然，就上周周末来说，敌人很可能要回过头来谈判一项解决的办法。但是，国际上对他们的支持以及国会中民主党人对他们的支持可能会使他们对谈判不太热心，认为可以再拖延下去。

　　亨利当然要继续摆出采用强硬路线的样子，表明我可能不得不恢复对河内地区的轰炸，尽管我已经告诉过他，就我们内部制订的计划来说，我们并不认为这是切实可行的办法。

　　他认为，我们手里的另一张王牌是扬言要完全撤销协议。他相信河内现在希望达成协议，因为这样他们就可以在南方取得一点立足之地。另一方面，如果美国撒手不管，那就会意想不到地使他们要被迫在南方赢得军事上的胜利。

　　在整个局面的发展中可以看出一些较小的趋势，那就是关于四个比较容易解决的问题的技术性谈判在本周已经有些进展，四个比较棘手的问题留待下周解决。另外，北越人已在南方发动攻势，这一点可能表明他们正在竭力想在停火以前抢占土地、村庄等。

　　另一个有利的因素是南越人似乎比以前听话一些。我们的情报指出，阮文绍告诉访问的人说，他想要获得的不是签订一纸和平协定，而是美国在协定万一被破坏时保证继续保护南越。不消说，这恰恰就是我在黑格递交给他的信里透露给他的计划。

　　在12月轰炸及其引起的骚动的紧张日子里，新的水门问题开始显露出来了。12月8日，霍华德·亨特的妻子在一次飞机失事中丧命。从那时起，亨特显然郁郁不乐，精神近于崩溃。由于亨特将被判处徒刑，科尔森开始为他担心。

　　对于白宫工作人员，初次出现了一些毫无根据的、不太明显的、指指戳戳的迹象。我能够觉察出，人们正在变得不安和焦虑。我口述了1月3日的日记。

日 记

一个令人不安的信号是霍尔德曼说起科尔森可能知道水门事件的内情。我不能确实肯定他是否知道。霍尔德曼的理由是科尔森坚持要搞到民主党人企图破坏我们的代表大会等的情报。当然，科尔森可能是一直想要搞到这样的情报，但他也许并不知道别人是用什么方法去搞到这种情报的。根据我同科尔森的谈话，我根本不能相信他会那么愚蠢，以为只要通过窃听手段就能得到对方这样的情报。

三天后，即1月6日星期六，我又写了一则关于这个问题的日记。

日 记

科尔森在星期五告诉我，他想尽最大努力使亨特不要乱招乱供，成为刑事案件的证人。在发生了亨特的妻子遇难等的事故之后，我觉得我们完全应该对他表示同情。

科尔森显然认为霍尔德曼或埃利希曼或他们两个人牵连的程度比已经知道的来得深。这当然不过是道听途说。科尔森的论点是，马格鲁德经常喜欢提到一些有名人物以炫耀自己，他在命令水门案件中那些人去偷窃情报时可能提到过霍尔德曼和埃利希曼的名字。还有，按照科尔森的说法，有几次会显然是在司法部米切尔的办公室里召开的。这似乎很难使我相信，不过从另一方面来说，人们在竞选运动中往往不像在正常情况下那样明白事理或认真负责。我知道，在很不愉快的上一周里，这对于霍尔德曼和埃利希曼来说一定是个沉重的负担，我能看出有什么事情在折磨着他们，但不知是什么事情。

我对这些揣测感到关切，但我认为它们至少一部分是工作人员之间日常怀有敌意的表现，而在科尔森和米切尔之间以及科尔森和埃利希曼之间是长期存在着这样的敌意的。

现在看来很清楚，我当时知道科尔森通过亨特的律师给亨特转达了叫他放心的口信，而亨特就把这个口信当作最后会对他宽大处理的信号。我当时不相信科尔森已经作出任何保证。我现在甚至也不能绝对肯定他没有对其他被告说过叫他们放心的话。我确实记不得是怎么回事，但是就水门事件来说，我已经学会不把话说得太绝对了。不管怎样，当亨特和其他一些人在1月初服罪时，我感到宽慰。我想这可以使我们不致遇到那种由喧闹的公开审判所造成的困难，也不致在这样的关键时刻弄得心神不宁了。

1月8日星期一，基辛格同黎德寿会谈了四个半小时，没有取得任何成就，可是基辛格在当天晚上给我的电报里指出，希望共产党人在轰炸后第一天回到谈判桌上来就表示愿意让步或认输，那是不现实的。我自然感到失望，然而没有别的办法，只有等待和期望。当天夜里，在我60岁生日的前夕，我写下了一些感想。

日　记

总的来说，在这一天结束时，我回顾了一下以往十年，认识到如何像1963年1月9日那样似乎到了尽头，后来到了1973年1月9日又怎样彻底发生了转变。正如我给今年只有41岁的科尔森强调指出的那样，所有这些都与精神有关。今晚他显然有点儿意气消沉，可能是由于亨特问题等的关系，不过，在我们谈过话以后，我觉得我已稍稍使他振作了一些。

今天会接到基辛格的报告，他在报告里应该会以某种方式告诉我们在谈判过程中是否有什么突破。

今天早晨，我从报上注意到他们抓住亨利到达时受到冷淡礼遇这一点大做文章。这并不使我感到烦恼，因为到目前为止，每逢他们对亨利的到达反应热烈，谈判就没有进展。也许冷淡的对待反而会带来不同的结果。

第六章 总统职位（1969-1972）

1月9日中午时分，霍尔德曼拿着基辛格的电报走进椭圆形办公室来。

"发生了什么事？"我问道。

"总统先生，我认为你应该亲自看一看这封电报。"他严肃地说。

我接过电报，戴上眼镜，开始念电文："我们今天的谈判有了一个重要的突破以庆祝总统的生日。总之，我们解决了协定文本中所有悬而未决的问题。"

基辛格警告我们不要过分乐观："北越人以往使我们伤心过好几次，在所有的问题敲定之前，我们根本不能认为已经获得成功。但是，谈判的基调和认真态度是去年10月以来我们所见到的最接近于10月的情况。"他最后说，"我们能够达到这个地步，是由于总统坚定不移，以及北越人相信国会或公众的压力不会对总统发生影响。黎德寿一再向我说明这些看法。因此，在未来的日子里，我们必须保持严厉的姿态。稍稍露出一点对和平的渴望都可能是自趋绝境。"

我马上口授了一封复电：

非常感谢你对我生日的祝贺和报告。我完全赞同你的意见，必须对谈判的进展情况绝对保密，一切电文必须"亲启"，直到所有的问题完全敲定为止……

你应该继续持强硬态度，首先是不要让对方用空谈来阻挠谈判的进行。如果对方明天能够遵循你的轨道，不再故态复萌，那么，你今天的行动就是我在60年里收到的最好的生日礼物。

这样的势头继续到第二次会议结束的时候。基辛格报告说，根据目前的进展速度来看，三四天之内就可以缔结协定。

1月11日，基辛格发来电报说："我们已经起草好协定的全部文本，包括有关签字的条款。"从我入主白宫接受结束越南战争的任务以来，再过几天就满四年了。

基辛格将由巴黎直飞比斯坎岛，以便向我汇报同北越人会谈的进展情况。当这项消息宣布时，人们普遍地推测双方已经缔结了一项协定。离开巴黎之前，基辛格在机场发表简短的声明时脸上绽开他那莫测高深的、严肃的微笑,说会谈是"有益的"。

几小时以后他到了比斯坎岛。我们一直谈到凌晨 2 点多钟。他描述了错综复杂的谈判过程中所有的紧张场面和戏剧性事件。虽然他由于会谈和长时间飞行感到很疲劳,他仍然表现出他特有的彻底精神和热情。第二天清早,我记下了我们会晤结束的情形。

日 记

会晤以后,我送他到汽车跟前。我对他说,全国人民都感激他做出的贡献。我还真不习惯这样公开地赞扬人。一般说来,我在这方面宁可稍微谨慎一些。我想起艾森豪威尔也有这么个特点。另一方面,亨利希望受到赞扬,我这样做是合适的。不料他却回答说,要不是像他所说的我有勇气作出 12 月 18 日的困难决定,我们就不会有今天的成就。

1 月 15 日上午 10 时,我们无限期地停止了对北越的轰炸和布雷,并公布了我们的行动。轰炸已经完成了它的任务。它是成功的,现在可以结束了。对我们大家来说,这是好消息。

日 记

宣布以后不久,我叫亨利打电话给帕特,向她简单地介绍了一下情况。亨利说,在他认识尼克松夫人以来的四年期间,从来没有听见她发出如此兴高采烈的声音——她显然非常高兴。

朱莉正要打电话来。她喜不自禁,情绪很高。她和她妈妈——显然和她一起在房间里——对于已经发生的事情感到自豪。我回答说,我认为停止轰炸是深得人心的事,还说了些诸如此类的话。她说,不是的,她的意思不是那样。她和她的妈妈引以为傲的是我勇往直前,

第六章 总统职位(1969-1972)

完成了正义的事业。

我听说迈克·曼斯菲尔德告诉人们,在上周谈判期间,参议院是如何克制和认真负责。我在日记中写道:"饶有趣味的是,曼斯菲尔德居然作出了那样的反应。当然,他们在亨利到巴黎去之前就把他的腿砍掉了。"

当天还可以记下一件气氛很不协调的事情。

日 记

令人啼笑皆非的是,在停止轰炸北越的消息传出的那一天,水门事件的4个人服了罪。当看到《纽约时报》的大标题"水门事件的密探服罪"时,我心里完全明白,如果新闻界没有另一条盖过这个消息的新闻,他们会干些什么。

关于这方面,还有一个比较难以理解的新消息。一方面,科尔森告诉我,就亨特案件以及与该案一般有关的情况来说,问题在于任何的招供可能逐渐牵涉到霍尔德曼甚或埃利希曼。另一方面,霍尔德曼告诉我,《时代》杂志和《纽约时报》的揭露将说明那条线是从利迪通到科尔森,再从科尔森通到米切尔的。等到《纽约时报》获得严重警告,指出他们如果采用那条新闻,就会以明显的恶意诽谤罪被控,他们才没有刊载那条消息。

老实说,我根本不知道事情是怎么发生的,也许这样倒好,但我猜想科尔森并不像霍尔德曼等人所认为的那样对情况了解得很清楚。

霍尔德曼是否了解情况,我完全不知道,尽管我认为他非常聪明,决不会干出那样愚蠢的事。

十分明显,法官将给予他们最严厉的惩罚。这种情况到了要赦免的时候就会造成很大困难。值得指出的是,给他们提供资金支持的专款来自佛罗里达州的一个古巴委员会。同样值得指出的是,就在这个星期,特迪·肯尼迪发表了一篇文章,表示我们应当同卡斯特罗恢复关系。除非这些人深切感到麦戈文分子和一般民主党人威胁他们所信仰的制度和思想，否则他们是不会冒这么大的风险的。

我们同北越人就各项条件达成了协议，但我们还必须说服阮文绍跟我们一道签署协定。阮充分利用了去年10月以来的时间，同共产党人相比他的地位较以往牢固得多了。我一向认为，如果我们到了缔结协定的绝对期限，阮的常识和爱国心理——且不说他的生存本能——就会使他和我们走到一起来，因为过了那个期限，国会就会干预，夺走我们进行战争的手段。现在已经到了那个时刻，我对阮的估计将受到考验。基辛格在1月14日回到华盛顿，接着黑格就动身前往西贡。

1月16日上午，黑格会见了阮文绍，把我的信交给他。我在信中说，我已无可更改地决定在1月23日草签协定，27日正式签字。"我决计这么办，"我写道，"如有必要，我就单独签字。"我接着写道：

在那样的情况下，我将需要公开说明贵国政府阻挠和平。其结果将是美国不可避免地立即停止对南越的经济和军事援助，纵然贵国政府事先进行人事改组也不可能阻止其发生。不过我希望，在我们两国同甘共苦地经过几年的奋战以后，我们能够一起来维护和平、共享和平的利益。

为此，我要向你重申我已向你表达过的保证。在签署协定时我要着重表明，美国承认贵政府为南越唯一合法的政府；我们决不承认任何外国军队有权留在南越领土之内；一旦协定遭到违犯，我们一定要作出强烈的反应。最后，我要强调指出，我将继续对越南共和国的自由和进步承担义务。我坚决打算继续给予全面的经济和军事援助。

有了这封信和这个保证，我觉得我已经是仁至义尽了。到目前为止，我从来没有认为我可以少出一把力。现在要由阮文绍来作出抉择了。

第六章 总统职位（1969-1972）

日 记

阮文绍的抉择不外乎是他要自取灭亡，还是同意一项既能保全他自己又能拯救其国家的协定。正如他向他的国家安全委员会所说的那样，问题在于究竟他现在要成为拒绝协定的英雄，还是做一位以后能够拯救他的国家的政治家。实际的情况就是这样。然而，我刚刚告诉基辛格，即使阮拒绝协定，我也不相信他会成为英雄，因为南越每周的阵亡人数高达250到300人。我料想他们也厌烦战争，希望实现停火。

显而易见，阮文绍的本性难移，决计要耍手腕到最后一分钟了。

1月17日第二次会晤时，黑格和阮文绍进行了一次感情激动的短暂交锋。阮交付黑格一封给我的密封信。黑格回到大使馆后把信看了一下。正像他描绘的那样，信的措辞是尖锐强硬的。我马上回复一信，对阮在信中提出的各点一一加以驳斥，并向他指明一个必然得出的结论："我们面前只有一种选择：在和平时期要不要继续维持我们在战时颇见成效的那种密切的伙伴关系。"

1月18日，华盛顿和河内共同宣布，巴黎谈判将于1月23日复会，"以便完成协定的文本"。到处出现了和平热，新闻记者露出一副蛮有把握的神情干脆说，协定是稳能缔结的了。其实他们当时还不可能知道这样的自信是否有底气。

在我们急切等候西贡方面的进一步消息时，邦克来电说他一直未能同阮文绍约定会见时间，因为阮整天都在忙着参加与他女儿结婚有关的宗教仪式。邦克和黑格都认为阮在拖延时间，目的只是为了表示他已尽了最大的努力。他们认为阮文绍把我1月20日的就职典礼看作他的最后期限。

在此期间，黑格走访了曼谷和汉城。泰国领导人和朴总统不相信北越人打算遵守协定。但是，他们理解美国国内的政治现实，同意公开支持协议，并答应私下敦促阮文绍在协定上签字。

经过最后一次奋力抵抗并在我们之间又交换了一些书信之后,阮文绍终于决定同意这个协定。他瞧着坐在书桌对面的邦克说:"我已尽了我的力量。我已为我的国家作了最大的努力。"即使阮的行为几乎令人难以容忍地感到灰心丧气,我却不得不佩服他的精神。

在进行最后安排的期间,以及在河内公开宣布这一消息而使北越人无法逃避签订协定之前,我们现在只有耐心等待。

1月20日,我作为美国第37任总统宣誓就职,开始我的第二任期。我本来希望我的第二次就职典礼能在和平时期举行。但是,不可避免的拖延再加上公开规定具体日期会带来危险性,把和平协定推迟到就职典礼以后签订。因此,我在就职演说里无法描绘已经实现的和平的幸福,只能形容一种接近实现的和平,谈谈我们可以用什么办法使和平不致成为两次战争之间的插曲。

我相信1月那个寒冷的下午许多听我讲话的人都认为我是在运用传统的就职辞令,因为我说:"我们今天有机会作出比以往历史上任何时候更多的事情,来使美国人生活得更加美好——保证有更好的教育、更好的医疗、更好的住房、更好的交通、更为清洁的环境——恢复对法律的尊重,使我们的社会更适宜于居住——并保证每个美国人享有上帝赐予的充分平等机会的权利。"但是我完全相信,有11月选民的授权为我撑腰,有我不顾反对和政治上的代价而继续贯彻初衷的决心为基础,我们是确实能够在我第二届任期内比以往历史上任何时候使美国更接近于实现这些目标的。

这次将是我最后一次的就职演说,我决定利用这个机会来透露一种我希望赋予第二届任期的鼓舞人心的口气。

最后我说:"关于如何利用以后这些年月,我们将对上帝负责、对历史负责、对我们的良心负责。站在这个历史圣地,我不禁想起那些在我之前站在这里的人。我想起他们为造福于美国而抱有的理想,想起他们每一个人怎样认识到,为了使那些理想得以实现,他需要种种远非自己能力所及的帮助。今天我请求你们为我祈祷,希望我在未来的岁月里在为美国作出正确的决断时能够得到上帝的帮助。我也请求你们给予帮助,以便通力合作,不辜负我们的

第六章 总统职位（1969—1972）

使命……让我们从这里前进，满怀希望，互相信任，以对于创造我们的上帝的信仰为主心骨，为实现他的宗旨而始终努力不懈。"

当天夜里，在前往参加就职典礼舞会之前，我到林肯起居室写下一些回忆和印象，从头一天晚上在肯尼迪中心举行就职典礼的音乐会写起。

日　记

迈克·柯布在表演完毕后走上舞台，说总统在给世界带来和平方面做出的贡献比任何人都大，这时我以为多半有人要对此嗤之以鼻。非常有意思的是，他受到了相当热烈的欢呼，这就减少了我去参加就职活动的一种担忧，因为早些时候我曾看到报上有一段消息，说尤金·奥曼迪的交响乐团里有11名成员要求有权不参加演出，但是尤金坚决不准，命令他们一定要去。当史蒂夫·布尔告诉他说我不准备到台上去，因为从后勤工作角度来看这简直无法安排时，奥曼迪说他本来也只希望请我登台去站在他的身旁，"就是为了让那些左翼的狗崽子瞧瞧这个场面"。他真有勇气。

就职典礼的那天早晨，我起床后在附近跑了500步。这使我有点儿气喘吁吁，但是我认为在当天晚些时候举行典礼时尽量显得精神抖擞一些，那是个好主意。

下楼之前我走进林肯卧室，站在放着解放宣言和我知道原先安放林肯书桌的地方，低了一会儿头表示敬意，祈祷上帝让我能够在事先准备的比较简短的就职演说中给予全国人民一些鼓舞、一些鼓励和一些指导。

在驱车前往国会大厦的那段路上，可以看出以后可能要碰到示威者的迹象。三五成群的人占据着沿途的要冲。帕特和其他一些人没有听到他们喊些什么，可是他们在吼叫着"他－妈－的"等的脏话，真是一群十分凶恶的家伙。

就职典礼按预定时间进行——或许是我所见过的最好的一次。扩音系统很出色，演说时听不到当场有人提出诘问，虽然当我开始演说时后面较远的地方有几个人喊出一些脏话，接着就平静下去，也许是有人使他们平静下去了。

阿格纽夫人吻了阿格纽——帕特没有吻我。我很高兴她没有那样做。我有时认为这些爱的表现是非常合时宜的，如在选举胜利的那天晚上。但在别的时候，我认为不怎么合适，特别是在这个场合，我确实认为那样做很不合适。

〔在国会大厦的午餐席上〕我多少有点扫兴。我在想，如果这个星期没有在巴黎可能达成协议这样的事态发展，情况会糟得多。但是，它来得不够早，并且我相信它还没有能够达到那种足以使我避免在民意测验方面遭受一些挫折的程度。

就影响我的决策这一点来说，我根本不在乎民意测验说些什么。既然政客们注意民意测验，我才由于它们可能影响我的领导能力而加以关心。

在就职游行过程中，我一直站着。帕特站了1/3的路程，在示威者开始投掷鸡蛋和碎石片时，特工人员请她坐下，她拒绝了。她这样做是绝对正确的。突然发生了意外的事故，一个示威者窜出来袭击汽车，特工人员像闪电一般猛扑过去，把他摔倒。

我觉得这很可能是我最后一次就职舞会了。我根本想象不到人们会花那么多钱去站在那一大群人的中间。从马萨诸塞州来的一个姑娘简直像是歇斯底里病发作，她哭喊着："我是多么爱你和尊敬你啊！"即使我们正想退场，我还是同她跳了几分钟舞。帕特比我注意这些事。她说那个姑娘穿着一件相当朴素的长袍，可能还是自己缝制的。为了到这里来，她可能花了不少钱。无论如何，这次跳舞成为那天晚上轰动一时的大事。后到的人们说，那些姑娘甚至还有一些小伙子都在流泪，因为我们曾经这样亲密地同他们混在一起。

显然，我们必须使人们更多地理解罗西特所说的"和蔼可亲"。一方面，我的工作人员没有能够做到这一点，所以我不得不当众尽量做一些表示这种感情的事情。另一方面，你不能做得太过分。

第六章 总统职位（1969-1972）

在等待 1 月 23 日的到来和越南战争宣告结束时，时间过得很慢。1 月 22 日黄昏时分，当我们的等待尚无结果时，林登·约翰逊去世了。

日 记

我相信，由于他的逝世，人们也会像在杜鲁门逝世时一样，重新评价他在历史上的地位，尽管他离职至今年数不算很多，并且当前存在着许多使国家陷入分裂的仇恨，因而对他的重新评价当然不会是很充分的。

约翰逊的不幸在于，一方面，他逝世以前没有能够看到他在历史上的地位由于我们在越南赢得体面的和平而真正被确定下来。另一方面，他的家属是会看到的，这一点当然十分重要，并且我相信他是了解的。

当我想到 1968 年年初约翰逊在民意测验中声望下降的原因以及其他事项时，我也有过有趣的想法。当时的情况是他确实把自己孤立起来——在公众面前不再为自己的政策辩护——他没有鼓动公众来支持他的政策。事实上，他似乎是在躲避他们。正是由于我发表了 11 月 3 日的演说，我们才真正获得了公众对争取体面和平的某种支持。约翰逊放弃了这一阵地，因此他最终失败并被赶下台来。

我认为林登·约翰逊是在身心方面受到有形无形的创伤而含恨去世的。他是一个颇有才干和自视颇高的人。他拼命想要做个伟大的总统，并且认为可以做到。他激励自己努力工作，力求超过他的前任。

在 1968 年获选之后，我在约翰逊的晚年看到了有些人所描述的他性格上的"较好一面"。他文质彬彬，通常谈吐温和，各方面都考虑得非常周到。他不再是他早年生活中那种竭力钻营、锐意进取的政客或擅长党派斗争的人物了。

约翰逊主要是希望博取人们的欢心——不仅想赢得每个美国人的赞许，还想赢得每个美国人的钟爱。他那许多夸张的辞令和很多对内的政策都出于这种追求人们赞赏的迫切心情。约翰逊本来应该以其稳健保守派的天性作为行动的指南，如果是那样的话，他在美国深深陷入一场费用浩大的战争时就不至于还去执行那些开支庞大的计划了。大炮和黄油兼顾的政策只能在很短期间发生作用。我认为约翰逊开始了解这个道理时已经太迟了,因为在我第一任的四年中,我想不起他在什么时候曾敦促我推行他的任何"伟大社会"计划。

约翰逊在1964年竞选时的口号是"全力支持约翰逊"。然而他发现,就新闻界的自由主义分子和他本党的左翼分子来说,要么是全力支持,要么是根本不予支持。他们为他开明的国内计划喝彩,他们称赞他的伟大社会纲领。但是当他不肯听从他们所提出的美国军队撤出越南的要求时,他辛辛苦苦造成的舆论土崩瓦解了。他们突然凶猛地恶毒攻击他,使他非常懊丧和痛心。他曾迎合他们的需要,几乎有求必应,可是再也不能够把他们争取过来。

他们对于约翰逊越南政策的仇恨程度,可以从反战示威者齐声喊叫的"嗨,嗨,约翰逊,你今天杀了多少年轻人?"这支坏透的、浅薄的小调中体会到。这首先使他灰心,然后使他幻想破灭,最后毁灭了他。同赫伯特·胡佛一样,倒霉的是,他也是在时运不佳的时候当上总统的。他在和平时期也许会成为一位了不起的总统,但是在国外战争和国内冲击夹攻的局面下,他实在忍受不了。

在我担任总统期间,我和约翰逊经常保持联系,或是直接,或是通过共同的朋友。在他回到得克萨斯州以后,他忙于准备写回忆录——一项从中得不到乐趣的计划。同时他还忙于准备建立总统图书馆——他倒从中得到很大的满足。他有夫人以及包括孙儿孙女在内的家属,还有他所喜爱的得克萨斯州土地。然而他仍旧渴望得到人民的赞许和钟爱,而这些仍旧是他可望而不可即的。他特别能够理解一些我所经历的事情,主要是在越南问题上同国会和新闻界打交道的经历,因此我们变得相当亲密。我很高兴他没有支持麦戈文,然而我觉得不幸的是他的党对他太不公平了。我在1972年10月初写了一则日记,多少表达了我当时的感情和我们之间的关系。

日 记

　　约翰逊曾经告诉博比·贝克,他觉得自己只有两三个月可活了。
　　他应该动一次手术,可是他怕割掉一部分大肠的手术——他多年来患

第六章 总统职位（1969-1972）

了肠憩室病——对他的心脏来说可能是致命的。在受到别人的批评，说他头发太长之后，他显然最后理了发。对于人们从个人的角度来批评他，他是极其敏感的。据博比·贝克反映，他说尼克松总统可能是历史上最好的总统。这是不是他的真实看法，无关宏旨。他往往情不自禁地显得很激动。他一定万分灰心丧气，因为他自视颇高，而他的党现在却对他置之不顾。他无论如何不希望麦戈文当选，但是他当然认为他不能离开自己的党。正如他所说的，他一直在民主党的奶头上吮吸了好多年，现在不能舍弃，即使这头可怜的乳牛吃得太差，乳汁可能有点发酸。

几星期以前，我记录了罗杰斯·莫顿转给我的约翰逊的来信。

日 记

莫顿和约翰逊通过电话。他说约翰逊似乎正处于一种心理状态，担心他要再住进医院去动大手术，并且觉得末日即将来临。他说他以非常伤感的语调结束了谈话，说道："请你告诉总统，我爱他。"这当然是约翰逊情绪剧烈波动时典型的表现，但他是在很大程度上受感情而不是受理智支配的人。

在举行约翰逊的葬礼后一星期，我弄清楚了他逝世以来一直使我迷惑不解的一个问题。

日 记

我有一份有趣的小小的历史记录。我向基辛格问起约翰逊是否确实知道我们达成了一项协议。除了我在2日打给他的电话之外，霍尔德曼在15日打电话给他，告诉他我们已经停止轰炸。约翰逊回答说："哦，我知道那意味着什么。"霍尔德曼曾提到谈判中取得了突破。基辛格在同一天还给他送去了有关和平协议的一些文件。所以在逝世以前，他确实知道已经发生了什么事。

1月23日晚上10点钟，我发表了一个简短的声明，宣布我们已经在巴黎达成协议，越南将于1月27日开始停火。

我在椭圆形办公室广播之后回到住所。当我走进日光浴室时，帕特走过来搂住我。朱莉、特里西娅和埃德都在那里，我们坐下来谈论我的声明怎样正式表明美国12年来终于第一次处于和平状态。我到林肯起居室独自吃了一点东西。我放了几张唱片，坐在椅子上瞧着炉火。我曾特别吩咐回绝一切电话。上床之前我写了一张简单的便条。

亲爱的伯德夫人：

我但愿林登还活着，能够听到我今晚宣布越南和平协议的消息。

我知道，由于坚决主张争取体面的和平，他忍受了什么样的辱骂——特别是来自他本党的党员。

既然我们已经达成这样的协议，我们就要竭尽全力使和平持续下去，只有这样，他和其他为了这一事业献出生命的勇士才不致白白牺牲。

1月25日，我同基辛格见面。

日 记

坐在椭圆形办公室的壁炉前面，我和基辛格愉快地谈了一次话。我对他说，他干得出色极了。

他跟我谈起他的女儿，说有人在坎布里奇劝她在反对轰炸的一个决议上签名。他说，那些人企图胁迫一个13岁的孩子参加，真是十分阴险。

当时他似乎相信，他应该找朋友们谈谈，而不应该想法迎合敌人。我对他说，一方面，我不希望我们对敌人怀有仇恨或那一类的

第六章 总统职位（1969-1972）

感情。另一方面，我们必须认识到——那是我们在去年12月作出的异常困难的决定所指的事情之一——我们必须认识到我们的敌人已经原形毕露。他们感到不安、苦恼和灰心丧气，因为我们胜利了。现在，我们必须开始友好地对待那些愿意让我们喘口气去书写历史的人士。

1月27日午夜，停火生效，杀戮停止了——至少暂时是如此。我一向希望在战争最后结束时我会感到无限宽慰和满意，但是我也有一种意外的悲哀、忧虑和急躁感。我感到悲哀，因为林登·约翰逊没有多活几天和我共度这一重要时刻，接受我对他的颂扬。我感到忧虑，因为我对协定的脆弱性或共产党人签订协定的真正动机不抱幻想。我感到急躁，因为我深深地意识到我们有很多事情都是由于战争而被耽误或推迟了。

1月28日，我召开了一次内阁特别会议。在谈到约翰逊逝世的问题时我说，这是多年来第一次我们没有一位在世的前任总统。我略谈了一些前任总统去世时的年龄。"西奥多·罗斯福61岁，"我说，"富兰克林·罗斯福去世时只有62或63岁。柯立芝61岁。事实上，60几岁好像是危险的年龄！在这方面，我自己没有什么可担心的地方。要发生的事，迟早会发生的。重要的是我们每个人必须把每一天当作我们生命的最后一天。所以我们大家必须使每天都有价值，每天都有成绩。"

接着我把霍尔德曼给我定做的一些活页皮夹子递给在座的每一位。每一个夹子里有一份大型案头日历，包括1973年1月20日到1977年1月20日的四年日期。在每个日期旁边印有本届政府剩下的天数。

每一份日历前面都印有我写的一段特别题词：

> 历史的每一刹那都转瞬即逝、非常宝贵、极不平常。从今天开始的总统任期共有1461天——一天不多，一天不少。每一天对美国来说都可以成为增强力量的一天，更新的一天；每一天都能增加美国经验的深度与广度。

摆在我们前面的 1461 天只是滔滔不绝的历史长流的很短一段。让我们充分地利用这些日子，为达到这些目标而不停顿地工作吧。

如果我们共同努力，如果我们尽量利用这些日子给我们提供的挑战和机会，它们就会凸显出来成为美国的伟大日子，成为人类历史上的伟大时刻。

理查德·尼克松
1973 年 1 月 20 日于华盛顿

第七章 **总统职位（1973-1974）**

The Memoirs of Richard Nixon

> 我本来想留任并继续战斗，可是要在参议院里受审六个月，那对国家来说太长了。现在需要有一个能把全部时间都花在处理国务上的总统，来对付即将来临的艰巨任务。

1973年

就在1972年大选前不久，我有一次接见记者时说，在今后的四年中，我的这届政府将以主张进行自1932年罗斯福政府以来最有意义的改革的一届政府而著称。但是我所设想的改革跟"新政"的改革是迥然不同的。我对前来采访的《华盛顿明星报》记者加尼特·霍纳说："罗斯福的改革导致华盛顿的权力越来越大。在那时，这或许是需要的……我们现在要着手进行的改革将是……把权力分散到全国各地去的改革……这会使政府比较精简一些，但在某种意义上，也会使政府更加强有力一些。一个臃肿不堪的政府毕竟是软弱的，在处理问题上是无力的。"大选后的第二天，我对白宫全体工作人员作了一次简短的谈话，说得更加简单干脆，"不存在什么神圣不可侵犯的东西，我们要把禁区打破"。

在我第二届任期开始时，国会、官僚机构、舆论界仍在配合一致地进行努力，要维护传统的东部历经"新政""新边疆"和"伟大的社会"延续下来一直到1973年的思想和意识形态。现在我计划要在全国实现"新多数"的较为保守的价值准则和信念，利用我的权力加强我的这场"新的美国革命"的实力。我在日记中写道："这将使那个权势集团大吃一惊，但这是唯一的办法，可能也是最后一次使我们能把政府置于控制之下，不让它变得如此庞大，以致会把个人完全淹没，破坏使美国制度之所以有今天这样的成就的那种动力。"

在我第一届任期中，我按照更有效率的方针来改组或改革联邦政府的一切尝试，都遭到国会和政府官僚机构的抵制，他们联合起来，决心不为所动。这一部分是由于两党党争的原因：民主党的机构当然要抵制共和党的总统。但造成这种情况的另一部分原因是：我所提出的计划和纲领威胁到他们几十年来通过历届政府积累起来的根深蒂固的权力和特权。由于种种原因，我不得不默认

第七章 总统职位（1973-1974）

这种现状，接受这样的事实：在我第一届任期中，国会不会进行任何重要的组织改革或自动地限制财政开支。但是，我在这一次选举中得到了占压倒性优势的选民的委托，而且我知道我只有四年时间来施展我的抱负了，所以我计划迫使国会和联邦官僚机构公开站出来，在公众舆论面前，把他们的阻挠破坏和在花钱问题上的不负责任等行为说清楚。

1973年1月31日，我在第二届任期的第一次记者招待会上直言不讳地说："我们这里存在的问题，从根本上说就是，国会要抓权……但如果你要有权，你就必须负起责任来，而这届国会……在花钱的问题上是不负责任的。当然，困难在于国会代表着特殊的利益集团，因为我自己当过国会议员。"

在我第一届任期中，我还得同越来越抱敌意态度的舆论界作斗争。关于他们的权力和偏见，阿格纽说过一些击中要害的大实话，但我得按总统和舆论界之间并不存在根本的敌对关系这种官方神话行事。不过，在我目前的第二届任期内，我打算让他们知道，我不会再毫无怨言地洗耳恭听他们带刺的话，或让他们的不负责任的权力不受到挑战。

我在1月31日的记者招待会上宣布越南问题和平解决时就毫不客气了。我说，我们尽了最大的可能，克服了巨大的障碍，最后取得了光荣的和平。我说："我知道，你们中间有些人在写这句话时会感到不痛快。但事实就是这样，而且大部分美国人也认识到事实就是这样。"

到1976年立国200周年那一年新总统当选时，我希望我已为美国初步组建起一个新的领导阶级，这个新的领导阶级的价值准则和抱负将能更真实地反映全国的要求。这不单纯是保守派的观点，帕特·莫伊尼汉在1969年曾忧心忡忡地写道："大概从1840年以来，美国有文化的上层分子就已经相当普遍地把广大社会的价值准则和活动给否定掉了。"

我任总统的头四年中的所见所闻证实和加深了我对美国领导阶级所怀有的这种忧虑。在政治界、学术界、文艺界，甚至在工商界和宗教界，都盛行着一种很成功、很时髦的消极态度，在我看来，这些现象的根本原因是他们丧失了意志，背离了传统的美国观点和态度。越南战争破坏了传统的爱国观念，从而使这个阶层得以完成其异化过程。

在我第一届任期内,我注视着这个恶疾不断发展和蔓延。我在舆论界看到这一点,他们把造反的学生捧为英雄,对那些坚持传统价值准则的人,要么加以忽视,要么就把这些人说成孤陋寡闻,或思想不开通。1970年帕特·莫伊尼汉说过一句很有见地的话:"应该有个人出来指出这种倾向:当一个出身中上阶层的东部名牌大学学生说了句特别荒唐的话时,美国官方就得认为'他是向我们进忠言';但当一个年轻的建筑工人针对这种荒唐的话发表点什么看法时,我们便得认为,他是一个危险的新法西斯分子,必须把他的嘴封住。"

在自由主义思想占统治地位的文化界人士中则弥漫着一种比较微妙的态度,我在这里也看到了这一点。这种态度好像并不那么重要,但我认为这不等于这种态度就不那么令人感到担心。举例说,在竞选期间,有一天晚上我们在戴维营看的一部电影中就有一些镜头使我感到很烦恼。

日 记

　　昨晚,我们看了一部很有意思的电影,片名叫《人》。这部电影真正引起我注意的地方在于,影片中的那位国务卿的上衣翻领上别上一面美国国旗,而这个国务卿当然是被描写成一个很坏的人物。霍尔德曼对我说,他看过一部叫《候选人》的电影,在这个电影中,他们也在那位共和党候选人身上别上一面美国国旗。我对霍尔德曼说,从现在起,我也要别上一面美国国旗,就是天塌下来我也照办不误。他说,麦格雷格从现在起就要让大家都知道,总统既然别上一面美国国旗,他们中间许多人也可能这样做,以表示他们对总统和国家的支持。当然,这样做时要注意,不要使人感到,你是在有意让人怀疑某些人的爱国主义,而这些人是你的对立面。人们竟然会这样糟踏我们的国家,这真使人感到奇怪。

这不是我出于政治动机的一种偏见。我感到我们正处在历史的转折点。我从历史书中领会到:当一个国家的所有领导机构都由于自己怀疑自己和犹豫不

第七章 总统职位（1973-1974）

决而瘫痪时，除非把这些机构加以改革、替换或甩开，否则这个国家将无法长期存在下去。在我第二届任期中，我准备在必要时采取这三个办法中的不论哪一种方法，或者这三个办法不论哪种形式的结合。

我认为美国需要一种积极自豪的新意识和新精神。现在越南战争既已结束，我感到我在创造这种意识和精神方面就能有所作为了。我感到美国人中的"沉默的大多数"主要以中西部、西部和南部为基地，从来就没有人鼓励过他们，在控制国家的关键机构方面同东部自由派上层分子作一番有力的竞争。

鉴于即将袭击我和我的政府并使我的总统任期提前结束的丑闻，这看来也许具有讽刺意味。然而在1973年刚开始的头几个月里，我正计划在美国做一个积极的领导榜样，当然，我也希望是个令人鼓舞的榜样，这个榜样会成为重新产生乐观主义、决断和民族自豪感的基础和动力。

在我第二届任期内，我想要在三个主要领域进行改革。我要改革预算，停止那些浪费而且无效的计划，并计划大规模改组和精简联邦政府的官僚机构和白宫工作人员。正如专栏作家尼古拉斯·冯·霍夫曼后来所说的那样："尼克松想做的事实际上是把政府管起来，这是70年来哪一个总统也没有试图做过的事。"最后，我打算按照"新多数"的方针重振共和党。这样的一些改革会激起官僚机构和国会什么样的反应，舆论界又将如何报道，对此我丝毫不抱幻想。但是我有准备、有决心，而且我认为我有能力为这些改革进行战斗，因为我相信这些改革是好事，并认为它们是最符合美国需要的事情。

1月11日，我在比斯坎岛的书房中的案头记事册上，概括地记下了我的全部希望和计划。这本来要成为我第二届总统任期内的蓝图的。

大选前，我要求管理与预算局局长卡斯珀·温伯格和约翰·埃利希曼审查一下联邦赠予计划。他们发现，在他们所研究的1000多项计划中，至少有115项浪费很大。例如：联邦农业补助计划把42%的钱给了只占农民7%的最富裕的农民。另一个联邦计划仍在鼓励学生报考师范专业，尽管全国已有7万名过剩的教师，造成严重的失业问题。尽管医院病床总数过剩，但我们还对修建医院进行补贴。总之，我1月29日送交国会的第二届任期的第一个联邦预算中所建议削减的预算支出将在1973年节约65亿美元，在1974年节约163亿美元。削减这些计划是个大胆的建议，因为这些计划每年都得到成百万成百万的美元，意味着成千上万的职位和政府合同。但我准备承受这个压力。艾琳·沙纳汉在《纽约时报》上写道："怀疑论者是从来不相信有人会真正下决心干一件事情的，而尼克松对待这些目标却这么认真，真使他们百思不得其解。"

我们终于提出要改组、缩减或取消"伟大的社会"残余的那些庞大的计划——它们在帮助穷人方面什么事也没干，而目前主要是为执行计划的联邦官僚的利益服务的。在"经济机会局"的25亿元经费中，有85%的钱还没有到穷人手里，便作为薪金和一般管理费用花光了。继续为这些不起作用的计划拨款，并不能为穷人服务。但我准备接受国会中那帮为穷人说话的人、自由派和舆论界必然要提出的指责——说我们提出削减的建议是冷酷无情——不用等多久，果然这些指责就都来了。"尼克松总统的新预算使人们大吃一惊。这个新预算想要把他自己所笃信的劳动道德观念强加给我们整个社会。"约瑟夫·克拉夫特的原意是要批评我，但在我听起来，它却像音乐一样悦耳。

一年前，早在1972年1月24日，我就向国会提出请求对联邦开支定一个最高限额。由于国会只对单个拨款计划进行投票，从来没有一个办法控制总预算，某些有价值的计划可能最终会造成政府赤字开支，然而，从来没有要众议员和参议员对此承担责任。因此这些立法人员们两面沾光。不论他们的良心、他们的选民和他们本党领袖要他们投票赞成什么花钱的议案，他们都可以这样投票，而又不必因为联邦赤字开支造成了通货膨胀和税收增加而挨骂。毋庸赘言，对于取消这个舒服的特权，国会方面从来不热心，可是他们确也成立了一个委员会要为控制预算提出新的办法。

1973年1月，我又向国会要求不仅把1973年的开支限制在2500亿美元之内，而且要他们同意一直到1975年都要给开支规定一个极限。许多议员真诚而认真地关心将由谁来决定优先批准哪些开支项目，以及使用什么标准的问题。但有些议员则被这样的前景吓怕了：限制预算会影响他们再次当选的能力，

第七章 总统职位（1973-1974）

因为他们竞选连任靠的就是他们能为自己的选区争取到多少联邦拨款。我对哪些计划需要优先批准拨款作了一番选择，现在要由国会来这样做了。一个记者在《纽约时报》上写道："新的预算对各项计划和国会都提出了全面挑战，不仅只是感到意外，而且引起了震惊、畏惧和愤怒……有迹象表明，国会将团结在一起，捍卫被总统所亵渎的每一样神圣不可侵犯的东西。"

正当我的预算和开支最高极限的建议在国会中引起震荡时，我的改组政府的计划又在联邦官僚机构中引起了地震波。国会曾经扼杀了我1971年试图精简政府的尝试，所以我要求埃利希曼和新上任的预算局局长罗伊·阿什成立一个工作组并跟宪法专家们一起研究一下，我可以独立进行哪些合法的改组。他们的意见是，我实际上可以凭行政权力，建立一个跟我1971年提出的改革建议非常接近的体系。

我们决定把内阁11个部中的6个部和几百个联邦机构中的一部分机构组织起来置于四个总管理口之下：人力资源口、自然资源口、社会发展口和经济事务口。乔治·舒尔茨将主管经济事务口，再从现任内阁部长中选人分别担任其余三个总管理口的总统顾问。这些人对他们主管的所有计划直接对我负责。例如：在1972年，某一个由联邦政府提供经费的城市改建计划为了要买一项建筑器材就要经过71个人签字。为了雇用一个人，有时需要5个机构和56个人签字才行。有9个联邦政府的部和20个局都对教育计划负有责任。一个地方上的给水和排水计划要牵涉到7个局。在我的改组计划中，主管各口的总统顾问将负责消除这种重复和无效率的现象。

我也宣布我再一次下决心要打破联邦政府对国家税收的钳制，而把有些税收归还给地方。从1960年到1970年，单纯赠予计划——把联邦的钱交给地方和州政府从事各项工作，但仍受联邦官员控制和监督的计划——从44项增加到500项。1969年一次民意测验发现，大多数人认为，大政府对国家的威胁要比大企业或大劳工组织的威胁更大。我认为这种担忧不是没有理由的。

在1969年、1970年和1971年，我提出了体现税收分享原则的建议，根据这种原则，钱可以从联邦政府交回到州政府和地方政府那里，由它们按照自己的需要和轻重缓急来使用这些钱。1972年国会通过了税收分享计划，干脆规定把钱归还给地方，不受任何计划和项目的限制。在执行的第一年中，指定还给州和地方政府的钱达50多亿美元。此外还有好几个特别税收分享计划，把钱归还给地方上时只有一项规定，就是这些钱必须用于有大致规定的计划范围内，如城市发展、执行法律、教育、职业训练、运输、农村发展等方面。特别税收分享计划本来可以取代困于繁文缛节中的125项单纯赠予计划。但迄今为止，国会没有通过其中任何一个组成部分。在1973年，我又提出其中的四个部分。

从实际上来说，税收分享计划是发挥地方管理能力和地方责任感的办法。从哲学上来说，它是40年来联邦政府发展方向上的第一个大转变——也就是我们所说的一场新的美国革命。

从政治上来说，税收分享加剧了华盛顿的敌对情绪，因为它势必要废弃一部分官僚机构，而在这里，谁也不愿意放弃任何一点权力和控制。

大选后，我立即采取行动，大幅削减行政部门的人员。1969年我就任时，总统行政办公室人员达4700人。我们宣称，到1973年年底我们计划削减60%。我很遗憾，在第一届任期中，我们在一项基本工作上做得很差，而这项工作不论对哪一党的新上任的政府都是最根本的工作，这就是：我们没有在各部和各机构的所有关键职位上都安插上忠于总统和他的纲领的人。在这些由总统委派的职位上如果没有这种人员担任领导，总统休想动一下官僚机构。这对一位共和党的总统来说尤其如此。而这点在几年以后《美国政治科学评论》发表的一个研究报告中得到证实。研究人员乔尔·阿伯巴赫和伯特·罗克曼发现，在1970年，在行政部门的高级职业官员中只有17%是共和党人，47%是民主党人，36%是无党派人士。这些无党派人士常常是倾向于民主党而不是共和党的。研究报告的作者证实了我们对官僚机构感到的失望是有其确凿原因的："我们的研究结果是，职业官僚机构中共和党比例极少，而尤为突出的是，社会服务官僚机构中大多数管理人员在思想上对尼克松政府在社会政策领域内

第七章 总统职位（1973-1974）

所遵行的方向是抱有敌意的。"伯纳德·门尼斯所作的另外一个研究报告集中研究外交官僚机构，他发现只有5%的外交官认为自己是共和党人。

我决心不在这方面重蹈覆辙。在我再次当选的第二天早上，我要求行政部门的每一个非职业雇员提出辞呈。大多数辞呈将不会获得批准，我采取这一行动的目的是象征性的，表示现在一切都要重新开始。在大选前的好几个星期里，我在读布莱克著的《迪斯累利》[1]一书时，我对迪斯累利形容格拉斯东[2]和他的内阁时所说的话印象很深，他说，他们是"死火山"。我宣称在我第二届任期内，我决不犯同样的毛病。我下决心不要像艾森豪威尔那样，在1956年以压倒性优势重新当选以后，在他的第二届任期内仍毫无作为。我要我的内阁成员，尤其是新成员，感到他们完全有挑选他们第二届任期中的工作人员的自由。在有些情况下，我计划把白宫的工作人员调一些到内阁各部中去，以确保我们的政策得以贯彻执行。

只要是在我的权限之内，我决心要在第二届任期中打破东部集团对行政部门和联邦政府的控制。我建议向西部和中西部去找寻新的人。我告诉霍尔德曼和埃利希曼，我要一个充满着1972年"新多数"精神的政府。我给他们明确了选用人员的四条标准：忠诚、宽厚、有创造性、有胆略。我要任用工会领袖、妇女和在过去的政府中没有适当代表的少数民族集团的成员，诸如波兰裔、意大利裔、墨西哥裔美国人等。

白宫全体工作人员和所有内阁成员都被要求提出辞呈。现在我才明白这是一个错误。我没有估计到这一行动在那些在大选中出过力的人们中间会造成怎样令人寒心的影响，他们在大选中这么努力工作，自然希望有一个机会来好好地尝一尝巨大胜利的滋味，而现在却突如其来反而要担心如何保住自己的职位了。这种情况由于我把自己关在戴维营里而更加严重了。在大选后的四个星期中，我在那里待了18天，与新、旧官员举行了40多次会议，制订第二届任期计划。

---

[1] 迪斯累利是英国维多利亚女王时代的首相。——译者注
[2] 19世纪英国的另一首相。——译者注

尼克松回忆录
THE MEMOIRS OF RICHARD NIXON

民主党手中掌握了华盛顿的四张王牌——国会、官僚机构、舆论界的多数和在华盛顿幕后活动的一批令人生畏的律师和政治掮客——这是一回事。但是，如果反对党胆小怕事，这就等于给了他们第五张王牌，那却是另外一回事了。

当我开始第二届任期时，我感到迫切需要重振共和党，否则我们就会失去新多数。有好多天，我们甚至在议论成立一个新党。共和党仍然是有能力的，这是毫无疑问的——它拥有政治生活中一些最能干和最有原则的男女人士。我觉得，我们最缺少的是没有那种能力，像一个多数党那样来思考问题，敢冒风险，表现出像民主党那样单凭人多而有的那种自信心。对于这点，我在竞选期间，在约翰·康纳利的牧场上举行的民主党人支持尼克松大会演讲以后就记了下来。

日 记

我们就是需要我们方面有更多的人对于政治要像我们的许多民主党朋友那样热爱，他们似乎是极有那种感情的，正如我对康纳利所说的那样，共和党人比较内向，比较节制，比较循规蹈矩。民主党人什么都讲出来，喜欢大喊大笑，喜欢高高兴兴。共和党人也喜欢高高兴兴，但他们不让别人看到，而民主党人却在他们不那么高兴的时候也做出他们似乎很高兴的样子。

我们做了各种计划来重建党的组织机构。我跟鲍勃·多尔、乔治·布什、克拉克·麦格雷戈、巴里·戈德华特、杰里·福特讨论了我们在1974年和1976年的全国竞选中获得最好候选人的办法。我感到，在展望我们的机会和前景时，我们都越来越激动；如果我们努力工作，又交好运的话，到1974年我们可能为20年来的第一次由共和党占优势的国会奠定基础。

显而易见，国会决心要斗一下。康纳利向我报告说，国会山上的情绪是"我从未见过的那样有恶意。他们的脾气又乖戾又暴躁"。越南的和平协定刚宣

第七章 总统职位（1973-1974）

布，在改组计划、削减预算建议、12月轰炸，以及不久即被称为"帝王式总统"的态度和作风问题上，各种责难就开始了。过去也有同样的例子，一场战争结束后，国会就想方设法要恢复它的权力和重新确立它的特权。牢记着这个先例，为使我的纲领得到通过并能实现，我准备进行一场漫长而艰巨的战斗。

1月份的盖洛普民意测验中有68%的人赞成我，国会方面更加感到沮丧了。在1971年年底测验结果表明对国会的拥戴下降到从未有过的26%。沃尔特·李普曼说，他不相信国会在决定应提出哪些计划以及如何领导国家方面有那样的智慧。

我过去是国会中的一员，并为此感到自豪。但到1973年，我得出结论，国会已变得碍手碍脚，无法驾驭，倾向孤立，在财政问题上不负责任，公开屈服于有组织的少数人的压力，而且过分听从舆论界的摆布。

我知道，我对国会感到失望的部分原因，简单来说就是由于我不是从国会山而是从宾夕法尼亚大道这一端的白宫来看问题。尽管如此，我还是认为，从我来到华盛顿以后的26年中，国会已发生了剧烈的变化。

在1947年，一个议员还可能办些公事，做些准备工作，与他的选民保持接触，随时留意自己的政治前途。但现在，联邦政府变得如此庞大，政府的事务如此广泛，甚至那些最自觉的议员都不得不把他的大部分职责委托给助手或委员会的工作人员去做，而这些人便由此在数量上和影响上都相应地膨胀起来。

电台和电视证明它们有能力在一夜之内，使一个政治家成为全国名人，受重视的不是踏实的埋头苦干作风，而是动人的声色和善于引起争论的能力。这种情况不仅对国会与白宫之间的关系，而且对国会内部的传统关系也发生了根本的影响。越来越多的议员不受党纪的约束，都搞自己的事业去了。

甚至可以说，越南造成了这些变化中最严重和最重大的变化：两党共同支持总统对外政策的这一传统的消失。长年累月的战争和在越南问题上发生的全国性的思想混乱腐蚀了这种观念，进一步分裂了国会与总统，进一步分裂了两院，使它们互相对峙。

在1973年初期，我觉得国会似乎在到处寻找办法解决其效率不高或办事不力的问题，但它就是不从本身去寻找办法。我认为，国会议员埋怨说行政部门窃取了他们的权力，这是十分荒谬的。相反，近代的几位总统仅仅是填补了由于国会不能严格律己在决策方面起强有力的作用而造成的真空。

"帝王式总统"是一批为自己文过饰非的议员和一些失望的自由派创造出来的一个稻草人。这些人在罗斯福和约翰·肯尼迪的时代，把强有力的总统这一种理想偶像化了。现在他们有了一个强有力的总统，这个总统却是一个共和党人，而且又是理查德·尼克松，于是他们就改变了主意，开出了把重新确立国会权力作为重振共和国的药方。

当然国会急于想为自己的各种问题找个替罪羊。民主党的领袖认定，要发挥民主党多数派的权力和恢复国会过去的威信，最好的办法是从行政部门的身上割下一块皮来。在我提出预算最高极限和改组政府计划的建议以后，华盛顿的专栏作家伊文斯与诺瓦克找那些熟悉内情的人士商谈后报告说，国会已在制订一个"狠毒的"反攻计划。休伯特·汉弗莱宣言，很快就要发生一场"宪法危机"。

在总统拥有程序方面的特权这种表面看来属于外围的问题上拉开了第一条战线。早在1月间，参议院民主党干部会以35票对1票决定要削减总统援用行政特权的传统权力。同一天，58名参议员组成的两党集团提出一项立法议案，这是我国有史以来第一次限制总统在战争问题上的权力的尝试。2月5日，参议院投票决定，预算局局长的任命要国会认可。这个职位从它开始设立至今52年以来都是由总统委任而不须国会认可的。

行政与立法部门之间的冲突在扣发拨款问题上也进行了公开的大战。对国会已经拨出的经费开支，如果那些计划还未准备就绪，或者如果通货膨胀特别严重，再投一笔钱到经济中去会使通货膨胀更加恶化，总统可以扣发拨款。从托马斯·杰斐逊总统以来的历届总统都认为这是他们的特权，而且的确也是他们的责任。这就是所谓扣发拨款。事实上，到1973年1月29日，我扣发了总预算的3.5%；1961年肯尼迪扣发7.8%，1962年扣发6.1%，1963年扣发3%；约翰逊在1964年扣发3.5%，以后逐年提高，到1967年达到6.7%。民主党占多数的国会并没有因为我的民主党前任比我更加严重地使用这项权力而对他们提出责难,所以,我把1973年的这场扣发拨款之战看成纯粹出于党派之见的攻击。

尽管我呼吁节约开支,并请求给预算开支定一个最高极限,但到了3月份,国会已准备好15项大量花钱的提案,单就这15项就要使1974年预算超支90亿美元。正如《华盛顿邮报》3月28日的一篇文章所指出的那样,尽管说了那么多关于节约的"虔诚的话",但我在削减开支方面继续遭到抵制。这也不完全是一种党争现象。譬如说,只有很少几个共和党参议员每次都站在我的一边反对那些使预算膨胀的主要的花钱提案。我对休·斯科特说,除非在我们的队伍里能够做到一定的团结,否则我要放弃参议院了。

在国会与总统之间的这种对抗日益发展的同时,参议院民主党干部会要求对1972年的竞选活动进行全面调查。当然,他们的意思是要调查共和党的竞选活动,特别是水门事件。迈克·曼斯菲尔德选定北卡罗来纳州的参议员萨姆·欧文来领导这个调查。

我手下的一些人和顾问感到选择欧文对我们是有利的。他们认为,舆论界很难把许多自由派认为过去一向只是投赞成种族隔离票的一个人大肆吹捧成为一个英雄。但是我知道,尽管欧文装出一副满不在乎和貌不惊人的样子,但他却是一个敏锐、机智,而且极有门户之见的政治动物。我在日记中写道:我认为曼斯菲尔德此举是国会斗争中一个有目的的行动,旨在把总统置于被动地位。"我们今后的四年将是非常艰巨的四年,迹象就是曼斯菲尔德宣布他要欧文领导一个委员会来调查水门事件。毫无疑问,曼斯菲尔德此人是会抱着极其深刻、强烈的党派之见的。实际上民主党为争夺白宫的位置,提早四年进行竞选了。"

水门事件又起

在我重新当选时,我知道,将近五个月来,我们做了我们所能做的一切来减少水门闯入事件的影响。约翰·迪安负责处理这方面的日常事务,他应付了民主党人的民事诉讼的作证：帕特曼听证会、总务署的调查和报纸上的各种揭露。他密切地注视着联邦大陪审团和联邦调查局进行调查的进展情况，使我们不要由于他们那里出现什么名堂而感到意外。他对那些被传去作证的人提供法律方面的协助。他建议司法部的官员要对这个案件的政治牵连提高警惕，不要转移注意力到不相干的领域中去。我认为他就像一个聪明、灵活的政治律师在处理一个变化无常的政治案件。

就像我非常肯定我们做了所能做的一切来限制这个丑闻的影响一样，我也同样地自信，我们并没有试图进行掩饰。首先，联邦调查局进行的调查无疑是很广泛的。米切尔和科尔森都被传讯过，甚至连我们大家都对之有怀疑的马格鲁德也曾三次出席联邦大陪审团作证，而且不管多么勉强，他总还算过了关。尽管整个案件具有巨大的政治敏感性，我个人并没有对司法部施加压力。我确信，如果换了其他的政府，他们是一定会这样做的。在这一切之后，仍找不出证据说明白宫有任何人与闯入水门事件有牵连。

我能意识到，白宫上空仍笼罩着一团疑云。但我将这归咎于在选举前夕关于西格雷蒂问题的宣传以及麦戈文提出关于贪污的指控。我确信，那只是一个公共关系的问题，只需要在公共关系方面想办法来解决就行了。

在选举后，我决定查克·科尔森和德怀特·蔡平应离开白宫。科尔森是在与水门问题无关的其他政治问题上招来批评的导火线。埃利希曼特别要求他尽快离职。我想他的离职会减少我们政治上的弱点，使我们能从头开始。科尔森当然担心，如果他离开白宫，那就显得好像他在什么问题上是有罪似的。所以我们采取的办法是，宣布他将离职，但把他实际离职的时间推迟到3月份，我在11月13日，以后又在11月18日对这项决定作了分析。

日　记

由于科尔森将遭到攻击，我们知道这里有风险，然而，我不愿给人以他是被人攻下台的印象。因为这对他是一种不公平的责难，同时也会使人错误地解释我在我们开始新的一届政府时带来一个新班子的行动。

第七章 总统职位（1973-1974）

科尔森在这个问题上可能是对的——我想他在水门问题和西格雷蒂问题上是清白无辜的——但在多数人的头脑里，他成了问题。这是一个令人极其悲哀的例子，说明可以对一个人进行种种伤害、打击、诬蔑、诽谤，然后又把他牺牲掉。但在政治斗争中恐怕就是这样一回事。

约翰·埃利希曼当然会比大部分人走得更远。如果照他的主张办，到目前，我们的工作人员就会去掉一半，因为他坚持认为，不论是谁，哪怕只要看上去好像做了点错事，就得打发走。由于人总难免有差错，我是永远不会采取这种做法的。

我相信，凡是一个人看上去干了坏事，那应该给他一个澄清事实、为自己辩护的机会。在别人遭到攻击时抛弃他，其后果只能鼓励食人鱼的肆意复仇，把你啃得只剩骷髅为止。

德怀特·蔡平的事情使我感到更加痛心。从我1967年开始竞选总统以来，他就跟我在一起。他年轻、聪明、前途无量。但他同西格雷蒂的关系使他不可能继续留在白宫。当我知道下面这个事实时，我的情绪更加复杂化了：正是我自己对霍尔德曼和其他工作人员坚持说，在这次竞选中，我们总算有了一个能对反对党来个以牙还牙的人。他们知道，这一次我要使民主党的主要人物感到生气、烦恼、困窘——就像我过去所感到的那样。而西格雷蒂却成了一个充当这个角色的错误人选。

当约翰·迪安在11月初就西格雷蒂问题第一次向我报告时，他说西格雷蒂的活动是典型的政治恶作剧，我在日记中说："今天，在霍尔德曼同迪安谈话后，我同霍尔德曼谈了话。我很高兴地注意到，西格雷蒂一伙所干的不过是狄克·特克[1]式的那种把戏，虽然，他们有的活动也许比狄克·特克组织得好一些，尽管效果不如它们。"

---

[1] 狄克·特克是一个专门在尼克松竞选总统时同他恶作剧的一个人。——译者注

但到 11 月中，我们叫迪安去访问西格雷蒂，以便我们能确切知道他究竟干了些什么，蔡平可能被人家抓到什么把柄，这时我们才知道，他的全部活动并不像我们当初所想象的那样天真无害。

在民主党代表大会期间，西格雷蒂租了一架飞机在迈阿密上空飞翔，尾巴上挂着一个大标语"和平、吸毒、乱交派投麦戈文一票"。他冒充是支持马斯基的组织者之一，在华盛顿举行盛大的晚宴，订了 200 份馅饼、鲜花和招待节目。在 4 月 1 日愚人节他印刷了传单，邀请人们到汉弗莱在密尔沃基的总部免费吃喝，他花钱雇人到支持马斯基的会场外面拿着"支持肯尼迪当总统"的标语牌。这一切都属于典型的政治胡闹范围内的活动。但当他用民主党各个竞选办公室的信笺发出伪造信，说两名民主党候选人在两性问题上有行为不当的记录，另一名候选人有精神病病史时，他就超出了政治捣乱的界线了。

我感到，在舆论界对待蔡平和西格雷蒂问题的做法上，有一定成分的双重标准在起作用。例如，我记得，他们很少谈到 1960 年汉弗莱与肯尼迪之间竞选民主党总统候选人提名时，许多恶毒的反天主教的信件寄到威斯康星天主教徒集中居住区的事。在这些信上的邮戳盖的是发自明尼苏达，其目的是要人认为信件是汉弗莱的支持者发出的。一家杂志事后查出这些信是罗伯特·肯尼迪的一个朋友搞的鬼。

我也感到《邮报》对西格雷蒂问题的报道是言过其实的、不公平的。事后证明，揭露事实的记者也同样地使用肮脏的手段，利用私人途径查阅西格雷蒂的电话费账单和属于保密的信贷方面的情报。正如迪安在几个月以后对我所说的那样："当初雇用西格雷蒂时，我们的用意并没有什么邪恶、错误或不对的地方，什么错也没有，没有搞间谍活动，也没有搞破坏活动。只是恶作剧做得太过头了。"即便如此，蔡平还是受到了无可弥补的伤害。我认为，从他本人的利害关系来考虑，他离开比忍受报界的攻击好，因为如果他留在白宫的话，报界是肯定要攻击他的，他在私人企业界是能够谋得一个很好的职位的。但这个经验仍然是悲伤和痛苦的。正如我在日记中指出的那样："蔡平以男子汉大丈夫的气概对待此事。他会得到很好的安置，而且可以干得很出色。关于西格雷蒂问题，决定让它挂着，当然是对的。我还认为，让蔡平离职的决定也是正确的。正如我对霍尔德曼所说的那样，时间是一剂了不起的良药。"

在11月中旬，我们还在设法寻找某些积极的行动，把我们自己突出起来，最后让大家把水门事件忘却。11月22日，我对埃利希曼和霍尔德曼读了我们的一个支持者写给白宫的一封信，他力促我把事情收拾干净。我说："那种认为事情会慢慢销声匿迹的理论是行不通的。这样看起来好像我是在试图隐瞒一些什么东西。"同时，一些保守派的专栏作家开始批评我们，因为我们没有能够消除人们脑子里残余的怀疑。有一天晚上我口授了以下的内容："我们的朋友对我们甚至比对方更为严厉：对于保守派应有更高的标准来要求。"

我说，我们应该发表某种公开声明，说明联邦调查局和联邦大陪审团的调查结果，那就是白宫与水门事件没有牵连。我也准备详细讲一下西格雷蒂事件，不管这会给我们带来怎样的困窘。

并不是每个人都同意这个行动方案。我听说，尤其是迪安，他认为我们应该随它去，对其置之不理。新闻报道已经平静下去了，所以当前也没有需要去答复新的指控。事实上，我们随便做什么事，都只会有引起大家重新注意我们的危险，结果就会把新的压力集中到马格鲁德，甚至米切尔身上。最后，还有一种从法律角度出发看问题的论点：水门审讯即将开始，白宫不论说什么话都会影响陪审团对证据产生偏见。

这些都是很好的论点，但我们不满意就这样无所作为。12月8日，我对霍尔德曼建议，要迪安对报界作一次谈话，我在12月10日第一次，12月11日又一次要求，发表某种公开声明，但什么下文也没有。霍尔德曼、埃利希曼和我都在政府改组问题上花了好多时间。在当时，在我们看来，这个任务远比那个棘手的水门事件更为重要，而且是使人更愉快的任务。后来，在圣诞节前的几个星期，我自己的时间几乎全部花在越南问题上了。

当我们主要的注意力放在别处时，水门事件的形势变得更加复杂化了。在12月份的最后几个星期和来年1月初，情况发生了变化，尽管是很细微的变化。水门审讯即将开始，对被告的压力日益增加。在白宫也感到了震波，特别在霍华特·亨特问题上，他的妻子之死给他带来的绝望情绪也传到了科尔森那里。

科尔森与亨特的私人感情很深，他们是多年的朋友。同样确切的是，亨特

尼克松回忆录
THE MEMOIRS OF RICHARD NIXON

日益增长的绝望情绪中隐藏着一种要开始揭发问题的威胁。虽然，我对他到底要揭发什么一点谱也没有。

在这个阶段，如同在闯入水门事件刚发生后的几天一样，我们开始根据没有说出来的假设、推测以及未经证实的忧虑来采取行动。每个人都开始表示关心其他的人是否有可以被攻击的弱点。霍尔德曼和埃利希曼说，他们认为科尔森可能比他自己所承认的陷得更深。科尔森也这样看待埃利希曼和霍尔德曼。也正是在这个阶段，科尔森去见亨特的律师，想使亨特感到放心。我们正处在越南问题即将解决的关键时刻，我们又正在预算问题上跟国会进行一场斗争，还要对付被大肆渲染的水门听证会，谁也不想冒险。

1月8日，我在日记中记下了与科尔森的一次谈话。

日　记

科尔森指出了很有意思的一点，从事这次活动的那些人在干这件事时的想法是，如果他们万一被抓住了，不管检察官是谁，我们都会进行活动，以保证他们平安无事。当然，我很难相信他们真的会有这样的想法，但我想，他们是在回想约翰逊的时代，那时，约翰逊在调查博比·贝克一案时，就曾动用了总统的所有职权去保护他自己和其他人。

到2月份，我仍然很关心人们已经普遍有了我们在水门事件上进行了掩饰活动的印象，我们却没有什么办法可想。不论我们怀疑什么，我们实际上并不知道究竟谁应对此事负责，而我又不想强迫什么人仅仅为了给我解决一个公共关系问题而改变他的证词。但我仍对科尔森说，"在掩饰问题这笔交易上，必须减少总统的损失"，因为"我们并没有掩饰什么呀"。科尔森表示他非常同意。

2月14日我口授的日记总结了在这新的一年的头几个星期里我对形势的新看法。

第七章 总统职位（1973-1974）

日　记

科尔森真正关心的似乎是亨特可能告发。他好像老摆脱不了那种想法：是他害死了自己的妻子，因为是他派了她带着钱或其他什么东西去芝加哥的。他之所以没有要那25万美元保险费就是因为他承认了使妻子送命的责任。在这种情况下，我知道，如果法官传讯他，威胁要判他35年徒刑，人家很可能以给予豁免权相诱，要他把他所知道的一切全部说出来。

我真不知道他了解多少事情。埃利希曼和霍尔德曼声称，他们也不知道，当然科尔森也是如此。我想他们三个人知道的事可能比他们自己承认所知道的东西要多一些，但是到底多多少，我也真说不上来。整个事件中的真正问题，我想在于米切尔，以及那里的第二把手〔马格鲁德〕。

我不知道形势如何发展，但不管怎样，我们还得忍受下去，并尽快把事情了结。我说的是尽快，可是所采取的战略却是尽可能地拖延，让它一拖再拖。我倾向于认为，后一种战略可能较好，虽然在这过程中，看来可能会一点一点地抽尽我们的血。

1972年埃德加·胡佛死后，我任命当时的司法部助理部长帕特·格雷为联邦调查局代局长。格雷在华盛顿颇有名望，被认为是全市最有效率、最稳妥、最和蔼的行政官员之一。在1972年夏、秋两季，他作为代理局长一直在监督联邦调查局对水门事件的调查。他对这次调查的深度和广度颇为自豪，并热心地愿在任何论坛上为之辩护。

我决定任命格雷为联邦调查局的正式局长。2月14日我跟他见面讨论这个职位的问题。我向他保证，我不担心在认可他的任命的听证会上会出现涉及水门问题的事。我说：“我倒不担心事情的本身或揭出什么事实。”我唯一担心的是他在听证会上预期会遭到反对党的攻击之后，他的精神状态会怎样。

他回答说，他对此有所准备。他说：“我对事情拖下去一点也不感到不光彩。因为我认为政府对此事的调查干得很漂亮。"他告诉我，在第一个星期结束时，他召见了进行调查的特工人员，"狠狠地要求他们放手去干，用尽一切力量去干"。他说，闯入水门后的那个星期，连民主党的拉里·奥布赖恩都说，他对联邦调查局做的工作很满意。

格雷很肯定地说，他甚至能说服那些不愿相信的人们，使他们确信联邦调查局对水门事件进行的调查决无任何偏袒的行为。他对此当然很自信。

日 记

让格雷出席参议院的委员会，他至少可以把这个故事讲得很出色。这是一个关于彻底调查的真实故事，而这当然会把掩饰的说法给打消。我向埃利希曼、霍尔德曼和科尔森强调指出这点，但我不能肯定他们都相信这点。真正糟糕的是进行掩饰，而不是事件本身。当然，如果牵连到米切尔的话，那件事本身也会糟糕的，如果只牵连到马格鲁德，那就稍好一点。

很快便到2月底，欧文听证会已逼到我们头上来了。但我们在是否要援用行政特权，拒绝让白宫的任何助理出席作证这个关键问题上还没有作出决定。霍尔德曼、埃利希曼、迪安他们刚努力想出一个战略，往往又被其他事情给冲掉了。同时，国会中的共和党人开始焦急起来，有的甚至公开坚持要我对水门事件采取一点行动。我在日记中写道："很难理解，得到我们如此强烈支持的人们怎么会像蠢驴一样，在这种问题上跟反对党一样大喊大叫，而他们明知道在白宫这一级是不可能有任何牵连的。"埃利希曼和我决定，我今后要直接领导迪安进行工作，而不是通过埃利希曼和霍尔德曼领导他。我想这样也许可以打破障碍。几个月来，我故意让别人去应付和策划对付水门事件，但这个问题既没有解决也没被遏制住，现在都开始像滚雪球似的越闹越大。我决定亲自出马过问此事。

我在2月27日与迪安会面，这是从去年9月15日就水门事件进行起诉的那一天他向我报告以来我第一次跟他谈话。

第七章 总统职位（1973-1974）

日　记

与迪安的谈话很有价值，他是一个非常能干的人。迪安讲了约翰逊如何利用联邦调查局的一大堆令人惊奇的事。显然，约翰逊曾让联邦调查局在 1964 年民主党的新泽西州代表大会上搞过窃听，或至少搞过谍报工作。

次日，2 月 28 日跟迪安再次会面后，我写下另一篇日记。

日　记

我跟迪安进行了另一次很好的谈话，他给我留下很深的印象。他表现出充沛的精力、极大的智慧，以及高度的灵活性。他不仅回去读了《六次危机》，而且特别看了我在国会中的演讲。那里面说到我在这里想说清楚的事——当我们想进行一项调查时，杜鲁门政府竖起了一堵石墙，他们不让联邦调查局或司法部或政府的任何其他机构跟我们合作，可那时候，报界却全力支持他们。

我很高兴我现在直接同迪安谈话而不是通过埃利希曼和霍尔德曼传话了。我想，有一个像迪安这样我可以直接谈话的能干的人，我还通过其他人传话，那真是个错误。

当我和迪安在那次谈话结束后一起走到门口时，我们估计了一下欧文委员会可能要传讯哪些人出席作证——他们恐怕最想要传讯霍尔德曼、科尔森或埃利希曼。

迪安补充说："可能还有迪安。"

我立即表示要他放心，我强调说："关于你嘛，我想他们知道你是个律师，而且他们也知道你跟……竞选毫无关系。"

迪安说："对。"

我说："我就是这样想的。"

在3月份的头几个星期中，我与迪安继续会面，我们讨论了欧文委员会的战略和我们3月12日发表的声明。声明重申我们对现任和前任的白宫助理都要援引行政特权。我们讨论了认可帕特·格雷任命的听证会，我们也讨论了他正在收集的关于民主党在政治上滥用职权的材料。3月13日，我们讨论了在两天后我举行记者招待会时，他们认为记者可能在水门事件上向我提出哪些问题。

3月15日的记者招待会肯定要比往常的招待会更加激烈。格雷以同样程度的天真而且顽强的态度把他在参议院司法委员会上的听证变成一场灾难。他把联邦调查局的原始档案材料交给委员会公布，这就激怒了从美国民权自由委员会一直到他在联邦调查局下属中的每一个人。在每次出席作证时，他总把迪安的名字越来越深地扯进争论之中，有一次他甚至暗示，迪安可能非法地将联邦调查局的报告给西格雷蒂看过。迪安让白宫新闻室否认他曾不恰当地处理过联邦调查局的报告。但是司法委员会的民主党议员们看到他们在这个问题上有了文章可做，于是他们坚持要迪安出席作证，然后才能批准格雷的任命。

我完全准备为迪安辩护。在3月13日会见中，我们同意如果人家向我提出要求他作为见证人出席时，我将说，他将用一封信的形式宣誓回答问题。我说，我将重申我们打算与欧文委员会的调查合作，以此为手段来应付在水门事件上提出的其他问题。迪安补充说，我还可以说，过去我们与联邦调查局合作，现在将与参议院委员会的适当调查进行合作。

我说："我们将发表声明。"

迪安肯定地说："的确，我们没有什么事要隐瞒的。"

我又重复一句："我们提供了情况，我们没有什么事要隐瞒的。"

然后，我和迪安开始回顾一遍事实，首先从我的记者招待会的观点出发，以后又从我们在欧文委员会上可能有弱点这个观点出发。我想我已熟悉全部事实。在水门问题上，我想我们主要担心的是马格鲁德和米切尔。虽然，我确信欧文委员会也想把霍尔德曼拖进去，我仍然准备毫不含糊地申明并毫无保留地辩护说，在水门闯入事件中，白宫没有牵连。

迪安提醒我注意，在参议院水门听证会中也许会揭发出新的事实，但他说

第七章 总统职位（1973-1974）

他认为事情不会发展到"无法控制"的地步。我知道他的意思是：委员会上的民主党人，在舆论工具的唆使下，想拉进一个"高级人士"来增加戏剧性。

我说："咱们干脆说，我想他们真正的对象是霍尔德曼。"

迪安表示同意说："霍尔德曼和米切尔。"

我说霍尔德曼的问题是蔡平。霍尔德曼批准蔡平同霍尔德曼的另一个助手斯特罗恩着手进行西格雷蒂活动，报界不断把西格雷蒂跟水门事件挂起钩来。但迪安向我保证，蔡平根本不知道水门的事。

我随便问了一句："斯特罗恩知道吗？"

迪安回答说："知道。"

我吃了一惊："他知道？"

"是的。"

"知道水门的事？"

"是的。"迪安重复道。

我感到大吃一惊。就在两个月前，斯特罗恩还在白宫工作，如果他知道闯入水门的事，这本身便够糟糕的了。但我立即看出这会引出更深一层的问题。众所周知，霍尔德曼的工作人员都是他的耳目，如果斯特罗恩知道像闯入水门计划这样重要的事而不告诉霍尔德曼，恐怕不大可能吧。

我说："啊，那么鲍勃也知道了。他可能那时就告诉了鲍勃。"但我马上又说，"他也可能没有告诉他。"

迪安在后一点上的态度使人感到放心。他说斯特罗恩向霍尔德曼汇报情况时是"很审慎"的。他把斯特罗恩说成"像钉子一样硬"。他告诉我，有两次问到斯特罗恩，他都回答说："我根本不知道你在说什么。"迪安似乎在暗示，斯特罗恩说了谎。

我说："这样说可不公正吧！问题是你怎么能证明这点？"

迪安说："根本用不着去问他嘛，他认为这就是他应付情况的一种办法。"

在过去的几个月中，在我们考虑水门事件时，斯特罗恩一直是一个外围的和次要的人物。现在他一下子变成了主要的问题，这真是令人难以相信。

我又一次问道："那么他是知道的？他是知道水门事件的？斯特罗恩是知

道的？"

"是啊。"迪安回答说。

"真该死！这可是鲍勃身上的问题了。现在鲍勃的问题不在于蔡平而在于斯特罗恩了。因为斯特罗恩为他工作呀。"

我仍然感到难以接受这个事实：按照迪安的说法，斯特罗恩早就知道水门窃听的事。如果这是真实的话，那么九个月来白宫一直否认与水门有牵连就算白搭了。谈到后来，迪安似乎又缓和了一下斯特罗恩所引起的问题。他说，我们仍然可以不违背事实地说白宫与此没有牵连，因为没有人知道闯入民主党全国委员会的事。斯特罗恩显然是在事后才知道有窃听这回事，但他没有参加任何犯罪的阴谋，这是律师才能做出的区分，但至少从这种法律意义上来说，白宫还是没有"牵连"进去。无论如何，我首先想到的不是指责或批评什么人，而是要团结人。

我们把其他可能被攻破的弱点检查了一遍。迪安把他对每一个人的看法告诉我。他说，马格鲁德比斯特罗恩知道得还多；科尔森不知道水门事件的具体情况，米切尔知道全面收集情报的事，但不知道闯入事件的具体细节。迪安指出，他自己的名字也出现过——他作为把利迪派到争取总统连任委员会去工作的人而被扯了进去。他说，这是事实，但他这样做只是因为他们要求派一个律师去，而人家告诉他利迪是一个好律师，所以他把这情况转告马格鲁德，利迪就被录用了。

我们正处在有党派偏见的参议院调查的前夕，可是突然又碰到了新的又不明确的弱点。"那么，拖下去这办法如何？……坦白地说，现在再走拖下去这条路是不是已经晚了？"我提出这个问题，我自己又解答说，"是的，是晚了。"

迪安回答道："我想也是。"

我说："我知道埃利希曼一直认为应该拖下去。"

迪安说，他认为他说服了埃利希曼，埃利希曼现在也不是真的想要"拖"下去了。迪安说："形势肯定有点像多米诺骨牌，如果一旦有的东西开始倒下来，会发生一连串的问题。所以，总统先生，危险是有的。如果我不告诉你，那我就没有做到直言不讳……是有危险。这就是我们不要去——不是每个人都去——作证的理由。"

第七章 总统职位（1973-1974）

我又提出发表某种白宫声明的可能性。但迪安认为，不管我们怎样声称白宫与闯入水门事件没有牵连，党见极深的民主党和舆论界决不会相信我们所发表的任何声明。他还警告说，人们也不会相信或理解西格雷蒂案件的真实情况。他说："他们一定会把它说得还要坏一些，涉及更多的东西，说那是总阴谋的一个组成部分。"

在我3月15日的记者招待会上，提出的第一个问题就是水门事件和迪安在调查中的作用问题。

我为迪安辩护说，要总统的一位法律顾问接受传讯到国会的一个委员会上去作证，这是没有先例的，也是不可想象的。迪安不仅受行政特权的保护，而且也受律师和委托人之间存在着的那种长期来受传统所尊重的保密关系的保护。我说，我准备允许他提供情况，这一点本身就是超过宪法或先例所要求的一种合作了。我提醒记者们，其他各届政府都不像我这样持合作态度。我提醒他们，我这样的合作是从前杜鲁门在希斯案时所拒绝的合作。

提问不断回到水门事件上来，那种毫不留情几乎到了感情用事的程度，这种情况只有在越南战争中大家最激动的日子里我才看到过。在这次记者招待会上，我第一次开始认识到，在水门问题上，我们同舆论界和国会之间存在的问题有多么深广：越南战争一波未平，现在一波又起了。

我也马上意识到——甚至在我用迪安和我一切商量好的办法回答问题的同时——我们目前对付水门事件的办法是行不通的。我们已经处于守势，我们已经落后了，我们已经让人看上去似乎有什么事要隐瞒。

像一个突然发现被暴风雨所包围的人一样，我死命地抱住我的一块路程牌——尽管这块路程牌现在明显的是以一个法律上的界线为基础的，那就是白宫没有人牵连在闯入水门的事件里。我得悉斯特罗恩是在事后才知道搞窃听的，但他没有参与决定这件事。即使我们只能说这一些，我感到，我们至少应该找到一个能说服人的新办法来说这话。从这点出发，我们才能够为自己进行辩护。

在我的记者招待会后，我决定比以前更加坚决地要求迪安草拟出一项书面声明，把他这些天来一直对我们说的话再说一遍：在水门事件上没有不利于科尔森、蔡平或霍尔德曼的证据。

当我在3月16日再见到迪安时，我建议他去戴维营，专心致志地集中精力准备他的声明。次日，我又催他去写声明，这时，他才告诉我，他本人也参加了在司法部部长米切尔办公室里举行的那些会，讨论戈登·利迪收集情报的计划。迪安急忙加上一句话说，他当时就曾表示，在司法部部长面前，不应该讨论这些事情。他说，他曾向霍尔德曼报告，并对霍尔德曼说，今后遇有这类的事，白宫必须"置身于10英里之外——因为这是不对的，我们不能和它发生任何关系"。他说霍尔德曼同意他的意见，他说："我以为事情到此就结束了。"

我问道："那么你没有听到讨论窃听的事，是吗，还是已经听到了？"

"我是听到了。"他回答说，"这是使我感到很不安的事。"他解释说，利迪在会上说，他们应该进行窃听，米切尔不同意，可是只坐在那里抽烟斗，什么话也不说。我可以想象得出当时的情景和米切尔的那种神秘莫测的表情，这是他不得不跟外行人打交道时常常采取的态度。

我告诉迪安，在他准备发表的声明中，谈到这次会议时，他不必提到讨论窃听问题的情况。我的理由是，不管怎样，他是试图制止此事的，而且米切尔也没有批准。迪安说，白宫知道有这么一个收集情报的活动计划，这本身就是一件窘事，尽管我们以为这是一种合法活动。对此，我并不感到担心，并说，如果我们非要找个理由，我们是可以找到的，根据就是因为有人对我们搞了那么多暴力和示威行为。至少，我们不像前任的历届政府，我们没有利用联邦调查局。

后来，我又回到我们的薄弱环节这个问题上。我说，根据我的理解，在迪安看来，在这些薄弱环节中米切尔、科尔森和霍尔德曼是间接或许可能是直接的；下面一层是蔡平。迪安说，他得把自己的名字也加上去。我问他为什么，他说，因为他"像一条毯子似的，在这一切事情上都有份儿"。我说，这个我知道，但他的活动都发生在窃听之后，我看不出这里有什么问题。我说，不像其他人那样，他没有刑事罪责。迪安表示同意说："对。"

当我们回到斯特罗恩的问题上时，迪安似乎又改变了他在四天前对我说过

第七章 总统职位（1973-1974）

的话。那时，他说斯特罗恩不知道闯入事件。现在他却说，利迪告诉过他，到底斯特罗恩知道多少事，他真的说不准。

迪安告诉我，利迪指名说马格鲁德是对他施加压力要他进行这次闯入的人。我问，谁对马格鲁德施加压力。迪安从理论上推论说，斯特罗恩很可能笼统地说过，大家要在收集情报的问题上行动起来。我再一次问道，他们到底在寻求什么样的情报。但现在，闯入事件发生后九个月，连迪安都回答不出，为什么他们偏偏就要闯入民主党全国委员会去呢。他说："对我来说，这简直是不可思议。"

事情似乎日益复杂化了。有传闻说，马格鲁德在私下说，科尔森和霍尔德曼事先是知道这次闯入事件的。我不相信这种说法。但我想，正如迪安所指出的那样，如果马格鲁德发现自己快要淹死了，他会伸手抓住一个能抓到的随便什么人。而现在，其他间接的联系和牵连又这样多。我告诉迪安，我看没有其他办法，只有说利迪和他的一伙闯入水门是执行他的一部分职责，这样来"把事情彻底了结"，然后，我们把一切推在西格雷蒂身上。我说："情况并不像人们想象的那么坏嘛。"

然后，迪安又说，还有一个潜在的困难。在亨特和利迪身上，埃利希曼还有一个问题。我试探道："他们为埃利希曼干事？"我想可能是因为这样，他可能遭到牵连。这时迪安告诉我，亨特与利迪带着中央情报局的装备，闯入了埃尔斯伯格的心理医生的诊所。

我说："天晓得——"

迪安告诉我，他们这样做的目的是想取得埃尔斯伯格的精神病病历，这与五角大楼文件有关。但他不知道为的是什么。"这是我第一次听说这件事。"我回答说。

迪安又说，埃利希曼可能事先不知道要发生这次闯入事件。我在日记中写道："我与迪安谈话。他提到与埃利希曼有牵连的一个弱点，这显然跟调查埃尔斯伯格一案的事有点什么关系，这在我看来似乎很滑稽可笑。显然，他们想从埃尔斯伯格的医生那里弄到一些关于埃尔斯伯格患有精神病的情报。"

情况又发生了变化。四天前，迪安告诉我斯特罗恩知道水门窃听的事，而现在，又出了这件事。

然而，我确信在欧文听证会上，不会提出跟埃尔斯伯格有关的任何事。这意味着，我们现在有比埃尔斯伯格一案更加重要的问题。

我们对水门事件的处理继续犯拖延和按兵不动的老毛病。有一次迪安建议写封信给（认可任命）格雷的听证会说，他只是把利迪作为一个法律顾问推荐给争取总统连任委员会，而且白宫与联邦调查局进行了充分的合作。我提出要他在这封信上宣誓签名，后来这个建议就此吹了。

我迫切需要把注意力转移到别的事情上去。我们面对的问题有：可能要继续轰炸老挝，以此作为对北越不遵守巴黎和平协定中停火条款的报复；国内经济令人不安地变幻无常，乔治·舒尔茨几乎想要承认，经济政策第三阶段的放宽控制措施为时过早了。

我还在考虑需要为第二届任期制定对外政策新目标。现在越南战争既已结束，我们可以把注意力转到世界上其他那些战争总是迫在眉睫、大国核对抗的危险远比东南亚要大得多的地区。2月3日，我第一次记下了好几篇这一类的日记。

日 记

在中东问题上，我猛击亨利一掌。他现在要想推迟到10月间以色列选举以后解决中东问题。但是我告诉他，除非我们今年办这事，否则我们在这四年的任期内就根本解决不了这个问题。

那个埃及人〔萨达特总统的顾问，哈菲兹·伊斯梅尔〕要来。我不知道他在搞什么，但我感到我们得想办法，使以色列松动一下他们那丝毫不肯让步的立场。不用说，我们说什么也不能完全站到埃及或阿拉伯人的立场上去，但是在两者之间我们还是有移动的余地的。当然，临时解决办法将是我们能讨论的唯一的东西——这是以色列人肯接受的唯一的东西——埃及人，也就是说阿拉伯人，也只能接受这样的一种解决办法，附带的保证是我们将尽最大可能在以后求得一个全面解决。

第七章 总统职位（1973—1974）

我对亨利谈到需要在中东行动起来。我竭力催促他，我要求他在今年必须解决问题这一点上不要放松，因为我们明年将无法办到这件事了。以后由于1976年竞选就要来到，就更无法办到这件事了。亨利自己提出了这一点，所以，口信显然是已经传过去了。他担心的是，罗杰斯等人会抓住这个问题并试图在这个问题上大肆公开宣传，那就会破坏它。这点我向希思提出过，我们不能在这个问题上召开最高级会议而又一事无成。当然，英国人完全懂得这点。

另外，亨利常常一次又一次地推迟行动，说政治问题太困难了。这当然是必须由我来作出判断的一件事。他同意说，在以色列对付以色列人不见得比对付这里的犹太人困难。但我决心啃这块石头而且马上就这么做，因为我不能让这件事拖下去，使1亿阿拉伯人恨我们，不仅给激进派而且给苏联人提供一个浑水摸鱼的鱼场。我想，在实际上，激进派是我们更大的危险，因为苏联人多少还要对他们的人民负点责任，而激进派却能够完全不受任何管束地采取行动。

正如我告诉鲍勃的那样，我认为亨利现在有点松劲儿，因为他认为他已经参与了恐怕可以说是战后年代的三件大事——苏联、中国、越南——任何其他事同这相比都显得逊色，所以对中东问题，他有点不想碰。我肯定这是由于他怕受到我国犹太人集团的巨大压力。

亨利需要有另一个伟大的目标。黑格强烈地感到这个目标应该是欧洲。我注意到，亨利在上次跟我的谈话中接过了这个话茬，但我却不断地对黑格强调需要在中东问题上有所作为。

我还需要有点个人的时间来制定自己的日程，到目前为止，我发疯似的往前赶路。从第二届任期开始后的两个月内，我做了十次重要讲演，举行了三次记者招待会，提出了规定开支最高极限的1974年预算，并在环境、卫生、教育、人力训练、执行法律、运输等问题上提出了新的立法建议。果尔达·梅厄夫人、约旦的侯赛因国王、英国首相爱德华·希思先后访问华盛顿。迄今，我很少有机会跟公众见面，而为了争取人们支持我的政策，这样做是很有必要的，我需要开始在全国各地走走。事实上,我曾计划在越南战争结束后做一次全国旅行,向人民表示,我感谢他们在那个长期考验过程中坚定不移。我还想在复活节后去拉丁美洲访问一次。

白宫在水门事件上什么也没干,什么也没说,霍尔德曼跟我对此同样感到失望。他特别渴望我们能在西格雷蒂问题上公开讲讲话,把事情经过如实地说出来,以澄清神秘气氛。3月20日星期二晚上,我们会面时,他抱怨说别人都坚持认为,他不论在西格雷蒂问题上说些什么,都会伤害在"水门这边"有牵连的人。

"我是代人受过……"霍尔德曼说,"我们仍然认为,在某种意义上……为了保护一些别的人就得在我脸上抹黑。"他又补充说,蔡平——他也准备公开充分地解释西格雷蒂的问题——"则被抹得更黑,为的也是要保护别人"。我说,问题是,那些在水门事件上有弱点的人都是我们的朋友。霍尔德曼表示同意。他说,西格雷蒂问题可能只反映我们用错了人,而水门事件则是严重的问题。迪安不断地坚持说,整个形势是一环扣一环的,如果在一环上松了口,把西格雷蒂的问题全部说了出来,可能会危及其他。

这使我们绕了一个圈子又回到了一个不可接受的结论,那我们就要死钉在原地不动:不发表公开声明,跟国会在行政特权问题上来回争吵,并给人一种白宫在进行掩饰的印象——对我们来说,这是最糟糕的境地。

霍尔德曼答道:"这不算真正的糟——这不会比米切尔为了伪证或共谋而进监狱更糟。"我不得不表示同意,说我也考虑到这点。我也怀疑过,马格鲁德怎么会自作主张做这样一件事。

霍尔德曼指出,不管我们对米切尔牵连程度作什么猜测,迪安似乎总认为米切尔可能并没有批准闯入。而马格鲁德则发誓他本人事先也没有批准,这也是可能的。如果你接受这种前提,即利迪是按照泛泛的命令自己采取行动的。不过利迪是否能顶住压力,还是会开始咬别人,这总是一个问题。不论怎样,迪安的办法是继续限制在利迪一个人身上。霍尔德曼说,如果没有新的因素——白宫声明——加进来,迪安似乎认为米切尔可能有希望不被拖进去。

现在到了3月20日,我们又回到了九个月前闯入事件发生后第四天的地

第七章 总统职位（1973-1974）

方，谁也不敢肯定米切尔有无牵连，或者根据第一手材料，甚至谁也不敢说马格鲁德有无牵连。但是围绕着水门事件的间接牵连和弱点是如此之大，利迪或马格鲁德哪怕说了一句假话，就可能是致命的。

在我们会谈结束时，霍尔德曼和我又讨论了发表一个笼统的公开声明的想法。当我提到迪安说这样一来会打开太多的门时，霍尔德曼说，我们还是应该发表个声明看看。他说，门总是要打开的。这正与我的想法相同。如果是事实总要揭露出来。我说："我宁可由我们自己来把事实在可能范围内直截了当地揭露出来。"我们一致认为声明不要很全面，免得以后万一又出现什么事陷入被动。声明只要表示，愿意答复以后出现的进一步问题。

在我们的会见结束前，霍尔德曼好像事后又想起一件事，提出了迪安向他提出来的又一个问题。他说，从1972年的竞选经费中转了35万美元现款给白宫，作为诸如非正式民意测验之类的政治活动所需的经费。这笔款没有花掉，大选后又转账还给了争取总统连任委员会。我说，这有什么问题。他说，这不就可以证明确实存在"秘密经费"了吗？报纸就会加以利用。他说："倒不是说这使我担心，它从没有使我担心过。"但他又说："可能这里面有问题，比……我所发现的问题还要多。"

霍尔德曼离开我的办公室后，我就给迪安打电话，他似乎有点激动。他对我说，他要来见我，回顾一下"整个事件的最广泛的含义"。他说："你知道，或许我可以用30分钟把事实对你说清楚，使你能够从所有其他人都知道的那些事实出发来行动……我们以前一直没有这样做，搞的都是些零敲碎打的材料。"

我说我们在第二天即3月21日早晨见面。然后我又回到我一再提出的要求，由他起草一个我们可以用白宫名义发表的某种一般性的声明。我建议，他或许可以向内阁作一次口头汇报，把他告诉我的话向他们说一遍，保证白宫没有人与闯入事件有牵连，好叫他们放心。像往常一样，一提到发表声明，迪安的反应总是很冷淡。他重复他的建议说，在发表任何声明之前，他要同我个人见一次面。我说："不，我要知道。我首先要知道的是，所有的人现在处境如何。"我想到我同霍尔德曼讨论时谈到要避免发表有定论的声明，我说，我正在考虑发表一个"全面的声明,但又要使它非常笼统"。——我的意思是,章节不必分明,只是一般性的结论,如:"霍尔德曼在这件、那件或者别的事情上没有牵连,科尔森先生没有干这件事……提一些最引人注目的事情,如果有进一步的问题,请告诉我。"

日 记

今天真是够呛,因为我们开始越来越多地涉及水门——西格雷蒂事件的真正问题所在。就弄清事实而言,我们似乎总是只能得到基本上是死胡同式的答复。

我的意思并不是说,实际上就让它那样下去。事实上我们不是在设法弄清事实,而是要把我们这方面的真实情况讲出来。

我很晚才找到迪安,大约在7点钟。照埃利希曼的说法,他今天显然有点气馁。虽然我花了相当多的时间跟他在一起,并明显地使他大大地振作起来。他一直在努力使事情不至于搞得一发不可收拾。他说他想找时间跟我谈半个小时,把事情都摆出来,使我能够知道他所知道的一切事情,并且使我能够知道如果让白宫工作人员出席作证或发表声明或不管你想干什么,那么这里面可能都会牵涉到一些什么样的危险。我定于明天上午10时见他。

总之,从迪安今晚所说的来看,他和穆尔都主张目前不发表任何声明,干脆顶住。

我跟霍尔德曼和埃利希曼提出的论点是,如果这些问题迟早要提出来,恐怕还是让我们主动讲出来而不要被迫讲出来的好。

我也得悉地区法院法官即将对亨特、利迪、麦科德和在水门被捕的其他人进行判决。

日 记

一个主要关心的问题是,星期五法官采取行动时会发生什么事。

法官虽然会极其严厉，但这并不会使我感到意外。

他们认为：在这种情况下，麦科德可能会顶不住，因为他不愿进监狱。他在几天后可能会对法官说，他愿意把一切都招供出来。问题是他知道多少事。当然关于米切尔的情况他知道得不少。米切尔是我最担心的一个人。

总之，回想到几年前，今天3月20日正是宣誓就职的日子，我们有许多竞选遗留下来的问题要处理。霍尔德曼讽刺地说，这不过是一件一般的破门案件，如果不是守夜的人看到门上的胶带或者什么别的东西，水门事件就不会发生，其他的事也都不会牵连进去。但这是为了竞选必须付出的一种代价，也是雇用这样一些用心良好但又相当愚蠢或至少是判断能力极差的人为你工作所必须付出的一种代价。

米切尔就是没掌住舵，因为这时他跟玛莎之间出现了好多问题，虽然我并不为此而责怪他，我知道为什么发生这样的事。没有比米切尔更好的朋友或支持者了，也没有什么人比他更能经受得住压力，但在目前，我们真的在这里给卡住了，真不知道该怎么处理这个问题才好。

3月21日的谈话

3月21日，星期三，刚过10点钟，约翰·迪安进了椭圆形办公室。

在对格雷听证会随便交换了几句话以后，他说他认为我们应该谈一谈，因为在我们早先的一些关于水门的谈话中，他的印象是我并不知道他所知道的每一件事。他说，这就使我们作出一些只有我才能作出的判断时会遭到困难。

我说："换句话说，我必须知道你为什么感到……我们不应该把有些事情说出来。"

他开始说："我认为……我们的……这个问题毫无疑问是很严重的……我们得了癌症——在内部——在接近总统的地方，这癌症正在发展，它每天都在发展。它越来越加重，它现在按几何级数的速度在发展，因为它本身就在加重。我跟你一解释其中某些为什么会是这样的细节，你就会明白，这基本上是由于：第一，我们受到了讹诈；第二，那些本来不需要作伪证来保护别人的人很快就要开始作伪证了。这简直就是——一点儿保证也没有……"

我接上去说："这事情不会完蛋。"

他重复道："是不会完蛋。"

他开始讲细节，其中有些我以前听说过，有些是我以前虽然听说过但说法不同，而有些则是新的东西。

他开始说，霍尔德曼想在争取总统连任委员会开展"完全正当合法"的情报活动。迪安就让他的一个助手起草一个计划进行"正常的渗透……从某些当秘书的人手中收买情报等这类事情"。迪安说，埃利希曼、米切尔和一些别的人都一致认为，他所挑选的助手不适合处理这种事，他们要一名律师。他说，就是在那时候，他推荐利迪来负责情报活动。这是迪安第一次告诉我这一点，以前他只说他将利迪推荐给争取总统连任委员会作为一名法律顾问。

迪安又重复了一遍：当利迪在司法部部长办公室里向米切尔提出他的粗鲁笨拙得令人难以置信的收集情报计划时他自己感到愤慨的情况，当时他又是怎样对利迪和马格鲁德说："你不能在这个办公室里这样讲话……你应该重新检查你的整个想法。"他又重复讲他以前说过的霍尔德曼后来同意迪安和白宫不应参与这种活动。他说："我认为，在那时候事情就结束了。"

我的理解是，他了解的第一手情况就是到此为止，然后他就转而谈到在闯入事件发生后他才知道的一些详细情况，当然他竭力想把以后发生的事拼凑起来，这些都是他的推论和猜测。

看来，在米切尔办公室的会议之后，亨特和利迪请求科尔森帮助使他们的计划得到批准。科尔森于是打电话给马格鲁德，要他在亨特和利迪身上"要么钓鱼上钩，要么索性放弃鱼饵"。我问道，科尔森是否知道亨特和利迪的计划是什么内容。迪安说，他猜想科尔森"对他们在谈论的事是相当清楚的"。

科尔森！我最初的忧虑又出现了。迄今为止，所有的人包括迪安在内，都对我说，科尔森没有牵连进去。我问道："你想科尔森是推动此计划的人吗？"

第七章 总统职位（1973-1974）

迪安说他认为科尔森曾帮忙推动此事。他也认为霍尔德曼通过斯特罗恩做了些推动的工作，但霍尔德曼之所以推动他们进行一些收集情报活动是建立在无害的假设上的，即他们没有计划干什么不合法的事。迪安肯定地说："我想鲍勃假定他们所干的事是正当的。"

迪安猜想道，马格鲁德向米切尔报告科尔森和斯特罗恩作过"推动"，在那些压力面前，米切尔坐在那里抽着烟斗说："那就干吧！"根本没有真正考虑过到底是怎么回事。这就是迪安对民主党全国委员会窃听事件是怎么搞起来的推论。我感到有些难以保持自己不晕头转向了：就在24小时以前，霍尔德曼还暗示说迪安认为米切尔并没有批准闯入事件。

迪安说，安装了窃听器之后，斯特罗恩从中收到一些情报，并将情报送交霍尔德曼。迪安说，霍尔德曼可能不知道情报来源，但斯特罗恩是知道的。

迪安说：马格鲁德是"完全知情的"，但他作了伪证。迪安说马格鲁德编造了"一幕戏"，他有一次碰上迪安，便问道："怎么样？"迪安说，他当时的回答是："那，我不知道……如果这是你们要坚持做的事，那好嘛！"迪安说，尽管马格鲁德作了那样的证词，马格鲁德的确曾具体指示利迪进入民主党全国委员会。迪安说，但是他真实地相信，白宫里是没有人知道那事情的，但他显然又自相矛盾地说，他认为斯特罗恩知道。

谈到闯入事件发生后的活动，迪安说他本人"得到相当明确的指示要他不去进行真正的调查"，他按照"限制理论"行事。我说："对。"我记得霍尔德曼在前一天晚上说过，迪安希望把闯入的罪责限制在利迪身上，不让往上追到米切尔身上。

迪安说，他一直在密切注视联邦调查局和联邦大陪审团的调查。他说被告们在水门被捕后不久，便警告说："我们得有一笔请律师的费用……如果你们要我们把这事拖到大选以后的话。"迪安说，在他和米切尔都在场的会议上作了付款安排。他补充道："卡姆巴克被找来了。卡姆巴克筹措了一些现款。"

我问这事是不是用过一个所谓"古巴委员会"打掩护。迪安说是的，而且还用了亨特的律师。我说："不论花什么代价，我也愿意保留这个掩护，保留这个委员会。"

然后，迪安说出了他的妙语："鲍勃牵连在内，约翰牵连在内，我牵连在内，米切尔也牵连在内。而这可是阻挠司法的行为。"

我不明白。我想迪安总得言过其实一些吧。

我问道："鲍勃怎样牵连进去的？"

迪安说，霍尔德曼让他动用放在白宫的一笔35万美元现款经费来付款给被告人。迪安说：他自己，霍尔德曼和埃利希曼决定，只要"不让这件事在大选前爆发，付多少钱作代价都不为多"。这是一个新的转折。前一天晚上，霍尔德曼刚说，这笔款没有动用就已还给了争取总统连任委员会，唯一存在的问题是舆论界会称之为"秘密经费"的东西。我说："我想你应该很快处理此事。"迪安表示同意。

迪安说，麦科德跟白宫的什么人谈到对他的判决减刑的问题。他说："你知道，科尔森间接地跟亨特谈到过减刑的问题。这一切事都很糟糕……因为这些都是问题，是许愿，是承担了义务。这些都是参院最想找到的东西。"

这时迪安说到了造成他近来心神不安的核心问题。五天前，争取总统连任委员会的一个律师接到霍华德·亨特的一个口信，他直接把口信转给迪安：亨特要求给他12.2万美元的律师费和个人费用。迪安说，当他接到这个口信时，他对争取总统连任委员会的律师说："我跟钱的事没有关系。我对此一无所知，无法帮忙。"

亨特的口信还附有一项威胁："我要把约翰·埃利希曼拖下来跪倒在地上，让他坐牢。我已为他和克罗干了好多肮脏的勾当，他们跑不了。"照迪安的说法，亨特的最后限期是"昨天交易所收盘时间"。

我问道："那是指什么？是指埃尔斯伯格案吗？"迪安回答说："埃尔斯伯格以及显然还有些其他什么事。我也不知道其中的全部情况。"

"我不知道还有什么别的事。"我说道。我想到早在1月份，科尔森就猜到亨特可能把霍尔德曼或埃利希曼拖下水，他们同时都猜到亨特会对科尔森做什么。迪安说他也不知道还有什么事，接着他告诉我都有哪些人知道闯入埃尔斯伯格医生诊所事件，这里面有在水门被捕的古巴人和他们的律师。

亨特的威胁正是一个最紧急而又最有戏剧性的例子，说明所有被告有可能

第七章 总统职位（1973-1974）

不断进行讹诈这个更大的问题。如果我们继续付款，那就会加重对司法的阻挠。此外，还有如何筹款的问题。我问他得需要多少钱。迪安估计，要付钱给所有的被告人，在今后两年内恐怕需要100万美元。

我说，这可不那么容易，但我知道可以从哪里搞到这笔钱。事实上，我脑子里也没有什么具体办法。但我设想，如果有足够迫切的需要，我们可以从那些过去曾大量捐助我们的一些人那里筹得这笔钱。

迪安又回过来说他关于总统职位"得了癌"的话。他说巴德·克罗在埃尔斯伯格事件上被迫作伪证。关于克罗的这个消息对我又是一个打击。他是我最喜欢的年轻的工作人员之一。我知道他是一个有原则的人。但显然，他曾作证说，他不认识这些古巴人，而事实上，他是认识的——当然不是通过水门事件而是通过埃尔斯伯格事件认识的。

"伪证是很难证明的刑事责任。"我说道，但我自己对此也没有太大的信心。

我们又回到亨特的威胁。在所有的新的细节和乱七八糟的事中，有一件事是清楚的：霍华德·亨特是一个定时炸弹，他的最后限期是昨天。两天后，他将被判刑，他肯定会实现他的威胁。

"就眼前急迫的问题而言，你得很快地处理亨特的经济情况吧？"我问道，"为了留有选择余地，你得把瓶盖留在瓶子上——不这样，就得让他现在就爆炸。"

迪安说："不错。"我让他继续叙述事实。他讲完后，又回到他说的正在发展的形势。问题是，如果水门案件开始暴露出来，霍尔德曼、米切尔、埃利希曼和他本人都要被指控犯刑事罪。他说他认为，他、霍尔德曼、埃利希曼和米切尔应该把全部事情都拿出来讨论一下，并谈一下如何把这同总统职位分开。

他对我说："你没有牵连进去。"

我回答说："这是事实。"

"先生，我知道这是事实。从我们的谈话中我就可以知道，这些你都不知情。"

我们谈到了问题的实质和真正的问题：有什么别的办法没有？我提出了一个假设：当他与霍尔德曼、埃利希曼和米切尔碰头时，他们可能得出结论，没有办法使整个事情不暴露出来。我问迪安，那时该怎么办呢？我说："你们是不是就把事实全部揭露？这不是最好的办法吗？这就是我对它的看法。"

迪安躲躲闪闪。他提出另外一个办法：召集另外一个联邦大陪审团，给某些见证人以豁免。我起初以为他想的是给马格鲁德以豁免，但后来越听越清楚，原来他想的是给他自己以豁免。他告诉我，他认为他自己将面临坐牢的可能性。

我说："天哪，不会吧！我看不出你怎么会被判坐牢。"根据他自己所说的，他谴责过利迪的窃听计划；他同处理钱的问题没有牵连；他没有向任何人许诺可获宽大处理或作任何伪证。但他显然很发愁，所以我要他再跟我解释解释，在阻挠司法方面他有些什么问题。我告诉他，我看不出怎么能对他进行起诉。他解释说，他在讹诈问题上是"情报渠道"。

在他继续往下说时，我却一直在担心讹诈的事以及如不付钱会冒多大风险的问题。我告诉他："让我坦率地说，我就不信这种事情非得继续存在下去不可。"于是我开始从迷宫中找出一条出路。至少，如果我们有100万美元并且有办法把钱交出去，那就会把所有的事再拖一段时期，但能做到吗？还有亨特和他期待宽大的问题：如果有人让他以为可以得到自由，那钱就满足不了他。迪安说，其他的人也会要求宽大，并说："我不敢说，你是否能够给他们宽大处理。这样做可能太担风险了。"

我说："在1974年大选以前不能这样做，这是肯定的。你的看法是即使到大选后，即使到那时也不能这样做？"

他回答说："是的，它可能会以一种你不应该被牵连进去的方式把你进一步牵连进去。"

我说："不，那是错误的；这一点是肯定的。"

这分明不是一个答案，于是我们又回到原地。

迪安分明十分沮丧。他几乎用一种表示很抱歉的方式说，在大选前是做了一些错误的判断——当然也有些是必要的判断——但现在这已成了第二届任期中的包袱，而且是甩不掉的包袱。我试图使他放心，现在不是互相埋怨的时候。我说："我们大家在这个问题上都有份儿。"我又一次告诉他，我认为他把他自己负有刑事罪责的可能性估计过分了。

迪安说他没有一个可以解决所有这些问题的方案，但他认为我们应该考虑

第七章 总统职位（1973-1974）

尽量减少损失而不是进一步付钱来使问题加重。我表示同意，但亨特是例外。对他，我们已经处理晚了，如果他开始对白宫进行攻击，那就无法知道他能对我最亲密的助手——科尔森、埃利希曼、霍尔德曼、米切尔——因而也是对我自己，造成什么样的损害。

我问道："但目前，你是否同意你还是把亨特的事解决一下？我的意思是，在目前，这是值得的。"

迪安说："对，为了换取时间这是值得的。"

我们于是商定，迪安立即与米切尔、埃利希曼和霍尔德曼碰头。他说："对每一个会损失最多的人来说，我们还从来没有让他真正输光过呢。"

我按电钮要霍尔德曼参加我们的谈话。在跟迪安谈话时，迪安告诉我，当天早晨他同霍尔德曼谈了他同我所谈的同样一些问题。所以这时，我认为霍尔德曼了解迪安对我所讲的所有问题。但当霍尔德曼参加了我们的谈话后，他好像头一次听说亨特的讹诈、科尔森给马格鲁德打那个可能导致水门计划得到批准的电话，以及科尔森直截了当地答应亨特在圣诞节时会得到赦免这些事情。

霍尔德曼坐下来以后，我告诉他我们正要做出决定。从全面的战略考虑，我认为我们有两种选择。如果我们认为，人人都得负刑事罪责的这种潜在的危险太大，我们可以一点也不让步，顶回去，拒绝出席欧文委员会作证。照迪安早些时候的说法是："放低姿态；而实际上我们现在所讲的是进行掩盖。"如果这行得通的话，不可否认，这种办法是吸引人的。我对霍尔德曼说："我可不想负任何刑事罪责，对白宫的工作人员我所关心的就是这件事。我想委员会的成员也是这样。"

同时，选择这办法只会给我们造成一场恶性循环，我对霍尔德曼解释了这一点：想法拖延，使被告人暂不揭发，唯一的办法就是照付勒索款；这样做是可能的；但即使我们认为决定这最后一着是有理由的，并值得在当前冒一下风险，但最后我们仍然有怎样对付他们必然会提出要求宽大的问题，而这是我们根本不能给的东西，所以最后我们的讨论又回到了原地。

另外，我对他们说：如果我们决定，"我们最终总要被放完血然后死去，这一切到最后无论如何还得要暴露出来,那么你就两头倒霉……我们就被看作在进行掩饰,所以我们不能那样做"。于是我们只能采取第二种选择方案:不管自己提出出席联邦大陪审团或欧文委员会作证,或是发表一项公开声明,总之要尽可能使我们处在最有利的处境,然后让事情爆发出来,碰碰运气,想办法熬过去。

对于我们应该采取什么方针,霍尔德曼的态度是毫不含糊的。他说:"我不明白,他们讹诈这笔钱怎么就能把白宫或目前在白宫的任何人牵连进去!"我问迪安,我们大家是否一致同意不去对被告人说,"我很抱歉,一切都吹了",而让他们去揭发。我问道:"就该这样办,是吗?……如果你要做得干干净净的话。"迪安看来不大肯定。霍尔德曼则很肯定,他说:"你要知道,你做一件事时,它必须是你以后不会后悔的。"他说到敲诈勒索的问题:付第一次款是一回事,"但是明天、明年以至五年以后你还需要付多少呢"?他指出,在前几个月当迪安说有一个付钱的问题时,他就对迪安说过这些话。

至于说到目前为止已经付出的钱,我说我们的掩护办法是说大选期内这些被告人一直是由古巴委员会负责的。

迪安说:"哦,是啊。我们可以那么说。事情当然不完全是这样发生的。但是——"

我说:"我知道,但事情的发生就得按照这样讲才行。"

我又一次问迪安,他的建议是不是也要走"这条干净的道路",别去管它,听其自然发展吧。

这次他不躲躲闪闪了。他回答说不行,他又一次主张我们的人出席联邦大陪审团有好处,因为联邦大陪审团与参议院水门委员会不同,它有关于证据的规则。

霍尔德曼问:"你可以说你记不起来了,对吗?"

一个律师总是劝他的委托人说,他最好说他记不起来了,最好在记忆力上犯错误,而不要冒险去瞎猜或者重新编造一套。但这种办法在委员会听证中没有多大用处,因为在这里援引宪法第五项修正案,或声称记不起来了,在公众的心目中就等于自动定了罪。迪安提醒霍尔德曼,联邦大陪审团也有它的危险之处,要冒很大的犯伪证罪的风险。希斯案件就证明了被控犯伪证罪的危险性。

第七章 总统职位（1973-1974）

我说："对的，你就一口咬定说我记不得了，我记不起来了；对我记不得的事，我不能有一个诚实的回答。"

我同意出席联邦大陪审团这个主张。埃利希曼建议，作为一个解决办法，我们请求水门事件联邦大陪审团重新开庭，听取白宫工作人员的证词。那样一来，我们就可以有一个有条有理把事实一一摆出来的机会。我后来又说："应该通过联邦大陪审团来摆事实，而不是在委员会的弧光灯下摆事实。"

我最后一次回到亨特的问题上。我们同意不再付钱给所有的被告，但亨特仍然是个定时炸弹。我告诉霍尔德曼，亨特问题使我不安的原因是"它跟竞选没有关系……他跟埃尔斯伯格事件有关"。如果两天后对被告宣判时，亨特开口捅了出来，即使用联邦大陪审团的办法也为时太晚了。因为就是亨特威胁我们，使我们没有选择余地，甚至连正常地做点正确而又负责的事的选择余地都没有了。

我转向迪安："这就是为什么你认为最急迫的事是在亨特问题上你没有其他选择，只有给他12万美元或者不管他要多少钱，对吗？你是不是同意，这是个换取时间的好办法，最好还是把这件事办了，而且要快？"

迪安说："我想应该给他一个信号，无论如何——"

我打断他说："唉，看在基督的份儿上，要做得……但谁去跟他谈？"

迪安重申说，问题是无法搞到钱，而我们讲的却是如何把钱送给被告的问题。我们又一次讨论了重开联邦大陪审团的主意。然后我又回到亨特的问题上来。

我开始说："再找找看有没有其他出路。在亨特的问题上，我们没有其他选择，只有想法使他……"

迪安说："眼前我们是没有什么可选择的。"

我说："但我要说的是，难道你在亨特的问题上有过什么选择的余地吗？问题就在这里。"我们又一次回到原地，不可避免的循环现在到了头。连付给勒索款项这种极端的措施都不是解决办法，这也只能给我们换来很少的时间。

然后迪安想出了给我们换取点时间的另一种办法：我们可以让赛里卡法官把判决推迟两星期。这将在亨特问题上减轻我们受到的压力，并给我们使每个人都出席联邦大陪审团所需的时间。我马上接受这个主意,告诉迪安快去照办。

在会议快结束时,我说:"坦白地说,讨论一下这些不同的办法还是好的。一旦……决定了计划——约翰,你在大选之前就有了个正确的计划,而你也处理得很正确,你把它限制住了。现在大选以后,我们必须有另一个计划,因为我们不能,我们不能让这件事在四年之内,老是挂着——你会被人慢慢吃掉的。我们可不能那样做。"

霍尔德曼表示同意。我们必须以尽可能低的代价,但不论什么代价,来避免进一步的牵连。因为正如他指出的那样,牵连已开始越来越逼近我本人了。

我说:"唉,不管怎样,除了别的以外,侵蚀将不可避免地发展到我这里来。你们知道人们说水门不是个主要问题。这不是主要的问题,但这会成为主要的问题,这一定会成为主要的问题的。"

迪安很诚恳地说:"我们不能让那种形势玷污了你。"我对他的关怀很感激——并且同他的看法完全一致。

我说:"白宫不能干这样的事,对吗?"会议也就结束了。

会议只产生了两项决定:霍尔德曼去叫米切尔马上从纽约来同迪安和埃利希曼会谈,迪安要设法使宣判日期推迟。

这次会议后,我直接见了正在美国访问的苏联青年奥林匹克体操运动员奥尔加·科尔布特和她的一些队员。会见后,还有一个关于压缩联邦开支的会议。但在这段时间,霍华德·亨特,他的威胁和他要钱的事都压在我的心头。

这些会议一结束,我就叫罗斯·伍兹进来,问她我们还有没有未花完的竞选经费。她说我们有,但她要查一下才知道还有多少。结果还有10万美元。过了一会儿,霍尔德曼进来时,我就对他提起这事。但他再一次干脆拒绝我们因为再付钱而进一步牵连进去的主张。他说:"你应该不介入这件事。"

那天下午晚些时候,霍尔德曼、埃利希曼和迪安来到行政办公大楼办公室同我就水门事件进行了长时间的讨论。现在我在事后再回过头来看这次会议,我看清楚了,我们都从各自不同的理解基础出发来行事,对各自不同的弱点也

第七章 总统职位（1973-1974）

有不同的看法。霍尔德曼最关心的似乎是马格鲁德可能乱咬他，说他在事前就知道闯入事件，而不是他对付钱给被告一事知情与否的问题，但迪安却说这才是真正的危险所在。事实上，迟至第二天早上，霍尔德曼对迪安所作结论的严重性似乎毫无意识。我提到迪安由于自己对付钱给被告一事知情而感到担心，霍尔德曼沉思了一会儿，说道：这个事是我、埃利希曼和迪安一起商量过的呀。他还评论了这么一句："也许他会以为我也牵连在内咯！"

在3月21日下午，埃利希曼对形势的详情的了解似乎比霍尔德曼知道得更少：他表示他仍然认为，戈登·斯特罗恩的问题就是他没有对竞选经费的支付情况提出报告。看来埃利希曼没有觉察到斯特罗恩可能早已知道窃听计划。这些不同的了解，以及由此产生的对全面情况的缺乏了解现在就看得很清楚了。不过，在那个时候，我们的问题只是看起来非常复杂，而我们开的那些战略会议只不过是绕着问题跳小步舞，令人沮丧，毫无效果。

那天晚上，我口授了一篇有关这一天活动的很长的日记，事后证明这一天是我总统任期内的一个灾难性的转折点。在日记中我写道：

日　记

除了与迪安谈话外，今天这一天是个相对来说不算多事的一天。迪安说在总统职位周围得了癌，而这癌肯定会继续发展下去，我们最好把癌切除，别让它继续发展下去，否则最终会把我们毁掉。其实他这么说，实际上是想把事情挑开。他的情绪显然十分低落，什么也看不到——看不到有什么其他出路，只有采取行动把事实都揭发出来。

当我仔细问他时，看起来他甚至感到他可能犯了某种刑事罪似的，因为他参加了照顾这些正在受审的被告人的活动。他指出，使他不安的是，现在每个参与其中的人都各自在想办法找出路，而这样做是会产生相当大的问题的。因为这意味着，人人都只顾保自己，不惜出卖别人了。

第二天，3月22日，霍尔德曼和我又一次回顾了越来越变幻无常的水门形势。当我们的谈话转到利迪以及广泛传播的谣言（他跟其他的被告将被判35年徒刑）时，我说，我认为为他们筹点款是完全正确的。我告诉霍尔德曼说："我的意思不是接受亨特的敲诈，那就走得太远了。但是我们要照顾那些坐牢的人……我们为他们感到难过。我们这样做是出于同情心。"霍尔德曼表示同意，说这就是为什么他认为迪安完全没有必要担心这会构成司法阻挠。毕竟被告已经服罪。霍尔德曼说："当一个人前去投案服罪，你还能说这是阻挠司法吗？"

我说我不明白为什么迪安担心自己会牵连到阻挠司法的行为中。根据他自己的说法，他毕竟没有去把钱送交给被告呀。我说，我认为正是因为亨特直接向他要过钱才把他弄得如此心神不定。我说："你要知道，如果迪安真的搞到了这笔钱，那他妈的就会构成真正的讹诈事件了。"但是由于迪安并没有搞到钱，所以我看不出他会有什么问题。

从事后来看，这就很清楚了。在3月21日，约翰·迪安是在试图使我警惕到，九个月来，我一直认为水门事件的主要问题是谁批准了闯入的问题，但这问题已被新的、更为严重的、进行掩饰的问题所压倒了。那天会见后，我离开时只是因为他所说的问题涉及新的方面而感到不安，而不是由于我们处境的紧急和危险而激起我采取行动。迪安没有告诉我他本人在进行掩饰中的积极自觉的作用达到什么程度，所以，我把他所说的许多话都看作猜想和推论，而不是对一个已经无法收拾的爆炸性的形势所作的第一手报告。因此，我的反应就是摆开来研究每一种可供选择的对策。连迪安坚持说批准付钱给被告是阻挠司法这一点，在我看来，也只不过是反映了迪安个人的情绪低落而不是说出一个经过考虑后得出的法律结论。只是在三个星期以后，当我终于看清了掩饰活动的全面情况，并且认识到付钱给被告这事在掩饰活动中所占的地位，我才懂得迪安那天想告诉我的实际上是什么。

在3月21日的会议后，我感到的是不安而不是震惊，是焦急而不是惊慌。由于我没有理解人家告诉我的事情的充分含义，其实际后果就是，我顽固地坚持我在谈话前所持的方针：我继续集中精力在弄清是谁由于事先知道闯入事件而成为最容易被攻破的薄弱环节，继续寻找办法来改变我们在公众心目中的地

第七章 总统职位（1973-1974）

位，使得白宫在水门事件上不要显得老是那么被动。

3月22日下午，我跟霍尔德曼、埃利希曼、迪安在行政办公大楼开会，约翰·米切尔建议我们放弃行政特权，允许所有的白宫助理出席欧文委员会的秘密会议去作证。他说这是使白宫进入一个公开的新姿态的唯一办法。当有人开玩笑地说，这个决定是一个"经过改良的有限拖延"时，我说道："唉，问题只是公开拖延或秘密拖延之差而已。"

有一次迪安本人说过："如果我们的姿态是，除了举行一场公开开庭之外，别的什么都做到了，那我们不就做到毫无隐瞒了吗？"

我们也决定，现在是由迪安发表一个报告或声明的时候了。迪安表示同意，说："我想这确实是现在应该做的事。"

每个人都同意发表一个声明或报告，但每个人对为什么需要这样做却都有不同的想法。我想用它来证明我以前所作的关于白宫没有人跟水门事件有牵连的公开声明都是真实的。我需要有一个文件来表明，我之所以这样说是因为别人这样告诉我，而且我也相信他们的说法。我不要一个把迪安的所有推论和猜想全都包括进去的文件，只要对一般的指责作出答复就行了。当时也谈到，迪安的报告应该作为一个可以提交欧文委员会的文件，说明不同的人牵连到什么程度，从而有助于限制传讯证人的数目。当时也谈到，要把文件广为宣传，目的是要抢在欧文之前抛出一些有关水门事件的新的事实，使得欧文抛出的事实在听证会开始之前就成为旧闻。当然，最后，这个文件到底会起什么作用还得由它本身的内容来决定。这时，迪安说："要检验布丁还得看布丁本身。"[1] 不管是什么样的声明，我想我们一定得发表一个。我说："如果它捅开了门，就让它捅开吧！"

会议结束后，我感到轻松了。前一天，我提出两个可供选择的道路：要么寸步不让，反攻过去，要么想法稳住自己的阵脚，尽可能根据我们自己的条件把事实摆出来。现在，到3月22日为止，我们已经在第二条道路上采取了第一个行动。

---

[1] 源于英谚"要检验布丁（一种点心），需要吃一吃"。——译者注

我们一直认为,之所以在水门事件上避免发表公开声明,或避免主动提供证词,其主要理由之一就是要避免对约翰·米切尔增加压力。所以,我担心他会对这个新战略作出反应。在其他人离去后,我单独接见了他。我不想让他认为我是在把他一个人推出来受过。

我说,我并不认为应该撤换谢尔曼·亚当斯[1],即使他犯了错误,那是一个残酷无情的决定。在目前的案件中,我不准备采取残酷无情的行动。我不会背弃我的朋友。然后我想到每个人将要在欧文委员会面前吃苦头,我对米切尔说,"结果怎样我他妈的一点也不在乎"。就我而言,他们可以"援用宪法第五项修正案,进行掩饰或干其他任何事,如果这样可以得救的话——那就让他们得救吧。这就是全部的要点。另外……就像我跟你说过的,我倒是情愿你采用另一种办法。如果事情终究会以那种方式暴露出来,我就更希望采用另一种办法了……他们通过走露消息、指控以及影射等而透露出来的事实,要比让其自然暴露出来的事实坏得多"。

我知道米切尔会懂得,我这是在拐弯抹角地说明,必须对我们的水门战略进行痛苦的修改。到目前为止,这个战略已经失败得很惨、损失很大,现在我们要碰碰运气,试试另一个办法。令人感到松了一口气的是,米切尔也已得出了同样的结论。

第二天,3月23日的早上,约翰·赛里卡法官为了宣布对水门事件的判决,举行公开开庭。在开庭前不久,有人把詹姆斯·麦科德的一封信交给了他。麦科德在信中说,有人对他施加了政治压力要他保持缄默;他在审讯中作了伪证;保持缄默的交换条件是答应日后给他宽大处理。赛里卡在法庭上公开宣读了这封信。

我已去佛罗里达度周末,当埃利希曼打电话给我时,我正在比斯坎岛我的书房里。此后不久,我口授一篇日记:"我刚接到约翰·埃利希曼打来的电话,

---

[1] 谢尔曼·亚当斯是艾森豪威尔当总统时的白宫办公厅主任,因受贿丑闻而辞职,可参看本书上册有关章节的叙述。——译者注

第七章 总统职位（1973-1974）

是关于麦科德在水门事件上引爆的一颗炸弹。我想，这本来是意料之中的、迟早要爆发的事。我的看法是，既然要爆发那就现在爆发出来。让我们来弄清楚，尸体究竟埋在哪里，看他还有什么可说的。"

赛里卡让麦科德保释。他对亨特暂判35年监禁，其他四人每人判40年。利迪早就因为拒绝揭发而被控蔑视法庭，最终被判6年8个月到20年的监禁并罚款4万美元。这些判决完全是乱来一气。在哥伦比亚特区，对杀人犯的判决比这都要宽大得多。赛里卡承认判决过严，但说这是一种策略，目的是要使被告揭发问题。后来，戈登·利迪挖苦地说，他跟赛里卡两人的想法一样，因为他们都相信，为了达到目的可以不择手段。

日　记

我满以为这事会沿着米切尔－马格鲁德这条线发展而不是朝白宫这条线发展。不管是哪种情况，我们现在已被迫要在水门事件上表态了。当然，我们最主要的事是要摆脱整个政治压力的问题。

正如我告诉埃利希曼的，既然事情总要暴露，我们不如早一点挑穿脓包，早一点完事。我问他，他是否认为我们应该由总统带头要求召集联邦大陪审团，让白宫里的每一个人都应召出席作证。

他说他要同米切尔商量这问题，并且也要同迪安谈谈，但是他为了一些教会上的事要去一趟加利福尼亚州，星期日才能回来，所以我要抓住霍尔德曼和齐格勒，同时我也要在这个问题上想一想才能打定主意。我要打电话给迪安，了解他对这问题的看法，恐怕还要了解克兰丁斯特的看法。

当然，在目前，我想我们的情绪都有点低落。我只能让水门事件自行发展，不知道结果会如何。但我想现在最重要的事，是在这件事上让白宫洗刷干净，而且尽快洗刷干净。现在法官已经行动起来，我更倾向于召集联邦大陪审团的意见。

商品价格指数发表了，这是20年来最坏的，市场继续在走下坡路。这真是一个不吉利的3月，对我们这个政府来说，3月好像生来就是不吉利的。3月通常是很坏的一个月，而4月将是采取行动的一个月。我们看吧。

我告诉霍尔德曼同科尔森取得联系，弄清在赦免问题上他对亨特究竟讲了些什么，包括他有没有提到过我的名字。科尔森说他见到亨特的律师威廉·比特曼时，比特曼说到亨特希望在今年年底以前能出狱。对此，科尔森告诉比特曼说，他是亨特的朋友，会尽力想办法的。他说他没讲具体东西，也没有提到我。科尔森承认，从他所说的话中比特曼可能推断出同他实际所说的话不同的结论。

霍尔德曼问到科尔森关于迪安所作的新揭发，是科尔森打电话给马格鲁德，催促执行亨特和利迪的收集情报计划才导致发生水门闯入事件的。霍尔德曼说，科尔森似乎对这个问题感到吃惊。他说他没意识到大家都已知道他给马格鲁德打过电话这件事。他发誓说他不知道亨特和利迪的建议究竟是什么内容。

霍尔德曼就我要求再召集联邦大陪审团调查水门事件的计划同米切尔接触。米切尔反对这样做。他说，在这个时候这样做会使人们更加相信麦科德所说的一切而损害其他人的权利。迪安同意米切尔的意见，并说我们不必作过多的反应。但就目前我们这方面来说，根本不存在反应过多的问题。麦科德的信是一条爆炸性的新闻，我不断地主张由我来说点什么或做点什么事，使我们能把急转直下的形势控制起来，如果不召集联邦大陪审团，那么是不是应该委派一个特别检察官呢。但总是有人表示反对。3月25日，我记下了前一天的日记。

日　记

昨天我们继续就水门事件进行触及灵魂的自我反省。我跟霍尔德曼进行了一次长谈。他告诉我，迪安的计划是，可以出席联邦大陪审团，要求豁免，然后把一切都说出来。我不能肯定这样做对我们有利。因为这样就等于在行政特权方面我们最有力的一点上作出

第七章 总统职位（1973-1974）

让步。我对霍尔德曼说，联邦大陪审团指定的人，或者特别是麦科德星期四的信中提到的人，都得自愿出席联邦大陪审团，将他所知道的一切提供出来。

霍尔德曼终于站到我这边来了，而且并不是勉强的，他同意我们必须做的事是出席联邦大陪审团。

在这里，科尔森是最不情愿出席的一个，我也明白他为什么会这样。但是就应付联邦大陪审团来说，他恐怕是最聪明的一个。

我担心的是，那些古巴人可能很随便地同麦科德说到他们希望得到豁免和别人许愿给他们以豁免的事，这看起来就很像政府在进行大规模掩饰，或阻挠司法了。

科尔森发誓说，凡是他对比特曼说过的话，事后他都写在一个详尽的备忘录里。他说，他只对亨特一个人讲了，那是根据老交情。科尔森说他会帮他说说情，并说有理由相信有人会倾听他的意见。说这句话本身就够糟的了，何况科尔森又说得过头了。

我跟霍尔德曼说不论给予哪一种宽大处理都有困难。他同意说，在 1974 年大选前一定不能有什么举动，大选以后，或者大选结束时能不能有所行动也还要看情况。亨特可能是个例外，因为他为我们服务时间长，他又不像其他人那样牵连得那样深，而且他还有很严重的个人困难问题，他的妻子死了，孩子们没有人照顾。

我跟霍尔德曼说到有必要把整个事件全盘弄清，我说，如果我们让事态这样继续发展下去，我们就根本无法管理国家，也无法为国家做我们能做的事。我说：每个人都要出席联邦大陪审团，谁被控告有罪，他就得请假离职。我当时心里想到的是马格鲁德。

我说，问题是，如果我们走得那么远，要是白宫有什么人被控告，那又会怎样？霍尔德曼立即回答说："唉，这当然正是他们所求之不得的，把最高司令部的某个人赶下台，以此来证明整个白宫都腐败透了。"他说的对，我们必须想个办法把事情彻底了结掉，不让它发展到那种地步。因为在我脑子里还从未怀疑过霍尔德曼或埃利希曼有罪。

科尔森的问题又是另一回事。他那边发生的事给我带来很多麻烦，他能否从看来是相当复杂和困难的处境中解脱出来，只有时间才能证明。

昨天，24日，我写了一段笔记说，3月24日正是我作了越南问题演讲后的60天，那是我们在民意测验中威望最高的时候。又说，整个水门事件一发不可收拾，或者至少在很大的规模上爆炸开了。我也想起，西奥多·罗斯福结束他的极为成功的国外旅行回国时，在纽约市几乎受到英雄凯旋式的欢迎，但几个月后，他自己的党把他赶下领导岗位，甚至连全国代表大会的一名代表都当不成。

也是在3月23日，星期五，詹姆斯·麦科德秘密会见了欧文委员会的主要法律顾问塞缪尔·达什。3月25日，达什举行记者招待会，宣称麦科德的交代"既充分又真实"。对这样一种明目张胆带有偏见的行动，连出席招待会的有些记者都感到不可理解，他们之中有的人猜测达什是蓄意这么干的，要对被告施加压力，寻找漏洞。他们不久便发现，寻找漏洞并不那么困难。麦科德与达什秘密会谈的实质问题马上就泄露出来了。而这在以后变成了委员会"态度公正"的典型例子。

结果证明，麦科德的一个具体目标是约翰·迪安。在3月25日晚上，我们得悉，第二天的《洛杉矶时报》将报道：麦科德"告诉参议院调查人员"，马格鲁德和迪安是事先知道水门闯入事件的。迪安对齐格勒说，这个消息是诽谤，他的律师将通知该报这是诽谤，但这条消息还是登出来了，大标题是："麦科德说，迪安、马格鲁德事先知道窃听计划"。霍尔德曼又打电话给迪安，迪安又一次断然否认。起先，我想干脆宣布迪安自愿出席联邦大陪审团作证，但后来我决定再等一等。当齐格勒在每日例行的新闻发布会前来见我时，我告诉他要对迪安表示信任，但对马格鲁德回避作任何声明。

《洛杉矶时报》的这则消息标志着我对水门事件严重性的认识进入一个重要的新阶段。

第七章 总统职位（1973-1974）

日 记

我们似乎可以说生活在这样的想法里，认为水门事件在全国来说并不是那么大的一个问题，它主要是在华盛顿、纽约受关注。但现在远远不是那样了，由于舆论界的大力协助，它会变得更糟，尤其是如果这些被告开始揭发，对过去的事提出各种真真假假的回忆来，就会在白宫工作人员身上留下可能有罪的可怕污点。罗杰斯说，罗杰·马德在报道麦科德的信时，肯定感到幸灾乐祸。

另外，我们在报界的大多数朋友，包括迪克·威尔逊、比尔·怀特、罗斯科·德拉蒙德、弗蒙特·罗伊斯特现在都在说，在6月间还只是一件开玩笑的事，现在看来却像是大规模的掩饰行为，除非我们采取行动正面地把事情解释清楚，否则会对总统以及政府在今后的四年中留下严重的污点。

我认为这说法是对的。

今天的日子不好过，但总的说来，这一天对别人来说一定也很不好过。我想到在牢中的人，我当然想到霍尔德曼和埃利希曼；很自然地，还想到此刻一定很发愁的米切尔。不用说，我还想到马格鲁德，他知道他一定在法庭上作了伪证；我也想到迪安，他才是应得到人们最大关怀的一个人，因为他总是充当顾问，出最好的主意，避免干任何有非法或不正当行为味道的事情。

霍尔德曼在当天跟迪安谈过话，迪安说："我越看越深信不疑，如果我们要斗下去，我们最终要失败的。时间拖得越久，我们会失败得越惨。"迪安告诉霍尔德曼，我们应该重新考虑不再援用行政特权而去联邦大陪审团把一切都说出来。我仍然拿不准这是不是一个正确的方针。迪安还告诉霍尔德曼说，米切尔早些时候曾建议派人去"摸一摸麦科德的脉搏"。迪安说，因此有人传出一种看法，说曾答应他在一年后得到宽大。迪安还表示很担心，因为他自己也曾去看过利迪，叫他别忧虑。我在日记上继续写道：

日 记

在赦免问题上，到底许了多少愿，也是个问题。照迪安的说法，当然这都是由于他们对我们进行讹诈，但另一方面，正如我告诉霍尔德曼的，虽然没有法律依据可以对那些付讹诈款的人进行起诉，但总统说什么也不能把这样的人继续留在他的工作人员中吧。我虽然没有这样对他直说，但这是我经过考虑后作出的判断。

根据霍尔德曼的说法，迪安对他说，他怕出席联邦大陪审团作证是因为，他真不知道该如何回答关于米切尔是否有牵连的问题，这是因为他对米切尔究竟扮演一个什么样角色的问题，没有掌握他认为有充分事实为依据的证据。

迪安还告诉霍尔德曼，在马格鲁德问题上，除了某一点以外，他也一无所知，因为马格鲁德并没有把什么都告诉他。他告诉霍尔德曼说，他跟马格鲁德的唯一牵连是，在马格鲁德出席联邦大陪审团之前，他去见过迪安，并要迪安同他设想联邦大陪审团可能会提出的问题来试审他一番，作为一次演习，迪安照办了。他说马格鲁德在回答问题时回答得很好。但他说：“我没有跟马格鲁德进行那些不供发表的谈话让他把事实全讲出来。所以我也不知道马格鲁德真正知道些什么。"

迪安还跟霍尔德曼提到一点，说他也不知道戈登·斯特罗恩到底知道多少事。

霍尔德曼说他问迪安，斯特罗恩有没有作伪证，迪安说：“他没有。"我对霍尔德曼指出，如果迪安出席联邦大陪审团，联邦大陪审团就要传讯霍尔德曼、米切尔、科尔森、埃利希曼，还可能传讯在审问迪安的过程中出现的其他人，在这种情况下，这些人都得出席联邦大陪审团。霍尔德曼又一次说，科尔森非常不愿意受到联邦大陪审团的讯问。迪安对霍尔德曼说，他有意不问科尔森关于水门以外的事，而科尔森似乎对这些事很担心，而迪安则真的不想知道这些事。我告诉霍尔德曼，我不知道科尔森做过什么不合法的事情，除非他叫那些

第七章 总统职位（1973-1974）

古巴人在别的地方干过些什么混账事。霍尔德曼答称："他可能这样干过。"我说："你知道他干过？"霍尔德曼回答道："我不知道——我真的不知道。"

就是在这个阶段，迪安从戴维营打电话告诉霍尔德曼的助手拉里·希格比说，就白宫工作人员中的其他人而言，迪安的报告可能算不得一篇很好的辩护词。但是，这份报告对迪安本人却是一篇很好的辩护词。

在水门问题上，所有的事都越来越不稳定了。我仍然在寻求采取某些行动使白宫超脱于议论之外——给人们一些印象，表示我们，不光是欧文委员会，也是站在正确一边的。

有一阵子我考虑过迪安所出的一个主意，成立一个像调查肯尼迪总统暗杀案的华伦委员会那样的总统特别委员会。迪安说，他喜欢这个主意，因为这样就可以把事情一直拖到1974年大选以后。那时，我就可以考虑宽大的问题了。但我征求比尔·罗杰斯对水门事件的意见时，他强烈反对成立这样一个委员会。他警告说，委员会的所有委员都只会想自己出风头，到最后人们一提起尼克松政府时，恐怕就只记得有过这样一件大事了。我最后终于同意这个看法，我告诉霍尔德曼和埃利希曼说："关于成立一个委员会可能拖过1974年大选的主张……我的看法是，反正这件该死的事总要暴露出来的，我想你们最好还是赶紧脱手为好，尽量少受损失，而且说实在的，脱手得越快越机灵越好。"

我提出另外一种可能：我去找赛里卡法官，告诉他，他认为怎么办好就怎么办，或者召集新的联邦大陪审团，或者指派一名特别检察官。罗杰斯喜欢这个主意。但科尔森反对在任何情况下指派一名特别检察官的做法。他直率地说，他认为白宫里几乎所有的人都牵连进6月17日以后的活动中了，只有他本人是例外，所以我们不应该有意识地去增加我们被人攻击的弱点。迪安也反对我去找赛里卡的这个主意。他提醒霍尔德曼，说他早些时候曾提出过一种解决办法，那就是我们设法为他，即迪安，弄到豁免权，然后让他到联邦大陪审团去作证。他说，用这个办法他就可以把马格鲁德不公正地株连别人的可能性给排除掉。

3月27日，迪安打电话给霍尔德曼，他说他跟保罗·奥布赖恩——他是争取总统连任委员会聘请来处理水门诉讼案的律师之一——两人得出了结论，事实上是米切尔批准了水门窃听计划。迪安认为米切尔现在利用白宫保护自己，他说米切尔和马格鲁德为了保护自己而把"苹果和橘子"混起来。例如，马格鲁德显然在说，整个情报计划都是迪安根据霍尔德曼的指示首先想出来的。马格鲁德甚至说，斯特罗恩有一次打电话给他，告诉他"这是总统交办的"。

在过去十个月中，我由于过分敏感，再加上不愿去了解真实情况，生怕结果会闹得大家不愉快，因而就一直推迟同约翰·米切尔直接交锋。现在看来这是不可避免的了。我跟霍尔德曼和埃利希曼谈到要米切尔亲自对我们讲讲窃听计划和闯入事件究竟是怎么一回事。

但甚至在我们对此能够做出任何决定之前，我们又得对付最近出现的另一个问题。迪安现在又说，如果他出席联邦大陪审团作证，他要驳倒马格鲁德——可能还有米切尔——早先的证词。首先，在米切尔的办公室里事实上开过两次会讨论利迪的计划。马格鲁德原来作证说，只有一次会议，而这次会议讨论的是关于竞选费用的新法律规定。迪安搞不清楚米切尔在这点上是怎样作证的。迪安和马格鲁德都说，米切尔曾对他们施加压力，要他们维持原来的说法，即只有过一次无关痛痒的会议。霍尔德曼说，他打算劝马格鲁德到法庭上去说"我说了谎"，并更正一下记录。我问，马格鲁德是否有可能不坚持原来的说法，但埃利希曼说他不能，因为矛盾太多，我表示同意，但又不知道我们能否为他取得豁免。

3月28日，霍尔德曼安排米切尔、马格鲁德和迪安开会，研究一下能否解决他们同利迪开会的次数问题和会议内容问题上的矛盾。

开始，米切尔单独会见霍尔德曼，他说他的第一个错误是，在利迪一提出这计划时，他没有把这事给否定掉。但是，他说他当时没怎么太注意这事。

马格鲁德告诉霍尔德曼说，利迪在到争取总统连任委员会报到之前，就接到

第七章 总统职位（1973-1974）

命令要他准备为竞选收集情报的计划。他不能肯定是谁下的命令。但是，马格鲁德肯定，在跟利迪开会的次数问题上说谎是迪安的主意。尽管对马格鲁德的说法要持怀疑态度，但对于迪安为使水门事件不致闹得不可收拾而做到什么程度，我们由此可以得到一个了解。马格鲁德报告说，迪安不仅建议马格鲁德说只有一次会议，并且要马格鲁德销毁他的办公桌上的日记本，因为其中有一条关于这两次会议的记载。马格鲁德还说，是迪安建议他在会议目的的问题上说谎，说会议只是讨论新的竞选法。事实上，马格鲁德说，他之所以那样作证只是为了保护迪安。他指出，他就是承认了会议是讨论收集情报，也不会对他自己不利，但他这样一承认却会损害迪安，会把迪安拖进收集情报计划的活动中去。

所以杰伯·马格鲁德为了保护迪安作了伪证——而现在迪安却要揭露他是一个作伪证者而毁掉他。

霍尔德曼说马格鲁德的样子很可怜，并问及有无可能得到宽大处理，霍尔德曼想法安抚他，但说明他不能承担义务。

在与米切尔和马格鲁德开过这些会以后，霍尔德曼跟迪安开会，迪安说他不能做米切尔和马格鲁德要他做的事——证实他们事先不知情的说法。他说要避免这个问题，唯一的办法是让他根本不出席作证。当霍尔德曼把这告诉我时，我反复考虑是否应援引行政特权让迪安可以不出席作证。

迪安告诉霍尔德曼说，他认为我们大家都需要听听专搞刑事诉讼的律师的意见。他说他自己要去找一个，我们大家都可以请律师来给我们出主意。

欧文委员会继续透露带有偏见的消息，报上头条大标题宣称麦科德把米切尔跟事先批准水门计划牵连上了。同时，委员会的一个想出风头的共和党委员、康涅狄格州的洛厄尔·韦克尔开始攻击霍尔德曼，指控他对政治谍报计划是"完全知情的"。委员会资深的共和党成员、田纳西州的霍华德·贝克，私下对韦克尔的"表演"表示震惊，但是不论是他还是我们都对此毫无办法，而韦克尔则如愿以偿，大出了一番风头。

共和党保守派参议员詹姆斯·巴克利、约翰·托尔和诺里斯·科顿公开要求我让白宫的助理和前任助理出席欧文委员会作证。共和党全国委员会主席乔治·布什私下主张采取一点行动使我们摆脱被动地位。

3月29日下午，我决定在水门作证问题上放弃行政特权，派迪安出席联邦大陪审团。埃利希曼为宣布此事写了一张纸的笔记要点，我们要求齐格勒召集一次特别新闻发布会。

然而，齐格勒从实际出发提出了反对意见：大部分记者已离开白宫，当天不会回来，而几个小时后我将在那天晚上发表重要电视演说。我同意齐格勒的建议，我们等到第二天再予以宣布。后来我有时在想，如果当时像我要做的那样立即发表该项声明，事情又会怎样发展呢？因为迪安本人那时是赞成这个主张的，我怎么也没想到他在短短的几天内会改变主意。当我们同他提到这事时，他极力反对并说他的律师告诉他，现在不应该表示愿意出席联邦大陪审团的声明。

所以，我不得不取消了这项声明，把这个计划作废。又一天过去了，什么事也没有做。

在当晚的演说中我宣布暂时冻结肉价，并对河内破坏印度支那停火协议提出警告。我欢迎最后一批战俘回国。我说："12年来第一次，在越南没有美国军队了。"但是，在华盛顿，注意力已经集中到水门事件，舆论界几乎没有人关心越南问题了——现在已不再关心了，因为关于越南的消息是好消息，而关于水门的消息却是坏消息。

在月底，又连珠炮似的透露了一批关于水门的新消息，各电台采用了美联社的一条消息，引用消息灵通人士的话说，麦科德指出霍尔德曼肯定是事先知道闯入计划的。《纽约时报》的"可靠人士"说麦科德只是通过道听途说把霍尔德曼牵连进去，但却断然声称科尔森是知情的。其他人士对《华盛顿邮报》说，麦科德根本没有牵连霍尔德曼。

在日记中，我写道："我对霍尔德曼的刚强感到钦佩。他真是一个了不起的人，我只祈求上帝，让我们能够找到一个办法使他能免受这一切灾难，虽然这样做是非常非常困难的，因为他们都在尽力想揪住他。"

第七章 总统职位（1973-1974）

3月30日，我们动身去圣克利门蒂之前，齐格勒宣布，白宫工作人员如被召去出席联邦大陪审团，他们将进行充分合作。他还透露，正在就放宽我们在行政特权上的立场与欧文委员会进行谈判。

我要求埃利希曼接替迪安，负责处理水门问题。迪安受到的攻击太多，显然今后还会受到更多的攻击。为了确立一种律师与委托人之间的特殊关系，埃利希曼起草了一封信要我签字，正式把这些责任委托给他。

那天晚上，我们到达加利福尼亚州之后，我在洛杉矶举行的一次向电影导演约翰·福特表示敬意的宴会上，授给他自由勋章。他已78岁，患了不治之症，但他坚持要人家扶他到话筒前接受勋章并致辞。他对与会的大批著名人士说，当他看到战俘回家时，他哭了。他说："于是，我拿出我的一串念珠，数了几十个念珠，我做了一个简短而热诚的祷告，这可不是一个别出心裁的祷告，而是今天千百万美国家庭都在做的祷告。这祷告很简单，就是'上帝祝福尼克松'。"

4月2日阮文绍总统抵达圣克利门蒂作国事访问，他对共产党公然破坏巴黎和平协议所表现的毫无信义感到担心，我同他一样感到担心。我向他保证，我们将不会容忍任何真正威胁到南越的行动。他对我的保证表示感激，但我知道他一定也担心我们国内被水门事件搞得精疲力竭，必然要影响我在国外采取强有力行动的能力。

埃利希曼果断地担当起白宫处理水门问题负责人这个新角色。他想出了一个对付欧文委员会的谈判战略，并开始进行一场收集事实的全面调查。

4月5日，争取总统连任委员会的律师保罗·奥布赖恩来到圣克利门蒂，提出他对案件的估计。埃利希曼发现奥布赖恩对当前的事实和形势所了解的情况又不一样，根据奥布赖恩得到的消息，马格鲁德现在又说，科尔森打了不是一次而是两次电话给他，催促他们在亨特－利迪计划上行动起来。就在上一周前，迪安还告诉我们，奥布赖恩感到米切尔批准了这计划，而现在奥布赖恩却又告诉埃利希曼说，米切尔事先不知道闯入事件，但马格鲁德毫无疑问是知道的。

4月5日，奥布赖恩会见埃利希曼的同日，我们回到批准任命帕特·格雷为联邦调查局局长的听证会问题。参议院司法委员会一直把这项提名压着,要等到迪安肯在该委员会作证才予以批准。批准格雷的机会很小,即使我们可以设法得到足够的票数,他的声誉现在已蒙受了很严重的损失,认为他已不可能成为一个强有力的局长。所以我要霍尔德曼打电话给他,要他自己出面请求撤销对他的提名。格雷马上给我打电话,以豪爽的气概做了我要求他做的事。

后来那天下午,埃利希曼跟马修·伯恩法官简短地碰了面,伯恩是司法部部长克兰丁斯特和亨利·彼得森几周来竭力推荐作为未来的联邦调查局局长的人选。伯恩是民主党人,是很受人尊敬的一位法官。唯一的缺点是,一旦格雷的提名被撤销,重要的是要马上提出另一人选。如果我们决定提名伯恩法官,我们就得等到他主持审理的丹尼尔·埃尔斯伯格一案的审讯完毕之后。埃尔斯伯格是因未经授权占有机密文件而受审的。

日 记

跟帕特·格雷通了电话,这不是一件容易的事。他真是好样的。他说他一贯忠于总统。他说他手下的工作人员得知消息后都感到很难过。我说,没有人比我感到更难过的了。

我跟伯恩法官作短时间的会见,我走出办公室的门还跟他谈了几句。我对他像钢一般坚强有力的握手印象很深。他双目炯炯,坚强而冷静,他42岁,正是合适的年龄。可是不巧得很,他审理的案件一个月之内还结束不了。

康纳利给我打了电话。正像我预料到的,康纳利对水门事件感到很不安,认为总得要打发走几个人。康纳利对乔治·布什提出,总统周围的人太多了,他们把总统与外界真正发生的事情隔离起来了。当然,我们在这里还得承认,有些人忽视了这样的事实:我们也取得了一些重大成就,而且我们也一定做了一些正确的事。

我通过哈洛从阿格纽那里得到了一个令人十分惊奇的口信,他说他将为水门事件讲讲话,但有一个条件,那便是他必须见一见总统。我告诉埃利希曼向哈洛传个口信,说我在任何情况下都不愿要

第七章 总统职位（1973-1974）

求阿格纽做连他自己也不确信是否应该由他本人出面做的事，在目前情况下，他只需为自己的事操心，而我当然会为自己的事操心。我只希望哈洛传达这口信时能把我想表达的意味深长的意思如实地转达给阿格纽。

我告诉霍尔德曼，我们两人幸好在水门事件爆发前一点也不知情。如果他们事先问过我们，我也不敢肯定我们究竟会说些什么，尽管我想我们一定会因为这个计划极端愚蠢而把它一笔勾销。

基辛格来了，他告诉我，他认为我应该坚决让霍尔德曼留任。我说："如果他有了犯罪的迹象呢？"他说："即使他有一部分罪责，别人死盯住他是因为他们知道霍尔德曼是政府中的铁腕人物。他是你身边最无私、最能干的人，你必须得留住他。"

我们在这四个月中遇到的问题，比大多数当过两届总统的人在第二届的四年中遇到的问题还要多。在去年12月，有人指控我们搞孤立主义并轰炸北越。在1月，看来战争就要结束了，但又有人攻击我们惨无人道，同国会关系紧张，扣发预算中的拨款，以及预算问题上的种种事情。在2月，他们又在经济问题上进行攻击。3月，又是水门事件。所以每个月都有点事，而每一件事都产生腐蚀性的影响。

有一种很有见解的看法是，如果其他事情都进行得相当顺利，水门事件是损伤不了我们的。但是，举个例子说，如果把经济搞垮了，那水门事件就会使其他方面的失败影响加剧。这就是为什么把国内的事情和经济问题等解决好是非常重要的。这不仅是为了转移注意力，而且也使人民不要认定政府出现了崩溃的裂痕，而这正是杜鲁门执政的年代所发生的事。这不仅是那5%的人的问题，而是除了那些人以外，人们都认为杜鲁门政府就是不好。我们一定不能让那样的事情也发生在我们身上。

在4月初，迪安告诉我们，他的律师将去会见美国检察官并进行试探，看看如果迪安出席联邦大陪审团会涉及一些什么问题。4月7日，他告诉霍尔德

尼克松回忆录
THE MEMOIRS OF RICHARD NIXON

曼——从我们在加利福尼亚州的年代，他同霍尔德曼就一直保持经常接触——说他第二天要跟美国检察官举行一次非正式会议。他说，人们对闯入事件发生后的活动并不感兴趣。他预料要被召出席联邦大陪审团作证，因此要求霍尔德曼和埃利希曼一回到华盛顿就和他见面。4月8日，我们回到华盛顿的早上，我记了一篇日记，谈到看来整个形势的发展很不利，但仍表示乐观，认为我们能够渡过难关。

日　记

科尔森打电话来说，他有证据说明米切尔可能要让霍尔德曼充当替罪羊。我决不允许这种分裂活动伤害我们之中的任何人。诚然，每一个人都要为自己打算，这是可以理解的，但我们决不能让它发展到互相毁掉对方的地步。

在事后，当我回过头来看国会复会后几个月的情况，我想我的情绪被当时发生的问题弄得过于消沉，实际上弄得像被鬼缠住了似的才是更恰当的词。我们现在有三个问题：物价问题、水门问题、越南动乱加剧问题。但跟战争这个大问题和我们在过去四年里所经历的各种各样的问题来比，这些问题也并不是那么太困难的。它们是可以解决的，也会过去的。但就当时的战争来说，我们简直就不知道能否把它结束掉。

我们一回到华盛顿，霍尔德曼和埃利希曼便会见了迪安。迪安告诉他们，他即将出席联邦大陪审团。

当我听到这消息时，我说米切尔必须决定他是否要告诉迪安，要他在与利迪开会的问题上说谎。关于迪安，我说："约翰不会说谎。"埃利希曼说，迪安能够做的最聪明的事是到检察官那里去，表现出他将持合作的态度。

我回答说："对。"

埃利希曼说迪安强烈地感到现在已是"你得让事情自行发展"的时候了。我完全同意这一点。

第七章 总统职位（1973-1974）

4月10日，特德·阿格纽问霍尔德曼，他能否到霍尔德曼的办公室去见他，因为他有一个问题需要帮助。他告诉霍尔德曼，在巴尔的摩有一个给他工作过的人，在一项关于佣金和竞选运动捐款的调查中受到讯问。阿格纽对霍尔德曼保证，他本人是清白无辜的，没干什么错事，但是这个人看来保留着向那些从他的政府中得到好处的人那里筹募竞选捐款的记录。而阿格纽认为这有可能引起难堪的局面。他问白宫能否派个人去见马里兰州参议员J.格伦·比尔，他是巴尔的摩检察官的兄弟，提醒他注意，我们不愿使阿格纽的名字以不必要的或令人难堪的方式见报。

霍尔德曼将这次会见的情况向我报告。对阿格纽有可能被不公平地拖入泥淖这种前景，我是十分关心的。可是由于所有的其他问题，以及我们同国会山的紧张关系，我看不出我们能做什么事情来帮助他。实际上，现在的气氛是我们不论做什么事情来帮助他，都可能反过来对自己不利，而且显得好像我们是在为他进行掩饰。

4月13日，迪安告诉霍尔德曼和埃利希曼，在联邦大陪审团对水门事件的调查中，白宫还不是一个目标，虽然检察官们开始在为6月以后的阶段准备材料。

但是马格鲁德似乎意识到他的日子不长了。早些时候，他带话给霍尔德曼说，如果他去检察官那里，他的证词会把约翰·米切尔拖下水。这只能意味着一件事：马格鲁德要说米切尔批准了窃听计划。他征求霍尔德曼的意见，霍尔德曼回答说，律师叫他怎样做他就应该怎样做，换句话说，他应该站出来说话。

当埃利希曼会见科尔森和科尔森的律师戴维·夏皮罗时，科尔森说，下星期一，霍华德·亨特在联邦大陪审团作证后，米切尔和马格鲁德都将被起诉。

看来我们回到华盛顿好像成了一种催化剂，现在指控和反指控四面八方满天飞。我尽我最大的可能把每个人都找来，想制止这种互相指责，但是已经发生了谁也控制不住的恐慌局面。科尔森说，马格鲁德又放出消息说霍尔德曼、米切尔、科尔森、迪安和我事先都知道闯入水门的计划。但马格鲁德给霍尔德曼的一个助手打电话说，他的证词会损害米切尔、斯特罗恩和迪安，但不会损害霍尔德曼。

霍尔德曼报告说,科尔森声称,埃利希曼和迪安曾告诉他去答应亨特到1月份可获得宽大处理,但科尔森比较聪明,他没有这样做。埃利希曼又有另一种说法。根据他的说法,他指示科尔森,不要对亨特说任何关于宽大处理的话,并且不要向我提出这个问题。

显然很快就要有事情发生了,我们无法再回避令人不愉快的事实,即整个事情已完全无法控制,无论如何必须设法把白宫挽救出来。现在不仅是对水门闯入事件知情或事后加以掩饰的问题,而是可能必须答复那种指责,说我在过去的几个星期里没有及时根据已了解的情况采取行动。关于最后这一点,埃利希曼说,迪安在过去几个星期、几个月里提供给我们的情报不是直接的,他只是根据第二手了解提出各种推论,诸如某某事情可能发生过,或某某人可能知道此事等。所以我们就谈不上有明确的法律义务去采取行动。但前一天,马格鲁德给霍尔德曼的助手打电话,明确地说他要把约翰·米切尔拖下水,这是第一手的"有关行动的了解",我们不能再在一旁袖手旁观了。

自从约翰·迪安第一次告诉我在接近总统职位的部位得了癌症以来,已有三个星期了。从那以后,水门事件几乎是经常盘踞在我们心头的事。我试图弄清事实,但却发现它们不像一个拼图板一样,可以把各个碎片拼出一幅真实的图像。这些事实更像一个万花筒里的碎片,一会儿就可以排列出一个花样来,好像形成了一个完整的图案,每一细节俱全。但是只要有某一点猜想稍有改变,就会把它们全打乱,又可以拼成另一幅截然不同的图案。

例如,3月13日迪安告诉我,戈登·斯特罗恩事先知道窃听一事,并暗示斯特罗恩作了伪证。3月17日,他又说斯特罗恩很可能知道闯入事件。但是,3月20日,霍尔德曼说斯特罗恩事先并不知道闯入事件,也没有说谎——而是"忘了",并且当时也没有好好问他。3月21日,迪安说他认为斯特罗恩事先知道闯入事件。3月26日,迪安告诉霍尔德曼,他不知道斯特罗恩究竟了解多少情况,不过他知道斯特罗恩没有作伪证。4月14日,斯特罗恩对埃利希曼否认他事先知道闯入事件。可是,到4月底,我被告知,关于斯特罗恩事

第七章 总统职位（1973-1974）

先知情不知情的问题，马格鲁德通过了一次测谎试验。斯特罗恩也参加了测验，而他却没有通过。几年后，斯特罗恩告诉我，事实上他通过了那次测验。斯特罗恩从未被指控说他事先知道水门窃听电话的事。

关于科尔森有何牵连的问题，也像万花筒一样的混乱。从一开始，霍尔德曼和埃利希曼就告诉我，科尔森根本没有任何牵连。然后到了3月13日，迪安说，科尔森不知道闯入水门的具体情节，但是他像其他人一样"知道那里有点什么事情在进行"。3月21日，迪安又告诉我，科尔森的一次电话可能等于扣了窃听计划的扳机，因此迪安"假定"科尔森对他在催促别人干什么事是"相当清楚"的。3月23日，科尔森完全否认他知道这种情况。然而，五天后，马格鲁德和米切尔都推测说，科尔森事先是知道的。4月8日，新闻报道透露，科尔森在事先是否知情问题上进行了一次测谎试验，他通过了这测验。他从来没有被控事先知道闯入事件。

关于霍尔德曼，同样存在着一个混乱但极其重要的问题。迪安和马格鲁德都说，霍尔德曼和斯特罗恩收到了水门窃听报告的抄件，霍尔德曼可能知道这些报告中的情报说明什么问题，并知道情报的来源。霍尔德曼却对我说，虽然事实上他可能曾接到这些报告，但对来源，他一无所知。以后证明，他和斯特罗恩并没有接到任何报告，在别人这么控告他们时，他们却认为他们收到的一些无害的情报，也许可能就是水门窃听的记录。

关于米切尔的作用问题，这是所有问题中最基本和最敏感的问题。十个月来，人人都在猜测米切尔事先是否知情。3月21日，迪安告诉我，他不知道这问题的答案。但在3月27日，他告诉霍尔德曼，他和保罗·奥布赖恩断定，米切尔确实批准了闯入计划。然而，到4月5日，奥布赖恩又告诉霍尔德曼，他的结论是，米切尔没有批准此事。4月14日，米切尔告诉埃利希曼，他没有批准闯入计划。而实际上也没有人对他提出这类控告。

我们一直在想，如能确定所有事实，我们就能找到一条出路，减少受牵连的人们可能要负的刑事罪责，如果不能排除这种罪责的话。但我们始终未能肯定这些事实。而每一行动方案，不论是全体出席联邦大陪审团或特别检察官作证，或出席总统委员会作证都有人反对，不是我们这个助手或朋友，就是另一个助手和朋友，由于自己突然发现处于软弱的地位就表示反对。

结果是，当迪安在3月21日对掩饰活动的后果正式向我提出警告以后的三个星期以来，我们什么也没有干，只是对捉摸不定的事实干着急，继续想找点什么办法来防止造成损失。到了4月14日，一切防线都开始崩溃，我所能做的只有设想使自己能够声称我已经在着手解决这个案件了，这样来为我过去没有发挥领导作用挽回一些威信。

我决定，为了表示我有所作为的一个步骤是叫米切尔来华盛顿。这也可以提醒他，我们现在的处境如何，必须行动起来。不是简单地把情报统统交给检察官，我要米切尔有自己独立采取行动的机会。

埃利希曼说，他将告诉米切尔："总统极力主张，为了使这件事的结局能对政府略微有一点益处，那唯一的办法是由你发表一个声明，基本内容是：'我在道义上和法律上要负全部责任。'"埃利希曼说，如果米切尔和马格鲁德还想硬顶，那我们就没有别的办法，只好对他们说，我已掌握了充分的证据迫使我采取行动。

我第一次被迫在水门事件上与约翰·米切尔摊牌。

霍尔德曼仍不相信米切尔有罪。"我不认为米切尔曾下令在水门进行窃听。我也不认为，在发生水门窃听事件时，他当时就知道得很具体。我真的不这样认为。"他一再说。我表示同意说，没有足够的证据能说服我相信米切尔是有罪的。但肯定会有足够的证据使他不得不出席联邦大陪审团作证。霍尔德曼提出，如果米切尔出面承担责任，调查人员和报界也许就不会再去追究掩饰行为了。我悲观地说，他们应该不再追究，但他们可能还会追究的。

我说："米切尔的事是令人十分痛心的。"我告诉埃利希曼去跟米切尔说，这是我所作决定中最棘手的一个决定，比柬埔寨、5月8日和12月18日的决定加在一起还要难办。我说，他应该告诉米切尔，我不忍自己跟他当面说这事。我对埃利希曼说："约翰，我坦白地告诉你，我现在的做法是把你放在一个同艾森豪威尔当年在亚当斯问题上把我放在的同一个位置上。但我敢说，约翰·米切尔永远不会进监狱。我同意那种设想。我想很可能出现这样的情况：他会

第七章 总统职位（1973-1974）

拼命地为自己辩护。"

当我们转而谈到约翰·迪安的问题时，迪安即将应召出席联邦大陪审团作证。埃利希曼反对让迪安离职。他感到迪安在6月份以后的活动还没有严重到使他必须离职的程度。他还认为，如果迪安仍留在白宫工作，联邦大陪审团会给他比较好、比较体面的待遇。而且，我们都认识到，把迪安踢出白宫可能使他转过来反对我们。

我说："迪安只是试图尽他的能力收拾残局。这里每一个人都知道，不这样做不行。"

霍尔德曼补充说："为了有利于高一级的人员，迪安的所作所为是正当的。"

我提起了埃利希曼最早提出来的一个论点：如果迪安有罪，那他的罪并不比白宫半数工作人员的罪更大些。我又补充说："他的罪也不比我在一两个星期以前的罪更大一些。"

至于马格鲁德，我要求埃利希曼跟他谈谈并告诉他，如果他认为保持缄默是对我有利的，那么他就错了。我告诉埃利希曼对他要讲一些"好听的话"，那样会有助于缓和这种痛苦的局面。我提出，要他把我对马格鲁德本人和对他的家庭的深情厚谊转达给他。事实上，我在前一天晚上，还想到马格鲁德那些还在学校念书的孩子和他的妻子。我说："这真叫人心碎。"我回想起两周前，霍尔德曼曾谈到马格鲁德在请求给予宽大时是多么可怜。我告诉埃利希曼转告马格鲁德，带这个口信给他对我是很痛苦的。我说："我要把这一点告诉他，使他知道我对他是有感情的。所谓请求宽大处理的问题必须用这种方式来处理。"

4月14日下午1点40分，埃利希曼会见了米切尔。会见后，埃利希曼向我报告说，米切尔是个完完全全清白无辜的人，他没有错过一个机会把对白宫的诽谤中伤给转移开去。他拒绝承认他对闯入事件负有任何责任。

米切尔证实了马格鲁德所说的，是迪安说服马格鲁德在同利迪会见的次数和内容问题上对联邦大陪审团撒了谎。我感到十分震惊：第一，米切尔居然参加了这些会议；第二，明确证实了是迪安说服马格鲁德去撒谎的。

我问道："对这，迪安是怎么说的？"

埃利希曼回答说："迪安说那是米切尔和马格鲁德讲的。"他苦笑道，"这个会议一定是有史以来最安静的会议。因为每一个人都说，话是另外两个人讲的。"

埃利希曼还有一个令人不安的报告，那是关于他与迪安最近的一次谈话。迪安现在说，"这里的每个人"都要被起诉。迪安有所指地对埃利希曼暗示，检察官是要抓比约翰·迪安大得多的目标——他们正瞄准像约翰·埃利希曼这样的目标。

问题显然出在钱上——迪安为水门被告向霍尔德曼和埃利希曼要钱的事。埃利希曼称为迪安的"假设"是：霍尔德曼和埃利希曼同意利用卡姆巴克去筹款，同有具体筹款行动一样有害。我说，我仍然不相信，检察官居然能够控告霍尔德曼和埃利希曼犯了阴谋罪，仅仅因为人家问了他们一下，是否可以去筹募一些款项。霍尔德曼说："从法律上来说，我肯定他们是能够这样做的。实际上，这却似乎是根本不沾边的事。但可能这是一厢情愿的想法。"

4月14日傍晚，我口授了这一天的长篇日记。

日 记

我刚吃过了咸肉和鸡蛋，等着去参加白宫新闻记者宴会。具有相当讽刺意味的是，得奖人是《华盛顿邮报》的记者，而他们的大部分报道都是诽谤性的。但另一方面，有重大意义的是，昨天和今天，水门案件第一次真正揭开来了，而我对有关事实总算是有数了。

在星期五的会议中，我对埃利希曼第一次提到准许霍尔德曼和迪安请假离职的主意。他回来说霍尔德曼不会接受这个主意，我想埃利希曼也不认为迪安会接受，因为事实是，迪安有办法把霍尔德曼和埃利希曼两人都牵连进去，这倒并不是说我的主意会使他们两人无法为自己辩护，但却会造成令他们难堪的局面。无论怎样，迪安现在不请假离职是有充分理由的。因为这样做的结果就等于还没有等到斧子落在头上就自己先承认有罪。

有趣的是，霍尔德曼说，马格鲁德去见他时讲过："再见吧，我

第七章 总统职位（1973-1974）

就要去坐牢了。"当时马格鲁德说他自己像个如释重负的人，一个和以前完全不一样的人。他已决定听天由命，准备任凭命运摆布了。

照马格鲁德的说法，美国检察官的主要目标是科尔森。如果迪安顶不住了，显然科尔森也就完了。当科尔森说他事先不知道要在水门进行窃听时，他可能讲的是老实话。但另一方面，他似乎深深地牵连在催促利迪执行计划以及要取得关于〔民主党的〕奥布赖恩的材料等事情上，至于他这样说是什么意思我就不知道了。但是米切尔也提到过要取得关于奥布赖恩的材料。

同样相当清楚的是，在整个事件中，迪安是个演员，而且演技比我们想象的还要高超——情况也可能是：马格鲁德在这方面也遮遮掩掩地演了一点戏。特别在迪安是否教过马格鲁德如何作证方面的问题上，迪安所说的完全是另外一个样子。在这方面，米切尔整了迪安一下，因为他说迪安曾在一次米切尔也参加了的会议中教马格鲁德如何作证。迪安在那次会议上好像是非常活跃的。

我在这里有一条笔记说"那门乱炮终于放了"，能够说的大概就是这样了，因为马格鲁德去向美国检察官交代时，就是这样说、这样干的。然而，我很高兴他这样做了，现在是时候了，应该让这该死的事件都抖搂出来收拾清楚。

这些人会碰到这样的事真是太糟糕了。他们这样做都是出于良好动机，一片忠诚，但他们就是稍微做过头了一点，并且后来又企图进行掩饰，所以把事情弄得更糟了。我们对此无能为力，这是很遗憾的。我想在大选期间，大家觉得怕影响大选，所以我们不能轻举妄动。事后证明，这是一个错误，因为我们只是把迟早要到来的日子推迟了一下。当然，大选以后，本来是正面解决这事件的时机，但我们那时没有采取行动，其中的道理我大概要在以后才能明白过来。那时，我就是严密注意，也没有人真正把这件事管起来。我们把太多的责任交给米切尔等人了。

在我们今天的谈话结束时，霍尔德曼自己提出了他辞职的问题。

他很直率地说他不愿辞职,也感到他不应该辞职,但他可能不得不辞职。在这问题上我没有明确表态,因为我想我们可能在某个时候得考虑这个问题。但是,正如我昨天对埃利希曼以及今天早上对基辛格所表示的那样:我目前的倾向是,我们必须在霍尔德曼周围筑起防线保护他,这是由于,首先,他是真正无辜的,尽管他跟整个事件略微有点牵连;其次也由于不保护他就等于政府方面明确承认自己有罪,以后就真的很难使人觉得我们还有什么道德品质了。

让米切尔和大部分竞选人员都牵连进去,加上迪安还可能是一个候补者,这种情况本来已经够困难的了,如果再让霍尔德曼也牺牲掉,我想这将更是额外的打击了。

当然现在我们需要争取一些共和党人来支持我们。但我们预料的事情却开始发生了,像约翰·安德森、约翰尼·罗兹、乔治·艾肯,当然还有完全可以想到的马赛厄斯和萨克斯比这样一类的人物都纷纷离去,这种情况会逐步升级,这会发展成一个普遍现象,跟布里奇斯当年在谢尔曼·亚当斯案件上把水搅浑时所发生的情况一模一样。

阿格纽否认这样的消息,说他对总统以这种方式处理水门事件感到吃惊。阿格纽虽然关心马里兰州大陪审团进行的调查,可能牵涉到他手下的工作人员之一以及一些对阿格纽很不利的备忘录——关于他跟一些给他提供竞选经费的人物在他们得到州政府合同之前所作谈话的备忘录。当然,这在各州中是常有的事。当霍尔德曼告诉我这事时,我对他开玩笑说:"感谢上帝,亏得我没有当上加利福尼亚的州长。"

克兰丁斯特在这里似乎是个奇怪的演员。埃利希曼根据我的指示给他打电话,这时他刚打完一场高尔夫球。他对事态发展感到惊讶,但仍然支持任命一位特别检察官的主张。而米切尔则完全反对这个主张,我也觉得这样做会是很错误的。特别是在目前,美国检察官在这案件中的活动是如此有成效,代之以一位特别检察官等于当面打了他一记耳光,而且也等于对我们的司法制度投了一张不信任票。

具有讽刺意味的一件事是,今天早上〔哈罗德〕利普赛特所透露

第七章 总统职位（1973-1974）

的情况说，他在1966年从事窃听被控犯了重罪，但最后却作为轻罪判处，暂缓执行。而他现在却成了欧文委员会的主要调查人。《华盛顿邮报》还尽量为他涂脂抹粉，而且达什还说，找一个有做错事经验的人来充当调查人是很有必要的。这种双重标准实在令人震惊不已。

今天我对霍尔德曼说，罗杰斯一定不能离职。这对基辛格将是一个很大的打击，但我们只能这样做。当我们正为水门事件受到煎熬的时候，只要能够避免，就不让任何人离职。

过去三天来，唯一令人高兴的事，也可以说是少数几件令人高兴的事情之一是：在星期一将发表的盖洛普民意测验的结果是，60%的人拥护我们，33%的人反对。这大概是在一段时间内，我们最后一次看到有如此高的赞成多数了，除非在明年年底前我们能有几项惊人的突破。但另一方面，这确实表明，到目前为止，水门事件并未严重影响到公众，受到影响的大概只有5%的人。但是，盖洛普正在进行另一次民意测验。这次测验大概将表明，由于过去几天内揭发的消息，将会有更多的人受到影响。

我跟黑格和亨利就越南问题开了一次很好的会。在这里，事情似乎越堆越多了，越南和经济情况现在都成了问题。

明天我要处理这些问题，如果我能从这些问题中解脱出来，我将这样做。

我刚写了一个条子建议埃利希曼或许可以跟欧文谈谈今天揭露的消息。这办法有点不寻常，但我们可以试一下。

无论如何，今天就到此为止。

这是到1974年6月以前我最后一次口授日记的全文。事情的发展令人如此闷闷不乐，弄得我不再有时间，也没有心情去口授我每天的回忆了。

我1月份的日记表明，我们那个时候已知道通过一个古巴委员会把钱送给了被告，当时，我们希望亨特和其他人会表示服罪，避免由于审讯而引起公众注意。在那之前，我相信从来没有人要求我批准让卡姆巴克参与筹款，我也不知道，有35万美元从白宫转账到争取总统连任委员会，而其中至少有一部分转给了被告。4月初，埃利希曼告诉我，争取总统连任委员会的律师奥布赖恩说，从法律观点看，批准这些付款究竟算犯罪还是算无罪，关键要看动机。如果给钱的目的是为了律师费和家庭赡养费，那便是合法的。如果目的是为了收买被告保持缄默，那就是阻挠司法。

日 记

当然，目的是想保证被告在坐牢期间，能得到适当的法律协助，让他们的家庭得到照顾。这，我想是完全合法的事。但我想你也可以说给他们钱是收买他们不开口，别说出内情。现在这是否构成一种罪行——目的不是为了让他们不说出他们掌握有关其他人的罪证，甚至不说出有关他们自己的罪证，尤其由于他们是犯了罪的——则还有待观察。

4月中旬，越来越清楚的是，付钱给被告即将成为最大的问题了。霍尔德曼和埃利希曼在回忆他们当时的动机时，开始发现，对水门事件进行掩饰的这种阴影笼罩着一切，以致不可能按照早先的活动和决定的本来面目把它们提出来。难道付钱的目的是为了要被告不揭发其他有牵连罪行的人？或者仅仅是为了——我认为他们是这样——付律师费和家庭赡养费，免得被告一不高兴起来就乱咬？这是为了照顾人情，也是为了避免发生政治问题。这不是为了压制第一手罪证情报。

谈到动机问题，真正的答案存在于每个人的头脑里和良心里。我不知道这答案是什么，我也不知道每一个参与者会提出什么主张。但我知道，要熬过这一难关最好的办法是，参与这项不幸事件的每一个人团结一致，坚持付钱给他们并不是为了收买他们保持缄默这一立场。由于对付钱这件事可以作各种不同的解释，只要有一个人承认这钱是为了封住别人的口的贿赂，就可以把其他所有人的行动——包括无意和无害的行动都给玷污了。如果迪安说筹钱是为了保

第七章 总统职位（1973-1974）

护有罪的人而且参加筹款的人都知道这一点，那他就等于这么做了。我说："我希望我们能使迪安不这样做。"我告诉霍尔德曼和埃利希曼说，我认为有牵连的每个人应团结一致，坚持一个说法，即他们筹款不是为了阻挠司法。几天后，当我们又讨论这个问题时，我说："我的意思并不是要说谎，而是要有一个统一的说法。"

我在新闻记者宴会上讲完话回来，先打电话给霍尔德曼，之后又给埃利希曼打电话。我对他们重申，我很关心参与筹款的人对筹款动机要有同样的解释。我还说，我要提醒科尔森注意所发生的事，使他不至于在联邦大陪审团要他出席时，稀里糊涂地被人抓住说他作了伪证。我还对他们两人说，我现在得出结论，对付欧文委员会最好的办法是径直往前，让每个人都出席公开作证。霍尔德曼本人也得出这个结论，他甚至想，我们可以同意在电视上公开播送实况。

我告诉他们两人，那天晚上，我在准备新闻记者宴会上的讲话时，我在想些什么。这样说似乎显得有些夸张，但事实是，在今后的四年中，美国总统的所作所为很可能会决定整个世界在今后的 25 年中能否有个机会保持某种不安的和平。在对外政策方面，总统领导得好或坏是会产生很不一样的结果的。我对埃利希曼说："不论我们得到的遗产是什么，他妈的总不会是得到一个温尼特卡[1]的污水井吧，那应该留给温尼特卡。"我又说："我深切感到，我的地位必须是清清白白的——坦率的。"

我告诉埃利希曼，我特别关心霍尔德曼。霍尔德曼显然是最容易受攻击的。"你已经度过很困难的一周，不，两周了。当然，可怜的鲍勃现在要像被罚入地狱一样地在受罪了。"我补充说，"他是一个把自己的每时每刻全部贡献出来的、完全无私、诚实、正派的人。"我说，有的人会主张，某人一旦被人控告就应该被开除。我对埃利希曼说："我认为咱们可不能那样做。也许是我错了？……难道我们的制度就是这样的吗？"

埃利希曼答称："这不是个制度的问题，这是一部机器。"

---

[1] 芝加哥北郊的一个住宅区。——译者注

我说:"不论我们怎样说杜鲁门,当他受到伤害时,许多人都敬佩这个老家伙,因为他不抛弃那个肯定有罪的人。他妈的,我也是这种人。我不是说这种话的人:看,当这个家伙遭到攻击时,我就丢下他不管了。"

4月15日,星期日下午,在白宫做完礼拜后,狄克·克兰丁斯特到行政办公大楼我的办公室来告诉我,霍尔德曼与埃利希曼都被拖进水门刑事罪案中去了。他认为,到那天为止,他所得到的情况还不足以对他们进行依法起诉,但他感到,从旁证来看,至少引出了很严重的问题。他说,主要的控诉人是约翰·迪安。事实上,迪安自己承认了在阻挠司法中他所扮演的角色,现在又把别人拖下水。我问他,有没有足够证据需要让霍尔德曼请假离职。他说,现在是没有,但说不定哪一天就会有的。他说,预计到可能发生的情况,我应该考虑霍尔德曼和埃利希曼现在是否就请假离职的问题。

克兰丁斯特很激动,有时连话都说得不连贯了。他几乎一夜没睡,两眼通红,又疲劳,又有泪水。他转述迪安的指控说:迪安称,在闯入事件后不久,埃利希曼告诉他把亨特保险柜中的材料"隐藏起来"并把亨特弄到国外去。迪安控告霍尔德曼,说他知道退还给争取总统连任委员会的35万美元被用来付给被告,而且霍尔德曼是否曾看到过马格鲁德为窃听计划所拟出的预算建议,这也是一个问题。

迪安指控的这些罪状,我认为还不足以作为证据来对他们两个人中的任何一人起诉。我想,如果我现在就让他们走,就等于在他们有机会表白自己是无罪之前,先给他们贴上了犯罪的标签。我告诉克兰丁斯特,我要关于罪证的更详细的材料,并要求他给我提出具体建议,我应该怎么办。

当天下午晚些时候,他跟亨利·彼得森一块来了。我一见彼得森便很喜欢他。他是在司法部工作了25年之久的民主党人,先在联邦调查局,后在司法部刑事司工作。他效忠于法律,而不是效忠于那一届政府。克兰丁斯特找到彼得森时,他正在擦洗他的游艇,他就从那里被直接带到白宫来。他穿着一件弄脏了的圆领汗衫、球鞋和劳动布裤。

彼得森告诉我,霍尔德曼和埃利希曼应该辞职。他承认,指控他们的罪证并不过硬。但他说:"总统先生,问题不在于是否能在法院达成一个指控他们犯有刑事罪的案件。你必须认识到，这两个人没有很好地为你服务。他们已经而且将来还要给你和总统职位造成困窘。"

我为他们辩护说，不管霍尔德曼是否事先知道窃听和闯入的计划，他们两人都自称，在付钱给被告时，动机是清白无辜的。现在要求我做的，实际上就是，要我根据连检察官都还不能证实的罪状给他们判罪；还要求我，为了避免自己处境困窘，而在公众心目中使他们的案件受到不利甚至无可弥补的影响。

我说："我不能仅仅因为他们有犯罪的表象就把他们开除。我必须得到他们犯罪的证据。"

彼得森直起腰来说："总统先生，你刚才所说的话，作为一个个人，那是说得很好的，但作为一位总统，就不太好了。"

我极力主张他跟霍尔德曼和埃利希曼谈谈，听听他们说些什么。但他说，他首先要给他们立案。我要求他第二天再来，并带一份书面罪状给我。

这时已过5点钟，贝比·雷博佐早上从佛罗里达赶来，当我走出办公室时，他正等着我。我们决定到游艇"美洲杉"号上去航行一会儿。这是一个春风和暖的傍晚。我们坐在甲板上，我简要地把司法部对霍尔德曼和埃利希曼的诉案告诉了他。

我问他，我在他的银行中还有多少存款。我说，不管发生了什么事，他们曾忠诚无私地为我服务过，我要在诉讼费用方面帮助他们。雷博佐断然反对我动用自己的存款的想法。他说，他跟鲍勃·阿普拉纳尔普可以筹上二三十万美元。他补充说，他得把这笔钱用现款私下给霍尔德曼和埃利希曼。因为他无法以同样的方式帮助所有其他的需要帮助而且也应该得到帮助的人。

当"美洲杉"号准备停靠码头时，我真害怕回到白宫去面对正在等待我作出的令人伤心的抉择。

在当晚7:50，霍尔德曼和埃利希曼来到行政办公大楼我的办公室时，我强颜欢笑地跟他们打招呼。

在我跟雷博佐在"美洲杉"号上的时候，他们与比尔·罗杰斯一起开了会。

他们说，罗杰斯感到，对任何人正式提出控诉之前，不应该停他们的职。罗杰斯认为，如果一个人被依法起诉了，那他就应该请假离职。罗杰斯说，迪安已经向检察官坦白承认自己在刑事罪方面有牵连，所以他现在就应提出在将来一定日期起生效的辞呈，在目前，他认为迪安应请假离职。

我对霍尔德曼和埃利希曼叙述了我与克兰丁斯特和彼得森的会见，告诉他们，彼得森说，迪安以他的合作大概可以换取到美国检察官的"从中协助"。在听说克兰丁斯特和彼得森都认为他们应该离开白宫时，他们跟我一样，都愣住了。

约翰·迪安带口信给我，说他希望我了解他采取这些行动的动机是出于忠诚。他随时都准备见我。我先跟彼得森商量了以后才安排会见迪安。

当晚9：15，迪安走进行政办公大楼我的办公室。我坐在安乐椅上，他面对着我坐在一张靠背椅上。从我们上次谈话以来，快三个星期了。

他的声音像以前一样平淡没有变化。他说："你应知道，在这方面，我每走一步都把细节向鲍勃和约翰作过汇报。"他说，不论他们的动机如何，霍尔德曼与埃利希曼都牵连到阻挠司法的事情中去了。他挖苦地说道："阻挠司法这个概念同人们的想象力一样是非常广泛的。"他说，他们都陷进了"偶然情况造成的阴谋"。迪安每次提到埃利希曼时，声音中总带有一种报复情绪，我对此印象很深。

我们在谈到一些罪状时，迪安对自己的处境感到非常自信。从他的话中，明显地可以听出，他很有信心地认为他的律师向检察官恳求宽恕会得到成功。我对此的理解是，他预料自己可以获得豁免。

我说道，现在我明白了，我不应与科尔森讨论对亨特宽大处理的问题，这时他没有反应。当我们的会见结束时，我们握手道别，互祝晚安。

我在晚上10：15又与霍尔德曼和埃利希曼会见。我把迪安关于"偶然情况造成的阴谋"这个看法告诉他们，并把迪安告诉我的一些其他事转告他们。他们仍然感到我应听从罗杰斯的劝告，把迪安的辞呈拿到手，以便一旦大家知道他在为了换取法庭宽恕而进行讨价还价时，不会使人觉得好像我已宽恕了他

第七章 总统职位（1973-1974）

的罪行。但彼得森坚持认为，我不要开除迪安，甚至不要强迫他离开白宫，免得这种行动引起不利的影响，促使他下决心同检察官进行合作。

我告诉埃利希曼说，彼得森问过我，在闯入事件发生后，亨特的保险柜中水门事件以外的材料是否立即都转交给了帕特·格雷的事。迪安说这些材料交给了格雷，但彼得森说格雷否认收到过这些材料。迪安把材料交给格雷时，埃利希曼是在场的。将材料交给格雷而不交给主管调查水门事件的联邦调查局人员，其目的是为了减少可能发生泄密的危险。他不明白，格雷为什么否认收到这些材料。埃利希曼拿起了电话，要接线员接格雷家中的电话。他在电话中问格雷关于亨特保险柜中的文件的事，这时我和霍尔德曼在旁边听他打电话。当他听到格雷的回答时，我们看到他的脸色刷的一下子变得毫无血色。他放下话筒后转向我们，噘着嘴，很不高兴地说："好啦！我的律师开业执照这下子也完了。"帕特·格雷把霍华特·亨特的档案给销毁了。

4月16日，星期一早上，我和迪安再见面时，我交给他两封信稿。一封提出他的辞呈，另一封要求请假离职。我按照罗杰斯的建议，告诉他要在两封信都签上字；虽然在他离开白宫之前，两封信中的哪一封都将不予公开。

前一天晚上，迪安很自信，甚至相当自负，可现在他紧张起来了。每一次提到他时，他都要回敬一句，霍尔德曼和埃利希曼怎样。我告诉他，如果我提出要求，他们也愿意请假离职。他说，他将把我交给他的信稿拿去，但他将起草自己的信稿。谈到后来，他忽然盯着我说道："我认为有一种虚构的信念……认为〔鲍勃和约翰〕没有问题，我真的不能肯定，你是否确信他们有问题。但我现在告诉你，他们确实有问题。"

我们又谈到他对我讲"总统职位得了癌"的那次会见。他说那次谈话发生在水门事件被告被判决前的一个星期三，就是3月21日。

我问他，那次会见后发生了什么事。他说，当米切尔来到华盛顿时，埃利希曼曾问，亨特的事"解决了没有"，米切尔答称，他认为问题解决了。霍尔德曼和埃利希曼对3月22日发生的事后来却有一种不同的说法：他们说，米切尔曾问迪安，问题是否处理完毕，然后米切尔自己回答说，他猜想这事已妥善处理了。我说，我对当时提出的要求是知情的，因而我也应负点责任，但他说，他并不认为我应负责任。

我有意告诉迪安：我认为所有的有关国家安全的事，如1969年窃听电话是受特权保护的。他对我保证说，他同意这点，他无意提出这些问题。

迪安提醒说，有一次他说过，他不会说谎。我强调说："我要你讲真话，我对这里的每一个人都说过这样的话……我说，'他妈的，要说真话'。约翰，我这样说是因为他们都把问题弄糟了。"我又补充说："那个狗娘养的希斯，如果他没在自己进行的间谍活动上说谎的话，本来今天他会是自由的。"

4月16日下午，彼得森又来看我。我告诉他，我已要求迪安辞职，但先不公布，我只是要手头有此准备。彼得森说，在这点上他没有问题。我问他是否仍然认为霍尔德曼和埃利希曼应离职。他说："是的，考虑到需要人们对你的职位充满信任，他们应该离职。这跟有罪或无罪是两回事。"我真奇怪，他怎么能期望我对得起自己的良心，如果我仅仅为了自己的面子过得去而抛弃我的朋友。他交给我他写好的关于他们两个人的罪状。归纳起来，他们的罪状是：

埃利希曼——关于销毁（材料）的指示并通过迪安通知利迪说亨特应当到国外去。

霍尔德曼——马格鲁德说，关于利迪计划的预算情报交给了斯特罗恩，这就很有可能也交给了霍尔德曼。利迪计划被制订后，迪安将这计划告诉了霍尔德曼，显然没有人指示制止这个计划。马格鲁德说，他将窃听得来的材料的摘要交给了斯特罗恩，于是又提出了一种可能，这也交给霍尔德曼看过。

这些日子里，我们所进行的一切讨论和做出的一切决议都是在舆论界和国会的压力日益增长的这种背景下发生的。水门事件在电视新闻中占压倒一切的地位。几乎每一天，每家主要报纸都要刊登一段泄露出来的有关水门事件某方面问题的新闻。

我感到白宫必须发表某种声明。4月17日，我到新闻室去宣布：我们已跟参议员欧文达成协议，我的全体工作人员，在欧文委员会要求他们出席作证时，他们将自动出席宣誓作证。他们将回答一切有关的问题，除非行政特权准许他

第七章 总统职位（1973-1974）

们不作答复。我又补充说：

> 3月21日，由于一些严重的指控引起我的注意，其中有些已在报上公开披露，我开始重新对整个事件进行深入的调查……在这案件中有了重大发展，对此，现在还不宜太具体地说明，只能说，在弄清事实方面，取得了真正的进展。
>
> 如果行政部门或政府中的任何人被联邦大陪审团依法起诉，我的政策是，立即停止他的职务，如果他被判有罪，当然，就自动解除他的职务。

应埃利希曼的请求，我也表示我个人反对在这案件中给任何人以豁免权：

> 我对有关当局表达了我的看法：不论是现在或是过去，在本政府中担任要职的任何个人，都不应给予免受起诉的豁免权。司法程序是按其规定在进行的……我谴责掩饰案件真相的任何企图，不论这牵涉到哪一个人。

关于"不予豁免权"这段话的措辞是我跟彼得森共同拟定的。我向他表示，我关心的是不要给人以印象：如果白宫的高级官员承认参与犯罪后，可以免受处分便过去了。但是，这只是说这段话的一部分理由。另一部分理由是埃利希曼和科尔森提出来的，他们认为，如果迪安认为豁免权唾手可得，那就会促使他在有关其他人的问题上说谎，他自己则可以蛮有把握地认为他受自己证词的后果的保护。最后还有一个理由，这是出自我自己的估计，我认为如果不给豁免权，迪安出来反对我的可能较小，因为他会抱有希望，认为我到最后还会赦免他。

迪安显然懂得我的意图。莱恩·加门特带话给我，说在我的声明中，这段"不予豁免权"的话使迪安"像头野兽一般地围着白宫团团转"。

两天后，《华盛顿邮报》报道，杰伯·马格鲁德向检察官坦白交代了所有事实，他一交代，约翰·迪安也就翻不了身了。这则新闻说，马格鲁德指控米切尔和迪安，说他们共同策划了闯入计划。这则新闻再加上我4月17日的声明激发了迪安采取行动。他打电话威胁齐格勒说，他将不得不"召见几个友好的记者"。当天下午他发表声明说："有些人希望或者认为我将成为水门事件的替罪羊。谁要是相信这点，谁就不了解我，不了解事实真相，也不懂得我们的司法制度。"

我告诉齐格勒答复他说，我们寻求的不是替罪羊，而是真相。

已经清楚的是，关于水门事件的真相可不止一个。有事实上的真相，这涉及所发生的事件的确切叙述，而这个事实上的真相可能永远不会完整无误地重述出来，因为我们中间的每一个人都以不同的方式牵连进去，而没有一个人所知道的、在某一特定时间所发生的事与另外的人所知道的完全一样。

在法律上的真相，我们现在明白了，这涉及对动机的判断。有道义上的真相，这牵涉到是否认为所发生的事足以对白宫的道德观念进行起诉。还有政治上的真相，这就是，所有上述各方面的真相对美国人民和他们对我以及我的政府的看法所产生的一切影响的总和。

我看到，在我自觉承认之前很久，我就从本能上感到霍尔德曼和埃利希曼非得离开白宫不可。即使我相信，他们有很好的机会能够把他们被控的刑事罪洗刷干净，但我知道，间接证据是如此确凿，他们是怎么也无法通过这场政治考验的。我认识到，如果他们留下来，就会损害白宫，损害我。

我扪心自问，我没有牵连到使他们可以被控犯有刑事罪的那些事情中去。我肯定，事先我没有听说要闯入水门，我没有看到通过窃听电话得来的报告，我完全不知道据说埃利希曼指示迪安要把亨特保险柜中的材料"销毁"的事。我还可以肯定，没有人问过我是否找卡姆巴克筹募过经费，或者是否动用过那35万美元的现款来付给被告。

但有些事我是知情的。我曾跟科尔森讨论过宽大处理的问题，我也怀疑过马格鲁德讲的恐怕不是真话，但我对这些可疑之处没有采取行动。我知道有一笔支持经费将用在被告身上，3月21日我甚至考虑要付钱给进行讹诈的人。

第七章 总统职位（1973-1974）

我跟霍尔德曼和埃利希曼的不同在于：他们是间接受牵连了，而到目前为止，我没有。

我面对的问题是：为了我自己也参与的一些事情要把朋友开除掉。而说这些事情在道义上或法律上是错误的，我又接受不了，尽管我这样说是很容易被人攻击为不知羞耻或没有是非感。没有发生过任何偷盗或贪污受贿的行为，我们只是不知不觉地陷入了一种没有想到的局面，一心只想保护自己，不受我们心目中那个政治问题之害。现在，突然地，这变成了一种罗沙赫墨迹图[1]：别的人从我们的行动中看出了一幅我们自己没有看到的图案。

我为了自己的生存而要他们离职，这在我已经是够自私的了，但我还不至于如此无情无义，眼看我如此深切爱护的人要受到伤害，自己却能无动于衷。我担心如果他们被迫离职，他们将会受到什么样的打击，但我又担心，如果他们不离开，对我又会产生什么影响。所以，在以后的两个星期中，我充满着矛盾：我一方面要说服他们离职——同时，我又坚持认为我不能把自己的朋友奉献出来当牺牲品。我一方面说，不论会有多么痛苦，我们也必须做应该做的事——同时，我又想方设法寻找办法来回避这种损害，即使这种办法会把我带到犯法的边缘。

这就使我在迪安问题上的处境日益困难。因为，要为霍尔德曼和埃利希曼辩护，就会使迪安丧失信誉，而只要我继续让迪安留任，我就会显得是支持迪安对他们两个人的指控。我感到，我不能不顾及彼得森私下对我提出的要求：不要开除迪安。但我知道，不开除迪安会对公众对霍尔德曼和埃利希曼是否有罪的看法产生多么不利的影响。

还有一个个人方面的考虑我不能忽视。我已经疏远了迪安，因为我同意不让迪安获得豁免的主张。我知道，如果我现在好像又要反对他，他肯定要来反对我。所以我在处理迪安的问题上必须十分谨慎小心。

我还必须认识并承认，对迪安所起的作用，我们有一种混乱和矛盾的看法。他得到指示，要把水门事件造成的危害加以限制。如果在当时，谁都不知道，

---

[1] 心理学家赫尔曼·罗沙赫用作心理测验的墨迹图。——译者注

他为了做到这一点得走多么远，那么，这是他的过错还是我的过错？现在有两个情况，一个情况是，他明明知道马格鲁德在说谎，但他还在指点马格鲁德在联邦大陪审团如何作证。还有一个情况是，我们要他帮助马格鲁德通过联邦大陪审团的传讯，而同时只是怀疑马格鲁德在说谎——但他没有设法去证实或消除我们的这种怀疑。这两个情况，从法律上说是有差别的，但是，话又说回来，我们在这两者之间究竟又能找出什么真正的差别呢！

最后这就归结到迪安的判断力问题上来了。我们要求迪安，做一切必须做的事，把事情控制起来——但我们有一个没有明说的前提，那就是他要适可而止，可不能给我们带来麻烦。但是，迪安只是做了他认为必须做的事，而没有预见到所产生的一切后果。

现在这样想也许太晚了：如果当时换一个什么其他人处在迪安的地位——这个人不像迪安那样，由于参加了利迪的那些会议而有小辫子被人抓——那么他是否能早一些识别出那个为他自己和为我们所设下的陷阱呢？究竟迪安是出于真心地相信他的所作所为都是为保护白宫而必须做的，还是由于他想要保护自己，或者，在他们面对的巨大压力下，他能否分清这两者？到了1973年春，这些问题都已成了无关紧要的问题了。

不管迪安在事前或在以后的动机如何，我还是相信，他在3月21日前来见我时，他是真心诚意关心总统职位的。当然，他来见我也出于一些不便说出来的目的，这就是：为认可帕特·格雷的任命所举行的听证会引起的报界反应；我要他就水门事件准备书面声明，并要他写信答复别人对他的指控，还要他在信上宣誓签名，而我之所以提出这个主意是由于我完全不知道这样一个行动对他会有什么影响；还有，亨特直接向他提出要12.2万美元。当他走进我的办公室，我相信他是真心地希望把总统职位从正在扩散的癌症中挽救出来的。我肯定，他认为我会采取有力行动，把形势控制起来。然而，我却在考虑付一笔钱给亨特来换取一点时间，还若无其事地在分析到了1974年选举后宽大处理被告会涉及什么政治问题。

早在4月15日，我就提出了霍尔德曼和埃利希曼是不是可以请长假离职的

第七章 总统职位（1973-1974）

想法，理由是，由于报界透露出来的各种消息和指控，他们可能感到支持不住了。4月17日，我又对他们提出离职的问题，可他们都不同意。埃利希曼说，迪安才是应该离职的。他问我是否认为迪安的指控是确凿的，我向他保证我没有那样认为，我认为迪安的牵连比他要严重得多。埃利希曼说："情况就是应该这么说嘛。迪安对我提出一大堆愚蠢的胡说八道，要打官司，这都一钱不值。"

埃利希曼说，还有迹象表明，最早进行水门事件调查时，亨利·彼得森曾把联邦大陪审团的情况转告迪安，因为迪安当时是白宫的法律顾问。当晚，我打电话给彼得森，告诉他以后不要再把联邦大陪审团的情况转告我了，除非他认为有些特别需要我知道的情况，那时再转告我。

尽管霍尔德曼和埃利希曼两人原来外表很坚强，但他们要继续维持乐观态度也不是容易的事。当晚，他们向我报告说，他们的律师认为，反对他们的证据在法律上不够充分，但是，律师劝告说，这案件也可能发展成为很难办的案子，因为有这么多的动机和意图等微妙的问题牵涉在内。有关阻挠司法的法律规定是很不严谨、很笼统的。埃利希曼总结道，他们可能"逃过刑事责任，不过反正我们是毁了的货物"。

我设法安慰他们，但又想不出说什么能使我们任何人相信、令人鼓舞的话。埃利希曼继续说："我想我们的情况大概就是这样了，我认为形势对我们很不利。"

他们两人酸溜溜地互相开玩笑，说埃利希曼今后可以依靠处理交通事故案件来谋生。我提出要帮助他们付诉讼费用。他们表示感谢，但拒绝接受。

后来我们又详详细细、逐条地讨论了对他们的指控，埃利希曼说："我就不信光凭这样一件事就可以写出一份起诉状来……我就是不能接受。"

霍尔德曼表示同意说："你无论如何应该有信心，我们的司法制度还是有效的。"

我说，我们将一起庆祝他们被宣判无罪。我许下诺言："我们将去戴维营举行空前盛大的庆祝会。"但这只是给自己壮壮胆。在我们的思想深处，对于将来结果究竟会是怎样谁也没有信心。

应霍尔德曼和埃利希曼的请求，我会见了他们的律师。他们对我说，他们认为他们的委托人的案件不足以构成依法起诉,但他们很现实地承认,检察官都是坚持党派成见的人,因此什么事都可能发生。他们劝我不要强迫霍尔德曼和埃利希曼离职,因为这样做等于承认他们二人有罪。相反,他们要我发表一个对二人表示信任和支持的公开声明。他们又说,亨利·彼得森是一个我不应加以信任的人。他们劝我别再听他的建议。以后,当霍尔德曼也提醒我这点时,我只能说:"鲍勃,他是我剩下的唯一的一个帮手了。"

4月19日晚7时40分,我们获悉迪安和他的律师第一次向报界泄露新闻的消息,这种手法是迪安和他的律师想出来以支持他的豁免要求的。他们每一次泄露的新闻都比以前更进一步,我称之为:"逐步加码。"不久这就形成了一种可怕的惯例:我们每天要接到一次电话,通常是《华盛顿邮报》或《纽约时报》在他们的第一批印刷的报纸截稿前打来的。他们要我们对每一条复杂的水门事件新闻发表即席评论,如果我们不能在截稿前发表评论,这条新闻就将以我们未作出反应的方式见报。

今晚是第一个这样的晚上。《华盛顿邮报》打电话来,警告我们,他们要刊登一条消息:与迪安有关的人士说,迪安可"不打算单独被大火烧死",他要把他"自己的上级和下属"都扯进去。他们说迪安要控告霍尔德曼,说他策划了掩饰活动,目的是遮盖总统助理在民主党全国委员会窃听事件中的牵连,还说,证明白宫没有牵连进水门事件中的所谓"迪安报告"纯属虚构。

第二天早上,《华盛顿邮报》在头版刊登了这条新闻。

同一天,4月20日,《纽约时报》登载一条未注明消息来源的新闻说,据称约翰·米切尔第一次公开承认他在事前曾听说过窃听的事。按照《纽约时报》的说法,米切尔告诉他的"朋友",他曾听说过窃听计划,但表示过反对意见,他不知道是谁下命令继续执行这个计划的。

在这段时间里,我竭力坚持把活动日程表排得满满的。例如:4月18日,星期三,我花了将近两小时参加国会领袖们讨论能源政策的一次会议,接着又跟议员们一起参加另一个讨论苏联向外移民政策的会议。意大利总理吉乌利奥·安德雷奥蒂来华盛顿作国事访问,西德基督教民主联盟的主席雷纳·

第七章 总统职位（1973-1974）

巴泽尔来这里进行非正式会谈。我会见我国驻意大利大使约翰·沃尔普，然后又参加一个长达两小时的讨论经济问题的会议。4月19日，我跟美国犹太人领袖讨论苏联犹太人移居国外的问题。4月20日，我召集一次内阁会议，花了两小时讨论能源和经济问题，然后我飞往佛罗里达度复活节周末。

本来，霍尔德曼和埃利希曼计划跟我一起去比斯坎岛，以便他们的正常工作不致中断。但当周末临近时，我感到自己需要有点时间进行思考，他们也有同感。因此，他们决定去戴维营度周末。

4月20日晚，罗恩·齐格勒来到我家。当我们一边望着夕阳落入比斯坎湾时，我对他说："如果不可避免的事终于发生，鲍勃同意他们二人离职，但他并不认为这是不可避免的。"

齐格勒回答说："我很清楚，我们将要应付的都是些什么事。今晚，我看到米切尔在电视上出现。他们把他早先所作的公开声明跟他现在所说的话进行对比，想要使他丢脸。你不能让你的办公厅主任和国内问题的主要顾问也每天受这样的耻辱。"齐格勒说，在他每天举行的新闻发布会上，仅三天的时间，记者就水门事件已向他提出了总共300个问题了。我要求齐格勒打电话给霍尔德曼，把他的上述意见作为他个人对形势的看法告诉霍尔德曼。在我来佛罗里达度周末前，霍尔德曼曾要求我，不要听信片面的"惊慌失措"的劝告就采取行动。他要我同帕特·布坎南谈谈，听听他的意见。我这样做了，并要求齐格勒将布坎南写给我的书面意见念给霍尔德曼听。布坎南的书面意见如下：

> 任何无罪的人都不应被抛弃……但是，无法继续活动的总统助理们应主动站出来……如果早点这样做，那将是一种无私的行为……如果拖延时日，其结果将是他们要被迫……
>
> 霍华特·K.史密斯在电视中提出问题：尼克松要做亲自打扫自己房子的艾森豪威尔，还是要做为他手下人进行掩饰的哈定呢？坦率无情地说，问题就在这里。
>
> 如果霍尔德曼离职，而埃利希曼不离开，那仍然是一种掩饰行为，他们两人分不开。如果一旦埃利希曼的名字在联邦大陪审团中出现，

他就应该离职。

这些日子里,白宫工作人员中有一种沉船的心理,我们要放下救生艇,希望能救出总统。

过一会儿,我又打电话问齐格勒,他把口信传过去后霍尔德曼说了些什么。他告诉我,霍尔德曼"沉思不语"。

第二天,4月21日的早上,《迈阿密论坛报》引用与米切尔"有关的人士"说,马格鲁德越过了米切尔直接从白宫得到批准进行窃听的计划。《华盛顿邮报》说,迪安有文件作证据来支持他对窃听和掩饰所提出的指控。而《纽约时报》则报道,在迪安的监督下,付给被告的钱多高达17.5万美元。对此,迪安加以否认。

在复活节早晨,《华盛顿邮报》在头版登载了有关水门事件的四条不同新闻。主要的一条说,联邦大陪审团在调查霍尔德曼手头上是否有一笔35万美元的经费,下令用这笔钱收买被告,要他们保持缄默。这条消息的来源据称是"行政部门高级人士"。这些人士还说,迪安试图阻止付款,但是高一级人士命令他继续付款。有个人士还说,迪安准备把埃利希曼牵连进水门事件。

《华盛顿明星报》说,霍尔德曼与埃利希曼都是目标。《华盛顿明星报》也引用"某些人士"的话说,米切尔本人批准了窃听计划。虽然,接近米切尔的"人士"说,米切尔认为是白宫先批准了窃听计划的。据称,科尔森为了保护自己,已向检察官提供了文件证据,可以证明确实进行了掩饰。

虽然,没有一条控告是直接针对我提出的,但盖洛普民意测验报道称,有40%的人认为我事先知道要在水门安装窃听器。在同一项测验中,53%的人认为窃听只不过是"搞政治——这是两党都在干的那种事"。

多年来,我有一个习惯,在复活节那天打电话给我的助手们祝贺节日好。在这个令人烦恼的复活节早上,我首先打电话给查克·科尔森。他矢口否认报纸登载的关于他的"歪曲报道"。他说,他要再一次告诉我,他打给马格鲁德的现在被指责为造成整个水门事件的那次电话,是清白无辜的。我说,我完全

第七章 总统职位（1973-1974）

相信他。我们互相祝愿节日好。

接着我打电话给迪安。一开始我说："在复活节的早上，我要你知道，有人在想着你。我祝你好——我们能够过关的。你说过，这是必须切除的癌，我要你知道，我正按你的这个意见办。"

迪安说他很感谢我打电话给他。他的感情似乎是真诚的。他说，在一定时候，他愿跟我讨论他应该如何答辩。他说他不知道他是否要援引宪法第五项修正案。我告诉他，他随时都可以来见我。

但在有一处，迪安冷冷地说了一句："我知道你声明中的那段话，那段关于不给豁免权的话是怎样加进去的。"我们谈了格雷销毁文件的事以及围绕着亨特的要求而发生的一连串事件，这些事件导致了我们3月21日的会见。

我告诉他，我仍然认为，我们见面讨论他的答辩是合适的，因为他还没有被白宫解除职务。我说："你仍然是我的法律顾问。"

9点45分我打电话给霍尔德曼。我说："我不能让今年这个复活节悄悄过去而没有告诉你，去年的复活节比今天还要困难得多。"他说，事实确实如此。

接着，我打电话给埃利希曼。他祝我节日好。但他警告说："不要急于采取行动，捡起卡尔·罗恩和乔·克拉夫特等人的论调，认为由于这一切，整个政府都腐败了。要保持坚定。"

我集合全家去参加复活节礼拜。在我们的家庭中，有一项没有明言的协议：在有些危机中，他们时刻和我在一起，当他们察觉到我的情绪每有变化，他们就给我提建议，详细讨论可供选择的各种办法。但是这一次，他们认为我的问题是，来自四面八方的压力太多了，他们想谈点别的事情使我感到轻松些。当我们到达佛罗里达时，朱莉写了一个便条给我，很简单地说："我们爱你。我们支持你。"

当我们终于在1月23日达成越南和平协议时，我曾对全家人说，一件对个人有好处的事就是，我们不会再像头四年那样，再受到高举标语的示威者的干扰了。战争过去了，但现在标语又出现了。现在是水门事件的标语，而发展到最后，这些标语比那些反战标语更加难堪，更加针对我个人而来。

那天早上，我和帕特从教堂出来时，人群中有些人举着标语。有一条写着：

"总统诚实吗?"有一位妇女冲到那块标语牌前,举起她自己的那块制作粗糙的标语牌:"是的,总统是诚实的。"

当天晚些时候,齐格勒告诉我,迪安打电话对他说,他很感谢我给他打的电话。齐格勒向他提出,关于报纸报道说"接近迪安的人士"说我在8月29日记者招待会中间接提到的"迪安报告"根本就没有写过的问题。迪安对齐格勒说:"在总统作这声明之前,如果我有机会跟他事先讨论一下,这声明的措辞一定会是另外一个样子。"迪安又说,"我希望当初有人告诉我,我当时是在进行调查;罗恩——我只是每天向约翰和鲍勃报告而已。"

这段对话激怒了齐格勒并使他感到沮丧。他的办公室保存着迪安和助理新闻秘书杰里·华伦之间通电话的详细记录。那时,华伦几乎每天都跟迪安打电话,向他请求指示,如何在新闻发布会上回答有关水门事件的提问。迪安回答的内容总是:"白宫没有人有牵连"。他也常常谈到他的"调查",他说,在闯入事件发生后的次日,调查就开始了。迪安还非常明确地指示齐格勒,当他被攻击时,齐格勒应如何为他辩护:齐格勒应该说,迪安跟利迪在收集情报的问题上没有发生过任何联系;他没有将联邦调查局的材料给任何人看;他没有把亨特保险柜中的材料推迟交给联邦调查局;等等。而现在迪安却给齐格勒来了个釜底抽薪,齐格勒担心,他今后是否还能跟记者见面并再发布新闻。

4月23日,星期一的早晨,我跟齐格勒、帕特·布坎南和查皮·罗斯举行了三小时的会议。罗斯是个好律师,从艾森豪威尔时代起便是我的私人朋友,我要求他飞到佛罗里达,从局外人的角度给我提一些建议。

布坎南把各种可供选择的方案总结成几种办法:我们可以不采取任何行动,但这样做不行,因为证据太充分了;我们可以把所有的人都解除职务,但这样做证据又显得太不充分了;我们可以要求他们请假离职,但这只能把危害推迟一下。他说:"答案是,他们辞职。"但查皮·罗斯不那么肯定。他认为,如果强迫他们辞职,可能有损于他们的权利。齐格勒对这两种意见都从反面进行了有效的批驳。

我看得越来越清楚了,问题的核心在于白宫本身。霍尔德曼和埃利希曼已

第七章 总统职位（1973-1974）

失去了全体工作人员的信任，什么工作也干不了，每个人都感到疲劳、紧张、心烦意乱。

我们在这个问题上辩论了几个小时，我们对别人控告的罪状讨论得越多，结果越显得不可避免。罗斯一度引用格拉斯通的话说："任首相的第一要素是能当一名好屠夫。"

我说了一段不仅代表我本人而且也代表其他人的话："10年后，这件事只用几段话便说完了。50年后，恐怕只占一条脚注的地位。但在目前，我还得担任总统的职务，在他们不断受攻击的情况下，我无法担任这个职务。不能使整个国家感到总统包袱很重，好像中了邪似的。中东已在沸腾，国际经济形势处于危机中，要操心的事太多了。"

当会议在感情激动的情况下结束时，我们一致同意，霍尔德曼和埃利希曼必须辞职。

我问布坎南，他是否可以打电话给霍尔德曼，告诉他我已得出这个结论。我说，他要使他们知道，我并不强迫他们这样做。我仍希望由他们自己来作出这个决定。但这是我的意见，下一步要看他们的了。

布坎南说，他认为应由齐格勒打这个电话。他们之间的个人联系密切些，可能这会减少一些痛苦。齐格勒两眼看着窗外。他是靠霍尔德曼把他引荐到我手下来的，现在却要他转告霍尔德曼，要霍尔德曼辞职。他一语不发。

我代表大家说了一句话："没有其他更好的办法了。"

打完电话后，齐格勒对我说，霍尔德曼表现得正如预料的那样淡然，落落大方。霍尔德曼说，他虽然不同意这项决定，但他将照办。

几小时后，霍尔德曼给齐格勒回电话。显然，他跟他的律师谈过，也跟埃利希曼谈过。埃利希曼强烈地反对，并劝说霍尔德曼改变主意。埃利希曼认为，他的处境不同，即使霍尔德曼辞职，他也不应该辞职。埃利希曼认为，对他的指控软弱多了，所以他可以被分开。无疑，他是想被分开的。

霍尔德曼跟齐格勒争论说，我做得太过分了。他说："在所有其他重要决策问题上，总统都是从实力出发采取行动的，不能因为这个决定是很痛苦的，就意味着它也是强有力的。"他主张我再接见他的律师。他坚持说："这将是权势集团反对尼克松取得的第一个真正的胜利。这正是舆论界想要的东西。迟早他们会发现这是一场假的胜利，它不会带来什么好处。"

尽管我知道得由我来做出决定，但我仍然要听取我特别信任和尊敬的几个人的意见。我要齐格勒打电话给比尔·罗杰斯。罗杰斯说，他认为，看来霍尔德曼要留在职位上是无法挨过去的，这应该是考虑问题时的决定因素。他感到埃利希曼的情况比较接近于两者之间。约翰·康纳利认为，如果对他们的指控，证明它们是不确实的，那就没有别的办法。"总有人要被迫辞职。"早在3月里，整个事情刚爆发时，他便对我说过这句话，现在他又重复了这句话。

布赖斯·哈洛说："如果霍尔德曼、迪安和埃利希曼做了不能赢得公众舆论信任的事，他们必须很快离职。他们像缠附在国家这条船底上的大甲壳动物，为了个人的原因继续缠附在船底上，那风险就太大了。"他说，请假离职是错误的，因为这只能把不可避免的事往后推迟一段时间，而到头来，对他们本人可能就更不公平了。基辛格也认为必须采取行动来打破笼罩着整个政府工作的、他称之为"惶惶不安的瘴气"。

星期二晚上，我从比斯坎岛返回华盛顿时，我想到霍尔德曼的论点：做出这个决定应该跟做出柬埔寨问题、5月8日和12月18日决定时同样的心狠，同样不考虑是否受到人们欢迎和有没有更容易的办法。但有一点不同，在做那几项政策决定时，我总是知道，如果我有机会把整个问题向人民讲清楚，他们就会支持我。在那种情况下，我是在有力的、得到公认的原则基础上行动的。但在水门问题上，即使我只提出不亏待自己的工作人员或朋友这条原则，也无法取得公众的支持。因为对他们不利的情况太严重，谁对此都不会视而不见，也不是可以轻轻巧巧解释一下就过得去的。

在基金危机问题上，艾森豪威尔并没有救过我，我之所以幸免，是因为我能自救。我认为霍尔德曼和埃利希曼没有犯刑事罪的动机，但我不知道他们能否证明自己无罪。我对齐格勒说："我的意思是说，在这一点上也是过不了关的。"

当霍尔德曼和埃利希曼那天早上晚些时候来时，他们对我说，他们从罗杰斯和康纳利那里听到的建议跟我所理解的他们二人提出的建议似乎有所不同。

第七章 总统职位（1973-1974）

当然，我明白，他们把人们的好心善意误认为是自相矛盾了。我说："每个人都同意，我们应有所行动。"

谈话时，埃利希曼似乎很不平静而且举止不安。突然之间，他说，他一直在想而且已经断定，应该坦率评估一下，这一切事情对总统构成什么样的威胁。他说："让我……代你把话讲出来吧，虽然这可能距离现实较远。"他说，如果对迪安"完全失去控制"，"完全可以想象得到的是"，我可能要遭到弹劾。提出这种推论的根据是：我犯了罪，而除了弹劾以外是没有其他司法程序可循的。他对我和迪安3月21日在闯入事件和掩饰问题上的谈话的概况是了解的。他说，就他所知，迪安所掌握的东西远远构不成我的罪行。

埃利希曼说："我真的认为，要对此作出判断，唯一的办法是，你听一下你们谈话的录音，看看当时究竟说了些什么，或者由鲍勃听一下录音也可以。"他建议，我采取"任何仓促行动"之前，最好先知道我自己手里的那张"暗牌"是什么。

我知道，他所说的话都是实话，不论是他明说的还是暗示的意思。他明说的是，我应认识到，如果他和霍尔德曼被迫离职，我将会处于多么暴露的状态，因此，在迫使他们离职之前，我应估计一下，这样暴露出来的最坏不过的后果。而我想他要暗示的是，如果我认定我跟他们一样也有牵连，那么我在迫使他们离职之前，应先扪心自问一下。

在4月的最后两个星期里，我开始认真地考虑我可能将是迪安的下一个攻击目标，因为我自己在3月21日谈话中给他提供了攻击我的子弹。我老放不下这个问题，一再提起这事。我把记录这些谈话情况的文本看了一下，从中可以看出，我在介绍这次谈话时，我自己也有过好几种不同的说法。在跟霍尔德曼、狄克·穆尔和亨利·彼得森的谈话中，我试图使这次谈话听起来比实际情况还要模棱两可一些，或者甚至把它当作开玩笑就放过去了。

但如果要我讲真实的想法，我必须承认我是真心想照付亨特所讹诈的那笔钱的。这倒不是为了水门事件，而是因为，他在闯入埃尔斯伯格的心理医生诊所事件上对埃利希曼所提出的威胁，以及他对整个政府所提出的威胁。我也同迪安谈到继续付钱给其他被告的可能性，而且在那次谈话中，迪安提醒过我，付钱给被告是构成阻挠司法罪的。

有一次，我对霍尔德曼和埃利希曼说，我们不能冒险让迪安用这次谈话来攻击我，即使这意味着不得不给他以豁免。霍尔德曼表示反对说，我也不能让迪安永远在手里握着对我进行讹诈的把柄。我决定，霍尔德曼应听一下我们谈话的录音，使我们知道，在那个决定命运的下午，我究竟说过什么话，做出什么决定。

不久，我又产生一种令人不安的想法，我总摆脱不了这种想法：如果迪安在我们3月21日会见时，随身带了一个录音机，一个藏在他上衣口袋里，但是可以把谈话的每一个字都录下来的小录音机，那怎么办？他可以利用这次谈话的一些部分来起很坏的破坏作用。

到了4月25日下午，克兰丁斯特打电话给我要求紧急会见。他有一个新的问题：他认为司法部必须将闯入埃尔斯伯格的心理医生诊所的材料交给正在审讯政府控告埃尔斯伯格非法占有五角大楼文件案的法庭。这是司法部内部作出的决定。此外，如果他们不说出来他们占有这些材料，迪安无疑会告发他们。

4月18日，一个星期以前，在埃利希曼的要求下，我在电话上跟亨利·彼得森谈到这次闯入诊所事件。我告诉他别去管这件事。我曾说："你只负责管水门事件，而这是国家安全问题。"迪安曾对我说过，克罗认为，他是根据他得到的有关国家安全的授权而采取行动的。而在我脑子里，调查埃尔斯伯格事件总的来说，是最高国家安全问题的一个组成部分，这是毫无疑问的。

当彼得森问我，闯入后，有没有发现任何证据，有没有什么东西必须交给审讯埃尔斯伯格案的法庭，我说：没有。我对他说："这里面没有油水。"

而现在，克兰丁斯特却说，司法部认为这些材料应公开出来。我毫不迟疑地说，他们可以公开这些材料。但我这样做时却想到，这样一来，事情对埃利希曼将会变得更加不妙。

4月25日下午4点40分，霍尔德曼在听了我跟迪安3月21日谈话的录音两个小时之后，前来向我报告。他说，有意思的是，原来迪安告诉我的事实

第七章 总统职位（1973-1974）

情况跟迪安告诉霍尔德曼的说法不同。

霍尔德曼证实了，我曾对迪安说过："我们能弄到钱。"但是他说："你是在把迪安引出来。"

霍尔德曼很熟悉我的习惯，用间接方法去引出别人的想法：往往在谈话没有结束之前，有意不说出我自己的意见，生怕这会阻止别人说话，或者，就说一种很偏激的看法或建议，看看别人如何反应。他也知道，在与人谈话时，我常常喜欢大声说出自己在想些什么，即使我在考虑要排除的完全不能接受的办法——这是一个做律师的典型的思考方式。在当前的情况下，所有这些因素都是我之所以说了某些话的部分原因——但这只是部分的原因。

在3月21日的录音问题上，我只有另外一个可供辩护的理由：那次谈话后，没有采取任何行动。我最后没有命令付钱给任何被告，我也拒绝考虑宽大处理他们的问题。

整个下午，我都在考虑霍尔德曼的报告。当天晚上，我两次打电话到他家中。我说，我过去对录音设备总是持怀疑态度："现在我倒很高兴我们有了它，是吗？"

他回答说："是的，先生。"他补充说，仅就他那天所听的这一部分录音还是"很有帮助的"。

我说，尽管有些话，我应该不说才好，但录音中还有些好的东西可以把这予以抵消。

4月26日，检察官跟迪安的谈判破裂。迪安立即向白宫发出威胁性的新信号。迪安跟莱恩·加门特谈话，并告诉他，水门事件只是冰山的一个尖角。迪安说，在1970年还干了一些事，这些也是他可以揭发的事。他一再说，他有文件可以证明确有掩饰活动。

同一天，《纽约每日新闻》报道，帕特·格雷销毁了亨特保险柜里的证据。透露这消息的人士把责任完全归于迪安和埃利希曼，说是他们二人命令格雷这样做的。当我听到这个消息时，我给克兰丁斯特打电话，并对他说，我认为格雷应当辞职。但首先，我要知道亨利·彼得森对这形势有什么看法。

彼得森说，格雷将指控埃利希曼和迪安，说他们指示他销毁文件，而且信誓旦旦地说，他只是因为信任他们两人才这样做的。我感到非常气愤。当埃利希曼在电话上跟格雷谈到这件事时，我看到埃利希曼听到文件销毁时面部出现的真正惊慌的表情，从这里我就知道埃利希曼从没有下命令干这种事。我说，彼得森必须告诉格雷，他可不能再编造另一个谎言来解决这个问题。我要求彼得森和克兰丁斯特碰头，并向我提出建议，在这种情况下，我应该怎么办。

埃利希曼要白宫发表声明说这消息不属实。当我叫齐格勒进来，告诉他这件事时，他说，他认为埃利希曼应该用自己的名义发表声明。齐格勒是对的：这一切最后都是涉及人证物证的问题，我们不能站在一方的立场上去作出反对另一方的保证。

我告诉霍尔德曼和埃利希曼："你们必须请假离职。"我说他们应该在星期六准备好要求请假离职的信。我说，霍尔德曼和埃利希曼应该先走，这就表明他们不是像迪安那样被迫走的。

当晚7点28分，《华盛顿邮报》打电话告知另一条消息："某人士"说，3月20日，迪安告诉霍尔德曼和埃利希曼"一切都完了"，他们应当准备去坐牢。这个消息是不确实的，但现在又没有办法对付迪安的游击战术。透露格雷销毁文件的消息还说，在这些材料中，有一个伪造电报，把肯尼迪总统扯进暗杀吴庭艳的事件中去了。这个消息显然来自迪安，他在把材料交给格雷之前，显然看过这些材料。

第二天，4月27日早上，在与水门事件无关的问题上又出来两条关于埃利希曼的新闻。这些新闻报道都是庸俗下流的造谣。埃利希曼勇敢地战斗，力图打消它们在公众舆论中造成的影响。

当天早上，我飞往密西西比州参加用约翰·斯坦尼斯的名字命名的一个海军训练基地的命名仪式。我邀请约翰·斯坦尼斯同我一起乘"空军一号"专机去。在途中，当我们单独坐在我的机舱中时，这位老友说，他要给我提出一些劝告。他说："现在是时候了。我们家乡有个说法：不论是好人还是坏人，雨一样落在他们身上。时间已经不多了。"

第七章 总统职位（1973-1974）

当斯坦尼斯把我介绍给参加命名仪式的欢呼的人群时，他直接对我说："事情变得难办时，你要不惊不慌。我相信你有闯过去的能力。我们一向钦佩你在这方面的能耐。"

当我们在密西西比州时，帕特·格雷打电话来说他决定辞职。环境保护局局长威廉·拉克尔肖斯同意暂时接替格雷的职务。

我要求埃利希曼将他认为迪安可能揭发的与国家安全有关的活动开一个单子给我。在飞返华盛顿的途中，他跟我一起研究了三项：埃尔斯伯格，1969年窃听电话事件和印巴战争期间的农民事件。埃利希曼不敢肯定还有没有什么别的事，因为迪安所接触到的档案是几乎不受限制的。

齐格勒来到我的机舱说，《华盛顿邮报》从"可靠人士"那里得到消息说，"某人"跟检察官谈话，直接把我牵连到掩饰水门事件真相的行为中去了。当我们到达华盛顿后，《纽约时报》也打过电话来说迪安正在把我牵连进去。后来，《洛杉矶时报》还打电话来要求对同一消息发表评论。

我打电话给亨利·彼得森，要他过来一趟。这可是一次感情激动的会议。我要求知道，这个消息是否属实：迪安有没有把我牵连进去？彼得森出去回他的办公室查对；几分钟后，他回来说：消息不属实。他说，在本周早些时候，迪安的律师曾说过："我们将把总统牵连进来——不是在这案件上而是在其他方面。"当时，检察官们认为这只是装腔作势，实际上是在努力设法为迪安获得豁免。的确，他们还没有提出任何证据可以把我牵连进去。我把齐格勒叫进来，告诉他要立即设法停止传播这种消息。

在彼得森离开前，他说他建议我现在对迪安采取行动。他认为，我对迪安施加压力有利于加强政府在对付迪安时的地位。他又一次敦促霍尔德曼和埃利希曼也应离职。

霍尔德曼后来进来时，说他的律师们认为他和埃利希曼被利用了，因为他们两人是忠心耿耿的，而迪安则不是。"他们认为彼得森和迪安在捉弄你。"

我说，我们的计划应该是：从星期日开始，或许甚至从星期六开始，他和埃利希曼将请假离职。到星期一，我将通知迪安，他被开除。我要求雷·普赖斯为我准备一个讲话稿，我究竟是宣布他们请假离职还是辞职，暂时空着。

尼克松回忆录
THE MEMOIRS OF RICHARD NIXON

霍尔德曼和埃利希曼辞职

4月27日，星期五晚上，我飞往戴维营。星期六早上，晨雾笼罩着山谷。我在阳台上进早餐后，去小书房工作。大约到10点钟，我去起居室找马诺洛要一杯咖啡。当我看到炉火烧得很旺，而特里西娅坐在火旁沙发上时，我吃了一惊。

她说，她一夜没睡，与朱莉和戴维讨论水门事件以及必须做出的决定。他们在清晨跟帕特讨论了很长的时间，他们要我知道，他们一致认为，没有其他办法，只有让霍尔德曼和埃利希曼辞职。对他们的攻击已使他们无法再继续担任高级职务了。特里西娅说："我要你知道，我绝不让我对他们两人的个人感情来影响我作出判断。你知道，我从来不认为，他们那样对待人会对你有好处——但我向你保证，我是很谨慎、很客观地作出我的决定的。"

特里西娅两眼含着眼泪，她不像朱莉，她很难得让眼泪流出来。她说："我说话代表朱莉、戴维，还有妈妈。这是我们的意见。但我们也要你知道，我们对你是完全信任的。如果你决定不接受我们的劝告，我们也会理解。不管你干什么，我们保证会支持你，我们都非常爱你。"

我问她是否愿意留下，陪我一整天。她说，她认为，她还是回家去比较好。我拥抱了她后，将她送走了。

11点30分，比尔·罗杰斯来了。他力陈请假离职已不再是可行的办法了——唯一的选择是辞职。我很重视他的意见，因为这些年来我深知他在政治上和法律上的判断能力都是第一流的，作为一个忠实的朋友，他会对我说我需要听的话，而不仅仅是我愿意听的话。我告诉他，我已得出同样的结论。否则我们今后分手的局面只会更加不可收拾、更加痛苦。

我问他，是否能将这决定转告霍尔德曼和埃利希曼。他说，他认为他不能，因为他同他们这两个人的关系不够好，也不够超脱，不像我跟亚当斯的关系那样。在大选后，我们进行重新改组的期间，他们之间曾有些不快，因此他担心他们会感到他把个人情绪掺到这件事情上来。

第七章 总统职位（1973-1974）

当晚，埃利希曼打电话给我，口气很亲切，但也很坦率。他对我说，他认为我应该承认我自己也负有责任这个现实。他说，所有的违法行动，不论是直接地还是间接地，归根到底都是我拍板的。他暗示说，一切都是我授意的，并提到诸如伪造的吴庭艳的电报之类的事。我认为，他还暗示我也应该辞职。

他的电话挂了以后，我正坐在起居室里，这时齐格勒进来了。他刚得到消息，第二天早上的《华盛顿邮报》要登载一条来自"可靠人士的消息"的新闻，说迪安有证据可证明，当他进行掩饰活动时，他是得到霍尔德曼和埃利希曼的指示的，他还掌握1969年以来的"非法活动"。

我请齐格勒代我打电话给科尔森，查问关于吴庭艳的电报究竟是怎么一回事。几分钟后，他回来说，科尔森发誓说他本人根本不知道有伪造电报这回事。科尔森还说，"总统对此一点儿也不知道"。

星期日一大早，我打电话给霍尔德曼，问他是否愿意到戴维营来一趟，他表示愿意来，而且埃利希曼也表示愿意来，但他们希望分别同我见面。我那时知道，他对我将要跟他说什么心里已有数了。我还想到，他准意识到，我们之间的关系已到了尽头。

霍尔德曼下午很早就来了。我们走到窗前，很不自然地讲了些无关紧要的话。这时，云雾已经消散，山上层层青翠的树木就在眼前。

这时我说，对他来说，正确的方针是辞职。我说，这是我做出的最困难的一项决定。那是一点儿也不假的。他知道我这个人很难得谈论宗教，我觉得他听到我讲下面一段话时，面部表情有些惊讶。我说，从1969年1月20日我任总统的第一天起，我就按照我母亲的习惯，每晚都要跪下来，为我政府中那些处境困难的人们默祷，但更重要的是，祈求指导使我第二天在履行职责时能做正确的事。我对他说，昨晚临睡前，我曾希望，实际上几乎是在祈求，今天早上干脆别醒来算了。

我说，我知道这是件很不公平的事，但我没有其他出路。我对他说，我感到自己的罪过很大。我知道，责任在我，所发生的事情的大部分过错都应归咎于我。我把米切尔置于那种地位，而科尔森的活动在很多情况下都是在我的督促下进行的。

即使在这个时候,霍尔德曼还是设法要我放心。他觉得很自豪,而且并不感到忧虑。他说他接受这个决定,尽管他内心对此并不同意。他一定要我知道,我以后随时还可以召见他。他说:"你一定要记住,水门所发生的乌七八糟的事并不能改变你在与水门事件无关的方面人民对你的委托。这些方面才是重要的,这些方面才是你干得最好的。"他说,他将到另一间小屋里去写他的辞呈。

他走后,我走到阳台上去,站在那里眺望远处的山谷。这时埃利希曼来了。我跟他握手并说:"我知道今天对你来说是非常难受的一天。我确信你一定了解,今天对我同样也是很难受的一天。"当我把昨晚的感受告诉他时,他把手搭在我的肩膀上说:"别那样说,别那样想!"

回到起居室,我对他说,我愿尽我一切力量帮助他,包括经济方面的援助。我知道他现在的负担一定很重,他不仅需要养活一家,而且律师费用也够呛。

他绷紧了嘴巴,很快地脱口而出:"我只要求你做一件事,我希望你向我的孩子们解释解释这件事。"

他抑制住自己的不快说,我所做的决定是错误的,而且我一辈子都会后悔的。他说:"我除了接受之外别无选择,而且我也是会接受的。但我仍然感到我所做的事,没有一件是不经过你暗示同意或直接批准的。"

我说:"你一直是我们这个政府中最有良心的人。你一直主张办事要光明正大、干净利落。"

他说:"如果说我最有良心,但我这好良心却没有得到好报。"

当天下午,我叫克兰丁斯特来见我。我们两人都清楚,他在司法部的处境已无法忍受。他跟米切尔的密切联系使他不可能继续在司法部待下去。他曾经大肆宣传他打心眼儿里认为这次水门案件调查是"从肯尼迪被暗杀以来最重大的调查",而现在却当着他的面吹台了。我们同意他应辞职,由当时的国防部部长埃利奥特·理查森来接替。可是我很后悔,克兰丁斯特的离职正好跟其他几个人的离职同时发生,这会给人以错误的印象,似乎克兰丁斯特也多少与水门事件有牵连。

在克兰丁斯特离开后,我在那里站了好几分钟,等待霍尔德曼和埃利希曼

第七章 总统职位（1973-1974）

回来交辞呈。我望着窗外，看到暮色降临。齐格勒默默地站在我身后的长沙发旁边。

"罗恩，一切都完了，你知道吗？"

他说："不，先生。"他以为我只是在谈过去几天和几小时所发生的可怕的事。

我重复道："唉，是的，一切都完了。"

当霍尔德曼和埃利希曼回来时，他们把辞呈交给我和刚进来的比尔·罗杰斯看。埃利希曼要求我在电视演说中特别要讲"迪安被开除"这句话。我知道他的感受。埃利希曼很忠诚，他总是捍卫我和我们的政府。迪安是不忠诚的，他只顾保全自己。如果让迪安也"辞职"，那就等于我强迫霍尔德曼和埃利希曼接受跟他们的控告人同样的待遇，在公众面前同样身败名裂。

我们送他们走到汽车旁边。他们说了一些鼓励的话，如"明晚一定听你讲话"。

我说："我真希望我能跟你们一样坚强。上帝祝福你们二位。"

汽车开走了。

他们曾是我最亲密的助手，也是我的朋友。第二天晚上，我在讲话中说了我自己深信不疑的话，试图弥补一下我对不起他们的地方。我说："今天，我任总统期间作出的最困难的决定之一是，我接受了我在白宫的两位最亲密的同事——鲍勃·霍尔德曼和约翰·埃利希曼的辞呈，他们是我有幸结识的最好的两位政府工作人员。"

他们应该得到尽可能好的机会来解救自己，而我要求他们离职就等于肯定了他们永远不能够证明他们的动机是无罪的。我做了我感到非做不可的但却并非我认为是正确的事。我一贯引以为豪的是，我总是支持那些倒霉的人。现在，我却为了自己，牺牲了两位我欠了这么多情谊的人。

我留在戴维营跟雷·普赖斯一起，把我在第二天也就是4月30日星期日晚上发表的讲话稿最后定下来。当我把草稿交给他时，我说："雷，你是我所认识的最诚实、最冷静和最客观的人。如果你感到我应该辞职，我准备照办。

你不必告诉我，你只须把它写进下一次的讲稿中就行了。"

他说我不应该辞职，我有义务完成我被选举出来担任的工作。他说，他知道我在霍尔德曼和埃利希曼问题上所做的决定使我多么伤心，但他试图减轻我的痛苦，说我只是做了迫不得已的事。

我的感觉犹如先截去了一条胳膊，而后又截掉另一条胳膊。为了能有一线幸存的可能，截肢也许是必要的。但我不得不做的事使我如此的痛苦和忧伤，以致从那天起，总统的职位对我已毫无乐趣可言了。

我的1973年4月30日讲话，是我第一次专门就水门事件向美国人民正式讲话。对于导致我这次讲话的复杂形势，多数人所能理解的仅仅是：我的两名最亲密的助手被控参与了掩饰水门事件真相的活动，而我的另一名密友，我的前司法部部长，则被控曾下令闯入水门并进行窃听。

不论我们作了多少相反的表白，但霍尔德曼和埃利希曼一辞职，人们就会认为这是因为他们犯了或至少在某种程度上犯了他们被指控的罪。接着人们的注意力自动地转而集中到我身上：对我是否同水门事件有牵连的问题，人们等待着一个"是"或"否"的答案。这就是他们希望从我4月30日的讲话中得到的答复。我当时决定，不在逻辑推论的基础上而是更多地从政治本能的基础上来回答这个问题。但我做这决定时却没有停下来想一想，这次讲话会是一个重要的转折点，而只要我作出了回答，那么今后不论发生什么事，我都不能再改口了。

我认为，简单的是，或者简单的否，都不是一个完全诚实的回答。

如果我作出真实的回答，那我就必须说，在我还没有意识到我的行动会造成一些问题之前，我已经深深地陷入了错综复杂的法网中而难以自拔了，而正是这种种错综复杂的决定、误解、不采取行动以及矛盾的动机等构成了对水门事件真相进行掩饰。我还必须承认，我仍然不知道水门事件的全部事实真相。因而我也无从知道我同它的牵连已到了什么程度。此外，我除了必须把我所知道的已够糟糕的情况一一说出之外，还得留有余地，因为今后可能会有更多的事情要被揭发出来。

我也意识到，到目前为止，我们处理水门事件不够干脆利落已使我们处在如此被动的地位，以至于人们已不可能在目前这么晚的时候接受我所作出这样复杂的解释。25年从政的本能告诉我，目前反对我的政治力量非同一般。在第二届任期中，我向国会、官僚机构、舆论界和华盛顿权势集团提出了挑战，要跟他们进行一场具有重大历史意义的战斗。我们在官员任命的认可、扣发拨款以及预算之争等问题上，已就限制特权和权力的问题展开了小规模交锋。现在，突然之间，水门事件暴露出我们的队伍中出现了漏洞百出的弱点；因此，我感到，如果我在讲话中承认我们有易被攻破的弱点，我的对手一定会用这些弱点来狠狠打击我。我担心，我承认有任何错误，都会被他们加以利用来把水门事件——以及我有无失职之处的问题——在我第二届任期中像毒疮一样继续溃烂，使我无法作为总统继续进行领导。

鉴于这种形势，面对这种选择——再加上我认为这些都是命运攸关的问题——我决定对我是否同水门事件有牵连这个问题给以否定的回答。

我希望，在经历了过去几周的痛苦烦恼之后，有这样一个表白我无罪的坚定的声明，加上以霍尔德曼、埃利希曼和迪安的离职为标志的政府清洗，然后积极地吸收一些新人，按公开的方针重建政府，这一切会说服人们相信，水门事件的各种调查可以而且也应该很快结束了。我寄希望于民意测验。民意测验表明，大多数人民，包括认为我事先知道水门闯入那占40%的人中，都有人跟我一样认为，这整个事件"只不过是搞搞政治斗争而已"。我知道，在真正的重大问题上，我这个总统还是称职的，我还寄希望于人民会对水门事件感到厌倦，对国会和舆论界施加压力，要他们把注意力转到其他事情上，回到那些真正有重要意义的事情上来。我确实希望这次讲话能最后一劳永逸地把水门事件抛在我的后面，不再成为一个没完没了的全国性问题。这可能是我所作出的最错误、危害最大的估计了。

在4月30日的讲话中，我给人的印象是，我在3月21日同迪安见面之前对掩饰活动一点也不知道。我表示，在我知道这件事之后，我就立即冷静地采取过行动来制止它。事实上，我在3月21日以前是知道一些掩饰活动的具体情况的,而且在意识到其后果后,我没有发挥总统的领导作用来揭露掩饰活动,反而越来越迫不及待地想方设法使我的朋友、我的政府以及我本人只受到最少的损害。

我谈到责任问题,谈到"最高领导人应负责任……我承担这种责任"。但这只是一种抽象的说法,而人们也看透了这种说法。最后,我又抓住各种借口不放。这些借口正好是我真正相信的借口,但这个事实也起不了什么作用。在某种意义上可以说,发生水门事件起源于20世纪60年代各种运动中为了达到目的可以不择手段的心理。如果说我们常常错误地像一个四面楚歌的政府一样行事,这也是实话,这是因为我们的政府确实是一个四面楚歌的政府。而且我深信,如果我不是由于专心一致地在处理越南问题和其他政策问题,我的确很可能会进行了解,使我充分认识到掩饰活动的后果,这样就会较早地采取行动——如果不是出于道义上的原因,至少也会是由于我总能认识到我们这样做等于走进了一条死胡同。

但所有这些仍然都是借口,它们没有把我自己究竟起了什么作用讲清楚,也不能解释,怎么一个美国总统竟会如此无能地让自己陷入这样一种局面。而这却是人们真正想知道,而我的4月30日讲话以及我任总统期间关于水门事件所作的其他公开声明没能向人们讲清楚的问题。

华盛顿好像发生了翻天覆地的大震动。几十年来专业活动和政治活动所遵循的各种准则与惯例突然都被抛弃了。联邦调查局和司法部不断泄露机密证词、联邦大陪审团材料和检察当局的各种估计。在国会上,似乎什么材料都能泄露出去,什么坏事都可以被纵容,而一切都可以拿对水门事件有气作为借口。

华盛顿记者团的记者们以强烈的个人情绪来报道消息。他们感到,由于几个月来他们一再不加批评地报道白宫所作否认的消息把自己弄得很尴尬,所以,他们以对所有官方解释一概表示怀疑的方式来拼命证明他们的独立性。为了决心表白他们不是白宫的工具,他们走向另一个极端,充当隐姓匿名的泄密者的帮凶。

1971年12月,《华盛顿邮报》颇为骄傲地宣布一项新政策:坚持对公共事

第七章 总统职位（1973-1974）

务要作公开的交代说明——政府官员不得用"某位人士"这种方式发表谈话。但 1973 年春，《华盛顿邮报》又向提供有关水门事件的耸人听闻的新闻或独家采访到的秘闻的人保证，不透露他们的姓名。出于商业上的压力和职业上的竞争，其他报纸也跟着照样办理。他们称这为"调查性新闻"，其实根本不是这么回事。把从联邦调查局、司法部或很容易接触机密材料的国会委员会内部人士泄露的消息发表出来，这还有什么"调查性"可言呢？这简直就是谣言新闻，有真有假，有时真真假假，但都是带有偏见的。《华盛顿邮报》应该懂得，这是一种很危险的新闻报道方式，其总编辑本·布雷德利后来曾说道："我们不光出版事实真相，我们刊登我们所知道的东西、人们告诉我们的东西。所以我们连谎言也照登不误。"

以欧文委员会和其工作人员中的泄密者和检察官办事处的泄密者为一帮，以他们在舆论界的吹鼓手们为另一帮，这两帮人之间结成了一种同生共死的关系。记者们每天聚集在委员会会议室，或等在过道里拦截官员，力图找到一条水门事件头条新闻。这个主题已使他们在进行报道时穷凶极恶达到了无以复加的程度：新闻记者像猎犬似的跟踪陪审员，这本身便构成一种犯法行为，而且在有些情况下，还把某些其他的政治垃圾挖掘出来以换取水门事件的情报。重要的是捞到新闻——不管什么新闻——并且要在别人之前抢到手。在水门事件新闻上的竞争，破坏了一般新闻报道的准则。记者们不再感到刊登一项控告之前要有充分事实作根据。他们改变了这个传统的职业责任，说什么被控告的人才有义务证明某项新闻是不确切的——而且要在一个指定的限期之前表示态度，只有这样他们才不再刊登这条新闻。

许多记者辩解说，因为在水门事件上发生了掩饰事实真相的事，因此，大家对于司法机关是否能独立地进行工作是信不过的。不久，这种观点发展成了一批自告奋勇代替执法当局的匿名人士和互相竞争的记者们为自己的行为作辩解的理论根据，实际上，他们已把法律掌握在自己手中。在这期间，路易斯·奈泽说："我担心这是一种改头换面的麦卡锡主义。在审判的过程中，在尚未向陪审团证实事实之前，也许这个人就被头条新闻毁了……挖掘情报，甚至向检察官提供情况以供调查，这是一回事，但是如果醉心于已取得的胜利而开始将谣言当成头条新闻来刊登，那就是另外一回事了。……在这个时刻，要特别小心。要知道，当这个挨整的人正是我们梦寐以求想整一下的人，这就很容易置侵犯公民权利于不顾。"

有良心的同事们的请求或不以为然的局外人的批评都不能制止这股盲目的潮流。

《纽约时报》在头版每天至少刊登一条水门新闻，但在1973年5、6、7月，每月才登一条。后来的调查表明，在欧文委员会开会期间，主要美国报纸的头版平均有52%的版面刊登水门新闻。委员会休会时，平均也有35%的版面刊登水门新闻。广播电视台则用1/3到1/2的时间播送水门新闻。

在许多情况下，水门新闻数量之大纯粹是由于问题本身的性质引起的：每透露一个新的情况，就引起另外的一个新透露，像一串爆竹一样。但是，在其他情况下，数量之大是由于报道过程造成的。新闻竞争造成了一种自发的势头：要是那一天没有一条水门事件头条新闻，那就说明这一天的头条新闻给别人抢去了。同样的新闻，每天重复刊登，有时略加更动，有时根本不加更动，重复刊登。到了周末，又在"水门新情况"或"分析"中炒冷饭，再刊登一次。

在有的情况下，报纸可以自己制造出一个它想要谴责的魔鬼。例如：说管道工是白宫用来进行镇压活动的一支"警察部队"，这完全是华盛顿记者团的创造。当人们后来知道，原来所谓的管道工部队只有四个人，并且只在1971年进行过两个多月的工作时，很多人还感到惊讶不已。

1973年4月初，盛传马斯基、珀西、普罗克斯迈尔和贾维茨等参议员被置于白宫监视之下。《新闻周刊》刊登消息说，参议员曼斯菲尔德和富布赖特的办公室也被窃听。这两个消息都是不确切的。5月3日，《华盛顿邮报》声称，尼克松政府至少窃听了两名新闻记者的电话，将这作为对五角大楼文件案进行调查的一部分，而窃听是在亨特和利迪的监视下进行的。还说，亨特和利迪率领一支"所谓的'自告奋勇的执法者'"组成的窃听小分队。按照《华盛顿邮报》的报道，在一次研究竞选战略的会议上，决定派这个窃听队的一些队员去窃听民主党总统候选人的电话。这个新闻也是不属实的。5月17日，《华盛顿邮报》

第七章 总统职位（1973-1974）

又称，1969年开始了"庞大的共和党秘密活动"，并声称闯入水门事件和闯入埃尔斯伯格医生诊所案件都是"尼克松政府从1969年以来精心策划的、持续不断的非法和半非法秘密活动"的一个组成部分。提出这种令人震惊的控告的权威人士被称为"行政部门中的高级人士"。在这条新闻中，我们还被控告说，在参议员伊格尔顿的健康报告被泄露之前，我们就掌握了这份健康报告（这是不属实的）。还说，在我第一届任期早期和1972年大选期间，我们雇用了打手在反对战争的示威游行队伍中制造暴力行动（也不属实）；还说我们派遣了联邦调查局的"敢死队"对我们认为是反对政府的人们进行秘密政治活动（也不属实）。记者们说，还有更多的政治盗窃和窃听案件还没有被揭发出来（不属实）。他们说，成批的激进派、记者、白宫助理和民主党人都同样受到窃听、侦察、渗透和盗窃（不属实）。

6月初，《华盛顿邮报》报道，"某参议院人士"控告称，他有证据可证明白宫还进行了几起其他盗窃案，他知道谁参加了，谁指挥这些活动。这个控告是不属实的，所称的证据也从来没有提出来。《新闻周刊》又说，政府有一支秘密警察部队专门对激进派进行未经批准的电话窃听和盗窃（不属实）。全国广播公司负责采访法律新闻的记者卡尔·斯特恩报道，有人控告，司法部对麦戈文进行"大规模"电话窃听，表面上说是监听激进派打进来的电话，实际上是为了给争取总统连任委员会提供情报（不属实）。《巴尔的摩太阳报》说，欧文委员会的证词将披露，有一个全国的窃听电话网，专门向争取总统连任委员会提供关于民主党的政治情报（不属实）。《华盛顿邮报》报道说，埃尔斯伯格和《纽约时报》记者尼尔·希恩、塔德·肖尔茨的电话都被装上了窃听器，窃听来的报告都交给了"管道工"（不属实）。《纽约时报》报道说，我们把窃听器安装在玛丽·乔·科佩尼奇的朋友的电话中。科佩尼奇是爱德华·肯尼迪的女秘书，在查帕奎迪克岛死在肯尼迪的汽车里。这些新闻没有一项是属实的。

而且他们也采用了双重标准。1973年，在所谓的事件发生后的13年，约翰·肯尼迪的医生声称，他的诊所在1960年竞选中被闯入，而且说这闯入的做法同闯入埃尔斯伯格的医生诊所的情况是相似的。三家大广播公司都播送了这条消息。但我的私人医生，约翰·伦格林也提出，1972年竞选中，他的诊所也被闯入,他向记者出示当时警察拍下的照片副本。但是,只有一家广播公司,哥伦比亚广播公司愿意播送这条消息。

当鲍勃·霍尔德曼和约翰·埃利希曼离开白宫后,我们知道,他们能否在联邦大陪审团和法庭上为自己辩护就要看他们能否证明,他们的动机从来不是想要犯罪,也非蓄意进行收买。关于动机的判断不可避免地要看对某个人可信程度所得出的微妙的和常常是不可捉摸的印象而定。在5月份的头几天,他们遭到国会和舆论界那样的待遇后,他们将永远没有希望得到公平的审讯。

在他们离开白宫的第一个晚上,全国广播公司的约翰·钱塞勒就宣称,他们两个是220万名联邦政府雇员中"最最"不受爱戴的人。他引用国会"人士"的话说,"人们在大厅里跳舞"欢呼他们倒台。美国广播公司说,国会山的反应是"再高兴不过了",因为他们两人都是"非常令人讨厌的"。休·赛迪在《时代》周刊专栏中早已把他们两人辱骂了一通。

到4月底,新闻报道充斥着泄露约翰·迪安对他们两人的指控,以及不具名的国会人士指控他们"进行掩饰"。但这还不是唯一的恶意控告人。4月25日,《纽约时报》的头条新闻指控说:"据称窃听材料均已送交白宫。"这项控告来自匿名的"联邦调查人员"。他们说,他们肯定白宫官员定期收到关于从水门窃听来的情报报告。他们提出霍尔德曼是可能的报告收件人。这项指控是不属实的。

5月27日,《纽约时报》说,有证据表明霍尔德曼与闯入埃尔斯伯格医生诊所事件直接有关。这也是不属实的。6月17日,《华盛顿邮报》登载头版头条新闻说,戈登·斯特罗恩要揭发,窃听计划事先曾送霍尔德曼审阅。第二天,《纽约时报》又刊登同样的指控。斯特罗恩从来没有这样说过。埃利希曼也同样地被乱咬。例如:6月13日《华盛顿邮报》报道,"水门事件检察官"掌握了一份送给埃利希曼的备忘录,内容"详细介绍了"盗窃埃尔斯伯格的医生诊所的计划。这条新闻同埃利希曼一再坚持说的,他对这些计划事先全不知情是直接对立的。根本不存在这样一个备忘录。

哥伦比亚广播公司的丹尼尔·肖尔在1973年秋天对形势作了一针见血的

第七章 总统职位(1973-1974)

评论:

> 过去的一年中,发展了一种新型的新闻报道。我发现我每天所做的事都是我以前说什么也不会这样做的。调查工作中出现了真空,报界开始在这个国家中最有效的法庭上审讯人。跟水门事情有牵连的人被舆论界宣判有罪,这种判决恐怕要比他们最终被判处徒刑更厉害。

一个月接一个月地过去了,消息继续泄露。有一些表示关心和抗议的声音出现了。民主党参议员威廉·普罗克斯迈尔把报纸的报道比作麦卡锡主义。埃利奥特·理查森要求记者在使用泄露的消息时应有公平合理的原则。特别检察官阿奇博尔德·考克斯指责报纸说,他们自认为是政府的第四个部门[1],他对报纸在水门事件中所起作用感到疑虑不安。美国广播公司的哈里·里森纳谴责《时代》周刊和《新闻周刊》。他在一则广播中对这些杂志如何对待水门事件发表评论说:"周复一周,他们关于〔水门〕事件的主要新闻报道更像是诽谤中伤的宣传小册子,而不是客观的新闻报道。由于这些杂志是我们大家经常看的,而且一般说来,也是很受大家尊重的喉舌,他们这样做使我们都感到尴尬和丢脸。"

1973年9月,在进行调查阿格纽事件期间,詹姆士·赖斯顿写道:

> 很容易理解为什么阿格纽和埃利希曼那样的人对这一切有反感,因为他们还没有作什么申辩就被定罪了。显然,他们的不满是有理由的。报纸没有解决问题,甚至没有很好地把问题抓住。他们知道,他们应尽力保护联邦大陪审团的程序,但他们没有这样做……报纸在回避问题,但这样长久下去是不行的。它不能老是在监督政府的权力而不监督自己。

---

[1] 美国政府采用三权分立制,分行政(总统)、立法(国会)、司法(最高法院)三个部门。——译者注

在这一阶段，舆论界的行为是不负责任的。然而时至今日，就水门事件而言，大多数记者宁愿自鸣得意而不愿自我检查，这同他们动辄谴责其他机构时所表现的妄自尊大作风如出一辙。

5月2日，鲍勃·霍尔德曼来看我。就在两天前，他还负担着政府中的一些最重要的责任，而现在他得偷偷地溜进白宫来免得给我带来困窘。

他说，他考虑了我所作的关于不另外找人接替他而由我自己担任办公厅主任的决定。他劝我改变主意。事实上，我也得到同样的结论。在平常没有事的时候，处理一些日常事务也很耗费精力，何况现在又有水门事件，我根本无法亲自处理所有这些事情。

我们共同想到有一个人可以接替他，这就是艾尔·黑格。1月，黑格从基辛格手下转任陆军副参谋长。他很沉着、机敏、坚强。他可能缺少些政治经验和组织能力，但凭他的个性是完全可以弥补这一点的。他也有担任这个职务所必需的过人精力。他知道如何推动人们去工作，也知道如何去鼓舞他们、启发他们。对我有同样重要意义的是，他也了解基辛格。

我请霍尔德曼替我作初步的试探。黑格说他愿意接受，他只是要求我进一步考虑，用一个军人担任白宫的办公厅主任，公众会有什么反应。霍尔德曼在同我讨论了这点后，又打电话告诉黑格，说他仍然是我需要的人选。

第二天中午，我同黑格会见时，我对他说，我知道我要求他作出的牺牲有多么大。以他的能力，他本来很可能成为陆军参谋长，甚至有可能成为参谋长联席会议主席。

我解释说，我不希望他卷入处理水门事件的问题。我要他专门管理白宫工作人员，并为我组织收集决策所需的情报。然而我知道，他接受这个职务所作的牺牲大大超出了仅仅放弃他在军队中的晋级机会的特权。我们正在进行长期流血的斗争。对黑格来说，这好比志愿回到战场上去作战，但对这场战斗的结局会怎样则毫无保证，而且在战斗结束时，也得不到什么勋章。

早一天，约翰·康纳利勇敢地宣布，他要改变党派关系，转而效忠于共和党。他说，共和党是他意识形态方面的老家。5月7日，他同意回到白宫工作，

第七章 总统职位（1973-1974）

充当顾问，不拿薪金。我们决定，与其把他的职责加以具体规定，不如在工作过程中，按照他的才能给他安排适当的职责。

在以后的几个星期中，我们开始恢复了重建政府的势头。我任命威廉·科尔比为中央情报局局长，把詹姆斯·施莱辛格从中央情报局调到五角大楼任国防部部长。我还任命了一位强有力的联邦调查局局长，原堪萨斯市警察局局长克拉伦斯·凯利。梅尔·莱尔德和布赖斯·哈洛同意回到白宫担任总统顾问。黑格又把国防部的总顾问弗雷德·巴兹哈特找来协助莱恩·加门特处理水门事件。

对水门事件的批评，有很大一部分是集中针对白宫新闻室的。康纳利·莱尔德和黑格都认为罗恩·齐格勒应离职。他们对他个人并没有意见，但他们认为他是霍尔德曼旧体制的一个象征，而他在记者团中享有的信用已受到不可挽回的损害。我明知这是属实的，但觉得这样对待齐格勒不太公平。基辛格也这样认为，他说，如果我们为了姑息报界而损害无辜的人，我们将会永远后悔。

黑格在物色一个可以恢复新闻室信用的人物。但一点也不奇怪，很少有人志愿担任白宫新闻室里每天进行的新闻发布工作这个吃力不讨好的差使。在大部分时间里，齐格勒的助手杰里·华伦已开始接过这个讲坛。齐格勒更多地成了我的顾问。尽管他很年轻，有时有些急躁，但他思想坚定，能够正直而精辟地分析问题。

我们受到了一些相当沉重的打击，但逐渐地，我们又积蓄起力量，开始爬起来了。国内外的许多朋友和支持者提出他们的看法和帮助。

我接到哈罗德·麦克米伦发来的一封信：

虽然我现在的生活远离时局，想过去想得多，想现在想得少，但鉴于我们的长期友谊，我感到有必要向你发一封表示同情和祝愿的信。

我相信乌云不久会散开，你可以热情地承担起促进世界和平和繁荣的重任。对此，你已经做出了如此显著的贡献。

我国驻意大利大使约翰·沃尔普在梵蒂冈得到教皇保罗六世接见后写信给我：

教皇陛下说，历史将记载下来，你在过去四年中作为一个有效的和平缔造者所做的赢得世人尊敬的事比任何人都多……他告诉我说，他简直不能理解，在美国报纸中写文章的美国人怎么可以如此粗暴地拆他们自己的国家和制度的台。但是，他确信你能够度过这个困难的阶段，继续为世界和平做出贡献。罗马教皇说他将为你祈祷，并为你做弥撒。

我收到前日本首相佐藤的来信：

怀着深厚的个人同情，我今天听了你在电视上对美国人民的讲话。你说的这句话是对的："美国是世界的希望。"作为你的老朋友之一，我对你抱有坚定且平静的信心，相信你作为世界的希望的伟大领袖，能恢复你的职位的更大权威性和正直性。请接受我的祝愿。

有一天下午，我接到老朋友克莱尔·布思·鲁斯的来信：

引自《安德鲁·巴顿爵士之歌》："安德鲁·巴顿爵士说：'我受伤了，但我没有被杀死。我将躺着，流一会儿血，但我将爬起来继续战斗！'"

在5、6、7这些月份里，我跟11位外国领导人举行了会谈，主持了14次讨论主要立法的国会会议，召开了4次内阁会议，主持了13次讨论经济和能源问题的会议，发表了4次重要的公开演说，并准备与勃列日涅夫举行最高级会议。

在这段时间里，我们也制订了改革选举的新计划，建议增加粮食生产。在

第七章 总统职位（1973-1974）

6月中旬，再次实行有限的冻结物价以稳定经济，同时我们在考虑第三阶段之后将要采取的行动。我们建立了新的能源政策办公室。由于阿格纽投以决定性的一票，我们得以在参议院通过重要的阿拉斯加铺设管道法案。我们继续努力改革预算制度和改组政府。到6月份，我们实际上已取得了我们的批评者认为我们做不到的事：我们将1973年的联邦开支压缩在2500亿美元以下。虽然，从政治摩擦的角度来看，付出的代价是极为高昂的。但是我对使预算膨胀的每一项立法所投的否决票都站住了。

尽管有这些看得见的积极成果，"瘫痪"这个幽灵仍在萦绕我们不放。这个威胁经常出现，因为舆论界老在窥测我们的动向，断定说水门事件已把我的领导能力消耗殆尽。对我来说，形势是个打不赢的局面。如果我有一天没有正式宣布日程，消息报道就会说我隐居起来了，在郁郁沉思，陷入瘫痪；如果我有一个积极的活动日程，报道又会说，我在设法尽量活动，以显示我没有瘫痪。

如果我谈水门事件，我就被形容为力图从泥淖中拔出来；如果我不谈水门事件，我就被指责为逃避现实。如果我号召全国考虑经济和对外政策问题，人们就会指责我力图转移大家对水门事件的注意力。水门事件成了舆论界的旋转乾坤的中心，在我任总统的最后一年里，舆论界力图强使所有的事情都围绕着这个中心转。

战俘回家

越南的战事是在远离华盛顿的地方进行的。但在那里服役的人们的牺牲和苦难无时不使我感到切身的痛苦。在写信给阵亡的战士的亲属时，我找不到适当的词句来表达我跟他们一样感到悲伤之情。在给死者追赠荣誉勋章的仪式上，家属前来接受勋章，这往往是使我感情上极为痛苦的事。我过一阵子总要打电话给在战场上牺牲的人们的妻子或母亲。这使我内心痛如刀绞。

1969年圣诞节假期里，帕特和我接见26名战俘和失踪人员的妻子和母亲。这些妇女们很恭敬有礼但也很激动地谈到迫切期望她们的亲人尽快获释。当我们听她们诉说这么多年的等待对她们和孩子们产生了什么影响，以及她们不知道自己的男人是死是活而日夜悬念不安时，帕特和我一样都泪珠盈眶。从那次以后，每一个战俘对我来说，都是一个活生生的个人，使他们获释成了一个迫切的问题。我的老友和首席军事助理唐·休斯将军在白宫与战俘和失踪人员家属之间的联络工作，干得很出色。

1970年11月，我们作了一次最戏剧性的但也令人伤心的尝试，力图使他们获释。那一年夏末，梅尔·莱尔德和五角大楼向我提出一项建议，我们将在北越的一个战俘营上空进行一次大胆的突然袭击来营救战俘。他们选定在山西的大战俘集中营进行这次袭击。山西位于河内城外，1953年，我和帕特曾到那里访问过，当时那是一个难民营。如能绝对保密并精确无误地进行突然袭击，有可能使战俘营的卫兵猝不及防，而在敌人能组织反击之前，我们可以抢救出90名美国人。当我接到这个计划时，我立即批准执行。在这月初，我曾接到报告，有28名美国战俘由于受折磨和虐待而在最近死去。我说，我要战俘们在白宫吃感恩节晚餐。

经过两个半月的紧张训练和演习，袭击在11月20日进行。在华盛顿，到了下午，我们知道袭击失败了。袭击队发现，战俘营已经空了，俘房已被转移。显然，计划这次行动时所依据的情报是好几个星期以前的情报。但在计划这次行动时，即使我知道情报过时，也仍然会批准这个计划的。

虽然袭击没有达到目的，但这是个重要的心理胜利。我们得到情报说，它在北越的军事和政治领导人中间引起了严重的焦虑。因为这暴露了，在这种北越人没有经验的攻击下，他们是容易被袭击的。以后，当战俘们回来后，我得悉这次袭击对战俘所受待遇以及战俘士气都起了好的影响。袭击发生后不久，北越把分散在全国各地的战俘营中的大部分战俘都集中到河内的一个监狱中去。这后来被称为河内希尔顿大饭店。战俘们能够组织起来，从北越人那里得到较为一致的待遇，如果不是在实质上较之前更好的待遇的话。

我们的战俘在战斗中表现勇敢；在被俘后，他们表现得甚至更为勇敢。这就是我在战争结束后继续反对赦免那些逃避兵役和开小差的人的一个原因。我在一次记者招待会上说："在纪念那些为战斗而死去的人，那些服过兵役的人

第七章 总统职位（1973-1974）

和那些战俘时，如果我对他们说，我们现在要赦免那些抛弃自己的国家和那些拒绝为自己国家服役的人，我想这将是对他们再大不过的侮辱。"

2月12日，591名战俘中的第一批在河内获释，直接从河内飞到菲律宾的克拉克空军基地。在第一批战俘回到美国国土上时，我下令将国旗骄傲地、高高地飘扬。我因此打电话给约翰逊夫人，问她我们是否可以缩短由于约翰逊总统逝世全国下半旗30天的志哀时间。她说她愿意考虑一下，过几分钟给我回电话。当她给我回电话表示她同意时，她说，她肯定林登要是在世的话，他也会愿意这样做的。

克拉克空军基地的场面非常动人，战俘一个接一个地从舷梯上走下来，有的拄着拐棍，走向国旗敬礼，有的发表雄辩的演说，有的跪下来亲吻大地。我曾担心他们经历过的这些事会使他们难以忘怀，以致他们会感到怨恨和失望，或者受到挫伤而不能适应他们回国后的情况。但他们不是普通的人，他们是真正的英雄。

从第一架飞机上下来的第一个人是海军上校杰里迈亚·P. 丹顿。他走到话筒前说："我们有幸能有机会在困难的条件下为我们的国家服务。为了有今天，我们要深深地感谢我们的总司令、感谢我们的国家。上帝祝福美国。"

为表示我对这些人能回来而感到的喜悦，我以个人的名义订购了600束兰花，送给战俘的妻子或母亲每人一束。当我听说，他们中间有的人戴上这些花束去欢迎她们的丈夫或儿子回家时，我感到十分高兴。

回来的人在以后的几天中向记者发表谈话。空军上校詹姆斯·卡斯勒说："我们到越南去完成我们必须完成的任务，我们愿意待在那里直到这项任务完成。我们要回家，但我们要光荣地回家。尼克松总统使我们光荣地回家来了。上帝祝福那些在这漫长而苦难的经历中支持我们总统的人们。"

空军上尉小戴维·格雷简短而热情地说："我热爱的上帝使我成为一个美国人，而我现在回到了美国。我热爱的总统维护了我的荣誉，我载誉归来了。我热爱的妻子以一颗坚强的心等待着我，我回到了她的怀抱。感谢慈爱的天父，感谢尼克松总统，感谢林达，感谢美国。"

尼克松回忆录
THE MEMOIRS OF RICHARD NIXON

2月12日早上，我接到空军上校鲁宾逊·里斯纳打来的电话，他是第一批回来的战俘中的高级军官。他在北越被俘七年半，大部分时间被单独囚禁。

我拿起电话，听见他说："先生，里斯纳上校向您报到。"

我们交谈几分钟。我对他说，我期待着在白宫见到他和其他所有的人。我们的简短谈话结束时，他说，跟我谈话是他一生中最伟大的时刻。

日 记

里斯纳说，这是他一生中最伟大的时刻，这话对我来说，当然起一种十分令人清醒的作用。听到这位长期受苦而且冒着极大生命危险的人这么说，我感到极其惶恐。他最后表示，他和跟他在一起的人只要活着一天都会支持我。

3月6日，空军军官杰里·辛格尔顿上尉和罗伯特·贾弗里少校来白宫见我。

日 记

10点钟，我接见第一批来见我的战俘。看到他们两个人的妻子和他们两个人——憔悴、消瘦、平静、有自信，对他们的国家、对上帝、对他们自己都抱有极大的信心。这是一次非常动人的经历。

显然他们一直受到敌人宣传的影响，但他们从来没有对之屈服。例如，给他们看过大批群众示威游行反对总统的照片。他们当然也听到过拉姆赛·克拉克、简·方达以及其他和平派团体的讲话录音，但他们对这些人只有轻蔑，别无其他。

我只希望，现在这些人回来了，不要令他们感到失望。我想他们也不会失望。我想在他们经历过这一切之后，由于他们曾在敌人的烈火中受过锤炼，他们会变得更坚强。他们是优质钢而不是软铁。

不久，回来的人证实在战俘营中广泛使用刑罚虐待战俘。有的人由于拒绝同来访的反战小组一起拍宣传照片而受刑。方达小姐说，战俘们这样说是"撒谎"；有一个战俘因为拒绝会见方达小姐，胳臂和大腿被打断。她1972年访问北越时，在河内电台广播要求美国飞行员拒绝轰炸北越。只要我能抽出时间，我就接见其他战俘，其中有他们之中军衔最高的军官、空军准将约翰·P. 弗林，他当了五年半的战俘。我们结束谈话后，我送他到门口，对他说，他离国离家这么多年，忍受这么可怕的健康状况，我深表同情。

他说："总统先生，不要再想这些了。否则，约翰·彼得·弗林怎么能够站在美国总统的办公室里呢？"他很漂亮地立正，敬礼，在我能够回礼前，他已经走了。幸亏他走了，因为我当时激动得说不出话来，一下子也想不出该说些什么以不辜负这个宝贵的时刻。

3月12日，我同空军上校里斯纳和海军上校丹顿进行长谈。

日　记

我问里斯纳，他怎么能够熬过他的那一段经历。我原先还不知道，他被单独囚禁达四年之久。这时他说："要我来谈这件事可是难以启口。"他的声音变了，他说，"全靠我对上帝和对国家的信仰。"

他显然是吃尽了地狱一般的折磨的苦头。他详细介绍他受过的一些刑罚，但并没有把它说得怎样了不起。

他告诉我，他一度已达到了快要垮下来的程度，因为他的神经支撑不住了。他不知道自己是怎么一回事，他的后颈烧红了一块——他感到浑身好像要崩裂了。但他活动活动筋骨，最后终于睡了几个小时。

我问他们轰炸产生了什么效果。他们指出，当其他类型战斗机在上空出现时，北越人就跑出来做出好像是在对空射击或类似行为的样子。但当B-52飞机飞来时，尽管天气不好或其他等不利条件，它们的出现犹如晴天霹雳，破坏性的效果是很大的。

他说，在轰炸进行时，他们都欢呼、喊叫、互相拥抱。他说，北越人还认为他们都是些疯子呢。有些墙上的石灰显然是被震落下来的，这时有个北越人跑进来对他们说："你们不知道他们要杀死你们与平民吗？"他们答称，根本不是这么回事，他们知道轰炸是针对军事目标的。

丹顿很令人感动地谈到他对自己的国家的深切关怀。他是宗教观念很深的人。每当我提到他受的苦以及这一类事时，他总要提出，我也有过一番困难的历程。他对我表示非常尊敬——他说，他能从我的眼神中看出我忍受的痛苦，跟他在其他战俘的眼神中所看到的一样。我告诉他，在知道他们的经历之后，我的经历就算不得什么了。但他说，他了解到，在我做出那些决定时，支持我的人恐怕很少。

他指出，北越人说，尼克松难对付是因为他捉摸不定。当然，这不是谴责而是赞誉。他说，北越人知道尼克松是一个坚韧不拔的人。他深信，正是由于承认这个事实，最后他们才同意达成协议。

他做了一个很有趣的比喻，说北越人真的认为总统是发疯了——完全失去了理性。他说，北越人这种想法是完全必要的。他说，事实上，就是这才挽救了战俘，因为北越人认为战俘们都是些像这样没有理性的人，简直无法使他们屈服，所以，也不能再为他们担风险了。

当时是里斯纳或丹顿说（我想大概是丹顿说的），如果有必要，为了看到美国以正确的方式从越南脱身，他宁愿再待上8年，12年，16年。他们不愿意耷拉着脑袋回来。

他说，哈里曼在1968年打算同意的那个解决办法是很不光彩的。如果战争在那个基础上结束，他们不会感到自豪。

丹顿一再重复说，如果我离职，他不知道这个国家将会发生什么事。他强烈地感到，我们必须利用这段宝贵的时间——他说大约三年，一定要使美国在对外政策上尽可能地起良好的作用。

我说，人类文明的历史表明，往往是领导阶级而不是普通人民，先从内部瓦解。在我们这个国家里，发生问题的不是普通老百姓，他们是支持我们的，他们是沉默的多数。

现在是3月13日凌晨零时50分。我睡在这个舒服的房间里，房里挂着遮光的窗帘，有空调设备，有一张很舒适的床，我想，我们享

第七章 总统职位（1973-1974）

受着这些东西，可这一切来得一点也不困难。我想到，这些战俘们所经历的历程。我认识到，我们要怎样才能比现在做得更多些，耗费比现在更多的体力，过比现在更艰苦的生活呢！

3月3日，我们在白宫开了一次晚会。会上，小萨米·戴维斯作了表演。之后，他建议举行一次盛大游艺庆祝晚会向战俘表示敬意。我跟帕特商量，她说，我们应该全力以赴，还要举行一次正式晚宴招待这些人和他们的家属。

需要解决的问题是惊人的。过去，在白宫，我们宴请人数最多的一次是1969年感恩节，那时我们邀请了231位年长的公民参加晚宴。而现在我们想邀请1300多位客人。有的工作人员建议，我们到当地旅馆的大跳舞厅去举行这次宴会，他们那里有接待这么多客人的设备。但是我和帕特感到，这次晚宴的意义就在于要在白宫招待这些人。

因为室内无法容纳，更谈不上请他们坐下来了，帕特安排在南草坪上搭了一个比白宫本身还要大的帐篷。然后，她又找到并租赁到足够的杯盘灯具，华丽得足以配得上这个重要场面。几百瓶香槟酒冰镇在装满冰块的铝盆里；成箱成箱的草莓送到五角大楼的厨房里，在搅拌机里加工，以便制成草莓奶油冻作为餐后甜食，因为白宫根本无法处理这样大量的食品。帕特忙了几个星期，做好各种准备，检查各项安排，从排列每一个座位一直到126张桌子上的花束摆设。

我们还要为晚餐后安排一些特别好的文娱节目。帕特和她的助手们跟萨米·戴维斯和鲍勃·霍普以及我们的加利福尼亚老朋友、电视制片人保罗·凯斯一起作安排。她提出的唯一条件是，不要那些"半裸体"的表演，她认为，这对战俘和他们的家属都是不适宜的。结果，当晚的节目组织得非常漂亮、高雅、动人，看过的人对这些节目经久不忘。

5月24日，举行战俘晚宴的那天，飘扬在白宫上空的国旗就是2月12日第一批战俘从河内回来时在克拉克空军基地上空飘扬的那面国旗。

下午，帕特和我的两个女儿参加了招待战俘的妻子们的茶会。特里西娅在她的日记中记载了当时的情景：

在白宫晚宴前,妈妈、朱莉和我参加了为战俘的妻子们举行的招待会。

记者们也参加了招待会。我们分散在接待室里,战俘的妻子们围着我们谈话,记者们包围了我们。他们不是问我们关于这次宴会的问题,甚至对战俘的家属们都不表示一些人之常情的关怀,却立即热闹地向我们提出了一大堆关于水门事件的问题。

最后,战俘的妻子们再也忍受不了这种攻击了。她们不等人家提问便主动向记者们说,理查德·尼克松是多么好。她们说这一类的话:"他是我们国家从来没有过的最伟大的总统","如果不是由于他,我们的丈夫还在做俘虏呢!"

当妇女们在喝茶时,我在国务院礼堂里对男人们讲话。我的讲话好几次被掌声打断。但人们对有一句话的反应却使我感到有些意外。两个星期前,对丹尼尔·埃尔斯伯格的审讯结束了,他被释放。当我说道:"让我说,我认为我们这个国家,现在应该是不再把那些盗窃国家机密并将它们发表在报纸上的人捧为全国英雄的时候了。"人们跳了起来,大声欢呼,表示同意。

整天都在下雨,一直下到晚上。当第一批参加晚宴的客人开始到达时,南草坪全湿透了。许多妇女的长裙子都溅上了泥浆,但什么东西也不能打消当晚的兴高采烈的情绪。帕特决定,整个白宫都开放,战俘和他们的家属可以到各个房间里浏览,仔细观看陈列品和拍摄照片。

晚宴前,海军上校查尔斯·吉莱斯皮自动出来带领大家祈祷。他在河内战俘营里就执行随军牧师的任务。然后,由35人组成的战俘合唱团唱了一首他们在监狱中自己创作的赞美诗。

当大喇叭宣布三军仪仗队献旗时,每个人都立正。国旗不是正常尺寸的那面大国旗,而是一面插在一根短旗杆上的小旗。这是空军中校约翰·德雷门西在一个北越监狱中秘密制作的一面国旗。旗是用一条白手绢、一件红色内衣上扯下来的小布条、一条毯子上取下来的金色绣线、一件旧外衣上取下的蓝布和一个红十字会慰问袋上取下来的线拼凑制成的。当仪仗队进来时，所有的眼睛都注视着这面拼凑起来的小国旗，从前排的桌子开始，欢呼声越来越大，一直传遍整个帐篷。

在晚餐过程中，帕特和我挨个地从一桌走向另一桌，停下来照相并签名留念。当我来到约翰·斯坦尼斯坐的那一桌时，他对周围的人说："如果不是由于这位先生的胆略，你们这些人哪能有机会来到这里？"

晚餐结束时，我站起来开始祝酒。"我担任总统以来做出的最困难的一个决定是去年12月18日的决定。"我刚说到这里，便被一阵暴风雨般的掌声和欢呼声所打断了，"在做出这个决定后的十天里，我曾经问过自己多次，这个国家里是否有人真正支持我的这项决定。但我可以告诉你们，在会见了今晚在座的贵客们中的每一位以后，在同他们谈话之后，我想我们大家都会愿意一起来为那些驾驶B-52执行这项任务的勇敢的人们鼓掌。因为你们都知道，如果他们没有这样做，你们今晚不会来到这里。"

我说，我不仅要为第一夫人帕特祝酒，而且要为所有战俘的勇敢的母亲们和妻子们祝酒。特里西娅在她的日记中写道："当男人们都站起来，为他们的妻子和亲人们祝酒时，所有的牺牲、深情、悲伤、往事和未来全都凝聚在这一时刻之中。"

弗林将军致答辞："我想声明一下……我们不认为我们是一批独特的人。相反，我们是被命运随意挑中的人们……总统先生，关于你12月18日的决定，我可以向你保证，先生，我们知道你当时的处境很孤立。这个决定遭到了反对。但我也愿意向你报告，当我们听到重型炸弹在冲击河内时，我们开始整理行装，因为我们知道我们快要回家了，而且我们是要带着荣誉回来的。"

战俘们向我献了一个小匾，上面刻的字是："我们的领袖——我们的同志，狮心王理查德。"[1] 鲍勃·霍普宣布文娱节目开始。在今晚参加表演的所有明星都曾到南越为部队作过慰问演出，其中许多节目是霍普每年在圣诞节演出的节目。约翰·韦恩赢得了最多的掌声，当他对战俘们说："任何时候，我都愿意

---

[1] 英国历史上有一个传奇式的受人民爱戴的勇敢国王，名字是狮心王理查德。——译者注

和你们一起并肩前行。"在他结束表演走下舞台之前，他朝坐在前排一张桌边的我看了一下，并说："我要感谢你，总统先生，不是为了任何一件具体的事，而是为了所有的事。"

著名的流行歌曲、乡土歌曲演唱家、滑稽演员和电影明星们都作了表演。压轴戏是小萨米·戴维斯的表演，他又唱又跳，两眼含着眼泪，特别赞誉妇女们，因为正是她们的祈祷才"使你们这些家伙能回到家里来"。

然后我向大家介绍欧文·伯林。他因年迈和身体不好而不能参加当晚的其他活动，但当他唱出最有名的那首歌的第一句歌词时，他的嗓音响亮有力。当我们大家都唱着这句动人而又简单的歌词时，许多人哭了起来。我们一遍又一遍地重复这句歌词，直到最后，有些人几乎是大声喊叫起来，这句歌词唱得之响恐怕连河内都听得见："上帝祝福美国，我的家乡，可爱的家乡。"

表演直到午夜后才结束，跳舞一直持续到清晨2点钟。我和帕特在12点30分便回到楼上去了。我吻她并祝她晚安后，便到林肯休息室去了。当我坐在火炉前，听着楼下传来的音乐声和欢笑声，我感到这是我一生中最伟大的夜晚之一。那时，我找不到词句，而现在也找不到什么词句能够形容我所感到的喜悦和满意的心情。当时我想到的是，我在使这些人能够回家方面起了作用，而他们是如此勇敢，令人钦佩。

我从口袋里掏出一位战俘的妻子交给我的一张小纸条。这是一封用斯塔特勒—希尔顿饭店信笺手写的短函：

亲爱的总统先生：

当我被单独囚禁时，条件特别坏，人们往往给那些受到很大压力的人写小条子以示鼓励。条子往往是藏在洗澡间附近，这对收件人常常是很大的安慰。条子上通常写的标准话是："别让那些坏蛋把你压倒。"

总统先生，别让那些坏蛋把你压倒。

乔伊和鲍勃·杰弗里

第七章 总统职位（1973-1974）

这天晚上，情绪的高昂和每天搞得人精疲力竭的水门事件形成了一个明显的对比，几乎以一种突然的具体力量袭击了我。过了一会儿，当特里西娅和朱莉从舞会回到楼上来时，我请她们到林肯休息室坐一坐。特里西娅针对这次会见写了一篇日记。

> 我们走进屋里，本想他大概要谈谈晚上这个盛大的聚会，谈谈它是怎样发起的，又是怎么实现的。
>
> 但当我们看到他的面部表情时，我们知道，他的精神不安。显而易见，他的情绪低落。在他结束一次演讲或办完一件消耗很大精力的大事以后，情绪低落总是难免的事，但他现在情绪之低落则远远超过这种情况。他开始平静地谈话，没有过分地动感情，他讲到报纸对在华盛顿举行的这些接待战俘的活动反应消极。他正确地指出，这种淡漠态度是由于：如果对这些活动好好报道的话，他们害怕这又会把他捧起来。
>
> 他给保罗·凯斯打电话，感谢他所安排的文娱节目。他们互相说了一会儿笑话。但我们看到，尽管他在谈话中笑声朗朗，但爸爸的脸部表情是如此的悲伤，真使我们感到心痛。
>
> 他放下电话后，我们都沉默了一会儿。然后，他很简单地对我和朱莉说："你们认为我应该辞职吗？"
>
> 倒不是他说的话，而是他说这话的方式，在我们的内心深处引起了地震般的震动。他不是轻率地说出这句话的，他说这话时态度很严肃认真，这使得我们接二连三地惊呼："你可别这么做！""你连想都别这么想！"
>
> 他实在是要我们给他提出他不能辞职的理由。对我们来说，这样做一点也不困难。我们说他应该留任，因为他没有做什么错事，也没有理由要辞职。如果让别人来当总统，国家不会这样兴旺。他对我们微笑并说了些鼓舞我们的话。但我几乎忍受不了，继续待在那里看着他，在这样一个不仅对他个人而且对所有其他的人都应该是一个狂欢

的胜利的夜晚，而他却如此的悲伤。

这个夜晚就这样结束了——这个夜晚对爸爸来说是伟大的历史成就和个人成就，但却被一个巨大的个人悲剧给损害了。我不由得要想，人希望生活在完美之中，但却总是生活在他自己和他周围人的不完美的现实之中。

5月22日声明

约翰·迪安对霍尔德曼和埃利希曼的引人注目的指控并没有能够使他获准免予起诉。

他后来声称，他一直非常小心地不在报纸上申述他的案件。他在欧文委员会作证说，他没有这样做。但《纽约时报》干脆报道说，迪安的律师是泄露消息的人。

5月4日，迪安通知赛里卡法官说，他有整整一保险柜从白宫拿出来的机密文件，他计划以此为根据来进行水门诉讼。我们一点也不知道，这些文件可能是些什么文件。唯一的线索是报纸所报道的，文件之一长达43页，上面标有政府最高保密等级。弗雷德·巴兹哈特根据报上所说的保密等级和页码数开始查找，最后找到一个文件，他肯定这个文件就是迪安所说的文件，即1970年6月各机构间情报报告——休斯顿计划。

4月里，迪安曾明确地向我许诺，他不会透露任何有关国家安全的事，但看来他现在要不遵守诺言了，如果这有助于他取得豁免的话。

看过文件的司法部官员说，这文件涉及国家安全问题，但与水门事件无关。但是参议员欧文抓住这个机会来制造新闻。他对记者说，这是"暗中对一般美国人民进行侦察活动的计划"，他以此为证据来说明政府有"希特勒式的秘密警察思想"。

即使如此，如果这就是迪安的惊人文件，那我倒感到放心了。因为我确信我们完全可以为自己辩护，并用人们能够理解的方式将这问题解释清楚。

第七章 总统职位（1973-1974）

几天后，中央情报局副局长弗农·沃尔特斯将军通知我们，正在调查中央情报局跟闯入水门事件的牵连及其后果问题的参院军事委员会要求调阅他从1972年6月以来的一些"谈话纪要"——进行谈话后记录下来的备忘录。沃尔特斯的谈话纪要之一记录了赫尔姆斯、霍尔德曼、埃利希曼和他本人在1972年6月23日的谈话。沃尔特斯的其他谈话纪要还包括他在那以后跟约翰·迪安和帕特·格雷的谈话。这些谈话纪要的主题都是水门事件。沃尔特斯将这些谈话纪要带到白宫来检查，看它们是否受行政特权的保护。我们一见到这些文件便知道又出问题了。

沃尔特斯、霍尔德曼和埃利希曼6月23日的谈话纪要记录了霍尔德曼曾对水门事件所造成的尴尬局面发表的意见，霍尔德曼说总统希望沃尔特斯去见帕特·格雷，建议他在调查中不要进一步深究，特别是不要追问看来是给闯入事件提供了经费的那笔来自墨西哥银行的钱。

这些谈话纪要很麻烦，原因之一是沃尔特斯是我的一个老朋友，他不会制造什么事端来陷害我。而且，他的记忆力像照相机一样准确，这点是众所周知的。一般人都很尊重他，认为他是一个一丝不苟、忠诚老实的人。

但是巴兹哈特注意到，6月23日的谈话纪要实际上并不是6月23日记的，而是在五天以后的6月28日追记的。在这五天里，约翰·迪安去见过沃尔特斯，并试探中央情报局是否可以帮忙，把水门案的被告从监狱中保释出来，如果他们被判有罪，则照付他们薪金。他还间接暗示，中央情报局是否可以承担闯入事件的部分责任。沃尔特斯听到迪安的建议后，反应是既惊奇又恐慌。他拒绝这些建议，并坚持说他将不采取任何行动，除非他接到我的直接命令。事实上，迪安向沃尔特斯作这种试探前完全没有通过我，后来迪安就放弃了他提出的要求。

巴兹哈特推论说，6月28日，当沃尔特斯写6月23日的谈话纪要时，他不自觉地从预感到迪安试图要做的一些事情出发来追忆当时的谈话，而不是把霍尔德曼和埃利希曼当时真正说了些什么如实地记下来。

那次谈话后，一年快过去了，这期间发生了许多事。但我可以肯定，我们的动机不可能像看起来那样露骨。我们当时究竟在想些什么呢？我们一定是担心联邦调查局和中央情报局之间长期存在的竞争问题。我在5月10日、11日,又在18日见到霍尔德曼,他毫不犹豫地肯定这就是我们的动机。他再一次告诉我,正如他在4月25日同我见面时告诉我的那样,我在3月21日曾对迪安说过,我们可以筹到100万美元,但这是错误的、是行不通的。

早在4月份,我曾同霍尔德曼和埃利希曼谈论过,回忆好几个月以前发生的事是很困难的:"你怎么能记得已经过去这么久的事?……你只记得那些你想记住的事。"现在,我们自己在为沃尔特斯的谈话纪要的含意找各种解释。我们围绕着对自己动机的回忆,胡乱地在重新组织事实——我们只记得我们想记住的那些事。

我对霍尔德曼态度那么肯定感到放心。我问他是否能回忆起在把中央情报局的人找来时,有没有从政治上考虑问题的任何一点迹象。他说,他肯定没有任何政治上的考虑。

到5月中旬,我们又被新的指控所淹没了。除了有关水门事件的控告和指责外,1969—1970年窃听电话的事也公开了,"管道工"问题也公开了。而且我们知道,迪安还有一份各机构间的情报报告。在合法的国家安全问题和纯属水门事件问题之间并没有明确的界线。在我4月30日的讲话中,我只是泛泛地、笼统地谈到承担责任和过失的话。现在我明白了,我们必须对水门事件的许多具体的指控,作出详细的答复。

5月22日,我从白宫发表声明,介绍1969年窃听电话问题,以及发生了促使我们必须这样做的一些事件。我也讲到了1970年各机构间的情报报告问题和"管道工"问题。然后我又谈到水门事件。我否认事先知道闯入事件,我全面否认我知道或参与了掩饰水门事件真相。我说,我们把中央情报局找来的目的,是确保调查水门事件时不要把中央情报局的秘密活动给暴露出来,并且确保调查不会导致对特别调查组进行查询。我声明:"想以任何方式阻挠调查水门闯入事件和有关的活动,肯定不是我的意图,也不是我的愿望。"我明确说,只有在"我自己进行了调查"之后,我才知道有筹集经费给因闯入民主党全国委员会而被定罪的人这回事。我说我没有授权向这些被告中的任何一个表

第七章 总统职位（1973-1974）

示要给予宽大处理。这样一来，我就为自己设下了更多的陷阱，几个月后，录音带的问题便把这些陷阱都为我打开了。

5月22日的声明震惊了美国的公众。一个美国总统第一次公开承认，政府批准闯入事件那样的事确实是有的。那时，参议院1975年研究情报活动问题后所揭发出来的问题还没有公开到华盛顿的政界人物和新闻记者圈子以外的人们中去。因此，公众对我的论点既无任何思想准备，也无任何可以理解和接受的具体东西。我的论点是：我批准的休斯顿计划中的一些事件以及窃听电话等，从客观上说不仅是有理由的而且是有先例可循的，这种先例最早可以追溯到罗斯福以来几位前任总统的决定和实践。1973年《新闻周刊》说，休斯顿计划是"曾经得到批准的最广泛的秘密警察活动"。后来，威廉·V.香农在《纽约时报》中写道："1970年计划所提出的办法并不是什么新的或没有过先例的东西。"

但也有人甚至否认存在先例。例如：《华盛顿邮报》说，肯尼迪和约翰逊一般都认为，使用电话窃听是太危险的办法。在一次记者招待会中，我回答问题时历数了政府批准闯入事件的历史事实后，约翰逊的司法部部长尼古拉斯·卡岑巴赫和拉姆赛·克拉克说，他们不知道有这些事。萨姆·欧文则在向全国播放水门事件听证会的电视讲坛上，错误地断言，J.埃德加·胡佛也不会批准任何闯入事件。这样，他们放着过去的那些假圣贤不去碰，却把我为自己的行为所作的解释全给毁了。

由于他们以伪装圣贤的态度来对付我5月22日的声明，我决心要把以前历届政府进行过的电话窃听一五一十都给暴露出来。罗伯特·肯尼迪授权批准对马丁·路德·金进行第一次电话窃听。最后，金的旅馆房间里被安装了五个电话窃听器，15个小型话筒窃听器。肯尼迪兄弟对新闻记者进行窃听，他们还对一些与通过一项他们认为是很重要的进口食糖法案有关系的人物进行窃听。我尤其想要把林登·约翰逊为政治目的利用联邦调查局的具体情况给揭露出来。他用了30名联邦调查局人员侦察1964年民主党代表大会的情况，并监督对马丁·路德·金的电话窃听。他对一个扬言要揭露他某个政治问题的团体密西西比自由民主党进行窃听，窃听的报告曾直接送交白宫。他的新闻秘书要求查对戈德华特的支持者名单。他的司法部部长批准对一名作家进行电话窃听,这名作家写过一本关于玛丽莲·梦露[1]和罗伯特·肯尼迪的书。胡佛的助手威廉·沙利文写道:"在我的记忆中,为政治目的利用联邦调查局最多的两届政府是罗斯福先生和约翰逊先生的政府。我们对他们都给予完全的和非常自愿的合作。"我要把关于民主党的所有事都揭发出来,但我的助手们反对我这样做。几个星期以来,我们争论来争论去。我好像一个有一只手被绑在背后在进行搏斗的人。我的大多数的顾问辩称,如果我把过去历届政府的活动都透露出来,别人会觉得我好像是用给别人抹黑的手法来为自己转移目标。但如果我不这样做,我担心我将永远被看成一个有意背离常规的人,因为我合法且适当地使用了我的前任不仅更加广泛而且更加肆无忌惮地为政治目的而使用过的相同手段而受到谴责。最后,我被说服了,我们什么也没有揭露。

如果说公众对我5月22日的声明的反应是消极的,那么白宫新闻发布室里的反应则近乎一场大风暴。莱恩·加门特协助齐格勒发布新闻。记者们经常打断他们的话,又叫骂,又嘲笑。

到夏天,白宫和我的竞选组织已受到下列单位的调查:联邦调查局,欧文委员会,国会四个其他委员会,审计总局,众议院一个委员会,洛杉矶、纽约、佛罗里达、得克萨斯的大陪审团和迈阿密地方检察官办公室,提出了十多个民事诉讼案。现在我们也有了一个特别检察官阿奇博尔德·考克斯,他的唯一职责是调查水门事件。

欧文委员会有92名工作人员,特别检察官办公室有80名工作人员,而我们只有不到10人——弗雷德·巴兹哈特和莱恩·加门特用全部时间负责这项工作。查尔斯·阿兰·赖特是得克萨斯大学法学院的一位杰出宪法学者,他抽出部分时间来帮忙,还有几个年轻律师当他的助手。跟我们相对立的力量相比,我们好像一个中学的球队跑去参加全国大联赛似的。

5月末,迪安想从联邦检察当局取得免予起诉的努力显然失败了。他现在

---

[1] 玛丽莲·梦露是美国一个著名的电影女演员。——译者注

第七章 总统职位（1973-1974）

只能努力要求参议院给他豁免了，希望他在欧文委员会的证词能够施加有利于他的压力，从而使司法部重新考虑其决定。

6月3日，星期日早上，《纽约时报》和《华盛顿邮报》头版头条标题是：据说迪安交代，1973年他跟尼克松会见40次，迪安称尼克松知道掩饰计划。我很快地把《华盛顿邮报》的报道扫了一眼。它一开始报道说："据可靠人士说，前总统法律顾问约翰·迪安告诉参议院调查人员和联邦检察官，他跟尼克松总统一起，或者在尼克松先生在场的情况下，在今年1月至4月间至少有35次谈到对水门事件真相进行掩饰的各方面的问题。"《纽约时报》的报道同样说，迪安说我从1月至4月单独会见他或同少数几个人一起会见他40次以上。在这些会见中，我对确保这些事"被妥善处理"表示了"极大兴趣"。

我继续读《华盛顿邮报》，当我看到另一部分时，我突然害怕起来。按照《华盛顿邮报》的说法："最强有力的指控之一"是：迪安说1973年3月，在水门盗窃犯被判刑前不久，我跟迪安会见并问他，为保证被告继续缄口要付给多少钱。据称，迪安告诉我还要另外再付约100万美元；据说，我曾答称，就是要付这么多钱也没有问题。迪安还声称，1月份以后，我开始单独召见他，了解"掩饰活动进行到了什么程度"，在3月21日，他告诉我，"为了挽救总统职位"，有必要使霍尔德曼、埃利希曼和迪安本人把他们与水门事件的牵连全部讲出来。他指控说，会后我与霍尔德曼和埃利希曼会见，然后对迪安说，我不能容忍白宫队伍里出现分裂，并警告他，如果他去见检察官，他将陷入孤立。

我感到失去勇气、浑身无力而且压力很大。我问黑格，我是否应辞职。他的回答是坚定的"不"。他劝我不论要花多少时间和精力，一定要坚持下来，去听一下我跟迪安谈话的录音，并从中组织一个别人无懈可击的辩护词。我同意看看我在这方面可以做些什么。黑格说，他去做好必要的安排。

查对我的每日活动表后，我发现从1973年2月27日到1973年4月，跟迪安会见21次，跟他通电话13次。除了3月21日的谈话以外，我对其余会见都谈了些什么不是印象很少就是完全记不起来了。当我坐在那里注视着这张清单时，我感到十分不安，不知在这些谈话中我们都谈了些什么。

6月4日，星期一，我第一次听录音。史蒂夫·布尔拿来一个录音机放在行政办公大楼我的办公室里，并给我装好一盘录音带。我拿起耳机，摁下"播放"的键钮后，录音带开始转动。声音忽起忽落，互相盖过，逐渐地我听习惯了，我可以听得越来越清楚。我听完3月21日以前，我同迪安在2月份和3月份的一次又一次的谈话。这一天结束时，我很累，但我又感到放心了。

我知道这里头有问题，但我肯定这些问题都可以被解释清楚。我说过，我到3月21日才第一次知道进行了掩饰。录音带表明，在3月21日前的谈话中，我同迪安谈到水门事件、欧文委员会、行政特权、对民主党的政治报复必须严格地限制在政治方面。迪安告诉我，白宫没有人与水门闯入事件有牵连。

他向我保证，从白宫的角度看，水门事件和西格雷蒂问题都不像从报纸上看来那样糟。他同意我的看法，他本人同竞选活动没有关系。而在3月21日我们会见之前，他肯定没有对我透露他在掩饰活动中所起的作用。

我把黑格和齐格勒叫进来，把好消息告诉他们：我认为录音带证明迪安在撒谎。在我刚读了报纸消息以后有那么一阵子，我担心可能迪安和我的确谈到过掩饰活动。但是现在检查了录音带，我对齐格勒说，我感到心头大石落地。我以几乎是兴高采烈的口气说道："真的，这个该死的记录并不坏，是不是呀？"

约翰·迪安预定要出席水门委员会开始作证的那一天，6月18日，也是勃列日涅夫要到华盛顿来开始举行美苏第二次最高级会议的那一天。在最后一分钟，欧文——照他自己的说法，"带着一定程度的勉强心情"——把迪安的露面推迟一星期，到最高级会议举行以后再说。

第二次最高级会议

到1973年早春，苏联人似乎在开足马力搞缓和。据报界和情报机构报道，勃列日涅夫已对政治局悄悄进行重组，目的显然是要清除反对缓和的死硬分子。2月份，他给我写了一封信，扼要地表示希望举行最高级会议，信中说他期望：签订不使用核武器条约，对中东问题进行有益的讨论，使限制战略武器

第七章 总统职位（1973-1974）

会谈达成进一步协议，签订贸易和经济协议以及在科技、卫生、和平利用核能等方面进行合作的协议，讨论两个德国之间的关系，并就欧洲安全和欧洲共同均衡裁军举行会谈。自1972年我们在莫斯科对在经济和其他非军事方面进行合作达成协议以来，又有了很大的进展。因此，举行一次成功的最高级会议的前景看来是良好的。

但国内出了水门事件且不说，还出了别的问题。从上次美苏最高级会议到这一次最高级会议的一年中，政治上极端对立的两派力量走到一起，形成了一种奇怪的联盟。基辛格事后称之为如日食般罕见的汇合。一方是自由派和美国籍犹太复国主义者，他们断定，向苏联限制极严的移民政策，特别是向有关苏联籍犹太人的移民政策提出挑战，现在正是时机。另一方是保守派，他们一向反对缓和，因为缓和与他们反对和共产党国家交往的思想是相违背的。1973年4月我向国会提出了给予苏联以最惠国贸易地位的要求，这就更加促使两派有了共同点：自由派要求若通过此项法案，必须以苏联放宽移民政策为条件；而保守派则希望根据缓和根本不是好东西的原则否决此案。

我对于苏联社会的那种压抑的本性从未有过任何错觉。但是我知道，我们越是向苏联领导人公开施加压力，他们越是不会妥协。我也明白，如果认为我们拒绝给予苏联以最惠国待遇，就会促使苏联制度产生根本的变化，那完全是不现实的。

我感到在犹太人移居问题上要取得成果，在我们与苏联人进行谈判的时候，比不同他们谈判的时候可能性大得多。正如我向一批美籍犹太人领袖所说的："克里姆林宫的墙是很厚的。如果你在墙内，你就有机会使他们听取你的意见；如果你在墙外，那他们就连你的声音也听不到了。"我们所采取的正是这种做法。对于苏联认为上述问题纯属苏联内政这个论点，我们尽管并未公开提出挑战，但我和基辛格私下都曾向勃列日涅夫、葛罗米柯和多勃雷宁提出过这些问题。这种做法已见成效。1973年3月，多勃雷宁通知基辛格说，高额离境税已予以取消，从苏联移居以色列的移民现在只付很小一笔费用就可以了，而原来苏联人说离境税乃是离境者对国家教育费用所付的补偿。他说以后也将采取类似的态度。勃列日涅夫还私下写信给我，声称在1972年要求移居以色列的申请人中，已有95.5%的人获得了签证。不管这种说法是否夸大其词，但从统计数字可以看出，我们无可否认地获得了成功：从1968年至1971年，只有1.5万名苏籍犹太人获准移居。然而，仅1972年一年数字就跃升至3.14万名。1973年，即在我任总统的最后整整一年中获准离苏的犹太人已近3.5万名；这至今仍是最高纪录。

　　1973年12月11日，众议院通过一项贸易法案。这项法案实际上是因苏联执行限制移民的政策而不准给予苏联最惠国待遇。12月26日我会见多勃雷宁时，我对两派议员结成联盟反对给苏联最惠国待遇表示了极大的蔑视，但我说我们绝不能让一时的挫折——不管是多么令人沮丧——妨碍和毒化仍然掌握着世界命运的两个超级大国之间的关系。不幸然而又是预料中的是，国会所采取的行动终于产生了与主观愿望正相反的效果：犹太人获准移居的数字从1973年的3.5万名减至1975年的1.32万名。

　　6月16日下午，勃列日涅夫的飞机在安德鲁斯空军基地降落。由于我们决定星期一才正式开始最高级会议，我已去佛罗里达州度周末。他到达戴维营不久，我即从比斯坎岛打电话给他；他将在戴维营休息两天，适应华盛顿和莫斯科之间的时差。我从未听到过他的声音像那天下午电话中那样友好和毫无拘束。我说我很欢迎他到美国来。多勃雷宁在一个分机上当译员，但他还未来得及开口翻译，勃列日涅夫就用英语连声说："谢谢你。"

　　我要他尽量休息好，因为我深知，乘喷气机的疲劳不是一下子恢复得了的。他说，感谢我考虑得很周到，给他准备了戴维营这样幽静而舒适的地方；并对他的妻子未能与他同行感到遗憾。我说我和帕特期望两年之内在美国举行美苏第四次最高级会议时，他的夫人能与他同来。至少就气氛而言，第二次最高级会议已有了一个最好不过的开端。

　　苏联人十分注意水门事件，但他们并不隐讳他们不能完全理解这个事件。多勃雷宁告诉基辛格，他对美国人在整个事件上的做法感到非常震惊。他称水门事件为"一团糟"，并说别的国家绝对不会容许人们如此公开地把国家搞得四分五裂。

第七章 总统职位（1973-1974）

迪安在欧文委员会上的作证已延期到勃列日涅夫走后进行，但是迪安及其无名同伙以及欧文委员会姓名不详的人士对水门事件进行揭露和指控之声仍不绝于耳。在勃列日涅夫到达的当天上午，《华盛顿邮报》在头版就有一篇报道透露："某些人士"说，我为了拼命保住自己，将抛弃埃利希曼和霍尔德曼二人。这种说法纯属虚构，但它也许比其他许多说法更容易造成这样一种印象：尼克松的白宫是一个极不讲道义的地方，在这里我可以为了保住自己而翻脸不认自己最亲密的助手。我们对这项头版刊登的虚构说法予以否认，但第二天该报却把我们的否认登到第五版去了。阿奇博尔德·考克斯也选了勃列日涅夫到达的当天举行记者招待会，他在会上答记者问时说，他正在研究能否在我被弹劾之前对我进行起诉的问题。他后来又赶紧补充一句说：当然，这种研究完全是纯理论性的。

星期一上午将近11点，勃列日涅夫的汽车顺着弯曲的车道开到白宫的南门廊前停了下来。我致欢迎辞说："目前全世界都寄希望于我们即将举行的会议。"他的答词是热烈的："我和随行的同志们准备努力工作，以保证我们与你们即将举行的会谈……不负我们两国人民的期望，并有益于全人类的和平前途。"

在双方简短致辞后，我们走出去，到被雨淋湿的草地上检阅仪仗队。当我们检阅完前排仪仗队，正要回头检阅后一排时，勃列日涅夫再也抑制不住兴高采烈的心情。他向正在鼓掌和挥动美、苏国旗的群众热情招手，然后阔步走到他们面前，好像一个美国政客在农村集市上争取群众一般。好几个人向他伸出手来，他满面笑容地和他们握手，一直到我提醒他仪式尚未完毕，他才罢休。我们走回南门廊时，他用一只手臂搂着我的肩说："瞧，我们已取得进展了！"

我们在椭圆形办公室举行的第一次会议是秘密的，只有在1972年就曾是译员的维克托·苏霍德列夫在场。勃列日涅夫一开始就向我保证，他是代表整个政治局说话的。我的回答是，尽管国内意见有分歧，但我是代表大多数美国人说话的。他使劲地点头。

我们检查了今后几天总的时间表和会议议程。会谈时，勃列日涅夫越来越生气勃勃。他几次都紧紧抓住我的手臂,以强调他所阐明的论点。我不由得想起上次在这个房间里林登·约翰逊在发挥他的论点时也使用了这种触觉外交。

到勃列日涅夫阐明有关我们两国之间关系的看法时,他的神情变得极其严肃。他说:"我们知道就力量和影响来说,世界上只有苏联和美国这两个国家真正管事。任何事情只要我们两国决定了,世界上其他国家即使可能不同意也不得不跟着我们走。"虽然没有提到中国,但他显然想使这次最高级会议表明美苏关系比美中关系更为重要;如果我们不得不在两者之间作出抉择时,我们同苏联的关系会占优势。

我回答道,我承认,我们是两个最突出的核超级大国。这是现实,但我们双方都有盟国。我说:"他们全是有自尊心的人民,我们做事绝不应显得漠视他们的利益。"

12点半秘密会议结束,这时双方其他参加会议的人进来了。勃列日涅夫引用了他后来在访问期间屡次引用的一句俄罗斯谚语,他对我说道:"我们常说'生活永远是最好的老师'。生活已引导我们得出了结论:在我们两国之间,我们必须建立一种新的关系。"然后他转向室内其他人宣布,他已邀请我于1974年回访苏联,我已接受了邀请。

我回想起1959年。当时我坐在这同一间办公室内参加了艾森豪威尔和赫鲁晓夫之间的第一次会见。赫鲁晓夫知道他是从软弱的地位出发讲话的,因此感到有必要采取咄咄逼人和自夸的态度。自那时以后,力量对比业已平衡,特别是在具有决定性的核发展和核能力方面,差距已经弥合。勃列日涅夫已有力量比较从容不迫地讲话了。1973年,总的说来美国仍占优势,但勃列日涅夫手中握有很好的牌,信心十足,所以他可以有说有笑,进行逗乐,严肃的神情中又掺杂着热情。

当晚在白宫为他举行了国宴。我和勃列日涅夫在蓝厅逐一接待来宾。来宾包括政治、商业、劳工各界领袖,其中有许多人在政治上是互相对立的,但在社交上居然都来到总统住所聚会一堂,欢迎苏联领导人。这显然给勃列日涅夫留下了深刻的印象,并使他感到有些惊讶。这再一次令我想起,由于历史、地理以及苏联人的共产主义意识形态等原因,苏联人直到今天仍然是何等闭塞!

第七章 总统职位（1973-1974）

勃列日涅夫几次问我："他们都支持苏美新倡议吗？"我在祝酒词中说："不仅是在这个大厅，而且是在全国，无论是哪种组织，绝大多数美国人都支持苏美友好这个目标。"

与勃列日涅夫进行的第一轮会谈，没有什么惊人之处。他对于未能给予最惠国待遇表示失望，但他明白责任在于国会，非我力所能及。苏联人还不准备对他们本国多弹头导弹的发展加以限制，所以勃列日涅夫仍坚持反对在这次最高级会议上就进一步限制战略武器达成协议。然而，他还是勉强地默然同意了我的要求：以1974年年底而不是以1975年为限制战略武器会谈达成永久性协议的最后限期。

在公开集会上，勃列日涅夫的举止依然热情洋溢。他显然欣赏他所受到的注意，他像一个熟练的演员，或是一个天生的政客，懂得如何占有舞台中心。在一次签字仪式上，他使劲举杯祝酒，结果把香槟酒溅到衣服上了，于是用手帕掩面，故作窘态。在另一次签字仪式上，他带头演了一出哑剧，装作要同我比赛，看谁先签完各种文本。

星期二夜晚我们乘"美洲杉"号游艇出游，然后坐直升机飞往戴维营，在那里继续讨论。我送给他一件皮夹克，上面盖有总统的印章，下方一端印有"戴维营"字样，另一端印着"列昂尼德·I.勃列日涅夫"。他很高兴，在戴维营期间，他大部分时间都穿着这件皮夹克，与新闻界合影时也如此。为了纪念他访问美国，我还送给他一件正式的礼物，一辆由〔福特〕汽车公司捐赠的林肯牌大陆型深蓝色小轿车，车内的坐垫是黑丝绒面的，仪表板上刻有"特别良好的祝愿——向您致意"的字样。勃列日涅夫喜欢收藏各种类型的豪华汽车，见了这辆汽车他眉开眼笑，毫不加以掩饰。他坚持要当场试车。他坐在驾驶座，热情地向我做手势，要我也上车。当我上车时，我的特工队长吓得脸色煞白。我们的车开动了，沿着一条环绕戴维营的窄路而下。勃列日涅夫是在莫斯科的中心车道上畅行无阻地开惯了车的，如果有辆特工队或海军的吉普车急转弯突然在这条单行道上出现，那会发生什么事，就只有天知道了。

路上有一处是个很陡的斜坡，坡顶上竖了块牌子，上面写着"慢行，前有险弯"。我就是驾驶着高尔夫球车下坡，由于怕在坡下急转弯的路上出事，也还得踩刹车。但勃列日涅夫在我们快到斜坡时却以50多英里的时速开车。我倾身向前说："慢点开，慢点开。"但他毫不在意。我们到达坡下时，他猛然急刹车，使车拐了弯，汽车轮胎发出尖叫声。试车完毕，他对我说道："这辆车好极了，走得真稳。"我回答道："你真是个了不起的驾驶员。以我们刚才的速度拐那个弯，我恐怕永远也办不到。"

外交并不总是一种轻而易举的艺术。

我们在戴维营举行的会议上，长时间地讨论了限制战略武器会谈问题、欧洲安全问题以及有关北大西洋公约组织国家和华沙条约组织国家之间军事力量对比的共同均衡裁军谈判问题。

我们在第二次最高级会议上进行谈判的问题中，最困难和最有意义的是有关拟议中的防止核战争协定问题。我们在未举行最高级会议前的来往中，勃列日涅夫曾强烈要求我们同意签订一项不使用核武器的条约。但是我和基辛格认为签订这种条约的实际后果必然是防范我们，至少也是不准我们使用核武器保卫我们的盟国或保卫我国本身的重大利益。事实上，我们感到勃列日涅夫之所以关心签订不使用核武器条约，其主要原因可能是他怀疑我们即将与北京签订军事协定。苏联人觉得禁止使用核武器将会大大削弱我们在中苏战争中对中国人起的作用。就我们同北京的关系而言，苏联的担心是毫无根据的。但如按苏联的意图签订这样一项条约，那就会在我们欧洲北约盟国中引起大混乱，并将严重破坏我们与以色列和日本等国的关系，因为这些国家是依靠我们的核保护来防止苏联袭击的威胁的。

5月份，基辛格拟出一个方案，部分地满足了苏联的建议，但并没有削弱一旦受到苏联袭击指望我们给予援助的盟国和其他国家。基辛格所建议的不是签订一项在发生战争时不使用核武器的条约，而是我们双方不仅在我们之间，而且在我们任何一国和第三国之间都不应使用武力，并同意在使用核武器的危险迫在眉睫时彼此进行磋商。我知道勃列日涅夫对此方案并不会感到完全满

第七章 总统职位（1973-1974）

意，因为它并不妨碍我们同北京的关系进一步发展。但从他的目的来说，聊胜于无，于是他便同意了该方案。6月22日星期五，我们在白宫东厅举行了正式仪式，签订了这项协定。

那天下午晚些时候，我们飞往加利福尼亚州。途中越过科罗拉多大峡谷时，总统专机"空军一号"作了低空飞行，使勃列日涅夫看到了峡壁上明暗辉映的奇观。勃列日涅夫说道："我在新闻片和美国西部牛仔影片里看过许多这样的画面。"

我回答道："是啊！约翰·韦恩[1]。"

他突然从窗口跳了回来，耸起双肩，将双手放在臀部，装作从枪套中取出六发式手枪的样子。

乘短程直升机从埃尔托罗到圣克利门蒂去时，我请勃列日涅夫坐在窗口旁好好地看一看我们下面的高速公路网和郊外风景。我感到他对这一切，特别是对马路上众多的小汽车和大批的私人住宅，留下了深刻的印象。我告诉他海滨区的房子，一小部分为富人所有，但大部分属于在工厂和各种机关工作的人们；他若有时间到我国其他各地去访问的话，他也会看到大体上相同的情况。

那是圣克利门蒂一个美丽的夏晚，于是我带勃列日涅夫坐我的高尔夫球车去兜风。我曾建议他住在附近的海军陆战队彭德尔顿营基地长官的大房子里，但他硬要和我们同住。我认为他之所以这么做，是为了要强调我们之间的个人关系。我们在圣克利门蒂的房子尽管很漂亮，但按苏联领导人的标准，就未免太小了。他们习惯于沙皇贵族的乡间住宅和别墅，而我们这房子的设备根本不适于接待国宾。朱莉和特里西娅的卧室是仅有的空房。因为特里西娅最近重新装饰了她的卧室，所以我们就把勃列日涅夫安排在那里。整个房间大约只有10英尺宽15英尺长，特里西娅所选的墙纸上有柔和的淡紫色和蓝色相间的大花卉图案。我们竟然把勃列日涅夫那样巨熊般的人物安置在一间女性味十足的房间里，想来倒也蛮有趣的。

---

[1] 美国西部片的著名男演员，在政治上是尼克松的支持者。——译者注

在华盛顿和戴维营进行的会谈中,勃列日涅夫在中国问题上极其克制。但星期六下午,在圣克利门蒂我的办公室举行的一次会议上,他对中国问题讲了几分钟的话,就很少掩饰他的忧虑。他显然仍担心我们正在考虑与中国人进行一些秘密的军事安排,可能要签订一项共同防御条约。

我向他保证,虽然我们同中国将继续交往,但我们绝不会同中国或日本作出任何违背我们在华盛顿刚签订的防止核战争协定精神的安排。我知道他的意图并不在此,但我不能同意与他建立一种将我们同中国人打交道的情况向他通报的关系。

我对他说,我确实认为他对中国人的忧虑是没有道理的。他问我为什么没有道理。我说我的判断并非根据我们与中国领导人进行过的谈话,而是根据军事力量的实际情况而作出的。我表达我的意见说,中国人要获得足以对苏联或其他主要核大国冒险采取攻击行动的核能力,至少需时20年。

勃列日涅夫说,在此问题上他不同意我的意见。

我问他:"你认为中国成为一个主要的核大国需要多长时间?"

他举起双手摊开十指。起初我以为他在做某种投降姿势,后来他挺直了手指说:"10年,10年之后,他们就会拥有我们现有的武器。到那时,我们当然又向前发展了,但我们一定要使他们明白:不能老这样下去。1963年,在我们召开党的代表大会期间,我记得毛泽东说过:'中国人死了4亿,还有3亿。'"勃列日涅夫给人的印象是,他并不认为中国的政策会发生变化,即使在毛泽东去世后也不会变。

我把话题转到柬埔寨,这个问题我在会谈中已提过几次。我指出北越又在那里活动,这对世界和平是一大威胁。我说:"这种情况如果继续下去,我国许多人会说这应归咎于苏联的武器。"勃列日涅夫听后非常激动,坚决否认苏联曾把任何新的军事装备运往印度支那。他说苏联完全赞成早日结束柬埔寨和老挝的战争,并答应向北越人严肃指出这一点。关于该地区出现新武器的事,勃列日涅夫说,他认为中国人要对此负责,中国人不仅应对武器本身负责,而且也应对散布武器是苏联人运去等消息负责。

会议结束时,勃列日涅夫尽管情绪显得很激动,但他还是尽量用外交方式敦促我们不要同中国签订任何军事协定。他说1972年他未提这个问题，但现在他为未来担忧了。他宣称苏联人无意进攻中国，但是如果中国与美国签订了军事协定，他说："那就把问题搞乱了。"

我们中止了对中苏分裂这一意识形态上的严峻问题的讨论，去参加在游泳池旁举行的鸡尾酒会。来宾名单简直像是好莱坞的名人录。来宾排成一行来见我们，因此勃列日涅夫有机会会见每一位。当一个巡回演出的墨西哥流浪乐队在黄昏时分奏起欢快的音乐时，勃列日涅夫热情地向每位来宾致意。他有好几次显得对一些老影片颇为熟悉，这说明不是事先有人向他很详细地介绍过，就是他常在克里姆林宫内专设的电影室里看电影。

我在欢迎词中特别提到客人中有许多美国西部的动作明星和其他电影明星，但我又一次向勃列日涅夫保证，他们进来时已把手枪和枪套存放在入门处。他致辞极为彬彬有礼，他说："我在尼克松总统和夫人家里做客，感到幸运。"

欢迎会举行完毕，我们为他设了便宴。我们的餐厅只坐得下十个人，我们有意安排了这个非正式宴会，这样他可感到随意一些。我在祝酒时说，他曾告诉我他通常在大型的国宴上吃得很少，回家以后再同他擅长烹饪的妻子一起吃夜宵。我说我认为我们家里举行的这次便宴，比我们双方都很习惯出席的正式官方宴会更有意义。我指出他是第一位与我们同住在一起的外宾，他睡在特里西娅的卧室，多勃雷宁和葛罗米柯则合住在戴维和朱莉来探望我们时所住的那间待客的小屋里。

我说："主席先生，你可以看到，这房子不大，但它就是我们的家。在这种场合，我们的思想就离开政务，转向我们的家庭，转向可能远在外地的亲人。我希望我们的子女能在一个和平的世界里成长，正如我确信你希望你的儿孙能在一个和平的世界里成长一样。你和我于去年和今年举行的会议皆有助于实现这个目标。我只希望将来世世代代的苏联人和美国人会像我们一样，在彼此家里会晤，这是由于我们彼此的情谊而产生的朋友之间的会晤，而并不是由于我们两国之间存在着分歧需要解决而举行的官员之间的会晤。因此我除建议为你的健康，为其他来宾的健康干杯外，更要为勃列日涅夫夫人，为你们的孩子和我们的孩子以及全世界所有的孩子干杯,因为我们相信,由于我们所做的工作,他们将有一个更加幸福、更为和平的未来。"

当我的祝酒词译出后,勃列日涅夫热泪盈眶。他感情冲动地离开他的座位,向我走来。我也站起来向他走去。他伸出两臂,给了我一个真正熊式的拥抱,然后动人地建议为帕特和我们的孩子以及世界上所有的孩子干杯。

宴后,他向其他来宾表示歉意,说我们要离开片刻。然后他将帕特和我拉到一旁说:"我们已经交换了正式的礼物,但我还专为你和尼克松夫人带来了一样东西。"他送给帕特一条由他家乡手工艺工人手织的围巾,他说道:"这件礼物很轻,但这条围巾的每一针都体现了苏联全体人民对美国人民怀有的友好感情,体现了勃列日涅夫夫人和我对你和尼克松总统的友好感情。"他讲话时再一次热泪盈眶。

在这次感情相当激动的便宴后,勃列日涅夫说由于这里与华盛顿有三小时时差,他感到累了,打算早点睡觉。我同他一起走到特里西娅的卧室门口,我们在那里道了"晚安"。我自己也决定这天晚上早点睡,10点半左右我已换了睡衣,躺在床上看书,突然有人敲门,是特工人员送来一封基辛格的信,说苏联人想要会谈。

我叫马诺洛到我楼上书房里生上火。接着我就穿衣服,刚穿好,基辛格就进来了。

我问道:"这是怎么回事?"

基辛格答道:"他说他想要会谈。"

我问:"这是由于他们睡不着觉的缘故呢,还是要些什么花招?"

"谁知道他们搞的是什么名堂?"基辛格耸耸肩回答道。

我们走到书房,勃列日涅夫、多勃雷宁和葛罗米柯不久也来了。

"我睡不着,总统先生。"勃列日涅夫满面笑容地说道。

"这倒给我们一个毫不分心地进行会谈的好机会。"我一面回答,一面坐在我的小沙发上。

接着我们会谈了三个小时,其情绪之紧张,几乎与在苏联人夏季别墅举行第一次最高级会议讨论越南问题时不相上下。这一次讨论的是中东问题，勃列日涅夫试图逼我把根据阿拉伯人的条件拟定的解决方案强加于以色列。他不断重复说，为了解决中东问题，我们双方必须就一系列"原则"达成协议（即使是秘密协议也好）。关于这种原则，他举例如下：以色列军队从它所占领土撤走，承认国界，船只可自由通过苏伊士运河，解决方案须有国际保证。

我指出，我没有办法同意任何一条这样的"原则"而又不致损害以色列的权利。我坚持说，重要的是要阿拉伯人和以色列人之间开始谈判。我还向他说明，如果我们事先定下将会引起争论的原则，双方就会拒绝谈判——这样一来，上述原则反而会适得其反。

勃列日涅夫态度直率强硬。他说至少也得根据这些原则签订一项非正式协定，否则他就会空手离开这次最高级会议。他甚至暗示，如不签订一项原则协定，他就不敢担保战争不会重新爆发。

有一次，他装腔作势地看了看表，皱起了眉头。他说道："我也许使你累了吧！但是我们必须取得某种谅解。"

他仍坚决要求我们对上述原则达成协议——实际上就是我们共同强制执行对阿拉伯人非常有利的解决方案——我则坚决加以拒绝，并重申重要的是使双方自己开始谈判。

这次恼人的子夜会议令人想起共产党的动机在缓和外交的面具下根本没有改变，也毫未松劲。勃列日涅夫知道在华盛顿和阿拉伯各国首都之间在重新开辟联络渠道方面，我们已取得缓慢而稳步的进展；他也知道，如果美国能有助于和平解决阿—以分歧，我们将会给苏联在中东的势力及威望一个沉重的打击。因此，从他的观点看来，在圣克利门蒂我的书房所举行的显然是临时性的会议上，他使用了突击战术，这是一种有意的冒险。勃列日涅夫不可能真的认为我会上他那代价少得可怜的钩，来换取我们在实际上放弃以色列。他是否已对阿拉伯人承担了支持他们进攻以色列的义务，我不得而知，但我相信我在那天夜晚所表示的坚定性，对四个月后在赎罪日战争期间我把命令军队处于戒备状态的信息传给苏联人时一定起了加强信息分量的作用。

在这个难题上，双方由于意见分歧，未能取得共同点。对此，勃列日涅夫和我于次日签署的联合公报并未使用外交辞令加以掩饰。关于中东问题只写上了很短的一节:"双方在此问题上都阐明了各自的立场。"

我和勃列日涅夫在我房子旁边花园里的话筒前,分别致了告别辞。他说下一次他将在莫斯科会见我。最后他用英语说"再见"。

勃列日涅夫走后,我试图从各个角度来看第二次最高级会议。在1972年签订限制战略武器会谈协定后,在这方面要再来一个重大突破,为时尚早。但我利用一切机会阐明了1974年将是决定性的一年;那一年我们必须要在消除分歧方面,特别是在消除关于进攻性武器的分歧方面取得进展。我知道在进攻性武器方面,苏联人的进展要比我们快得多。除非我们迅速达成一项协定,否则我们就可能面临这样一种情况:在我们的盟国、我们的友邦以及中立国家的眼中,我们要比苏联人弱了。因此,除了使勃列日涅夫同意于1974年年底和我们签订一项新协定外,我还说明,我们不仅要谈判限制核武器,还要谈判裁减核武器。

在第二次最高级会议上签订了好几项重要协定,包括以下具体方面:运输、农业、海洋研究、税收、民用航空、和平利用原子能和贸易。上述决定是1972年已开始建立一个多方面关系网的进程的继续,以促进苏联人对安全和合作的关心。

这次最高级会议也给我一个机会,使我能更好地了解勃列日涅夫,对他作为一个领导人和一个普通人作一番衡量。1972年我和他一起度过42小时,现在1973年,又同他一起度过35小时。不管这种个人接触是如何的表面化,它还是使我能够洞察到一些重要的东西。

我发现勃列日涅夫比我们举行第一次会议时更加令人感到有趣并给我留下深刻印象。他能摆脱克里姆林宫的一些框框,发挥出他性格中更富有人情味和懂得政治策略的一些方面。有一次在签字仪式上,当他的一些滑稽姿态使他成为众人瞩目的中心时,我开玩笑说:"他是这房间中最杰出的政客!"他仿佛把我的话当成对他最高的赞誉。

第七章 总统职位（1973-1974）

他在许多公开露面的场合的举止和脾气简直像个小丑。在这些场合，我尽量扮演丑角助手的角色，但对我来说，有时很难做到既彬彬有礼而又严肃庄重。

勃列日涅夫表现出典型的苏联人性格，有时律己颇严，有时却很放纵。这种矛盾性格的有趣象征就是他那新奇的内装定时器的香烟盒，这个烟盒每小时自动配给他一支香烟。这是他减少自己接连抽烟的方法。每过一小时，他就郑重其事地取出一支配给的烟，然后把烟盒关上。再过几分钟，他又将手伸入自己的上衣口袋里，另从他经常带在身上的普通烟盒里取出一支烟。因此他照样能一支接一支地抽，这样一直到烟盒定时器又开启，这时他又可以从烟盒里取出一支有节烟之功的烟了。

在第一次最高级会议上，我不由得暗自把勃列日涅夫和赫鲁晓夫进行一番对比。但在第二次最高级会议期间，我则有机会更加深入细致地对他们的不同点进行了观察和分析。他们都是很强硬、难以对付和讲究实际的领导人，在这一点上是很相像的。在谈话中他们都爱夹杂些轶事。赫鲁晓夫往往很粗俗，而勃列日涅夫则仅仅是土里土气而已；赫鲁晓夫粗鲁而爱吓唬人，勃列日涅夫则胸襟开阔，比较有礼貌。两人皆富有幽默感，但赫鲁晓夫看来更为经常地用其幽默感来开周围人的玩笑。赫鲁晓夫的心理反应能力似乎要快一些。在讨论问题时，勃列日涅夫说话毫不留情，斩钉截铁并且总是从容不迫，而赫鲁晓夫则比较容易暴躁和冲动。两人都有脾气，都容易激动。勃列日涅夫有一次对我说，他快当曾祖父了，我们现在又得多为一代人保证和平。当时他脸上呈现出的纯朴而自豪的神情，给我留下深刻印象。

勃列日涅夫的访问虽短，但我觉得他已看到了多样化的美国生活，这是他从任何介绍美国情况的书籍和报告所看不到的。我知道他回国后对美国和美国人的了解会比他来美国之前进一大步。

6月25日，即勃列日涅夫离开华盛顿的那一天，众议院同意参议院的一项法案：立即停拨美国在柬埔寨进行轰炸所需的军费。这项法案所产生的效果就是把我保证越南和平协定得以履行的手段给剥夺掉了。我们眼看着只有放弃支持正在力图阻止共产党红色高棉前进的柬埔寨人，而共产党红色高棉则不断得到违反和平协定的北越人的供应和支持。柬埔寨人理所当然地感到困惑不解，他们不明白为什么我们突然——特别是在军事上对他们有利的时机——抛弃了他们。

然而，国会不愿听取任何不同意见，硬是不顾后果，一意孤行。早在几周以前基辛格准备动身去与黎德寿举行会议讨论违反停火协定问题时，国会这种冥顽不灵的态度就已有引人注目的征兆了。我们曾恳求国会，既已失去谈判实力，那就不要再派基辛格去巴黎了。但迈克·曼斯菲尔德的回答是具有代表性的：他对此表示"同情"，仅此而已。紧接着，参议院两个委员会就各自投票表决停拨作战军费。

停拨军费法案于6月25日通过。我行使了否决权。在行使否决权的声明中，我说道："经过十多年充满痛苦和牺牲的艰难岁月之后……假若这项用无数亚洲人和美国人的鲜血换来的巨大成就，而今由于国会的行动而毁于一旦，那简直是悲剧。"同日，即6月27日，众议院虽然接受了我的否决，但是看来很明显，国会又将提出另一项停拨军费法案，而我是不可能永远在这些问题上取胜的。因此，我们同意达成一项妥协，将1973年8月15日定为美国停止在柬埔寨轰炸的日期，同时规定拨款供美国在印度支那任何地区采取军事行动之用时得由国会批准。这至少使我们多了一些时间，但停拨军费之日，即招致侵占之时，这一点并没有改变。

我决心要在历史记录中载明国会对这项轻率的法令所负的责任。于是8月3日，在所定停拨军费日期未到期之前不久，我写信给众议院议长卡尔·艾伯特和参议院多数党领袖迈克·曼斯菲尔德：

> 此次遗弃朋友之行为，对于依靠美国忠贞与决心的其他国家，如泰国等，将产生深刻的影响；我希望国会充分认识此举之后果。……我尤其希望勇敢的、遭到围攻的柬埔寨人了解，在柬埔寨停止轰炸并不标志着美国已放弃为印度支那的持久和平而努力的决心……
>
> 我只能希望北越人不要从国会这一行动得出错误的结论，认为他们可以任意在印度支那其他地区发动军事攻势。如果北越以为在柬埔

第七章 总统职位（1973-1974）

寨停止轰炸是发动侵略行动或进一步违反巴黎协定的机会，那就要犯极其危险的错误。美国人民对这种侵略将以适当的行动作出反应。

我知道自从国会取消了采取军事行动的可能性以后，我只能说些吓唬人的话。共产党人也知道这一点。在此期间，基辛格同多勃雷宁举行了定期午餐会。当基辛格提出共产党人在柬埔寨违反停火协议时，这位苏联大使以轻蔑的口吻反问我们：既然国会对轰炸已停拨军费，我们已失去了谈判实力，那我们还指望什么呢！基辛格尽量用强硬的口气说话，虽然他明知多勃雷宁说的是实话。

他说："不要有这样的错觉，以为我们会忘记是谁使我们处于这种令人不快的境地的。"

多勃雷宁答道："那你应该找参议员富布赖特去，而不是找我们。"

和平协定签订两年多以来，南越人一直靠自己来抵抗共产党人。这证明了南越人民的意志和勇气以及他们想要自由生活的愿望。这也证明了越南化已取得成功。不出所料，国会一拒绝履行根据协定规定的义务，共产党人立即乘虚而入。由于国会对轰炸停拨了军费，再加上1973年11月又通过了一项限制总统战争权力的决议，于是发生了一连串事件，结果是共产党接管了柬埔寨，北越人于1975年4月30日征服了南越。

在北越人公然违反巴黎协定之际，国会首先剥夺我、后又剥夺福特总统履行巴黎协定的手段。更具有破坏性和不可宽恕的是，1974年苏联人增援北越，国会却对南越开始削减军援。结果是1975年春，北越人对南方发动全面进攻时，他们的武器占了优势，美国为执行协定而将采取行动的这一威胁则全部失灵。南越垮台后一年，负责河内总攻势的战地司令官说，美援的削减是北越胜利的重大因素。他说，阮文绍"当时被迫打一场穷人的战争"，由于缺乏飞机、车辆和燃料，火力削减了60%，机动性减少了一半。

一旦国会拒绝履行我们的义务，美国以12年牺牲和战斗这样大的代价在印度支那赢得的战争与和平在几个月之内就丧失殆尽。国会必须对此悲惨的后果承担责任。在征服者手下，数十万反共的南越人和柬埔寨人死亡，而现在攻击仍在继续。

国会可悲的、不负责任的行为,致命地破坏了我们在印度支那赢得的和平,但它却由于新闻界忙于报道约翰·迪安在欧文委员会面前所作的证词而被遗忘了。6月25日星期一,当迪安在证人席上作证时,在全国——甚至在圣克利门蒂的院子里——人们都被他那使人昏昏欲睡的单调声音吸引到电视机前。三家大广播公司的电视网整天不停地向电视观众报道会上的详细情况。

约翰·迪安作证

迪安作证了五天。他花了整整一天读他那篇长达245页的开场白;他对我的控诉,大都包括在这篇开场白内。他的证词的基础就是指控我自从1972年9月15日和他见面以来,我积极参与水门事件的掩饰活动至少有半年之久。在迪安第一天作证后,《华盛顿邮报》的大字标题是:"迪安对委员会说,总统在9月份、3月份、4月份讨论过掩饰活动";《纽约时报》的大字标题则是:"迪安对调查人员说,尼克松参与水门事件的掩饰活动达八个月之久。"

我没有看电视转播的听证会实况,但我所看的新闻报道,使我感到又丧气又气愤。我感到迪安是在按照他自己辩护词的调子改写历史。

迪安作证说,1972年9月15日他明确地同我商讨过如何掩饰水门事件的问题。他说他还特意跟我说过,他不能保证哪一天整个事情不会"暴露出来";他表示担心"掩饰活动"不能"无限期地持续下去"。他说他告诉过我,他所做的一切都是"设法使这件事不涉及白宫";他还说我对他完成的艰巨任务表示感谢。迪安说,当他想到马格鲁德所犯的伪证罪时,曾对我说,有人干了比马格鲁德更为棘手的事哩。

那次谈话的录音带证明,迪安根本没有说过有人干了更为"棘手的事",也没有说过他在"使这件事不涉及白宫"。他也没有说事情可能开始"暴露出来"的话。事实上,根据录音带,他说的话恰恰相反:他说:"3个月以前,我是难以预计到我们今天会如何的。我认为我现在可以说,今年大选之前不会稀里哗啦突然发生任何使我们吃惊的事了。"

第七章 总统职位（1973-1974）

当然，录音带上有些话含义不清。譬如说，我谈过："只要堤坝上出现漏洞，你就得用手堵住。"但我所想的是，许多具有潜在政治影响的国会、民事、刑事等调查活动都是他负责注意的范围。从录音带可以很清楚地看出：不管迪安如何专心致志地考虑刑事犯罪方面的弱点，我反正只注意那些会使我们在政治上难堪的潜在因素。

迪安作证说，1973年2月28日我们见面时，他对我谈过他自己与"阻挠司法"有关的法律问题。他说他还把他的"渠道活动"的"梗概"告诉了我，使我明确了解他在"掩饰活动"中的作用。这里又与录音正相反。那次见面时，我曾对迪安说过，至少他不会受到水门事件委员会的攻击，我说："我想他们知道你是律师，而且他们也知道你跟竞选什么关系都没有。"

迪安回答："是这样。"

录音带证明，我说过整个水门事件这桩糟糕的事的关键就在于我自己被蒙在鼓里。我说："幸好这完全是实话。"

他肯定地说："我知道这一点，先生。"

四个月以后，他却在作证时说，这次谈话是他确信我已卷入掩饰活动的主要理由之一。

迪安作证说，3月13日他已将付钱给水门事件被告的事告诉了我。如果这是事实，那就把我公开说的我在3月21日才第一次知道掩饰活动的说法给推翻了。但迪安错了。在我看来，他准是故意改掉正确的日期，因为在1973年4月16日我们最近一次谈话中，他还记得我们关于"总统职位的癌症"讨论发生在"那些被告被判刑前的那个星期三"——那就是3月21日。

在有关我们3月17日见面的证词中，迪安还有一件事未交代，这事至关重要，根本不像是偶然的遗漏。就在这次见面时，他告诉我有人闯入埃尔斯伯格的心理医生的办公室一事。正如录音带所证明的，我的反应是感到非常震惊。但迪安显然要给人留下的印象是，想知道闯入埃尔斯伯格的医生的办公室事件正是我卷入水门事件掩饰活动的动机。他作证说，那次见面包括"随便闲谈"，只是简单地提到批准帕特·格雷的任命的听证会以及白宫面临的一般问题。同日，我说他和别人不同，他没有参与闯入事件，因而没有刑事责任。迪安表示同意，说："对。"

迪安作证说，1973年3月21日，他终于将一切事情都告诉我了。他在被质询时直截了当地说："在3月21日，我当然将我那时所知道的一切情况及时地告诉了总统。"然而正如录音带所证实的，他并没有把他积极参与唆使别人作伪证、向人许诺宽大处理以及将联邦调查局的绝密情报透露给争取总统连任委员会的律师等全部情况告诉我。关于他把霍华德·亨特保险柜里的证据销毁掉的事，他既未告诉我，也没有告诉水门事件委员会。他缩小了他在筹款方面所起的作用，并说他的主要问题只是他在对被告付敲诈款项的问题上做了"情报的渠道"。由于上述种种情况，我当时认为他只是在无意中、不公正地、偶然受到牵连的。迟至3月26日，我口述一段日记还说，迪安总是充当顾问，出最好的主意，"避免干任何有非法或不正当行为味道的事情"。

迪安含有这样的意思：从发生闯入事件后头几天起，白宫的每个工作人员心里都明白，白宫即使没有直接参与布置1972年6月17日的闯入，但也与水门窃听事件"有牵连"。可是在3月份，他说戈登·斯特罗恩知道在水门装窃听器的事，并告诉我这事可能是由于科尔森打了个电话的结果，我当时听了大吃一惊——这是闯入事件后九个月的事。

迪安在证词中说，我"从未在任何时候"要他写过有关水门事件的报告。事实上，我于3月22日明确地要他到戴维营去，不受电话干扰，准备出一份书面报告来。

迪安现在却含有这样的意思：他从一开始就确切知道马格鲁德有牵连并作了伪证的事，而且别人也都知道。然而根据3月22日的录音带，霍尔德曼讲到马格鲁德时说："另一方面，我们没有也不能证明他作了伪证，这是迪安的意见。"3月26日迪安仍然说他没有获得第一手"不公开的"消息说明马格鲁德是否牵连进闯入事件了，因此他不能肯定马格鲁德犯了伪证罪。

在春天里，我和霍尔德曼一再催促迪安将有关西格雷蒂的情况和盘托出，可是他始终反对；现在他却指控说，白宫力图"掩饰"西格雷蒂事件是同"白宫（紧接水门事件以后）全面进行其他掩饰活动相一致的"。同样的，他现在还坚持说，我们力图挫败那种出于党派偏见要在大选前建议国会举行关于水门事件听证会的主张，是力图防止"揭露掩饰活动"的组成部分；然而，当时我是这样分析听证会问题的："就是这么一回事，要考虑到公共关系。"约翰·迪安表示同意说："情况就是这样。"

迪安声称，在3、4月间，霍尔德曼和埃利希曼试图牺牲他来保全他们自己，而他所关心的只是要把真相说出来。富于讽刺意味的是，弄虚作假、进行操纵的不是别人，正是迪安自己。3月份他把他的证词会对别人造成的问题加以缩小，显然是希望白宫能为他争取豁免权。3月21日下午他说："就算是总统派我去向大陪审团汇报吧。实际上我会对谁怎么样，会给谁造成问题呢？事实上，就第一手材料而言简直对谁也不会造成问题。"在他同检察官们进行了头几次接触之后，他仍与霍尔德曼通电话，表面上仍互相关心，不断提到掩饰活动中"可能出现的"问题，而他认为这些问题都是他可以应付得了的。只是到了4月中旬，正当他和检察官们进行交易的时候，他的真相才暴露出来：事实上霍尔德曼和埃利希曼不过是他进行交易的筹码，而他却一直在使自己处于有利地位，靠毁掉他们来取得最大的好处。

我认为约翰·迪安关于水门事件的证词是把真话与谎言混在一起的大杰作，是把可能是真正的误解和显然是故意的歪曲混在一起的大杰作。他为了力图减轻自己所起的作用，将自己对掩饰活动的全部了解和自己的不安一股脑儿都栽到别人的头上，说成是别人的言行。为了竭力把自己打扮成只是一个配角，他将自己周围人们的许多不同的理解、感觉和担心糅合在一起，混为一谈。

但是迪安作证一完，我重犯水门闯入事件发生以后犯过的错误：我所担心的是不用担心的问题。我完全跑偏了，把我们全部注意力和精力都用于驳斥迪安夸大其词、肆意歪曲和矛盾百出上去了。但就在我们正开足马力这么做时，真正的问题已经转变了。迪安的证词是否全部都准确无误的问题已无关宏旨，关键在于他的证词中有哪些部分是准确的。迪安关于我们3月21日那次重要会谈的叙述比我自己讲得要准确得多。当时我并没有意识到这一点，不过到了最后，我是否像迪安所说的那样在水门事件上牵连得很深已不重要，重要的是我是否像我自己所宣称的那样，根本同水门事件没有牵连。

　　迪安的证词中，还有一个方面是我们万万没有想到的。根据报纸报道，欧文委员会的民主党成员和工作人员曾经敦促迪安一定要用许多关于白宫的"气氛"如何之类的话来充实他的开场白。他不仅欣然同意，而且把话说得比关于水门事件本身还过头。正是因为这个，我们才再也没能恢复过"元气"来。这就给了反对派一件他们朝思暮想的东西：将水门事件转移到我的政府的其他方面。约翰·迪安拼命收集各种政治上的鬼名堂，硬说这就是我们做的一切事情的典型代表。他把尼克松的白宫放在他自己的辩护词——把自己说成基本上是环境的牺牲品——的三棱镜下，制造出这样一种形象：没有想象力，没有理想，没有认真工作，没有重大目标。他谈到我企图让国内收入署审查我们的政敌的收入情况，但他对民主党人多少年来广泛地使用过这种做法，则一声不吭。我们雇用了一名政治调查员，这事也被当作一项罪大恶极的创造发明，其实审查政治上的反对派自古以来就是政治中的一个内容。我们是从政治经费中付给调查员工资的，而其他历届政府甚至还用过联邦调查局的人员哩！迪安交出了一份"政敌名单"，而后来连他自己也承认，这个名单被新闻界渲染得太厉害了。在此之外，迪安将容易引起争论的国家安全活动也扯了进去——为了找出对外政策泄密原因而进行的17起电话窃听、休斯顿计划和"管道工"——将其归因于偏执狂，对于我们进行这些活动有正当理由则根本只字不提。

　　如果5月22日声明是向美国公众首次透露了政府所进行的有关国家安全的秘密活动的话，那么迪安的证词就是首次透露了白宫的政治暗流。由于他采取了这样的做法，结果民主党人就完全可以把自己的肮脏政治历史远远地搁在一边，宣称我的政府才是这方面的罪魁祸首。

　　欧文委员会的正式名称是参议院总统竞选活动特别委员会，它是一个研究一般人性弱点，特别是研究国会议员变成新闻人物时所暴露出的党派偏见与人性弱点的活标本，极其发人深思。那帮参议员及其工作人员不久就得意地发现，不管他们说了（或泄露了）什么，都成了新闻。结果往往为了破坏霍尔德曼、

第七章 总统职位（1973-1974）

埃利希曼和米切尔等人可能在作证时进行的辩护，不惜大量泄露机密。

迈克·曼斯菲尔德公开斥责了这个委员会。阿奇博尔德·考克斯后来将他们的做法同麦卡锡的做法相比。参议员詹姆斯·巴克利曾建议欧文要他的工作人员宣誓，保证把这么干的人说出来。欧文回答说那样做会打击他们的情绪。有一次有一个走漏消息的人受到追查和处分，这倒可说明该委员会办事公平的标准：原来是多数党法律顾问塞缪尔·达什，由于一个工作人员曾把不利于他的言论透露了出去而将该工作人员停了职。

司法部的检察官抱怨该委员会走漏消息和举行的听证会，把他们的案件都给破坏了。特别检察官阿奇博尔德·考克斯呼吁欧文不要进行公开的听证会，因为这样宣扬就会影响将来有可能作被告的人得不到公正的审讯。厄尔·沃伦有一次对把那些将来有可能作被告的人拉到公开听证会上去的做法叫作"边疆司法"。但欧文却说，必须竭尽全力使真相大白。人们不用多久就能发现，原来他们头脑中是有一种特殊的真相的。

譬如说，欧文委员会从约翰·迪安那里获得的文件中有胡佛的助手威廉·沙利文写的两份备忘录。这两份备忘录概述了早先民主党政府为了政治目的肆无忌惮地利用联邦调查局的情况。欧文的行政助理宣布，由于这些说法"牵涉到个人方面的事太多"，而且没有确证，所以委员会不予追究。他称之为"廉价的人身攻击，纯属低级趣味"。

该委员会总结报告的原稿本来打算把乔治·麦戈文在竞选后将一部分经费分掉的行为说成"显然违反法律精神"。但麦戈文一提出反对意见，欧文就将该段文字删去。

1964年林登·约翰逊的门徒及在参议院的帮手博比·贝克被指控搞过有巨额款项来往的行贿受贿活动。许多人觉得这件丑闻涉及而且可能牵连到几位参议员甚至约翰逊（他当时还是总统）。国会民主党多数派投票决定不对贝克案件举行公开听证会，并拒绝传唤白宫的任何助理去作证。欧文委员会三名成员——欧文本人、夏威夷州参议员丹尼尔·井上和佐治亚州参议员赫尔曼·塔尔梅奇——曾七次正式制止国会对博比·贝克案件进行调查。他们显然认为水门事件应是特殊的例外。

莫里·斯坦斯因用虚设委员会的手法筹集竞选经费而受到欧文的谴责。新墨西哥州参议员约瑟夫·蒙托亚后来声称，当他在自己竞选筹款报告上发现有伪造签名时"感到震惊"；但当报纸报道说：为了防止此事败露，曾用款10万美元，此款后来登在虚设在华盛顿的委员会的账上，蒙托亚则对此缄口不言。

欧文委员会中民主党的主要调查人是卡迈因·贝利诺，他以前为肯尼迪兄弟进行过政治活动，包括在1960年竞选期间跟踪一名前共和党议员。欧文称赞他是"忠实的模范公仆"。

第一批作证者来到委员会后，他们所受到的待遇直接取决于他们是否愿意卑躬屈节和牵连别人。如果他们敢于反抗，为自己申辩，那就会被纠缠不清并蒙受羞辱。如果他们至少表现出稍有一点自卑的话，那就会首先受到训话，然后得到表扬。伦敦《泰晤士报》政治评论员伯纳德·莱文写道：

> 参议员萨姆·欧文主席的行为如此令人叹息，但竟无人提出认真抗议，这本身已说明报界、学术界以及政界中许多杰出的美国人是如何的不知所措；如果在过去，处在同样的情况下，他们肯定会竭力鼓吹，使他就范的……
>
> 然而，比参议员欧文这样胡来更糟糕的是，他把在他面前作证的有各种不法行为嫌疑的人明确地分了个类；有的是好人，有的则是坏蛋……当然，这正是当年参议员约瑟夫·麦卡锡所用的手法……
>
> 这种讯问的弊病所在看起来是司法程序问题，而实际上是政治问题……
>
> 有些人在千百万人众目睽睽之下名誉扫地了；更糟的是，他们不久就会面临刑事审讯，可是事实上他们的案件已是未审而判了，真正的法律程序保障是没有的。

欧文委员会中民主党人的这种手段之所以能得逞，是因为他们是多数派，是因为共和党人不言而喻对水门事件忐忑不安。该委员会中的共和党人除韦克外，都勤勤恳恳、严肃认真地在追查一些线索，他们以为这些线索能够把局面

第七章 总统职位（1973-1974）

拉回来一些。然而他们既无钱，又无人，也没有持客观态度的报纸愿意促进和宣传他们的工作。

参议员欧文本人曾给欧文委员会的公正与准则下了一句很恰当的评语。那是在 1974 年 3 月 10 日，美联社报道了同他进行的一次谈话。他在那次谈话中说：必须有图谋反对联邦政府的罪行，才可进行弹劾，并说"在参议院水门事件听证会上没有可以支持弹劾的证据"。在同一时间参加同一次访问的另一位记者作了完全相同的报道，非常明确地说明那是欧文说过的话。过不多久，欧文发现了他那次讲话的政治意义，它可能对民主党正在提出的弹劾动议产生有害的影响。他发现自己陷入政治需要和原则性两者不可兼得的困境，于是他迅速而富有讽刺意味地作出了抉择：尽管证据确凿，他显然还是为了限制坏影响而否认他曾经说过这样的话。

大多数美国人对于政界的一些虚伪做法都是听之任之。但我相信历史学家最终会作出这样的结论：就连水门事件引起的严重问题和暴露出来的弊病也不能证明欧文委员会成员这样滥用权力是有道理的。他们带着偏见走漏消息，搞双重标准，哗众取宠，这一切都证实了我的看法：这是出于党派的攻讦，拼命小题大做。所以我们必须反击。

不准任何白宫助理人员出席欧文委员会作证，在历史上是不乏先例的。但我意识到，鉴于当时公众对水门事件的情绪，如果我那样做，就难以得到公众的宽容和谅解。因此我放弃了所有行政特权，让白宫工作人员接受欧文委员会的质询。结果行政部门同国会调查进行了空前的合作：过去和现任白宫助理人员公开作证达 118 小时，举行非正式或秘密会议达数百小时。即使如此，委员会成员仍不满意，他们还要求公开调阅白宫档案。

椐据宪法规定，政府的三个部门既三权分立，又相辅相成、互相制约。但三个部门中没有哪一个部门有控制其他部门的权力，可以索取其他部门的内部工作文件。持此观点的历史先例可追溯到乔治·华盛顿，他任总统时就不准将行政部门的文件交给众议院。

1972 年萨姆·欧文本人曾为不受另一部门传讯的权利辩护，那是因为民主党阿拉斯加州参议员迈克·格拉韦尔宣读了五角大楼一部分机密文件，因而载入了《国会记录》。当时提到最高法院的问题是：格拉韦尔的助手之一在法律上是否必须为参议员擅自宣读文件一事而去作证，而欧文就是提出义务辩护状的人之一。他们在辩护状中说，不可让一个部门强制别人对另一部门的内部事务作证。辩护状坚持认为："假若一名助手总觉得他给参议员所出的主意、他所了解的情况以及他给予参议员的帮助，会遭到行政部门的责难，那么在争论最大的问题上，在参议员最需要帮助时，他的助手就会不敢工作了。"

欧文以前在有关他另一位民主党朋友的案件中对三权分立采取了相同的态度。在约翰逊提名阿贝·福塔斯任最高法院首席法官后举行的听证会上，欧文问福塔斯关于他与总统一次讨论的情况，但立即亲切地补充了一句："我不会坚持要你回答，因为政府行政部门内有权彼此交换意见。"但在水门事件上，他出于一党私利，反对一个共和党总统，他就不这么亲切了。

我预料欧文即将提出正式要求查阅总统文件，便于7月7日写了一封信给他。我在信中指出，只要查一查历史上的先例，就可以知道我们与国会调查进行的合作已属空前。据传闻，他们打算票传我亲自出席，因此我提醒他们，1953年哈里·杜鲁门曾被票传出席一个国会委员会，但他拒绝了。

我告知委员会的委员们，我将和杜鲁门一样，既不出席欧文委员会，也不提供文件：

> 假若公众可以查阅总统机要人员拟定的总统机密工作文件，那么总统就无法履行其职责了。要制定健全的公共政策，总统及其机要人员必须彼此能够毫无保留地交换意见，并对大家所提的看法、对各种方案的探讨以及对国内外问题和人物所进行坦率的讨论严加保密。

欧文一反他以前为三权分立的优点以及对有权交换意见的看法进行的辩护，现在竟然斥责起我的"关于三权分立和行政特权的令人费解的论点"来了。7月12日，他写信给白宫，说担心我们所采取的两项观点"会引起一场根本性的宪法争论这种非常严重的可能性"。他要求会见我，以免发生这样一场冲突。欧文写给我的信还未送到白宫，就先透露给记者了。我是从新闻广播中首次知道此信的。这是欧文的典型做法。

白宫装有录音系统一事被泄露

7月12日清晨5时半我醒来时，胸部感到剧痛。昨晚我睡觉前已开始疼，但现在疼得几乎不能忍受。这使我想起过去我在惠蒂尔比赛橄榄球不慎断了一根肋骨时也这样疼过。我打开电灯，想要看看书，但我感到难受得连思想都不能集中，所以我又把灯关上，睁着眼睛一直躺到早晨。

白宫的医生们给我作了简单的检查，但作出不同的诊断：特卡奇大夫认为是肺炎，威廉·卢卡什认为只是消化不良，但他们都认为我应作一次全面的检查。

将近中午时分，我躺在床上不能入眠。这时黑格走了进来，告诉我参议员欧文来电话，希望和我讲话。他是为了他的信而来电话的。我们谈了16分钟。我的声音很低，因为我每吸一口气，就会引起剧痛。

欧文一开口便说，他的委员会写给我"一封短信"。

我回答："我看到你的信了。你知道，你的委员会走漏了消息。"

他说他不知道他的信怎么会见报的；他又说他们并不希望发生争论，但他们的看法是行政特权并不包括刑事行为和政治行为。我说："你要你的工作人员来查阅总统的档案，我的答复是：不行。在这个问题上我们意见不一致。但是对你的信，我还是会仔细考虑的。"

即使这短短的通话也使我疲惫不堪，但我继续讲下去："你究竟具体想要什么？我不能让任何人查阅我的全部档案。假若我们见面，那你首先得告诉我，你要哪方面的档案。"

他说他认为工作人员会定出具体细节，但他一再重申他信中所提的那个完全不能令人接受的想法，即要索阅"与该委员会授权调查的任何问题有关的"总统文件。这实际上意味着他的工作人员必须查阅我的全部文件，才能找出他们所需要的东西。

我顾不得胸痛，略为提高了嗓门说："你在听证会上的态度是明确的。你们想要搞谁是很清楚的。"

他说："总统先生，我们并不想搞任何人，只想搞清真相。"

我又回身躺到床上。我告诉他，他的任何工作人员都不得查阅白宫的任何档案。我说我愿意考虑一次会见——但只限他和我两个人。我说："一次坦率的会谈可能是有益的。我尽量用各种方式进行合作，但是我有责任保卫我的总统职权——正如你曾认为你必须在最高法院为三权分立的思想辩护一样。如果你仍抱有在格拉韦尔案件中所抱有的同样目的，那么我们就会相处得很好。"

他似乎有点狼狈，他表示对我们能否解决问题并不乐观。他说他会向委员会报告，并再次坚决认为委员会并不想搞哪个人。

我抬头看黑格和齐格勒，打电话时他们俩均在房内。我对他们说，我准是发烧了，使我不能冷静地答复欧文，如果冷静些的话，肯定会对我们的事情要好一些。但我补充了一句："不过我说出了我的信念。"

尽管我的体温已达华氏102度（38.9摄氏度），我还是起床穿衣，决定按当天业已安排的日程进行。一个总统即使稍有微恙，也会在全国引起骚动，所以我要尽量忍到最后，不显出我身体有不适之处。我与西德外长瓦尔特·谢尔会见半小时，然后是比尔·蒂蒙斯来讨论立法问题。接着我听了我指定研究防火问题的一个委员会委员们的汇报。

当所有日程进行完毕后，我进行胸部X光透视，确定特卡奇大夫的诊断是对的：我患有过滤性肺炎。当晚用车将我送至贝塞斯达海军医院。

我决心表明，即使住院也还能继续履行总统的职责。我一面进行吸入治疗并作各种试验以及X光透视，一面继续接电话，并照常与齐格勒和黑格碰头。我打电话给基辛格，并同舒尔茨一起审查我国经济政策第四阶段计划。最糟糕的是，肺炎使我难受得不能入睡。夜间我躺在床上睡不着，一分钟一分钟地数着。最后我就打电话检查一天的工作，一直到深夜。

到了7月15日，星期日，我的体温降至华氏100度（37.7摄氏度）以下。这是我住院以来第一次能够吃一顿全餐。星期六晚上，我甚至还足足睡了两小时。

第七章 总统职位（1973-1974）

星期一一早，黑格把我叫醒，告诉我霍尔德曼的前助手亚历克斯·巴特菲尔德已向欧文委员会的工作人员泄露了白宫装有录音系统的事，并说当天就会成为人所共知的事了。

这消息使我感到震惊。就是现在看起来也都好像是不可能的事，我一直认为，白宫装有录音的事是永远也不会泄露的。我认为在证实白宫装有录音系统之前，任何白宫工作人员起码一定会首先提出行政特权问题的。

我们的录音系统一经泄露，反应极为强烈。《纽约每日新闻》的大字标题是："尼克松窃听他自己的各办公室"。

弗雷德·巴兹哈特写信给欧文证实了白宫确有巴特菲尔德所说的录音系统，并指出此录音系统与上届政府使用的录音系统雷同。巴兹哈特的信立即引起夹杂着义愤填膺口气的反响。《华盛顿邮报》的大字标题是："林登·约翰逊的助手不承认有此录音系统。"约翰逊前内政助手约瑟夫·卡利法诺说："我认为，这是对一位已去世的总统的不可容忍的诽谤。"小阿瑟·施莱辛格说，要是说约翰·肯尼迪会批准这种录音系统，那简直是"令人难以想象的事"。肯尼迪的前助手、此时任肯尼迪图书馆馆长的戴夫·鲍尔斯也否认有录音系统。但是在约翰逊总统任职期间安装了录音系统的陆军通讯兵技师向弗雷德·巴兹哈特宣誓证明白宫的确安装过录音设备和话筒，几天后，奥斯汀的约翰逊图书馆档案保管员证实约翰逊时期确有录音设备。接着第二天，肯尼迪图书馆也承认事实上有125盘录音带和68盘口述录音带，都是记录有关各种会议和电话交谈的。

我和黑格在我的病房谈论了几个小时关于泄露有录音系统的后果。富有讽刺意味的是，我回想了一下，就在几个月以前，4月10日，我在接见两个战俘以后，就曾告诉霍尔德曼将所有录音带处理掉，只保留与重大的国家安全事务有关的录音带。之后，我就此事写了日记。

日 记

今天我会见了斯托克代尔和弗林。这些会见的动人情景与我早些时候分别接见里斯纳和丹顿时一样。我希望保留这些谈话的录音。

尼克松回忆录
THE MEMOIRS OF RICHARD NIXON

  事实上我同霍尔德曼充分讨论了录音带问题——决定：我们将仔细检查进行录音的时期，将录音带销毁，只保留5月8日，可能还有12月18日在柬埔寨战争时期有关国家安全的录音；我想如不这样做，那只有他或我能听这些录音带，并决定哪些录音带可以用——那将花我们好几个月的时间啊！

  但这次讨论是在我们担心水门事件时进行的，三星期以后，霍尔德曼已离开白宫，管不了这个事了。

  我在医院时曾提出我们是否应该马上销毁录音带的问题。黑格说，他要同律师谈谈。同时我们同意录音系统本身应予以拆除。

  以后的三天，医生们焦虑不安地将我接见的次数减至最低限度，但我还是同黑格、齐格勒、巴兹哈特和加门特讨论了形势。从法律角度看，录音带实际上不能算一种证据，除非有传票索取它。但自从我们知道欧文委员会或特别检察官马上会传票索取录音带以后，要销毁录音带就引起了很大的争论。然而，巴兹哈特觉得录音带属于我私人所有，他赞成予以销毁。加门特认为录音带将是证据，虽然他不赞成交出录音带，但他明确表示，他坚决反对采取任何销毁录音带的行动。黑格一针见血地指出，销毁录音带除了可能产生法律问题外，还会在公众心目中永远留下有罪的印象。特德·阿格纽来医院探望我时，他说我应销毁录音带。

  我们同霍尔德曼取得了联系，想了解他认为我应怎么办。他的意见是援引行政特权，在欧文及其委员会工作人员进行政治迫害面前，在原则问题上应寸步不让。霍尔德曼说录音带仍是我们最有力的答辩，他建议不予以销毁。

  7月12日我住院后，就一直指望打开一条出路，摆脱迪安的证词把我们搞得很被动的局面。但是在7月20日我准备出院时，泄露录音带一事使一切发生了变化。7月19日清晨我在床侧便签本上写道：

第七章 总统职位（1973-1974）

我们的政府工作必须继续进行三年，这是我们能经受住这次严峻考验的唯一办法。我们绝不能让这种不断的调查影响我们，有如泄露录音带一事对加门特和其他一些工作人员产生的影响那样。我们一定要坚强，而且要称职。我们一定要向前进。

本应在1973年4月30日以后就把录音带销毁的。

我出院回到白宫时正是一个美丽的夏日。大多数工作人员都来到玫瑰园迎接我。当我登上通向椭圆形办公室的阶梯时，我转身向他们讲话。这篇简短的讲话仍是我在此艰难时期所有的讲话中最令人满意的一篇：

我感到我们大家任职时间这么短，要做的事情又是这么多。尽管我们有那么多必须做的事情而时间却那么少，在三年半以后回顾往事，如想到要不是因为那一天，有些本来可以做到的事我们却没有做，而这又关系到我们在世界上是否获得和平、国内是否有较好生活，那才是最令人扫兴的事哩！

我接着谈到他们将会听到一些议论，说什么我由于有病和受到剧烈的攻击，将会考虑要么放慢工作速度，要么辞职。我用我的父亲爱使用的字眼"废话"来回答这种说法。我谈到我们能完成的事情——没有战争的繁荣，控制犯罪、麻醉品，提供就业机会。然后我说：

以上及其他种种伟大的事业都是我们在11月以压倒性多数当选时大家要求我们去完成的。当初选举我们来做的事，我们都要做到。让别人沉湎于水门事件吧，我们要进行我们的工作。

如果我确实像我被控告的那样是水门事件的狡猾的同谋犯，我早在1973年就会认识到录音带上有极为有害的谈话了。我也早会看到，我要是想过关就应将录音带销毁掉。

我决定不销毁录音带是有许多因素的。当我在1973年7月4日首次听录音带时，我承认就我而言，那里面什么内容都有。录音带上的谈话有些在政治上是会令人很难堪的，也有许多含糊之词，但我认识到录音带的内容无可置疑地反驳了迪安控告的基本点，即我与他同谋阻挠司法达8个月之久。我没有听3月21日的录音带，但是霍尔德曼听了，虽然我知道在当时抱有敌意和爱挑剔的气氛下，很难把问题说清楚，但他告诉我还是可以说清楚的。我愿意相信他是正确的。

黑格的理由也说服了我：销毁录音带会给人留下难以消除的有罪印象；我倒不相信揭露出来任何我实际干过的事也会造成那样坏的印象。7月21日，星期六，我概括地记下这么一条道理："如果我谈论过非法行为的话，那我就不会录音。如果我谈论过非法行为并录了音，那么调查一开始，我就会销毁录音带的。"

最后我断定，面对不可预见的未来，录音带是我最好的保险。我思想上做了这样的准备：别人，甚至与我亲近的人都会同迪安一样翻脸不认我，那么，录音带至少会给我提供一些保护。

当我一决定不销毁录音带，我就得决定将录音带交给欧文委员会和特别检察官还是援引行政特权。当安德鲁·杰克逊总统收到国会的一份请求书，要求调阅在内阁会议上宣读过的一份白宫工作人员的材料时，他说道："这毋宁是要我将我和那些官员私下随便就有关他们的职责和我本人的职责的任何问题进行的谈话，向参议院详细汇报。"杰克逊认为这是极端荒谬可笑的事例，但这种极端的态度现在却变成特别检察官和欧文委员会采纳的最温和的立场了。

我知道大多数人认为行政特权只不过是一件我披在身上免被揭露的外套而已。尽管我曾想要保护自己，但是这也改变不了以下的事实：我仍坚信这一原则，我确信——我现在仍确信——这应是一个坚强总统的核心原则。即使由于我个人利益和牵连的性质及程度因而不宜应用此项原则，我也不愿做历史上第一个默许缩小该项原则作用的总统。

我不交出录音带还有一些其他不难理解的理由。我意识到阿格纽和巴兹哈特肯定认为：有录音带一事本身对政治反对派来说，诱惑力是很大的。就民主党人而言，进行一场把录音带搞到手的斗争本身，在政治上所捞到的好处就不

第七章 总统职位（1973-1974）

亚于赢得这场斗争。如果交出一盘录音带，那就只会使对方胃口越来越大，提出再要两盘。我国宪法专家查尔斯·艾伦·赖特在上诉法院雄辩的论证中将索取录音带的压力比作"水压"：

> 只要在轮船的吃水线下出现一个漏洞，不管这个洞是多么小，那么海水的巨大压力立即就能把船的漏洞扩大，这条船也就岌岌可危了。
>
> 如果人们认为水门事件的水压可以，哪怕是极其有限地违犯自乔治·华盛顿以来历届总统所享有的保密性，那就会发生同样的情况。

我听到巴特菲尔德泄露的情况后，立即在床头记事簿上写道："录音带问题——一经提出，就会没完没了。"

最后一点，我不知道录音带上究竟录了些什么。若是我有把握知道录音带所录内容没有模棱两可之词，并能表明我的讲话是像一个一味追求正义的、理想化的总统的话，我认为我就可设法克服我不愿将录音带交出去的想法。但是录音带的情况并非如此——至少我听过的少数几盘并非如此——而且对于我没有听过也不记得其他录音带可能录了些什么，我也只有担心的份儿。因此，我决定援用行政特权，不准把录音带的内容泄露出去。7月23日，星期一，我写信给参议员欧文并通知他，我将不提交任何录音带供他的委员会调查之用。

欧文一收到我的信，立即召集欧文委员会全体人员开会，一致投票决定票传五盘谈话录音带和大批文件，这都是直接、间接与"1972年总统竞选中任何据称是犯罪行为"中大约25人的"活动、参与、责任和牵连"有关。考克斯提议要票传九盘谈话录音带。

我现在相信，从泄露白宫有录音带和我决定不销毁录音带起，我的总统职位就不大可能保到任期届满了。不幸的是，那时候我的直觉并不那么清楚和明确。我没有意识到，销毁录音带固然会显得不打自招地承认有罪，可是援引行政特权不准把录音带公之于世，其结果也好不了多少。到头来，我拒绝交出录

959

音带恰恰是损害了自认为的保护原则。我是第一个去最高法院检验行政特权原则的总统，但是由于要求检验的理由太不充分——人们必然认为我的个人考虑影响了我的判断——所以我很可能要败诉。一旦公众认为我在试图隐匿什么，欧文和考克斯想取得录音带的企图，就越来越得到公众的支持。

完全撇开录音带所录内容不谈，白宫装有录音系统的事实和为取得录音带所进行的斗争眼看就要成为我一开始就最担心的问题：总统的职位要瘫痪了。

在迪安作证的听证会以后，欧文委员会休会一星期。7月份，欧文委员会的听证会复会时，舆论界的报道大为减少，因此出席听证会对迪安进行反驳的证人几乎没有产生多大影响。只有迪安在作证的那五天，三家大广播公司的所有电视网对他进行了充分和生动的电视报道。一位未署名的电视新闻界高级人士在《洛杉矶时报》写的一篇文章可以说是有总结性的。他说，电视网把这些听证会看作剧场，只要活跃，有争论，就广播。谁也不特别关心是否公平合理。正如那位高级人士所说的："就观众的反应来说，被告向来不是原告的对手。"

欧文委员会终于开始失去劲头了。它继续听取证人的证词，但已无法再为电视观众提供他们想看的有趣镜头了，正因为它以前做过头了。

给这个委员会以公开的致命一击的人是帕特·布坎南。布坎南作为证人出席听证会，以尖锐、富于战斗性而且道理简单明白的话答复了那些参议员们，并用文件说明，在美国政治中耍弄卑鄙手段的先例是民主党人开的。欧文显然受到惊吓，据报道他对委员会工作人员作了使他如此下不来台的安排感到非常恼火。

不久，该委员会大多数委员都在设法使听证会收场。他们终于提出了一个挽回面子的借口：他们假装仁慈地宣布，他们关心被告权利受损害。

经过37天的听证会，电视网实况转播超过325小时后，在8月7日，欧文委员会有关水门事件的听证会结束了。电视转播时间有20%以上被约翰·迪安所占用。从听证会开始到欧文敲木槌宣布结束这部分调查为止，每周有关水门事件的电视新闻实况、专辑和白天的节目平均播送22小时。

8月15日，我向全国发表关于水门事件的第二次演说。我谈到我称之为"我们全国可从中吸取经验教训和我们现在应怎么办的这个压倒一切的问题"。我说："该把水门事件转给法院了，有罪还是无罪这问题属法院管。我们其他人应该腾出时间处理紧要的国事。"

我重复我所谓的"简单事实"：我事先根本不知道有人闯入水门的事情，我既未参加也不知道事后的掩饰活动，我既未批准也未赞助僚属使用非法或不正当的竞选手段。我说我绝不打算掩盖事实："我始终努力揭露事实真相——将事实提交有关的执法当局，以便伸张正义，惩处罪犯。"

这篇呼吁将水门事件交法院管辖的讲话引起了大量赞成的反应。我讲话刚完，人们纷纷拍电报和打电话到白宫，数量之多是我对越南问题讲话以来最多的。人们对水门事件已感到厌倦。

当时我认为，现在仍然认为，国会中占多数的民主党以水门丑闻为借口，有意漠视并且实际上不顾我在1972年选举中以我的竞选纲领和人生哲学所赢得的压倒性多数的人民的委托。不幸的是，由于我处理水门事件不当，反而帮了他们的忙。

试图重整旗鼓

国会为水门事件折腾了三个月，使得它对国内外事务反应迟缓，几乎到了停顿的程度。我在7月份为日本田中首相举行国宴所致祝酒词中，对这种情况的愤慨有所流露：

> 当今之世，人们很容易去考虑其他方面的问题，考虑细琐的政治问题，我认为这种细琐政治上的考虑经常诱惑着我们，诱惑着代表两国人民的人们——在这里孜孜于小利，暗中致力于党派的私利——但是真正重要的乃是：我们在这伟大的世界舞台上结束了短暂的生涯后，我们是离开舞台了，但我们留给世人的是什么呢？
>
> 难道我们留给世人的记忆只是我们打了的仗、打死了的对手、造

成了的邪恶？还是可能留下不仅是一个新世界的梦想，而且是一个新世界的现实，在这个世界中无数快乐活泼的儿童……可以在和平与友谊的环境中成长呢？……

因此，让别人将时间用在处理见不得人的、微不足道的、怀有恶意的区区小事上吧！我们则已经并且将要用我们的时间来建立一个美好的世界。

我决定不辜负人民在选举时对我的委托，1973年秋我决定发表第二号美国国情咨文，提请国会和美国人民注意在春夏之交发生水门事件期间未引起人们注意的国内一系列尚未解决的重大问题。9月10日的国情咨文于9月5日在记者招待会上发布。在该咨文中，我回顾了全国关心的三个重大问题：通货膨胀、国防和能源。

1973年我们顺利地紧缩了开支，尽管发生了水门事件，我还是坚持否决了所有的预算超支议案。但国会现在扬言要通过增加支出的议案，至少会超过预算60亿美元。因此为了制止通货膨胀，降低物价，我要求努力使支出不超过预算。

按美元固定币值计算，1973年的防务支出比越战前的1964年还少100亿美元。征兵结束了，我们的防御部队在数量上比自朝鲜战争以来任何时候都要少。然而参议院却要提出动议削减驻海外部队兵力将近25%——并不要求苏联人作相应的削减。在国会给三叉戟核潜艇以及为了限制战略武器会谈处于有利地位而需要的其他重要武器拨款的斗争上，我们只取得了险胜。

在过去三年中我向国会提出了七个关于能源政策和立法的提案。国会迄今尚未对其中任何一个提案采取行动。我告诫说，这种按兵不动的做法正在使我们任凭中东石油生产国摆布，我请求对这个全国和全世界关注的至为重要的方面立即予以注意。仅1973年一年，我就向国会提交50多个议案和计划，都受到漠视或被搁置一边，国情咨文谈了其中的许多议案和计划。这些议案和计划

第七章 总统职位（1973—1974）

包括：联邦政府新的住房计划，贸易改革方案，税收改革特别是老年人免缴财产税的税收改革方案，环境保护议案，教育、卫生、福利等议案，有关防止和控制犯罪的议案。

8月22日，我宣布我要任命亨利·基辛格接替比尔·罗杰斯任国务卿。9月22日，我们在白宫东厅举行宣誓就职仪式，在最高法院首席法官伯格主持宣誓后，基辛格谈到五年前新老总统交替之际我们讨论的情况——谈到我的主张：我们不应受先入之见的阻碍，也不应回避致力于和平的新途径。他说我们今天的目标——建成一座和平大厦——同五年前的目标是相同的：

> 我们所说的世界是一个不仅紧张局势得到缓和而且得到克服的世界；一个不是建立在实力基础上而是建立在正义基础上的世界；在这个世界上，国家之间的关系是建立在合作的基础上，不单是建立在均势的基础上。

然后他令人感动地补充了一句：

> 我这样出身的人居然能在这里站在美国总统身旁，这在世界上无论哪个国家都是不可设想的事。

在此期间，我对白宫工作人员的情况进行了摸底。我所见到的情况使我感到不安，但是我又没有一个解决问题的办法。尽管我认定不应如此，但是黑格已陷入了水门事件之中；水门事件就像流沙一样，每当他极力想摆脱出来处理国内外政策问题时，就把他拖了回去。

我确信，艾尔·黑格是头一个意识到他得把白宫防范得很严密的人。记者团如听到内阁及其工作人员对他的评价，可能会大吃一惊的。他们对他的评价是：黑格尽管在外表上比霍尔德曼彬彬有礼、平易近人，然而在各方面都是一位更为严格的行政官员。事实上，黑格一开始就是有目的地将白宫管理成这种样子的，因为他感到在总统第一届任期中我们在小问题上犯了大错误。水门事件就是一个最明显的事例：如果一开始把水门事件处理得很好，就绝不会弄到今天这个地步。黑格决心不让这类错误再次发生。为了防止再犯错误，他就越来越加重自己的职责。

黑格必须立即处理的问题之一就是：白宫工作人员情绪大为低落。许多人都筋疲力尽了：过去习惯于一天工作10小时，现在则一天工作12小时、14小时甚至17小时，他们不但在水门事件问题上花很大力气，还要处理好自己的分内工作。但我们越来越感到，无论我们如何努力工作，无论我们做什么事，都毫无进展。对一项控告答复了，又引起另一项需要答复的控告——水门事件成了无底洞。现在我们管水门事件的人员只有12个，而对方则有200人之多。我们没有可与之相比的研究人员和调查人员等突击力量去应付他们的挑战。我们需要计划周密的全面战略，但是我们的律师从这个案件被拉到那个案件，简直很少有时间考虑除次日斗争策略以外的事。我知道在我的律师中间，白宫工作人员也一样，在脑子里不断对事实真相产生了怀疑的态度：他们认为我的辩护有的并不很合乎逻辑，也不符合常识，他们自然不愿为这些辩护去做解释工作而弄得自己下不来台。

约翰·康纳利不久就对他在白宫的任务不感兴趣了。我们本来计划给他安排与他才能相称的工作，但由于水门事件始终没完没了，结果他作为总统顾问的实际职责仍不明确。我们6月份在圣克利门蒂时，康纳利告诉我他不久将离职。他说他依然支持我们，但他感到他非走不可。我试图劝他留任，但并非出自内心，我不能要求一个我所敬爱的人——他是我希望能在1976年接我班的人——同我的麻烦牵连在一起。

康纳利在举行告别的记者招待会上，对记者谈了他对记者们对我的态度的感想。他说："老实说，我觉得即使他飞到月球上去，你们也不会表扬他的勇气的。你们会说他由于恐惧而逃跑了。"

我也很关切舒尔茨、莱尔德和哈洛所表示的不满迹象。舒尔茨由于经济的下降趋势而感到沮丧，并因我对水门事件的处理而幻想破灭。我认为他是内阁中最能干的阁员之一，并请他继续留任。他又干了六个月，终于对我说："总

第七章 总统职位（1973-1974）

统先生，我干不下去了。我已筋疲力尽啦。"我明白。我不忍再请他继续经受包围着我们的熊熊怒火。莱尔德和哈洛觉得我没有就水门事件同他们进行充分磋商。我不愿同他们磋商这个问题的理由有二：第一点，我感到让更多的人员远离水门事件是很重要的；第二点，这个问题同谁磋商都使我很痛苦。后来我越来越感到只能依靠黑格、齐格勒和处理水门事件的律师，尽管我知道这会进一步使莱尔德、哈洛和其他人感到灰心和疏远。

8月29日，地方法院法官约翰·赛里卡对特别检察官所提的有关九盘录音带的诉讼案，裁决我们败诉。法院强迫一个总统交出他已决定不交出的文件，这在我国历史上是从未有过的事。由于三权分立的原则，法院可以颁发命令，但是如果命令侵犯了总统的独立部门的特权，总统就有权（有的学者认为是有责任）不服从那命令。我当时和现在都觉得，拒绝服从赛里卡的裁决，完全属于我的职权范围。在任何其他情况下，我也会这样做的。但我认识到水门事件的政治实际情况，决定不去根据宪法原则公然对抗赛里卡的命令，而遵守司法制度的正规程序，对赛里卡的裁决向上级法院提出上诉。

从第一次有人向我建议起，我就一直反对单设一个水门事件的特别检察官。一来，我认为这是给司法部的工作能力一记耳光；二来，在报界瞩目和华盛顿权势集团吹捧之下，检察官就会分外热心，这几乎是不可避免的。

不幸的是，我在4月30日的讲话中说过，我在把"对水门事件及有关问题的起诉可作出全权决定的绝对权力"交给埃利奥特·理查森。实质上，正如后来所证明的那样，我将我的政府的存亡命运交给了他。从批准任命理查森为司法部部长的听证会开始，显然参议院在理查森答应任命一个可以独立处理水门事件的特别检察官之前是不会批准他的任命的。理查森迫于压力，于是开始物色可以充任特别检察官职位的人。他用了两周时间，遭到了好几个人的拒绝，最后才选定了哈佛大学法学院的阿奇博尔德·考克斯教授。

哪怕理查森专门去物色一位我最不相信能够不偏不倚地进行政治上如此敏感的调查的人，也比不上他所选中的这位阿奇博尔德·考克斯了。《华盛顿邮报》说考克斯"与肯尼迪家族有历史悠久的友好关系"。《波士顿环球报》报道，考克斯实际上是由爱德华·肯尼迪推荐给理查森的。考克斯在1960年总统竞选期间曾负责起草约翰·肯尼迪阐明对各种问题立场的文件；他曾任1972年民主党全国代表大会马斯基派的候补代表；可他公开承认过他投了麦戈文的票。考克斯在他被任命前仅两周的一次记者访问时，以挖苦的口吻批评约翰·米切尔对公民自由的重要性"麻木不仁"，并提到他和我的政府"在哲学和思想上"有尖锐的分歧。当基辛格获悉考克斯的任命后，他感到十分震惊。他告诉我："考克斯将是一祸。自从我认识他以来，他一直是狂热地反尼克松的。"

5月24日当考克斯宣誓就任特别检察官一职时，出席宣誓仪式的来宾中就有爱德华·肯尼迪和罗伯特·肯尼迪夫人。

特别检察官应监督水门事件的调查，并在理由充分或有必要的情况下提出起诉。5月份，考克斯被任命后不久，他告诉记者说，他的曾祖父参加过安德鲁·约翰逊（总统）反对弹劾的辩护词的草拟工作，这倒下意识地透露了他的最终意图。新闻报道特别提到，他谈到这段家史是"一桩有趣的小插曲——或者我应该说，可以成为一桩有趣的小插曲"时，他笑了。

任命阿奇博尔德·考克斯是够糟糕的。但是理查森当时错上加错，给了特别检察官一个规定其职责不限于水门事件的特许状，实际上等于让他有调查整个行政部门的全权。如果特别检察官作为独立的调查人员要取信于人，我们就必须与之保持一定距离。因此我们在制定这个特许状的过程中没有起任何作用。特许状一开始很正确地准许他有全权对"由于未经批准进入水门大厦民主党全国委员会总部所犯的反美国的罪行进行调查和起诉"。但特许状又规定包括"由于1972年总统竞选所犯的、特别检察官认为有必要并且宜于负责查清的一切罪行，涉及总统、白宫工作人员或总统所任命的人员的控告，以及他认为是由司法部部长委派给他的其他事项"。这项特许状还使特别检察官有全权指导大陪审团的工作，决定是否给予豁免权，提出起诉和拟写诉状等。特别检察官办公室得到了几乎无限额的经费，其活动也不受时间的限制。还专门规定只有当特别检察官犯有"特别不正当的行为"时，才可将他免职。

第七章 总统职位（1973-1974）

我获悉此项特许状的权限时，感到震惊和愤怒。黑格找理查森谈话，理查森坚持说，所谓"涉及总统"和"白宫工作人员或总统所任命的人员"的控告应理解为仅与上面说到的那句1972年总统竞选运动的话有关。当然，后来的情况并非如此。理查森后来承认，他没有预见到由于特别检察官被授予这样无限的权力而产生的问题。

我对特别检察官办公室最大的担心不久就成为事实了。考克斯所挑选的11名高级工作人员中有7名是同约翰·肯尼迪、罗伯特·肯尼迪或爱德华·肯尼迪有关系的。他们包括：一名曾任拉姆齐·克拉克特别助理的人，他也作过乔治·麦戈文关于犯罪问题特别工作小组负责人；一名前民主党国会议员候选人；一名在萨金特·施赖弗手下当过研究人员和演说撰稿人的人。《芝加哥论坛报》报道，在11名高级工作人员中只有一名是共和党人。

水门事件特别检察官办公室的高级成员的党派观念固然很浓厚，而其下级成员的狂热则更胜于此，他们大都是莽撞的年轻律师，初次尝到权力的滋味和受到阿谀奉承的报界的捧场而有些飘飘然。我接到报告说，这些狂妄自大的年轻人用没有证据的指控来威胁和恐吓我的私交和我的下属。

考克斯上任后，他立即开始调查白宫的档案。5月30日他询问8宗档案的情况；6月5日他又增加6宗；6月11日他写信调听我向亨利·彼得森提过的4月15日同约翰·迪安谈话的录音；同日他索阅12宗档案的详细目录。然后他索取我每天的约会登记簿，包括我与15名不同人物全部的会见日程；然后索取有关国际电话电报公司一案的资料，然后要我提供叙述事情经过的证明。7月份，据他的僚属泄露，他已在开始调查我在圣克利门蒂购置住宅一事，以了解我是否使用过哪个工会、社团或总统竞选运动的经费。他的工作人员索取关于政府窃听电话的情报，并试图打电话给我的特工人员，以便查找他们活动的详细情况。考克斯本人也承认这事做得过头了。

尽管考克斯的特许状理应限于1972年的总统竞选运动，他还是调查了1970年的竞选经费。他还开始调查特工人员对付集会示威游行者的情况，而理查森已指出，司法部已为与这些事件有牵连而引起的民事诉讼中的某些人辩护过。考克斯甚至把手伸得长长的,调查了"管道工",然后开始调查贝比·雷博佐。

到10月12日,即特别检察官接管了据司法部说已完成90%的这个案件四个月以后,他们只提出了一项起诉,而这一项甚至还与水门事件无关。没有多久即可看出,他们所谓有权调查"由于1972年总统选举而引起的一切犯罪行为"主要指的是所谓尼克松营垒所犯的罪行。譬如说,民主党财务委员会主席罗伯特·斯特劳斯在筹集总统竞选经费方面有违法行为,但在1974年特别检察官办公室却以时效法则使该违法行为不受法律管辖了。但同样的情况发生在我们共和党财务委员会主席莫里·斯坦斯身上时,他们却要求法院不援引时效法则,免得使该法则在诉讼案尚待处理期间仍然生效。

考克斯所策划的那套调查活动,会把历史上任何一届白宫政府都搞垮。假若他决心搞掉我(而我知道他和他的下属是要这么干的),在这特许状所规定的条款下,让他们像白蚁那样把整个行政部门都蛀空,那就仅仅是时间问题了。恼人的是,我认为他们明明是抱有党派偏见的狂热分子,滥用我给予他们的职权,不公平地要把我毁掉,然而舆论界却把他们说成美国司法制度的神圣火焰的保卫者,在同一个万恶的总统及其腐败的政府作斗争,而且公众基本上也是这样看的。每次我要说明我的观点,我就不可避免地要被斥为自私自利而不被相信。我不能想象,任何其他总统会准许一个从白宫获得权力的人,独自运用该权力,不惜牺牲政府来进行一项怀有党派偏见的调查工作。当然我也不想开这个例。因此到了秋天,一场冲突是难以避免了。都怪理查森给了考克斯特许状,使他的权力有如此之大,以致后果远远出乎人们的意料了。

阿格纽被控

1973年4月,霍尔德曼第一次向我提到:特德·阿格纽害怕在巴尔的摩进行的调查会给他带来难堪。自那时以来,阿格纽和巴尔的摩美国地方检察官之间的问题始终是我未曾过问但又关心的问题。

第七章 总统职位（1973-1974）

6月，埃利奥特·理查森通知黑格，对阿格纽有许多严重的指责；到7月中旬，这些含糊其词的指责已变成一系列具体的罪状，说阿格纽担任马里兰州州长时，在批给州合同时纳贿。还有许多控告，说他在任副总统时继续从过去得到他好处的人那里接受金钱。阿格纽深信，巴尔的摩那些年轻的检察官们一心想要成名，不惜拿他作牺牲品，他指出，他们中间有一人曾为马斯基1972年的总统竞选运动工作过——证明他们并非抱着客观的态度。

到7月底，黑格从理查森处听到另一说法。这次的指责可非常明确，黑格引用理查森的原话说，他从来没有碰到过这么一个铁证如山的案件。他说，阿格纽大概有40多条可以被依法起诉的罪状。

8月1日，理查森书面通知阿格纽：根据有人控告他犯有共谋、勒索、受贿、逃税等罪名，现正对他进行调查。黑格将此事告知我时，我感到现在是我参与这事的时候了。我安排在8月6日星期一同理查森见面；在见面之前，我派巴兹哈特和加门特去看他，我要他们对阿格纽案件作出独立的分析。我知道我们正在处理政治上具有爆炸性的事件，对于我所获得的情报和对情报的估计我必须十分慎重。巴兹哈特和加门特同理查森见面后，捎回来的评价调子低沉：他们同意理查森的意见，说这是他们所见到的最站得住脚的案件之一。

约翰·米切尔已向我报告说，阿格纽觉得理查森一心要搞倒他。阿格纽记得理查森在1968年反对提他的名，他还提出他们在内政委员会几次会议上对政策问题一再意见不合。阿格纽也确信，理查森认为自己日后可能当总统候选人。

在8月6日星期一上午，我同理查森见面前半小时，白宫新闻发布室第一次接到电话，询问谣传副总统受到调查一事是否属实。我们知道这事早晚会爆发出来，只是时间问题而已。

理查森全面介绍了对阿格纽的告发后，又告诉我人证是可信的，在某些方面还有无可辩驳的物证。他说有人控告阿格纽在任副总统期间还在继续纳贿。在客观上我承认理查森掌握的证据是确凿的，但从感情上我仍站在阿格纽一边。我要相信他啊！我告诉理查森，我希望他负全责保证阿格纽不要因怀有偏见的美国地方检察官和趁火打劫的记者团而受到不公正的审判。

次日，8月7日上午，《华尔街日报》抢先刊登独家新闻：据"了解情况的检察官"说，对阿格纽正在进行调查。黑格告诉我，阿格纽对究竟进行反击或是辞职还拿不定主意。

那天下午我与阿格纽会面一个半小时。他像平时一样从容不迫、充满自信地迈着大步跨进我的办公室，他一开始就表白他完全清白无辜。他说，这些罪名在法庭上是站不住脚的，如果一定要上法庭，他也会被证明是无罪的。他一再向我表示他的看法：巴尔的摩的起诉一方的原形总有一天会被揭穿的。

我告诉他，我对他为人正直是深信不疑的，还说我相信他并站在他一边，除非最后有确凿的证据摆在我的面前迫使我改变想法。他说他打算第二天举行记者招待会，我劝他在说任何话以前一定要仔细考虑，免得以后被缠住脱不了身。

我告诉他有一个我可以完全保证其为人公正的人，这人就是亨利·彼得森。我说我将同理查森商量，安排彼得森亲自对此案进行调查，并提出他自己的独立见解。

到8月8日，报纸和各广播电视网开始报道泄露出来的一系列有关阿格纽的消息和对他进行的攻击，这些报道是如此不负责任，以致《纽约时报》和《华盛顿邮报》最后在各自的社论中也批评了它们自己新闻版面上的报道。

8月8日，阿格纽愤怒地走进行政办公大楼新闻发布室，痛斥所泄露的消息。他说："我不愿意让别人用这种方式戳我一刀。我无所隐瞒。"有人控告他每周领1000美元佣金，他否认有此事，并说那是"无耻的谎话"。他被问到他是否有过一笔由巴尔的摩县承包商出资的行贿资金。他答道："从来没有。"他被问到他是否接受过同马里兰州或联邦政府做生意的私人或公司的钱归他个人使用。他说："绝对没有。"

黑格和巴兹哈特进来告诉我，阿格纽的新闻记者招待会看来像是一场短暂的政治胜利。然而由于证据总归要拿出来的，所以他们认为这只能是场长期的灾难。巴兹哈特摇摇头并说他简直不明白阿格纽怎么能用这种一概否定的话——什么"从来没有"呀、"绝对没有"呀——那是根本站不住脚的！

第七章 总统职位（1973-1974）

我又面临无法应付的困境。我知道对阿格纽的控告在严肃认真的人看来，是严重的而且完全有说服力的。但这尚未公开。报界走漏的消息和阿格纽的矢口否认使许多人确信，控告是对他报私仇。如果我积极为他辩护，而对他的控告以后又被证实了的话，那么我那已降低的信誉只会再进一步下降。如果我采取中立立场，那么阿格纽的支持者就会认为我拆他的台。我终于选择了第二种方针，我认为这是比较正确的态度，决定只好承受即将出现的批评。

阿格纽继续反击。8月21日他发表一项声明，指责司法部有某些官员决定在报上控告他，不管证据是否能证实他们的观点。埃利奥特·理查森在电视上否认消息是司法部走漏的，但后来他又不得不承认他们司法部事实上可能要对某些消息负责。

报界一致对阿格纽进行攻击，引起我重新考虑我对巴尔的摩正在进行的调查的可靠性所抱的信任态度。8月22日我在记者招待会上提出警告：司法部或美国政府任何官员若泄露情报，一经发现，立予撤职。

9月1日阿格纽自己要求来找我，要使我了解最新情况。他已开始显得紧张。他向我诉苦，说检察官如何逼他交出1962年以来的全面个人账目。他说他正在考虑是否由众议院进行弹劾要比在联邦法院受审讯为好。

在同阿格纽的谈话中，我了解到他对他任州长期间的行为是怎样想的。州政府的薪金微薄。他确实知道其他各州有3/4的州长都干过同样的事，即从与各州做生意的承包商那里接受竞选捐款。在他看来，整个捏造案件是针对竞选运动捐款中合法用于补助他及其家属在公共生活中的开支的那部分。他说这些承包商全是符合承包条件的，根本不存在什么报答的问题。他竭力否认在任副总统期间接受过金钱。他再一次对巴尔的摩的检察官表示不满。他说，他们要追查他购买过的每件东西和他的私生活的每个细节。

我真正同情阿格纽，我和他同样担忧这次论战会影响到他的家属和朋友。我说我既审不了也决不会去审他的案子；但是我以律师的角度劝他，要尽可能客观地去进行分析。只有如此才能做出最符合自己利益的决定。

我看出他的口气不再像我们第一次会面时那样强硬了，那时他认为对他的控告不可能在法院得到证实。现在他在考虑：邻近华盛顿和马里兰的所有法院都不可能对他作出公平的处理。

9月10日上午，弗雷德·巴兹哈特和艾尔·黑格给阿格纽带来了新的估计。巴兹哈特应我的要求并取得阿格纽的同意，不时将案件的发展情况告诉我。他对阿格纽说，司法部的官员确信，他将被起诉、定罪和判刑。黑格和巴兹哈特的汇报的严重性看来产生了一定的影响。不几天，阿格纽的律师朱达·贝斯特首次试探性地建议同司法部进行谈判。

在谈判期间，我又会见了阿格纽。自从6周以前他在第一次见我时表白自己无罪以来，情况已大有改变。现在他问我，我认为他应该怎么办，并沉痛地谈到他离开政府和开始新生活的问题。

我再次向他说，这种决定只能由他自己作出，因为只有他了解实际情况，也只有他了解哪些人会揭发他。他说他只是不打算按照理查森所提出的条件离职：他说理查森想要置他于死地，他决不让理查森这样搞他，他要在法庭上进行斗争。他宁肯冒坐牢的风险也决不跪下求饶。在这次会面之后，我又让黑格和巴兹哈特告诉理查森，他千万不可坚持不合情理的强硬条件，使国家陷入一场不愉快的审讯。

9月21日星期五，巴兹哈特对我说，他认为已有了突破。理查森和贝斯特已在提法上达成协议，即不说阿格纽在给人优待方面是"明知故犯"地受贿，但同时也提到别人可能会这样说。阿格纽准备于周末对此协议进行考虑，因此，星期一将是具有决定性的一天。巴兹哈特说："我认为，这事差不多已经结束了。"

但是星期六上午又走漏了一批新的消息。《华盛顿邮报》在头版刊登了从"两个人士"那里获得的内幕消息，泄露阿格纽的律师们正在谈判认罪以换取从宽处理。然后哥伦比亚广播公司报道，亨利·彼得森告诉他的同事们说："我们有证据，我们有绝对把握。"

第七章 总统职位（1973—1974）

巴兹哈特说，阿格纽大发雷霆，他认定消息是司法部走漏的，是有意企图削弱他在谈判中地位的策略的一部分。到星期日，他又一次决定要进行斗争。

9月25日星期一[1]上午，我和理查森、彼得森会面。彼得森又说了一遍主要的控告内容，并把他下的结论告诉我，这是一个"案情一目了然的案件"。他说，阿格纽是会被判有罪的，而且一定会被判刑。理查森说，他现在准备把证据送交大陪审团。我要理查森让司法部就控告现仍在职的副总统是否符合宪法问题提出意见。宪法明文规定，一名总统只有在被进行弹劾并定罪时才能被解除职务，只有到那时候才能用刑事诉讼程序对他提出起诉并对其罪行进行审讯。虽然宪法的这一条文没有明确提到副总统，但我说可以提出论证说他属于同类情况。

阿格纽上午10时30分走进来。他告诉我，他决定去找议长卡尔·艾伯特请求众议院进行正式的弹劾调查。他仍然矢口否认他任副总统时接受过钱财，并说，所列的罪名都只不过是为把他打下去所作的努力的一部分而已。他告诉我，只有让他获准免予起诉，他才会重新考虑辞职问题。可是刹那间，他改变了态度。他用忧伤而且温和的声调要求我保证，他如果去职，我一定不要背弃他。

那天下午阿格纽到卡尔·艾尔伯特的办公室去，他正式提请进行弹劾程序。虽然我极为怀疑这是否能获准，但我仍找白宫与国会联络的人员向众议院共和党领导人会谈，促请他们支持该项请求。次日，艾尔伯特公开宣布他将予以拒绝。同日，司法部提醒我说，该部研究结果认为，对在职的总统是不能起诉的，但对在职的副总统则可以。我要求将此新情况通知阿格纽。当晚阿格纽及其家属动身到加利福尼亚州去。黑格认为，阿格纽是去考虑问题，与家人谈话，使他们对他的辞职在思想上有所准备。

阿格纽的麻烦使我们遭到重大损失。新闻报道不断冲着我们而来，使本来已经够呛的水门事件显得更加严重了。阿格纽的下属由于不理解他的案件的严重性，对于我们采取谨慎态度颇有怨气。对政府的信任——以及对我的信

---

[1] 英文原书如此。但1973年的9月25日应该是星期二。——编者注

任——由于发生水门事件已有所动摇，现在则进一步下降。虽然我个人对阿格纽仍怀有莫大的同情，但在过去几天中他对看来已是不可避免的结局不断拖延，使我感到日益不安，并觉得他非辞职不可了。

星期六下午我在戴维营，黑格打电话来汇报最新情况。阿格纽在洛杉矶刚同一批共和党妇女讲了话，告诉她们过去几个月中他在受难，发现自己受到含糊不清和不知来源的控告。当群众欢呼和摆动上面写着"斯皮罗是我们的英雄"的标语牌时，阿格纽宣称他是无罪的，并攻击司法部的官员。他大声喊道："如被起诉，我就不辞职！如被起诉，我就不辞职！"

我接黑格的电话之前，刚同罗斯·伍兹谈过话。罗斯那天来得较早，为的是要开始将特别检察官索要的录音带上的谈话内容用打字机打下来。

我已开始预感到，上诉法院会作出对我们不利的裁决。我要打破由进行法院斗争而引起的瘫痪状态。我开始考虑，与其将案件上诉至最高法院，还不如来个折中办法：删去有关国家安全问题的讨论和与水门事件无关的其他问题后，将特别检察官和水门事件委员会票传的录音带以书面摘要的形式交出。

我要罗斯很快地听一遍被票传的录音带，给我们摘出谈话的要点，无须花时间把全文都打出来。她打字打得很快，所以我认为她只需花两三天就能完成全部工作。但是她发现录音带的质量很糟，声音难辨，所以她不得不一句一句地核对，为了弄清一些词句，每段要听好几遍。她花了几个小时才打完第一盘录音带的一小部分。

我拿耳机自己听。起初我所听到的是一片混乱。我将录音带倒回去重听，才慢慢地听出几个词来，但杯子碰撞声和手击桌子声经常将整段谈话录音盖住。6月，我听过同约翰·迪安的谈话录音，几乎全是在椭圆形办公室里的谈话，约翰·迪安那毫无抑扬顿挫的平淡声音听得很清楚。我没有想到其他录音带的质量会不一样。不过在行政办公大楼的办公室，由于话筒的位置和座位的安排不同、房间的形状以及拱形天花板的高度，显然产生了完全不同的音响效果。我也没有想到过听懂像埃利希曼那样的声调会有什么困难。

史蒂夫·布尔是白宫办公厅的一个助理人员，他和罗斯一同到戴维营来，以协助她从录音带上找出被票传的谈话录音部分，并在录音带上帮她做记号。

第七章 总统职位（1973-1974）

布尔在特别检察官的传票上碰到有一处不明确的地方。票传索取的是"1972年6月20日上午10时30分至中午（大约时间）在总统的行政办公大楼办公室举行的会议（录音），参加者包括理查德·尼克松、约翰·埃利希曼和H.R.霍尔德曼"，但布尔在工作记录簿中找不到这次会议，只有一次单独同埃利希曼进行的谈话，时间是从上午10时25分至11时20分，接着有一次单独同霍尔德曼进行的谈话。布尔打电话给黑格，问这怎么办。黑格找巴兹哈特谈，然后回电话说，据巴兹哈特讲，票传的只是埃利希曼的谈话，不包括随后与霍尔德曼的谈话。

到星期天晚上，我们回到华盛顿时，罗斯已用"桑尼牌"磁带录音机和一台打字机工作了29小时，但同埃利希曼的第一次谈话都还没有打完。

10月1日星期一上午，我同齐格勒、黑格、莱尔德和基辛格会面，接着会见了欧洲共同体委员会主席一小时，然后参加了军官晋级仪式和议案签字仪式。我正在行政办公大楼的办公室，这时罗斯带着焦急的神情走进来。

她说，她认为她可能把6月20日录音带上的霍尔德曼那部分洗掉了一点。我有一阵子以为她一定是指与埃利希曼的谈话，因为据我所知她一直在搞那一盘录音带。当我发现她指的是与霍尔德曼的谈话之后，我就叫她放心，并告诉她，既然没有票传与霍尔德曼的谈话，那就没有什么可担心的了。

她说了一下情况。原来特工人员应斯蒂夫·布尔的要求，那天上午给了她一台新的磁带录音机。这是一台"尤赫5000型"录音机，过去她从未用过。与她在戴维营用的那台用手工操作的"桑尼牌"不同，"尤赫牌"有脚踏的控制键钮，使她打字时可以不必从打字机到录音机来回不断换位置，这就大大加快了工作速度。她用这台新机器，大约只用了半个小时，就找到了很像是埃利希曼谈话的结尾。她让录音带再继续往下放，以肯定埃利希曼确已离开房间。接着她听到霍尔德曼在谈日程问题——听到他说关于内华达州伊利的事——此时电话铃响了，她转身去接电话。接完电话之后，她又回来听录音。结果她只听到刺耳的嗡嗡声，她不知道发生了什么事。她说在听到谈伊利后，就没有听到谈话的声音了。她猜想，她接了大约四五分钟的电话。

我请黑格进来，把这件事告诉了他。接着我们又同巴兹哈特进行了核实，查清楚我是对的，即没有票传索取霍尔德曼的谈话。由于巴兹哈特证实了这一点，因此这件偶然发生的怪事看来并不构成什么问题。那是个繁忙的上午，我和黑格开车围着华盛顿转了很长时间，谈我心里想着的最迫切的问题：阿格纽问题怎么办。与此相比，那段没有被票传的录音带被洗掉了几分钟的事似乎不值得再去想了。

在10月3日记者招待会上，我对阿格纽的问题不得不在语言上再次走一番钢丝。我最初为他辩护，强烈要求不要在报上审问他，给他定罪。但当有人问道，阿格纽说这次事件是一种带有政治性质的调查，这话是否属实，我回答说，我所听到的只是证人可能说些什么，不过指控的罪状是严重的。

我在举行记者招待会后，即动身赴佛罗里达度周末。我请巴兹哈特与我同行。那天下午他接到朱达·贝斯特的电话，说阿格纽愿意继续谈判认罪问题。贝斯特坐飞机来到佛罗里达，同巴兹哈特会面，一直谈到深夜。早些时候贝斯特向巴兹哈特指出，阿格纽只差几个月就有资格退休并可领联邦政府的养老金了。他问是否可以想个什么办法，让他有个顾问的职位使他继续领政府的薪金，直到可享受养老金时为止。我告诉巴兹哈特现在我们还不能这么做。阿格纽还问，他是否能继续享受一段时期特工人员的保护，并对他身边的工作人员的前途表示关切。我答应将予以照顾，特工人员将继续做保卫他的工作，对他手下的工作人员我们也将尽力给安排工作。

约定巴兹哈特于10月6日星期六打电话给理查森，安排重开谈判。

1973年10月

同日星期六上午，我们接到我国驻以色列大使肯·基廷的电报，报告果尔达·梅厄刚才告诉他叙利亚和埃及准备马上发动战争。以色列即将受到两面夹攻：叙利亚人从北面戈兰高地进攻，埃及人从南面西奈半岛进攻。

即将进攻以色列的消息，完全出乎我们所料。近至前一天，中央情报局还

第七章 总统职位（1973-1974）

报告说中东不大像要发生战争的样子，并说最近在埃及境内进行大规模、不寻常的军队调动，乃是一年一度的军事演习，不必顾虑。中央情报局将叙利亚引人注目地加剧军事活动，同样说成是一种防范性的行动，原因是以色列最近曾击落三架叙利亚的喷气机。

我对于我国情报工作做得这么差感到失望，对以色列情报工作的失败也大吃一惊。他们的情报工作是属于世界第一流的，但这次也疏忽大意了。自1948年以来，这是以色列人第一次在投入战争前夕，军事设施没有部署好，后备部队也没有处于一级战备状态。这一天又是犹太教的赎罪日——是犹太人一年中最神圣的节日，大多数以色列人，包括许多军人都要回家与家人团聚或到犹太教堂祈祷。这是一年当中以色列人最缺少准备的一天。

战争将再一次降祸于这个多事地区已是很不幸的事，但还有个更加令人烦恼的问号，即苏联究竟起了什么作用。我简直难以相信，埃及人和叙利亚人竟会在苏联一无所知的情况下——如果不是直接受到他们的怂恿的话——就采取行动。

在战斗实际开始之前几小时，基辛格分别同以色列人、埃及人和苏联人进行接触，看看战争是否可以制止。但为时已晚。就在那天早晨8时，叙利亚人从北面进攻以色列，埃及人则从南面进攻。

到第一天战斗结束时，埃及人已越过苏伊士运河，开始插入西奈半岛。在北面，以色列人在戈兰高地将叙利亚人击退了，但是和前几次战争不同，他们未能把叙利亚人击溃。以色列损失惨重。然而梅厄夫人深信，如果以色列人能有三四天时间发动反攻，他们就能扭转两线的军事形势。战争一开始，我们就召开了一次联合国安全理事会特别会议，但双方对进行停火讨论都不感兴趣。苏联反对我们召开安理会特别会议；他们显然认为阿拉伯人只要有足够的时间巩固他们初期取得的胜利，就会在战场上打赢这场战争。法国和英国——均为安理会理事国——则保持一定距离；它们不像我们那样同以色列有独特的密切关系；它们知道，这场冲突会影响到阿拉伯的石油。

就美国的立场而言，我看不出有必要试图强行通过外交谈判实行停火，因为双方均不愿意遵守，而且也不能期望他们会遵守。最好等到战争打到双方在军事上谁也不占决定性优势的时候。尽管以色列的鹰派有很大的怀疑,我仍相信只有在战场上相持不下时,才有可以进行有效谈判的基础。任何均势——即使只是双方筋疲力尽的均势——都能使双方易于达成一项可行的解决方案。因此我确信,一定不要用我们的影响去促成停火,因为这种停火会使双方处于不平衡的状态,从而求得永久性解决办法的谈判永远也无法开始。我同时也担心,如果阿拉伯人在这次战争中开始失利,那么苏联领导人就会觉得他们不能袖手旁观,眼看他们的盟国再遭受一次像在1967年那样丢脸的失败。

就与埃及人的关系而言,我们的处境特别微妙。1973年2月开始,我们抱着要建立更好的关系的目的,同他们有过一系列的私下接触。虽然在这场冲突中,以色列是侵略的受害者,我们必须将以色列的利益放在首位,但我希望,我们在支持以色列的同时,不与埃及人、叙利亚人以及其他阿拉伯国家造成无可挽回的破裂。我们还必须使苏联人不要进行任何干涉,以免与我们形成对抗。比一切军事复杂因素更危险的是阿拉伯人宣布石油禁运,企图以此对我们施加经济压力。

这次意外的战争所造成变化多端的形势实在来得不是时候,因为此时国内形势恰又处在空前复杂的时刻。阿格纽开始为他的认罪交换从宽处理进行最后谈判,这次谈判终将导致他的辞职,而我则面临一项挑选副总统继任人的任务。舆论界每天都利用水门事件攻击我们,而我们才刚刚开始检查那些录音带,准备在上诉法院一旦驳回——这虽不幸但又很可能发生——我们的上诉之后与特别检察官达成妥协。同时国会正在运用其权力,通过一项影响深远的限制总统战争权力的法案。所有这些令人焦虑的事在今后两个星期都交织在一起。一个地区的危机好像刚平静下来,另一地区的危机又出现了,结果所有危机在我们接近核战争边缘的时候同时达到了高潮。

到"赎罪日"战争的第三天结束时很清楚,以色列人对他们速战速胜的能力已显得过于自信了。初战对他们不利。同整个1967年战争伤亡不到700人相比,他们已伤亡1000人,坦克部队损失将近1/3。到10月9日星期二,战

第七章 总统职位（1973-1974）

争的第四天，我们可以看到，以色列若要继续打下去，我们就必须向他们提供飞机和军火来补偿他们在战争初期的损失。对于下一步我们必须怎么办的问题，我已绝对有数，也毫不迟疑。我会见了基辛格，要他转告以色列，我们将补充他们的一切损失，并请基辛格拟出这样做的后勤支持计划。

下午6时，斯蒂夫·布尔走了进来，告诉我下一个约会。他说："总统先生，副总统到了。"阿格纽跟在后面走进来。他来正式通知我我已知道的事：他已决定辞职。

我们握手后在壁炉前的椅子上坐下来。我先开口，说我知道他作此决定时是很不容易的。我知道他从本性上说，简直宁可从不利地位进行斗争而失去一切，也不愿意同敌手妥协，换取不致坐牢的保证。我对他说，我对他艰苦地参加1968年、1970年和1972年竞选运动以及他完成我所交给他的任务的献身精神表示赞赏。我询问他的夫人和家庭的情况，我理解这对他们来说是很痛苦的。

他对于曾担任过州长的那些议员们的虚伪性，感到特别痛心。他一再表示相信，其他州的大多数州长也都做过马里兰州盛行的那些做法。他强调他总是根据包工的优劣来批合同的；他认为他接受的金额甚小，任何通情达理的批评家都不会说这点钱能影响他作出违反公众利益的决定。他说他看不出他的所作所为有什么不合乎道德的地方。

他提到几个月以后，他愿意到国外担任工作；他认为对他特别合适的是个远东国家，也许是日本。他说如果我能向哪一个公司说合，聘他做个法律顾问之类的事，他将非常感激。我说我如有能助他一臂之力的机会，我一定效劳。他还说他推测国内收入署以后也不会让他安生的。他沉痛地说："你知道，他们连我买领带花了多少钱都要登记上。"

我们谈完后，我握住他的手，希望他保重。我说他可以永远指望我是他的朋友。

次日，阿格纽走进巴尔的摩联邦法院，宣布他对故意未报收入税这一款不进行辩护，并宣布辞去副总统职务。

法官判他缓刑三年，罚款1万美元。

特德·阿格纽的辞职除了对国家来说是个悲剧以外，对他本人及其家属来说也是个悲剧，10月10日，他辞职那天，我给他写信说道：

> 你，作为副总统，以大无畏和光明磊落的精神，致力于解决当代巨大的问题。你的强烈的爱国心和你致力于全国人民福利的高度献身精神，对于与你共事过的人以及全国千百万的人，都是巨大的鼓舞。
>
> 我为整个事件的发展深感悲哀；我希望你和你的家属在未来的岁月中，由于对你在副总统任内为国贡献力量仍当之无愧地感到自豪，从而得到精神的支持。

10月10日上午，我同国会共和党和民主党领袖会面。我对他们说，我们的目的是获得和平，但不能失去我们在阿拉伯和以色列双方营垒中逐渐获得的支持。我们到目前为止是成功的，双方都感到我们没有背弃他们。我们当中没有人，甚至连最亲以色列的人也并不热衷于将来打一场美国可能参与的中东战争。迈克·曼斯菲尔德说："总统先生，我们不想再打越南战争了。"

一位国会领袖忧虑地问道："以色列是不是要吃败仗了？"

我答道："不。我们不会让以色列一败涂地的。"

那天上午稍晚，正是阿格纽到巴尔的摩法庭上提出他认罪的时候，以色列大使到白宫来递交了一封果尔达·梅厄的信。她写道：

> 今日清晨，我获悉你决定向我们保证立即提供美国物资。你的决定对我们的战斗力将产生巨大的有益影响。我知道在以色列亟须帮助之际，我可以转向你，指望你的深切同情和谅解。
>
> 我们正在以寡敌众，但是我们满怀信心，我们终将获得胜利。胜利后，我们将把你铭记在心。

我几乎每小时都要向基辛格查询我们对以色列的供应工作做得如何。所得的报告却是情况不妙。

他说:"国防部设置重重障碍。"詹姆斯·施莱辛格显然关心的是不得罪阿拉伯人,因此不想让以色列航空公司运输机在美国军事基地降落。基辛格终于说服他放宽尺度,飞机先在纽约停留,将机尾的标记涂去。我同意,不要无缘无故得罪阿拉伯人是很重要的,但是我们现在接到报告说,苏联正在大规模地空运武器和军需品给叙利亚和埃及,报告还说,苏联有三个空降师已处于戒备状态。阿拉伯人显然企图巩固他们在军事上取得的初步胜利。当我们正在用喷漆涂掉"大卫之星"标志时,以色列却由于缺乏武器而打败仗,这简直是不可设想的事。我对基辛格说:"告诉施莱辛格要抓紧办。"

我们又接获情报说,我们坚强的盟友侯赛因国王已决定派一小支军队与叙利亚军并肩作战。布伦特·斯考克罗夫特将军(接替黑格任基辛格的副手)召见以色列大使,表示我们希望以色列不要进攻约旦,不要扩大战争。

在中东危机日益发展期间,我不得不将注意力转到物色副总统的新人选上。

有好几位议员到白宫来同我谈此问题。许多民主党议员对一个能力强的共和党人突然被提拔到全国突出的职位的前景表示忧虑,这是可以理解的。因为我在1976年不能再参加竞选,我的副总统如被提名为共和党总统候选人,他就会处于很有利的在职地位。抱有较大党派偏见的民主党人已大张旗鼓地提出要求:我不得任命拟在1976年竞选总统的任何人;他们只想要一个看守副总统,填补阿格纽未当满的任期而已。

迈克·曼斯菲尔德特别起劲地敦促我选一个看守副总统。他自己挑选的是肯塔基州参议员约翰·谢尔曼·库珀和比尔·罗杰斯。他说提名康纳利、洛克菲勒或里根会在国会遭到非常强烈的反对。这是一个信号,而且我相信他也有意如此:如果我在这些活动力很强的总统竞争者中进行提名,民主党人则将凭党派利益行事。我说首要标准是必须能胜任这项工作。我故意提出杰里·福特为例。曼斯菲尔德点燃了烟斗,深深抽了几口,未加评论。

我请共和党领袖们按优先选择的顺序列出推荐副总统人选名单,交给罗斯·伍兹。10月11日下午我动身去戴维营,带了罗斯整理的一大堆推荐材料和宣布人选的讲话稿。讲话稿的结尾，根据我的指示，准备了四个不同的候选者——约翰·康纳利、纳尔逊·洛克菲勒、罗纳德·里根和杰里·福特。

综合全国各阶层和国会、内阁及白宫班子被征求意见的高级党派领袖近 400 名的意见，其中洛克菲勒和里根实际上同列首位，康纳利名列第三，福特名列第四。然而，国会议员们首先选中的却是福特，而我所提名的人是必须得到议员们的赞同才行的。

约翰·康纳利一直是我自己挑选的第一号对象。早在 10 月 6 日，我就请黑格打电话给他，问他如果提他的名，他是否会接受这项职务。同时我也想知道，康纳利自己对国会批准提名的可能性作何估计。在其后几天，我们不动声色地作了一些核对工作，所得报告完全一样：康纳利根本不可能得到国会批准。他会遭到绝大多数民主党人的反对，他们怕他会是 1976 年共和党最强的总统候选人。由于我有水门事件问题要对付，我不能在新的副总统人选上长期卷入大规模的党派斗争活动中去。

我让黑格再给康纳利打电话，告诉他虽然他仍是我选择的第一号对象，但能否得到国会确认，我极为担心。他回答说，他也进行了了解，得出了同样的结论。

于是再看其他选择对象。我断定，提名洛克菲勒或里根都会使共和党来个大分裂，大打其派仗；虽然国会确认问题可能不太大，但派仗留下的创伤则可能到 1976 年还不能痊愈。这样就只剩下杰里·福特一人了。

我开始物色副总统新人选时就定下了四条标准：有担任总统的条件，与我思想上相近，忠诚，有可能得到国会的确认。我觉得，如果我由于某种原因不能当满我的任期，那么杰里·福特是能胜任总统的；我知道他对国内政策和外交政策的观点同我的观点极为接近；他善于与人共事；同时毫无疑问，他又是最容易得到确认的。

10 月 12 日星期五一早，我回到白宫，将我的决定告知黑格。我们唯一另外通知的人就是康纳利。他当即表示同意，说在当时情况下福特是合适的人选。我不知康纳利可否记得，我有一次曾将 1972 年我同杰里·福特的谈话内容告诉过他。福特那时对我说，照他看，康纳利是 1976 年的合适候选人。

第七章 总统职位（1973-1974）

那天上午稍晚时候，黑格脸色忧郁，带来消息说：上诉法院以五对二裁决录音带一案，我们败诉。现在我们只有一个星期的时间决定我们是否要将该裁决上诉最高法院。

休·斯科特和杰里·福特来谈关于以后几天国会的日程问题。关于副总统职位的决定，我丝毫没有透露。据某些记者报道，福特一直希望在这次来访中能获悉他将被提名为副总统。当我听到新闻报道说他离开白宫时显得垂头丧气时，我觉得很好笑。

那天下午我获悉为以色列补充军事装备的计划遭到严重阻碍。因为以色列是战区，没有一个保险公司愿冒风险为包租飞到那儿去的私营飞机保险。为了设法绕过保险问题，我们向五角大楼提出动用部分国民后备空军部队的想法。同时也考虑将军需品空运至亚速尔群岛，再转运到以色列。经过多次讨论后，我们终于说服葡萄牙政府勉为其难地同意了此项计划。与此同时，苏联的空运在大规模进行；以色列弹药奇缺的情况日益严重，我断定不能再拖延下去，于是决定若属必要，就得动用美国军用飞机，将军需品运到以色列。我让基辛格将我的决定转达给五角大楼，要他们拟出一项计划。他告诉我，五角大楼建议我们只派三架 C-5A 型军用运输机去以色列，我听后大为震惊。他们的理由是派少量飞机去，在埃及人、叙利亚人（也包括苏联人）中间引起的麻烦会少一些。我的反应是，派三架飞机和派 30 架飞机同样会遭到猛烈的攻击。

我打电话给施莱辛格，告诉他我理解他的担忧，对他的谨慎从事表示赞赏。我向他保证说，我深知我所作决定的严重性，假如结果是我们同阿拉伯人从此疏远，我们的石油供应中断，我个人将承担全部责任。我说，我们如果搞不到私营飞机，就应动用我们自己的军用运输机。我对他说："不论我们用哪种办法，你必须让飞机马上起飞。"

当我获悉五角大楼内部对使用哪种飞机进行空运又有争执时，我感到非常生气。我对基辛格说："他妈的！把我们手头有的飞机都用上。告诉他们，凡是能飞的都派去。"

10 月 12 日星期五晚上刚过 7 点，我叫黑格打电话到杰里·福特家里，告诉他我选择他当副总统,并问他是否打算接受。福特问我们是否可以另拨一个号码,使他的妻子贝蒂能同时在分机上听这次谈话。

我同杰里和贝蒂打完电话后,回到官邸,将此消息告知帕特。她说:"很好。我猜到了。"

那天晚上9时,我在白宫东厅举行的电视仪式上宣布了这个决定。后来全家都来与我共同进餐。我刚吃完一小块牛排,黑格就来同我商讨傍晚苏联送交白宫的最新信件。

信件说他们听到我们正在向以色列供应炸弹、空对空导弹、飞机和坦克。他们说他们也听到传闻,说将有150名美国空军驾驶员装成游客前往以色列。信件中没有进行威胁,但语气逼人,其意图颇为明显。当然信件不会提到苏联进行大规模空运的事。据估计,当时苏联每天供给叙利亚和埃及的武器及物资达700吨。

这个信件未免来得太快了。苏联草拟信件时,我们对以色列的空运尚未开始,但到了第二天,10月13日星期六下午3时30分,30架C-130型运输机已在飞往以色列的途中。

到星期二,我们每天运去1000吨。以后数周美机飞行任务达550架次以上,其规模比1948年至1949年的柏林空运还要大。我还下令增拨10架鬼怪式喷气机给以色列。

事实上,以色列已凭自己的力量开始扭转战局。现在由于有了我们新运去的装备,他们已能一直推进到大马士革郊外,并即将对西奈半岛的埃军形成包围圈。

直到星期六上午我才有时间过目上诉法院的裁决;它对特别检察官为索取九盘录音带起诉一案,裁决我们败诉。

在某种意义上说,这裁决是一个胜利,因为法院接受了我们的论点,即全面索取政府的所有讨论记录将使政府无法工作。但大多数人的意见是,这裁决应被看作是一种"不寻常而有限度的"要总统交出物证的要求。但是这样一种

第七章 总统职位（1973-1974）

胜利充其量也是相对的，因为多数法官否定了我们的论点：只有总统才能决定这种材料是否享有特权。他们自己反倒僭取了这种权力。

这项裁决对我个人是一个沉重打击（虽然我对此是有所准备的），正如我为了同黑格和齐格勒进行的讨论所作的札记中写的那样：

> 我们不应哄骗自己；我们必须正视这些事实。
>
> 在我们的8月15日声明发表后，盖洛普民意测验表明支持我们的占38%；自那以后，我们于8月22日和9月5日举行了记者招待会，还对内政外交方面具有新闻价值的大事做了许多累坏人的工作。我们从国会中一些朋友那儿听到国会的情绪较好；欧文在公众心目中的威望已下降；新闻报道也较之前公允些了。
>
> 然而盖洛普民意测验和哈里斯民意测验表明对我们的支持均有所下降，盖洛普民意测验从38%降至32%，哈里斯民意测验赞成我辞职的人占比增至31%，反对的占56%。
>
> 问题在于：我们是不是正视现实？虽然我个人特别在过去一个月作了很大的努力，我们在同舆论界做斗争中是不是仍在节节失利？公众的态度可能会强硬到我们无法使之改变的地步，我们对此事实正视了吗？

情况令人难以忍受。我们一周接一周、一月接一月地消耗精力，陷入圈套，被弄得瘫痪无力。欧文委员会继续不断地走漏消息，进行指控。霍尔德曼和埃利希曼辞职已四个半月，考克斯被任命也已四个月了，但什么问题也没有解决。调查在旷日持久地搞下去。尽管总统只能受到弹劾，但不断传闻考克斯要对我进行起诉。国会和我的工作班子中强硬的保守派早已感到考克斯必须离职，理由是他不但建立了一个自由派小天地，还变成了寄生虫，危险地月复一月地蛀食着行政部门。免他的职看来是使政府摆脱这条藏在我们怀里的充满党派成见的毒蛇的唯一办法。不管我们是否决定对这一具体的录音带案件上诉至最高法院，我知道要不了几天考克斯又会来要更多的录音带，然后要了还要。

这项裁决作出的时机是再糟糕也没有了：我们正处于中东发生重大的世界性危机之中；副总统辞职使国内受到重创。但是任何这类考虑同此项裁决强加于我们的日程表相比，都变成了枝节问题。在星期五子夜之前，我们必须作出决定：同意裁决，还是进一步提出上诉。

任命特别检察官已经是一个重大的错误，要补救这个错误，我知道是困难的，是要付出很高的代价的。假若能在录音带问题上达成一项可接受的妥协的话，我就决定免去考克斯的职务，将水门事件调查工作交回司法部；司法部早在好几个月以前就被认为完成了工作的90%，而且该部的调查人员和考克斯及其工作人员不同，他们不必为巩固自己的地位操心。

我们在9月底探讨只提交传票索取的录音带摘要，而不提交录音全文的想法时，曾想物色一个能负责核实录音带的局外人。弗雷德·巴兹哈特建议密西西比州参议员约翰·斯坦尼斯。斯坦尼斯是个民主党人，参议院社会准则和行为特别委员会主席，前任法官，由于他为人公正和诚实，是国会中受到两党成员尊敬的少数人之一。我们觉得，交出录音带摘要并不等于在树立先例这个关键性问题上妥协让步。

10月14日星期日，在白宫做礼拜后，我和斯坦尼斯谈了几分钟，并问到他是否可对几盘录音带摘要核实一下。他觉得可以干这项工作。

第二天是10月15日星期一，黑格请来了埃利奥特·理查森。考克斯在职位上讲是理查森的下级，因此应该由理查森来免去考克斯的职务。然而理查森是个未知数。第一次票传索取录音带时，他公开承认我拒不交出录音带是有宪法根据的；但他在认可他的任命的听证会上又答应过，除非考克斯有"特别不正当的行为"，否则不能将他免职。理查森可能觉得，如果他免了考克斯的职，他会由于未遵守对参议院许下的诺言也不得不辞职。黑格在他们会面后，证实这的确是理查森的想法。此外，我认为谁也不能忽视一个现实情况，即考克斯已成为水门事件的一名英雄了。

理查森辞职是我们要不惜任何代价力求避免的事。我和黑格向他提出一项妥协方案：我们并不坚持要免考克斯的职，但我们要把斯坦尼斯计划执行下去。

第七章 总统职位（1973-1974）

我仍决定我们同考克斯的妥协到此为止。黑格将此事告诉了理查森，得到回话说，理查森觉得这计划很好，也很合理，而且认为斯坦尼斯是做这项工作最理想的人选。黑格还说，他得到理查森的保证：考克斯如拒不接受斯坦尼斯妥协方案，理查森即会在必然要发生的争论中支持我。黑格说理查森相信不会有问题，考克斯是他在哈佛大学法学院的导师，后来他和考克斯一直友好相处，所以考克斯会同意这项妥协方案的。

星期一，黑格和巴兹哈特去看斯坦尼斯，把工作安排落实下来。斯坦尼斯将逐行核实我们交出的第三人称录音带摘要，并证实我对与本题无关或涉及国家安全问题的材料进行删节是适当的。我们还决定将核实过的录音带摘要提交给欧文和贝克转水门事件委员会。

10月17日，我在椭圆形办公室会见了阿拉伯国家的四位外长。后来沙特阿拉伯外交大臣对记者说："我们认为，能够解决越南战争并能在全世界维持和平秩序的这个人，一定也不难在使我们中东地区稳定并获得和平方面发挥良好作用。"

10月18日星期四晚上8点45分，我们获悉苏联打算向联合国安理会提出一项中东停火联合提案。以色列的战果，加上我们的军需空运，已证明阿拉伯人及其苏联保护人受不住了。苏联提出的决议以下列三项原则为基础：就地停火；以色列军立即撤至联合国第242号决议中所说的边界——换句话说，就是撤至1967年以前的边界；开始进行磋商签订一项和平协定。

这些条件反映出人们所熟知的苏联一贯主张：硬要以色列人在和平磋商尚未开始之前，就得先放弃他们在1967年战争中所获得的领土。这种要求完全是不现实的，因为以色列人不仅把这片领土看作谈判的筹码，而且认为在目前的环境下这片领土对他们国家的安全来说是必不可少的。此外，最近以色列在战场上取得的节节胜利又给他们在军事上带来了决定性的好处，所以他们根本不可能接受这些就好像阿拉伯人是胜利者所强加给他们的条件。

我的答复并没有使我们在接受苏联建议方面承担任何义务，但强调继续保持联系的重要性。我说除非中东实现了和平，而且我们两国都起了作用，否则我们的缓和是不全面的。

与此同时,黑格报告说,理查森同考克斯会谈后未能说服他同意妥协,考克斯不愿意接受斯坦尼斯的核实。理查森对黑格说,考克斯对斯坦尼斯是何许人——他的人品——一无所知,这只有华盛顿了解内情的人才知道。不仅如此,考克斯还要求具体保证日后他可任意调阅白宫一切文件和录音带。黑格说,连理查森都认为这是毫无道理的。这时,我就更加觉得非免去考克斯的职不可了。

在星期四和星期五即10月18日和19日两天,理查森同黑格、赖特、加门特和巴兹哈特一连见了两次面。黑格对我说,理查森曾建议一项不免去考克斯职务的变通办法,即在考克斯周围设置许多他所谓的"防线"。特别检察官作为行政部门的组成部分,必须服从他的上级的命令。"防线"可包括一条命令,不准他进一步提出索取总统文件的要求。同时我们就可以采用斯坦尼斯妥协方案,绕过考克斯,把录音文本送交法院和欧文委员会。

黑格告诉我,我们的律师分析了考克斯对理查森所提建议可能产生的反应,并断定他可能有三种选择:他可能接受斯坦尼斯妥协方案,也可能只是拒绝而无其他举动,也可能表示拒绝之后就辞职。据黑格说,大家都确信,考克斯如果不接受斯坦尼斯妥协方案,就会辞职表示抗议;这样一来就不会发生任何使理查森难办的问题了。

10月19日,我们正在想确定一项应付考克斯最好的办法时,接到了勃列日涅夫的来函。他说中东局势越来越危险;既然美国和苏联都不愿看到我们的关系受到损害,我们双方就应尽最大努力使中东事态不致变得更加危险。他建议基辛格到莫斯科去直接谈判。

我们已到了战争的紧急关头。以色列军正在战场上击败阿拉伯军队,以后几天内苏联就会决定他们下一步怎么办。那天下午我向国会申请给以色列22亿美元的紧急援助。10月17日,阿拉伯石油输出国组织投票决定减少原油产量。我申请援助以色列几天后,阿布扎比、利比亚、沙特阿拉伯、阿尔及利亚和科威特决定对美国进行全面石油禁运。尽管这样,我也还觉得在如此危急的时刻一定不能少给以色列援助。

10月19日下午晚些时候，黑格跟我说，理查森对于我们计划对付考克斯的某几点表示了黑格称之为"温和的"不满。黑格说："问题不大。"

下午5时25分，萨姆·欧文和霍华德·贝克来到我的办公室。他们原来已分别前往新奥尔良和芝加哥了，后来是用空军喷气机把他们接到华盛顿来的。我告诉他们关于斯坦尼斯妥协方案时，他们两人看来都感到高兴和宽慰。

欧文在会见中彬彬有礼。会见结束时，我对他说，我对7月在电话交谈中对他态度生硬表示遗憾。他说他当时不知我在生病，因此根本不用向他道歉。贝克和欧文同意斯坦尼斯妥协方案后，黑格随即通知白宫工作人员、内阁阁员和杰里·福特。所有人都为此消息而欢欣鼓舞。

后来有人对我说，布赖斯·哈洛协助黑格打电话给内阁阁员时，错误地连名带姓地称呼了埃利奥特·理查森。哈洛马上道了歉，但理查森仍怒气冲冲地回答："我从未受到这样轻慢的对待。"哈洛将此事告知黑格，黑格立即打电话给理查森，说他听到理查森对哈洛说的话感到惊讶。理查森马上表示抱歉，并对黑格说，他当时感到非常疲乏，又喝了酒，还说现在情况看来好多了。

那天晚上8时15分，我发表声明宣布斯坦尼斯妥协方案。我一开头就提到当时极为微妙的世界形势：

> 在此危急之际，最重要的是我们要有采取行动的能力——要能控制事态，而不是被事态弄得软弱无力，不知所措。在国内，水门事件已含有党派政争的味道。同时，国际社会上有些人想要利用我国国内由于水门事件而造成的困难，对美国是否有团结一致和坚定的决心来抗击国外的挑战可能作出错误的解读。

然后我阐明了斯坦尼斯妥协方案，并说经过核实的录音摘要将送交赛里卡法官和欧文委员会。我说完这点后，就对考克斯宣布命令，停止他对水门事件进行的不正当的调查活动。

虽然我不想侵犯特别检察官的独立性，但我觉得有必要命令他，作为行政部门的雇员不得再按司法程序索取总统谈话的录音带、笔记和备忘录。我认为即将提交法院的文件足以满足特别检察官的合法要求，他也可以对那些可能犯了罪的人进行控告。而且我相信我今天采取这些行动之后，美国即可免遭录音带所引起的犹豫不决和讼争不停的痛苦了。

国会和公众对斯坦尼斯妥协方案的初步反应是良好的。国会两党议员们均对斯坦尼斯表示信任。戴维·布罗德写了一篇专栏文章，称他是担任该项工作最合适的人选。

我立即同意了勃列日涅夫的建议：基辛格到莫斯科去直接谈判中东问题。10月19日子夜，在基辛格正要动身去莫斯科之前，我打电话给他讨论他的莫斯科之行。

10月20日星期六，即第二天上午，我发了一封措辞严厉的信给勃列日涅夫。我特意附了一张手写的便条，缓和一下信件中的强硬用词，便条上写着我和帕特向他和勃列日涅夫夫人致以最良好的问候。我知道，勃列日涅夫会理解我这样做的含义：假若他愿意支持认真的和平努力的话，那我就不会认为苏联的空运影响了我们之间的个人关系或是偏离了缓和的道路。

基辛格到达莫斯科不久，就给我发来勃列日涅夫的信，对我在信中所表达的感情作了回应，并附来同样手写的附言："勃列日涅夫夫人对所致问候表示感谢，她也和我一起向你和尼克松夫人致以个人的问候。"

星期六中午一过，考克斯就举行了记者招待会。他以一个谦虚的甚至感到糊涂的教授的神情说："我当然不是要来搞美国总统的。用俗话来说，我甚至担心我是否有点太自不量力了，也许我所认为的原则只是虚荣心和名利……要处在这种地位的我来说一声，我用不着美国总统来告诉我该怎么干，这真是有点使人尴尬。"他说尽管我提出了妥协方案，他还是要继续要求索取录音带。

第七章 总统职位（1973-1974）

他说他认为除去埃利奥特·理查森外，没有任何别人能够对他下达他在法律上非服从不可的命令。

我深深感到我绝不能让考克斯公然抗拒总统的指示。我想到勃列日涅夫：假若我们正在外交上同他们摊牌时，我还非得听从我的一个下属的要求不可，那苏联人该怎么看啊！况且我认为考克斯是故意越权；我觉得他就是要搞我个人，所以我一定要撤掉他。

下午2时刚过，黑格打电话给理查森，要他免除考克斯的职务。理查森说，他不干，并说他要见我，提出辞职。传闻理查森对别人说，现在他正极力要摆脱他自己与制定斯坦尼斯妥协方案的关系以及与不准考克斯进行非法调查活动的指示的关系。

理查森到达白宫时，黑格请他至少在中东危机尚未解决之前暂不辞职。在此危机期间，又正当基辛格与勃列日涅夫会谈之时，理查森提出辞职不仅对苏联对于我们的意图和实力的估计，而且对我国政府内部的纪律都可能产生不可估量的影响。后来我问莱恩·加门特："如果我都不能使我的司法部部长执行命令，那我还怎么能将军火运到以色列去呢？"但理查森就连几天都不愿意等。

4时30分刚过，他被领进椭圆形办公室，提出了辞呈。这是一次情绪激动的会见。我向他谈了他所作的决定的严重性以及这种局面可能突然产生的后果。我告诉他，我认为中东局势以后几天的发展将会如何严重，我又重复了黑格的话，作为个人，请他推迟辞职，以免当我们在国外处在危急关头的时候，又引起国内危机。他又拒绝了。他对我作为他的好友，使他任职高位表示感谢。

理查森的副手威廉·拉克尔肖斯是接任司法部部长的二号人物。但是他告知我们，他也宁可辞职而不免除考克斯的职务。我担心会发生一连串这样的辞职，而且我也不知道何时才了。尽管如此，我仍准备干到底。

司法部的第三把手是司法部副总检察长罗伯特·博克。他的两位顶头上司的辞职使博克的处境极其困难。他不是个"唯命是从的人"。但是尽管他作为个人可能非常反对我免去考克斯职务的决定，但他是研究宪法的学者，他觉得我在宪法上有权这么做，因而他有责任执行我的命令。他说他将免去阿奇博尔德·考克斯的职务。

10月20日星期六晚8时22分,齐格勒走到白宫新闻发布室宣布解除考克斯的职务,理查森和拉克尔肖斯均已辞职,水门事件特别检察官的办公室撤销,其工作交回司法部。

各电视网在正常节目中插入了紧张的近乎歇斯底里的公报。那天晚上晚些时候,全部电视网均有专题报道。评论员和记者均用《圣经》中的语言讲话,并用政府发动政变压制反对派的词句来描绘那天晚上的事情。全国广播公司的约翰·钱塞勒是这样开始广播的:"今晚我国处于可能是有史以来最严重的宪法危机之中……这是一个骇人听闻的事件,连我国整个历史上发生过的最严重的事件都不能望其项背……在我记者的生涯中,我从未想到我会宣布这种事。"有的新闻报道称之为"长刀之夜",同1934年希特勒对其反对派施行的大清洗进行低级的煽动性的对比。不出24小时,电视和报纸都将此事冠以带有偏见的短标题"星期六夜晚大屠杀"。

星期一晚上电视网新闻节目由形形色色的国会议员对我进行了19次攻击;而为我辩护的则只有5次,其中3次是由博克一人进行的。

专栏作家卡尔·罗恩问道:"尼克松总统是发疯了吗?"拉尔夫·纳德说我的"举动像个疯子、暴君或两者兼而有之",埃德蒙·马斯基的评语是"带有独裁的味道"。爱德华·肯尼迪评论说,这是"总统不顾后果的冒失行动,而这个总统是既不尊重法律,也不把有良心的人们放在眼里的"。参议员罗伯特·伯德说,免去考克斯的职务是使用"盖世太保战术"的"德国褐衫党的行动"。《纽约每日新闻》反击说:"狼群在围攻尼克松。"《明星报》说:"某些观察家似乎听到了军靴声,但大部分军靴声是他们自己的错觉造成的。"

到10月23日星期二,国会山有21项弹劾我的动议在各种不同的讨论阶段进行。过去曾坚决拥护政府的六家报纸现在也要求我辞职。10月30日,众议院司法委员会表决自己有发传票之权,表决情况完全按党派划线;11月15日,众议院投票决定拨款100万美元开始进行弹劾。

虽然对于撤考克斯的职会有大量不利的反应这一点我是有思想准备的,但

第七章 总统职位（1973-1974）

实际反应如此之激烈，则使我大吃一惊。我第一次认识到水门事件对整个美国的深刻影响；我突然意识到这问题已深深地伤害了美国民族的感情。当我获知一些本来是通情达理而且讲话负责的人对星期六夜晚事件的反应几乎是歇斯底里的时候，我又发现从我的角度来看问题的人简直太少了，美国公众的头脑受到了多么大的损伤啊！由于我对这种情况了解不够，所以我严重地错误估计了形势。但由于我简直不能容忍考克斯继续担任特别检察官，所以我觉得除了照我现在这么办以外，也无其他选择。

10月21日星期日，基辛格和勃列日涅夫在莫斯科提出拟议中的停火协定草案。由勃列日涅夫将协定条款通知萨达特和阿萨德，而基辛格则动身去特拉维夫将协定草案交予以色列人。基辛格在途中时，我写了一封信给梅厄夫人，对没有更多时间进行磋商表示歉意，并介绍了拟议中协定的条款：

1. 就地停火。
2. 停火后全面要求贯彻联合国第242号决议。
3. 有关各方举行谈判，以便在中东建立正义的和持久的和平。

这些条款特别引人注目，因为这是苏联第一次同意一项要求各方无条件地进行直接谈判的决议。这也是他们第一次接受"全面要求"贯彻第242号决议，而不坚持以色列先撤出被占领土作为进一步谈判的先决条件。

阿拉伯人和以色列人均接受了草案的条款——当然热情不大——10月22日星期一，停火生效。然而，未过几小时，以色列就指控埃及人违反停火协定，恢复了强大攻势，对苏伊士运河东岸埃及第三军团的2万人完成了包围。

基辛格现已回到华盛顿，他接到苏方来电谴责以色列破坏停火，并通知说萨达特建议，美苏商定措施保证埃及军队和以色列军队脱离接触。20分钟以后，即10月23日上午11时，我从华盛顿-莫斯科热线接到勃列日涅夫的急电，虽然电文一开头是"尊敬的总统先生"，但措辞强硬而冷淡。勃列日涅夫不提埃及的挑衅，指控以色列撕毁停火协议。他催促美国采取坚决行动制止违反停火协定的行为。他无礼地暗指以色列的行动是和我们串通共谋的。

我发了复电，电文说，根据我们所获的情报，埃及是首先违反停火的一方。我还说,这不是争论问题的时候。我说我们已坚决要求以色列立即采取步骤停止敌对行动,我敦促勃列日涅夫对埃及方面采取同样行动。我在复电的结尾说,我和他在上一周末已获致历史性的解决方案,我们不允许任何人破坏这个方案。

那天下午我到达戴维营时,勃列日涅夫已发来一封电报说,只要以色列同意,埃及人随时可以停火。我们发回复电,敦促他迫使叙利亚和埃及一同接受停火。我最后说:"我仍然认为,你们和我们已为和平事业做出了特殊的贡献。"

同日,即10月23日星期二,查尔斯·艾伦·赖特准备出庭,向赛里卡法官宣布我对传票索取录音带的决定。斯坦尼斯妥协方案随着考克斯被解职已流产了。在赖特动身去法院之前不久,我与他、黑格、加门特和巴兹哈特碰了头,做出了最后决定。

我可以看出,我们一定要迅速行动,否则就有让众议院通过议案对我进行弹劾的危险。这种威胁要求我们交出录音带。但同时,我也知道对行政特权的原则和我个人情况来说,如此屈从将意味着什么。作为第三种选择,我可以上诉到最高法院去。但这会使最高法院作出甚至具有更大约束力的裁决,而且还很有可能又是败诉,这就更有损于总统职权和三权分立的原则了。

尚有一些其他考虑:有些议员在暗示,对任命福特的认可要取决于我是否交出录音带。最后一点考虑是,我觉得,为了减少苏联乘我们国内动乱之际利用中东国际危机的可能性,有必要缓和我国国内的危机。碰头会上,人人都同意我应交出录音带。这是一个使我感到很痛苦的决定。但可以告慰的是这些录音带至少可最终证明,迪安在作反对我的证词中说了谎。那天下午赖特出庭宣布:"总统不蔑视法律。"

10月24日,第二次中东停火生效。但是又有新的令人不安的情报。我们得到情报说,苏联七个空降师共5万人已奉命进入戒备状态;地中海现有苏联舰艇85艘,包括登陆艇和装载运输军队用的直升机的舰只。

那天下午,萨达特公开要求勃列日涅夫和我派一支联合和平部队到中东

第七章 总统职位（1973-1974）

去。苏联人显然支持这种主张，把它视为在埃及重建他们军事力量的机会。通过我国现任驻联合国大使约翰·斯卡利，我们也听到传闻苏联人正在策划让不结盟国家倡议和支持美苏派出联合部队，不管我们是否愿意。

我决定使用我们同埃及新辟的通信线路，给萨达特发了一封措辞直率的电报：

> 我刚才获悉可能有一项决议草案会于今晚提交安全理事会，敦促外界的军队——包括美国和苏联的军队——派往中东执行停火协定。我必须奉告你，如果这种决议提交安理会，美国将因以下理由行使否决权：
>
> 要调集足够的外界军事力量对现在在中东进行战斗的各方军队形成一种有效的抗衡力量，是不可能的。
>
> 如果两个核大国被要求提供军队，则将引起一种极其危险的潜在可能性，即大国在该地区进行直接对抗。

当晚9时，又接到勃列日涅夫的来电。他声称得到确切的情报，以色列军队正在攻打苏伊士运河东岸的埃及军队。我们知道，这是不确切的；那天前线比较沉寂。勃列日涅夫电报后面显然隐藏着某种别有用心的动机，我们得等着瞧瞧这动机究竟是什么。

一小时后，勃列日涅夫又来一份电报。基辛格打电话给多勃雷宁，念电文给他听，以便确定是否正确无误，因为自从11年前发生古巴导弹危机以来，这次来电对美苏关系的威胁也许是最严重的了。勃列日涅夫再次断言，尽管安理会作出了停火决议，以色列则仍在作战。因此他力主美苏立即各派一支军队到该地区去。他要求立即给予答复，并说如果我们不同意他建议的联合行动，苏方就要考虑单方面行动了。

黑格告诉我此电内容时，我说他和基辛格应在白宫碰头，制订计划，对苏联公然威胁要单方面干涉给予坚决回击。单单在口头上说说并不能达到我们的目的——我们需要行动，甚至得来个军事戒备这样叫人吃惊的行动。

那天深夜，我又给萨达特拍了电报，概述了苏联的建议，并说明为何我觉得进行干涉是不能接受的，正如我在前次电报中已说过的那样：

> 假若两个核大国在贵国土地上这样相互对峙，我请你要为贵国考虑考虑这样做的后果。我请你进一步考虑：如果核大国之一的军队在埃及的土地上有军事上的卷入，那我们就不可能保持从11月7日基辛格访问开罗开始的外交上的主动性。
>
> 我们在中东正进入一个新时期。让我们在此刻不要把它毁掉。

与此同时，基辛格、黑格、施莱辛格、斯考克罗夫特、穆勒和中央情报局局长科尔比于晚上11时在白宫情况室开会。他们一致建议，我们应下令将美国全部常规部队和核部队处于戒备状态。凌晨时刻，我们将此令迅速发至国内和全球的美军基地、军事设施和海军部队。

在我们肯定苏联获悉戒备的初步迹象后，我发了一封信，通过苏联大使馆立即转莫斯科。这是我直接写给勃列日涅夫的信，在外交辞令之下毫不含糊地写道：

> 总书记先生：
>
> 我仔细研究了你今晚的来电。我同意你以下的意见：我们对为和平采取联合行动达成的谅解是具有最大价值的，我们应在此复杂的形势下实现这种谅解。
>
> 然而，我必须告诉你，你建议采取某种具体的联合行动，即派苏美部队到埃及去，在目前情况下是不合时宜的。
>
> 我们没有得到消息说明现在停火遭到大规模的违反……
>
> 在此情况下，我必须将你关于单方面采取行动的建议看作是最令人关切的问题，它会引起不可估量的后果。
>
> 事实很清楚，要强制双方贯彻停火条款所需的部队是大量的，并需进行最密切的协作，以避免流血。这显然不仅是不可行的，而且在当前形势下也是不合时宜的。

第七章 总统职位（1973-1974）

我说我打算同意派一些美国和苏联的人员到该地区去，但不作为战斗部队，他们可以包括在业已扩充的联合国部队里。但甚至这种安排也须遵照有周密规定的方针办事：

> 我们的理解是，这是一种非常的临时措施，其目的只是为了提供有关双方遵守停火协定条款的足够情况。假若这就是你派部队的意图，我们将予以考虑。
>
> 总书记先生，根据我们协定的精神，现在不是单方面采取行动的时候，而是头脑冷静地采取协调一致行动的时候。我认为我的建议是符合我们所达成的谅解的文字和精神的，并将保证停火得到迅速的实现……
>
> 然而你必须明白，我们无论如何都不能接受单方面行动……正如我以上所述，这种行动将产生不可估量的后果，对我们哪一国都不利，而且将使我们花了这样大的努力才获得的一切成果化为乌有。

10月25日上午7时15分收到萨达特总统的来电。电文说他理解我们的立场，并将要求联合国派遣一支国际和平部队。

8时我会见了黑格和基辛格。不到一小时之后，我向国会两党领袖谈了最新的事态发展。当我叙述最近几小时内交换函电的情况时，室内鸦雀无声。他们临走时，表示全力支持我的行动和政策，包括下令部队进入戒备状态在内。

我们仍在等待勃列日涅夫表明苏联态度的回话。就在此时，基辛格举行了记者招待会。这使美国人民醒来时极为震惊，发现一夜之间我们的武装部队已在全世界范围内处于戒备状态，而且在基辛格举行的招待会上，有四个问题专门问到下令军队进入戒备的决定是否完全根据军事方面的情况作出的。有的人甚至转弯抹角地怀疑这个决定是否完全有道理。一名记者评论道："正如你们所知道的，今天上午就有人推测美国如此迅速地处于戒备状态既出于中东外交上的实际需要，也可能出于美国国内的需要。"

基辛格对室内充满敌意和怀疑的气氛非常吃惊，他冷若冰霜地答道："居然有人可以这么暗示说，美国将部队处于戒备状态是由于国内的原因，由此可见我国情况之一斑。我们认为在此刻细谈外交换文的情况是不明智的……招待会一结束……我们就会向大家提供材料……我绝对相信大家会明白，作为对国家负责的领导人，总统没有别的选择。"后来他在记者招待会上承认，我们正遇到重大的国内危机，但他补充说："现在该由诸位女士们和先生们来决定是否应在这个时刻也在外交政策方面引起信任危机……不过，现在必须有起码的信任：美国政府的高级官员并不是在拿美国人民的生命当作儿戏。"

正当基辛格招架这些问题的时候，勃列日涅夫的电报来了。他在短短的几行电文中宣布即将派70名独立的"观察员"到中东去，这和他在上次电报中所说的派部队迥然不同。我用同样的低调子回了他的电报，但就连派独立的观察员，我也强烈反对：

> 我建议此次我们将联合国观察团的组成工作交由秘书长裁夺……
> 我认为各个国家没有必要单独派观察人员到该地区去工作。

我对苏联在中东危机中所作所为的评价是：它不是缓和失败的例证，而是说明缓和有其局限性——我对此种局限性一直有很高的警觉。10月25日我在国会两党领袖举行的会议上说："我从未说过苏联人是'好人'，我常说的是我们不应与他们作不必要的对抗。"

苏联总是按自己的利益行事，美国也如此。缓和改变不了这种情况。我们能寄希望于缓和者在边缘地区将对抗减少到最低限度，在重要地区至少能提供可供选择的可能性。

1973年苏联人在中东的力量已有所削弱，他们唯恐再失去他们所剩下的小小立足点。当我们同埃及和阿拉伯国家直接接触取得越来越大的成效时，苏联无疑将加剧对以色列虚张声势来弥补其损失。这可能间接地鼓励了阿拉伯国家，它们狂热地决心收复被以色列占领的领土，如果苏联能从旁协助的话。虽然1974年6月在莫斯科举行的第三次高级会议上，我和勃列日涅夫谈判时他一味否认，但苏联人可能走得更远，直接唆使阿拉伯人进攻，引诱他们的动人

第七章 总统职位（1973-1974）

前景是：如果他们能集中很大的优势兵力奇袭以色列，他们实际上是可以迅速取胜的。苏联人可能也会想，美国由于有国内危机，我们对以色列的援助就不会像过去那么多那么快了。

任何这样的美梦均由于以色列在美国空运的支持下进行了反攻而成为泡影。阿拉伯人在六年内第二次丧失了苏联供给他们的大部分军事装备。此外，在阿以冲突中，美国第一次不仅保持而且大大加强了同阿拉伯国家的关系——甚至是在我们重新向以色列大量供应了装备的时候。埃及和叙利亚的领导人一旦觉察到现在及至少是在今后几年内，军事胜利非他们力所能及，他们就会愿意走一走谈判的道路了。由于我们精心培育我们与阿拉伯各国之间的关系的新政策，阿拉伯国家领导人，除靠莫斯科外，又有另外一个地方可以依靠了。

有些记者和报刊念念不忘水门事件，继续暗示说我故意挑起或怂恿了中东危机，以分散大家对水门事件的注意力，并表明我仍能进行领导和采取行动。我注意到这一点，并考虑到关于考克斯被免职的报道，所以10月26日我在记者招待会上正面迎击了这个问题。我说："我在27年的政治生活中，从来没有听到，也没有见过这么荒谬、恶毒、歪曲的报道。然而我也应指出，就在本周还有许多人认为总统患了炮弹震吓症，不能采取行动了，但总统坚决地为了和平的利益，为了本国的利益采取了行动。我可以向你们保证，不论报界的那些先生们或是其他政界人士掌握哪种炮弹，这些炮弹都影响不了我执行我的任务。"

10月底又有一次热线换文。勃列日涅夫对他所谓以色列的敌对行动正式表示不满；他特别提到他们对运给被包围的埃及第三军团的食物和医疗用品的处理。他还说最近美国的戒备使他感到惊奇，他抱怨说，这并不有助于缓和紧张局势。

我在答复中说，我们将负责协助运输供应品给埃及第三军团的伤员。在回答他对我们采取戒备措施的批评时，我引用了他写过的话，当时他威胁说要采取单方面行动，除非我们参加他的计划派遣美苏部队到中东去。我说："总书记先生，你的这些话是很认真的，所以我们在华盛顿也得认真对待啊。"

我随即在11月3日写了一封信给勃列日涅夫，信中谈了尊重防止核战争协定中所述原则的重要性：力图以牺牲另一方来获得单方面利益的做法，是不符合和平关系和避免对抗的目标的。我又谈了以下的事实：世界和平取决于我们两国的政策和行动——不论是积极的还是消极的。

将近三星期以后，勃列日涅夫才复了信。他表示愿意把在中东危机以前就停止了的缓和对话重新进行起来。他在信中最后很不寻常地提到与我个人有关的一段话："我们愿意，可以这么说，以个人的富有人情的方式祝愿你能精力充沛而成功地克服各种复杂的问题，对这些问题的原因外人是不易理解的。"

11月初果尔达·梅厄来到华盛顿。我们在椭圆形办公室会谈了一小时，她对我们的空运表示感谢。她说："当我们最最需要朋友的时刻，你们马上就来了。你不知道你们的空运对我们的帮助有多么大啊！"

我说："我从不相信下点小本钱能对性命攸关的大事起作用。"

我力劝以色列实行合理的克制政策。我提醒她说："当你处在消耗战的形势下，就算你是胜利者也会失败的。现在以色列必须考虑这个问题：你们正在遵循的政策是否能成功。如果没有解决问题的办法，那唯一的政策就只有随时准备打仗。但这根本不能算是一种政策。"我说她可以作为这样的领袖留名青史：她建立了一个没有庞大的军备预算，也无须每隔五年打一次仗的以色列。

梅厄夫人似乎理解了我所说的这种基本常识。她似乎也赞赏我对缓和的局限性以及苏联威胁的性质不抱幻想。她说："欧洲人谈论缓和时，他们目光短浅而且幼稚天真。但是你对你所做的事和你的伙伴究竟是何许人却是心中十分有数。"

11月5日，基辛格开始对中东作多次的访问，他先亲自引导以色列和埃及，然后又引导以色列和叙利亚走上陌生而又往往是痛苦的道路——和平解决它们之间分歧。美国和埃及经过6年紧张的隔绝状态后于1973年11月7日恢复了外交关系。

第七章 总统职位（1973-1974）

考克斯被免职以后，我原想让亨利·彼得森及其司法部的工作人员来完成水门事件的调查工作。调查工作本来是由他们开始的，而且也属于他们的职责范围。但是事实很明显，国会已决定还要设一个特别检察官；同样明显的是，我在政治上的处境已无法阻止这件事。

罗伯特·博克任司法部代理部长，开始物色特别检察官的新人选。几天后黑格向我汇报，他和博克已商定利昂·贾瓦斯基是做此工作的合适人选。他是休斯敦的名律师，曾任美国律师公会会长，是得克萨斯州著名的民主党人。黑格已向贾瓦斯基进行试探，贾瓦斯基说，他愿意接受此项职务，但要我们同意以下条件：当我们遇到僵持不下的情况时，他能向法院告我，要我提供证据。我同意这项条件，为了向他进一步保证，我们宣布，如未获得众议院和参议院多数党、少数党领袖以及众议院和参议院司法委员会多数党、少数党主要委员一致赞同，他不能被免职。

考克斯被免职十天和我为了摆脱他而在政治上付出很高的代价以后，我又陷入了不得不接受另一名水门事件特别检察官的境地。但有一大区别：有人对我说，贾瓦斯基不像考克斯，他是公正而客观的。虽然他作为民主党人会受到其他民主党人的压力而偏袒该党，但人们要我相信他是尊重总统职权的，因此他不会一味为了博得喝彩和出风头而发动一系列哗众取宠的挑战。黑格说贾瓦斯基承认考克斯所配备的工作人员都是极端反尼克松的，他决心不做他们的俘虏。他告诉黑格，他计划调进他自己的人，并要把工作人员的活动限于适当的有关范围。黑格喜欢贾瓦斯基，对他有深刻的印象。黑格告诉我，贾瓦斯基是个很厉害的检察官，但不是一名党派门户之见很深、一心要搞掉我的人。11月1日，我们宣布任命利昂·贾瓦斯基为特别检察官。

我也需要一位新的司法部部长。迫于理查森辞职所造成的政治局势，为了使我的提名能获得批准，我挑选的人一定得是一个不会有人说他对我极端忠诚的人。俄亥俄州参议员威廉·萨克斯比早已被认为是没有这类问题的一位人士。我父亲如果还在世的话，他准会说，他是"像冰上的猪一样不依附任何人"。他的任命和贾瓦斯基的任命是在同一天宣布的。

尼克松回忆录
THE MEMOIRS OF RICHARD NIXON

挫折和挽回颓势

9月末，我们最初制定斯坦尼斯妥协方案时，斯蒂夫·布尔要找全票传的九次录音谈话遇到了困难。我的特工人员将录音带编了目，但是那编目系统说得好听一点是不正规，说得难听点是杂乱无章。有一次，布尔在一盘录音带中终于发现了原来丢失的一段谈话录音，因为原来的标签标得不对。就拿1972年6月20日我与约翰·米切尔的一次电话谈话来说吧，我记得我用的是白宫住宅区的电话，由于那里没有录音设备，所以当然没有录上；另一次是1973年4月15日我同约翰·迪安的谈话，干脆连录音带都找不着了。

近10月底，在布尔初次寻找录音带后约一个月，弗雷德·巴兹哈特自己又寻找了一次。他证实给米切尔的电话是从我的官邸打的，所以从未录过音。他也证实了为什么布尔找不着4月15日与迪安谈话录音的原因。

我通常在星期日是不去行政办公大楼我的办公室的。4月14日和15日即星期六和星期日，我在行政办公大楼却进行了好几次特别长的谈话，这是管监听录音系统的特工人员没有预料到的事。因此星期日下午1时15分我同迪克·克兰丁斯特刚坐下，那盘录音带就所剩不多了。在我们谈话期间，有一句话只讲到一半时，录音带就全用完了，因此4月15日下午和晚上我同霍尔德曼、埃利希曼、彼得森、克兰丁斯特以及同迪安的谈话都没有录音。

10月30日，巴兹哈特通知赛里卡传票的谈话有两次并未录音。我们欣然同意由一专家小组来调查我们对这两次情况分别所作的说明是否属实。我们还提供了4月15日我同约翰·迪安谈话时作的笔记和我同他第二天会面的录音，因为将4月15日的笔记同4月16日的录音相比较，可表明我们在两次会上涉及的范围完全相同。

我确信，只要充分说明与米切尔的电话谈话和同约翰·迪安谈话的经过及未录音的原因，真相即可大白。当时我根本不理解公众在九盘录音带问题上已存在迫不及待的情绪；现在我才明白这主要是他们对我的信任已大为降低的结果。

上述消息传出后立即引起了公愤。第二天舆论界开始报道有关两盘"失踪

第七章 总统职位（1973-1974）

的录音带"。这是既不公平也会引起误解的：用失踪一词首先就意味着这两盘录音带本来是存在的。人们会觉得我在愚弄他们的忍耐，把他们当作傻瓜。

自从发生水门事件以来，《纽约时报》第一次发表社论，力主我辞去总统职务。《时代》杂志50年来第一次发表社论，也说我应下台。甚至连老朋友，其中有《底特律新闻》和美国广播公司的霍华德·K.史密斯也开始表示有疑虑。紧接着两盘所谓失踪的录音带之后，马萨诸塞州参议员爱德华·布鲁克在国会的共和党人中是首先发难要我辞职的。

巴里·戈德华特看到事态急转直下，就通过广播要求人们"不要一个劲儿的乱起哄，把喧闹停止一下"，考虑一下这种歇斯底里发展下去的后果。他说："为了上帝，冷静下来吧！"

11月1日，我在一张汇报用纸的上方写下了这样一些灰心丧气的话：

> 根本不存在什么失踪的录音带。
> 从来没有什么录音带失踪过。
> 有关的谈话没有录过音。
> 为什么我们不能使人相信呢？

同日，我到佛罗里达去度周末。我希望能有机会稍事休息，同时试图估计一下所造成的损失。我没有意识到有关我们录音带的问题仅仅才开始。

1973年4月，我同亨利·彼得森打电话时无意中说过，我认为4月15日我同约翰·迪安的谈话是录了音的。彼得森把我的话告诉了考克斯，考克斯后来就写信向我们索取这盘录音带让他进行调查。为了不致泄露我们装有录音系统，我叫巴兹哈特写信给考克斯，告诉他我所说的那盘录音带实际上是我在那次会面后所作的口授录音带。现已弄清楚，4月15日的谈话从未录音，因为录音带用完了。但是还有更糟的消息在后面，我们不久就会知道口授录音带也找不到了。

我叫巴兹哈特告诉考克斯有一盘口授录音带时，我其实并未核实过。我只是想当然地以为我口授过一盘录音,因为在那段时期我几乎每天都口授录音;我对那次会面所作的笔记也注明是口授录音。但是我们找不到那次谈话的口授录音带。

我把巴兹哈特置于很难堪的境地:首先我让他写信给考克斯,为了不暴露有录音系统而改口为只有口授录音带;现在则连口授录音带也没有。莱恩·加门特觉得这次错误一公开,将会使我们完全乱套。此外,他和巴兹哈特还觉得他们的工作毫无进展,没有产生什么效果。我们始终处于完全被动的地位,无论我们怎么干,都好像没有希望改变这种状态似的。

11月3日星期六,加门特和巴兹哈特来到佛罗里达。黑格送给我一份关于他和他们谈话的报告,口气已冲淡了很多。我感到他在字里行间所说的意思是,甚至在我们最后证实没有口授录音带之前,这两个人就觉得够受了。我不能责怪他们。他们人手极为不足,长期工作过度劳累,经常被客观事件弄得很被动,现在又被我弄得很被动。他们两人都极力主张另找一位律师,从白宫外面去找也许较好,专门处理水门事件;黑格也同意他们的意见。

在佛罗里达度过的这个周末,对我个人来说,是个新的低潮,对我们处理水门事件的态度则是个转折点。甚至在我觉察到我们已陷得那么深时,我仍认为只有一条出路。我们一直受到反对派的无情攻击,现在又面临我们的支持者背叛的问题。最重要的是我们必须制止这种内部腐蚀的现象。我对齐格勒说:"我们要采取一些强有力的厉害措施,这次可不能再犯错误了。"

首先我得就越来越多的人要求我辞职的问题发表讲话。11月7日在我关于能源危机的电视讲话结束时,我把讲话打字稿的最后一页翻了过去,照我刚在几小时前手写的笔记说道:

今天晚上我愿意答复那些建议我辞职的人。

我完全无意离开我当选的职务。只要我的身体许可,我要继续为国外的真正和平事业,为国内没有通货膨胀、没有战争的繁荣的事业每天工作16小时到18小时。在今后的几个月内,我将尽力消

第七章 总统职位（1973-1974）

除人们对一个在我国身居最高职位的人的正直所抱的怀疑——哪里有这种怀疑，就在哪里消除。

我也深信无疑，在今后的几个月内，美国人民将终于认识到，我并没有辜负他们过去选举我当美国总统时所赋予我的信任。今天晚上我向你们保证，我永远尽我所能，绝不辜负你们对我的信任。

我决定开始会见国会中各个不同集团，与国会每位共和党人和民主党方面所有支持我的人亲自进行谈话。这不仅是阐明我们这边对水门事件的看法和回答他们提出的一切问题的方式，而且还能提供一个机会，可以开始重建被严重破坏了的联系桥梁，恢复水门事件所危及的共同目标。在这之后的一个星期中，我分别进行了九次会见，每次达两小时。我一共会见了241名共和党人，46名民主党参议员和众议员。在每次会见中，我都重述一遍对我的控告并回答问题，重复我在公开发表的声明中的辩护。我向埃德·布鲁克阐明我不想考虑辞职，因为那会改变美国的政治制度。我记得与参议院诸前辈伊斯特兰、麦克莱伦、斯坦尼斯和朗坐在一起，开始同他们一起回顾对水门事件的控告。吉姆·伊斯特兰倾身向前说："总统先生，我们不需要再听什么解释，我们连水门事件都不想谈了。只要告诉我们如何能助你一臂之力吧。"70岁高龄的约翰·斯坦尼斯侧身向伊斯特兰说："安静点，吉姆。让这小伙子讲下去。"

我对这些国会议员们说，我们将针对主要指控发表白皮书。我还说我们正在考虑散发已提交法院的录音带全文或摘要——这都是到会议员们所极力主张的。

有些国会议员建议来一个轰动一时的行动或惹人注目的姿态，回答全部问题，驱除一切妖魔鬼怪，将水门事件就此了结。有人建议我自愿出席国会两院联席会议，回答每个议员想问的每个问题。这建议出于好意，但我不信在这么晚的时候，单凭一个姿态会有什么用处。水门事件已发展得那么快，决不是我一篇讲话所能解决的。我对主张使用这种解决办法的一个共和党集团说，如果我发表一篇讲话说"我没有干那种事"，民主党人就会说"那个狗崽子在撒谎"，共和党人则会说"嘿，他很可能是在撒谎，但他是我们的狗崽子啊"。

我还说如果对我的指控继续抱有党派偏见,"我就要下台——我要体面地下台——但是我不辞职"。而且我告诉他们,我理解水门事件对他们是何等沉重的负担:"你们都努力工作,你们的事业受到连累,你们担心民意测验,担心将来搞不搞得到竞选经费。你们准在纳闷,为什么总统不能澄清问题,如此等等。我也在担心,因为最近几个月的日子很不好过啊。"

我劝他们要看得远一点。我说:"我知道人们会说我不用谈同勃列日涅夫和毛泽东会见的情况,人们对这些不感兴趣。但是我知道25年后的历史书籍将记载美国总统在1969年到1976年期间改变了世界。这才是真正重要的大事。"

雅各布·贾维茨在一次会见中,倾身向前,宽慰我说:"你要记住,林肯受到的责骂比你多得多。"我只能回答:"我快要赶上他啦。"

舆论界从来都想给复杂的事物贴上一个简单的标签,现在就抓住《新闻周刊》新造的一个名词不放了。该杂志有篇文章认为我加快了活动的步伐和反对弹劾的电视讲话是"直言战"。这条标签当然想贬低我的努力,其含义是:"我认为的直言就像水龙头似的,可开可关。"粗心大意的记者团不久就忘却了这个词儿是他们自己发明的,却开始经常把它用了起来,既不加引号,也不说明其来源。12月2日《纽约时报》的一篇社论以权威的口吻写道:"尼克松总统对水门事件的反攻,白宫称之为'直言战',显然正在土崩瓦解。"

18分钟半的空白

11月15日在一次与国会领袖举行的情况介绍会上,有人问:"还会有新的情况吗?"

我答道:"就我来说,关于总统的罪行,没有了。"但我又补充了一句,"万一出什么问题,我个人愿意承担。"

那天下午很晚的时候,黑格来到椭圆形办公室,神色显得紧张而忧虑。他说律师们这一阵子一直忙于把即将交给赛里卡的录音带编一份索引的事。他们把原来的传票同夏天考克斯发的补充文件加以核对,现已断定巴兹哈特以前只

第七章 总统职位（1973-1974）

根据传票所作的解释是不对的。补充文件说得很清楚，票传索取的录音带确实包括1972年6月20日同霍尔德曼的谈话录音——有空白的那盘录音带。

这简直太可怕了。我问道，对于一盘具体的谈话录音是否包括在票传索取的录音带之内这样根本的问题，怎么能搞错呢？我问我们是否仍然可以坚持票传索取的录音带并不包括这一盘在内呢。黑格说他打算把1972年6月20日霍尔德曼记的笔记拿来，然后试试看，能不能把我们谈话的空白部分说些什么，重新回忆一下。笔记终于拿到了，但消息是好坏参半。很清楚，笔记说明我们是谈了水门事件的，但它又表明我们谈话只是泛泛地谈了水门事件的政治影响。

> 一定要经常彻底检查行政办公大楼办公室是否装有窃听器，等等
> 我们的反攻该如何进行
> 再发动宣传攻势——
> 打击反对派及其活动
> 指出那些自由派分子造成公众无动于衷
> 难道他们能说偷窃五角大楼文件、安德森档案等还不如这事重要？
> 我们应该进击，目的是转移视线——

这一天关于空白录音带还有更糟的消息：我获悉情况并不像罗斯估计的那样，只是她去接电话的那四五分钟造成的空白。巴兹哈特告诉我，他们听了一遍，发现空白长达18分钟半之久。谁也说不清这是怎么回事，为什么会这样；也无法解释录音带上的这一段空白本应无声，为什么会夹杂了刺耳的嗡嗡声？

11月17日，我们要去佛罗里达住几天，巴兹哈特在此期间待在华盛顿研究这18分钟半的谈话录音是否可用电子设备加以恢复。他还要研究他是否能将当时造成录音带上的空白与现在出现的怪音的现场重新设想出来。

11月20日星期二，我在回华盛顿的途中在田纳西州孟斐斯稍事停留，参加共和党州长会议。在一次秘密的自由谈话的会上，我们讨论了所有国内外的

重大问题，包括水门事件。在会上，有人问道，水门事件是否还会出现新的重大情况，我马上想到这18分钟半的空白录音带——这当然是属于新的重大情况一类的事。但是我们还不知道巴兹哈特能否将那段空白恢复；如果不行，又不知能否为此事的发生经过找到合乎逻辑的解释。我知道如果我表示哪怕还有一点点发生新的重大情况的可能性，那我就得说清楚是什么事——可连我自己都不能肯定这个答案是什么。

由于上述理由，我作了如下回答："如果有，那我现在还不知道。"

在我回华盛顿的途中，黑格对我说，巴兹哈特证实6月20日谈话录音的空白部分已无法恢复。另外，巴兹哈特也未能复制出原有的杂音。

第二天上午，全国报纸的大字标题都是，我断言水门事件不会有新的重大情况。同天上午巴兹哈特把18分钟半空白的事告诉了贾瓦斯基和赛里卡，于是赛里卡就向报界宣布了此事。

我知道大多数人会认为，我对18分钟半空白无法解释一事，在整个水门事件中是最难令人相信和最不成体统的了。因此，我知道我对待这段空白的态度将被看作检验我写的有关水门事件其他材料是否诚实可信的试金石。我也知道只有说那段空白是我洗掉的或者说是由罗斯·玛丽·伍兹自作主张或是在我的直接间接要求之下由她蓄意洗掉的，人们才会欣然接受。

但是我知道我没有去洗掉录音带，我也完全相信罗斯所说的，她也没有。关于18分钟半的空白，尽管我知道我的说明既不完全，也不会令人满意，但我也只能从我所处的地位来发表声明：我是在眼看那段空白使公众对我的名誉和总统职位所具有的信任和尊敬降到新的低潮情况下发表声明的。

黑格对我说，加门特和巴兹哈特由于发现18分钟半的空白而惊慌失措。他们对人人都怀疑，包括罗斯、斯蒂夫·布尔和我。怀疑之风现已吹入了白宫。我甚至怀疑是否是巴兹哈特本人在罗斯认为她可能洗掉五分钟之后又无意中洗掉了一段。如果单纯从谁接触过录音带来看，许多人就会有嫌疑。黑格等人对造成那段空白的"邪恶势力"还说了一些不祥的玩笑话。但是我认为我们都在怀疑每天可以自由接触录音带的各个特工人员和技师，甚至怀疑就在发现空白

第七章 总统职位（1973-1974）

半小时之前给罗斯送来过一台显然有毛病的"尤赫牌"新录音机的那几个特工人员。我们还怀疑亚历克斯·巴特菲尔德，因为就是他泄露白宫装有录音系统的。事实上他接触过全部录音带；他定期随便抽听录音，来检查录音系统是否运行良好。但只有深信确有某种阴谋存在的人才会认为，恐怕是有人故意为了使我难堪而把这盘录音带洗掉了18分钟半的。

公开听证会举行完毕，没有结果，于是把空白问题转交给大陪审团和法院指定的专家小组办理。我认为这些专家的结论是：这是关于水门事件的最大的也是大家最不了解的丑闻之一。白宫并不是没有责任的，因为我们同意了法院所指定的六个"专家"。假若我们事先调查一下，我们本来是会发现他们只是声学理论专家，对磁带录音机的实际性能并不内行。

这些专家们在1月的报告中所得出的结论是，录音带上的嗡嗡声是"洗去和重录至少在五个（也许可能多至九个）分开和相连的部分时留下来的。这与录音机录每一部分时一开一关都用手按键钮有关"。这个结论得到了广泛的报道，但以下的事实却没有得到广泛的报道：这个结论立即受到其他科学家和录音磁带专家的攻击，其中有一人称这个结论为"新闻报道而不是切实的调查结果"。

一家电子公司指出，专家小组认为是由于人工洗掉录音而造成明显罪责的声音和磁音，其实很可能是由于录音机偶然发生故障而引起内部供电时断时续所致。《科学》杂志报道，其他专家也同意这种假设很有道理。法院的专家在发表他们1月的初步报告之前，只是在"桑尼牌"录音机上而不是在"尤赫5000型"录音机上试验过这条假设。他们显然未能认识到这在标准科学检验程序中也算是一种过失。

法院的一个专家在证词中说，为了检验罗斯用过的录音机，他们"不得不打开机器内部……拧紧几颗螺丝钉，而且可以想象，例如，还很可能把地线接头也紧了一下，才使接触比以前更好一些"。他们发现一个有毛病的部件，就另外给换一个——把有毛病的部件干脆扔掉了！他承认机器被他们打开又装好之后，就不再发出他们先前听到的嗡嗡声了。

这位专家破例地承认了这一点之后，罗斯的律师查尔斯·赖恩就问道："这样,实际上你就把别人需要用来检验你的结论的证据给抹掉了,不是吗?"

回答是:"基本上是这样。"

加利福尼亚州英格尔伍德的美国尤赫公司是罗斯所用录音机的制造商,它的国内部经理理查德·萨蒙严厉地批评了法院专家的报告。他说,在他们专门改进了的一些录音机上如用一定的方法按"倒带"的键钮,就会使录音机自动洗去录音。萨蒙说,他们用"丰富的经验和电学方面的知识"——换言之,用专门术语——"来掩饰论据不足的报告"。

法院付给六个专家的报酬为10万美元。那篇报告,作为法律文件是一文不值的。但它在报纸上制造出加罪于人的大字标题的价值则超过10万美元了。

罗斯·伍兹在法庭上和大陪审团面前对18分钟半空白宣誓作证。她在法庭上为此问题受到一连几个小时无情的反复诘问。1974年7月17日,利昂·贾瓦斯基通知罗斯的律师,发现罗斯一案构不成任何非法行为,故她免于被起诉。他说,他的助手理查德·本维尼斯特也对此表示同意。然而贾瓦斯基并未公开宣布此事,以致至今仍有许多人还不知道在18分钟半空白问题上特别检察官已宣布罗斯无罪。

到了1973年年末,在18分钟半的空白暴露之后,对我们来说好像再坏的事不会有了,然而更坏的事情却发生了。

产业和所得税

我自从政以来,对处理公款一贯小心谨慎。我在一个经常议论政治的家庭中成长,家中最瞧不起贪污受贿的政客。如果我与他人有所不同,那就是:无论在进行竞选经费或政府公款的账目登记与用途说明方面,我一向是远比大多数政府官员做得更加详尽细致的。所以1952年发生所谓基金危机期间,有人指控我财务上有不正当行为时特别令我伤心和气愤,其原因就在此。

我在1968年当选总统后,决定卖掉我的全部股票和股票以外的证券。法律并不要求我放弃它们,但我认为应该特别注意避免哪怕只是看起来有利益冲

第七章 总统职位（1973-1974）

突的现象。我用出售股票和纽约公寓所得大部分款项在佛罗里达购置了两所房子，在加利福尼亚购置了一所房子。

圣克利门蒂的地产为 26 英亩。我本人只买得起房子和周围约 5.9 英亩的土地。为了使邻近的地产也归我所有，我靠我的友人鲍勃·阿普拉纳尔普的贷款把它整个买了下来。1970 年 12 月，我把 20.1 英亩和我另外买来的附近 2.9 英亩转卖给雷博佐和阿普拉纳尔普，只保留了住宅和我第一次买的 5.9 英亩。1973 年雷博佐又把他那部分地卖给了阿普拉纳尔普。

现在看来特别富有讽刺意味的是，我们决定把这些交易加以保密。这倒不是因为这些交易有何不正当之处，而是由于我知道如不保密，华盛顿记者团就会宣扬我如何获得如此高价的巨大产业，以及我向友人借贷购置产业之事。后来水门事件一扩大，记者开始揭露我的生活的各个方面，这个无辜的秘密便引起了我自己也无法消除的怀疑。

5 月 13 日，欧文委员会"某人士"向加利福尼亚一家报纸透露，说我可能用了高达"100 万美元的竞选经费"购置我在加利福尼亚的产业。就连欧文也说他从未听说过这样的事情，但那家报纸仍不收回报道，于是很快就由全国性通讯社发了出去。7 月初，根据考克斯办公室的透露登了一条消息，说他们也正在调查我是否用了工会、法人或竞选的经费购置了住宅。这些消息如雨后春笋，传播甚广。又有报纸说有人透露：我报低了圣克利门蒂的产业的价值，少缴了税，于是全国报纸就刊登了这条消息。后来奥林奇县产业估价上诉委员会断定该项指控不真实，但已给人们留下了坏印象。我感到如果我们不立即制止此类消息，那么我个人的品德就会与我在政治上的品德一样，也会受到怀疑。

关于我的收支情况，我没有什么可隐瞒的。我认为，针对这类指控，唯一的办法是将一切公之于世。因此我们命令总务署将与政府为我住宅所花费用有关的所有文件汇编成册。5 月 25 日我们发表了一个声明，把我购置圣克利门蒂和比斯坎岛产业的详情逐一加以说明。我还花了超过 2.5 万美元请会计师审查我的账目，查完后于 8 月 27 日将结果送给报界发表。

尽管经过这些努力，人们仍在继续编造消息在报上发表。譬如《华盛顿明星报》诬称，一个叫 C. 安霍尔特·史密斯的加利福尼亚富翁，当时因偷税漏税被起诉，可能是他帮我购置了产业。合众国际社报道："据参议院水门事件委员会某人士说，该委员会正在调查亿万富翁霍华德·休斯是否花了 10 万美元帮助尼克松总统购置圣克利门蒂的住宅。"美国广播公司报道了同样不能令人容忍的指控，说我"私下有一笔有价证券"，价值 100 万美元，放在法人性质的竞选经费里。杰克·安德森后来指控我在瑞士银行有现金存款。《新闻周刊》甚至指控我很可能以让我的女儿特里西娅填假报税单的方式来隐瞒家庭财产。上述情况和指控纯属捏造。我知道在我的政治生涯中，国内收入署有人违法向报界泄露我的报税单，这至少是第三次。根据这种非法行为写出报道的记者居然获得了 1974 年普利策新闻奖。

11 月底我宣布，我正在准备发表我的全部报税单。国内收入署以前曾两次审核并批准了我 1971 年和 1972 年的报税单，现在通知我，由于报上这一切宣扬，他们准备重新予以审查。同时，国会中抱有最大党派偏见的得克萨斯州民主党议员杰克·布鲁克斯以众议院政府工作委员会小组委员会名义，举行关于政府为我住所所花费用的听证会。

近代每届总统都在华盛顿以外置有房产。这是因为只有离开首都，总统才能缓解紧张的气氛，图点个人的清静。约翰逊常去三处住所，肯尼迪常去五处。我本人有两处——圣克利门蒂和比斯坎岛——我有时还用鲍勃·阿普尔纳尔普在巴哈马群岛的一个岛上的别墅。政府对我同对其他总统一样，为了保证我在工作和休息时的安全，为我常去的地方列有开支。我任职时，我的 35 位前任总统中有四位遭暗杀，还有好几位遭暗杀未遂。罗伯特·肯尼迪被杀害的当天，国会通过一项新法律，采取特别安全措施，保护未来所有的总统、副总统候选人和在职的总统、副总统。该法律要求政府各机构予以充分合作，以满足特工机构采取保护性设施的要求。该项法律通过后，我是第一个在职总统享有该法律规定增设的全部保护。掌管政府建筑和供应的总务署应特工机构的要求，在我的住宅四周安装了复杂的警戒设施和电子警报器，窗户装上了防弹玻璃，户外装有特殊的照明设备。特工机构建立了指挥所和警戒哨所；自然环境的美化

第七章 总统职位（1973-1974）

工作也要按照特工机构的要求来安排和重新安排。

结果总务署为我在圣克利门蒂的住宅，花了6.8万美元。上述大部分款项用于电力安全系统，防火，此外还把煤气取暖设备改换为电力取暖系统，因为特工人员认为我原来计划采用的比较经济的煤气取暖系统不够安全。我自己还花了21.7万美元为圣克利门蒂住宅购置家具和进行修缮。

总务署为我在比斯坎岛两所毗连的住宅花了13.7万美元，其中除了7000美元外，几乎全花在防弹玻璃的费用上。我用一所作为私邸，另一所作为办公和工作的场所。同时我个人花了7.6万美元来改建住宅和修整住宅周围的场地。

总务署除了在住宅本身花钱外，还在场地上花了95万美元。这笔钱包括设立安全照明和警报系统、围墙、警卫站，重新美化自然环境，修复因装置保护性设备时被拆除或损坏的地区。

和别人一样，对于可以合法地说明属于政府正当开支的项目我是不想承担的。可是会计总局的核算结果表明，除少数例外，用于我在加利福尼亚和佛罗里达的产业的110万美元，几乎全部是花在保安方面的。事实上，除了1.34万美元外，全部是应特工机构特别要求而花的。其他项目如旗杆和我的书房的办公用家具等也都是在总务署的名下购置的。在我之前，按照惯例，总统和副总统私邸所在地都树有旗杆；至于办公室的家具在我离职后全部归总务署所有。

一个总统每逢出外旅行，总有几十个安全人员和辅助人员随总统同行，确保他的安全，确保他的通信设备像在白宫和戴维营一样畅通和安全。我觉得我们还应将这些费用计算在内，否则我们又将被控隐瞒这笔支出了。因此，我下令总务署把政府为圣克利门蒂、比斯坎岛和大巴哈马岛以及为了我的女儿们的安全在她们家所采取的措施所花的每一分钱都核查一遍。用了2万多工时，共查了1万份账单和1600份档案，结果为了答复国会和报界的质询，政府共花去313582美元——比政府花在我住宅上的钱还要多50%以上。8月6日我们发表了总务署算出的款项总额：110万美元用于住宅和场地；250万美元用于办公室和住宅附近政府产业的安全措施；国防部花了610万美元在总统日常通信设备和辅助设备方面；当我的总统任期届满，设备被取走归公者占全部费用的

60%；有21.1万美元由特工机构直接用于与他们保卫工作需要有关的设备，其中设备占全部费用的90%，在我离职后将全部归公。

第二天早晨，《华盛顿邮报》和《纽约时报》的大标题几乎完全相同：《华盛顿邮报》的标题是《为尼克松住宅花费达1000万美元》，《纽约时报》的标题是《为尼克松的住房花费了1000万美元》。其他报纸和电视新闻节目也都采用同样的标题。所以难怪有那么多人觉得这些钱都花在我的住宅上了。

其后数月，我们一直设法纠正这些报道，我们指出，几乎所有的钱都用于保卫措施。其中只有2%用于住宅本身；几乎有90%即890万美元用于行政与保护措施，同我个人产业完全无关。但这是一场无法打赢的宣传战。

众议员布鲁克斯决心要在他的众议院小组委员会举行的听证会上尽量利用上述报道，但当小组两个成员（其中之一是反尼克松的民主党人）到圣克利门蒂住宅走了一趟宣称政府的支出是无可非议后，布鲁克斯的计划不得不暂时告吹。《华尔街日报》的社论写道："总而言之，不管报纸的大字标题有多少，关于圣克利门蒂挥霍无度的报道看来毫无根据……报纸既然登载了毫无根据的报道又该如何下台阶呢，想一想这个问题倒是明智的。"

在本届政府之前，请求政府拨款在总统私人产业上开支大部分是口头的或非正式的。林登·约翰逊的大多数这类要求和开支都是由国防部处理的。有人对我说，布鲁克斯曾是约翰逊最亲密的政治盟友之一，他在周密地弄清楚了谁都搞不到约翰逊的全部记录之后，才对我进行起诉的。然而即使根据仅有的一些材料，也显然可以看出至少在得克萨斯州约翰逊的各处地产上花费了500万美元，包括约翰逊牧场、海伍德牧场和拉诺县的游艇库；他在圣安东尼奥市布鲁克陆军医疗中心有一套房间；他在产权属于约翰逊夫人的奥斯汀KTBC电视台的办公室花了9.9万美元以上，改建和重修约翰逊在奥斯汀的办公室；花了100万美元实现他的要求，对奥斯汀的联邦政府办公大楼进行重新设计和大翻修，在大楼顶上建一个直升机起落场，使他可直接从约翰逊牧场飞到那里。在牧场附近，约翰逊还有一所小房子，总务署根据他详细的指示予以重建，然后由他租给特工机构使用。顺便提一句，斯皮罗·阿格纽曾把他在马里兰州住宅

第七章 总统职位（1973-1974）

的两个房间拨出来免费供特工机构使用。

可能最令人惊讶的证词是在布鲁克斯小组委员会上有人作证谈到为肯尼迪总统在以下各地的花费：海恩尼斯波特、弗吉尼亚州米德尔堡、棕榈滩、马萨诸塞州斯夸岛、弗吉尼亚州阿托卡。这些开支的档案由肯尼迪的一名海军副官保管，有人告诉小组委员会说，有一次这位副官乘坐的军舰不知是在菲律宾海面还是在欧洲附近，他不慎将那些账目掉入水中了。

布鲁克斯在登记政府为我的住宅和产业所支出的款项时，他把付给每个工作人员的每一分钱都计算在内，不管关系多么疏远。只要在每次旅行期间与总统职务有关的全算。因此他把清洁工和保管人员的薪金都包括在内，而这些人员，不管我是否在旅行，本来都要列入政府的薪金开支的。这样他算出的总数就达1700万美元了。他写成一个报告，标上"机密"字样，但很快就泄露出去了。《纽约时报》的大标题是：《美国资助尼克松的产业估计达1700万美元》。布鲁克斯小组委员会于1973年秋开始工作，但是总结报告到1974年5月才发表——正好赶上众议院司法委员会关于弹劾问题的听证会开幕之时。布鲁克斯调查报告中最严重的歪曲之一是说鲍勃·阿普拉纳尔普在大巴哈马岛的住宅从政府的开支中捞到好处。事实上，特工机构提出要装防止闯入警报、火警系统和特别发电设备，阿普拉纳尔普都自己掏腰包付了钱。他还为特工人员盖了一幢小平房，还让政府免费使用其他房屋。所有这些理应由政府开支，但阿普拉纳尔普却自己付了款，从而为政府节省开支100多万美元。

我仍天真地认为，对我报税的所有疑团和报界的猜测，都会在事实面前烟消云散。因此我们开始准备报税单，向外界公开。我以为这样一来，我们就能把那些说我怎样购置房产和是否缴税的恶毒攻击一扫而光了。

11月18日，我在记者招待会上谈了我多年来的财政收支情况。我提醒记者注意以下事实：我任国会众议员、参议员和副总统14年以来，我的财产净值为4.7万美元和一辆1958年产的需要大修的奥兹莫比尔牌小汽车。我能积蓄起这些钱，是我没有任官职时的工资所得，主要是我在纽约法律事务所的时候。我最后说：

我有错误，但在我的从政生活的所有年代中，我从未得过利，从未从公职中得过利——每分钱都是我挣来的。在我的从政生活的所有年代中，我从未阻挠过司法。我还认为，我可以说，在我的从政生活的年代中，我欢迎这种审查，因为人们需要知道他们的总统是不是骗子。可我不是骗子。我得到的一切东西都是我挣来的。

这不是一篇一时感情冲动而发表的声明。对我个人品德的攻击比其他攻击加在一起还要使我和我的家人不安。我认为重要的是用实事求是、明白易懂的语言来为自己辩护。但我错了。从那时以后，形形色色类似"我不是骗子"这种话几乎经常被用来当作批评和嘲笑我的资料。

评论我12月8日声明的第一篇文章关于我所公布的范围是这样描写的："尼克松总统发表了有关他的所得税和各种文契、抵押单、付讫的支票和契约，他可能是本国历史上对个人财政作了最充分说明的人。"但仅在几小时后，其他新闻报道就又抱怨说："大部分问题"仍未得到解决。不久我就得出结论，发表报税单是个错误。还是那老一套：要求我公开报税单的人并不真想要我拿出真凭实据，来证明说我非法购置住宅和秘密掌握大宗投资的有价证券的报道是假的。他们抓住我有大量减税额一事，似乎我只付法定税款，没有多向政府缴税，就成为大逆不道的事了。他们只是想方设法使那些报道继续下去，寻找新的中伤我的机会。

他们对我的报税单提出了两个具体问题。这两个问题极为复杂，连税收问题律师也意见不一致。一个问题是涉及我把圣克利门蒂某些产业卖给雷博佐和阿普拉纳尔普是否得了一笔该上税的资本收益。为我准备缴税的会计师坚持我没有获得这样一笔资本收益。有些税收专业人员同意他的意见，有些则不同意。另一个引起争论的问题是有关我向国家档案局捐献我任总统前的文献所获得的减税额。这是1968年林登·约翰逊告诉我的主意，他说有一条法令规定有减税额，他已利用了好多年了。他鼓励我利用，并建议我雇用过去对他的文献估过价的那个富有经验的估价者。后来我发现有许多有名人物早已在利用这

第七章 总统职位（1973-1974）

种减税额了，如州长帕特·布朗、约翰·肯尼思·加尔布雷思、乔治·华莱士、休伯特·汉弗莱、西奥多·索伦森和小阿瑟·施莱辛格。

约翰逊推荐的估价者拉尔夫·纽曼发现在我任总统前的档案中有100多万页文件，约值200万美元。1968年12月我将一部分这种文件捐给政府，获得了规定的减税额。1969年年初我嘱咐约翰·埃利希曼办理必要的手续，又捐了更多的文件，使最大限度的合法减税额够我用好几年的。1969年3月27日，将文献捐给了国家档案局，共捐献60万页，据估价值57.6万美元。

1969年12月，国会对我提出的税收改革法案补充一项修正案，废除了规定捐献文献可获减税额的条款。这项修正案溯及既往，到1969年7月25日为止。

我相信我委托负责准备报税单和处理有关捐献文献工作的人员和律师已将法律的变动情况考虑在内，把一切事情都已办妥。1973年我却发现情况并非如此，这使我大吃一惊，极感失望。报界最初提出了问题，后来国内收入署也提出了问题，即有关我捐献文献的申报手续是否真正符合溯及7月截止期的规定。

12月的第一个星期，布赖斯·哈洛力主我让国会国内税收联合委员会检查引起争论的捐献文献减税额和资本收益问题。他过去同这个委员会共事过，发现委员们一丝不苟且态度客观。肯尼思·格米尔同意他的看法，格米尔是有名的税收问题律师，常帮我们出主意。

因此，我于12月8日写信给国会国内税收联合委员会主席威尔伯·米尔斯，要求对这两个问题进行审查。我说如果该联合委员会断定这两个问题申报错了，我将补缴一切所欠之税。

12月13日米尔斯答复，联合委员会同意予以考虑。但他却搞了一个新花样。他写道："联合委员会认为，应审查从1969年直至1972年全部所得税项目，只有这样做了审查才有意义。"同一天《纽约时报》报道米尔斯说过这样的话：即使减税额是合法的，他还是批评了我用减税额。威尔伯·米尔斯说过："一个担任公职的官员提出报税单必须比别人更加无懈可击。"

我开始担心我陷入了另一圈套。我的担心不久就证实了。联合委员会在平时，如哈洛所说，可能还客观，但这不是平时。委员会的有些委员变得软弱而不负责任，他们手下为数众多的工作人员甚至更坏。《费城公报》专栏作家艾德里安·李对该委员会25名工作人员的政治面貌作了调查，发现没有一个是共和党人。

1974年3月8日，联合委员会的调查还没有最后定案，米尔斯主席就公开说，他认为在他们关于我的所得税报告出来以后，我会辞职的。3月18日他预测我由于所得税的"倒霉事"，到11月会下台。

哈洛从联合委员会了解来的情况越来越糟。工作人员不守诺言，将报告草案直接送交委员会，甚至不让我的律师有机会来检查报告的调查结果和提出支持我的案情的辩护。

与此同时，在我们这方面情况也在急转直下。我获悉，在我不知道的情况下，我捐献文献的证书实际上由处理我这件事的一个律师倒填了日期。我的税收问题律师说，对捐献文献来说，证书不是关键问题，重要的是表示我有意要捐献，并在7月25日截止期以前三个月将文献送给了国家档案局。以前法院处理案件时都持这种观点，但那倒霉的倒填日期的事被泄露出来，我在委员会一些少数支持者心目中的地位，受到了很大的损害。

联合委员会的委员实际上只开过两次会审议我的所得税问题：一次是受理我1973年12月的申请，另一次是1974年4月听取其工作人员所写的千页报告。大多数委员根本不愿意阅看报告，也不愿意听取我们方面对任何有重大争论问题的意见。内布拉斯加州参议员卡尔·柯蒂斯对委员会工作人员的工作表示不满说："我国任何纳税人都没有像美国总统在那报告中受到那样粗暴的对待。"

除了调查我捐献文献和一笔资本收益的问题外，委员会工作人员的报告还认为，帕特和全家与我一同乘"空军一号"专机时，如果不是因公，也应向政府付钱。其他总统却没有为家属交过费；事实上我是总统中第一个为家属乘飞机作非公务旅行（我不在飞机上时）交费的。

第七章 总统职位（1973-1974）

该委员会人员也不允许我在佛罗里达的住宅因办公而享有减税额，理由是我不需要把我的住宅做办公用，因为如果需要，政府自会在那儿给我盖办公室的！

联合委员会工作人员如此揽权而且如此专横，使该委员会中的共和党成员震惊不已。我的支持者曾向哈洛保证，一定要将整个问题转给国内收入署去办，但结果除卡尔·柯蒂斯一人外，所有的人都屈服于压力，无所作为。政治压力太大了。

这时我已收到国内收入署的新裁决。虽然我的报税单在前两次核查时都得到认可，但国内收入署现在又改口说，我应补缴捐献文献的减税额，并应把出售圣克利门蒂部分地产作为资本收益而缴税。

有关我捐献文献的事，还有一段令人啼笑皆非的插曲。就联合委员会和国内收入署来说，我的捐献是不符合合法手续的。但对总务署而言，我的捐献倒是符合合法手续的，所以他们拒不退还。换句话说，我既失去减税额，文献也归公了。

我的律师主张我到税务法院去，对国内收入署的裁决进行上诉。他们说联合委员会和国内收入署显然已屈服于政治压力，上法院我就会胜诉。但是就公众舆论来说，我已败诉，而在那个时候，这对我关系最大。再说，我已同意服从联合委员会的裁决，现在再反口就很难了。

4月3日我发表了一篇简短的声明，说我已获悉联合委员会的决定。这项决定是，在委员会的委员们没有开会对其进行评价之前就要发表一份工作人员对我的所得税问题所作的分析。我说既然不允许我对捐献文献享有减税额，我将补缴应付的税款以及资本收益所得税。

其后几天内，我们收到公民们愿意资助我缴税的款项4.7万美元。我和帕特深受感动。当然，我们把钱原封退回了。4月17日，特里西娅来到林肯休息室，她说她和埃德决定卖掉他们的结婚礼物，把钱给帕特和我缴税。我向她担保，我们能借到钱来补交税款。她说："我们可不是把钱借给你们，我们要把钱送给你们。"

结果，总务署、总审计局的工作人员，众议院两个委员会，白宫工作人员和特工机构共有36人工作了67天，对比斯坎岛的产业进行了调查；33人工作了 137 天，对圣克利门蒂产业进行了调查；在联合委员会 23 名人员中有 6 人专职查核我的财政收支，他们与国内收入署的 5 个专职人员一起工作。就我自己来说，我既无诈欺行为，也无不正当之处，但是所得税问题对我的打击却是毁灭性的。因为这正是在司法委员会酝酿弹劾的关键几个月当中发生的！

对我的人身攻击

尤金·麦卡锡曾将记者团同一群燕八哥相比较：一只飞离电线，一群也飞掉了；一只飞回来，一群也飞回来了。有些事开始只是在华盛顿记者团内部闲聊的内容，但很快就一传十，十传百，弄得华盛顿权势圈子里都知道了。用不了多久就会有人报道、阐述和分析，根本连想都不想一下消息从何而来。

这种现象有例为证。在 1973 年闷热的夏天，有一次华盛顿记者团中有些有影响力的记者推断说，我的神经开始失常了。他们断定，我决定在欧文委员会主持的听证会结束以前对水门事件的指控不作回答以及我对报界闭口不谈水门事件，这都说明我特别不愿意接触现实。那年夏天，我很想自己开车外出跑跑，免得记者和摄影记者老跟着我——在我之前约翰逊总统干过这类事，在我之后卡特总统也干过——但这也被看作是我精神病态的一种迹象。

他们既然已开始这样想，所以当我在新奥尔良对罗恩·齐格勒发火时，记者团就有一套现成的说法了。这次旅行是水门事件听证会举行后我第一次公开露面。我们指望会有盛大热情的群众场面，我想这一定会有助于驱散说我由于水门事件已陷于孤立和不得人心的想法。我们乘"空军一号"专机时，接到特工机构的情报，说存在企图暗杀的严重威胁。我作为个人倒甘心冒生命的危险，但这会使人群的安全受到威胁。因此，我不得不按一条未经宣布的路线进了城。

我们到达我预定要发表讲话的大厅时，我的脾气已有一触即发之势。当我看到齐格勒走在一帮记者最前面紧跟我走进贵宾休息室时，我为了出气，猛推了齐格勒一下，毫不含糊地要他把记者带到专为他们准备的房间去。事后我立

第七章 总统职位（1973-1974）

即向齐格勒道了歉，但这事已被记者团当作热门急电发出去了，而且把这事描绘成一个走投无路的人在作垂死挣扎。哥伦比亚广播公司电视网新闻节目两次用慢镜头来放映这个推人的插曲。

在下一期《新共和》杂志中，约翰·奥斯本在他有影响的"尼克松瞭望台"专栏首先登载了记者们的谈论，说他们察觉我在新奥尔良的一举一动"有点说不出的味道，但确实很奇怪"。有人猜测我喝醉了。然而奥斯本却说，他相信我的助手们的保证，在白天特别是在发表讲话前我是不喝酒的。他的判断是，"可能就是因为过分紧张的缘故"。

好几个星期以后，记者和评论员们硬说由于水门事件使我在政治上陷入了绝境，我才在赎罪日战争期间疯狂地制造军事戒备状态。这大概就是产生这种说法的原因。许多记者考虑到阿格纽辞职、经济形势不妙、石油禁运和燃料匮乏、考克斯的撤职及其后果等种种压力，显然认定我正处于精神负担过重的状态中。到12月初，《纽约时报》刊登一段消息，大标题是：《尼克松的健康情况始终是衡量水门事件的标尺》。记者们在每天新闻发布会上开始提出问题，问我是否在进行精神治疗，是否用麻醉品，是否仍在祈祷并乞灵于祈祷。西奥多·怀特曾管记者的这种行为叫作"令人毛骨悚然的虐待狂"。在记者的房间里，甚至谣传我为了掩饰重病而进行了面部化装。这是说我有计划地让自己患上重病，用它作辞职借口的说法的前奏。这种离奇古怪的外行精神病学发展到最后，在我辞职期间以及紧接着辞职以后，就推论我的问题已是死路一条，我但求戏剧性的一死。

所有这些事情都是由人数相当少但影响却很大的记者团所孕育、酝酿、宣扬，然后加以分析而来，他们生活在念念不忘水门事件的华盛顿这个小圈子里，完全靠主观想象过日子。

1973年夏季和秋季里，我和帕特很少谈论每天的新闻报道和电视广播。帕特一如既往，在这个异常的逆境中处之泰然。她觉得我们终会有得到昭雪的一天。最重要的是，我们决不能在攻击的面前使我们的情绪下降到无法有效地履行职责的地步。

我特别想到有一次，那是因为水门事件遭到无情攻击而特别难以度过的一天之后，我们还得去参加招待新西兰总理诺曼·柯克的国宴。招待完毕后，我们送柯克总理和夫人上了汽车。正当我和帕特转身回来通过大门厅往楼上走时，海军陆战队军乐队奏起了《音乐之声》。帕特的兴致来了，我们俩随即手拉着手，跳起了几步狐步舞，直到楼梯边。报界大吃一惊，来宾则很高兴。这是一个使我难忘的时刻。

我相信帕特觉得我在财政收支上的诚实与正直受到攻击是最令她感到伤心的事。她不得不同我一起签署有关准备对我的所得税进行查账的声明时，我感觉得到她是在极力控制自己的愤怒。她说她对由于水门事件而引起的政治攻击是可以理解的，但她认为对我个人在财政收支方面的忠诚老实进行攻击完全是不公平的。她指出她在白宫以及我们在政府工作的整个年代是多么的谨慎小心。她用显然发抖的声音说，这使她想起了1952年在基金问题上发生危机时我们所遭受的痛苦和羞辱。

华盛顿有个闲话专栏作家有一次竟然影射帕特毫无道德地把作为国家礼品赠送给她的珠宝首饰据为己有。事实上，帕特早已将这些珠宝首饰登记在礼品簿上，因此毫无疑问，在我们不任职后，就会把这些珠宝首饰放到尼克松图书馆去陈列。她在公开场合对那些侮辱是宽大为怀的。她笑着说："这真荒唐可笑！"但在私下她曾失望地问过我："他们还能再要我们干些什么呢？"

特里西娅在这段时期减少公开露面，只要她和我们在一起待几天的话，她总会在深夜到林肯休息室来，在我工作时陪伴着我。我知道她的内心深为忧虑痛苦，但她从来不让帕特或我看出来。有少数几次我们谈到水门事件时，她说："我们要看到路的尽头。最后一定会真相大白，这才是真正重要的事。"埃德始终坚定地和我们全家站在一起。

朱莉决定要出去战斗，她以特有的热情紧张地投身于斗争。她在一个星期之内走访了美国各个不同的地区，公开露面达六次之多。戴维刚开始一项新工作，任《费城公报》的体育记者，但他尽可能同她一起参加战斗。他们身处水门事件的第一线，他们受到的残酷攻击同我不相上下。

第七章 总统职位（1973-1974）

电台电视记者聚餐会每年在华盛顿举行。聚餐后的表演和讲话中，政治笑话往往是尖锐而无所顾忌的。朱莉特地要求参加1973年的聚餐会，证明我们心里没有鬼，不怕在这种场合公开露面。戴维决定和她一起去，给她以精神上的支持。但在聚餐的那天晚上，他开车去会场的途中，汽油用完了。剩下的一段路，他只好一路搭人家的便车。结果他未能及时赶到，朱莉只好一人参加了聚餐。

聚餐后的幽默表演，大都与水门事件有关，所说笑话都是尖刻而毫不留情的。朱莉鼓起勇气坐着忍受各种嘲笑。节目完了以后，尼加拉瓜大使、驻华盛顿外交团团长吉尔勒莫·塞维拉－萨卡萨向她走去。他向她耳语说："你的父亲还有一个朋友。"她经受住了各种恶意的嘲笑，但大使的这番好意却使她伤心极了。她的眼泪再也忍不住了，她在众目睽睽下冲出了房间。

我不想要朱莉在水门事件质询中首当其冲，但她受不了这种情况：看来谁也不会挺身而出为我说说话。每当我提出让她不要陷得太深时，她总是回答说："可是爸爸，我们得战斗啊！"

不仅与我亲近的直系亲属感到自己受到报界的无情打击，就连我的兄弟唐和埃德也受到非难和质询。记者和调查人员还把矛头转向我的朋友鲍勃·阿普拉纳尔普和贝比·雷博佐。

对贝比·雷博佐来说，1973年是他18个月不得安宁的噩梦的开端。他除了受欧文委员会工作人员令人愤慨的迫害外，还受到国内收入署、总审计局和迈阿密地方检察官的审查。

贝比·雷博佐是我认识的最厚道和最慷慨的人之一。他品德高尚，为人正直。但是无论什么人，光看报上关于他本人，他的生意往来，或是他和我的友谊的报道，那就准会得出这样的结论：拉斯普丁和艾尔·卡普尼[1]的最坏的名声在他身上是兼而有之。

---

[1] 拉斯普丁（1872-1916），俄国僧侣，曾获沙皇尼古拉二世夫妇的宠信，专权多年；艾尔·卡普尼（1899-1947），20世纪20年代芝加哥杀人不眨眼的黑社会头目。——译者注

攻击的主要矛头是对准霍华德·休斯所捐的10万美元竞选费。雷博佐接受了这笔钱,他当时的理解是要把这笔钱用在1972年的总统竞选运动中。他把钱放在他的银行的保险柜里。1970年休斯的帝国内部爆发了剧烈的权力斗争,其特点是几派之间相互倾轧。雷博佐还记得1962年竞选加利福尼亚州州长的运动,当时由于休斯所属的组织贷款给我的兄弟唐引起过争端。他怕我会因与霍华德·休斯有关系而再度感到为难,所以他决定不向我提有过这笔钱的事。他一直掌握着这笔钱到选举以后,到那时,他认为这笔钱可用来弥补竞选运动中出现的亏空或用于1974年的国会选举。

1973年国内收入署正在对休斯的资产进行调查。雷博佐知道他会被问到这10万美元捐款的事。他到现在才告诉我有这笔钱的事。我说除非我们征得休斯组织的同意将钱投入1974年的竞选运动,否则我们应把钱退还。因此在1973年6月把钱退给了休斯的代理人。核对了钞票都是连号的,证实了所有的钞票都是在雷博佐收到这笔钱以前发行的,从而支持了他的说法:在他还这笔钱以前,他一直把钱放在保险柜里,从未动用过。情况正是如此。

当欧文委员会发现休斯捐过款的事,真是如获至宝。他们又是走漏消息,又是含沙射影,令人啼笑皆非地证实了雷博佐最大的担心:这桩无辜的事情会造成有害的宣传。

据报道,欧文的调查报告打算指控休斯的钱是归我个人使用,作为回报让民用航空委员会作出一项有利于休斯的航空公司的决定。有的消息报道说,这笔钱是用来换取反托拉斯方面的好处的。合众国际社报道,欧文委员会正在调查这笔钱是否曾用于帮我购置在圣克利门蒂的住宅。有的报道竟然指认捐款为"贿赂"。所有这些被广泛报道的消息全是假的。

10月8日,欧文委员会找雷博佐面谈。合众国际社发了一条消息说,钱是归雷博佐所管,但他对钱怎么用的情况却"说不清楚"。这是令人不可容忍的捏造。《纽约时报》报道说捐款可能是用来制止一项预定要进行的原子试验的,因为休斯担心在内华达州进行的核试验会影响到他在拉斯维加斯的产业。还有一篇文章说,捐款可能是用来换取让休斯医学研究所得到免税的好处的。

第七章 总统职位（1973-1974）

这种说法和其他说法一样，都是不真实的。

休斯捐款不是用来折磨雷博佐的唯一武器。8月1日，美国广播公司报道调查人员正在核实以下的报道：巨额的非法竞选运动捐款在雷博佐的比斯坎岛银行的协助下在巴哈马群岛的赌场里挥霍掉了。8月20日，美国广播公司报道由"委员会方面"提供的消息：欧文委员会已票传有关在巴哈马群岛可能花掉捐款200万美元或200万美元以上的银行单据。根本就没有这种捐款，也没有这样"挥霍"过捐款。

10月22日美国广播公司报道，据称有非法的"私人投资基金"，通过雷博佐的银行替我代管："这笔基金被接近调查团的人士称为'1973年的尼克松跳棋基金'。这笔投资的有价证券正在彻底调查中，以判定是否会有大量未报的政治性捐款转归尼克松个人使用了。"报道还说有两家公司可能捐款100万美元以上。这些指控完全是无中生有。

与此同时，欧文委员会仍对雷博佐进行无情的追逼。对此，欧文委员会少数党法律顾问弗雷德·汤普森在他写的那本《那时节》的书中有详细描述。他讲了调查人员如何两三个人一批分四次到迈阿密去找雷博佐谈话，每一批都重复提出上一批人提过的问题。委员会查问了他的家属和他的生意上的朋友，票传同他在过去六年中做过生意的所有人的账目。他们也查问了过去六年中接受过他的支票的所有人。

雷博佐被国内收入署查过账，受到总审计局、欧文委员会、迈阿密地方检察官的调查，最后水门事件特别检察官也对他进行了调查，前后共达14个星期。1975年1月，利昂·贾瓦斯基最后证实控告雷博佐缺乏证据，但《纽约时报》却不登这项消息，而《华盛顿邮报》只登了一条简讯。电视网过去每晚报道了各种伪造的说法，但现在对贾瓦斯基的讲话却只字不提。

到1975年10月对雷博佐的调查最后了结时，特别检察官办公室已经发过传票200多张，讯问过123人，从我一直到我在比斯坎岛住宅的园丁。被传到大陪审团去的有28人。1978年，特别检察官办公室人员内部文件公布后，表明调查人员什么事都干得出来。调查雷博佐的人员的总负责人所写的备忘录承认，有一个告密者曾怂恿他们去调查据说是由雷博佐代我管的在巴哈马银行的好几百万美元秘密存款，这个告密者原来是一个"以前作过案的骗子"；几年前他还同样地诬告过厄尔·沃伦。他用来支持自己的指控的文件"已确定是欺骗性的"。备忘录最后说："像许多对雷博佐的指控一样，乍看起来它似乎有很大的可能性。像许多指控一样，它缺乏重要细节。也像许多指控一样，最后证明完全是毫无根据的。"

但这是几年以后的事了。而在这期间，特别检察官办公室对雷博佐调查了达16个月之久，他们对于把雷博佐搞得很狼狈显然是毫不在乎的。

对贝比·雷博佐进行调查估计共花了200万美元。结果所有的指控的影射统统证明是不真实的，他正式被昭雪。当然同时他也遭受了残酷的折磨，弄得名誉扫地。尽管特别检察官给他彻底昭雪，但那些曾对他进行指控的人，那些登载和广播了这些指控的人，既没脸收回这些报道，也不对他们所造成的损害表示歉意。贝比·雷博佐受到了一场当代星室法院[1]式的政治迫害，他的罪名就是因为他是理查德·尼克松的朋友。

早在1973年民意测验就表明，尽管广泛猜测我卷入了掩饰水门事件的活动，但大多数公众仍然相信我是极为正直的人。一年来的无情攻击开始办了一件单单指控我政治上进行掩饰所办不到的事，即开始摧毁了人民对我的正直的信任。后来在1974年春，专栏作家尼古拉斯·冯·霍夫曼写道：

> 但是在法律上进行弹劾的正式程序之前，必须让一种非正式的社会弹劾先行。只有社会弹劾才能把一个人搞臭，而这个人本来是享有人们对待总统的敬仰、保护和遵从的。在正式控告他以前，就必须对他审问、定罪，加以羞辱和驱赶一番……
>
> 几个月以前，随便哪个美国总统只要给国内收入署送张美国捷运公司的支票存根，随便涂上几个字……即可得到一张通行证……现在伪善的人们却在不断津津乐道地传播着关于尼克松及其一家的各种不堪入耳的小道消息。

---

[1] 星室法院（Star Chamber）是英国民事、刑事法庭，于1641年停闭，以专断暴虐出名。——译者注

第七章 总统职位（1973-1974）

冯·霍夫曼推测有一系列不可避免的事件已开始，目的是为了演一场好戏给人看，而不是有无弹劾罪行的问题。他说我将要受到弹劾："虽然谁也不知道究竟是为了什么……如果尼克松换成另一人，他绝不会由于所奉行的政策（尽管有缺点）而受到弹劾的。然而人们感到决定已作出……现在是否有足够的票数决定把它搞掉，这一点与上面所说情况无关。但是不用太久就会有足够的票了。"

在11月1日与国会议员见面时，我说过我可能把票传的录音带公开，即使不公开全文，也要把摘要公开出来。国会的领导成员，特别是休·斯科特极力主张我这样做。帕特·布坎南被指定仔细检查录音带全文，并同约翰·迪安的证词相对照。我看了布坎南的检查报告之后，心就定了，认为无论什么人检查录音带，都会同意我的看法的，即迪安指控我与他合谋掩饰水门事件达八个月之久的说法完全是谎话。我知道3月21日的录音带会使人们哗然。但是我可以肯定，最终人们会认识到，重要的是我做了些什么事，而不是我说了什么话，更不是我临时想到的那些话。

黑格把加门特、哈洛、齐格勒和通信助手肯·克劳森、迪克·穆尔领进来作决定。他们每个人先看了录音带的清单，然后再看布坎南的摘要。尽管黑格想在他的报告中把他们对我的意见冲淡一些，但我还是听得出他们并没有我那样乐观，而我觉得如果我们能闯过许多公认有困难的段落的话，录音带的全文就会证明迪安是说谎，我讲的是真话。哈洛尤其认为录音带会是致命的，因为在录音谈话中政治现实性过强，公众会接受不了的。

然而布坎南非常赞成交出录音带全文。我同意他的看法，如果我们能在第一个回合中站住脚，录音带最终会证明迪安说谎。但我也很重视哈洛对于公众和国会可能产生什么反应的深刻见解。我觉得在当前难以应付的局面下，他的这些考虑应该放在最优先的地位。因此，尽管我原来认为宣布把录音带全文公开出来的做法较好，我还是决定不这么做了。

1973年12月2日，威廉·格雷德在《华盛顿邮报》上写道："公众应该懂得，如果他们要求国会对尼克松先生进行弹劾和审讯，他们实际上是在要求国会做比这多得多的事。如果要对这些罪行进行弹劾的话，那就意味着要求民主党人与共和党人一起……不仅要对尼克松先生，而且要对过去的政治历史进行审判了。"

1972年12月，我口述日记说："1973年将会是好转的一年。"今天是1973年12月23日，我又在戴维营。我在一页笔记的上方写道："会不会在这里过最后一个圣诞节了？"

1974年

自从霍尔德曼和埃利希曼离开白宫，水门事件的怒潮全落到我身上，到现在才只过去了八个月，这简直让人难以相信。这真是令人难以忍受的八个月，是不断遭到打击、进行还击，接着又遭受新的打击的八个月。5月里，我还感到有重新开始、重新休整和重新恢复的机会。而现在，我却只能仔细分析一下自己的处境，看看到底能否度过这一危机了。

在我撤销考克斯职务的那个周末以后，我才第一次考虑到我的行动造成了什么样的后果。我写下了几条我称为"分析"的笔记。

1. 考克斯必须离职，那理查森也就势必要和他一起离开。不然的话，如果我们等待考克斯犯下一个大错误，在公众心目中使我们有要他离职的充分理由，那大家就会认为我们是在看到了考克斯在反对我们之后才采取行动的。

2. 我们应当从理查森的事件中吸取教训，看清我们真正可以依靠的是哪些人。像理查森这种依靠权势集团的人，到了危急时刻，是根本不会和我们站在一起的，因为这时他们必须在自己的政治野心和支持一位曾使他们居于高位的总统之间进行选择，而他们现在正要辞去这些高位。

3. 关于录音带问题，我们必须从最有利于公开宣传的角度来整理最后的文件。我们一定要让大家知道我们并没有"篡改"录音带。

4. 我们必须把我们现在的情况和 4 月 30 日的情况比较一下。那时对霍尔德曼、埃利希曼、格雷、迪安和克兰丁斯特等人所采取的行动，并没有驱散压在总统头上仿佛他确实有罪的乌云。事实上，那行动只是增加了这种怀疑，它非但没有使批评我们的人感到满意，相反使他们在尝到一点腥味后更想到要吃肉了。自 4 月 30 日以来，我们的情况更为恶化了。那天，我们在民意测验里还有 60% 的人赞成我，而现在充其量只有 30% 了。

5. 现在的问题是我们交出录音带或录音带文字抄本是否有助于驱散这种疑云，还有一点有利的地方，如果民意测验并非完全不正确的话，中东危机可能帮点儿忙，因为它表明需要尼克松在外交政策方面的领导。

6. 我们的对手现在将发动一场全力以赴的攻势。关键的问题是考虑到我在上面一段里提到的有利因素，对我进行弹劾或要我辞职的理由是否充分有力。

1974 年 1 月 1 日凌晨 1 时 15 分，我在笔记中写了这样一段话："关键的问题是：我是竭尽全力战斗呢，还是我现在就开始为漫长的变化过程，实际也就是为辞职做准备？"

在过去的几个月里，我常跟我的全家、跟几个亲密的朋友、跟黑格和齐格勒谈论辞职问题。但是对辞职的想法我是十分讨厌的。我认为我在压力下辞职将改变我们的整个政体。这个变化在许多年内都可能看不出来，但是一旦有第一个总统在猛烈的攻击下开了辞职的先例，未来的总统的对手就会以此作为一种强大的新的支持力量。不难设想，如果遇上一种情况，国会对一位总统不喜欢，那它就可以在立法、外交事务和人事任命方面和他为难，使总统一筹莫展。然后，等到全国都极其厌倦由此产生的僵局的时候，国会就可以说，如果总统辞职，对国家是会有好处的。而尼克松便会被他们引为先例！迫使总统辞职自动下台，国会就不用承担责任，不用担心曾投票弹劾总统而遭到历史的审判。

接下去我写道：

回答是——战斗。要战斗，因为如果我被迫辞职，新闻界不仅在本届政府任期内，而且在以后许多年里，将成为一股过于跋扈的力量。要战斗，因为辞职将开创一个从未有过的先例，其结果将使我们的整个立宪制度发生持久的和具有极大破坏性的影响。要战斗，因为辞职可能导致我国外交政策方面的主动权彻底丧失。

在1974年元旦那天早晨晚些时候我又另外记下了几条：

决定战斗：

1. 辞职是开创先例——等于承认有罪。
2. 使朋友们为难。
3. 现在战斗，才有可能作为一个有原则的人为将来而战斗。
4. 只能由问题的实质，不能由政治方面的考虑来改变这一决定。

优先要做的事：

1. 记者招待会和与电台电视工作人员会议。
2. 在众议院、参议院、大州州长以及像肯德尔一样在弗兰尼根指导下工作的我们的朋友们当中，组织我们的核心力量。
3. 使内阁动员起来。
4. 让手下的工作人员振作起来。

重要方面：

1. 罗迪诺、贾瓦斯基以及其他人。
2. 外交政策的主动性。
3. 搞好国内战线方面的工作（能源等）。

风格：

1. 有自信心。
2. 有同情心。

第七章 总统职位（1973-1974）

    3. 活泼多彩——需要引起人们的兴趣。

面对这空前的逆境要坚强，但要避免过头的话和行为。
1月5日早晨5点钟，我又写了下面的一段笔记：

    最重要的：尊严，镇定，有信心，昂首挺胸，毫不畏惧，发扬一种新的精神，有魄力，在行动方面要像一位总统，像一个胜利者。反对派是野蛮的破坏者、怀恨者。现在是利用总统的全部力量和在我们面前摆开阵势的强大力量进行较量的时候了。

根据我对形势的估计，不可能根据法律或者历史上的先例来决定对我的弹劾。所谓弹劾只不过将用来争取公众的支持：在我努力恢复公众对我的领导能力的信任的时候，我的反对派便将努力使公众一心想着必须把我撤职。

最后一次游说

    我曾以为1972年是我最后一次进行游说的政治活动。但是1974年年初，我发现我将开始为我的生存进行游说了。
    我肯定，不管人们要对我进行弹劾涉及多少实质问题，其最后结果仍取决于当前党派斗争的形势。民主党人在每个阶段都要试试政治温度，反复掂量，在1974年国会选举和1976年竞选总统时，让共和党保有一个失去人民信任的在职总统对它更不利呢，还是让它的一位新总统来背着前任总统受到弹劾或者辞职下台的政治包袱对它更为不利。民意测验表明，对国会的评价已达到民意测验史上最低水平——甚至低于对我的评价——这又大大加强了对民主党国会的压力。
    国会里许多共和党议员，从即将举行的中期选举出发，现在也把对我弹劾一事作为一个严格的党派斗争问题来考虑——因为他们中许多人和中期选举有着明显的和直接的利害关系。但对他们来说，对我的弹劾显然是一个令人左右为难的问题，因为尽管他们感到我会是 1974 年和 1976 年不利于共和党的一个累赘，现在急于想摆脱掉我，但是他们也承认，许多共和党人特别是党的工作人员对这种想法十分气恼，而且一般公众也会把他们甘愿看到我受弹劾，说成是自私自利和对党不忠的表现。

因此，我越来越清楚，我受到弹劾的主要危险不是别的，而是公众都被引导到以为我准要受到弹劾的这条路上去了。因此，到头来这完全成为一种争取公众支持的竞赛，换句话说，一次游说活动。但这次不是为了谋求政治职位，而是为了挽救我的政治生命。

和 12 月的情况一样，民意测验表明人们还在犹疑不决。54％的人不同意要我离职。同时有 45％的人认为如果我辞职，让国家能把注意力集中到水门事件以外的其他问题上去，他们会更尊重我。我原来以为会对我有利的事情，现在也开始对我不利了。在 1973 年 4 月，我原希望公众会厌烦水门事件因而将对国会和舆论界施加压力，要它们把注意力转到其他事情上去。但是国会和舆论界的攻击以及关于白宫录音带的争论终使我深深卷入水门事件中，以致公众越来越把我看作是妨碍他们去进行其他工作的绊脚石，因而更倾向于愿意叫我辞职。除非我能有什么办法制止这股浪潮，否则它就会把我冲下台去。

像我在每次出外竞选时一样，我仔细权衡了我的实力和弱点。民主党人仍然在政治上占优势，因为他们在数量上占多数。因此，不管我采取什么办法加以制止，对我的弹劾总是有可能发生的。如果共和党人决定不帮我的忙，或者不大力帮忙，那弹劾就更是十分可能了。

事实上，华盛顿共和党人对我的支持在不断下降，到 1973 年年底，由于对我弹劾的听证会日期越来越近，由于中期选举的前景可能成为公众对我的感情的晴雨表，甚至稳健的共和党中间派，包括国会中的共和党领导人员也都发出信号说，除非我能戏剧性地转变潮流，使之有利于我，否则他们就要对我敬而远之了。我抱怨说，这是典型的共和党的少数党不安心理。但实际上这主要是我自己的过错。过去好些人曾力图为我辩护，结果却只是惹火烧身，还有许多人不再感到有足够的信心或者有必要为我进一步冒风险了。

第七章 总统职位（1973-1974）

由于我和国会里支持我的人之间的一切活动，已别扭得令人感到不快，因而我的问题就更为复杂了。没有一个国会议员敢于表明坚定地站在我一边，免得使他们自己受到没有根据问题本身的是非来考虑我的案子的谴责，尽管对立面的许多人都已在公开地宣传要对我进行弹劾。正常的电话交谈和邀请来参加白宫汇报会，也遭到记者的怀疑，因而马上有人传过话来说，这些活动有可能被看成是企图影响投票，并说如果在弹劾问题解决以前，我不去打扰国会议员，他们将不胜感激。这样便有效地使我真正一筹莫展；我主要的游说武器便只剩下一项了：好好干我的工作，继续使人们认识到水门事件比起我干得好的事情来根本算不了什么。同时，在党的自由派和保守派之间，现在已开始出现日益严重的敌视情绪和宗派主义。由于几个月来水门事件引起的精神创伤，加上中期选举竞选通常总是把握不定，两派都倾向于把我采取的任何一个政策行动看作是我为了在弹劾问题上赢得选票而向对方作的让步。

全国开始出现了一些小型的但全力支持我的团体。唐·肯德尔在团结企业界方面工作干得很出色，马萨诸塞州的犹太教巴鲁克·科尔夫拉比用他个人的积蓄登广告，发动了一个全国性的群众运动，他们一致认为当前对我的攻击目标并不仅是反对我个人，而且也是反对总统职位。彼得·弗莱尼根负责和许多团体的联络工作。

在过去八个月的艰险历程中，内阁一直坚定不移。他们中有几个人，像商业部部长弗雷德·登特和农业部部长厄尔·巴茨，到许多地方去发表演说为我说话。其他许多人留在华盛顿，不顾他们所承受的一切压力，一直坚持工作以表示他们的忠诚。白宫工作人员也同样令人钦佩。我永远也难以充分表达我对所有支持过我的人的感谢之情。但是，尽管全体工作人员都英勇顽强，可是每个人都被搞得精疲力竭了。我从不承认我们的人员素质不高，但从一开头我们在数量方面是毫无希望地大大落后了。我们从外面物色新人。一个是波士顿的著名律师詹姆士·圣克莱尔，他进来领导法律小组。前联邦电讯委员会主席迪安·伯奇负责管理白宫人员的政治活动。国内事务委员会执行主任肯·科尔，担任负责国内事务的总统助理。他们欣然接受了这些任命，而且在白宫周围造成了某种可喜的势头。但这没有保持多久。

梅尔·莱尔德很快宣布他要离开白宫,到私人企业部门去开始新的生涯。杰里·福特于12月6日宣誓就职副总统,莱尔德公开表明他希望福特能接管他主管的许多国内政策以及同国会的联络工作。因而《华盛顿邮报》的专栏作家埃文斯和诺瓦克(他们经常反映莱尔德的观点,以致在华盛顿人们开玩笑地把他们叫作莱尔德的宣传员)写道:莱尔德的离职是向共和党人发出的一个信号,告诉他们不再有义务保护总统了。

到了1973年年底,我政治上的宿敌开始加倍努力,一定要对我进行弹劾。美国民权联盟散发了一本56页的手册,列举了各种加速和保证实现对我进行弹劾的办法。美国民权联盟的主要发言人对他们的用心直言不讳:"现在没有民权运动、没有战争、没有社会行动运动。虽然我讨厌使用那个字眼,但这是自由派人士的时髦用语:弹劾势在必行。"麦戈文的主要捐款人斯图尔德·莫特,假借一个"公众利益"团体的名义,印发传单,列举了自越南战争直至水门闯入事件的28条可以起诉的罪状。考克斯被撤职以后,拉尔夫·纳德[1]的组织开始向全国各地打电话鼓吹对我进行弹劾。美国劳联－产联宣称对我的弹劾势不可免,并在全国范围内发动一个宣传运动,散发了400万份关于"弹劾理由19点"的传单。劳联－产联的一个在国会活动的人员在1974年1月说,"时机一到",他们就要"在国会山上全力以赴,在议员中进行活动",使我受到弹劾。众议院司法委员会21个民主党委员中,有19个在1972年选举中曾从劳工组织那里接受了总数为189196美元的竞选活动费,这就使劳工组织决心竭尽全力对我进行弹劾的严重影响更加厉害了。委员会的两个共和党成员接受了2100美元,委员会的主席彼得·罗迪诺接受了30923美元。

是否对我进行弹劾的问题,首先要由众议院司法委员会辩论证明弹劾合法的证据,也要首先由它来调查——一个人只要会数数,他就知道众议院司法委

---

[1] 一个保护消费者利益的鼓吹者。——译者注

第七章 总统职位（1973-1974）

员会这副牌是早已做好了的。委员会的38个委员中，21个是民主党人，17个是共和党人。在21个民主党人中，有18个或者是党的自由派，或者是出名的死硬党徒。对华盛顿政治的现实主义的观察家，从一开始就不得不指出，尽管这18个民主党人自称尊重客观事实，但他们都会投票赞成弹劾的。

剩下的三个民主党人是南部的保守派：亚拉巴马州的华尔特·弗劳尔斯、阿肯色州的雷·桑顿和南卡罗来纳州的詹姆斯·曼。他们是民主党那边唯一难以预料的几个人，因为他们过去支持过我，常常在有关国防和压缩预算的问题上违背他们党的意愿。

华盛顿的舆论一致认为，委员会的17个共和党人中，有11个会支持我。在剩下的6个人中，有的是在政策问题上很少支持过我的自由派，有的自己正面临中期选举竞选的困难，另有一些由于水门事件已表现出对我个人的不满。我要想避免委员会提出对我进行弹劾的建议，唯一的希望，只能是要么抓住所有的共和党人并拉过来两个南方的民主党人，要么是抓住16个共和党人，同时把3个民主党南方议员全拉过来。这两种结局都有可能，但都非常渺茫。

不论外部有多少反对派，内部也还有敌人，就是那些录音带。我认为那年往后最大的危险是特别检察官和众议院司法委员都会开始没完没了地索取录音带，而且每次还总声明这是最后一次了。看来直到他们要求我们把5000小时的录音带全部交出以前，这种要求是永远也不会有个完的。这些调查本身已经具有了它自己的目的，我不明白为什么很多人都看不出这一点。那些调查人员已不再关心对我的任何具体控告是否属实了。他们想要对一切事来一个寻根究底，追索每一个不管多么不相干的线索，以求得到一些在他们看来可以用来把我搞下台的罪证。对我来说录音带如同噩梦一般，如果他们有足够的时间和弄到足够的录音带，他们就可能找到他们所寻找的东西。

我想制止这种趋势。过去我嘴上说要加以制止，可是没有这样做，以致铸成大错。后来，在为拒绝交出录音带付出代价后，压力越来越大，我们就只得屈服了。我懊悔过去未能在这个问题上按照我的直觉来行动，现在想开始这样做了。我甚至谈到要销毁录音带。我自己思量，最好的战略应该是跑到国会去进行挑战，宣布闹到这个地步已经够了。我还说，我要在1月30日的国情咨文报告中这样做：我要宣布，对众议院司法委员会或者特别检察官，我将什么也不再提供了。

别人劝我别这样，理由是利用国情咨文来封口会造成对抗局面，不仅会使弹劾问题激化，而且会完全掩盖了演说中的国家政策问题的重要性。

所以录音带还在行政办公大楼里放着。我已经听过的几卷就够糟的了，谁知道其他的录音带还会有些什么？这使我们大家都提心吊胆。我想起丘吉尔说过的一句话对我具有特别现实的意义："一个人活得越长，他就越认识到一切都取决于机会。任何人哪怕只要回顾一下十年前的经历，他就会看到某些本身毫不重要的细小的事件，实际上却左右了他的全部命运和前程。"

我没有办法记得录音带上的每一件事情，但是我肯定录音带上还会有更多已把我们弄到这步田地的不光彩的政治破烂。我也许能对付其中的任何一项，但要是一起都往我头上压来，那最后非把我压垮不可。特里西娅后来给我看她的一则日记使我想到，有时你周围的人对事物的了解，比你自己的了解要深刻得多：

> 父亲说的一些话使我对未来的结局感到完全绝望了。自从巴特菲尔德的揭发以来，他再三说，对录音带你怎么理解都可以。他告诫我们说录音带上没有什么见不得人的东西；他也告诫我们说，他可能因为录音带上的内容而受到弹劾。由于他说了后面的话，我理解父亲，后面的话才是他真正的想法。

那么多的人已经为了我而被弄得现在处境非常困难——我比他们大多数人都更清楚，他们的处境的确是十分危险。现在，如果我们继续战斗下去，别的一些人也得跟着冒风险，如黑格、齐格勒、律师们、在弹劾听证会上支持我的国会议员和参议员以及白宫的工作人员。我得使这些人对这场战斗有信心，虽然我知道在许多方面，情况是不怎么令人鼓舞的。我之所以认为应当继续战斗

第七章 总统职位（1973-1974）

并要求这些人和我一起为我而战斗，理由是，虽然我们的案情漏洞百出，但是我自己仍然深信我们的事业是高尚和重要的。

我慢慢明白，这个事业现在已经涉及美国政治领导的性质问题。我感觉到，如果我因为水门事件这样的政治丑闻而被撵下台，那么美国的整个政治制度就会受到破坏，并发生变化。我从来也没相信过任何一条对我的控告，从法律上说是可以对我进行弹劾的——其中没有一条谈得上是宪法上所列举的"叛国、行贿或其他严重罪行和不法行为"。如果我认为我真犯了法律上应对我进行弹劾的罪行，我决不会让任何人出面极力为我辩护，我会马上辞职。但是这次弹劾将成为一个政治上的重大事态；众议院司法委员会对宪法上的弹劾定义无法取得一致意见便是明证。12月《纽约时报》的消息说，委员会里2/3的委员认为可以用来进行弹劾的罪责甚至不一定要违犯法律。后来，他们并没有对定义问题商讨出一个一致看法，却决定可以允许每个委员按自己的想法自行其是。如果过去还有什么怀疑，那现在这个决定可是已清楚地表明，决定弹劾与否的是政治标准而不是法律标准。

我感到，从总统领导的重要因素来说，我还可以对美国和全世界做出不少贡献。尽管由于水门事件，我的手脚已被束缚住了，而且在我任期届满以前必然还将继续受到限制，但我还是比不久前才被确认为副总统的杰里·福特有经验。而有经验的领导是很需要的。北越显然准备向柬埔寨和南越发动一次新的攻势，目的在于考验我们是否愿意和能够执行巴黎协定。苏联人迟迟不肯缔结全面限制战略核武器协定，这就需要美国的坚定立场来促使他们朝正确的方向前进。国内经济由于实行管制的结果而极不稳定，由于阿拉伯国家石油禁运的影响，不论谁当白宫主人，都会遇到一个漫长而严酷的冬季。为了充分利用赎罪日战争时期我国政策上的巨大胜利，我们必须尽力克制想狠狠打击阿拉伯人的诱惑。

我完全知道，直到如今我处理水门事件的方式以及我的案子一开始就存在的各种漏洞，很可能正好危及我认为需要我留职办理的那些东西。我认识到，在许多人看来，我曾像他们认为的那样，滥用国家安全和行政的特权来掩饰我自己的罪责。我还认识到，许多人认为由于我不顾水门事件造成的软弱无力状态，还决心要做个强有力的总统，从而无可挽回地损害了总统职位的实力。

但是，我不同意。不管是对是错，我自己深信我是由于过去的事，受到过去的老对手的攻击。我本能地站起来为我的生存而战斗。我在政治舞台上已生活和战斗了这么长久以后，不能就因为水门事件这样一件事而放弃战斗，离开总统职位。我要战斗，我要用我认为必需的一切行动和言辞来团结我的力量，来保持他们对这最后一次游说运动的信心。

1974年1月9日，我正在佛罗里达我的朋友沃尔特·安南伯格的华丽的棕榈泉寓所消遣几天，接到了约翰·康纳利一个电话。他这人不是那种轻易就惊慌，但是当他和我说话的时候，声音很激动。他说他在华盛顿同他所知道的政治消息最灵通的一位密友谈过话。他的朋友告诉他，有一群共和党人，主要是众议院的，也包括一两个参议院的，其中还有几个高级领导人，他们秘密开过会，最后得出结论，认为我留任总统对1974年参加竞选的任何共和党人都是十分有害的。康纳利说，这些人中间有些还是我过去的朋友。他把这群人叫作"亚利桑那帮"。我问他戈德华特是否也在里面，康纳利回答说，戈德华特可能知道这个帮的存在和他们的意图，但他并不是主要的发起人。他还说这些人并不都是亚利桑那州人，也有东部和中西部的人参加了讨论。"他们之中有些人还是你所谓的极要好的朋友。"他说。

据说这个小组所设想的策略，是把众议院司法委员会投票的日期推迟到6月同苏联举行最高级会议以后。然后，他们将选出几位共和党领导人到白宫来，要求我为了党的利益而辞职，特别是因为如果到11月我还当总统，那我在众议院的许多支持者便将失去他们的席位。康纳利说，提供消息的人强调指出，杰里·福特并不知道有这个小组存在。

康纳利再三说，这个使人不安的消息的来源是极为可靠的，他坚持要我不能把它当作又一个谣言而置诸脑后，他劝我要仔细查核一下。我告诉他我会这样做的。

第七章 总统职位（1973-1974）

当我把这消息告诉黑格的时候，他表示怀疑。我也认为在这种时候，可以料想华盛顿的谣言工厂很可能会制造出这类谣言。黑格考查了一下戈德华特，他告诉我戈德华特自称而且看来也是坚定的。

那时候，我不相信共和党人会有一个有组织的阴谋强迫我辞职。但是，在政治斗争中生存是最重要的。统治华盛顿的是达尔文主义[1]的势力，如果你陷于严重的政治困境，你就不能指望别人长时间对你十分关怀，宽宏大量。常常是大家一致认为这有时不过代表了一种共同的本能，为了让其他的人生存下去就必须扔下受伤的战友。

国情咨文定在1月30日下午9时发表。帕特和我在从白宫到国会的路上，一直默默地坐在汽车里。她和我一样清楚地知道，局势已变得多么紧张了。我们全家曾讨论过，不知众议院和参议院的议员们将会有礼貌地听我演讲呢，还是会公开表示敌意。

但是，当我走进会议厅门口的时候，发出了一阵响亮的几乎是喧闹的鼓掌声和欢呼声。拥护我们的共和党人和民主党人，人数虽少，声音却极响亮，他们非常起劲地欢呼，使他们的同僚感到即使不能跟着欢呼，也不得不站起身来。

1974年的国情咨文后来成了我在国内问题方面领导工作的最后总结。在一开头我仍能公然说："今天晚上，是12年来第一次一位美国总统能够在我国与世界各国和平相处的情况下向国会作国情报告。"

我相信如果没有水门事件，1973年美利坚合众国的实际情况一定会被认为是一种证明，表明我在1972年竞选时所提出的政治哲学是正确的。1973年发生的事件简直像是为了表明左派的政治如遇上我们所遇到的问题将会如何无能为力而事先安排好的。举例来说，当以色列的安全和生存十分危急的时候，可笑的是中东战争竟把许多著名的越南鸽派变成鹰派了。一再出现的通货膨胀，表明开明的民主党传统的美元政策多么严重地影响了国内经济。甚至特迪·肯尼迪和威尔伯·米尔斯也心照不宣地承认这点，暗暗把他们大肆宣扬的强制性

---

[1] 意思是说一切按"适者生存，优胜劣汰"的规律进行。上句中的"生存"亦系此意。——译者注

的国民健康保险方案修改得和我的方案一样。还有能源危机的现实情况，迫使人们不得不对当时极为流行但十分片面的环境保护论者的偏见作了实用主义的修正。

五年前我被选出来领导的这个国家，由于国内纷争，已处于危难之中。城市被人焚毁，遭到围困；大学校园成了战场；犯罪率以惊人的比例增长；滥用麻醉药和吸毒成瘾的人越来越多；征兵制使美国青年的生活蒙上了破坏性的阴影；当时没有保护我国自然环境的计划；社会改革和政府工作的许多重要领域都需要加以注意和考虑。

通过尼克松政府五年的努力，我们取得一些巨大的成就。现在城市安静了，大学校园又成了学习的园地，犯罪率的增长被制止了，吸毒问题在国外和国内都大大受到遏制，征兵制取消了，我们已向国会提出了我国的第一个环境保护计划以及有关国民医疗、教育改革、收入分配和政府改组等方面的重要计划。在国情咨文里，我概括地提出了我认为在1974年可能实现的十项具有里程碑意义的成就：我们能够解决能源危机，奠定用我们本国资源满足我们能源需要的基础；我们能够在中东找到公正和持久的解决办法；我们能制止物价上涨而不引起经济衰退；我们能够实施我提出的医疗方案，从而以体面的方式和并不太高的代价使每个美国人享有高质量的保险；我们能够使各州和地方，更及时处理本地的需要；我们能够在大规模运输工具方面做出决定性的突破；我们能够改革联邦对教育的补助计划，使它能对那些最需要它的人发挥最大的作用；我们能够开始确定和保护每个美国人的个人私生活不受侵犯的权利；我们终于（即使为时已晚）能够改革福利制度；我们能够开始建立一个美国人将更充分参与的国际经济机构。

在演讲的过程中，大家表示的热烈欢迎使我大为惊奇和感动。快结束的时候，我被掌声打断达30多次。有一次，我讲到我并不认为有什么特殊的几句话：在谈到建立一个新的世界和平结构这个压倒一切的目标时，我说："这一直是，并将仍然是我首先优先要做的事，这也是我希望在我任总统八年后留给后人的主要遗产。"突然间，掌声雷动，几乎所有的共和党人甚至还有许多民主党人都站了起来，鼓掌欢呼。我抬头看看我的家人，他们都满意地笑着。

第七章 总统职位（1973-1974）

演讲完了以后，我翻过讲稿的最后一页，然后以个人的口气即席讲了一段话以结束我的演讲。听到这里，会场上顿时鸦雀无声了。我说：

关于过去一年里每个美国人都极为关心的一个问题，我想说一点个人的看法。当然，我指的是所谓水门事件的调查。

诸位都知道，我已经自愿地交给特别检察官大量材料。我相信，我已经提供了他所需的一切材料，使他能够结束他的调查，进而检举有罪的人，昭雪无辜的人。

我认为那个调查以及和这个问题有关的一切调查都到了应该结束的时候了。水门事件闹了一年已经够了。

我的同事们，现在已是时候了，不仅行政部门、总统，还有国会议员们，我们所有的人都应该团结一致把我们全部力量贡献给我今晚谈到的这些重大问题，这些问题在许多方面关系全体美国人民的福利，也涉及世界和平。

我认识到，众议院司法委员会在这方面有着特殊的责任，我想借此机会表明，在司法委员会进行调查时，我愿意同它合作。我愿意同它合作使它能结束它的调查，做出它的决定，我愿意在我认为符合我作为美国总统的职责范围内和它进行一切合作。

只有一个限制。我将遵循从乔治·华盛顿到林登·B.约翰逊每个总统都遵循和捍卫的先例，永远不做任何削弱美国总统地位或者损害未来总统的能力，使他们不能做出对我国和世界十分重要的巨大决策的事情。

另外一点，我想极简略地提一提。和今晚聚集在这里的每一个众议员和参议员一样，我是被选举出来担任我的职务的。我也和众议院和参议院的每个议员一样，当人们选我担任这个职位的时候，我知道选我是为了做工作而且尽我所能地把工作做好。我希望你们知道，我丝毫无意离开人民选我担任的为美国人民做工作的这个职位。

现在，无须我说，如果我不承认1973年对我个人或者对我全家来说都不是很轻松的一年,那是不符合事实的。而且我已经指出,1974年固然有很大和很重要的问题,但也有很大和很重要的机会。

可是我的同事们,有一点我是相信的:有对我们的国家慷慨赐福的上帝的帮助,有国会的合作,还有美国人民的支持,我们能够而且一定会使1974年成为空前迅速朝着我们目标前进的一年,而我们的目标是在世界上建立持久的和平结构和在美利坚合众国建立没有战争的新的繁荣。

回到白宫,我发现全家对演讲的反应,特别是在我讲到任职总统八年时的掌声,都感到很高兴。每个人都觉得这是一个良好的征兆,说明国会里仍然有许多人坚定地支持我。

国情咨文演说看来受到普遍良好的欢迎。在一段时期,它甚至好像为我提供我为了摆脱水门事件困境一直寻求的那种力量。《纽约时报》对此的标题是:有自信心的新尼克松。

我决定趁热打铁,利用这个形势到全国各地作几次旅行。2月18日,我前往亚拉巴马的亨茨维尔,那里有2万多人聚在一起举行"光荣美洲日"群众大会。乔治·华莱士是我的东道主,他对我再友好不过了。3月15日,我到芝加哥参加一个电视答问会。次日,我飞到纳什维尔去为新建的乡村音乐大厅揭幕。三天以后,我在休斯敦全国广播员协会代表大会上举行了一次记者招待会。我受这些表面成功的影响,也被我所见到人们的显然真诚的热情所鼓舞,我对自己说,等6月间美苏最高级会谈一结束,我就要把我的问题直接诉诸全国人民。

在此期间,国会由于弹劾问题的干扰,仅通过了大约只有前一年同期所通过的半数的法案。

1973年12月21日,联合国秘书长库尔特·瓦尔德海姆已召开了讨论中东问题的日内瓦和平会议。叙利亚没有参加,但是埃及、以色列、约旦、美国和苏联都派出了代表。12月22日,第一轮会谈结束,责成埃及和以色列立即讨论双方军队从苏伊士运河沿岸脱离接触的问题。

从1974年1月10日直到1月17日,基辛格开始了后来大家所说的"穿梭外交"。萨达特总统请基辛格帮助解决埃及和以色列在双方军队脱离接触问题上的不同意见。由于我国的政策已取得的成就,基辛格成了两个国家共同的代言人:他是双方都认为可以信任的人,双方都认为他代表着一个能够而且一定会采取公正态度的政府。以基辛格作为中间人来进行谈判,要是没有果尔达·梅厄方面的巨大信任和安瓦尔·萨达特方面的非凡勇气是不可能的。基辛格以不知疲倦的努力来报答梅厄夫人的信任和萨达特总统的勇气,他终于调整了双方的立场,达成了一项可以作为实际解决以色列和埃及之间分歧的开端的协议。

1月17日,埃及和以色列军队终于脱离接触。这完全是基辛格坚忍的毅力、敏锐的才智和不可小看的个人巨大魅力的功劳。由于他还得挑起总统在国内政治上受到攻击从而地位遭到削弱这一重担,这个功劳就更大了。

在我宣布已实现脱离接触的协定以后,我打电话给梅厄夫人,她的声音听来真有如释重负的味道。"你的政治家气魄起了关键作用。"我对她说。"没有你在去年10月做的那些工作,这事也是办不到的。"她回答说,"达到这个结果,只有你和基辛格博士功劳最大。"在我放下听筒之前,她又热情地加了一句:"你自己要多多保重,好好休息。"

我也给萨达特总统打了电话。"我对你的政治家气魄表示祝贺。我正等着和你会晤,共同努力实现中东的持久和平。"我说。"感谢你及你明智的指导以及基辛格博士的努力。"他回答道。

能源

1973年至1974年的那个冬季,美国与未来发生了遭遇战。当我们第一次认识到我们长期以来想当然地以为拥有无比富饶的能源资源,实际并不像我们一度想象的那样取之不尽的时候,我们的国民经历了一次认识问题上的里程碑。

这不是一夜之间发生的事情,20世纪70年代的困境是政府目光短浅的政策加上数十年来浪费的习惯造成的结果。

美国仅占世界人口的 6%，却消耗了地球上 1/3 的能源，燃料供应因而逐渐紧张起来。

早在 1971 年，我个人就曾经注意到要促进核能的生产，我下令于 1971 年春季开始建造美国的第一个增殖反应堆。

到了 1971 年 6 月 4 日，我们对急迫的能源问题的研究，发展成为我国历史上第一个关于能源问题的总统咨文。在咨文中，我极力主张继续发展增殖反应堆，责成政府制定把煤转变成干净的气体燃料的规划以及加速开发远海大陆架石油和煤气的租让。我还提议联邦政府的能源发展规划——约有 15 个——应该集中，由一个机构管理。我说："这个咨文为美国指出了方向——要花相当可观的钱，然而这是一笔迫不及待因而完全正当的投资——指出了寻找新能源的方向，而且是不污染空气、不污染环境的干净的新能源。"

1973 年 4 月 18 日，我向国会提出了五份重要的关于能源规划的新要求。在我发表第一个咨文以后的 22 个月中，每况愈下的能源局势几乎无人过问。政府靠自己的力量增加了将近 50% 的研究和发展试验基金，但是，为了制止眼看即将到来的危机，需要通过法案。

我要求国会取消对天然气价格的管制，任其随着市场价格浮动，这样就可以有更多的资金并可以刺激私营部门大力发展。我还要求对石油勘探提供税务抵免的好处，批准延长实施不合理环境保护条例的最后限期，同时结束进口方面的强制性的限额。我使用行政职权使近海石油和天然气的租让面积增加了两倍。我要求进一步研究和发展核能、地热以及页岩油的能源资源。我还宣布成立能源保护局，建议成立一个新的内阁级的专管能源的部，即能源和自然资源部。

5 月中旬，我们开始坚决主张在主要零售商和独立经售商之间自愿地分配汽油资源。6 月 29 日，我指定科罗拉多州州长约翰·洛夫领导新的能源局。我再次向国会呼吁，要求为今后五年的能源勘探工作通过一项 100 亿美元的拨款计划，以适应私营部门预料将投资 2000 亿美元的格局。

我要求人们自觉地将公路行车速度降至每小时 50 英里，就此一项就能比时速 70 英里消耗的燃料节约 25%。我说政府将在下一年度减少 7% 的能源消耗，我力劝私人消耗量自愿地削减 5% 左右。

9 月 10 日，我再次向国会呼吁，强烈要求国会通过七项法案，其中之一是批准铺设阿拉斯加输油管工程，另外还有建造使更多的燃料可能进口的深水港、取消对天然气的管制、制定露天采矿的新立法等。

阿拉伯可能对石油实行禁运的不祥之兆在 1973 年春天初见端倪。到了仲夏，沙特阿拉伯国王费萨尔警告说，我们如不改变对以色列的政策，便将缩减运给我们的石油。我们坚持了我们的立场，9 月 5 日我在一次记者招待会上说："双方需要开始谈判，这是我们的立场。我们不亲以色列，也不亲阿拉伯。我们决不因为阿拉伯有石油，以色列没有石油，便和阿拉伯更亲。我们亲的是和平，使谈判开始起来，符合整个区域的利益。"

10 月 6 日中东战争爆发以后，阿拉伯的立场强硬起来，到 10 月底，我们遭到全面石油禁运的压力。11 月，我们能掌握的能源显然将比需要的少 10%，到了冬天根据天气情况，这个数字可能要提高到 17%。

11 月 7 日，我通过电视向美国人民宣布了我所谓的"赤裸裸的事实"：我们行将面临自第二次世界大战以来最尖锐的能源匮乏了。

我提出三级节约能源的措施，这需要政府采取行动，各州和地方采取行动，国会也要采取行动。联邦政府建筑物内取暖的温度要降至华氏 65 度至 68 度之间（18.3℃~20℃），我劝告私人住房也按此标准。我提倡合用汽车，要求州政府和地方政府规定时速不得超过 50 英里。我要求国会通过紧急能源法，授权给我在我认为必要时根据实际情况以逐步解决的精神放宽对环境保护的限制，而对能源资源的利用实行特殊的限制。我要求全国恢复采用夏季把时钟拨快一小时的办法以节约用电，还要求强制实行全国范围内联邦公路行车时速不得超过 50 英里的规定。

我提到成为曼哈顿工程[1]特征的献身精神以及使阿波罗计划获得成功的那

---

[1] 第二次世界大战期间美国研制第一颗原子弹计划的代号。——译者注

种团结精神。显然，当美国人民下决心去为某一值得奋斗的特殊目标而奋斗的时候，他们是能够克服一切困难达到目的的。接着，我宣布马上开始执行"独立计划"，目标是到1980年美国能源能够达到独立自给。

很遗憾，我提出的建议中只有两项——节电工作时间和降低车速——在圣诞节休会前由国会定了下来。我在11月16日签署了阿拉斯加输油管的法案，这算是个重大的突破，除此之外，国会就没有通过一项我提出的重要能源法案。

虽然国会的反应令人失望，但美国人民在1973年和1974年漫长的冬季却团结起来了。能源保护起了一定的作用，但危机仍然存在。11月25日，我只好进一步加紧控制，禁止在星期天出售汽油，要求削减户外照明，宣布为了有足够供取暖用的石油，我们将削减15%的汽油配给量。

白宫圣诞树上的电灯那年减少了80%。帕特和我搭乘一架民航班机到加利福尼亚去度假，没有坐"空军一号"。我们回来的时候坐一架小的空军星式喷气机，中途必须加油一次，因而早晨3点我们才回到白宫。

尽管全国进行了真正英勇的努力来节约能源，但那仍是一个对能源问题颇为不满的漫长的冬季。加油站前的长队越来越长，人们得在寒冷的早晨起早排队买燃料。尽管这样，加油站还可能因为分配的石油没有到而不开门。如果开门也常常很快就卖完了。

不多久，能源危机导致了严重的新的经济危机。早在1973年春季，汽油价格暴涨的情况为22年来所未见。产油国握有施加影响的杠杆，他们现在使用它了。全国石油委员会担心能源危机可能导致一次经济衰退。这个疑问竟像滚雪球似的越来越大，有一次哈里斯民意测验表明54%的人认为我们正面临一次经济衰退。股票市场指数在我们开始第二届任期的时候，曾达到1000的高记录，现在下降到800了。任何一个毫无根据的谣言都会使人们贸然相信：汽油要涨到一美元一加仑啦，面包要涨到一美元一磅啦。1973年批发物价指数上升了18.2%，而生活费用指数的增长则达到了1947年以来的最高点。这些增长大多数是由于食物和燃料涨价的直接结果。

第七章 总统职位（1973-1974）

这件事说不清到底应该怪谁。许多美国人甚至还迟迟不相信真的出现了危机。但是我所收到的报告都使我确信危机并不是石油公司制造出来的。原因似乎很清楚，外国进口的石油从危机前4美元一桶涨到后来的12美元一桶，因此国内石油公司就把这上涨的价格转嫁到消费者身上了。

我们也不能拿某一具体的经济学派来作替罪羊。几届民主党政府的经济顾问沃尔特·赫勒说："能源危机使我们猝不及防，粮食危机也是如此……这是通货膨胀预测大丢其脸的一年。还有许多事情我们全弄不清楚。"

由于情况越来越糟，要求采取断然行动——尤其是实行汽油配给——的压力日益增加。很快，参议员曼斯菲尔德、普罗克斯迈尔和杰克逊就发起了一个主张强制实行配给制的运动。许多州长也提出了同样要求。在那个冬季结束以前，政府里我的几个能源专家也同意他们的意见了。

我强烈地反对这种意见。我在物价管制局工作时的个人经验使我深信，即使在有爱国主义情绪能鼓舞人做出牺牲的战争时期，实行配给制也不易令人满意。我知道，和平时期这样做可能会形成大规模的黑市，整个计划就会完全失败。实行配给制所需要的庞大官僚机构要花费上百万美元，而且像任何官僚机构一样，在你不需要它时，它还会坚持，使自己能长期存在下去。我确定配给制非但不能治病，它本身甚至会成为比病还坏的一种祸害。

到了1974年1月19日，我终于能够提出关于获得实际进展的报告了：1973年12月一个月里，全国汽油消耗比预料的低19%；用电降低了10%；联邦政府能源消耗实际削减了20%以上；我依靠行政措施在行政部门里成立了联邦能源局，指定财政部副部长比尔·西蒙负责。西蒙迅速采取行动进行强有力的控制，很快人们就称他是全国的"能源沙皇"。

国会在圣诞节假期休会，没有通过我提出的任何一项法案，所以在1974年1月国会复会时，我提出了一个新的关于4项短期行动和11项其他优先要求的呼吁。在我的国情咨文演讲中，我告诫说，能源危机是我们在立法方面应首先感到关切的问题。

从阿拉伯的石油禁运一开始，我们就一直坚持不懈地设法要结束它。基辛格同费萨尔国王和萨达特总统都讨论过这个问题。基辛格在1973年12月同萨达特举行了一次会谈以后，给我送来一份备忘录，叙述他曾怎样提醒萨达特要注意我们在实现中东和平方面的独特作用：

> 我告诉萨达特，要是没有你个人甘愿在国内问题上冒风险，那什么事情也不可能办到。
> 萨达特答应我他将在1974年1月上旬撤销禁运，他说他将发表一个声明赞扬你个人在使几方面坐到谈判桌上来和在以后取得的进展中所起的作用，同时要求别的国家撤销禁运。

我随即在1973年12月28日写信给萨达特：

> 从我这方面说，我保证尽我权力所及，一定使人们记住是在我当总统的第二届任期内，美国与埃及和阿拉伯世界发展了新的富有成果的关系……
> 但是，石油生产国明显的歧视行动可以完全破坏美国决定在今后要作的有效贡献。所以，总统先生，我必须完全坦率地告诉你，目前重要的是对美国的石油禁运和石油生产的限制必须立即结束。它不能等待当前脱离接触谈判获得结果。

过了数周，埃及和以色列在1974年1月脱离接触以后，我们开始更坚决地催促萨达特帮忙撤销禁运。1月底，他写信告诉我，他派了一个特使到费萨尔国王和其他阿拉伯领导人那里去，他们现在都同意撤销禁运，准备在2月开会最后做出这个决定。使人遗憾的是这次会议结果陷入僵局，禁运仍继续下去。

萨达特不久又通过曾和他私下会见的美国驻联合国代表雪莉·坦普尔·布莱克[1]带给我一个口信。"我愿意撤销禁运，"他对她说，"我愿意为尼克松总

---

[1] 曾是美国著名电影童星，旧译秀兰·邓波儿。——译者注

第七章 总统职位（1973-1974）

统撤销禁运。"

3月中旬有报告说，禁运将要有条件地予以撤销，主要看美国的外交政策的表现。3月15日，我在芝加哥的一次答记者问的会上讲到这些报告：

> 在有关禁运的问题上，美国决不会在中东的朋友或者可能是我们敌人的压力下做某些我们暂时力所不及的事情。我现在只愿意说，就采取任何禁运的行动而言，如果它含有任何对美国施加压力的意思，那它便将抵消我们将在和平方面、谈判方面的努力，因为在我看来，它只会减缓我们为争取在叙利亚战线上脱离接触以及为争取永久解决方面将做出的十分认真而诚挚的努力。

差不多经过了六个月，最后于3月18日，九个阿拉伯国家中的七个国家终于同意撤销石油禁运。这个决定看来并没有以美国政策如何为条件，但是它还要在6月予以审定。

阿拉伯石油禁运使美国1974年第一季度的经济产值下降了150亿美元。但是可以这样说，1974年的能源危机至少产生了一个积极的结果：它使能源问题成了美国生活的一个部分。

石油禁运临近结束的时候，基辛格恢复了他的穿梭外交。他现在的目的是使叙利亚和以色列的军队脱离接触。这时候，他和我两人都认识到，我们必须抢在时间前面，以免有意无意发生另一件什么事，进一步加强叙利亚和以色列的强硬立场，或者甚至把埃及人又拉回到冲突中去。由于弹劾问题的喧嚣不断威胁着要削弱我的地位，因此我们还必须抢在时间前面，防止某些中东领导人在思想上越来越摇摆不定。3月21日，我收到了专栏作家、前美国驻瑞士大使亨利·J.泰勒的一个报告，他最近见到过萨达特。萨达特对泰勒说："我十分为总统担心。""我需要时间，"他又表示关心地说，"但我怀疑我会不会有足够的时间。我需要六个月。你知道我想做什么吗？我想到华盛顿去为尼克松总统进行斗争。"

一场消耗战

3月1日星期五,约翰·米切尔、鲍勃·霍尔德曼、约翰·埃利希曼、查克·科尔森、罗伯特·马迪安、戈登·斯特罗恩和曾任争取总统连任委员会律师的肯尼思·帕金森被控犯有图谋不轨罪和阻挠司法罪(后者不包括马迪安)。除帕金森、科尔森和马迪安外,上述诸人还被控犯有伪证罪。3月7日,科尔森、埃利希曼、利迪以及其他三人被指控闯入埃尔斯伯格的心理医生诊所。

对他们的起诉并不使人感到意外,但仍然是一个打击。这些人马上要在一个他们几乎不可能遇到公正的陪审团的城市受审,华盛顿举行的一次民意测验表明有84%的人已经认为他们是有罪的。

今年早些时候,黑格告诉我贾瓦斯基曾向他保证,大陪审团不会对眼下在白宫的其他人再提出控诉了——包括我在内。相反,我们认为他正在秘密把大陪审团关于我的材料送给法官赛里卡。3月18日,赛里卡命令把这份材料送交众议院司法委员会。他还声称,与最近走漏的消息相反,大陪审团的报告只是一个简单的证据汇编,并没有由此得出要进行控告的结论。

众议院和参议院中1974年11月将面临改选的共和党人的政治前景越来越不妙。我认为国内经济繁荣和世界和平这两个问题,自我从政以来,便一直左右着中期选举,现在也同样会在这次改选中起决定性作用。但是许多有希望的候选人显然认为水门事件会给一切东西投下阴影,而如果杰里·福特任总统,他们获胜的机会便要多得多。

1974年头几个月,要举行五次补缺选举。在一般情况下,这类选举不会有人十分注意,但在当时那如火如荼的气氛中,新闻界竟把它看作是对我是否投信任票的十分重要的问题。在这五次选举当中,共和党候选人获胜的只有一次。

1974年3月19日,属于保守派中我的重要支持者之一、纽约州的共和党参议员詹姆斯·巴克利第一个提出要求我辞职。他告诉记者们说,他对参议院

第七章 总统职位（1973-1974）

审讯这场"闹剧"的结果十分担心，"议院将会变成20世纪的罗马斗兽场，表演者会全被扔去喂电狮子"。

在同一天举行的记者招待会上，我对巴克利的论点讲了我的看法：

> 逃离人们选你去担任的工作可能是一种勇敢行为，但是坚持你认为正确的东西并为之战斗，也是需要勇气的，而这正是我现在的打算……从一个政治家的立场来看，一个美国总统，或任何总统，就因为人们对他提出了他明知无理的指控，就因为在民意测验中票数下降而辞职，我认为这并不是政治家的风度。这也许是很好的政治手腕，但这只能是很坏的政治家风度。因为这样做将意味着，对所有未来的总统和下一代美国人来说，把我们的政治制度给改变了。

四天以前，我在芝加哥的一次答记者问的会上，也谈了这个问题，我谈到参议员富布赖特有一次在杜鲁门威望极低的时候，曾要求他辞职的事。"过去的总统所做出的一些最好的决策，"我说，"倒是在他们威望不高的时候做出的。"

在3、4月间，我已经知道，想在众议院司法委员会里制止弹劾，原来充其量也不过只是一个渺茫的希望，现在则更是无此可能了。委员会主席彼得·罗迪诺在2月6日通过决议决定考虑弹劾问题的那一天，向众议院讲话时说："我们要迅速和公正地进行工作……不论结果如何，不论我们了解到什么和决定做什么，我们在工作中要极其谨慎、公正、彻底和诚挚，让绝大多数美国人民和他们的孩子将来会说，这样是完全正确的。除此之外没有别的办法。"

当罗迪诺说这些话的时候，庄严地坐在一旁的委员会成员中就有密歇根州的约翰·科尼尔斯，他在3月17日便已对《华盛顿明星报》说，说什么良心、证据和宪法条文，"全是扯淡"。他在4月28日的纽约《时代》杂志上，曾形容他在委员会里的作用是"保证让罗迪诺不要他妈的太公正了"。另外一个委员是马萨诸塞州的罗伯特·德里南神父，他极力主张对我进行弹劾已快一年了，常有人见他在教服的翻领上别着一个"弹劾尼克松"的徽章。威斯康星州的罗伯特·卡斯顿迈耶用"弹劾尼克松"的标语条装饰他的办公室。美联社引用纽约州查尔斯·兰热尔的话说："在我的心目中，美国总统是一个罪犯已无疑问。"加利福尼亚州的杰罗姆·沃尔迪在致选民的信中一开头就感谢他们"支持我要对尼克松总统进行弹劾的努力"。在罗迪诺看来，委员会中的这些成员在调查各种证据看它是否足以构成对我进行弹劾的罪状时，是一定会"极其谨慎、公正、彻底和诚挚"的了。

民主党多数派挑选约翰·多尔做他们的法律顾问。多尔的助手之一雷纳塔·艾德勒最近在《大西洋月刊》上写道，"在他做特别顾问以前几个月，在调查开始很久之前"，他就极力主张对我进行弹劾了。

3月里詹姆斯·圣克莱尔写信给多尔，要求参加听证会和盘问证人。委员会最后虽然勉强同意他参加禁止旁听的会议，并可向证人提出问题，但仍不准圣克莱尔盘问证人。圣克莱尔写信问多尔他能否看赛里卡送交委员会的大陪审团的材料，结果被拒绝了。

3月7日，我口授了一个备忘录给黑格，我说在有关对弹劾一事进行调查的问题上，"法律问题应取决于公共关系问题"。我认为必须把这想法让圣克莱尔、巴兹哈特和我们在国会里的支持者知道。3月15日，我写下了另一条笔记："圣克莱尔过于把这看成是一次审讯，而没认识到这是一次公共关系方面的演习。我们一定要对他做工作，使他明白我们面临的形势。"

在提供更多的录音带方面，我没有利用国情咨文的演讲坚决地一劳永逸地封口，犯下了我担心要犯的一个错误。结果一方面是贾瓦斯基，现在另一方面又加上众议院司法委员会，没完没了地逼着我们交出更多的录音带。欧文委员会开头要求得到五次谈话的录音曾被法院拒绝，现在却发出一系列新的传票，索取500卷录音带和几十份文件。

我们在拉尔夫·纳德提出的一个民事案件中自动交出了录音带。纳德的律师威廉·多布罗维尔拿了其中一卷的复制品在乔治城的一个鸡尾酒会上放过，后来听别人讲他说那"纯粹为了好玩"。特别检察官的办公室为此非常气愤，但是多布罗维尔致歉说这是一时冲动造成的错误。他的女主人否定了他的说法，

第七章 总统职位（1973-1974）

她说他事先告诉过她，他打算拿那录音带来放，而且她事前也至少告诉了她的一个客人。多布罗维尔还为哥伦比亚广播公司电视新闻记者放过那录音带。

1973年12月，贾瓦斯基来我们这里，请求给他另外一批录音带。黑格告诉我，贾瓦斯基向他保证这是最后一次，以后他决不再索取有关闯入和掩饰水门事件的录音带了。听了他这个保证，我们同意交出了。因此到1974年1月8日为止，贾瓦斯基每次提出对录音带和文件的要求都予以满足了。

在1月8日和9日，圣克莱尔收到了要求再交出40多盘录音带的信，其中25盘是关于闯入和掩盖水门事件的。贾瓦斯基的行动使黑格感到意外、震惊和失望。

圣克莱尔写信给贾瓦斯基，提醒他说，法院要我们交出那九盘传票索取录音带的裁决规定得十分具体，范围很小。贾瓦斯基也无法坚持说他需要这些新的录音带是为了给水门事件定案：因为特别检察官工作组的年终报告说，已经收到足够的证据来考虑提出主要的起诉了，除非检察官认为他已经具备了定罪所需的证据，否则他是不应该提出起诉的。两周以后，贾瓦斯基让自己说过的话给套住了。在一次他认为不会公开发表的谈话中，他透露说，从他那方面来说，他的办公室已经"掌握了水门事件的全部真相"。圣克莱尔告诉贾瓦斯基，我决定不再交出更多的录音带了。贾瓦斯基找到圣克莱尔，似乎又一次对他保证，这是最后一次再要一批录音带。黑格也同贾瓦斯基会晤了一次，他报告说贾瓦斯基在估计形势方面态度非常开朗，也极愿意合作。我在看了黑格的报告后所记下的笔记，表明贾瓦斯基的主要论点如下：

1. 贾瓦斯基告诉黑格，考克斯留给他的工作人员中，有不少"狂热分子"，他感到要控制住他们是非常困难的。

2. 贾瓦斯基对黑格说，霍尔德曼比埃利希曼处境坏得多。他告诉黑格，他准备放过埃利希曼，但埃利希曼的律师采取了过分强硬的方针，因此他除了同样用对霍尔德曼起诉的办法来对付埃利希曼外，实在别无他法。

3. 贾瓦斯基说了一句黑格和我都认为是非常有意思的话，他说：

"赛里卡实际上是总统的一个朋友。"他认为，赛里卡并不喜欢他手下的工作人员和贾瓦斯基手下的工作人员的态度。在赛里卡看来，他们更感兴趣的是"搞掉总统，而不是搞清事实"。

4. 贾瓦斯基不喜欢罗迪诺，他认为罗迪诺是"出风头狂"。

5. 贾瓦斯基喜欢圣克莱尔。

6. 关于贾瓦斯基索取更多的录音带和文件的要求，他劝黑格在"拒绝时要尽可能委婉"，黑格说，在对这些要求做出反应以及与贾瓦斯基打交道的时候，我们应该"使用凡士林"。

2月13日，圣克莱尔又写信给贾瓦斯基，提到希望贾瓦斯基会重新考虑他那范围很大的要求，就这样第二次客气地拒绝了另外再索取40多盘录音带的要求。

贾瓦斯基立即写信给参议院司法委员会主席伊斯特兰参议员，说他可以根据他已拥有的证据进行起诉，但是他又说，新的录音带"可能包含"将来审讯时所需要的证据。这种推理对总统档案内的所有文件都适用。很难理解贾瓦斯基会在什么地方，或能在什么地方画一条界线。

这种逐步升级的做法好像永远没有个完。根据特别检察官最初的要求，我们已交出了8次谈话的录音带，我们还给了检察官们700多份文件。在第一次法院裁决以后，我们又主动另外提交17盘录音带供他们检查。现在他们却又来要求40多盘录音带。

事实证明，在没完没了地索取录音带和其他材料方面，看来众议院司法委员会和特别检察官丝毫没有区别。3月6日，我宣布我们将把交给特别检察官的一切材料移交给委员会，这包括大约19盘录音带和700多份文件。我还同意把委员会向各部、局（从生活费用委员会会议到进口限额高级会议）要求得到的一箱箱的文件交给委员会。我同意用书面并宣誓回答委员会提出的任何问题。我还表示如果认为有必要的话，我愿意在宣誓作保证的情况下接受委员会的访问。

第七章 总统职位（1973-1974）

这时，委员会的调查范围已涉及数十个政策和政治的领域——从1969年秘密轰炸柬埔寨，一直到生活费用委员会关于汉堡包价格的决定。而且内容还在不断增加。

委员会既没有把它的调查范围限制在搞出点对我进行具体指控的材料方面，甚至也根本没有看一看那700多份文件或听一听那19盘录音带，却匆匆送来了一封还要索取40盘录音带的信。

我会晤了众议院共和党领导人约翰·罗兹，他也认为委员会的要求实在是太漫无边际了。他私下对我透露说，连委员会的一些委员甚至都不知道多尔所干的一切。但是，罗兹强调说，虽然毫无疑问这是极不公正的，但是没有任何一个共和党众议员在白宫拒绝交出委员会所要求的更多证据时敢为白宫辩护。

我必须面对现实：我们现在只能任人摆布了，而我已被削弱了的政治处境使司法委员会完全可以毫无节制地漫天要价。我除了按照他们的要求去做外，实际上没有其他选择。如果我拒绝，他们就会投票表决说我蔑视国会。1974年3月22日凌晨2点，我在记事本上写下了这样两句话："最沮丧的一天。蔑视等于弹劾。"

自今年年初以来，对我的弹劾就像起伏不定的海洋。今天它可能风平浪静，看来我们能生存下去，可是到明天就可能转为暴风骤雨，幸免似乎毫无希望。到3月底，就几乎每天都是暴风骤雨了。在纽约，约翰·米切尔和莫里·斯坦斯因维斯科一案受审。从法庭上发出的新闻报道表明，约翰·迪安在作证时还能保持清醒的头脑，而斯坦斯和米切尔则看来非常颓丧，说话也毫无力量。最终，斯坦斯和米切尔两人都被判无罪，陪审员告诉记者，他们信不过的倒是迪安，但是我们不知道的是，在3月里对我进行弹劾的听证会正在快马加鞭地进行。

由于否决了我捐赠文件可以减免交税，我必须补缴40万美元的税款，这一意外事件引起的风波一直还未平息，又有走漏出来的消息说，布鲁克斯小组委员会将对花了政府1700万美元的经费在我私人财产上一事提出控告，这对我们又是一个打击。法庭指定的录音带"专家"最近也为18分半钟的空白问题发表了他们的许多报告中的一个。约翰·埃利希曼在加利福尼亚州由于闯入埃尔斯伯格的心理医生诊所受到审讯，他要求法庭传我出庭听审，并得到了同意。

我们还收到消息说，约翰·康纳利据说因接受了牛奶生产商组织的非法捐款，将受到大陪审团的调查。在平常的情况下，司法部决不会仅仅根据一个十分不可靠的人提供的情况便对一位前财政部部长、三任州长和海军部部长采取行动，而现在这位情况提供者居然能使特别检察官办公室同意在另一个与此无关的问题上撤销对他自己的严重控告。但是现在不是平时。每当我见到康纳利的时候，他总是丢开自己的烦恼。他说，他是无罪的，永远也不可能证明他有罪。最后证明他说的对：1975年终于宣告他无罪。但在当时，这可是另外一个令人震惊的打击。我对齐格勒说："我们在这漫长的、折磨人的一年里难道就得不到一次，哪怕就一次，可以喘口气的机会吗？"

4月13日哈里斯民意测验第一次报道了一个勉强的多数，43%对41%赞成对我进行弹劾。

黑格、巴兹哈特、圣克莱尔和我决定，在当前的政治现实的情况下，我们只能对众议院司法委员会索取更多录音带的要求尽量让步。我们决定把与录音带一字不差的打字文本交给司法委员会，只删去与水门事件无关的材料。这就是后来成为《蓝皮书》的一本长达1300页的文件汇编，正式名称为《理查德·尼克松总统提交众议院司法委员会的总统谈话记录》。我们这样做是希望通过它的巨大篇幅，使公众真正认识到他们对我提出了什么样的要求。

很快就可以清楚看出，那些谈话里有许多不明确的地方——很多材料并不完全与"水门事件"无关，这个词的含义在不断扩大——但与我对掩饰水门事件的了解和行动倒是无关的，而这却正是委员会当时最关心的问题。

巴兹哈特建议用"与总统行动无关的材料已删"的措辞，哪里有删节，就在《蓝皮书》的文本上打上这一句。为了证实我们在这问题上的说法，我们提出邀请罗迪诺和委员会里资深的共和党委员、密歇根州的爱德华·哈钦森到白宫来，由他们选听任何未经删节的原始录音带。

在我们还没有印完众议院司法委员会要求的42盘录音带的《蓝皮书》时，

第七章 总统职位（1973-1974）

我们又收到一封信，还要另索取142件有关水门事件、休斯顿计划、丹尼尔·埃尔斯伯格、窃听电话以及法官伯恩斯到圣克利门蒂访问的录音带和文件。此后不久，彼得·罗迪诺警告我们，委员会可能不久还会要求索取更多有关我的所得税、圣克利门蒂产业、竞选的卑鄙伎俩和其他问题的录音带和文件。

就在4月20日午夜前不久，我在记事本上写道：

决战日
1. 再交出录音带将毁灭我的职位。
2. 如不把口封死，只会招来更多的无理要求。
3. 宁为捍卫总统职位进行战斗而输掉，也不愿屈服；决不为了赢得个人的胜利而给总统职位带来长期灾难。

在4月29日晚上9时，我作了一次电视演说，宣布我将交出众议院司法委员会所要求的录音带文本，以便委员会可以做出有事实根据的判断，同时也因为美国人民有权知道事实真相和可以证明那些事实的证据。我说，我希望通过这次违反保密原则的做法，我能够在将来恢复这个原则。

我说，我交出的文本包括了票传索取的全部谈话的有关部分，"既有激烈的也有平静的部分，战略会议，选择办法的探索，对人和政治方面要付出的代价的权衡……这些材料以及那些已经交出的材料将会说明一切"。

然后我继续说道：

我知道这些文本将为报刊提供许多耸人听闻的故事的材料。有的部分可能与其他部分有矛盾，有的部分将与参议院水门事件委员会听证会上的证词相冲突。

我一直不愿意交出这些录音带，并不完全是因为它们会使我和跟我谈过话的人感到难堪——他们会的，也不完全是因为他们将成为大家感兴趣甚至嘲笑的对象——他们会的，也不完全因为录音带的某些部分可能会被政治界和新闻界的对手抓住不放——他们也会的。

我一直不愿意交出是因为在这个办公室进行这些谈话和其他的谈话时，人们随便地谈出他们的想法，他们从未想过其中的某些句子，哪怕只是句子中的某一部分，有一天会被挑出来成为全国注意和争论的题目……

我深信美国人民会按文本的实际情况去理解它——这是现在看起来已很遥远的一年多以前的片断记录，是一个总统和某个个人突然面临并且必须处理一个问题时的情况记录，而这问题如果属实，不仅对他个人的名誉，而且更重要的是将会对他的希望、他的计划、他为那些选举他为领袖的人民规定的目标，产生最深远的影响。

在把这些记录——不分好坏——全部交给你们的时候，我完全相信美国人民的基本公正态度，你们会做出判断。

我内心知道，在这些文本透露出来的那一段漫长痛苦和艰难的过程中，我是在努力寻找正确的方向并努力按照正确的去做的。

很难说，当你看到早已忘却的谈话突然变成冗长的记录文本时是什么滋味。我们总是倾向于把写下来的文字看作是有计划的交流意见的一种形式，但当你把平常的谈话用白纸黑字写下来时，它就会变得非常僵硬，尽管字句上同我们说过的话完全一样，却很可能会完全抓不住或者反映不了当时的会议或谈话的精神实质。一种观感看起来可以像是一项有意图的打算，一句脱口而出的评论看起来可以像是经过深思熟虑和预先想好的论点，一个闪过的念头可以让读者以为是某种行动的指示。看到白纸上的没有生命的黑字，你会感到完全没有办法解释，为什么在讨论中一个人刚刚拼命鼓吹某个论点，怎么一会儿又完全改变了看法。不知内情的人只读了关于水门事件的谈话记录，他们不可能了解这些记录背后的苦恼和一系列的忧虑。人们将更多地批评记录文本上讨论的口气，而不是问题的实质。

去年一年里，水门事件之所以产生如此巨大的反响，是因为它使美国人民在政治觉悟方面进入了一个新的领域，他们知道了政府授权进行的窃听电话和闯入事件、白宫的录音系统以及如何在政治上利用国内收入署等。因为一定有

第七章 总统职位（1973-1974）

许多人事前就怀疑过有这类事情的存在，现在由我把证实确有这类事情的具体情况揭露出来，那我当然也就不得不首当其冲了。

《蓝皮书》的文本也是这样。美国有种神话，认为总统总归是总统，他们永远坐在椭圆形办公室里，说着高妙的箴言般的词句，这种神话可能会永远流传下去，因为这反映了美国性格的一个重要方面。

但是白宫里面的政治和权力的现实却完全是另外一回事。这是一种玩命的斗争，我所认识的曾在那里参与过这种斗争的人都反映出一种在必要时不怕玩命，因而最后出人头地的能力。毫无疑问，在椭圆形办公室里当然也有高尚的谈话，高尚而且无私。但是那里也有挫折、担心、忧虑、骂街，而且，在遇到激烈的党派斗争和有关政治存亡的问题时，还有赤裸裸的实用主义。

由于有了《蓝皮书》文本以及其他许多有关水门事件情况的揭露，我现在可以告诉美国人民许多他们不想知道的事情。

对《蓝皮书》的反应来得那样慢，这是出人意料的。5月3日，《蓝皮书》文本发表后四天，我参加菲尼克斯的一个群众大会。有1.5万多人聚集在会场里面。在约有150个示威者开始嚷嚷"马上辞职"的时候，别人的喊叫声制止了他们。后来在巴里·戈德华特山顶住宅的一次招待会上，他和约翰·罗兹分别走到我身边说，他们对我受到欢迎感到非常高兴，而且向我保证我可以继续依靠他们的支持。

但是，等我从这次横越全国的旅行回到戴维营的时候，一阵对《蓝皮书》消极反应的巨浪已开始形成了。休·斯科特斥责《蓝皮书》的内容全是一种"可悲的、拙劣的、恶心的和道德败坏的表演"。《华尔街日报》的社论说，虽然它在记录文本里看不出有建议进行弹劾的充分根据，"但是，别忘了我们总得有一种精神领导……一个'第一流的讲台'。而尼克松先生把这一切都断然葬送了"。《芝加哥论坛报》要求我辞职，而同我友好的其他一些报纸，包括奥马哈的《世界先驱报》《堪萨斯城时报》《克利夫兰实话报》以及《夏洛特观察家报》也随声附和，或甚至赞成进行弹劾。支持他们的还有《洛杉矶时报》《迈阿密先驱报》以及《普罗维登斯日报》。杰里·福特认为他也有必要对记录文本有所评论，所以他说"文本并没有使任何人看起来像圣徒"，他还说他对文本感到失望。

越来越多的共和党人开始谈论要我辞职的问题。约翰·罗兹的思想显然跟几天前不同了，他说如果我做出辞职的决定，他将同意，他说，我在众议院获胜的机会已大大减少，当时他认为赞成和反对弹劾的比例是51∶49。众议院共和党会议主席约翰·安德森建议我考虑辞职。在参议院，肯塔基州的马洛·库克和宾夕法尼亚州的理查德·施韦克要求我立即辞职，北达科他州的密尔顿·杨说我应该依据宪法第25项修正案靠边站，直到证明我无罪。巴里·戈德华特说，他敢说如果众议院对我进行弹劾，我肯定会辞职。他的话受到人们的注意。

我下决心不要慌乱。我要尊重每一个人的意见，我也理解他们不得不发表这些意见的处境。但是我不愿临阵脱逃。

滚滚而来的批评浪潮使黑格大吃一惊。他说《芝加哥论坛报》的社论以及斯科特和罗兹的讲话加在一起，使他联想到他们是有计划地要强迫我离职。他还对杰里·福特与记者举行"非正式"谈话的一则新闻报道表示不安，据报道福特曾表示很担心，由于我的权力处于"瘫痪"状态，苏联可能趁机利用这个局势捞点好处。据报道，福特还说我的影响已日渐下降，这从特迪·肯尼迪终于能使国会同意削减对南越的援助这一点上便可看出，还说他同基辛格谈过这些忧虑，但没有和我谈过。这则报道发表以后，福特自己又发表了一项"澄清事实"的声明，但是已造成了有害的后果。

不久，关于我要辞职的谣言开始愈演愈烈。有的消息说，福特要求他手下的工作人员保持"红色警戒"状态。另一个消息说，我将在48小时以内下台，基辛格大概要从中东飞回美国来商讨我的辞职信。甚至还有的谣言说我曾中风。

为了努力制止这些谣言，黑格对记者说，只有在我认为对国家有利的时候，我才会考虑辞职。齐格勒发表一篇我亲自批准的声明：

> 华盛顿市谣言四起。到今天，传到我耳朵里的全部谣言都是假的，谣言中最重要的一个是说尼克松总统准备辞职。他的态度是，下定了决心，决不被谣言、猜测、过头的指责和伪君子们赶下台。

第七章 总统职位（1973-1974）

他准备战斗，他决心战斗下去，他感到从个人和从宪法考虑，他都有义务这样做。

《蓝皮书》确实证明我事前并不知道闯入水门的行动，也证明迪安说他和我在几个月当中讨论过掩饰水门事件的问题是错误的。另外，他说的话从根本上消除了我在公开声明中留下的印象，我说过在迪安告诉我掩饰问题的消息时，我的反应像个检察官。但是不管哪一盘录音带或者全部录音带对我多么不利，录音带上没有任何东西够得上弹劾我的罪名。

不幸的是，水门事件的中心问题已经转移了，正如过去13个月里的情况所表明的那样，我总是在每个人都已经转到另外一个问题上以后，才有机会去解决原来那个问题。《蓝皮书》的发表在一定程度上是一个很好的策略，因为它确实证明迪安并没有在每一件事上都说了实话，它表明在他讲了实话的问题上，我所做的事和我该做而未做的事，虽然令人遗憾而且也可能无法辩护，却是不能作为弹劾的根据的。

可是，公众舆论并不是法庭，不会对这些证据进行审讯。这是党派斗争。《蓝皮书》的影响是迫使共和党人和我一起进一步走到一个政治角落里去了。录音带文本向负责任的国会议员提出了一个必须加以区分的问题：什么是按宪法可以弹劾的，什么是政治上不能加以支持的。

《蓝皮书》本身的命运到7月上旬就算完结了，因为众议院司法委员会在提出我们有意从某些录音带上删去对我们最有害的部分以后，将发表他们自己整理的记录汇编。

实际上，委员会的本子和我们本子上的不同都是无关紧要的，之所以有不同只是因为委员会使用电子仪器增加了录音带的音响，因而能听出许多我们说"听不清楚"的话。某些补充进来的字句，是对我们的案子有利而不是有害的。

但是有一处可以说是压倒其他一切的严重差异。这是3月22日录音带里我与约翰·米切尔进行最后一次讨论的那一段，我在那时曾对米切尔说，我可不像艾森豪威尔那样只关心本人的"清白"，我是关心我手下的人的。我对米切尔说,如果他们认为有必要的话,他们可以到欧文委员会去"硬顶,让他们援引宪法第五项修正案,把这件事掩盖起来,或者随便怎么做都行"。然后我又说:"另一方面,我宁愿……你们用其他的方法。"而我们的文本上没有这一段。

司法委员会揭露出这个差别以后,《华盛顿邮报》就以头条位置刊登了"记录文本把尼克松和掩饰活动联系在一起"的新闻。以为我们明知司法委员会已经拿去录音带,却还有意把其中有害的一段删去,那是非常荒唐的。但是那时我们却为此吃了很大的苦头,因为我们就是不知道到底是怎么回事。只是在几个月以后,这件事已无关紧要的时候,弗雷德·巴兹哈特才琢磨出了答案。按照巴兹哈特的看法,显然委员会从原来的录音带复制时使用的音量较高,因而3月22日的录音带最后一部分在委员会的那盘复制品上能够听得见,而在我们那盘上却听不见,特别检察官用同样的音量录制的那一盘显然也听不见。令人啼笑皆非的是,这个无辜的差异竟弄得我们显得是既阴险又愚蠢。

5月5日,在《蓝皮书》所引起的喧哗声中,艾尔·黑格在白宫的地图室与里昂·贾瓦斯基会晤。贾瓦斯基对黑格说,水门事件大陪审团已经把我称作未被起诉的同谋犯。如果这是真的,那么贾瓦斯基当年早些时候就太不老实,他原曾对黑格说过白宫里的人没有谁被点名的。

我们知道贾瓦斯基拿不准在我当总统期间按宪法能否对我起诉。但是他知道把我称为未被起诉的同谋犯,他就等于在手里拿着一张可以顶替任何牌的牌,以后在他需要索取更多的录音带并且保证他能在水门事件的审讯中利用这些录音带的时候,他便可以在法庭上出示这张牌。后来不是别人,恰恰是阿奇博尔德·考克斯斥责了贾瓦斯基采取的行动,把他所用的手段称作"不过是一种反手捅刀法"。在不能审判我的大陪审团对我提出控告后,他就能在众议院司法委员会前使我处于不利的地位。

贾瓦斯基提出了一桩交易,他对黑格说,如果我们肯把他用传票索取的64盘录音带交出18盘,同时应允被告在审讯时有可能索取更多的录音带,那么他对其余的录音带将不予追究,而且也不在此时透露大陪审团已点名我为未

第七章 总统职位（1973-1974）

被起诉的同谋犯。如果我不同意他所谓的"妥协"方案，为了使我处于更不利的地位，他将在公开的法庭上宣布大陪审团的行动。

尽管那么长时间以来，从那么多方面受到了那么多卑劣的打击，我仍然对贾瓦斯基竟会采取这种我认为不外乎是讹诈的手段感到十分惊讶。但是，一想到可以实际结束这场由录音带引起的法庭上的战斗，这个念头又像海妖的歌声一般有诱惑力[1]。黑格也有同感，他说："我们目前的处境，就像我们已能看见街道尽头的带刺铁丝网了。我们只要动员一切力量穿过去就行了。"但是，圣克莱尔反对所谓的"妥协"；他认为现在投降，我们以后就不能再坚持不拿出更多的录音带了。

黑格劝我至少要听听这18盘录音带，不要立即拒绝这个建议。我在1974年5月5日晚上从戴维营回来，8点过后不久就到行政办公大楼的办公室去开始这个工作。

我那天一直工作到深夜，第二天早晨还用几个小时又听了一些录音带。到中午我才停下来，见了一些预定要见的人，还和斯考克罗夫特谈了谈中东局势。中午，我听了1972年6月23日我和霍尔德曼谈话的录音带——这盘录音带三个月以后在公众面前出现时就成了"冒烟的枪"[2]了。我听到霍尔德曼对我说，迪安和米切尔曾提出一个计划，可以用来对付调查工作涉及我们不愿被涉及的范围的问题。那计划就是把中央情报局的赫尔姆斯和沃尔特斯找来，让他们制止联邦调查局的行动。

我再往下听，听到我自己问米切尔是否"对这件事有相当程度的了解"。霍尔德曼回答道："我想是的。我想他未必知道详细情况，但是我认为他是知道的。"当他说这话的时候，他的声音听起来并没有多大的信心，但是就是他，在闯入水门以后一个星期，告诉我他认为米切尔是知道的。

在我所有的公开声明里，我都表明把中央情报局拉进来的唯一动机是为了国家安全。但是现在毫无疑问，我们那天早晨是从政治上的含义来谈这个问题

---

[1] 希腊神话中半人半鸟的海妖，常以美妙歌声诱惑经过的海员而使航船触礁毁灭。——译者注
[2] 意指罪证。——译者注

的。我回想 1973 年 5 月我与霍尔德曼讨论过这个问题，当时他坚持说我们唯一的动机是出于对国家安全的考虑，担心联邦调查局的调查可能暴露中央情报局的活动。我知道他当时完全是这样认为的，我也一样。我也知道现在谁也不会这么相信了。为了自慰，我想在这些录音带上一定还会有别的一些不明显的地方，一些可以说明我们后来确实是为国家安全着想的东西。现在全市充满了新的报道——和挑衅性的新问题——说中央情报局在闯入事件发生之前显然就知道其事，并说到它在进行掩饰期间的种种活动。当然，我们不至于如此错误，竟在完全莫须有的情况下拿国家安全问题来作为借口。我想别的录音带上也许还有别的一些东西会对我们有所帮助。

下午，我和斯考克罗夫特谈话，他送来基辛格的一份报告。我给梅厄夫人的信显然起了作用，以色列提出了一份和平建议，基辛格认为阿拉伯国家的温和派政府真有可能接受。

我在这天报告的下端写了："尼克松给基辛格的个人电报：不论其结果怎样，你在极不利的条件下干着出色的工作。让我们期望和争取最好的结果吧。"

1972 年 6 月 23 日录音带的内容，并不是我决定反对同贾瓦斯基"妥协"的主要理由。我错误估计形势的又一个例子是，我当时并没有认识到这录音带后来会成为"冒烟的枪"。我知道它对我们有害——很多其他东西对我们也有害，但我们都熬过来了。何况法庭裁决可能会对我们有利；另外，我当时没有觉得应让别的人也来听一听，并必须对他们听到的东西负责。

现在我才明白，我本来应当要求巴兹哈特听听我与霍尔德曼在 6 月间的三次谈话，让他把他个人的看法告诉我，然后再把录音带交出去——尽管这些谈话在某些方面同霍尔德曼和我回忆会谈目的的公开声明是不一致的。而且这样做可能有很大害处，但总比等最高法院强制我这样做以后才被迫公开这些录音带的害处要小得多。

到了这个时候，我终于接受了圣克莱尔和巴兹哈特的看法，认为提交更多的录音带应当有个限度。我的本能仍然告诉我们，一定不能再把录音带交出去了。

星期三，我通知他们两人，我已决定不再交出更多的录音带。"也许这就

第七章 总统职位（1973-1974）

是最后大决战，"我对齐格勒说，"但是我宁愿为原则进行战斗而离职。"那天下午圣克莱尔打电话给贾瓦斯基，告诉他我的决定。5月22日，我写信给众议院司法委员会，告诉他们对于这种不断升级索取录音带的要求，我将不再予以满足了。现在我们已画出了一条线。4月26日是一个象征性的里程碑：如果我能够当满我的总统任期，我还可以在白宫待1000天。5月22日是另外一个里程碑：不管发生什么事情，在我给众议院司法委员会的这封信之后，我将开始水门事件路途上最后一段行程了。

1973年1月，华盛顿的观察家曾预言，众议院如对弹劾问题进行表决，我可以指望得到74票到125票的多数。到1974年3月，因为众议院司法委员会的控告以及对我经济情况的攻击，这个数字大大下降了。《蓝皮书》发表以后，蒂蒙斯报道至少有25个众议院议员不再支持我了。5月中旬，杰里·福特说委员会投票表决弹劾问题的可能性是一半对一半。这种气氛酝酿出更多的谣言。现在很少有人关心是谁下令闯入水门的问题，有新的情报说，民主党人自己事前就知道休斯组织的人可能与此事有关。还传说有些人组成了奇怪的联盟。5月中旬，我接到康纳利的一个电话。他在得克萨斯早就认识贾瓦斯基。他说，他打电话给我是转告贾瓦斯基对他说的一句话，那就是："总统在白宫没有朋友。"

但是到那时，趋势似乎有了点变化，到6月，情况看来好像真的开始好转了。不管可能还有什么其他原因，主要的原因是司法委员会明目张胆地使用不公正的策略已开始产生反作用了。

在委员会开始调查证据的时候，罗迪诺宣布会议记录将按保密条例处置。宣布以后，委员会自己投票决定会议秘密进行，然后却立即把它掌握的一切材料全都泄露出去。每盘录音带都被委员会中门户之见极深的党员说成是"极为不利的"，我的经济情况也被说成是"更富有爆炸性"。圣克莱尔要求委员会举行公开会议，不要再搞这一套死抱成见的把戏了。他的要求却遭到了拒绝。

委员会所作所为的一个最清楚的例子，是它把我在1973年3月21日晚口授的日记的事透露出去了，那一天迪安曾说"癌"已在接近总统职位的部位生

1065

长了。委员会泄露消息的人告诉美联社说,我口授的是:"今天是3月21日。今天不是十分多事的一天。"他们走漏这个消息表示我对迪安告诉我的情况感到腻味——那必然是因为我已经参与了掩饰活动——这消息也就很快通过电视台和通讯社传了出去。实际上,我口授的内容是:"除了与迪安的谈话外,今天这一天是个相对来说不那么多事的一天。"

众议院司法委员会和工作人员故意走漏消息、故作多种姿态以及他们疯狂追求宣传效果的做法完全摧毁了他们关于"力求公正"的一切说法。同时,一开始对《蓝皮书》文本的内容和文字那种极端感情用事的初步反应现在也接近尾声了。6月5日,蒂蒙斯报告说,委员会中摇摆的共和党人之一、伊利诺伊州的汤姆·雷尔斯贝克说,要使进行弹劾的议案获得通过,现在的证据是根本不够的。另一个共和党人、伊利诺伊州的罗伯特·麦克洛里乐观地说,委员会现在分成相等的两部分了:11票赞成弹劾,11票反对,16票骑墙。约翰·罗兹给我打电话说,他发现上星期以来众议院和司法委员会的态度都逐渐变得更积极起来。圣克莱尔说,每当事情要变糟的时候,他总会有一种预感,因为"法庭中"会有一种他所谓的"判人有罪的气味"。他说:"可那个委员会里就没有那种判人有罪的气味。"

还有报告说,全国出现了新的援助我的基层组织。黑格最后也开始把手下的工作人员组织成特别工作组来对付弹劾问题。

1974年6月7日,我恢复了每天晚上详细地口授日记的习惯。我开始第一天的日记,总结一下夏初以来的形势。

日 记

我不打算重述这个非常艰难的时期的各个事件,只想把最近的一些事态发展加以概述,并说说我对已经发生的一些有关问题的看法。

在过去的两三周内,我几乎每天都与蒂蒙斯保持联系。他相信在南方议员和共和党人当中,我们的力量获得了缓慢但是稳步的进展。

很有趣,今天特迪·怀特和罗斯谈话,接着又和齐格勒谈话。他

第七章 总统职位（1973-1974）

说两个星期以前，他想众议院一定会投票通过进行弹劾，而我们在参议院却可能以五票或六票的多数获胜。现在他相信我们已——用他的话来说——拉平了，所以如果今天众议院投票的话，一定不会通过弹劾案的。

约翰·康纳利也持有完全相同的看法。举例说，康纳利相信那些投票赞成弹劾的人将会发现在下次竞选中被击败。当然，一年多来我们一直在想着形势要变了，可是后来事情的发展又使我们处于危险的境地。

我认为当前众议院议员不赞成弹劾的动机可能是，他们担心，如果他们对我进行弹劾，他们就要冒对弹劾以后外交政策和国内政策方面出了问题承担责任的风险。他们也可能从民主党的立场出发，担心如果他们对我进行弹劾，他们就会使福特担任总统，那他就有一个统一的党和一个政府来支持他以反对任何其他下届竞选总统的人。民主党的支持者一定是不乐意看到这一点的。

还有一点有利的情况是，虽然我们始终不知道贾瓦斯基可能做什么，但是我认为录音带上18分半钟的空白问题正在得到相当满意的解决。

贝比说，他正在仔细地把送到他的饭店、游艇俱乐部等地的大约100张传票再研究一遍。这个可怜的人吃到的苦头，简直令人难以置信，他能够这样顽强地坚持过来，实在令人惊讶。

我在为〔沙特阿拉伯的〕法赫德〔亲王〕举行午宴以后，见到了唐和埃迪。我的这两个弟弟在痛苦的处境中表现得无比坚强。唐差不多要付4万美元的诉讼费，埃迪应付的法律费用也达2万美元。

艾尔·黑格对我说，参议院水门委员会有一份对汉弗莱的，还有一份对米尔斯的毁灭性的报告。共和党人得到了这份报告，可是当然没有一个共和党人会走漏风声。问题是，共和党人和一般的保守派一样认真负责，一切按规则办事，一丝不苟，而自由派却完全不管那一套。

整个形势可笑之处是：我们被人控告在选举期间干了肮脏的勾当

等，然而与以往各届政府相比，我们干出的成绩则几乎不值一提。由于舆论界存在这种双重标准，发生任何一件不利于保守党人，特别是不利于总统的事情，他们一定会大张旗鼓地进行宣扬——如有什么不利于某一民主党人的事情，他们嚷嚷个把天就草草收兵了。

我认为最使我们在舆论界、国会和党派圈子里的敌手感到烦恼的是，我坚持不肯退让。回顾过去的一年，我真不知道我是怎么坚持过来的。我有过相当灰心的时候，只不过我一般都能遮掩过去，不让人们看出来罢了。

回顾起来，我清楚地记得，我想是在 1973 年 5 月里，我们在佛罗里达州游泳池里游泳，戴维坐在躺椅上，他说他一直在想这些事情，而他认为我唯一需要做的，按他的说法就是"坚持下去"。当然，那差不多也正是我们一直在做的事——坚持下去。

回顾这一年，把一件件大事仔细加以分析，就可以看出错误是十分明显的。首先是 4 月 30 日的演讲。对霍尔德曼和埃利希曼的决定当时可能是正确的，虽然我不能绝对肯定在目前情况下是否也是对的。

可是从那时以后，当然第一个主要的错误是任命理查森当司法部部长。理查森在考克斯撤职期间暴露出来的弱点，本来早就应该发现的。

接着，当然是爆炸性的录音带事件。这件事不幸发生在我住医院的时候，我还记得黑格进病房来告诉我这件事，我们还讨论了一阵。后来阿格纽说："也许你应该把那些录音带毁掉。"坦率地说，我们也考虑过这一点。我们是应该把它们毁掉的，因为那时并没有发出传票要调走它。但是，我想主要是加门特，他认为这样做就是销毁证据或诸如此类的事。如果我们当机立断作了处理，那么，那 18 分半钟的空白和所谓两盘失踪的录音带，当然还有那录音带本身和最高法院案件带来的一切不幸和困难，就全可以避免了。可是我们没有那样做，弄得我们的情况越来越糟了。

第七章 总统职位（1973-1974）

阿格纽的辞职是必要的，尽管那是一个非常沉重的打击，因为当时有人认为他一靠边站就会减轻力图搞掉总统的压力，可是实际上却为施加压力要总统辞职大开方便之门。有一点我们必须看清：在这种斗争中任何迁就对手的做法都不会使对手满足——它只会使对手提出更多的要求。

当然，把考克斯撤职大概是做对了，尽管招来了不幸和痛苦，因为按照巴兹哈特和其他人的看法，考克斯那时准备控告总统。当然如发生这种事，就可能在众议院对我们产生致命的影响，尽管那时我们在公众心目中的地位也许比现在多少要高一些。

我感到最使我恼火的事莫过于对我个人财政问题的处理方式。我们是完全有理的，可是我们根本无法获得恰当的申诉机会。

1974年5月20日，地方法院听取了贾瓦斯基对64盘新录音带的起诉，做出了有利于他的判决。我决定对这个判决提出上诉，贾瓦斯基立即企图越过上诉法院，要求最高法院直接审理这个案件。5月31日最高法院同意了贾瓦斯基这个不寻常的请求。这就是说，这个案子可以在不出一个月的时间内，便做出最后的判决。

到5月底，基辛格已花了32天的时间往返于耶路撒冷和大马士革之间，作了长时间的但常常是使人灰心的努力，企图使叙利亚和以色列军队脱离接触。埃及和以色列之间脱离接触比较容易，因为萨达特采取的态度是，如果主要争端能得到解决，那么次要的问题可以在正在进行的日内瓦会议上去解决。可是叙利亚和以色列之间的仇恨太深，他们不能这样来考虑问题。

基辛格在这些会议上干得极其出色，他像外科医生那样诊断双方不和的症结所在，坚持不懈地寻求双方利益一致的地方，以求有可能达成协议。

可是5月16日斯考克罗夫特给黑格拿来一封基辛格拍来的电报，说他即将回来；他已做出了超人的努力，可是还不够。我发去一份坚决鼓励他的电报，指示他再作一次尝试。我知道他已经精疲力竭，可是他已非常接近于找到解决办法了，不能功亏一篑。

5月22日，我写信给梅厄夫人："恳请你和你的内阁做出最大的努力寻求一个妥协方案，以便双方军队能在戈兰高地脱离接触，并使我们能进一步避免冲突和流血。"

5月29日，大力追求的目标终于实现。不可能的事变成了现实，以色列和叙利亚双方都接受了条件，5月31日签订了脱离接触的协定。

美国的下一步努力应该是巩固新取得的信任并扩大新的对话。趁热打铁，迅速行动是十分重要的。因此，我们为在中东召开一系列重要的最高级会议积极制订计划。我决定亲自到埃及、叙利亚、沙特阿拉伯、约旦和以色列进行访问，以巩固我们已取得的成果，并为今后进一步的进展打下基础。

正当基辛格促成叙利亚和以色列军队脱离接触的时候，众议院司法委员会把注意力转到窃听电话和"管道工"问题上去。基辛格曾经在参议院外交委员会上就这两个问题作过证，但现在众议院司法委员会弄到了有关这些问题的材料，并以其特有的不负责任的态度来对待它们。这个委员会有计划地连续把情况泄露出去，暗示基辛格的几次说法有不一致之处。外交委员会的几个委员重申他们相信基辛格的诚实，但是新闻界却不肯罢休，早在他进行神奇般穿梭活动以后的第一次记者招待会上，就有人提出一些令人难堪和责难性的问题。基辛格被问到关于他向外交委员会作伪证的报道，并问到他是否已聘请一名律师，准备为伪证罪问题打官司。基辛格强忍住怒火，不客气地回答说："我担任的职位不是搞阴谋的。"

对他的人品和诚实所进行的这种突然袭击，加上一个月来紧张地往返于以色列和叙利亚的活动所带来的劳累，使基辛格十分烦乱。他在记者招待会上尚能保持泰然自若，可是后来却非常沮丧和失望了。按照对形势的分析，他是尼克松政府外交政策取得积极成果的主要象征；即使在他们正全力以赴要弹劾我的时候，他也仍能毫无愧色地向全国和全世界表明，尽管有水门事件的拖累，在我领导下的美国照样还能赢得世界的尊敬，并取得了重大的成果。我完全同意这样的分析：贪婪残暴的反对派势力不允许这种形势继续下去。

第七章 总统职位（1973-1974）

中东之行

1974年6月10日，我动身去中东前不久，口授了两条关于国内形势发展情况的笔记。

日 记

在这一周结束和旅行开始之际，好像感到总的趋势将有所改变，虽然以前我们也有过这种感觉，而且后来完全失望了。

我在戴维营顺着一条非常泥泞的天然小径散步的时候曾有一个念头，那就是从现在到大约8月1日最高法院作裁决的时候为止，我的态度只能是基本上把每一天都看作是最后的一天，不必经常考虑将来会发生什么事。在过去的一年半里，我也曾努力这样做，可是有时很难办到，因为我们好像总在打仗或者总在努力应付某种新的发展情况。

但是，总地说来，回顾过去的十五六个月，我感到最大的不幸是差不多一年半的时间似乎白白丧失掉了。我们做了一些有意义的事，可是我不得不花费许多时间考虑这个问题，而且在感情上它当然使我非常痛苦。我们肯定是犯了错误。可是这一年也许会教育我们大家都应更多一点同情心和谅解，虽然我应该说，这一年也让我们完全看清了我们参与了多么令人难以置信的战斗、其中的关系是多么重大以及反对派是何等厉害与狂热。我们只有坚持到底。

6月5日，我同部分美国犹太人领袖开了一次会。我认为他们的看法目光短浅，这使我深感不安。

日 记

我指出只给以色列输送武器的政策在五年前也许是有意义的，但今天就没有意义了。我还指出,他们必须想到每打一场新战争,花费会越来越多,因为他们邻国的人将学会打仗,而且他们的人数会越来越多。其次,展望将来,一定得有人去对付苏联人,就像我们在1973年实行戒备时那样。

我说得很清楚,在我们和以色列人的谈话中,不能再答应给他们一张空白支票了,虽然我对他们的军事需要十分同情,而且当然也对他们的勇敢精神十分敬佩等。

事实上,以色列在受到1亿阿拉伯人包围的情况下,究竟能不能长期存在下去,我看确实是个问题。他们长期生存的唯一希望是趁现在还能从实力地位出发的时候,趁现在我们在使阿拉伯人脱离苏联,走上比较负责的道路方面正取得一些明显的成功的时候,就达成某种协议。

6月9日,我们举行了一次热闹的家庭宴会。后来,女儿们和她们的丈夫下楼看电影,帕特上楼去继续收拾行李,我就到林肯休息室口述一则日记,讲述我预料在明天早上我们将开始进行的历史性旅程中,可能会遇到的问题和可能出现的机会。

日 记

我不知道是否把这点讲清楚了,不能说这次旅行结束后,或者说在这次旅行结束后余下的两年半时间里,我们就能达到我们争取持久和平的目标了。其后在本世纪剩余的时间里,还需要坚强的总统随时加以注意。但谁知道以后会发生什么事情呢?

我必须做的是尽我的力量所及,为未来的总统留下一个能赖以发展的结构——一个建立在军事实力、高超的外交活动、才智,当然还有一种强烈的理想主义精神上的结构,这种精神便将领导我们走向进步,尽管为了在那个地区完成我们争取持久和平的目标,我们还将经历一些险风恶浪。

第七章 总统职位（1973-1974）

过了 6 月 9 日这一天，我就要开始这次旅行，我清楚地认识到这次旅行对中东的前途，以及对美国在世界上的地位来说，都具有深刻的重要意义。

我充分认识到，不管因水门事件引起的对我的攻击如何无情，这次旅行的成败对我能否继续在国外和国内行使总统领导权，具有决定性的意义。

日　记

正如我曾对齐格勒说过，所有这一切最使人感到哭笑不得的是，新闻界——或者至少是新闻界大多数人——一心只注意到水门事件中小得不能再小的问题，根本不去管我在中东的一言一行将产生的重大后果。

就整个所谓水门事件来说，这大概是个转折点，但就总统职位本身而言，也是个转折点。在今后的十天里，我将全力以赴，尽力恢复对总统职位和我本人的尊重。

在我们飞往第一个中途停留地、奥地利的萨尔茨堡的时候，黑格对我说，基辛格因为那天早晨的《纽约时报》的社论指责他在参议院为1969年窃听电话一事作证时说了假话，心情十分烦乱。他说，基辛格谈到要在萨尔茨堡举行记者招待会来回应这种指责。

"艾尔，《纽约时报》的一篇社论算不上是控告，"我说，"它只不过就是一篇《纽约时报》社论罢了，那东西狗屁也不是。如果他举行记者招待会，他倒反而中了他们的计，让他们在为这次访问写头一篇报道时就把水门事件给扯上了。"我说如果基辛格认为他不得不举行一次记者招待会的话，他至少不应采取守势，而应强调窃听电话是合法和必需的，以积极姿态对待这个问题。

可是基辛格没有心思听取这个忠告。他召开了一次记者招待会，一上来就作了一篇情绪激动的冗长的声明。在他说完他对窃听电话作证的详情以后，他插进了一句愤怒的个人的话。他说："一般都认为，或者说，有人说我主要关心的是权力的均衡。但是我倒愿意这样认为,将来在编写历史的时候,有人可能会记得,也许已有某些人的生命得救了,或者有些母亲可以更安心地睡觉了,这一点我让历史去作结论。但我不能留待历史去作结论的是对我的公务信誉的讨论。"

真正爆炸性的新闻是在后来记者提问时发生的。他在回答一个问题的时候说:"我认为在对国务卿的人格和可靠性存在争议的这种情况下,我根本没有办法去执行美国的对外政策。这一点若不澄清,我将辞职。"

我发表了一份公开声明,表示我很理解基辛格听到一些恶意的流言蜚语急于为自己辩解的心情,并补充说所有美国人都应和我一样,认识到他的人品是无须加以辩护的。

日 记

总的说来,对基辛格的这次攻击最使我不安的是《纽约时报》和《华盛顿邮报》以及所有我们的反对派的不负责任的态度,他们在我们出国期间,利用这个莫须有的问题和他纠缠。当然,他的错误是以辞职相威胁以求加强他为自己辩护的地位,但这,别的不说,只是一个空炮。

对基辛格的辞职威胁的第一个反应是齐声支持。然而几天以后,甚至他的几个支持者也把他在萨尔茨堡的表演叫作发孩子脾气,而一小撮批评家却宣称那是一次有计划的行动,意在转移对他的控告的注意。但到最后他以辞职相威胁的做法终于产生了所希望的结果,使他的批评者处于守势。后来,参议院外交委员会重新考虑了他的证词,宣布他们仍很信任他。这才总算似乎使这件事结束了。

我们在萨尔茨堡过夜,以适应时差。

日 记

今天早晨我感觉很好,只是左腿出现了我在夏威夷时感觉到的、后来被诊断为血栓的同样的症候。我请卢卡什过来给看看,因为以前是他

第七章 总统职位（1973-1974）

给我看过的。

这条腿比右腿粗得多，使我走起路来真是一瘸一拐的。当然，无论如何我不会让我们的旅行因此在这里中断。

我患静脉炎，有一根静脉发炎了。卢卡什检查我的腿以后告诉我，静脉炎的危险在于血液可能因而凝聚成血栓，脱开后会流进循环系统里去；如果血栓流到肺里，它可能引起致命的血栓塞。所幸的是，看来他认为我的腿发肿是炎症的后遗症，最危险的时期已经过去了。他嘱咐我每天至少四次用热手巾把腿包起来，而且要尽量少让它吃力。

后来我叫黑格进来，给他看我发肿的腿。我对他说，我希望知道这个情况的少数人绝对保密。

6月12日，我们于午后的烈日下在开罗着陆。萨达特和他的夫人在机场等候，他们两人立即给我留下了深刻的印象。萨达特英俊魁伟，比我从照片看到的要高一些。在汽车里，他转过头来非常热情地对我说："今天是埃及的一个大喜日子。"

在我们驶往开罗的途中，我第一次体验到也许是任何一个美国总统在世界任何一个地方曾受到的最激动人心的欢迎。沿途一英里又一英里的路上，两旁人山人海，没有尽头。在开罗城里，街道和大广场也挤得水泄不通。根据保守的估计，欢迎的人群超过100万。

可是比那庞大的人群更使人难忘的是他们流露出来的诚挚感情。萨达特看来意识到了我在想些什么，因为为了让我听得见，他探过身来在我耳边大声地说："这是真正从心底里流露出来的欢迎。他们全是自愿到这儿来的。你能把人叫出来，可是你不能叫他们笑。"我们穿过了几座搭起来横跨大街的大拱门，上面挂着萨达特和我的巨幅画像，横幅上写着："致力于和平与进步的伟人。"上百万人高呼"尼克——松，尼克——松，尼克——松"的声音响彻云霄。

最后车队到达了我们下榻的宫殿，萨达特建议我们的第一次会议推迟一两个小时举行。我以为他纯粹出于礼貌上的考虑，因为我们在烈日下站着挥手，劳累了将近一个小时。直到后来我去拜访的时候,萨达特夫人才告诉我,萨达特每天都睡午觉的。近在1970年,他已曾两次受到轻度心脏病的侵袭,因而他非常注意自己的身体。后来我在日记里写道:"我真担心如果他一旦退出舞台,将会发生什么事情。"

在我们交谈的时候,萨达特表现得极为精明老练。私下里他并不在美以关系问题上紧逼我,虽然在公开场合他强烈要求归还被占领的土地、恢复巴勒斯坦人的权利和重新确定耶路撒冷的地位。谈到他和苏联人打交道的情况,他说十月战争以前他就要求他们给予军事援助,可是他们一直没有理会。他以惊人的坦率说道:"我们只好对他们断了念。"

我们在埃及的日子里,欢迎的人群一天比一天多。从开罗到亚历山大城,火车全程三小时,萨达特和我站在游览列车上挥手致意,沿途站满了夹道欢迎的人群。那天很热,尘土飞扬,我的腿因为站的时间过长而肿得发痛。但是我意识到,萨达特觉得让尽可能多的人看到我们俩在一起是很重要的,是肯定埃美新关系的一种方法。

列车上记者团中有一个记者问萨达特,在使中东保持和平方面,美国能做出什么主要贡献。萨达特问答的时候提到了我们在途中看到的一些手写的标语牌,他说:"就是这些使整个事情的势头能继续保持下去,我认为你们都看到了我的人民写了些什么。他们写的是,'我们相信尼克松'……尼克松总统从来没有说过一句不兑现的话,他说的每一句话都兑现了。所以如果这个势头继续保持下去,我想我们是能够获得和平的。"

关于这样众多的人群,我在日记里这样写道:"我认为,说我们在埃及看到了650万至700万人,这样一个估计是合乎事实的。无论怎么说,大致在那个范围之中。人们不免奇怪,他们上街来是不是仅仅因为他们认为我们带了满满一口袋钱来解决他们的问题了。当然这里面有那种因素。我认为更重要的是,萨达特曾对我说过,他们对美国人的确是有极大的好感。当然,部分原因是他们讨厌苏联人。"

埃及是通往阿拉伯世界的钥匙。多亏萨达特和埃及人民,这次访问有了极好的开端。我们的目标是支持埃及执行一条稳健的路线,鼓励和加强萨达特作

第七章 总统职位（1973-1974）

为他的国家领袖的地位以及他在今后任何中东谈判中作为一种建设性的重要力量的地位。在这次访问结束的时候，我们发表了一项关于埃美关系和埃美合作原则的声明，为两国共同争取中东和平与制定经济合作新规划打下了基础。我们还同意谈判一项协定，向埃及出售供发电用的非军用核反应堆和核燃料。

当我们在沙特阿拉伯的吉达港着陆的时候，气温超过了〔华氏〕100度（摄氏37.8度）。尽管如此，费萨尔国王仍在机场上等候欢迎我们。他看起来要比他自己所称的67岁老得多——根据我们的情报，他有72岁了。

费萨尔认为他四周布满了犹太复国主义分子和共产党的阴谋。他甚至提出看来要算最高一级的阴谋论的说法：犹太复国主义者是巴勒斯坦恐怖分子的幕后支持者。尽管他有这种成见，然而由于他的智慧和多年执政的经验，费萨尔是整个这个地区最英明的领导人之一。

沙特阿拉伯并没有直接参与中东和平谈判，但是费萨尔在阿拉伯世界的形象以及他向叙利亚和埃及提供的大量财政援助，使他在保持争取和平的势头方面起着重要的作用。这次我还可以和他讨论由于最近阿拉伯石油禁运使价格暴涨在全世界产生的严重影响，并对他采取的降低石油价格的行动加以鼓励。

费萨尔在告别仪式上的讲话，使我和簇拥着我们的记者们同样感到惊讶。他说："总统先生，任何在美利坚合众国国内或在美利坚合众国国外反对你，或者反对我们这些你在这个地区的朋友的人，他们心中显然只有一个目的，那就是引起世界分裂、使世界错误地向两极分化、给世界带来灾祸，而绝不是为了促进世界的安宁与和平。因此，我们恳求全能的上帝帮助我们和你们，以便我们能携手前进，并肩追求我们双方共同的崇高目标，那就是世界的和平、正义和繁荣。"

对整个这次中东之行来说，我对叙利亚的访问的确需要使用最微妙的外交手腕。叙利亚曾经是阿拉伯国家中最亲苏、反以和反美的国家之一。

我的访问给阿萨德提出的问题，可以完全归纳在他对我讲的关于他8岁的儿子的故事里。这个男孩从电视里看到了我们到达机场的盛大仪式，晚上阿萨德回家，他走到他父亲跟前问他："你几年来一直跟我们说，尼克松是个坏人，他完全控制着犹太复国主义者和我们的敌人，这个尼克松不就是他吗？你怎么能去欢迎他，还和他握手呢？"阿萨德对我笑着说："那就是我的全体人民要问的问题，那就是为什么我们将来发展关系时必须以非常慎重的步子前进的原因。总之，多年来我国人民一直受到要他们憎恨美国人的教育。近年来，他们更特别受到要憎恨尼克松的教育，因为他代表了总是支持以色列人的资本家。他就是在1973年拯救了以色列的那个尼克松！"

双方部队在戈兰高地脱离接触的协议是一个具有重大意义的成就，而我的访问是促进、支持和培育基辛格所开创的叙美新关系的好机会。我肯定阿萨德在公开场合将继续宣扬强硬路线中的最强硬的路线，可是私下里他会按照他在一次会谈中告诉我的一句阿拉伯谚语行事："一个瞎子要是能用一只眼看，可比完全看不见好得多。"阿萨德总统给我留下了很深的印象。

日　记

阿萨德的为人，完全超出了我根据同亨利的谈话所作的预料。如亨利所说，他确是一位强硬的谈判对手，可是他作风极为神秘，具有极大的耐力并富有魅力。他常常放声大笑。我看得出来，如果他能照自己的判断行事，他会成为一位极精悍的领导人。在我们最后一次会谈中，他非常非常坚决地反对任何单独的和约。可是另一方面，他对我们所作的各种地区性的安排，看来也采取了实事求是的态度。总地说来，他是一位有真实才干的人。如果他能不被人谋杀或者推翻，按他的年龄——44岁——他会成为这个地区举足轻重的领导人。

帕特注意到他的后脑勺很平，她说那大概是因为他婴孩时期睡觉没有转身的缘故。真奇怪，他使我想起他的额头长得和帕特·布坎南一样，同时我猜想他具有与布坎南一样的头脑、冲劲和专心致志的精神。毋庸置疑，他是具有某种天才的。

第七章 总统职位（1973-1974）

在叙利亚的首都、世界上最古老的从未荒废过的城市大马士革，美国国旗七年来首次在这里飘扬。无论我们走到哪里，大批友好的人群都出来欢迎我们，尽管叙利亚当局并没有宣扬我们的动向和旅程。我把这看作是这里的人民强烈希望与美国友好、与苏联人疏远和实现和平的表现。我在日记中写道："这些人愿意和美国友好，这种思想已深入普通老百姓之中，原因是他们对苏联人已领教了。当然，如果我们不能在已开始的和平倡议上有所成就，那我们美国人很快也会被与苏联人同等对待了。"

阿萨德总统在为我举行的国宴上祝酒时说："让我们在两国关系上翻开新的一页并开始一个新阶段吧。"对于一位叙利亚总统来说，这是一个不同一般的声明。在我结束访问的时候，我们宣布恢复两国外交关系，我表示我们愿意恢复教育和文化交流，并为叙利亚发展经济提供合作。

当我在机场向阿萨德告别的时候，他亲吻了我的双颊，这是对一个访问者所能表示的最高敬意，这也是这位直到几个月以前还在阿拉伯世界带头煽动反美的人所做出的一个不寻常的重要姿态。

后来我回顾了我们与叙利亚关系的这次突破。

日 记

总的来说，在建立某种持久的积极关系方面，叙利亚迄今仍是我们最难对付的一个国家。另一方面，他们正急于想改弦更张。他们希望我们介入，也许是想利用我们来对付苏联人。这就是在归途中我为什么说我们必须在经济领域里探求一切可能的途径向叙利亚人提出一些建议的原因。

我在埃及和叙利亚受到的欢迎以及我同萨达特和阿萨德的谈话，证实了美国在完成这一新任务——作为阿拉伯世界的一支和平力量——方面，具有巨大的潜力。如果我们出面带头，这两位讲究实际的爱国者会愿意寻求与以色列妥协的解决办法，因为这是他们能把注意力转向国内发展事业的先决条件。我看到了在原来依附于苏联的阿拉伯人中对苏联人是那样不满,对此我感到鼓舞;特别有趣的是,你会发现这种情况还不仅存在于领导层中。和我一起旅行的马诺洛,和他在许多其他问题上一样,在这方面也为我们提供了许多极有意义的情况和深刻的见解。

日 记

当我们问马诺洛他最喜欢哪个国家的时候,他对这次旅行提出了一些有趣的看法。他说他最喜欢埃及,因为埃及人非常友好。他说,埃及人都说,他们很高兴看到美国人进来,苏联人出去。这使我想起我和萨达特的第一次谈话,他说美国人在6个月中获得埃及人民的支持已经比苏联人20年所获得的还多。

马诺洛说,埃及人不止一次地对他说,苏联人冷酷;他们单独住在一起,对埃及人很不友好。他在叙利亚也听到类似的说法,一个在厨房工作的人对他说,美国人总是笑眯眯的,苏联人可总是板着脸。我们在这个地区的一个有利方面——我相信在其他地方也是如此——是尽管我们有许多错误,但是除了少数美国人显得目中无人——特别在外交人员和生意人中有那么一些外——大多数美国人基本上都很喜欢别国的人民。换句话说,美国人愿意人家喜欢他们,因此他们极力设法赢得他国人民的好感。而既有自卑感又一心只想到共产主义的苏联人,和我们就完全不一样了。他们的优良品质,只有在他们和看来同他们完全平等的人打交道时,才会表现出来。

我记得有一次跟萨达特谈话,我对他说,我认为中国和苏联之间真正的问题在于中国人在内心深处认为他们比苏联人更优越、更文明。萨达特笑了笑说:"你知道,这恰恰正是我们的感觉:我们埃及人比苏联人要文明得多。"

我们在以色列受到的欢迎,按一般标准来看虽然也很热烈,但却是一次最受拘束的旅行。部分原因是由于以色列的国内问题造成的。果尔达·梅厄不过

第七章 总统职位（1973—1974）

两个月前才辞职，伊扎克·拉宾刚接任总理，领导着一个脆弱的联合政府。由于我的中东政策在以色列的许多人士中间不受欢迎，可以理解，拉宾在接待我时只能做到适可而止，可是他也毫不掩饰地急于想知道他能从我们这里得到多少进一步的援助。

我同拉宾以及他的内阁高级官员会见的主要目的是向他们表明，我们不会改变全力保证以色列安全的决心，但与此同时，我们也坚持要他们以严肃、认真的态度来推进和平谈判的进展，这一谈判由基辛格的穿梭外交开始，现在又由我的访问进一步确定下来了。除彻底讨论了以色列的经济和军事需要并探讨进一步走向和平所能采取的步骤以外，我们在访问结束时所发表的联合声明中建议我们商订一项类似我们与萨达特总统签订的关于非军事核反应堆和核燃料供应的协定。

在以色列议会所在地议会大厦举行的国宴上，我说，我要行使总统可以打破先例的特权：虽然果尔达·梅厄已经不是总理，但我要在按传统习惯给国家元首祝酒以前，先特别为她祝酒。我说在所有各国的领袖中，我还从没有遇到有哪一位比果尔达·梅厄更勇敢、更聪明、更有毅力、更坚定和对自己国家有更大的献身精神。她坐在主宾席离我不远的地方，我可以看出她是多么激动和高兴。我接着说："我认为，由于我曾和她一起工作，由于我已成了她的朋友，她也一直是我的朋友，所以我可以有这荣幸，也有这特权请你们和我一道为前总理，为果尔达·梅厄总理，为果尔达干杯！"

即使在这种出其不意的情况下，梅厄夫人仍以她特有的口才作了简短的答词："如尼克松总统所说，当总统的人几乎是什么事都能做的，但是尼克松总统却做了许多别人连想也没想到过的事。总统先生，作为你的朋友并作为以色列的一个公民对一位伟大的美国总统，我现在能说的话只是：谢谢你！"

在我正式祝酒的时候，我坦率地谈到了新总理和议会所面临的任务。

> 在他们面前有两条道路：一条是容易走的，我认为特别从政治上来说是容易走的路，那就是维持现状，不采取行动，因为采取任何行动都会有风险，因而要抗拒任何可能导致进行谈判的倡议，即使谈判

也许能带来长期的、公正的持久和平。

可是还有另外一条道路,我相信这是一条正确的道路。这是一条有政治家气魄的人走的道路,不是一般搞政治的人走的道路。这条路不会对你们国家安全带来风险,影响国家安全的事是决不能做的。可是走这条路必须承认在这个地区继续进行战争不是解决以色列生存的办法,而且,更重要的是必须承认,如果我们不去为今天我们在耶路撒冷大街上看到的成千上万的孩子们的未来着想,尽一切可能探求可以避免战争的途径,那就是错误的。

我们在中东的最后一站是约旦。侯赛因国王的魅力和才智再次给我留下了深刻的印象。他和我用了两个小时私下讨论了他在帮助解决冲突中的独特作用。他很久以来就一直是美国的一位忠诚可靠的朋友,有时甚至得冒相当大的危险。他保证在今后漫长的道路上将继续起着约束和节制的作用。

在为我们举行的国宴上,侯赛因在祝酒词中很客气地按他的理解总结了我这次出访的意义。他说:"总统先生,对你正在进行的这一值得纪念的'和平之行',我们也同样抱着你必然会抱有的一切希望和期待,我们生活在阿拉伯世界的所有人对你这次旅行表示感谢。"他又说,"虽然你也许比任何人都更了解,和平的旅程似乎是永远没有完结的,但是你选择在这个时候来到我国,对保持美国倡议的势头来说是再好不过了,而美国的倡议是在你的鼓舞人心的英明领导下开始提出的。"

那天晚上,我在结束我的祝酒词时说:"我不想对你们说这次旅行将在什么地方结束,我也不能对你们说这次旅行将在什么时候结束。重要的是它已经开始了。"

从中东回国当天,有一大群人在白宫的南草坪上等着欢迎帕特和我。杰里·福特带领着由内阁成员组成的正式代表团,他说:"总统先生,大约十天以前,我和其他许多人在这里祝你一路平安。那时我们为你祈祷,现在我想也许应该援引一句《圣经》上的教导:'平息争端的人有福了。'"

第七章 总统职位（1973-1974）

在以后的几天里，甚至在我准备进行第三次最高级会议的时候，我向国会领袖简单介绍了我们可能为中东和平发挥领导作用的机会，而且从国内对中东之行的反应这个实际角度出发，回顾了这次旅行。

日 记

我们肯定已从这次旅行得到一些好处，虽然看起来在民意测验中不可能有什么突破。当然，从我们正经受的可怕的打击来看，这原是不足为怪的。当齐格勒对我说，在我们出国期间，每家电视网每天只用五六分钟播送我们的情况时，我就曾对他指出："你应该拿这和水门事件对比一下，一年多以来听众每天都要听八分钟到十分钟关于水门事件的报道！"我们对中东之行的报道不能过分抱怨。报道是好的。想要对这次旅行进行批评是极为困难的。我认为这次旅行是有影响的，至于这种影响有多大和能持续多久，那只有等时间来告诉我们了。

当然，最重要的是继续工作以确保这次中东之行取得和平的成果——或者至少取得一定的进展。萨达特经常强调这样一个论点，他说埃及人和美国人成为敌人是不合情理的，而我们成为朋友才是合情合理的事。我们在沙特阿拉伯、叙利亚和约旦都常听到这样的用语：合情合理和不合情理，正常和反常，等等。我认为，这是总统访问的最重要的好处，而且是一切谈判都不能得到的。阿拉伯人确实想和美国人做朋友，现在该是我们做他们的朋友并向他们证明和美国交朋友是值得的时候了。

和国会领袖在一起的时候，我走得比亨利更远一点，表明我们要使以色列强大到不怕谈判，但又不能使他们过于强大因而认为不需要谈判了。我还补充说，应使以色列强大到使它的邻国不致产生攻打它的念头，而他们自己又极愿谈判。

中东之行的一个成就是，它使我们能从一个正确的角度来看待整个水门事件——使我们认识到我们所经受的一切可怕的打击，和我们过去和将来不仅为世界和平，而且间接地为各国人民的幸福所做的和即将做的一切相比，是微不足道的。我认为，不管将来发生什么事，我们应该永远把这一点放在首位，并把它作为一切工作的中心。

6月13日我还在埃及的时候，弗雷德·巴兹哈特犯过一次心脏病，在我确信他已经转危为安时，我立即估计了一下他的疾病对我们在诉讼方面的处境会带来什么影响。这是一个特别繁忙和重要的时期，因为我们要为录音带问题准备材料，并准备在最高法院进行口头辩论。我们还必须为掩饰水门事件案调阅文件问题审讯前的听证会做准备，必须对受理埃尔斯伯格闯入案的地方法院要求交出文件一事作出回答。另外，还有一些较次要的法律上的战斗也在进行中。我们要对"共同事业"提出的诉讼行使行政特权；要准备对赛里卡决定发表1972年9月15日录音带中一段内容的问题提出上诉，因为他本人早些时候曾判定此录音带与水门事件无关——在这一录音带中我仅谈到国内收入署的有关我们对手的情报。这些似乎还不够，欧文委员会还在要求更多的情报，基辛格正准备回来对窃听电话问题在参议院外交关系委员会作证，众议院司法委员会继续贪得无厌地要求索取更多的录音带。巴兹哈特被迫请假对我们将是一个严重的打击。

不过至少还有相对的一线光明，报上发表了关于众议院司法委员会的内幕新闻。由于委员会的委员和工作人员经常泄露机密，现在民主党和共和党人都表示不满了。《华盛顿邮报》援引一位匿名的委员的话说："我认为我们所做的事使我们也有点脸红了。"

6月21日，我从中东回国后两天，众议院司法委员会听完了所有对我的控告的证词；证词记录共长7000页，最后印了38大卷。证词的数量实在惊人，但是质量很差，其中大部分和我自己的行动只有很少或根本没有直接关系，还有其他令人乐观的迹象。华盛顿专栏专家注意到约翰·罗兹几个星期来第一次以一个领袖人物的身份出面为我说话了。据报道，现在众议院内赞成弹劾的民主党人正极力争取尽早进行大会表决，因为他们认为委员会的缓慢步伐已经错过有利时机了。《华盛顿邮报》头版刊登了一则报道，说到委员会已经开始两

第七章 总统职位（1973-1974）

极分化。

6月22日，我打电话给路易斯安那州的民主党人乔·瓦戈纳。他是七次连任的众议院老议员，领导着一个非正式的班子，参加的众议院民主党人有时竟达百人之多。这些人主要是南方议员，他们在关键问题上常常是支持我的。在整个水门事件期间，他一直给我巨大的力量。他几乎没有一个星期不打电话来向我再次保证他仍然支持我。可是他总是十分务实的，从来不对我作虚假的鼓励。现在他说，他认为在他的班子里反对弹劾的有70票是相当可靠的。他说，唯一可能使他们改变主意的情况是，如果我会由于什么原因被判有蔑视最高法院罪。除此以外，他认为没有任何进行弹劾的可能。他结束这次谈话时，也像我所记得的他每次和我谈话时一样，说："上帝保佑你。"

我算了一下，如果瓦戈纳有70张民主党人的票，我们只需要150张共和党人的票就可以构成反对弹劾的多数。这个目标并不是完全达不到的。6月22日和23日，我琢磨着在国会甚至在众议院司法委员会内部哪些人可能成为我的新的支持者。

日　记

感谢上帝，委员会里以〔加利福尼亚的〕〔查尔斯·〕威金斯为首的几个共和党人，现在站起来了。这可能是能够改变这个局面的一个新因素——改变它，那就是说，改变那一条件——不管最高法院发生什么情况对我们都将是一次真正的考验。

然而，我仍然希望并且感到，这次仍有相当大的可能，法院考虑到国家的前途和总统的前途，甚至可以说考虑到法院本身的前途，不会愿意开创这样一个具有极大破坏性的先例的。可是法官全都住在华盛顿，受华盛顿新闻报道的影响，他们在《华盛顿邮报》上看到的毒素一定会渗透到他们的头脑里去。每天读那报纸的人想不受它的影响是十分困难的。

我今天打电话给乔·瓦戈纳，他说只要不被判蔑视最高法院罪，我们一定能在弹劾案中取胜。在这以后，我考虑了一下，认识到我们实际上大约只有 30 天的回旋余地，在这期间我们必须作出最后决定，我们到底能否继续任职，或者我们是否实际上必须拒绝遵守法院可能作出违反我所提出的宪法原则的命令。在今后的 30 天内我要做的事是一天也不能松劲，不去考虑这期间会发生什么事。我们必须永远不忘记，为了无愧于我们肩负的责任，我们要尽力而为。

我越想到这次弹劾案的全部过程，就越记起阿尤布·汗说过的一句话："信任如细丝。一旦弄断了它，就几乎不可能再把它接上。"这就是为什么随着时间的消逝，当我们把仅仅一年前发生迪安事件的那个星期——然后录音带问题——然后阿格纽事件——然后接着又是两盘录音带事件——所得税事件——以及其他各种攻击——雷博佐事件——18 分钟半的空白，统统加起来，我们觉得我们现在居然还能继续战斗简直就是一个奇迹。

至于为什么我的家人，如我常说的，具有那么坚强的意志，我们的一些亲密朋友会那么坚强，以及黑格会具有钢铁般的意志，那我们就只能感谢上帝了；黑格，我认为是这群人当中最坚强的一个，当然他得到了齐格勒、布坎南和其他人的支持。

我曾跟鲍勃·霍尔德曼好好谈过一次话。他真是一个具有无穷力量的人。我对他说，我知道他一定对 9 月将要发生的事情和他必须忍受的麻烦事感到忧虑，因此一如对约翰·埃利希曼和约翰·米切尔一样，我对他非常非常同情。他说，他只是过一天算一天，根本不去想最后的结局。

当我偶然想到昨天晚上我情绪消沉的时候，我认为法院方面可能出现某种情况，因而最后使弹劾案成立，这时，我不禁想到所有其他那些体质上、感情上都不如我坚强的人，他们也必须承受比我更多的痛苦——不眠之夜以及其他，等等。我们这一批人当中有这么多人经受住了可怕的打击，他们受到了最狠毒的打击却仍然熬了过来，这真是了不起。

我和亨利谈了一次话。他似乎认为，按他的说法，已经有所改变。

第七章 总统职位（1973-1974）

当然他过去也这样说过。当然，亨利总是加上一个保留条件："除非发生什么重大事件。"

我也和艾尔·黑格谈了话。他说他现在确实觉得比过去一年来好受多了。

6月23日，当我在这个阴雨绵绵的星期天分析眼前情况的时候，我必须说，如艾尔所说我们的处境大概是比两个月以前强多了。现在我们要看看在我们去苏联和从苏联回来后，在那时全部注意力几乎必然都将集中在整个弹劾问题的进展情况上的时候，会发生什么情况。至少中东之行似乎已有可能打破这个趋势，使大家把注意力集中到其他问题上。艾尔认为报界是想这样做的，因为他们对另外那个问题已相当厌倦。我相信他是对的，虽然我认为我们会发现，由于我们的许多对手拼命要把我们搞掉，他们是不会光明正大行事的。

我的家人和我都希望我们在一起的时候尽可能过得快快活活，无忧无虑。我总是为我的女儿们感到不安。她们还年轻，她们需要自由地去过自己的生活，然而她们却不得不天天为我战斗。她们经常的体贴关怀给我以极大的安慰。朱莉常常把她那本新英文版的《新约全书》放在我的床边小桌上，翻到某些给人以安慰的章节。在我情绪最低的时候，特里西娅就会来到林肯休息室，在我看书或工作的时候和我坐在一起，默默地表示对我的爱和支持。

父亲节那天我正在中东，可是女儿们给我发来一个电报说："亲爱的爸爸，祝你父亲节快乐。我们为你感到自豪，我们非常爱你。朱莉和特里西娅。"我的两个女婿也一起发电报给我："总统先生，祝你过一个胜利的父亲节。谨此表示我们的敬佩和热爱。埃德和戴维。"

由于埃德工作上的需要，他和特里西娅住在纽约市，因而不大在官场露面。因此这也成了那些专门追求无聊新闻的专栏作家最喜爱的话题，他们编造谣言，说什么我和埃德，或者甚至说特里西娅和埃德关系"破裂"了。最后闹到特里西娅不得不发表了一个否认他们的婚姻即将破裂的声明。实际上，她和埃德由于不得不忍受这些流言蜚语，他们越来越坚强，关系也越来越密切了。3

月里他们事先并未告诉我就联名在杂志上写了一篇勇敢的、有说服力的文章为我辩护。

朱莉和戴维在我任总统的最后整整一年里，直接处于飓风的冲击波里。由于住在华盛顿，他们永远不能逃避舆论界无休止的纠缠，也不能逃避弹劾的威胁所带来的窒息气氛。朱莉和戴维两个人都是刚强的年轻人，可是在经过160多次的公开露面以后，其中很多次是使人难堪的有关水门事件的审讯，除非他们愚蠢无知或麻木不仁，否则他们是不会感觉不到这一切对他们的影响的。1974年2月，戴维给我写信谈到这一点：

> 朱莉无疑提到过去一个星期来我的情绪低沉。简单地说，一个我所了解和尊敬的人，而且这尊敬主要出于你对事业的献身精神……现在竟会受到犯下罪行的控告，我过去的生活使我对这样一个晴天霹雳没有任何思想准备。
>
> 我从未料到，生活竟会如此不公平，而且毫无疑问这只是一个开端。这个星期的大部分时间我都花在与这种情况所引起的情绪做斗争上。我希望你不会误解我。昨天晚上我找到了一个恰如其分的想法："什么都没有像我们第一次遇到最大的伤心事的第一分钟所感到的绝望心情那么全然绝望，因为那时候我们还不知道什么叫受苦，什么叫治愈创伤，也不知道什么叫绝望和恢复希望。"当然，这是乔治·埃利奥特的话。我不知道你是什么时候——14年以前，1年以前——体验到这种"全然绝望"的滋味的，我们体验它的时间也许就在上星期。可是，那段话和你的经历的关键一点是希望。在这种情况下，希望就是决心。我们很高兴能参与补救你为美国做的工作，不管发生什么，我们都不是孤立的。

看到朱莉一天比一天沉默寡言，我感到痛心。回想起来，只有一次她让我知道了她绝望的心情，那是在发表《蓝皮书》的文字抄本以后，我们动身到戴维营去的时候。她平静地说："一切都是那么沉闷。"但是，第二天她的情绪又

第七章 总统职位（1973-1974）

忽然完全恢复了。不到一个星期她和戴维决定举行一次记者招待会来回答对《蓝皮书》文字抄本的猛烈批评以及要求我辞职的呼声，现在是不管朋友还是敌人，都在这样呼喊了。

在举行记者招待会的过程中，哥伦比亚广播公司的一个记者开始谈到"父亲的罪恶"正在孩子身上得到印证。他言外之意是，他们两人自发决定举行的这个记者招待会不过是使我能躲开记者的预谋活动的一部分。朱莉的眼睛冒着怒火，但是她的钢铁般的性格帮助她克制住了自己的感情，她说：

> 在回答这个问题的时候，我将尽力控制住我自己，因为这个问题真使我万分痛心……我来这里是因为海伦·史密斯接到新闻界55次电话。……既然新闻界现在有个难题，念念不忘辞职问题，而且认为必须由家庭成员出来说几句使他们安心的话，那么我认为我作为女儿有责任到这里来。
>
> 我亲眼见到我父亲这段时间经历的种种遭遇，我为他感到骄傲，所以我也决不怕到这里来，跟报界的任何人谈辞职问题或其他任何问题，尽管我这样做是违反我的意愿的，因为我知道他不愿我到这里来，因为他不愿意让别人以为我是想代他回答问题。我并不想代他回答问题，我只是祈求我能有足够的勇气，可以和他的勇气媲美。

帕特从来都是我们之中最坚强的一个。当我们全家聚在一起的时候，她总是想办法让大家高高兴兴，同时她也向全世界表明，在她这个因热情、优雅随和、体贴人心而受到普遍爱戴的妇女的内心深处，还蕴藏着我相信在整个美国政治史上无与伦比的坚强的性格。

如杰里·福特所说，帕特是"全世界的第一夫人"。3月11日她作为我的代表最后一次出国访问，这一次她访问了巴西和委内瑞拉，一路上凡是见到她的人无不为之倾倒。然而，在她乘飞机回国途中，记者马上逼她谈水门事件，要听听去年一年她到底经受了多少痛苦，她的日子是多么难过。"我真不愿意谈这件事，这完全是个人的私事。"她说，"为什么要在这次旅行中谈这个呢？"

她重复她过去已经说过的话：她爱我，她了解我是一个正直的、具有献身精神的人。

她努力要作出一个在打击之下保持尊严的榜样。可是他们还是不肯罢休。

第三次最高级会议

1974年1月，苏联人已同意公开宣布，预定于夏天在莫斯科举行第三次最高级会议。我认为这个决定或者是他们相信我将在弹劾案中取胜的一种表示，或者是他们要表明不管谁当总统，他们有意让缓和继续下去。

关于第三次最高级会议也许是最有决定性和最激烈的斗争，它不是发生在莫斯科，而是发生在华盛顿。华盛顿反对缓和的势力的活动，在我正准备动身到苏联去的时候，几乎达到了白热化的程度。对苏联迫害持不同政见者和对限制犹太人移民表示义愤成了当时最时髦的事，自由派现在也叫得正欢。两党的保守派仍然联合起来坚决要求限制或者干脆禁止对苏贸易。军界和他们在国会以及全国的许多朋友唯恐第三次最高级会议可能真会在限制进攻性核武器或者有限禁止核试验方面有所突破，简直都在准备拼命。

这种反对缓和的力量的结合，不管国内政治问题情况如何，都肯定会出现的。我本来是能有效地加以阻止，或者至少能牵制住这股力量的，但是水门事件严重地破坏了我的这种能力。

基辛格于3月24日赴莫斯科为第三次最高级会议安排日程进行四天会谈，他报告说勃列日涅夫看来也遇到了和我们相同的问题，苏联军界也反对签订永久性的限制进攻性核武器的协定。因而从一开始，我们就知道要在第三次最高级会议上就限制战略武器谈判方面取得重大的突破是非常困难的。

6月20日下午，在国家安全委员会召开的会议上，当国防部部长施莱辛格提出五角大楼的建议的时候，美国军界反对签订新的限制战略武器的态度公开化了。他们简直是抱着一条毫不妥协的强硬路线，反对签订任何不能使美国占有压倒性优势的限制战略武器协定。他们的建议肯定会立即遭到苏联的

第七章 总统职位（1973-1974）

拒绝。

在双方都已陈述了自己的论点以后，我插话说："我认为我们应该利用这个时机找出一个更加实际的、能解决这个问题的方法。我们必须承认这样的事实，国防部部长施莱辛格的建议根本不可能被苏联接受，因此我们应该想法制定既符合我们利益又能使他们接受的办法。"

这时全场鸦雀无声，然后坐在我旁边的施莱辛格说："可是，总统先生，人人都知道，在那次厨房辩论中你的辩才给赫鲁晓夫留下了多么深刻的印象。我相信如果这次运用你的口才，你可以使他们接受这个建议的。"

那天晚上我在日记中记着："仅从那些参谋长们尤其是施莱辛格的表演来看，国家安全委员会会议真是令人震惊。他说他知道赫鲁晓夫对我的'辩才'有非常深刻的印象，因此用我的辩才就可以把他所提出的建议推销出去，这话实际上是对任何人的才智，特别是对我的才智的一种侮辱。"

杰里·福特打破了施莱辛格发言后出现的沉默，把讨论转到更广泛的国防预算问题方面去。讨论进行了几分钟后，我发言谈到我对今后两年在白宫期间缓和问题会如何发展的看法。

日 记

福特提议我们应该大大增加国防预算，以便我们能更好地跟苏联讨价还价。当然从某一方面来说他是对的，但从另一方面他又不对，因为我们并不可能在这个特殊问题上对他们进行讹诈。

如我在会上所说，我最关心的是不管谁继任总统，让他不用再像我在这五年半里为了反弹道导弹、巨大的国防预算、三叉戟潜艇等进行这样艰苦的斗争。我们很可能会遇上这样一个人，他尽管口里大谈美国必须天下第一等等，但是一旦权势集团的报界在自己人当政以后无疑会提出和平主义看法的时候，他也就完全屈服了。

这就是为什么，这次如果可能的话，应使苏联受到某种约束，这一点是非常重要的。因为如果将来我们卷入一场无止境的竞赛，他们很可能会毫无限制，而我们却受到限制。我在国家安全委员会的会议上也曾力图说明,一个美国总统作出的决定跟苏联总书记作出的决定是非常不同的。我们可以肯定,他的决定一定会也一定能够付诸实现。即使有公众舆论反对,他也不必过多去考虑。可是,当美国总统作出一个决定的时候,从来也不能绝对肯定他的决定一定能够实行。这种肯定对不肯定的情况倒不一定会极大削弱我们实际的讨价还价的地位,但它却使我们在和苏联谈判任何交易的条件时必须得把这个因素考虑在内。因为如果我们达成一个约束双方行动的协定,这就是说我们将在他们最终必然要做的某些事情上给他们以约束。而在我们约束自己的时候,很可能我们只是在某些反正我们不打算做什么的某些领域给自己一些约束而已。当然,1972年协定的情况正是如此。

然而,我们现在不马上打这一仗,如果我们有办法找到适当的语言以便我们能在10月或11月进行谈判——同时使苏联人同意某些恰当的数字,那我想就是为我国的安全以及达到总的力量平衡作出了巨大的贡献。

国防部里许多人不愿意签订任何协定,因为他们要尽可能地搞他们能搞的一切国防计划,他们不愿意受任何约束。碰巧亨利未能参与其事,不免使情况更为复杂了。他被中东问题牢牢缠住不能脱身,以致他不能很好照顾到另一个问题。可是,也许这样更好,因为我刚才说过,现在不是打这一仗的时候。

和军方的斗争并不是唯一影响第三次最高级会议的重大问题。从水门事件发生以来,勃列日涅夫第一次对我在国内问题上作出决定的能力表示了关心。为了缓和,他已经冒了很大风险,因此不难理解,他很担心我如果突然或意外地离职,会使他在自己的统治阶层中处于非常尴尬和容易受到攻击的地位。

1974年4月,我们收到当时驻莫斯科大使沃尔特·斯托塞尔的一份报告,讲到在一次会见时,勃列日涅夫看来特别担心我们的国内问题会影响许多事情的进展。斯托塞尔在报告中说:"勃列日涅夫说他佩服总统进行的反击,称之

第七章 总统职位（1973-1974）

为政治家的一个特点，他对现在美国居然可以在总统缴纳税款的问题上跟他为难表示惊讶。他认为总统的反对派是'没有头脑的'。"

葛罗米柯于4月11日来见我，他第一句话就肯定地对我说，尽管美国报刊上发表了反苏的报道和文章，苏联人仍然坚决支持缓和。接着，在一种不寻常的表示个人关切的气氛中，葛罗米柯说，他只是想对我说，用他的话讲"尽管有某些众所周知的困难"，他对我能坚决顶住表示钦佩。他说："我们是从个人的立场对你表示钦佩的。"

我们这次会见的其余时间，都花在关于限制战略武器的数目的争论上，将来在莫斯科的会谈的情况从这里已可预见到。到现在为止，苏联人没有作任何让步，我们也没有。当我送葛罗米柯走到西厅门口的时候，他说："我们相信你一定理解我们希望你一定能来参加会议，希望不会出现任何波折。"

我表示我是理解的。我说："如果我们失败，后代将会诅咒我们，我们必须成功。"

我们于6月25日离开华盛顿。第一个停留地点是布鲁塞尔，我在那里参加了庆祝北大西洋公约组织成立25周年的仪式。我想在跟勃列日涅夫一起坐下来之前，大大宣扬一下大西洋联盟持续不断的活力将是特别有用的。我在向北大西洋公约组织理事会作的正式讲话中说，缓和时期会给我们带来巨大机会，也会给我们带来巨大的危险。我们必须承认欧洲政治已经完全改变的事实。我们还必须接受这样的事实：对共产主义的恐惧已不再是成立北大西洋公约组织的实际动力；如果北大西洋公约组织打算生存下去，它就需要其他有效的动力使它团结起来。

就在我离开布鲁塞尔之前，我在访问中东期间曾突然患静脉炎的消息在美国报刊上传开了。记者们立即注视我的每一个动作，想看出我脚跛或疼痛的迹象。事实上我的腿仍旧又肿又疼，可是我下决心不表露出来。

日　记

使我惊讶的是我的健康情况一直很好。我曾对齐格勒说过，关于这条腿的情况，主要是不让记者们借此制造总统在精神上和肉体上都已处于瘫痪状态的舆论。我认为目前我们还相对地控制着局势，可是我们一定要保证不要让人民想到，现任总统已和晚年的艾森豪威尔，或者罗斯福，或者甚至和约翰逊一样了，因为到后来所有的人都认为约翰逊大概要垮了，他喝酒喝得太多，等等。我想只要我们处理得当，就能避免发生类似的情况。

从6月27日在莫斯科机场上对我们的欢迎开始，第三次最高级会议有了一个十分吉利的开端。勃列日涅夫本人来到机场，他大步走过跑道来欢迎我。相当多的一群人获准站在栅栏后面挥舞着纸制的旗子，我们驱车前往克里姆林宫的时候，沿街也都是人群，这和1972年时大不相同了。

我们到达不久，勃列日涅夫邀请我到他办公室去进行一次私下会谈。他告诉我最近与特迪·肯尼迪和艾夫里尔·哈里曼的会晤，他说他们两人都支持缓和。我对他说，在从现在到1976年这段时间里，他能会晤两党的领袖是再好不过了，因为我们需要他们都来支持缓和。我说："我们得让他们都稍稍清醒一些。"

他说他一直注视着美国的政治局势，他深信我的总统职位一定可以延续到1976年。

那天晚上国宴以后，我向基辛格和黑格提议我们到我的汽车里开一个简短的会，这样我们的谈话可以不被窃听。基辛格看起来整天都很消沉。我猜想，关于电话窃听这个烦人的国内问题还在困扰着他，还有那天下午他跟葛罗米柯谈判以后，看到美国政府内部反对缓和的宣传已严重削弱我们的谈判地位，也使他烦恼。

我们在正式会谈的第一天就提出了禁止核试验的问题。苏联人和以往一样不同意制定必要的现场检查办法。我深信没有一种严格的检查办法来确保他们遵守条文，那么考虑全面禁止核试验就未免太危险了。我们还必须考虑到现在禁止核试验已不像过去仅有我们两个核大国时一样有意义了，而那时候苏联甚至就

第七章 总统职位（1973-1974）

已拒绝考虑这个问题。现在不管我们怎样做，法国和中华人民共和国——苏联人对它特别敏感——都不会停止核试验。连以色列或者印度也不会停止核研究。

在3月基辛格先行访问莫斯科期间，苏联提出"有限"禁止核试验的建议。根据这一安排，只要核武器的大小和威力不超过一定的限度，便可以试验。既然每个国家都能用地震仪测出违反规定的情况，那么就没必要有什么现场检查了。可是在第三次最高级会议头一次整天开会的那天下午的会议上，勃列日涅夫突然提出，我们不要再争论禁止核试验的限度问题了，还是在全面禁止核试验方面取得一致意见，一下子解决这个问题。

我在日记上写道："在会谈中，勃列日涅夫很难对付，一如1972年在他的别墅里讨论越南问题时一样。他这次重新写了那篇稿子，我们谁也没有思想准备，因为讨论有限禁止核试验问题原是他们3月的想法，他们还曾和基辛格探讨过。"

由于没有办法能事先阻止这种节外生枝的建议（如果勃列日涅夫决心要这样做的话），我肯定反击的唯一办法是采取一种非常坦白和实用的态度。如果柯西金和其他人期望我会很不愉快地回避问题，那我回答的口气和内容就会使他们失望了。我回答道："在我来之前，我们非常深入地讨论过这个问题。"我说，"确实，我们参议院里有一些人赞成全面禁止核试验。然而在另一边，也有同等数目的人根本不赞成禁止核试验，他们心里总想着核实检查的问题。我们曾设法商定一个较低的限度来对双方进行约束，这是我们能取得我们国会多数人支持的唯一可行办法。我们不能采纳全面禁止核试验的建议。"

在一阵舌战以后，我回到本题上来："很坦白地说，在1976年即将来临的时候，在有关缓和的问题上，美国出现了十分滑稽的局面。那些在过去两年赞扬我们的缓和努力的人，现在与其说是为了哲学上的原因，不如说是为了党派斗争，愿意看到我们的努力归于失败。因此，如果我今天在这里毫不让步，是不会为自己招来敌人的。

"我提出这些论点并不是为了表明我的立场仅仅是从这些政治上的考虑出发的。我愿意朝缓和的方向前进，是因为它对世界和平来说是不可缺少的，这也是我们常希望能达成并履行任何可能达成的协定的原因。

"我现在处于一个奇特的地位，完全可以引导美国公众去支持缓和。我能对付我们的所谓鹰派——但是只能一步一步来，而且我决不希望这种做法受到阻挠。我希望它继续下去。"

我指着大厅入口处那扇笨重的金色大门说："当我们看到那金色的大门时，我们可以说我们全都想够着它。可是如果我们想一步就够着它，那是办不到的。总书记先生，在美国和其他国家，我们总会发现各种各样的派别，它们出于不同的原因愿意看到缓和失败。而我们，从我们方面来说，并不会在我们尚未肯定能获得支持的时候向前迈一步。如果那样做，我们简直是在自找失败。"

这番坦率的谈话打破了他们在辞令上绕圈子的做法。勃列日涅夫说，他得和他的同事们商议一下，然后再找时间讨论这个问题。接着，我们就讨论我们最晚什么时候应该离开莫斯科的问题，因为我希望在黄昏前到达克里米亚，以便能看到那边的乡村景色。

关于这次冗长而艰苦的会谈，我在日记上是这样写的："在这次全体会议以后，我的腿又开始肿了。我想开会期间我跷着腿坐的时间太长，这看来是使腿肿起来的原因。听着他们一遍又一遍地发表老一套的强硬路线的发言，是相当令人疲劳的事。"

帕特和我与勃列日涅夫一起从莫斯科飞往克里米亚，我们将在黑海海边的雅尔塔郊区勃列日涅夫的别墅里继续讨论。鉴于雅尔塔这个名字仍然带有令人不快的含义，所以我们称呼这次会谈为奥列安达最高级会议，这是那别墅所在地区的名称。

在去克里米亚的途中，勃列日涅夫在飞机上打电话给他的妻子，如我在日记中所写："碰到这种事的时候，他就像一个有了新玩具的孩子一样。"我和勃列日涅夫夫人通话说"Ochen Priatno"[1]，这是我刚学会的一句俄文问候语，看来这使她很高兴。

---

[1] 即俄文的 Очень приятно，"非常高兴"的意思。——译者注

第七章 总统职位（1973-1974）

日　记

我在飞机上对勃列日涅夫说，在哥伦比亚特区和在莫斯科无名战士墓前举行的仪式，我还在那里献了花圈，总使我想到我们现在正进行的工作具有多么深远的意义。我说："这就是我们谈判的全部目的所在。"

勃列日涅夫谈到在战争中看到成千上万的人死去是多么可怕。他说，在冬天那些死人全冻成各种奇奇怪怪的样子，更是特别难看。我说："像一出芭蕾舞悲剧。"葛罗米柯又说："夏天天气很热，尸体腐烂也同样难看。"

他们都有过一些相当可怕的经历。

从机场到奥列安达64英里的驱车途中，大家的情绪开始轻松一些了。勃列日涅夫提到了我的海军副官杰克·布伦南中校，他说："我非常喜欢他，他年轻、健壮、英俊。"我回答说："姑娘们看到他也都这样想。"勃列日涅夫咯咯地笑了一会儿。接着，他又变得很严肃的样子直盯着我说："虽然你和我都比他们老多了，可是在历史上我们可能在为人民争取和平方面所作的贡献将比哪个年轻人都多。"

一个半小时的驱车途中，大部分的时间我们都看着窗外铺满了蓝色和金色野花、绵延起伏的青葱的群山。偶然间，我们也能瞥见远处的大海。

勃列日涅夫显然很喜欢到克里米亚来，他很高兴地带着我穿过他依山的别墅四周繁茂的花木，沿着低矮的防波堤散步。到达的第一天，我们走到一所部分建在岩石里面的房子里去，房子的一边是许多面向大海的窗户。他把这房子叫作海滨浴室。我们走进去，脱下外衣，在其他人到来一起开全体会议以前，我们私下会谈了一个多小时。

日　记

我们的谈话非常坦白和直率，内容显然是他想与我单独谈的题目。我们坐在那里的时候,他面朝着大海,看着那艘水翼艇。他信手在桌子上胡乱画着——看上去像是一支箭和一颗心——一支箭穿过一颗心。他第一次提出缔结美苏条约的新想法,别的国家也可以参加,如果任何一个国家或是它的一个盟国受到攻击,每一个国家都要来保卫它。这当然有一点像是明目张胆地要搞共同统治的味道。

我们在那间小屋里的谈话中,特别有趣的一点情况是,勃列日涅夫似乎忽然完全改变了对中国的态度。1973年他对中国问题表示过极大的不安,可是现在他装着几乎完全不感兴趣了。他说:"毛是个神,一个年岁很老的神。他死了以后,会有一个新神出来。"可是,在一次午宴上我和葛罗米柯私下交谈的时候,勃列日涅夫的态度却完全相反,他提出警告说,中国人是对和平的巨大威胁,因为他们人口众多,不惜牺牲一切,来达到他们的目的。

日 记

在我与勃列日涅夫举行私下会议的时候,我指出如果缓和在美国失败,那得势的将不是鸽派而是鹰派。我劝他哪怕只是为了不让杰克逊和舆论界某些批评家有攻击的借口,也应该在犹太人移民问题上作出某种姿态。他于是从他的公文夹子里抽出统计资料说,他要把它们交给多勃雷宁,然后让多勃雷宁把它们转交给基辛格。

我们的谈话无拘无束地从计划中的欧洲安全会议,谈到裁减核武器。

日 记

他提到,他对中东的预言已被证实是不幸而言中了。但是他说,在他警告我注意中东的爆炸性局势的时候,他可绝没有料到阿拉伯会发起进攻。事实上他们做了力所能及的一切来制止这次进攻。这时候,他做了许多富于表情的手势——他抓住我的胳臂说,想把他们拉回去。但是,他说:"我们没有能做到。"

第七章 总统职位（1973-1974）

当其他人来到海滨浴室同我们一起会谈的时候，谈话又回到我们在多弹头核导弹——或称多弹头分导重返大气层运载工具问题上碰到的僵局。

"好吧，让我们仔细研究一下这个问题。"我说，"因为，如果在这问题上不能取得一致意见，那我们现在也应该知道为什么会这样。"我断定，他已决定要用这次看来仿佛是偶然的谈话，作为第三次最高级会议关于限制战略武器问题的最后一轮会谈。

基辛格直截了当地说，我们决不能接受苏联方面提出的数目。如果我们接受了，我们就要在一年内停止制造多弹头分导重返大气层运载工具，与此同时苏联人却可以继续制造四年。

基辛格说："在美国，这就会被说成是我们接受冻结，同时却允许苏联赶上来。"他唯恐讨论会忽略当前局势的现实，所以提出了一个有礼貌的和婉转的威胁。他说："对这一协议我们不应仅从现在确定的数字来看，而应从如果没有这一协议双方可能做些什么的情况来理解。举例来说，如果没有这个协议，我们就能再在500个民兵式导弹上安装多弹头分导重返大气层运载工具。"

"在这段时间里？"葛罗米柯多少有点吃惊地问道。

"是的，两年以内。"基辛格坚定地回答。接着，他提出了我们在多弹头分导重返大气层运载工具方面的反建议。这反建议没有完全像五角大楼所主张的那样过火，可是它为美国规定的数字比苏联的大得多。基辛格说："我们对自己的潜力的限制要比我们要求对你们的限制大得多。"

争论持续了约有一个小时。突然，勃列日涅夫隔着桌子望着我。他沉重地说："总统先生，如果基辛格博士刚才提出的是你们在这个问题上的最后意见，那我们就没有达成协议的基础。"

他马上又转身去接着与基辛格辩论，但是从那时开始我知道，在第三次最高级会议上要就限制战略武器谈判达成协议已无希望了。

基辛格继续英勇出色地战斗着。有一次我写了一张条子给他："请拿出施莱辛格说我们完全有足以说服他们的'辩才'来。"可是，基辛格这时连笑都笑不出来了。最后我又递给他一张条子："该休会了——我们看来不过是在没完没了地强调谁都明白的道理。"他这才开始把这次讨论引向结束。一抓到一个机会，我便打断他们的谈话，建议我们按照原定日程，进行勃列日涅夫为我们计划的乘船出游活动。

"我同意，该是到海上去的时候了。"他说，并且马上带领我们走下码头，在那儿我们登上了勃列日涅夫的苏联海军游艇，在黑海上游弋。

日　记

这次乘船出游很够排场。海上稍有风浪，有一次几个盘子从桌子上摔了下去。可是在我们坐下以后，勃列日涅夫显得精神焕发，祝酒活动进行得很顺利。

我说，"奥列安达精神"就是和平，因为我们在那里达成了对双方都公平的协议。我还建议为他们的工作使首脑们得以休息的外交家们干杯。

我说，勃列日涅夫－尼克松主义对两个国家都是公平的，它将给我们的后代留下和平的遗产。

最令人感兴趣的是午餐后的一段谈话，他跑来和我一起坐在船后面，就我们两人一起闲谈。他指点给我看雅尔塔、熊山和其他所有的名胜。他显得有些感情激动；他说他希望这次最高级会议将会像曾经发生过的其他伟大事件一样被人们铭记在心，他没有说什么事，可是他显然指的是雅尔塔会议。

他用胳膊抱住我说："我们一定要做出一番有重大历史意义的事情来。我们希望每个苏联人和每个美国人成为朋友，都像我和你现在在这条船上一样彼此交谈。"

当船驶过雅尔塔和克里米亚战争中的港口的时候，我想到了许多问题。那次战争是历史上最没有意义的一次战争，双方都损失惨重。由这次战争产生的唯一的一件好事恐怕就是创立了红十字会。

只是为了试试他怎么想，我提出了一个论点说，先进国家——当然这里也包括苏联在内——的危险是人们的品格日趋低下。勃列日涅夫同意我的意见，并说，社会学家和心理学家现在正在研究这个问题。当然，关键问题是人们有了较多的物质财富以后，他们已不再那么"饥饿"，也就丧失了上进的劲头，因而变得差不多完全只想到自己，只图自私自利或满脑子全是各种各样抽象的概念。

后来，下船以后，在我们走回别墅的路上，葛罗米柯走在我右边，我很高兴能和他谈谈。他说，按他的分析，从政治上看我在美国现在的处境要比以前好得多了。他说："这真叫无事生非。"

我说，克里米亚在19世纪曾经是战争的摇篮，而我们却能在20世纪把它变成和平的诞生地。

我在船上曾跟勃列日涅夫说，我们的目标是一定要裁减核武器，勃列日涅夫回答说："我们一定要把我们制造出来的祸害给销毁掉。"他又一次谈到，即使1976年以后，我在苏联也将永远受到欢迎。

清晨散步，午后会议，接着又长时间乘船出游，这使我感到非常疲劳。那天晚上，我与帕特单独在我们房间外面的阳台上吃晚餐。

日　记

我们朝大海瞭望，看到月亮已快圆了。帕特说，从她还是一个小女孩的时候起，每当她盯着月亮看的时候，她都看不见月亮里有个男人或者有个老太太，但她总看得见有一面美国国旗。当然，这是多年前的事，当时谁也没想到会有人真的到月球上去或者在那里真会有一面美国国旗。

她指点给我看，我真的也能看到月亮里有一面美国国旗。当然，你能在月亮里看到你想看到的任何东西。

次日早晨，勃列日涅夫和我一起乘车赴机场。他利用长时间坐车的机会再三在中东问题上向我提出要求。他说，萨达特可能相信应把埃及放在第一位，纳赛尔却更依赖一种更强烈的泛阿拉伯主义情绪。我没有向勃列日涅夫重述我对萨达特的立场，我认为萨达特是既明智而又灵活地站在那两个极端之间。

日　记

我只是说："别让中东变成美国和苏联的巴尔干。在有许多更重要的问题可以把我们拉在一起的时候，再别让其他任何地方，东南亚、中东或加勒比地区成为分歧的所在，从而使我们陷入冲突。"我早已用这个论点同他谈论过罗斯福、丘吉尔和斯大林为什么能相处得很好的原因，我特别强调了战争进行时期罗斯福－斯大林之间的关系，主要就是他们不允许对和平前景的意见分歧阻碍他们打败纳粹的主要目标。

当然，从历史上来看，我个人认为这是犯了一个错误。丘吉尔是对的，他曾一再主张在那时应更多地进行讨论，我们本来应该坚持达成某种协议，那样也就可能避免在后来那种安排的基础上形成的欧洲的分裂。

我们还谈到宗教问题，勃列日涅夫说："美国人向哪个上帝祈祷对我们有什么关系呢？——我们承认一切宗教。我们所关心的是它们拥护不拥护和平。"他再一次说明他对犹太人移民的政策。他说："就我个人来说，我愿意让所有的犹太人都走，让上帝也跟他们一起去。"

他说到核战争将会毁灭文明，他重复了赫鲁晓夫15年前说过的话：我们必须要记住，在这样一场战争中，白种人将被毁灭，只有黄种人和黑人将留下来统治世界。

在乘车途中，我建议今年年底以前我们举行一次"微型最高级会谈"。勃列日涅夫热情地表示同意。我们认为这个会议不应在华盛顿或莫斯科开，而应在两地之间某个地方；我用了"中途栈"这个词儿，他便提到瑞士。我对他说，最重要的是在今年年底以前达成关于进攻性武器的协议。我警告说，否则的话，既然这次最高级会议上没有达成任何协议，国会就会努力朝着大大增加国防预

第七章 总统职位（1973-1974）

算的目标前进。我提议基辛格在9月回莫斯科安排议事日程，然后勃列日涅夫和我便可以在10月、11月或12月再会晤。我说，我们必须在原则上同意裁减军事武器，他有力地点了点头。

在我们到达机场以后，勃列日涅夫返回莫斯科，帕特和我飞往明斯克。我在日记中写道："在色彩方面，克里米亚是野花遍地，而当我们来到明斯克的时候，到处是紫色和黄色的鲜花——紫色和金黄色，也是我们惠蒂尔市的颜色。一片片长满紫色花的广阔田野。"

在第三次最高级会议期间，各处欢迎的群众看来都怀着真正的、自发的热情。有时，会有人大喊"和平非常重要"。我注意到差不多每次和人进行非正式的谈话，不论是街上的行人还是克里姆林宫的领导人，最后总不免转到下面的三个话题：在平等的基础上同美国友好和平相处的愿望，第二次世界大战期间苏联遭到的破坏，对苏联文化遗产包括沙皇宫殿和建筑物的自豪。在明斯克，那里的人民似乎急切地要和我们接近。有些人眼中含着泪水。我认为他们的领导人是不会不注意这种事情的。我以谨慎的希望心情，在我的日记上写着，"到最后，苏联的领导人总不能不反映他们的人民的愿望的"。

在我们乘船出游时，勃列日涅夫和我已同意在帕特和我去明斯克期间，由基辛格和葛罗米柯再作一次努力，以求在限制进攻性核武器方面达成协议。我一回到克里姆林宫我的住房，基辛格就来报告说，他未能取得任何进展。葛罗米柯尽扯些不相干的小事，显然他不能或者不愿意认真进行谈判。

为了能够没有拘束地谈话，基辛格和我到室外开阔的院子里来回走着。他很担心，因为我们在限制战略武器问题上只能空手回去。可是五角大楼最后一分钟所作的大转弯使我们不可能进行任何灵活的谈判。如果我们能带回哪怕是一个有争议的协议，基辛格深信我们也能说服公众舆论予以接受的。"而且，"他接着说，"这是一个比水门事件好得多的辩论题目。"尽管他在限制战略武器会谈上感到失望，但他认为即使没有签订限制战略武器的协议，第三次最高级会议仍是成功的，他说他认为现在不会对我进行弹劾了。

"啊，亨利，"在我们准备回到楼上去的时候，我说，"不管报界怎么看待、政治上后果如何，我们只能按我们认为对的去做。你在极端不利条件的巨大压力下，取得了辉煌成就，你可以感到自豪。现在我们只能等着看事情如何发展。我们已经尽了我们的力量。"

现在看来很清楚，就签订新协议而论，第三次最高级会议根本不会出现什么大新闻。报界的一些人已经试着抛出一种批评意见，把这次失败归于水门事件的麻烦，意思是说苏联人之所以毫不妥协有以下的原因：要么是由于他们认为我需要在国外取得胜利来减缓我的国内问题，因而可能作出较大的让步，要么是因为他们认为我过不了这一关，他们有可能从我继任人那里得到更有利的条件。

在正常情况下，第三次最高级会谈可能会被当作一次成功的会议加以赞扬。它提出有限禁止核试验问题，进一步限制了反弹道导弹，在设法控制环境战和能源合作方面取得一致意见，决定两国增设领事馆，而最重要的是我和勃列日涅夫口头上已一致同意在1974年年底以前召开微型最高级会议，以求在限制进攻性核武器方面达成协议。

据我判断，我的水门问题和弹劾听证会在第三次最高级会议上并没有起主要的作用。事前我们得到的情报——以及我在苏联得到的明显印象——是勃列日涅夫下定决心要全力争取缓和，把他的全部筹码押在我能渡过这一关以及最后我一定能够实践我的诺言上。真正使他们对我的可靠性产生最大怀疑的倒是美国国内的政治波动，而其中大部分事情发生在水门事件以前：未能给予最惠国待遇以及在苏联犹太人和移民问题上的吵吵嚷嚷，使勃列日涅夫难于向本国的保守派为缓和进行辩解。同样，两国军界集团对突然出现有实际意义的重大军备限制的现实，以及随着缓和如有进展便将出现的裁减军备的真实远景，都十分反感。这些问题不管有没有水门事件，都总归存在。

日 记

当然，有些人想把我们未能在进攻性核武器问题上取得协议归咎于水门事件，可是，另一方面，我认为这次会议的结果还是不错的。我们已在目前情况所许可的条件下走得够远了，而且同时并未引起可

第七章 总统职位（1973-1974）

能会使我们失去一些保守派支持者的问题，我们所做的一切恰恰是目前情况所许可的。从后来的情况看，我们在核武器方面没有和苏联人达成任何协议可能倒是一件好事，因为假如现在我们还得考虑这个问题的话，那我们就必须在弹劾问题进行投票以前又被我们某些最好的朋友反对了。

事实上双方都不准备在第三次最高级会议上跨出多大的步子。我认为，勃列日涅夫和我两人从一开头就已了解这一局面，这也就是他十分亲切、热情地接待我们的原因。我们两人都懂得，如在一次双方相持不下的最高级会议后仍能维持缓和的进程，那我们在下一次会议上就很可能将有所突破。

总之，我把第三次最高级会议概括为不好不坏，它究竟算是成功或算是失败，将取决于下次在中途栈开会以前的事态发展情况。

日 记

有人挑剔说，这次会议并没有上两次成功。主要的问题是，缓和过程在向前发展，这本身就是一个成就。一劳永逸的和平永远也得不到——我们必须经常为和平而努力，这就是大国间这些连续不断的最高级会议必须进行的原因，尽管每次会议之后我们并没有重大的结果可以宣布。

我倾向于认为，在安排下一次最高级会议的时候，非正式的会谈更易于使问题取得进展。我认为正式会议——全体大会——取得成果最少，因为每个人都是在为记录讲话，是在制造记录。

当勃列日涅夫和我在汽车里或其他地方非正式会谈的时候，他比和其他许多人一起坐在正式会议桌边时，显得更为直率。会议规模越大，谈话就越不自由。这对各种类型的社会来说都是如此，而对苏联和共产党国家则尤为突出。

7月2日，第三次最高级会议的最后一个晚上，我们在美国大使官邸斯帕索大厦举行答谢宴会。勃列日涅夫的神态可以说是自我见到他以来最轻松的一次。勃列日涅夫夫人虽然一向也像大多数苏联官员的夫人一样，在众多西方客人的目光之下显得很不自在，这一次却也无拘无束地谈到她的家庭。

日 记

晚宴时勃列日涅夫抓住我的胳臂，非常热情地和我谈话，首先谈到我们将在两国之间举行的会议——在所谓中途栈举行的最高级会议——其次谈到1976年以后他想见到我。他说，他估计在1976年以后他仍将当权，尽管我由于我国宪法的规定不能再执政了，苏联却总是欢迎我的。

勃列日涅夫的外孙女长得十分秀丽，他的女婿也很帅气。勃列日涅夫夫人评论曾访问过苏联的特里西娅说，她一跨出飞机，看上去简直像一朵冬天的白雪花。在谈话中，勃列日涅夫顺便对我说到他的重孙——一个女孩——有一岁半了。勃列日涅夫夫人说这孩子10个月就开始会走路了。我说，跨出第一步是最艰难的。勃列日涅夫说，是的，真是这样。他说就拿他的重孙女来说吧，在走了第一步以后，现在要不摔跤的唯一办法就是差不多老得跑。勃列日涅夫把这比作美苏关系。

他有点装模作样地在钢琴上弹了几个音符，我便借这机会说，等他下次到美国时我们俩可以来一个二重奏。可是要使苏联上层分子对任何幽默话作出反应，特别是当他们和一大群人在一起的时候，是十分困难的。作为个人他们可以很热情、友好，但一变成集体，他们马上就完全僵化了——他们必须先看看别的人有什么反应。

在莫斯科的最后一个早晨，勃列日涅夫和我单独在他办公室举行了最后一次会议。我反复强调，我坚决认为我们应该争取在年底签订限制战略武器会谈的协议，这样才使美国不至于以日益增长的速度发展军备。我还极力主张在我们之间增加我所谓的"更多的联系"，以便处理中东已出现的那类问题。

在我们去圣弗拉基米尔大厅举行最后签字仪式之前，我在全体大会上说，我们不应因为未能每次把所有问题都解决掉而感到灰心，重要的是继续会谈。

日 记

全体会议剩下的时间实际上是走形式。就像勃列日涅夫前一天晚上祝酒时颇有意思地把结束越南战争和中东维持原状的功劳归于苏联和缓和一样，他们也显然想尽可能地为最高级会议装点门面。显而易见，在这两个问题上，这样说都是夸大其词的。我认为还不如说，在上述两个方面，苏联并没有起到积极的作用，但是另一方面，虽然他们在使这两个问题获得和平解决方面说不上有什么功劳，可是他们本来完全可以进行更加有力的干涉，使我们不可能实现和平解决的目标。

苏联人以隆重盛大的仪式和场面结束了第三次最高级会议。我们签订了规定反弹道导弹只限于一个发射场的新议定书，关于限制地下核试验的条约以及准备就控制环境战问题进行协商的联合声明。

签字仪式以后，我们到圣乔治大厅去，在那里举行了一次无固定餐桌的宴会，其豪华程度甚至超过了第一次最高级会议结束时的那次宴会，在两排与那大厅一般长的桌子上摆满了菜。在我们互相谈话和祝酒的时候，我注意到楼厅上的小型管弦乐队正在演奏特里西娅婚礼上奏过的曲子。

出乎我意料之外，勃列日涅夫、葛罗米柯、波德戈尔内和柯西金全都上了我的车和我一起驶往机场。勃列日涅夫坐在我前面的折叠座上。一路上他十分安静，大部分时间让柯西金和波德戈尔内和我交谈。我们在机场上举行了传统的告别仪式。接着，勃列日涅夫和我转身向"空军一号"走去。

日 记

在我走向飞机的时候，我说唯一遗憾的事是他不能和我们一起去美国。他说事实上在我们驶往机场的时候，他有过同样的想法。我真是认为他有一种若有所失的感觉，对这次旅行的结束感到伤心。他一直盼望着举行这次会议——为它制造舆论——并希望会议能取得很大成就——而现在会议已告结束，他有点感到一切全落空了。

我想，他明白他这次并没有"得分"，但是会谈还是取得了一些进展，我们已几次（包括宴会上的最后一次）谈到可能于11月在一个中立的地方召开一次会议。

我不知道这是否将是我最后一次见到勃列日涅夫。有时候他看上去精神非常好，可是有时候又显得十分疲劳。他总是很晚才开始早晨的会议——10点半或者11点。

我还有一个有些失望的感觉：我们竟没有能够在限制战略武器方面达成某种协议，而且将来要取得协议看来也相当不易。

登上飞机后，我穿过机舱往后走，对大家说："你看，咱们又到家了。"我想起1953年的那次出访，在几次极无味的中途停留后，我们每次一登上飞机，便津津有味地吃一些很简单的食物，觉得它安全、干净，因而我们也常说："你看，咱们又到家了。"我相信这次大家一上飞机也一定有那种感觉。

弹劾的夏天

我们在苏联的一段时间里，国内对我进行弹劾的努力仍和以前一样一直在进行。我回国几天以后，众议院司法委员会开始发表多尔汇编的关于闯入水门大厦和掩饰水门事件的多种证据，以便保证在对弹劾问题进行投票前，水门事件始终成为这几周的报纸头条新闻。欧文委员会也开始泄露和发表本应属于保密的报告中的各项指控。

可是，不管有多少头条新闻的影响，这个所谓的证据一般都被认为是软弱无力的。美国广播公司在开始广播它的晚间新闻时，先宣称"并无惊人消息"。全国广播公司的说法是，"没有惊人的新材料"。哥伦比亚广播公司报道："没有令人震惊的东西，没有惊人的新揭发。"《华盛顿明星报》的杰克·杰蒙德总结说："尼克松总统手中的'冒烟的枪'还有待进一步查找。"

不利于我的证据不能成立,这是令人满意的,可是局势还远不能使人安心。7月5日我把我对局势的看法概括如下。

日　记

我记得差不多一年以前哈洛说过,这个问题是站不住脚的。他可能是对的——当时可能是对的,可是后来又加上那么多东西——个人缴纳税款和其他类似的事——引起了那么多的怀疑,谁知道现在情况究竟怎样呢。

我想到自己,常常老是担心——不知接下去会发生什么事——常有一种仿佛下腹部在往下坠的感觉,有时候整夜整夜不能成眠。我想到像卡姆巴克和波特那些人,他们正面临着坐15年到20年牢等的危险。

我在从苏联回来的飞机上,对齐格勒和黑格两人也曾说过,也许若干年后,人们的态度会有所改变,可是他们已留下了很深的伤疤。这伤疤将在公众的思想中存留下去,永不消失。我们唯一的行动方针是继续战斗下去,直到最后一分钟,不要在这之前先死上几千次。

我也和贝比谈到过当前的局势。帕特曾指出贝比几乎感到沮丧——她说他的确非常沮丧。他们的全部目的当然就是羞辱、毁灭、折磨总统周围的每一个人。

帕特和贝比都谈到罗斯,说她真是一个坚强战士。我很高兴,在乘飞机回家的途中,帕特从她跟罗斯的谈话中已体会到了这一点。因为罗斯在整个"18分钟半"空白的问题上经受过极大的折磨,而她以极大的勇气和倔强的性格经受了这一切。

我告诉贝比,他和其他一些极正派的人都不得不经受这种折磨,这使我感到非常不安。贝比说得好,他说是我的坚强态度在鼓舞着他们。我的想法是,我一向实在不够坚强,而我本来还可以而且也应该更坚强一些;但我必须说,当我们有这样一些人在周围时,我们不能使他们失望,我必须坚持斗争,寸步不让。

不管怎样,如果我们能闯过法院和对弹劾问题进行表决这两关,我们将能争取到一两年的时间来尽可能为国家多做些好事。我们目前必须做的是，紧紧团结起来共同度过今后非常困难的两个月。

1974年6月27日，彼得·罗迪诺对一批记者说，众议院司法委员会的21名民主党人全都将投票赞成弹劾。他的这项声明证实了在这之前谁也不敢公开说的一个情况：在听取证人的证词或被告的辩护词之前，投票结果早已决定了。罗迪诺受到两党委员的责备。他的最初反应是企图掩饰，他甚至到众议院同事们那里到处谈他根本没有说过那些话。但当时在场的《洛杉矶时报》和美国广播公司的记者听他说过，他们出来证实原来的报道完全正确。

到这时，在我思想中，我已肯定众议院司法委员会将投票对我进行弹劾了。但真正重要的是赞成票和反对票的差数，因为这会直接影响众议院全体议员的投票结果。关键仍然是那摇摆不定的共和党人的6票和南方民主党人的3票。这9个人如何投票将决定我是否将遭到众议院弹劾。蒂蒙斯几乎把这归纳成一门科学了：一种直截了当的倍数关系。他的计算结果是：在委员会中每失去1票，在众议院全体议员投票时，我们将失去5票。

7月的头一个星期，我们从苏联回来后，蒂蒙斯认为，在那3名南方民主党人中我们至少能赢得1票，但在6名共和党人中至少会失去2票。如果我们在委员会中能保持只失去这几票，即在众议院否决弹劾案问题上，我们还可以乐观。这个分析得到多方面的承认。《基督教科学箴言报》的戈弗雷·斯珀林在报道中说，水门事件作为一个问题虽然还没有消失，但在公众谈话中，它似乎已日益不受重视了。《时代》周刊驻白宫记者休·赛迪对亨利·基辛格说，他们的编辑们认为我可以熬过弹劾这场风暴。《新共和》采访白宫的记者约翰·奥斯本对罗恩·齐格勒说，他认为众议院不会投票赞成弹劾。

还有一些可能使政治老手感到欣慰的迹象：共和党全国委员会主席乔治·布什给白宫打电话说，他希望我参加一次筹募经费的时间很长的电视广播节目；唐·拉姆斯菲尔德从布鲁塞尔打电话来要求辞去驻北大西洋公约组织的大使职务，回国来在他的前国会同事中为反对弹劾进行活动；约翰·罗兹说，除非有人向他提出他不应支持我的无可辩驳的证据，否则他将支持我。黑格告诉我，他同内阁成员的谈话表明风向已变了。我听到这些报告时受到鼓舞，但我并不过分乐观。

日　记

不论情况如何，眼前最重大的战斗是，设法在今后两周内尽我们的最大努力稳住司法委员会。显然，民主党人也将全力以赴。

迪安很快又会出来，可能再对我进攻一阵。但是，我们认为不会再有什么别的意外情况了，尽管从过去的斗争记录来看，谁也没有真正的把握。

回到华盛顿总是使你感到仿佛回到了真正的深渊之中，尽管齐格勒说，报界并不是那么敌对了。但这里的气氛使人感到压抑，当然，再加上家庭问题，就使人更加难受。但话又说回来，这么长的时间都熬过来了，我深信我们能一直坚持到底——不论结局如何。

7月12日，我签署了1974年国会预算和扣发经费法案。我认为这法案是我个人的胜利，也是整个国家的胜利。经过五年的争论、劝说和恳求，尽管我的地位因水门事件被削弱，我们终于通过了这项立法，使国会负起责任来，力求使联邦预算维持在大家取得协议的水平上。

签字仪式后，杰里·福特带着他那特有的开朗和自信的微笑走了过来。他说："总统先生，别着急。你已取得了这个胜利。我们在众议院有一个可靠的50票的多数，以此为基础，我们还可以继续奋斗。"布赖斯·哈洛熟悉国会的情况不亚于任何其他议员，他也出席了签字仪式，他补充说："老板，你获胜了。"

我很想相信这些热情的说法，但我对华盛顿可是非常了解的，我不相信已摆好阵势的反对我的势力会轻易罢休或轻易认输。25年从政的本能告诉我，尽管有这些表面现象，事情并不太妙。事实上我的这种本能比以往任何时候都更为突出，我感到，在表面现象之下有一股奔腾着的政治潮流，而这股潮流是冲着我来的。

我想弄清楚我到底为什么如此不安。一个原因是支持我的人数问题。几乎所有的报告都说，大约有 100 名众议员肯定支持我，有 75 人公开反对我，其他的人"未定"。根据我的经验，我知道，一个议员如对白宫的人士说，他对某一个问题态度未定，那在多数情况下，他可能是持反对态度的，而他只不过是出于礼貌不在投票之前明确说他反对罢了。

另一个原因是，我完全知道民主党在国会的领导是多么有力、有组织而且强大，在看来好像弹劾案将被否决的时候，他们又将会何等穷凶极恶。事情已经到了这种地步，他们当然会担心，如果弹劾的努力失败，如果选民们开始感到水门事件这一可悲纠纷只是由于党派斗争才拖了这样久，那他们就有自食恶果的危险。

另一个主要的未知数是最高法院的态度。法院很快就要对贾瓦斯基要求再交出 64 盘录音带的请求作出裁决了。圣克莱尔一向很乐观，但他也承认，尽管在法律上我们居于有利地位，但法院最后仍然很可能会根据政治路线来投票。如果法院在录音带问题上做出不利于我的裁决，我可以对裁决表示不服，但这几乎一定会造成弹劾；因此，实际上不必考虑。另外一种办法是服从法院裁决，但不完全实际照办。这就需要想办法把录音带加以删节后再交出去。事实上，我知道这办法也不能真正解决问题。我没有听过全部录音带，但我担心，在这长达几千个小时的谈话中，很可能有些材料是非常有害，我是决不会愿意把它们交出去的。现在就已经有了那个使我仍然十分不安的 6 月 23 日的录音带。我在 7 月 21 日的日记中就曾写道："当然，我们如何处理 23 日的录音带是件困难的事，因为我不知道如何才能将它适当地加以节略。"

最高法院的裁决对弹劾问题的听证将产生巨大——几乎可以肯定说是极不利的——影响。

日　记

在这个时候，我必须说，我已不再那么乐观了，不论发生什么事，我也不会感到意外。但愿〔伯格（法官）〕和他的同事们能看到，如果他们采取全部摧毁行政特权的做法——那将对未来的总统产生多可怕的影响啊！但愿他们能够看到，我们会采取某种更合理的办法的。

第七章 总统职位（1973-1974）

不管怎样，如果我们能闯过这一关，没有绊倒或摔下，没有给众议院以任何进行弹劾的根据，我们就能坚持要求在整个众议院进行投票，然后着手去办其他事情。

如果他们还给我们留下任何一点松动的余地，如果我们能找出一个照办或服从的办法，那对我们将是最大的好事。因为那时他们便可以在众议院去投他们的票，而我们则能在这最后两年内把我们在过去一年半中所损失的时间弥补回来，为国家做一点事，那是人民选举我们的目的。

我还感到，支持我的一些乐观派没有考虑到，在众议院全体议员必须就一项弹劾案进行表决时，他们面临的政治现实将会起什么作用的问题。那些有党派偏见的民主党人是不论证据如何都会投票赞成弹劾的。但除开他们，还会有越来越多的共和党人担心，如果到11月大选时我仍在职，我将成为他们的一个可怕的包袱。

如果说，国会中支持我的人半心半意而且也无组织，那些白宫工作人员的情况也不见得会好多少。黑格在最后时刻曾力图组织一个在白宫内部领导战斗的小组。但由于我们在国会中的支持者要求在同我们的接触中要"保持一定距离"，实际上也就无法进行了。我知道他们也由于对案情发展没有把握，担心不知什么时候又会出现一个炸弹——在这个炸弹爆炸时，他们可能首当其冲——因而必有一种心理上的障碍。

我还担心大多数选民仍认为是头等重要的经济问题，在禁运和冻结之后，至今仍然站立不稳。道·琼斯指数最近达到了四年来的最低点。在相当大的程度上，经济将影响国民信心，而国民信心将影响对弹劾的态度，这应是一个最令人严重关切的问题。不幸的是，对这个问题我似乎没有太多办法可想。我召集并参加了一些讨论这个问题的会议，而一致的看法却认为最好的办法是等待，慢慢渡过难关。

最后，还有舆论界。我感到不论他们自觉或不自觉，都认为我受弹劾对他们本身有利。在长时期以来不断的泄密、指控和诬陷之后，如果我被证明无罪，那舆论界岂不是要吃大亏了？辩护总是跟不上控告。例如，在报纸和电视报道了那么多所谓滥用国内收入署权力的危害极大的新闻之后，等到国内收入署署长唐纳德·亚历山大宣布一项报告的结论说，实际上没有任何人由于白宫的插手而受到损害时——国会两院联合调查委员会的调查结果也证实了这个结论——只有《纽约时报》在不显眼的第39版上有个报道，其他报纸根本没有怎么报道过。大部分记者和评论员仍念念不忘水门事件，并且通过它来看一切问题。例如：全国广播公司的道格拉斯·凯克报道说，白宫力图给人以一种"印象"，仿佛不论众议院司法委员会如何进行干扰，"刚完成一项使人筋疲力尽的重要和平使命归来的总统，仍在忙忙碌碌地干他的工作"。几个月以后，众议院司法委员会中煽动进行弹劾的主要人物杰罗姆·沃尔迪说，"如果不是由于报界手下留情的话"，他估计我恐怕早就得被迫离职了。

这就是为什么我对弹劾活动的估计，和我的大多数顾问相比，本能地感到悲观的一些原因。我常常想起特里西娅在几个月前说过的一句话，我觉得这话很贴切地说明了我们的问题。她说，想把水门事件这样的问题解释清楚，就像在打一场坑道战：尽管花费了很大的力气，流了许多血，但就是一步也前进不了。

7月12日，我们离开华盛顿去加利福尼亚度假两周。我们在"空军一号"专机上得到消息说，约翰·埃利希曼被判伪证罪并对丹尼尔·埃尔斯伯格的心理医生犯下阴谋侵犯民权罪。事情的最后发展竟演成这么一出令人可悲的滑稽剧，真使人十分沮丧。泄露最高机密文件的埃尔斯伯格被判无罪，而力图阻止这种泄密行为的埃利希曼反倒被判有罪。

7月12日下午，帕特、埃德、特里西娅和我到达圣克利门蒂时，一切都和我们以前历次的加利福尼亚之行没有两样。我们一起先去游泳池游泳，然后早早吃了晚饭。这是一个凉爽而晴朗的夜晚，埃德和特里西娅决定在睡觉前去散散步。他们穿过花园，绕过游泳池前往高尔夫球场。1969年，当我购置这处房产时，当地的一些支持者组织了一个叫作"总统之友"的小组，他们捐款在与我的产业相邻的鲍勃·阿普拉纳尔普的地产上修建了一个三穴高尔夫球场，并雇有专人照料。

特里西娅在这期间所记的日记，记下了那天晚上她和埃德看到球场时受到的震惊：

> 荒芜、失修、难看、死气沉沉。"总统之友"的高尔夫球场已不复存在了。这情景真令人心伤，但使人心伤的倒并不是这景象，而是它所代表的深意：高尔夫球场，为之修建这一球场的那个人，被抛弃了，被遗忘了。
>
> 埃德和我围绕球场走第一圈时便看到这一切，那种已经完结、一切已毫无希望的气氛几乎像可以触摸到的实物一样给了我们狠狠的一击。埃德想克服这种感觉，不安地故作轻松，说："好像有人忘了给球场洒水了。"当然，我们都知道，不是有人忘了，而是有人被提醒，别再给球场洒水了。我们对爸爸说到这情况时，故意轻描淡写地说，我们喜欢看到它像我们初到圣克利门蒂时一样的荒芜。他当然没有受我们的骗，但他很有礼貌地表示同意。他是尽量使我们不要难过，我们也尽量想使他不要难过，但大家全是徒劳。

尽管有这些阴暗面，但我们待在那里的头几天，华盛顿来的报告仍然是乐观的。我力图持怀疑的和超然的态度，但我几乎不由自主地在日记中为今后制订计划了。

日　记

我想，我们必须要记住：一旦我们熬过了这次选举，那我们就要不客气地同他们摊牌，而1975年将是我们这样大干一场的一年。本来在1973年就应该干的，而且我们在1973年年初也准备好要干的，但是由于水门事件，我们损失了整整一年。现在我们又进入选举年了，因此1975年将是我们做点正经事情的最后机会了。这些事情都是必须做的，为了使我国经济回到正确的轨道上来，也为了从哲学观点方面解决一些重大问题，也许这是保守观点在这些问题上战胜激进的左派观点的最后机会了。当初麦戈文和他的同事曾为这种激进的左派观点斗争过，但失败了。

我们应牢记特里西娅的哲学：不论结果是什么，不论这是一条什么路，我们都应该首先看到道路的尽头，以保证我们上了路一切会顺利。然后记住，等我们回过头来看时，我们会觉得原来根本没有必要为许多事那么担忧的。要做到这点是十分困难的。但只有这样做，我们才能度过这些和其他危急与困难的时刻。事实上，也正是依靠这样做，我们才经受住了这么长一段时间来自各方面的沉重打击。

我现在坐在楼上的书房里，正注视着挂在壁炉上面墙上的一幅美丽的画像。这是我母亲在12岁时的肖像，我不知道是画的还是一张着色的照片。她1885年出生，如果活到现在该是90岁了。她长得有点像朱莉，或许可以说像是朱莉和特里西娅两人的结合体（虽说仅是一个12岁的女孩，可看上去显得很端庄，若有所思，像一个大人）。像海伦尼·德罗恩常常说的，她真是一个圣者。将来我要写一篇有关她的文章，那一定会很动人的。

7月15日，在长期动乱的塞浦路斯岛上，发生了暴力政变。塞浦路斯的希腊族和土耳其族之间的战争看来已迫在眉睫。我建议基辛格派助理国务卿乔·西斯科去现场估量形势。我在日记中写道："塞浦路斯的形势又一次充分证明：在目前的世界形势下，在世界各地的和平岌岌可危的情况下，美国总统职位如发生动摇，或改换总统，一定会对国内外都产生创伤性的影响。"

7月18日，詹姆斯·圣克莱尔终于极勉强地得到一个机会向众议院司法委员会为我进行辩护。这件事他干得很漂亮。对他的讲话的全面反应是非常积极的。我们听说，他在那里留下的印象甚至进一步加剧了委员会中民主党人的恐慌。不久之后，民主党人投票决定，在公开听证开始后，将不让圣克莱尔在电视上为我辩护。

第七章 总统职位（1973-1974）

当这些非常重要的听证会即将举行时，蒂蒙斯的报告显得很不安。他看到的各种迹象说明民主党的领导集团正在使用巨大的压力准备血战到底。民主党全国委员会主席罗伯特·斯特劳斯公开宣布，任何有责任感的人都不可能不投票赞成弹劾。我们听说蒂普·奥尼尔正对罗迪诺施加压力，罗迪诺又转而对多尔施加压力，务必设法不让弹劾问题松劲。

7月18日，我试图对形势作一估计。

日 记

今天早上有点雾。很奇怪，我在想今天可能就是我一直在等待着的那个日子，也就是说我要在认真重新整理我们自己的看法之后，为8月的战斗进行准备，也许甚至，如果蒂蒙斯的悲观观点占了上风的话，为在今年余下的日子里在参议院的战斗进行准备。

我开始非常客观和冷静地认真考虑整个弹劾程序。总的来说，看来虽不能肯定但很有可能，我不得不承认，奥尼尔一伙人将肯定能够在委员会中得到多数票，在众议院也能得到非常相近的票数。这使我不再去考虑最高法院的问题了，而在本周开始时我可是一直对法院非常担心的。

在这方面，我们的问题是要能继续掌握众议院的南方民主党人，就是说，至少要争取他们在委员会中的两票，比较有希望的是至少得一票。我们认为我们可以得到弗劳尔斯的支持。

我们现在已进入的斗争是一场处于高潮的斗争，我想我已使大家都了解到了这一点，虽然我必须说，黑格和圣克莱尔他们两人就是这样想的。

黑格同意，圣克莱尔一回来，我们必须设法摸清内阁的底。如他所说，事实上，我们必须把我们所有的一切办法都使出来，把我们所有的一切力量都动员起来。黑格认为，我们在委员会中至少可能得到14票，我们希望最后能争取到16票；当然，如果能得到18票，那将是很大的胜利。16票可以办到（黑格的说法），14票可就很难办了，但他认为还没有越过我们在众议院全体投票时获胜所需票数的最后界线。

这基本上像一场竞选。当一切都处于未决状态时，我们必须冒点风险。

7月19日，约翰·多尔在众议院司法委员会做了一个慷慨激昂的、人人都说是很有力的演说，要求对我进行弹劾。委员会还继续进行它在舆论上的闪电攻势，在各个问题上发表了大量的材料，目的是要把将于7月24日开始电视转播的公开听证会推向最高潮。形势发展很快，我们已临近听证会结束、进行投票表决的时候了。

日　记

我打算在下星期继续活下去不让人千刀万剐而死。这一直是我在政治生涯中所奉行的哲学。懦夫才死上无数次，勇敢的人只死一次。

我想可以这样说，这真正是我们的第七次危机。因为下个月将是我们最困难的一个月，支持我们的只有两个信念：一个是我们深信我们是正确的——大家都同意，我们是在击退对我们的整个政治制度发动的攻击。

另一个是，这件事最后总会了结的，我们将对此感到宽慰，即使最后的结果是弹劾，那我们也只有接受这结局。

到下周这个时候，法院和委员会可能都会投票表决了。我们只能抱最好的希望，做最坏的准备。

7月20日的周末是我们仍抱有希望的最后一段时间了。7月21日晚，我们都到罗伊·阿什在贝尔埃尔的家里，同我们的一些加利福尼亚老朋友们聚会。特里西娅在她的日记中描述了这个夜晚：

有时候就好像正处在飓风的中心点上。一切都很平静、很安稳，

第七章 总统职位（1973-1974）

如果你闭上眼睛，也就注意不到周围的不自然的黑暗。你回忆某些孤立的特殊时刻。那些片断时刻也仍存在于现实之中。你回忆过去没有"水门"的时候，或者"水门"只不过表示一幢豪华的公寓的时候，这是一个孤立的时刻。但是接着你睁开眼睛，就会发现你面前的黑暗乃是暴风雨带来的黑暗。

在阿什家的晚宴上，阳光最后一次普照着。他们在贝尔埃尔的家距离那乱糟糟的局面足有百万光年那么远。整个夜晚到处都闪烁着往昔的光辉。宾客都是老朋友和阿什一家认为能助一臂之力的人，大家都兴高采烈。

自从罗伊·阿什家的宴会以来，从第二天起便仿佛失去了什么似的。最后的一线希望已非常脆弱，你几乎可以听到它的碎裂声。

到7月22日那一周开始时，由于自从6月末以来就没有提出过任何新的证据，所以当时一般都认为，现有的证据并不足以构成弹劾。事实并没有发生任何变化，但政治阵线却开始变化了。我们以前听说约翰·罗兹打算帮助我们，但现在他不帮忙了。有人告诉我们，戈德华特说过他将要求我辞职；当黑格打电话问他时，他大笑着说他绝对没有在任何场合说过那样的话，也决不会说那样的话。也许最令人烦恼的是——因为这显然是事实——我们听说，委员会中的三位南方民主党人跟我们闹翻了：据说，威尔伯·米尔斯正在向他的阿肯色斯州的同事桑顿做工作；据说，罗迪诺正多次在私下和弗劳尔斯会谈，另外还传闻奥尼尔在对曼施加强大压力。很多人都记不起来了，其实早在6月23日录音带这个新"证据"被提出之前，政治上的一致意见已经达成，这个政治上的一致意见就是要进行弹劾。

"总统职权下降到了最低点"

7月23日，星期四的早上，众议院司法委员会的电视听证会预定在第二天便举行了，委员会的保守派共和党人之一的劳伦斯·霍根举行了一次记者招待会。他激动地宣布他决定投票赞成弹劾。他的许多同事以及一些新闻评论员都说，霍根之所以抢先表态，从而在宣传上获得最大效果，是为了支持他那进展缓慢的竞选马里兰州州长的竞选运动。在圣克利门蒂，我们集中力量表扬许多批评霍根和他的动机的人，以求尽量缩小他所带来的危害。但事实上他还是给了我们一个沉重的打击。7月23日这一天的晚些时候，蒂蒙斯从华盛顿打电话来对我说：现在已可以肯定，委员会中南方民主党人的3票，我们已全丢掉了。

我完全惊呆了。我失去了1票，并决心经受失去2票的考验，但3票全丢掉就表明在众议院全体议员投票时一定会被击败。那就是弹劾。

我很痛心地对黑格说，如果我们采取不插手战略的结果就是这样，那我们还不如公开进行拉票活动，其结局也不会比这坏到哪里去。我说我们必须设法至少再争回一个南方民主党人来。

黑格提出，乔治·华莱士的一名助手曾带来口信说，如果我需要华莱士帮忙，只要给他打个电话就行。现在正需要华莱士的帮助。也许这位亚拉巴马州州长愿意打个电话给他本州的沃尔特·弗劳尔斯，提醒他说，对自己的党的忠诚并不等于一定要支持采取重大外科手术的办法把一名总统赶下台去。我同意这值得一试。黑格说，他去叫电话。

下午3点52分，我在圣克利门蒂我的办公室里拿起了电话话筒，这时乔治·华莱士的电话已经接通了。

日 记

我同华莱士通电话时，他表现得非常轻松。起先，他说他听不清我说什么，之后，他又说他没有想到我会打电话给他，因为没有人跟他提起过这事。

他说他也没有仔细研究过证据。他说他为我祈祷，他很遗憾我遇到这样的事。他说，他认为由他打电话给弗劳尔斯是不合适的，弗劳尔斯也许会生气。不过如果他改变了想法，他一定会告诉我的。当我放下电话时，我知道，他是不会改变他的想法的。

第七章 总统职位（1973-1974）

这次电话只打了6分钟。我放下话筒后对黑格说："啊，艾尔，这下子总统职位算是完了。"

黑格还不肯死心。他劝我打电话给亚拉巴马的参议员詹姆斯·艾伦，问他是否能帮忙说服弗劳尔斯。我在华盛顿找到了艾伦。他表示很关心，很友好，但他很诚恳，不给我任何空头的安慰。我必须接受事实，我们已完全失去了委员会中的南方民主党人。

我打电话给乔·瓦戈纳。他说，既然已失去3个南方民主党人，那他就只能希望在瓦戈纳集团中保持30票至35票了。这表明在众议院全体议员投票时，我已不可能得到足够的票数了。我在日记中写道："我的估计是，民主党已下决心将我赶下台，把福特弄上台，然后再把他搞掉，以获取1976年大选的胜利。"

那天晚上，我坐在书房里想要准备我在两天后向全国发表的关于经济问题的电视演说。我努力想把我的设想整理出来，列成大纲，但我的头脑却老是丢不开那天下午发生的事，一种绝望的情绪一阵阵涌上我的心头。

我现在只有两个选择了：辞职或被弹劾。我必须决定，要么自动离职，要么作出这个困难的决定：让总统在参议院受审六个月，国家受得了吗？

在过去的数周内，我多次与黑格和齐格勒谈到过辞职问题。黑格认为，辞职不仅让人看来像是承认有罪，而且这样会让激进派轻而易举地——不单纯是对我个人而是对整个制度——获胜，实在是太危险了。

还有一些个人方面的因素要考虑。我们一家两年来真是受够了，如果我辞职，可以预料，我马上就会遭到各种刑事案件的攻击，我得花上几百万美元和几年的时间去法院打官司。我对黑格说，个人的因素不应成为决定性因素。但是，要把政治的、党派的和国家的利益同个人的考虑截然分开也是很困难的。

我在演说稿的页边空白上写道："凌晨0时1分，总统的职权下降到最低点，还有最高法院的事。"

我也无须久等。

第二天早上我睡过头了，这是几个月来的第一次。我为那演说稿一直弄到清晨 2 点 30 分。第二天我拿起床头电话时，已是 9 点钟了。黑格来接电话，我问他："情况怎么样？"他声音紧张地说："总统先生，事情很不妙。今天早上最高法院的判决下来了，我们在得到全文前，不想叫醒你。"

"是一致通过的？"我猜想说。

"是一致通过的。一点松动余地也没有。"他说。

"一点也没有？"我问道。

"封得死死的。"

"美国诉尼克松"一案的这一判决被广泛吹嘘为最高法院的最漂亮的判决之一。如一名电视记者所说，美国胜利了。由于我对作出这个决定的原因很了解，所以我认为美国是失败了。我感到总统职位本身成了这项判决的牺牲品。

我请黑格到我书房里来。几分钟后，圣克莱尔来了，他看来情绪非常低落。问题不仅是我们输了，而是竟输得如此一败涂地。我们原来相信法院的裁决会留有一点余地，至少会规定可以不交出某些有关国家安全的材料。我们原来还相信至少会有一张反对票。我们讨论了几分钟，考虑是否按照杰斐逊的传统"服从"这项判决。在跟我们在华盛顿的一些最有力的支持者商量后，我们的结论是，唯一的办法是完全服从。

我问圣克莱尔，估计我们需要多长时间才能把判决所要求的 64 盘录音带交出去。他说，把涉及听录音和把它打成文字等所有问题全估计在内，可能需要一个月或更多一点时间。

我想我们应该马上估量一下可能产生的危害。当黑格打电话给巴兹哈特讨论这决定时，我拿起电话要他听一下 6 月 23 日的录音带并尽快向黑格汇报。这是我在 5 月里听过的那些录音带，上面有我和霍尔德曼的谈话，我们曾讨论让中央情报局以政治上的理由，而不是像我在公开声明中说过的以国家安全的理由制止联邦调查局的调查。当我听到这段录音时，我已知道这事一公开就会出问题，现在我要了解会出多大的问题。

巴兹哈特在下午一开始就听了录音带。他打电话告诉黑格和圣克莱尔说，即使从法律上可以为之辩护，但在政治上和从实际情况来看，这正是我们所担

第七章 总统职位（1973-1974）

心的"冒烟的枪"。黑格和圣克莱尔常说，巴兹哈特经常爱大惊小怪。所以黑格又打电话给巴兹哈特，要他再听一遍6月23日的录音带。巴兹哈特又听了一遍，并第二次报告他所得到的印象后，黑格十分勇敢地对我说，看来这个录音带显然"够呛"，但还不至于完全"无法对付"，他说："我想我们还是能对付过去的。"

日　记

我们一次又一次讨论了6月23日的录音带。弗雷德听过了两次，把情况告诉了圣克莱尔。圣克莱尔要同艾尔谈这事并准备在星期一听录音。圣克莱尔和艾尔到书房来看我，讨论圣克莱尔对执行最高法院判决问题该说些什么，圣克莱尔对23日的录音轻描淡写地一笔带过说："你在两个星期以后曾对格雷说，让他继续进行他的调查嘛。"

在法院判决发下来的当天晚上，众议院司法委员会开始进行它的有电视转播的会议。民主党人无耻地装腔作势，伪装着他们还没有拿定主意，我的支持者则慷慨陈词，但他们是在打一场已经输定了的仗。而现在，在这一切的背后，还有一个像用慢燃引线点燃的炸药包似的6月23日的录音带。

7月27日，我正在圣克利门蒂附近的雷德海滩的海洋中游泳时，众议院司法委员会就弹劾案的第一款进行了投票。这一款控告我采取了旨在阻挠对水门事件进行调查的"行动方针"。投票结果正像我担心的那样：全体民主党人，包括3名保守的南方民主党人，再加上17名共和党人中的6名投赞成票。这一款以27票对11票通过。

电话铃响，齐格勒将这消息告诉我时，我正在海滩上的拖车里换衣服。这样我得知我是106年来第一个被建议应予弹劾的总统：当时我正站在海滩上的拖车里，赤着双脚，穿着一条旧裤子，一件班隆衬衫，和一件饰有总统印章的防风外衣。

当晚，我们全家晚餐时，大家情绪并不低沉，但比平日要安静些。之后，我在书房里写了几句关于帕特的话。

日　记

我记得，当我们从海滩回来时，特里西娅说，她的母亲真是一位了不起的妇女。我说，是的。我们在政界进进出出这25年，她经历了不少折磨。她无论在国内还是在国外，总能显得十分镇静自若和庄严大方。但是，上帝呀，我真不知道她是怎样熬过来的。

当天和第二天的晚上，我都一直独坐到深夜，力图弄清我所面对的新形势，并决定采取应付这种形势的最好的行动方针。

日　记

星期一我们终于要回去了。他们将听录音，我猜想他们会来对我说："我们认为这已无法应付了。"我指的是圣克莱尔和黑格等人。

如果我们就这么决定了，那我还有一点不大好办——就是我应该决定忍气吞声辞职呢，还是应该继续在众院议中战斗下去，等到众议院投票后辞职，那时我就可以说我不能让国家忍受由于几个月的弹劾审讯带来的种种麻烦。

艾尔和齐格勒在这期间表现极好。齐格勒非常有力地强调说，如果我们给人以我们已放弃斗争的印象，那大家就会一哄而散了。艾尔指出，还有一个理由使我们在任何情况下也不能这样做：如果我们不在众议院里设法搞到1/3的票，那就会显得我们已经弃权溜号了，等等。

其实，我在这期间的感觉是冷静和坚强的。这部分原因是：从我听说南方民主党人完全背叛以后，我就看到这场比赛我们是输定了，便已准备接受参议院至少六个月的审讯了。

在一定程度上，我想我之所以感到冷静和坚强是由于我的出身，或许是得自于我的父亲和母亲。

第七章 总统职位（1973-1974）

这时在我的心中已有一个想法，我完全有意对我最亲密的助手也保密的想法：国家不能连续六个月由一个完全无能为力的总统去领导。

日　记

我们必须计划一下我们还能做些什么，以便光明正大地度过我剩下不论多少担任总统的日子和以后的时光。

展望未来，我看到我必须面对冷酷的现实：在今后的日子里，我怎样解决个人开销问题。我是否能出售一本书的版权或一些文件或者不论什么其他的东西，搞到一笔维持办公室和家庭所需的足够工作人员的费用。我目前的想法是出卖我在佛罗里达的房产，扣除抵押贷款后还能剩多少就拿多少，以便手头有一笔现款。至于圣克利门蒂的房子，我只需作个决定要不要保留它就行了。也许我们可以在别的什么地方找到一个比较舒服的公寓度过余年，而那样我们也许还会过得更舒服些。

不用说，我怎样才能安排像马诺洛和芬娜这些家里人——我们家里的用人——以及最低限度还得保留罗斯和两三名秘书来跟我一起写书，那就只有上帝知道了。但在眼前，我不能老纠缠于这些问题。目前，我要做的事是必须认识到，我们在进行一场殊死的斗争，这关系到整个国家。正如埃德所说，可悲的是，坏家伙们居然胜利了。他的意思是，如果我走辞职的路，对国家将是一件很坏的事。

亨利前来看我。他很伤心，但是，愿上帝祝福他，他完全用感情代替了理智。对他这样一个智力过人、极有天赋的人来说，这可是罕见的现象。他说他的妻子对他说，四年以后回顾今天，历史将会把总统视作一位英雄。当然艾尔一直就说，历史将最后证明我是一名杰出的总统。

我们在7月28日星期日回到华盛顿。特里西娅记下当时的情景：

埃德和我动身前往纽约之前，我们在白宫二楼的过道中，向爸爸和妈妈告别。当爸爸说，我们能陪伴他在加利福尼亚过这几天对他有极大的意义时，他流露出的内心的激动是我过去从来没有见过的。不用再说别的话，我已感觉到这句话标志着一个时代的结束。这是一次诀别。这一章从此结束了。

7月29日星期一是我们回到华盛顿后的第一个整天。看到这两个星期发生了多么大的变化，我感到十分震惊。弹劾的歇斯底里症控制了全城。白宫工作人员沉浸在忧郁之中。西侧楼和行政办公大楼里的劳累不堪的男女工作人员的信心显然已丧失殆尽，现在是否有可能略予挽回还要等着瞧。

星期二，圣克莱尔回来了，他到科德角去休息了一阵，在那里度过了一个长周末。甚至在我去加利福尼亚旅行之前，黑格便已对我说，圣克莱尔已十分疲劳，而且很容易动肝火，如果我们想留他继续工作，对待他必须十分小心。圣克莱尔听了6月23日的录音，还与巴兹哈特进行了讨论。他的轻快的乐观情绪消失了。他不仅同意巴兹哈特的意见说这是"冒烟的枪"，而且说，这同他在众议院司法委员会所提的论点十分矛盾，因此，除非将它公布，否则他便要成为阻挠司法的同谋犯了。

当我们在衡量6月23日的录音带究竟会有多大的危害时，众议院司法委员会通过了弹劾案的另外两个条款。7月29日通过第二款控告我滥用总统职权，犯下了可以弹劾的罪行。这一款包括好几项控告，从据说为了政治目的利用国内收入署到1969年为了国家安全而窃听电话。7月30日通过的第三款控告我抗拒委员会票传调用录音带和文件，犯了可以弹劾的罪行。在另外两项弹劾条款——一条是关于轰炸柬埔寨，另一条是关于我个人的经济问题——被否决后，众议院司法委员会便休会了。下一步将由众议院全体议员就弹劾案的三项条款进行逐项投票。公开辩论预定于8月19日举行。

7月30日晚上，我睡不着觉。躺在床上翻来覆去折腾了好几个小时，最后，我终于打开灯，从床旁小桌里取出了便签本。在上方我写下日期和时间：7月31日，清晨3点50分。我开始列出可供选择的各种办法。实际上，只有

第七章 总统职位（1973-1974）

三种办法：我可以立即辞职；我可以留任到众议院对弹劾案的各个条款表决完毕，如被弹劾再辞职；我可以在参议院一直斗争下去。

我花了将近三个小时，开列出有利和不利的条件。对我自己、我的家庭、我的朋友和支持者，怎么做才最好？对国家来说，怎么做才最好？

不能辞职的理由是很充足的。首先，我不是，而且从来也不是一个逃避困难的人。一想到我会从工作岗位上逃跑，像一个弱者那样结束一生，我便十分气恼。辞职是会被许多人认为全部承认有罪，报界也一定会这样解释。辞职还会造成一种危险的先例，绕过了进行宪法所规定的弹劾程序。我还必须考虑到，我的家庭和许多支持我的人都要求我继续斗争，如果我在斗争结束之前自愿退出，他们就会感到失望和伤心。

应该辞职的理由同样很充分。我知道在两年来由于水门事件引起的苦难和分裂之后，国家非常需要有一个统一的精神和目标以便共同对付艰巨的国内外问题，决不能在参议院对我进行六个月的审讯期间，把这些问题放着不解决。此外，只要众议院一通过弹劾案，我在政治上便全然无能为力了。我不知道，我能否让国家在这样一个多事和重要的时刻经受由一个软弱无力的总统来领导的考验。从实际出发，我还必须正视这个事实：如果我决心留任继续斗争，斗争的结果实际上早有定局，最后我将遭到失败和屈辱，成为历史上第一个被弹劾并被判犯有刑事罪的总统。

辞职还有另外一个积极的意义，而我知道这在许多共和党人思想中被认为是头等重要的问题。那就是我一辞职，共和党便可以不必再为我辩护。1974年的选举也就不会是对尼克松和水门事件进行公民投票了，而他们的竞选活动和议员席位也不会再被当作是我的政治命运的抵押品了。

我写完这些笔记时，天快亮了。我天生的本能控制了我，我把纸翻过来在背面写道："要像一个战士那样结束政治生涯。"

我的本能和直觉对我说，只有这样做才是对的。水门事件虽坏，但开创总统辞职的先例则坏得多——尽管另一条路是因一件政治丑闻而撤换一位总统，"要像一个战士那样结束政治生涯"——它也正是这样开始的。这是我真正希望的方式。

由于现在巴兹哈特和圣克莱尔都主张辞职，黑格的地位就变得十分重要了。如果我决定不辞职而是去面对参议院审讯，那我就需要黑格来团结剩下的仍忠于我的工作人员来使白宫工作得以继续进行。

7月31日星期三，黑格第一次读了6月23日录音带的记录文本。

他看完后，我问他："你的看法如何？"

他说："总统先生，我恐怕也只能同意弗雷德和吉姆·圣克莱尔的意见了。我看不出我们有什么办法能过这一关。我知道当时真正发生的情况，我也知道你心里怎么想，但我想我们必须面对事实，而这事实是，一旦这个录音公布出去，工作人员不可能再坚持下去了，支持我们的舆论也不会再坚持下去了。"

当天下午，罗恩·齐格勒听了录音。我看得出，他现在也认为整个局势已经完全没有希望了。

决定辞职

8月1日，星期四，我告诉黑格，我已决定辞职。如果6月23日的录音带是无法解释的，我就不能再期望我的工作人员想办法去解释它并为之辩护。

我说，我打算在周末带全家去戴维营让他们有个思想准备，然后在星期一晚上在电视讲话中提出辞职。我将在华盛顿再停留两周安排一下，然后飞往圣克利门蒂。

黑格说，不论我想怎么样，我们都能做好安排。但他建议我甚至更早一些辞职，也许就在第二天，8月2日星期五晚上。因为6月23日的录音带已包括在那天早上应交给赛里卡法官的那批录音带之内。黑格认为，我应在录音带公布出去之前就辞职，离开这里。他说，那时，人们都会把注意力集中到新总统身上，录音带的不利影响也许会相对地减轻。

我决定再考虑一下，我问黑格这会儿是否能记下几条，然后去告诉雷·普赖斯开始起草辞职演说。我对他说，我将承认我犯了错误，但我也不要普赖斯起草一份低声下气的认罪书。我要他说，我已得不到国会或全国在政治上的支持，而这种支持我认为是我要有效地进行治理所必需的。

第七章 总统职位（1973-1974）

我还要黑格去见杰里·福特，告诉他我正在考虑辞职，但不要说辞职的具体时间。我说，黑格应要求他做好准备在今后几天内接任。我对他说，要对福特讲明，他必须严格保密。这只能是一个我为我自己并由我自己作出的决定——直到最后都得是这样。我对他说，如果弄到后来，共和党全国委员会主席或一批参议员和众议员，或内阁成员的一个代表团跑来，请求我或要求我辞职，那我将被置于一种十分屈辱的地位。我知道，如果事情真发展到那个地步，那我这辈子那种拒绝屈服于政治压力的本能就很可能要占上风了。

下午，我很早就去行政办公大楼。现在我既已决定辞职，我觉得如果我能够集中精力考虑进行辞职的各项具体细节，那也会较容易度过今后几天中我必须做出的各种令人痛苦的决定和必须履行的职责了。我脱下上衣，换上了我最喜欢穿的旧蓝色便服上衣。

我要罗恩·齐格勒到我的住处来。他一进来，我就知道黑格已跟他说了，我对他证实我将辞职。

一阵长时间的沉默。和我一样，齐格勒天生是一个战士。他只说："总统先生，我知道你要我支持你的决定。我支持你。"

我对他说，我知道杰里·福特在对外事务方面缺乏经验。我说："但他是一个很好的、正派的人，国家需要这样的人。"

当我告诉齐格勒，黑格建议我很快行动，在第二天晚上就辞职，他强烈地反对说，这样做未免太仓促。他说，至少还应有足够的时间来进行适当的准备。我认识到他说的对，即使不为其他原因，至少我也应该给我的朋友和支持者一个机会，使他们在我仍在职时对6月23日的录音有所反应以免受牵连，而决不能丢下他们不管。至少，他们应该有个改变立场的机会，如果他们想改变立场的话。所以，我初步决定等到星期一晚上再辞职。

齐格勒走后，我看了一些蒂蒙斯的国会报告并听了将在下周交给赛里卡的最后一批录音带。6点钟前后，我听说贝比·雷博佐刚从迈阿密来了。我要求黑格给我们安排在"美洲杉号"上一同晚餐。一小时后，我们便在闷热的夜空下，向波托马克河的上游驶去。

我对雷博佐说："你一定会不高兴的，但我已决定我应该辞职了。"当我说这话时，他脸上那种吃惊的表情我将永远也忘不了。

他说："你不能辞职，这样做是不对的。你必须继续战斗。你不知道有多少人还在支持你。"

我跟他谈了6月23日录音带问题，并说，一旦这录音被公布，参议院肯定要进行审讯，而且很可能要定罪。他劝我让拉塞尔·朗和其他一些有名望的参议员听一下录音，而不要只听我的少数几个助手的意见。

我说，即使我在参议院有一线希望，但让一个总统受审六个月，国家也受不了。

当我们驶返华盛顿时，我要求雷博佐帮助做我的家人的工作。他说，他一定尽力而为，但我得答应他，在我们作最后一次辩护之前，不要无可挽回地作出决定。我同意了。我为他的精神和他的坚贞不渝的忠诚所感动，但我知道这是多么无用和无望。

我们一回到白宫，我立即躲到林肯休息室去。这真是漫长而艰巨的一天。

8月2日下午，黑格要求查克·威金斯来看6月23日录音的文本，让他初步估计一下这录音会产生什么样的影响。

黑格向我报告：威金斯说，众议院弹劾和参议院定罪现在都已肯定无疑了。他说，在大家知道这些录音带的内容后，我们将失去所有的支持，除了司法委员会中的两三个共和党人，可能还包括他本人在内。他说除非我打算援引宪法第五项修正案，拒绝向法院交出录音带，否则我应准备立即辞职。和圣克莱尔一样，他感到如果他不报告有这么一个录音带存在，他本人也会成为阻挠司法同谋犯。黑格向他保证，我们将公布录音。

当晚，我开始一项痛苦的任务：向我全家说明6月23日录音带问题，并使他们有思想准备，如果我还试图留任，这录音带将会发生什么样的影响。特里西娅的日记记录了那一天我家里这一方面的情况：

> 朱莉今晨打电话来，情绪极低落。她告诉我，爸爸跟她进行了一次极为严肃的谈话，但她不愿在电话中详谈。我立即表示我马上去她

第七章 总统职位（1973-1974）

那里，她说，其实并不需要。但我说，我一定得去，她同意了。

我按了一下与特工人员通话的电钮，告诉他们我将乘下一班飞机去华盛顿。

10分钟内，我们这个奇特的小队出发了。我们登上拉瓜迪亚机场的喷气机时，一批在他们的汽车周围闲逛的东部集团的雇用人员对我吹口哨、叫骂，喊着不堪入耳的难听的话。我被夹在两名特工人员中间，一个走在我前面的一级阶梯上，一个在我后面的一级阶梯上。我想越过后面的特工人员，对一群懦弱的家伙给以口头上的迎头痛击。但那特工人员不肯跟我合作。我想现在更重要的是赶快飞走，犯不上去对这种无礼行为抗议。

在白宫，我乘电梯到二楼，溜到东大厅，从秘密楼梯上到三楼。我走进朱莉的房间，她正在打电话。看到我以后，她挂上了电话，我平静地问她，昨天爸爸对她说了些什么。"他认为他必须辞职。""为什么？""因为几乎没有人支持他了。""朱莉，我不能不认为这是一场噩梦，这不可能是真事。"

朱莉和我又谈了一会儿，我听说，妈妈还不知道爸爸的初步决定。妈妈正坐在她的起居室里的书桌前。真奇怪，人们总是尽量想着不让他们所爱的人忧虑不安。说奇怪，是因为忧虑总是互相传染的，除了在言谈方面外，你很难把它掩盖住。所以，到最后由于你想瞒着的人早已感觉到了你要瞒着他的事，所以反倒不如痛快告诉他好。但我现在仍在想保护妈妈，不愿让她伤心。爸爸当然除了对自己，对谁都总是尽量爱护的。妈妈和我简短地谈了几句话，我们决定下午带着狗去散步。

从她房里出来，我走到过道另一头我自己的房间里。我通过接线员要埃德办公室的电话。一般我是尽量不这样做的，所以，当他接电话时，他知道一定有什么很严重的问题。我没有详谈，只说，如果他当晚能来华盛顿吃晚饭将是"令人愉快的"。"令人愉快"是我们之间的暗语，表示发生了麻烦事。我们没有为"发生灾难"规定一个暗语。

打完电话之后,我在过道里碰上了贝比。他好像生病一样,我问他爸爸怎样。贝比刚在林肯休息室跟爸爸谈过话,他出人意料地(贝比平时口风很紧)对我说,爸爸已跟他谈到辞职问题。贝比建议我去看爸爸,但装作什么都不知道,让爸爸自己告诉我他要辞职。我这样做了。

爸爸坐在他的棕色的安乐椅上,双脚放在脚凳上。他在拾掇一只烟斗。他欢迎我说:"啊,亲爱的,你什么时候来的?"然后,他开始详细地介绍6月23日的录音带并分析他的处境。一直到他说为了国家的利益他要辞职时,我第一次打断了他的话说,为了国家的利益他应该留任。

临走时,我过去搂着他吻他的前额,我突然哭起来,泣不成声地说:"你是我所知道的最正派的人。"

通常,在外表上,我是完全可以控制自己的感情的。但当爸爸说"我希望我没有使你失望"时,他的十分可悲的可怕处境使我控制不住了。

爸爸刚才把妈妈、朱莉、贝比、戴维和我叫进林肯休息室去。爸爸跟我们谈了将近20分钟的时候,埃德进来和我们在一起谈。就在埃德到来前不久,爸爸拿起身旁电话要跟艾尔·黑格通话。电话接通后,他要黑格把他刚才对我们介绍的6月23日录音的文本送来。他的声音从头到尾几乎是动感情的,但又不完全是那样。约十分钟后,马诺洛把含有一些惹起麻烦的话的文件拿来了。这时埃德来到,我们四个人(朱莉、戴维、埃德和我)走出房间去仔细阅读该记录文本。朱莉和戴维合看他们的一份,埃德和我合看一份。我们都认为,许多话可以作两种解释,那要看由谁来作判断了。

我们回到林肯休息室,壁炉里的火焰射出的柔和的光辉使室内有一种虚假的轻快的气氛。我们几个人轮流发表各人的意见。埃德、朱莉和我强烈主张不辞职,戴维不那么肯定。但我们大家共同的一个感觉是,我们应让爸爸照他自己的判断去做。他说道,要从

第七章 总统职位（1973-1974）

国家来考虑如何做才是正确的。他认为，一个处于受弹劾地位而且处境软弱的总统对国家将是一场灾难。在那种情况下，苏联人什么事不敢干呢？看看在上一次中东争端中，他们就已经在想搞点什么名堂了。

爸爸在表面上看来似乎并不焦虑，但他对这些事当然是很焦虑的。他完全控制住了自己的感情。

最后，没有什么话可说了。我们走出来，留下爸爸一个人坐在椅子上凝视着炉火。无疑在我们走后，在很长一段时间里，他会打很多电话，接到很多电话。我们离开时仍感到他可能不会辞职。在我们跟爸爸一起待在房间里的那段时间里，好像是度过和重新度过了好几个年头似的。

他说，前途是，或者辞职，或者被参议院撤职。

在楼上，妈妈、埃德和我到三楼向朱莉和戴维道晚安。我们大家都忍不住悲痛万分。我们仿佛要商量什么事似的，围成一圈，互相搂抱着，但我们什么话也没说。

当晚，我一个人在林肯休息室坐了好几个小时，想决定最好的行动方针。

我的家人的勇气使我深受感动。他们已经经历了许多痛苦，但他们还愿意看到这斗争一直进行到底。在我们聚会时帕特总是让别人说话，但现在她对我说，她像以往一样，她赞成斗争到底。

我决定不在星期一晚上辞职，而是先将 6 月 23 日录音带公布，看看反应如何。如果情况真像我预料的那样糟糕，我再按原来的步骤准备辞职。如果出现奇迹，反应并不那么糟糕，我还有某种机会能够在参议院六个月的审讯期间实际行使职权，那我们还可以再一次研究那个被舍弃的办法。我下意识地感觉到辞职是不可避免的。但在以后的几天内，我仍不止一次禁不住想斗争下去，当那无情的结局日益临近时，我真是十分气恼。

我打电话叫黑格告诉雷·普赖斯停止起草星期一晚上的辞职演说，改而起草一份发表 6 月 23 日录音带的声明。

星期六下午，我决定我们应离开华盛顿，去戴维营。那里在山上，天气也是又潮又热。我们匆匆换好衣服，马上就去游泳。后来我们穿好衣服坐在平台上，瞭望着面前的宽阔的山谷。在这样的傍晚时刻，你很容易理解，为什么富兰克林·罗斯福把这个地方叫作香格里拉[1]。我想我们每个人都一定深深感到那环境的神秘和美丽，同时也意识到我们在这个环境中共同度过这个周末的历史背景和悲剧。

一有机会，年轻人就劝我继续战斗。星期六下午，游完泳后，我在蒸气浴室里，埃德进来了。他默默地坐了一会儿，忽然转过身来尽力克制住自己的感情说："你必须跟他们斗，跟他们斗，跟他们斗。"

星期六晚餐时，我们又回顾了一下形势，每个人都劝我，至少等到星期一公布录音带后再作决定。我对他们说，我将考虑他们的意见，推迟我的辞职决定。不知为什么我想出了一句奇怪的押韵的话："就这样定下来了，等着瞧吧。星期一晚上，不是战斗，就是逃走。"

星期日多云，但云还没有达到杨舍所在的山顶。天刚亮我便醒来，望着那浩瀚的云海，再次思考我应作出的决定。

下午，一些高级工作人员和写稿人从华盛顿赶来。我们早已肯定在公布6月23日录音带时附一项书面声明比作一次演说好。我要这个声明强调指出，1972年7月6日，格雷一对我提到他对白宫的干涉感到担忧时，我就对他说过要抓紧进行调查。然而，律师们和助手们拿出的草稿却将声明的重点从录音带的内容移到我没有及时通知他们存在这么一份录音带的问题上去了。

我把从我的黄色便签本上撕下的一页笔记交给黑格，那上面有我草拟的我希望这个声明所表达的内容。上面写着："7月6日，在一次电话谈话中，联邦调查局局长格雷对我表示，他很担忧某些白宫人员正进行一些不适当的活动，想要限制对水门事件的调查。我问他，是否同沃尔特斯将军讨论过这个问题。他说，讨论过。我问他沃尔特斯是否同意他的意见。他回答说，沃尔特斯同意。然后，我就告诉他，抓紧进行调查。这就很清楚地表明，当我得知由联邦调查

---

[1] 詹姆斯·希尔顿的小说《失去的地平线》中的世外桃源。——译者注

局进行充分调查，从国家安全方面来考虑并无问题时，我就毫不迟疑地命令进行调查，根本没有从政治上或其他方面进行考虑。自从那时我被告知，调查不会涉及或危害国家安全的利益以后，调查就一直在充分进行，根本没有政治上或其他方面的考虑。"

黑格匆匆看了一下笔记说："总统先生，现在没有用了。我们今天一整个下午都在搞这个声明稿，这是我们能拿出来的最好的东西了。我不能再改动这个声明了。如果我再改动，圣克莱尔和其他的律师都要甩手不干了。因为他们说，事前没有把这件事告诉他们，而他们在众议院司法委员会上提出论据的前提现在已被证明是虚假的了。"

我没有再同黑格争论这件事。我只是说："去他妈的！这其实根本没有什么关系，他们想发表什么就发表什么吧！反正我的主意已经打定了。"

最后的日子

8月5日星期一早上，每天举行的新闻发布会推迟了几次。原定下午1点半的发布会取消了，答应在3点钟左右要发表声明。新闻记者接待室里都在猜测我大概要辞职。4点钟发表了声明和6月23日谈话的录音带文字本。在匆匆忙忙赶制文字本副本分发给记者的过程中，有些涉及个人的材料由于不小心没有删掉而被不必要地留在文字本上了。

那天早上我回到白宫打电话到官邸，提议全家在"美洲杉号"游艇上吃晚餐。我希望他们不必去受观看晚间新闻电视广播的那份痛苦了。我知道他们看了会感觉怎样。

埃德必须回纽约，所以帕特、朱莉、戴维、特里西娅和罗斯在外交接待厅同我会面。我们走向汽车的时候，大约有百把十个年轻的工作人员在等着我们，他们大多数是东侧楼和西侧楼办公室里的秘书。他们站在车道旁边，鼓掌欢呼。我和他们握手，他们说，"留在这里""我们仍旧支持你""上帝保佑你，总统先生"。

外面河上，黄昏景色宜人，水面上阵阵轻风吹散了酷热的空气。我们坐在顶层甲板上望着夕阳西下。当我们从桥下驶过的时候，记者和摄影记者蜂拥而至，危险地扑在栏杆上，想走近望一眼或者拍个近镜头。

每个人都勇气十足地想把这个晚上过得尽可能地愉快。他们谈到夏天的天气，谈到朱莉和戴维看过的一部电影。他们谈到罗斯怎样坚决挡那些厚脸皮的记者的驾。他们什么都谈，只是不谈每个人心里都在想的那桩事情。

晚餐的时候，我开始回忆起多年来在许多地方，对我们表示友善的各种各样的人。我说日后，哪怕不会太久，我们最近经受的全部经历，对我们都会有很大的意义，因为我们看到这些事情使我们之间更加亲近了。每个人都认为我们的政治生活，坏的和好的，都是有收获的。那天晚上没有谈到辞职的事，可是我在几个星期以后才知道第二天早上帕特就已经开始整理我们的行装，准备好装箱的事了。

晚饭以后，游艇转过头开始往回驶。我对等待着我们的事情不抱任何幻想。我知道，正当我们在平静的河面上航行的时候，华盛顿全市正因发表6月23日录音带而进入一种疯狂的激动状态。现在，每个人都想抢占一个好位置，只有很少的人，如果有的话，还愿意被人发现仍与我站在一起。

我要罗斯打电话给黑格，请他汇报第一批的反应。然后，我下到我的舱房，伸直身子躺在床上，并按照医生的嘱咐把我的左腿抬高搁着。

几分钟以后，罗斯下舱来给我念她和黑格电话谈话的速记稿。"就告诉他事情不出我们所料"，黑格对她说。罗斯接着念她的笔记："我们预料不成问题的那些上层人物没有改变，下面一级的有几个改变了，10个人全赞成第一款。迪恩·伯奇经常和他谈话的那个人——那一定是指戈德华特——将不发表意见。参议员柯蒂斯、科顿、贝内特、伊斯特兰、斯坦尼斯和众议员瓦戈纳很支持他，可是他们关心的是这样做究竟有什么用。他对他小组里的其他一些人很担心。罗兹说情况很糟，但他没说他打算怎么干。与内阁的三位主要人物已谈过——整个内阁没有问题——全部可靠。"

罗斯离开以后，我关了灯，闭上了眼睛。

从圣克利门蒂回来以后，我就一直打算要召开一次内阁会议。星期一深夜，

第七章 总统职位（1973-1974）

我要黑格看看能不能在 8 月 6 日星期二早晨安排一次内阁会议。

虽然我认识到辞职已在所难免，但是还没有订出实际行动的计划。一旦辞职，就要干脆利索；可是在辞职以前，我仍打算把总统的角色充分地扮演到底。在我宣布我的决定以前，政府在国内必须保持绝对稳定，必须不能让世界各国认为美国没有领袖。另外，我觉得应当提醒内阁和白宫工作人员，他们的首要责任是做好他们的本职工作，继续履行政府的职能。

我很了解我的内阁，尽管黑格的汇报说他们全都坚定可靠，但我知道他们都会受到巨大的压力，要他们公开要求我辞职的诱惑力也是很大的。假使有可能的话，这正是我必须防止发生的事情。我决意不要被人认为我辞去总统职位是由于我手下工作人员的一致意见，或者由于内阁的意见，或者是由于受到我周围的人的公开压力的缘故。为了我，同样也为了国家，我认为必须把我的辞职看作是我完全根据自己意见作出的决定。

那天夜里我未能成眠，大约凌晨 2 点钟，我下楼到林肯休息室去。那里没有生火，所以我把几块木柴堆在一起，用纸点着了它们，然后坐在大扶手椅上，对着熊熊的火苗。几分钟以后，正当我想得出神，房门突然被打开，两个值夜班的技师奔了进来。他们一看见我坐在那里，马上呆住了。"总统先生。"他们惊讶地齐声叫了一声。

显然，谁都以为我已经就寝。我随随便便地点上了火当然惊动了他们。他们发现我在那里大吃一惊，等他们镇定下来以后，他们检查了烟囱，看看烟道是不是通的。

他们刚要走，两个人中比较年轻的那个人转过头来说道："总统先生，我只希望你知道，我们在为你祈祷。"他很快就关上了房门。

我想到这两个人，想到那天下午办公室的工作人员，想到全国千百万像他们这样还相信我的人。我知道我的辞职一定会使他们失望。

大约 3 点钟我再上床。我们经过了大火的第一阵冲击波，可是火还在燃烧。我知道在我有生之年，它将永远跟随我。

星期二早上的内阁会议开得虽紧张但也还很克制。政府每次遇到其他危机的时刻，我进屋时他们都鼓掌欢迎。今天，当我走进房间，走到椭圆形大桌子中间我的座位时，全体阁员默默地站了起来。

我开头说，我们有几个重要问题要讨论，可是我知道他们脑子里的主要问题是水门事件，所以我想首先谈谈这个问题。

我说我了解到有好多人由于6月23日的录音带而真正感到不安。我知道，这对我的案子是一个重大的打击，因为录音带表明我们曾经讨论过把中央情报局牵连进来在政治上的好处。我感谢内阁成员过去发表支持我的声明。我知道在好多情况下，表示坚决支持我并不是一件轻而易举的事，所以我对他们的支持表示感激。他们脸部的表情显得专心在听、态度严肃但不置可否。

我说，我考虑过要辞职，辞职肯定会使我卸下一个大包袱。可是我也必须想到总统职位本身。我不得不考虑由于有巨大的压力要我辞职，我现在就辞职是否会开一个先例，使美国开始走向议会政府的道路，行政首脑只有赢得立法部门信任票的时候，才能继续掌权。我说我不希望哪个内阁阁员做出任何使他个人受窘或者政治上有害的事情来。我的问题由我自己来负责，我只要求他们努力在今后几个星期和几个月里把他们的部门管理得特别完善。

我停顿了一下。杰里·福特以不寻常的低沉声音说，他的处境特别困难。看来，众议院的表决可能对我不利。他说，尽管他对我有敬仰和爱戴之情，但他已决定从此以后对弹劾问题保持沉默。我说，这是正确的态度，内阁中无论哪位阁员，都不应该做任何可能危害他担负目前责任的事，如果发生我离职的情况，他们也不应该做任何可能危害他们担负未来责任的事情。

我又重复说了一遍，他们不应卷入弹劾的争论，只要全心全意管好自己的部门。我说，如果我因为被参议院审讯而弄得没有时间管理政府，我希望内阁诸位部长把他们自己看作是受总统和政府委托代行职权的人。

我很不自在地停顿了一下以后，我说会议剩下的时间，我想讨论民意测验表明仍然是美国人民最关心的问题：通货膨胀和经济。

我们简单地讨论了新的农业拨款法案。我说必须否决这个法案，因为这是一个十足的赠予措施，超过我预算限额4.5亿美元。接着，讨论转到建议国会和行政部门在不久的将来召开一次经济问题的最高级会议。萨克斯比突

第七章 总统职位（1973-1974）

然打断我的话说，或许我们应该等一等，看看我有没有足够的领导力量履行我们讨论的经济措施。乔治·布什好像受了萨克斯比的刺激，表示他希望建议得到认可。

亨利·基辛格深沉、沙哑的声音干脆地插话说："我们不是来这儿对总统讲一些借口的，我们到这儿来是替国家办事的。"席间出现了片刻令人尴尬的沉默，接着重新讨论了经济问题，直到会议结束。

开完内阁会议之后，我在椭圆形办公室里会见基辛格。我告诉他，我对他在过去几个月对我的支持以及他对外交政策问题的处理表示非常感谢。接着，我告诉他，我认为我必须辞职。他说作为我的一个朋友，他不得不同意这样做最好。他说，如果我决定斗争下去一直斗到参议院，我会被他们啄死，而且会在审判中进一步受辱，在这种情况下，我国的外交政策无法执行下去。他说，一个总统像我这样最近两年来在政治上受到攻击，这是一回事，但一个总统要受半年的审讯而且留任机会基本没有什么把握，那就是另外一回事了。

我对他说，我完全同意他的估计，而且感谢他的忠诚与友谊。

基辛格走了以后，我叫比尔·蒂蒙斯汇报国会中背叛我的票数的最新情况。情况完全和我预料的一样糟糕。两天以前，我们估计我差不多可以有把握得到在参议院避免给我定罪所必需的34票。蒂蒙斯说，今天如果我决定留任和战斗下去，参议院里我只能指望有7个人支持我。他说，国会的共和党领导人要求共和党前旗手戈德华特亲自把他们对情况业已无望的估计告诉我。我对黑格说，安排戈德华特在星期三下午来看我。我们决定邀请休·斯科特和约翰·罗兹与戈德华特一起来。

黑格说他接到霍尔德曼的一个电话，他坚决反对我辞职。但是，如果辞职是我不可改变的决定，霍尔德曼认为总统给予他和水门事件的其他被告全部赦免作为我任职期间最后采取的一个行动，将对我有利。他建议，为了使这件事在政治上说得过去，可以将对水门事件被告的赦免和对越南战争期间逃避兵役的所有人员实行大赦连在一起。次日，我听说约翰·埃利希曼打过电话给罗斯和朱莉，提出了同样的建议。

1139

在我们能够进一步讨论这个问题以前，史蒂夫·布尔进来说，犹太教长科夫等着我接见他。我要齐格勒对他说，我已决定辞职，他别想改变我的主意。犹太教长科夫使出了他通常善辩的口才说道，无论我决定怎么办，他都没意见，可是他认为他一定得把他所想到的说出来。他说："如果你让国会里的党派小集团和新闻界的豺狼迫使你离职，那么你将成为历史的罪人。"他说话带有旧约预言家的热情，可是他也看出我的主意已定。他说，如果我真的辞职，为了不负支持我的人的期望，我有责任挺着胸膛昂着脑袋辞职，而不要悄悄溜掉。

他走了以后，我按电铃把罗斯叫来。我对她说，我需要她帮忙告诉我全家，我不希望他们观看电视新闻广播由于6月23日录音带的事有更多人改变态度而经受痛苦。他们没有必要为我们已经无能为力的一些事情去忧虑。我说："告诉他们，整伙人现在都开小差溜号了，我们没有办法说服他们或者稳住他们。"我还要她告诉他们，对我的支持已经低到我不能再进行治理国家的程度，因而我必须辞职。

罗斯走了以后，我从办公桌上拿起一本黄色的便签本。我在上面写了"辞职演说"。我写得很快，写了满满几页笔记和提纲。

我叫黑格和齐格勒到行政办公大楼来。"现在局势发展得很快，"我说，"所以我认为宁快勿慢。我已决定在星期四晚上辞职。我要毫无怨恨、不失尊严地辞职，我要体体面面地辞职。"黑格说，这个出路将是值得尊敬的，就像咱们的对手们不值得尊敬一样。

我们都默不作声。最后我抬起头来看看他们说："唉，我把事情搞糟了，搞得真糟，是不是？"其实这并不是一个问题。

我和他们谈了我想写进演说第一稿中的一些补充想法。他们两个人听我口授的时候，都勤快地记了下来。我想说，对我们大家这是一个艰难的时刻，目前的局势已经发展到了这个地步，显然我要用能保证符合国家最大利益的方法来指导国家事务已得不到必要的支持了。我想插进一句话说明，我理解那些不再能支持我的人的动机和考虑，我将永远感激支持过我的人。

随后我们三人从行政办公大楼走回白宫。当我们走进两幢大楼中间那条街道的时候，记者奔出来看我们。

第七章 总统职位（1973-1974）

"有件事，罗恩老兄，"我说，"我们不必再举行什么记者招待会了，我们甚至不必把这个告诉他们！"

当我们走到玫瑰园尽头的时候，我望着黑格的面孔。我突然看到他是多么疲倦，所有这些政治压力使这个出色的军人耗尽了精力。"振作起来"，我劝他，然后我用胳膊搂住了他的肩膀。

我们在电梯口那里分手。在我按电钮的时候，我转过头对他们说："那么就这样定了，星期四晚上。"

朱莉因为要为戴维在华盛顿访问的父母准备晚宴，所以我上楼去日光室与全家会面的时候，朱莉和戴维在他们自己的套房里。特里西娅在她的日记中描写了这一天：

> 流泪的一天。我不能控制它们流下来，我甚至也不想去止住它们。
>
> 妈妈、爸爸、罗斯和我在晚餐前在妈妈房间里坐了一会儿。爸爸是唯一感情上坚强的人。
>
> 我开始在我的房间里清理装满五年回忆的抽屉，一想到这样做究竟意味着什么，我心都碎了。我把剪报、信件、纪念品都随便往盒子里一扔。我是用眼泪把盒子盖起来的。多少年我都不会再去打开它们了。
>
> 今天下午罗斯在日光室流着眼泪告诉我们（妈妈、朱莉、我），爸爸已经不可改变地决定辞职。现在我们大家都必须在我们力所能及的范围内尽可能地表现得很坚强，向他表示我们是赞成这个行动的，为此称赞他，向他表示我们比以前任何时候都更爱他。我们一定不能在这次考验面前垮下去。我们一定不能让他失望。

那天晚上的晚间新闻报道比星期一的还要糟。现在据报道，戈德华特私下说："受人哄骗，只能这么几次，现在是采取撒手不管的立场的时候了。"德尔·拉塔在众议院司法委员会中曾经是最坚决支持我的一个人，但他听了

6月23日的录音带以后说,他觉得他的身子好像被一辆卡车辗过似的。

我坐在林肯休息室里思考辞职演说直到凌晨2点钟。当我走进我的卧室的时候,我发现枕头上有朱莉的一张条子。她一定从她套房溜过来把它放在那里的。

如果说还有什么东西可以在这个关头改变我的主意,这个条子本来是可以起这个作用的。可是我已经下了决心不再改变。这并不是因为我已感到疲惫不堪,也确实不是因为我已认了输,而是因为在我心灵深处,我感到我作出这个决定对国家最为有利。我拿起朱莉的条子放进我的公事皮包里,免得它在即将进行的大搬家中丢失。

亲爱的爸爸:

我爱你。无论你做什么,我都支持。我为你感到自豪。

请你在作出这个决定以前,再等一个星期,或者十天。把接受考验的时间稍为再拖长一个时期。

你是这样的坚强!我爱你。

朱莉　8月6日

千百万人们都支持你!

8月7日星期三早上10点钟,当我到椭圆形办公室的时候,辞职前的准备工作已经在顺利地进行。那天早上,黑格告诉杰里·福特,请他随时准备一接到通知马上接任总统。辞职演说的第一稿已放在我的办公桌上,雷·普赖斯附了一个简短的便笺在稿子上面,他说辞职虽然可悲,然而是势在必行的。他说,他希望我离开白宫时为我在这里取得的成就而感到自豪,正像他为与我结识、成为我的朋友而感到自豪一样。他的结尾很简单:"上帝保佑你,他会保佑你的。"

我拿了演说稿,准备走到行政办公大楼那边去。当我穿过西侧楼的时候,我听到每一间办公室的电话铃都在响。那些一直支持我的人的洪流般的电话,使总机应接不暇。许多人写信给我和我全家。有些人征集了签名进行联名请愿。

第七章 总统职位（1973-1974）

有些人送钱来，帮助我请辩护律师。他们打电话来说我一定要战斗下去。我必须再三对自己重复地说，决定已经作出，所以现在我不想知道这些电话的内容。

在我经过的时候，工作人员看来特别精神饱满地同我打招呼："早安，总统先生！"我走出西楼地下室的大门，进入白宫和行政办公大楼之间的封锁了的街道。等在白宫周围铁栏杆外面的群众一见我就拥向前来。埃德·考克斯把这叫作"送终"，可是我相信这不仅是简单的好奇心，我认为这些人是因为意识到将要发生重大历史性事件而被吸引来的，他们想靠得近些。我能感到特工人员的紧张气氛，所以我尽快地走上宽阔的石头阶梯进入了行政办公大楼。

我挂了一个电话给在加利福尼亚的鲍勃·霍尔德曼。我觉得我有责任倾听他在最后时刻的要求。几分钟以后电话就接通了，那熟悉的声音听起来铿锵有力而且十分自然。我告诉他我已决定辞职。我说，固然我被互相矛盾的原则折磨得够呛，但我想这样对国家会更好一些。他劝我多花些时间，从头到尾再仔细想想。但是，如果我已下定决心，那他希望我考虑对水门事件的所有被告发个普遍适用的赦免令。

他说如果水门事件不再这样没完没了地发传票和进行起诉拖上几个月和几年，国家的境况会好得多。他用他在讨论税收分享方案时常有的那种超然态度说道，对越南战争期间逃避兵役的人实行大赦，将能转移对水门事件赦免令的批评。

在他说话的时候，我又想到在竞选的日子和白宫的日子里，他待人接物的那种骄傲和干脆的态度在有些人心中引起过畏惧，在其他许多人的心中也激起过忠诚。我禁不住感到要分担他一定会有的绝望情绪。我曾经希望在1974年选举以后，我能给大家以赦免，可是我从来没有预见到现在这一切。我没有给他回答。

我叫齐格勒汇报早晨的新闻。他说，迄今为止司法委员会里一个最坚决为我辩护的查尔斯·桑德曼说，6月23日录音带是无法克服的，他估计我在众议院全会中连12票都得不到。他说他认为参议院一定会投票定我的罪。

我答应过朱莉，我一定要见见工作人员中最热情最忠诚的布鲁斯·赫欣索恩。当他提出理由反对他怀疑已经在进行的一个行动时，他的感情十分激动。

他说,从现在起75年之后,当有个年轻人遇到困难和似乎办不到的任务时,他应该回顾一下并说:"尼克松总统都没有认输,我也不能这样做。"他说话的声音因为充满信念而有些发抖。他又提出,对美国人民来说,一个总统勇敢地面对攻击他的人,为捍卫自己而战败,也要比结束水门事件马上使美国人民松一口气强得多。

我感谢赫欣索恩的坦率,我说他可能是对的。我的这个决定并不是容易作出的,可是在这种情况下或许没有什么轻而易举的决定,甚至也没有任何好的决定,而只有必须作出的决定。

特里西娅打电话来问我,她和埃德是不是能来看我。她在日记里描写了我们这次会面:

> 不论爸爸决定做什么,我们都极力支持。因为什么也没有公开宣布,我们仍然想提醒他一定要弄明确了,辞职是不是唯一可采取的步骤。我们生怕他在软弱或泄气的一刹那可能作出错误的决定来结束那难以忍受的骚扰。可是,辞职并不意味着一切都了结了。他离职以后,人们还会习惯性地以审讯、起诉等来揪住他不放。我们怕在他离职以后第二天早上醒来的时候,觉得他辞职是犯了一个极大的错误。爸爸单枪匹马战斗了多次,在许多其他情况下他差不多也是孤军作战的。可是现在的情况是,单枪匹马地战斗,到头来也意味着与你自己做斗争。

过了一会儿,埃德和戴维一起进来,竭力主张我再等待一下,哪怕只等待几天。我对他们说,我认为众议院投票对我进行弹劾,会使行政权威大受损害,而参议院对我进行长期审讯,则几乎使我不可能管理国家大事。

埃德提出不同的意见,他说,总统最重要的作用在于外交事务,即使我被弹劾而陷于瘫痪,我还是比福特要强些和可信些。他又说,从个人立场来看,我辞职根本不能达到任何目的。他曾在纽约的美国检察官事务所工作过,认识特别检察官手下的几个工作人员。他说:"我熟悉这些人,他们很精,铁面无情,

第七章 总统职位（1973-1974）

而且他们恨你。如果你辞职，在你有生之年，他们将在全国用民事诉讼和刑事诉讼的方式不断打扰你，追逐你。"

埃德提出弹劾并不能结束我个人困境的论点以后，我对他说，就像希腊的悲剧一样，你不能在第二幕的中间结束，不然群众就会把椅子扔到戏台上来。换句话说，悲剧一定要看完，直到命运规定的应有的结尾。

戴维也认为如果我个人愿意看完这个悲剧，我可以这样做。当我提到我将为了共和党的利益而辞职这个理由的时候，他的反应很强烈。"你根本没有对不起共和党，"他说，"爷爷常常那样想，所以你也应该这样想。你认为怎样对你自己最好，怎样又对国家最有利，你就怎样办吧。"他们走之前向我保证，无论发生什么事，全家都有准备，无论我准备做什么，他们都会支持我。

4点钟已过，不到一小时，戈德华特、斯科特和罗兹就要到了。我又拿起辞职演说稿，在第一页的底下写了一段笔记：

> 插入：我与众议院和参议院的领袖，包括两党最坚决支持我的人会晤过。他们全体一致告诉我，由于水门事件，我在作出对美国每个家庭的生活关系十分重大的国外和平和国内反通货膨胀斗争等艰巨决定的时候，我现在不会得到、将来也不会得到国会的支持。

不知不觉已经5点钟了。我打电话给在西厅迎接戈德华特和他同僚的史蒂夫·布尔。"请他们到办公室去，"我说，"在我过来以前，请好好招待他们。"

我到的时候，他们都已经坐在那里：共和党前旗手、现在满头银发的元老巴里·戈德华特，参议院共和党领袖休·斯科特，众议院共和党领袖约翰·罗兹。多少年来，我与这些人同甘苦，共患难。现在他们来到这里告诉我局势无望，缩小了我选择的余地。我把椅子往后推了一下，把我的双脚跷起搁在办公桌上，随后问他们情况看来怎么样。

斯科特说，他们请戈德华特做他们的发言人。戈德华特字酌句斟地先说："总统先生，这是不愉快的事，不过你要了解情况，而情况可并不妙啊。"

我问他参议院里有多少人会投票支持我。"半打？"我随便说了一个数字。

戈德华特回答说，可能有16个，或许有18个。

斯科特抽着他没有点燃的烟斗，他估计有15个。"情况相当不妙。"他说，他逐个念了一遍过去一向支持我的人的名单，其中有许多人现在反对我了。听到这些我曾出过力帮他们当选的人的名字，听到那些原来是我朋友的人的名字，我不由自主地感到有点畏缩。

戈德华特说，在众议院大会表决时，我也许可以击败第一款和第三款，不过就是他自己也倾向于投票赞成第二款。

我抬头扫了一眼镶在天花板上的总统印章，我说："我没有多少选择的余地了，是吧。"

在我望着他们面孔的时候，戈德华特和斯科特一句不吭。罗兹没有注意到我是在说明情况，而不是提出问题，他倒热心地回答我说，他不想告诉等在外面的记者，他与我谈过什么具体的选择的问题。

"没关系，"我说，"我不会流泪的。自从艾森豪威尔去世以后，我还没有哭过。我的家庭一直美满，我也会慢慢好起来的。我只是想对你们来告诉我这些表示感谢。"

他们走出去的时候，斯科特看起来十分严肃，我说："现在老哈里·杜鲁门也去世了，我再也不会有别的好朋友为伍了。"[1] 他勉强笑了一笑。

会议以后，我打电话给罗斯，要她告诉全家，经过最后核实，国会中支持我的人日益减少，这已证实我必须辞职。我还要她告诉他们，戈德华特、斯坦尼斯、斯科特和罗兹都将投票赞成对我进行弹劾。我的决定是不可改变的，我要她向家里人提出，我等会儿过去吃晚餐的时候，我们不要再提到这件事。

我回到椭圆形办公室，问基辛格是否能过来一下。他很克制、平静、严肃。

---

[1] 这里的好朋友是指卸任总统而言。——译者注

第七章 总统职位（1973-1974）

我对他说，我决定于次日晚上辞职。我们简略地谈到通知外国政府以及专门拍电报给中国、苏联、中东各国领导人的问题。需要对每个国家重新保证我离开政治舞台并不意味着美国外交政策的改变。他们并不怎么了解杰里·福特，所以我想让他们知道他在众议院和任副总统的时候就坚决支持我的外交政策，他们完全能指望他当总统将会继承这个政策。

一刹那间，我试图想象对这些电报的不同反应。周恩来在北京他的办公室里会怎么想？毛主席坐在仅仅两年以前我们会谈过的到处是书的书房里，他对这个消息又会怎么想呢？

这个消息到达莫斯科的时候，正是午夜。我并不羡慕那个值夜班的工作人员，他必须决定马上叫醒勃列日涅夫，还是等他起床以后再告诉他这个消息。勃列日涅夫曾经十分强调我们之间的个人关系作为缓和基础的重要性，所以我设想他第一个本能反应是：估计我辞职对他自己的地位会有什么影响，然后据此作出他的反应。

在开罗和特拉维夫，在大马士革和安曼，这消息到达的时候，这些城市仍在沉睡。八个星期以前，他们的人民曾经把我当作和平缔造者那样向我欢呼，给予我前所未见的赞扬。现在我因为政治丑闻而辞掉总统职位，我们这样努力工作而取得的和平，结果怎么竟会如此脆弱呢？

我的思想很快又回到眼下冷酷无情的现实。"亨利，"我说，"你知道，你必须留在这儿，为杰里继续执行我和你开始做的事情。全世界都需要我们释除他们的疑虑，我的辞职并不会改变我国的政策。你能消除他们的疑虑，杰里也需要你的帮助。正像我要走是没有疑问的一样，你一定得留下，那也是一点没有疑问的。"

基辛格走了以后，我独自走到官邸。我本来害怕这会是最难过的一次会面，可是，我对家人的性格和力量估计不足。我的妻子和两个女儿是三位不屈不挠的战士。她们每个人都尊重政治生活给予她们的机会，可是当打击到来的时候，她们的反应都是庄严的、勇敢的、有气魄的。

大家在日光室里会集。帕特挺直身子坐在长沙发椅的边缘。她把头稍为昂起，这是她内心紧张唯一的迹象，凡是知道她的人都能看得出来。我走过去的时候，她伸出双臂抱住我吻我。她说："我们都为你感到十分自豪。"特里西娅坐在长沙发椅上，埃德坐在她旁边的扶手上。朱莉坐在一张鲜黄色的小沙发上，两眼泪水汪汪。戴维站在椅子旁边，一手放在朱莉肩上。罗斯和我们亲如一家人，她坐在我黄色小沙发旁边的一个大软凳上。我说："世界上没有一个人的家庭，比我的更美满。"

我已安排好要奥利·阿特金斯来给我们照几张相。我说，将来有一天我们会谈到这天晚上的情景，那时我们就会想要回忆这天晚上的每一件事了。我请帕特到玫瑰园去合照一张最后的相片，但这个要求真是有点过分了。特里西娅赶忙说："爸爸，我来跟你一起照吧。"

当我们走进玫瑰园的时候，她挽着我的胳膊，就跟三年前她在那里结婚的时候一样。特里西娅像我，也像我的母亲，她很少表露内心的感情，让人们看见。她对我微笑，看起来就和她举行婚礼那天一样年轻，如果可以这样说的话，还更加美丽。

最后，奥利说："我看行了吧，总统先生。"我回头看见他眼中有泪。我说："奥利，别那样难过！"

我们上楼，我要把狗带来一起照几张最后的相片。谁都没有心情摆姿势，所以特里西娅建议，我们不如并排手挽着手站着照，就跟1971年我们在蓝厅圣诞树前面照的、我们大家都喜欢的那张全家福一样。

奥利还没有把照相机对准，朱莉就先哭了。我知道我们要过好今天晚上这一关，唯一的办法是大家尽管难受也要装成勇气十足的模样，所以我说由我来设计怎么个照法。我仔细地替每个人摆好姿势，幸而奥利手脚利索，很快把相照好。在他咔嚓咔嚓拍了几张相片以后，他把头转开，可是我们都能看见眼泪顺着他的双颊往下流。

朱莉实在受不了了。她伸开双臂抱住我，抽泣着说："我爱你，爸爸。"虽然奥利自己也在流泪，他还是抢拍了这个镜头。

我现在还是不喜欢看那天晚上照的相片。我从这些相片里所能看到的，只是微笑中带着紧张心情，还有那含着晶莹泪水的眼睛。

第七章 总统职位（1973-1974）

谁都对在白宫吃最后一顿晚餐没有多少胃口，因此我们吩咐把餐盘端到日光室去。最要紧的是我们能在一起。正因为我们那晚在一起彼此那样亲密，所以它是我终生难忘的最宝贵的时光之一。我们试图轻松活泼地谈话，甚至笑我们的狗，笑它们讨东西吃的滑稽样子。不过，大部分时间我们都默默地吃饭。

吃完晚餐以后，我到林肯休息室去继续写辞职演说。全家已经知道了我的决定，我现在开始感到一种内心的安宁。

齐格勒过来商量发表演说的具体安排。我们谈到我们所知道的两年来命运的剧变，谈到结局竟会是这样突然、这样悲哀，真是太可悲了。这时他记起我在竞选演说中常常引用西奥多·罗斯福的一句名言。这是西奥多·罗斯福描写"竞技场上的武士"中的一段：

> 他的面孔沾满了尘土、汗水和鲜血，他英勇地奋斗，他一次又一次地犯错误和出毛病，因为不犯错误和缺点的事是没有的，可是他真正是在努力做那件事，他知道什么叫作热情奔放，什么叫作忠心耿耿，他把自己献给了可贵的事业。在最好的情况下，他知道最终将取得有重大成就的胜利，在最坏的情况下，如果他失败，至少他也知道他是失败得很英勇。

我决定在我的辞职演说里引用这段话。

9点钟，我拿起电话看看基辛格是不是还在办公室，问他能不能过来一下。我们谈了一个小时，谈了我们目前跟中国人和苏联人的关系，谈了我们在中东、欧洲和世界其他地区的问题。我们回忆了过去五年半里作出的决定。在那次谈话过程中，因为某些原因，我感到最难受的是，即将发生的事情会带来痛苦和损失。我发现自己比将那些决定付诸行动以后的任何时候都更动感情。

基辛格在某一点上突然不假思索地说："如果他们在你离职以后还揪着你不放，我就辞职不当国务卿，而且我还要告诉全世界我为什么要这样做！"

我对他说，对美国来说，对我们为建立一个更加和平的世界所提出的一切倡议来说，最坏的事情，莫过于他在我辞职以后再来个辞职了。在我们国家，压根儿就没有一个人够得上替他擦皮鞋，更不用说能穿他的皮鞋了。[1] 我提醒他，三年以前我们接到去北京的邀请以后，怎样举杯祝贺的情景。我沿着黑暗的过道走到我们的家用厨房，去拿我们那次喝过的同一瓶白兰地酒。我们再次轻轻地碰杯，庄严地互相祝酒。可是，只呷了一口，我们就放下了酒杯，让没有喝完的酒留在桌子上了。

基辛格正准备要走，我把他从林肯休息室带到隔壁的林肯卧室。在林肯的时代，那是西侧楼建成以前很久的时候，这曾经是总统的办公室。办公室里收藏了林肯亲笔写的五份葛底斯堡演说中的一份，还有林肯在夏季白宫——哥伦比亚特区老兵之家——用过的一张办公桌。

我对基辛格说，我感到他像我一样，不是那种宗教感很强烈的人。我说，如果对我们进行严格考察的话，那么我们可能是有着不同的宗教信仰，可是我内心知道他像我一样，强烈地相信有一个最高的精神存在——也同样强烈地相信上帝。我情不自禁地告诉他，每天夜里我在林肯休息室办完公以后，总要停下来跪一会儿，仿照我母亲教友派的习俗，在就寝以前默祷片刻。我请他现在和我一起祷告，我们跪了下来。

基辛格走了以后，我又接着写我的演说稿。我写道："作为一个公民，我将继续为我在作为议员、参议员、副总统和总统服务期间始终为之献身的伟大事业——不仅仅为美国人民，而且也为所有国家的和平、繁荣、正义和机会——而战斗。"

在大家知道总统要下台的那一刻起，他的权力就逐渐消逝：我在 1952 年、1960 年和 1968 年都见到过这种情况。在我辞职的前夕，我知道我的角色已经只是一个象征性的角色了，而杰拉尔德·福特的角色现在才是建设性的角色。我打的电话，我召开的会议，我作出的决定，现在都是规定仪式的一部分，目

---

[1] 英语中"穿某人的鞋"即继承某人的地位的意思。——译者注

第七章 总统职位（1973-1974）

的是要同过去告别。他打的电话，他召开的会议，他作出的决定，则已经在决定美国的将来了。

齐格勒来具体告诉我辞职演说和离开白宫仪式的技术性安排。

我们走出林肯休息室的时候，我要马诺洛走在我们前面，打开所有的电灯。从外面看，白宫二楼肯定得像举行欢乐宴会的场面那样。

齐格勒和我走进每个房间：女王寝室，条约大厅，黄色椭圆形大厅——帕特刚把这个大厅加以重新修饰和摆设，而我们还没怎么享受过呢。

当我们在光彩夺目的水晶灯下沿着长廊走的时候，我说："罗恩，这真是一幢漂亮的大厦啊！"

我要马诺洛早上9点钟叫醒我，我准备到我房间去了。

"总统先生，"齐格勒大声说，"这是正确的决定。"

我点点头，我知道。

"先生，你做了一个伟大的总统。"在他掉头走开的时候，他说。

1974年8月8日星期四是我当美国总统的最后一整天。就跟我任总统时以往的早晨一样，我穿过托马斯·杰弗逊设计的柱廊，穿过玫瑰园，走进了椭圆形办公室。

我打电话叫黑格来，对他说我想否决星期二内阁会议讨论过的农业拨款法案，因为我不愿意福特第一天当总统就得做这件事。黑格拿来否决的声明，我签了字。这是我当总统采取行动的最后一项法案。

11点钟，史蒂夫·布尔进来说："总统先生，副总统来了。"福特进门时我抬起头来看他，他穿了一套灰色的衣服，神情严肃。他走近我的时候，眼睛始终没有离开我。他坐在办公桌旁，一时之间，室内鸦雀无声。

接着我说："杰里，我知道你会干得很好。"

我从来没有怎么想过那种认为总统的职位会使一个人像个总统的样子的说法。美国的总统之所以有生气，是因为每个人都有其特色。他的能力在当了总统以后更加明显了，他的错误也更加触目了。总统职位并不是一所进修学校，它是一个放大镜。我想杰里·福特在那个放大镜下将会干得很出色。

我们谈到大约整整24小时之后他当总统后会碰到的问题。我强调必须维持我国的军事力量并保持在中东提出的和平倡议的势头。最重要的，我说，我们一定不能让莫斯科和北京的领导人利用我辞职这个创痛的事件，在越南或世界上其他地方对美国进行考验。我们不能让共产党人错误地认为，我们的行政权威已经被水门事件削弱到这样的程度，不论哪里发生侵略，我们都不会起来应付了。

我说，我计划给世界上主要的领导人拍电报，说杰里·福特一直是我的政策最坚决的支持者，他们能指望他以同样的坚定和决心继续执行这些政策。

福特问我对他有没有特殊的劝告或建议。我说，以我看来，他唯一绝对不可缺少的人是亨利·基辛格。没有别的人有他的智慧、韧劲和在外交事务方面的经验。我说，如果我辞职以后他也要走的话，我们对世界各国的外交政策不久就会乱套。福特坚决表示说，他打算让基辛格继续留任，他愿干多久就干多久。

我还劝他，至少在过渡时期，让黑格留任办公厅主任。我向他保证，黑格总是忠于他所服务的上司，将来内阁和白宫工作人员内部不可避免地会发生争权的事，黑格会提供非常宝贵的意见和经验。

我告诉福特，随便什么时候都可以找我给他提出意见，可是我无论如何也不会介入他的决策过程。他对我的这种态度表示感激，他说他会欢迎我的任何建议，特别是在外交事务方面的建议。

我想福特并不知道阿格纽辞职以后，他并不是我挑选当副总统的第一个人选，也不知道我在共和党领导人中非正式征求意见时把他排在第四位。我知道有许多人并不同意我对福特能力的高度评价，可是我当时觉得杰里·福特是恰当的人选，这就是我选中他的理由。我没有理由对这决定感到遗憾。

正午已到，他该走了。

"你打算在什么地方宣誓就职？"当我们走到门口的时候，我问他。他说，他决定不到国会去，因为那里他的老同事可能把这种场合变成某种庆祝的仪式。我说，我计划中午离开，如果他愿意的话，他可以在白宫宣誓，杜鲁门就是那样做的。

我告诉他，1969年1月20日为我举行就职典礼的前一天晚上，我接到艾森豪威尔的一个电话，他说这是他最后一次叫我"狄克"了。我说："现在我也一样，从现在开始，杰里，你是总统先生了。"

我们在门口站一会儿的当口，福特热泪盈眶——我也一样，我感谢他在最后伤脑筋的几个星期和几个月里对我的忠心支持。我说，在以后的日子和年月里，我将为他祈祷。

福特走了以后，我再一次通过熟悉的路线走向行政办公大楼。西侧楼出奇的安静。那里的办公桌从来没有一天不是堆得乱七八糟的，但今天却整理得干干净净。唯有不断的电话铃声赋予这个地方以目的和有生命的感觉，别的东西都好像凝结住，一动也不动了。

弗雷德·巴兹哈特进来把一封霍尔德曼的律师写来的信交给我，申请总统给予赦免。担任办公厅主任期间一向是效率很高的霍尔德曼附了一张打了字的专页，供我插在我的辞职演说里，宣布（对他们的）赦免，并对越南战争期间逃避兵役的人宣布大赦。我让巴兹哈特在我演说以后打电话给这些人的律师，告诉他们我不同意这样做。不答应霍尔德曼的要求，是一个痛苦的决定，可是把对他们的赦免跟大赦越南战争期间逃避兵役的人联系起来，是不可设想的。而且给水门事件有关人员全部赦免，会在政治上引起歇斯底里。我认为对国家来说，我的辞职必须是一个治疗创伤的举动，在那时的气氛下，我害怕把辞职和普遍赦免水门事件株连的人员联系在一起，会破坏辞职起治疗创伤的效果。

黑格和齐格勒也来了。黑格刚去看了贾瓦斯基回来，通知他我即将辞职。我对黑格说过，我不想同贾瓦斯基讨价还价。我不想让任何特别交易来骗我离职，我也不想人家哄我辞职以换取宽大。我不是因为害怕而下台，我好歹也要试试自己的运气如何。"历史上一些最优秀的著作是在监狱里写成的。"我说，"你想想列宁和甘地吧。"

黑格说，贾瓦斯基认为我作出了正确的决定。黑格从同他的对话中得出一个印象，在特别检察官那方面，我是不用再害怕了。我说，考虑到特别检察官办公室过去的所作所为,我没有理由感到安心。

坦率地说,我感到羞辱的是:人们可能以为我之所以作出决定是因为受到害怕被起诉那样丢人的事情的影响,或者是特别检察官和其他攻击我的人强迫我下台。只要人们不认为我是因为事情棘手才下台的,那么无论他们怎么想,我都毫不在乎。

我转过身来对齐格勒说:"你怎么能支持一个半途而废的人呢?你知道,我小时候喜好运动。我记得有一次参加一英里赛跑。在距离终点 50 米的时候,只剩了我们两个人落在后面,争取不当最后一名。我这时仍然努力作最后几米的冲刺,就跟我要去争取冲断第一名的缎带一样。在我一生中,我从来没有半途而废过。或许这正是你们在这整个过程中谁也不理解的东西。可不要半途而废啊!"

罗斯进来拿我的辞职演说最后修改稿。她要把它放在我们用的特大号字键的打字机上打出来,那样我在电视上就不必戴眼镜。她有意穿了一套桃红色的衣服和一双桃红色的皮鞋,我知道,她是为了对当时局面的黑暗表示公开的反抗。

她说,全家都讨论过这篇演说稿,他们想在我演讲的时候也待在椭圆形办公室里,这样全世界就能看见他们是和我在一起的。我说这实在是办不到的,哪怕他们就在附近,我也不可能毫不慌乱地把演说稿读完。她说,他们预料到了我会有什么感受,所以他们希望至少在我演讲的时候待在隔壁的房间。我请她向他们解释清楚,这是我必须单独一人办的事,请帮帮我忙,要求他们待在官邸里,在那里观看我演说的电视转播。

她说,她还认为应当让我知道战俘组织的负责人空军上校西奥多·盖伊曾泣不成声地打电话来要罗斯一定劝我不要辞职。他说,我过去没有抛弃他们不管,他们今天也不愿抛弃我不管。

我希望那天下午从行政办公大楼走回白宫的时候,不要像平常那样有一群群的工作人员或者记者,不要有警察守街或者拍相片。齐格勒不折不扣地实现了我的愿望,在他和我走过这一段短短的距离的时候,我们一个人也没看见。

第七章 总统职位（1973-1974）

装东西的箱子排在官邸的过道里。我修了面，洗了澡，然后挑出1972年我在莫斯科电视台向苏联人民发表演说时穿的那套衣服和领带。衣服是蓝灰色的，料子很薄，因而在炽热的电视灯光下面会感到凉快些。

我回到行政办公大楼同国会领导人作简短的会见，正式通知他们我决定辞职。

我希望这次会见是体体面面的，并且不使他们为难。这些人全是久经沙场的老手，他们知道，新旧总统的上任和卸职，不管对某个个人的后果如何，那并不是唯一对国家要紧的事情。

他们在下午7点半钟准时到达。众议院议长卡尔·艾伯特第一个来到。

我还没开口，他就冲口而出："我希望你知道，总统先生，我跟整个辞职的事毫不相干。"我说："我明白，卡尔。"我们谈到我们俩是1947年一起第一次到国会山来当议员的。

我对大家说，我对他们几年来在许多问题上对我的支持表示感谢，特别感谢他们在最近一次同苏联的最高级会议期间所给予的支持，因为我知道当时的党派压力和诱惑是很大的。我说，他们反对我的政策的时候，我也总是尊重他们的。当我说到这儿，我两眼盯着迈克·曼斯菲尔德，可是他压根儿没有作出反应。他比平常更阴郁地坐在那里，抽着他的烟斗。我说："迈克，我会怀念和你一起吃早饭的情景。"[1] 他点点头，不过还是没有什么反应。休·斯科特很诚恳，比曼斯菲尔德更有同情心。约翰·罗兹扮演他通常的令人愉快可是不表明自己态度的角色。

吉姆·伊斯特兰是唯一看来真正分担我痛苦的人。他是一个南方人，一个保守分子，在参议院里常常对他估计最不足。在我整个生涯中，他是我最可靠的顾问之一。他的脸上有一种谅解的表情，这胜过千言万语。

最后我站起来用胳臂搂着卡尔·艾尔伯特的肩膀。"我也会怀念我们一起吃早饭的情景，卡尔。"我说。

---

[1] 美国总统经常与国会领袖一起吃早饭商量事情。——译者注

我们道别以后，他们就走了。

我环顾了一下办公室。我的眼光很快地扫过那熟悉的大象模型[1]、那小木槌、那镶了镜框的漫画和纪念匾、那些书，还有帕特、特里西娅和朱莉的相片。我走出去，关上了门。我知道我再也不会回到那里去了。

我很快走进内阁会议室。46个人挤着坐在桌子两旁和靠墙的椅子上。这46个人都是我30多年来无数共同事业中的朋友和同事。他们中有些人在我从惠蒂尔来初次当议员以前，就已经当了多年的众议员了；有些人则在1947年和我一起来到众议院，充满了对美国的希望、理想和计划。在过去的五年半中，我们多次共同工作，形成了人数虽少但却很坚强的联盟，屡次打败了参议院和众议院里民主党自由派和共和党自由派这个"巨人"。

我开始谈到我们共同度过的伟大时刻。我说，没有他们，我就不可能倡导与中国和苏联建立新关系，推动中东的和平，而最重要的是，在体面的基础上结束越南战争和使美国战俘能回国。

我说，我本来想留任并继续战斗，可是要在参议院里受审六个月，那对国家来说太长了。我说，现在需要有一个能把全部时间都花在处理国务上的总统，来对付即将来临的艰巨任务。我说，总统的职位比哪个人都重要，比哪个总统个人都重要，甚至比他们伟大的忠诚还更重要。现在他们必须以他们的投票、他们的爱戴和他们的祈祷来支持杰里·福特。

室内的人都已控制不了自己的感情了，我看见许多人在哭。我看看我的手表，已快8点半钟了，我差不多讲了半小时的话。听到我最亲密、最可爱的一个朋友莱斯·阿伦兹伤心地啜泣的时候，我再也控制不住自己的感情，也流出了眼泪。

在我准备站起来的时候，我说："我只希望我没有让你们失望。"所有的人都紧紧地靠在一起，连我的椅子都动不了，以致比尔·蒂蒙斯只得替我把椅子往后拉一下，我才离开了房间。

---

[1] 大象是共和党的象征。——译者注

第七章 总统职位（1973-1974）

几分钟以后，黑格走进椭圆形办公室隔壁的那间小办公室，我正在里面细看一遍我的演说。他见到了内阁会议室的情景，他担心我有可能读不完广播稿就垮了。我说："艾尔，我很抱歉，我在那儿嗓子有点哽咽，可是当我看见别人哭的时候，特别是他们并非为他们自己哭而是为了别人哭，我也就禁不住哭了起来。我现在没事了，所以你不用担心。"

他说："总统先生，全体人都深受感动。我知道今天晚上你能够作一次伟大的演讲。"他离开了屋子，我独自坐在那里。

9点差两分，我走进椭圆形办公室。我坐在办公桌后面的椅子上，技师们正在调整灯光和检查音响效果。

9点过45秒，对准我办公桌的那架摄影机的红灯亮了起来——我对美国和全世界讲话的时刻到了。

我一开头就说，没有打完仗就离开战场，这对我来说是一件很困难的事情，不过如果我决定继续战斗下去，由于缺少国会对我的支持，国家大事就会陷于瘫痪。

> 在过去的几天里……我越来越清楚地看到，我在国会里已经没有足够强有力的政治基础来继续进行这种努力了。只要还有这样一个基础，我就会强烈地感到必须把宪法程序进行到最后，否则的话，就是对有意把这程序设计得如此困难的精神的不忠，也会为将来开创一个造成不稳定的危险先例。
>
> 可是，随着这个基础的消失，我现在认为宪法规定的目的已经达到，这个程序不再需要延长了。

接着，就到了我有生以来必须说的一句最难出口的话。我直盯着摄影机说道：

> 因此，我将辞去总统职位，明天中午生效。

我接着说：

我希望，采取这个行动将加速开始美国亟须的治疗创伤的过程。

在导致我作出这个决定的一系列事件的过程中，我可能会伤害一些人。我对此深感遗憾。我只能说，如果我的一些判断是错误的——有些的确是错误的——那也是我在当时认为最符合国家利益的情况下作出的。

我简略地谈到美国和世界。我谈到在我 25 年的从政生活中，一直试图为我相信的目标而战斗。我回忆起我在第一次的就职演说里曾保证誓把我自己和我的精力奉献给国际和平事业。我接着说：

打那以后我一直努力工作，忠于自己的誓言。由于这些努力的结果，我深信今天这个世界，不仅对美国人民，而且对全世界人民都是一个更安全的地方。我们大家的孩子都比以前有更好的机会在和平中生活，而不是在战争中死亡。

这就是我竞选总统职位时所希望达到的主要目的。这就是我希望在我离开总统职位时留给你们、留给我们国家的主要遗产。

在讲演的过程中，我一直低头看着一页一页的讲稿，其实我并没有真的在看稿子。讲稿早已牢记在我心中。最后，我说："在这个职位上服务，就会有一种非常亲切的、与每一个美国人亲如兄弟的感觉。在离开这个职位时，我向上帝祈祷：愿上帝永远降福于你。"

红灯一闪即逝，令人眼花目眩的电视灯一个个关掉。我抬头看见技师们有礼貌地沿墙站着，装出他们并不是在等我离开后动手拆卸机器设备的样子。我谢谢他们，然后走出了椭圆形办公室。

基辛格在走廊里等着我。他说："总统先生，过去你在这个办公室作了重要演说以后，在大多数情况下我们都一起同你走回到你的住所。我对今天晚上再和你一起走感到十分荣幸。"

当我们走过黑暗的玫瑰园的时候，基辛格的声音既低沉又悲伤。他说，他

第七章 总统职位（1973-1974）

认为从历史角度来看，这可以算作最伟大的一篇演说，历史将会判断我是伟大的总统之一。我转过去对他说："亨利，这得看谁写历史了。"在官邸门口，我谢谢他，然后我们分了手。

我很快地走向把我带到家庭住所的电梯。长长的过道很黑，警察和特工人员幸而都已撤走或者在让人看不见的地方。当电梯门在二楼开启的时候，全家都等在那里迎接我。我朝他们走去，帕特双臂抱住了我。后来是特里西娅、朱莉、埃德、戴维，大家慢慢地、本能地和我亲切地紧紧拥抱成一团，爱和信心把我们联系在一起。

我们坐下来谈了几分钟对这一天和对演说的看法。突然间，我开始剧烈地哆嗦起来。特里西娅过来扶住我。"爸！"她喊了一声，"汗水湿透了你的上衣！"我叫他们别着急。我在演讲的时候，出了许多汗，我一定在从办公室走过来的时候着了凉。一会儿，我就好了。

我们谈到对演说的初步反应，其中大多数是对我有利的。许多电视评论员和报纸专栏作家都说，这篇演说是要把国家团结起来。可是这结果却是我整个政治生活中最短暂的蜜月，几小时以内就产生了消极的和批评性的新的考虑。

最后我说，我们总应该睡点觉吧，因为我们明天还有很多的事要办呢。我们走进大厅的时候，能听见外面一群人在高声喊叫，然后出现了一个又悲又喜的场面，特里西娅在日记里有这样的描写：

> 在宾夕法尼亚大道上，听得见一群人的喊叫声。妈妈错误地以为这群人是一群支持者，而实际上是在爸爸任职期间始终反对他每一项行动的那些人。现在他们唱着"老头子坐牢去"。
>
> 妈妈想把爸爸推到窗口让他能看见那群人。埃德和我拼命大声地说话，想盖过他们的叫声。我们希望爸爸听不清他们那些恶毒的话。即使如此，我也不敢肯定，这最后一件对他不公允的事是否让他听到了。

实际上，在演讲以前，我就听见了这群人的声音。但我并不确切知道他们是哪一边的人。我估计他们是反对我的，但是说实在的，我并不在乎那些嚷嚷的人，我并没有因为他们而心烦。

我要马诺洛给我拿些咸肉煎鸡蛋到林肯休息室。我挂了几个电话给我的朋友、支持我的人以及我手下的工作人员，直到凌晨1点半钟左右。我感谢每个人对我的支持，我对每个人说，我希望我没有使他们失望。

马诺洛敲门进来看看他去休息以前我还要些什么东西。我要他把官邸的灯统统关掉。就跟昨天晚上该大放光明一样，今天晚上该出现一片黑暗。几分钟以后，我走出房间到黑黑的走廊里。我不怕在暗中碰到东西，因为这所房子差不多有六年时间是我的家，我熟悉它的每一个角落。

我一惊而醒。因为拉上了厚厚的窗帘，所以我不知道是什么时间。我看看我的表，表针指着4点。虽然我只睡了两小时，可是我完全醒了。

我穿上长浴衣，决定给自己弄点东西吃。

使我惊奇的是，我发现白宫一个名叫约翰尼·约翰逊的侍者在厨房里。我说："约翰尼，你这么早在这儿干吗？"

"不早了，总统先生，"他答道，"快6点钟了！"

我又看看我的表，它停在7点。

我对他说，今天早上我不要平常吃的橘子水、麦芽和牛奶，我想要稍微吃得饱一点的东西。我要了我最喜欢的早餐，牛肉糜和煎鸡蛋，我叫他把早餐拿到林肯休息室来。

吃完早饭以后，我从公事皮包里拿出一本黄色便签本，开始想要和9点半钟到东厅来和我道别的政府官员、内阁阁员和白宫工作人员谈些什么东西。在我经过了过去的24小时以后，要想出什么新的东西来和他们说是很困难的。

有人敲门，黑格走了进来。他几乎有点迟疑地说："这是一件必须要做的工作，总统先生，我想你可能愿意现在就做了它。"

他拿出一张纸来放在我的办公桌上。上面只有一句话，我念了一遍，在上面签了字。

第七章 总统职位（1973-1974）

我谨此辞去美国总统之职。

几小时以后，这张文件就要送出去，交送时间是上午11点35分，是我任总统的第2027天。

黑格走了以后，我记起在西奥多·罗斯福传记中读过的一些话。我要官邸一个工作人员到行政办公大楼从我办公桌边上把几本书给我拿来。我肯定西奥多·罗斯福的那本传记在那几本书里面。他回来的时候拿了赫尔曼·沃克写的《战争风云》、艾伦·德鲁里的《土星的王位》和诺埃尔·布希写的《西奥多·罗斯福传》。我很快就找到了我要找的内容，在那里夹了一个书签。

我打电话给黑格，和他最后告别。当时他正在开工作人员会，讨论两届政府之间顺利交接的问题。五分钟以后，他站在林肯休息室门口。

"去他妈的工作人员大会，"他说，"这最后几分钟我宁可和你待在一起。"我说，我对他几年来为我所做的一切的感激之情，非言辞所能表达。我对他表示最良好的祝愿。

一会儿，我和家人会面的时间到了。戴维和朱莉等在大厅里，他们不跟我们一起走，他们留下来押运行李到圣克利门蒂。特里西娅和埃德从他们的房间出来，站在一起等着帕特。

帕特穿着一套淡粉色配白色的衣服，看见我们等着她，她想微笑。她带了一副墨镜，想遮住准备行装的两个不眠之夜留下的痕迹，也想掩藏朱莉说的那天早上终于流下来的泪水。我知道为了这次突然离开，日日夜夜准备行装，她需要付出多少勇气。现在她得不到一点应得的赞美。没有国会议员夫人们举行的一连串的告别宴会，没有奖状，也没有称赞。她是一个端庄、富有同情心、受人尊重的第一夫人。她对国家、对世界作了这么多的贡献，可是现在她要与我一起被流放。这实在对她不公平。

马诺洛进来说，官邸的工作人员已经排好队跟我们告别。我和他们作了一次简短谈话，我说我到过欧洲和亚洲许多宏伟的宫殿，在十分古老和华丽的房子里访问过成百上千的亲王和总理。"但是,"我说,"这是一幢最好的房子,因为这幢房子有一颗伟大的心,这颗心就是在里面服务的人的心。"

我说,我们没有忘记他们对每位贵宾,不管是一个国王还是一个发育不良的孩子,都曾想方设法地使他们感到在总统府里受到欢迎。现在他们一定要同样地特别照顾好福特总统和福特夫人。当我和他们一一握手的时候,我说:"你们是最了不起的人!"

到下楼的时候了。我问埃德他能不能替我拿着那本西奥多·罗斯福的书。我决定直接从那本书上读一段,因为没有时间把它在专打演讲稿的打字机上打出来了,我第一次要在公共场合戴上我的眼镜。

刚过9点半,我们走到电梯口。在电梯下去的时候,史蒂夫·布尔给我介绍了东厅的布置,他告诉我家里的每一个人,在我演讲的时候他们该站在讲坛上我身后的什么位置。他提到,将有三台电视摄影机。帕特和特里西娅听了这个消息很感不安。她们说,电视已使我们受了那么多的痛苦,干吗现在还让电视的好奇的眼睛闯进这最后和最亲密的时刻?这也未免太过分了。"必须这么做,"我说,"我们要为支持我们的人着想。我们要为人民着想。"

我们在门前站了一会儿,硬着头皮准备对付那个十分痛苦的场面。帕特决定不戴她那副墨镜了,埃德说应该不戴,因为在这种时候流泪,无须感到羞耻。我向布尔点点头,门打开了。

特里西娅在她的日记里描写了我们进去时的场面:

> 我有意识地作了三次深呼吸,驱除我突然感到的头晕。一——二——三。我大声说,"做三次深呼吸"。妈妈和朱莉也这样做了。
>
> 大厅的门一打开,电视灯光密集,厅内大放异彩。灯光的温暖像蚕茧那样包围着我们,既令人愉快又令人不愉快,既令人感到舒服又令人窒息。
>
> 大厅好像挤满了人。空气中好像有一股从周围的人身上产生的电流——一股足以把我们这个小小队伍推向前方的电流。
>
> 突然有人从后面抓住我。一个女仆(维奥拉,我想是洗衣服的女

第七章 总统职位（1973-1974）

仆）控制不住，歇斯底里地抽泣起来。我没有受她深切悲伤的感染，因为我已经不仅仅只是悲伤了。我用胳膊搂住她，低声说道："好好照顾新总统和他全家。"接着我脱出身来，要赶上现在已经在我前面好几步的家里其他的人。

一阵掌声响彻整个白宫，响彻每一个真正关心的人的心。"女士们和先生们，美利坚合众国总统和尼克松夫人，埃德·考克斯先生和夫人，戴维·艾森豪威尔先生和夫人。"一切情况正常。雷鸣般的掌声。人们站立起来，一阵椅子擦地的声音。"向首脑欢呼致敬。"

前面是讲坛。走上讲坛。找到了地上贴的名签。不要被电线绊倒。站在名签规定的地方。去拉妈妈的手。紧紧地握住了妈妈的手。掌声。爸爸讲话了。人们让眼泪流下他们的双颊。别抬头。现在连想也别想。

对爸爸来说，爸爸讲的话本身，是极为精彩的，因为它们是出自内心的话，不是什么正式的讲话。我很高兴，最后人们终于瞥见了他本来的好人面目。最后给人看到了"真正的"尼克松，因为只有他自己才能使人们看到。发自内心的讲话，人们最终会了解爸爸的。为时还不太晚。

室内的情绪极其感人。我等了好几分钟，都不能把掌声平息下去。在我开始讲话以后，我环顾四周，许多人满面是泪。直到今天，我都记得看见赫布·斯坦泪流满面的情景，而他冷静分析的智力和冷然的幽默感一向受到我的尊敬。我知道，如果我继续这样环顾四周，势将难以克制自己的感情。所以我转过头来不看群众发红的眼睛，只盯着摄影机上的红灯，向全国讲话。

现在我设法控制住汹涌澎湃的感情。昨天晚上我是为历史而发表正式演讲，可是现在我有机会从个人角度亲切地向那些为我那么努力工作而我却令他们那么失望的人讲话。

这是一个长期幻梦的噩梦式的结尾。我从远方的约巴林达的小屋来到华盛顿这幢大厦。我想到我的父母，我想把父母的情况告诉这些人。

我记得我的老父亲。我想他们会说他是个小人物、普通人,他可并不这样看待自己。你们知道他是干什么的?他最初当过电车司机,又当农民,后来他拥有了一个种植柠檬的农场。我向你们保证,那是加利福尼亚州最穷的柠檬农场。人们在那儿发现石油以前,他就把农场卖掉了。

后来他当杂货商。但是他是一个伟大的人,因为他专心致志做自己的工作,不管发生什么事,他都把每件工作彻底完成。

也许不会有人写一本关于我母亲的书。是的,我猜你们也会这样说你们的母亲:我母亲是个圣洁的人。我想到她,两个孩子死于肺病。为了能在亚利桑那照料我的哥哥,她替别人护理过四个生病孩子达三年之久,而且看着这些孩子一个个死去。当他们死去的时候,她都感到好像是自己的孩子死去一样。

是的,不会有人写有关她的书。可是,她是个圣洁的人。

我原来想找一种新的方式,和白宫工作人员谈点能鼓舞他们的话。我想找一种方式,不用陈词滥调,劝告他们要看得远一些,不要只看到目前这个痛苦的时刻。我从埃德手上拿过那本书,戴上我的眼镜,然后读起西奥多·罗斯福在他第一位夫人逝世时所写的十分感人的悼词:

她的面孔和体态长得十分美丽,而她的精神更为可爱……当她刚刚当了母亲,当她的生命看起来刚刚开始,当她面前的年月看起来十分光明的时候,忽然遭到一个奇怪而可怕的命运,死亡降临到她的头上。在我心中最亲爱的人去世以后,我生命中的光明也永远消失了。

我把书放下说道,西奥多·罗斯福在他20多岁的时候写下了这些话。他认为光明永远从他生命中熄灭了。可是他继续前进,他不仅当了总统,而且在此以后他为国家服务了很多年,总是在战斗,总是生气勃勃。我说,他的经历应该是我们每一个人牢记的榜样。

第七章 总统职位（1973-1974）

　　有时事情进行得并不如意的时候，我们认为一切都完了；当你第一次没有考上律师的时候——我倒碰巧考上了，可是我只是运气好，我是说，我写的东西太蹩脚，律师考官说："我们只好录取此人"——我们认为一切都完了。当我们某个亲爱的人去世的时候，当我们竞选失利的时候，当我们遭到失败的时候，我们认为一切都完了。像西奥多·罗斯福说的那样，我们认为，光明永远离开了他的生命。

　　事实并非如此，这常常只是一个开端。年轻人应该知道这个道理，老年人也应该知道这个道理。它必须常常支撑着我们，因为伟大的时刻并不是在你万事如意的时候来到，当你受到一些打击、一些失望，当悲哀来到的时候，伟大的时刻才来到，你才真正受到考验；因为只有在你到过最深的山谷，你才能知道爬上最高的山是多么壮丽的情景。

　　要永远尽你所能，永远不要气馁，永远不要小看自己，永远要记住，别人可能恨你，可是那些恨你的人是不会胜利的，除非你也恨他们，而那样，你也毁了你自己。

　　终于讲完了。我们从讲坛上下来。人们在我们走过的时候，拍着手，哭泣着。

　　杰里和贝蒂·福特在楼下的外交接待室。我刚一进门，福特就走上前来欢迎我，我们握了手。

　　"祝你好运，总统先生！"我对他说，"我告诉过你，在我提名你的时候，我就知道有你在椭圆形办公室，国家会掌握在可靠的人手里。"

　　"谢谢你，总统先生。"他答道。

　　贝蒂说："祝你一路顺风，狄克。"

　　我们从天篷下走出去，踏着长长的红地毯，走到总统专用直升机"海军陆战队一号"的舷梯那里。然后我们站在那里，我很快与杰里握手——帕特拥抱贝蒂——吻了吻朱莉——与戴维告别。然后我一个人站在那里——帕特、埃德、特里西娅已进了飞机——站在舷梯顶端的门口，转过身来作最后一次的回顾。

彼时彼刻的那个情景,犹如一幅凝住不动的电影画面永远铭记在我心中:红色的地毯,绿色的草坪,白色的房子,铅灰色的天空。仪仗队那浆得笔挺的制服和擦得锃亮的皮鞋。新总统和他的第一夫人。朱莉、戴维、罗斯那么多的朋友。人群站满了草坪,挤上阳台,把身子探出窗口。默默无声,挥着手,流着泪。南面柱廊优美的曲线,一层一层的阳台,有人从林肯卧室的窗口挥舞着一条白手绢。白宫顶上的国旗,在这没有风、没有欢乐的早晨,有气无力地垂挂着。

我举起双臂作最后的致意。我微笑。我挥手告别。我转过头走进直升机。飞机门关上了,红色地毯卷了起来。引擎开始发动,螺旋桨转动起来。喧闹声越来越大,几乎把我们的思想都盖过了。

突然间我们慢慢地上升。下面地上的人们在那里挥手。我们又转了方向。白宫现在在我们后面了,我们低飞过华盛顿纪念碑。又转了一个方向,潮汐湖和杰弗逊纪念堂就在我们下面。

谁也不说话。谁也没有流眼泪。我把头靠在我的位子上,闭了上眼睛。我听见帕特在自言自语:"真悲哀,真悲哀啊。"

又转了一个方向以后,我们向安德鲁机场飞去,"空军一号"等在那里,送我们回加利福尼亚的老家去。